当地报刊中的绍兴商会史料

上

汪林茂　颜　志 编著

上海古籍出版社

正式文献无异,从而留下一些纪实性资料,这就在一定程度上弥补了历史档案因年代久远而流失、残缺所造成的文献空白。因此它与档案文献的结合,能更真实、更完整、更充分、更深入地反映近代中国社会的变迁。

具体对我们正在进行的绍兴商会史料整理和商会历史研究而言,我们所接触到的这些绍兴地方报刊,几乎每期都有当时绍兴商会的各项活动、商会与政府及其他机构的交往或互动、绍兴商人的工商业经营情况、绍兴商人对时局的应对及表态、绍兴县工商经济和市场物价状况等等的新闻报道或评论,以及地方政府、商会发布的各种文件。它们与即将出版的绍兴商会档案史料完全可以互证、互补,是研究绍兴商会及近代中国社会的史料中不可或缺的构成部分。

例如,关于绍兴商会的成立,在档案中我们只能找到当时先后拟出的两份章程,但通过当时报刊的报道,便可以明了当年绍兴商会成立之艰辛、曲折,甚至可以推断出商会从筹备到成立,以及章程产生的基本过程,对那两份章程也会有更深的理解。又如,关于国民政府征收所得税一事,馆藏档案中基本上都是商会与政府税务机关的公文往还,而报刊上不仅可以看到更多的公文,还可以看到这些公文背后工商业的实际状况,商人的呼声与抗争活动,商会的上下疏通,政府的施压手段等等活的史料。还有不少在报刊上刊登的商会文件和政府发布的与商会有关的文件,尤其是那些在报刊上固定的"绍兴县商会公告栏"上发布且申明"只登本报不另行文"的商会文件,经查对,基本上都是档案中所没有的或不完整的,更是弥补了商会藏档的缺失。

总而言之,这批从绍兴当地报刊中新发掘的绍兴商会史料是很有价值的、珍贵的历史资料,这批报刊史料的整理出版,不仅可以弥补绍兴商会档案的短缺,也能够提升绍兴商会档案的价值,将会使研究商会及近代中国社会的史料更丰满、更立体、更完整、更生动、更实证,将推动商会历史及近代社会史的深入研究。

有鉴于此,绍兴商会档案整理项目组在基本完成了档案整理和编纂工作后,着手搜寻了绍兴当地清末到民国(即1903—1949年间)的11种报刊,共辑录了2 500余篇、100万余字的有关绍兴商会活动、绍兴地区的商人及其工商业经营、绍兴地方经济和物价等史料。另外还从20余种外地报刊(主要是清末到民国时期的中央和省级政府公报,财政、税务、工商等部门发行的刊物,《申报》等有影响的报刊)中辑录了150余篇、12万余字的相关资料作为附录。

尽管我们努力想把这部书编好,但这些数十年甚至百余年前的报刊都因年代久远而多有不同程度的残缺、破损,或因当时的纸张和印刷的粗劣而多有字迹模糊、难以辨认的情况存在。再加上我们能力的不足,使本书存在不少缺陷,敬请方家不吝指正。

本书在资料搜集过程中,得到了刘伟彦、张焕敏、丁伟等多位先生的帮助;本书的出版,得到了吴长青、顾莉丹二位先生的支持,在此深表感谢!

愿本书与《绍兴商会档案汇编》一起,为中国近代历史的学术研究作出一点贡献。

汪林茂
2018年初秋

目　录

六、商会的社会与政治活动

1. 商会与地方公益

七、报刊对商会的批评

一、绍兴工商业及商人

1. 金融业

禁 用 小 钱

（1906 年 1 月 19 日）

近来市上小钱太多，各业会议私禁，买卖时候，买的要用小钱，卖的要收大钱，口角相争，藉此掆店。现在已禀县请示。廿一日，已由山、会两县出示，鹅眼沙壳，一概不准使用，掆店的要办。想来可以平静了。

《绍兴白话报》第 90 期（光绪三十一年十二月二十五日）

钱业之是是非非

（1912 年 4 月 19 日）

本年钱业新章，公议日拆开五厘为公椿（公椿者，现洋归各庄自取，不必解也）。五厘以上，解新英；分半以上，新英与小板统解（按新英、小板现洋中之名词）。盖所以制限日拆之重开也。兹闻日前该业开市时，议及日拆，拟开公椿。犹有数庄，不顾公议章程，力言宜解新英；否决者，以一解新英，日拆将开；主分半，亦极端反对，卒无结果而散。或谓，主张解新英者，因屯有□数现洋，恐开拆抱耗而故作是说，以为抵制而已。

《越铎日报》中华民国元年四月十九日

钱业议决长期息价

（1912 年 5 月 15 日）

本年长期息价，日前绍城各钱业在公所会议（该业习惯阴历三月底至九月终名为六对月，即收放长款期间）。金以□改阳历期间，亦须变更，或续□□云云。当议决以四对半为期（五月十六号起至九月底止），息价各外行每千元四十三元八角七分五厘。城乡同行每千元四十二元七角五分，惟某庄犹以为不足，力言每月必须一分计算，后因公议所在始罢。噫，就议决之息价，论之已令人触目惊心，而某庄犹欲加之，是诚何心哉？

《越铎日报》中华民国元年五月十五日

运贩小钱之宜禁

（1915 年 11 月 26 日）

绍兴市面前因小钱充斥，商店抱耗非轻，经前商会总董钱集议，定十文加一伸水后，意谓钱水须贴，而铜钱之贩运来绍者亦可从此断绝。讵近日一般奸商又向杭甬各处贩运小钱来绍，盖收买小钱均以斤计，每斤只须钱二百文之则。而收入小钱，每斤约有五六百文，其利之厚，无以复加，故奸商恒以此为利薮（近日除市上钱摊外，宁波人所开之席店、信局等无不兼做是项生意）。若辈利之所在，罔顾公益，实为商界之蟊贼，有维持市面之责者，曷不起而取缔之。

《越铎日报》中华民国四年十一月廿六日

改革浙江银市谈

（1916 年 2 月 19 日）

杭州中国银行行长金谨斋君，以浙江银市近数年来颇不划一，即如现水一项，与发行纸币前途大有妨害，亟宜设法革除。昨特邀集各同业经理会议，本年各钱庄洋折概可勿送本行，如需现款，可用五家联环保结，来拆、掉期，即由本行公同评定。如是现水可平，无升去之亏耗。乃各钱业董事以省垣银根骤松骤紧，向不一定。若商家畅用时需款数十万元，中国银行能有此巨款接济乎？至现水一层，宁绍两市既难减平，杭垣市同一律，何能勒平。磋议数小时，尚未解决，定于十六日开市后，再行斟办理云。

《越铎日报》洪宪元年二月十九日

过去钱庄债务谈

（1916 年 2 月 21 日）

城区同升钱庄自倒闭至今，已阅五年。所该各存户之款，尚有万余元。该庄股东如徐某辈，皆拥有巨资，而推甲托乙，不肯办济。上年经朱某、黄某等公庭诉追，业由县公署依法判决本利讼费，悉数清偿。讵徐某不明法律，于连带债务之条例，盲若不知，辄以股东内部之纠葛为对外之抵抗。近闻又以股东一部分提起控诉，岂不知该庄内部之一，应速开股东会，自行集议，或另行起诉。与彼存户之纯然对于同升庄为独立之债权者，毫秒相涉。若同升之各股东，则无论为一人或二人，均纯然各负全部债务之义务连带之责。明载明律，徐乃若若罔知，贸贸然为无理之控告，真不可谓知分量也。

《越铎日报》洪宪元年二月廿一日

柯桥商业进行观

(1918 年 1 月 15 日)

典业让利。

柯桥典铺共计六家,生意均尚可观,迄当阴历年关之际,该典同仁、德丰、德和、中和、泰茂等五家,为体恤贫民,扩充营业起见,特限于昨日旧历十二月初一日起,至除夕止,限内来当者,各让利两个月云。

《越铎日报》中华民国七年一月十五号

城当减利好消息

(1918 年 2 月 5 日)

迄当阴历年关,各户进出款项,人欠欠人,必须一律归偿,以清界限,向来习惯如是。然或应解于人者,一时无款可筹,必须藉当典为暂时应急之策,是以各处当铺每逢旧历岁阑,生意必大为兴旺。迄因绍地四乡如柯镇、东浦、白鱼潭等各典,均皆让利以惠贫民。现闻城区各当家不肯落人之后,使乡典独成义举,亦拟邀集同业,于阴历年内,自议决之日起让利三个月云。

《越铎日报》中华民国七年二月五号

私熔制钱宜惩办

(1918 年 3 月 22 日)

城区东街新街口有开设宝兴铜店之丁宝堂者,藉开铜店为由,专令学徒在城乡各处私收黄钱,每至夜间镕化,获利颇厚。去岁曾嘱学徒收运黄钱数千,路经头陀菴前被人瞥见,将人钱一并捉住,报告第二派出所。旋为该所某巡长竭力排解,由该店主宝堂挽断河头之打铜司麻子阿富,恳请了事。乃丁某憨不畏法,事后贩运如故。近又变本加厉,雇人分往四乡各镇收兑是项黄钱,致使市上铜钱日形缺乏。夫私镕黄钱,久乖厉禁。若丁某者,亦可谓之弁髦法令者矣。未知负有警察之责者,亦闻之否耶?

《越铎日报》中华民国七年三月二十二号

绍属省议员对于革除现水之建议

(1918 年 4 月 30 日)

绍属各钱庄,自高抬现洋升水以来,前曾有人禀请省长,请予革除,未见实行。兹绍籍

省议会议员何勋业,特提出革除现水之建议案于省议会,倘能通过,于整顿金融问题,功诚不浅也。今录其议案如次:

查银行、钱庄为全省金融枢纽,凡农工商各业之赖以发展人民生计之赖以维持,国家收入之赖以保持而无绌,均有息息要通之理。乃自现水之例一开,初起于宁绍,而流及于省垣。其每百元贴现之数,自十七八元至数角不等,绍最重,宁次之,杭又次之。此不但世界各国无此商情,即我国各行省、本省各府属,亦无此特例。合则钱庄固结以为奸,而银行则熟视无睹,平生之生计困穷,农工商之日即于破产,国家尤受无形之损失而不自知。略举数端,以言其害。农作物之输出,小工业之傭值,皆有一定程限而不容过高。若一切日用所需,以现水故,几有继长增高之势,向之勉强可以为仰事俯育者,兹闻生计愈艰矣。且商人贩他处之货则须现洋,而卖货之钱均系划洋,虽货价略增,而决不能尽补其亏,况各钱庄虎踞以待,时会恒窥市面之衰量,以持其短长,连年以来,农工业益不振,商务亦日就衰颓,不出五年,破产之家,必比屋皆是矣。况市面既有现划之分,而征收官吏亦得因之肆其贪诈,其取于民者,必严催于现水较重之时,而以现水较轻时入库。国家受滞纳之害,一任墨吏之投机,人民因维正之供,更加例外之支出。现水之害,有如是者。说者谓,宁绍杭之现水,实发生于现洋之缺乏,若水革除,则现洋之输入更少。不知自有现水以来,凡资本家之存洋于钱庄者,往往存贮经年,以现水增长之故,其存本之暗蚀,取入几息不足弥抵。现水几涨,存本日耗。谁肯以可以生息之洋甘受耗折,故存放他处者日益夥,至有存放外国银行以求自保者,一旦现水革除,则来源之多,可企踵而待。夫钱庄操此术以罔市利,固牺牲一切以自盈,不知各业亏损至不可支持而钱庄亦万难自完,势必同归于尽而后已。钱业中人,眼光短浅,只知竭泽而渔,不顾将来之大害,犹可说焉。银行总绾全省财政,有调盈剂虚之责,亦坐视肥瘠,若秦越人,则宁绍杭之商业前途何堪设想。查二十年前,各属并无现水,只每洋作价一千数百文,以剂现洋之盈绌,民尚称便,不识可以仿而行之否? 事关全省金融与人民生计,国家税源有莫大关系,容否咨请省长,饬令财政厅会同各银行切实整顿之处。谨提出议案,请大会公决。

《越铎日报》中华民国七年四月三十号

钱业中大起恐慌

(1918 年 6 月 8 日)

金融界自发生平现问题以来,其素恃现水为唯一牟利之钱庄,出其种种反对手段,一面向银行收兑现洋,一面则强抑日拆,其计甚巧。甬商贝某者,在甬开衡孚钱庄。去岁独力平现,其他钱庄莫不受其影响。今闻绍地有平现之举,风其所好,将汇巨资来绍倡立机关。绍庄闻之,莫不危惧,连日纷纷西渡,冀联合杭帮共谋抵制之策,不知其效果如何耳?

《越铎日报》中华民国七年六月八号

平现水问题

（1918 年 6 月 8 日）

吾绍东邻甬，西邻杭，程途皆一日可达。然甬杭两地虽有现水，并不如吾绍之高。今以绍地现水与甬杭两地衡其高于甬常十倍，高于杭且二三十倍。纵云现洋缺乏，亦何至相悬若是之巨。此宁非钱侩之藉此以吸商民脂膏，以饱一己之欲壑乎？不然，何以三数万之资本而近年来其所获余利，每超出于资本之上，其轶乎常轨。乃至于此。苟不从而宰制之，投机不已，害及商民，何可胜道哉？吾愿主其事者，勿因循，勿姑息。

《越铎日报》中华民国七年六月八号

关于金融界之近讯

（1918 年 6 月 9 日）

绍兴钱庄自流行一种划单以来，出入不用现洋，将现洋价格平空抬高，专吸收现水，以牟重利，商民受困，莫可言喻。此次，中国银行力谋平现，以为救济，其始钱庄狃于积习，颇轻视之，反对者甚夥。迨见中国银行财力充裕，源源运现至绍，反对之徒，遂易其轻蔑之心理，而为观望。甬商周某去岁在甬首倡平现，今知绍地有平现之举，谋至绍独立机关，以与各钱庄竞。绍地钱庄得以耗后，竟如晴天霹雳，于是又易其观望之心理而为恐怖。近有数大钱庄之经理，结队赴省，将联合杭帮以为抵制。闻其事已为当道所知，拟即严重取缔，以维市面。吾知浙省金融界对于此，当留一绝大纪念矣。

《越铎日报》中华民国七年六月九号

改革金融市面将实行

（1918 年 6 月 13 日）

浙江财政厅为整顿杭、绍、甬金融起见，拟将绍兴改为现货码头，钱庄支票概须准备现洋。届时支付，毋庸同行汇划，掉期市价，由杭州中国银行日逐悬牌，不必由钱业评定。如市上缺现，即由中国银行，随时接济，所有现水名目，永远革除。闻杭、绍、甬钱商，定于阴历五月初十日，在省城联合会议，解决此重大问题云。

《越铎日报》中华民国七年六月十三号

关于改革钱市之记录

（1918 年 6 月 18 日）

昨据杭州《全浙公报》云，杭总商会定于本月十八日召集杭、绍、甬三帮钱业，特开金融大会议，以期有所改革等情，曾志本报。兹闻该会前日（十四日）午后，先邀省垣钱业全体到会，讨论办法，以便提付大会公决。各钱庄对于革除现水问题，均备有意见书，大致谓杭市现水革除非难，只须备有现金，足以接济市面。不若甬绍两市，久为缺现码头，压平不易。至于划单一项，历次金融风潮，官厅与银行多所利赖。若使一日革除，各业均受影响，是在事实上万难革除云云。讨论至再，决由钱业董事倪、宓两君采取各庄意见备一说帖，以划单断难取消等项为主旨，俟大会时再行公决云。

又闻宁波王奋以改除划单问题，曾致电杭总商会，其原电录下：

杭总商会顾竹翁、王湘翁鉴：奋数年前为国事奔走，与公等日事握手，今息影市尘，聊度生活，回首前事，沧桑久之。侧闻杭绍甬钱庄划单过账将改为现洋进出，定于初十在杭邀集三处商界会议此事，关系商业全局，辽望公等集思广益，善为评论。总之与国家、商情两有裨益，是为至要。王奋叩。

《越铎日报》中华民国七年六月十八号

关于改革现水要闻片片

（1918 年 6 月 20 日）

据杭报转杭、绍、甬钱业联合会议定于今日（十八）下午假杭总商会举行。闻绍兴同行公推高云卿、冯骥良等为代表，甬江同行公推商会会长为代表，另由全体同行加具书束，提出意见书，对于划单问题，一致否认。至现水限度，拟杭市定为五角，甬绍两市定为三元，如市上现洋不敷，升水不止数者，即请银行垫款，以资维持，一俟大会通过，呈覆财政厅核夺云。

又另一访函云：宁波总商会日前接准杭总商会函，为革除现水问题，请先行邀集钱业会议妥善方法等情。当于昨日函复杭商会，略谓准函后当经通告各钱商，订于十四日开会集议一切，由钱业司年庄永源暨众钱庄，拟具节略一扣，详加讨论，系属实在情形，应即据情函复贵会查照转请官厅核夺。此为钱业之公议，可毋庸另举代表晋省会议，经众表决，遂散会。其节略云（上略）承财政厅维持市面，设法禁革现水，极所钦仰。查现在甬市因现金短少，致有升水，虽逐日涨落无定，而障碍实多。商等深知困难情形，无奈大势所趋，无法挽救，如财政厅为救济市面起见，能多装现洋来甬，予取予求，源源不断，庶几现水不平自平，非独商等身处金融机关，万分欢迎，即五县一厅，多数人民，应无不歌功颂德。至划洋名目，在甬即系过账，原所由来，因收付利便，商民均所乐从，故行之已久，大众称便。此非数十家钱业商人所能造此市面者也。窃维泉货贵乎流通,不能废止,汇划即如上海号称现金码头,南北大钱庄概称汇划钱庄,逐日收付,多系划账,方能流通。甬江与上海唇齿相依,况乏现金,岂能独异。若停止划洋,钱业势必向各业索取现金,深恐市面恐慌,翘足可待。商等窃意,但使现金充足。嗣后钱业与各业各户,往来取现亦可,划账亦可,岂有停止汇划,自寻绝路,予人以不便不理。为此据实声明,伏乞转覆杭总商会查察是幸。再敝业全体公议一致,亦不另遣代表,合并声明,并请于杭绍钱业会议时公布,并恳转请财政厅察照办理云云。

《越铎日报》中华民国七年六月二十号

省垣钱业陈杭总商会

(1918 年 6 月 22 日)

省垣钱业陈杭总商会云:

昨奉函开:因财政厅改革现水、划单一案,敝业传观之下,知官厅对于现水、划单两项斥为商界恶习,认为扰乱金融,实缘未明个中利害之真相,故尽就表面上着眼,致有此举。然其用意则实本爱民恤商之旨而发良堪钦佩。苟于重要无伤,敢不竭诚仰体,无如兹事体大,全局攸关,敝业职在金融,身当其境,不得不沥胆披肝,掬诚声剖,惟冀官厅暂捐成见,平心审察,如果所言而当应准予以维持,斯不独敝业一业之幸,为吾浙完善之区,保全元气,国计民生,胥蒙其福矣。爰将现水划单之源及效用之利害,与夫本案救济之请求,分别条举于下。

以现水论,吾杭自咸同以来,市面本有现水名目。惟当时现洋不如今日之缺,故现水亦较今日为低。然亦不能免也。迨光复以后,殷实之家,咸挟其现款,分存外国银行,而藩连各库,供给军需政费,又复一扫而空。彼时本地要需如春夏之丝茶茧,秋冬之花米,在在必须现洋,虽钞票亦不能应付。各业仰给钱业,钱业点金乏术,势不得不高抬现水,吸收各商之现金,以济急用,是现水者实为招徕现金之救济法,涨与落,悉随市面为转移。初非钱业立此名目,从中垄断。盖钱业对于现水,一方面取,一方面与。取与之间,悉照市价,无非经手过渡,绝无利益加可图。然利益虽无,而终不能革除者,良以非此不能保全市面耳。试观吾杭现底如此枯竭,复值政潮迭起,如二次、三次之革命也,帝制影响也,复辟实现也,党人图浙也。此六年之中,无时不在,惊涛骇浪之中。而市面卒能镇定,现金不致缺乏者,何莫非现洋升水之效验。试更观各省各埠之调剂金融,总不外悬价招致之一法,虽习惯不同,本位各别,或纹银,或规元,或洋厘,要皆视用场之旺滞,定行市之升降,水涨则船高,虽不指明现水,而现水即在其中。此可知名异实同,各地均藉此术,以资操纵。今吾浙顿将现水革除,不啻自绝操纵之路。窃恐今后不特无术吸收他处之现金,而本地之现款或将被他处吸收以去。市面至此,宁堪设想,此不能不披沥以陈者。

《越铎日报》中华民国七年六月二十二号

省垣钱业意见书续志

（1918 年 6 月 23 日）

至于划单，吾杭在鼎革以前，本以现洋为本位，并不行用划单。迨光复后，市面现洋顿形枯竭，而应用则处处需现，以致一般钱业受现洋本位之害而倒闭者，几于十室而九。当创巨痛深之后，始知处现货缺乏时代，断不能仍用现洋为本位，于是周咨博访，斟酌再三，姑始改本位为划单。盖划单者，实所以补助现洋之不足，为救济市面无上之良法，通行至今，信用卓著，商民称便。试略举其效用则市面之赖以活泼者，划单也。各业之进出收解者，划单也。客路汇款之藉以周转者，亦划单也。票款之出入买卖之往来，几无人不借重于划单。而划单且成为商界之命脉。今更举显而易见者，证之吾杭兴业、浙江、中国等银行，均曾发生兑现风潮，准备金不敷应付，受轧万分，曾由官厅及商会，商令钱业全体出面维持。敝业鉴于唇齿之义，即筹集巨数划单接济备现，遂得相安无事，是划单之足以救济现洋缺乏，关系市面安危，已著明效大验。且近数年来，吾杭受时局影响，不止一次，市面得以镇静如常，莫非阴受划单之赐，平心而论，划单诚无负于社会，既可以救金融之穷，复足以济钞票之变，洵属有利无弊。顾难者或曰，欲济现洋之缺，有银行之钞票，在其说似也，然穷乡僻壤，钞票或未能畅行，而一遇意外事故，钞票又每先受轧，转不若现行划单，无论时局如何为难，对于本境金融秩序，尚可勉为维持。今必欲革而去之，顿使凡百营业，断周转之路，即便不遇意外风潮，而市面之恐慌，必致接踵而起，无事自扰，有损无益，为国家培元气，为地方策安宁，为商业民生筹万全，则吾杭之划单，目前实万无取消之理。此不能不披沥以陈者，又一也。在官厅对于此举，已早饬银行预筹接济，用意未尝不周且至。无如吾国今日之金融，是否活泼，各银行之实力，是否充足，已成不可掩之事实。同处风雨飘摇之会，窃以为银行与钱业当多培其元气，使之互相维持，庶克有济。如果不究，实在利害，顿将钱业之活动力剥夺净尽，使之咸仰给于银行，平常无事能否接济裕如，尚属疑问，万一稍有意外，银行自愿不遑，而钱业之手足已缚，彼时虽欲补救已悔莫及。

《越铎日报》中华民国七年六月二十三号

省垣钱业意见书续志

（1918 年 6 月 24 日）

大凡策大计，成良法，讨论利害，不厌求详，原未必执成竹以相绳。今日之饬令会议，正官厅之力求妥善也。敝业利害切身，用陈善后三策，伏望采择施行。盖现水之有无，视现洋之多缺而定，如果市面需巨现款，银行能源源接济，则现水不期平而自平，现水既平，联带之划单亦不啻无形取消，故欲贯彻此项政策，只须从银行备现积极进行，不必明白规定宣示于众，盖积极备现，划单、现水诸问题已迎刃而解，不明白规定，设遇银行不及接济时，钱业尚留有活动之余地。此项办法于官厅不抵触于商界营业无危害于地方安宁，亦暗受其福，一举而数善，俱备是为策之上者，如果银行备现之方，自问不足应全市之求，而官厅改革之成命，又不能收回则惟有请求变通办理之一法。其法维何，则对于划单求准暂不改革，对于现水姑取限制主义，由官厅定一价格，至多以若干为限，只准缩短，不准超过，如此则官厅整饬市面之政策不为不行，而商界之命脉，不致完全推翻，庶几偷生养息，残喘苟延，是为策之次者。以上二策，如果均格不准行，则惟有吁求官厅俯念钱业之账面，正届放足，各业之范围，亦均扩充。一旦受此影响，收缩不及，则相递而倒者，难免不铜山东崩，洛钟西应。推官厅此次改革之意，无非为民生谋福利，又何忍先使商界受非常之害，故与其念进而险象丛生，何如缓进而徐图收效，应请官厅熟权重轻，假以时日，俾钱业与非钱业，得以从容预备，逐渐变更，一俟将来布置周妥，自然水到渠成，事半功倍，是犹不失为策之下者。舍此三者之外，再四筹思，更无其他周全之法。贵会为众商领袖，利弊所在，闻见较真，应请恳切转呈，为商请命，则全浙幸甚，各业幸甚！

《越铎日报》中华民国七年六月二十四号

维持市面之大计划

（1918 年 6 月 26 日）

革除现水一事，业经迭志本报。兹悉，浙省中国银行，准财政厅函请筹集巨款，革除现水后，当以维持市面，为银行应尽责任。况为省议会议决，并奉军民两长特谕办理之件。因调剂大批洋单汇往甬绍两市，现水、汇水顿见减落。此事已经北京总行开董事会通过，并呈准财政部须持毅力进行，现在钱业方面，以银行无实力为藉口，闻须再拨国款、省款二百万元，永远存储，以供临时之需，庶几划单名目，可以实行革除，改为现货进出云。

《越铎日报》中华民国七年六月二十六日

实行革除现水之先声

（1918 年 6 月 27 日）

杭报载杭、绍、甬钱业同行，对于现水问题已愿官厅限制，定一最高限度。兹闻财政厅与各银行筹商，拟将杭市现水首先革除，苟无现水名目，即是现进现出，无所谓划单与现贷矣。至宁绍两市现水暂定一元或二元，为最高之限度，将来再行革除。又绍市所用竹签与支票效用相等，既不贴用印花，并不受取缔纸币条例之制裁，似太取巧，拟即实行革禁云。

《越铎日报》中华民国七年六月二十七号

关于绍地革除现水之近讯

（1918 年 9 月 3 日）

杭州中国银行蔡行长，以绍分行现底甚薄，市上花用奇旺，而申地办定现款，恐运绍稍迟，特于昨晨由杭运来现洋二十万元，以应市用。又副行长金润泉为平现事，特于昨日早车往申，向沪行筹运现洋百万元，随即携带至甬，以备应用，并拟赴绍，以促进现水之革除云。

《越铎日报》中华民国七年九月三号

平现声中轧现谈

（1918 年 9 月 4 日）

绍兴钱业市面，因现洋缺乏，故前次现水继长增高。嗣经杭州中国银行倡言平现，彼囤积居奇者，咸有戒心，不复似从前之垄断渔利，以致一落千丈，升水二三元，日久相安，并不闻有缺现之风说。现当官厅雷厉风行，禁革现水之际，而沙乡一带木棉市旺，每日须现洋六七万，方可敷衍。且木棉出产，尽在无知沙民，但以现洋为代价，且他钞票概不收受，是以日内安昌镇花行、钱业纷纷向绍城捆运大批现洋装乡接济。不料昨（三号）日钱庄市面因现洋供不敷求（闻只缺二万余千元），曾由该业中人，向银行商借未允，故时在傍晚，市犹未出，长此以往，恐非商界前途之福耳。

《越铎日报》中华民国七年九月四号

现水骤涨之绍兴金融态度

（1918 年 9 月 14 日）

自省议会议决压平现水，官厅竭力提倡，瞬息三月，绍属虽不一律革除，而回顾从前，实有天渊之判。讵知前日钱市忽现异事，聚讼终日，至夜尚未出盘，金融日报为之停顿，各商店之向钱庄询问行情者，络绎不绝，不暇应对。兹悉，此中原因，前次以现水问题，由曾杭州中国银行，以现洋六十万运绍，此番杭市不敷掉用。副行长金润泉既特来绍提款，而杭庄又复函电交驰，纷纷捆现，适缘绍庄无现可捆，因此现水难以作价。当时原拟每百帖水七元，嗣恐市面震动最后定为四元八角，直至傍晚晓出盘，而杭款则以单汇云。

《越州公报》中华民国七年九月十四日

平现声中之钱市状况

（1918 年 9 月 16 日）

杭州中国银行副经理来绍提款一节,已见前报。兹悉金润泉已于前日返杭,提还借款一层以提现非但现水看高,且无现货资捆载,汇单则汇水亦有因而增长之势。虽仍无具体的办法,而绍地金融则因此惹起恐慌之象。昨日现水因杭已近五元,遂涨至五元二角,市上现金异常缺少,签票欲取现货,殊形困难,长此以往,绍兴将成签票世界。闻县知事昨已出有告示,系奉省令,限日革除现水,且看官样文章,能生效力几许?

《越州公报》中华民国七年九月十六日

平现声中面面观

（1918 年 9 月 18 日）

绍兴商市自奉官厅严令平现后,前日五元二角之现水,二日之间已骤跌至二元二角一分。不闻商场有如何之佈置,只闻钱业中人日日会议,终无善后之策,推原其故,实因少数钱庄临危不悟,犹复投机买卖积屯空抛,各便私图,不知利害虽有一二有识者,多方筹策,或以势力不敌,或以锋芒太露,惧遭嫉忌,袖手旁观,是以此次平现问题,从钱业极有关系,要皆噤若寒蝉,毫无建设寄语,钱业其如至期不能实行,官厅有相当之处分何。

《越铎日报》中华民国七年九月十八号

平现阻滞之原因

（1918 年 9 月 19 日）

绍市本称多单,其拆息不及杭市十分之五,故一般商家,均将绍洋出售,存放杭庄,以取厚利,以致汇水市面已难收拾。自省令欲将现洋升水完全革除,而杭帮均将绍洋买囤,以冀汇水狂跌时,得以渔利。初时绍帮尚反对之,嗣因官厅平现心切,遂均囤绍者多,空绍者寡,而绍兴划单,由是拥塞,拆息愈轻。且间有一般商业以绍拆轻而杭掉重,复将所囤绍洋纷纷出售,故汇水复涨。然现时一般钱业已均望平现而取其利,然竟至无法解决,金融扰乱,可为已甚。由是以观,愈知市价之不可不划一,而现水之不可不取消也。

又访一函云:杭、宁、绍钱市拆息远离,为平现之窒碍,故欲取消现水,于平议拆息亦为唯一要议。然现在一般图利商家,均将绍洋囤饱,杭洋出空,故杭掉奇重,绍拆奇轻。设使将所囤绍洋售出,则汇水又须增涨,若囤而不售,则绍拆断难加增,杭掉亦不易松动,故今日平现,阻滞此其一大原因也。

《越铎日报》中华民国七年九月十九日

革除现水之传单

(1918 年 9 月 24 日)

绍兴现洋水,定于阴历八月二十日实行革除等情,已迭志本报。兹闻商场中已发出传单,通知同行及主客,兹分录如下:

祥生顺传单:

迳启者,近来火油一项,外洋来源甚难,上海存底薄极,几将断销之虑,故美孚、亚细亚两行限制开油,所限售额不敷当时应销之数。近来买客欲购大宗火油,竟不能任□主客之愿,敝号早见火油情况难至极点,捷足先登,多数备存,素蒙久顾主客,欲购火油,敝号体谅应酬,价照大市行盘,按市计算。近来银根艰难,务请主客体谅,叨光现洋交易是荷。此布。绍兴祥生顺东号启。

水果行传单:

窃维吾绍为现洋缺乏之区,故买卖无不以划洋为本位。今因官厅革除现水,以八月二十日为实行之期。钱业开会议决亦以二十日截止停业。本签并不负担支取现洋,吾业向章代客买卖,恃平出入,凡山水客援账,均归升水支现。值兹现洋奇缺,实无善法以处。爰集同行公同决议,以八月二十一日为始,各客买卖一律以角洋照钱业大市补水。照援各路过塘行挂洋下找,亦照此给付。恐未周知,特此通告。水果行协大、天和、阜泰、仁和、同泰和、乾源公启。

《越铎日报》中华民国七年九月廿四号

革除现水之来踪去迹(一)

(1918 年 9 月 26 日)

宁波因革平现水,致激起风潮,绍兴商界亦以此问题故,颇生戒心。今宁波钱业,以甬市革除现水困难情形,具节略于旅沪宁波同乡会。昨有绍人归自宁波者,觅得其稿如下:

谨略者:窃维我国币制复杂,各省通货不同,往来汇兑以货币为买卖,其性质犹如货物,当供求不能相给之时,势必用高致之方法,于是发生现水名目。就吾甬一埠而论,进出口货,均以上海为交易地点,上海通用规银,甬江通用洋元,申甬汇兑必须以银与洋相兑换,规银价格以上洋厘合算(如上海洋厘七钱三分,即英洋一元,可换规银七银三分,则规银市价每百两合洋一百三十六元九角八分),规银之涨落,视乎洋厘之大小,洋厘之大小,视乎银根之宽紧,若遇银根紧急之时,照平常以洋厘核算,不能吸收现银,惟有高价抬致之一法,规银市价往往比洋厘抬高(如洋厘七钱三分,规银每百两应合洋一百三十六元九角八分,倘甬市规银每百两价洋一百三十七元九角八分,即是抬高一色,余可类推)。银价抬高一色,现洋即须加升水一元,以□□□□□□□之输出(如前例甬元比申厘抬高一色,以现洋装申办货可比市上汇兑便宜一元,若不加以现升,势必将现洋搬运出口)。现水之由来,实为持平汇兑,吸收现洋,而设现水之大小,既本于银价之抬掀,亦视乎洋底之多寡,如遇淬用浩大,现底枯燥,现洋供不敷救需要者,惟有高抬现水,以抬致之。吾甬当民国四五年间,规银之高,现水之大,实为欧战发生以后,现金流出国外,银根奋紧,兼之进口洋货价值昂贵而销路尤逐渐推广,浙属温、处等府,向不销售洋货,近年风潮大开,日渐畅销。因此,用银愈多,而银根愈紧,银根愈紧,则现水愈大。近日银价之缩,因恒孚庄倾轧,庄卑各庄缩小范围,外项不得不收束营业,进货少办,销售存货,是以用途骤减,银根略松,但各业存货,不旋踵既已售罄,将来定须添办,势不能长此宽松,银根复紧,自可立待。总之,银根之紧,现水之大,此乃时世使然,非钱业所能操纵。且现水之利,求□出之供者,受之钱业,无非过付机关,代主客向市上买入卖出,无利可得,似不得指为奸商于中取利。至于现水之能否革除,应视手现洋之能否敷用,甬江全市收付多至二千余百万,若照省令,现水革除之后,划洋与现洋一律,此后支取者势必纷纷取现,划洋视同虚设,必须现洋充足应用不穷,始得□行无碍,否则现水一经革除,现洋无术吸收,譬如近日秋花当拿洋用畅旺之际,现洋告乏,花庄不能办,花市即转形恐慌,是革除现水之利水见,而扰乱金融之害先现,□□□□□□□□□□□□□□□□□革除,甬人极所欢迎,但欲革除现水,须有实□,倘主其事者,果能多备现洋,源源接济,使市上现洋不致缺乏,现水不待革而自平,固无用官厅之三令五申,反之市上现洋枯燥,实际不敷层转,而欲专恃官厅一纸空文,空言革除,在商人实难为无米之炊。今中国银行,不但不能接济现款,且联络恒孚□聚集洋单,关而不拆,以为硬压现水之手段,殊失革除现水之本旨矣。按钱庄划单,所以补助现金之不足,为救济金融之利器,甬江为过账码头,全市取付均以划洋为本位,划单□如筹码数目,针孔相对,各庄每日应将庄单多缺补平,始克垄门相符,钱业庄规向例缺单庄家,其所缺划单,应向多单□息拆借,而多单庄家亦不能将所多划洋逼令缺单划现。同业互有多缺,互相通拆,□划还划,向不取现,行之百余十年,成为惯例。今恒孚聚集中国银行及同益银公司之划单至一百余十万之多,不允普通拆借,□单多缺一针一眼,多单不肯拆通,即缺单无从补平,在恒孚藉□中国银行肯做钱业放款,令各庄向中国行借款,以还恒孚□□□□□□□借款到须还现洋,是逼令各庄以现洋还划单。不但此也,中行号称接济现金,假如外汇需用现洋五千元,向钱业支取,钱业无现应付,势必回复外项,令向中银支取,而外项取来现洋之后,应将庄单划还中行,中行□将此项划单过入恒孚,恒孚复向各庄逼还现款,辗转相逼,落雇仍须以现洋还划单,则各庄此后营业,自非备足现洋不可。奈甬地现洋缺乏,向持外埠之输入,现水一经革除,来源从此断绝,金融恐慌,已达极点,唯有请求中国银行多运现洋来甬,源源接济,一面建设堆栈,开做押款,俾各业得资周转,庶金融不至阻塞矣。

谨将甬市革除现水之困难情形具备呈请公鉴。省长、财政厅长覆财政部电文曰:

北京财政部鉴:□电悉,现洋升水上亏国税,下病民生,为革除钱业恶弊,本年省会建议平现,随嘱中行竭力设法。半年以来,多方筹备,乃始限期革除。除就宁波论,近数月间现水早平,更无为难之处。至各钱业以挤轧现款为虑,业经兼筹并顾,电饬该管道县传集商董妥筹协议,乃各钱业不筹善后办法,不务商业正轨,亦无只字陈诉,辄即停止收付,意图牵动市面,冀遂其把持垄断之私,大属不合。现仍饬该道县,传谕各商,遵限革除现水,妥筹办法,正与尊电,意旨相符,特先奉复。耀珊啸,厅长张厚环随叩。

《越铎日报》中华民国七年九月念六号

大批现洋运绍志闻

(1918 年 9 月 26 日)

绍兴城镇钱市,近因现金异常缺乏,致各庄号汇划颇不灵便,市面顿呈恐慌之象,杭州中国银行闻此消息,昨特措筹现洋二十五万装运来绍,以资周转,闻尚有继续运来接济云。

《越州公报》中华民国七年九月念六日

革除现水之来踪去迹(二)

(1918 年 9 月 27 日)

绍兴自奉省令,革除现水,昨已实行,一般商界,如绸业、广货、锡箔、五金、杂货、米商、南货各业,皆因签票不通,现洋缺乏,金融困难,周转不灵,市不停而自停,交易上大受窒碍,呼吁无门,束手无策。兹悉,大路锡箔、点锡一业,每日出入不下四五万,类皆签票。一经告停,陡起恐慌。昨日下午,即由业董召集开会,已公举天成箔庄郑秉徽君,为专司交涉员,拟拍电财部,进说帖于省垣财厅、省长,请求收回成命,以甦商困云。

《越铎日报》中华民国七年九月廿七日

革除现水之来踪去迹(三)

(1918 年 9 月 29 日)

官令实行平现,绍地现洋缺乏,各业恐慌,纷纷集议,筹谋善后方法,莫衷一是。惟锡箔业关系较重,于是逐日召集开会,公举郑秉徽办理此项问题等情,已志本报。兹觅录其致财政部及北京同乡会电如次。

致财政部电

北京财政部长公鉴:绍县因官令革除现水,而现洋缺乏,签票不通,金融停滞,各业恐慌,交易闭塞。敝业锡箔为绍出产大宗,男女仰食于是数十万人,商人束手无策,穷黎呼号,交易停顿,工作不举,小民生计日绌,是绝安分良民生路迫切,电达请求速电浙省大吏,力为转圜,收回成命,恩沾亿兆,待命至极。锡箔业代表郑秉徽叩沁。

致同乡会电

北京绍兴同乡会鉴:绍因官令平现,签票不通,各业束手,锡箔为出产大宗,仰食于此,男女数十万人,咸将枵腹,困苦万状,祈垂念桑梓,急为设法转求财部饬省收回成命,救金融,苏商困,维生计,活穷黎,盼切祷切,此复。锡箔业代表郑秉徽叩沁。

《越铎日报》中华民国七年九月念九日

平现中之钱市现状

(1918 年 9 月 30 日)

绍兴钱市近年来对于现水之升降,本视杭垣汇水为标准,如今现水市面虽已实行革除,而杭汇水屹然犹存,其于现款进出手续,不无相左。爰将与汇水暂取一致办法,钱业中亦并不另立名目,不过就通融主义而行之,一俟将来各市解决后,再订章程云。

《越州公报》中华民国七年九月三十号

平现声中之要讯

(1918 年 10 月 2 日)

近日汇水市面颇难制平,杭市之绍汇水,绍市之杭汇水,均盘旋于四十元左右者,已有多日。而甬江市面,现在尚无办法。闻前市杭掉已跌开七分五厘。昨市又跌至五分,是与绍拆三分核算相符,若以后杭掉不再回涨,则汇水或可稍冀回跌云。

《越铎日报》中华民国七年十月二日

实行平现后之金融要讯

(1918 年 10 月 2 日)

近日汇水市面颇难制平,杭市之绍汇水,绍市之杭汇水,均盘旋于四十元内外之间,已有多日,而甬江市面,现在尚无办法,故于汇水问题,尤难解决。惟前市杭掉已跌开七分五厘,昨市又跌至五分,是与绍拆三分核来相符,若以后杭掉不再加增,则汇水或可稍冀回跌。又闻杭州中国银行行长蔡谷清君,以平现问题,虽经日事筹备,现水名目已经革除,然汇水尚未解决,且甬绍二埠现款奇乏,须筹接济办法,爰于昨日乘车往沪,闻将与沪行有所磋商,约二三日内,当可返杭,再筹绍兴计划云。

《越州公报》中华民国七年十月二日

革除现水后之汇水问题

（1918 年 10 月 3 日）

自现水市面取消后，因甬市尚难解决。一般屯积绍洋者，以汇水恐无制平之望，均将绍洋纷纷售出，以致市现愈形繁杂，汇水愈难减短。现在杭绍二市拆息虽已相符，然各方面屯积绍单，除前逐渐售出外，尚不下七八十万，而其间抛做空绍者，虽亦有之，殊不及十分之三，由此以观汇水之前途，似尚无十分平减之希望也。

《越铎日报》中华民国七年十月三日

改头换面之现洋水

（1918 年 10 月 5 日）

自官厅明令限期革除现水从市价上观察之，果然无有矣。从实际上查询之，则现水何曾革除。

吾人持现洋购物，果然无现水可升矣。然向钱庄支取现洋，必须依照杭汇水升算，并有从而增益之者。近数日来，每百四五元，余不等。所谓暗盘是也。否则欲支取现洋万万不能。

当有现水之时，支取现洋得可准市价计算。不因智愚而高下其数也。今则各钱庄者之狡黠者，居然对于支取现洋之人，随意定价升算，持向各铺购物，则以现水已实行革除，对此中损失殊为不浅极端，主持革除现水之官厅曾亦有所闻否耶？

呜呼，革除现水，以阳奉阴违行之，则何如不革除。

《越铎日报》中华民国七年十月五日

平现声中花业谈

（1918 年 10 月 6 日）

棉花一物，为吾绍出产大宗，其收成之丰歉，价格之贵贱，关系农民衣食生计至为重要。本年棉花收成大好，市情因而稍平。讵知钱业突然平现之后，各商家均不解付现银，以致市上现洋大为缺乏。兼之一般沙地花户性质历来愚笨，对于买卖交易，定须大洋进出，现闻头篷、龛山、瓜沥、塘头、宏昌、党山等处，各花行向钱铺提取现洋，该钱侩等先行刁难不付，继而要听杭汇升水作算（按杭汇水目下升水涨至四十四元之多）。因此各花商以一元现洋，须加五分升水，对于算付买客，势必无从升加，抱耗颇重，均皆棘手。闻有现洋存积花行，议将花价短跌，以弥补洋水。不期种花地户，亦以洋水无伸，花价反遭短跌，诸各不肯出售,故而卖买花商,大受亏损。目下每花一包(一百斤)其价定十三元五角,耗块花每包定十一元七角,净白花衣须售四十四元四角云。噫,平定现水,虽官厅主意以绝奸商吃小买大之弊,今该钱佥闻沪地市情高培,群集汇付申江。况绍地向系缺现码头,一旦趸柜居奇,现货愈形缺乏,长此以往,不特眼前花商受苦不堪,恐将来各业定必害同一例也。

《越铎日报》中华民国七年十月六日

革除现水之来踪去迹(四)

(1918 年 10 月 7 日)

绍属禹会华舍地方机织纺绸运销各省,久为两浙出产大宗,以故绸庄林立,专司收买。而各村机户,恃为生活者,尤不可以数计。但绸业工商进出款项,均用期票,由钱庄到期理解,相沿已久。今以省令实行平现,各钱庄以无现款不能代理,绸业又乏现金以为救济,致日前各绸庄不得不自行暂为停市,顾机户生计所在,恐逆意外风潮。当由绸董沈正华、沈少帆两君,出为工商两造妥筹方法,除禀请知事转详省长,设法维持外,复令各庄暂行减取绸疋,以资周转。兹觅得禀稿照录如下,以供众览而证平现反响之一斑:

具禀绍兴绸业观成堂董事沈正华、少帆,为奉令平现营业停滞工商损失,禀请转详设法维持事。窃绸业向在绍兴华舍地方各设绸庄收买罗坊绸疋,运销各省,以谋国货发达。但绸业买卖惯例,向机户收买绸疋,当由绸庄给付四十日或二十日期票,以为代价。机户持票得在市场购丝买物,与支票性质相同。至期复由绸庄将款划付钱庄,托其理解工商,藉以挖注。今奉钧令,实行平现,定现金与划单无所区别,是持期票者,到期均索提现金,不甘收受钱庄过账划单,各绸业势必筹备巨额现金,照解钱庄,庄方得应期周转。不然,此项期票在钱庄,既不能代为理解,绸庄又不能自为行用,虽官厅未曾明文革除期票,而期票效用已属无形消灭,且绸业所取之绸,必须运销各省,每年进出款项,约有二三百万之巨,安得以所获巨款,时时捆载汇绍,即属能之,当此道途荆棘之时,危险滋多。若使钱庄汇划,则以现金之故,亦必一时无以措应。况绍地现款来源素恃外埠,今无现水则现款轮运之汇费,无从所出,而一般富商势必因无现水及汇费之故,群向钱庄提取存款,放之外埠则绍地现款必日见缺少,故不仅恃钱庄接济之绸业,不能用以周转,即资本有限之钱庄,亦难支持。顾现水非不可平,要在行之久者,革之缓,如雷厉风行,一旦骤改,则利未睹而害转剧。故平绍兴现水,官厅宜曲予变通,暂缓实行,或加制限以资宽转。待绍地现款稍裕,各业有所准备,再行革绝,庶金融无停滞之虞,商业无竭蹶之患。兹他不具论,即以绸业而言,已受平现影响,工停于机,商停于市,所为一业停顿,万人失业,不知讲求民生振兴实业之谓何?谅官厅体念商艰,必当有善其后。董事等目击绸业工商困苦情形,不忍缄默,为此沥陈前情,禀请知事鉴核,转详省长准予设法维持,工商各安生业,实为公便。

《越铎日报》中华民国七年十月七日

革除现水之来踪去迹（五）

（1918 年 10 月 8 日）

绍兴官令平现，各业惶恐，锡箔业代表郑秉徽拍电财部旅京同乡会电文等情，已志本报。兹闻该业代表又经具禀，请求县公署转圜，觅得王知事批答如下：

十月三日锡箔业代表郑秉徽禀称，现水为市面恶习，自奉省令革除，节经函致商会集议，妥洽遵令实行在案。该代表须知事关弊政，何得藉口习惯，妄冀转圜。至现洋缺乏，于钱业虽不无影响，现已由商会及钱业各董，向杭州中行筹商办法，并经本知事呈请该省长知照中行，设法维持，该代表毋得不加研究，率行妄禀，切切此批。

《越铎日报》中华民国七年十月八日

平现声中近闻志要

（1918 年 10 月 18 日）

近日甬江洋拆逐开二角，绍兴日拆续开四分，均不更动。而杭市掉期，昨又减至二分，以三埠并较，杭掉已为最轻。然于汇水市面则反略涨，推其原因，皆为绍帮陆续将绍单售出，有以致之。盖中行所丈绍单已照杭市汇水计价，而绍帮亦拟将此款掩直，故均在出笼，汇水尚不能回减可知。揆度以后情形，若杭掉不加升至极度，则汇水必有减短可望云。

《越铎日报》中华民国七年十月十八号

质问主张革除现水之官厅

（1918 年 10 月 20 日）

市价中既无现水名目矣，则取之于钱庄，用之于市场，当然一律无升水可言。今者取之取钱庄，则曰照杭汇升算，用之于市场，则亦曰照杭汇升算，是无现水之名矣，而仍有现水之实也。况其中或从而加甚，或因此减少，视其人之强弱而加减其现升。市侩弄技，商民吃苦，为官厅者闻乎否耶？

更有甚者，钱市杭汇偶停一日，取之于钱庄者，当照前一日之价目升算，用之于市场者，谓杭汇已无，升水革去，同一绍地，同一商界，而市价出入，黑幕如是极端，主张革除现水之官厅，将何以善其后乎？

《越铎日报》中华民国七年十月二十日

对于最近商场之难论

（1918 年 10 月 23 日）

杭、绍、甬有现水，人多非之，即予亦非之，然予独怪非现水者，仅非杭、绍、甬三处，而不非其他各处。

虽然人第知杭、绍、甬三处有现水名义，故非之。其实其他各处何尝无现水，特不知商情者无自知之，故无由非之耳。试举其例，本省如兰溪亦一热闹商场也。其钱业行情中有现水名义者乎？无有也。然其以汇期为现水之标准，此为外人所不知者。此无现水之名，而有现水之实者一。

繁盛如上海，谁复认为有现水者。然上海有洋厘一价，洋厘价中即寓有现水者。外界人又无自知之。此无现水之名而有现水之实者二。

主张革除现水者为划一金融计，发生是项政策，胡可非之。惜徒托空言，不图实际，实为主张者一大缺点，苏君于讨论间谓，端赖国家银行之接济现洋，诚知本之论也。但最近中行，闻已应杭行之请，装出现洋二十余万元。此二十余万元作何支配，是为另一问题。兹不必论。然为我绍商场计，岂非少一大宗现款与革除二字非背道而驰何。

商会前会长在杭时，对于中行曾负有不使杭汇过长之宣言。讵回绍以后，骎骎乎有规复有状之势，不得已商诸同业，而暂停之。乃商号出入间，不无不平之事实。新会长乃折衷其间，主张根据绍汇评定杭汇（商会昨致钱业函中有前项之主张）是殆与苏君之勉词将毋同与？

《越铎日报》中华民国七年十月二十三日

平现声中倒账谭

（1918 年 10 月 30 日）

嵊县商业，适为划一现水，受累非常。其中以钱业为更甚。近来绍兴杭水升每百元七角三分零，嵊县现洋照杭水升四角，寄绍费带资每百元二角，实耗六七角有奇。现今各商号因阴历九月底将近，钱庄收账，外行周转不灵，迫而闭歇者，纷纷不绝，时势为之奇紧。该查得该邑闭歇各商号如下：

杂货业：悦来康　恒泰兴　丽和　祥和

钱　庄：甡和　慎泰　德源　恒豫　亿中　衡记

米　店：穗康　震通　咸昌　瑞昌　悦放

煤油业：协记经理

幸福油业各经倒闭，同盛公司经理束洋各牌亦在收账，均为现水，拆耗甚巨云。

《越铎日报》中华民国七年十月三十号

最近钱业之黑幕

（1918 年 11 月 6 日）

一般猢狲以私害公。

绍兴钱业自将中行款计价划还后，一般评议行情之场友，几无不视屯积杭洋为发财之捷径。近来杭汇之高抬，实由于此。故对于绍拆又无不以大减特减，为屯杭之唯一法门也。昨日（五号）又为该业评论扩息之期。屯杭之场友，各各纠起精神，先时至会馆，以群起反对加拆为第一要义。讵河沿储成庄（储成钱庄是日各场友出来）正以杭汇日长一日，又将受外界之干涉，引为殷忧，以惟有加拆，或可救济。故首先主张改开五分，一般场友大起恐慌，不得已出而抗议。庄中经理闻，类皆不知也。其间有恐因私抑拆，多发议论，将被人窥破者，扯甲牵乙，令各出而发挥，无如理由词穷，适成为钱侩之贪财而已，奇形怪状，殊堪喷饭，故五日卒无钱业行情云。

《越铎日报》中华民国七年十一月六号

杭汇水日益升涨之不平鸣

（1918 年 11 月 11 日）

现水由官厅明令革除后，近日市上支取现洋及行用现洋，乃按照杭汇水升算，是无其名而仍有其实也。兹章乃谷特具函浙江省议会云：

谨说者：宁绍平现一案，前承贵会议决，省长公布，雷厉风行，具征毅力、决心，无任佩慰。讵现水革除未久，即有杭汇发生。近日，每千元竟涨至百余十元，实属变本加厉。在贵会提议于前，自必维持于后，究竟是项杭汇，能否轻减，应请就近调查明确。一般舆论佥谓与其巧立名目，不若仍旧升现。盖现升进出，尚属一律，若杭汇进则伸算，出则没收卖买，交易痛苦不堪，为此敬请贵会提出议案，始终维护，感激不特绍属人民已也。此请贵议会钧鉴：绍兴道墟乡公民章乃谷代表一千五百十三人谨请。

《越铎日报》中华民国七年十一月十一号

平现案阳奉阴违将查究

（1918 年 11 月 22 日）

绍兴钱业平现一案，迭志本报。兹闻绍兴县王知事，近又奉到省长训令，以据公民章乃谷等禀称，现在绍兴现水表面虽平，而实质则变本加厉等情，严令王知事从严取缔，闻王知事奉文后，业于日昨函邀商会领袖冯纪亮、高云卿诸人到署，面商取缔办法，并函请商会转知钱业，即日革平，如有钱业故意违抗，行将查拿究办云。

《越铎日报》中华民国七年十一月念二号

日 拆 问 题

（1918 年 12 月 17 日）

今年绍兴之金融搅乱已达极点，其搅乱之情形，大别之则可分为三时期，初为现水问题，然而水涨船高，进出均得加升，吾人虽病之，尚未以为甚苦也。继则变为杭汇问题，于是乃为钱佥发财，而外行及平民苦矣。迨至今日之日拆问题，则愈不可问，虽能令资本家加增，其财产亦足制小民之死命，流害所及，或足以引起社会之暴动。盖日拆一高，商品之价必重，生计问题必窘，平民无以聊生，则同盟罢工，要求增价之事起矣。且商民多藉钱庄或资本家之资财以资周转，今日拆一高，商品之价又不能异常增涨，故日拆之高，又足以凋敝商业也。嗟呼，迩来四方人民均苦刀兵水旱，我而绍人，乃独困于日拆。

我闻此次之加拆平准，实出自省令之主张，然而省吏何心，胡至必以搅乱绍地金融为快？殆亦关心民膜过热，又中于一二宵小之言，始出此耳。一道省令为钱佥垄断之护符，又为小民生计窘迫之催命符，省吏果爱绍人，吾愿其一审我绍兴商业之情形而定调济之法可也。

不佞不熟钱业内幕情形，右所论列，大类隔靴搔痒，然而加拆平汇问题之赤，其中必有奸人作祟，则万无疑义。苟有能抉个中之秘密或于此问题有所论列者，以稿见惠，无任欢迎（天寥）。

《越州公报》中华民国七年十二月十七日

关于整顿金融之意见

（1918 年 12 月 20 日）

省议会议员魏泽寰等提出质问书于省长，略谓：

整顿金融，革除现水一案，前经敝会建议，咨请贵省长责成财政厅会同各银行，切实整顿施行。现水名目，虽已革除，而钱业暗中仍有收算现水情事，变易名称，欺朦外行，如杭州近有贴票之名，计每百元须贴三角，此为革除现水后新发生之事实。宁波、绍兴两处，则均藉汇水名目以行现水之实，所有款项出入需用现洋者，均须照杭汇水升算，暗中抬抑，不可胜计，甚至每百元须升贴十元有奇，与现水名目未革以前之现洋贴水名异实同，流弊何堪设想。要知现水积弊所在，其一于各地汇水得由钱庄任意议价，不按实际运汇费计算，其二尤在于各地拆息之失于均衡，是以平现莫于平汇，平现尤莫要于举拆，二者决不可以偏废，至于汇水抬抑无定之弊，既详于前，而拆息一层要必使杭甬绍三处无甚出处，庶几钱商搬运抬抑等伎俩不绝而自绝。缘比年来甬绍钱业往往故抑本地拆息，移款外放以图厚利，甚且有宁向本埠缺欠而抛多于外埠者，其剥削地方利源，扰乱金融秩序，弊害何可胜言？计惟主持如息，使各埠咸得均衡，如绍须与杭等，甬须与杭绍等，而尤须使各埠咸以上海为标准，则一切搬运投机诸弊，自可根绝而无遗。鉴于迩来绍兴之拆息加至六角五分，而现水每百元遂跌至四元之则（现称杭汇）其明验也。否则杭甬之规元市价，绍兴之杭汇、甬汇市价，仍任该商随意抬抑，则现水积弊，不特藉汇水之名，永留于杭绍甬三处，且必将滋蔓难图，传染各地，其何以副贵省长整顿金融之至意。兹者甬绍两处钱商藉汇水之名，行现水之实，杭州钱商则新创贴票名目，以避现水之名，如此阳奉阴违，变本加厉，未识贵省长有所闻否？议员等不无疑议，谨按省议会暂行法第十九条提出质问，并希于三日内答复，无任企盼。

　　提出者：魏泽寰。

　　连署者：童养正、吕衡、骆瀛、萧嘉禾、朱弼、章五成、张哲甫、周元达、陈钟凌、庆祺云、许一藩、应西。

《越州公报》中华民国七年十二月二十日

抛空钱侩之厄运

（1918 年 12 月 21 日）

　　绍兴自平现后，日拆日增，一般商民，咸有不胜负担之感。夫平现自根本言之，果属有利民生，然平现之实惠未沾，而重拆之痛苦又来。钱侩之祸，诚有加无已哉。兹有公民某某等，深悉钱业中黑幕，以为近日绍市钱业中之主张加拆者，果非善类，而主张平拆者，亦系奸徒。盖操纵日拆，即所以伸缩杭汇，彼钱侩皆因已之有所抛卖抛买，故假日拆问题以图自私自利耳。爰于日前渡江具呈省长公署，请求省长严禁钱侩之抛卖抛买，并闻拟有具体办法数则，已沐省长采纳，批交财政当局，令饬绍兴县知事严行取缔矣。其办法分款如下：

　　（一）自后无实用之杭汇，不得空卖空买。

　　（二）已经成交之杭汇，照成交日市价解约，使赢者不赢，输者不输。

　　（三）日后如有违禁空卖空买杭汇者，一经察出，买进者汇款全数没收，卖出者科同等之罚金。

　　（四）自令行后，凡已成交之杭汇而未遵令解约者，则法律上作为无效，倘因而涉讼者，官厅得弃置不理。

　　噫，前此钱侩因积屯现金，已受平现风潮之极大损失，乃今抛盘杭汇，又遭严禁，业此者损失恐将不亚于平现钱侩，诚厄运哉。

《越州公报》中华民国七年十二月念一号

甬绍杭金融之意见书

（1919 年 3 月 10 日）

自欧战发生以来，出口货种种搁滞，外银行运出现银数亦甚巨且长，其先令高其息率，多方设法吸取吾华人之现银，以致市面现银日益缺乏，往往供不敷求，有岌岌不可终日之势。商场之危险，固莫甚于此也。上年入冬后，甬绍杭银根之紧，昔所罕有，遂有少数人之议论，谓为官厅革除现水所致。不知欧战以还，世界金融靡不缺乏，富裕如美利坚且有募集公债之举，大势所趋，中国未有不受其影响者。如上海之银拆，天津、汉口之洋厘，皆足以证明银根之紧，在各该处固未尝有现水之关系，可见金融之盈虚，决不在现水之有无矣。论者必欲归咎于革除现水，实不足以昭平允，要知现水之作用，仅取快于一时，实贻患于无穷。譬如上年春夏之间，银根本未太紧，而甬绍现水已达至一百数十元之巨。使使官厅更不预闻，试问冬季银根暴紧，一时现水将高至若何而止。揆其情形，而忖度之即不及三百，亦当在二百元以外，倘有人以现洋一千元在钱庄作三次之收付，设不得其时，必因现水之涨落而尽没其资金矣。金融之危险，岂尚有甚于此者哉。林君斗南所谓革平现水四字，为天经地义之办法，确系至言，然论者固未尝不明此理，徒以便于一时，狃于积习，以致舍本而逐末，不讦日后之大患也。华人不知改良，久为世界各国所讽，即此一端，亦几坐其弊病。宁不大可痛耶？今者窃幸上年钱业中虽间有因革除现水而微受损失，然亦不过减少其获利之数，究无巨大之妨碍，是犹塞翁失马，福在其中，偏师小却大军益固，则不能不为钱业前途额手贺也。现当民国八年，阴历新春正钱业开始营业之时，将来芃芃进行，深愿诸君放大眼光，筹稳健计划，当念金融为国家之命脉，宁绍杭为全浙之枢纽。观听所系，关系匪轻，似宜变通旧章，顾全大局，开诚布公，明定现洋出入之办法，如此则官厅既无干预之必要，商民亦有安心之一日。凡上年如甬市之暗中贴水，绍兴之抑低拆息，杭州之见票迟一天兑现，或遇应解之款，仍曰仅有剧单等语。种种影戤陋习，似是而非之办法，实非吾金融界所宜有，自应一律划除妥筹之法，则亡羊补牢，犹为未晚，想吾甬绍杭灿烂之金融界中，必不乏明达之人，敢贡一言以备采纳。

《越铎日报》中华民国八年三月十号

关于革除汇水之复函

（1919 年 4 月 12 日）

财政厅令杭县景知事续议革除钱市汇水问题（其令文已志八号本报）。当由景知事转函杭总商会先邀钱业讨论见复，以便交由评议会妥议，呈复核夺。嗣经杭总商会召集钱业领袖，对于汇水问题，详加研究，结果以京苏津汉甬绍各市，多有汇水，杭绍两市，在实际上万难除去，遂由该会将会议情形函复景知事查照。其函云：

案准公函内开：奉财政厅训令（从略），当即函邀钱业开会集议，金以杭地现水名目，业经奉令革除，绍庄谓杭庄所定汇水，即现水之化名。然则，江苏京汉等处，向无现水，尽人皆知，何以亦有汇水之一种，足证现水是现水，汇水是汇水。当现水未革以前，绍汇每千元涨至一百七十余元。迨现水革除后，绍汇每千元亦曾涨至一百十余元，此更足以证明现水与汇水性质绝不相同。总之，甲处之洋汇至乙处，即不能不发生汇水问题。市面有涨落，汇水即不能无多寡。江苏京汉等处，其汇水数目，随时变更，且无一定之规定。况杭地各业，有收绍洋者，有售绍洋者，由钱业会馆会议市价，通盘筹核，视收售之多寡，以定汇水之苦干数，由来已久，并非于现水革除后而始发生汇水名目也。若照绍庄所议规定，每千取运费一元，使各业均以现洋装运，由杭运绍，由绍运杭，非独手续繁琐，途中危险，即就运费而论，其性质亦与汇水异，不能以运费而作为汇水。总之，汇水莫善于以国币为本位，舍此别无完全方法等语。相应函复查照云。

《越铎日报》中华民国八年四月十二号

关于钱市之近讯

（1919 年 4 月 22 日）

绍县知事王嘉曾，因绍兴钱业尚未开市，前呈财政厅文内称：钱业因杭市汇水增加，若遽行开市，与所定庄规首先抵触，须待杭州绍汇去水除尽，方可开市等情。嗣据杭县知事呈报，则谓日前汇水稍高，因绍庄尚未开市，绍庄如能即日开市，汇水自可减轻。张厅长以彼此所持理由适相反对，遂令杭绍两县妥为协议。现悉，绍兴王知事业已呈覆，定于十八日偕评议会各会员晋省，请令杭县订期开会公决，并闻杭县景知事已奉厅令，定于二十日特开杭绍金融评议会续议汇水事宜，并拟于杭绍未经开会以前，于十九日下午先召各会员开讨论会，征求意见，便于开大会时提议云。此次，杭绍会议后，有无效果，尚未可必然。绍兴钱业转期将届开市之期，要亦不远耳。

《越铎日报》中华民国八年四月二十二日

绍兴钱业停闭之影响

（1919 年 4 月 25 日）

绍兴钱业自本年旧历新正迄今已将三月，尚未开市，致使各业金融停滞，咸感不便，迭经开会筹议，无如种种掣肘，终难解决。目下当春暮茧市瞬届，一般茧商采办茧丝，均须现洋进出，未便长此闭塞，致阻进行。昨特由上海丝茧厂茧业总公所电致杭州省公署财政厅省议会要求迅饬绍兴钱业从速开市，以资流通而维市面，录其电文如下：

杭州省长、财政厅长、省议会钧鉴：绍兴钱业迄未开市，其余各县汇兑均不流通，中外茧商本届赴各县办茧,如果尽装现洋,非惟累重难堪,且虑稍有疏虞,必生交涉。为此恳求迅饬绍兴钱业,从速开市。伏思茧款汇绍,关于各业长年挹注,与别种贴现者不同,似宜暂从习惯,先使各县流通后,因势利导,逐渐改良,庶与商业人民,相互裨益。

上海丝厂茧业总公所沈鉴、黄晋绅等叩

《越铎日报》中华民国八年四月二十五号

绍钱业开市有期

（1919 年 4 月 27 日）

绍兴钱业自旧历出年以来,荏苒三月,尚未开市。前日该业假商会集议,金以茶茧行将上市,不得不勉为其难,定于旧历四月初一日实行开市,并拟就简章九条,定名曰"绍兴钱业暂行简章"。

一议同行以本国国币为本位,北洋造币一律通用;

一议同行公单,限以缺至一万元为度,得向多家掉用,逾限以现洋解直;

一议解票早一天付账,须凭同行过收,以免遗失等情,如数巨,来现抵解;

一议外行来现,当日收账;取现,早一天付账,惟须取过印费每百元二分,客帮同行同;如成千者,须先期通知;

一议乡镇同行存拆,除五厘,欠拆加一分,主客存拆,除五厘,欠拆加一分半;

一议日拆以五厘起到六分为度;

一议客帮如有委解巨数现款,必须来现抵解;

一议各路及客帮信电捆办现洋批宝角子,一经捆出,途中风险,概不归来捆之家担任,不涉绍庄之事;

本简章如有未尽事宜,得随时修改云云。

《越铎日报》中华民国八年四月二十七号

钱业加水一问题之近讯

（1919 年 5 月 12 日）

昨日市上发现一种传单,曰"各业公启",主张仿照沪杭钱串与铜元市面一律,兹录传单如下:

前因钱文充斥,无法救济,曾由各业公决,大钱加一贴水,以维近状。然较沪杭钱串与铜元市面一律,每元约计一千三百元左右者,从中仍难免钱侩搬运之弊也。嗣因现水升长,兼仍加一贴水,由是钱串市面各处平均,私贩弊绝。然究非加一贴水之功,实全赖现水升长之调剂耳。迩来吾绍现水免除,而萧山、临浦等处,每元一千二百数十文,即如塘头、凫山等处,钱串早已加一加二升用,独绍城钱文直用,以致贫苦小商取用□□直出之钱文,暗抱升兑无形之损失(每元兑钱暗升七八十文,尚复无人过问),更加□花、菜蔬、点食、小贩等摊之各向上行购粉买油籴米售布,一切需出等项,无论整用、零找□角,均须角洋,而收入仅系直用之钱文,势不得不忍痛,须臾横加暗升,冀招兑换之迅速,故直用者,其名加一者,其实在吾各业上,角不收,即有另星钱找,亦仅足副逐日零用,直收直用,并无巨数之积贮,尚无何等之损失。而直接受赔升之痛苦之最烈者,厥惟贫苦小商及人民。故吾各业公议,前于四月初五日为始,钱市出入,一律加一贴水者,实为贫苦小商及人民计,绝对非为吾各业减除暗中之抱耗计也。现在各业复于昨日,自行开会公同议决,此次商会既有通告,自应遵照,于十三日以前,暂勿加贴。是日开会各业业董,全体拒不出席,静待议董解决,定于四月十四日起,钱串出入一律加一贴水,成埠上角,仍用银元、铜元照市进出,暂维近状。于银串未解决以前,各业应输商会会费,暂行停缴。总之,吾各业雅不愿徒袭表面体恤贫苦小商、人民之虚名,致贫苦小商人民隐受无穷暗升之实害,则幸甚矣。至吾各业暗抱钱贴些微之损失,固其次焉耳。尚乞各界谅之。再商会苟欲救济绍兴钱文充斥,杜绝钱侩搬运之敝。厥非仿照沪杭钱串与铜元市面一律,不为功。庶足以收各处一致之效,且免另毫争执之虞(沪杭市面自有钱盘、洋盘之分,假如白米每升大洋六分,决不能不以铜元六枚易□,盖仍须按照铜元大盘市面核算,且得免去另毫之虞矣)而贫苦小商人民,亦得免除升兑之亏累矣。是否有当,悉在议董诸公之裁夺耳。各业公启。

《越铎日报》中华民国八年五月十二号

钱业猢狲利令智昏

(1919 年 7 月 17 日)

绍城钱业自去岁平现风潮一起,设有金融评议会,为调停流通革平现水,便利通商起见。各商莫不欣颂。讵料,本年丝茶一出,交易需现,待用孔亟。而绍城一般下流钱侩,藉此刁诈,利填欲壑,私议暗盘,以每洋一百元,去水二三元不等,其中晋孚庄为尤甚。于是丝茶两项贸易抱耗者不知凡几,同是怨声载道,恨达极点。该钱侩之鬼蜮伎俩,败坏市风,紊乱商规,至于此极。不知几辈身任金融评议会员者,亦有心肝耳目否?

《越铎日报》中华民国八年七月十七号

钱侩暗做现水之不法

(1919 年 7 月 26 日)

绍兴钱市向有现水,自王知事呈奉省宪禁革以来,现洋进出,一概照一元直算,永远不准有现水名目,遵行以来,商民称便。讵近来有钱业中奸商,希图渔利,竟敢不顾公令,暗立汇水名目,甚且每千元升至十三四元、二十余元不等,向遇钱庄提取现洋,则捺而不付,口称须向杭州汇水,来须听杭汇水云云。名则汇水,实即从前之现水也。

《越铎日报》中华民国八年七月念六号

质 问 钱 业

(1919 年 7 月 26 日)

现洋的贴水,早已奉官厅的命令革除了,当然没有再发生现水问题的余地。

现在往钱庄取现洋,仍旧要贴现水,名叫做暗盘,每百二三元不等,倘若不肯贴这现水,他就说没有现洋。

既然有这暗盘的名目,当然出入一例,那里晓得这般钱业夥友的如意算盘,有人把现洋去存,说是现水没有的,向他去取,说是要照暗盘计算的,这黑幕里面的作用,比较起来,我们商民的吃亏,实在甚于盛行现水的时代,这种"爱进不爱出"的暗盘,是谁主张出来的?

《越铎日报》中华民国八年七月念六号

暗做现水扰市情

(1919 年 8 月 1 日)

绍城钱业现水,自王前知事实行取销后,一般钱猢狲莫不心怀愤恨,惟以法律所在,故敢怒而不敢言。现下王知事甫经卸任,余知事下车伊始,该业中人意欲死灰复然,遂暗开市面,照当贴水,商界中人,付伊现洋,则摆存不收,存户向伊提取,则任意垄断,且各庄价目不同,被其害者不可胜数。即大街钱摊面论掉换英洋,亦有十一角六铜元加零,如此扰乱市面,商人奚堪设想,有地方之责者,宜亟起而禁止也。

《越铎日报》中华民国八年八月一号

请革钱业暗水之公函

(1919 年 8 月 2 日)

绍兴钱侩违反功令,暗做现水,从中渔利,紊乱市情,病商病民,种种详情,已志本报。兹悉,本城某绅有鉴于此,昨特公函新任余知事,请求重申禁令,革除暗水名目,想余知事痌□在抱,定必从其所请也。录其原函如下:

敬肃者:吾绍钱业现洋升水,自民国以不,肆无忌惮,卖空买空,抛做虚货,升拾现水,每百元须加一二十元不等。四民之暗亏,不堪言状。幸蒙前任王公洞烛情形,大费心力,呈奉省宪禁革,永远除脱现水名目,四民受惠,实非浅鲜,有口皆碑。讵今死灰复然,承奉阴违,暗中勒取,每百元已在二三元之则。若不重伸禁令,抬升至一二十元,已在意中。然买空卖空抛做虚货,无异赌博,本属大干例禁,四民之害,何可言状。为此,不揣冒昧,可滞仰恳钧长节查全案卷宗,传谕该业首领,责成革除暗水名目,重申禁令,倘如仍有阳奉阴违,破除情面,现示晓谕,严定处罚,实惠及民,是所咸祷,敬请勋安,伏乞垂鉴。

《越铎日报》中华民国八年八月二号

核议杭绍鄞拆息办法

(1919 年 8 月 2 日)

杭、绍、鄞三处拆息办法纷扰,迄今官商尚未磋商就绪。现闻财政厅昨已拟具办法,呈请省长核示,一俟核准,即当公布函复杭总商会云。

《越铎日报》中华民国八年八月二号

钱业舞弊之近状

(1919 年 8 月 2 日)

钱业居各业之领袖,须以信义为前提,从前划款、现洋两项,因现水重伸,遂由金融评议会决定,将现水取消。嗣后概归现洋收解,众皆允许。风闻近来现水每百元有伸至三四元之多者。该钱业是何居心,竟敢阳奉阴违。若此,是日上午予至水澄桥晋昌钱店兑换银圆,每小洋一角仅兑铜元十一枚钱五文,复到大汀桥恒和钱店,向兑铜圆,该店只付铜圆十一枚、钱三文。查该两店同在一城,何其门兑数目,多寡不均如是耶?

《越铎日报》中华民国八年八月二号

戳穿现水之黑幕

(1919 年 8 月 4 日)

绍兴现水自省议会提议革除后,蔡行长积极进行,王前令严厉奉行,一战以来,相安无事。四民称快。洎乎今日,王令去任,余令尚无政见发表,致钱业惯做虚货之流,妄思一逞于此,撤绍拆,屯杭汇,杭汇俏即现升涨,评议会会员利令智昏,□□暇顾及身任何职,从而益之。故汇水逐日提长,各业怨声载道,尤可怪者,绍籍议员陈某欲谋推翻前案,贸然函邀杭甬绍三处各派代表赴申(陈某在申)开三处联合会,以冀达到目的。斯诚何心?寄语陈某毋为他人傀儡。余知事下车伊始,在桐乡颇有政闻,对于绍人现水,自必不肯使王令专美于前,严令重禁,指日可待,一夥钱侩,可以休矣。

暗盘的现升

（1919 年 8 月 5 日）

暗盘现升,本属非法,益以钱庄各自为政,而商民银钱进出其间,拆阅甚夥,更从何处声诉乎?

今者各钱庄暗盘虽有划一之说,然非法的暗盘,总须令其打消,以符议会原案,否则虽暗盘划一,仍属破坏议会原案,其罪皆不容转逭者。

至于各店铺向顾主收入之现洋,无丝毫可升,交付钱庄则准暗盘升算,从中取利,抄管顾主之损失,孰令使之不能不归咎于始作俑者之钱庄。

金融问题之一鳞

（1919 年 8 月 5 日）

革除现水问题,自杭绍金融评议会员开联合会后,吾绍钱业本已完全革除,惟是甬庄不□会议,故甬市尚杂乱无章,而杭市绍汇水,规定为每千元升一元(现名义上每千元去一元),现亦自由评定,以致影响及于绍地。兹闻省行政方面,以申厘大而银拆重,甬洋将流出于沪上,拟先自甬市著手。而沪上甬人,以长此纷扰,实非金融钱途之利。爰要求旅申杭绍之营钱业者,知会各同业选派代表赴申与中行代表共同协议办法,庶于两方金融、贫民生计,两无妨碍。昨日本报曾志绍籍议员陈某,欲谋推翻前案,贸然函邀杭、绍、甬三处代表会议,与今日所载事实有未符处,爰再志之,以存真相。

禁止奸商规复现水

（1919 年 9 月 1 日）

齐省长据绍兴公民程丙臣等电称:奸商规复现水,乞饬严禁等情。当以该县现水早经禁革,何以现又另立暗升名目,希图复蹈故智。昨特令饬财政厅转令绍兴县知事迅即严行查禁,弗稍宽纵,以除恶习而维金融云云。

奸商暗地渔现水

（1919 年 9 月 22 日）
（诸暨的新闻）

自越郡各地金融现水革平后，商民莫不额手称颂，讵有枫镇南北杂货两奸商，阳奉阴违，仍敢暗中升现，每百元以一二元或三四元不等，贪多务得，细大不捐，以致镇上各业小商汇兑为难。金融更被困束，莫可言喻。虽怨声载道，无可奈何？况官厅禁现，示谕煌煌，儆彼奸侩渔利办法，非不善也。今该镇南北杂货两奸商，竟敢抗违官法，暗渔现水，抑何胆大妄为之甚耶！

《越铎日报》中华民国八年九月念二号

关于取缔重做甬汇之请求

（1919 年 11 月 7 日）

绍兴公民程丙臣等因绍地各甬庄重做汇水，绍地商民并受其困。特快邮代电浙江省长饬该县知事，严加取缔。兹录其文如下：

浙江省长钧鉴：查自上年平现以来，限制汇费，原以杜绝投机之事业。故绍汇每千元各定一元，以运费作汇费也。行之半载，商民咸称便利，迄今甬汇一层，尚属漫无限制，致为一般投机家所利用。查本年阴历八月□旬起，每千元有去至三四元或七八元不等。似此自由升降，实于汇水名目之中，仍含有现水之意。绍甬壤地相连，大受影响。为此联名电请钧座，饬厅转访鄞县知事赶速严加取缔。嗣后，甬汇亦以运费作汇费，每千元至多不得超过二元，庶几与杭绍市面，不至相差过巨，而现水名目，亦不至公然复活矣。临颖不胜迫切待命之至。绍兴公民程丙臣、阮彬华、陈邦彦、陈均、许枚、胡泽、张钟沅、姚业显□叩东。

《越铎日报》中华民国八年十一月七号

关于取缔汇费之省批

（1919 年 11 月 14 日）

绍兴与宁波，系属比邻之县，所有庄款、汇水，应取一致。绍兴公民程丙臣、阮彬华、陈邦彦、陈均、许枚、胡怿、张钟沅、姚业显等日前致省长电云，查自上年平现以来，限制汇费，原以杜绝投机之事业，故绍汇每千各定一元，以运费作汇费也，行之半载，商民咸称便利。迄今甬汇一层尚属漫无限制，致为一般投机家所利用，本年阴历八月下旬起，每千元有去至三四元或七八元不等,似此自由升降,实于汇水名止之中,仍含现水之意。绍甬壤地相连,大受影响,为此联名电请钧座,饬厅转饬鄞县知事,赶速严加取缔。嗣后甬汇亦以运费作汇费,每千元至多不得超过二元,庶几与杭绍市面不至相差过巨,而现水名目亦不至公然复活矣。临颖不胜迫待命之至。兹闻齐省长接电后,当以杭绍汇费,前据该县知事召集金融评议会会员,公同议决,无论汇杭、汇绍,每千圆均取汇费一元,业经照准在案。甬汇如何取费,迄未据该县报告。据电前情,昨已批示,候令财政厅转令鄞县知事召集金融评议会公同评定取费办法,呈候察夺,毋任意高抬,致碍市面。

《越铎日报》中华民国八年十一月十四号

质问绍兴金融评议会

(1919 年 11 月 29 日)

往者绍兴钱市之议加拆也,则藉口于平现,佥谓绍拆加重,现款自集。迄今拆则加重矣,现水之名目虽革除,而暗中仍旧有所谓现水者在,固各钱庄之巧立名目耶。抑于事实上非有现水不可也。我致质诸金融评议会。

近日绍地现水暗盘,闻每百元涨至四五元不等。提现洋于钱庄,则非遵照其所私定之暗盘给予不可。用之于各商店,问其有无现水,则云已奉令革除,岂革除现水之令,只及于各商店而不及于各钱庄耶?我又敢质诸金融评议会。

《越铎日报》中华民国八年十一月念九号

条陈县署大文章

(1919 年 12 月 5 日)

城绅钱某等以现在知事余少舫勤政爱民,尚属好名之流,亚特行拟具条陈,于日昨进呈县署抄录其文如次:

具说帖南洋商业毕业生章步瀛,上海商业毕业生吴维翰、东湖通艺中学生钱左、经济科毕业生郑国雄。谨说者,窃维自让清季世国家有人浮于事之患,溯厥来由,皆在仕途杂进开捐例滥签抽,官方乘巧,及今政客乏监督万能,犹且各争党见,怀私自树,故下而亲民有司多以搜刮为能。对于少舫先生顶戴之余,斗胆敢进一得,倘沐不弃刍荛,愿采录也。窃闻一国得人,则一国治,一县得人,则一县治,生等如尽言。于治邑不中,或不任咎。谨缕陈之如次:

(甲)亟宜厉禁暗水。

绍地现洋,商市无堆现者久矣。故钱业有汇划码头之名,向有现水名目,无非钱侩敛钱手段。初未援引别处而特创者也。去年缘捐税缴解划洋与现洋,几差什二之别,激起风潮，事闻于省财厅。寻沭大部下令平现，人民悦便欢声动野，惟钱业少一种收益，不顾大体，抵触经济法而出无为之阻挠。嗣以阳奉阴违，巧立名目，曰汇费，曰杭汇，曰捆运费，总之签票失提现之效力，历经前后出示谕禁，延至今日仍有所谓提先六十天，日拆甚或八十天，尤甚者直至一百二十天，以日拆六分核计，不下每元得六七分之暗水。况查钱业无论何种存项，向提必仍划单提现，非贴莫属。是虽无现水之名，而吾民仍被现水之害。

责在亲民之官，当宜注意，而革除之必布告上声明，无论何项存款，何种签票，均可无贴提现。如违依照藐抗部令扰乱金融惩办等字样。诸钱侩虽狡，无或欺之弊，勿同染水明禁暗弛，仍无实效，徒为奸商所朦而贻人民以口实者也。

（乙）急当减轻日拆。

市面盛衰，恒视金融为转移，商业亨否，必赖银根为周辗，吾绍自从平现以来，现则未平，拆则加重，日议六分，以复利的核计，不亚二分之重利。官厅之不禁，细民莫敢违。议盘悬市，是启人民盘剥重利之渐，开商人困难搁浅之争，谁能堆基金而操业，谁能无外用而谋生，一任钱侩垄断沽利，不恤商人周转艰窘。夫贸易者，古所谓牟什一之利者也。今什一之利未得，而先负什二之息。市情因之日衰，商务因之凋敝。钧长负维持商业之责，钱业既受蚌蠓矣。岂他各业不受蚌蠓之烈耶？况长此以还，各业顿挫，未始非钱业即间接之影响。生等目击钱侩之凶狠心肠，各业之偏枯，故不能为钱业讳，侧闻钧长勤政于民，躬亲菔访，对于娼赌讼三者，不遗余力，谆谆肃清，管子牧民，太公殖民，独具造诣之深脱，不欲利商福国则已，欲利商福国也，当亟宜设法向钱业疏通减轻日拆，禁绝暗水。间旬来甬拆已减轻矣，绍何独不然请解，商人倒悬，齐甬绍为一致，庶营业发辗，市面富庶，既富而教，三者不除自除，收顽廉懦立之功，建龚王成绩于指顾也。

（丙）点铜卖空买空速宜悬为厉禁。

夫商所以通有无，供社会之求需，农出工成，而商人通运以牟利，为买进之正轨，反是皆为人道蟊贼，因之让请沪上标金，空卖空戳，奸商而悬厉禁，其用意深矣。吾绍锡箔为出产大宗，人民仰食者男女数十万人，其制造之原料为点铜，出荷兰及香港、中国云南间或有之，其市价以上海洋行为标准。向归铜锡业运□。嗣则大路各箔庄亦寄售，今则居然私户各外行贪利而虚囤虚售，且比比矣。溯厥原由，自去年前两年始，缘欧战剧烈，来源告罄，价格骤涨，普通六七十元，点锡价递增至一百九十余圆，每条相差几过常本，获利莅厚，骇人听闻。于是箔业中人遂置锡箔正业于脑后，抑若附属视点铜之空售空囤为正当营业，鱼鱼逐队，鹿鹿奔驰，亲友相接引，知好相与谋全城鼎沸，视为发财捷径，甚至谲诈相尚，智巧横生，非营业之正轨，申绍密电交纷涨报跌跌报涨，黠者闻风而沾利，愚者被惑而入毂，破家荡产，身死债台，已不胜计矣。甚矣，有圈□党，自由党，上城派，下城派之名色。去年因奇昂而虚囤者固获利而虚售者死，今庚奇跌（现价只有四十余元一条），虚售者转获利而虚囤者死，即实囤者亦死，出售无方，觅死不得，倒账送出，破产纷然，逃工匿者，妻离子散，死守者，业败名裂，目不忍睹，耳不忍闻。惨务愁云，漫大蔽日，在愚民犹溺不知止囤积居奇虚售牟利，大背先圣立法，农出工成商运之初衷，一成市侩居奇垄断虚抬之恶弊。查中国银行抵押之点铜，山积云屯，届期难赎，现洋缺乏，职此泰半。甚至查邮局有特别挂号电报局有密码密电不此之禁，势必流毒蔓延，伊于胡底。泰西重市政，太古严职，方皆所以制贱大丈夫之垄断居奇，而使品物流行，工出商运，求供□遂今若是，既碍社会，大背市政，箔业中数十万分安之人，皇皇岌岌，难措手足，点铜抛空买空陋习，虽行未两三年，而商业被害者不知凡几矣。始作俑者，其无后乎。此亟宜严行禁止者也。

《越铎日报》中华民国八年十二月五号

现水竟实行恢复

（1919 年 12 月 8 日）

上年本省当道鉴于宁绍现水病商病民，力主革除，杭市亦随之划一。全省商民正深幸数十年之恶习，得有解除之日。讵料一般钱侩见利忘义，好做空盘，藉口现洋枯涸，各业停顿，不得不向申地□现以供需要，遂于旧历十二日起，巧立厘贴之名目，嵊汇划上单及各款项外，凡遇现洋出入，不论收付，概须援照申市计算厘贴。是日每百元开出尚只一元三角，次日涨至一元六角五分，此项厘贴非即现水之别名耶？况此六百万元非即商民之膏血乎？吾愿有责者，速起而整顿之。

《越铎日报》中华民国八年十二月八号

现洋缺乏之恐慌

（1919 年 12 月 11 日）

萧山各钱庄自阴历九月底长期立清另做短期以来，现洋缺乏，查萧地商业，均系现洋交易，来源向恃杭州。现在现洋涸竭，百业疲滞，市上花、米价各大跌，而各业逐日所进银洋均被钱庄提去，竟有人不敷出之势，而典业亦以现银周转不灵，所质各货削码收当。人心惶恐，商业停滞，已不堪设想。日昨该县商会函致杭州商会，请求疏通，俾得金融早日流通，以维市面云。

《越铎日报》中华民国八年十二月十一号

省议员质问书一束

（1919 年 12 月 13 日）

省议员林茂修提出质问书云，为质问事。查吾浙钱业点现之例，初起于宁绍，继流于省垣。钱商罔利居奇,官民同受困苦,上年由本会何议员劝业提案,建议嗣经贵省长令行财政厅会同各银行革除在案。数十年之恶习,一旦廓清,正所谓民庆□生,此其时也。乃革除仅及一年,而一般钱商遂有希望恢复之谣。近浙江《民报》亦有现水实行恢复之纪载(见十二月六日)。据云,旧历十月十二日起,巧立厘贴之名目。凡有现洋出入,不论收付,概须援照申市计算厘贴,每百元贴洋一元三角,次日涨至一元六角等语。该报是否失失,并厘贴是否即从前贴水化名,虽据报章不能依为确实恢复贴现论。据然据各界纷传似亦不无其事。议员等躬为人民代表,不能怀疑不问,谨依省议会暂行法第十九条,关于浙省钱业贴现久经革除之例,是否恢复之处,提出质问,请贵省长于三日内明白答复,无任迫切待命之至。

《越铎日报》中华民国八年十二月十三号

关于革除现水事项质问书

(1919 年 12 月 23 日)

省议员周元达昨质问省长云,案查关于革除现水事项,杭、绍、甬各钱庄,仍属阳奉阴违,经议员等提出质问咨请答复,本月七日准贵省长咨复,业已令行财厅转饬杭、绍、甬三县知事查明严行禁革等由在案。查准咨,迄今又阅多日,至近数日来各处钱庄承奉阴违之举动,仍未革除,即如杭垣钱市厘贴一面,仍复肆行无忌,足见一纸公文奉行殊为未力。杭县近在咫尺,为贵省长耳目之所易及,而空言无补虚行,故事若此,则甬、绍两处钱业宜更置若罔闻。至厘贴开价,为数虽微,究不可以恶小而勿禁。况厘贴之外,杭市有向单,有划单,绍市用倒付,甬市算暗水,种种舞弊何可言。总之,涓涓不塞,终将复成江河,如为防微杜渐计,岂可不急起直追,亟切从事。鄞绍交通甚便,查禁固易,杭垣一隅令行之下,宜乎旦夕可平。何厘贴名目犹未扫除,议员等疑团未释,依暂行法第十九条,再行提出质问书,限三日内明白答复,无任盼切。

《越铎日报》中华民国八年十二月念三号

死而不僵之钱业暗水

(1920 年 1 月 25 日)

绍兴县各钱庄铺号现水,自省吏严令革除后,人心为之一快,乃各钱庄号,近又援照省垣厘贴成例,创立暗水,其暗较从前现水为尤甚,而四五千元资本之小商家,受其钳制,因是亏耗倒闭者,几十居七八。噫! 市侩弄幻,诚令人不寒而栗也。

《越铎日报》中华民国九年一月念五号

关于绍兴汇水拆息之杭信

（1920 年 4 月 11 日）

日前杭州开金融评议会，时由钱业董事提议，宁绍汇水拆息，须与杭市一律，不得超过。亦经众赞成。兹闻已由该会将开会情形拟具节略，分呈省署、财政厅核示矣。

《越铎日报》中华民国九年四月十一号

钱市拆息比较观

（1920 年 5 月 21 日）

自杭、绍、甬三处，均改为日拆后，阴历三月份杭拆计一元九角半，绍拆计一元五角，甬拆计二元二角半，相提比较，甬拆最重，杭拆次之，绍拆为最轻云。

《越铎日报》中华民国九年五月念一号

大批现银运到绍

（1920 年 6 月 18 日）

绍兴、宁波两处，近因新丝上市，需用现洋流通，为数甚巨，而两处各钱号准备金异常短绌，特于前日向杭中国银行及各钱庄汇借现银数十余万，昨已由杭如数运至宁绍两属，藉资流转云。

《越铎日报》中华民国九年六月十八日

钱市拆息比较观

（1920 年 6 月 20 日）

浙省自鼓铸新币，银根松动，商业借款拆息因之减轻。阴历四月份，杭市拆息，因之减轻。阴历四月份，杭市拆息五元六角半。绍市拆息六元七角。甬市拆息八元七角，均以每千元计算云。

《越铎日报》中华民国九年六月二十日

钱业摈市之原因

（1920 年 7 月 24 日）

绍兴钱业市面,自京津风潮初起,略受影响,钱业中稍明事理者,设法维持,尚称安妥。其时虽年荒,民穷财尽,商业停滞已达极点,杭甬洋拆逐渐减轻。不料,绍城承源钱庄出面加增,昨日已增五厘。今日复拟再加。该业全体多方开导,实难理喻,以致众情愤激,一哄而散。故昨日钱市尚未出盘云。

《越铎日报》中华民国九年七月念四号

大批现洋绍志闻

（1920 年 8 月 8 日）

绍城近来现洋异常缺乏,各庄号汇划颇不灵便,市面颇形恐慌。昨由中国银行措筹现洋十二万元,装运绍城接济。闻日内尚须继续运来云。

《越铎日报》中华民国九年八月八日

钱业奸商抑拆升汇

（1920 年 12 月 18 日）

吾绍现水陋习,素为人民切齿,前年涨至十分之二,真个民不聊生,后经官厅雷厉风行,创立金融评议会喝止维持,始得逐渐减平,直至去水,可谓成绩昭著。人皆欢跃。今闻钱业如元康等庄,居奇垄断,减去绍拆至四分,汇水竟超过法限之外。该业领袖咸相维持,拆改五分,彼等竟漠然置之。今又欲减至四分,被维持者窥破奸情,持之以礼,故未中计。查金融评议会定章,如汇水在法限之外,拆应六分,今市情未符定章,吾不知该会余知长,其将何以出而维持,以慰民望耶。

《越铎日报》中华民国九年十二月十八号

杭绍甬拆息比较

（1921 年 1 月 12 日）

杭州钱市阴历十一月份,日拆每千元计十八元,绍市日拆每千元计十三元四角,甬市洋拆每千元计八元二角半,相提比较,杭拆为最重,绍拆次之,甬拆为最轻云。

《越铎日报》中华民国十年一月十二日

杭绍甬钱市加拆

（1921 年 3 月 23 日）

杭州钱市现水，向以日拆为比例，惟阴历正二月间，因商用稀少之故，向无日拆，现水行情本年因同业单子互相挤轧，以致市面银根较紧，故于开市之初，即有沪汇、日拆名目。近日沪汇市价已每百元升一角，日拆独开五厘，以现在尚无大宗两用。兹闻钱业集议阴历三月一日起，茶用已旺，茧桑亦起，日拆应改一分，并闻甬绍市亦须同时加拆云。

《越铎日报》中华民国十年三月二十三日

杭绍甬钱拆比较

（1921 年 5 月 21 日）

近日省垣钱市，因上江金衢严、下路嘉湖等处装运大批现洋来杭听拆茶茧，现用既少，新纱犹未开市，洋底充裕，故日拆与沪汇均已跌至一二分。绍兴钱市缘各茧行开议，十成之八，较浙西为发达，商用浩繁，日拆开至六分。甬江钱市阴历二三月间，久无息率，业因渔汛已起，茶茧用途亦旺。近市洋拆计开四分，尚须看涨。

《越铎日报》中华民国十年五月念一号

关于铜元跌价之救济办法

（1921 年 6 月 1 日）

绍地迩来铜元充斥，百物价格潜增暗涨，有加靡已，危害市面，并影响小民生计，殊非浅鲜。兹闻上月二十七日下午，杭县公署开金融评议会，召集会员协议平定办法，想吾绍事同一律，亦当急起直追，速筹救济之方法也。兹将该会当日议决办法觅录如下：

（一）由会呈请军民两长，通令本省沿边界各县，遇有外省客商携带铜元，至多以五百枚为限，余多之数，查出一律充公，全数充赏，分给报告人及查获之员警，如在通令禁止半月内，实有未知禁令，误运入境者，除五百枚准带外，余多之数，扣留仍由原人领运出境。

（二）由会呈请军民两长，停给准运铜元之护照。

一、杭州邻近铜元，一律禁运入境，以每人五百枚为限。

一、由警厅县禁止钱店钱摊收买私贩铜元，并派员警密查，查获后从重令罚办。

一、杭市铜元兑价暂定为每一银元兑铜元至一百五十枚。

一、以上各条，由钱业董事传知钱业各同行，劝令大家顾全市面，维持劳动生计，即日平价交易，并得由钱业同行自行派人调查，如查有私贩大批铜元入境，即准密告或扭送就近水陆警察厅扣留罚办，所充公之铜元，即提成赏给报告人。

一、呈请军民两长通令各县，一律平价交易，限制贩运。

闻所拟办法，王知事已函致杭总商会请召各业董一开会，将所议各条按照市面情形，详加讨论，如无窒碍，请即承复，以便呈请军民长官遵办云。

《越铎日报》中华民国十年六月一号

杭绍甬拆息之比较

（1921 年 7 月 15 日）

杭、绍、甬各钱市上月拆息，业经开出，杭拆每千元计十二元九角。绍拆每千元计七元零四分，甬拆每千元计七元零五分，相提比较，以杭拆为最重云。

《越铎日报》中华民国十年七月十五号

杭绍甬拆息比较

（1921 年 8 月 9 日）

杭州钱业同行阴历六月份拆息，每千元计六元。绍兴钱市拆息，每千元四元二角，宁波钱市拆息，每千元计三元五角。相提比较，杭拆最重，绍拆次之，甬拆为最轻云。

《越铎日报》中华民国十年八月九号

钱市病民宜整顿

（1921 年 8 月 28 日）

自铜泉充斥，而每文以加三行用，从此百物腾价，名为加水，实则加价，吾民之受病已深。天下事有利必有弊，钱散而铜元聚，聚则抑之，于是铜元每枚以大洋六厘二三作算，而用铜元每枚仅作六厘，吾民之受病更深，以角银兑换铜元作六厘三四，以铜元购物，铜元仅作六厘。用银一角，则暗亏大洋三四厘，天下不平之事，孰有甚于此者。吾愿有以去其病而剂其平也。

《越铎日报》中华民国十年八月念八日

杭绍甬拆息之比较

（1921 年 9 月 8 日）

杭垣钱业同行，上月份日拆每千元计七元四角半，绍兴钱市日拆每千元计七元三角半，宁波钱市洋拆每千元计五元四角半。奉杭市日拆原开五厘，近因中秋节届，商用浩繁，昨已加开为一分云。

《越铎日报》中华民国十年九月八号

绍兴钱业停市之原因

（1921 年 10 月 7 日）

自民国七年间大部申令平现（是年汇水每百元升至十七八元之多，因杭地向绍地吸收现洋，杭拆重绍拆轻），由绍中国银行行长沈出面干涉，杭绍拆因此打平。至八年间，统年无汇水名称。不料，去年钱业市侩垄断居奇，现水改名沪汇水化名，每百元升至四五元不等。今年二月间财政厅申令杭商会转饬绍商会（由知事监督），令限钱业汇水，每百元只升一元两角为度。（杭州有绍汇名目）（绍兴有杭汇名目）已成铁案，迄今八月之久，相安无事。就绍兴钱业自己订定汇水升到一元二角，绍拆必挂六分，如是使杭绍拆，双方打平，免杭州再向绍兴吸收现洋之准备。讵不知昨日有乾昌钱庄（系保昌连枝），为际此冬令，洋用吃紧，如上海银拆，每千两六七钱，杭拆自三月起每月较绍拆为重（惟八月绍拆重），汇水已升至一元二角，绍拆照规定必须挂六分。况杭拆亦是六分出而维持。适有乾泰陈秉衡之弟及元康沈某出面反抗，必须绍拆减轻，使杭拆重举，以饱其私欲。沈某平时善于吹牛拍马、卖空买空起家之惯技。直至下午不能决定，或有几家公共同业，亦抱袖手旁观之态度。噫，沈某等如此把持，实为商业前途之忧也。

《越铎日报》中华民国十年十月七日

钱业暗盘现水日抬日高

吾（1921 年 11 月 27 日）

绍钱业，因官厅严禁现水，特创立杭沪汇名目，阳奉阴违，已属可恨。幸汇水至多时，也不过每百元升二百左右耳。不料，旬日以来，该业竟变本加厉，悉被官厅干涉，于杭沪汇两种名目外，复创一种暗盘升水，每日每百元约开一元数角之谱。如昨市（即夏历十月二十六日），暗水竟开一元四角，合之钱业日报，所明载之杭沪汇，计共有三元之多。吾人尚不知暗盘升水之多寡，而以大银元向市上购物，不过取得明水而已，于暗水则分文无着也。其中吃亏甚巨,当此光天化日之下,银业中竟有是鬼鬼祟祟,贻害商民之举动,能不令人发指耶?

《越铎日报》中华民国十年十一月廿七号

杭绍甬钱市之消息

(1921 年 12 月 30 日)

杭市银根前因洋厘飞涨,沪汇明升暗加至二元一角之巨。追挤兑风潮平靖,仍日开一元二角。商业用款毫息亦重,计存息一分六厘半,欠息二分二厘半。兹闻钱业同行,定阴历十二月朔日起,日拆改为五分。现升减至一元以内。又绍兴钱市日拆原开三分五厘,现水二元二角五厘。甬江钱市,洋拆原开二角,现水三元零五分。现亦定于阴历十二月初旬减拆,即于中旬停拆现水,过账码头,须直开至腊月底云。

《越铎日报》中华民国十年十二月三十号

革除现水耶?

(1922 年 3 月 16 日)

现水之革除,不啻三令五申,而钱业则听之藐藐,依旧不能革除,藉口于实际上有所不可。

即如绍兴,现水之名目革除也久矣。然则官厅欲革除现水,亦不过空言而已矣,有何效力?

《越铎日报》中华民国十一年三月十六号

开市以后金融谈

(1922 年 3 月 25 日)

绍地钱业自本月(阴历)初一开市至今,候已二旬,有铃宝纹,最长为一百五十六元八角,最短一百五十六元,甬汇升水,最长八角七分,最短升一分。杭汇升水最长一元八角一分,最短升九角一分,沪汇最大升水一角一分,最小去小五分。小洋最大八八七二五,最小八七九七五。铜圆最长一千五百四十五,最小一千五百十文。宝纹之步步见高,因银楼开市,红盘进纹应酬。近日重行回跌,为杭地规元缩小,甬杭两汇直上层楼为根据。杭地行情,沪汇候升候去,取用仍属寂寂,小洋先小后涨,用场不懈。缘该处贸易出纳,素以角子为多数,铜元逐长系底甚足,日拆至今尚停,为各业用款未起,下月或须评议云。

《越铎日报》中华民国十一年三月念五号

一周间金融消息

（1922 年 4 月 4 日）

上月二十一至三十一日，绍地钱业宝纹最大为一百五十六元四角，最小为一百五十五元九角五分，沪汇升水最长为三分五厘，最小反去水一分五厘，甬汇升水最高为七角七分五厘，最低为五角五分。杭汇升水最重为一元七角七分，最轻为一元五角三分，小洋最涨为八九，最落为八八四二五。铜元最长为一千五百五十，最短为一千五百四十文，宝纹之倏长倏短，因客货接济不匀，沪汇上落有限，为现用尚稀，杭汇逐见其高，系箔业汇款不懈，甬汇涨多疲少，原根据杭地市价，小洋初则直上层楼，为供不敷求，及后步步回跌，被杭帮到货踊跃，铜元为市面充斥，日见具抬，日拆初系寄栈，后缘茶箔用款，故评小试五厘云。

《越铎日报》中华民国十一年四月四号

一旬间金融消息

（1922 年 4 月 15 日）

本月一日至十日，绍地钱市宝纹最长为一百五十六元三角，最短为一百五十五元九角，甬沪汇升水最大为七角六分，最小为五角。杭汇升水，最重为一元八角四分，最轻为一圆五角六分，沪汇升水最高为七分五厘，最低反去水四分七厘半，小洋最贵为八八四八七五，最贱为八八。铜圆最涨为一千五百七十，最跌为一千五百五十文。日拆五厘到底，并不更动。宝纹之先长后短，因杭帮接济多而需者少，甬汇先小后大，为甬地加拆所致。杭汇先重后轻，为出多进少。沪汇先升后去，因现底充足。小洋先贵后贱，铜元先跌后涨，均因福建铸角、安徽铸币所受影响耳。日拆原拟增加，被缺单家反对，故不果行云。

《越铎日报》中华民国十一年四月十五号

金融界长期利息

（1922 年 4 月 21 日）

绍地金融各钱庄，前日在笔飞弄该业会馆公议期款利息，已准于三月（阴历）底起至九月（阴历），统归还按月九厘七毫五丝计算。凡七对每千元，计息六十八元二角五分，同行月减二毫五丝云。

《越铎日报》中华民国十一年四月二十一号

一旬间金融消息

（1922 年 4 月 25 日）

绍兴钱业宝纹最长为一百五十五元九，最短为一百五十五元，甬汇最大升水九角五分，最小五角七分五厘，杭汇升水最重为一元六角八分，最轻为一元五角二分五厘。日拆最高为二分，最低为五厘，沪汇最大为升三角二分，最小反去水二分，小洋最长为八八二七五，最短为八七七五，铜圆最大为一千五百九十文，最小为一千五百六十一文，宝纹之逐见回跌，为杭地元价小落之故，甬汇之涨而复减□甬拆增加所致。杭汇上落有限，因交易不旺，日拆先轻后重，为用户起色，沪汇先小后大，被申厘报俏，带上小洋略高，为供不敷求，铜元逐长为市上充斥耳。

《越铎日报》中华民国十一年四月二十五号

宁绍金融新消息

（1922 年 7 月 3 日）

宁绍两地金融界，日来为如业用度已懈，市面步步转松，今将宁地二十六日行情录后。规元开盘为一百四十元零三角五分，二盘高五分，三盘又高六分。收盘跌一角三分。日拆三角，小洋八十七元二角。小板升四角一分。今绍地二十七日市价，宝纹一百五十八元五角。甬汇升六角一分。杭汇升一元三角七分，小洋八十六元三角五分。日拆二分。铜元一千七百六十四文云。

《越铎日报》中华民国十一年七月三日

钱业已解决拆息

（1922 年 7 月 19 日）

绍兴金融界为加拆问题，十一、十二、十三等日，摈市三天，曾志报端。各外行咸感不便，要求开市。现由仲裁人出而调处，多单家与缺单家，亦情愿双方让步，结果旧历十七至二十三，开三分，二十四至月终仍开二分，下月分观察各业之需求，再行评议。日拆之增减，将十四、十五两天该处行情录后，十四市宝纹一百五十七元五角，甬汇升六角三分，杭汇升一元四角七分五厘。沪汇直过小洋八七三五，铜元一千七百六十文，日拆三分。十五市宝纹一百五十七元五角，甬汇升七角七分五厘，杭汇升一元四角九分五厘，沪汇去一分五厘，小洋八七三五，铜元一千七元六十五文，日拆三分云。

《越铎日报》中华民国十一年七月十九号

厅令制止绍钱市杭汇之暗升

（1922 年 8 月 13 日）

绍兴县顾知事昨奉财政厅电云：近阅报载，绍兴钱市行情，杭汇一项，虽经规定一元，仍有暗升名目，实显违禁令，仰该知事迅速实行制止，倘敢故违，即行从严究惩，勿稍放任是为至要。财政厅齐印。

《越铎日报》中华民国十一年八月十三号

金融界藐视禁令

（1922 年 9 月 16 日）

绍兴钱业暗水名目，早经官厅革除，然日久玩生，阳奉阴违，在所不免。照得本年该业行规内载，杭汇规定每百元以升一元为最高限度，不准稍有逾越。查近来绍地钱市杭汇连暗水竟有增涨至三元一二角者（杭汇之外，尚有沪汇水名目）。目前有民人丁兆松呈请财政厅训令到绍，令顾知事召集该业领袖，勒令将杭汇暗升，立即收销，如再有暗水名目发生，定惟该知事是问等云。此令到后，该业中人非常恐慌，果将汇水缩短数角，非但不即取销，竟敢仍然抬长，究不知用何手段运动成熟，操纵渔利，藐视禁令，虽系奸商惯技，未始非官厅不力有以致之。值此水灾迭出，米珠薪桂之时，各业外地办货，多自申杭等处，无一不受汇水影响，愿吾绍热心公益，负有地方之责者，对于金融要政，切弗放弃而任奸商播弄也。

《越铎日报》中华民国十一年九月十六号

暗水未平议加拆

（1922 年 9 月 22 日）

吾绍钱业，前因民人丁兆松呈准财政厅训令，绍兴县知事勒平暗水，该业奉令后，非但不即取消，竟将杭汇暗水抬长，藐视禁令，操纵渔利一节，昨已详志本报。兹又探得该业消息，以为此种禁令等诸弁髦，所谓官样文章，虎头蛇尾，往往如是。且闻该业同行集议，暗水一层，自阴历八月份起尚须逐渐增高，并拟加重日拆，每期极少，增至四五分不等，如果实行，商业前途何堪设想，各外行受苦极矣。

《越铎日报》中华民国十一年九月二十二号

官商相持停汇水

（1922 年 9 月 23 日）

绍兴钱业因杭汇暗水，以财政厅明令取缔后，该业藐视禁令，仍然照常开市，毫无顾忌，且拟重做拆息，以为抵制。顾知事即邀该业领袖数人，如乾泰源经理陈某，承源经理冯某等入公署询明各节，和平各诚磋商良久，均云无可设法，以故前日绍兴钱市杭沪两汇，均经停歇云云。

《越铎日报》中华民国十一年九月二十三号

藉民食汇水难平

（1922 年 9 月 25 日）

吾绍钱业原似本月份日拆重□六分。嗣乃减开四分，一面朦报县知事，谓此次因各处米业办货正在鼎旺之际，以故杭汇暗水一时碍难取消，请将此原委禀覆上峰，民食关系重要，若照此办法，则县官与钱业均可靠无罪矣。已蒙顾知事首肯，以故前日（二十三号）杭沪两汇已照常开市云。

《越铎日报》中华民国十一年九月二十五号

钱业汇水难除革

（1922 年 9 月 25 日）

绍兴钱业暗水名目早经官厅革除，然日久玩生，阳奉阴违，在所不免。本年该业行规内载，杭汇规定，每日以升一元为最高限度，不准稍有逾越。查近来绍地钱市，杭汇连暗水，竟有增涨至三元一二角者（杭汇之外，倘有沪汇水名目）。前有丁兆松者，呈请财政厅训令到绍，令顾知事召集该业领袖勒令将杭汇暗升，立即取消，如再有暗水名目发生，定惟该知事是问云云。此令到后，该业中人非常恐慌，始将汇水缩短数角，但仍不即取消，不久仍然抬长，究不知用何手段运动成熟，操纵渔利，轻视禁令，虽系奸商惯技，未始非官厅查禁不力有以致之。值此水灾迭出，米珠薪桂之时，各业外地办货多自申杭等处，无一不受汇水影响云。

《越铎日报》中华民国十一年九月二十五号

关于革除钱业暗水之呈请

（1922 年 9 月 28 日）

吾绍钱业奉财政厅训令，革平暗水后，初则停闭汇水，继则藉口米用，朦禀当道增长暗水，照常开市各节，已志前报。现闻绍县公民吴诒辉等，以该业如此情形，显系目无法纪已将始末详情，先后呈达财政厅矣。兹觅得其第□次呈文录下：

为呈请事。吾浙杭、绍两处钱业暗水恶习，早经明令革除在案。然日久玩生，难保不死灰复燃，巧立名目，阳奉阴违，在所不免。开得本年该业行规杭绍汇水，互相订定每百元升至一元为最高限度，不准稍有踰越。查本月十四、十六两日，绍县钱市，杭汇连暗水竟有增涨至三元一二角之多。（杭汇之外，且有沪汇名目，如各业现洋出入，按照杭汇计算，再加汇水）。自经民丁兆松呈请钧署，旋蒙训令到绍，令仰绍县顾知事召集钱业领袖勒令将杭汇暗升，立即取消。如再暗水名目发生，定惟该知事是问等因。奉令之日，群情愉快，凡在商民，莫不欣然色喜，共颂贤明。该业闻知，稍稍敛迹，仅将杭汇暗水缩短数角，不即取消，数日之内，不知何故，竟敢仍然抬长，行若无事，显系操纵渔利，藐视禁令，可□奸商陋习，市侩伎俩，本无足怪。然值此水患频仍，米珠薪桂之时，绍兴各业外地办货，多自沪杭等处，无一不受汇水影响，若多一分汇水，便加一分血本，则是汇水日长，货物价格日高，小民亦间接受害，长此以往，商业前途何堪设想。查绍地钱业，杭汇暗升原因实为杭绍拆息关系纯系被动性质（查本月杭市日拆，每期六分居多，绍市只有二三分之间）两地相较，自以杭息为重，以故该业中人，乘此机会，大可合算争作投机事业，预将绍地现洋纷纷装运至省，待各业进货需用之际，居为奇货，故将暗水逐渐提升（暗水超过明盘两倍有奇），藉此获利，其一种险诈狡猾手段，尽人皆知。苟欲正本清源，急杜流弊，非用釜底抽薪，断难扬汤止沸，为此呈请钧署饬令杭县知事，转饬杭总商会通知省垣各钱业，劝令先将杭地拆息实行减轻，以苏商困，一面令饬绍兴县知事务将绍兴钱业暗水名目，勒令停止，永远革除，如敢故违，请将该业领袖从严惩办，以昭炯戒。若能双方进行，兼筹并顾，庶几金融不紊，历年恶习，从此消除，不独绍兴一隅感沐鸿猷，即全省商民咸受其赐矣。是否有当，仰祈厅长鉴核酌夺施行，实为公感之至。谨呈财政厅长陈公鉴：绍兴公民吴诒辉。

《越铎日报》中华民国十一年九月二十八号

一周金融调查录

（1922 年 10 月 1 日）

本周间绍兴金融市面，颇呈活泼之象，但各市涨跌较他周为平稳，此皆稳健份子主持之力，各业莫不额首庆颂。兹将十九日至二十六日经过市情详载于下：

宝纹最长为一百五十九元，最低为一百五十八元，高低相差一元，杭汇升水最大为三元四角四分，最小为三元二角五分，高低相差一角九分，甬汇升水最大为一元一角，最小为一元，高低相差为一角。日拆最低为二分五厘，最高为四分，高低相差一分五厘，沪汇升水最大为三角，最小为一角另五厘，高低相差一角九分五厘。小洋最长为八十九元五角，最短为八十九元另七分五厘，铜元最短为一千七百十九文，最长为一千七百念八文。宝纹先长后短，为日拆重开，兼之杭元长而复跌，存积之家，急于脱手，所以步见回跌，杭汇因受官厅取缔，暗水后经钱董往前说妥，近虽照常开市，少数多杭之家，不免有些寒心，向市上掩直者，亦复不少。至行市日趋下风。甬汇升水先大后小，因甬多家四面受。

《越铎日报》中华民国十一年十月一号

一周间金融调查

（1922 年 10 月 10 日）

本周间绍兴金融时当秋节，进出较繁。兹将初八日至十五日经过各市，详载于下，宝纹一百五十八元到底，甬汇升水最大为一元一角，最小为一元另三分，高低相差一角七分，杭汇升水最小为三元另二分，最大为三元三角三分，高低相差三角一分，沪汇升水最俏为一角二分，去水最贱为一角六分，高低相差二角八分，日拆四分到底，大洋最高为九十元另另二分五厘，最短为八十八元七角，高低相差一元三角二分五厘，铜元最短为一千七百二十五文，最长为一千七百三十文，高低相差五文，宝纹一百五十八元到底。因首饰铺生意清淡，故虽起色，甬汇升水先大后小，为该处再开评盘，不免多家占优胜地位，本街客帮日出不已，故价亦逐步减小，杭汇升水先小后大，为秋收歉薄食用之品，皆需仰求于杭，兼以同行多空绍多杭之心，虽现拆重于杭地，亦所不顾。故汇价步见涨大。沪汇先升后去，因节聚众多，兼之用途稀少，幸逐步运杭，一周间内计装出之数有五六十万之巨。否则尚须去。各日拆多家把持始，终摆定四分。小洋因客聚汹汹，销路不扬故，故突跌如许。铜元为呆笨之物，市上用场只有另头找数，故此上落只有五文云。

《越铎日报》中华民国十一年十月十号

一周间金融调查

（1922 年 10 月 19 日）

本周间绍兴金融兔起鹘落，较上周为尤甚。犹如舟过波涛，日在飘摇之中。兹将十七日至二十四经过各市详述于下。宝纹最短为一百五十八元七角，最长为一百五十九元七角，高低差计一元。杭汇升水最小为三元二角二分七厘半，最大为三元七角九高，高低计差五角六分一厘半。沪汇升水，最小为一元三角一分，最大为一元七角五分，高低计差四角四分。沪去水最大为八分五厘，最小为一元三角一分，最大为一元七角五分,高低计差四角四分。沪涨去水最大为八分五厘,最小为四分二厘,高低计差四分二厘半,日拆最在为四分,最小为三分,高低相差一分。小洋最小为八十七元九角七分五厘,最大为八十八元八角,高低计差八角二分五厘,铜元最短为一千七百二十五文,最长为一千七百四十三文,高低计差十八文。宝纹因杭元做抬,兼以饰铺去路颇佳,存底为之空虚,所以市价步步春固。杭汇升水,因市上全是多杭家头,惟绍拆重举,亦弃之不顾,一过需用群□任意高抬,全市被其把持,长此以往,势必漫无限制,诚非金融之福。(二十四日)市价甚至涨到三元七角九分,为数年以来未曾见过,岂非出于一般牟利者之做手,司马昭之心,路人皆知。惟愿当局诸公速起图之,勿再任其妄为。甬汇因该处元频跌不已,日必来以杭帮来绍狂进,市上卖客亦皆束手,致价迹逐见涨大。沪汇去水先大后小,因逐日运现往杭者为数颇巨,所以街底渐见化薄,市价亦步步减下,日拆因杭拆轻于绍拆,相去大相悬殊,同行会议之后,于是减落一分,小洋先短后长,因去路颇旺,加以汇水高,大市故逐步涨高如许。铜元因用场零落,兼以轻质充斥大多,所以市价又见增大云。

《越铎日报》中华民国十一年十月十九号

一周间金融比较

(1922年10月27日)

本周绍兴金融进出尚称热闹,各市涨跌。惟独杭市、甬两汇为最甚,余者皆匀。兹将八月二十五日起,至本月初二日经过详细情形,载述于下,宝纹最长为一百五十九元五角,最短为一百五十八元五角,高低相差一元。杭汇升水最小为三元五角,最大为三元七角七分,高低相差二角七分。甬汇升水最大为二元二角五分,最小为一元六角五分,高低相差六角。沪汇去水最贱为七分七厘半,升水最大为五分,高低相差一角二分五厘,日拆三分到底,不相上下。小洋最短为八十八元七角五分,最长为八十九元,高低相差二角五分,铜元最长为一千七百三十一文,最短为一千七百念文,高低相差十一文。宝纹先长后短,因杭元频跌,兼以拆息卓立,同行均须相继卖出,市故步趋下风,杭汇升水因该处久寂无声之日拆,突然发动,一般多款家,乘机抬价,至空家手忙脚乱,纷纷掩直,故市价愈趋愈高,甬汇升水,因价高觊觎,人颇众,夹以杭甬两帮日来卖出市,故如银河倒泻,沪汇转去为升,皆因中秋以来查计逐日运现赴杭者有百万之巨,虽商用仍未起色,但是如此大宗现金出口,街底不免空虚,故有日见俏丽。日拆因多家籍口把持,始终不肯放松一二,市故三分到底,各业受此重笞,莫不忧形出色。小洋因杭市频长,该帮逐来搬运,故见涨大如许。铜元因进出微细,所以一周以来,上落只有十一文。

《越铎日报》中华民国十一年十月二十七号

一周间金融状况

（1922 年 11 月 12 日）

这个绍兴金融市面，因受客帮交易汹涌，所以各市犹如推波助澜，如萍踪靡定。兹将初九日至十九日经过详细情形，载述如下：官纹最低为一百六十元，最高价为一百六十一元。杭汇升水最高为四元七角五分，最低为三元八角七分五厘。甬汇升水最高价为二元二角三分，最低价为一元二角九分。沪汇升水最大价为四分，去水最大价为三分七厘，半日折三分到底。小洋最高价为八十九元九角五分，最低价为八十九元五角。铜元最高价一千七百二十文，最低价为一千五百二十文。宝纹因受杭元频跌，所以银楼家销胃甚旺，觅户逾格居奇。现存之货，颇形轧缺，市故步步春风。杭汇周初本趋高翔态度，大众视为珍宝，所以争先恐后囤积，以为从此可以升。谁知周末这几日，大户忽变方针，手忙脚乱，纷纷出笼，且市价突然而下，与周初之价大相悬殊，变迁之速，非人所能逆料。甬汇亦受杭汇跌落影响，故杭甬两帮函电来绍，卖出接踵而起，市价亦一落千丈。沪汇自遭风灾以来，现洋销路完全消灭，市面之萧条，为从来所罕见，所以沪汇升去常在几分而已，甚无鲜色。□道等日拆，因多家藉口各处拆息驾乎绍地之上，丝毫不肯放松一二，所以三分始终摆定。小洋因客聚多，销路微稀，故日益跌落。铜元周初尚趋鸢疲态度，周来之价，突然暴涨至一千五百三十文，退步之速，实属骇人听闻。此虽受沪杭两处市价之涨价，内中难免有人操纵之，速望当局诸公亟宜注意，勿使若辈任意忙为，影响于大局实匪浅鲜。

《越铎日报》中华民国十一年十一月十二号

典当停业之真相

（1923 年 5 月 17 日）

城区诸善弄善兴典当创设以来，信用卓著，惟近年该当所雇夥友，良莠不齐，每有至房主陈姓家赌博情事，以致因亏负银钱而舞弊者，时有所闻。该股东鉴于伙友腐败，不特于营业大有关系，且恐将来另生枝节，为此宣告停当候赎。此日后拟力加整顿重行开张云。

《越铎日报》民国十二年五月十七号

绍拆轻重内幕观

（1923 年 9 月 17 日）

绍兴拆息累年均较杭甬稍轻，今庚茶茧时，吾绍钱业咸做多单，是以拆息提加，超过杭拆数倍。旋以各业生意清淡,啧有烦言,故逐渐减作一分。去月底复以花用当旺,又加重至四分,但杭甬两处均未增加,不免又招物议,故自初一起仍减作三分。此□,如杭甬两拆不加,绍地洋用宽裕,或有再减希望云。

《越铎日报》中华民国十二年九月十七号

中秋节前金融界

(1923 年 9 月 18 日)

绍地金融机关虽不下二十余家,而营业之盛,首推中国银行。盖平日信用卓著故也。绅商各界存储现款实繁有徒。顷闻该行以现值中秋前,花米上市,现金为□需用甚巨。特向省垣装运现款一万五千元,藉资接济。又中秋节前,尚有一万元络续装运到绍云。

《越铎日报》中华民国十二年九月十八号

金融状况回顾记

(1923 年 10 月 1 日)

中秋节绍兴金融进出,尚称热闹,各市涨跌,杭市甬汇为最甚,余皆平匀。兹将八月十一日起至十六日经过详细情形,载述于下:

宝纹最长为一百五十八元八角,最短一百五十七元五角,高低相差一元三角。杭汇升水最小为三元八角二分,最大为四元一角二分,高低相差三角。甬汇升水最大为二元四角五分,最小为一元八角,高低相差六角五分。沪汇升水最小为七分八厘半,升水最大为五分。高低相差一角三分五厘,日拆三分到底,不相上下。小洋最短有八十四元五角五分,最长为八十五元,高低相差五角五分。铜元最长为一千八百七十文,最短为一千八百五十六文,高低相差十四文,宝纹先长后短,因杭元频跌兼以拆息不动,同行均相继卖出,市面步趋下风。杭汇升水因该处久寂无声之日拆突然之动,一般多杭家乘机抬价,致空家手忙脚乱,纷纷掩直,致市价愈趋愈高,甬汇升水因价高觊觎众,夹以杭甬两帮日来卖出市如银河倒泄,沪汇转去为升,皆因中秋节前资计逐日连现赴杭者有百万之巨。维商用仍未起色,但是如此大宗现金出口,街底不免空虚,故日见俏丽,日拆因多家藉口把持,始终不肯放松。市故三分到底。各业受此倾轧,故有一时不能舒转者,小洋因杭市长短无定,铜元市上拥挤,所以一过间上落有十四文云。

《越铎日报》中华民国十二年十月一号

发现劣质新银币

（1923 年 12 月 1 日）

绍城市面上近忽发现一种劣质银币，上镌袁世凯遗像，质量较旧币为轻，成色亦甚低劣。闻钱业中人以此项辅币，若任通行市面，势必受其影响，故有一致拒用之说。

《越铎日报》中华民国十二年十二月一号

大批现洋已到绍

（1923 年 12 月 13 日）

绍城各钱业自十月份起，连日缺款现接济，于市上营业大受影响，日昨由杭汇到大批现洋，因此城乡镇各铺金融颇觉活动，角子只有一百五十七文，故现水于阴历十一月朔起，各钱庄亦减轻。如此现象冬节前城乡商业必加一番发达。此亦金融上之好消息也。

《越铎日报》民国十二年十二月十三号

市面受洋厘影响

（1923 年 12 月 16 日）

绍城市面，近因洋厘大涨，连日起恐慌，而中行及各钱庄，自阴历十月份以来，无日不向各商号搜罗现洋，虽有千元亦须装箱解杭，似□挤现太甚，各商店多有不能支持之势。况冬至节转瞬即届，各商号所放出账款，未必有十足可收，将来银根愈趋愈紧，节前同业恐大受影响。刻闻各业董拟在商会开特别会议。

《越铎日报》民国十二年十二月十六号

轻质粤毫充斥原因

（1924 年 6 月 20 日）

（绍兴）钱业，暗收重质单角，运销杭甬，致单角绝迹市上，而轻质粤毫，得以乘机侵入，致使同一角子，价目两歧，经纪小民，痛恨不堪言状。现竟变本加厉，吸收重质双角，其中最好者为湖北、江南两项，每百角可升贴大洋七角九分，至八角二三分之巨，其余亦各有升贴，故轻质双毫，益形充斥，闻此辈暗中收买，获利最厚者，以大路口某钱号为最多，不知金融评议会诸公,将何以善其后也。

为单毫缺乏责问钱侩

（1924 年 6 月 20 日）

钱猢狲牟利之心肠,真似水银泻地,无孔不入,他不具论,即如近日市上单毫之缺乏,双毫之充斥,无不由此辈狼心狗肺之钱猢狲,暗中播弄神通,致使经纪小民,汗血辛资,无形剥蚀,昏天黑地,呼吁无门,实无殊于不操矛弧之大盗。

今日变本加厉,所有单毫,搜罗净尽,贩运一空,竟将旧有银质较重之江南、湖北、福建、浙江等等双毫,大肆收刮,运往甬杭,改铸轻质,以渔厚利,因而绍地人民目中所见,无一而非广东轻质双毫,币制之坏,达于极点,长此以往,势必至于周转不灵,商民交困而后已,设一旦酿成事故,扰乱治安,彼祸魁罪首之钱猢狲,纵食其肉而寝其皮,亦何能蔽其辜于万一耶? 书竟为之恨恨不已也。

新铸单角辅币饬行用

（1924 年 6 月 28 日）

（绍兴）绍属七邑典业事务所,昨奉杭州全浙典业公会公函,谓近接杭州造币厂来函,因该厂于市面缺乏单角,遵奉军民二长面谕,鼓铸新币,以资救济,并经杭州总商会议复同意,一体行用,并将新铸单角币□送会,转行饬属行用云云。兹闻该事务所奉函后,以新铸单角,殊属便利民生,随即分函知照绍属七邑各典一体行用矣。

单双角价格渐平

（1924 年 6 月 29 日）

（绍兴）市面缺乏单角,双毫充斥,兑换价值,每角相差几近分余。一般小贩及市上行使,大受影响。现经杭州造币厂,设法添造单毫银币,逐日鼓铸,以资调济,绍县公署,业已接到□币,通令兑用,不日即有大批可到,故现在单双兑价,每千角只相差四五角,预料日内当可恢复原状也。

日拆加重之原因

（1924 年 8 月 21 日）

本地日拆，向较杭□甬为轻，近日杭州日拆忽开六分，又当棉花上市，江浙谣言之际，故绍兴亦开五分云。

《越铎日报》中华民国十三年八月二十一日

战谣中所受之金融与面包影响

（1924 年 8 月 23 日）

（绍兴）近日绍兴金融界，受江浙战谣之影响，现底日形枯簿，二十日上午开市，轧现颇烈，势将飞涨，旋为维持市面计，始议暂不出盘，内幕暗水，二分至三分不等，一面筹集现金，限制兑现，以备缓急。然两天之间，角市价已较涨四厘，日拆增至五分云。又粮米业日来新米多已登场，照例米价可以减低些许。然因天时亢旱，运输不便，加以四省□浙说日盛，其米价及水脚，亦涨价不少云。

《越铎日报》中华民国十三年八月念三日

柯镇金融界恐慌状况

（1924 年 8 月 25 日）

柯镇钱业，自沪汇停开，纷纷向各商号搜罗现金。闻其收进只一元零数，付出则有五六元，一般存户，无不恐慌异常云。

又函云：柯桥钱业，自受时局影响以来，因存底极薄，顿成恐慌之象，虽有零星收进，对于存户，颇难应付。兹闻近日已有暗水名目，以三元作阻，上百不付，归划单，以上纱昨日午后情形，当时城中因轧现未散。直到四时许，始行开市。闻市面顿涨三元，以致各业纷纷向钱业探询云云。

《越铎日报》中华民国十三年八月念五日

救济绍兴金融之一种方法

（1924 年 8 月 25 日）

（绍兴）自江浙风云起后，绍市金融，大受影响。昨日沪汇竟涨至五元二角半，中国银行有鉴于此,已向杭运到现金不少,钞票仍照常通行,参事会亦提备现金,以资应用。并闻有人提议,由商会发行一种暂时流通之一元票,以供市面上应用,如果实行,商业自可赖以周转矣。

《越铎日报》中华民国十三年八月念五日

暗涨现水宜禁止
(1924 年 8 月 25 日)

(萧山)各钱业市面,向听杭盘,近以江浙风云,时局紧张,杭市日拆,忽开六分,而现水已至四角半,乃就地钱侩,过意买弄,各有暗水之各。现在谣言繁杂,奸商趁此播弄。任意私开现水,暗中抬高,以吸余利。昨日(廿二日)晚间,现水忽涨,各钱业之暗水,开八角或一元不等,一般居民,更为恐慌,商界营业,亦非常紧急,不过前项暗水,任意私增,殊于商业治安,大有阻碍,不知负有维持商业之责者,能否禁止之也。

《越铎日报》中华民国十三年八月念五日

安昌钱业搜罗现洋
(1924 年 8 月 26 日)

(绍兴)安昌镇,钱业各同行,现受时局之影响,金融紊乱,现洋存底,非常枯竭,故该处各同行,现均派伙友,赶赴各处,搜罗现洋。闻每百元暗汇水自三五元不等,竟有贴至十元有奇者矣。

《越铎日报》中华民国十三年八月念六日

市民与金融界
(1924 年 8 月 28 日)

这几天很不幸,新棉新麻上市,和江浙时局紧张,市民骤需大注现银,纷纷向银行挤兑,向钱庄提现,而绍地各金融机关,以日拆率重,现银多已放出生利,一时不易收回,致感受痛苦。绍兴僻在海隅,江浙即不幸真的开火,战祸也决不会受着,然因金融界日起变化,人民生活颇形不高,关于这件事,我们一般市民,应该有一种根本的觉悟,就是"金融界万不得任意操纵"。日拆现升,洋价升降太厉害,手边拿着有国钞或银行、钱庄存折的人,万不可以去挤兑或提现。若然不信用我这话时,老实说,不但是破坏银行,破坏国家,简直是自己和自己过不去,为什么呢?因挤兑和操纵过甚,不但把你自己的财产价值消失或减削了,并且容易捣乱社会,所以稍有经济常识的国民,断断不肯如此。

挤兑、提现、或操纵金融市价,是发生于一种极可恶、极可笑、极可怜的心理,甚么心理呢,就是在大家不安宁的环境中,想我一个人的安宁,在千千万万人危险里头,单独我一个人免掉危险,或得些意外之财,你想这种道德会行得通吗?这种事情办得到吗?人类是社会的动物,断不能离却社会独自一个人生存,想自己免掉危险,或得些意外之财,除了协同防止或救济社会的共同危险外,没有别的法子。绍兴人对于这点道理,始终看得不明白,信得不真切,这种不管公众怎样,只求个人免掉危险的卑劣心理,就是亡国亡种的总根原。其实江浙真的开火,而且战祸延及浙江,携带了许多现银逃离,不得不便,也是无用的。

我希望绍兴人民要立刻十二分觉悟,金融界切不可操纵市价,致引起地方的纠纷。人民生活的不安,我们为自卫计,不得不挤兑、提现,只是□□□定□□定,他自然会恢复原状,我们何苦直接去挤人害人,间接来挤自己害自己呢?

《越铎日报》中华民国十三年八月念八日

金融纷扰与地方治安问题

(1924 年 8 月 29 日)

绍兴城乡各处,因受江浙战谣之影响,及银元角铜涨落不定之关系,社会上顿呈恐慌之现象,金融界首当其冲,有存项者纷纷提现,用庄款者,纷纷催收,持有国钞者,又接连向银行挤兑,自乡迁城者,又纷纷移归乡间。钱业中人,不知利害,乘机卖空买空,希图脱货求财,致银根愈闹愈紧,人心愈闹愈慌,江浙战争,尚未真的开火,我们小百姓的心理,早已震得粉碎了。这样闹下去,苏军败兵乱兵没有入境,而匿居绍地的土匪却要蠢蠢思动了。

我昨天在本报说过,操纵金融市价卖买银角、铜元这件事,是绍兴钱猢狲沿袭的古怪把戏,这种手段,绝不是正当商人的行为,也不能极对没有危险,只算是向社会捣乱,只算是和自己开玩笑。

挤兑和提现,是发生于一种极可恶,极可笑,极可怜的心理,都是想要在大家不安宁的环境中,想我一个人的安宁,在千千万万人危险里头,单独我一个人免掉危险的卑劣心理。和反闹出危险的举动。严格说起来,都应办以扰乱治安之罪。

所以我要奉劝钱商和居民,江浙形势如是,我们必须出以镇静,万不可有引起恐慌之举动,致蹈扰乱治安之罪。

《越铎日报》中华民国十三年八月念九日

绍兴金融状况之昨讯

(1924 年 8 月 29 日)

(绍兴)商市金融,愈趋愈紧,二十七日钱业上市开市,拆息渐平,由五分退至二分,现水由五元四角四分,涨至八元。有存项者,向不能如数支付,用庄款者,纷纷催收,尤甚者,银角价日日不同,每一角平常仅七六。二十五日升至九五五,二十六日则为九分。二十七日则为八八六。铜元价亦日有涨落,城乡骤然,沪客归来云,沪市银根已趋平稳,银角铜元,未闻有暴涨暴落之风,即杭垣金融市情,升降亦不若是之烈。绍市如此,意殆有人操纵图利乎?

《越铎日报》中华民国十三年八月念九日

绍兴的金融问题

(1924 年 8 月 31 日)

自江浙战谣起后,如四明、中南、交通等各银行钞票,以绍兴无兑换处,故各商铺一概不收用,唯中国银行钞票可以兑现,其流通如常,然持票兑现者亦甚多,金融界遂大受其影响。

又以绍兴现水,其价格比较高于杭州、宁波,一班不顾大局之龃商,乃向杭甬吸收中行钞票,来绍中行兑换现洋,投市民提取现洋之机,从中渔利,因而在绍中行兑现者遂日夥,钞票之来源不绝,银行之现洋准备有限,此宁非至可危险之事乎?

要避免此种危险,我以为市民对于国家银行——中国银行——应该信仰,中行钞票,流通如旧,何异于现货,不应趁闹热兑现,一方面由商会通知钱业,绍兴现水价格,当与杭甬一律,不应有所轩轾,使不顾大局之龃商,无所施其投机渔利之伎俩,此乃维持绍兴金融现状之唯一方法也,否则绍中行之现洋储备,终不敌各方面中钞流入之多,市民窖藏现洋之心又盛,循此以往,一旦现洋枯竭,流转不灵,则危害立至,为绍兴金融界策一时之安全,则不佞之见,或有可采择之价值乎?

《越铎日报》中华民国十三年八月卅一日

可钦哉绍兴之钱商

(1924 年 9 月 23 日)

绍兴的各银行和钱庄,实是绍兴全县金融的总神经系,和地方治安,人民生计是分不开的,战衅一启,乱谣一个波浪没头没脑的打来,直打得你坐立不安。

中国的商人,差不多有一种极可恶极可笑极可怜的心理,甚么心理呢? 就是"在大家不安宁的环境当中,想趁火打劫,从中取利,弄得金融市面,暴涨暴落,人心惶惶,险象百出,要知道人类是社会的动物",断不能离却社会,独自一个人生存享福的,想自己免掉危险,除了协同防止救济社会的共同危险外,没有别的法子。

这次齐卢战事初起时,我绍钱商未免落上述的俗套。乃自浙闽军携手,省中政变后,省垣金融,异常枯窘,现水自五元二角跌至二元一角,角子市价,双自八四跌至八零六五,单自八五跌至八二五。不涨反跌,故示安闲镇静。其维持市面之苦心,真可敬呵。《左传》说,嫠妇不恤其纬,而忧宗周之陨,为将及焉。吾绍钱商确有种种精神,警望钱业诸君,长久保持此种精神而勿失。

《越铎日报》中华民国十三年九月二十三日

现水步跌之索隐
(1924 年 10 月 1 日)

(绍兴)商市银根,前因齐卢战讯,市民商人纷纷轧现、提现、兑现,忽然奇紧,瞬经匝月,相恃之下,缺现者固受挤轧,而多现者亦难久搁,故近一周间,出售现洋渐夥。现水步跌,二十七号市价每元开二元另一分,二十八号减至一元五角五,二十九号又减四角四分,仅开一元一角一分。昨日为一元三角六五,单双角市价,亦日渐低落,惟工商各业衰落,贫民生计为难,已达极点,金融虽宽,亦难补救矣。

《越铎日报》中华民国十三年十月初一日

城乡当业开会记闻
(1924 年 10 月 15 日)

绍兴城镇乡各当铺所收质户利息,向以洋数之多寡为标准,其中收利息一分五厘,或一分四厘者,犹居少数,至收一分二厘者,实居多数,向不一律。兹闻昨十二号上午,该当业中人在本城同善局开会,提议质户利息,是日到会人数,不下六十余名,首由荣德当经理章月波发言,谓此次开议以后。嗣后对于质户利息,无论当洋多寡,概归一律,利息均以一分五厘起算云云,众无异议。惟至善当经理朱秋圃,独不为然,谓章某所议利息,未免不恤质户之贫乏,磋商结果,决减至一分四厘,统归一律,业已全体通过,定于夏正十月朔日实行云。

《越铎日报》中华民国十三年十月十五日

安昌钱业重订庄规
(1924 年 11 月 21 日)

(绍兴)安昌为四镇之一,各项营业,颇称发达,以故钱业接踵开设,竟达九家之多。去冬农工银行亦在该处分立支行,兼做信用收付,店众意杂,对于各业伸平,未免高低不等,亦有故意滥放,毫无约束。兹由巨昌庄发起,邀集同行会议,重订条规,自旧历十月份起,一例实行,并令每家出洋二百元,存储巨昌,倘再任意私放,一经被人察出,得向巨昌报告,证明确据,即将违章之家所缴之款,取以充报告者之奖励云。录规章于下:

一议欠拆,每百元提加五厘,丈拆,每百元照拆除五厘;

一议来现,隔目收账,每百元照市除三分,去现每百元照市加六分,来角隔日收账每千角照市除二角,去角每千角照市如(加)三角;

一议甬洋,代收甬票,照注期迟一天入账,单面交入甬款,须见甬庄报信次日售,计每百元照市除坐二分,介根划款一律早三天付账,"即首尾四天"每百元加坐四分;

一议杭洋,代收杭票,照票而对日收账,单面交入杭款,照甬款同,每百元除做二分,介根划款,一律早两天付账,"即首尾三天",每百元加坐四分;

一议申洋,代收申票元,照票而对日入账,每百两照市除坐一角,票帖二分,申票洋申厘,每百元照市除坐五分,代介洋元,无论介根划款,一律早五天付账,"即首尾六天"伸平照收款同;

一议苏洋,代收苏票,照票面迟两天入账,介根划款,一律早五天付账,"即首尾六天"收介,伸平每百元加除一角;

一议代收萧山及杭绍外行杂路等票,照票期迟一天入账,每百元加五分,代收柯桥、华舍票,照票面迟一天收账;

一议代介绍根绍签及安昌同行转介根,一律早一天付账,适遇抽根及抽签,均以来抽之日入账,不能倒补原期;

一议安绍上签及介根,以十元起码,并不得带开另数,否则柜不代理;

一议三九底长期及年终寄盘,不得任意先行滥放;

一议主客代办现洋角子等情,自装出后,路上风险,概归来办家承认,与庄无涉;

一议主客年终结账,适有尾找擅自扣除,显系无理要求,得向司年家声明,来年各庄概与绝交;

一议以上议条,如有紊乱者,一经有人报告,查有确据,罚洋二百以充报告人之奖金,其洋向司年领取,由乱规者罚出,无论同业外行各友报告,同一办理。倘报告人□□□□□情关系,□□出面报告者,可用单记名函告,以守秘密,但须盖用不论何种图章,藉资辨认,以便凭印领奖。

《越铎日报》中华民国十三年十一月二十一日

钱庄蓄意仇银行

(1924年11月22日)

(绍兴)安昌镇,辐辏广阔,市面繁盛,该镇计有钱庄九家,推穗康、巨源、龙茂、巨昌外,余皆平平,新庄有以范围狭小,有以资本未足,不暇周详。兹探悉穗康经理于五瑞,巨元经理范芝才,素来悭鄙成性,为刻扣病商垄断厚利计,居然议增升平(即进出银洋人丈加头),

经于本月朔日著手实行，于某、范革爱集同业，挟制农工分行，加入其间。诅该银行行长谢世尧，心气和平，不忍刻扣病商，且银行性质殊途，恐背定章，不得已婉言辞绝各庄，奈范某等大抱恶感，辄施鬼蜮伎俩，令全体同行，对农工分行之解收，一概拒绝，岂知钱庄否认钱行，律所不容，虽有鲁仲连调解，双方已激成恶感，故无补于事业，由谢行长晋城与总行急巫计议，想必有一番交涉也。

《越铎日报》中华民国十三年十一月二十二日

新旧角洋消长观

（1924 年 12 月 12 日）

（绍兴）近来粤省双毫，充斥市肆，旧式单毫辅币，几乎绝迹。是项粤省双毫，及新铸单角，成色低劣，人所共知。至成色较好之单毫，则早被奸商收买一空。近闻省垣选币厂，有筹备续办消息，日内即须购办大批生银，定期鼓铸，新单双银角，势必又有一般奸商市侩乘时趋处，四出收买旧铸，以图渔利也。

《越铎日报》中华民国十三年十二月十二日

现水增涨之原因

（1924 年 12 月 27 日）

（萧山）钱业现水，旬日间，由四角升至五角二分，七角五分，日前（廿二）竟升至二元以上，金融市面，顿形恐慌。兹探悉原因，系米业办米，布业向外采货，加以时局又起波折，用途既广，贴水因之提升云。

《越铎日报》中华民国十三年十二月念七日

绍城钱业日拆汇纪

（1925 年 1 月 11 日）

（绍兴）城区钱业放款，向以长期为主位，其利息自有一定之价目。惟逐日往来之款，咸以日拆计算，闻该业以目下年关伊迩，将是项拆息以旧历本月望日停止开评，以待各户之结束云。兹将今庚日拆开列于后，以供众览。三月份一角七分五，四月份一元零七五，五月份五角九分，六月份七角八分，七月份一元零四分，八月份六角，九月份七角一分，十月份一元五角，十一月份九角七分，十二月份三角六分，统核七元八角。

《越铎日报》中华民国十四年一月十一日

当业减利之经过

（1926 年 3 月 7 日）

（绍兴）城区各当，于去年会开义决，自今年元旦日起，改换票式，利金大小分四，后因乡富不服，于腊月二十日起，让利二三月不等。城当不得已亦减利，而生意仍无起色。若于新正起，大小分四，则愈觉困难，乃于念九日重开会议，自今正起，各当互大减利息，有大小八厘，或小号分二，或大号面议等，互争主顾云。

《越铎日报》中华民国十五年三月七日

钱业定期开市

（1926 年 3 月 10 日）

（绍兴）钱业，向例新年停市，约须半月有余，迩来本城各业，均先后开市交易。闻该业为流通金融机关起见，未便久延，故议决于本月十一号，即阴历正月二十七日，正式开市云。

《越铎日报》中华民国十五年三月十日

钱业公议长期息价

（1926 年 4 月 30 日）

（绍兴）钱业放款，除流水活用外，另有六对月长期名目，每逢三九月为一辗，现以时届春季暮，转期在即，于昨日由各庄经理齐集公所，会议此项公对月长期息价，公决为外行每千五十八五角，小同行每千五十七元，并议各庄不得减价滥放，以免紊乱云。

《越铎日报》中华民国十五年四月三十日

绍杭甬拆息之比较

（1926 年 6 月 12 日）

（绍兴）旧历四月份钱市拆息总数，为一分四角一分半，甬钱市拆息总数为八角三分半，相提比较，绍与杭相等。惟甬拆为最轻，据闻该业同行，及各南货栈与药材行中之做多甬缺绍者，咸有失算之叹云。

《越铎日报》中华民国十五年六月十二日

绍钱业因杭同行改开早市之通告

（1926 年 6 月 18 日）

（绍兴）城区钱业同行,昨接杭同行公函,略谓:时届夏令,天气渐热,敝处已循例改开早市,此后如有进出交易,应请早一日函委,以免不及等云。绍同行接函后,即经通告往来商号接洽。嗣后如向杭市收售规元,及汇解各路款项,均须依照原定期间提早一日交代,以便转托,而免稽迟云。

《越铎日报》中华民国十五年六月十八日

钱业同行定期公议长期息

（1926 年 10 月 28 日）

（绍兴）城区钱业同行,对于六对月长期放款,向以旧历三、九两月为转用时期,此次可本早经安排就绪,以受时事影响,遂造停顿。现闻该同行等,以省局可庆安宁,已纷向各业接洽用款,并定于旧历二十日,在笔飞弄钱业公所,召集各同行经理,公议本年九月起,至明年三月止,六对月间息价目,以昭划一,而免紊乱云。

《越铎日报》中华民国十五年十月廿五日

钱业同行会议存欠拆息加除

（1926 年 10 月 26 日）

（绍兴）城区钱业同行,以近来时事多艰,银根紧切,不得率将存欠拆息,更定加除,以资救济,爰于昨日邀集各同行经理,在笔飞弄钱业公所,开会集议办法。兹将公议各项,在笔飞弄钱业公所,开会集议办法。兹将公议各项,觅录于下。

一、欠拆自九月望日起,照旧递加二厘半;

一、存拆至少除二厘半;

一、本届九底六对月期票,一律于月内缴齐,不得违延。

《越铎日报》中华民国十五年十月廿六日

绍钱业开市无期

（1927 年 2 月 9 日）

（绍兴）钱业向例于正月初六日,邀集同行在笔飞衖会馆公议开市,近缘时事多故,陻机不定,各业因之萧条,该业为金融枢纽,受影响更甚,故暂不集议,一俟时局平靖,再行集议开市。又该业接杭钱业来函,亦谓开市无期云。

《越铎日报》中华民国十六年二月九号

钱业同行暂缓分送经折

(1927 年 2 月 11 日)

(绍兴)城区钱业同行,向例于旧历新正五路日后,缮立往来经折,分送各业户行号收执,以便随时凭折进出。现缘战云弥漫,变幻莫测,由该同行议决,姑候大局少靖,开市有期,再行分送云。

《越铎日报》中华民国十六年二月十一号

传汇率又将调整,投机风变本加厉

(1946 年 12 月 14 日)

本市金融物价昨有骚动,焰赤猛跳一日连涨两级

(本报讯)本县日来盛传外汇率将有调整说,致不特焰赤市价,逐步上升,即日常必须用品,亦无不跟踪蒸腾。值此时届严寒,一般平民,殊受极度影响,而物价仍难平稳,继涨续增。昨日饬金又两度更变,由三关二级,跳升为三关四。至傍晚忽以接沪电报涨,猛跃二级,捐客交易,更形灵动,银楼推出,亦颇畅旺。似此形势,恐将续上,纹银亦因金价之腾跳。虽难〔银〕价提升,但已成有市无货之象,盖有货者均以为有跟进之意,多不愿脱手抛售,故亦看涨,而舶来品因受外汇将有调整之谣传所蛊惑,投机家莫不争先吸收,各洋行亦以有机可乘,均压货不配,冀图黑市,形成求过于供,颇有冲宵直上之概,所幸食粮乡货尚旺,产区亦乏□□,故得暂为维持,荣辱未判,若天时久雨,恐亦将升腾,一般平民,皆有难度,此岁近天寒之惑。

(又讯)本县盛传汇率又将调整说,虽日形尘上,惟据金融界人士观测,微之目前情形,调整汇率,在事实及时间上,似尚无此需要。盖政府当局,最近颁行修正进出口贸易办法,拟从加强管制进口贸易,以撙节我国外汇资源之意向,已彰彰明甚,新贸易办法方施行后,过去各界向外定货,致造成巨额外汇外溢之病态,当可望逐步矫正,外汇资源压力既暂告松动,当毋须又考虑调整外汇,且征之上次调整外汇时,一般物价即追踪上涨,其上涨比率,更有超过于外汇调整之比例者,结果其为害之程度,且甚汇率之维持不变,故如无特殊需要,政府决不致再贸然作此得不偿失之调整。

《绍兴新闻》中华民国三十五年十二月十四日

钱业昨议决本月份欠息

（青锋社讯）本月份钱业对各界往来户欠息，业经该业昨假笔飞弄公会召集会员共同商讨，决议全月均为一角八分计算。

《绍兴新闻》中华民国三十五年十二月廿四日

银钱俱乐部，扩大征会员

（1948 年 6 月 2 日）

（当代社讯）本县银钱从业人员俱乐部，前次召集会议，因筹备时间局促，未能一一通知各会员，致出席会员行庄，不及三分之一。该会为充实筹备时间，发挥联系精神，经各行庄要求，决将再行召集，并公推陈芝眉为筹备主任。

《绍兴新闻》中华民国三十七年六月二日

法币兑换金圆十一月廿日停止，
辅币分五种以铜镍银铸造

（1948 年 8 月 21 日）

（中央南京十九日电）金元券发行办法原文如下：

第一条　自本办法公布之日起，中华民国之货币，以金元为本位币，每元之法定含金量，为纯金 0.222 17 公分：由中央银行发行金元券，十足流通行使。

第二条　金元之辅币为角及分，以十分为一角，十角为一元。

第三条　金元券券面分为一元、五元、十元、五十元、一百元五种。

第四条　金元辅币分为一分、五分、一角、二角、五角五种，以铜、镍、银分别铸造，并由中央银行发行金元辅币券，同时流通。

第五条　自本办法公布之日起，法币及东北流通券停止发行，所有以前发行之法币以三百万元折合金元一元，东北流通券以三十万元折合金元一元，限于中华民国三十七年十一月二十日以前，无限制兑换金元券，在兑换期内，法币及东北流通券，均暂准照上列折率合流通行使，台湾币及新疆币之处理办法，由行政院另定之。

第六条　自本办法公布之日起，公私会计之处理，一律以金元为单位，凡依法应行登记之事项，须载明金额者，应于本办法公布后六个月内为变更之登记。

第七条　自本办法公布之日起，所有法币及东北流通券之公私债权，债务，均应按照本办法第五条规定之折合率折合清偿，政府发行之法币公债，尚未清偿者，由行政院另订办法审理之,除民国三十六年美金公债,应照原条例偿付外,所有民国二十七年金公债,民国二十九年建设金公债,民国三十一年同盟胜利美金公债及民国三十六年美金短期库券,应按决定汇兑换率换发金元公债。

第八条　金元券之发行,采十足准备制,前项发行准备中,必须有百分之四白银、十为黄金、及外汇,其余以有价证券,及政府指定之国有事业资产充之。

第九条　金元券发行总额以二十亿元为限。

第十条　金元券发行准备之检查保管设金元券发行准备监理委员会办理之,其组织规程由行政院拟之。

第十一条　金元券顷经中央银行总裁,及其发行局长签署,方得发行。

第十二条　金元券每月发行数额应由中央银行,于每月终列表告财政部,及金元券发行准备监理委员会。

第十三条　金元券发行准备监理委员会、应于每月终了后,检查中央银行发行金元券之数额,及发行准备情形,作成检查报告书公告之,同时报告行政院,并以副本分送财政部,及中央银行。

第十四条　金元券发行准备监理委员会,如发现金元券之准备不足,或金银外汇之准备不及,第八条第二项规定之百分比时,应即通知中央银行停止发行,收回其超过发行准备之金元券,并分别报告行政院、及财政部。

第十五条　中央银行提到前条通知后,应即兑回其超额部分之金元券,或补足其发行准备,非经金元券发行准备监理委员会检查认可后,不得续发行。

第十六条　金元券不得伪造,变造,或故意毁损,违者依妨害国币惩治条例治罪。

第十七条　本办法自公布之日施行。

《越报》中华民国三十七年八月二十一日

各商号出售货品价格折合金圆券计算

(1948 年 8 月 23 日)

银钱行庄今日起全部复业

(本报讯)自币制改革命令颁布后,全国各地银钱行庄,奉令休业二天,(自八月二十起至廿一日止),昨日又因星期例假,故继续休业,今(廿三)日起各银钱行庄,始全部复业,本县银钱两业,公会已转知各会员行庄,将各户往来账册登记数字,改为金元券,预存额一律折合记载,并通知各客户即日起,所开票据,均以金元券本位填写,并冠以金元券字样,否则不予收付。

(又讯)币制改革后,本县银钱两业,即遵令筹备,今日已为周一,依照发行金元券办法规定如法币持有人,应即往中央银行或其委托行庄兑换金元券,惟本县方面,以是项金元券截至昨日止,尚未运抵到绍,何时开始兑换,须候命令到达后,再能决定。

(又讯)今日起,本县各业商号出售货品之价格,均相继折合以金元券为单位,大部分货价,仍遵照规定以八月十九日之货价,依兑换率折合。惟少数不法商人,仍有不遵规定,擅抬市价者,深望当局注意并严予取缔。

(本报讯)本县银钱业,为商讨改革币制后,账目处理等问题,特于昨(廿二)日下午三时召开银钱业联系会议,出席中国银行寿积明、交通银行郑秉周、中国农民银行田同耕、浙江省银行徐之潮、中央合作金库闻成、绍兴县银行陈敬塘、四民银行胡松盛、两浙银行鲍予忱、绍兴商业银行陈恕臣、绸业银行凌介眉、大陆银行陈湖柏、钱庄业公会倪予凡等,会议由寿积明主持,作简短之报告后,旋即开始商讨改革币制后,处理账目案。决议:

(一)账务处理,依照上海银行学会所订办法五条处理,即抄送各会员分行查照。

(二)以银钱业公会名义,登报联合通告如次:

甲、凡客户于开发支票时须在紧接(国币)字之下顶格先写"金元"二字,以下直接写数字,请勿以国币涂改为金元,否则未便受理。

乙、本县各行庄在向国行请领金元券期间,依照金元券发行办法第五条之规定,法币暂照折合率流通行使。

(三)中央颁布币制改革办法后,所有本县各行庄,对于客户存欠余额,至本年八月十九日止,依照法令折合率,以金元单位记载,抄同先后两次登报通告,原文函知县商会转知各同业公会一体办理,以符法令。

《越报》中华民国三十七年八月二十三日

2. 锡箔业

亏负巨款遭押缴

(1917 年 2 月 3 日)

城区新河弄端康箔店,因生意不佳,亏耗殊甚,统计各户欠款,至八千元之巨。于前月间阴历年内倒闭各行店家,闻风后蜂屯蝟集,索还款项。该店主高子康潜行逃匿,经各债户报请县警所由巡长郑乾昇将该店账伙蔡连生、傅启全二名带入警所各节,略志前月十五号本报。兹悉该店主高子康一名,亦于前日被警察捉获在县警所拘留追缴款项,必须将亏耗款项缴解,方可释放云。

《越铎日报》中华民国六年二月三号

点铜昂贵之原因

(1918 年 4 月 29 日)

吾绍锡箔一项,最为出产之大宗,流行于江皖闽浙粤赣诸省,消耗金钱,每年奚止数千百万元,即以吾绍一隅而论,依恃锡箔纸业,以糊口者,亦十居八九。惟该业中所用原料(即俗称点铜,原名广碘),有真碘、申番、土番之区别,其价格向例依沪上之先令标金升降为转移。该货产自香港,运至上海行销,绍县箔业化用居多,今缘产地出货稀少,益以洋商旺办,其价陡涨,更兼几辈奸商市价操纵,于其间囤积居奇,以获厚利,市面遂愈趋愈高,今正只售每担一百十余元。刻已涨至一百六十余元,尚有继续看涨之势。兹探得该业中获利最巨者,莫如大路中之源记箔庄暨江桥之福昌铜店两家,均各获利一万余元,次为题扇桥之朱滋宣,亦获得三千余元。至抛空而遭失败者,则为同康纸栈陆天记高清记等锡箔店(已略志前报),均各损失数千金,因而到期不肯交货涉讼官厅,已数见不鲜矣。第闻该业买卖进出,均以口头订交。迩来涨跌如是之巨,诚难免有食言反悔图赖成货之弊。但若此种营业,近来不以现货为进出,专卖期货,迹近空盘卖买,实属大干例禁,是无怪争讼之日出不穷也。

《越铎日报》中华民国七年四月二十九号

锡箔司之大会议

(1918 年 9 月 24 日)

议决明年停止收徒。

锡箔一业,为吾绍工业大宗,而打箔一项,箔司繁多,绍、萧两县,统计不下九千余人,惟该箔司收徒,向例习惯于三年一收,照前清科举时代,逢辰戌丑未大考年举行,如遇箔司过多之时,则停止一次。惟须提前公议决定。兹因明岁又届收徒期间,该箔司等特于昨日阴历八月十八日下午,先在本城西营开茶话会,计到会箔司并行头行长等数百人,金谓生意清淡,老箔司歇业甚多,决议明年停止收徒一次,已由该行头行长等分发知单通告绍萧各箔坊一体遵行矣。

《越铎日报》中华民国七年九月廿四号

箔铺会议保肥缸

(1918 年 11 月 22 日)

近日警察所严行取缔当路肥缸、粪厕,积极进行,不遗余力。其取缔情形早经迭志本报。兹悉城区各锡箔作坊,对于此事亦甚注意,因该箔司等均系农工参半,农事闲余,来城打箔,半农半工,习以为常。又将坊中肥料载往乡间溉田,乃此次肥缸取缔,该业中人计城中及附郭箔坊五百余家,群谋对待方法,于昨日二十号午前,各派代表在城中迎銮等各茶店汇议。其结果谓,各坊中如有在街上摆设肥缸,悉行抬入坊内装造厕所,每年作数期,将坊中肥料用船载往乡间,庶于警章田事两无妨碍,已将议决实情,禀请警察所察核施行,请求照办云。

箔夥一再争肥缸

（1918 年 11 月 27 日）

愚民难与更始。

城区各锡箔作坊，以近日警察所取缔肥缸，恐各坊所设肥缸粪厕，亦遭波及，特于日前在迎銮茶园会议等情已志本报。兹闻该箔坊等，对于此事，积极进行，已赴省公署及县公署各行政机关控诉矣。兹特觅得该坊控县禀词照录如下：

略谓民等均住乡间务农，兼在城区开设锡箔作坊，打造锡箔，发分农工，素无外预。缘民等坊内肥料，向由民等自行用船装运乡间培植田禾，由来已久。现奉警所布告，招商设立肥料公司，本为清洁道路，保护公共卫生便利起见，并非令该公司垄断把持。今该公司有垄断把持，不准民等自行出料装运乡间之举。伏思民等农种全赖肥料，若无肥料培植，秋收无望。为此公同请求县长钧鉴，所有民等坊内肥料，仍应归民照常自出，俾得培植禾苗云云。究未知果能达到保留目的否也。

锡箔司大整行规

（1919 年 8 月 26 日）

锡箔一业，为吾绍经营大宗，而箔司一项，尤居多数。绍萧两处箔坊七百余家，计箔司二万余人，均系绍萧两县之人，每逢辰戌丑未年，留徒须通行入规，每人自初学至过间（即由下间而入上间），约费洋不下二百元之数，如紊乱定章作主，私自留徒及雇用杭友，一经察出，作主及介绍人（该业称主张）须罚款二台，请各作坊箔司吃茶看戏。乃今岁生意发达，且锡价日跌，箔价日增，各店家均多造箔块打造箔页，一焙可得利益十八九元，是以箔司亦因之缺乏，每一箔司可得过账洋三四百十元、六七十元不等。下间每焙曾定工资洋一百四角五分，现下各店家加给工资，每焙五六角或六七角，甚至一元二三角者。兹城区大营新财神堂前余万顺作坊作主余桂生等，竟异想天开，招杭友吴阿增等多人混入绍帮，在该作坊内私自打箔，致坏行规。昨被该同业查出，大为不然。与该作主余某理论，乃余某自知理缺，现已挽人情愿照章处罚，以符公论云。

箔司整规之结果

（1919 年 8 月 29 日）

锡箔一业，为吾绍经营大宗，而箔司一项，尤居该业之多数。该箔司因人众繁杂，向定有行规，各自遵守，不相紊乱。现因日前大营新财神堂前有余万顺作坊作主余桂生等，贪图私利，潜招杭友吴阿增等混入绍帮，在该坊打箔，被同业察出。余某知众怒难犯，自愿照章处罚各节，略志前日（二十六号）本报。兹悉该作主余某已于昨日（二十七号）雇双鱼新吉庆班在大江桥张神殿演戏两台（双开□），并邀众箔司吃茶看戏，以为破坏行规者儆云。

按此亦平民之恶习，彼此俱是劳动界，应互相照顾，何得以外县人而侮之。

《越铎日报》中华民国八年八月念九号

锡箔行头阻营业

（1919 年 10 月 7 日）

迩来绍地锡箔一业，虽称特别发达，无如打箔夥友非常缺少，以故各作主无不群起东抖西挖，并暗地加给工资，实繁有徒。缘清季时有该业行头规定章程，每逢辰戌丑未之年，方始纳徒过门，遐迩咸知。光复后，所有不此种恶习，已经一律扫除。讵有法棍刑巧立名目，伪充行头，公然垄断把持，藉以固其永远讹诈之期。该行头竟一味拒而不纳。凡遇由杭（本系伙伴，早年营业萧条，赴杭生计），返籍操活，趁□之人，被该行头察觉，动辄纠同恶类，前往恫吓，不达到诈欺取财之目的不止。稍不遂欲，动辄逞凶蛮殴，此种不法妄为，时有所闻。近由该业中人陈阿惠、祁可泰等不忍坐视，乘机出而干涉，据称现值生意如此兴旺，无论由杭来绍打箔夥友，准各作主自由录用，如该行头再行插涉，愿甘死抗，一面具状逞递县公署正式请示办法云。

《越铎日报》中华民国八年十月七号

箔司乱规几酿祸

（1919 年 10 月 21 日）

锡箔一业为吾绍营业大宗，工商两界，藉此营生者，何堪指数。即箔司一项，其人数之多，直达二万余人，该箔坊收徒，向有定章，三年三次，以辰戌丑未年岁为定期，如箔司过多，则须停留一次，延至下期举行。然必预先通会。本年系属未年，原为收徒年岁，乃该同业等以鉴于同业中人赋闲者多，已于去岁旧历八月十八日发贴知单预告，今岁未年停止收徒，众谋金同，茶会议决，本无他事。乃该业不肖之徒，觊觎近日箔业兴旺，意图破坏同业规章，拟扰乱行规，于本年下冬收留学徒，化名朱能之丁大忠、倪以兴、郦海、华秉诚、娄裕庆等六人，向县公署行政机关禀诉，幸余知事洞烛其奸，不为所朦，批饬不准。不然此计若成，该业绍萧箔司二万余人，必滋扰不堪，且于该劳动界贫民生计有极大关系云。

《越铎日报》中华民国八年十月念一号

箔业行头之不法

（1921 年 3 月 22 日）

城区安宁桥下岸车协泰霖记锡箔作坊打箔作司谢庆堂，东宝强人，因穷难度日，冻馁不堪，托人求人恳推荐。入该坊主人车四八处打做锭锡，藉以苦度时光，得免冻馁。讵有狼心狗肺之已革箔业行头郭福林（临浦厅对江人，现住城区恒裕作坊）不肯干休，仍敢习用已经官示谕禁革之箔业行头名目。到谢某处强索规费，谢庆堂不肯照付，郭福林即串同革警无赖多人，将谢某手人所做锭锡三个，褙纸三脚，零物多件，强行搬掳而去。当时邻众疑为盗警，始则不敢拦阻，继知为箔司行头抢掳锡箔，旁观之人，殊抱不平，遂将同去搬掳之赵桂生一人获住扭送县署请究，惟郭福林已被逃脱。前日（二月十九号）由杨承审员提取在押之谢桂生审讯确情，虽郭福林避不到案，谢桂生已供认同去搬掳不讳，作主车四八原告，谢庆堂坚请杨承审员严拘正犯郭福林到案究办。谢桂生仍还押候判论者，谓如此赃证确凿之搬掳案，主犯郭福林独得逍遥法外，实因平日与警吏声息相通之故。惟箔业之东南西北等各处行头，素来为箔业手工之害，已经县署出示布告，概行革除，郭福林何得仍用行头名目，敛钱不遂，出以搬掳，实诚藐视官厅示谕，不法之极也。

《越铎日报》中华民国十年三月二十二日

已革行头应拘禁

（1921 年 4 月 8 日）

绍县已革锡箔业行头郭福林（即小福林）为著名无赖，行凶勒诈，劣迹多端，藉行头名目，到处敛钱，包做卫客，强索酬费，故已犯案多端。去年阴历十二月间，串同落班警察坏党地惫多人，搬房谢庆堂锭锡三个，褙纸三脚，小洋二十余，被失主谢庆堂、箔作坊店主车霖记赴县刑事部分控告，已奉传讯究追。郭福林运动警察，匿报远出，避不到案，实则仍在城区恒裕作坊。及失主谢某经再呈县署主求严拘律办追返脏物，闻郭福林所有强掳他人财物，既属强盗行为，何况结伙至十余人以上，强搬锡锭，一个价值六七十元，岂可任其漏网逍遥，殊非刑法之平，愿有牧民之责者审察案情，严加痛惩，毋使此辈恶棍贻害于社会也。

《越铎日报》中华民国十年四月八号

箔业董事之变相

（1921 年 7 月 1 日）

本城箔业董事胡梅炫，包揽词讼，侵吞公款，屡经各报揭载。奈胡某近来，以该业公款挪移殆尽，借贷无门，居然异想天开，在硝皮弄住宅中尽夜聚赌，并令其姘妇某姑，充作招待，以博顾客之观。阴历本月十九日，胡某面邀石门槛儿科医士徐某往赌，徐某素知其行为不端，当即严词拒绝，于是胡某怀恨在心，信口雌黄，捏造谣言，向某当道任情诬蔑。徐某以是非难逃公论，置之不理。讵知二十一日，胡某又雇戳赌活手两人，并邀请瘟孙锺锡庭（系轩亭口泰和升布庄经理）入局，未到夜半，锺某已输出大洋四百六十二元，锺某秉性懦弱，见势不佳，只得托故告辞。不料，事后为锺某之妻某氏所悉，急往该庄大哭大骂，并在府横街一带宣布胡某戳赌事实。噫，胡某身为业董，宜如何洁己奉公，乃竟效西凉党故技，是无怪箔业中人啧有烦言也。

《越铎日报》中华民国十年七月一号

宁绍箔业公司之组织

（1921 年 7 月 2 日）

宁绍箔商徐瑞生、瞿树桐等，拟在宁波、江东组织宁绍箔业公司，日前在天后宫设宴议从招股入手，并定暂设事务所于东胜街，以便进行。兹探录其招股办法如下：

（一）股本定额，一百万圆，分普通、优先两项；

（二）发起人至少认股一千圆；

（三）普通股分作一千股，每股一百圆；

（四）优先股一次缴足，普通股分期满缴；

（五）凡缴股金者，先给收据，旬日后换发股票。

《越铎日报》中华民国十年七月二号

胡梅炫擅作威福

（1921 年 9 月 13 日）

城区市门阁背后硝皮弄内有胡锡康（即梅炫）者，本一歇业店伙，自夤缘充当该业董事以来，垄断把持，营私舞弊，种种劣迹，早志本报。兹又探悉，胡某最作孽、最可痛恨之事，实为献媚箔主，虐待箔司一端，凡箔司在箔铺中稍有亏耗，不问好歹，彼即持名片将该箔司送入警察所中拘押，必须彼允许，方可保释，是以警所中拘留箔司，有押至半年或七八月之久者,藐视法令,残虐箔工,莫此为甚。未知为民牧之责者,对于此种擅作威福之势利小人,亦闻之否耶?

《越铎日报》中华民国十年九月十三号

组织箔业交易所

(1921 年 9 月 19 日)

城区大路各锡箔庄,营业向称发达,为绍地出产之大宗。近闻有人发起筹集资本三十万元,拟组织一点铜锡箔交易所,已于前日函请各箔业新旧董事,在鼎裕庄开会讨论进行办法,并要求赞成发起,其到会者,计有旧业董王昱坡、俞守澄、陈元庆、傅唐效诸君,暨新举业董王子成、杨树堂等诸君。又有该业中健者如郑秉徽、傅明效、陈仲夫、郦春江、朱鉴笙、田雨泉等诸君,济济一堂,茶话多时后,由王昱坡发言,对于交易所发起人云,俟敝同行邀集开会商榷后,再予正当之答复,遂散会。时已钟鸣五下,该发起人即声明,暂住新民旅馆十九号房间候信。然探其内幕,各箔庄经理,大有目为多事之意见,未识如何情形,容再探明续志。

《越铎日报》中华民国十年九月十九号

交易所内幕续志

(1921 年 9 月 23 日)

吾绍有人集资三十万,组织点铜交易所,由发起人片邀各锡庄经理及新旧业董,假座鼎裕庄开谈话会,到会人数二十余人,要求各庄赞成入股,并由旧董王星坡代表发言,谓俟同业开一讨论后,再行正式答复等情,已志各报。兹闻该发起人旅居新民旅馆十九号房间,一面已向绍县公署,请求立案给示保护,而大路各箔庄业于昨日下午在七星龙局召集同行公开一私人茶话会,因兹事体大,关系全业,连带箔铺箔司数十万人生活问题,故非先行私人讨论一。

具体办法数条,然后由业董召集全体开会,按条研究通过后,方可答复。交易所之发起人到会者较前人数更多,约四十余人,议论纷纭,莫衷一是。嗣由郑秉徽起立发言,大旨谓交易所仿自东洋,虽日本营业部立法之初,图商业发展,出货交通为宗旨。然行一二年而流弊滋深,假官威以实行卖空买空,商人因而牺牲生命,几至不可收拾之势,经日政府下令取缔。在发生之国尚然,如是无怪沪上自交易所发生以来,因做虚货而亏耗巨大,致寻短见者,已有六七十人之多,故目下法大马路之标金交易所亦遭官厅干涉。前车可鉴,后悔何追,营业诸君以为然否,当有多数人极端赞成。郑君主张遂宣告通过,一俟该业再开大会时,究竟如何对配,容探续志。

《越铎日报》中华民国十年九月二十三号

箔业交易所

（1921 年 9 月 23 日）

交易所是什么，是一种卖空买空的营业，换一句说，就是赌博行为。上海方面，新发生的交易所，多被大部取缔，可见交易所是利少弊多的营业咧。

我们绍兴曾有姓张的商人，拟组织交易所，呈请实业厅立案未准。他的批令说，交易所限每道区设立一所，可见绍兴无设交易所的资格。

讲到锡箔的营业，在我绍兴方面，前年为受点铜的影响，弄到寻死觅活的人不少，目下元气还没有恢复。若再集合团体，做卖空买空，势必寻死觅活的人，将比前年更多。这会箔业中人开会，郑君主张阻止交易所，各自营业，是很有见地，很不错的。我不是箔业中人，也极赞成咧。

《越铎日报》中华民国十年九月二十三号

绍兴将设点铜锡箔交易所之所闻

（1921 年 9 月 25 日）

各项交易所，为近时最投机的事业。查上海一隅，有如棋布星罗，不可数计。绍人单远香、朱滋宣等，亦有点铜、锡箔交易所之组织，闻已与箔董磋商妥洽，一切具有端倪，已向实业厅挂号，咨部立案，颁给营业执照，即可开办。查交易所之设，果能热心办事，公平交易，庶几不背经济学原理，于箔商及经纪人皆两有利益，此亦为近世之商业创举。深愿交易所理事等勉之，勿演上海之种种怪象，以阻商业之进化也。

《越铎日报》中华民国十年九月二十五号

组织箔业交易所确讯

（1921 年 9 月 26 日）

本县前自有商人张某拟组织证券交易所，呈请省长公署及实业厅绍县公署各准其详部注册，后因商部以每道区只一证券交易所之法定，碍难准其创办。后有未便组织之势，近闻另有商人组织箔业交易所，闻其营业规则，已经具体商妥，由本县各箔业庄铺等征得同意，将呈请官厅立案，因箔业交易所所经纪者为物品，性质与证券交易所不同，且并不受道区之法定限制。且创办交易所者，大半系同业中人，并无纯粹图利性质，确为平允箔业市面起见，于旧习惯内章所有之用金，并不另行增加，且以各铺家期款进出之周转不便，拟以现款进出，不但各不致有周转不灵之苦。且钱业对于同业箔业之进出，亦可免去许多危险,若果能照此办理,亦未始非吾绍商业之幸。昨报所载,郑秉徽主张种种,闻郑系客帮进商,并非吾绍同业,其主张或不能为吾绍同业所赞同云。

《越铎日报》中华民国十年九月二十六号

交易所组织之反响

(1921 年 9 月 28 日)

绍城有单远香、朱滋宣君等发起,集股组织点铜锡箔交易所,业向省垣实业厅挂号立案,请求咨部给领营业执照,即行成立等情,已志各报。兹悉,各箔庄经理疑信参半,莫衷一是,各箔铺店主目为新奇,少见多怪,故箔业众情颇有一致反对之慨。而遵照公布商人通例法之法定代理商郑君秉徽,以远大眼光,以阅历见识,以舆情趋势,以事实引证,洋洋数千言,条陈商会,呈请依法予以限制取缔,并拟具禀文,呈请省长、实业厅派员查实施行及快邮代电,电告北京农工商部决示。兹先觅录商会条陈文稿如次:

(上略)谨说者。窃维扶桑文明先进之国,而营业部之商法,为求商品之发展,运输之便利,有创设交易所之原则,图收全国商品出产之竞争,握全国商界之枢纽,资商业易于发展,使各商对于货品知所改良,知所进化。其原则之设施最为优良美备。殊未知行未数年,而为奸商市侩阳奉法令章程,阴施卖空买空,举国鼎沸,商业受害,不可收拾,致日政府下令严行取缔。奸商市侩姑稍敛手,以吾国上海一方面言,交易所创始迄兹,钻燧未改,裘葛不更,因卖空买空之亏累,牺牲其生命者,已六七十人。如各报所载果皆彰明较著之商人,顾尚有矮屋茅簷姓微陋者,因而致死,奚翅十百之倍。顷间大部亦有取缔之令,而商人亦相寒心,联袂裹足。乃交易所自惭形秽,门可张罗,势难支持,自行停闭者,亦十四五。而某租界之标金交易所,致为现状环境所迫,未成立而改变其方针矣。殊见人心尚然未死,人道犹幸简薄,沪滨方面踊跃继起者,已阒无其人,即或有之,亦非鸡鸣狗盗之小商□,拾人牙慧,以琐碎零星物品引为滥觞,无关重轻。

《越铎日报》中华民国十年九月二十八号

箔业市价恶消息

(1921 年 12 月 23 日)

锡箔一项,为绍地最大宗之出品物,沪杭各地以绍箔最为著名,今年市风不佳,箔势愈趋愈跌,大有一落千丈之势。大路箔庄与箔户,本属休戚相关,利害相同,应设法以维持。今箔庄经理,皆不顾公共利益,以经济学原理为两利,将箔户原料点铜价目居奇垄断,自便私图,故箔市之价日见倾跌,大路庄家同遭亏损,锡箔铺户皆叫苦连天,希望箔业交易所赶紧成立，以维持其后也。倘果如现在市价日跌，箔户停造，其关系于工艺生活殊属不浅也。

《越铎日报》中华民国十年十二月二十三日

箔业交易所成立有期
（1922 年 2 月 4 日）

绍城箔业交易所，为杭绍资本家所创办，拟定基本金一百万元，本拟旧岁成立。嗣因手续不全，更期迟缓。现闻新年已有杭人来绍租赁屋宇，拟以大路和丰箔庄旧址为地点。该业董事胡梅园暨单远香、张荣堂等均有理事之希望，实行成立之期，大抵以阴历二月中旬云。

《越铎日报》中华民国十一年二月四号

箔业不开市原因
（1922 年 2 月 9 日）

绍县锡箔纸业，因去岁大受亏耗，停造已多。即大路各箔庄，亦同遭亏损。如大行家鼎裕等亏蚀一万元，间有数家，因拆耗而停止营业者，所在多有，如开济、鼎成，皆已宣布停业，以告结束。今闻悉新年市面仍不起色，客路添货之到信甚稀，即庄客□皆观不前，不敢动办。往时箔业，于岁假期内已红盘，今年至此际，尚未开市，缘客帮进货希望贱而又贱，故相约不发信来绍添办。今箔庄业为维持箔铺户生业起见，及为自己在行中所有存货计，不肯再行跌价。闻箔庄业同行，故一概不曾开市，亦不上街进出，专候客路各帮之到信添货，俾得价目抬高，庶市面可以维持。今日尚未见箔业正式开市，此其之原因。

《越铎日报》中华民国十一年二月九号

纸锡箔交易所行告成立
（1922 年 2 月 17 日）

绍县箔商潘、胡、单、张、朱、王等多人，以本业资格，与上海巨商徐某等组设绍兴纸锡箔交易所。已于去岁禀请省垣实业厅挂号，并在北京商部立案，请求发给营业证书，以便开始营业及筹备一切事务。今闻已有旅京同乡某公快邮，关照绍兴发起诸人从事筹备，俟由部给发，当可宣告成立，以便正式开幕。闻发起人已拟定中正街朱宅房屋照厅作为临时地点。择定相当房屋或有旷大基地，再行购置云云。惟绍地箔市已有一落千丈之势，箔商几有不堪设想之景象。如交易所果能早日成立，藉以维持箔业市面，亦未始非吾绍箔业前途之幸也。

《越铎日报》中华民国十一年二月十七号

绍兴箔业交易所如是而已

（1922 年 3 月 23 日）

绍兴箔业交易所真相难明等情，已志前报。兹录其内容如下：

资本：绍兴箔业交易所发起人系王星樵、张国真，邀请箔业董事胡梅炫，箔商张荣堂、朱滋宣、潘芝思，钱业中陈启泰、单远香等，又别业倪某、王某、言某等人与沪杭甬发起人合共认定资本一百元。

立案：当时发起人已认定一百万元。王星樵云要赴部立案，请箔业公所出具证明书以为箔商赞成之表示，嗣闻已经批准立案，给有证书，究竟如何实情，有否确实照准，询之伊等发起人，俱云不曾见过，不知确否。

开会：绍兴发起人无主持领袖，无甚团体。王星樵又与胡、潘、张、陈发起人素不相识，系朱某所牵成事，甚隔阂。前日王星樵云，开具体讨论会，有名誉者一人不到，无具体办法，无议决事件。

反对：箔庄业初时颇表同情，于发起人如王月波、陈元庆，皆在发起之列。嗣因被人劝阻取消发起，坐待时机。胡梅炫已承认在先，讵一箔铺户杨姓，以未经众议表决，箔公所不能擅出证明，不认有效力，反对颇烈。他箔店亦有不赞成者，胡梅炫遂辞退发起人之列。

股款：股款一百圆，发起时箔业及有企业心之资本家，皆欲认购而不可得。今已认者尚未预缴一文，筹备处尚未能设立，此皆有原因也。

退职：交易所上海发起人与绍地发起人，尚未见睹，内事颇不明了。胡某、朱某等已实言脱离。对于组织交易所不去预闻。

《越铎日报》中华民国十一年三月念三号

箔业交易所近讯

（1922 年 4 月 21 日）

箔业交易所，前时因发起人意见不同，股款不缴，已有无形消灭之势。今探悉该交易所发起人张国真，因杭而沪而甬，与巨商徐樟之等各股东商酌，决计组设。据云已有股款三十万元存于上海信托公司，拟在阴历四月间开办，将养成所之期限缩短，原定筹备六个月章程，尚可相符。此系发起人对余所言，姑志之以观其将来，盖交易所之设立与绍兴商业不无关系。

《越铎日报》中华民国十一年四月二十一号

绍兴箔业交易所之黑幕观
（1922 年 5 月 11 日）

绍县纸锡箔交易所,有王星樵、张国桢二人自命发起,赴杭、赴沪,奔走运动,大吹特吹,声言有巨商徐樟之自肯认股,并言有股款三十万元存入上海信托公司,决拟于阴历四月初旬开始从事筹备,请绍地领袖发起人转告认股发起诸人接洽。今逾所约之时已久,该张、王二人之踪迹不见。又无何种举动,绍兴共有十六人。发起者皆万分疑讶,闻已有人提议,将与王星樵、张国桢二人交涉云,不知如何结局,容再探志。

《越铎日报》中华民国十一年五月十一日

箔庄反对箔茶市
（1923 年 8 月 18 日）

绍兴箔业箔茶市地点争执,曾志本报。兹据另一访函云,绍兴箔业茶市,向由各箔铺设立,为上行卖买交易之场所。近有一般箔庄专营买空卖空之奸商某某等家,意图私利起见,运动箔铺聚合于花巷适卢茶园,为公共茶会。讵未及半月,一般箔庄伙友因买卖箔块市甚活动,且有损无益,诸多不便,遂由永兴裕、义昌、汇成等箔庄夥友,首先表示反对,拟仍各归原址交易。嗣经该园主出场竭力挽留,现照常以适卢为茶市,惟箔铺方面拟至中秋后,定欲各归原处云。

《越铎日报》中华民国十二年八月十八号

买空卖空将严禁
（1923 年 12 月 3 日）

绍兴箔业自民国四年间,由该业同成、鼎裕等箔庄发起滇铜买空卖空交易以来,迄今牢不可破,凡被其害者,倾家荡产,已不胜枚举。查近岁以来,更为尤甚,故营此买卖之合记、益大、裕成等家,上午则均集合于适卢茶园,下午则均在文明茶园高谈阔论,垄断市价,商业前途大有妨碍。且此种营业,为害实非浅鲜。现闻已有公民全□升、洪奎记、王竹甫、全义兴等向省长公署禀请严办。业有公文委员到绍,已向该业业董责问情由,严行禁止。此后当可消声匿迹云。

《越铎日报》中华民国十二年十二月三号

不承认买空卖空

（1923 年 12 月 5 日）

绍兴箔业滇铜卖空买空，垄断市价，妨碍商业前途，由公民全义昇奎记王竹甫、全义兴等控禀省长公署派委严办等情已志昨日本报。兹闻昨日县署奉到实业厅训令后，饬令行箔业董事俞守成等，令即将此项卖空买空之人确切查明据实举报，并令邀集同业重整行规，务除此种恶习。该董事等即邀集箔庄业全体会议，于七星龙局内金□，滇铜一项，大宗交易，在伦敦、香港、上海，其贸易方法，无不采取定期制，因需要之多寡，定市价之高下，绍兴同行向上海办货，莫不如是。故市价亦以上海为转移，上海视乎香港，香港根据伦敦市价之一昂是抑，关系全世界大市，万无垄断之可能。因其涨落之不可预料，故必先期卖买，以免风险，庶成本有定价则售价有把握，实属稳健方策，并非冒险生涯，且吾绍自有箔业以来，不论纸花锡箔，均系定期交易。盖原料甚昂，若不先期卖买，制造者有销路停滞之虞，需要者有临渴掘井之苦。为调剂金融，防止危险计，亦以定期制为最妥善之方法。吾绍同业相沿用已久，实售实解，并非虚货，毁无卖空买空之交易，亦无重整行规之必要。议决由该董事等呈覆县署矣。又闻该案内有老全义生、洪奎记、洪道记、单福生、全义兴等书柬，该业中并无老全义生及全义兴，只有开设在项里之老钱义升及钱义兴箔铺。显然影戤。而洪奎记、洪道记、单福生等各号，亦均不知情，并无行盖书柬之事情。闻已函咨商会证明捏名诬控，一面登报声明，以免误会，并拟诉请法庭办伪造图章之罪。

《越铎日报》中华民国十二年十二月五号

买空卖空令查禁

（1923 年 12 月 18 日）

绍兴箔业自民国四年间，由该业成鼎裕箔庄发起滇铜买空卖空以来，受其害者倾家荡产，已不堪枚举。近来如台记、裕成、益大等家，尤为彰明较著，每日必正适庐文明茶园高谈阔论，垄断市价，商业前途，为害殊非浅鲜。现有商民洪奎记、王竹甫等具呈省公署，请求严禁。闻已令行绍兴县知事严行查禁矣。

《越铎日报》民国十二年十二月十八号

锡箔业议红盘价

（1924 年 2 月 19 日）

绍属锡箔业自去年秋季以来，市价增涨，步步上风，至年终揭账，各庄□获有盈余。现闻该业于昨日假九章箔庄集议新年红盘市面,计瓜拱(每百斤)售洋一百二十四元六角。云拱煴光售洋一百二十五元二角。净水煴光售洋七十八元八角。普通煴光售洋七十五元六角四,六折炉锡售洋一百零四元四角五,五折炉锡售洋一百零□元,各锡箔每块亦增加一二角云。

《越铎日报》中华民国十三年二月十九号

维持箔业市面之布

(1924 年 4 月 12 日)

绍兴县公署布告文云,为布告事,案据箔业董事胡锡康呈称,窃查箔块销路,年以清明、七月半、冬至三大节为最旺,近日清明已届,正值箔销较旺之际,而市面反致大跌,推其故,实由于少数箔铺,不顾成本,离谱滥抛所致。查抛盘生意,迹类卖空,事近猜赌,且远期滥抛,离谱贱售,更属破坏市面,妨害箔业前途,实非浅鲜,锡康忝为业董,因特邀集同业,讨论救济方法,当经多数议决,须先由本公所演戏一台,以作禁规,此后如有离谱贱售,远期滥抛情事发生,同业认为公敌,一经查觉,应令违禁之家,罚戏一台,并向钱稍铺分燃斤通一对,以为例规云云。除由锡康就本月六日雇班演戏,以作禁规外,理合呈请准予备案,并准示禁,以杜抛盘乱市,深感德便等情。据此,查该董事所请,系为维持箔业市面起见,除批准备案外,合行布告,仰各箔业人等,一体遵照,毋违此布。

《越铎日报》中华民国十三年四月十二号

锡箔市面已略涨

(1924 年 4 月 16 日)

锡箔业入春以来,生意清淡,市面大跌,因此今春锡箔庄家,类多亏本,日前该业董胡锡康,为维持该业前途计,召集锡箔领袖,议决一例实行停锅各等情。曾志前报。兹昨日得申地报信,市面稍转升涨,该业同人咸喜形于色。

《越铎日报》中华民国十三年四月十六日

中公司与绍箔庄狼狈为奸

(1924 年 6 月 30 日)

(绍兴)滇锡自来香港,货色认真者,首推天兴,次为晋信、集成等牌号,信用颇著,甬绍正当锡行,交易卖习,非此不办。盖锡箔业者,实操绍萧平民生计之权,而手工繁重,设使原料不良,锡不成箔,贻害何堪设想。讵有奸商,将荷兰土碓等,贩运混售,不遗余力,虽屡被破获,罚规綦严,但利之所在,总不肯轻易放手,此次上海鸿裕锡号何耿星等,在上海创设锡务工公,专以杂锡制造土碓为营业目的,联络绍兴庄聚成、裕成二家,先期混充瓜碓,低价抛售,月底解货,即以锡务公司土制之申碓抵充,一般铺家贪廉购进者,大受其愚,现拟召集绍萧全体箔业,开会抵制,不知一局诈欺交涉,将如何解决也?

《越铎日报》中华民国十三年六月三十号

战谣中箔市影响
(1924 年 8 月 28 日)

(绍兴)自江浙发生战谣以来,连日银根极紧,大街各业,莫不受影响,因之市面恐慌,商务停顿,颇有危险影象,故钱市现水角子骤然提高。闻昨日角市竟做至九五五,现水九元。各业观此情形,更甚吃紧,而吾绍最大宗出产之锡箔,亦受战谣影响,均已滞销。迩日市面,因之顿时跌落不少,故箔庄、箔铺,对于双方卖买交易,亦不顾问,清淡异常,其原因由于客帮滞销,银根紧急所致,银市亦骤跌三元一担。查上半周箔业各庄均有获利,此次则未免均受折耗矣。

《越铎日报》中华民国十三年八月念八日

战声中箔业停顿
(1924 年 9 月 6 日)

(绍兴)本县平民,赖箔业以生活者甚众,自江浙发生战事后,一因运输交通断绝,二因银根奇紧,现洋枯竭,各箔庄营业,刻已停顿,一般藉箔业作工之平民,将无工可作矣。

《越铎日报》中华民国十三年九月六日

告箔业董事
(1924 年 9 月 6 日)

绍兴人因缘箔业而生活者,如开设箔庄,多属有产阶级,开设箔锭铺者,亦为中产阶级。其为数无几也。至于在箔坊中打箔之男工,在家庭砑纸试黄,以及褙箔背纸之女工,皆属无产阶级,为数甚夥。此辈劳工,平时做一天工,吃几碗饭,毫无储蓄,一旦箔业停顿,影响所被,则啼饥号寒之声,必先出于此辈劳工也无疑。

今者吾绍箔业因受江浙战争影响,已呈营业停顿之现象,在此种停顿现象之下,箔庄与箔锭铺,虽不无损失,然影响不致十分巨大也。至于因缘箔业而生活之男妇劳工,设使各箔铺一旦宣告停业,有力无处做工,生活便告中断,此种影响,岂但一业而已?社会盖亦蒙及之也。箔业董事,应设法维持,毋使其业停顿!是则,加惠于此辈劳工,诚不浅矣。

《越铎日报》中华民国十三年九月六日

江浙开战后绍箔市面

(1924 年 9 月 9 日)

(绍兴)锡箔业,自江浙开战后,营业萧条,交易停顿,种种影响,已叠志本报。兹又探录该业近日箔市如下,车李氏统双九,开价五元三角;协王氏戳双九,四元七角五分;此外尖双九、千双九、大中双九,均不开市。因是项箔块,销路完全停顿,即或沪上各客帮,略有添办,亦属寥寥无几。转运又不便制,倘江浙战争延长,则箔业之损失,箔工之失业,将不堪设想矣。

《越铎日报》中华民国十三年九月九日

拉夫谣中箔工之自卫

(1924 年 9 月 16 日)

(绍兴)自各处拉夫消息传来后,绍兴无识市民,本已谈虎色变,中秋节之夜,不知何人播放谣言,有谓城中硝皮弄内某箔坊之箔司被拉,其他各坊箔司,闻谣而惧,连色出城者颇多,次日此种谣言,犹未歇绝,出城乡里者纷纷不绝云。

又函自将拉箔工为夫当兵之谣言流播后,一般箔司工人,纷纷逃避赴乡。闻城区某作坊之箔司计有十三人,亦因是项谣言,于晚上出西郭城,走至柯桥,被该处清乡巡缉队所见,疑为盗匪,因均带有包裹多件,且形色慌忙,立即将该箔工捉获送城,经清乡柯讯问,据云系是作坊箔司,即有该公所董事到场取保,皆于昨日释放矣。

《越铎日报》中华民国十三年九月十六日

绍箔止运之电讯

(1924 年 10 月 16 日)

(绍兴)锡箔业,自沪杭火车□断后,上海、镇江、无锡等处箔件,均设法改走东路,由甬报关,转运各埠,已届二旬。闻昨日午后,该业领袖,忽接曹娥三联分公司拉来一电,略谓出运箔件,一律止装,并咨同业等云。该业同行得悉之下,疑政局变化,故又起恐慌云。

《越铎日报》中华民国十三年十月十六日

战后箔业近况

(1924 年 10 月 27 日)

(绍兴)锡箔业,自受战事影响以来,损失甚巨,现以卢、何出走,大局平定,故各处箔商之来绍采办者,已不乏人。因而该业各箔坊,近日纷向大路各箔庄,购置滇锡纸花,一律开工制造,连日现滇锡市价,均已高抬至一百二十元以外,箔市亦日见活动景象,生意日有起色,类皆大抱□观云。

又讯绍箔自江浙开战以来,停运多日,后由该业与公司妥商,设法改走东路,由甬转递各埠,颇感不便。自今战事已告结束,大局平静,故绍箔出运娄件。自昨日起,已均仍走西路,上船至各埠,较走甬江,略为迅速云。

《越铎日报》中华民国十三年十月廿七日

箔业公所定期较称

(1924 年 11 月 21)

(绍兴)大路一带,十之六七为箔庄,该业惯例,秤锡、秤安点,必用该公所公定之公秤。该秤虽由各庄自备,然轻重轩轻,必须规定,该公所今冬于旧历十月二十日起,开始较秤,期限五日。至二十五日为止,闻各箔庄均照布告,纷纷前往对较,以示一律云。

《越铎日报》中华民国十三年十一月二十一日

箔业增取用金

(1927 年 2 月 21 日)

(绍兴)箔庄业自去年发生战事以来,各庄均受损失非浅。现悉该业为维持同业利益起见,拟将所收客用,一律增加,每块计洋二分,以四厘为伙友之酬劳金,一面再拟设立公会,维持行规云云。

《越铎日报》中华民国十六年二月廿一号

禁止他县人打箔，十万箔工共维行规

（1946 年 8 月 12 日）

外帮侵入影响同业生计，暂取镇静听候政府处置

（本报讯）本县箔司工人，数逾十万，该业为限制外业人员打箔，不致过分超逾实际需要额，以维工人生计起见，特订有行规一种，遵守綦严，除逢辰、戌、丑、未等年召收学徒一次外，不准外来人参加打箔，数百年来，积习相沿，已成习惯。兹该业工人，近来查得常有上虞县境之崧厦外帮，低价向本县箔铺携箔（锭子）往打，以其故意破坏该业行规，影响箔司生计，即召开十二次箔司工会，经议决：

一、通知各会员（即箔司）遇有是项情事，随时报告至会。

二、派会员负责调整，如果属实，将箔扣送政府，援规没收作为慈善费。

三、呈报专署县府出示禁止。

四、函各箔铺尊重箔司行规，应即停止放箔外帮。

五、劝各工友暂勿意气用事，静候政府处置，一面并呈请总工会转请当局出示令禁，闻县府据呈，已准即予出示布告令禁外，并转呈专署转饬上虞县府出示禁止，以维本县箔司生计，而谋地方安宁。

（青锋社讯）近日本县大营一带，自有苏州、南京等地返绍之箔工约二百余人，衣饰鲜丽，举止阔绰，言语粗鲁，形止不检，颇有歪戴帽子之白相人之风，一时彼处无知之箔工，羡其生活悠闲，每多盲从滋事。闻若辈系本县沦陷前，以逃避壮丁去苏，今则自谓因苏州箔厂停工被迫返绍，其中有自己开设小箔坊，度其半劳半资之生活，而其余则日坐茶店，危词耸听，形迹似甚可疑。若辈三五成群，现已深入箔工中间，而其来也突如，切望当局迅予注意，勿以轻易视之，应即切实防渐于微。

《越报》中华民国三十五年八月九日

箔类将终归淘汰，今会商改业问题

（1946 年 8 月 12 日）

箔业团体邀请县各界，假商会茶话妥筹善法

（本报讯）本县箔类，向为唯一特产，赖以为生之箔业职工，数逾十万，虽处战后科学日趋昌明之现际，顾半因积习相沿，且赖以为生之职工众多，半因箔类特税，为本县唯一赖以作县政之支出，致箔类虽已成为迟早遭受时代淘汰之一物，政府对此迷信事业，已实施寓禁于征之政策，但处此社会滓□之前夕，仍犹不失为本县唯一特产之一种。近几月来，本县当局与社会有识人士，箔类终将成为时代淘汰之物，为期从事该业之职工，将不因箔类之废除而遭受失业，拟于渐移默化中，劝导箔业职工，改从他业起见，特定于今（十二）日下

午四时（夏令时间），假座本县县商会，由本县总工会、箔庄、箔铺、鹿鸣、杂锡等公会，及箔司、浇整、矸箔等工会，联合举行茶话会，商讨箔业职工改业问题，昨已分函本县各机关团体及地方士绅，届时出席与议，共商妥善办法，使本县几百年来狃于积习之箔业职工，得共同改易他业，以发展战后建设。

《越报》中华民国三十五年八月十二日

聘专业组织委员会，计划箔工改业运动

（1946 年 8 月 13 日）

要求提拨国税训练技工，推选代表晋京请愿救济

（本报讯）本县锡箔，为特产之一，赖以为生之职工，数逾十万，因此虽处科学日趋昌明之现时代中，仍能占本县出产之一种，不失为重要营业而受淘汰，顾时代之演进，此迹近迷信之用品，终将遭受摒弃，由此一般有识之士，为使此赖以为生之箔业职工，不因将来箔类淘汰而失业起见。昨（十三）日下午四时，由总工会等发起，邀集本县各机关团体代表及地方士绅，商讨箔业职工改业问题。计出席者：郑小隐、沈鼐、金林、邵鸿书、章寿椿、金发明、俞康、单文吉、董柏崖、董起凡、来松樋、余吼民、方文荫、陈笛孙、鲁源润、张光楷、朱国尧、孙道一、朱家□、张子和、金天觉、宋长儒、张理同、王佑之、屠懋、朱允坚、沈振远等，主席鲁源润。首起立发言，报告召开会议意旨，略谓"箔类为迷信用品一种，处此科学昌明时代，将必受社会淘汰，因此对箔业职工改业问题，极为急切需要，为拟加以训练改业起见，除拟请中央在箔税项下拨给百分之三十以作训练经费外，今日特请各位到来，予以指导改业问题，使十余万箔业职工，将不致因箔类淘汰而感受失业。"次由郑专员发言，略谓"箔业在绍兴，已有悠久历史，一旦欲谋改业，实非易易，顾为适应时代昌明，诚有急切改业的必要，深望事前有一缜密的计划，周详的考虑，以渐移默化之演进，予以改习他业，才不致使十余万箔业职工，感受失业"。旋由金省参议员、邵校长鸿书、董科长起凡、沈干事长鼐、单科长文吉、陈会长笛孙、张社长光楷、宋长儒等先后发表改业意见，语多警辟中肯，于改业计划，颇为周密。末由鲁源润理事长作结论：

（一）组织箔业职工改业委员会；

（二）聘请专家商讨；

（三）要求中央救济；

（四）训练箔工工业技术。

散会时已万家灯火。

《越报》中华民国三十五年八月十三日

各箔业团体电请提箔税训练改业

（1946 年 8 月 15 日）

革除数千年迷信产物，解决廿余万箔工生计

（本报讯）本县锡箔，为唯一特产，赖以为生之职工，数逾二十万，因此虽在时代日趋演进之现际，犹能一时不受淘汰，顾一般有识之士，终认不久之将来，遭自然之摒弃，为使此大批职工不因此而感到失业，作未雨绸缪之预先改易他业计，特于日前，由箔庄业等发起，邀集本县各机关团体代表暨地方士人，商讨改业问题。经商讨结果，组织委员会，聘请技术人员，予以训练，并电请中央，在箔税项下，提拨百分之三十，充作职工改业训练经费。兹箔庄业等，为使改业问题，迅速实现起见，昨特分电国民政府及行政院等，准予提拨，探录原电于下："南京国民政府、行政院、立法院、社会部、财政部钧鉴，查锡箔为绍兴一大特产，二十余万职工生活所系，地方经济，亦赖以调剂，此次钧府院部，课以重税，期收寓禁于征之效。本会等粗知大义，何敢冒渎，惟税率过高，产销必减，而潮流所趋，行归淘汰，此后二十余万工人生活问题，不能不绸缪于预先，除集合专门人材研究改业方法外，拟恳钧座准在箔税全部收入项下，提拨十分之三，充作职工改业经费，仍由地方添筹资金，以谋扩展，庶以解决劳工生计，确保社会秩序，所有箔工改业计划，尚容续呈，谨电不胜迫切待命之至，绍兴县箔庄、箔铺、铜锅、鹿鸣纸公会、总工会、箔司、浇整、砑箔等工会同叩。"

《越报》中华民国三十五年八月十五日

响应箔业职工改业运动，
箔类浇整业决禁止收徒

（1946 年 9 月 30 日）

（本报讯）本县箔类，十月□日起，开征国税，税率提高为百分之六十，在中央寓禁于征之实施期中，箔类浇整业工会，以本县箔类，迹近迷信，中央既以寓禁于征，淘汰仅为时间问题，且本县有识之士，曾一再倡导改业，期使箔业职工，于潜移默化中，另易职业，迷信之箔类，得自然趋于淘汰。惟杜绝根源办法，非绝对禁止收徒，不足以言彻底，特于日前召开理监事联席会议议决，所有全县箔类浇整业，不得再行收徒，以为彻底杜绝之张本，昨特呈请总工会，转请县府，通令实行，闻县府据呈，以该业禁绝收徒，事属可行，将予令饬遵行。

《越报》中华民国三十五年九月三十日

走私虽告遏止，箔市仍形清淡

（1947 年 3 月 22 日）

（本报讯）锡箔市面，前日已呈疲态，缘因走私风戢，而箔庄业仍乏营业兴趣，以致茶市交易清淡，造户则源源供销，形成供过于求，价逐下降。昨上午又猛跌三级，已平五关，而仍无多大进出，下午价难维持原状，然竟交易全无，宛如死市，今日恐将再度惨泻，前途实难挺秀。

（经济社讯）本年入春以来，锡箔走私风炽，正当箔商营业被侵，多数箔庄感难技撑，致连续闭歇至十余家之多，近来走私，虽告遏止，然因过去亏损之惨重，一时尚难复业，而箔价进售相仿，即使复业，亦恐不易维持开支，故箔业颇无乐观。

《绍兴新闻》中华民国三十六年三月二十二日

绍兴工会会员，箔司工人达半数

（1947 年 9 月 15 日）

（绍兴讯）本县已成立职业工会达二十七单位之多，会员人数，昔为二三六四〇名（其中包括箔司职业工会会员一〇〇八〇名）。

《宁绍新报》第 15 期，中华民国三十六年九月十五日

绍锡箔属无望，税增加两倍

（1947 年 10 月 30 日）

（绍兴讯）本县锡箔货物税，已于昨十一日起，税率增高两倍，原税边王（箔名）每块二万二千元，的车每块一万八千元，普车每块一万二千元，已增为边王每块六万六千元，的车每块五万四千元，普车三万六千元，因此投税者骤见减少。

《宁绍新报》第 17—18 期，中华民国三十六年十月三十日

造本贵卖价跌，箔业面临危机

（1948 年 4 月 28 日）

（本报讯）锡箔为本县唯一特产，箔庄、铺、坊，林立城中，赖以为生之男女工人，占全县人口数十分之一，估计不下十余万人。最近半月来各箔司工人，因造箔原料之锡，来价飞涨，每块已造成之锡箔，仅能兑换得锡三斤，且税率逐增，而箔价竟降至每块（普车）七十万

元左右,正如绍兴俗谚"板贵棺材贱",以此近周来,各箔坊工人(即箔司)工作咸皆无形停顿,表面上虽日夜开打,实际已成停滞状态,各箔铺方面(即资方),一方受原料锡价高翔影响,造箔即颁亏本,且外销滞钝,且锡箔售价平疲,无意发造,据业中人昨语记者,锡箔售价在登峰时,每块能值得黄金一钱,造极时甚至能易得白米二石,今较高白米,石须三百五六十万元,黄金钱颁四百十万元间,以与锡箔售价比拟,而锡箔跌值之烈,为近数年来所未有。盖锡箔虽系迷信之一种,当局正在谋求予以淘汰使成为历史上之名称物,同时更在逐谋箔业中人另易工作之际,县在改业未实路前,此十余万赖以为生之工人,不得不在从业中谋求生路,以石须三百五六十万元之食米而工作得造成之锡箔,今竟惨跌至此地步,殊于绍兴社会生产及治安上大有妨碍,此辈似停非停之箔司工人,近数日来,因工作滞迟,多竟有日夜转而以赌博为日常消遣者,以致城中邑有多地日夜牌实、牌九,通宵达旦,此与整个绍兴社会,影响极大,甚盼当局关心,暨地方人士一方积极筹划现实箔工改业计划,一方对城中赌风之炽,有以随时查禁,以利戡乱建国,而维整个绍兴社会秩序。

《绍兴新闻》中华民国三十七年四月二十八日

3. 粮食业

东关米业罢市

(1912 年 4 月 14 日)

米价日涨,小民谋食艰难,前经当地士绅发起倡办平粜,嗣为不知公益之守财虏所阻,以致迄今尚未举办,良堪痛恨。日前该镇附近沙民,不知因何起衅,将祝茶记、金泰安二米店捣毁。现其他各米店,以前车之可鉴,相戒停止交易。沙民蛮横固属可恶,该业罢市要挟,岂独无咎耶?

《越铎日报》中华民国元年四月十四日

民食将给予可奈何

(1912 年 5 月 19 日)

有投函者云:柯镇运米局自设立以来,各米行恐遭折耗,不敢进货等情,曾志本报。兹复详细调查所有该镇西路乡白米各行号存货统计不及八千担,更以运米九千余百担,合计亦止一千六七担,仅支半月之粮,殊形缺乏。本可向上江上路购运接济,但昨今两日,迭接上江来函,已令奉于阴历三月念六日禁江,兰溪继之停市五日,以三月三十日为限,禁止谷米出境,向该处购定之米,柯桥各行约二百余袋,临浦各米行约一千余百袋,均堆栈房,不能运绍。

前日某水客由无锡来电,以杭垣护照屡领不发,碍难购运。查绍地产米无多,全赖上江下路两处接济,今竟相继遏粜,进路断绝,使运米局,行顾其言,不发生营业思想,则随到随售,米价当不至受若是恐慌。前者该镇各米行以运米局之故,一律停止购运,今则虽欲购运而不可得,试问此半月后之粮食将如何设法维持,吾不能无憾于运米局,吾尤不能无望于运米局。

《越铎日报》中华民国元年五月十九日

米侩之肉其足食乎

（1912年5月23日）

郡城自入春以还,米珠薪桂,一般贫民,因度日维艰,以至食秕果腹,遍地哀鸿,嗷嗷待哺,惨状几难言尽。现自本月十号起,米价忽又奇涨至七八角之多,计起码早米价须八元以外,而头号羔米每石计九元有另。今闻昨今两日,又复每石骤涨四角,平常谋生活之家,至此亦难支持。若枚贫者流,惟有坐而待毙,无一线生机者矣。确查本城各米铺,近日均系售卖旧日囤积之货,因知上江与墅河各路报信,各档米价稍涨,以故运日提增,有询之者,则皆因进货贵,故出售亦贵耳。讵不知均系囤积存货。噫,该米侩等垄断居奇,故斗米千钱,始见于今日之共和民国。伤哉,吾同胞其何以堪此耶?

《越铎日报》中华民国元年五月二十三日

护运局耶盗利薮耶

（1912年5月25日）

绍地米价陡涨至斗米千钱,人多归咎于运米局,抑知犹有甚于此者,非害商民之护运局乎?该局开办以来,排场之阔绰,薪水之优异,一若满清之恶劣官场。查该局向县中立案粘章,每袋仅收运费二分。迨至开办,每袋勒索至五分之多,以至米商怨声载道,裹足不前,几视护运局为畏途。绍属米源之闭塞,此亦一原因也。该局之种种靡费,略举所闻,记之如右,亦可见若辈之利欲害公矣。局长朱渠棠（民团局长）局□蒋介臣（县议事会议员）,修金各一百八十元,王炳田（裕生行经理）、叶子良（安泰庄经理）,督队王凤书（前清劣弁）书记蒋炳臣（民团局会议,绰号乌烟大王）,收支王雨田（炳田之弟）,会议某坐方沈霞臣、冯和亭（炳田外甥）,各支修金一百四十四元,雇大船五只,索缴押金五百元,仅雇淘汰之民团三十名,每名工食六元至八元不等,并饭食杂支并计,每年约须洋四千元左右。按由义运柯米船向例每袋水脚四分五厘,自光复后恐中途被劫,改日间开驶,每袋另加三分,现今既为护运,仍未酌减百里之间,护费水脚每袋至一角二三分。该米商等自不得不水涨船高,间取于民,无怪乎米价日增,民困日甚,噫,以护商之美名,实行病民之狡计,为私计则得矣,如其嗷嗷之哀鸿何。

《越铎日报》中华民国五月二十五号

民食之愁云泪雨（一）

（1912 年 5 月 30 日）

米蠹一

柯镇附近各乡民，传闻绍地米粮仅支数日，以致大起恐慌。于昨今两日争相购买，而一般不顾大局之米侩，明知存货无多，皆相率居奇，乘机加价。三日之间继长增高至一元有奇，而某行所售之白尖，每石九元九元七分，加落力三分，适成斗米千钱之谶。从前七元二三角之加码未现，已涨至八元七角。查运米局现在存货，只有早谷三百余袋，每户向购五袋为限，聊以酬应而已，核计该局所售六千袋，实赚七八千金左右。呜呼，因接济而反生不接之虞，欲平价而转招不平之祸，吾于绍兴运米局不禁泪随笔下，力竭声嘶矣。

米蠹二

绍兴孙端乡大有东记等米行，近以米价飞涨，正可乘机图利，乃向四处□搜乡谷贩运出境，以致该乡粮食缺乏，价较他乡益涨，又有市侩孙廿八者，亦屯米贩卖高抬市价蠹色喜矣，其如穷民何？该乡自治会、商会膜膜无所闻耶。

米蠹三

五云门外衍泰米行，从宁波运来米三百余石，核与进价每石已可获利六角，现尚不肯发卖，意在居奇。吁殊可慨矣。

《越铎日报》中华民国元年五月三十日

民食之愁云泪雨（二）

（1912 年 5 月 30 日）

一队哀鸿捣毁米店。

昨下午西郭门外，万盛米店被饥民捣毁，其余各米行见势不佳，恐遭波及，乃各预先分给铜钱，始免于祸，然亦饱受虚警矣。

《越铎日报》中华民国元年五月三十日

民食之愁云泪雨（三）

（1912 年 5 月 31 日）

米蠹五

投函云，运米局采办员除阿潮之罪状，曾经贵报揭布，然犹未尽其罪。查徐阿潮因运动得采办米石之差后，利欲熏心，前往兰溪办米数万石，价约七万元。迨□运到绍，适绍地米价初涨，不唯不照进价出粜，以平市价，反垄断居奇，寄高抬价目，核与进价盈余将及万元，不知是项盈余归徐私享，抑归运米局。今未敢悬揣，但观其后。□徐阿潮运米时，为已所设之徐得利办米二千余石，进本七元一角，陆续售于同业者一千数百石。现尚存三百余石，同业之收买其米者，为新河弄之大丰（三百石，价九元一角三分），横街之开泰，亦买如百石，其余数十石不等。总之，徐阿潮营私肥己，不顾民命之罪状，已万无可掩饰矣。

米蠹六

兹复探得昌安门外恒升、聚升、昌升大、大有、丰同茂、王裕昌、三阳、姚同一诸米铺不约而同，定价起码米每升九十文，顶高米每升一百零八，且米质黄糙不堪。际此哀鸿载道，民不聊生，该米侩等尚敢抬价居奇，黑心图利，何忍心乃尔。

《越铎日报》中华民国元年五月三十一日

米 蠹 遇 哀 鸿

（1912 年 5 月 31 日）

城中日晖弄徐得利米店系徐阿潮（运米局采办员）所设，其于运米局种种营私迭志本报。兹闻昨日上午有鹑衣百结之哀鸿多人，拥至该店求乞，闻有言汝店东所吮贫民之血已多，应该散给些我辈等语。徐之平日可慨见矣。该店见势不佳，乃即闭门。迨至哀鸿散去，始开。噫，不义之财，其果能永保否乎？

《越铎日报》中华民国元年五月三十一日

民食之愁云泪雨（四）

（1912 年 6 月 2 日）

米蠹七

郡城香桥□底七板桥内有唐某者，富有家资，良田千余亩，每年冬季，收入租谷，约有数十万斤之多。惟其素性鄙陋非常，视钱如命，囤积谷米，必待得最高之价，方肯出售。际此斗米千钱，而唐犹未满欲壑。意存观望。闻其家内尚有存谷十余万斤，各米商日往购买，还价至四十六元。彼终掉头不顾，居奇为货云。

米蠹十二

孙端大有米行收米贩运出境，藉图厚利，曾志本报。日前该行又运米出境，途经吴融，亦为人截住。嗣亦经人为之说项，以半数充公，为饥民饱腹，一时人心为之大快。

《越铎日报》中华民国元年六月二日

民食之愁云泪雨(五)

(1912 年 6 月 3 日)

米蠹十三

柯镇乾大米行协理诸文君冒王元记号,向运米局买白尖五十担,价八元三角一分,仅隔两天,另拆与乡人,抬价至九元及九元五角不等。该行夥身为协理,非无知识之散夥可比。当此哀鸿遍野,竟敢伤心害理,赚此造孽钱,其果铜毒熏心与?

米蠹十四

柯桥镇万泰隆学生王某,当运米局开市时,亦欲试演撮海斗之技,前往买米十余担,价约八元三角,另该局因数多不允。伊复着肩米之小班及缝袋匠等,陆续向购,始达到目的。噫,各米行经协理如彼,无怪学生如此也。

米蠹十五

东关祝融记米行系前商会董事祝阿八所设,为该镇商界之巨擘。惟祝为富不仁,邻里侧目,有东关知县之称。近竟高抬米价,恒与别家超越,大有置穷民于死地之慨。而各米店,近亦相率效尤,如金泰安者,亦高涨价目,大肆腋刮。噫,深为哀鸿悲焉。

《越铎日报》中华民国元年六月三日

民食之愁云泪雨(六)

(1912 年 6 月 6 日)

米蠹十六

柯桥乾大行,曾向运米局买米五十担,即时转卖与钱清聚兴十担。迨交货时,竟易以次等之米,且每担浮加运费五分七厘,为聚兴所觉察,原米退还,并索还价洋始寝事。噫鼠窃狗偷,固米蠹之长技也。

米蠹十七

裕生行高杏楼曾向运米局买米(白尖)三百余袋,该行转售与本镇裕泰王方卿,核与进价计赚洋四百元,而方卿又暂售西郭协豫行,赚洋一百六十元,似此层层为米蠹剥削,米价安得不日日飞腾耶?

米蠹十八

绍城新泰源大昌恒润等号,曾向运米局购办米数十石,将发票高粘柜上,表示米价之贵,非该店抬高,实进价如此。实则所售者,半系该店旧有之存货也,其为术亦巧也。

《越铎日报》中华民国元年六月六日

民食传檄之希望
（1912 年 6 月 8 日）

柯镇米商沈云林等近由宁波运到之米不下四千余担，又由金华、兰溪等上采办米麦，每日到货亦不下一二百担，其从前（在五月十五号以前），向苏省办就之米，合计七万担左右（内一万担系绍商所办），闻已陆续到杭。此外又有向江西、芜湖办就米数千担，刻已运至沪上，探悉每石合银四两九钱云云。如此来□踵接，米价或可渐□。即民食亦不虞匮乏，所冀各米商顾全大局，慎勿故贪厚利，任意居奇，则吾绍饥民庶不致填沟壑也。

《越铎日报》中华民国元年六月八日

麦 贱 面 贵
（1912 年 6 月 8 日）

柯镇各米行，近日出售新麦，高燥者价约四元二角左右，低潮者不过三元二三角而已，一般贫民苦于米贵，得此差堪补救。讵该镇周永和等磨坊四家，见居为奇货，任意高抬，所售面粉每斤须钱五十六文，切面每斤面须足钱二十六文，且每斤只有十一两，如此故意浮抬，殊堪痛恨，安得有人起而抑制之。

《越铎日报》中华民国元年六月八日

民食之愁云泪雨（八）
（1912 年 6 月 9 日）

米蠹二十

城区都昌坊傅口记米店，光复后抖销营米获利颇多，囤积甚巨，贱籴贵粜，获利已觉不赀。益以升斗缩小，攫厚利。噫，诚利欲熏心。

米蠹二十一

柯镇振泰牲油米栈伙友沈又新，代平水村新凌记向运米局买米五十袋，暗中每袋加价五角，其米由新凌记向局自斛，甫及十袋，以价高货低，登时停斛，某从中取巧，中□自肥，转邀沈对质，而沈则避匿不到矣。

《越铎日报》中华民国元年六月九日

民食之愁云泪雨（九）

（1912 年 6 月 10 日）

米蠹二十二

绍郡城县西桥大有昌米店，其平日营业之苛刻，本较他店为甚。销货之低糙，价目之高抬，亦较他店为尤。久已尽人皆知。讵八号下午，空有一某甲手执军用钞票一纸，计洋五元，向该店斛米五斗，而该店伙勒令每元必须起水二十元文，经某甲与其据理直争，以是项钞票系由浙军政府担保行用，藉以救济市面，准完各项租税，不折不扣。今尔店特定新章，必须起水，是否有官厅命令，抑由商会议决，请其明白宣布等语，言词颇为激烈，其时旁观者亦皆代负不平，无如该店执拗性成，不顾公理，吼称现在凡钞票购米，无论何处均要起水，万难通融，坚持不下，复经该处岗警出为排解，力劝某甲每元贴水十五文，始行了事。如此意外勒索，置命令于不顾，未知俞知事亦有所闻否。

《越铎日报》中华民国元年六月十日

民食之愁云泪雨（十）

（1912 年 6 月 14 日）

米蠹二十四

绍城昌安门外松陵村有陈朗斋者（绰号水鸡骨头），性甚吝啬。间清时曾任江西某县知县，事事剥削民脂敛财颇多，后恐为上司所闻，即狡避还乡，俨然一富翁矣。今其子阿庆骄傲自若，较其父更甚。人故称之嚼过甘蔗，极言其无味也。每遇地方公益事务，不惟不拔一毛，反信口谤毁，以故识者咸置之不齿。近闻家中尚有积谷三四万斤，当时他必欲价达百元，方肯出售。不料米价今已跌下，颇有愤愤不乐之意云。呜呼，际此饥民遍野之时，正宜赈恤饥，竟坐拥仓箱，希图高价，亦可谓全无人心肝者矣。

《越铎日报》中华民国元年六月十四日

护运公所燃犀录

（1912 年 6 月 15 日）

柯镇粮食护运公所种种舞弊营私，曾志初九日本报。该镇西路各米行统计每年进货约八十万担之谱，该公所以每担取费五分，核之当有四万金之利益可占，纵其开支极多，亦不过三四千金而已，所得盈余仍然如是之巨。乃恐为当道所梗，遂以鬼蜮伎俩，将该所立案之章程与实行之章程,故作两歧,希图朦混。查实行章程有(每袋提取护运费角五分,作为常年经费,并集股三千无,为预备赔偿款,以应不时之需)。此条与该所立案之章程颇有歧异。噫,鬼怪百出,讵不畏燃犀孽镜耶?

《越铎日报》中华民国元年六月十五日

米 蠹 米 蠹

(1912 年 6 月 23 日)

安昌德盛米行经理施仁山,把持米市,阻挠减价已志日前本报。兹悉该市米业□□日前开会,提议减价问题,□□柯桥镇起码米□升已减价十五文(八十七减至七十二),下方桥每升已减价十四文(八十七减至七十三),而安昌每升减十二文。讵施仁山始终把持,坚执不允,经业磋磨六小时之久,仅允每升减价五文,现在起□米尚卖八元,较别处每石商抬一元,而德盛米行之米且卷杂糠□,比众尤劣。噫,施仁山可谓全无心肝者矣。

《越铎日报》中华民国元年六月二十三日

狠 心 哉 米 蠹

(1912 年 7 月 11 日)

安昌镇德盛米行经理施仁山垄断居奇,把持米市,已两志本报。兹查各处米业以□久新谷登场,均肯放盘出售。讵施仁山铜臭攻心,至死不变,并有恒昌米行经夥卢如意乾泰米行经夥丁泗锦为之推波助澜,同恶相济,前月底因天时久旱,陡门每石四五角,且今雨水已通,其米价依然不减,致贫苦小民怨声载道。噫,是诚狠心哉!

《越铎日报》中华民国元年七月十一号

米 侩 想 居 奇

(1914 年 4 月 19 日)

偏门外宝源米行店东姚某素性贪鄙,不顾大局,近因店内囤积谷米甚多,乃居奇不售,并在外间散布谣言,谓某处均已禁售,米价尚须增涨,各米铺信以为真,纷纷效尤,以致偏门米价至今不减。此种米侩为害吾民不浅,愿有地方之责者出而惩办也。

《越铎日报》中华民国三年四月十九号

啸唫乡近闻一束

（1915 年 6 月 10 日）

米侩吵盘。

该乡滨海一带沙地每年出产，除棉花外，首推豆麦为大宗，历年以来多归各米行收买。迩因豆麦登场，该处官塘上面设摊收买者，每日亦不下一二三家。

《越铎日报》中华民国四年六月十日

米蛀虫幸灾乐祸

（1915 年 11 月 12 日）

绍兴近来社会均因米珠薪桂，生计艰窘，大有度日为难之势。本县虽产米无多，而稽核各米□破除储米石，尚无告匮之虞。且早稻收成不薄，如果晚禾丰收，米价本望轻减，孰意旬日以来□霖施虐，田稻抽芽，收成未免稍杀。然历察四郊，糯稻已经成矣，而熟禾尚无大害，不意一般米侩狗肺狼心，不顾贫民生计，竟将米价日事加增，每石翔贵至五角有奇。试问增价理由，依据何典，若论天雨为灾，则晚禾收获尚非其时，岂有预先唱高之理。此等损人利己之举，虽为市侩惯技，而民为邦本，食为民天，有司牧之责者，可漠视不顾耶？

《越铎日报》中华民国四年十一月十二日

米蛀虫无理取闹

（1916 年 1 月 3 日）

近来各处米价行情，日渐低跌，乃城区各米铺，仍旧照常售卖，不顾信用，贻累贫民殊堪痛恨。日前大营谢家湾头倪顺兴米铺经理某甲，乘此进货□贱之时，借广招徕，特行遍贴广告招纸，将货码略为削低，每升减售六文。不意，被一般同行所妒忌，肆其无赖手段，将该米铺所贴招纸上添写"带卖屁股"四字。该铺主倪某疑为附近同业源泰米铺（在裘家台门口开设）伙某所为，前晚率令春米司等，向之理论。乃源泰铺主藤头五十、铺伙叶某（系军犯麻皮阿金之孙）等，亦非善类，遂致两相冲突，其时有绰号牌位之春米司某甲，素以凶悍著名，竟用口管头，将叶某头部殴穿一洞，血流如注。比及次日，拟赴县公署验伤。幸有邻居和事老，开设徐生记箔铺之徐兰生，出为□停口，一面自备银钱，以清音斤□，服礼寝事，以免双方涉讼云。

《越铎日报》中华民国五年一月三日

偏门米业调查记

（1917 年 2 月 1 日）

绍兴偏门米业素称吾邑米市码头，该处湖下一带乡货鳞次栉比，满目皆然。至秋收时，新货登场。四乡巢户纷至沓来，盈盈珠玉，无不向该处售卖。城区各米铺进货者，亦俱至该处来购，故偏门米业之旺，不逊柯、临等埠，无如近来迭遭水旱荒灾，致市价迭次增涨，是以生意日落，营业艰难，稍占蝇头者，虽有几家而亏耗难持停止营业者，实属不少。兹查旧历年关，各行揭账，如同昌因经理金梅生营业精明，除官息外，尚有红利可占。其余如宝源、宝裕、晋昌、恒祥、锦丰、广源、公和等号，均仅获官利，东升系城区包胡二姓品开，缘连年拆蚀，业已停闭，昇昌亦有收账之谣。同福经理华福林专以赌博、酗酒不务正事。去冬私向某钱庄支洋供赌，现为各主人诘斥，经手一席拟另行物色。现华某百计钻谋，运动少东某出为转圜，未识可能保全禄位否？又埠丰昌本已停闭，嗣有前经理各毛先生者兜揽龙尾山吴培圆合股。现吴某已附股一千五百元，又澄记附股五百元，相可重振旗鼓，再行开张矣。

《越铎日报》中华民国六年二月一号

米价升涨之原因

（1918 年 3 月 9 日）

绍地粮食，向来仰给于上江下路等处。兹因去年冬令久旱水涸，河港不通，来源稀少，奇货可居，以故旧岁各处米行粮食均不能多进，延至今春，遂有供不敷求之虑。因之，日前即由柯桥、临浦、绍城以及五云等处，均至兰溪电办谷米，均有二万余担之多，遂致兰邑市面霎时骤升谷涨每万斤念元，米每石一元之谱。由是绍地亦闻风升涨，现闻本城各米铺业经增价，每石半先，一般数米而炊者，无不忧形于色而囤积家，则大有余利可沾矣。

《越铎日报》中华民国七年三月九号

米行得开之原因

（1918 年 3 月 14 日）

偏门外东升米行，自开设以来，年多亏耗。该行东包某，本欲今春闭歇。不料，命运亨通，该行去年尚有存米三千余石，近日忽然市面大涨，每石约有一元之数。该行东包某喜形于色，计已有三千余元盈利可沾。一年用度足敷开销。现闻尚拟再招集伙友，于阴历二月初上重行开账云。

《越铎日报》中华民国七年三月十四号

运绍食米被扣经过

（1920 年 6 月 16 日）

宁波钱路装运食米七车，由厅派二分署魏署长商请车力段□郑植生君暂缓运出等因，已志前报。兹复探悉，此项食米到甬后，由驳船包头之徐芝生、邱开坤承驳至铁路装货码头，向越利转运公司报，该六车约二千一百六十石，系益丰、义聚乾、益丰、和老、协兴、余全六家所购装之米。又宁绍及公益转运公司，合装一车，约三百六十石。宁绍系丰和报装，公益系老协兴报装，原定于十二日晨一四三车装出。后该路郑段长以事关民食，遂徇警所之请，令宁波站长，将已经挂就之米车，重行解下，一面电沪沈总管，请示办法，并有电语中征取鄞县姜知事意见。姜知事允即电省请示，至今尚无覆音。惟此米由沪到甬，决非甬产可知。既非甬产，未便长此扣留。现闻姜知事拟一通融办法，如商会能为各行家担保，运绍之后，不致放洋，即准其装出，否则颇有为难云。绍、萧、上虞、嵊县各邑米商，因米被扣后，当具略到宁波总商会，请予转禀鄞县知事及警察厅，准予放行。当经总商会特达鄞县姜知事核示矣。附录绍属各米商号及石数如下：

绍兴东关：源兴隆二十石、梁泰兴十五石、金泰生六十石、金午记三十石、金恒豫四十五石、泰生四十五石。

绍县柯桥：万丰四百二十石、裕生和四百零九石、景泰五百十五石、万通三百十二石、晋泰七十五石、久兴成一百三十二石、赵万春四百六十五石。

绍兴安昌：恒春昌二百零九石、庆丰二十二石。

绍县王坛：陶源记六十石。

萧山：广和九十二石。

萧山尨山：成裕恒十五石。

萧山临浦：德成泰一百二十石，震号一百二十石。

上虞章鉴：通和洽一百一十石、□□兴四十石。

上虞章家埠：通和六石。

绍县：永孚六十□石。

绍兴曹娥：陈永盛一百十五石，金昌三十石。

嵊县：薛源和一百十五石、元裕一百五十石、萃昌洽六十石、李同华七十二石、义盛三十石、泰生三十石、董豫丰十五石、李协兴三十石、吴鼎泰四十五石。

《越铎日报》中华民国九年六月十六日

运绍食米已放行

（1920 年 6 月 17 日）

宁波铁路转运绍属食米一事，已志前昨两日本报。兹悉，此项食米除已经装就者七车外，尚有一车半在铁路装货码头驳船上，正待起岸，时适逢警署干□，因而耽搁，现在运米各行家，已将绍属一带米粮恐慌情形呈报官厅，大致谓新昌、嵊县、曹娥等处米行家，十室九空，门卖每人只准一升，多则无以应付，饥民嗷嗷待哺。此次，被扣二日，绍属人民当然受许多恐慌，应请从速放行，以维民食云云。姜知事探悉实情，并知此米不能再留，当即批准，并由商会担保到绍之后，不致放洋了案。各行家奉到县批，遂纷纷走谒车务巡察郑植生君，恳求开驶专车运曹。嗣郑君因米只八车半，毋庸另开专车，遂与站长商酌，将米车排在十四日一百四十七次上，并将一四七次车之行李，并装米车，再将客车一二辆、牲口车一辆解去，以减少机车之牵引力，预计十四日下午五时许，此项食米可完全运到曹娥矣。

《越铎日报》中华民国九年六月十七日

枫站扣米案之要闻

（1920 年 6 月 28 日）

此次浙商运米二十一列车回浙，为苏人截留，已志前报。兹悉，先是有米五车，系公益公司经理孙少卿所运，已由镇江运至拱埠，以该公司蒙报杂粮及偷漏米捐，由路局长电各站长，将米押回充公。此米虽亦为浙商所办，然以该公司手续不合，只能向该公司交涉一切也。其余十六车有二车系硖石米商所买，意欲运至枫泾后，改由水道运硖。后以风声不好，遂在枫行发卖，计七百余石。现在是米亦被扣留，不准发卖。夫既认为苏米而又不准在苏境发卖，甚可笑也。此外，十四车诸暨米商买七百余石，湖墅米商买二千余百石，系镇江汇通运公司承运，已运至松洋。由松站押回上海，当由杭州同乡会副会长徐申如君，向路局长任君开始谈判。徐云，欲运米放洋则上海茶会中陆军部运米护照，每石只洋二元，卖日后或由大连、青岛放洋，或由上海放洋，均无不可，何必绕道。松江如谓苏米可验米色，□无辞，遂属徐君将事实缘委，具说明书送来，以便转呈苏省长，于是饬松沪两知事验米之令下矣。当未验时，即有松绅士作成验米证明书，向上海验米商人，请其不必往验，即照此签字。沪商不允，结果松商验得种类繁多，确系苏米，沪商验得少数赣米，多数三湖、盱眙、淮阴等处米。讵意松沪两知事呈报，将沪商验米证明书抹煞，独标松商之言，以报苏省署，指令苏米充公，余再定办法。松沪两知事再电，米石繁多，拣运为难，请悉数充公呈报，而省令照准。浙商无法，当呼吁卢督军、何使。卢督军遂电上海，听候覆验。现浙都署派马司令，浙省署派景知事，杭总商会派毛、王、韩、唐四君，会同去沪覆验。昨日上午上海浙人旅沪学会暨杭嘉湖甬绍四同乡派代表徐申如、杨振□、毛安甫、田汝霖四君晋谒卢督。代表有二种请求：

（一）非苏米押回浙江。

（二）是苏米发沪平粜局，按价平粜，卢督军已允为维持。惟苏人则坚持将米充公云。

附绍兴同乡会致卢都军电如下：

卢督军钧鉴：枫站扣米一案，浙人受屈难伸，托徐春荣君面陈，蒙允维持到底，泽被浙人。旅沪各公团推为代表，理当晋谒，因绍属各邑，□装平米丛集一身，未独偕行，当由余君光溥等随带鉴定证明书赴杭，面谒陈述诸暨旦夕绝食，本案查照公电，务求积极，以解倒悬。绍兴同乡会田七泽叩。

《越铎日报》中华民国九年六月二十八日

旅沪同乡会电争米

（1920 年 7 月 4 日）

绍兴旅沪同乡会以湖墅元成、诸暨新合盛，托镇江森源祥代向安徽芜湖等处，购米二千零零五石，运至枫泾被扣。虽有江苏齐省长之筱电，会同上海、松江两县查验放行，尚未见诸事实，而谊切桑梓，情不能已，特致电卢督，有日前徐春荣面谒，蒙钧座允许，维持到底。愍甚。刻下诸暨旦夕断粮，望俯察民生，速解倒悬等语。

《越铎日报》中华民国九年七月四日

米 行 家 听 者

（1920 年 7 月 6 日）

近来我们绍兴市上的米价，有涨无跌，这是什么缘故呢？因为一般米蛀虫，抹煞天良，虚抬价格，藉杭州的禁运为名，贪图厚利，不顾大局，最为可恨的。

呵呵，我们闻你们几位米店、米行的东家，当此哀鸿遍野，小民呼吁无门，你们还要黑心的售卖，私和糠粃，虚做行情，全绍的贫民，嗷嗷求食，是否你们可永保无虞呢？

上年收成听说极好，时谷价格，只有二元五角，可称到一百斤。拢起米来，大约能够做到对折，售到最高的价格，亦不过六元之谱。你们米店、米行，上年年底买得很多，还有向外处办来的罗尖啦、来头白啦，价目多便宜的，现在你们要卖这个市价，我真有点不信呢！

官厅见了现在米珠的时候，办起来粜来，你们又知道小民有几个平粜分给的铜钱，居然又将价目抬高起来，你们也要知道平粜的分给，城区每大口每期只有八分五厘九毛，小口还要减半。就是乡间也不过大口一角，小口也要减半，他们冒了贫民的头衔，本然可以多各吃几头米，现在又被你的奸商分食了。我为了这个问题，现在有几句话，对列位谈谈。

知事为亲民之官，睹此小民粒食维艰，也应贴几张明白布告，平平米价，安了贫民的争扰，然后函知商会，清查米行米店的存货。查有多存的行家和米店，将他的存货照进来的市价，核对底簿，由官厅出示平价售卖，还要发个官样文章，叫各处士绅筹地方的公款，延长平粜的期间，依这样的办法，早米登场可接，方可安了民心。

还有自称绅富的几家守财奴，你们爱财如命，一毛不拔，到了现在的米价，还不肯将仓谷出粜，死不带去的俗话，无非积了几个造孽钱，为他儿孙挥霍挥霍吧！

米行米店的夥计，你们得了几何的薪俸，东奔西跑，像牛马一样，东家不知米价的高低，先要你们着急起来。呵，你这般蟊贼，也须积点儿道德，留下儿孙受用受用。

现在上海报上载上海米价，已经大跌。我们绍兴为什么不听盘呢？你们米伙，如果还有点良心存在，应该快快平心减价才是。

《越铎日报》中华民国九年七月六日

覆验枫泾被扣米石详志

（1920 年 7 月 7 日）

枫泾被扣米石，系我宁绍各米商由赣、皖各省办来，曾经旅沪同乡，函电纷驰，请即覆验放行等情。已志前报。兹悉是案，昨卢督军派委马鸿烈、影崧二员赴沪，订于前日午刻复验。届时先后驰抵南站者，除马、景二君先至外，为宁波同乡会正副会长暨各董事、南商会会长王一亭、顾馨一、闸北商会会长朱葆三、虞洽卿，米业董事张乐君、钱贵三、叶惠钧、陆世荣，并由苏省派委监验之沪海道尹王赓廷、淞沪警察厅厅长徐国梁等诸君。惟松江郭知事、上海沈知事均因事未到，只由上海县公署所派之李耀卿为代表，在站照料者为京师宪兵九连排长耿祝三，率领宪兵八名，又高昌高警察巡官张钦荣，又淞沪警察厅警备队兵士三十名，均在南车站四周弹压。旋在车站月台设座，官商齐集后，派员分往各车扦取米样各一篓，一面即由沪海道尹缮发封条十四张，仍将各米车一律封锁，当由浙督所委之马懋勋、景毓华二君，而请米业董事张、钱、叶、陆四君说细检验。王道尹、徐警厅长在旁监视，遂据验米四董唱报，验得内有二车之米石，确系江西省所产早米，其余分属苏皖交界之三河等处米石。三分之一系为苏米，二分为皖、赣二省所产。当其鉴定书（录后）验毕，时已四下钟矣。遂即分道而散，听候呈报浙督再行饬遵云。

覆验鉴定书：

今会验得枫泾拖回上海南站之十四车米石，逐车重行扦样复验。内有赣米二车，惟一车内攙有杂米几包，其余十二车产自三河一带。苏、赣交界□□各半，立此复验鉴定书，是实鉴定人叶惠钧、钱贵三、张荣君、陆世荣，证人顾馨一、姚紫若。

又一函云：

在枫泾车站扣回汇通转运公司经理之食米十四车，存储沪杭车站车箱内，已经上、松两县知事会同双方团体。并米业中人公开查验，松江方面团体指为苏米，上海米同则验有少数粳米，其余苏皖交界米色□杂。当场分别鉴定，电详江苏齐省长，奉令将该米如数拨充上海、松江、沪宁等三处，为平粜之需。既而有浙江、湖墅、元昌、诸暨、新合盛等米行，以受托镇江森□祥及芜湖等采办皖米，报由大胜关，检有税单为证。陈请杭州总商会转呈卢督军咨请江苏齐省长，要求复验。一面由卢督委派浙工宪兵总司令马鸿烈、杭县知事景崧赴沪，并由杭商会派代表唐明镐、王汝璈、毛云□、韩誉棠等四人先后至沪。齐省长亦复令沪海道尹王廷赓、淞沪警察厅厅长徐国梁，转令上海县沈知事，分函南北两商会正副会长，并米业董事等，订于三日午刻十二时，在南车站重行复验。昨日届期由徐厅长预派保安游巡队各队士两排，在站照料。上海县沈知事因公赴龙华护军使之召，特委本署科员李尧钦、警所巡官等前往车站。未几王道尹、马景两委员，总商会会长朱葆三，前商会会长顾馨一、姚紫若，米业董事叶惠钧、张乐君、钱贵三，偕同米业有经验之陆思荣等，并浙省四代表，宁波旅沪同乡会等各团体，到者共有数十人。未几徐警厅长亦到车站。首由王道尹等声明奉卢浙督、马、景两委员到此复验该米云云。次由马、景两员，由李科员导引至月台旁揭开车箱，将所存之米石逐包扦验。先验四车米样，在月台凭众会验，得米质复杂，糙白、红班籼，种类不一，遂将各车箱之封条一齐揭去。开箱托出米样十四盘，请众复验。嗣因王道尹请上海米业兼悉种类者，详加会验，研究出产来历。当以验得两车实系赣米，其余之米质，实系产于三河一带交界地点，故皖产、苏产各有□半云云。当经叶钱张陆四人缮立鉴定书，大旨谓奉令复验得枫泾扣回米石十四车，逐包重行扦验。惟有二车系赣米，内有一车搀有杂米几包，其余系产自三河一带，皖苏各半，复验是实，特立鉴定书，下署叶惠钧、钱贵三、张乐君、陆恩荣，证人顾馨一、姚紫若等名。闻官厅方面以此项米石延搁多日，大都蒸□霉烂，宜赶速解决，将案结束，俾得早日办竣，向浙省各团体诸人切实劝导。然后由王道尹饬科员重行加贴封条于车箱上，饬将所扦这米样一并携回道尹公署，以待会同电详齐省长、卢督军请示核夺。验讫时已四点余钟，适下大雨，众皆冒雨分途回返。闻马、景二委员将鉴定书抄录带回，面呈卢督军，故该两员并不勾留，即日回省禀□。

《越铎日报》中华民国九年七月七号

米蛀虫昧良垄断

（1920 年 7 月 8 日）

绍属禹门乡公民刘四元等，以近来米价日涨，人心浮动，曾经县知事召集商会、米业同人，商定价目，藉以奠定人心。讵有陡门为富不仁之米商某某等，高价垄断，置人民痛苦于不顾。该公民刘某等大动公愤。昨特将该奸商之真相揭出，联名具禀县知事出示严禁，以杜垄断而维民食。觅录其呈□如下，以供众览：

知事先生公鉴：

敬肃者。迩来米价日涨，人心浮动，贫民度日维艰，岌岌可危之势，前蒙贵知事痌瘝在抱，苦心孤诣，曾经召集本地商会暨各米业同人，确定维持方法，为救国救民之计划，经众公决，高米鉴定每石□元，低米八元，一面请求省垣购办运单装运来绍，以致各地人民闻信之余，大局奠定，均能守法以待。又复救济散给。其秩序更属井然。仰赖我公调度有方，使民有惠，人民感无颂之德政。不意近来陡门奸商，阳奉阴违，天天涨价，方今低米介卖九元五六角，高米十元五六角左右，即此真象昭昭，在耳目人疏更益浮动。然虽有救济散给，焉能人人有实惠可沾。查奸商不思上体我知事救国救民之本旨，冀以希图渔利为目的，但我知事嫉恶如仇，乃该米商违背公理，利令智昏，置人民痛苦于不顾，一经演出恶剧，谁任其咎。若不设法先行颁发示谕，以公议之米价□定，一面侦查该米商高价垄断实据，照例罚办，曷足以救民于水火而保大局。公民等蒿目时艰，不忍坐观。为此略陈其相，公叩贵知事鉴核施行，不胜待命之至。此肃公安。禹门公民刘四元等三百余人公叩。

《越铎日报》中华民国九年七月八号

米蛀虫垄断居奇

（1920 年 7 月 23 日）

迩来天灾流行，米珠薪桂，贫民糊口无方，哀鸿遍野。讵一般米侩，又复丧尽天良，高抬市面，垄断奇居。致使□□□□面之流，所在皆是。虽蒙县公署筹办平粜，无如杯水车薪，亦难济事。兹闻绍属禹门乡斗门镇自治委员缪心斋鉴于米价腾贵，人心浮动，非劝令各米行平价出粜，不足以维治安而杜祸患。昨特邀集该镇茂泰、恒丰、茂盛等行及□董吴吉夫（即茂泰行主又系该镇绅士），共同磋商讨论多时，仍无效果。不料该业董吴某为富不仁，心同蛇蝎，益复变本加厉，竭泽而渔，居然将米价涨至每石十元有奇，一般数米而炊之穷苦小民，均有束手待毙之势。若不严行查办，贻害可堪。想刻闻该委员缪某业已据情禀请县公署要求示禁，未悉知事能否维持民食，准如所请也。

《越铎日报》中华民国九年七月念三日

米蛀虫垄断乡市

（1921 年 2 月 1 日）

绍属禹会乡华舍地方，人烟稠密，户口殷繁。惟米业一项，尚付缺如。该如设有开泰、恒茂、乾泰、和记等米行数家，类皆垄断米价，每石售至九元四角，而且斛水低次，减少升斗，不一而足。乡民怨声载道。兹闻柯镇裕泰米行，有鉴于斯，拟在该乡间开设分所，历店屋未就，先在该处摆设米摊，平价贱售，每石售洋七元八角。该处居民远近聚集每日售洋千余元有奇，欢声雷动，有口皆碑，该米侩开泰经理赵声远（绰号不良）和记主任李某等，以为该行贱售价目，破坏垄断，顿使鬼蜮伎俩，暗中唆使地痞百般骚扰，索诈租金，每月非二元不可。一面将低次斛水潮水，在该处共同摆设售卖，以混市价。乡人不知底细，受其欺弄，不可胜数。旋为该地居民知悉，大动公愤，几致以武力对待。幸有开设赵泰昌酒店主人赵阿香出面劝阻未成巨祸。第思米粮一项民食攸关，岂容若辈不法奸商把持垄断，寄语该米行始终维持绵绵销售，未始非该村民人之幸。然如该米侩赵某、李某者何无良心乃尔耶。姑志之，以观其后。

《越铎日报》中华民国十年二月一号

告米业董事

（1921 年 4 月 5 日）

绍兴米价升减，时以上海、无锡、芜湖等处为消息，然而驵商米侩，岂真能以上海等处之价为价哉？升则准是，减则否也。

旧历正月下旬，上海米价，每石减售一元五六角，而绍兴每石减售六七，现在上海米价略升，而绍兴米业中人以为又有升价之机会，将大升而特升，减则不尽而减，升则尽情而升，此辈米蛀虫眼光如豆，惟利是视，本不足怪。然米业董事曷不出而晓同业中人以大义，乃亦噤若寒蝉，不闻不问耶？

《越铎日报》中华民国十年四月五号

囤积居奇困贫民

（1921 年 7 月 29 日）

绍属啸唫一乡，近数日来，米价日见增涨，最高者每石须十元有零。而道墟、孙端各镇，则不但价昂，且货亦甚缺乏，乡民恒跋涉至小金购买，以是小金各米铺可居奇，一般乡民咸谓去岁稻虽歉收，苟各富户尽数出粜，□以济市面之穷，则断不致如此昂贵云。

《越铎日报》中华民国十年七月二十九号

米业会议与米价

（1921 年 8 月 27 日）

绍兴偏门外米业二十余家，前日同行集议，以近来航运艰难，各处又时有风灾，多数主张增涨市价，当场有二三家代表不表同意，谓两色光祕登场在即，水路可望即通接济，更不致有碍。若再增涨市价，贫民必有一番恐慌，同业亦何乐。由此众议遂被打消云。

《越铎日报》中华民国十年八月念七号

米侩垄断华舍市

（1921 年 10 月 26 日）

绍属华舍地方居民皆以机织趁工，素鲜农种，每日工资籴米糊口。该处米店只有开泰、恒茂、和记等号，每每高抬市价，乡民逐日受亏非浅。去年柯桥米行赁屋开张，该米侩赵阿大（混名无良），运动就地痞类，百方刁捺。该号无奈中止，曾志去年本报。兹悉柯镇裕牲米行，现已租就该处迎汉桥市房开张，分号贱价出售，该处乡民无不额手称庆。寄语该米侩乡民，遇此饥馑之年，无不忍饥吞声。况食为民天，尚欲垄断市价，何无良心乃尔耶？

《越铎日报》中华民国十年十月念六日

米蛀虫高抬米价

（1921 年 11 月 11 日）

米珠薪桂，人民生计困难，已达极点。而一般米蛀虫犹利欲熏心，高抬米价，垄断市情。本年秋收丰稔，本可减价。乃该米蛀虫等朋比为奸，藉口邻省封禁，目前米价，反有加无退，推其原因实由该业董沈维翰为之主张，于中取利。并闻恒济、三余两米店趸货太足，亦赞成市价昂贵，以便自己利益。要之食为民天，岂容若辈市侩朋串把持，以重累吾民耶？

《越铎日报》中华民国十年十一月十一日

奸商贩运平水米

（1922 年 3 月 26 日）

稽东平水富户之米，向来立有禁碑，只许柴下米上。现有奸商到平贩运违禁，每日装下数百袋。查平水所有富户之米，向归近地山乡人购买。现被奸商贩运，山乡人颇为不平。况当各处禁米出口之际，米价飞涨，长此以往，恐生事端，向平水富户凶心贪利如是，地方警佐一味坐视耶？

《越铎日报》中华民国十一年三月念六号

民食问题亟待解决

（1922 年 4 月 11 日）

近来米价日贵，一日每升已至百文以外，日前漓渚小埠地方张某等，以长此以往，殊难为活，竟聚众鸣锣，意欲以最后之手段，冀令各米店平价。嗣由该镇舒警佐国华躬出劝阻，允乡民以转饬各米店必令平价云云。该乡民等始行鸟兽散去。兹悉，每升已平二文，第米贵已达如是，恐平区区亦无裨于乡民，还愿主持民食者，有以善其后。

《越铎日报》中华民国十一年四月十一号

米贵声中好消息

（1922 年 4 月 15 日）

绍地米贵原因，实因被金华、兰溪揽禁之后，一般米侩预防绝粮，放胆收罗。讵知物极则变，价高招远。迩有各国洋米，从上海转口运进来绍者，不下四五万石。并闻安徽许省长，以皖省财政困难达于极点，已通令发表弛放米禁。目下墅河、碶石，续到皖米十万石，消场滞钝，骤跌半元，独柯桥景泰米行张茂生贪心不足，尚在高抬市价，囤积居奇，无怪贫民欲啖陈某之肉也。

《越铎日报》中华民国十一年四月十五号

天乐乡米商请兵保护

（1922 年 4 月 19 日）

绍属天乐乡，前清时向设有巡司署，与萧邑毗连。该处乡民凶暴强悍，遐尔闻名。现因米价奇贵，蠢蠢欲动，有人分布传单，订明捣毁米铺，聚众劫夺，平匀分派情事。该乡米商惶悚异常，密电省署，派兵保护。昨闻沈省长已电令绍县顾知事及警备队常统带，迅速酌派兵队驰往镇慑云。

《越铎日报》中华民国十一年四月十九号

斗门米业现象观

（1922 年 8 月 28 日）

绍属陡门镇米业，向称发达，南西两街不下拾余家，资本均属雄厚，其中以茂盛、恒丰、茂泰三家为最。兹当新谷登场，来源日旺，成本大削，本可减轻门拆，惠济贫民。不料，米业董某君以该号茂泰存货过多，恐蚀血本，把持米价，不许售贱，以致一般贫民，啧有烦言。恒丰经理某君有鉴于斯，特于月望日不待业董之通告，竟将拆米提高，售价减削，一般贫户均欣欣然有喜色，而该号亦户限为穿云。

《越铎日报》中华民国十一年八月念八号

水灾声中米价增

（1922 年 9 月 5 日）

八月三十一日，飓风狂雨相挟而来，一连三昼夜，并不间断。直至九月三日，雨止风息,稍见天日。不料,绍属旧山、会、萧三邑,南沙沿海一带,已成泽国,秋花尽付泥浆,流离失所,嗷嗷待哺之灾黎,惨不忍睹,尤可怪者,一般全无心肝之米侩,竟视为赚钱之好机会,忽将米价骤涨,一日之间飞增至一元有奇。闻者谓绍、萧联界,瓜沥镇米商较别镇尤为狠心,如该镇米市起码鲜罗白粳等骤涨至十三元五角及十四元之谱。哀我灾民未见慈善家之施济,反度凶恶米侩之难关。诚堪怜悯,所望稍具天良之官绅,亟起而筹赈,以善其后也。

《越铎日报》中华民国十一年九月五号

警 告 米 侩

(1922 年 9 月 5 日)

幸灾乐祸,系一般市井凶徒,地方败类之特性,此辈天良泯灭,狗彘不如,原无足责,至若厕身商界,当以尊重人格为前提,何得丧心病狂,乘人之危,绝人之食,穷凶极恶,惟利是图,而置他人生命于不顾。

此来米价之高,达于极点,各处平民小户,以及劳动界中食力者流,早经仰空兴嗟,朝难谋夕,不谓几辈狼心狗肺之米侩,竟于迭次风灾水灾之下,利用时机,将米价平空飞涨,每石增至十三四元,此与暴匪巨盗,乘火打劫者何异?

特是人急悬梁,狗急跳墙,势所必至,长此居奇垄断,利欲熏心,难免激成暴动,一旦饥民蜂起,众志成城,铤而走险,则各乡米业,自然首当其冲。虽有地方兵警,出为弹压,而人多势盛,百折不回,吾恐该米侩等,断不能逃血飞肉舞之惨祸也。

《越铎日报》中华民国十一年九月五号

米锡两业之垄断

(1923 年 4 月 30 日)

吾绍粮食,关系民生,手工造箔,专赖滇铜。近年以来,屡遭荒歉,人民谋食维难,而米价竟抬高至每担在十元左右。今岁春后又步步暴涨,推原其故,实因奸商居奇所致,现市各处来电,粮食每担减跌一元五六角。吾绍米店仍然照旧不减分毫,至滇铜一项,新坡电至香港五十八两零,在新可交现货,而绍价仍为七十九两,卖价竟以一百零七八元致使箔店造箔,纷纷亏本,因之各店每多停造,而一般手工类皆坐困,即各商业亦大受影响。如城区府桥左右同德、开泰,及新桥河沿大昌、济、仓桥润章等米各号均不标签明市,但视顾主之现交赊账,随时随价,是以赊欠之价与现洋价出两歧,至于滇铜皆由傅明耀连络大路各箔庄垄断市价于箔铺,米、箔两业如此垄断,对于大局殊非所宜,官厅虽不能干涉,而亦当提案严究,以顾贫民生计也。

《越铎日报》民国十二年四月三十号

米业开会全名誉

（1923 年 6 月 12 日）

城区金鳞桥范宗镐，于日前向县公署警察所及商会各机关指称，新泰源米店，小斗病民，并及本县米业行铺之语。因□附郭及城区各米业，以范宗镐□□新泰源交涉，至污及全体名誉。于日昨借旧绸业会馆为会场，自动的集会，公推业董姚□主席，议决办法四条：一、电达省道，声禀各情；二、公函商会，根求宗镐所指各米铺情形实据，维持全体名誉；三、公请法律顾问，依法进行；四、如果目的不达，一律停止进货，以为对待后盾。议决后已于次日逐条进行矣。未知后事如何，容探续志。

《越铎日报》中华民国十二年六月十二号

弛禁米粮之影响

（1923 年 10 月 8 日）

秋中稻稔米价应靡，乃绍、萧一带今岁田禾并无歉收，而米价反见日增，推原其故，一般米侩自开得日灾消息后，以为弛禁一事必可办到，遂相率屯积居奇，初尚□为增涨，继则扬言米□出洋，来源□□。乃大涨□涨，自中秋节后，每石又涨二角，最高白米每石要十一元八角，各米行□□升斗又小，一般贫家购米以度生活者，莫不叫苦连天云。

《越铎日报》中华民国十二年十月八号

米商领照赴皖采米

（1924 年 6 月 22 日）

（绍兴）临浦镇，界于绍萧之间，为米市聚会之区，现因金华、衢州各属，米谷存积已空，民食堪虞，该镇德润、源顺各行，已纷纷晋省，要求杭总商会核给省印赴皖省采米护照，闻采办之数，约在三万石左右。

《越铎日报》中华民国十三年六月念二号

乡货米业调查录

（1924 年 8 月 19 日）

（绍兴）柯桥米业，为四乡乡货汇集之区，兹将各行牌号照录于下：源裕、大丰、公泰、裕泰、长源顺、泰丰馥、万泰升、众泰永，共计八家，其中以源裕资本充足生意顶大，每年有盈无亏，因同业各行经理，大多数均系源裕出身，次惟大丰、公泰，以上三家，均不做虚货，营业极为发达云。

《越铎日报》中华民国十三年八月十九日

战争声中之维持民食谈

（1924 年 9 月 22 日）

（绍兴）本邑食米，本须向外采办，现因战事影响，米业赴外县购米者，汇兑不通，必需捆带现洋，资本不足者甚多，停止营业，则关系民食，危险殊甚。且近日以来，绍人之侨外者，纷纷避回乡里，故又添许多食口，一旦若来源不济，恐发生莫大危害，现闻昨日，士绅鲍香谷、戚升淮等，集议在准备金内垫借各米商银洋若干，俾可携款采运，救济民食，将来时局平定，即行归还，刻已备函参会，查照办理矣。

又讯，本邑城乡士绅，因鉴近日来绍人口渐多，食米所存无多，若不设法接济，将来恐发生巨大影响，拟筹借地方款项，借给各米商，赴外采办，以济民食，由戚扬等领衔，致函县署，转知参会等处查照。参会接函后，特于前夜开临时紧急会议，召集参事佐理出纳等员，金谓现在参会所存余款，仅有四万元，内有二万元系本月份准备塘工教育等亟待支发之款，尚有二万元，则除支用巡缉队开办费三千外，计尚存银一万七千元，可以暂支供借采办米粮之用云。兹闻刻已将众意函复各士绅查照矣。如须即用，便可随时提取云。

《越铎日报》中华民国十三年九月二十二日

粮食平价——告米商

（1924 年 11 月 25 日）

商人经营事业，不应该做奸商，囤积居奇，垄断民食，肥饱私囊，今年不但绍兴四乡田禾丰收，就是宁皖浙西，收成亦复不错，照惯例，每届新谷登场，谷价必大跌。据熟悉米业情形者说，照今年状况，米价应大贱，现在青黄已接，而一般米商故意逼迫穷人，不肯平价，高白尚卖九元零，下粳亦须七八元，租谷三十元左右。

记者敢掬诚敬告我绍兴的米商，你们不要暴利营商，当此薪柴如桂的时候，应该怜惨那些穷人，使他们买米吃的也稍占得些儿便宜，也剩些钱去买生菜柴伙，遇每天的生活，要晓得如今年的四乡领省都丰收折代，是不容易碰到的。你们同业应开会议，商量平价的方法，我调查城乡置田的人家，多已在收租了。照他们意思，不怕每元只卖一两升才好，这些糊蛋，守财房，是毫无知识毫无心肝的，倘大家都要饿死了，他们能活得成吗？

《越铎日报》中华民国十三年十一月二十五日

米价逐渐增高之可虑

（1926 年 3 月 7 日）

（绍兴）绍地米价，在去年冬季时，已较秋收前更昂，每石须十元以上，此种价目，为数年来所未有，及至旧历新年，米价又逐渐增高，每石售价须在十二元左右，探厥原因，知系外省（安徽江苏）不禁米出洋，反禁米出境，故来源稀少，且本地各富户，去年存货售罄者居多。据米业中人云，现在无处采办，延至二三月后，恐米价又须大涨，一般贫苦小民，无不忧形于色，若官绅不再从事平粜，及设法购运，以救济民食，恐结地饥荒，即将实现也。

《越铎日报》中华民国十五年三月七日

米价飞涨民奈何

（1926 年 3 月 15 日）

（绍兴）日来米价飞涨，次米市价，已在十一元左右，项白米为十四元以上，据米业中人云，依照目前形势，米价有增无减，恐将超过十五元以上，其主要原因，为来源缺乏，及奸商偷运出口，而屯积居奇，亦为米贵之一大原因。现在生活维艰，八口之有，已不胜忧虑，负有维持民食之责者，亟宜注意及之也。

《越铎日报》中华民国十五年三月十五日

米商领照购运兰溪米

（1926 年 3 月 27 日）

绍兴本县产米，不敷民食，现在米价昂贵，亟应筹策救济，姜知事前在参会，召开谈话会，亦曾议及，绍民当不致闹米荒。昨有米商三余字号，赴兰溪采办白米五千石，已由县颁给护照，前往兰溪购运矣。

《越铎日报》中华民国十五年三月廿七日

柯米商运米被扣请释放

（1926 年 4 月 1 日）

绍兴柯桥万丰等数家米行，前在兰溪、金华县境，购办食米，出境之时，因无护照，以致被扣留，现由商务分会王泗磬呈请县署，转咨释放，俾维吾绍民食云。

《越铎日报》中华民国十五年四月一日

县署限制谷价之严厉

（1926 年 4 月 1 日）

（余姚）陈东声知事，近以谷价飞涨不已，平民将有绝粒之虞，若不亟谋救济，势必铤而走险。昨特告示，限制境内谷价，每万斤不得过五百元，米每元十五斤，如有奸商私自增价，一经查出，除将谷米充公外，并须按律重办，以维民食云。

《越铎日报》中华民国十五年四月一日

米商领照购运粮食已准请

（1926 年 4 月 2 日）

绍兴米商周宝善、赵文海等，联名呈县，略谓：绍地米价，日见昂贵，其原在积货不多，来源稀少之故，若不设法救济，恐至阴历四月间，青黄不接之时，必致米荒，现由商等集款，专向金华、兰溪、台、温等处，从速购运，以维民食，请求县署，颁给护照，一面并请知事，转呈省公署，咨请各处商会开禁，以便陆续运绍。兹悉县署，已准如所请，给照往购矣。

《越铎日报》中华民国十五年四月二日

购办武义县米被禁阻

（1926 年 4 月 5 日）

绍兴本县人多地狭，产米不敷，盖以连年歉收，民食问题，实有青黄不接之恐。兹闻米商康记号，拟向武义县办米五千石，来绍接济，无如武义县早已禁止出运米谷，该米商以事关民食，曾粘呈武义县禁运米谷布告，呈请省署发给护照。兹据省署批示，查内地运米，需用护照，应先向该管县知事呈请核办。惟所呈武义县禁运米谷布告，本公署未据具报有案，仰候金华道道尹饬查复核夺云。

《越铎日报》中华民国十五年四月五日

新谷登场时之米价观

（1926 年 10 月 25 日）

（绍兴）迩来新米登场，一般平民，莫不希望米价低降，然据米业中言。目下往外省运米，虽准领护照采办，谷则禁止出口，而米业中便于囤谷，不便于囤米，职是之故，米价难以看低云。

《越铎日报》中华民国十五年十月廿五日

平米运配会今结束会议

（1947 年 1 月 10 日）

（经济社讯）主席前为关怀宁绍民食，特拨平米一批，救济宁绍区各县，绍兴定额二千石，即经三区郑专员指示，组设运配委员会，以专责办理是项拨济平米。兹悉该会业已结束，特定于今（十）日上午十时，在县商会举行结束会议，闻届时各机关首长及该会员，均将出席与议。

《绍兴新闻》三十六年一月十日

粮合社借用粮贷三亿元采购民食

（1947 年 1 月 10 日）

（本报讯）本县粮食消费合作社，自前日正式成立后，于昨（九）日下午一时，在花巷参议会，召开第一次理监事联席会议，商讨业务进行。出席理监事，计有倪予凡（代）、王铎中、金竹皋、金似侬、鲁植园、高剑秋、施伯候、金鸣盛、沈鼎、寿积明、陶春煊（代）、孙少生、韩志刚、傅天锡、金公亮（代），县府派指导室主任叶倍杰出席指导，公推临时主席沈萧，纪录宋长儒。讨论事项：

（一）请推定理事会主席案。决议：互推金理事鸣盛为理事主席。

（二）请推定监事会主席案。决议：互推沈监事萧为监事会主席。

（三）应聘定本社经理人选请讨论案。决议：聘请金竹皋先生为本社经理。

（四）应如何从速集股讨论案。决议：分头派员催股，限五日以前缴足。

（五）应如何普遍邀集各商号入社案。决议：函请县商会核办。

（六）筹备主任报告受盘天一米号生财帐目作价二百五十万元，提请审核案。决议：由经理即日照单点收。

（七）拟向本县粮贷款项下贷集三亿元，以便派员采购案。决议：函请本县粮食调节委员会查照办理，并请经理面洽。

（八）本社应否聘请名誉理事案。决议：聘请邵力子、余大维、陈公侠、竺可桢、陈建功、陶玄、朱馥荪、刘志方、娄子匡、徐世伦、周定声、金宝善、徐学禹、罗家伦、桑启宇、贾焕臣、程远帆等十七人为名誉理事。

（九）本社拟广征倡导股以资提倡案。决议：函请县府尽先加入，至少五百万元。

（十）本社业务计划，应如何拟定案。决议：公推金理事竹皋、鲁理事植园、王监事铎中起草，提请下届理事会讨论之。

（十一）应推员拟具人事编制经费预算，提请讨论案。决议：由经理拟具后，提请下届理事会讨论之。

（十二）请推员拟订理事会、监事会办理细则案。决议：公推鲁理事植园、金理事似侬、王监事铎中共同起草。

《绍兴新闻》三十六年一月十日

禁运米出口防外流资匪

（1947 年 10 月 13 日）

（本报讯）近来本县米价飞涨声中，浙省府昨特急电本县，以绍兴、余姚、平湖、海盐、海宁、慈溪、镇海、定海、鄞县、奉化、象山、宁海、三门、临海、黄岩、温岭、乐清、玉环、永嘉、瑞安、平阳等各县，均地处沿海，对粮食出海，运往其他各处，应由省府核准放行。兹据报，沿海仍有粮食私运出海，对作动员戡乱，自应加紧管制，杜绝漏海，以防止粮食外流，避免资匪，并严防不正当粮商易地屯积居奇，俾以保持粮源，稳定粮价，县府奉令，将严厉执行。

《绍兴新闻》中华民国三十六年十月十三日

浙粮贷配额决定，宁绍区各十亿元

（1947 年 10 月 30 日）

（省讯）浙省府为储粮备荒，前请四联总处核发粮贷七百亿，业经核准二百亿元到省。省府于日前召开全省粮贷分配会费，业经决定配额如下，杭市八亿元，鄞县十亿元，绍兴十亿元，永嘉十亿元，尚有九十亿，匀配各行政区，由专署自行酌配各县，预计除产粮区外，各县均可得一至五亿元。

再，四联总处对于此次核定粮款，指定杭市须以米粮七折押放，各县则为八折押放，例如各县市采购粮食置放四联指定仓库中后，该处即视购到实价，当即折扣押放押贷，该县持得押贷再可往产地采办，如此循环不已，庶几二百亿元粮贷，能在全省□缺粮县市产生掌握实物之效果属茫渺。

《宁绍新报》第17—18期，中华民国三十六年十月三十日

兰溪民调会来函，限制本县去购粮

（1948 年 6 月 8 日）

（本报讯）日来本县粮价逐步上涨，时将趋于青黄之际，兹悉向本县粮食接济之地之邻

县兰溪,最近接藉口该县粮食漏海众多,为防止民食不济,阻止外运。昨(七)日由该县民食调节委员会函致本县,本词意略谓:最近该县粮价步涨,揆其原因,由于漏海日众,尤以温属各县向该县搬运为最,因此该会为防止该县粮荒,曾于日前召开第十四次委员会议决定,除向浙省府请示有效办法未奉覆示前,嗣后各县向该县采购粮食,非有当地政府正式证明书,则一律不准在该县采购,且对采购数字,且亦不能过巨,以示限制。绍县府准函后,即分令本县民食调节委员会及本县米业公会知照。

《绍兴新闻》中华民国三十七年六月八日

出动经济警察队,封闭米店五五家

(1948 年 6 月 20 日)

(本报讯)本县警察局,以城区各米店,虽多经合法登记,但未曾登记而擅自开设营业者,亦复不少。兹值米价飞涨,更处青黄不接之际,非特有违营章,抑且不无影响粮价趋昂,亟应予取缔,以资整饬。昨除将调查所得未曾登记之米号名称、地址,及店摊主姓名,令饬城区直属第一联勤区,城区各分驻所、督察处之经济警察队,即日派警按址前往取缔,勒令停业并将封存取缔列册报核外,更已报请绍兴县政府核备,兹经记者探志应即取缔之米店名称及地址于下:火珠巷王福生、上大路恒和、大木桥恒泰、大木桥大昌、鲤鱼桥宏大、县前街穗泰、斜桥直街元丰、双井头直街王炳云、小保佑桥协昌、鲍家桥谢福后、涧桥陈传有、大清桥莫子清、大清桥徐朱民、偏门民生、偏门□民、偏门陈根记、偏门穗和、偏门同裕、偏门同和、偏门金荣盛、偏门宝裕、偏门复盛、偏门寿同昇、偏门许庆记、题扇桥脚胡赵民、探花桥横街泰丰、中正桥脚和丰、大香桥脚福中、大香桥脚庆源、谢家湾头周大昌、局弄丰泰、官塘桥下兴昌、官塘桥下董嘉记、官塘桥下懋迁、官塘桥下协成、官塘桥下童宝设、官靖桥下万隆生、官塘下义大、官塘桥脚泰源、天王寺前高金有、昌安门外直街裕丰、昌安门外芝凤桥直街王阿金、芝凤桥冯阿寿、三脚桥兴源、净瓶庵前黄朝森、北海桥永泰、北海桥三余、西郭门外迎恩桥万成、米行街义昌、虹桥下岸积余、虹桥下岸宜隆、上牵埠头绍曦筹备处、上牵埠头王宝记、四王庙前悦昌、禹积寺前德和。

《绍兴新闻》中华民国三十七年六月二十日

粮荒严重偷运偏多,平粜开始贫民受惠

(1948 年 6 月 22 日)

(本报讯)本县日来物价飞涨,尤以食米为最,闻其最大原因,虽为各地报涨所趋,而沿海乡镇之食米漏海,亦为一大关键。本月十二日清晨七时许,驻镇塘殿之保警第三中队防

守队士,曾扣获漏海食米九十包(每包七十五市斤),确无购运许可证者,又于本月十五日上午一时许,复在该地扣获食米二十包(每包七十五市斤),先后并转贩运漏海之米商郑栋庭、姚家泰、王正来等三名扣住,当时均由该地开泰过塘行行主马高明具结暂保。兹悉当局据报后,有关本县民食,许局长甚为重视,昨已令饬该队,将保主及米犯,一并解局候办。

(又讯)本县皋埠、樊江两市,亦系产米区域之一,故一般米贩,云集于彼,异常热闹。该市米商,过去原有团体组织,即米业代表负责人董光兆,平日主持,盘价颇为慎重,近因董某年迈力衰,曾向同业提出,另选结果,无人愿任,因此米业团体,遂形消灭,而同业竞争,亦从此而起。迩来米价狂跳之际,皋埠周万盛米行,以旧店新开,欲博得一般粜户欲望,开盘米价,特别提高,故昨日城市最高白米不上百万元,而该行开盘糙头,竟高至九十七、八万元,因此同业为竞争营业,互相提高价目,致大批米贩,争先购买来城,城区连日米价,亦因此竟涨出百万元大关。

(本报讯)本县已谋平抑粮价,解除平民生活艰困,于昨(二十一)日起全城分六区(旧鲁迅镇恒济米店、旧汤公镇、穗丰米店、旧成章镇源济米店、旧锡麟镇秋成米店、旧秋瑾镇裕民米店、旧元培镇维德米店)开始办理平粜,平民持证前往购食者,甚为踊跃,秩序亦颇整齐,在场维持者,除由警察局所派之警士外,参议会及地方法院亦派员到场监粜,县府社会科长徐祖贻,并亲赴各平粜处视察。

(又讯)昨(二十一)日全城六个平粜处所平粜之米质,均皆高尚,而平粜价又评定为每市石六百万元,以是购者络绎,此十天平粜中惠益平民甚巨。

《绍兴新闻》中华民国三十七年六月二十二日

查封未合法登记粮店,存米由粮食公会收购

(1948 年 6 月 22 日)

(本报讯)县警局以城区未依法登记之米商,前经查明列册饬属勒令停业,并呈报县府鉴核在案。该局兹据第一督勤区巡官罗鹤鸣呈,以奉令取缔米商,除穗泰,已声请登记,王梅生有税捐处发给之营业执照,元丰米号正在申请中,请求暂缓执行外,其余未经合法登记之米店,恒和、大昌、茂大、恒泰等米店,一律于二十一日中午十二时以前,勒令停止营业,并封存各该店现有之米数,对王梅生、元丰二铺店之请求暂缓执行,呈请指示到局,经暂饬通知王梅生、元丰米号于一星期内补领会员证外,至恒和、大昌、茂大、恒泰等米店封存粮米究应如何处置,特报请县府核示。兹悉:县府据呈后,以当前物价动荡,本市涨风尤烈,影响民生甚巨,为防止粮商屯积操纵起见,对各经营粮食商号,自非实施严格管制不可。兹据报查封未经合法登记粮店措施,虽非奉令办理,然照目前情势,尚属合理,故对所请核备一节,已予照准,至其封存之粮食,则将令由粮食业公会收购,以充各粮食公店出

售,而济民食。

《越报》中华民国三十七年六月廿二日

严禁籴米出城,朱梅镇要求限制准运

（1948 年 6 月 23 日）

(本报讯)本县城区附郭(如昌安、西郭、偏门五云)各米号,平时虽多将乡货(即农民粜于米号之米)转售于城中各米号,惟间亦向城中各米号购运白米出城应市者,兹以目今本县粮荒严重,经法团会议决定,为防止城中食米私运出城漏海,严禁籴米出城。现悉各附郭米号,以城中各米号一旦禁米出城,则附郭米号,将不免有断米应市之势,闻将推昌安镇长包□辉等为代表,向县当局要求作有限制之准运出城(譬如以五石或十石为限)以维附郭民食接济。

《绍兴新闻》中华民国三十七年六月二十三日

偷运食米漏海案,警局决严惩奸商

（1948 年 7 月 6 日）

(本报讯)本县孙端镇附近新埠头地方开设开泰过塘行之行主马高明,丧心病狂,竟乘本县食粮飞涨之际,络续偷运大量食米漏海,经沿江治安部队先后截获两批后,县警察局据本县各报揭载尚有调换截获之食米数量消息,即派督察姚天刚,前往调查实情。昨(五)日姚督察已查毕回局报告,对截获米之数量,是否调换,刚无实据,惟该地人民,均谓马某平时专以偷运食米漏海,则众口一词,闻警察局以马某罪无可逭,将予严惩,以儆奸商。

《绍兴新闻》中华民国三十七年七月六日

柯桥警所,调查存粮

（1948 年 10 月 10 日）

(本报讯)本县城区,近日来正大闹米荒声中,兹悉柯桥镇方面各米号,亦因门销日增,来源匮乏,形成无货应市。盖该镇在战前,虽为本县唯一大镇,米行林立,资本充裕,自重光后以至迄今,米店均多小本经营,平时存货未见充沛,门市供应,大部向江西及金兰各地陆续采购而已。近因产区价高,来源日少,而门销则日形拥挤,以致形成供不敷求。该镇警察所,以民食关系治安,特于前日详行调查各米号存货,结果,全镇荣泰、万春、万康、公泰协、和记昶、景泰、义成、公顺、泰丰、广泰等较大之十家米号,所有存货,仅共约米一千五百余石,稻谷十万余斤,小麦二百七十余石,豆三十石。

《绍兴新闻》中华民国三十七年十月十日

本县米荒严重,乡间已有黑市米价

(1948 年 10 月 16 日)

(本报讯)近来本县米荒,在表面上,已面临到十二分严重,骨子里我们不知道,城区各米店,已十九无米粮应市,每日虽每家配售石余,但争购者多,妇孺老弱,极难购得。少数米商,且认粮荒如是严重,粮价必有调整可能,于是有货者不卖,农民之有米者,误信此种消息,遂亦不肯以米出粜,而同时如斗门、塘头等地米贩,则又不惜重本,大量搬运漏海,闻四乡米价黑市,已超出限值甚巨,而米贩与沙帮之贩运搬取,依然源源不绝。且据熟知米业情形者称,各粮食店,真正无货应市者未尝无之,但较大之行店,于粮荒初起时,即早将存粮,疏散他处,人民莫不希望当局,迅谋一有效办法,以解决此严重民食问题。

《绍兴新闻》中华民国三十七年十月十六日

4. 酒茶绸等传统行业

茶商整顿出口产品

(1913 年 6 月 6 日)

绍兴全体茶商近因改良绿茶之际,恐有奸商仍将绿茶搀色情事,是以特于前日在杭邀集全体茶商开会讨论取缔办法。现将其禁止搀色办法录下:

一、禁止种户,如有茶叶搀色者看出,将茶焚毁,倘有将人赃并获者,向就近栈家报告,从重酬赏。

二、各茶栈不得再做有色茶,以便正己正人,如有暗地做出,不论盛箱装袋,申栈不得经售,如违议罚。宁栈、杭栈不在此例。

三、各茶栈一律在行收买,不得赶山,若暗地派贩赶山,查明报告申栈,不得经售。至坐庄收买,议定七号节底过月出末,以昭划一,倘查出水客知情故买色茶者,同帮分发传单,将该水客处以重罚,并嗣后各机永远不得录用。

按吾国出产茶,亦一大宗也。畴昔出自外洋,为外人必需品。嗣因奸商贪利,每以低品搀色,冀获高价,信用既失,奸情亦露,外人购种自种,而茶之利源乃失。绍兴茶商亦坐是病,目下利源虽失,然未全失也。果能力加整顿,不难挽回。吾愿茶商其勉诸。

《越铎日报》中华民国二年六月六日

绸绸业议定规章

(1917 年 6 月 6 日)

城区绸绸业傅仕龙、金阿庆、俞有福、张宝、陈宝和、韩阿昌等具禀县署云:

为范围艺宗汇订规章,请求恩赐钧批申警冀图立案事。窃民等绸绸一业,本系手艺宗旨,前清明其工资太敛,因为吃苦万状,上不奉老双亲,不以顾养妻儿。民国成立以来,民发起章程,物格而至细,心理体加意者究,汇集同人,各出捐资,置酒设席于祠山大帝庙内演戏评价,倘有外来染司觊觎假冒吾业绸绸,深恐绉纹裂浅,且抖断走失等情,败坏吾业名誉,自此不论满徒,以及外来生手,先捐入社会洋三十元,以作备需前项破裂走失等赔偿之资,一律可以进行,俾得旅商之公益,又可衣食之赖。恐外来生手不服本社会宗旨,为此请求知事公鉴施行,共沐鸿慈,顶祝上呈。

奉批:尔等绸绸一业,据称订有规章,曾否官厅立案,词未切实声叙,如果未经禀明核则,则私约生续当然不生效力,即知照云云。

《越铎日报》中华民国六年六月六号

张逆谋叛之影响

(1917 年 7 月 4 日)

华舍乡系纺绸出产之处,向传日出万疋。近年销路减少,每日亦能出绸至三四千疋之谱。兹届夏令,当时各处来绍采办者,络绎于道。不意张逆倡乱沪杭,各庄恐发生战事,不取探办。昨日下午三句钟,该处星记等庄均得上海悦昌文记等各绸庄来电,停止采办。该庄得耗后,即转告各机坊停织。各坊机工不下三千余人,皆赖手工度日者,今一旦停止营业,其困苦情形可概见矣。

《越铎日报》中华民国六年七月四号

诬报私酒激动公愤

(1917 年 7 月 22 日)

昌安门外赏家村朱谦豫酒坊,前年曾因失窃糟烧,人赃并获。嗣后迭被挟嫌者诬报私酒,屡查无获。本年复被接连报告三次,无如该酒坊原先认报酿造八百缸第一次资勘缸数,□满升拆,确相符合。第二次复查七百九十七缸,无甚差异。此次第三次复有捏名高景山、王益堂二人赴第五区公卖局报告匿漏私酒三百数十缸之多,并出具切保甘结,原冀弋获罚金、报告费滥吃天鹅肉。该局长韩志荣据报后,当即饬令叶笠斋到地作第三次之稽查。该处酿坊林立,大动公愤,声称如此一再覆查,迄无□□查而无获,不特酿户不胜其扰,即名誉体面,亦在所攸关,而报告者仍得逍遥法外,殊不足以昭公允而儆刁风。现经查明□与报认酿数缸捐相符,而高、王二人,确为挟嫌诬报,断无疑义。若不从严惩办,则此后酿户势难安枕,拟将局船扣留,幸经坊主朱某力劝而散。现拟邀集全体酒商开会公议对待认报之方法,呈请官厅惩办云。

《越铎日报》中华民国六年七月二十二号

诬报私酒激动公愤第二幕

(1917 年 7 月 26 日)

昌安门外赏家村朱谦豫酒坊,被专事捏报私酒图得罚款□费之无赖高景山、王益堂二人,赴第五区烟酒公卖分局报告匿私酒四百缸,出具甘保切结,当奉局长韩志荣派员作第三之覆查,确无隐匿,激动公愤各节,业志二十二号本报。兹悉,该坊主名朱守梅,人颇诚笃,年酿缸数,历均据实报认,因其店肆□均设在城中斜桥及南京桃叶渡等处,载运路遥,并须经过局卡,势难偷漏,故向据实认报。今春认捐八百缸,迭被就近无赖诬报,业已两次覆查,绝无错误。此次高景山,即专揽词讼,招摇撞骗之黑籍鬼(居住清凉桥)。高子余之化名王益棠,即歇业伙王松堂。其人也,并勾串该坊相近居住吴融村之锺某,探明形势,希图诈财捏报。朱某藏匿私酒四百余缸,约计一万四千余坛,公卖局长韩志荣,因屡有挟嫌诬报之事报告,皆脱身远飏,捐局致为集矢之的,特令出具甘保切结,以儆刁风,并即饬派稽查叶笠斋,带同该报告人高子余,诣坊点查,合计点得加大小色各酒八千一百五十四坛,内有上年陈酒及烧酒并点在内,核与原认缸数极相符合。后被同业得悉,以为酿户屡被无赖诬扰,迭次点查,非特体面攸关,于营业上之信用,大受损失。且该无赖,对官厅为虚伪之陈述,对酿户为诬捏之报告,希图诈财,显犯刑章。若再因循姑息,长此以往,查获有罚,诬报无罪,势必群起效尤,酿户势难安枕。爰定于本月二十六号下午一时,假座城区商会,特开全体大会,以资讨论善后办法,以儆刁风。并此次如何惩办诬报者之手续,藉维营业。兹将该酒业同人所发通函录下:

迳启者,今有朱谦豫酒坊屡被无赖伪报匿酒,迭经分局三次派员查点,数目均符合,并无隐漏,实属不堪其扰,实究虚坐,律有明文。若查出有罚,诬报无罪,将来挟嫌诬指,敲诈成风。吾绍酒业日处罪犯地位,势必摧残尽绝,无有生机,亟应筹商妥善办法,请求官厅处治伪报相当之罪,以保营业。谨于旧历本月初八日下午一时,借绍兴商会开全体大会,凡我同胞,务乞驾临是幸。此上。(下略)

《越铎日报》中华民国六年七月二十六日

诬报私酒激动公愤第三幕

（1917 年 7 月 28 日）

昌安门外赏家村朱谦豫酒坊，被专事捏报私酒图诈报告费之无赖高子余，化名高景三，王松堂化名王益堂，及专事招摇撞骗之锺德和，疯子金阿来等勾串诬报。该坊藏匿私酒三百余缸。公卖分局长韩志荣，恐为奸人利用，特饬出具甘保各节，由高景三、王益堂二人列名，原为实坐虑究而设，比及饬派稽查叶某，诣坊查点，并无隐匿。致该坊同业，以迭遭诬扰，名誉攸关，大动公愤，通函城乡开会抵制，先后详请，业已两志。本报兹悉，前日（二十六号）下午一时，该同业等已假座商会，特开全体大会，到者一百七十余人，振铃入席。首由朱根香报告被诬事实（详请选载本报不赘），旋由沈墨臣起言，私酒在查禁之列，定例极为森严，诬报当然科罪，自应即请分局，交出诬报人犯，移送法庭，按律严惩，以儆效尤。全体起立，一致赞成。次由姚霭生发言，略谓移办一层，非但酿户全体赞成，即韩局长亦自主张一致，但观其饬报告人之出具甘保各结者，原所以防诬诈之风，而表明寔究处必坐也。次由沈秀山登台报告业董函致商会说帖。大旨，查获有罚，诬报无罪，效尤日众，酿户极形危险，势必停酿，出货渐少，国课短绌，应请由会转咨分局，将诬报人犯，移送法庭，按照刑律规定之诬告、诈欺、取财未遂，及损害业务信用各条，科以应得之罪。一面并请厘定报告章程，诬报者如何处置，并由朱守梅迳递分局呈文各一件。后由朱根香登台，略谓分局倘不移办，并规定诬报章程，势将如何对待？全体起言，无论赴省、赴京，如何进行，大众一致，必达目的而后已，否则最后对待坊停，酿店停业，声色俱厉，异常愤激，复再一致起立，表示决心。嗣由章楠庭起书，谓韩局长志荣决不代人受过，庇护诬报人犯，结怨全体酿户，有不予移办，并规定诬报办法之举。况日前曾有（尔等议有办法，终可帮忙之宣言），此层似可无虑。赞成是说者，沈墨臣、姚霭生、施子芳等，为数颇众。末由沈秀山陈述，顷得省中友人私函，酒捐印花，呈请照旧收划，齐省长已有允意，泰半可以转圜，不日定可发表。迻闻各处经董，间有已收现洋风说，尚乞注意，一俟得有正式文告，即当登报宣布，先祈接洽云云。当即摇铃散会，时已钟鸣五下，即由该业董承推前赴公卖分局，商办此事。韩局长在省未回，即由代表孙文伯接见，允俟局长回绍，商请照呈办理。果尔，谅不致酿户有失望之虑，而诬报者亦不致群起效尤矣。

《越铎日报》中华民国六年七月二十八号

机坊司结党横行

（1917 年 8 月 18 日）

近有绉纱机司王阿祥、赵阿家等，在城区南街杏花寺前，阿明茶店内，私立机关，秘密会议，意欲勒令强加工资，若不遂意，同盟罢工，立有名簿一本，勒令各机司签字。嗣有几辈安分者，不愿入会，当罚清音一堂，红烛十斤，并派机棍多人，分至各机坊，任意敲诈。余（访员自称）昨日午后，适至道横头，见梁瑞林所开机作，被干阿祥等督同多人捣毁一空，并抢去丝四五十两，口称作为卫客之费。瑞林坊内有□丝之董炳元，略加责问，谓尔等入党，形同匪类云云。该棍等即将炳元攒殴，以致门牙敲落，身受重伤，当经梁瑞林报告第三派出所，由王警佐派警前往弹压。察得捣毁情形，甚属可恶，正拟拘人，讵该棍等见势不佳，即向南街飞步逃逸。现闻梁瑞林已正式向县公署起诉矣。

《越铎日报》中华民国六年八月十八号

平水茶出口详数

绍兴所产之平水茶，向销外洋俄、比等国，每年约在五百万箱左右。自欧战以后，连年停运。旧历新岁，忽接外洋来电，以各军营戒酒，改用华茶，故催运日亟，致上海茶号，或向内地订购，有直接向山户收囤者。计连日由杭、鄞、瓯三关运出口者，约有一百余箱之多，此为本年出口之第一批，足征茶务之发展也。

《越铎日报》中华民国七年三月三号

机类败类罪恶史

（1918 年 9 月 23 日）

绍属禹会乡华舍著名机户赵廷法（绰号碰着死），生性险诈，行为卑鄙，素为社会所不齿。今年春间，各纺绸机户，因屡被绸庄倒去巨款，遂有西北二区各乡机户联合组织机业公会，以谋抵制之提议，迭在莲池庵开会讨论，由各乡机户投票公举业董。赵廷法欲攫夺业董头衔，乃四处运动，无如各机户以赵品行不端，于投票时均书该乡公正士绅赵如春君名字。赵如春得票多数，遂公认其为机业业董。赵廷法见目的之不能达也，乃暗与泰和裕绸庄经理沈正华（绰号五步蛇）联络一气，贿嘱牙户赵安生仿造赵如春所制样式纺绸，任意掉包，事为赵如春所知，欲与赵廷法严重交涉。赵廷法竟敢饰词向县署朦控赵如春结党横行，妨害营业，为先发制人之计。赵如春闻此消息，大为震怒，因气愤成疾，不数日即行毙命。赵廷法又为业董一席，从此舍我莫属，大摇大摆，旁若无人，不料各机户咸以赵为机业败类，不肯承认。赵既失此头衔，大为懊丧，复与各绸庄联络，并与沈某狼狈为奸，依然私造底货，肆其掉包手段。闻赵与绸侩沈某订有密约，将掉进货色抬高价格，所得之利，彼此朋分。噫，若该机户者，可谓机业之蠹贼，衣冠类中之禽兽也。

《越州公报》中华民国七年九月念三号

绸业一纸呼吁声

（1918 年 12 月 8 日）

绍县绸业公所因绍市利率日重，周转为难，昨投函本社，亟揭载如此：

（上略）敬启者，商等营业进出，向外埠运入各货，均须现款，此间售出多系放帐，因绍兴相沿成习，赊帐码头一时未易变更现交，所以商等除基本金外，均赖钱庄通融，以资周转。今庚钱庄拆息重开六分五厘，统月连加头，将及三分，实在吾绍自来所未仅见。敝业下冬正值旺用之际，营业进行，则为畏途，已放之账，难期索应，非至年终，不能收入，兼恐出险情事，不得不预为防范，受此重利，何堪负担。贵社为言论机关，公道在人，素来所钦仰，此次钱行虽奉官厅而论提倡加息，然内中不无奸商作祟，运动欺朦，是以前来干涉，请求贵社体恤商艰，力加言论，维持全绍大局。若得拆息稍平，出是执事所赐，除函请商会暨钱业公所投函外，仰祈主笔大先生公鉴。（下略）

绸业同人谨上

《越州公报》中华民国七年十二月八号

丝绸机三业之请愿书

（1919 年 12 月 14 日）

具陈请书旧杭、嘉、湖属及绍、萧、诸三县丝绸机业全体代表蒋海筹、徐甲如、沈昕泉、朱谋先、蔡谅友、宋锡九等，为陈请事。窃查限制茧行条例，经贵议会议决废止，并经咨请省长公布在案。苟非万不得已，更何敢有所请求。惟旧杭、嘉、湖属及绍、萧、诸三县夙称产丝之区，凡本机织造花缎、素宁绸、线绉纱、官纱、纺绸、花罗、线春、春纱、小纺、绫绸、湖绉、华丝葛等项，无不仰给于用丝。自茧行条例改五十里为二十里，限制既宽，茧行之增设已多，收茧之数倍于从前，多售一分，鲜茧即少缫一分用丝，以致丝绸机业苦于用丝之缺乏，而采办维艰，若茧行里数再行开放，则用丝必有告匮之时。为营业计，不得不陈请维持者一。络工、纺工、织工，以及染坊、炼坊藉丝绸机业以谋生者，就杭、嘉、湖属及绍、萧、诸三县而论，已不下数百万人。目今原料已缺乏不堪，势必不久停工，一旦骤然失业，既无消纳之方，又乏改图之策。生计既绝，难保不逾越范围，有妨秩序。为工人计，不得不陈请维持者二。茧行所收鲜茧，均系原料，运销外洋，外人购我原料，织成绸缎，仍运销我国，不啻以我之十易人之一。现在我浙产茧为数尚属有限，未必较前发达，遇有开放茧行机会，外人资本雄厚，不难将我国织绸原料放价广收，一网打尽。我绸缎实业，因无米为炊，必致消灭，不惟从此无米货运销外洋，即国内所需亦将悉数仰给外货，母财日竭，民不聊生，为保存国货计，不得不陈请维持者三。机织之对于原料，犹人生之对于粮食。一日不可间断。欧战闭幕，即商战开幕。国货为商战之军队，原料为军队之粮械，今后外人移兵战之精神于商战，必以吸收原料，推广制造为惟一之政策。我人正谊推广织绸，为商战上抵抗洋绸之策，若不惜推□绸□，实业贸然开放，茧行助外人之吸收，不啻以军械粮食供给敌人而自杀。国货为国计民生计，不得不陈请维持者四。

抑海筹等更有请者，应时急务首在植桑。查旧宁、温、台、处、金、衢、严七属地处上游，尚未遍种桑树，若由各该县知事广为劝导，以兴茧桑，如是行之数年以后，育茧之推广既有实力，出茧之数量或能增加而织绸原料果无缺乏，于斯时也，再议开放，似此办法，庶几并顾兼筹，于法案毁不违背，于工商均有裨益，即国货前途亦深赖以维持。为此沥陈下情，具书陈请，仰祈贵议会遵照，准将废止浙江省茧行条例案内旧杭、嘉、湖属及绍、萧、诸三县展缓执行，以维实业而全民生，实为公便。

谨陈浙江省议会。

《越铎日报》中华民国八年十二月十四号

省议会提议暂行取缔茧行案

（1919 年 12 月 20 日）

旧绍属七邑乡民除新昌、嵊县外，多数以茧为业，每年出茧颇多繁，是以茧行林立，茧灶日多，利之所在，人争趋之。因而取缔开放，互相争竞，各具理由，莫衷一是。兹经省议会议员姜恂如提出议案云：

前届本会议决，茧行条例，确未尽善。本届本年前临时会议决废止茧行条例，虽经省长公布，碍未实行。请求者纷至沓来，主张不一，曰恢复，曰修正，曰展缓执行，曰全行开放，五花八门，无不持之有故，言之成理。本席则均不赞同，何则？原有取缔茧行条例误点甚多（另附说明），不应恢复，况原案前系废止修正，更无从说起，至展缓执行，乃省署之责，非本会之权。若全行开放，尤与丝绸机织各业生计攸关，本席兼筹并顾，爰提出"暂行取缔茧行案"，名曰《旧杭嘉湖绍四属暂行茧行条例》，是否有当，仍请公决，条例附下：

第一条　本条例，凡在旧杭、嘉、湖、绍四属开设茧行者，除新昌、嵊县外，均适用之。

第二条　旧有茧行，请换新帖，限四月末日以前备呈捐款银洋，取具就地商会或殷实商店三家以上保结，连同旧帖，呈由县知事核开灶数、地点相符，即予转请给帖，逾限未经呈请，仍继续开设，或私移场所及私添烘灶者，分别处罚。

第三条　新开茧行，仍照向章，限三月末日以前报明开设场所、行号，取具就地商会或殷实商店三家以上保结，连同捐税银洋，声明地点、四围距离原有茧行，确在十五里以外，呈由县知事勘明地点相符，呈请省长公署核准后，令行财政厅给帖。

第四条　领帖设行，只准按照地点营业，不准有分行分庄□名目，违者处罚。

第五条　新旧茧行灶乘，于每届呈请开设时，由县知事派员验灶一次，填列验灶表，按灶征收灶费。双灶每乘六元，单灶每乘三元，由县转解财政厅存储，预备拨作奖励丝厂之用。

第六条　各行收茧,在度量衡未实行统一以前,仍照向立,一律遵用司码官秤,其有私用重秤者,照诈欺取财律究办。

第七条　各行收茧,如发觉有联合抑价情弊,经查实后,按照情节轻重,分别处罚。

第八条　本条例自公布日施行。

附说明原有"茧行条例"之误点。原案标题冠以"浙江省"三字,似大灶统缘蚕桑事业,各属尚未发达,正宜提倡,不应与旧杭、嘉、湖、绍四属同予限制。又新昌、嵊县查系并无丝绸业,故加例外之规定。原案第二条"并不揽做抛盘者"七字,似未谙茧行生活,应删去。原案第三条规定二十里为一大争点。不如改为十五里,以示逐渐开放之意,俾从前二十里之讼案,一概解决。且限以十五里,新茧行地点已属寥寥,尚无妨碍。又原案"身家殷实,素有信用"等字样,本属具文,不如删去,较为切实。原案第五条,极不平允,旧行一帖,有灶最多者,至三四十乘。新行只准十乘,外加即须依次倍请牙帖,是给帖不以开牙为标准,而以灶乘为计较,似逾越牙帖章程以外。且待遇新行亦未免太苛。兼之分行分庄,一律取消。灶乘多寡,本无规定之必要,规定而仍许其增添,利用广销牙帖,大非政权,不如援照前清办法,征收灶费为妥。原案等六条,有由财政厅制秤等办法,手续繁重,碍难实行,不如删去。又私用重秤,原案有将该行封闭,送交法庭等句,蹊田夺牛,罚似太重,应删去。

《越铎日报》中华民国八年十二月二十号

酒家进运糯米之为难

(1920年12月1日)

酒为吾绍出产品之大宗,绍人之生计赖此以保全者,实不可以数计。顾制酒必须糯米,糯米一项,则吾绍所产,实不足应制酒之需。故制酒者均向江苏、无锡、丹阳等处轮运。近闻该省无锡等处业已禁止糯米出口,于是吾绍之制酒者,原料缺乏,束手无法,于生计上自必大受影响,虽闻省长督军业向该省疏通办法,但亦尚未得有确切之结果也。夫糯米虽属粮食之一种,然非关必要者。该省人民亦可必严禁出口。意者将居为奇货以博金钱乎?

《越铎日报》中华民国九年十二月一号

绍兴酒商呼吁声

(1920年12月6日)

绍酒为吾浙特种出产,行销遍全国。惟酿酒原料之糯米,向来仰给于江苏无锡、丹阳等处,故酒虽产自绍兴,而米实购诸江苏,数百年来,已成历史上相沿之需要。每届冬令,输入几达卅万担,价值达二百万元左右,不意苏省本年禁运米石出口以来,始则只禁粳米,谓为维持民食,取缔漏海犹可说也。近则并将糯米一律禁止输运,以致吾绍前赴锡、丹等县购米之酒商,负巨大汇水、拆息,挟现款而往者,竟定货成交而不获出境。前经酒类稽察所据情电呈分局转呈少局核转军民两长,一面电苏弛禁,一面饬发护照,给商执运方冀得以疏通,万不料竟遭苏省长官驳拒,坚持不允,绍酒捐费年纳百万上下,历充驻浙四师军饷,酿酒原料既绝,无异即绝四师之饷糈。由是卢督军非常焦灼,咨会沈省长会派何副官长及钱塘道沈道尹,于一星期前驰赴宁垣面见,江苏军民两长磋商放运荏苒及旬。昨得省局电告,仍无效果,各酒商交银而不得货,正极纷扰,恐慌适于此时。又闻分局长与浙西烟捐局吴局长(名琪号菲卿),对调消息,众商以袁君前曾为民请命,且当水深火热,饷竭酿停,辍工待米,人心惶惑之秋,颇不以临事易员为然。昨又经本邑酒商谢麟书等分电督军省长省局暨原任张分局长石纯、省议会员王选之。(第一支栈经理)设法救济,并要求吴君赴办押运,随米俱来,以定众心而维军需云。所有来往电文容再探明续登。

又据另一访函云,代理第五区烟酒呈务分局长袁庆萱(号寅访)已调充浙西烟类专局长,新任第五区烟酒分局长吴琪(号弗卿)已于昨日到绍履新视事矣云。

《越铎日报》中华民国九年十二月六号

电催酿户运糯米

(1920 年 12 月 12 日)

宁绍酿酒糯米,例须冬水落缸,即旧历冬至以前。现在为期已迫,采办苏省糯米,尚被扣留,迭经军省两署与苏省当道交涉,始允验放。昨省烟酒事务局许引之局长,已电宁绍各局,现苏文复到,糯米准运。惟须军省两长给照,并具各商会保结,以防夹带,望即转知各酿户迅速照办为要云。

《越铎日报》中华民国九年十二月十二号

绍酒减酿之危机岌岌

(1920 年 12 月 15 日)

绍酒为浙省特种出产,运销全国,夙负盛名,每年捐额百万有奇,关系綦重。惟酿酒原料,必需糯米,绍地所出供不敷求,向来仰给于江苏无锡、丹阳等处。近年米价非常昂贵,一般酿户,困于本重利微,筹垫为难,因而缸数逐年减少,几有河江日下之势。不料,今庚苏省禁止米石出江,并将糯米一律禁止输运,致使绍地酒商之前往无锡、丹阳等县购米者,担负巨大汇水、拆息,定货成交,不能出境,大起恐慌,虽经电恳军民两长电苏弛禁,并恳饬发护照,实之解决。一切详情,曾志本报。兹闻绍地酿户以历来酿酒,定须迄无确冬水落缸,现在已届冬至,而酿酒原料之糯米,无从购觅,大有束手待毙之忧。兼之上年酿数,已经大减。今年又似此情形,不但绍地酒商酿户生机断绝,呼吁无门,即新任第五区烟酒事务分局长吴菲卿君,亦因酿数奇减,捐无从出,办理极为棘手,颇有进退维谷之慨云。

《越铎日报》中华民国九年十二月十五号

为绍兴酿户酒商告急

（1920 年 12 月 15 日）

绍酒为浙东特产,数百年来名扬全国,称道弗衰。绍地商民藉酿酒以谋生计者,不下三千家,年纳捐费百余万元,营业之巨,无以复加。

顾绍酒之得享盛名者,虽恃鉴湖清澄之水,而其主要原料厥惟糯米,本省产额供不敷求,向来仰给于江苏无锡、丹阳等处,年年冬令输入绍地者,几达三十余万担,价值二百万元,已成历史相沿之需要。比年米贵如珠,捐率增重,一般酿户酒商,已苦于本巨利微,纷纷停业,因而酿户、酒商已苦于本巨利微,纷纷停业,因而酿数递减,大有江河日下之势。

不意今庚苏省藉口于维持民食,取缔漏卮,竟将此项酿酒原料之糯米,亦一律禁止运输,致今绍地贩米酒商担负巨大汇水、拆息,挟款而往,定价成交,不能出境。目下,落缸期迫,无米兴嗟,国产、民生,双方交困矣。

《越铎日报》中华民国九年十二月十五号

华舍绸业之悲观

（1920 年 12 月 27 日）

绍属华舍地方居民皆男织女络,藉以生活。该业董沈君正华改良制造以来,销路发达,机民乐业。讵料丝价奇昂,一般奸商贩运外省劣丝,机户贪贱,买用织成纺绸,色黄似麻,以致各省滞销。该董有鉴于斯,在绸业观成堂集议劝令机户勿用此项劣丝,有碍营业,兹探录其警告如下:

窃维绸货一项,自光复后花样翻新,不一而足,如湖州之华丝葛,盛泽之花纺,较之从前,实有天渊之别,而销路之推广,果无论矣。独我绍坊墨守旧章,非特不知改良,殊有江河日下之势,单用一门,销路本最发达,乃机户专用杂丝,是以生意无形销灭。我同人叹绍货之不振,故近年以来竭力提倡,取缔洋碱,改造阔纺,冀其实业之重兴,而眼前生意略有转机。故优胜劣败,不差毫厘,讵意丝底缺乏,价格高昂,为从来所未有。乃丝贩乘机图利,将山东、四川用户烂茧丝(名曰反车)运入绍地。而机户不顾后来之失败,专贪目前之小利,殊不知劣丝劣绸,维可朦混一时,岂可朦混于将来。我同人为机户生计攸关,不惜谆谆劝告,如果机户执迷不悟。嗣后各庄即便一时失眼而朦收,俟炼出后,原货退还。不谓言之不预也。

《越铎日报》中华民国九年十二月念七号

一片酿商呼吁声

（1921 年 3 月 15 日）

　　绍酒为吾邑出产大宗，仅造酿一项，上自坊主店伙，下逮缸篓作、巴司、小工，赖以生活者，何止数十万人，实超箔业手工而上之，岁纳捐税八九十万元，为军储命脉所寄，直接间接，皆与浙省人民地方治安有巨大之关系，惟吾绍为尤重。不幸上冬苏糯禁运出境，复遭前局长张显烈玩视民瘼，迟迟不为疏通，遂致糯价飞涨。又值九十月间市面金融奇紧，日拆控日贵至六分，汇水昂升，种种困难，一般酒商无米造酿，迭次禀省咨苏通运，为时已在冬至节边，酿期早过。间有本销春作而受厄停酿者，总计全县意达五百余坊之多，相率失业，无以聊生，本年二月初旬（即旧历庚申年底），由停酿旧山会东西路各坊商，沥陈情形，禀求沈省长会稽道黄道尹，烟酒事务局长设法救济。近已先后奉到省批，准予饬属查明抚恤。兹将其原禀探录如下：

　　其一：

　　禀为酿造失时，坊闭业辍，饥寒逼迫，环叩恩赐，饬下县局俯予救济，以维民命事。窃坊等向在绍兴东西路，即旧"山阴"、"会稽"属各乡营造绍酒自数百缸至数缸不等，每坊年需糯米，自数千担至数十担。冬酿春煎夏售，不特全家八口倚为生活，即各坊雇用坛作夥夫篓作榨司开笆等人，靠此为生者尤不下数十万人。讵上年秋，苏米禁运出境，糯价飞涨，每米一石，贵至九元有奇。坊等初则集资汇款赴江苏、无锡、丹阳采购，不意中途陡遭禁闭，相持数月，幸蒙钧恩商明苏省，准予车装运浙，而时间已晚，向来一交冬至，糯米均须到绍撯白，下缸浸蒸摊晒，今则万万不及。又值金融奇紧，汇水抬高，除确系殷实大坊，已办在途者，尚得装回。如坊等本短力薄，一遭阻碍，立即周转不灵，款已汇□米则不能。冬至以前依时到绍时，令已失工作，无可措手。如果冒昧下缸，损失尤恐不资。惟有停止造作，坊等内而父母妻拏外而伙夫工作，嗷嗷待哺，纯赖坊业区区蝇利，今则酒荒已成，通县停酿者，接踵皆是。际此风雪残冬闭歇以来，生计艰难，忍饥挨饿，度日如年，伏念坊等竭尽纳税义务，久历年所。且吾绍酒捐，负担独重，坊等踊跃输将，从不敢稍有违误，自必仰邀宪天大人之矜恤。况此次酒荒，不啻水旱沈灾，各坊酿户遭停失业停酿，各户穷饿乏术，营生者赐予救济，或筹工赈之法，或谋伙夫工作等，人等如何生活之方，不胜迫切待命之至。

　　其二：

　　禀为米荒酒荒，停酿日增，环乞恩赐，设法赈抚事。窃缘商等，今秋遭糯米奇贵，禁运不通，通已过时，无从酿造，以致相继停歇，不能造作。现际岁暮穷冬，坊内工伙，无从遗给，束手乏食，八口号寒，谋生无路。伏思人民对于国家当尽缴纳捐税之义务，而国家对于失业遭灾之人民，亦必蒙施赈济之宏恩。商等向在绍邑造酒报捐，营运薄利，全家赖此为生，工伙倚为衣食养身之所，乃本年无从开造，酒荒之巨，向来所无，不异南北水旱之灾。商等业停坊闭，无路谋生，惟有奔辕叩求钧鉴，乞赐行县饬局垂念商等本属纳税良民。不幸遭荒失业，迅予设法抚赈，免致来日方长，室家离散，则感沐鸿恩，实无既极矣。临禀不胜恐惶，急迫之至。谨禀浙江省长沈，烟酒事务总局长许。

其三：

为饥寒交迫，生计窘急，叩乞恩恤工赈，以拯蚁命，而维工商营业事。窃本年糯竭酿停，小坊等睹此恐慌，无可造作，不得已只得停歇，已买之糯米，成本既贵，时候又过。如民等坊实无力负此巨债，且已损失不堪，乃自停闭以来，生活之计尤无法，想年关紧迫，小坊等被兹变阻一坊停工，失业工作人等，父母妻子因而饥寒乏食者数万人，早夕焦思，迫得公禀我宪大人，俯拯民命，筹谋工赈，方法扎行绍兴酒捐局查照。小坊等生计因困迫苦急，各情速赐补救赈济，俾有工有业可以顾家养身，免受失业饥寒之苦深。感德便焚祝谨禀。

《越铎日报》中华民国十年三月十五号

平水绿茶公司之组织

（1921 年 3 月 21 日）

我国茶叶品质甚好，洋庄销路甚畅，为吾国出口货之大宗。近年以来，以该山不知改良，销路渐塞，兼以欧战以后，俄国内乱不已，营业日见凋敝，各同业既无团体维持，又乏调查统计，致收存一无把握，每遇洋庄劝办之际，或致无货应市，而呆滞之秋存货转壅，因此亏累者甚多。兹有浙绅十余人，特发起平水绿茶联合讨论会，组织公司，改良茶业，已于前月"阴历"二十六日邀集各发起人开会讨论，业将公司简章通过矣。（简章另登专件栏）

《越铎日报》中华民国十年三月二十一号

平水茶停办消息

（1921 年 3 月 24 日）

绍兴之平水茶，每年行销洋庄，为数甚巨，上海各茶栈因上年度出口滞销，存货拥积，公议停办，一年平水茶商为救济起见，拟集合资本创立公司，力救推销，已本志本报。兹悉，平水茶商近又得闽省报告，福文具茶业同行亦因上年存积平水茶多至三万六千箱，自入春以来，竭力设法推销。至今尚存二万三四千箱，故一公议对于今届新茶亦拟援照上海办法，停止采办一年，已由该处茶业会馆通造各茶栈一体照办。平水茶商得此消息，故于组织公司一事，近更力策进行云。

《越铎日报》中华民国十年三月二十四日

告 平 水 茶 商

（1921 年 3 月 24 日）

平水茶为吾绍出产品之大宗，而关系绍人生计者亦匪鲜，近年来印度、锡兰等处，信种华茶,成效大著。平水茶销中因而滞销者一。加以平水茶商不谋发展之方,至于产品上,不但不加研究,惟以属色是图。平水茶因而滞销者又一。近据各方报告,对于平水茶都有暂行停办消息。平水茶商,有鉴其害焉,则有创办公司直接自销之计划,此诚吾人所赞同者。

不过吾人有一语敢为平水茶商告,则整顿出产品,当视为第一要图,如属色一端,须完全革去,使出产品精良,开拓销路。盖易易也,否则于出口产品不加整顿,人优我劣,相形见绌,虽拥有公司之名,而以集资主义质其后,亦何益哉?

《越铎日报》中华民国十年三月二十四日

平水茶几遭委弃
(1921 年 3 月 28 日)

昨接沪函云,上海毛茶行,向以代客买卖抽取佣钱为业,并不自赴产地采办新茶,本届浙江绍兴之平水山客,因沪闽两地专做洋庄,各茶栈以上年洋庄滞销,存货山积,公议将平水茶停办一年,以为疏通地步。该处产品向赖外销,若茶栈停收,必致天然美利尽行委弃,殊为可惜。且于种茶农户等生计有碍,故特来沪,商请茶行同业携款往收,自愿劝导山户售价格外从廉,茶号烘焙格外从速,以省时日而省靡费。茶行同业迭次会议,初以事无把握,不敢贸然允诺。现因法美两国,稍有办动,平水茶且产品实为绿茶中最佳,当不致绝无销路,故由该同行九家集合团体前往平水酌量采办,日内即可携款出发云。

《越铎日报》中华民国十年三月二十八日

改良平水绿茶业之函陈
(1921 年 6 月 3 日)

旧绍属公民俞炜日前曾条陈提倡茶公司,请援渔业公司成案,予以保息案,由沈省长咨交省议会议决,已志上月本报。兹觅得俞君续上督军省长一函照录于下:

督军、省长钧鉴:我浙去秋灾歉,四府奇重者有二十余县,自表面观之,我嵊灾状似与他县无异,实则高低受轧殆又甚焉。盖他县之害于水灾,虽怀山襄陵而高阜无碍,害地风虽发屋拔木,而低窪有收,乃嵊县低窪则三遭兴水,高阜则连受烈风,在奇重之区,固然颗粒无望,即在最轻之外,其收获亦甚微薄。他县之灾,仅在去秋,而去年之春花无恙。嵊县则去年春花已先受其病(嵊邑春花全赖茶茧,去年乡户茧虽售完,而茧商之滞积沪上者,尚存十之八,茶则茶商之滞积沪上者固有十之九,而山户尚未售出者,亦尚有十之三)。他县秋灾虽成,而今年春花可望丰收,而嵊县则连今年春花十九无望(去年茶茧积滞,不稍今春恐至无人过问)。一至青黄不接之时,积困习惯之民,难期安帖。缘嵊邑山多田少,在丰岁食粮,仅足供八个月。余悉从外埠购入,去年遇此奇灾,约计所收正杂各粮,只敷五个月食量。现在本地粮尚未尽,而米价已达九元以上。迨至群需购食,则米价之日贵,势所必然。如能茶茧畅销,米价虽昂,尚无绝粒之患,所虑者旧商因去年之积货未通,无力再做。新商见旧商之历年亏折,不敢问鼎。是嵊邑今年春花之荒象已呈,但茧子一项,虽厂丝不销尚可以改造肥丝,自制土绸,不过得价贵贱之别而已,犹不至根本无办法。至于绿茶,若外洋不销,既不可以改销,国内"平水绿茶向外销美、英、俄三国,祁门、六安、武彝、龙井等茶销国内,亦供过于求",复不能以立即改种别产。我嵊数十万山农之生计,一时断绝,不为道旁之莩,即为铤险之鹿。言念及此可为慄惧,至茶商知识之不足,组织之不善,团结之不讲,实较他商为尤甚。若不由官厅主持一切,从根本上改革,际此商战时代,即或一时幸免,势必终归失败。况近来年失败之现象已经毕露。炜嵊人也,国民也,为桑梓农民生活计,为国家土产输出计,不得不将旧商组织不善之点及应如何改组之方,谨就管见所及条陈鉴核。夫经商之道,千变万化,而其中实有一定不易之规则者,则所谓量入为出,量出为入之两种,何谓量入为出,以进货之价加以一切费用而定销货之价者,中国之坐贾是也。何谓量出为入,知销货之价加以一切费用而定进货之价者,中国之行商是也。

《越铎日报》中华民国十年六月三号

改良平水绿茶业之函陈(续昨)

(1921 年 6 月 4 日)

旧绍属公民俞炜为改良平水茶业,续陈督军、省长,已志昨报。兹续录其函文如下:

今茶商于进货之时,不知销时有若何价目,而贸易定价收货。销货之时,又不能因进货之价,计筹损益而定出售之价,盖进货之权,半操水客,至产茶地收茶之人,销货之权全在茶师(洋行收茶批价之人),股东固同木偶,而经理亦几如傀儡。且其进货之时,不肖经理往往图得回用,不顾股东血本,而腾价贪收,水客图饱私囊,不顾自己名誉而抢花乱出(有画老虎加帽子等名目)及至沪地成交,箱茶售出,事本了矣。殊不知沪行尚扣息漏磅润,打包破箱割箱(以上各项积弊之起源,折扣之惯例,形诸笔墨甚为烦琐,加蒙垂询,随时面陈)等种种扣费之积弊,宜乎内栈茶商之累年亏折也。且经商最要之道,必须先知何处需几何品量,何处销何种品物,人有良美之物品,出也宜想改良或仿造之法,我有良美之物品也,宜想通销及发展之策,乃我国茶商均不知也。对其故步而不思必革,语以新法则视为畏途,只知对境内同业施倾轧之手段,不能对海外同业具竞争之毅力,宜乎中国茶商之一蹶不振也。然则欲图补救,非改革根本之办法不可,根本办法维何? 即集合业平水绿茶全体之无限股东,而组织一有限之大公司。此层办法,炜已提倡数年,有新知识及股本关系深重之茶商,均甚赞成。惟是此层办法,似易而难。难者何? 因其全体集合,则从前茶商疑信参半,不能确其愚迷,长此以往,不但茶商受害无穷,而山户困极思变,不可不防,若官厅能予此公司以特别之奖励,则彼等亦不难就范。不宁惟是,若此公司成立,而官厅尤须行精严之监督,何也? 主持此公司之主要人,若无公平交易之道德心,则易施垄断之手段,而山户频受其困。上二层得能办到,即拟在上海设立总栈及样子间,以作茶业之枢纽而一事权,则内栈经理及水客之积弊要以除。而沪行种种之积弊,亦可以去。并派精明干练之茶商直往欧美实地调查市场状况,以灵消息。又择其相当地设样子间,以通销路,择其相当新闻纸,□登广告,以广招徕,(上项组织办法,第言其大纲而已)详细章程,公司如能成立,自应另案呈核,即内外施行手续,亦应择要次第举行,不必同时并举,先立基础,次第举行,庶茶业不至一败涂地,救灾济民,无过于是。愚昧之见,是否有当,谨请钧鉴。

《越铎日报》中华民国十年六月四号

华川绸市之近讯

(1921 年 6 月 12 日)

绍属禹会乡华舍居民十有八九,均业机织,计每岁产出纺绸定数,不下二十余万,以故绸市繁盛,甲于全绍。今岁因新丝价目腾涨至六十元,机户兴嗟,乃于昨日七号集同业在机业校开会妥商办法,向各绸庄要求将绸价票期仍照旧章二十日为限。因机户售□绸庄,向用期票。去冬改限三四十日不等,俾资周转。讵各绸庄不量苦衷,肆其垄断手段,拒绝收买,机户呼吁无门,现拟宣告停织云。

《越铎日报》中华民国十年六月十二号

华舍绸市悲观记

(1921 年 6 月 14 日)

绍属华舍地方,居民多数以机业营生,其出产之丰盛,价廉质美,久为中外商民所赞许。月前气候不齐,蚕汛不能发达,盖护持虽仗人工,而收成实资天意,故有天然之名称,本年头蚕出新,每百两价开四十七八元,现开二蚕,出新寥寥,丝价骤涨至六十元左右,一般地户视为奇货可居,各丝客虽于落手贩运绸货销令属图发达,每两价洋九角六七分,在有资本之家尚可支持。惟一般小机户丝贵绸贱,更兼薪桂米珠,难免枵腹之嗟,幸而天从人愿。去年茧商失败,已乏资本,少收鲜茧,得以稍补年岁之不足云。

《越铎日报》中华民国十年六月十四号

华舍市上怪现象

(1921 年 7 月 15 日)

绍属禹会乡华舍地方,户口繁多,人民杂处其间,尤以绸庄、机坊两业为最盛。惟营机坊事业者,多系中下社会,若辈嫖赌吃著,无不兼全,而无业游民,恶棍地痞,遂从而依附之。是以该处地方,往往人多为兴,力大为王,茶馆酒肆中评理包卫等事,日必数起而箕踞高坐,口衔旱烟管者,即该乡中之讲事老,是非曲直仿佛一任其制造才。该乡乡董沈少帆(即新裕和绸庄之股东),向抱守财虏之主义,绝不肯预闻地方公益事务。至赵永裕辈,胆小如鼠,恨不得与此种地痞联络一气,至该乡公款所设之民团,又系市井无赖所改编,绝无团勇资格。凡在商□有酗酒、吵扰等事,彼皆裹足不前,从不敢销为遏阻。前任安昌警察分所邵警佐屡函该乡董沈少帆等,请为派立警察站岗街衢,乃沈某恐警察成立后,于乡董头衔,稍有不重,再四拒绝。现下该乡地方,几至变成化外,安分良民,无端受亏者,日不可以数计,而赌博之多,五花八门,无处无之。前日余(访者)作客他乡,偶涉足某处茶肆,见有少妇两人与不识姓之纵裤子一人,在茶肆中受判,未几少妇之老母,暨纵裤子之父兄,均联袂而来,讲事者踞坐,堂皇问明原委,令纵裤出洋三十四元,引两少妇而去。作为两头,大三十元之英洋,归少妇之老母领去,四元作为媒谢。坐观良久,莫明其妙,至讲事老违法行为,亦不待深思而自知矣。夫华舍究非僻壤穷乡,设立警察急不容缓,何官厅之放弃若是耶?

《越铎日报》中华民国十年七月十五号

绸业组织杭绍联合会

(1921 年 9 月 13 日)

绍兴绸商张鸿荪、沈潜恩、邵茂章、凌义钦、洪菊人等以联合同业感情,巩固同业利益起见,在沪发起杭绍同业联合会,已于前日假座中华国货维持会,开成立大会。并公推余振夫、冯思安为正副会长、张□荪为评议长,洪菊人、沈潜恩、黄吉甫、胡詠之、邵楸章、凌□钦、陈凤梧、戴李仙、言久甫、陶叔□、程同春、凤玉林、章升如、陈耀宗等为评议员。该会又于昨日下午八时,在三马路昼锦里四百十三号临时会所内开评谇会,讨论会务进行方法及向官厅立案手续。议毕散会,已十时矣。入会庄号已达八十余家之多云。

《越铎日报》中华民国十年九月十三号

绍酒酿商之末日到了

(1921 年 9 月 28 日)

绍地出产大宗,首批黄酒,自前清以来,运销全国,营业极为发达。不期光复后,厉行酒捐,一再加重,酒商酿户,不堪负担,因而停酿辍业者,接踵而起,几有一落千丈之势。幸而历任酒捐局长,尚知体恤商艰,不为已甚,一般酒商得以残喘苟延,留此一线生机。自此次沈局长(灏)莅绍迄今,一味横征暴敛,不遗余力,如裁撤支栈,改设稽征所,种种苛扰酒商之政策,无不积极进行。虽迭经绍绅高君反复规劝,沈局长均置之不理,全绍酒商业已怨声载道,呼吁无门。迄更变本加厉,有通令各稽征员厉查绍兴各坊陈酒之举。揆厥由来,实缘沈局长自裁撤支栈,改设稽征所,所需经费,均于正税中擅拨,截至八月份止,已共挪亏正税六千五六百元之巨,呈请省局报销,省局竟分文不准,饬令就收入罚款项下划补开支。奈所有罚款均已分给奖赏,涓滴无存,于是妙想天开,设此竭泽而渔之手段,饬令厉查陈酒,除弥补正税亏数外,尚可趁火掳掠,大批进款,业已严函各前支栈经董守催各坊存酒底册,以备按图而索,其野心之勃勃,慨可想见矣。录其通函如下:

逐启者,栈务结束已经三月,所有各酿户存酒欠数,至今未据造送,近日影财查各酿坊上年缸额与原报之数,每多溢出,咸以陈货影戤,而各户陈欠究有若干,未据该栈造册送局。分局仅知总数,无从征实。本年冬酿瞬届,陈欠亟应结束,新陈庶易分晰。各栈奉令裁撤,独于此项存酒欠数,延不查造,手续殊欠完备。且近日发见各栈填用大头小尾凭单甚多,更难保无通同隐匿之情弊。合再通函催造,并令稽征所员分往守催,务将历年各酿户存酒欠数底册,统于九月二十五日以前交由该稽征员送局,以凭复核转呈。幸勿再延,致贻伊戚。此致

前某某支栈经理台览

分局长　沈灏启
九月二十日
《越铎日报》中华民国十年九月二十八号

电商购运酿酒糯米
(1921 年 10 月 8 日)

浙绍酒商酿酒糯米,向由苏省购运接济,上年因苏禁止出口,曾经当道商请苏省,由浙填给护照,交商持运。本年冬酿转瞬即届,现经卢督军、沈省长会电江苏省督军、省长商请按照成案,由浙填发护照,交由酒商持赴无锡、丹阳等处购运,以资接济云。

《越铎日报》中华民国十年十月八号

绸业增价目先声
(1922 年 1 月 3 日)

绍属齐贤乡下方桥,向出缎绸,因而机织之多,甲于他处。近来生活程度增高,已由木机而改线机,所出各品日新月异,莫不花样争妍,色光斗丽,且出数亦较前愈多。其销路则以上海为大宗,第苦于丝价奇昂,上海绸价反不能加增,大有米贵饭贱之叹。于是各庄家均电上海九亩地浙江丝绸机织联合会,恳请维持。现已得到回间,谓即定于一旧历十二月

初十日一开全体大会,讨论增价办法,势必达到目的而后已云。

《越铎日报》中华民国十一年一月三号

平水茶业一夕谈

(1922 年 3 月 14 日)

我绍茶叶出产,以平水为大宗,数百年来,专制圆茶,出销外洋,一以销路停滞,辄受影响。故茶价忽起忽落,山乡农民,时遭颠蹶。本国所销旗枪厥推富阳、开化为最早,数十年前发达异常,开盘茶价有昂至每斤洋三四元,即了场之茶,亦售每斤七八角,获利已久。平水茶户始于前二三年开通风气,亦知雇工购器制焙,迨动行销场,比较富阳旗枪浆法最为浓厚清香,故去年杭垣茶客,亦来平水开灶煅运至广东等处销售,若巫山小贩向西路口车头地方肩至巫山售脱者,不可胜计。所获利益颇称不恶。又去年平水绿茶,上海存积百余帮外,山乡亦聚积数万担,此等陈茶价虽未昂,而半年之间,售脱如洗,茶栈获益倍蓰,是以去腊山乡贫民,尚不至卖妻鬻子,苟全性命。目今旗枪茶客,闻已纷纷抖集股本,专购平茶。广东一带行家栗栗鹿鹿,如丧家之犬,预先向西路口车头王坛、王壇等处租定房屋,俟旗枪客到纳帖报税,将来平水旗枪生意必有一番特别闹热。山乡茶户慎无交臂失之。又有一消息云,平水德义昌茶栈议集股赀先做旗枪生意,然后购办圆茶,仍运申江销售,以一栈之人工而得两次之利益,计划可称尽善。其余茶栈照往年亦增二十家之多,茶业之转机,须视乎此。实为绍帮之茶栈幸,且为绍地之茶户祝。

《越铎日报》中华民国十一年三月十四号

绸业董成绩可观

(1922 年 3 月 15 日)

绍属华舍绸业范围颇大,向由杭公所分派绍属绸业观成堂分所公推沈正华理其事。自沈君接理之后,克尽厥职,认办捐务,井井有条,为绸商信仰。兹探录其成绩如下,以供众览。

创办民团:

华舍地方为丝绸荟萃之区,光复后屡遭匪盗所劫,因该村离城遥远,官厅保护,鞭长莫及,若不自筹防卫,断难安靖。沈君为亡羊补牢之计,力请县公署拨派民团,官督商办,以资保护,自设立以来,宵小敛迹,民稍安枕,四近邻村倚若长城,地方人民莫不称颂云。

嘉惠行人:

华舍地方,户口繁盛,虽机业设有义龙,每遇火警,杯水车薪。无济于事。沈君热心公益,兴办绸业义龙,定名曰善潜救火龙矢,向炼业水作挑选,一遇火警,非常踊跃,各村无不赞成云。

维持绸业：

华舍居民，男织女络，开机营生，绸货出品，久冠全省，织就生货发坊胰炼，始可行销。近来炼业奸商，私运洋碱胰炼，绸质不能坚固，销令腐败，几致无形销灭。沈君察悉情形，责备该业不顾同舟共济，坐视其败，将来数万人之生计，势必断送，乃邀集绸机两业，禀公署出示严禁，不避劳怨，亲身纠察，体恤该业，议加炼金。因而绸华畅销全球，出洋赛会，得邀特等奖云。

《越铎日报》中华民国十一年三月十五号

平水茶销路渐见发展矣

（1922 年 3 月 16 日）

自欧战、俄乱以来，我国茶业，本已一蹶不振。一九一九年，英国加征每磅二便士之差别进口税，输出之数，更见减少。即论绍兴平水茶一项，去年国外贸易，仅销出八九万箱，幸产数亦逐渐减少，故尚能维持现状。兹再将茶商最近报告录下：

近来平水茶户，已知雇工购器，改良制焙方法，故比较富阳旗枪茶，浆汁浓厚，气味清香。去年杭垣茶客来平水用开灶煅运至广东等处销售，于是巫山小贩向西路□车头地方，肩至巫山售脱者，不可胜计，所获利益，尚称不恶。去年平水绿茶，上海存积之百余帮，外山乡聚积之数万担陈茶，价虽未昂，而半年之间，售脱出洗，茶栈获益甚佳。所以目今旗枪茶客，亦已纷纷集合股本，专购平茶，稽东一带，行家预向西路头、王坛、□坛等处，租定房屋，俟旗枪客到，纳帖报税，将来希望旗枪生意，或亦稍能起色。□悉平水德义昌茶栈，议集股资，先做旗枪生意，然后购办平水圆茶，其余茶栈，照往年亦增二十家之多，茶业其或有转机之望乎？

《越铎日报》中华民国十一年三月十八号

绸商公议整炼业

（1922 年 3 月 31 日）

绍属华舍机业织成生纺，发坊胰炼后，始能行销。故炼业为丝绸两业之命脉。前有绸业董沈正华竭力整顿，取销洋碱炼绸，犹虑绍地胰子有限，不敷炼坊应用。特函上海绸业董许诚志措办收买胰子运绍。由该坊等公办代理，向各坊廉价分售，一则为顾全炼业生计，二则与机绸两业大有俾益，一举两得，莫善于此。讵料该业代理章阿奎（绰号断尾巴）日久玩生，串同行头胡阿浩（绰号山猪），竟敢把持垄断，居奇价目，视为利薮。炼坊乃劳动之业，更兼米珠薪桂，难受分毫损失，不免因是少买胰子，换和洋碱，将来大宗实业，被其无形损害，数万人之生计，被其断送。关系何等重大，若长此以往，绸机两业全体命脉，操在该徒之手,为害何堪设想。旋为绸业公同察悉情形,将胰子一项收归自办,由观成堂主持向申购买,公价分开,各炼坊闻此消息,欢声雷动,莫不有口皆碑云。

《越铎日报》中华民国十一年三月三十一号

查禁绍绸庄伪货乱真

(1922 年 4 月 22 日)

杭垣春源馥等各绸庄,以本机官纱近来销行各地,为数甚巨,乃时有绍兴劣货括浆冒牌混售,以致顾客受愚,特于前日声叙理由,呈请实业厅查禁。当奉云厅长核示,以伪货乱真有干例禁,昨特抄录该商等原呈,令行杭县恽知事、绍兴顾知事查照所陈各节,分别查禁,一面出示布告,以广宣传而免影射云。

《越铎日报》中华民国十一年四月二十二号

纺绸停收一星期

(1922 年 4 月 30 日)

绍属华舍所出纺绸,向为各省所欢迎。即推销于欧美各国,统年核算,亦可达五六百万,单就华舍一处之谱,本年开市以来,因丝价骤涨,每百两须八十三元,绸价因而高昂。前月间以曾通之二二幅绸,直增至每两一元二角九分。讵战事一起,销售顿滞,半月之间跌至每两九角左右。且销行未广,各庄存货均在二千疋左右,亏耗之巨,殊堪惊骇。而绍市之跌,尚无中止之观,一般小本机户无不叫苦连天,即客庄存货所亏巨本,亦愈难预算。兼之各处霜汛尚在,牧养之中,收成如何,更难预料。绸业巨子,有鉴于斯,特于昨日旧历四月初一日,邀集同人会议,首由沈正华君提议,略谓沪市日跌,存货盈仓,推销无门,又际青黄,莫若暂时一律停收一星期,以维现市而观申市之动静,然后再作计议云云。从皆赞成,遂均允洽,各炼坊亦皆连带停班云。

《越铎日报》中华民国十一年四月三十号

华舍纺市面日落

(1922 年 6 月 29 日)

纺绸向以杭绍为第一,而盛泽次之,华舍、板桥为绍纺出产地点。自嵊县丝售茧而后,改用桐乡丝织成,光泽质地,远近欢迎。今春被华舍一般商侩贩运,反车丝及五蛋丝数百包,以赝混真,虽得一时之厚利以去,而各机坊织成之纺质地糙松,泽则黑暗,为远近所唾弃。而盛纺反成优美,致连日外埠纷向盛泽购去数千疋,价值昂贵,供不应求,致丝纺两价,盛泽与华舍比较,跟离甚远,追原祸始,一般华舍丝商之自杀,有以害之也。

《越铎日报》中华民国十一年六月念九日

华舍罗机新章程

(1923 年 7 月 8 日)

绍属华舍素产丝绸,盛销各处。近来罗机又复开设不少,兹探录罗机业所定章程如下:

略谓窃营业毋论大小,能结团体而共营者,业自兴。天然之理也。惟我罗机一业,本重利微,又兼薪桂米珠,丝贵绸贱,更难支持,不得不邀请同业,妥定章程,愿我同人各宜自爱,允议之后,不得紊乱规模,一经察觉,议其相当之责罚。今将议定章程逐条开载于后:

一议二四罗,每经工洋一元四角

一议二二罗,每经工洋一元二角

一议十三罗,每经工洋一元

一议十五罗,每经工洋一元一角

一议十七罗,每经工洋一元二角

一议九七五三罗,每经工洋八角

一议十一罗,每经工洋九角

一议各司友每逢歇工之日,自行吃饭,东家概不抱贴云。

《越铎日报》中华民国十二年七月八号

华舍织绸业停止

(1923 年 8 月 14 日)

绍兴华舍地广人稠,居民赖以营生者,厥惟绸业,近因一般绸侩练时私加洋碱,以致外洋不能畅销(因绸不能耐久)。又兼丝贵绸贱,亦一停机之原因。现已择于本月初五日,一律停机,致使数万机民,无业可营,将有枵腹之忧,恐于地方大有不利也。

《越铎日报》中华民国十二年八月十四号

亟谊改良华舍的纺绸

(1923 年 8 月 15 日)

华舍素有日出万绸的歌谣,按之实际,实在并没有这许多。我确实的调查,至少每日要出一千三百匹以上,照此看来,也可见华舍产绸的多了。近来该处的绸价,日日跌下来,甚至停了机。这跌下来和停机的原因,约有二大端,说明如左:

(一)私加洋碱。纺绸交练坊去练时,各练坊往往贪图一些微利,私加洋碱。曾忆杭州为了此事,闹成极大风潮,回顾华舍,仍然沿用此种恶习,所以弄得绸不能耐久,这也是"不能畅销,绸价日跌"的缘故。

(二)墨守旧章。华舍的绸,素来朴实的,但价且很贵,要晓得现在人的心理,只要外表华丽,价钱便宜,管什么朴实不朴实。那华舍绸商,不知道这种心理,一味墨守旧章,试看上海杭州绍兴等处穿纺绸的人,恐怕极少,又兼洋商也不买华舍纺绸,因不能耐久——所以华舍纺绸"不能畅销,绸价日跌"的大大原因。

总之华舍纺绸,非整顿改良不可,如仍沿旧习,我敢断定一句话,华舍的纺绸将归自然淘汰。

《越铎日报》中华民国十二年八月十五号

华 舍 停 织

(1923 年 8 月 19 日)

绍兴华舍生绸行销全球,为实业上一大宗出品,自受欧战影响后,该业即一落千丈,以故丝客绸商,无不在风雨飘摇之中,更加以丝贵绸贱,而一般练司,又贪图微利,私加洋碱,致使各机户难于维持生活,不得已邀同机业董事寿世钊倡议停机,免受无形亏耗。是于昨日(本月初六日)实行停机,时世艰难,土匪蜂起,难免不发生事端,寄语该董机坊停织,无非邀绸价之美满,计诚良得,然数万人之生计,男织女络之家,饥不得食,儿啼女嚎,目不忍睹,早为设法安排,宁使一家哭,毋使一路哭也可。

《越铎日报》中华民国十二年八月十九号

告华舍机业董事

(1923 年 8 月 19 日)

华舍幅员广阔,人烟稠密,该乡居民,类多织绸营生,今竟以停织闻矣。宜乎。数万机工,大起恐慌,机业董事,为顾全各机东血本起见,不得已而停织,亦理所当然。然何以只能为各机东设法,而不能为无告之机工设法? 以致数万机司,成群结队,奔走街中,无事可为,机业董事,应筹善后之法。

《越铎日报》中华民国十二年八月十九号

华舍机业已开织

（1923 年 9 月 5 日）

绍属禹会乡华舍地方，居民大半织绸营生。近来因一般奸商私加洋碱练绸，以致纺绸不能耐久，并墨守旧章，致使不能畅销，因而停织等情，已二志本报。停织后，一般机民幸不发生意外情事。然均□□不织，男啼女哭，该处机业董事，因鉴于是等情形，已邀集各处机业董事（涨□、湖门、石阜、宾舍、板桥等处）公议，阴历七月念三日开织云。

《越铎日报》中华民国十二年九月五号

华舍罗机厂新章

（1923 年 9 月 20 日）

绍属华舍素为丝绸出产区域，现闻罗机业新定章程，兹特探录如下略：

罗织一业本重利微，又兼薪桂米珠，丝贵绸贱，更难支持，不得不邀请同业妥定章程，愿我同人各宜自爱，自允议之后不得紊乱规模，一经察觉，议其相当之责罚。今将议定章程逐条开载于后：

二四罗每经工洋一元四角；

二二罗每经工洋一元二角；

十三罗一元；

十五罗一元一角；

十七罗一元二角；

九七、五三罗八角；

十一副罗九角。

又议各司友每逢歇工之日自行吃饭回家，概不抱贴云云。

《越铎日报》中华民国十二年九月二十号＝

生货机业将停歇

（1923 年 11 月 6 日）

绍兴织绸业首推华舍、下方桥一带，该处向织生货，如纺绸、线春、官纱等类，行销申杭各庄，转销广帮。今秋广帮来沪取买者有限，货如山积，近又丝价飞涨（每百两九十元）各机户不敢多进，转瞬隆冬即届，各货均将停销。故拟定于旧历十月份起，暂停机一半，冬节后一律停织。来春再行继续开工云。

《越铎日报》中华民国十二年十一月六号

平水镇大茶场之建设

（1924 年 1 月 28 日）

绍兴平水镇为茶叶聚散之区，前有公民阮臣三集资在该地设立隆记茶场，并植茶九百亩另，约计每年所产之茶，可得八十万斤左右，新叶登场时，所有采茶工人可容二百名，不独发展实业，且亦惠及乡人生计，兹闻该场于明岁春间，尚须推广营业，添购茶山二百亩，将来发达，未可限量云。

《越铎日报》中华民国十三年一月二十八号

平水茶场扩充营业

（1924 年 8 月 2 日）

（绍兴）平水镇为茶叶汇集之区，前有公民阮臣三，集资在该地设立隆记茶场并植茶树五百亩零，所有采茶工人可容二百名，不独发展实业，且亦惠及乡人生计。兹闻该场于明春尚筹推广营业，添购茶山二百亩，将来发达，未可限量也。

《越铎日报》中华民国十三年八月二号

关于丝绸运货之省令

（1924 年 10 月 16 日）

（绍兴）安昌统捐局奉财政厅训令云，据杭州观成堂绸业认捐公所呈称：

窃本省杭绸，报经公所收捐后，向由浙省迳运沪地，而捐票效用，亦以浙西为限。自江浙两省发生战事以来，铁路炸毁两桥，火车因之停顿，而轮船经过之处，又系军队会集之处，浙西一带，交通阻滞，无法可以行运。若不改由浙东运沪，则积货日多，壅塞堪虞，势必停止造织。际兹米珠薪桂之时，骤增此十余万失业工人，饥寒所迫，深虑滋生事端，有妨治安。兹经同业会议，公决变更运货地点，暂维现状，惟由杭运绍，由绍运甬，由甬运沪，应需挑运、船运、车运，以及关税等费，为数已属不赀，困难达于极度，所有改由浙东运沪之绸货，凡持有公所捐票者，拟请厅长通饬各统捐局，一律查验放行，以免重捐而抒商困，仰核准并候批示祗遵等情。据此，查所呈困时局不靖，浙西交通阻滞，所有该业绸货销路，改由绍通运沪，请令饬经过各局，对于该公所所给捐票，一律查验放行等情。

尚属实在,应准暂行照办,一俟浙西交通复原,仍照原旧办理,除批示外,合行令仰该局长遵照。

《越铎日报》中华民国十三年十月十六日

华舍丝绸业之近况

（1926 年 3 月 3 日）

（绍兴）西郭门外华舍村,系绸丝业荟萃之区,去岁五卅惨案发生后,志提倡国货,禁用外货,故各处绸丝业日见畅量,华舍镇各庄亦得利市三倍,其尤者为新太和、新裕和、隆记、同泰各庄及瑞茂丝行云。

《越铎日报》中华民国十五年三月三日

城区机织业之变迁观

（1926 年 3 月 20 日）

（绍兴）城区机业,如缎子官纱等,素称发达,为绍地出品大宗,近因官纱销路滞钝,因是营是业者,累多受亏停作,相继改造洋机大绸。近据熟悉是业者云,谓目下城中洋机大绸之机,已达三百余张,官纱机只寥寥十余张矣。

《越铎日报》中华民国十五年三月二十日

华舍绸市议定红盘

（1926 年 3 月 21 日）

（绍兴）华舍镇为纺绸出产之区,自改造洋机以来,花样翻新,为各界所欢迎,销路日见兴旺。兹因开市将届,该业董寿世钊,邀集各村散董,于前日在机业观成堂汇议绸市红盘,十九号开市,兹探录各项价目如下,提子大绸每两一元另七分,中花大绸每两一元一角,影团大绸每两一元一角四分,直罗每两一元一角四分,二四本纺每两九角四分,二二加长纺九角二分,尺九加长纺九角一分,足四八正牌本坊每两九角三分,足四八副牌本坊每两八角八分五,四正牌本坊每两九角三分,五四副牌本纺每两八角八分,四九本纺每两九角五分,五丈本纺每两九角二分,各式雪青□每两照市加一角二分云。

《越铎日报》中华民国十五年三月二十一日

平水茶栈新调查

（1926 年 6 月 28 日）

（绍兴）平水绿茶，田产颇丰，名闻海外，去年洋庄销路畅旺，各茶栈均获厚利，故今年增至六十余栈之多。兹将各茶栈字号及经理姓名，详列于后，俾关心实业者，用资考察焉：

天益，经济楼述甫。鸿兴昌，王子庭。协大昌，陈焕均。怡和，宋小唐。霖泰祥，王永霖。顺泰，董松臣。莘昌胜，丁谷贵。瑞升，宋易斋。豫丰，王柏龄。瑞隆，宋济川。同亨昌，魏成贵。晋大，宋赓甫。泰丰，未详。恒和，宋春斋。信昌，金□章。恒顺，同上。震昌，金德宪。乾源，宋小泰。大丰，吕汉章。复亨，楼昌标。悦昌，张锡宝。永泰，董什松。亿昌，同上。万成，陶星樵。泰济，同上。祥记，张德忠。嘉泰，高珠兰。利记，同上。慎益，金凤池。恒茂泰，王炳田。慎益分号，同上。永丰，金梁选。源裕，金葵卿。恒椿，汪春生。源昌，金赓堂。瑞康，宋鲁庭。昌记，同上。同泰，金成坤。至大，未详。德昌，张学贵。永昌，张锡宝。庆和，戴文生。瑞大，宋镜如。承昌，吴灿林。万源，丁瑞生。禾昌，宋和夫。昇泰，冯世益。禾昌分号，同上。允吉，宋孔齐。泰昌，金达三。成泰，张荆川。吉昌，陶子章。乾康，陶楚琯。元大，吴云亭。恒源，冯孟高。益昌，金达三。诸元吉，徐宿夫。深泰，董焕堂。润昌，金选得。

《越铎日报》中华民国十五年六月廿八日

因受时局影响，茶叶外销受阻

（1946 年 4 月 21 日）

公会为维持茶农生计，请临参会向银行押款

（越光社讯）本县茶行商业同业公会常务理事蒋炳耀，昨呈本县临参会，以同业各行，因受时局影响，运销受阻，顾客绝迹，营业停顿，茶农生计攸关，请求转向银行设法信用抵押借款，以资救济，临参会据呈后，闻已在设法办理云。

《越报》中华民国三十五年四月二十一日

廿亿贷款签约，沪商到绍采购平茶

（1946 年 5 月 14 日）

国外价格低于就地收价，茶农勿希高售致阻外销

（本报专访）本县平水绿茶，战前销遍中外，战事发生后，因交通受阻，外销一蹶不振。现以大地重光，县当局为发展平茶外销，除先后积极办理平茶贷款，后禁止掺杂着色外，复

鼓励茶农采撷。兹以茶市已届，外销亦形盛起，上海兴华制花公司，为采购本县平水毛茶以供外销起见，特派该公司襄理钱标，及技师陈尊诗，于昨日抵绍。记者闻讯，前往走访，据陈技师对记者谈，此次与钱襄理来绍，系赴平水收购毛茶，以便转销各国。惟以目今美洲各地对平茶价格，仅值美金三角一磅。以外汇率二零二零计算，仅值每斤六百余元。闻平水毛茶目今售价，每百斤（即一担）须七八万元，且闻一般茶农，尤希望至十一二万元一担，实与外销价格难吻合，甚盼茶农力事采撷，以备外销，勿希望售价过高致阻外人采购，同时复告记者谓，此次来绍，将于今（十四）日赴平水，会同合作社，开始发放三万万元茶叶贷款云。

（又讯）前经行政院核定所贷放之本县平水区茶叶贷款廿二万万元，昨（十三）日，中国农民银行沪分行特派襄理张春麟，率同中农行驻杭分行总处稽核严兆祖，及该行办事员曹□□、王斌祖等来绍，从事贷放，平水区属各县茶厂代表，昨均纷纷到绍兴该行张襄理等，分别签定贷款合同云。

（城光社讯）本县平水产茶区域，其物质之优良，名驰中外，省合供处为协助茶农办理合作运销起见，前经与上海出口商兴华公司洽商，向农行贷款三亿元收购。嗣以本县及诸上两县，产茶较多，原贷之款不敷应用，续由省合供处保证，贷与兴华公司四亿元。闻该公司已派负责代表到杭，与合供处会同派员赴产茶区收购，并租用就地茶厂集中制造云。

《越报》中华民国三十五年五月十四日

兴华公司负责人谈平茶衰落原因

（1946 年 11 月 21 日）

（本报专访）平茶行销欧美，占国际市场之大宗，亦即为吾国争取外汇之唯一特产。然因八年抗战，以致一蹶不振，重光以来，本可尽量发展，然以成本过高，资力不足，故仍呈不景气之象，记者为明了究竟起见，昨特往访兴华公司，承该公司之负责人裘君谈，略为本年度毛茶成本，每担据精确平均，须要十万〇五千二百元，而茶商设厂制造，必须配合各项员工，每厂至少十一二人乃至十七八人，而多做少做，均属一式，又因加工精制，毛茶一担，只能制得七五折，以是合算，故其平均收价，在七八万元之间，茶农固属亏本，而在厂商则实已竭力支撑。现在平水茶有茶厂十一家，以制竣装箱，运往国外，最近成本（包括利息开支等一切），每担须在三十八万这谱，而沪上徽茶售价，最高者为二十四万至二十八万，最低者则仅十一万至十四万，以此较之，平茶价格，已相差悬殊，再观国外，如美国各地，日本茶售每磅美金三角五分，若我国茶质虽较高，但至多亦只能售每磅五角，未能过高，即以美金五角与外汇率折合计算每担仅值十六七万元，故茶商之痛苦，更较茶农为甚。总之茶市不景，不外两种原因：其一，国外市场售价太低，外汇亦有关系；其二，农行贷款太少，致茶商自三月间迄现在，皆因资金不足，吸用高利借款，有此两重关系，实使茶商难于发展，最近申地输出业会员，正在要求政府，援照过去成例，转饬中央信托局尽量收购，使茶商虽无什一之利，但或可不致无本。记者至是，兴辞而出。

《绍兴新闻》中华民国三十五年十一月二十一日

农行将商讨明年度农贷计划

（1946 年 11 月 28 日）

制茶业提出意见，请增加贷款数额，破产声中的一线希望

（本报讯）百物昂贵声中，唯农产一种，非但不趋上涨，且步形跌价，影响农民生计，至深且巨，长此以往，如不予救济，则农村破产，实为意料中事，政府有鉴及此，曾通饬各县市，在召开货物评价委员会时，应尽先注意农产品与市上各物价格平衡，详情业志本报。兹悉中国农民银行管理处，以农业如再不振兴，绝非国家幸运，一旦农村总崩溃，则全国十分之九的农民，势必陷于绝境，可能引起严重之社会问题，为救济农业，以挽危机起见，特定于十二月初，在上海召集各省县农行分支行，举行会议，商讨三十六年度农贷计划，本县制茶业同业公会，以工料成本过重，本年份贷款数目过少，不堪解决茶农痛苦，且因外销不畅，致各茶农亏欠累累，将使本县茶业，无形停顿，危害社会金融至巨，昨已提出意见，向全国农民银行会议请求增加茶贷数额。

（越光社讯）本县县政府昨令平水区茶业生产运销合作社，案准中央信托局电开：以本年茶业货款事宜，系由中国农民银行办理，关于平水区茶业生产运销合作社请求借给制运资金及见箱抵借押汇各节，希迳向农民银行洽办。

《越报》中华民国三十五年十一月二十八日

华舍丝绸业一落千丈

（1946 年 12 月 9 日）

（正风社讯）本县华舍镇所产丝绸，战前行销全国，为绍兴著名特产之一。抗战发生，因原料缺乏，品质日趋恶劣。重光后，该地绸厂，仍未从事改革，力谋改进，沪杭人士印象恶化，各地客帮亦无顾问，小路阻塞，营业一落千丈，若不急谋革新，则此本县之一大特产，即将没落矣。

《绍兴新闻》中华民国三十五年十二月九日

茶厂资绌请求贷款

（1947 年 3 月 10 日）

制茶业方面，以时序又将届至新茶登场之节，照目前精确统计，年产额当尚在十二万

担以上,现因成本高昂,制茶厂商资金短绌,无法贷给茶农,未能尽量收购,农人如不采撷,势必货弃于地,造成加速农村经济崩溃之恶果,且以外销茶可以换取外汇,增厚国力,若为收缩通货而停止生产贷款,不啻因噎废食。昨特电请省建设厅迅予转呈主管院部暨四联总处,从速发放紧急茶贷。

《宁绍新报》创刊号,中华民国三十六年三月十日

劫后绍酒产量锐减,不及战前十之一二

(1947 年 3 月 30 日)

绍酒为浙省特产之一,产地绍兴,行销江浙闽赣皖及平津等地,产量在战前全盛时代,每年可酿产三十万缸,每缸五百斤,因受敌伪摧践,战后已不及十分之二。据货物税局调查:去年仅酿产二万五千余缸。售价以酿制年次而定,去年新制成者仅四万元之谱,旧历新年以来,因原料糯米价格上涨,随之提高十分之三,每甓(五十斤)新货为六万至七万,三年陈绍八万余,五年花雕十万至十三万之间,十年大雕十万至十六万,十五年以上者则无定价。外销情形尚佳,去年销往京、沪、闽、赣等地约在七万坛之数。据熟悉者谈:若各地交通恢复,二三年后即可赶上战前全盛时代。

《宁绍新报》第 3 期,中华民国三十六年三月三十日出版

茶商赴沪要求贷款

(1947 年 4 月 10 日)

(绍兴讯)本县平水区茶厂代表宋孟元、陶桐声、黄季棠等三人,以该厂对于去年三十五年度外销,迄未解决,不堪高利贷压迫,影响厂务甚巨,因此赴沪向中央银行及中央信托公司暨中信局吴局长请愿,并陈述平水茶商,以受高利贷压迫等种种痛苦,要求迅发出口打包贷款,每担三十九万六千元,以资救济。兹悉当局据讯后,以茶商遭此摧残,确受困难,对代表宋孟元所请目的深表同情,核予呈请行政院核定后即可发放。

《宁绍新报》第 4 期,中华民国三十六年四月十日

茶农将派代表晋京,请求变更茶贷对象

(1947 年 4 月 22 日)

(正风社讯)本年度茶贷,前经四联总处核定为八百亿,并规定贷款对象为绿茶厂三百担,红茶厂一百担之收购量为标准,且贷款必自加工始,致一般茶农于毛茶集中时,实无贷

款利益可享,本县茶农有鉴于此,闻将推代表晋省,向有关方面请求变更。

《绍兴新闻》中华民国三十六年四月二十二日

平 水 绿 茶

(1947 年 6 月 30 日)

平水绿茶在战前确实是撒过了她的妖艳,因为在浙江的特产中,它是占着极光荣而重要的地位,对国家的财源是一笔重大的补助,对浙江是有着千百万人民生活的维系,不但它已全国闻了名,就是在遥远的海外茶叶市场上,有时也可以听到它这名儿,茶叶在中国是主要出口品之一,而浙江茶叶的产量,又被称为全国之冠,其中平茶却占着浙茶产额的最大部份,因此它就毫无愧色的自豪着。

"平茶"是一个离开绍兴城三十里美丽的山镇,虽则平茶是包括着全个绍兴和新昌、嵊县、诸暨、上虞六七个县份的茶区,可是那里出产的茶叶,每年总向这个山镇集散的,因着它有悠远的历史,和出产品质的优良。对外市场的贸易,就被择定了这个小镇的名词,这不仅是绍兴这个小村子的光荣,且说明了它是具有悠远的历史。

在战前这山地的茶农,每年是过着极优裕的生活,一担毛茶的代价,可换上三、四担以上的白米,农民以一亩茶树的山地,会比一亩肥田还要值价,普通的茶农,也地一、二担茶叶的收获,每当鸟语花香的春季,是茶农们工作最活跃的季节,采茶的人,大都是女的,或是全家的老少,她们自清晨出发,分头散去,在广大的山野间,就可看见那成群的采茶女,遍山遍野的绿丛间,有着她们的影儿,她们提了竹篮,在美好的阳光下或在濛濛的雨天,向着一丛丛青绿色的茶株,甲着纯熟的手指,摘着青绿的嫩叶,有时她们感觉到工作寂寞时,还会联合地唱着美妙悦耳的采茶曲,歌声悠扬地会从山野间飘扬出来,那时外来的人,如踏进了这块山地,也许会感觉到这是一种美丽的艺术境界了。

茶农的茶叶,每年由茶商们购进到茶厂里去集中制作外销箱茶的,战前茶场的设立,平水这个山区一带,总会比其它诸、嵊各县为多,茶厂的规模也有大小,大规模的茶厂称为"洋庄",资本较充足,起码要有五百担以上的毛茶方可制成一批,小规模的称"土庄",那时够有三千块钱的资本,就可购进一、二百担毛茶来做一批,在每年的春季到秋季,这是茶厂工作最繁忙的时节,附近的一批男女农民,等自己的采茶汛一过,就都到这些茶厂里去趁工,如普通的一家茶厂,有五、六十个男工人是经常雇用的,其余如筛茶、辉茶和拣茶等几项工作的工人,都是临时雇用的,辉茶是一批中年的女工,拣茶是一群乡村的姑娘,和一批妙龄的少女,茶厂如在工作盛忙时,会有二、三百以上的男女工人,他们感觉到工作寂寞时,也会唱起那种清脆悦耳的歌曲,音调悠扬地随风飘扬出来。

茶厂经过了这样一个月时间的工作,才把毛茶制成了外销的箱茶,运到外销茶叶市场去销售,但套厂的营业,是抱着极大的风险,要看市场售价的好坏,来决定了它们一年来的盈亏,可是对这地区多少人民的生活,是有着莫大的补益。

在战争发生的一、二年,上海虽已沦敌寇,但因温州和宁波的海口,还未沦入敌手,这时平茶外销的情形,还不致于有什么的变动,且当时的政府曾组织了收购平茶的机构,深入到这个产区来,和着茶商们的合作,以合理的价格,来收购毛茶,所以这时候的茶农,受着战事的影响很少,依旧可过着它们安逸的生活,且有多数的厂商,反在这一、二个年头,获了不少的利润。

自从太平洋战争爆发后,茶叶的外销,因国外运输困难而告停顿,于是平茶就在这个时候开始了它命运的颠沛,虽则以后有的茶叶改装为内销了,可是一些儿没有着生气,茶农们也在这个时候,眼看得种茶毫无利益,且粮价又怎么样高涨,所以都忍心地把茶树砍个精光,来改种杂粮,有的幸运着没有被砍去,但也为任凭它着荒芜了。厂商们在这个时候,以茶叶的前途暗淡,索性把茶厂里的生财和器具,变卖的变卖,拆毁的拆毁,连茶厂房屋也任其倾倒着,"平水绿茶"就在这个状态下,已渐渐地病重着倒下去了。

胜利像一朵烂灿的红花,带给了一个已奄奄一息"平茶"的病人,它突然地会雀跃了起来,因为它□被想着不久可以恢复健康了,同时也带给了茶农底狂欢,他们热望着茶叶是会有伟大前程的,憧憬到旧日生活的美满,又在开始它希望的道路上欢跃,可是胜利给予它们的,竟不是希望,是失望。二年来事实的证明,不但是和理想完全相反,而且比战争期内更坏得多。

政府在去年虽则已办过了一笔茶〔很〕大的茶贷来拯救这个久病的平茶,但结果茶农是得不到点利益,多少茶商藉着茶价的差异放着高利,的确靠了茶贷发了财。

茶叶在去年的年底,随着外汇的调整,茶价突然地灵动了不少,这个印影,又在茶商们的心坎里活跃着,它们盼望着政府今年会有更大的茶款贷下来,分头的又增设了不少的茶厂,茶农也对茶叶认为或须会一年比一年的有起色,所以仍然是深深的期望着。

可是理想往往总会与事实相反的,茶商们眼睁睁地巴望着政府今年的茶贷,茶农们是希望着数年茶价总会比往年好得多,可是今年政府虽仍有一个庞大数字的贷款,但定下来的方针,已给茶商们当头一个棒喝,它鉴于茶商们所过去的弊窦,今年是要凭着厂商自己的购买力,一家茶厂要有三百担毛茶购集进场,政府才贷给了十三万元一担的火工费,待制成箱茶后,再贷给十三万元一箱的装运费,直到进仓时,方得贷足四十万元。这样一来,茶商焦急了,自己那里来这样大的资本呢?又不能"饮鸩止渴"去求高利贷,以现在价目的计算,一担毛茶来三十万的低价收进,要加上二倍以上的制茶制工费,每担茶叶的成本,是要在百万元以上,下过照政府现在的收购价格,反不能得到成本的半数,在这个悬殊的情形下,没有一家是开始了它们的营业,虽则它们曾联合得向当局去请求过,然而上面给予的仍然是没有一个圆满的答允,因此也随着的是茶厂的闭歇,有多少人是失业。

可是这山地的茶农,是已遭受了悲惨的命运,它们以为茶叶是政府一定会收购的,还希望着会有更好的茶价,才借下了几十万元一担的工本,辛辛苦苦的把茶叶采下来,但头茶的收汛过去了,还没有一个人去问过津,眼看得二茶的收摘又接踵而至,那么也只好把它弃地了。

战后如病后,平茶确实像一个垂死的病人,亟待着医生的诊治,可是现在它的病反深重了,如果政府不赶想法儿来救治,它或须就会永远地倒下去死的。

《宁绍新报》第 10 期,中华民国三十六年六月三十日

下方桥丝绸业续请四联发放质押贷款

（1947 年 9 月 8 日）

（越光社讯）本县下方桥,素为出产绸缎之地,战后因机户资金短绌,无力重振,致营业一落千丈,该地丝绸业为谋发展原有丝绸生产力量,以救失业而繁荣地方起见,前曾要求四联浙江分处,申请贷款。嗣四联浙江分处,认为类似信用放款,与规定原则不符,委婉复绝。该地丝织业接复后,复于日前召集全体丝织业开会,咸以贷款之能否发放,有关同业生活与事业之存亡,为求双方稳妥起见,愿以全镇同业之生产工具机台（五百九十五台,每台价值最少四百万元）,减半质押,联环担保。昨再详行造具该地现有机台数量表,电请参议会,要求迅行转请四联浙江分处,速即发放生产质押贷款十一亿九千万元,而资调济,并请实地派员调查机台数字,以明实在,参议会据电,已转请四联浙江分处核复。

《绍兴新闻》中华民国三十六年九月八日

平茶押款提高后茶商竞购毛茶破七十万大关

（1947 年 9 月 30 日）

（绍兴讯）平水外销绿茶,自此次四联总处理事常会决议提高押款为一百万元消息传布茶区后,其毛茶价格又直线上升,每担竟达七十万大关。据前财政部贸易委员会茶师胡耀庆语记者,此次四联总处经各方之要求请愿,姑准提高押款,实为政府逾格补助,孰知一般茶商,认为有机可乘,竞相收购,使茶价蒸蒸日上,要知该会议中末项详示,仅以八一九亿元额度内周转运用,暂不增加。设若一旦额足停贷,岂不又遭搁置,所苦国际市场之不振,洋商势必趁此垄断,复被无知厂商不顾信誉,粗制滥造,已引起政府特别注意,日后方法,定必严密,品质低劣者,绝对不准押款,以免损及华茶声誉。如厂商再以取巧方法,其损失之巨,不可胜计。若需挽救平茶危机,深望政府设立之营茶厂以身作则,首先改良,并奖励精制优美茶叶予以特别价格,以示提倡。

（又讯）关于国家行局贷款利息,四联认为低利贷款,实际上见效不多,有予以提高之意,工商界咸以刺激成本为虑,惟顷据金融界人士称,目下四联总处已决定暂时不予变更,仍按原定低利贷放办法实施,惟于申请时须加严审,并对于贷款用途,加强考核,务使所放之款,均见实效。

《宁绍新报》第 16 期,中华民国三十六年九月三十日

华舍机民大团结，成立公会合作社

（1948 年 3 月 29 日）

（本报讯）本县华舍镇，素以丝绸出产为大宗，畅销各省，名驶国际，受战事之影响，交通阻塞，销路滞钝，以致机业一落千丈，华舍市面，亦颇为萧条。今该镇参议员赵子贵等，以复兴丝绸业，繁荣华舍市场，出品技术之增进，运销之畅广，增加本县生产起见，故分别组织合作社及公会，积极进行，业已就绪。爰于本月二十五日上午九时，举行成立大会，出席会员计百余人，并由县党部朱书记长苴英、商会总干事董起凡等列席指导，主席傅德宝，纪录凌卫建。主席报告后，旋由朱书记长、董总干事等分别训词，选举结果，赵子贵等十五人为公会理事，马傅夫等七人为候补理事，赵恩仁等五人为监事，赵开堂等二人为候补监事，合作社赵恩仁等十一人为理事，赵寅生等五人为候补理事，赵恩灿等五人为监事，魏友生等二人为候补监事，全场情形，颇为热烈，直至十二时许散会。

《绍兴新闻》中华民国三十七年三月二十九日

平水区各乡镇筹组茶叶合作社

（1948 年 4 月 30 日）

（又讯）平水区各乡镇，以平茶采撷时期即届，纷纷筹组茶叶合作社。兹悉安仁乡第五保合作社，亦于日前成立，选举宋槎生、宋永生、宋金生等为理事，并推宋金生为主席，更议定缴纳该乡合作社制茶厂国币一亿元，即日起调查保属茶叶产量，以便着手收购。

（又讯）本县平水区龙会，稽东等各乡镇中心国民学校，以各该乡各级学校求学子弟，现以时值茶叶采撷之际，而老幼孺妇，均须起由采撷求学子弟，亦须参加采撷，以事关特产，昨纷纷呈请县府，要求自即日起，准许放假三星期。

《绍兴新闻》中华民国三十七年四月三十日

今后的平水绿茶

（1948 年 5 月 15 日）

平水绿茶，在海外贸易市场，亦占有相当的地位。近年来平水绿茶产销的趋势，不免于萎缩就是了。国家多事，政府对于此种民族生产的管理，渐见宽弛，结果，不仅山阜区域的社会经济，受到了巨大的影响，而国家资本的建立，何尝不蒙其损害？因为茶叶是我国唯一的出口物品！

国家能够贷款于茶农，使其在栽种方面，成本增加，范围扩大，诚然是根本的支持，关于培护的技术，应利用其合于科学原则的旧有经验，而参益新的知识，以收滋长荣茂的宏效。关于制作加工方面，其与卫生条件有违反者，尤宜尽力排去，切勿损及其本有的美质，过去平水绿茶外销的失败，敝病就在于此，在改善茶叶生产的进程中，为最值得注意的一课，而不可稍事忽略者！

且也，中国的各种生产事业，其初则由于散漫放任，经政府管理以后有时乃不免于矫枉过正，使生产者形不便，减兴趣，因尽夺其所旧，而悉使更代以其新，失却协调的步骤，或者视国家利益太高，而置私人利益于不顾，所谓"因其利而利之"的那句话，全然忘记了，平水的绿茶生产，倘使指导得法，改善有方，不仅为国家对外贸易有关，即于地方社会经济，亦殊有挹注苏润的功用，敢不对负此政府责者，而致其期望之词。

《绍兴新闻》中华民国三十七年五月十五日

制茶业茶贷，每厂四千万
（1948 年 6 月 4 日）

（本报讯）本县省银行分行，以奉总行示知，办理茶贷，业由本县制茶工业同业公会造册送行。闻已统计就绪，计嵊县公会册送十四家，本县公会册送六十四家，合作茶厂八家，仍照总行核定，每厂贷给四千万元，已自即日起开始承贷，闻决于十日截止。

《绍兴新闻》中华民国三十七年六月四日

安仁乡合作茶厂，开始精制箱茶
（1948 年 6 月 6 日）

评定毛茶最低九百万

（绍兴社讯）本县安仁乡合作茶厂，自上月二十日起施展业务以来，截止月底共集中社员毛茶二百二十余担，该社为谋求社员利益，并示公允起见，望于本月一日召开该社理监事暨评价委员会员联席会议，计出席有施泽民、宋玉显等十五人，由该社理事施泽民主席见礼如仪后，即席开始讨论各项业务，均有详细计划，旋即开始评价，经评定社员毛茶每担最高为一千五百万元，最低为九百万元，评定后，各社员均表满意，该社除已将集中毛茶，于本月三日开始加工精制箱茶，预定二星期内完竣工外，昨已由该社理事主席陈泽民，来城向县合作金库申请加工贷款。

《绍兴新闻》中华民国三十七年六月六日

5. 其他各业

牙行重整业规

（1912 年 1 月 30 日）

牙帖为伪清上级官厅调剂员之特别陋规,以致无帖私开之牙行十占八九。近因政事部派员调查牙帖,牙税照旧征收,办理加两倍,以示事在必行。昨日江干各牙行因无法转圜,已预备查禁无帖白拉等家,请由政府维护保护,以免利权旁溢而资统一云。

《越铎日报》中华民国元年元月三十号

柯桥镇商业调查录

（1914 年 2 月 6 日）

米业、南货业、杂业。

绍兴柯桥地处冲要,户口繁盛,商业以钱米丝三业为最。光复后,钱业以上,差不多范围缩小,丝业则以放账无着,一律倒闭。惟米业则尚称发达。然去年西路米行中,有利可图者,惟晋泰一户,尚赚洋两千元左右,余如恒和、正大无甚出入。若万通、万泰、裕生等折耗一二千或三五千不等。乡货行及白米店,盈虚不一。其南货业仅就元隆成而论,开张三月之久,销货至十二万之巨,约计损失不下三万元。其余瑞丰、元昌、成裕、震升、泰源均属拆耗,独□合宜、升茂两户,因经理蒋某调度有方,过折本生意不肯滥放做,以故人皆亏耗,彼偏盈余。至茶食一项,因近年各南货业均有带售,未免僧多粥薄,除仪太一户,因资本蚀尽,业已停歇外,余如合谊、乾珍等,各赚洋三五百元不等。此外,若杂货、药材、磨坊、烛淘、衣庄、肉铺、茶肆、酒饭等均沾余利,惟多寡不一耳。社会之奢侈日甚,人民之生计日艰,观于阴历年终,赴该镇购物者,踵接肩磨,颇形拥挤。各店伙招顾买主,如山阴道人,应接不暇,而各典当之朝奉袖手闲谈,生意异常生淡,可怪也。

《越铎日报》中华民国三年二月初六日

永济轮准予注册

（1917 年 10 月 24 日）

绍县知事宋训令绍萧永济汽轮无限公司航商吕书祺、冯德泰文云:

本年十月十七日，奉会稽道尹公署第八三八号训令内开，案奉省长公署第三二二七号训令内开，案准农商部咨开，准咨称，转据航商吕书祺等呈称，集资设立绍萧永济汽轮无限公司，购置轮船，行驶西兴至曹娥一带航线，遵章呈送合同等件，恳请核转注册等情。据情咨请核办等因前来。查此案系关航政，当经本部咨行交通部核办，去后兹准复称，西兴至曹娥航线，业经通轮，尚无窒碍。惟此案未据该公司呈报到部，希转饬按照轮船注册给照章程，详细开报，以凭核办等因。本部核阅该商等所报合同等件，尚无不合，先准备案，所请注册给照之处，应俟将轮船航线呈由交通部核准、注册，再行核夺办理。相应咨行贵省长查照饬遵可也。等因。准此，查此案前据该道尹呈，据绍兴县知事呈送该航商吕书祺等设立绍萧永济汽轮无限公司合同、章程、航线图说、营业概算书等件，转送准予咨部注册给照等情前来。当经分别令咨在案。兹准前因，合就令仰该道尹转饬绍兴县知事查照饬遵。此令。等因。奉此，查此案前据该知事具呈到道，查于转呈时指令遵照。嗣奉省令，又经转令行知各在案。兹奉前因，合就令仰该知事，即便转饬该航商遵照，迅将该公司注册各件，由县补取一份，呈送来道，以凭核转。此令。等因到署。奉此，查此案前据该航商先后呈请，即经据情转呈在案。兹奉前因，合行令仰该航商遵照，迅将该公司原案呈请注册各件补造一份呈送来署，以凭核转，勿稍迟延，切切此令。

《越铎日报》中华民国六年十月二十四号

南货业董之垄断手段
（1912 年 7 月 17 日）

柯镇南货业业董朱某、郦某素性阴险，惟利是图，近又异想天开，邀集同业议定新章，凡购物者必须银圆交易，如遇板方制钱，须每百文贴水五文，方可购货，以致一般乡民靡不怨声载道。噫，似此贸易，小民其何以堪，诚无怪该镇南货业之日形窳窭也。

《越铎日报》中华民国元年七月十七号

商店股东之殷鉴
（1912 年 7 月 19 日）

三阳泰南货栈，前经理甬人□某为该业中之翘楚，老成持重，人多悦服，故营业极为发达。前因衰老辞职，该栈股东以潘某承乏。顾潘非该业中人，用人□□□有失宜，且性复骄横，刚愎自用，伙友员司屡起冲击，内容紊乱，营业因而日形衰落。近因金融仓迫，将存货减价发售，以资周转，势近垂危，此亦□□为商店股东者选任经理时宜慎审也。

《越铎日报》中华民国元年七月十九日

前肉董交代未清

（1914 年 5 月 3 日）

后肉董大打官话株连前司事。

绍兴肉捐前经董俞幼斋,因交代未清,迭经现经董任翼谋催缴,迄未清理。日前任翼谋以俞幼斋挟款远飏,前任司事王月亭言语支吾等词,呈请县公署提案押追。金知事据呈后除批示外,□行□俞幼斋从速清理,以免传案押□,其令文觅录于后:

案据肉捐经董任翼谋呈称,职前因俞前董幼斋挟款远飏,并移交票洋二百八十一元,久未填报,意图吞没等情。控奉两次调令该前董从速前来清理等因在案。迄今日久,竟置训令于不顾,不来理楚,是其有意侵吞,已可概见。职视事以来,调查城乡各镇,于俞前董任内所征捐数,核之俞前董移交簿据错误之处,又不一而足。询诸俞前董所用捐司王月亭言语支吾,未能一一说明错账原委。是该司事又难保不与俞董通同舞弊也。似此蚕蚀公款,不设法严追,日复一日,迁延愈久,清理益难,为此呈乞立提俞董到案押追,倘隐匿无踪,请责成原保店铺担任清缴,以重公款等情到县。据此,除批示外,查该董移交票洋以及九十两月捐洋,迄未清理补缴,任催罔应,实属不知自爱。据呈前情,合再严切令催,为此令仰该董即便遵照,迅承办期内经收捐项赳日向现经董任翼谋理明补缴清楚,如再延宕,惟有传案押追,并着原保店铺清缴,以为玩视公款者戒。凛之,慎之,切切此令。

《越铎日报》中华民国三年五月三日

创办平水人力车

（1915 年 5 月 14 日）

绍属平水地方有名孙国良者,因以该处为绍嵊往来要道,旁通诸邑,西接汤浦以内各村,道途平坦,向时仅惟竹制肩舆以为代步。去年本地士人曾在该处设立轿埠,因该埠有任意抬价,及种种不规则情事,当由原发起人具禀撤销。于是该处交通仍形不便,现孙某在省购办人力车数辆,拟在埠头设立人力车场,先行试办,俟有成效,再图逐渐推广,以利行旅而便交通。特于日前具禀县警所,准予立案,饬令平水分所出示保护等云。未知能否照准也。

《越铎日报》中华民国四年五月十四

稽 山 镜 水

（1915 年 7 月 10 日）

我原城区各染坊一律迁移城外,另行择地开筑水渠漂洗布匹,城内居民铺户嗣后各顾公益,永不再将污秽垃圾任情倾弃街衢河道,免得水泉浑浊,妨碍卫生。然而习惯已久,积重难返,这是断断做不到的。

《越铎日报》中华民国四年七月十号

旧历去年商业中观感录

(1916 年 2 月 15 日)

茧业

绍属茧商为投机营业之一种,前年亦因欧战而损失。去年咸有戒心,即旧业此者,亦小就范围,不敢多做。待茧子到申,初无利益,夏秋之交,茧价□涨,业中人即相率纷纷售脱,稍得微润。不料,至冬令价忽飞涨,南沙茧亦抬至一百六十余两。绍商惜已无货,即有之,亦不过少数,所谓美中不足耳。

钱业

绍城钱业共十九庄,该业出纳金融,本多利益。惟自银行设立以来,现金枢纽大半被揽,故该业亦颇牵掣。去岁统年日拆,每千元共只四十三元。年下同行寄盘,每千元一元。该业中如同泰、保昌、景泰、乾泰、复裕、同和源、承源、开源、怡丰等庄,均颇获利。其余亦得利不少。去年除夕,现水角子,忽然抬长,闻因屯积现金,且有大宗解款之故,该业定于阴历二十二日开市云云。

《越铎日报》洪宪元年二月十五日

电灯公司注册未果

(1917 年 4 月 20 日)

绍兴华光电灯公司自办理以来,已一年有奇。惟部案尚未立准,迄未注册。现悉,部中以该公司营业地点,以绍萧两县为范围。又原章内有指定范围内他人不得营同一之业等语,俱与成案不符,咨行到浙,当经齐省长训令下县。昨已由宋知事转令该公司遵照矣。

《越铎日报》中华民国六年四月二十日

南货业大吵市盘

(1917 年 6 月 12 日)

城区大街操业南货各家,每遇同行开设新店之时,必须减价吵盘,已成见惯司空,了不足异。

《越铎日报》中华民国六年六月十二日

地痞滋扰请示禁

(1917 年 7 月 11 日)

城区东中坊商民史美成,尚成该处开设万成钱砂店,相安无事。迩有就地探花桥恶棍多人,不时成群结队,前往该店强赊、强借,不遂其意,辄大肆咆哮,无可理谕。该商民史某以若辈长此骚扰,殊于营业有关,为此不得已,特于日昨具禀县公署请求给示保护,以安生业。当经宋知事批,以棍徒无端滋扰以及生事讹诈,尽可提出证据,依法正式诉究,毋以一面空言,率请示禁云。

《越铎日报》中华民国六年七月十一号

扇业行头罪恶史

(1917 年 10 月 27 日)

邹大富抢劫扇胚。

绍城铁甲营有邹大富者,系著名地棍也。迩因攫得扇业行头一席以来,益复夜郎自大,贪利肥私之事,常有所闻。兹悉,上月间突至西郭虹桥下范三房扇庄,无端强索规费大洋四十元,有范双喜其人过付。旋至城乡各处扇作(俗呼沙麻作场),需索规费,或一元、两元不等。近又觊觎同业金阿牛家懦弱可欺,不问皂白,号召多人,将该扇作扇胚搬掳一空,约值洋百余十元之巨,藏储在铁甲营三区学校旧址余屋中,胆敢私卖与人,现已卖去念元有余。该棍邹某扬言,非得四十元规费,断不干休云云。金阿牛因无端被劫,定难缄默,兼之该业人等,均抱不平,咸出为辩护。该棍邹某,自问理曲,难达敲诈目的,乃遂羞怒交加,纠集羽党及其戚属浑名麻子阿昌等,将金阿牛扭至该处茶肆评理,加以殴辱。未悉此一番交涉,如何了结也。

《越铎日报》中华民国六年十月二十七号

箍桶业会议增价

(1917 年 11 月 14 日)

迩因薪桂米珠,市物昂贵,各业工资,均各增加。现闻箍桶一业,亦以进货昂贵,遂于日前邀集同业汇议,分发知单,出门行工。每工增价洋四分(从前每工一角八分,议决后每工价洋二角二分),在赤帝庙喝清音,并以通告同业,嗣后一律增价云。

《越铎日报》中华民国六年十一月十四日

结仇同业标黄榜

（1917 年 11 月 18 日）

城区县西桥一带地方，近有前在火珠巷开设范元和首饰店之范张氏者，肩背黄榜，手执黄旗，沿街诉屈，适记者道经该处，观其形状，遂详细调查，遂始知其与同业唐仁和挟嫌所致。先时范元和屡冒同业天成牌号，迭次仿造伪戳，售卖铜饬，被天成查出，开同业会议对抗，即由唐仁和银楼代表唐天庆等，创议罚金办法后，遂议定罚范张氏建造会馆费洋一百五十元了事，因之该氏与仁和挟嫌不睦。旋于民国三年该号范元和因售卖铜镯被人告发，涉讼经年，损失颇巨。现因资本耗尽，向仁和索诈不遂，即控称该伪镯系仁和所造，反为假冒元和等因，向绍兴县公署提起刑诉。经该署研讯之下，察出详情，将其当庭拿下，致该氏忿无可泄，故沿街背榜云，用意措词颇为荒谬，无非希图毁坏仇家名誉，途人知其事者，无不深恶该氏之颠倒黑白云。

《越铎日报》中华民国六年十一月十八日

南 业 吵 盘

（1918 年 1 月 15 日）

柯镇市面，南货一业，凤称发达。迩际阴历年终将近，出货势必更旺。该店家为招徕生意起见，特于昨日十三号，即阴历十二月初一日，各典家均一律放盘，以罗致年关生意，亦经营中之取巧法也。

《越铎日报》中华民国七年一月十五号

南货行亏蚀志闻

（1918 年 3 月 1 日）

绍城南货行，年来增至八家之多，可谓一时之盛。虽其生意较之往年仍不稍减，无奈不能获利，转多亏耗，而尤以上年为最甚。探其原因，一则在于不肯集合同行团体，滥放暗盘，只求生意上之热闹，不顾血本之有无。一则在于汇水升长拆息昂贵，如上年甬汇水，全年计之，每千元须贴出四十元之谱，折息坐子外，亦须七元六角（查往年只四五元）。查该业往年得贴进角汇水，每千元五六十元。盖因该业进货甬江为大宗，次之沪上。甬江则解以甬洋，沪上则解以规银，甬水之转升，由上年正月起，逐渐涨至四十六元左右，规银水亦奇涨极矣。虽于卖价增起，亦不能如数，以故新正初旬，各行结账，无不亏折，多则六千元，少亦三千元以上云。

《越铎日报》中华民国七年三月一号

一轶商场新秘史

（1918 年 3 月 25 日）

经理逐鹿

绍城江桥河沿恒孚煤油公司经理张步州、黄子文,协理吴傅忠,监理陆某等类,皆坐食支俸,不管事务。该行经协理,既如是其多,当然筑室道旁,议论纷杂,无所适从。

《越铎日报》中华民国七年三月二十五日

商界股东及其股鉴

（1918 年 9 月 3 日）

城区江桥河沿义大铜店股东程大生、陈福涛、朱宝堂等缘被经理人朱兰生及其弟朱鉴生(现在开济箔庄经理)及协理陆回良朋串舞弊,黑吞巨款,因而倒闭,计亏上海袁义昌等款洋一万余千元。

《越铎日报》中华民国七年九月三日

实行取缔鱼虾摊

（1918 年 9 月 13 日）

沈巡长克勤厥职,王阿生违警处罚

本城北海桥下,平日本有西郭门外多数渔户群集该处,将鱼虾等物投交秤手代为买卖,因较他处价值稍低,以故生涯颇稍不恶,但买卖者争先恐后,异常倾轧。兹悉第十二警察分驻所警长沈贤遇,日昨巡岗经过是处,亲见秤户王阿生屡次将鱼桶物件擅在往来要隘摆落,实属有碍公共走路,令其移让道旁。讵该秤手王阿生反抗不遵,当由该警长立唤岗警黄某将王阿生带所转送第三警察派出所核办。业奉王警佐按照违警处分,判罚洋一元取结释放,以儆效尤云。

《越州公报》中华民国七年九月十三号

商界害马一夕话

（1918 年 11 月 11 日）

城区大云桥仁德堂药店,自去年开张以来,生意非常清淡,推原其故,实缘经理徐品荣品行恶劣,贪利肥私,兼而所进货色,颇不道地,以致顾客毫无,大有日落千丈之概。查徐某本系著名无赖,专爱嫖赌,亏空累累,上年在该处利生堂司账时,暗将店中款项私自掉用,复又私做小货取巧舞弊,计被吞蚀共有千余元之则。嗣被该股东察觉,即在前知事宋任内依法究追,该棍知虽遁饰,恳请同业代为排解。同业知其所亏浩大,半皆束手置之。徐某只得厚颜十丈,亲往该股东前长跪乞怜,一面愿立限状,按期拔还。股东念其自知理屈,免从所请,在药业会馆内置备酒席清音,藉以谢罪。岂期江山易改,秉性难移,未满一年之久,复萌故态,将仁德堂账目银钱,私自划出,竟敢另办货品,背地捱销,所得盈余,饱入私囊。现视店中生意清淡,因恐各股东查理,竟敢先发制人,串通毫无经验之劣医某甲,假以施诊为名,实则遮掩店东,以保位置。为徐某计则得矣,其如该东之血本何?

《越铎日报》中华民国七年十一月十一号

染坊董置酒运动

(1918 年 12 月 18 日)

绍属城河被各染坊倾注染水,以致水成黑色,有害公共卫生。亨大等号二百余家,先后禀请取缔,原禀以及批示曾志本报。是案关乎阖邑人民卫生,该染坊董明知故犯,不即改良,岂果刑律不足畏,抑势力、金钱竟可达运动成熟之目的耶。兹闻陶某(姑隐其名),不顾乃父早年反对是案,因此剥夺公权,前车之鉴,墨迹未干。今又居然大摆筵席。十七号晚延请自治委员等欲施故技,间有因情面难却,觍然应招。到者几人,容再续志。

《越州公报》中华民国七年十二月十八号

令查商业之现状

绍县公署昨奉会稽道尹训令内开:奉省长公署令开:案准内务农商两部会咨略谓:欧战之后,商务定能起色。近来各省状况如何,现拟增订商业限制条例,请通饬各属迅将最近商务情形项,查复以凭增纂,计调查者七项:(一)当商,(二)粮商,(三)钱商,皆系与民生攸关;(四)茶商,并与出口税攸关;(五)药商,(六)书商,(七)画商,更与风俗攸关。希转饬一月内呈复,并须详密无遗,是所至盼等因。合亟令行该道尹转饬各县一体遵照办理等因。奉此合行令仰该知事遵照云。

《越铎日报》中华民国八年八月念九号

棉花业力自整顿

(1919 年 9 月 12 日)

吾绍产棉花,向为各处冠,每年出口数近万磅。近因价目高翔,一般地户、奸商,往往扎潮和水,夹包重索,弊窦丛生,以致洋商采办,对我绍货,咸有戒心。因之生涯减色,大有一落千概之慨。本年新花登场之际,该业业董沈桂荣、秋桂舫等,以振兴实业,不得不看重出品,是以帖请商会转呈县公署出示布告,谕令各花商改革扎潮等旧习,违犯者必须惩办等词,以维实业而儆奸商。讵布告甫出,墨迹未干,而绍属黄公溇地方长兴花行主陈锦堂,愍不畏法,仍蹈故辙,为该业董所知,当经查系确实,并侦知该行尚未遵章纳帖,尤为犯法之营业,遂即备具公函,通知就近安昌警所,即由该所将陈某传案讯办。陈某自知奸隐毕现,无可掩饰,遂挽由安昌钱侩沈达卿夤缘弥缝,竟得保释,将案无形销灭,并闻沈达卿原为刁狡小人,因善于拍马,得攫某庄经理一席,于是小人得志,庞然自大。此次竟敢不察轻重,不顾舆论,自恃与该所沈警佐交称莫逆,贸然肆其掉唇鼓舌之技,达其徇情轻纵要犯之目的。致犯众怒。该花业同人,以是案如果轻纵,实于同业生计有碍,遂挽业董为首,联名向各上级官厅尽情举发矣。

《越铎日报》中华民国八年九月十二号

布业抄盘面面观

(1919 年 11 月 4 日)

绍城大街大来布庄,于数月前遭回禄后,而今新屋落成,曾于日前开张抄盘,其范围较小,不甚势闹。讵又有大善寺前之陈泰来,现有孙端富绅孙君盘入更号老泰来安记,大路德泰和系属连枝,业于昨(初十日)正式开张,其间生间□量,远胜于去年之谦泰。闻是日生意首居老泰来、陶泰生,其余如德泰和、谦泰、大福丰、大来等,皆平平云。

《越铎日报》中华民国八年十一月四日

布业营业竞争谈

(1919 年 11 月 5 日)

绍城大街大来、老泰来各布庄,于旧历九月初十日起,特别抄盘等情,已志昨报。今悉。木澄桥天福丰布庄,亦于抄盘期前在上海办到西洋上等货物及中国出产品多种,格外减价,以惠各处顾客。近闻该号营业因而非常发达云。

《越铎日报》中华民国八年十一月五号

硬销劣货将拘办

(1919 年 12 月 25 日)

绍属朱尉乡瓦窑头胡家溇恶痞金双喜,将底劣砖瓦运至道墟章凝顺砖灰店强销不遂,回至窑头聚众演戏,勒令各窑户与该店停止营业,种种垄断把持,不法情形,曾志前月二十七号本报。兹闻该砖灰店经理章维铨以金某如此蛮横,知难理论,不得已诉请绍城商会缮具说帖,呈请县公署迅急拘办,一面另行正式起诉。闻县公署阅禀后,知关扰害营业,案情非细,当即训令东关警所查明,饬令速将事实呈覆,该警所接到是项训令后,即时派警二名前往瓦窑头执行公事。讵该警到后,该恶棍金某非但不知敛迹,犹敢大言炎炎,欺辱该警。该警等亦不与之计较,将事调查属实,即行回所禀覆警佐。该警佐当着实在情形详覆县署,该闻县署阅详之下,大为震怒,立出拘票,饬司法警潘骥率队于日前下乡往拿。讵该恶痞金某消息灵通,究系情虚胆怯畏罪避匿。该法警等只得徒手向城公署中得此消息,更属怒不可遏,令饬该法警限三日内必须严拘到案,万勿宽纵云云。现闻该恶痞金某,俟法警去后,竟敢鸣锣聚众,号召党羽多人,在该处(瓦窑头)一白庙内筹议抵制方法,大都必欲拒捕、殴警,否则纠集人众,共至县署强办,藉为卸罪地步云云。谚云,顽民如钱,官法如炉,如该恶棍金双喜者,实属目无法纪之尤者矣。

《越铎日报》中华民国八年十二月念五号

店屋加租之反响

(1921 年 4 月 29 日)

迩来生活程度日益增高,一般商界中人,租赁房屋,开张店铺,冀觅蝇头微利,除每月缴解租金外,已苦于入不敷出,支持为难。不料,近为由临浦分设绍城之腌肉业(系临浦鼎丰、润茂等山货行,以上江运来之腐败腌货,乏人顾问,是以移入绍城,混人耳目),接二连三,添设不已,纷纷谋挖店屋,愿出重价,因而置有屋产者,乘此时机,一律增加屋租,刻闻城区全体商号,不堪负担,激成公愤。特于昨(旧历三月二十一日)下午一时,在江桥张神殿开会集议,共筹抵制方法,无期分发传单,通告各商号赴会集议,结果如何,容探再志。兹录其单传如下:

盖闻今岁店房加租之动机,由腌肉业挖屋始也。不知利害,包藏祸心。惟有屋产者,以道德为主义,虽不乏人,而利令为主义,系居多数。近来,继起加租,日有所闻。商店影响所及,受累匪轻。际此米珠薪桂,商困难堪,无故加租,系非其时。开店已产者少,租屋者多。若不妥筹办理,势必祸伊胡底。今定于旧历三月二十二日下午一时,在江桥张神殿开会集议,共筹方针,亡羊补牢,而安商业。务祈各宝号届时早临为盼。

绍城众商号公启
《越铎日报》中华民国十年四月二十九号

抵制挖屋加租之真相

（1921 年 5 月 4 日）

　　绍城各商号为抵抗挖屋加租起见，分发传单，开会集议，决定抵制办法等情，已两志本报。兹据另一访函较为详确，合再志之如下，以存真相。缘城区大街一带，在所营业之店屋出资谋挖，往往以谋挖不成，使房主藉口加租，因此一般商业俱为寒心，已由各业分发传单。于旧历三月二十二日，在江桥张神殿开会集议讨论抵制方法，到会者百余人，议决先举干事五十余人，于二十四日午后再在原处开正式干事会。又到会者三十余人，公推孙椿甫君为临时主席，宣告抵制挖屋加租加法。兹将抵制之办法觅录如下：

　　一、宜划定地址，界限内营业，或事前已赁租者，不得挖屋加租；

　　二、如界限内营业停止，而店屋空闲者，其按月租金，应归各业负担，以后任主房屋赁定为止（负担之款，另有筹备办法，）房主一方，毫无损失，其无可藉口；

　　三、如房主自己营业，只能另行租赁，不得将已赁人之屋，藉口复绝，倘房主故求别处营业，而自己所赁人之屋营业停歇，房主之营业自愿搬至自处者，各业听负津贴其搬运费若干。

　　四、加租一层，现在已赁之屋，租金已足，事后应限十年为度，未到十年，不得无故加租，度外应听酌增。

　　五、倘在营业之屋，而无十年之久，终待停闭之后，任赁房主向后住房加租者，各业不相问闻。

　　六、已赁之屋，租约上已载明年限，及一切字样者，不在此例。

　　七、如所营业之屋，适遇风险不测，或房主自行起造，抑或住户自愿建筑，悉听其便。

　　八、议决后要求商会呈请官厅备案，一面登报广告云云。

《越铎日报》中华民国十年五月四号

攻讦坊董之禀词

（1921 年 11 月 15 日）

　　绍城南和坊坊董徐仙槎，近因不洽舆情，由天保堂等商店三十余家联名分禀县署及警所，请求察办矣。兹将原禀录下，以供众览：

　　禀为河埠年久失修，坊董藐视公益，吁情令饬，拨款兴修。俾维公众安宁而杜地方危险事。窃城区轩亭口一带为南和、下和、迎恩一坊交界之处，地属通衢，且居中心要点。以故市肆繁盛，商贾如云。该地向设河埠一处，俾往来船只得以就近停泊，以购物者临时上岸下船，城内便利。惟是项河埠正已年久失修，风雨飘摇，不堪颓坏，设非未雨绸缪，乘时修葺，将来栋折石崩，大难支撑。倘若一头倾圮，必且伤及行人，其危险之巨，实难言状。

商等均居邻近，心恒揣揣，是以早思设法修葺，无如一时经济难筹，遂觉一时行之匪易，至今邀集邻近商店、住户会议办法，佥谓该坊公厕（共有数处），每年肥料项下收入约百余元，向归南和坊董徐仙槎收取，不妨提拨若干，以为修葺本坊河埠之费。则公款公用，尚无不当。众议遂公举代表数人，要求坊董。讵坊董徐仙槎藐视公益，意谓拨款兴修，于伊个人私益未免有所不利，于是不顾地方危害，打定主意，牢不可破，反责各代表不应越俎代谋，侵其权限等语。当众大肆咆哮，代表以其无可理喻，恶辱而退。伏思兴修河埠，系为便利交通，预防危害起见，宗旨何等正大。岂容该坊董漠视不顾。况公厕收入原属公项，无假手于坊董而使之代为保存，遇有是坊正项开支，尽可随时提拨，既未侵坊董私资，该坊董何得逞一己私见而置公共安宁与地方公益于不问。商往居较近，利害同关，为此并禀外，不得已据结呈请知事长公鉴，俯准令饬该坊董迅即拨款修葺，毋得以私废公，不则将来危险发生，该坊董应负完全责任，仰迄核准施行，不胜待命之至。谨禀。

《越铎日报》中华民国十年十一月十五号

染坊营业不道德

（1921 年 11 月 28 日）

绍属安昌西市洞桥头地方，开设瑞华染坊店东徐宝琴及耀记坊主李六二，西社庙前元大坊主徐月轩，顺昌坊主金宝仁等，其中秉性凶恶者，莫如徐月轩、徐宝仁二名，人皆呼为孤老头。该地染坊星罗棋布，平时颜色极不考究，致生意清淡不堪。徐某二人，遂妙想天开，诈设毒计，集集西市右例四家同行，设立公坊，取名四丰，突然标红，各价大贱，哄动无识乡人贪图便宜，投染甚伙。奈该坊主等不顾世道人心，希图厚利，偷用"大和元"、"金鸡粉"两种劣品。该粉必和纯碱发色，无论绸布，沾染此色者，非但色不耐久，且容易霉损。乡民不知底蕴，染去成衣，大有早不保暮之虑。噫，商界中有此丧尽天良之蟊贼，诚独鴞之不若也。

《越铎日报》中华民国十年十一月廿八号

书业议决减折扣

（1922 年 1 月 12 日）

绍兴书业公会昨日接到上海书业商会通告略谓：本年一月五日开会，提议同业整顿折扣事件，佥以欧战以来，出版成本涨价至一倍以上，欧美日本书籍价货，一再增加。我同业不惟不加价，且复多所折扣，势几不能支持，何能更求进步。兹议定价暂不增加，惟批价折扣应由各同业自行酌定，提高一折或二折，以资维持等语。该公会接到是项通告后，当即招集各同业提议折扣结果，照上海各书业新定折扣，略加邮运费。闻本月十六日起，已照章实行矣。

《越铎日报》中华民国十一年一月十二号

花布业重订规则

（1922 年 3 月 7 日）

钱清花业类皆附带收布。近年来布市日疲,各店亏耗不少。去年布业曾订规则,每疋白布,须取用洋一角。今年自初八日起,重订规则,乡人售布,短疋不收,门面小巧不收,违者议罚。现已向同业通过确实施行。然长此以往,穷民将无糊口之计矣。

《越铎日报》中华民国十一年三月七号

南货业吵盘酿斗殴

（1922 年 7 月 2 日）

绍属柯桥昨为旧店新开(景泰)之南货号开幕日期,一般同业均各悬牌吵盘,因此人山人海,途为之塞,时有本镇大街底开设客寓之刘某,亦向该新开南货号购物,不知因何事故,忽与该号伙友始则口角,继而动武,以致刘某身受重伤,不能行走。现经和事人出为排解,令该店出洋十元,给刘某作为医药之费,并加清音鞭炮服礼了事云。

《越铎日报》中华民国十一年七月二日

寿枋业请示整规

（1922 年 7 月 21 日）

县属平水上灶冯爵记等号寿枋店,因整顿营业,顾全道德,禁止锯做对开及猪血水灰搪塞之寿材,曾于前清光绪年间邀集同业议立规程。今恐年代隔远,难以持久,特禀请前今知事给发布告,兹由顾知事复给布告录如下:

为布告事。据平水寿枋店冯爵记聚昌上灶寿枋店,恒牲秦秀记赵天兴禀称,窃维寿枋一物,为贮藏人生死后遗骸之用。一面所以保死者之安,一面即所以杜卫生之患,制作不固,两有妨碍。商号等开在辖下平水□灶地方,各开寿枋店,并售寿材,向来督工选料,力求完善。自前清光绪三十余年间,枋料来源骤然价涨,各枋店中间有设计取巧,以一副之板锯做对开,分作两副。且用猪血、水灰糊涂搪塞,以图渔利。虽来源价涨,情所难怪,但以次货混售,非特欺骗人财,且有悖乎安死卫生之道。商号等自相整顿,爰于光绪三十三年十一月间邀集两处同业共十家,公同议定,嗣后材料须用原株枋子,且必用桐油、石灰使其坚固,不准再有锯做对开及猪血水灰唐塞之事,如有违议,私乱察出,罚戏一台,酒肆四席,向各号点斤烛一对,并负担报告酬费洋四元,不得推诿,当经立有合同议单十纸,各执一纸存照。嗣至次年三月,又行集议,并议添如材匠,通同店主暗地瞒做,一经察觉,除店主照议处罚处,并令该材匠永远不准在平水上灶作伙,不得徇情一条,一并列入规单。上冠同行公议四字,刻板印刷,分贴各店,并在平水东岳庙演戏以鸣大众。自是以来,互相纠察,互相遵守,业已十余年。现在十店之中,已有周永兴、冯发记、冯洲记、冯宝记、姜源盛五店停业,诚恐将来年代日远,或复开新店,未免有复蹈前辙,与故意紊乱,是将十余年来旧有之良规皆遭坠废。伏思是项业规,为平水上灶两处同业各店的自议而自守,原系道德问题,实有关于公益。倘或堕废,殊为可惜。为此联名禀请准予立案,给发布告,俾各遵守□□到县。据此除批示外,合行布告,仰该处寿枋各铺,一体知悉,须知冯爵记各店议定规章,系属整顿营业,立意善良,应各永远遵守,自此次布告之后,倘□破坏成规。准由各店照章议罚,其各遵照毋违切切。特此布告。

《越铎日报》中华民国十一年七月念一号

禁止买空卖空之动议
(1923 年 3 月 8 日)

绍兴钱业董事沈信臣以买空卖空各业皆有,而尤以钱糖杂货业为犹甚。去岁未届阴历年关,各业中纷纷倒闭者,俱系受此等买卖之影响,若不早废除,为害将无底止。现拟于商会开常会期间提出意见,征求各业同意,一面呈请官厅出示,晓以利害,悬为厉禁,以杜商界之流弊云。

《越铎日报》中华民国十二年三月八日

染水有碍于公共
(1923 年 3 月 17 日)

吾绍城河被各染坊倾倒染水,以致河水变为黑臭,家汲户饮,有碍卫生,故莫不怨声载道,因之昔年公民刘震及商号亨大等二百四十余家,联名具禀绍兴县公署,请求取缔,蒙余前知事召集各染坊主嘱其嗣后不准将秽污不洁之染水倾注城河,致害公共饮料,有碍卫生等情,令其均名取具切结,并一再出通告刊碑永禁在案。讵自余知事调任离绍后,该染坊等即故态复萌,倾注如故,因这城河依然黑臭,污秽不堪,其妨害公共水道,关碍卫生,殊非浅鲜。吾绍县议会成立已非一日,此对于地方,负有兴利除弊之提议,何独于妨害公共饮料竟熟视无睹耶?

《越铎日报》中华民国十二年三月十七日

肉业同行议加价

（1923 年 7 月 22 日）

绍城各肉铺因迩来猪只食料昂贵，各处运来猪只缺乏，价目飞涨，又加屠宰税，每月报解非轻，血本大受影响。现有和茂肉铺董陈增元等邀集各同行定本月初十日下午一时假座商务分会共同会议增加价目，以维营业。至每斤加几何，容探再志。

《越铎日报》中华民国十二年七月念二号

染业董整顿染业

（1924 年 3 月 13 日）

绍城香桥下晋昌泰染店开设有年，营业不恶，信用素著。现该店主唐达斋已被城区各染店推举为染业董事，该董事处被推以后，不辞烦劳，对于该业应兴应革事宜，努力整顿，并聘请某律师为该业常年顾问，业经拟就简章，不日具禀县公署请求立案云。

《越铎日报》中华民国十三年三月十三号

柯桥商业盛衰之一斑

（1924 年 8 月 19 日）

（绍兴）柯桥素以茶干（俗呼豆腐干）负山、会、萧惟一之盛名，营业之发达，口味之精美，尽人皆知，柯桥豆腐干。兹将该业情形，略志如下：

最负盛名者，首推王当茂，次则莞家裕、蒋源兴、潘合成等，每日茶干至十二时，均皆售尽无余，阖镇营此业者，不下二十余家，所可惜者，均皆墨守旧法，不知改良，如能加工研究，另放香料，外加盒子，另备方单，装璜美丽，大可以推广营业，不知营该营诸君，以为然否？

镇上各白米店，均受西路行摆拆影响，以致生意逐见减轻，现钱交易，生意均向西路行去买，因其斗大价贱，来买者大多数系是欠账，虽有零星交易，难以开销，以致前后倒闭。兹将今庚各米店倒闭牌号录如下：鼎成祥（在下市头）、怡大万成长泰（以上均在上市头）

《越铎日报》中华民国十三年八月十九日

柯桥奖券业之调查

（1924 年 8 月 19 日）

（绍兴）柯桥经售各种奖券之商家，除沿街抖售不计外，共计二十余家，兹将阖镇营业券各店牌详细调查，录之以供众览：

（大　街）	戴恒丰	福泰昌	万利源
	九　如	豫顺泰	
（东官塘）	陈恒丰	万里红	越顺昌
（市　岔）	正　昌		
（下市头）	乾　昌		
（大寺前）	金天顺	孙隆昌	大昌新
（急水弄口）	馥　昌	永　大	
（上市头）	大利元	大　昌	荣　济
	济生堂	季裕泰	

以上共计二十家，平均每天每家售洋三十元，月计一千金左右。

《越铎日报》中华民国十三年八月十九日

战谣中各业所受之影响

（1924 年 8 月 31 日）

（绍兴）自江浙发生战谣以来，连日风声，愈趋紧急，因之金融摇动，洋水飞涨，市货停滞，营业萧条。本城商界，已大受影响，兹将各方消息，汇志于左：

金融界：

本城金融界，因受时局影响，现货异常缺乏。现水角子，骤然飞涨，银根极紧，各商号观此情形，群起恐慌，人心亦异常浮动，存户纷纷取现，政界抽提公款，商店拒绝付庄，如以各钱庄，角子现洋，缺乏异常，周转不灵，颇受危险景象。幸近日中国银行，运到现洋十万元，尚可敷衍，故日来持钞向银行兑现者，颇不乏人，钱庄方面，现货亦络绎有到。昨今两日，钱市略转回跌，银根亦稍形松动云。

锡箔业：

本城锡箔业，因受时局影响，连日锡箔市价，骤跌不少，箔铺箔庄，双方交易，均已停顿，极不顾问。日来镇江、苏州、常州、湖州、无锡、□山等处客帮，纷纷来电，嘱绍箔庄将成货一律停止□，兼且汇划不通，连日又接转运公司过塘行等来函，略谓近日沪杭货□停止装运，故绍箔庄之箔件，亦于昨日起停发，箔捐局征收捐洋，顿时减色不少。

彩票店：

本城彩票，如全号、元利、南洋、大利元、同富等家，生涯本极兴旺。迩日因受战谣影响，门庄交易顿时减色，且各种彩票，每有收回改期情事，故一般想发横财者，亦均有戒心。

粮食业：

绍兴粮食业，以近来江浙战谣，震动全球，报纸宣传，愈见急迫，于是一般利欲熏心之奸商，乘机高抬市价，垄断居奇，引起小民恐慌，实为地方之不幸。际此时局紊乱，□类不静，亟宜保境安民，寄语负保护人民之县长，速宜出示，劝告米商，勒令平价，不得高抬市面，以安民心也。

《越铎日报》中华民国十三年八月三十一号

柯桥镇人口骤多
（1924 年 9 月 19 日）

（绍兴）柯桥镇侨居外省商民，自江浙战后，纷纷回里，地方人民，骤形增多，各商店营业，日见兴旺云。

《越铎日报》中华民国十三年九月十九日

酱业扩充销货区域之省批
（1924 年 9 月 20 日）

（绍兴）绍兴酱坊谦同粉咸亨合兴永兴等，为扩充营业，呈督办省长运使，请求破除限制，已志昨报。兹悉督办署，已批示于下：呈悉，候令饬两浙盐运司查照核办矣。

《越铎日报》中华民国十三年九月二十日

风云紧急中纸业受亏
（1924 年 9 月 21 日）

（绍兴）城区纸花营业，向章先货后洋，数十年来，沿为惯例。讵意此次江浙用兵，纸价暴跌，间有一二箔铺，竟从中渔利，前者成交昂价，公然满口否认。售者因款未收，安肯自馁，故市上交涉声浪，时有所闻，甚至恶声相向，双方用武，查商家贸易，全仗信义，今该箔铺等如是行为，殊非情理所宜，营业者应当出一通告，与之绝交，或改订新章，货到收洋，俾渔利者，无从施技，所愿纸业领袖，亟起而提议之。

《越铎日报》中华民国十三年九月二十一日

柯镇商民自扰之情况

（1924 年 9 月 23 日）

（绍兴）柯镇，日昨（旧历八月廿二日）下午二时，各典号接钱清同业报告某项电讯，一时以讹传讹，信以为真，纷纷将招牌除进，门户封闭，最可笑者，西官塘源通当号墙上之字，用广告单遮贴，装换形式，地方人民，本具一种风声鹤唳之心，一闻典当闭门清息，惊惶失措，奔走相告，加以袜厂即刻放工，私塾放学，下岸一带商号，排门纷纷上起，忙忙似丧家之犬，一般居民，男呼妇号，整理细软，宛如大劫之将临，而街头巷尾，顿露一种更静夜深之景象，如斯情形，纳历一时许，始暂告平静，而各人之心理中，仍似惊弓之鸟云。

《越铎日报》中华民国十三年九月二十三日

笔业订期议增价

（1924 年 10 月 7 日）

（绍兴）自战事发生后，各业受莫大之损害。兹悉本地笔业，因原料出自湖地，此次湖州，因被兵抢劫，湖毫因之暴涨，日昨该业同行会议，定自本月初十日为始，对于售户亦一例增价，闻门市十里红门售每支加价四厘。批发每百则为二元四角，市十里仍照旧价，其余各笔，该同行再行议决后，重订价额云。

《越铎日报》中华民国十三年十月七日

盐酱业请求出口弛禁

（1924 年 10 月 12 日）

（绍兴）谦豫酱园等数十家，因绍地油酱远销外地，每年营业甚巨，前有杭省酱业呈准运署禁运绍货出口贸易。藉思垄断。现在绍地外省销运，竟被禁绝，而捐率则未递减。商业情途，不堪设想，刻特提出种种理由，呈请实业厅转咨运署，弛禁出口，庶几营业可增，税收亦加，否则递减税额，俾恤商艰云。

《越铎日报》中华民国十三年十月十二日

"信实日"勖商人

（1924 年 10 月 15 日）

今天绍兴商人俗称为"财神日"，设无战事，我知商人们必又要浪费许多金钱精神光阴,布置什么五色漫天帐、挂灯结彩,放花炮,燃香烛,敲清音,来娱财神,媚财神了。今不幸江浙战争未了,奉直战争又来,战得个祸连全国,而商人首当其冲,我知我商人娱神媚神的兴致,当为减杀不少。

照记者愚见,商人所以兴高采烈地媚财神,娱财神,其主要目的,在谋生意兴隆,事业发达,然欲生意之兴隆,事业之发达,全靠讲求各种经商的道德与学术,全靠讲求公共的卫生,全靠店东用人谨慎,全靠店友对于店务共同负责。而所谓"财神菩萨"一项,绝对不能列入,商人经营终年,夙兴夜寐,不可不有一日以安慰其劳苦,纪念其事业,则于双十节,南京政府成立纪念日,或五一节,择一日行之,甚至端阳节亦可。即今日亦无不可,不过定名为"财神日"则不免俗陋而带野蛮的色彩了。

所以今日记者对于商界诸君有一个建议,就是希望商人将"财神日"的名词一律取销,改为"信实日"。盖商人无宝,可宝者惟信实二字,每届此日,将媚神之费,迁作购置书报,及公共卫生设备之用,并于"信实日"夜间破例备点烟酒,设宴聚餐,邀集全店伙友,一致进行,不达目的不止,如是则今日之日,才有意义,金钱时间花费了,才得代价,商人对于其所从事的职业,才有兴趣可言,那时生意不兴隆而自兴隆,事业不发达而自发达了。

《越铎日报》中华民国十三年十月十五日

陶堰乡商业琐闻

（1924 年 10 月 15 日）

绍兴陶乡地居东关皋埠之间,虽为东路重镇,惟市面不见发达。兹将该市各商店最近消息,探录于后:

米业:

该市米业,素称发达,近年因时势艰难,已倒闭多家,日下只有源记、聚泰等二三家。源记牌号最老,亦最划一。聚泰则资本短绌,囤米不多,且大入小出,置公较斗于不用,兼设短押,盘剥穷民。迩来受战事影响,周转不灵,际此青黄不接之秋,颇难支持,有停止营业之消息,此外类皆似店非店,似摊非摊者,与市面不生重大关系,从略。

南货业:

南货业首推西市之陶余大,货物订真,价格公道,且规模宏大,堪为全市商界之领袖。该乡商会成立之后,有推举该店东陶仲丹为会长之消息,次则为冯凌香、戴源兴二家。

《越铎日报》中华民国十三年十月十五日

绍人经营商业之根本缺陷

（1924 年 10 月 24 日）

旷视吾绍经营商业之人,其缺陷甚多,而其最根本者,即店主对于雇员,经理对于夥权之思想态度是也。此其谬误,或由思想固陋,不识时势之变化,或由于老店相传之成例,而两者皆不脱封建时代主从关系之思想、待遇。主人经理,无异独裁之君主,而雇员伙计,则等于平民,甚或视同奴隶。彼其头脑之中,绝无今日之宪法,绝无思想上之知识,而惟自安于店主之生活以自快。夫店员与店之关系,其重要尽人所知也。店主经理纵谙练识事体,然其能精通店务,熟悉商情,过于最良之店员者,固不多见,然必使店员信服其领袖,以其领袖为店中最善之人。上自店主,下至学徒,皆能一德同心,团结一致而后可与谋改进。无如吾绍各商店之店主、经理,十九不常驻店办理。月初年底一至,已不正安能正人,此吾绍商店十九陈腐之所由来也。

就俸给而论,近来物价日形高贵,而店主所给予店员之俸金甚微,反欲店员多工作,店员无力瞻家,不得已而出于偷。增加俸给,有数可稽,偷则无数无查。一言以蔽之,店主不与店员以相当之待遇,而要求其竭力奉公,店员不备现代式店员之资格,而妄求多金,均属不可能之事。今日经营,以人为重,故店主店员必同心一致,不然则日日处于不经济不利益之中,事业何能发达? 职业何从感得兴趣? 今日之世,所谓一将功成万骨枯之现象,渺焉不可复追。故店主之于店员,亦不复如臣之于君,必协力互竞,乃能迎敌而应战,店员必尽其能率之极致,店主必予以相当之酬报,非然者,其成绩决不能优,此则愿为吾绍商界诸君一方者也。

《越铎日报》中华民国十三年十月廿四日

绍兴商市消息丛载

(1924 年 10 月 25 日)

(绍兴)金融市面,虽受战事影响,而商业银根,足敷周转。故现水行情,战端初起时虽开七八元,近日则仍回至四五角不等。昨闻钱业议定本年九月底至明春三月终止,长期寄息,对于同业,计开十元零二五,至外行各商,计开十元零五角云。

箔业为绍兴工商品之大宗,自江浙战衅启后,该业颇受极大之损失。近因浙局敉平,营业稍形活动,闻日昨大路聚成庄,接得省垣来电,谓今晨有大批滇铜到绍,计二千七百支。嘱该庄分销各号云。

又绍兴沿海南汇一带向以植棉为业,闻今岁该处所植木棉,收成甚佳。据该业中人云,每亩统计可得一百五六十斤,各花行向该地收取籽花,每百斤须价洋十四元以上云。

《越铎日报》中华民国十三年十月廿五日

机工箔工失业之可虑

(1924 年 10 月 26 日)

(绍兴)城乡业手工之工人,以箔业、机业为多数,绍兴锡箔绸缎输出额,年以数十万计，绸缎华舍等村，机户世其业，城区大营及附郭一带，业打箔者不下数百家，直接间接以锡箔为生活之男女，约达数万人。自江浙战事发生后，绸缎锡箔销路完全停顿，以致机坊相率停歇，资本薄弱之箔坊，亦相停工，多数之失业箔工、机工，无法度日，纷纷别夺生活，或充兵勇，或作车夫，然人数甚众，究难充分容纳，故流落漂泊，无工可作，无田供耕者，为数甚多，若不设法救济，地方隐忧，有不堪设想者矣。

《越铎日报》中华民国十三年十月二十六日

道墟商业盛衰观

（1924 年 10 月 30 日）

绍兴道墟为东南要区，商店林立，尚称发达，现将最近各业消息，探录如下：

米业：

道墟米业，素称发达，首推横河王协兴，店东王永乾，人极漂亮，应酬周到，终日经营，不遗余力，故生意非常茂盛，现受战事影响，销路迟滞。其余正亨、协大、老协兴、顾乾昌、公益等，资本虽巨，惜用人不妥，因而生意亦未见起色。

油烛业：

油烛为民间常品，且为一般迷信家所需要，各庙之琉璃及七星烛油，每年计算，为数不资，道墟夙称迷信之乡，故油烛业最为发达，如老宁德、恒德、仁德、宝昌等不下六七家，其中以老宁德最称巨擘云。

茶食业：

该业首推公大，茶食精巧，应有尽者，各种罐头食品，价格亦廉，其余大多数无商业之研究，且应有亏待顾客之举动云。

南货业：

道墟南货生意，本操左券，今年被战事所阻，各货不能到绍，大有一落千丈之势，除德昌、震源两家外，余皆缩小范围云。

《越铎日报》中华民国十三年十月三十日

陶堰乡商业概况

（1924 年 11 月 4 日）

米业：

该乡米业向称不弱，故市上有多数米行之设立，今则已衰落不堪，仅章锦记、兰鉴记、聚泰等三四家之存在，比较前时，大有一落千丈之势。

酒业:

该乡酒业素号发达,酿□林立,每年出品,数以万计,近年多因捐重停业,所在者□□陶春记一家已耳。至零售者营业向称不恶,如赵正昌等,尤有十余家之多,然均贩由外乡,利薮未免薄弱。

油烛业:

该乡油烛营业,为全市冠,范围广大,恒批发于各镇,交易之宏,首推源盛,经理马宝生,老诚干练,熟悉各界情形,颇能发展。次之元和新号,经理陶桂生,和蔼可亲,亦颇得顾主欢,老元和经理陶畅庭,墨守旧规,营业因之冷落。

南货业:

该乡南货业,向有余大、源兴、凌香三家,因市价垄断奋昂,是以营业不见起色,自余大聘陈宝康为经理后,大加整顿,彼此竞争日烈,生意亦随之发达。惟凌香主人冯志青,刁滑成性,人均不愿与之交易,故生意不及该二家之盛。

《越铎日报》中华民国十三年十一月四日

下方桥市况志略

(1924 年 11 月 5 日)

绍兴下方桥地方,户口繁盛,交通便捷,以故市面商业,尚称发达,奈因多数市侩,不明商理,不察民情,动辄居奇垄断。而该地居民,除零星杂物外,往往就十里内外之安昌、斗门、党山、柯桥等处购买,即远距三十里之绍兴城,亦几于无日不见该处乡人之踪迹,以故该地商业,反有衰落之慨。民国以来,丝绸屡遭顿跌,各业更加不赈,所幸前仆后继,新近闻设商店,亦复不少。间有稍懂生意经者,无不立见兴旺,约略数之,南货有东升、源和贞等四五家,杂货有荣号、荣盛、荣大等五六家,酱油业有宋文盛、仁昌分园等两三家,菜馆有高八户、其锦等三家。米业有震吉萃连分号两处,屠正昌、源和贞,旧店移地新开,凡有四家,余如茶酒烟钱摊等类从略。

《越铎日报》中华民国十三年十一月五日

东皋镇南货业近况

(1924 年 12 月 7 日)

(绍兴)东皋镇,地面辽阔,居户殷繁,商业素号发达,惟秋季因受战事影响,致市肆有罗雀之概。达冬,田禾丰幸收,乡民经济可望裕如,或有恢复之望,该市南货一业,向称独步,每届冬季,必营业十倍。今冬非但不见起色,而且冷落不堪。当由何万顺、介春二家为首,邀集一大、瑞廉、源协、昌祥等共议,拟牺牲血本,作二星期之廉价,以广招徕而复旧观,闻均赞同,准于昨日(即古历初七日)为始,各业门前高搭彩棚,各货大行减价,营业亦因之稍有起色。

《越铎日报》中华民国十三年十二月七日

南货业吵盘

(1924 年 12 月 19 日)

绍兴哨金乡南货业,如祥丰、恒顺泰等,每年于阴历冬季,必大放盘一次。兹日前该业公同议决,自十七日起减价十天。闻管业最发达者,惟祥丰一家,该号于减从之第一、第二两天,生意至三百元左右之巨。

《越铎日报》中华民国十三年十二月十九日

绍兴商业之近况

(1924 年 12 月 28 日)

绍兴前值军兴时代,吾绍虽未殃及,然于商业市面,不无影响,其中以箔业、奖券二业为尤甚。近因时局安静,商业亦遂逐渐恢复,箔业则大批运售他处。

《越铎日报》中华民国十三年十二月念八号

纸业提议整规

(1925 年 1 月 16 日)

(绍兴)纸业,向有东西山之别,从前东山纸业,不及西山远甚,现在西山纸业,日趋腐败,每有廉面短小,及少刀缺张等情弊,以致销路停滞,一落千丈,以故西山同业,有鉴于此,特集议重整罚规,拟责成各贩客转知各槽户,以后廉面、尺寸、刀数、张数,皆须查照旧规办理云。

《越铎日报》中华民国十四年一月十六日

各乡机织事业之新讯

(1926 年 4 月 10 日)

(绍兴)哨金乡车家浦地方,士绅陈某,在该村信成小校前面田中,开辟地基二十余亩,起造平屋四五十间,组织大规模之织布工厂一所各等情,早志本报。兹又悉,该厂屋宇,业已多数工竣,内部织机,分为两部,男工以钱机织造,女工则以木机织造,现已聘就上年在绍水沟营开办纹工厂之章某(系道墟人)为主任,闻出品以国布高布为主要,而闻幕日期已不远矣。

又孙端乡吴融地方,去岁曾由钟绅发起,组织毛巾工厂一所,在该地碾米厂附近,将旧有房屋修理一新,本于去冬有东浦恒茂祥毛巾厂,全部移居该处,共同合办。嗣经该厂主意见不合,双方难以合作,故该村毛巾厂,至今尚难开办,或云该绅拟另办实业矣。

《越铎日报》中华民国十五年四月十日

茶食业会议不再放盘

(1926 年 6 月 3 日)

(绍兴)城区茶食业,自去秋重经公议红票收付,仍归九折,货价一律十足以后,因同行心志未齐,各自贪图生意,仍复放盘至八五折、八三折不等,以致实行其事者门可罗雀,而各买主遂有吃亏便宜之怨。现闻该业巨子倪某、周某等,以旧历端节将届,又经邀集同行公议,不得再有放盘,以免损失,燕议如折扣积习,万一难以打破,惟有俟端节后一律提高货价,以资救济云。

《越铎日报》中华民国十五年六月三日

绍萧腐业同行整规

(1926 年 6 月 9 日)

(绍兴)绍萧腐业同行,前自民国十四年九月间,在江桥张神殿演戏设席后,由全体同行公共议决。兹录如下:

一、每年九月间,在江桥张神殿演戏敬神,设席办酒,以表联络同行盛情。

一、演戏设席开支,凡开新店在大街繁市,须出入同行费洋十元;偏僻小街,须出洋五元,如贳店加记,一律减平,不足之数,由同行公摊负担。

一、货品卖价及行贩,均照同行一律,不得紊乱。

一、各货价目如有增减时,必须开会公决。

一、议设立腐业公所,候开会议决,当设办法筹款,以作常年经费,创办费候大会时,分别认定。

一、里外工伙,不准谋挖,如违议罚。一里外工伙,如在前店有亏累款项,后雇用店,应该负责清偿。

一、给付内外工伙辛工,拆茶拆荤,一切银钱,概照同行,不准紊乱。

《越铎日报》中华民国十五年六月九日

绍兴布庄营业之近况

（1926 年 6 月 16 日）

（绍兴）商界各种营业,近年当惟布业为首,自去年仇货风潮一起,而布商购运外货,进价廉而售价昂,无不利市三倍。

《越铎日报》中华民国十五年六月十六日

茶食业各货将增价

（1926 年 6 月 17 日）

（绍兴）茶食业同行,因进货日贵,售价不能提高,曾于去年七月间,邀集同业,议定除红票九折外,所有柜上,均售实洋不折不扣,各店一律标明。及至中秋、年终收账,各户仍须折扣,或九折或八折半不等,该业实无法抗拒,至今年端节前,该业重行邀集同行,公同议决,必须照前议,概售实洋,一面登报声明,请各户原谅。讵本届端节收账,买主坚持不允,仍须折扣,而实情还账者甚属寥寥,积习相沿,骤难改革。该业各经理,金谓收账如是困难,除再行提高货价,此外无办法云。

《越铎日报》中华民国十五年六月十七日

成衣业整顿行规

（1926 年 10 月 7 日）

绍兴本县下方桥成衣业,自前次整顿行规以来,向安无事,近忽有无耻之徒,不依规例,私自减价,以致紊乱行规,现经察出,因而重整行规,仍照旧例,并在轩辕座前,演戏全台,自本年旧历九月为始,所议规则,开列于后：

一、开店者,捐大洋一元。

一、上工者,每工价捐大洋三角。

一、包工者,每工价捐大洋五角四分。

一、伙友者,每工价捐大洋二角七分

一、收学徒者,其饭食面议,自满师之日,捐大洋一元,向师文处取。

一、做寿衣,双工算。

一、所有来路客司入行者,捐大洋一元,以作逐年帮戏之费,以上各款,实出公共讨论,倘有无耻之徒,贪谋生意,私自减价乱规者,一经察出,即在神前演戏全台云。

《越铎日报》中华民国十五年十月七日

浙局变化中之绍市影响

（1926 年 10 月 26 日）

（绍兴）城内大街，至号、大利元、涌源、元利等奖券号，所售第十四期江南申券，因受时局影响，暂行展缓开奖，又各该号昨已接得快邮代电，俟开签有期，再行通告。又第二十四期浙江游民工厂之券，日前曾经通告各商，决仍依期（旧历九月十八日）开签，原为顾全信用，不意近日忽有军事发生，政局变迁，人心浮动，秩序未复，碍难举行。万不获已，只得展缓一星期，于旧历九月廿五日开签，到期决不再展。又绍萧塘工部分甲乙两券，原定开签之日，亦因时局关系，均各迁展一星期开签，以免局促。各该号亦已接到浙江债券事务局通告，转知售得顾主云。

又讯，绍兴城内各典当，日昨因省垣保安队溃兵抵绍，恐有强当情事发生，莫不关闭门户，停止营业，幸经给资遣散，地方安靖，业已照常营业。至金融现水，十一日每百元开至一元六角三分五厘。昨（十九）市，仅开一角一分，角子市面亦回复，与平时无异云。

《越铎日报》中华民国十五年十月廿六日

商人呈请修葺大善寺小菜场

（1931 年 4 月 19 日）

城区大善寺小菜场系莫公安局长前次到绍时所建，迄今已逾数年，所有上盖洋铁铅篷，业已霉烂直通，每遭天雨，搬运不及，什物均被蹧蹋。现闻该场商民陶炳耀等已呈请饬匠兴修矣。

《绍兴新闻》中华民国二十年四月十九日

商店系无限组织，股东应负赔偿责

（1946 年 11 月 28 日）

编者先生：

最近一般商店，如蔡万和、鼎泰源等，藉口营业亏折，及受高利贷压迫，而纷纷宣告清理，以致贫民汗血所得之工资，欲存放之以获利者，颇多被倒在其中。虽贪图厚利，彼等固自食其果，然商店以厚利吸收，亦殊属非是，况此等商店，均系无限责任组织，并非股份有限公司可比，何得轻言清理。更间鼎泰源于事前，曾将店内存物移出，尤有欺诈及黑吞之嫌。为此希望负责当局，对于是项商号闭歇，予以深切之注意，并将股东之财产予查封，俾不得售其奸计，否则同样事情恐将迭出，影响于社会经济及民生至巨也。

《绍兴新闻》中华民国三十五年十一月二十八日

法律保障高利，以央行公布为准

（1946 年 12 月 2 日）

工商业已走到断头台下，上月份本城倒闭了五家

（本报讯）工商业凋敝声中，关于利率问题，已使社会经济遭遇莫大威胁，被高利贷"吃倒"之商号，本县已迭有所闻，各方咸盼当局有根本救急办法，稍挽危机。讵闻本县司法当局昨日层奉司法院令，大意谓关于债务利息，概以中央银行公布利率为标准云云，据此以断，则民法中原有"债息不得超过一分"之规定，殆已判处死刑，无异为高利贷助长声势，多一支持矣。

（正风社讯）本城各商号，除少数资金浓厚及独资经营之小行号外，多数均赖外债周转，近来因行庄紧缩头寸，银根骤紧，复以高利贷盘剥影响，致多外强中干，周转滞缓，虽经纷纷减价吵盘，亦因购买力量有限，难补实际。兹悉，十一月份因而停业清理之商号，计有东街大成协米行、利济桥后街同吉南货行、西小路鼎泰源米行、大马路蔡万和桂圆号及最近倒闭之萧山街仁昌南货行等数家。

《越报》中华民国三十五年十二月二日

商业濒大危机，五家行号闭歇

（1946 年 12 月 2 日）

（正风社讯）本城各商号，除少数资金浓厚，及独资经营之小行号外，多数均赖外债周转，近来因行庄紧缩头寸，银根骤紧，复以高利贷盘剥影响，致多外强中干，周转滞缓，虽经纷纷减价抄罄，亦因购买力量有限，难补实际。兹悉十一月份停业清理之商号，计有东街大成协米行，利济桥后街同吉南货行，西小路鼎泰源米行，大马路蔡马和桂圆号，及最近倒闭之萧山街仁昌南货行等数家云。

《绍兴新闻》中华民国三十五年十二月二日

绍县金银制作业致函同乡会呼吁

（1947 年 3 月 30 日）

绍县金银制作业职业工会，自前月政府订定经济紧急措置方案后，一般工友，均遭失业，家属生活，颇难维持，除向当地行政当局纷纷请愿外，日昨并致函绍兴七邑旅沪同鄙会请沪代向政府呼吁云。

《宁绍新报》第 3 期，中华民国三十六年三月三十日

县商车联合会决议两案

（1947 年 12 月 11 日）

（本报讯）萧绍汽车公司，自复员以还，营业日振，惟该公司行驶车辆，多系租用商车。昨日本县商车联合办理处召开会员大会，决议两案，要求公司办理：（一）自复员来，关于商车乘客每次行车超过三十人之票价，及车票失撕票角之价款，商车方面要求该公司查账发还。（二）中国石油公司原配各商车应用之汽油，数在数百桶之多，商车联合要求发还，闻此事双方正磋商中。

《越报》中华民国三十六年十二月十一日

县合作联合社昨开创立会，讨论会章选举理监

（1948 年 3 月 31 日）

（本报讯）本县合作事业，重光后经政府努力推行，已有相当成绩，乡镇合作社及专营合作社成立者，已有多所，县当局认为乡镇合作事业已形发达，殊有成立县联合社之必要，特于去年底，及本月初先后召开二次筹备会议，从事发起筹备，业已就绪，于昨（廿二）日下午二时，假县参议会会议厅，举行绍兴县合作社联合社创立大会。出席者各乡镇及专营合作社负责人陶茂康、郑士伟等九十七人，列席者，省合作事业管理处技术专员沈明才、绍兴中农行陈德明、县府林泽、绍兴新闻报记者沈振远等、主席张建设科长明，首报告召开会议意旨后，旋即开始讨论会章，嗣开始选举理监事，结果，陶春煊、张明、郑士伟、高世杰、孙庆仁、俞元利、张理同、朱国尧、张光楷、唐弈亭、陶茂康、高世桢、高植柳、马涵叔、邵金德、章国相、董雅兰等当选理事，徐煜根、蒋纶卿、叶产纲、任光文、胡廷栋、高济美、马锡鋆等七人当选候补，董起凡、金雅堂、黄季棠、陈先泰、黄镛、陈乃政、徐伯勤、宣秉正等当选监事，蒋锦江、金林、孙仰之、王允中、胡春辉、张同兴、陶元春、宋玉显、陈明伟、张茂当选候补。

《绍兴新闻》中华民国三十七年三月二十三日

6. 政府与工商业

俞知事通告米蠹

（1912 年 6 月 7 日）

昨日绍兴县俞知事通告各乡文曰：

近来米价腾贵,贫民粒食艰难,揆诸原因,实由上年收成歉薄,来源稀少所致。本知事业已筹款赶办平粜,稍苏民困。一面照请商务分会转致各米商源源购运,并将豆麦禁运出境,以裕民食。兹查绍兴富户每有积存一二年米谷,以为预备米粮缺乏之需。现在米缺价昂之候,正可赶速出粜,于是米价可以减平,小民受□良多。本知事为求济民生而卫地方之计,合特出示通告,仰富户人等知悉。自□□后,如□积存米谷者,赶紧出粜,庶可稍平米价,藉免饥饿,是为至要。

《越铎日报》中华民国元年六月初七

官厅整顿茶业

(1913 年 5 月 2 日)

吾绍平水地方素产绿茶,历来畅销各国,久为外人欢迎。近年因山户贪图渔利,搀和黑煤、滑石、蓝靛运销英美,屡被各国查验扣留,于茶商受亏无穷,迭经官厅禁止在案。此次浙省长屈文六近据英美各国报告,中国茶叶搀和颜色者,仍属不少。若不设法禁止,茶业前途何堪设想,面值新茶上市之时,特撰白话布告,颁发来绍遍贴该处,晓谕山户,弗再掺颜色,以维茶业而保利权云。

《越铎日报》中华民国三年五月二日

取缔茧行条例

(1914 年 2 月 5 日)

省垣实业司长,以各县茧行,每有取巧分设场所及逾期不换牙帖之弊。前经令饬各县严加限帽,已志本报。兹闻孙司长以未经限制,各县所设茧行,亦应严加取缔。吾绍亦在取缔之例。昨经制定遵守条例五条,令饬绍县知事执行矣。兹觅录于后:

一、茧行继续营业者,换帖以三月十五日为限,逾限照章倍罚。

一、茧商换帖时,应将旧帖呈缴县公署,由县知事派员查明行业灶数与由载是否相符。如有私增烘灶者,应即将所增之灶封闭,如封闭之后,仍私自启封烘焙者,重罚不贷。

一、茧商换帖,该知事应即查明,该行从前有无私移场所及揽做抛盘情事。

一、茧行领帖后,照章不得取巧分设,如事实上不得添设分行,应呈明就地情形,指定地点适中,但每行所添设之分行,至多不得逾二处。县知事查核转呈核夺,俟核准后,将分行帖捐银三十六元随同行帖捐,同时并缴,以凭给帖,违者除酌量惩处外,并照章将正行牙帖吊销。

一、各县现有茧行,应由就地商会查照前例各条,加具切结,呈由县知事复核证实,方准给帖。其不设分行者,亦宜于结内声明,届时本公署派员密查。如有上项情弊者,该知事、商会同负责成。

《越铎日报》中华民国三年二月初五日

茧商请兵护款

（1914 年 5 月 10 日）

绍属黄坛镇为嵊绍两邑毗连之区，向来一般茶茧各商，以该处为收买地点。近日茶茧行将登场，茧商陶星乔以际此盗风日炽，抢劫频仍，输运现款，在在堪虞。爰于日前函请商会，转请县公署派兵防范。金知事以原有小队除分派看守所，暨弹压麻溪坝工程外，留署者仅二十名，不敷调遣。而该茧商所请派兵防范，又事属正当，势不可缓。爰于日昨，据情商请卫戍司令汪团长酌派若干名，开赴黄坛，妥为镇摄。汪司令已准如所请矣。

《越铎日报》中华民国三年五月十日

给示保护丝行

（1915 年 6 月 17 日）

县公署昨出示云：

为给示晓谕事。案准绍兴县商务分会函开：据丝商陶方华帖称，拟在城区当禧坊开设荣泰丝行，遵章备缴繁盛中则年换丝帖，捐洋三十六元，税洋十元五角，取具保结领状，乞函转颁给帖牌，并恳县公署先行给示保护等情到会。据此，敝会复核无异，理合检同保结、领状及缴到捐洋，□函请转详颁帖给执，并先给示开张等由到署。准此，除保结领状附卷缴到捐税解库照收，一面详请财政厅填颁繁盛中则年换帖牌给执，并报明会稽道尹外，合行给示晓谕，为此示仰诸色人等一体知悉。须知开设丝行系代客卖买，公平交易，自示之后，倘有不法棍徒藉端诈扰，许该丝商指名禀县，以凭提究，凛之切切。特示。

《越铎日报》中华民国四年六月十七日

茶行立案未邀准

（1915 年 6 月 22 日）

绍邑平水绿茶运销国内海外，向为出口货之大宗。惟近年以来，侔利山户往往以他种杂叶着色混充，致为外人察出，销路遂大受影响，日渐退步，良可惜也。现平水端泰等茶行,以严防山户着色,杜绝弊端起见,拟请禁止赶山收买,因亟函请商会转致县公署,详请巡按使核示立案。兹奉使批,以平水绿茶运销国外,山户着色,固应严加防禁。惟杜绝弊端,要在收买时之认真查察,似与赶山收买无涉。该茶行等帖请商会转禀禁止,并未准赶山收买与落行坐办于防止着色如何关系,切实声叙,并率予示禁,转滋流弊,所请立案之外,未便遽准云云。

闻县署已具函商会查照,转告各茶商等一体知照矣。

《越铎日报》中华民国四年六月二十二日

新开牙行详领帖

(1915 年 6 月 25 日)

绍兴商民阮吉臣,在哨唫乡下庙地方,开设阮天泰豆麦行。陶公记拟在曹娥开设万春森菜蔬咸灰山货行。先后具禀县署,请予转详财政厅,给发牙帖等因。金知事据禀后,昨已分别详请蒋厅长核给矣,觅得原详分列如左:

详一:

为详请事。据商民阮吉臣禀称,拟在哨唫乡下庙地方,开设阮天泰豆麦行,夏秋二季,代客卖买,备缴偏下两季捐洋六元,税洋二元五角,取具保结,禀请转详给帖。又据杜贵堂等禀称,拟在所前乡池头沈地方,开设泰兴青茶桃李行。现值春夏出产之期,为此备缴两季捐税,洋八元五角,取具保结,禀请填颁偏下季换牙帖给执各等情到署。据此,知事按户复查无异,除分别批示,保结附卷,暨报明会稽道道尹外,理合填具申请书,并将缴到捐税洋元一并随文详解,仰祈钧长鉴核,俯赐饬库照收,一面填颁阮吉臣开设阮天泰豆麦行夏秋两季偏下季换牙帖、杜贵堂等开设泰兴青茶桃李行春夏两季偏下牙帖各一道,暨门牌下县,俾便分别转给具颁,以资营业,实为公便。谨详。

详二:

为详请事。据商民陶公记禀称,拟在曹娥开设万春森菜蔬咸灰山货行,备缴捐税洋十七元,取具保结,禀请转详,填发偏下年换牙帖。又据余同生禀称,拟在集庆乡漓渚横路口,开设余扬记草子乡货行,备缴偏下年换帖捐洋十二元,税洋五元,取具保结一纸,禀请转详颁帖给执。又据张念七禀称,拟在集庆乡漓渚埠,开设张顺记草子乡货行,备缴偏下年换帖捐洋十二元,税洋五元,取具保结,禀请转详给帖各等情到署。据此,知事按户复查无异,除分别批示,保结附卷,暨报明会稽道道尹外,理合填具申请书,并将缴到捐洋元一并随文详解,仰祈钧长鑑核,俯赐饬库照收,一面填颁陶公记开设万春森菜蔬咸灰山货行、余同生开设余扬记草子乡货行、张念七开设张顺记草子乡货行偏下年换牙帖各一道,暨门牌下县,俾便分别转给,以资营业,实为公便。谨详。

《越铎日报》中华民国四年六月二十五日

承发吏积弊如是

（1915 年 11 月 24 日）

吾绍县署，前清时每患门丁差胥，迨光复后，司法改良，所谓胥差者，一变而为承发吏。司法禁察时至今日，变本加厉，而承发吏与司法警察之弊更甚于前矣。兹悉，安昌同顺油车之屋，系赵朗斋之祖产，因租息龃龉，令其出屋。车主余某反对之，赵于是起诉于金前任，饬吏朱维心前往发封。讵余设盛筵以享之，并以番佛二十尊寿，朱则一笑而去，赵迭催无效。又城区安宁坊汪元祥住屋余地，被堕民林五斤强占，久讼三年。今已高等厅控诉，判决令林所占之屋拆让，饬县执行。宋知事即饬魏子贞照行，乃魏先受林之运动，力向汪宅劝其息事。汪略略讲述，魏其大言曰："如不依我，你催呈进几十张，必无效。"悻悻而去。闻汪仍拟向魏以孔方进云。

《越铎日报》中华民国四年十一月廿四日

县公署示禁屠宰

（1917 年 11 月 5 日）

绍兴县公署宋知事，因日来霪雨为灾，特循例禁止屠宰三天，以迓天和。当于日昨出示晓喻，略谓：现在节逾霜降，四乡田稻正当刈获之时，适值天雨连绵，农人盼晴甚切，本知事为俯顺舆情起见，应即循俗禁止屠宰三日，以冀感召天和，除饬警传谕各铺户，自本月五号至七号止，遵照办理外，合行出示晓谕，仰诸色人等一体知悉毋违。特示。

《越铎日报》中华民国六年十一月五号

呈请维持宁绍金融市面

（1918 年 3 月 4 日）

浙江实业厅据公民周章程称：

为垄断金融，商民困苦，恳请勒减现水，以维市面事。窃查国家货币，原以活动社会经济，不能为少数商人垄断营业。现今宁绍钱市以划账为本位，变现洋为货物，每百元升水，自十一二元至十五六元不等，而汇水亦随之增涨，每千元须去百数十元。外项商业进货，均须现大洋计算，而门市售卖，非小洋则划洋，因此亏耗，不可胜计。查光复以前，宁绍市面，本不如是，近来日益加甚，为少数钱商谋利益，使多数商民受困苦，殊非振兴商兴，维持市面之道。用特呈请钧厅恳予分令宁波商务总会暨绍兴商务分会，召集钱业董事，开会集议，将现水为之减轻，俾汇水得以松动，于商业前途，裨益良多，伏候训示祗遵云云。

《越铎日报》中华民国七年三月四号

水警误拘栈司之大风潮

（1918 年 3 月 24 日）

绍城猪爪湾地方河港窄小，久为萧山甘蔗船聚泊，妨碍交通，经城自治议决，请水警署取缔停泊十只，随开随泊在案。不料，阴历二月初十日午后五时，因该处多泊两只，被水警署查悉违禁，即拘船夫二人到署羁押。惟是时阜泰水果行雇用之栈司二人，亦在船上，误被拘去。于是人和、协和、天和、同泰和等水果栈司群抱不平，谓船夫违令则有之，何以拘禁栈司，即由同行各派代表一人赴水警署剖白，讵代表甫经到署，而水果行栈司，素号野蛮，不听经理约束，齐赴水警署探听消息。时有看客某甲，向该署谎报栈司将来劫夺羁押之人。及栈司到时，站门水警即开枪示威恫吓。讵知看客愈聚愈多，平时不满意于水警，从旁怂恿栈司上前理论，不应开枪。奈时在旁晚，人多手杂，莫辨为谁，误将水警一人头部殴伤出血，该署误会彼等有意寻衅，随以电话告知。司令部及行政警署排队前往，计陆军二百余人，警察八十人，一时军警毕集，如临大敌。该署遂将派来之代表四人扣留不放，此后如何结果，容探续志。

《越铎日报》中华民国七年三月二十四号

水果行栈司与水警冲突平议

（1918 年 3 月 24 日）

苷蔗船不应在城停泊，在官厅既示以限制，彼冥顽者蠢不奉命，则甘蔗船罪无可恕也。

甘蔗船违命被拘与水果行栈司何涉？顾乃越权相干，则栈司恃蛮扰祸，积习如旧，非亦有不可轻恕者。至于水警放空枪以相吓，亦不能谓无过。总之，罪魁祸首，则在于甘蔗船，使甘蔗船能一律逐出城外，种种祸事，可以不发生。当日地方人士一再请求县署，令甘蔗船停泊于城外，实不为无见云。

《越铎日报》中华民国七年三月二十四号

水警干涉甘蔗船之风潮再志

（1918 年 3 月 25 日）

水果行栈司骚扰水警署情形，业已志昨报。兹据另一访员来函云，阴历二月初十日午后五时，水上警察队长吴祖芬适往猪爪湾巡视，见甘蔗船停泊该处，溢出数几半。吴队长以迩届清明时节，祭扫船络绎不绝，偶一阻碍，即因之滞塞，于交通实大有妨碍，乃上前理劝，嘱其退出数只。讵蔗船中人，不知其为水警队人，报以恶声。吴不得已，派水警二名下舟，勒令溢出定数之船退出城外，时有某水果行伙友某甲亦在该处，□令高呼嘱蔗船无须退出,有事凭我负责云云。吴某向之理论,该伙竟口出狂言,恃蛮不受,且云尔敢拿我去耶?吴队长忍无可忍,乃命二警同该伙到署,甫在客室训劝,而署外已人声嘈杂,水果行栈司七八十人,加以看客百余人,声势汹汹,弥欲夺人以去。门岗阻之,遂殴伤头部,吴队长见如此蛮野而署内只有水警十余人,他均在乡巡紊,不得已向空开枪一排,以作抵制,一面电告县警所,由警所电告司令部遂率军警前来弹压而该栈司等已闻风鼠窜矣。

《越铎日报》中华民国七年三月二十五号

甘蔗船当悉数出城

(1918 年 3 月 25 日)

去岁公民联名呈请取缔蔗船驻泊城外者屡矣。而冥顽不灵之祁蔚生,竟不闻不问。

令甘蔗船竟因不受取缔而扰祸矣。水果行伙竟敢恃野蛮,代之张胆矣。水果行栈司竟敢恃众闯入水警署劫夺其人而去矣。推其端,实始于甘蔗船。

官厅宜迫令蔗船如数停泊于城外指定地点,永毋许其入城则自无事。

《越铎日报》中华民国七年三月二十五号

为蔗船事诘城自治委员

(1918 年 4 月 2 日)

自治何谓,设自治委员之用意何在?姚某膺斯职,其亦知责任之所在乎?当冲何衢泊巨船数十艘,塞碍交通,阻滞行旅,姚某有耳有目,非聋非聩而漠然置之,自治委员之谓何?

姚某殆以此无与我事。苟且姑息,故去岁公民之呈请取缔也,不问不闻,今水警之干涉肇祸也,亦不问不闻。尸位素餐,养痈贻患,姚某咎其何辞?大梦无时,觉平生嬾可知呼?是亦吾绍城之不幸而有此城自治委员也。

《越铎日报》中华民国七年四月二号

蔗船肇祸案近讯

(1918 年 4 月 9 日)

城区猪爪湾甘蔗船殴伤水警劫夺枪械毁破巡船,经戒严司令部盛司令官,将为首滋事者拿获严惩,并将当时情形暨处置办法,呈报军署等情,已迭志本报。兹悉,盛司令官业奉督军指令,饬将此案结束情形报候察夺。该司令官当分令绍县王知事暨水警吴队人遵照办理矣。兹将令文分录如下:

其一：

案查绍城猪爪湾甘蔗船户等与水警冲突一案，业将全案人证，令发该知事讯究，并将当时情形暨处置办法呈报督军各在案。本月八日，奉指令第一三一五号内开，呈及附告均悉。该司令官处置办法尚属合宜，仍将此案结束情形报候察夺等因。合行令仰该知事迅将讯究情形尅日具报凭转，毋稍延忽，切切此令。

其二：

案查猪爪湾甘蔗船户与该队警士冲突情形，业经详报督军暨将全案人证转饬绍县知事讯究各在案。兹奉督军第一三一五号指令内开，呈及附件均悉。该司令官处置办法尚属合宜，仍将此案结束情形报候察核等因。奉此，除饬县迅将研讯情形具报外，合行令仰该队长将查获枪枝日期具报凭转。此令。

《越铎日报》中华民国七年四月九号

催报货币之状况

（1918 年 6 月 13 日）

财政张厅长昨训令本县知事文云：

案奉财政部令开：调查各县货币流通状况，并颁发调查表式，饬即严催转行查填汇呈等因。当经照式刷印通颁各县，一律填送在案。迄已四月有余，前项表件，尚未据各该县造送前来，殊属不合，再严催该知事立即遵照前令，会同商会赶紧分别查明照式填报。刻日送候汇转，事关部查，毋再延宕，致干查究云。

《越铎日报》中华民国七年六月十三号

实行革除现水之布告

（1918 年 9 月 17 日）

绍兴县公署昨出布告云：

本年八月二十六号，奉省长公署训令内开：案据财政厅呈称，案奉钧署训令，准省议会建议整顿金融革除现水一案，饬厅会同各银行详加讨论，切实办理等因。遵即邀集杭州总商会会长、各银行领袖及钱业董事等开会筹议，当经议定，先由中国银行联络各银行领袖，预备现款，以资市面之周转，一面由杭州总商会知照宁波、绍兴两商会，并杭、绍、甬三处钱业领袖协议善后方法，一体遵照实行。嗣准杭州总商会函复会议情形，并转陈宁绍两商会及杭州钱业等提出意见，对于革除现水问题，无非藉口于积重难返，请求从缓执行，且误认钱业划单亦同在禁革之列，当经本厅函复，以现水与划单，本属两事，来函并为一谈，于官厅此次计划，尚有误会之处。查钱业汇划本为一种正当业务，节约硬货之使用，便利交易之出绌，按诸经济学理及商业习惯，并无何种不合，如果汇备充足，信用昭著，本可与现洋同一周转市面。但划单出入，须与现洋一律，不能于现洋之外，另定一种划洋本位。再有现水名目，并不得有不准支取现金之限制。本厅遵奉省令，整顿金融，其要旨即在于此。来函所述各节，除关于禁革划洋一事，本不成问题，毋庸置议外。至反对革除现水之理由，大致以为银根紧迫之际，全恃高抬现水藉以吸收各方面之现金。今若全行革除，此后本地现款，恐反为他处吸收以去。一旦市面受挤，将无救济之方，殊不知此种行为，既非正当，亦无效力，近年以来，杭、甬、绍三处之市面，其所以至此者，并非现洋果有如何之缺乏也。正惟其有现水名目，于是一般经营投机事业之奸商，得乘此时期，囤积现款，操纵其间，以罔市利，而钱业中人，亦视为难得之机会。一方面以此挟制存户之提款，一方面即以现金转运他处放款渔利，以致银水愈抬高，市面愈纷扰，充其弊之所极，必使民生国计交受其害，酿成金融上极大恐慌而后已。且宁、绍两处上年现水最高之率，几至百分之二十，果如来函所云，则市面上必可吸收多数现洋，以供需要，何以致今缺乏如故，而其他各县之并无吸水名目者，何以反能周转裕如，未闻被他处将现洋尽数吸收而去。此其事实，固彰彰在人耳目，毋待深辩者也。继之官厅施行政策，应以多数人民生计为前提，不能曲徇一方面之请求，维持一方面不正当之利益。钱业汇划原所不禁，然现水恶习，事在必除，仍请由会劝导杭、绍、甬三处各钱业，一体遵办，□□查照在案。至中国银行方面筹备情形，现准该银行函复厅长，查现洋贴水各地所无，扰乱金融，莫此为甚。若不亟图改革，势必继长增高，危险将不可思议。自革除问题发生以来，除少数钱商因自身之利害关系，未能一致赞成外，一般舆论，均无异议。且宁波方面，经中国银行着手办理，成效业已大著。绍属方面，现水亦已大为缩减，比较上年最高之率，相差悬绝，亟宜乘此机会，完全革除，以期一劳永逸。惟现水名目，由来已久，一旦革除净尽，难保无少数奸商藉端反对，从中破坏，拟请特颁通令，即行禁革，此后浙省全境，不准再有现水名目发生，市面通用，应查照民国三年部电成案，以本国所铸银元为本位，无论现钱交易，以及欠款划账出入，均归一律。倘有不肖商人，另立名称，扰乱市面，应即严行惩办，并由各道尹暨各县知事严密监察，协力进行。至一切善后事宜，仍当由厅会同中国银行随时妥为筹划，以仰副整理金融之至意等情。呈请核示前来。查现洋贴水，最为市面恶习，自宁、绍发生以来，近渐沿及杭属，民生、国税交受其害，日久不除，弊将愈甚。现经该属商准中国银行筹足现金，结合群力，共图补救，自应严定期限，一律完全革除，以肃币政，除指令并行道转饬外，合行令仰该知事遵照，迅即出示布告。自奉令之日起，限十日内一律革除现水。嗣后市面流用，无论现钱交易，或以划汇过账，出入一律，概照现洋作算，不准再有现水，发生贴现名目，并应以本国所铸银元为本位，以昭画一。一面切实函致商会传谕钱业遵照，倘有奸商藉端反对，希图破坏，扰乱金融，即由县查提，从严惩办，勿稍宽纵，仍将遵办情形暨示稿录覆备查等因。并奉财政厅及道尹训令。前因查现贴水，有碍国税民生，此次奉令革除，事在必行，除函致商会传谕各钱业遵办外，合行出示布告钱庄及各业人等遵照，限本布告发出之后十日，于本月二十五日起，市面流用，无论现洋交易，或以汇划、过账出入一律，概以现洋作算，不准再有现水发生贴现名目，倘有奸商故意反对，希图破坏扰乱金融，一经查出，或被告发，定即严提惩办，决不姑宽，其咨凛遵毋违，切切。特此布告。

《越铎日报》中华民国七年九月十七号

革除现水之来踪去迹

（1918 年 9 月 25 日）

自省议会咨请革除现水，即由中国银行会同行政官厅急切进行，平现之声愈唱愈高。至今杭、甬等处于无可如何之中，勉依省令实行，而宁波钱业对于此次问题颇多交涉，前由甬商虞和德调解无效。现闻又有甬绅谢天□至北京财政部中国银行总管理处切实声请斟酌缓急，兼筹并顾。兹录财政部致浙省长财政厅电文录后：

杭州齐省长、张财政厅长鉴：顷本部李次长暨李司长等面陈，据宁波同乡会谢天锡声称，甬市自省令平现，恒孚钱庄聚集洋单逼还现款，收付停止，全市恐慌，恳电省维持，以宏市面等情，查平除现升，原为人利除弊起见。如果奉行官商操之过激，于商业习惯，地方民情不无关系。应请饬□斟酌缓急，函电指令道县召集绅董劝即双方协议泯除成见，以维金融而昭公道。同深盼幸。财政部筱等云。

绍兴钱业以官厅令出，惟行变只勉从官意。故闻自今日起取消现水名义，不复再开升头，而各业以此后金融闭滞，营业必不通融颇为恐慌。已有数业帖请商会筹议善后矣。不知如何解决。

《越铎日报》中华民国七年九月廿五日

关于革除现水之要电

（1918 年 11 月 17 日）

齐省长致财政部电云：

北京财政部鉴：近日杭州风传大部派员到浙查办革除现水事，并传大部主张回复贴现，以致商界一部分颇有谣言，究竟有无其事，应请电示，以息群喙至盼。齐耀珊。阳印。

昨接覆电云：杭齐省长鉴：阳电悉。财政部并无派员到浙，查办革除现水，并主张回复贴现之事，特复。币制局。真印。

《越铎日报》中华民国七年十一月十七号

省公署革除现水之咨复

（1918 年 12 月 23 日）

省长公署咨复省议会文云：

本年十二月十六日准贵议会咨送魏议员泽寰等提出关于杭、绍、甬三处钱业巧立贴票汇水名目,暗中抬抑事项问书一件,咨请查照,如期答复。等由。准此。查现洋贴水,钱业操纵图利,扰乱金融,久为人民所痛苦,亦于国税受损失,前准贵会建议革除,经令财政厅会商中国银行,设法筹备现金,分运各地接济,一面通令杭、宁、绍三属遵照,依限实行革除,此后市面流通,无论现洋交易,或以汇划还帐,出入一律,概以现款作算,不准再有现水发生贴现名目,数月已来,已据各属陆续报明遵办。唯于汇水一项,涨跌靡常,深恐别滋流弊,亦经分别节饬调查取缔在案。汇水系手续费性质,酌贴若干,各处自有正轨,决不容因革现之名义,任意高抬,且亦对于外埠汇划则有之,断不能向本地存放,各户一律算取。若贴票名目,尤属创举,自应再行一并严禁。绍兴拆息已由厅饬县实行增加,而杭、甬两处涨落倘有不齐,自应彼此平均,以归划一,除行财政厅议具复,并令转饬各该县知事遵照办理,倘有承奉阴违,即行查提惩办外,准咨前由,相应咨复贵议会查照。

《越州公报》中华民国七年十二月念三号

关于革除钱业汇水之厅令

(1919 年 4 月 8 日)

前日财政厅张厅长训令杭县景知事文云:

本年三月二十五日,据绍兴县知事王嘉曾呈称,案奉钧厅第四零九号训令,饬属迅即告知钱业市面,应以国币为本位。又奉钧厅第一二三九号指令,属县呈送金融评议会议决修正钱庄规则,准予备案,并饬令传晓钱业,即日开市,毋得观望各等因。奉此,当经知事转饬钱业遵照四零九号训令办理,一面定于本月二十日在县署召集评议会各员开会集议,并令各会员磋议开市问题,经各会员详细讨论,佥谓本会前次议决之修正钱庄规则,既已奉令照准,自应切实奉行。惟再三研究,现在遽行开市,则于规则中之第八条杭汇费一节,首先抵触,碍难遵行。盖查杭州近日之绍汇去水,较前次议决时之情状,逐日有增无减。杭州绍汇去水增多,即是现洋至绍必须升水之数,亦即逼成绍洋至杭,必须去水。此中盈虚消长,互相牵制,断非专在绍兴一方面限制便可收效。其故在杭庄向来吸收绍兴现款,转放外行,而杭州出入,又向用现洋,是以钱业不得不设法将绍洋去水售出,以济杭州现洋之不足。去年旧历年底,杭、绍各钱庄因受有各外行多数之时款,市面现洋较前多备。汇水革除,今年新春各外行,逐渐开张交易。杭庄需易孔殷,是以又将绍汇去水增多,以为招徕现洋之计。查钱市交易,与他项庄号不同,其为营业之要素,贵在与外埠流通,方可以资交易,非绍兴之钱庄仅限于绍兴县之他业交易也。今杭庄自由议定之绍汇去水有四元七角零,且观其趋势,尚属有增无减。自断难强绍兴钱业就新订庄规八条之限制开市,以硬受损失。倘欲钱庄早日开市,准其迁就杭庄,现在办法则是前功尽弃。所议之庄规,亦须破坏,不能实行。并辜负钱业欲遵守官厅命令,实行革除现水,一律通用现洋之办法也。并又谓,真实由杭运汇,现洋至绍及由绍运杭,只须每千元一元之运费,足资敷用。现杭庄所定绍汇名目，即是现升之化名，是以必须杭州先行限制，杭庄不准再有绍汇名目，只准汇绍每千现洋取一元之搬运费。绍兴汇洋至杭，亦照每千取运费一元，如此办法，则绍兴市面，可永保无现升或杭汇费等名目发生，一律现洋出入，无□升降，现在本会□欲名钱庄遵守新订庄规，切实奉行，□市交易，自非声请财政厅饬杭县各钱庄除去绍汇水名目不可，应请县署迅速请示办理各等语。知事详加察核，委系实情，理合将二十日议决各事，由开具清折呈请鉴核等情。据此，查各埠汇兑款项所加汇费，应以实在之水脚及手续费为准，不得任意高抬，前经本厅于筹议设立金融评议会文内呈奉省长核准，并通行在案。前据该县呈送杭州钱业重订规则内开：甬、绍二角五分。兹绍兴钱业称，由杭运汇现洋至绍及由绍运杭，每千元只须运费一元，何以现在杭市绍汇去水，开至四元以上，不特与绍兴钱业所称实须运费，相去悬殊。即与杭州钱业所议规则，亦属违背。究竟是何原因，合行摘录原折，令仰该知事查照，刻日召集金融评议会各会员秉公妥议具复察夺毋延云。

《越铎日报》中国民国八年四月八号

严禁暗升现水之布告

（1919 年 9 月 5 日）

绍兴县公署，昨给布告云：

为布告事，案奉财政厅训令第一四一七号内开：案据绍兴公民程丙臣等秘日快邮代电内称，绍地现水蒙明令革除，实行半载，商民额手称颂。乃日久玩生，本年夏间，奸商仍设计规复，始则每千元仅升五六元，现竟升至二十余元至三十余元，赴庄提现者，必令外加或内扣此数，始肯照付，否则托言无现，一概拒绝，按日做价，不行牌示，名曰暗升，阳避其名，阴踏其实，似此违背命令，扰乱市面，徒为投机居奇者所左右，殊与巧取豪夺无异，万众茹苦，怨咨莫诉，刻正花、米上市，银用滋繁，何堪重遭此痛。为请电请饬县，严厉查禁，设法救济，务使已清之弊，不令再生，实深公感等情。据此，并经本厅访闻，近日确有暗升情事，查该县现水前已实行革除，何以近来复有暗升名目，似此阳奉阴违，不但玩视禁令，即于钱业自行制定之庄规，亦复大相刺谬。该知事责任所在，当不至毫无闻知，究竟如何实情，仰即迅速查禁，事关整理金融，该知事务须切实进行，倘敢丝毫松懈，至堕前功，定当呈请省长严行惩处，慎勿自误，此令。等因。奉查，是案前奉省长公署，暨财政厅，以绍兴市面进出现洋，闻有暗水名目，函饬从严查禁，即经邀集商会会长及保昌等钱庄经理，一再会议，嗣据该经理等承认将暗水刻日革除，当经电复，并于勘毕塘工晋省之便，面陈种切。至革平现水，已成法案，责令遵照办理，无所用其提议，第该钱庄等藉口现金缺乏，奉革未久，即又发生暗水名目，对于存户、借户支取现款，始必绝口回复，迨得其贴水，即行付给，可见绍地现金并未缺少。兹复召集金融评议会会员筹商善后方策，公议暂加拆息，以吸收外来之现金，俾本地之现金，不致再为他处吸收，以去一面，由该钱庄等自行筹备现洋，或由银行随时救济，以补不足而供需要，开源节流，双方兼到。会员中有现充钱庄经理者，亦已无可辩论,一致赞成,决定实行。自此次会议之后,各钱庄及各业商铺,进出款项,不论汇进作账或买卖交易,均不准再有分文现贴,倘有奸商,别图生发,暗中升水,准各商民来署报告,立即拘案惩办。如各商民向钱庄支取现洋,为钱庄所愚,甘心贴水,不来呈报。由本知事侦查得实者,亦必与受同科。不稍宽假。奉令前因,除呈复并函致商会暨派员严督密查外,合亟出示,布告阖邑商铺人民,一体遵照办理,慎勿阳奉私违,自罹法网,切切。特此布告。

《越铎日报》中华民国八年九月五号

违法私取现水遭败露

(1919 年 9 月 11 日)

绍兴县知事余大钧,日昨出示布告云:

为布告事,案查绍兴市面行用现洋,原有贴水,现经奉令禁革,嗣又发生暗水名目,迭奉省令,严行查禁。当经召集金融评议会会员开会议决,一律革除,布告各业商铺,进出款项,不准再有分文现贴。倘有奸商别图发生暗中升水,准各商民来署报告,如贴水而不呈报,一经查实拘案重惩。兹闻各钱庄对于现水,均已革除,尚能顾全大局。惟查天福丰等数大商号,每日售得现洋,均由安昌一带花行用暗水贴去。该号商等身家殷实,乃亦贪图小利,不惜以身试法。本知事深为不取,徐派员警密查外,合亟布告阖邑商铺人等一体知悉。嗣后,进出现洋,倘再暗贴升水,一经访闻,或被告发,与者、受者,一律拘案严办,勿谓严之不预也。凛遵切切。特此布告。

《越铎日报》中华民国八年九月十一号

厉兴查禁现水之令

(1919 年 12 月 28 日)

浙江全省警务处训令省会警察厅长杭、鄞、绍兴各县知事兼警察所长云:

本年十二月二十日奉省长公署训令第二六一四号内开:案查前准省议会咨送周议员远达等提出,关于本会议决,革除现水案。杭、绍、甬各钱庄仍旧阳奉阴违质问书一件,咨请查照答复等由。查现洋贴水叠经官厅严令革除,何以至今尚未一律净尽,且有变更名义,暗中挖取情事。即经令行财政厅分饬杭、鄞、绍三县知事查明严行禁革,一面答复在案。兹据该厅长呈称,查原质问书所指各节先经本厅访查得杭、宁、绍三县知事,各兼金融评议会会长对于革除现水,应负完全责任,不容稍有放任,即经分别电令各该知事,切实查禁。赴日具复在案,现在鄞绍两县尚未复到,杭县方面,仅据该县知事覆称,此事总商会应负其责。业经函请转知钱业克日取消等语,对于厘贴名目,如何禁革,并无切实办法,且近日报载钱市行情单内此项名目,仍未革除,可见该县并未执行。厅长查革现一事一年以来,遵奉钧令,切实办理,本厅对于各该县知事随时督饬进行,且已不遗余力,全在各该县知事认真监察,实力奉行,以期竟厥全功,乃此次杭县知事王吉檀对于钱业擅加厘贴各目,事前既不加阻止,迨至本厅令饬查禁,仅以一转了事,实属放弃责任,意存诿卸,业经由厅严令申斥。惟查禁革现水,纯属行政处分,应由县知事指挥行政警察执行之。省会警察系另设机关,不在县知事职权范围之内,于执行上不免稍有困难。鄞县亦事同一律,应由钧署令饬警务处轻行省会、宁波两警厅,随时协力查禁之处,并乞核示等情。此次杭县钱业发生厘贴名目及宁、绍两县有暗中挖取情事,均属现水之变相,官厅不忍各业受钱业之脧削,不啻三令五申,悬为厉禁,乃钱业犹复多方变计,有心尝试,殊堪诧异。杭县知事,于厘贴发生之初,不即禁止。经该厅查饬之后,依然藉词推诿,大属不合。自应严行申斥,以示严儆。除指令外,合抄原质问书令仰该即便转饬省会、宁波警察厅按照质问事项,协同县知事及绍兴县知事,实力查禁,毋任阳奉阴违,仍将查禁情形随时具报。此令等因。并抄发原质问书一件到处。奉此,除分令外,合行转录原质问书,令仰该厅长知事兼所长按照质问事项,协同该县知事厅长,实力查禁,毋任阳奉阴违,仍将查禁情形,随时报候核转,切切此令。

《越铎日报》中华民国八年十二月念八号

金融界最近要闻

(1920 年 1 月 14 日)

自杭垣发生厘贴名目以来,吾绍亦暗升现水,其办法即以日拆若干天计算。乃省垣各业代表,竟谓厘贴与现水不同,具呈请求免予查禁,已奉财政厅批斥不准。是吾绍之暗升,当然亦在查禁之例。爰录原批如下:

呈悉。查现水革除以后,现洋划洋出入一律,当然不准再有别种名目,何得复听厘贴之发生?该商等谓厘贴与现水系属两种,不知何所据而云然。厘贴固有申厘可考,杭市可核,然杭沪元价相差如此之巨,试问是何理由?如果钱业出入,均系现金,何不即以购买规元之现金接济市面,而必先购规元,再由上海换买现洋。蒙此巨大之虚耗。况考之申厘,核之杭市,钱业逐日所开厘贴数目,亦多有未符耶!在该商等平时既仰给于钱业,此时自不能不听其操纵。且厘贴所耗,仍可就物价工价转嫁于人。该商等并无损失,自不妨如此立论。然而小民苦矣。以浙省物产之丰,财源之广,金融机关诚能率循正轨,何虑现金不敷周转,亦何虑无利可图。若必狃于积习,滥且空单,则恶货币驱逐良货币,为一定不易之理。一旦因特别事故,周转不灵,钱业固不能自存,恐各业亦将受其巨累矣。即如六年十月甬变发生之际,维时官厅尚未下革现之令,且正值花米上市,现升正在抬高,宜乎现洋不可胜生。然绍兴则异常震动,迭次向省会要求接济现洋数万元。杭州总商会亦以禁止现洋出口为请。本厅定为以五百元为限,商会犹嫌其宽,杭、绍市面如此之大,乃为数万圆所窘,谓非现水阶厉而何?且钱业之所倚赖者,以为上海尽有现金供我取求耳。殊不知近来银根之紧急，实影响于世界潮流，上年十一二月间，上海金融极形恐慌。幸赖各方面接济，得以维持现状，假使上海自顾不遑，实行禁止现洋出口，彼时纵有十倍、百倍于现在之厘贴，试问能号召丝毫之现金否？自欧洲大战以后，金融之变幻不测，每每出人意表。吾浙本财赋之区，秩序又极完善，及今涮除弊习，共守绳墨，则空单既去，实货自来，金融能日趋巩固。商业斯益臻发达。本厅遵奉省令，整理金融。昔者之革除现水，此次之查禁厘贴，固为体恤穷民，此案现据杭县知事，以杭州总商会已与钱业商定，向各处设法筹集大宗现款，周转市面，厘贴名目，遵令取消等语呈复前来。该商号所称各节，业已不成问题。自应毋庸置议。官厅革除现水之宗旨，各业多未明了，用特明白批示，俾众周知。该商等当不致再有误会矣。

《越铎日报》中华民国九年一月十四号

省长办理革除现水之报告

（1920 年 2 月 8 日）

绍兴暨杭、鄞二属革除现水一案，业已迭志本报。兹录得齐省长此次请假，北上觐见总统，报告在浙办理革除现水情形节略之原文于下：

查浙省杭、宁、绍三处市面上，向来行用一种划洋，遇有交易，但凭划单，向钱庄过账，不用现洋出入。其始本为周转便利起见，藉以节约货币之使用，办法未尝不可。乃日久弊生，浸成恶习，各钱业以现洋、划洋分为两种本位，可以从中操纵，以罔市利。于是专做虚盘滥发空单，平时但以纸面盘剥利息，并无充分现金为之准备，一遇市上银根稍紧，则用户或存户之向其支取现金者，必令其贴补现水。最初不过千分之一二，尚无何种关碍。旋即继续增高，有加无已。民国六年间，宁、绍两属现水，最高之率，几达百分之二十。杭属亦涨至百分之五。而现洋缺乏如故。可见高抬现水，实不足以招集现洋，相沿既久，必至虚单充斥，实货枯竭，公私经济，各蒙其害，危险情形，不堪设想。查民国四年间，曾经财政部令饬财政厅会同浙江中国分银行，将现水名目实力革除。旋以政局变迁，事遂中辍。七年一月复由本公署训令财政厅转致杭、宁两总商会，会同妥议办法，七年五月并准省议会提出建议。对于现水弊害，言之綦详。□征舆论之一致主张，益觉改革之不容稍缓。当即行厅，会同各银行详加讨论，切实整顿。嗣据呈复，业已邀集杭总商会长、各银行领袖及钱业董事等开会筹议，当经议定先由中国银行联络各银行预备现款，以资市面之周转，一面同杭总商会知照宁绍两商会，并杭、宁、绍三处钱业领袖，协议善后办法，一体遵行。并将体察情形对于革除现之举，除少数钱商因自身之关系，未能一致赞成外，其余各业均无异词。且宁波方面，经中行著手办理，已有端倪。绍兴方面，亦已减缩。比较上年最高之率，相差悬绝，自应乘此机会，完全革除，以期一劳永逸。遂即核定照办，并通行钱塘、会稽两道尹暨杭、宁、绍各属知事出示布告。嗣后，市面流用，无论现银交易，或以汇划过账，出入一律，概以现洋作算，不准再有现水名目。一面切实函致商会传谕各钱业遵照。嗣后，虽有少数人倡言反对,既无充分理由,当然不成问题。惟是现水名目,相沿已久,善后方法尤关重要,能不筹根本计划。因又饬据财政厅议定,于杭、宁、绍三县各设金融评议会一处,以体察市面情形,整顿金融,革除从前一切障碍为主旨。该会组织,即以该管县知事兼充会长,在商会会长、各银行行长、经理、各钱业董率等,均为会员。凡关于金融问题,须经该会协议钱业各种规程,须经该会审定,视金融之趋势,作公平之评判。各埠拆息之增减,一以上海为标准。杭、宁、绍三处并应随时接洽,彼此均平,不使有所轩轾,以杜投机扰乱之弊。其外埠汇兑所加汇费,应以实在水脚及手续费为准,不得任意高抬。有此公共讨论机关,俾银行与钱庄可以互相提携,免致彼此隔阂。一应计画,必能各方面并顾兼筹,斟酌尽善期,以正当之手续纳金融于常轨。旋据各县知事呈报,此项金融评议会均于八年一月间,次第组织成立,并按照规定办法,分别行使职权,察看各地市面状况。杭州、绍兴方面,自金融评议会将汇水限度规定以后,虽市面仍小有出入,似已渐就范围。惟宁波市面情形,较为复杂。一般钱商仍不免有阳奉阴违,私做暗盘情事。经鄞县金融评议会议决,由中国银行于宁波、江厦地方,设立分办事处,加入钱业同行,实行收兑规元,照市开拆,作各庄之模范,为平现之后盾。顾革现之举,虽为整顿金融之必要,终非一般钱业所乐从,良以市面划一,则一切意外取盈之术,无所用之。故必出死力以图抵制。在各业亦以平时仰给于钱业,不能不听其操纵,并以贴水所耗,仍可就物价转嫁于人,于自身并无所损,辄复受其鼓动,出头要挟。上年十一月间,适因上海银根奇窘,各埠同受影响,于是杭城钱业藉口现洋缺乏,忽然发生暗贴名目,核其性质,实与现水无异。同时宁、绍两处银市暗水又复任意高抬,当以现水革除以后,断不容再有别种名目发生。同时省议会,又迭次提出质问,节经责令财政厅严行查禁。而各钱业尚复藉词反抗,未肯遵办。最后,仍由银行于平时接济外,再行贷出巨款,始据议定。自九年旧历正月为始,均以现洋取买规元贴水,不再发生。宁绍两处,并经严令各该知事切实取缔,亦已渐就平复。□□现水名目,揆诸法理,决不应听其存在。征诸舆论,亦无不以实行禁革为至当不易办法。在官厅禁革本旨,无非欲各项商业渐趋于实在,一般平民减除无形之盘剥,实不忍使商业金融最完善出产物力最繁富之浙江,因钱市紊乱而为湘赣省之续。又深知积习相沿,非一时所能划除。是以议禁之初,先行商允中国银行,联络各银行筹备现款,以资接济,实行以后,又复设立金融评议会,由商会、银行、钱业公同集议,以免隔阂。此事筹办以来,已阅两年。凡所设施,始终持渐进主义,从未稍事操切。此浙省对于革除现水之主旨及先后经过之实在情形也。

《越铎日报》中华民国九年二月八号

严查漏米办法之通令

(1920年5月10日)

县署奉会稽道尹通令云:

案奉省长公署令,案据瓯海道尹呈称,窃温属产米各县,如永嘉、乐清、瑞安、平阳、玉环五县皆地邻滨海,四通八达,故漏米之禁,虽不啻三申五令,而偷运之案仍不免时时发现,推原其故,实因邻国米价奇昂,每石近三十元,温海一带可航,遂致渔利之徒,罔顾禁令,甘冒不韪,但非有私牙为之收罗,则米散而不聚,非有奸商垫给资本,则米聚亦复无多,非有船户代为装载,则米又无自起运。而当地苟无劣绅刁棍为之包庇,奸牙奸商并无此胆大妄为,因缘勾结,狼狈为奸,此漏米之风,纵已多方设施,转瞬青黄不接,价格势必骤涨。若再不为筹策,贫民粒食维艰,其将何以堪此。卷查内地流通米谷,已有给发护照,沿途查验规定船户携带食米,又有大船千斤,中船七百斤,小船四百斤之限。防维不严密,再议更张,恐滋纠扰,转辗筹思,惟有执简驭繁之一法,于官厅严定功过,于民则遇案重惩,务使民间无利可图。且至得不偿失,官厅考成所在,不致视为具文,或可稍肃米禁,顾念漏米,必有起点,无论私牙经手,奸商包办或劣绅、刁棍代为寄顿雇载,苟能悉心稽查,断非无迹可寻。是则责在陆警,迨至已经下海,无论一批出发,分船驶运,或风雨昏晓,乘间偷运,外海遍布巡船。若果认真查缉,尤难飞越窥逸,是又责在水警及至案经破获,则米从何来,偷贩何人,有无合伙,包庇船户,均无不知之理。彻究到底,按名拘办,是则责在地方,有司职道,为顾全民食计,即以此而严其考成,定其罚法。爰拟章程七条,是否可行,理合缮具清折,备文具呈,仰祈钧长察核指示,再行分令产米各县遵行,实为公便等情。并附折前来。除令呈悉,折列各条注重水陆营警地方有司及包庇漏米之劣绅刁绅商船户人等严定惩具有□地,应准照行,惟劣绅地棍包庇漏米一条,将米充公外,句下应改为另按充公米价之数加倍处罚。米行奸商包办漏米一条,即吊销牙帖,停上营业,句下应改为并酌量处为人民报告漏米一条,内于标卖后于提赏三成内酌量从优分给充赏,经已分别代为签改,除候通令各道□尹海水警厅并各区警备队统带饬属一体遵照办外,仰即照录指令及办法令饬各县遵行,并布告商民人等知悉。其各县记功记过之员,由该道于呈报米案时,切实声叙,仍每届三个月,将所属功过表详晰造呈核夺,并先将遵办情形,报资折存。此令等语。印发外。查米粮漏海,迭经严令查禁,而漏米之案,仍层见迭出。洵非严定考成,分别奖惩,不足以重米禁而裕民食。来呈所称奸商船户勾串收运,劣绅刁棍,从中包庇各情形,亦不尽瓯海道属为然。罔利害民,实堪痛恨,亟应一律认真办理。合行抄发奖惩办法,令仰知照,迅即转行所属一体遵照云云。附录所定奖惩办法七条于下:

(一)水陆营警能破获漏米五万石以上者,于提充分米价三成给赏外。该管员弁另予记功一次,十万石以上者,记大功一次,县知事自行破获者亦如之。

(一)县知事能破获漏米之案,究出奸贩、刁牙或包庇劣绅、地棍□□□脚者,每案记功一次,三次改记大功。

(一)水陆营警于该管区域内出有漏米之案,或经过该管区域不能确获,被他处发觉者,每案记过一次,三次记大过,或有故纵情事者,立即呈请撤惩。县知事亦如之。

(一)劣绅、地棍,如敢包庇漏米者,一经查获,将米充分外,另按充公米价之数三倍罚办,不足封其财产。

(一)米行奸商有包办漏米者,一经查有实证,即吊销牙帖,停止营业,处以一千元以上罚金。

（一）船户敢载漏米者，一经查获，无论已船租船，没收公充。

（一）人民知有漏米准其赴就近警区或县公署批明报告，因而拿获者，于标卖后，酌提米价一成充赏。倘系挟嫌互讦，或空言捏报，亦须依法惩处。

《越铎日报》中华民国九年五月十号

绍商运米给照之办法

（1920 年 5 月 15 日）

绍兴县公署昨出布告云：

为布告事。本年五月十日，奉会稽道尹第三六九号训令内开：本年五月五日，奉省长公署训令第八八六号内开：案查海宁县取缔绍商运米一案，前经订有给照办法。据该县知事有代电称，硖石镇及各区存米不多，来源更缺，绍属各县有滨海者运绍米商船户，一出尖山，有无转运漏海，不易□□□□，并查该县所发运绍米石护照多有历久尚未由各县撤销者。其中朦混漏海在所不免，自应严加取缔。兹经核定，嗣后凡旧绍属各县米商赴海宁县办米，仍照订定办法，由运地给发护照验放外，责令各米商运米到地时，持照报请就近驻警所查验，候验明相符，即由该警所于照内填明运到日期，加盖日期验讫戳记，送□□销，由县按照月日汇案列表，运照报省查核。一面由海宁县知事将逐日各县办米商人行号、地址及购米石数指运地点，□□米行给照，暨起运日期，每半月分县列表，汇报省署一次。由署分行各县查复米石是否确运到地，以防朦运而重米禁，并□原定是项办法第四条及第十三条，分别改正。除令行钱塘道速行海宁县知事遵办，并出示布告米商外，合亟钞发改正□文，令仰该遵□迅速转令旧绍属各县知事遵照，分别认真办理，并布告米商一体知悉。此令。并附抄件等因。奉此，除分令外，合亟抄发原件令仰该知事即便遵照办理，事关民食，勿稽疏忽，切切此令。附抄发件一纸等因。奉此，除遵照办理外，合行照录改正条文，出示布告，仰圈邑米商人等一体知悉。特此布告。计粘海宁县现行米商运米赴绍给照办法各条正后改止海宁县现行米商运米赴绍，给照办法各条如左：

第四条：米照换领将换领休地护照谨运米石，到过指运地点，即持照报请就近驻在警所查验。俟验明相符，即由该警所于照内填明运到护照，呈关省署查核第十三条，本县填发是项运米护照，每半月将逐日各县办米商人行号地址，及购米石数指运地点，担保米行、给照暨起运日期，分县列表，声报省署一次，再由署分行各县查复米石是否悉数确运到地，分别核办。

《越铎日报》中华民国九年五月十五号

严定功过禁漏米

（1920 年 5 月 20 日）

齐省长通令会稽道尹转令各县知事文云：

案据瓯海道尹呈称，窃道属产米各县，如永嘉、乐清、瑞安、平阳、玉环五县，皆地邻海滨，四通八达，故漏米之禁，虽不啻三令五申，而偷运之案，仍不免时时发现。推原其故，实因邻国米价奇昂，每石近三十元。温海一苇可航，遂致渔利之徒，罔顾禁令，甘冒不韪。但非有私牙为之收罗，则米散而不聚，非有奸商垫给资本，则米聚亦复无多，非有船户代为装载，则米又无从起运，而该地苟无劣绅刁棍为之包庇，则虽私牙、奸商，并无此胆大妄为因缘勾结，狼狈为奸。此漏米之风，纵虽多方设施，而卒未能尽绝也。职道访悉前情殊深愤懑。现在民间已有岁丰米贵之说，转瞬青黄不接，价格势必骤高，若再不为筹策，贫民粒食维艰，其将何以堪此。卷查内地流通米谷，已有给发护照，沿途查验规定船户携带食米，又有大船千斤、中船七百斤、小船四百斤之限制，防虽非不严密，再议更张，恐滋纠扰，转辗筹思。惟有执简驭繁之一法，于官则严定功过，于民则遇案重惩，务使民间无利可图，甚至得不偿失。官厅考成所在，不敢视为具文，或可稍肃米禁，顾念漏米必有起点，无论私牙经手奸商包办，或劣绅、刁棍代为寄顿雇载。苟能悉心稽查，断非无迹可寻。是则责在陆警。迨至已经下海，无论一批出发，分批驳运，或风雨昏晓，乘间偷运，外海遍布巡船，若果查缉，尤难飞越窜逸。是又责在水警及至案经破获，则米从何来，偷贩何人，有无合夥，包庇船户，均无不知之理。澈究到底，按名拘办，是则责在地方有司。职道为保全民食计，即以此而严其考成，定其罚法，爰拟章程七条是否可行，理合缮具清折备文具呈，仰祈钧长察核指示，再行分令产米各县遵行，实为公便等情，并附折前来。

《越铎日报》中华民国九年五月二十号

取缔中人店之严令

（1920 年 6 月 18 日）

绍兴县公署训令各警佐文云：

照得近来米价腾贵，贫民度日维艰，妇女出外佣工，日益增多。绍地原有佣工介绍人，名曰荐头。营此业者，良莠不齐，往往有媒合有诱骗，从中渔利情事。稍无把握之女流，一入彀中，败名失节，虽悔无及，甚者辗转迁流永远。并言之，实堪痛恨，查京师佣工介绍人，非由警厅核准，不得营业，定章取缔，用意至善。绍邑佣工介绍人，前拟取缔，迄未实行，合行令仰该警佐，即便将本地荐头营业情形，详密考查，妥拟取缔办法，呈□施行，此为矜悯穷黎持风俗起见。该警佐务迅速核议呈夺，毋延切切。

《越铎日报》中华民国九年六月十八日

道尹关心民食之要电

（1920 年 7 月 4 日）

绍兴县余知事览：俭代电悉。沪开阻运甬米，并非事实，旧绍属旅沪绅商购办米石，昨今两日，均已陆续到甬转运内地接济。此后，仍源源而来，仰即传谕各界。知事道尹黄世印。

本县知事又奉道尹通电云：

各县知事鉴：该县米粮状况，前于宥日代电，饬责在案。兹查该县属米荒甚急，本道尹逐日与旅沪绅商函电分驰，筹商运米接济办法。该知事岂竟毫无闻见。似此民食重要事件，竟无只字呈报到道，应行申饬。合亟电仰遵照，先令电饬迅将境内米粮缺乏详情及市价约数，限电到即复，倘再迟违，即予严惩戒不贷。勿谓言之不预也。道尹黄世印。

《越铎日报》中华民国九年七月四号

禁革钱市现水之省令

（1921 年 4 月 24 日）

沈省长训令财政厅文云：

查杭、绍、甬三处钱市现水，早经严令禁革，历办有案。现届丝茶用起，诚恐各钱庄积久玩生，复萌故智，仍有巧立名目发生贴现情事，合亟令仰该厅督饬绍、甬二县知事查照原案，随时严密查察，切实禁止，毋使已改积弊，希图复活，是以累商民，是为至要，仍将办理情形专案报查。此令。

《越铎日报》中华民国十年四月廿四号

重申铜元之入境

（1921 年 6 月 6 日）

禁止铜元入境，前经省长通令各县严禁在案。昨闻绍县公署，又奉沈省长通令，重申禁令，原文照录如下：

沈省长前以市面铜元充斥，时价失平，曾经会同督军限制进口办法，通令各属严查禁运一节，已志本报。兹闻沈省长以两旬来，市价仍未平减，昨又通令海宁、海盐、奉化、定海、余姚、黄岩、温岭、宁海、常山、淳安、遂安、乐清、瑞安、平阳、玉环等县知事，暨海昌、海盐、海门、常开、威坪、余姚、瑞安、平阳各统捐局云，案照劳动社会小贩贸易，均以铜币为收入单位，因浙省市面铜元充斥，时价失平，以致百物腾贵，妨害贫民生计，即经会同督军议定办法，旅人入境，每人准带千枚为限，余则扣留充公，通令沿海滨江各县知事遵照查禁，将章程刊登《浙江公报》，一面并电准税务处转电各税关一体查照办理在案。现在两旬以来，铜元市价仍未平减，而浙中沿海各口海船处处可通，又有邻境陆路，亦堪私运入境，自应再饬扼要各县局，一体查禁，以昭周密，除分令外，合行令仰该县知事、局长，即便遵照本年五月十六日第三千二百一十六号《浙江公报》刊载浙省限制铜元入境章程办法，督饬警察员役随时严密稽查，限制禁运，以遏来源而维市面云。

《越铎日报》中华民国十年六月六号

重申禁革现水之厅令

（1922 年 1 月 11 日）

绍兴县公署昨奉财政厅训令内开：

奉沈省长训令，案据绍兴公民章乃□禀称，年前为绍地现水一事，曾由□函奉故督杨、前省长齐饬县严行禁革在案。讵日久玩生，近复有加无已。在银业无非藉日于进出一律，殊不知民间买物，如洋货内之洋油等类，并无现申，已属不平。且典押物产，一出一入，因现水涨落无定，损失甚巨，小民痛苦，不可胜言。说者又以杭、甬汇为其言，实汇水自汇水，现水自现水，岂能并为一谈。汇兑不自今始，何从前并无贴现名目耶。使银根紧急，亦自应酌盈剂虚，方谓正当。仍谷坐视民艰疾苦，伏思此案既蒙饬禁在前，不得不陈情于后，爰循匹夫有责之义，冒昧渎请，是否有当，恭候均裁等情。据此，查该县现水名目，久经禁革，何以现在又复蹈前习。据呈前情，仰财政厅转饬该县知事，切实查禁具报等因。奉此，合亟令仰遵照办理具报，切切此令。

《越铎日报》中华民国十一年一月十一号

禁革钱业现水之省令

（1922 年 3 月 16 日）

杭总商会，昨准杭县恽知事公函，以奉财政厅令，奉省长公署训令内开，照得杭绍甬三处现洋贴水历经严令禁革在案。现值各钱业开市之际，诚恐狃于积习，仍有巧立名目，发生贴现情事，合行令仰该厅督饬杭鄞绍三县知事查照原案，切实禁止，毋使已除积弊希图复活，致累商民，是为至要，仍将办理情形报查等因。奉此，除分行外，合亟令仰该知事即便遵照办理，并将本年分钱业行规克日召集金融评议会，妥为审订，呈候核定，饬遵毋稍玩延。此令。等因。奉此，相应函请贵会查照，希即转知钱业董一体遵照，并迅将本年分拟订钱业行规克日送署，以便召集金融评议会，公同讨论、审定、转呈，足纫公谊。

《越铎日报》中华民国十一年三月十六号

实业厅调查绍县金属商店

（1922 年 3 月 25 日）

绍兴县知事奉实业厅训令云：

案奉农商部训令内开：案准经济讨论处函称，现因编辑报告搜集资料，拟请贵部将本国内地收买零碎银、铜、铁、锡、钢等料，商店名、地址及营业状况，详予示复等因。查此项商店之店名、地址、营业状况，本部无案可稽，合行令仰该厅查明呈复。此令等因。奉此，除函总商会并分行外，合行令仰该知事，即便转行各商会，遵照部令，详细查明填表呈候汇转毋延。切切。

《越铎日报》中华民国十一年三月念五号

水果行增加用钱

（1922 年 4 月 29 日）

绍兴县公署布告云：

为布告事。案准县商会函开：案据城区水果业阜泰、仁和、协大、同余、协泰和、乾源等行帖称：窃商等均在城区笔飞坊地方开设水果山杂货行，遵照向章，代客持平买卖。自前清嘉、道、咸、同以来，凡代客经售之货，每千以九三钱水九扣折用，又以钱盘转成洋块，核今钱市，每元约计八九折之谱。迨至光绪丙申年间，因各业均改洋块，敝同业势难独异，遂由同行妥议，亦以洋块计算，每元取用洋□角。又毛木洋水一分，核以经售水果八九折。山货九一折，茶肉九二折，为成例。当经呈请府县给示勒石，遵守在案。嗣是以来，又将三十年矣。敝同业自前清宣统以迄今兹，或因股东更迭而改组，或因无方而闭歇。推其原因，实由代客垫用货物，拆息增加已达三成之二，以国税重迭，薪桂米珠，实觉支持为难。遍观各业各店，莫不增工增价。独敝业仍照旧章，以致开支维艰，迭遭亏折，岌岌堪危。若不妥筹良法，不但营业萧条，抑且危机暗伏。爰邀集各同业公同议决，以本年旧历四月朔日起，所有经售各货，每元提加用金一分，一面置酒演戏，酌请各客藉便接洽而资维持。事关行客信用，应请据请函请给发布告，俾昭核实而资遵守等情。据此，查近来各业大抵增加费用，该水果行事同一律，所有帖请每元酌加用金一分，□系为维持营业起见，想应函请给发布告等由。准此，合行布告，该业买卖人等一体知悉。尔等须知，该行等此次酌加用金，系为维持营业起见，自应照办，不得妄生异议，毋违切切。特此布告。

《越铎日报》中华民国十一年四月二十九号

禁止奸商私运铜元之通令

（1922 年 5 月 12 日）

绍县知事昨奉督军、省长通令云：

案查上年四五月间，浙省曾因铜元充斥，时价失平，即经酌定章程，旅人入境，每人准带铜元千枚为限制，余则扣留充公，令行各机关遵照查禁，并电准税务处分电浙省各税关，一体严查禁运在案。现查近月以来，铜元又复摊挤，兑价愈涨，显见各机关日久玩生，奸商乘隙私运所致。除再电税务处重申前禁，并分行外，合亟刷印章程，令仰该县知事，即便遵照督警切实查禁，以遏来源而维民生，毋稍玩忽干咎。此令，附录限制入境章程于下：

一、浙省水陆轮轨交通及陆路毗连邻省之各县，均为限制铜元入境区域。

二、前项水陆各口，如有人携带铜元入境者，每人不得过一千枚。

三、铜元入境，每人携运之数，如果查出在一千枚以上，除以一千枚验还本人外，其余无论多少，悉数扣留充公，提出三成充赏。

四、此项铜元入境时，责成各该知事酌派警察，随时在轮埠、车站及与邻省毗连之各要隘地方，从严稽查。各统捐局，如于上项地点设有局卡、巡船者，亦一体负检查之责。查出后，亦准提三成充赏。

五、铜元入境，如经本署特别许可，给予护照者，无论数目多少，随时验明放行。其有甲县铜元确系抵交乙县款项，或收缴账款数逾千枚以上者，准由各该处商会证明，向知事公署请照行运，不在限制之列，其余均不准擅发护照，或特种证据。

六、本章程于奉到后，由各县局重行布告，督饬警察员役切实查禁，如有串同隐匿舞弊者，查出从严惩办。

《越铎日报》中华民国十一年五月十二日

勒平绍市汇水之严令

（1922 年 7 月 28 日）

绍市杭汇有时涨至一元六七角，曾志本报。财政厅昨日去电云：

绍兴县顾知事览：曾查杭市绍汇一项，前经杭县金融评议会议决，每百元以一元为最高限度，所有杭市绍汇，绍市杭汇，亦应照以规定，以归划一。当即令行该知事转饬遵照在案。乃近阅报载绍市杭汇竟有涨至一元六七角者，似此任意高抬，显有不肖奸商操纵渔利，实属违反禁令，妨害金融。该知事近任咫尺，何以并未加以制裁，且于应送之本年分钱业行规，迭经电令饬催，迄今时阅半载，仍未送到。该知事身任地方，对于金融要政，漠不关心，亦属放弃责任，应予申诫，仰即遵照前令，迅将绍市杭汇一项，严行取缔，不得超过规定限度，并不准有收巧取付暗中增减情形，仍将遵办情形，克日电复备核，一面调取本年分钱业行规开会审定,限三日内呈送本厅,以凭查核饬遵,倘再玩延,定予呈请惩处不贷,凛之切切。财政厅径印。

《越铎日报》中华民国十一年七月念八号

勒革绍市暗水之严令

(1922 年 9 月 16 日)

财政厅训令绍兴县知事云:

案据该县人民下兆松,以该县对于金融要政,放弃职权,奸商操纵渔利,绍市杭汇增涨,实属违反禁令,妨害金融。叩请勒平绍市汇水,以维商场等情,具呈到厅。查绍市杭汇曾于本年分钱业行规内规定,每百元以一元为最高限度,不准稍有逾越。本厅前因访闻该县钱市,仍有暗水名目,并经电饬该知事切实查禁在案。兹阅来呈内称,绍市杭汇增涨至二元零四分,至二元六角不等,核与近日报载绍兴钱市行情相符,可见该县钱市暗水,并未实行革除,似此玩视禁令,言之实堪痛恨。据呈前情,合行抄录原呈,令仰该知事即便遵照,迅速召集钱业领袖,勒令将杭汇暗升,立即取消,倘敢藉词违抗,应随时行使职权严行究惩。此后如再有暗水名目发生,定惟该知事是问,凛之切切。此令。

《越铎日报》中华民国十一年九月十六号

取缔绍兴钱业暗盘之通令

(1922 年 11 月 1 日)

省署训令财政厅云:

案照绍兴钱业设立暗盘巧取现水,商民受害,节经行厅饬县严切查禁在案。兹据绍兴公民周玉珊具禀,以钱业高抬现水,非由于金融缺乏,实由卖空买空所致,如果属实,大干禁令。合行抄禀令仰该厅长,即便转饬该县知事严密查明,如果确有前项私做空盘情事,即提交法庭,按律惩办,一面将暗盘实行取消,仍饬将遵办情形具报。

《越铎日报》中华民国十一年十一月一号

取消钱市暗盘之官话

(1922 年 11 月 18 日)

财政厅奉省署指令,据绍兴周玉珊禀称,严禁钱市暗盘由内开。禀悉,绍兴钱业,设立暗盘,巧取现水,前据该公民具禀,业经前省长行厅饬县遵办在案。兹据禀前情,仰财政厅严饬该县知事遵照前令,切实查明,如果各钱业确有私做空盘情事,即提交法庭,按律惩办,一面将暗盘实行取消具报。

《越铎日报》中华民国十一年十一月十八号

管理箔业之布告
(1922 年 12 月 5 日)

绍兴县警察所布告第八十三号,为布号事。照得箔业一项为绍邑出产之大宗,箔坊雇由箔工数以万计,向无管理规则,每有发生事端,殊于商业、工业、地方治安均受莫大之影响。本所长久居此邦,习闻有素。兹经拟定管理箔坊及箔工规则十二条,呈请绍县知事转呈浙江全省警务处核准,令行公布等因。奉此,除分令城乡各分所遵办理外,再将前项管理规则十二条通行各箔坊暨箔工一体凛遵毋违。切切。特此布告。

《越铎日报》中华民国十一年十二月念五号

省令又申禁钱业之现水
(1923 年 3 月 16 日)

省长训令财政厅云:杭、绍、甬三处现洋贴水历经严令禁革在案,现值各钱业开市之际,诚恐狃于积习,仍有巧立名目,发生贴现情事,合亟令仰该厅即便督饬杭、鄞、绍三县知事查照原案,重申前令,切实禁止,一面将本年分钱业行规召集金融评议会妥为审订,呈送察夺。

《越铎日报》民国十二年三月十六日

取缔钱市汇水之厅令
(1923 年 6 月 1 日)

财政厅指令绍兴县知事云:

据呈,该县本年分钱业行情,循旧上年办理,应予照准。惟查该县近来市行情,对于杭汇一项,并不依照规定限度,竟有每百元增至二三元者,显系违反行规,操纵渔利。该知事近在咫尺,并未加以收缔,实属放弃责任。嗣后,务须随时认真监察,所有市上汇水拆息,□悉以杭市为标准,倘再有巧立名目,私做暗盘情事,立即行使职权,严行惩处,勿稍宽假,是为要。即令仰转行商会,通告各业一体遵照办理,仍候省长暨会稽道尹核示。

《越铎日报》中华民国十二年六月一号

禁止棉花搀和水砂之布告

（1923 年 8 月 16 日）

（绍兴）县公署昨出有布告文云：

本年八月九日，准绍兴县商会函开：据绍萧棉业董事，贺怀卿、施觉民帖称，缘商等向在南沙棉业，通商中外，历有年所，近年叠奉官厅整顿棉业之训令，商等于民国九年余前知事任内，已将革除无帖私收，做重包索，不陈不晒等规则十六条，蒙县署喻禁以来，各地户稍形敛迹。讵料日久玩生，故态复萌，兹值夏尽秋来，当此新花伊迩，若不重行整顿，势必又踏复辙，恐不如昔之摊晒，而黄□雨渍，难免混杂其间，更有包索做重，搀和次货，无帖私秤等弊，请即转求给示谕禁，一面转饬安昌、孙端施行。再萧山县公署，业经另禀请求示谕，并饬瓜沥、龛山警所，随时保护在案。合并声明等情前来，据此，查南沙植棉各地，新花瞬即登场，该董事等为事前之防范，据刊规则以杜弊窦，系为整顿花业起见。据帖前情，相应附送规则，转请查核，准予给发布号，并饬安昌、孙端各警察分所，随时稽查，以维棉业，而挽颓风。至纫公谊等由过署。准此，除令安昌、孙端各警佐随时查察外，合行所有该处棉业行户一体遵照。嗣后务须裕守行规，不得再有包索做重，着潮填沙，以及裹心吊角，无帖私秤等情弊。倘敢故违，定予酌量情节，分别处罚，不稍宽贷，凛之切切，特此布告。中华民国十三年八月十五日知事姜若。

《越铎日报》中华民国十三年八月十六号

限制铜圆入境之省令

（1923 年 11 月 10 日）

绍兴县知事昨奉浙江财政厅训令云：

案据黄岩县路桥镇商会长蔡兼谷呈云：窃吾中国铜元一项，自民国元年至本年份比较，需用日多，约增六七倍，其每枚轻重，亦判若天渊。无论城镇乡营业□□号十分之资本，半被铜元滞存，苦受周转□难。铜元板□官铸者有之，私铸者有之，其原料有由日本输入，或官运，或私运，居然□□大宗。加之广东、福建两省新铸小洋，比较各省旧式小洋银□减去十分之二。各商埠或通行或不通行，流弊之害，惟商家为最。甚至有私铸铜铅小洋，一经误入，殷商尚能吃亏，寒苦小贩，几争性命之忧，种种祸害，不可言状。国币为生民日用要端，即经商信用所关，今古通行，万不可一毫有所虚假。钧厅综理财源，无微不察，若不呈求恩赐，严行通饬，力为整顿，恐商业前途，未免大受影响，为其备文呈请察核施行等情。据此，查轻质铜元及低色银角，节经本厅遵奉督办省长令饬分行各县，一律禁令输入在案。兹据前因，除批示并分令外，合行令仰该知事即便遵照前颁限制铜元入境章程暨迭次令饬，随时切实查禁，以绝来源而维市面。毋稍疏忽,切切此令。

《越铎日报》中华民国十二年十一月十号

布告发行金库券
(1924 年 9 月 12 日)

(绍兴)县署昨有布告略云:

案奉省令,以本省近日以来,现洋缺乏,金融恐慌,本公署为维持市面起见,发行金库兑换券五十万元,藉资救济,此项兑换券,即委任浙江地方银行经理收付,并将基本金照数筹足,以昭信用,拟具简章布告,由厅转行到县等因。奉此,特此布告合邑人民,一体知照云。

《越铎日报》中华民国十三年九月十二日

金库券十足通用之布告
(1924 年 9 月 21 日)

(绍兴)自齐卢开衅后,饷需浩繁,浙省为暂时接济军用计,特发行金库券,照现洋十足适用,由督办省长会衔出示布告,俾众知悉流行。兹觅得其布告如下:

照得浙省近因军队出防,饷需浩繁,复以金融恐慌,商情窘迫,公私经济,交受其困,本督办省长为暂时接济军用维持市面起见,特印制浙省定期兑换券二百二十万元,兹先发行券额五十万元,以资调剂。此项兑换券,指定逐月收入的款,存储浙江地方银行,作为基金,担保稳固,利息优厚,分期抽还,决无愆误。当兹发行伊始,诚恐各界人民,不明真相,妄生疑虑,合行照录简章,出示布告,仰诸色人等,一体知悉,自本券发行以后,凡属征收机关,以及商市交易,均应按照现洋十足通用,不准稍有折扣,倘有阻梗抑勒,伪造欺骗,及妨害信用情事,定即依照军法,分别惩处,其各遵照毋违。特此布告。

《越铎日报》中华民国十三年九月二十一日

劝募路灯经费之公函
(1924 年 10 月 1 日)

(绍兴)城区路灯经营,自光华电灯公司不顾公益,于近日警告停火后,县署前已函致各坊坊董,将前时开会议决仿照劝办冬防捐□筹募,姜知事昨又致函各绅富认捐维持。兹将其原函觅录如下:

先生台鉴：本邑城区路灯经费无着，积欠光华电灯费、装置费，已达七千余元之多，本年七月二十五日，曾由敝署召集各坊董，开会议决，照劝办冬防三个月捐款数目，由各坊董切实劝募在案。本月二十三日，又据该电灯公司来函，声称现因时局艰难，金融窘迫，拟截至本月末日一律停火等语前来，事关地方公益，自应设法维持。况值时局不静之时，一经停火，秩序堪虞，素仰台端热心桑梓，见义勇为，敢乞慨认捐款，以期集腋成裘，裨城区路灯不至中断，则地方幸甚，市民幸甚。

《越铎日报》中华民国十三年十月初一日

查禁私运铜元之通令

（1924 年 10 月 18 日）

（绍兴）警察局昨通令各警佐云：

（上略）本年十月十三日奉警务处第一一九号训令内开：查接管卷内，本年十月三日，奉省长公署训令第二零四四号内开：本年九月二十七日准财政部咨开：查近来铜元价值日益低落，虽严行查禁，而私运仍属充斥，亟宜优定查获人员赏格，以期认真查禁。查各机关查获私运铜元，向援照查获制钱办法，提取二成充赏，历经办理在案。此项赏格成数略嫌过少，嗣后获案应暂定以五成充公，五成充赏，以资鼓励，而杜私运。一俟铜元价格提高，再行由部酌定办法，通行遵照。除分行外，相应咨请贵省长查照转饬所属遵办可也。等由。准此，查浙江铜元入境，叠经酌定限制办法，通令遵照有案。兹准前由除分行外，合行令仰该处即便转饬所属，一体遵照，此令等因。奉此，除分行外，合亟转令该局长仰即饬属一体遵照。此令等因。奉此，除分令外，合行仰该警佐即便遵照云云。（下略）

《越铎日报》中华民国十三年十月十八日

布告囤积谷米者照常出售

（1926 年 3 月 25 日）

（绍兴）县公署昨出有布告云：

照得米价之贵贱，最于贫民生计有关，查绍邑米粮，向藉外来接济，乃上年素称产米较多之处，远如苏、皖等省，近如兰溪等县，或以收成款薄，禁运出境，或以民食为重，限制贩运，虽经本署，迭呈省署，分别咨令开禁，然仍各自为谋，未能遽收速效。来源既形缺乏，本产之米，又大都受此影响，不肯踊跃出售，加以一般牟利之徒，囤积居奇，米价遂致腾贵，在小康之家，尚可勉力支持，而贫苦小民，料食维艰，终日勤劳，不堪一饱，言念及此。殊深悯恻。现闻上海商民鉴于此种艰苦情形，拟向西贡购办大宗食米，运销各处，以资接济，果能达到目的，实为开源之法。惟目前之贫民生计，亟须设法维持，除由本知事另向商会召集米业公会董事,妥议救济办法外,合亟布告劝谕,仰圉邑米商暨各富户一体遵照,务须将现有存谷,照常砻米出售,毋得故意囤积,希图厚利,并将米价赶速减低,以救穷黎,而维大局。本知事有厚望焉。切切,特此布告。

《越铎日报》中华民国十五年三月廿五日

姜知事严禁米商图利运米出境

(1926 年 4 月 4 日)

(绍兴)县公署姜知事昨出布告云:

照得本知事,以近日米价异常昂贵,贫民粒食维难,应否在备荒捐项下酌提款项采办西贡籼,或杂粮中之苞谷罗汉豆,发交各米行减价售卖,以资救济。当于本年三月二十九日召集县议会第二次临时会,函请解决,俾便进行在案。兹准县议会函开,此案准经敝会如期开议,佥谓本年米价之贵,为从来所未有,极贫之户,饥饿堪虞,今拟提款采办苞谷,平价济贫。敝会实一致赞同,应如所拟,提用备荒捐,购办苞谷,以济贫民。惟拟每石减价二元,俾民间所受实惠,稍从优厚,并拟具办法四条,俾便执行。至近闻外县各处,有转向吾绍采办米石者,足征他处粮食,同感缺乏,但他处既到绍兴购买,是绍地米商囤积较多,亦可概见,应请县知事出示告示,各米商务晓然于值此来源支绌之时,切勿贪图利息较厚,转售他处,致本邑粮食益形恐慌,是亦维持全绍民食之一种办法等语。经大会表决,三读通过,除分函县参事会查照议决办法执行外,相应抄录办法四条,函请查照办理等由过署。准此,除采办苞米一节,应由县参事会依照议决办法执行外,合亟布告严禁,仰阖邑米商一体遵照,须知绍法非产米之区,为尔等所深悉,值兹来源缺乏,自顾□遑,岂能专图肥已,任意外运!嗣后务须激发天良,顾全大局,在米价未能减轻以前,不得再行转售图运输出境,倘敢故违,一经查获,定即从严拘案惩罚,不稍宽贷,凛之切切。特此布告。

《越铎日报》中华民国十五年四月四日

宋行政院长核定平水茶贷廿二亿圆

(1946 年 4 月 16 日)

县合作室加紧进行贷款,省方指示收运详尽办法

(本报专访)本县平水绿茶,为我国出口特产之一种,现已届采撷时期,县合作室方面,对贷款茶农,正积极加紧进行中。兹闻行政院长宋子文,业已检定平水区茶业贷款,为二十二亿元云。

(本报又讯)平水区稽东乡,为促进平茶外销,于日前成立茶叶生产合作社后,该社理事长黄中文,特于前日赴省,向省合作物品供应处唐处长,请示贷款收购运销事宜,业已公

毕返绍,对各项进行手续,已有详善办法携回云。

《越报》中华民国三十五年四月十六日

房租折米将予取缔

(1946 年 4 月 29 日)

(正风社讯)通货澎涨以后,各地房屋租金,价值多不如战前。业主收入,若与田地租息收实物相比,当形低落,为保持收入常度,有以房租计米折算者,相当于沪上各地以金条累进,故业主、房主双方多有纠葛,相持不下。兹闻,县主管当局鉴于房主以米折算,增加住民负担,并对撩拨物价亦可能性,拟予取缔云。

《越报》中华民国三十五年四月二十九日

中农再允茶商所请拨放茶贷十亿元

(1946 年 10 月 4 日)

(正风社讯)关于茶叶贷款,中国农民银行以第一次□茶贷款还本事,尚未解决,且华茶输出,困难重重,未允续借。兹以中国茶业协会代表华茶输出业主茶行业多方努力奔走后,中农方面始允拨借十亿元为制茶贷款,时期仍为三月,月息前为四分半,现则减为□分,另加手续费一分半,待款额分配就绪,即可贷放。

《越报》中华民国三十五年十月四日

田粮处积极筹办,全县粮商业登记

(1946 年 10 月 16 日)

登记日期将于下月初开始,逾限未登记者概予以取缔

(本报讯)粮商营业运销,事关人民生活,如不要为管理,势必影响全民,粮食部有鉴于斯,曾于三十二年间,拟定粮商登记规则,呈请行政院核准,公布施行,惟以其时本县城治尚陷敌手,故不克举办。胜利以后,又以田粮处尚未成立,仍无主管机关,故亦未办理。本七月间田粮处虽奉命成立,然因新赋兼须开征,仍无暇及此,以致迁延迄今。兹该处统一粮商管理,并为明了全县粮食产销情形,事关切要,特依照奉颁办法,积极举办全县粮商登记,对规则中之粮商资产资金,与现时实际情形,似有未符,昨已呈请核示。业志本报。顷悉该处,现正赶办申请登记等各种表册,一俟就绪,并于奉明文核示后,即行通告全县粮商,前往登记,据诸者探悉,申请登记日期,约在下月初开始,届时如经过通告各粮商后,而

逾限未往申请者,则决予以取缔,一经登记核准,即由该处转请粮食部发给营业执照,始准继续营业。

《绍兴新闻》中华民国三十五年十月十六日

高利贷如洪水猛兽,县府将召集各行庄妥筹抑抵利率办法

(1946 年 11 月 23 日)

参会请国家银行增加贷款

(本报讯)当此社会金融,极度动荡之际,各商民已感资本不足,为谋支持业务,除增加股本外,每多向金融业贷入巨额资金,以救本身不足。无如各钱业,见此良机,有可图利,致高利盘剥,各债方因之月积日累,亏欠超出成本,而宣告破产者,日有所闻,此不但影响社会商业之不景气,且危害国家经济制度,更直接关系民生,中央有鉴及此,曾通令各省县,凡各金融机关商号之贷放利息,不得超存放利息十分之三,并应按照市面,逐日报告当地中央银行,由中央银行核定标准利率,挂牌昭告各行庄遵行,以免高利剥削,藉挽商危机,详情曾载本报。兹悉,本县县政府以绍兴犹无中央银行分行成立,且邻近沪杭等地,仍未按日牌示,而抑低利率,又为刻不容缓之事。□最近本县因高利贷来势汹涌,几如洪水猛兽,冲噬市场,致□压倒之商店,已屡见不鲜,甚至城区大街素具历史之商号,亦有被迫倒闭者,长此以往,难免社会经济,陷于万劫不复之境,遑论战后复兴建设?爰拟定期召集本县各行庄,妥筹抑低市场利率办法,现正在规划中,并悉县参议会亦将函请中央,增加国家银行各项贷款,以利商业。

(知行社讯)自从修正所得法施行以来,应按新税率补征之存款利息所得税问题,近经财政部核示办理于下:以修正所得税,应自本年四月十六日起,依照修正所得税法规定,课征百分之十,其存款之未经提取,或已提取而尚留余额者,应予依法补正。闻本县直接税局奉令后,已转函各银行及钱业公会查照。

《越报》中华民国三十五年十一月二十三日

四联总处将实施平水茶业抵押借贷

(1946 年 12 月 8 日)

(本报讯)本县所产茶叶,因国外市场价值低落,而茶商又资力不足,以致周转不灵,危机日现,曾经沪市茶叶输出业公会,呈请四联总处,增加贷款,俾资发展。顷悉已经该处理事会议之决定,准予抵押借贷,即日实施,将来本县平水茶业,定能获得俾益。

《绍兴新闻》中华民国三十五年十二月八日

茶贷尚难确定,发放期当可提早

(1946 年 12 月 12 日)

(本报讯)本县平水绿茶,战前销遍中外,重光后,政府为鼓励平茶外销,本年曾由中农行发放贷款二十一亿元,及精制贷款十一亿元。该行为预作明年度春茶贷款商讨起见,本月初在沪召集各支行经理开会,本县农民银行田同耕,曾于上月赴沪参加,始于日昨返绍,据对记者谈,明年本县平水茶贷数,尚难决定,盖须视明年茶价而定。惟贷发日期,将较今年提早。

《绍兴新闻》中华民国三十五年十二月十二日

平水茶贷九千万,正签订借款合同

(1946 年 12 月 17 日)

(本报讯)本县平水茶业生产运销合作社,为发展战后平水外销,业由该社经理宋在田,以社员出产品之箱茶,向本县中国农民银行,抵押借款九千万元,现正签订借款合同中。

《绍兴新闻》中华民国三十五年十二月十七日

粮商营业执照,每张暂收千元

(1946 年 12 月 23 日)

(本报讯)本县田粮处,自奉令办理粮商登记,俾资切实管理,业已于本月一日起开始办理,并经通令各粮食公会及布告周知,兹悉该处以营业执照成本费,依照部颁规则第十二条第二项其成本费由粮食部规定,但今已在开始。

《绍兴新闻》中华民国三十五年十二月廿三日

粮食出海须报省,县际准自由流动

(1946 年 12 月 27 日)

(本报讯)本县前曾奉省府令,为防止令粮漏海,凡出运海口之食粮,一律须事先报请省府转行呈准粮食部给证后,方准出运。兹闻粮食部以浙省江北一带,今秋丰收,亟须向该处等采运,如果须经部核准,于调剂食粮有无遭受影响,特覆令浙省府变通,浙省为适应食米流通供应计,现已重定办法,昨日令饬本县,为:

(一)此后粮食出海,运往台湾等地者,须电省转请粮部核准外,出海运往他省者,则仅须报省核准；

（二）其转口运输（如从温属各县出口运至宁波进口，再转运绍属各县之类）除须有省田粮处证件外，亦须呈省核准；

（三）沿海县份相互间之粮食流通，仅须县府或田粮处办理报运手续；

（四）内地省县间相互购运粮食，准许自由流通。

《绍兴新闻》中华民国三十五年十二月廿七日

十亿粮贷信用借款，必须两亿实物抵押，粮商临时会议无结果而散

（1946 年 12 月 27 日）

（本报讯）本县十亿粮贷，已获核准，业经签订合约，不日当可汇绍，惟依法须见货贷款，而本县粮商资金不裕，如遵法办理，必难普遍受贷购贮，事经粮商公会与银行界商妥，惟予信用借贷，性该会为商讨各粮商受贷数额等起见，特于昨日在该会召集全体会员，举行临时会员大会，商讨一切，计出席者严理事长等数十余人，结果国银行方面，必须粮商筹足两亿，办就实物，向各行办理抵押手续，始得放贷，而各粮商皆以资金并不十分充裕。际兹银根奇紧，亦难另行筹措，虽经多时讨论，终无相当妥善办法，皆有望津兴叹之感，结果议而无决，容待再行续商。

《绍兴新闻》中华民国三十五年十二月廿七日

在沪五万担箱茶，由官方购销国外

（1947 年 1 月 11 日）

今日在沪会商提高茶价，本年贷款将请增至百亿

（本报讯）本县平水绿茶，战前产量，年在二十八万担左右，当时每担毛茶之价格，能易得食米三石，以是种植采撷者，为数甚众。迨至战时，以外销断绝，遂予根除，改植杂粮。迨抗战胜利，大地重光后之去年，茶农虽欲恢复战前之产量，从事种植采撷，由于外销茶价之未能与毛茶价格相符，茶商复限于资金，不能尽量收购，致产量仍未能恢复战前原态。中农行虽曾举办贷款二十二亿元，复贷发运输精制款十二亿元，因时已五月，茶汛已过，致全平水区（包括新昌、嵊县两区在内）瑞康等六十二家茶厂，去年一年中，仅收购五万担，是项绿茶，直至目今，因与国外茶价未相符合，犹屯积在沪地中农行堆栈。且此批毛茶收购，价仅八万元左右一担，茶农以其每担茶价，只能易得食米一石半，故本年种植与采撷，又将无意培植。兹悉现犹屯在沪上之五万担箱茶，定今（十一）日在沪中农行与中央信托局开会商讨，由信托局收购转运国外之价格会议。本县制茶公会驻在沪之平水茶区代表陶振

声,将出席参加。闻此次会议中之会商茶价,贷款茶将定为卅三万圆一担。自制茶定为二十七万五千元一担,一经议定价格以后,即由中信局价购,同时本县制茶公会,为谋恢复战后平茶产量,现正派员调查今年产茶量,拟由去年八万坦毛茶数,奖励种采擷至十六万担,并要求中农行加放茶贷款一百亿元,并提早贷放时间,以便早日收购,更要求浙江救济分署贷款放台湾之制茶机器一百具,以便转发茶厂机制,办法正由制茶公会草拟中。

《绍兴新闻》中华民国三十六年一月十一日

酿酒业请求贷款,可向就地行局洽办

（1947 年 4 月 8 日）

县府已转饬该业公会查照

(本报讯)绍酒为本县之名誉出品,亦为本县之重要工业,惟自遭受敌伪蹂躏,颇有一落千丈之势,至胜利以还,各酿坊皆图重振旗鼓,恢复旧观,无如数载摧残,元气难复,均有心余力绌之感。该业公会,前曾因是而分电有关当局,要请救济,并经电请四联,举办酿贷,俾利发展。兹悉该会,昨奉县府令知,以转奉四联总处电复,关地酿酒贷款,可迳向就地行局洽办,毋庸该处核示,闻将分饬各会员查照。

《绍兴新闻》中华民国三十六年四月八日

商业行庄正式核准复业

（1947 年 4 月 30 日）

(宁绍讯)商业行庄,业经财政部正式核准复业,颁给部照者,名单志下:

(绍兴)绍兴商业银行、四明银行、两浙商业银行、大陆银行、开源晋记、承源、同吉、鲍景泰、元康协记、祥源、恒源、信孚、距源、恒豫、乾泰源、怡丰、同裕和记、牲源、复裕、储成、和丰、兴记、同吉、元祥、元昌、穗康、永丰、恒隆昌、恒和泰、信泰昌、同济泰、汇源安记、祥和安记、巨泰恒记、德泰义记、恒升明记、裕和泰记、裕源昌、祥泰。

(萧山)晋升、生大顺记、志成、恒丰永记、顺源、万和、同余。

(上虞)安泰、永记(原名安泰)、锐益。

(余姚)怡大、信裕、合元、会源、瑞成、原祥、中一信托公司、大源业、久大、元昌、吉元、元隆、余源永记。

(宁波)浙东商业银行、四明银行、中国垦业银行、惇叙银行、浙江银行、中国实业银行、宁波通商银行、通源、慎记、天益善记、安康、晋恒、成源、彝生、瑞丰、福利、成源、瑞康、洽利源厚记、巨康、铭记、涌丰、和济、源源、元益、中康、福康、源泰丰记、祥康、协元、永康鼎记、裕成、慎康、晋祥、立信、富康。

（慈裕）涵源、泰丰仁记、义和。

（定海）永生、升号、永成。

（嵊县）嵊县农工银行、裕县□方银行、汪集丰钱庄。

（诸暨）同泰祥。

（崧厦）锐益、安泰。

《宁绍新报》第 5—6 期，中华民国三十六年四月三十日

平茶制造须适标准

（1947 年 6 月 30 日）

将设实验工厂，应需机器经部介绍代制

（绍兴讯）本县平水茶为绿茶出产地，本年茶汛时，因中央收价低于产地成本，致茶厂停止收购，茶农无意采撷，头茶采者既少，二茶任令荒弃于地。兹悉经济部为谋平水制造适合标准，俾得推销国际市场起见，拟依照扶植民营工厂成例，于日前层令本县，迅即组织实验制茶工厂，将需要之制茶机器数量，造报该部，以便协助介绍国营、民营之机械工厂，代为制造，县府奉令后，昨即令本县制茶业公会，计划具报。

《宁绍新报》第 10 期，中华民国三十六年六月三十日

举办商业登记，各业应遵法令

（1947 年 10 月 2 日）

本县建设机关，自奉令举办商业登记以来，业已多久，对于全县各业商号均一遵令，声请登记，并经当局核发登记证。惟闻尚有少数商店，未明登记意义，致延不履行登记领证，殊有不合。故当局于昨发出通告，应即遵守命令，速为办理是项登记手续，并分令有关单位遵照，剀切晓谕，所届遵办，如有违抗命令，当依法惩办。

《绍兴民国日报》中华民国三十六年十月二日

行庄公司组织无须商业登记

（1947 年 10 月 4 日）

本县行政机关，昨为转下经济部命令，令饬银钱行庄业公会如下：

查银行业属于商业登记法，第三条第七款之营业，自系商业之一种，为健全一般银钱行庄之组织起见，迭经财政部通饬各行庄，均应为公司之组织，依照公司法规定，自应呈请

本部登记，俟领取公司执照后，即无须办理商业登记，仰即遵照。

《绍兴民国日报》中华民国三十六年十月四日

平茶外销多打击，停收公文昨到绍
（1947 年 10 月 13 日）

（本报讯）中央信托局，停止收购本县平水绿茶，消息早载本报。兹悉是项命令，昨省府已正式颁布到绍，略谓：

"案准中央信托总易亥字第一三五〇九号申回代电，略以三十六年度箱茶，业准四联总处秘书处京总字第一七二五五号函，以自外汇变更后茶叶外销困难情形，业经改善，政府已决定停止收购等由，相应复请查照"等由。准此，除通知省制茶工业同业公会筹备会暨分令外，合行令仰知照，并转饬各茶厂知照，县府奉令后，将分饬平茶厂商知照。

是则本县平茶厂商，对平茶外销，又多一条打击，发展战后外销，更生阻力。

《绍兴新闻》中华民国三十六年十月十三日

切实保障商业权益，限期规定商业登记
（1947 年 10 月 16 日）

本县县政府，日前分令县商会及各同业公会，以迭奉经济部令，查商业登记，系为商号专用权之保护而设，其作用在对抗第三人。此项权利之取得，原非具有强制性质，自三十年公布非常时期工商业及团体管制办法后，对于经营必需品，业经规定，须声请商业登记，其主旨则在运用登记制度，藉利管理控制，良以各地所设商号，其组织虽与公司不同，而在经济市场，则与公司同等重要，公司非在本店所在地主管官署登记后，不得成立，已有明文规定。值此非常时期，为使切实加强管理工商业，关于各业商号之登记，自应一律改为强制规定，以资管理。兹特明令规定，嗣后凡属商号组织，非在所在地主管官署呈准登记后，不得创设，其以前业经创设之商号，而未声请登记者，酌定限期，催令登记，逾期延不遵办者，均得有地方主管官署依法酌予处罚。

《绍兴民国日报》中华民国三十六年十月十六日

两百亿粮食贷款，本县分得八亿元
（1947 年 11 月 14 日）

专署令县把握时机尽先购储

（本报讯）本省前为调节各县民食，防止粮荒，经商得中、中、交、农四联总处杭州分处

同意,借到粮食贷款两百亿元,本县分贷数额,昨经三区专员公署核定为八亿元,并令饬绍兴县政府,尅即把握时机,尽先购藏粮食,以控制粮价,更应组织民食调节委员会,运用是项贷款扶植正当粮商向外采购粮食,务使粮食供求平衡,其款项由县民调会直接向中国银行就地分行签约,借款月息以不超过四分为限,借款日期,以八个月为限,必要时得申请延长,贷款购粮,自合约成立,贷款支付之日起,在省内购粮者,须于半个月内将收购粮食全部入仓,省外采粮,至多在一个月以内,应将收购粮食全部入仓,同时民调会对粮食商号得办理抵押贷款,以照市价入成领取贷款,继续采购,俾厚存底,其款项由民调会向银行订约支取,仍由调节会对银行负责,唯粮食必须进仓,然办理贷款购粮,应不以营利为目的,倘因仓储时期过久,先后粮价相差太巨时,得由民调会会同经办粮商开会,议定低于粮食市场价格,供应市场,其所有盈余,作县民食资金,不得移动,县府奉令,将遵照逐步实施。

《绍兴新闻》中华民国三十六年十一月十四日

推行动员戡乱完成宪政,成立经济警察组

(1947 年 11 月 24 日)

执行人员必要时得穿着便服

(本报讯)本县警察局,奉县府令,知以各级警察机关,对于动员戡乱实施纲要,应行注意办理事项,及推行表示各一份,饬遵照办理,该局奉令后,经拟就推行动员戡乱完成宪政,组经济警察组暂行实施办法一种,经该局第十七次局务会议修正通过,并报请县府核准施行。兹探志办法如下:

(一)本办法为求安定民生,稳固物价,贯彻动员戡乱,完成宪政,依照国民政府公布动员戡乱完成宪政实施纳要第六条第二项之规定,设立经济警察局,期以达成任务。

(二)经济警察(以下简称本组),依照国民政府公布之动员戡乱,完成宪政实施纲要,第四、五、六条各项之规定,取缔囤积居奇,劳资争议,违反物价评议,与金融管理及节约消费事项(详细细则,俟核准后,由该组拟具)。

(三)本组行政范围,暂以本县城区为限,必要时得延伸至各乡镇。

(四)本组行政范围内,各商民有违反第二条□务上之规定时,得由该组报请主管科按其类别,分别以行政执行法,违警罚法科处之。惟法律另有规定者,不在此限。

(五)本组建制,暂设组长一人,组员一人至五人(必要时得扩大之)。

(六)本组组长承局长之命,及主管科之指挥,监督督专各组员处理一切业务。

(七)本组人选由本局行政科长会同督察处,遴选精干廉明之员警,签请局长派充之。革补时同。

(八)本组员警出发执行任务时,均须穿着制服,佩带符号证章,如遇业务上必须穿着便服始能达成任务时,得穿着便服。

（九）本组人员，一律不另支薪，惟业务上必须之经费，或各工作人员之舟车费，得酌情报请支给。

（十）本办法经局务会议议决，并报请核准后施行，修正时同。

《越报》中华民国三十六年十一月二十四日

本县粮贷八亿元，省饬县府办理中

（1947 年 11 月 27 日）

（群力社讯）本省三十六年度二百亿粮贷，除杭市八十八亿业于十月间由该市银行与四行办妥手续外，所余各县之一百二十亿元，已由省方核定分配数额，第三区共得三十亿，旧绍属、宁属各十五亿，计本县八亿元，省方业饬县府办理手续中。

《绍兴新闻》中华民国三十六年十一月二十七日

合作金库派员来绍，发放茶棉农贷款

（1948 年 4 月 7 日）

临时办事处在横街成立，肥料食粮两项同时贷给

（本报讯）本县向为缺粮县份，又为平水绿茶出产著名区域，且如沙北、大和、马鞍、党山、安昌、陶里、孙端、沥南等各乡镇，又地临海滨，均为植棉区域。现以时值清明，春耕在迩，而据种棉子，亦正在其时，采撷平茶，现已在即，中央合作金库暨中国农民银行，为及时贷放款项，以繁殖本县战后生产，而增裕农村经济，以达到自给自足起见，近贷给本县大批棉贷款、粮贷款，暨茶贷款，与化学肥料等，日前均已汇划到绍，除棉贷款与化学肥料，由本县农民银行主办贷放事宜外，至茶贷款与粮贷款，中央合作金库，特于日前派员来绍，在本城府横街恒升明记钱庄旧址，设立中央合作金库绍兴临时办事处，主持发放事宜，凡本县棉农与农民及茶农等，如为合作社员者，均得于即日起，向本该主办机关申请贷放。兹经记者采和上述四种贷款与化学肥料贷放数字得贷放限度于下：

棉贷款由中国农民银行贷给本县者，其款已于日昨汇划到绍，其本县农民银行主持贷放，数为三百亿，凡本县合作棉农，均得于即日起，向本县农民银行申请贷放，贷放限度，每一合作棉农，以三十亩为限，每亩得申请贷放三十万元。

茶贷款由中央合作金库贷给本县者，款数为八十亿，其款亦于日昨汇抵到绍，由府横街中央合作金库绍兴临时办事处主持贷放，昨除由该处与县政府正在接洽贷放手续外，凡本县合作茶农，自即日起，均得向该处申请贷放，贷款限度，正由该处拟订章则中。

粮贷款数为两百亿，由中央合作金库贷给本县者，其款亦于日昨汇绍，由本城府横街恒升明记钱庄旧址之中央合作金库绍兴办事处主持贷放，逾放限数，正在拟订章则中，凡本县合作社，商于即日起，得向该处申请贷给。

（又讯）据记者所悉，本县茶、棉、粮、农，均为中央所关怀至切者，最近贷给本县本县款项，数达千亿，而战后生产凋敝之本县，得如许大量贷款，当能益补不少，甚盼本县合作茶、棉、粮农及时申请，免误时机。

《绍兴新闻》中华民国三十七年四月七日

合管和专员到绍，商讨分配茶贷款

（1948 年 4 月 27 日）

（本报讯）本县平水区茶贷款，本年度中央核配二百四十亿元后，省合作管理处，特派技术专员厉菊仪，依日前到绍，商洽分配事宜。兹悉经厉专员数日来向各方洽商结果，顷已定本月二十九日假县政府会议室，召集各级合作社理事长，商讨分配办法。闻绍兴方面，可能分配到茶贷款七十至一百亿元。

（又讯）粮贷款及棉花贷款发问题，据厉专员语记者，亦定二十九日各级合作社理事长会议中，商讨决定。

（又讯）省合作管理处，为商讨分配本县茶叶、棉花、粮食各种贷款，昨（二十六）日双派该处秘书赵佩琳来绍，协同厉专员办理。

（又讯）中央合作金库，自在本县城中府横街筹设办事处后，兹悉筹备业已就绪，定本月二十八日，正式成立，举行开幕典礼。

《绍兴新闻》中华民国三十七年四月二十七日

合作金库昨开幕，今商讨分配贷款

（1948 年 4 月 28 日）

（本报讯）中央合作金库，自在绍兴城内府横街旧元升钱庄地址，筹设办事处后，兹以筹备竣事，于昨（二十八）日上午正式举行开幕典礼，各机关、团体暨金融界首长及地方士绅前往道贺者，络绎不绝，省合作事业管理处专员厉菊仪，与赵秘书等，亦前往道贺。

（又讯）中央合作金库绍兴办事处，昨（二十八）日正式开幕后，即将会同本县农民银行，开始办理棉花、茶叶、粮食生产等三种贷款事宜。今（二十九）日，在省合作事业管理处派来绍兴督导分配贷款问题之厉专员暨赵秘书督导下，召集本县各合作社理事长，假县府会议室，商讨茶叶、粮食、棉花等三种贷款分配事宜。

（又讯）中央合作金库绍兴办事处，自开始发放茶叶生产贷款后，平水区各合作社，申请甚为踊跃。昨该库开幕，前往申请者更多，以贷款有限，或抱向隅，该库将俟下次贷款时，设法弥补。

《绍兴新闻》中华民国三十七年四月二十八日

昨举行合作座谈会，分配八百亿贷款

（1948 年 4 月 30 日）

（本报讯）绍兴区本年度粮食、茶叶等，各种贷款，计有：

(1) 粮食贷款四百二十亿元。

(2) 茶叶贷款三百四十亿元。

(3) 农田水利贷款六十亿元。

(4) 其他贷款五亿元。

(5) 农村副业贷款六十亿元。

(6) 简易农仓贷款二十亿元。

等七种，合计八百〇五亿元。省合作事业管理处，为监督分配数字，除派该处技术专员厉菊仪于日前到绍外，更派该处秘书赵佩琳来绍协同监配，厉专员暨赵秘书，为高讨上述七项贷款分配起见，特于昨（二十九）日下午二时，召集全县各级合作社理事长，假县政府会议室，举行座谈，商讨分配，计出席者：有施泽民、徐煜根、周锡鋆、邵□德、俞元利、王金法、凌廷生、陶春煊、傅北崖、赵佩琳、列席本报记者沈振远、主席建设科长兼合作指导员张明。领导行礼如仪后，即由省合管处技术专员厉菊仪。

报告要义：

(1) 县合作事业之发展情形。

(2) 希望重质不重量，配合棉、粮、茶，各产区农贷，选择据点社。

(3) 行政金融技术，力谋联系。

(4) 合作社与农会，应力求联系。

(5) 农贷分配情形。

(6) 粮贷分配情形。

(7) 棉贷分配情形。

(8) 茶贷分配情形。

(9) 希望以后一切合作贷款，都透过县政府，俾能发挥出实际力量。

报告毕，即由各出席代表发表意见。

意见一般：首由绍兴中农行陈专员德明发表意见：

(1) 八十亿棉贷及五十吨肥料，指定沙北、党山、陶里三乡镇为主要贷款区。马鞍、会宗、历南三乡镇，为次要贷款区，中央原定配发本县肥料一百吨，嗣以本县原不列入主要美棉区域推广,因此减去五十吨。现在除主要贷款区贷给外,以肥料补救贷放之不足,但须主要区贷放后,方能及于次要区。

(2)十二亿平水区茶叶生产贷款,以仁里乡为主,平水镇为副,仅放四保,业已完毕。

(3)其他水利副业等贷款,本年本县无着,各合作社可请本县农民银行,转请杭支行统筹支配,来年必须力争配到一部分。

(4)粮贷款,前经增粮会议决定,以梅里、鉴湖、安凤、袍渎、禹陵等五乡为主要区,当遵决定办理。

次由沙北乡合作社理事长宜秉正发表意见:本年陶里、沙北、党山三乡镇,向植棉指导区交涉得美得士棉子二万斤,沙北分配得一百斤,陶里、党山两乡分配得一万斤,已植美棉区达六七千亩,此后分配棉贷,应照上面指定,以种得土棉区为对象。

继由邵农推所主任峻德发表意见:

(1)主张四百一十亿粮贷,向省购化学肥料分配。

(2)水利贷款六十亿,主张配备抽水机,由乡保合作社利用。

(3)蚕丝贷款,以后必须力争。

高植□理事发表意见,各种贷款,应以利民为原则,共同合作,不应以地域观念内存私见,合作事业,才有进展。

郑士伟理事发表意见:

(1)茶贷生产贷款期间,应予延长。

(2)加工运销费,应力争增加。

(3)台湾制茶机,可否借绍试用。

陈德明、张明、高植□、邵竣德、陶春煊等先后发表意见,经主席归纳意见,作下列决定:

茶贷:

(1)要求四联总处,增贷合作社毛茶集中贷款,为每担八百万元。

(2)要求四联总处加贷合作社毛茶加工费,为每担八百万元。

(3)以上两项贷款,要求四联总处专案拨款。

(4)合作社装成箱茶,委托合作社全国物品供销处,向国外办理物物交换。

棉贷:

(1)本县合作社,社员种植棉地面积,已达六万亩,原有贷款,不敷分配,分函绍兴杭州中国农民银行,增贷现金一百亿元,肥料一百吨。

(2)函请贷款机关尽量加贷棉花加工运销贷款。

水利及简易农仓:

(1)请合作社主管机关,拟具整个计划,商请贷款机关办理。

(2)为配合本县粮食增产工作,商请中央合作金库,将水利贷款全部拨归绍兴。

行政、金融、技术、联系:本县各级贷作社向贷款机关合款时,应先将申请贷款书送请主管金融机关签注意见后,再送行库核贷。

《绍兴新闻》中华民国三十七年四月三十日

管制棉花运销

(1948 年 5 月 10 日)

(经济社讯)花纱布管理杭办事处,顷奉令增加绍兴、萧山、上虞等县为业务辖区,自应普遍推行,以资加强管理制,除棉农与弹花业商人,搬运另星棉花不在限制之列,无须领证外。嗣后棉花运输,及转口均须按照规定,凭棉花采购证,向该核处发运输证后,始可转运,倘有无证运输棉花,一经查获,将予依法惩办。

《绍兴新闻》中华民国三十七年五月十日

合管处派员来绍,主持收购平茶

(1948 年 5 月 11 日)

明召集各合作社商讨,函茶区乡镇提供意见

(本报讯)本县平水绿茶,已届采撷时期,生产贷款,业经合作金库贷给,加工精制贷款,正由县方要求加增款额中。兹悉浙省合作事业管理处,以平水绿茶,为本省唯一出口物品,不特有关茶区经济,且影响外汇调整,重光后已逾四载,元气迄未恢复,今年拟急亟谋求复兴,予以改良制造起见,特定自明(十二)日假本县县政府会议室,召开绍(兴)、上(虞)、诸(暨)、嵊(县)四县茶叶合作社会议,商讨一切事宜,届时除四县有关机关及合作社均将派员来绍出席与议外,省合管理处主任屠绍祯,将亲行来绍主持,以便决定合作收购茶叶及一切贷款事宜。

(又讯)本县县政府,以平水绿茶为出口之重要物资,省方当问,为谋改良起见,定明(十二)日在绍开会,省合作管理处屠主任绍祯,决定亲来主持,县府特于昨日通函稽东、龙会、陶隐、平水、仁里、汤浦等各乡镇之乡保合作社,请各派员出席参加,并盼提供意见,以便转请省方采纳,俾使茶叶出品精良,藉得多取国际市场。

《绍兴新闻》中华民国三十七年五月十一日

房租计金米,政院令查禁

(1948 年 5 月 16 日)

(经济社讯)胜利以来,各都市及县城房屋纠纷迭起,而尤以房东收取房客巨额顶费,甚至金条、食米计算,以致影响各县有房屋者普遍效颦,颇使一般房客备受苛索之苦,此亦为纷争之由来,行政院有鉴于兹,顷特令饬本省,查明房东索取金条、食米情形,严予禁止,如有故违,并应从严惩处,并饬拟具房屋租赁条例补充办法,以便办理。

(又讯)绍兴大马路一带商店房屋,自重光以来,多以食米计租,每间每月租有一石、二石、三石不等。近来米价激涨,房客不胜负担,房东不但未可稍减,而尚须逐步增加者,各商店为维持营业起见,业已联各呈请当局,要求严加取缔食米计租,必须达到恢复法币计算,以轻负担而利营业。

《绍兴新闻》中华民国三十七年五月十六日

加工运销出口,茶贷分三期发放

(1948 年 5 月 26 日)

四行决定办法即可配汇,选择具有成绩茶厂贷放

(本报讯)本县平水区茶叶生产贷款,业由本县中国农民银行与合作金库绍兴分理处会同贷发。兹悉对加工运销及出口地押款,业经中中交农四行联办处理事会议决定,昨已由浙省建设厅令知本县,计为贷款总额八四九〇亿元,分三期贷放,各期贷款标准,为:

(一)毛茶加工贷款,每担最高额三〇〇元;

(二)箱茶运销贷款每担最高额四〇〇万元,(扣回加工贷款);

(三)出口地点箱茶押款每担贷额五〇〇至八〇〇万元,(扣回运销贷款)对象应选择过去办理茶贷及结汇具有成绩之茶厂,叙做各阶段贷放时,其自资收购之毛茶,不得少于一百担(合作社不得少于五十担)贷款期限,加工贷款为一个月,运销贷款,视路途远近而定,最长不得超过三十天,出口地点箱茶押款,亦为一个月,利息一律月息一角三分,逾期不还,照市息计算,致对押品处理办法,各期贷款押品,如不合标准,或借款到期不赎时,由承放行以公开标卖方式处理,以所得标卖价款,归还贷款本息。

闻本县农民银行及合作金库绍兴分理处,一俟是项加工运销及出口贷款配汇到绍,即依照上项办法办理。

(本报讯)本县粮贷款四百二十亿元,经合作金库绍兴分理处,日前邀集各法团代表开会决定第一期贷额一百六十亿元后,申请贷款时间至六月十日截止。兹悉该处对粮贷办理通则,昨已订定,计为:

(一)贷款区域,以绍兴县为限,以粮食增产区为主要区域,余为次要区域,贷款对象,乡镇合作社,保合作社,及合作农场。

(二)贷款标准,每亩三十万元,每户以十五亩为限。

(三)贷款利率,月息七分,另加合作事业补助费五厘,转放手续费,最高不得超过月息一分,期限最长五个月,逾期照原息加三分之二计算。

《绍兴新闻》中华民国三十七年五月二十六日

粮贷计进配放,合作社成立达二百余

(1948 年 6 月 6 日)

(本报讯)本县自重光以还,县合作当局,对合作事业之推进,甚形积极,各乡镇保继起筹组者,亦如雨后春笋。兹悉截至最近止,已成立之专营合作社,计有城区信用、柯桥信用、东关信用、安昌信用、王坛茶叶、王城茶叶、下方桥丝织等七社,已组织成立之乡镇保合作社,计有安仁、汤浦、稽东、仁里、梅里、孙端、汤浦、双山、上灶、马鞍、安凤、斗门、党山、钱清、会宗、永宝、沙北、禹陵、陶里等达二百五十余社,对合作部份各项生产与贷款,计有:

(一)茶叶,全县产茶区域,共有陶隐、安仁、汤浦、龙会、稽东、仁里、平水、云西等八乡镇,年可青叶十二万担,得制成毛茶三万担,已放出茶叶生产贷款,计有一百十二亿余元,加工贷款,亦得着手进行。

(二)棉花,产棉区域,为沙北、党山、陶里、马鞍、会宗、沥南等六乡镇,年可产籽花六万色,已放出棉花生产贷款,计八十亿元,及化学肥料五十吨。

(三)粮食生产,已办理第一期贷款放,农村副业,及水利简仓等贷款,已在计算中,拟采集中方式,择定据点,配合粮食增产工作。

《绍兴新闻》中华民国三十七年六月六日

合管处专员到绍,指导精制箱茶

(1948 年 6 月 11 日)

令赴平茶出产集中地,督导技术改进等问题

浙省合作事业管理处督导专员厉菊仪,日昨再度来绍,督导本县粮食,茶叶等各种贷款审核及监放事宜,并以本县平水绿茶,装箱运销在即,定今(十一)日上午,赴平茶出产集中地之安仁、汤浦等各乡镇视导,各茶叶合作社,指导精制装箱等,各项技术改进问题,昨(十)日下午,出席本城府横街合作金库绍兴分理处审核各合作社申请贷放二百十亿元之粮食申请书,据语记者。

《绍兴新闻》中华民国三十七年六月十一日

茶贷标准提高

(1948 年 7 月 8 日)

要求减低利率延长期限,四联总处函复难以照办

(本报讯)浙省茶叶改进设计委员会,曾以本县平水绿茶为外销特产品之一,要求四联

总处放宽本年茶贷数额及偿还期限,以励茶叶出产。兹悉四联总处,昨已答覆如下:外销箱茶,各阶段贷款标准,已调整为:

（一）毛茶加工贷款,每担最低额四百万元;

（二）箱茶运销贷款,每担最高额五百五十万元,扣回加工贷款;

（三）出口地点,箱茶押款每担最高额八百万元至一千万元,扣回运销贷款。

至贷款总额,除原核定八千四百九十亿元外,已由中央合作金库增办合作茶厂贷款,其数额以按照上述阶段贷款标准制茶一万二千担,所需贷款为限。对要求减低利率延长期限各节,虽已照办,该会昨已将向四联总处要求未果复函转知到绍,本县主办茶叶贷款之合作指导室,即将转饬全县茶业合作社及各茶厂知照。

《绍兴新闻》中华民国三十七年七月八日

申请商业登记缴费计算标准

（1948 年 7 月 11 日）

（铎声社讯）本县调查商业登记,最近已及城区附廓,据查情形,以资本变更须行变更登记者,约占百分之七五,未经登记须行创设登记者,约占百分之二五,各商号经调查劝告后,俱已投交所属公会积极办理。惟关于登记费用,多未明了。兹悉有关当局,查明商业登记法,所列应纳登记费标准,随时说明,俾众晚晓,其标准在次:资本自五千元以下起至四百万元止,计为十三级(以下有括弧者为应纳登记费):

资本五千元以下(一五〇元);一万元以下(三〇〇元);三万元以下(四五〇元);五万元以下(六〇〇元);十万元以下(七五〇元);卅万元以下(九〇〇元);五十万元以下(一二〇〇元),八十万元以下(一五〇〇元),百万元以下(一八〇〇元),一是五十万元以下(二二五〇元);二百万元以下(三〇〇〇元);三百万元以下(三七五〇元);四百万元以下(四五〇〇元);四百万元以上者每多一百万加(七五〇元);不及百万元者,作百万元算。并述明以下二字,即指未满意思。如一至九九为以下,逢百即为以上,应作如是计算。

《越报》中华民国三十七年七月十一日

商店不登记,将勒令停业

（1948 年 7 月 18 日）

（本报讯）本县为统一管理商业,经于本月初派员分向城中各商号,举行商业登记检查以来。兹悉尚未登记之商号,经检查后声请登记者,已有多家,惟尚有意存观望者,现检查当局,为赶使各商号迅行依法登记完全竣起见,业已限令未登记务号,如种本(七)底不再声请登记，即将予以停业处分，以为藐视政令者诫。

《绍兴新闻》中华民国三十七年七月十八日

城区各商号办理登记，县府将核发商业证

（1948 年 7 月 29 日）

（本报讯）本县县政府为加强商业管理，充实各级商业团体组织起见，业经发起举办全县商业检查，督促各商号办理商业登记，并参加组织公会组织。兹悉：城区各商号，现已由县建设科会同县商会，联合办理。昨县府特通电县商会及各业公会，应予接获所属商号填送登记书后，复加审核，加盖图记，连同应缴登记成本印花各费，造具清册，呈送县府核发商业登记证并悉县当局经此次检查后，如仍有延不办理登记之商号，令饬各公会随时派员查报，否则将依法惩处。

《越报》中华民国三十七年七月二十九日

租赁房屋以米计算，每石折合金元十元

（1948 年 8 月 28 日）

县政检讨会已拟订标准

（本报讯）本县房租最高标准暨实施暂行办法，昨经县政检讨会中提出讨论通过，兹录原文如次：

第一条　本县奉省政府本年七月日四七五地二代电指定为房屋租赁条例适用地区，本县房屋租赁依照本条例各条办理外，参酌参议会一届第七次大会关于房租决议办法暨本条例第四条规定订定本县房租最高标准暨实施办法。

第二条　本县房租以米计算者，均应改为金元计算，参照参议会一届第七次大会决议办法按现行租约以国币计算者外，食米概折为每石金元十元。

第三条　本县房屋租金最高标准每月每开间直不得超过金元券二十元，其有超过者，为房主之不得利得房客得拒绝给付。

第四条　房租另订新约者，不得超过原有租约之租额。

第五条　县政府应组织房屋纠纷调解委员会，接受房租纠纷事件。

第六条　本办法送读参议会通过后施行，并呈报省政府备案。

《越报》中华民国三十七年八月二十八日

各商号资额未明文规定前变更登记暂缓办理

（1948 年 9 月 8 日）

创设登记声请资额填金元

（本报讯）本县县政府，为保障商人法定权利，并加强商业管理，充实各级（工）会组织，迭经派员会同各该公会检查，强制督促各商号办理商业登记，详情会志本报。兹悉县当局为稳定物价改革币制，尚有商号应办变更迄未办登记者，在资额未奉层峰明文规定前，暂缓办理，至于应办创设登记者，声请资额一律改填金元，以符政令，业经令知县商会并督促所属各商号切实遵办。

《越报》中华民国三十七年九月八日

商人至沪办货出境须由公会给证明书

（1948 年 9 月 17 日）

物资申请携运许可办法公布

（本报讯）全国经济管制委员会上海区物资调节委员会，为使物资在严格管制下，不致断流，并能正常供应，减少市场恐慌，工厂能继续维持生产，特拟定上海区出境物资申请携运许可办法，凡上海区物资携运出口，均须申请核准，是项办法，业经该会参照出境检查办法加以修正，并经该会第三次会议通过，与蒋督导员之核准，业于昨日正式公布实施，今后出境物资，得向各该业公会申请启运，由该各业核发许可证，兹将督导员办公处所订之上海区出境物资申请携运许可办法志次：

第一条　上海区经济管制督导员办公处所为维持正当工商业需要，自上海运出禁止出境之物资，特根据上海区禁止物资携运检查办法第三条之规定，订定本办法。

第二条　各业厂商，将禁止出境之物资，自上海市区携运至国内其他区者，得自各该业公会申请启运，各该业公会审核属实出给证明书。

第三条　此项证明书为三联式，第一二两联，交申请厂商收据，验货启运，并将第一联于出境时交与检查人员查验后放行，各分会等须将每旬核发之证明书种类件数，□报上海区经济督导员办公处。

第四条　各业公会制发各厂商之第二联证明书，于到达目的地后，应即缴还公会注销，不得再行使用。

第五条　运出之物资，如系由他处经由上海转口至其他各处，应由物资持有人凭进口证件，向相关同业公会领取证明书。

第六条　外埠商人至上海向相关同业公会会员购办货物，应由该会员介向该业公会领取证明书。

第七条　物资出境数量及运销地点之限制，由上海区督导员办公处，随时分饬各同业公会遵照办理。

第八条　运出之物资，如有囤积居奇或其他不法行为，由各该核发证明书之公会负一切责任。

第九条　各物资管制机关，及国营事业机构，如有携运物资出境之必要时，得比照上项办法办理，由各物资管制机关核发许可证。

第十条　本办法自公布日起施行。

《越报》中华民国三十七年九月十七日

资本额折算金圆，各商行变更登记

（1948 年 12 月 3 日）

（本报讯）各业厂商行号营利事业资本额折算金元变更登记办法，昨（二）日中央已颁布到绍，限各厂商行号，均须于三十八年二月十九日以前，依法将其资本折算调整完竣，声请为变更登记换领执照期间，逾期尚未折算资本声请为变更登记者，应即解散而不为解散登记者，由工商部撤销其登记，凡以营利为目的之事业（包括各种公司，及独资或合夥组织之厂商行号）营利法人，应按原登记实收法币资本，折算金元，依期声请变更登记，其折算办法为：

（一）民国二十六年及以前呈准登记之实收法币资本，不论以前经过若干度变更登记，统按其最后登记之资本额，以二十六年之全国售物价指数与三十七年八月上半月之全国囤售物价指数之比率，将原登记资本提升为三十七年八月上半月所值之法币数额，依法币与金元之法定比率，折算为金元。

（二）民国二十七年及以后呈准登记之实收法币资本，就其投资之年份或月份，以该年份月份适用之全国囤售物价指数与三十七年八月上半月之全国囤售物价指数之比率，将原登记资本，提升为三十七年八月上半月所值之法币数额，依法币与金元之法定比率，折算为金元，但资本不得少于五百元金元，不及者应现金补足。

其详细声请变更登记办法，现正由县印发县商会及各同业公会，饬即转知各商号遵办。

《绍兴新闻》中华民国三十七年十二月三日

二、商会组织及会务

1. 组织建制

议 开 商 会

(1905 年 6 月 17 日)

前月杭州商务局总办,有信到本府里,劝开商会,现由山、会两县,已在同善局里办酒,请绅士商量办法。这个商会是要商家公同保举董事,公议办法的。可惜绍兴明白的商人太少,全靠绅士出场,恐怕兴起来,也不过像箔业董事、米业董事,大家钻谋几个铜钱。这商会那里会有实效呢?应该知会各地商家,先有几个明白商人布告情形,集议一回,公举董事,再逐渐商量办法,免得后来有弊无利。

《绍兴白话报》第 68 期,光绪三十一年五月十五日

商 会 可 虑

(1905 年 7 月 17 日)

绍兴商会□官长请了绅士吃酒商议,已隔多日,还没有开办。实信想谋充各为董事的人已纷纷不少,听说有一个谋充土业董事的,并未得到官的照会,也没有商人公举,竟先到各土店去捐钱,做自己薪水,这样看来,这个商会如何办得好呢?奉劝□□绅士、明白商人,赶紧出来会议,会议商个办法,免得将来权落他人之手,反要生得多阻碍,有害商务。

《绍兴白话报》第 71 期,光绪三十一年六月十五日

商 家 太 弩 下

(1905 年 8 月 25 日)

绍兴的商家真正太弩下了。到这个时候,还有这个机会,还不肯用点心,把商会立起来。我只听得这边讲到账,那边吃官司,这边敲竹杠,那边托教民,闹个不了,闹得一场糊涂账。到底是赔铜钱,明亏不受,也受暗亏。倘把商会立起来,那里还会有这种事呢?我小时听人家讲商会好处的却也不少,无如都说这事难办,没有同志,何勿先尽晓得商会有益的几个人集拢起来会议一会议,先把商会立起来,只要一经立起来,入会的一定会多起来。

又有一班商家日里都说要开商会,无如他们,商会如何章程,如何开法,却是一毫不

懂,真真可怜可笑。

《绍兴白话报》第 75 期,光绪三十一年七月二十五日

孙端开商学会

(1905 年 12 月 1 日)

孙端现已开了一个商学会,专考究商务,在市心中间借了一所房屋作会场,又要开一个商务小学堂,教授经商的法则。与同等常教科,将来于商业中,必定大有进步,城中商会何不赶紧仿行。

《绍兴白话报》第 85 期,光绪三十一年十一月初五日

乙巳年之大进步

(1905 年 12 月 11 日)

绍兴本地人之进步。我们绍兴人,向来都在鼓里头睡觉,到了今年睡的虽睡,不睡的也起来了。你们看大善寺的事体,竟全体同教堂争主权,会稽县学堂的事体竟学生结团体起来,减收除费的事体,竟绅士结团体起来。现在学务公所、商务总会也将要立起来了。如同上几年相比,真进步不少,想必我绍兴人大家也欢喜了不得,可贺可贺!

《绍兴白话报》第 86 期,光绪三十一年十一月十五日

绍兴近十年的纪念

(1906 年 4 月 28 日)

顶重要的是开商会。但是,不是商家的原动力,而且不见有完全的办法,却是可惜。

《绍兴白话报》第 100 期,光绪三十二年四月初五日

商会归入宁波

(1906 年 11 月 20 日)

山、会、余、上各县,都同宁波相近,商矿局已议定把绍兴各县商务分会归入宁波商务总会,以便容易联络。

《绍兴白话报》第 121 期,光绪三十二年十月初五日

山会商务分会举定议员

（1909 年 12 月）

山会商务分会，日前两次开会，因争论选举权，决议今年仍照去年暂定章程选举。明岁援照省章，其详情已志昨报。兹悉廿九日又开续会，选举议员。当由代理总董陈和甫君登台宣布，请各业董公举议员（是日有多数业董不到）遂投票举定三十五人。姓名录后。

陈和甫、陈秉衡、冯季良、钱静斋、胡秋田、陶荫轩、高云卿、谢幼兰、冯德哉、袁瑞生、周觉天、陈柯乔、韩春融、马凤藻、陶汉宗、秦宝臣、金秩卿、李子临、杜凤书、平永生、缪静轩、高伯俊、刘德甫、沈可青、高中山、陈松珊、陈立斋、袁楚兰、黄拜卿、戴普恩、钱德芳、胡济生、刘树昌、金安生、翁幼鲁。

《绍兴商业杂志》宣统纪元十一月第一期

山会商务分会续拟试办章程

（1909 年 12 月）

一、商会之设，原为保全实业起见，且于实于利权外溢之弊，亦可次第收回，实为富强基础。昔虑官商隔阂，今则呼吸相通，裨益实匪浅鲜。倘小本营生，如有不愿入会注册者，亦听其便。惟有事时如来入会者，一概拒绝。

一、经商贸易，以和为贵，各业不得以初设商会，有事为荣，辄以琐屑细故，呈会申理，甚至因挟嫌隙，思假公会以报私仇，大失本会宗旨，均所不理。惟事关紧要，不得已而请会开议，应发传单，亦须先行告明总理，酌核施行。

一、本会议理不决之事，请地方官核办者。倘地方官听断未洽，本会应再议力争，俾始终遵守部章代为伸诉之条。

一、设会经费，先由各会董筹垫，俟各业入会后，缴有岁认经费，除归垫外，余存殷钱庄，立折收付。每年费用若干，俟次年正月，邀集会董，将账册当众宣告，以昭信实。

一、设会所以保商。自中外通商，难免华洋交涉，倘华商为洋商欺凌，或奸商指使洋商与同业为难，应遵照商矿局禀准定章第六条，禀请洋务局照会领事据理力争，以资保护。

一、期会、特会之外，每年于正月间应开年会一次，邀集各会董，宣告上年用账，并调查上年各项商务情形。

一、本会如遇传聚演说等事，自当执中论断，断不稍涉私心。倘有巧诈饰词，或恃私强辩，并暗中煽惑，阻挠大局者，一经查出。立即禀斥，总、分董亦不得徇情袒护。

一、办事用人，素称不易。会中除总董公举外，干事四人，文案、司账、书启各一人，专司度支一人，庶务一人，均须公正廉明，束身自爱。即以下伙夫、听差、把门、茶房各一名，亦须循分任事，不得在外招摇。

一、凡商人店铺倒闭，各业有受其债累者，该号之管事股东，应由本会请府县立案。此后如在境内仍设市肆，须先将前项债务理清，否则不准再开。倘有化名影射，查出移县严究不贷。

一、凡合股经营商业，或借人资本，如有暗蚀资财，私携银钱货物，托名亏折倒闭，一经被累人控诉，即请移县勒限提追，遵照户、刑部奏定章程，分别科罪。若避不到案，即请查封家产备抵，不拘何业，一律公摊。至负欠钱财货债，为数甚巨者，比照此条，酌核办理。

《绍兴商业杂志》宣统元年十一月第一期

商会选举纪闻

（1912 年 3 月 30 日）

绍兴商会于昨日上午投票选举评议员，当选者为：

钱静斋、陈和甫、冯德斋、金秩卿、陶荫轩、高中山、郦春荣、陈炳衡、徐宝林、丁星阶、孙致寿、高云卿、冯季良、陈坤生、沈墨臣、杨亢宗、袁才生。

下午复选总董，钱静斋君得三十五票当选。钱君当众告退，经各业董再三挽留，勉允续任。继议缴解民团经费，除照去年派定，由各业认缴外，不敷尚巨。如何筹抵，因时已晚，议另日再开评议会取决云。

《越铎日报》中华民国元年三月三十号

铜业集议建会馆

（1914 年 4 月 14 日）

绍城铜业会馆向以火神庙为会所，现因距离太远，而会场又不适宜。当由该业首领陈义昌泰来、陈裕昌祥和、陈合义等十四家发起，于昨日（十三号）在小江桥福昌铜店议组织该业会馆问题。惟预算建筑费洋约需三千元之则，以十四家分配，每家须出二百余元，方可达到目的。是日到会者，均全体赞成，遂决定寻觅地基为入手办法。现在正在□致之中，亦可见该业之力图进步矣。

《越铎日报》中华民国三年四月十四日

运动商会总董

（1914 年 5 月 8 日）

有选举权者注意。

绍兴商会总董自钱静斋去世后,现拟遴选更续。一般市侩皆思攫取一席,以为荣幸。兹悉有钱伙某绰号钱痨,素性刁滑,现觊觎钱董一席,乃邀集走狗四出运动,以冀其目的。

《越铎日报》中华民国三年五月八号

商会亟应改组

(1915 年 1 月 3 日)

绍兴县知事公署公函,绍兴商务分会、临浦商务分会暨柯桥、安昌、陡门、孙端、东关、汤浦各商务分所文云:

迳启者,本年二月二十二日,奉公稽道公署第七○六号饬开:本年十二月十日奉巡按使第三九七○号饬开:本年十二月二日准农商部电开:商会法及施行细则经先后奉令公布,请饬各县分会,一律依法遵限改组,禀请核明咨部办理。其细则未颁布前,咨部之案并请余遵细则重行禀报核办,以完手续。本法及细则刊就另寄等因。准此,除分饬外,合行饬仰该道尹即便查照转饬所辖境内各总分会,一体遵限,依法改组,毋任玩延,切切此饬等因。奉此,合行饬仰该县知事转行各该分会遵照办理。此饬等因。奉此,除分头查照外,相应函达贵商会,希即遵限依法改组具报。足纫公谊。此致。

《越铎日报》中华民国四年一月三日

改组柯镇商会进行记

(1917 年 2 月 4 日)

柯桥地处冲途,区域辽阔,近则四五十里,远则百里以外,汽轮往来,商贾络绎,抑且店铺林立,商业繁盛。其米业尤为阖县发达之处,素称巨镇。距城在三十里以上,交通虽尚便利。惟米业时有仓猝,间发生重大事件,解决刻不容缓。如清季宣统年间,乡民因田禾遭灾,米价腾贵,聚众持枪,捣毁米行,并强撑米船,拒伤多人。民国初年,江苏无锡等县禁米出口,运路阻滞,米价因而飞涨,人心皇皇。幸柯镇商务分所迅速开会,妥议对待方法,得以转危为安,消弭于无事。故柯镇应行设立商会,实为必要之举。兹有该处商民蒋寿康、马恩、朱祖翌、孙世铨、郦观齐、朱福忠、柳霭许、冯锡惠、胡廷……等四十人,均各会员资格,照章发起,拟将原设之柯桥商务分所改组商会,俾一切紧要事件,得以直接议决,从速办理,免致周折,当已禀准县署转呈部省核示施行矣。

《越铎日报》中华民国六年二月四日

改组商会之经过

（1917 年 2 月 9 日）

绍兴县知事公署公函绍兴商务分会总理高云卿文云：

迳启者，

查按管卷内准贵会函开：准县署公函，以柯桥、东关两分所改立商会，再由敝会召集协商等因。敝会遵即定期于一月十四日预发知单，于旧有八分所来会协商讨论，并将钧函宣布，而东关代表坚执意见，以为与敝会无所协商，但持划分区域为惟一之宗旨。论及繁盛，则直认为不及柯桥，实亦无正当之理由可言。而柯桥代表，以离城已达三十里以上，若东关可设商会，则柯桥尤与部章符合，料坚持立会，遂无能解决。查商会之设，东关之坚持，既无解于柯桥。而柯桥之援引方正，当于东关，以致悬为争点。敝会虽无左右之袒，亦无干涉之理。而查临浦已设商会，若照该两分所所争，都予成立，诚如钧函一县三商会，为法令所未载，加以城会且三而四矣，似断无此办法，故惟有恳请钧署查核章程，应设与不应设，或同为分事务所，以解两方之纷争等由过署。准此，查是案既经贵会邀集东关、柯桥各代表协商讨论，仍均执持己见，无可解决，自应由县汇案据情转呈，听候部省核示，再行准办。惟县属旧分所中，除马山、孙端、陡亹三处均已承认改组分事务所外，尚有安昌、伧塘、汤浦三分所，如何改组来函未经叙及，应请再行召集协商决定后，复署核办，相应备函奉布，即祈贵会查照，从速办理见复为盼云云。

《越铎日报》中华民国六年二月九号

临浦商会修正章程

（1917 年 5 月 18 日）

绍兴县公署宋知事日前咨行萧山县王知事，略谓：本年五月十四日，奉浙江省长公署第一七六五号训令内开：案准农商部咨开：本年四月二十五日接准咨称，据绍、萧两县知事会报，绍萧临浦镇商会启用钤记日期，并送修正章程名册，请查核见复等因。准此，查该商会章程名册，既据遵照修正，并启用钤记日期，均应准予备案。相应咨行查照，饬遵等因。准此，合亟令仰该知事遵照，即便分别转行萧山县知事及该商会知照。此令等因。奉此，查此案前经临浦商会函经会同贵知事职衔转呈，奉令前因，除函知临浦商会知照外，相应咨行贵县查照云云。

《越铎日报》中华民国六年五月十八号

洋广业公所成立

（1917 年 5 月 26 日）

绍兴洋广公所董事金亮、周鼎等集合洋广苏货两业同志各筹资金，于民国四年间购置城区东如坊坐北朝南房屋一所，拟作两业会议公所。现将该屋修葺工竣，择于旧历四月十一日宣告成立。惟恐地痞乞丐强讨滋扰，以及日后邻居孩堂闯入喧闹，种种情形，在所难免，与其临时禁阻于后，曷若禀请示谕在先。特于日前具禀县署请求出示谕禁，以资保护。当奉宋知事批：禀悉，准候给示谕禁云。

《越铎日报》中华民国六年五月廿六日

商界中之新团体

（1917 年 5 月 30 日）

绸业会馆。

城区各坊绸业丰大、同、协丰、天生、开泰源等各绸庄，于民国三年间公买萧王两姓基地一块，坐□本城中学堂西首，土名当弄口，计地五分七厘，共用价洋一千四百九十元，四至界限载明契据。今集同业各号公同议定，于该处建筑会馆一所，以为同行集议维持绸业之处，并拟于是月间着手进行。但恐开工之时，或有无赖等辈，藉端阻挠，发生纠葛问题，不得不预为防患。

《越铎日报》中华民国六年五月三十号

绸业会馆之先声

（1917 年 9 月 16 日）

丝绸为绍地出产大宗，生意夙称繁夥。惟该业会馆尚付阙如，致同业中无议事地点。现闻该业丰大、正德、来厚记、天生、同福、开泰源等各号，有鉴于此。拟在城区中心点地方，建设会馆一所。现已择定东如坊试弄内当弄口基地为建造会馆地址，即日开工，业已禀请县署给示保护矣。

《越铎日报》中华民国六年九月十六号

陶堰乡商会成立

（1917 年 10 月 31 日）

五云门外陶堰乡组织商会支会，已于前日（十六号）假和济民国校地址开成立会，各业到者共计三十一人,当场选出商董议员共十一人,其姓名录后:商董陶廷珍(系该乡自治委员),米董议员陶显文、陶焕庭、陶吉山,南货茶食业议员戴春书、陶桂芬,京苏杂货业议员冯世荣,酒业议员陶廉青,药业议(下缺)

《越铎日报》中华民国六年十月三十一号

缓办工商同业会

(1917 年 12 月 18 日)

绍县知事公函,绍兴商会会长高、临浦商会会长吕文云:

迳启者,

本年十二月十四日奉会稽道尹公署第一零七一号训令内开:案奉省长公署第三七零四号训令内开:案准农商部咨开:本部前订工商同业公会规则,原为联络同业,维持利益矫正营业上之弊害起见,业经公布,并通行在案。现据上海总商会呈称,各业改组公会,每多误会规则内之工商业并举,然未必劳动苦力微细工人皆包括在内。沪埠前有苏广成衣铺识驯至服役西人之细崽烹调西菜之厨司,以及银炉镕银之匠人各自组织公会,要求代报,并水木两工少数工人,公然立会,若不细加研究,遽予照转,必启日后无谓之纷争。但无部令明文饬则纠缠无已,怨□滋多,恳请分别取销批示,祗遵等情。当经本部以来呈所称各节,既有此等误会,自应另订施行细则,设法限制,以防流弊。批示。该总商会遵照去后,所有此项施行细则,本部正在核议,该国则未经颁布以前,各省如有设立公会之案,应请暂缓办理。施行细则通行后,再行核办,以免流弊而归一律。相应咨行查照流通饬遵照等因。准此,除分令外,合行令仰该道尹转行所属各县知事遵照,并由各县知事转知各商会一体知照,此令等因。奉此,除分令外,合行令仰该知事即便遵照,并转知各商会一体知照。此令等因到署。奉此,相应函达贵会查照云。

《越铎日报》中华民国六年十二月十八日

函催商会速改组

(1917 年 12 月 22 日)

绍属东关商会会长吴镇藩日前略呈绍县公署,以年前曾请遵部令,与城会协议区域办法。迄今一载有余,城会影响毫无,特请宋知事查案汇详,以重公务云云。宋知事阅略后,当于昨日函请绍兴商会会长高云卿、副会长蔡镜卿从速协商具文,以便汇核办理云。录得节略,并公函如下:

节略:绍兴县东关商会会长吴镇藩略呈绍兴县知事宋文云:

谨略者,窃敝会自五年六月依法改组一案,曾荷转详,奉部核准遵章部令,民城会协议区域。城会初则误会部文,答非所问,终则固执己见,不与妥商。数次会议,卒无结果。其时会议情形,曾于本年二月二十四日函请察核转详。旋奉批回,以已函催城会,姑俟复到并案汇详等因在卷。届指迄今将及一年,究竟城会有无函复钧署,如果城会任催罔应,似此部令之案,任意延宕,殊属不成事体。而钧署因之久稽部复,实亦有妨行政。且查敝会成立已将二年,万不能长此停滞,致碍进行。为此沥情请求贵知事迅速请钤记,早日颁给,以资借守而便启用,无任企盼。谨略。

公函:绍兴县知事公署公函绍兴商会会长高鹏、副会长蔡元坚君文云:

迳启者,本年十二月十五日据东关商会略称,窃敝会知五年六月依法改组,曾荷转详奉部核准(前略)。为此沥情请求迅速查案汇详,以全始终等情到署。据此,查是案前由贵会邀集东关、柯桥各代表协商讨论,乃因未得同意,无可解决。即经函请贵会,将安昌、伧塘、汤浦三分所,如何改组,再行召集协商决定,复候核转在案。兹据前情,合亟函达贵会查照,希即将安昌、伧塘、汤浦三分所改组情形,从速协商见复,以便汇核办理。幸勿久稽,实纫公谊。

《越铎日报》中华民国六年十二月二十二日

南货公所成立矣

(1918 年 1 月 1 日)

城区南货一业,规模之宏大,生意之兴隆,几与钱典等业并驾齐驱,互争雄长。惟公所尚付缺如,似未免相形见绌,查该业昔曾有各栈家提倡设公所之举,集合团体,议以历年按生意之大小为准绳,照提公款,藉佐进行。讵知日久势衰,该团体亦从而消灭,以致始终忝差,不克进行,所有即经提抽之公款,向有于大路某钱庄生息,嗣因一般栈伙,类皆讲究吃着嫖赌,平日自命不凡者有之,大吹法螺者亦有之,公益之事,绝不念及。其余门店,则皆赖行家以为枢纽,碌碌无所表见,故公所迄未成立。兹由乾大栈经理王子卿,复邀同行征求,同意实行创立南货公所,以竟初志而为本业增光。现已购得探花桥街吴宅台门为公所,屋价除提取旧存公款外,尚有不敷,亦由该栈垫发,而公所内一切修葺装璜之事,业已完全告竣。噫!该公所今已实见成立矣。谅该业中不乏明达高见之人,未知亦能增进公益于将来乎?

《越铎日报》中华民国七年一月一日

齐贤乡中花絮录·商会

(1918 年 4 月 14 日)

该乡商会去年发起开会成立,并举定韩懋文为董事,颁贴布告,颇极一时之盛。不料虎头蛇尾,迄今一年,而事务所尚未指定,因而该乡商人遇有事项发生,无不东推西拒,甚至董事对人,有我本不愿承认之语云。

《越铎日报》中华民国七年四月十四号

绍兴商会定期改选职员

(1918 年 9 月 24 日)

绍兴商会前届选定正副会长高云卿、蔡镜清及议董沈墨臣、陈秉衡等二十一人,分职任事,业已两年。兹届期满,遵章即应改选,定于今日(二十三)下午召集全体会员到会选举,业于前日由该会发布传单,兹特觅录如下:

为改选事,查前届改组已及两年,应即遵单改选。兹定旧历八月二十日下午二句钟开会散给选举票,务请各业会(董)、(员)届时拨冗莅会,事关选举,千万亲到为祷。此请(下略)。

《越州公报》中华民国七年九月念四号

绍商会选举会长

(1918 年 10 月 17 日)

绍兴商会前届选举职员,现已两年期满,照章须举行更选。月前由该会召集全体会员分发选举票,限七日内投票改选新会员等,业志前报。兹悉各业会员均已举定,特于今日(十七号)上午九时召集全体新会员选举会董,下午一时由会董互选正、副会长,并备午膳款待,想必有一番盛况,惟独未识该地员等能否本良心之主张,以选举适当之人物而为地方谋公益耳。姑志之。

《越铎日报》中华民国七年十月十七号

绍兴商会选定会董

(1918 年 10 月 18 日)

本邑商会昨日九时召集城乡全体会员开选举职员。会因河水干涸,交通不便,候各乡会员到会,时已亭午,遂即振铃开会,公推高云卿君为临时主席,次即分给选举会董。票选毕,午膳。下午一点,公推开匦检票员为冯德斋、冯纪良、顾存铭、沈秀山四人。开票结果选出会董二十人,因时已晚。正副会长定于今日(十八号)上午九时由会董再行互选云。兹将开会秩序及会董姓名票数照录于下:

（一）振铃开会。

（二）会员入席。

（三）公推临时主席。

（四）宣布选举会董人数。

（五）分给选举会董票。

（六）公推开匦检票员。

（七）宣布会董姓名票数。

（八）振铃散会。

会董　二十名：

冯纪良　五十五票

高云卿　五十三票

冯德斋　五十二票

沈墨臣　五十票

陶秋芳　四十九票

陈坤生　四十七票

郦春荣　四十六票

丁星阶　四十六票

莫雨辰　四十五票

章月坡　四十五票

袁森圃　四十五票

陈秉衡　四十三票

钟锡庭　四十三票

杨亢宗　四十三票

金秩卿　四十一票

徐鼎荣　三十五票

蔡镜卿　三十五票

钱德芳　三十五票

陶仲安　三十三票

冯虚舟　二十九票

乡会董　三名：

郭森美　十四票

韩焕章　八票

封秋槎　四票

候补会董　六名：

孙少轩　二十二票

俞襄舟　十八票

陈春生 十四票

陶文国 十三票

胡□炫 十三票

赵云标 十三票

《越铎日报》中华民国七年十月十八号

绍兴商会正副会长已选定

（1918 年 10 月 19 日）

绍兴商会于十七日选定会董等情，其姓名已志昨日报（十八日）下午，复由会董互选长一人，副会长一人，计会董到者十八人。绍县知事，亦莅会监视，兹将会场秩序，以及选出之会长、副会长姓名录下：

（一）振铃开会。

（二）会员参观入席。

（三）公推临时主席。

（四）宣布选举正副会长。

（五）请长官出席监视分给选举票。

（六）公推开票检票员。

（七）宣布当选正副会长姓名。

（八）振铃散会。

振铃后，先由会董公推高云卿君主席，主席宣布开会宗旨后，并宣告担任会务已四年，于兹本届改选，务请会董勿再谬举，如果当选，以无效论。

次由会董散给选举票，次公推陈坤生、冯德哉二君为检票员，开瓯后冯纪亮君得十七票，当选为正会长，陈坤生君得十五票，当选为副会长。冯、陈两君当众固辞，嗣经到会各会董再三相劝，始允暂承其乏。是时会员莅会参观者，计数十人，两君承认后，掌声如雷云。

《越铎日报》中华民国七年十月十九日

绍兴商会新旧城乡会员一览表

（1918 年 10 月 19 日）

本邑商会日前召集全体旧日各业会员，分给选举票，令各业新举会员（即旧日之业董），并在票上加盖书柬，以昭慎重。迨各业新会员选出后，业于前日（十七号）特开大会，选定会董冯季良等二十人，及候补当选六人，一切秩序名姓已志昨日本报。兹复探得新选会员名姓照录于下（至旧正副会长及城乡会董,均作普通会员论）：

高云卿君（旧正会长）

蔡镜卿君（旧副会长）

陈坤生君	陈秉衡君	冯纪亮君	冯德哉君	郦春融君	金秩卿君
丁星阶君	杨亢宗君	沈墨臣君	章月坡君	陶文显君	莫雨辰君
锺锡庭君	钱德芳君	徐鼎荣君	陶秋芳君		

以上城区会董。

| 韩焕章君 | 封秋槎君 | 郭森美君 | 高瑞生君 | 郑墨田君 | 陶子章君 |

以上旧乡镇分事务所会董。

袁森圃	孙少轩	冯虚舟	许少瀛	陈春畴	陶仲安	张芝庭
孙炎生	成咫云	王桐侯	王问九	周梅生	沈南辉	顾存铭
沈逸斋	谢企文	莫稼村	沈少帆	沈正华	杨叔平	尉哲甫
王庆生	胡春荣	吴子山	董伯龄	赵吉甫	王昱波	愈守成
陈元庆	徐乔生	田维忠	赵运标	张继三	华福菴	高鼎臣
娄荣堂	何毓琇	陶吉康	潘侣桓	金梅笙	梁禹九	杜韵笙
傅梅轩	金维康	陈元奎	马玉龄	赵尚贤	戴溥恩	梁国顺
翁在周	赵云标	许伯龄	单幼甫	陈宝仁	许贞昌	张显文
陈锦源	徐桂山	胡梅炫	冯光煦	任光贤	史□堂	周玉堂
王雨人	朱根香	沈秀山	俞襄周	袁其□	张荣堂	王芝如
应丽川	朱楚珍	史嘉炳	沈沧笠	赵恒甫	沈□仙	张少堂
陈春生	翁觐侯					

以上城区新举当选会员。

孙鉴清	孙□堂	袁镜荷	雷懋森	王□	杨吉轩	祝春霖
单福林	孙芝祥	沈月楼	马禄均	杨绍贞	丁百龄	宓宗海
张文达	骆文泉	屠芹安	王荣林	王荣水	金雨香	倪菊农
宋仲良	孙厚甫	胡□三	杨幼堂	周耀堂	潘溶川	傅芝美
谢元锐	傅锦□	朱玉山	邵嘉灿	沈□锦	施武林	王文炳
姚禄赳	屠秀生	王秀松	封福林	应如贵	陈馥堂	高肇锦
□珊碧	王岐山	金达夫	祝福庆	阮久甫	桑循初	俞□堂
陈松堂	王松源	吴谦夫	娄云川	叶恒莲	徐方□	吕子远
裘芝庭	金瑞山	缪仲卿	吴荣楚	谢毓堃	徐益善	胡蓝田
吴章焕	徐焕章	韩德斋	屠坤甫	孙骥英	薛幼生	濮孝义
徐守贞	鲁幼忠	叶惟袁	沈□庭	鲁养生	王成福	马维成
刘坤华						

以上乡镇新举当选会员。

绸业会馆之成立

（1919 年 5 月 18 日）

五月念一号行成立式，禀请县署给示保护。

绍城绸商去年集资兴筑绸业会馆，于城内第五中学校间壁西首当弄口，现闻该会馆始于日前工竣毕事，择定于二十一日开成立大会。日昨特由大生泰、泰丰、丰大、正德丰、乾泰、亿纯泰、同德等等绸庄，联名向本县知事公署具禀声明，于五月二十一号，即阴历四月二十二日开成立大会，一面请求给示保护而昭郑重云云。未识王知事能否准如所请也。

《越铎日报》中华民国八年五月十八号

乡商会选举职员

（1919 年 5 月 20 日）

齐贤乡商会虽经成立有年，虚名徒负，因商董韩某性质怪僻，商情多不融洽，故直至今日，未闻开会一次。此番安昌沈警佐面饬该乡各商号承认加五警捐，于是集议几次。本月十六日茶叙□有殷福茂、徐元兴等提倡，以我乡商会因职员未举，只有商董一人，故不能发展，不若趁今日各商号毕集之时，共公选举。闻者乐从。兹录其当选职员于后：

评议长：屠坤甫（屠天昌米行）。

评议员六人：沈秋荣（咸亨烛淘）、徐春生（恒升昌烛淘）、鲁幼忠（震源南货店）、范培元（松寿堂药材）、沈绍堂（新松茂米行）、徐守增（正裕南货栈）。

书记员四人：陈柏鹿（朱永生米行）、陈景元（屠正昌米行）、朱西臣（太和堂药材）、丁惟臣（丁万和水果店）。

干事员六人：高成泰（元和卖炭栈）、陈元兴（大成首饰铺）、殷福茂（万隆南货栈）、丁松堂（衡泰南货号）、鲁养生（天苞堂药材）、俞启蒙（正昌南货栈）。

会计员二人：薛幼生（永元升米行）、沈耀之（瑞昌震杂货店）。

《越铎日报》中华民国八年五月二十号

下方桥商会成立

（1919 年 7 月 3 日）

绍属齐贤乡下方桥商务分会自创设以来，三载于兹，虚名徒拥，成绩毫无。兹有胡士雄、叶秋田、沈秋荣、鲁幼忠发起,于七月一月改设西院梅花间为事务所开正式成立会。是天气阴暗,来宾毕集,会场悬灯结彩,布置一新,到会者约计二百余人,颇极一时之盛。兹纪其会场闻见数则,分志如下,以供阅者。

开会秩序:

(一)振铃开会;

(二)主席报告开会宗旨;

(三)官长演说;

(四)来宾演说;

(五)会长演说;

(六)会董演说;

(七)职员演说;

(八)振铃散会;

(九)摄影。

职员一览:

该分会虽于民国五年禀准设立,惟尚无会所、职员。甫于此番推定职员:

正分会长:韩焕章,副分会长:胡士雄;

名誉会董:李少瞻、吴章焕、徐益善、濮孝义;

评议员:胡东生、徐焕章、韩连元、屠坤甫、孙骥英、沈绍堂、叶秋田、朱静澜、范培元、徐守贞、鲁幼忠、沈秋荣、徐春生、沈慎高;

稽查:陈源鑫、俞启荣;

干事:丁秋堂、殷福茂、鲁养生、高成泰;

文牍员:郁松亭;

书记员:陈柏禄、丁维臣、陈景元、朱义臣;

会计员:薛幼生、沈继秉。

登台演说:

先由孙骥英报告成立,继有安昌沈警佐登台庆祝成立之盛,愿各会员永久维持,顾全大局云云。次韩迪周演说,以齐贤乡商务之盛,甲于各乡,商会虽经记名,未见实行。今蒙胡士雄等发起成立,亦我齐贤乡之幸云云。次陈韶文演说,先祝成立之喜,并劝导各会员创立国耻图雪分会,永远抵制日货云云。次胡士雄演说,今朝是本会正式成立的日子,就算下方桥商业联络的日子,此番成立原动力由叶秋田君等发起,一切部署,苦心孤诣,又费金钱,士雄钦佩万分,从此各业有利兴办,有弊应革,除及大家筹办进行提倡国货,不可如从前同散沙一样,庶几本乡商业日臻发达,士雄才疏学浅,于商务一层,毫无智识,虽承各业谬推为副会长,万难胜任,否则有瓦解之势,致碍本会进行,不得不暂承其乏,颇诸君匡我不逮,是所幸甚云云。次李少瞻演说,鄙人自杭回来,得悉本乡商会成立,非常欢喜。但嗣后望诸君勿生意见,勿起暗潮,必须结实团体毋懈。初志以维永久,此刻经费不敷,驻常会员务希勉力维持,庶不踏前此空机关之覆辙云云。此次,由屠坤甫、鲁幼忠二人登台感谢各商号赞襄，并报告收入款项。

承认经费：

观成堂十二元，吴章焕五元，屠正昌、朱永生、永源、生源、和贞、信松茂、震源瑞、濮松茂、振昌仁、泰昌汉、瑞昌震、咸亨、叶正昌、恒升昌、大成、松寿堂、马乾润、各商号各五元。

《越铎日报》中华民国八年七月三号

柯镇商会选举记

（1919 年 8 月 12 日）

柯镇商务分会前届正副会长及各评议员等任期届满。日昨通告各商店，重行改选。兹已选定，特志于下。

会长：沈赞臣，年四十五岁，恒和裕生米行经理；

副会长：王卿云，年三十二岁，承康钱庄经理。

评议会员十二人：

俞衡甫，年五十五岁，前柯镇商会议员，开泰乡议会议长；

朱泽轩，年二十八岁，永源钱庄经理；

冯子仪，年四十岁，开松年堂药号；

裘星联，年三十九岁，开裘正昌烛号；

谢蓉甫，年三十八岁，长源泰米行经理；

柳霭轩，年四十七岁，开正泰杂货号；

曹久峰，年三十一岁，元隆成南货经理，

沈耀庭，年四十一岁，大丰米行经理；

高荣甫，年五十岁，德茂当经理；

吴炜庭，年四十九岁，万通米行经理；

季如鹤，年四十八岁，开季宏兴花布行；

茅百成，年三十九岁，协成烧酒行经理；

钱业会员：陈元奎，年六十八岁，成泰钱庄经理；

典业会员：陈明德，年三十五岁，德余当经理；

西路米业会员：吴炜庭，年四十九岁，兼任评议员，万通米行经理；

乡货会员：周泗锦，年五十岁，源裕米行经理；

白米业会员：冯瑞庭，年四十七岁，开万成米店；

赍袋业会员：黄燮堂，年四十二岁，开万和袋店；

杂货业会员：谢顺斋年五十四岁，开大昌杂货店；

肉业会员：胡锦堂，年四十六岁，开新源茂肉店；

木业会员：沈尧臣，年五十岁，震济木行经理；

花布业会员：陶馥堂，年三十七岁，开陶万丰花布行；

油烛业会员：谢宝裕，年四十八岁，戴宏昌烛号经理；

首饰业会员：陈连生，年四十岁，三金银楼经理；

药业会员：孙宪章，年五十六岁，松年堂药号经理；

茶漆业会员：黄元耀，年四十八岁，开德利茶漆号；

碾米业会员：叶锦福，年二十七岁，顺丰厂经理；

茶食业会员：杨吉云，年五十二岁，开杨乾珍茶食号；

烧酒业会员：杨介甫，年五十九岁，开裕昌烧酒行；

染业会员：罗璋瑞，年四十一岁，胡德茂染坊经理；

五金业会员：盛邦佑，年五十岁，一新五金号经理；

油车业会员：王楚生，年四十九岁，振源油车经理；

纸业会员：潘传懋，年三十七岁，裕泰昌纸店经理；

南货业会员：曹久峰，年三十一岁，兼任评议员，元隆成南货号经理；

冶业会员：李保卿，年四十八岁，恒增镀厂经理；

磨坊业会员：章益堂，年四十九岁，元润昌磨坊经理。

《越铎日报》中华民国八年八月十二号

酱业协会请备案

（1919 年 9 月 21 日）

绍萧酱业代表俞焯等，以绍萧酱业一项，营业范围极广，销路亦旺。惟素无团体，每遇事故发生，恒有秦越相视之概，现拟仿照绸业协会办法，邀集同业义昌、大昌、谦裕、同兴、广大等各酱坊，组织绍萧酱业协会，以期结合团体，联络声气，各同业均一致赞同。昨已拟具简章，呈请县署转呈备案矣。

《越铎日报》中华民国八年九月念一号

组织商会之先声

（1919 年 11 月 8 日）

绍属阳嘉龙市面素称繁盛，商店约有百数十家，电话、邮政早经由商界先后创设。惟商会一项，实为联络市情，发展商业之一总机关。而迄今尚付阙如。兹闻有该处德济典经理孙德清、存仁堂药店经理黄泰安等有鉴于斯，拟设立商务分所一处，藉以谋取进行。予所闻如是，遂乐得而志之，以观厥成。

《越铎日报》中华民国八年十一月八号

浙东八属商会联合会之组织

(1919 年 11 月 19 日)

绍萧商民韩某等为联合商界,振兴商务起见,发起组织浙东八属商会联合会(会员以各属商会会长暨业董组成之),定期十二月十六日(即旧历十月二十五日,在绍城开联合大会,并先在绍城办一浙东商报为联合会之总机关,业由发起人分函宁、绍、金、衢、温、台、严、处八属商会,届期务望各派代表莅会,共策进行云)

《越铎日报》中华民国八年十一月十九号

商务分会之组织

(1919 年 12 月 21 日)

绍属阳嘉龙近有就地士绅孙公远、沈松延,商民孙得卿、黄泰安等发起组织商务分会,于前日召集两界人士共百余人假座于嘉会第一校开会,商议办法。讨论多时,由各商店首先承认每家出资三元,除开办费外,余皆拨充为设立临时警察之用,如不敷用,由富户分担,议妥后,即振铃散会。

《越铎日报》中华民国八年十二月念一日

商务分所开会记

(1919 年 12 月 24 日)

绍属姚江乡姚家埠殷户繁多,商店林立。惟一般商人智识尚嫌浅陋,以故时有冲突情事发生。县商会会董施枚臣君有鉴于此,特于日前邀集各商铺组织一商务分所,已于昨(十九日)开选举大会。兹将当时当选职员姓名照录于下:

董事长:施枚臣;

副董事长:陈叙山;

评议员:施福昌　俞宗濂　陶凤笙　任崇元　俞广香　李元英　秦月樵。

《越铎日报》中华民国八年十二月念四号

商会会长任期令

(1920 年 4 月 11 日)

绍兴县公署函致各商会文云:

迳启者,案奉实业厅第二七二号训令内开:案奉农商部第一〇〇号训令内开:本年三月六日,据直隶实业厅呈称,案奉省长令,准实业厅呈称,案奉省长令准部咨,酌定商会职员任其办法等因。当经通令各县商会遵照在案,惟查商会职员任期自改组后起算,既已规定□所遵守,而会长与会董两项职任,究应合算,抑系分算,钧令未经明定,关于此节应如何办理之处,请鉴核示遵等情到部。查商会会长副会长连任问题,各商会因会长、副会长均由会董内选出,与会董任期合算者居多,亦有因合算、分算,致起争执者。兹据该实业厅呈请□示,亟应明定办法,以昭划一。会长、副会长与会董名称既殊,职务权限亦各不致。依商会法第二十四条之规定,其任期当然不能合算。嗣后,各商会于改选之时,所有会长、副会长与会董职任,应即各归各算。从前有因合算争执,尚未另行选应者,亦应照此办理,以归一律而免争端。除咨各省长、都统、京兆尹并通令各实业厅外,合行令仰该厅长转行各商会,一体遵照。此令。等因。奉此,除通令并函致商会外,合行令仰该知事即为转行各商会,一体遵照。此令等因。奉此,除分别函达外,合行专函奉布,即希贵会资照是荷。此致。

《越铎日报》中华民国九年四月十一号

东关商会成立记

(1920 年 5 月 2 日)

绍属东关镇商会历有年所,现奉省长咨部,准立分会,曹娥、陶堰、道墟、汤浦、啸唫等五处属焉。前月由工商部颁发钤记,其文曰:"浙江绍兴县东关镇商会钤记"。遂于念六日(即旧历三月初八日)开成立大会,各分会均派代表莅会。

《越铎日报》中华民国九年五月二号

安昌镇商会尚虚

(1920 年 5 月 29 日)

绍兴安昌镇商会,自前清末叶停止后,至今尚无人提倡。设若商界有事,或在私邸评议,类多无效,只得诉于官厅。然为此而受讼累者,实繁有徒。该处商界巨子魏青轩、沈达卿二君,有鉴于斯,去夏与花□董事王钺哉君等,特行发起,联络各业董,重行组织。事本略有端倪,初被油业代表余某反对,继被前商董徐某从中阻挠(徐先董会务至该会停止,尚欠洋三百余十元,存于徐处,尤恐追究前款,故徐亦不赞同)。致魏某等灰心退志,所谓为山九仞,功亏一篑,甚为可惜。日前本县余知事因公赴乡,顺道□安。鉴于该处商会尚付缺如,特与自治委员寿某商酌属寿会同商界合组,必须积极进行云。乃寿奉命后,现正逢人说项,尚少头绪。因□有始无终,是其惯技。且商界多不值寿重立商会之说,恐亦是画饼充饥而已。

《越铎日报》中华民国九年五月念九号

县商会定期选举职员

（1920 年 10 月 15 日）

绍兴县商会自冯纪良君任会长后，对于商业方面，颇能振发，因之商人尚钦仰之。兹悉该会职员现已期满，定于旧历九月初一日，由该会通函各关系人接洽矣。觅录其通函如下：

迳启者，本会第二届会员业已举，于旧历九月初五日上午复选会董，下午再举正副会长。事关选举，务希届时拨冗，会中备肴午膳。幸勿迟迟为盼云。

《越铎日报》中华民国九年十月十五号

商会长谢绝选举

（1920 年 10 月 17 日）

县商会会长冯纪亮君，昨通函各会员云：

迳启者，纪亮不学无术，担任本会义务有年，上届选举为会长，力辞未获，承乏以来，毫无建设，私心窃惫，愧疚万分，加以风潮迭兴，调解无方，赖同人之辅助，得以支持，期满为幸多矣。此次选举，还希诸公择有世界知识者而选举之，庶乎商场渐有进步，邻人以选举手续办毕之日，即卸责之日。至鄙人选举权及被选举权，敢请谢绝以资休息，不胜拜祷之至。手肃。即请商会诸同人先生公鉴：冯纪亮谨启。

《越铎日报》中华民国九年十月十七日

商会选举会董及正副会长纪事

（1920 年 10 月 17 日）

十六号绍兴商会选举会董及正副会长。兹先录其选举会董顺序如次：

（一）振铃开会；

（二）各会员入席；

（三）冯会长宣布选举会董投票事宜；

（四）分给选举票；

（五）请东西席会员推举开票、检票员各二人，遂推出陈秉彝、莫雨辰、冯德斋、冯虚舟等四人为检票员。

（六）宣布当选会董姓名：

冯德斋 七八	陈秉衡 七四	丁星阶 七三	莫雨辰 七三
杨亢宗 七二	冯纪亮 七一	冯虚舟 七一	陈坤生 七十
沈墨臣 六九	沈赞臣 六八	章月坡 六七	封秋槎 六七
孙少府 六六	韩焕章 六五	施枚臣 六五	陶子章 六五
高瑞生 六四	钱德芳 六三	郭森美 六三	郦春融 六二
金秩卿 六二	徐鼎荣 六一	钟锡庭 六一	袁森圃 六十
陈秉彝 五五	应惠棠 四六	金安生 四四	陈宝仁 三四
周子京 二一	许少瀛 二十		

又选出次多数五人：

胡梅炫 二八	俞襄周 二七	沈庆甫 二七	许慎泉 二七	王问九 二二

其时已午，遂振铃散会。

下午由新选出之会董选举正副会长，录其顺序如下：

（一）振铃开会。

（二）长官余知事入席监视。

（三）会董入席。

（四）会员入席参观。

（五）冯会长宣布选举会长、副会长投票事宜。

（六）分给会长选举票。

（七）分给副会长选举票。

（八）公推开票检票员各一人，遂推出陈秉彝、冯虚舟二人。

先开正会长票，陈秉衡得二十票，当选为正会长。次开副会长票，冯德斋得十二票，当选为副会长。嗣以冯德斋力辞副会长，请多数补（陈坤生得十一票为次多数）。陈亦力辞，其时因新选出之正会长陈秉衡并未在会，众谓公推代表冯虚舟、莫雨辰二人，至正会长陈秉衡处征得同意，由正会长再劝副会长冯德斋就职云。遂振铃散会。

《越铎日报》中华民国九年十月十七号

新选商会会长辞职书

（1920 年 10 月 18 日）

兹悉陈君以现任省议会议员，未便兼顾，提出辞职书。原文如下：

绍县商会前日开会，选举会长。陈秉衡君以得票最多当选为正会长，经会中派代表二人通知，并请就职等情，已志昨报。兹悉陈君以现任省议会议员，未便兼顾，提出辞职书，原文如下：

商会诸公均鉴：顷间贵会代表莅舍，猥荷诸公采及葑菲，公举宰埏充任会长。闻命惶悚，且感且惭。伏念宰埏性戆拙，比年备员省议会，旅杭时多，居绍日鲜，平素对于庄务，已有兼顾不遑之处，矧本年省会常会召集在即，宰埏朴被办装，首途伊迩。会期法定两月，或且展长，预订归程已须腊八前后。今承诸公不弃，遽以领袖见推，毋论会长一职任大责重，非樗材所克胜任，即宰埏自昧简陋，欲勉从诸公之后，竭其绵薄，无如牵于省会职务，分身无术，势难旷废，于后毋宁，方命于前，硁硁愚诚，还乞诸公谅之。宰埏素昔关于梓桑义务，视力所及，非恝然袖手者。万不获已，要俟来岁秋季，议员任期终了以后，言责即卸以行，行当竭诚自效，藉答诸公敦迫之雅耳。敢祈俯如所请，另举贤能主任会务，不胜企祷之至。专此布肌。敬颂公绥不一。陈宰埏躬鞠。

《越铎日报》中华民国九年十月十八日

商会会员新题名

（1920 年 10 月 19 日）

本县商会正副会长及会董，业经开会选定，已志前日本报。兹将本届新会员名姓及业别探录如左：

冯纪亮君，前会长	金安生君，广货业
陈坤生君，前副会长	周子京君，广货业
冯德哉君，前会董	张显文君，条铁业
沈墨臣君，前会董	陈宝仁君，酱园业
郦春融君，前会董	应丽川君，电话公司
丁星阶君，前会董	王庆生君，水果业
莫雨辰君，前会董	章泰瞻君，水果业
章月坡君，前会董	沈少帆君，华舍绸业
袁森圃君，前会董	沈正华君，华舍绸业
杨亢宗君，前会董	陈春畴君，布业
钟锡庭君，前会董	许少□君，布业
金秋卿君，前会董	俞襄周君，轮船公司
钱德芳君，前会董	袁其昌君，轮船公司
徐鼎荣君，前会董	翁在周君，线业
冯虚舟君，前会董	梁国顺君，线业
孙少轩君，前会董	张荣堂君，电灯公司
陈秉衡君，钱业	王芝如君，电灯公司
应惠棠君，钱业	朱文波君，首饰业

陈秉彝君,钱业　　　戴溥恩君,烟业
张荣庭君,当业　　　许雄洲君,绸业
孙炎生君,当业　　　沈醴仙君,磁器业
王间九君,当业　　　张筱安君,提庄业
阮志筹君,当业　　　刘治塘君,提庄业
杨祥生君,当业　　　杨子蕃君,油车业
赵运标君,油烛业　　韩华忠君,油行业
（未完）

《越铎日报》中华民国九年十月十九号

商会会员新题名(续)

（1920 年 10 月 20 日）

尉哲甫君,东山纸业　　张霞泉君,米业
杨叔平君,东山纸业　　梁禹九君,米业
□贞昌君,衣店业　　　姚安成君,米业
唐达斋君,染业　　　　赵丙福君,米业
徐桂山君,染业　　　　俞守成君,箔庄业
俞定江君,丝业　　　　傅掌效君,箔庄业
赵尚贤君,纸业　　　　许伯龄君,参业
翁觐侯君,纸业　　　　赵云标君,药业
王雨人君,茶食业　　　顾存铭君,铜锡业
张文荣君,茶食业　　　沈南辉君,铜锡业
沈庆甫君,南货栈业　　杜德贤君,南货栈业
何毓琇君,钱业　　　　朱楚珍君,嫁妆业
胡春荣君,茶漆业　　　沈秀山君,酒业
汪玉书君,茶漆业　　　鲁厚甫君,酒业
秋桂芳君,棉业　　　　胡梅炫箔,铺业
陈和村君,布业　　　　冯光煦君,箔铺业
宋济川君,茧业　　　　潘侣桓君,米业
单幼甫君,杂货业

附录：乡镇分事务所董事长,即本会会董：
沈赞成君,柯桥
施枚臣君,姚家埭

陶子章君,汤浦

封秋槎君,马山

韩焕单君,下方桥

高瑞生君,孙端

邹墨臣君,长塘

郭森美君,斗门

《越铎日报》中华民国九年十月二十号

新选柯镇商会董

(1920 年 10 月 22 日)

柯镇商会,自蒋介臣接任会董后,对于公务,不加问闻,所收商会及冬防等费,又称作别用,而各商铺均不服于心,烦言啧啧。无何该会董财运已尽,一命呜呼。继任得柯桥四官塘恒和米行经理沈傅贻,对于公益方面尚称热心。故各商铺即开会选举该经理为会董云。

《越铎日报》中华民国九年十二月念二号

商会会长交替有期

(1920 年 10 月 25 日)

此次当选商会长陈秉衡君,以曾任省议会议员,提出不克应选理由书,曾志本报。日来全体会董坚请就职,当经陈君当场声明,省议会已在开会期间,即日赴省,纵使勉为应命,一时势难就职。只得暂缓两月云云。又经全体会董竭力磋商,因知陈君太夫人旧历本月二十一日七旬冥庆,届时必然遄回。珂里公定旧历本月念五日为新旧会长正式交替之日,届时拟开全体大会欢迎。当有一番盛举也。

《越铎日报》中华民国九年十月念五日

商会改组须呈报

(1920 年 10 月 25 日)

浙江实业厅昨令本县知事云:

案奉省长第二三四二号训令内开:案查各县商会呈报选举职员,每有被驳后延不具报情事,于会务殊欠慎重,亟应由厅查明,各县商会如有是项情形,一律严令饬催具报。其有尚未遵章改组之商会,亦应一并查催改组呈报,合行令仰该厅即便遵照办理,勿任稽延。

此令等因。奉此,查各县商会呈报选举职员被驳未复者,所在皆有,且未遵章改组,亦复不少。奉令前因,除分行外,合亟令仰该知事,即便遵照分别查明严催具报核办,任再毋延,切切此令。

《越铎日报》中华民国九年十月二十五号

催造商会改组令

(1920 年 10 月 28 日)

绍兴县知事昨奉实业厅长训令云:

奉省长令开:案查各县商会呈报选举职员,每有被驳后延不具报情事。于会务殊欠慎重,亟应由厅查明各县商会,如有是项情形,一律令催具报,其有尚未遵章改组之商会,亦应一并查催改组呈报,合行令仰该厅即便遵照办理,勿任藉延等因。奉此,查各县商会呈报选举职员被驳未复者,所在皆有,且未遵章改组,亦复不少。奉公前因,合亟令仰该知事即便查明具报核办毋任再延云。

《越铎日报》中华民国九年十月念八日

选举箔董之经过

(1920 年 12 月 30 日)

日前箔业公所选举董事,胡梅园当众辞职,并运动昌安茶市,扰乱会场秩序,经公众议决,以选举多数为合格,遂分票投选。时有昌安张源茂箔铺张小有,竟敢把持众商,揽住选举人,代写胡某当选。票未投入而前董事胡梅园起立对众宣言,略谓既承诸君挽留,鄙人当帮忙至茶钱市(壬戌年三月初十日止),如此久长之任期,恐未免太巴结,并闻城区船舫下彰陉箔庄倒闭后,经理谢某亏欠各箔铺账款一节,曾经胡某担任,提起公诉,由胡某转托运动,第一次洋一百元,第二次洋三百元,嘱为追缴谢某账款,均由第三者箔铺分担。此项非法讼费,迄今账款未着,又加负担,水搁县案,心殊郁郁,时有西郭姜达裕等向胡某索还账款讼费,已向县署、高审厅诉请,是案受理日久,速为判决,须知事审追缴非法讼费等词提起,未识该案发动胡某,是运动过付人曾经受享箔业俸禄,将作何种对付耶?

正在编辑间,又接一访函云,锡箔纸块一项,为绍地最大之工艺,出品物箔铺户有六百余家之多。每年缴付箔业公所捐洋达八千余元,充箔业两等小学校经费,缴付警察费及公所一切开销,向由箔业公所董事胡锡廉(即梅园)经理之,近来有人反对,闻已曾经开会议论投票再选举。胡锡廉已宣言辞职,继任尚无其人,或有挽留胡某仍任董事者,至今尚未解决云。

《越铎日报》中华民国九年十二月三十号

箔董选举余波录

（1921 年 1 月 4 日）

箔董胡梅园以厚颜得到董事，多数同业以胡某如此手段，故意恋栈，隐情愈加窥破，内中想来亏负过巨，账略不胜捏造，所不肯辞职。既然同业明知前情，公所款项均有血本捐集，关系繁重，断不肯任其糊涂过去。现正着手调查，拟邀求再开大会，请胡某将逐年账目详细开明，如何支绌列榜公所报告清楚，如前征信录中浮支滥出，账无实据，万不甘休，攻讦所在不免云。

《越铎日报》中华民国十年一月四日

续志更举箔业董

（1921 年 1 月 7 日）

本城大路箔业公所日前（二十六号），各铺家齐集该所，提议更换箔业董事等情，已志本报。兹闻该业锡箔铺家是日到场人数三百有奇，会场秩序异常紊乱，直至晚间始行草草决定，先由旧董登台，宣告辞职意见。继有潘顺兴箔铺主潘桐江登台演说（潘系律师），讵因言语不当，被各铺家同声斥骂，缘潘某演说中有各铺之人不通文墨，票上不能写字，且谓前董既辞，投票人不必再写其名。有此两项，致各铺家啧有烦言。嗣即纷纷投票，昌安门一方面仍举胡某继任，西郭一方面因潘某云该坊不通文墨，是以一律不写。双方各生意见，本胡某盘踞多年，获利甚丰，此次辞职，潘某大有继任之希望，因演说不当，致遭反对，仍举胡某继任，实则胡某早已运动昌安一方，至西郭一方，虽由潘某运动，而结果如是，诚所谓有幸有不幸也。

《越铎日报》中华民国十年一月七日

休矣胡梅园

（1921 年 1 月 8 日）

各业业董得当选，恐无一不运动。其任满而去也，必有一番辞职之手续，实则心不欲去，其辞职也，亦虚伪者。故业董之恋栈，足以证明其业董一职为昧不薄。

不然，业董为一业务服，及时而替，俾得务服者，暂行息肩。此即其同业中人爱惜业董服务过劳之深意也，今乃竟有拒绝其同业中人之爱惜而心不受，则非恋栈而何。

业董而至恋栈，则必有所图，因而同业中猜忌之心以起，而为业董者，司马昭之心亦为路人所见矣。我对于绍兴箔业董事之一辞一留，不禁而生是感焉。

《越铎日报》中华民国十年一月八号

衣业公会组织观

（1921 年 3 月 4 日）

绍城各衣庄现依农商部所颁工商同业会规,则组织衣业公会,以便共议行规,并可联络感情。业已拟具简章,呈请实业厅转呈农商部核准备案矣。

《越铎日报》中华民国十年三月四号

柯镇箔业入商会

（1921 年 3 月 5 日）

绍属柯桥镇各业入商会者,共计二十七业。其中锡箔店计共十家,平日营业尚称发达,惟历来未入商会。兹因该业同行偶有事故,对外未能一致,特挽商会会员陈某介绍入本镇商会。昨(二十二日)为选举箔业会员之期,由商会庶务员发给选举票十张,经各号代表填写完竣投入票匦,当由沈会长监视开票,徐德风得三票,沈东升得七票,多数当选为箔业会员,即由该会咨照沈启担任矣。

《越铎日报》中华民国十年三月五号

分所董事不合格

（1921 年 5 月 4 日）

绍属昌安门外斗门地方,自郭前商董组织商会以来,对于商界一切事宜,办理颇称完善。兹因郭君身体衰弱,不能兼顾,业于去岁辞去此职。现任商董王迪臣,自任职以来,对于本镇商情,诸多未谙,动辄妄行,以故该镇各商店被其害者,不一而足。惟因其势力颇强,不敢加以非议,故皆隐忍在心。查商会会章,担任本镇商董者,必须具有本镇无论何业曾任经理三年之资格,始克当选。今王某既非本镇人士,又未在本镇任事,滥竽斯席,以故大为该处商界所齿冷云。

《越铎日报》中华民国十年五月四号

箔业董事尚虚悬

（1921 年 7 月 30 日）

大路各箔庄向在商会认股,举有业董王昱波、陈元庆、傅唐效等。三人本老诚练达,富有经验,任事以来,对于公家交涉,非常热心,秉公不懈。惟同业中有不良分子,暗中刁难,办事掣肘,昱波等遂向商会会长告辞,故三月间由商会知照该箔庄业投票选举。嗣奉得王子成等三人当选,讵王子成等三人,明知事为难,再三向商会吁辞,并在各报广告声明,抗不承认,虽经同业派代表力邀就职,并登报挽留,仍未上台,延至今日悬虚不定,是以此次商会修葺屋宇,所认派各业股洋三千元,而箔庄业尚无人负责云。

《越铎日报》中华民国十年七月三十号

商会董任满辞职

（1921 年 7 月 31 日）

柯镇商务分所自八年秋间改组以来,迄今扣足两载,会董暨各会员,以瓜熟及期,应行改选,送请城商会发给选举票。讵城会来函,依法须明年旧历□月与城会一律改选。今会董沈赞臣因事实上任期已满,未便恋栈。且沈君经理恒和裕生两行行务,兼任梅袁乡沈氏阖族族正,事理之繁,果在意中。会董一席挂冠求去。今觅得该会董辞职书附志于下：

（上略）迳启者,柯镇商会会董一席,自民国八年夏间,蒋君介臣即世后,诸款纷如,各业诸君,谬令赞臣,暂承其乏,勉任半年,大致就绪。赞臣曾沥诉苦情,向诸君辞职。诸君任为止不能,再三挽留。赞臣坚却不获,允以负任两年满,待正式选举之期。"按照绍商会章程,须至十一年旧历八月为改选期"。至本年阳历八月两年之期满,此两年中对于公益事宜,毫无建设,而琐碎无谓之事几无是日无之。赞臣乏士元肆应之才,又非贲育强武之体,烦恼怨苦,均在诸君洞鉴之中。幸免陨越之讥,敢为日夕之恋。为此宣告辞职,自民国十年阳历八月二十日起,决定脱离柯镇商会会董,一面邀请各业董选贤接任,以重地方公益。赞臣耐心忍志,衍敷届期,此后无论如何,决不再任斯席。诸君勿以勉为其难之词,再向才疏体弱之人□舌也。

《越铎日报》中华民国十年七月三十一号

乡商会挽留会董

（1921 年 8 月 19 日）

柯桥商会董沈赞臣,任满辞职,业志本报。兹闻该会初五日续开评议会,敦请会董出席,沈君因病回里,遂有会员高荣甫、陈元奎等全体公函挽留,未识沈会董能否照常履职,容探续志。今觅得挽留公函附录于下：

（上略）谨启者,本月初二日,奉续函敬并聆在会宣言,知先生以就职于今,迄有两载,任期已满,应堪卸责等情,提出辞职书,对众告退,会员等当于本月初五日邀集全体,特开临时大会,就无生所示情形,共同讨论。佥谓董事长与会员等相终始,董事长有任期,会员等何尝无任期。董事长任期为二年，会员等何尝非二年，董事长任满卸职，不敢恋栈，会员等事同一律，如是则势必全体解职。本分所可以顷刻哄散，转思完全无恙之法人，一旦为无端之瓦解，非特追念前人创办固非易易，即前年改组以来，先生宵旰勤劳，惨淡经营，亦非一日。因而有兹厘然之局者，皆先生力也。先生一人之行止，影响于团体之聚散，关系极形重大，故就情势上论，先生不能脱离者一也。我柯镇上年不能如东关之捷足，立为分会，致系属于绍商会为分所。举凡内部组织，当根据该会法规以之行动，自不待言。先生以前任满函请商会给票改选。嗣据复称，有各分所职员任满应与本会任期一玩笑，所请姑毋庸议等语，可见先生所举为卸职之唯一原因，已不成立。原因既不成立，由原因发生之结果，当然亦不成立。故就法规上论，先生不能脱离者二也。况本会自先生主持以还，振刷全神进行，一切加以王先生之多才协赞，阖镇商家蒙利赖者，实非浅鲜。会员等滥竽碌碌，正以因人成事，与有荣施，为无量之欣。幸将同糟老长城倚附永峙，岂任邺□解组，远引自娱。此就事实上论。先生之不能脱离者三也。综上各项理由，经会员等一致讨论，异口同声，合亟肃奉公函，敦请先生照常履职，勿萌退志。柯商进步全体公幸柬发观腾咸颂公吉。（下略）

《越铎日报》中华民国十年八月十九号

章镇商会成立记

（1921 年 8 月 28 日）

绍属毗连之上虞章家埠地方，为绍兴、上虞、嵊县三界之一大市镇，该镇交通便利，商务繁盛，惟商会尚未设立，实为缺点。兹该镇商界巨子金纯一、张绍圣等，有鉴于此，特发起在本镇设立商务分会，已蒙上虞商会王会长赞成，于本月二十四日开成立大会。到会者除商界中多数人员外，有该镇警佐王文田、自治委员董某及绅学界诸君，济济一堂，颇极一时之盛。公举张绍圣为分会董，办法颇称完善云云。

《越铎日报》中华民国十年八月念八日

箔庄业董开会记

（1921 年 9 月 7 日）

城区大路各锡箔庄营业为出产大宗，其出入之巨，于经营中亦首屈一指，向在商会设有业董。因该业人才高尚，资格纯洁，任业董者素未向公家支用薪水，完全义务。奈近年该业交涉繁多，任业董者，皆箔庄经理，无暇兼顾。自王昱坡、俞守成、陈元庆三君退职以来，虽公举王子成、杨树堂、傅唐效等三君继任，但王君等皆力辞不就，悬虚迄今，殊觉不成事体。现由商会函催该业新旧业董，起而解决，以便综率而利进。因之王昱坡、王子成君等邀集各庄经理在七星龙局开会讨论,拟公请一文牍员,司业一切公家交涉,以节业董之繁,似此以往,该业前途可望大有起色,谅不致再无头续矣。

《越铎日报》中华民国十年九月七日

机业公所进行记

(1922 年 2 月 8 日)

绍属下方桥等处居民,以织绸机业为大宗,以故一带机户繁多,较之他处何啻数倍。吾绍之所以推丝绸为特种出产品之一者,亦以此为最著原因。近惟来工商争战日益激烈,脱稍有未臻完善,即无以应世界之潮流而淘汰于失败之地位。该业人数虽多,然向无一定之系统,渐至散漫紊乱,乏合群之精神。此所以出品逊于他处,现该业同人已有觉悟,自知前车已覆,欲谋挽救非群策群力不为功。于是公众集议组织通惠堂机业工商公所一处,暗寓通商惠工之意,藉以研究制作振刷精神,法良意美,良堪嘉尚,已于日前拟具简章,以法律上集会结社之自由权。禀经绍兴县公署核准立案,发布告示,并令知该管警所一体保护云。现闻不日又将定期开会讨论进行方法。兹觅录其知单:

敬启者,同人等所发起之通惠堂机业公所,已拟具简章,奉绍兴县公署核准立案发给布告,并令行就地警察所一体保护。本公所既为通商惠工起见,因革兴废之事甚多,兹定于某月某日几句钟集合团体讨论各项进行方法,以期尽善尽美。素仰台端热心公益,务乞不吝玉趾指示一切也。下方桥机业工商公所具。

《越铎日报》中华民国十一年二月八号

机业公所之组织

(1922 年 2 月 13 日)

本县下方桥织绸同业,现为保障自身生活起见,组织通惠堂机业公所一所,正在拟具简章禀请县署立案,并闻拟即定期集议各项进行方法矣。

《越铎日报》中华民国十一年二月十三号

机业公所成立记

(1922 年 2 月 21 日)

绍属齐贤乡正方桥地方,向为机业荟萃之区。第该乡地面辽阔,同业零散,是以历来并无公众聚合之团体机关,致同业之互助之益,并有碍工业之发展,殊为缺点。近来机业中人陈秉建等二十六人，有鉴于斯，特行发起机业公所，定名为通惠堂，以连络同业感情为宗旨，拟具简章规则各项，禀县立案，业经县公署批令照准，出示保护。当于昨日（十九号）开成立大会，是日天虽阴雨，然一般来宾中颇具热心，纷纷戾止，如安昌警察所长郑英生君、统捐局长屈钧毅君、绅董徐百全君、本乡巡官胡春辉君、自治委员韩立康君、绅董韩迪周君、第一校校长陈少卿君、第二校校长季晓铨君及本乡与邻乡各机业同人陈仰止君等，不下四五百人，济济一堂，颇称盛况，独有该乡商会，既捐是业经费，自当休戚相关，且该所成立开会，早已函邀，乃诸会员明知故匿，竟无一人赴会，深堪怪异。因而该所同人啧有烦言。午前八时，振铃开会，秩序井然，先由发起人公推韩仰止君为临时主席，登台报告开会宗旨，次请屈局长、郑所长徐绅董、陈校长等相继演说辞语，其长不及详载，然均不外工艺振兴可钦可敬，为嘉奖之谈。复由发起人中优健分子李翔生君详述通惠堂成立益处，主席韩仰止君宣读简章毕，用无记名投票选举职员。旋即委陈少卿，委晓铨二君开瓯检票。陈君秉建得最多数，当选为正董事。韩启明君为次多数，当选为副董事，宣告就职后，时已十二句钟，遂振铃散会。

《越铎日报》中华民国十一年二月念一号

长松乡近事一束·商会停办

（1922 年 3 月 1 日）

长塘商务分会自该处公民杜正帆、郑垃□组织以来，在效卓著，惨淡经营，民八九年皆由杜、郑二人竭力维持，所致无如该处商店，均无商学知识。至于筹划经费问题，不得不向各店抽收，以资补助。乃各店初尚托故拖延，继而群起效尤，以致经费无着，赔垫为难，遂有停办之消息。并于前年被就地朱某无端将会中器具陈式捣毁一空，于是杜、郑二人，心灰意懒，宣告脱离关系，实行停办。迄今已将二年，绝无人起而承乏，虽经杭总会迭次催办。惟该地同人等均有戒心，决无开办之希望。查长塘一带，地面广阔，商业发达，况当商战时代，该会已经创办在前，似此永远停闭，殊为可惜。所望该处热心公益者，速起而重振旗鼓，以维商业也可。

《越铎日报》中华民国十一年三月一号

南货业将聘董事

（1922 年 4 月 31 日）

城区南货行现拟聘请董事，任为交际。闻有坤泰经理雷寿昌、三阳泰经理杜德齐，悦来经理李俊陞、泰孚经理方文殷、德泰经理屠笠棠、泰来经理沈钦甫，共合六栈经理资格，将聘请□绅为董事，拟不日公函聘任为董理等云。南货行营业范围甚大，理当结合团体，以谋公共之利益。某绅如任为董事，亦当为该同业谋建设，以俾益众商也。

《越铎日报》中华民国十一年四月三十号

南货行改聘董事

（1922 年 5 月 11 日）

城区水果行街南货行悦来、坤泰、三阳泰、泰来、泰孚、德泰六栈经理雷寿昌等，以南货同行前董事翁又鲁、张诒庭辞职以后，同业中一切交际任务，主持乏人，由某经理发起，征求各栈经理意见，改聘董事。该同行一律赞成。兹闻已敦请城绅朱庆润（字滋宣）君为南货行六栈公聘董事，前已由六栈经理齐集会议，亲身□送公聘证书于朱君府中，并致恳挚之谈话，公请任事。朱君接受公函后，略表谦让之辞，即款以茶点，尽欢而散。并闻该业董朱君，即于次晨赴沪，于营业有所企图，约三五天即可回绍，将为南货行同业谋有利益之建设，以利众商云。

《越铎日报》中华民国十一年五月十一日

又一起酒业公会之成立

（1922 年 9 月 5 日）

吾绍酒类为出产口之一大宗，且为全国冠。惟业酒之家，散居城乡，宛如散沙一般，向无合办商力，以致对于官吏之苛勒骤策，惟命是从。但至感受激刺或痛苦最剧烈时，始知集合团体图抵制于万一，究亦五分钟之热度，一经事过境迁，未有不倏归泡影者。此吾绍酒业团体机关之成立屈指数计，先后共七次，而终一无持久之可能性者，职是故也。溯自前清季世，首先发起山会酒业公所者，为城区酒商沈墨臣，赁所址于新河弄钱宅，是为第一次。光复后该所销灭，嗣因反对张维岳认捐，由皋埠马仲威等组织酒业公会于新河弄妙□寺，是为第二次。旋因同侪发生意见，转由沈翰臣等改组绍兴酒业公会于诸善弄钮宅，是为第三次。民国四年，阮社酒商章子欣等，因反对倍捐，设绍兴酒业会馆于箔业公所，是为第四次。同年有沈亦亭等因反对初□公卖，组织酒业事务所于府山后张神殿，旋移设于中正弄朱宅，是为第五次。民国六年章楠庭等因否认酒捐，改划征现，暂设酒业维持会于徐公祠，是为第六次。以上均开正式大会成立，并有一定会址者而言，其譬如县长宋承家任内因否认牌照税之罚，开会于商会，局□张显烈任内因反对稽查范久安、郑骔史编查陈酒，开会于酱业公所。上□因第三分所警佐邵鸿基拘人勒诈，开会于至大寺。去冬因否认局长沈英斋编查新缸，并点及于非酿酒（制糕粽等）之糯米袋，开会于箔业公所。虽亦以会命名，然无一次会址，并不宣告正式成立者，因不在此数也。至其上述之各会，或因被人推倒，或即自行销灭，种种黑幕，现正着手编纂酒捐痛史，姑不赘述。若至历任办捐最苛酷者而论,自有酒捐以来,当推程赞清、张维岳、杨赞同、韩秉彝等诸人而已。现办之沈灏,更当首届一指焉。至言菊人、言实斋、王选之、王宿初等,不过为虎作伥,助纣为虐而已。此次公会系由酒业中之健将萧伯容、沈稚香等所发起,热心毅力,加人一等。兼平素声誉攸隆,众望允孚,或亦不至再蹈从前昙花一现之覆辙乎。兹特其开会成立情形,详志如下:

是日(三十号)下午一时开会,到者人数颇夥,内以阮社、柯桥两处最居多数,首由章灿如君振铃入席,人推沈□香君主席,计公决者四项:

一、名义。本会因各县(如嵊县等)既有派代表到会,应定名为绍属酒业公会。

二、职员。本会按照近今党会办法,不设会长,以免包办把持之弊。公决取合议制,多举干事兼收经费。

三、地点。本会会址择于产酒最繁盛之中心点,此节颇多讨论。因某君宣言既以绍属命名,应以七邑之中心点择其交通较便之处之绍县城区为会址,最适宜。至于指称产酒繁盛之区,更应以阮社之地点为归宿。此说和者甚众。卒因折衷者之言暂附设于柯镇商会。

四、经费。本会经费,现虽暂由章灿如等垫发,究非持久之计,公决抽收每缸二分,分归各处干事收缴汇集。

次议附加赈捐,爰因省局令定公卖项下加一收赈,每坛带征四分,统计本年七万余千缸额,骤加二万八千余元有奇,力难负担,公决应即加入苏闽否认加赈团体,一致合电力争,如至十月一号展限期满,仍无效果,应即停运,以待核准。即至万不得已时,就援照由部核准之浙赈截留赈浙办法,以绍赈赈绍,灾由酒商自行酿资,迳行赈灾,亦无不可。全体通过。

最次讨论酿户牌照税。因酿户已纳有每缸二角之缸照捐,即营业特许税之一种。至牌照税明明系贩卖特许税单应征之于酒肆,不宜重征之于已纳缸照特许税之酿户,如照现时办法,非特查照本省外县酿户,即无重领牌照情事,已不一致。且更重捐,公决由会力请豁免,以符税制而恤商艰。

末议嵊县代表报告,嵊邑洪水暴发,风雨为灾,全城浸没,庐墓为墟,酒类悉遭淹没,货已损坏,捐于何有,公决应即分别电呈局省豁免消费,并赐赈抚,以拯吾业之厄。迨至一一通过时已钟鸣四下,遂振铃散会,访者亦附船回城矣。

《越铎日报》中华民国十一年九月五号

绍酒业公会成立记

(1922年9月6日)

绍兴县兼营酒业之绅商柯桥顾伯容、阮社章灿如、翰轩茅百成、东浦周墨林、城区沈□香诸君,以吾绍酒业多抱自私自利之主义,而无团结联络之精神,特发起绍属酒商公会,夏正本月八日,即为该会成立之日。开会地点在柯桥融光寺内,并悉是日萧、嵊各县均有邮电赞成。本县则阮社、东浦、湖塘、陶里、下方桥以及城中诸大酿户到会集议者,约二百余人,并公推沈稚香君为临时主席,认真讨论,详加研究,是亦吾绍酒业前途之好现象也。录其开会顺序:(一)振铃开会,(二)报告开会宗旨,(三)讨论会章,(四)讨论□项进行,(五)振铃散会。按吾绍酒业公会之发起者,已非一次。此次发起者,均为著名之绅商抱永固之精神,当不至如前数届之昙花一现,而消灭于无形也。

《越铎日报》中华民国十一年九月六号

米业挽留米业董

(1922 年 12 月 21 日)

柯桥商会各职员任期已满,刻闻改选,即该镇米董事沈赞臣君担任以来,已逾八载,对于同业情真语挚,相见以亲。该业同人,深赖维持调护,众心悦服。此次任事又届期满,适恒泰典被灾,沈君略有股份,遇此逆境,无限灰心,故拟蜷伏蓬门,不愿出而问世。当向同业宣告辞职,无论会员、会董概不担任,即本届商会改选,一切手续,均托王卿云君代理,愿放弃选举权及被选举权云云。今该业忽闻业董辞职,以全体名义具函挽留之,其词云:

昨展手书,备悉一是,执事自恒泰殃及池鱼以来,处于饶舌纠纷之境,任劳任怨,莫此为甚。同人等忝列世谊,不获有指臂之助,歉愧良深。惟有俯仰云霓,徒呼负负,尤幸雄才伟略,设施有方,而燎原之野,将有以善其后,资财之失不足计,毁誉之声,更不容介于怀。祈旷达处之,桑榆未晚。抑有进者,吾米业自王、杨诸先辈姐谢后,才具卓著,办事勤奋者,百不得一,附此商战之秋,非团结力不足以图存,顾同侪咸不能膺业董之职务,乞弗萌退志,继续连任,同人等所馨香祷祝者也。专此奉复云云。

《越铎日报》中华民国十一年十二月念一号

冯会董表示志愿

(1923 年 1 月 7 日)

绍兴商会自改组后,业已两届,此次第三届改选,其各业会员已先后选举告竣,不日即将改举会董。兹闻□会董冯受谦为简单选举手续计,表示以选举会董止为义务终了之时,特录其致该会函如下:

迳启者,受谦列席会董,瞬届四年,建树毫无,昕夕负疚,此次本会依法改选,凡属连任一次之会董,依照大理院解释,可三次被选为会董。俟正副会长选举后解职,以符连任一次之定章。受谦为简单选举手续计,对于被选举为会董与选举正副会长之权,已下放弃决心,以选举会董止为义务终了之时,以示志愿。新理日出,硕彦宏多,退避贤路,此其索怀,希宣布为盼。

《越铎日报》中华民国十二年一月七号

商会新会董题名

（1923 年 1 月 24 日）

此次绍兴商会会董改选之题名及得票数目如下：

陈秉衡君得七五票，冯德哉君七七，高云卿君六一，冯纪亮君七七，陈坤生君七十，陶仲安君六六，陈秉彝君六九，庆惠棠君七十，金安生君五一，陈宝仁君六七，周子京君六五，胡梅炫君五一，冯虚舟君五二，章月玻君四五，俞襄周君三八，丁星阶君三八，莫雨辰君四九，杨亢宗君三七，许慎泉君四一，丁渭昌君五二，张惠扬君五七，高坤方君三六，王问九君三五，刘悦臣君四九，朱文波君五四、姚振飞君四一，沈墨臣君三七，杨鉴堂君三四，沈逸斋君三一，孙炎生君三十，王磬韵君二三。

《越铎日报》中华民国十二年一月廿四日

陡门商会改选谈

（1923 年 1 月 25 日）

绍属陡门镇市肆栉比，商业繁盛，致设立商会，亦较他处为早。前会董俞王诸君办理，尚称安善。兹因任期已满，特于前日（夏正十二月初二日）召集全体会员开选举大会，假南市宝积寺为地址。到会人数约二十余人，由王迪臣君主席，先选各业业董计二十业，每业一人，复由业董选商董，开票结果计陈曰沅如得十六票，吴吉夫君得三票，废票一，陈君以多数当选。按陈君曰沅系就地巨绅，陈达卿君之公子，曾毕业五中，游学沪上，历任全绍各界联合会干事，绍兴学生联合会会计暨副评议长等。近更潜心商学，经理钱盐诸业，少年英俊果敢有为。闻是日陈君适因公他出，殆昨日返陡得悉之余，急赴各业业董处再四推辞，佥谓既被公举，当无推委之余地，故辞职两字，均一致否认云云。

《越铎日报》中华民国十二年一月廿五日

商会会长改选之详情

（1923 年 2 月 3 日）

绍兴商会于本月一日午后开会改选正副会长，投票结果，陈秉衡得二十二票当选为正会长，冯德哉得十九票当选为副会长云。

《越铎日报》中华民国十二年二月三号

商会分董交替谈

（1923 年 3 月 12 日）

绍属昌安门外陡门镇一般商业中人，以商业为近今要务，曾于民国八、九年间，在该镇设立商务分会，悉心整顿，因而该镇商务得以日臻繁盛。兹悉，该会董王迪臣任期已满，宣告退职。现经各业董公举陈曰沅为该商会分董。闻已于本月九号开交替大会，由各业董欢迎继任云。

《越铎日报》民国十二年三月十二日

陡门镇商会近讯

（1923 年 3 月 14 日）

陡门镇商会会董自去冬改选，陈曰沅君以来，绅商各界均表一致欢迎，已志去年本报。嗣因陈君屡以年轻事冗相推委，故该镇商务未免因之停顿。现因新正开始，商场事务正繁，倘不出而主持，该会将形同虚设矣。当业业董诸馥卿君等有鉴于斯，特于日昨（正月十一日）邀集前商董王迪臣、就地士绅吴吉甫、张翰周君等，假存仁当为会址，公同讨论，结果除以私人名义再行恳切敦劝外，一面定期召集全体会员，公推代表，要求陈君勉为其难，力予维持，俾该镇商会日上蒸蒸，不致消灭于无形，未悉陈君能否俯允所请。

《越铎日报》民国十二年三月十四日

钱清镇将设商会

（1923 年 4 月 1 日）

钱清地界绍萧，夙称巨镇，幅员辽阔，户口繁多，年来商家林立，日见兴旺，而流氓赌徒，亦充巷斥间。惟商会一项，尚付缺各商民趋于时势，咸感困难。现闻洽济当高秀□君，有鉴于此，发起创设商会，特派其介弟耀珊向各业分头接洽，稍俟就绪，即联名禀请县署立案云。高君者年硕德，富有验，倘能速成，诚该镇商界前途之幸也。

《越铎日报》民国十二年四月一号

绍兴钱业立公会

（1923 年 4 月 2 日）

绍兴钱业中人，因鉴于沪杭甬各地均有公会，而绍地独付阙如，乃邀及该业巨子，组织

绍兴公会,以谋金融之流通及交易之安全为目的云。兹觅得其章程如下:

绍兴钱业公会章程

第一章　总纲

第一条　本公会以入会之绍兴钱庄同业组织之,名曰绍兴钱业公会。

第二条　本公会事务所暂设绍兴商会内。

第三条　本公会以谋金融之流通及交易之安全为目的,其应行之职务如左:

(一)联合在会同业,研究业务及经济事项之进步;

(二)促进同业之发展;

(三)矫正营业之弊害;

(四)提倡合群及讲求信义;

(五)评议入会同业之争执或和解之;

(六)同业因商事行为有必要之请求,得转函商会陈请官厅或转函各埠商会,但非关商事行为者,不在此例;

(七)处理其他关于同业之事项,但以其事件之性质为本公会所得处理者为限;

(八)同业对于外界有交涉事项,本公会认为同业应一致行动,得劝告同业实行之。

第二章　组织

第四条　本公会应设之职员及其选举任期与执行之权限依左列各款办理:

(一)正会长一人,副会长一人,董事三人,皆名誉职;

(二)董事由会员选举,会长、副会长由董事互选,皆用单记名投票法举定,不得藉词推却;

(三)职员之任期为二年,连举者得连任,但不得连任三次;

(四)会长总揽会务,对外为全体代表,本公会函牍均由会长盖章签名;

(五)副会长、董事,补助会长襄理会务,如会长请假或不能执行会务时,由副会长代行之;

(六)任期内会长阙位,以副会长继任,副会长阙位,由董事互选补充,董事阙位以当选之次多数补充,各以前任之任期接算。

第三章　会议

第五条　本公会会议分三种:

(一)年会,每年于旧历正月二十日举行之;

(二)常会,每月二次,以旧历初二、十六两日为定期

(三)特会,无定期,由会长认为必要时,临时召集之。

第六条　本公会会议须会员三分之二到会,得到会会员三分之二以上同意,方可决议。

第七条　本公会会员因事不能到会,得委托代表负全权责任。

第八条　会议细则另定之。

第四章　会员入会

第九条　本公会以发起组织公会之同业经理人为基本会员,凡同业经理人经本章程第十条规定程序入会者,同亨会员权利。

第十条　新开各庄愿加入本公会者,须于开业前一个月,将资本总额、股东姓名、住址及所占股分,各经理人及合股时之见议人,各姓名开单报告本公所存记。

第十一条　同业已入会各庄,如改换牌号,仍应依前条规定办法。

第十二条　同业已入会各庄如更换股东或更换经理,及另加记号,均须报告本公会存记。

第五章　经费

第十三条　本公会经费由同业入会各庄共同担认。

第十四条　本公会同业营业规则另定之。

第十五条　本公会章程如须修改,得召集会议,依第六条程序决议修改之。

《越铎日报》民国十二年四月二号

斗门商会之近讯

(1923 年 4 月 3 日)

绍属陡门镇商会新选会董陈□沅,自经该会一再开会,要求承认等情,迭志本报。兹悉该会董已允暂予维持,至今为时月余,对于该镇商务及地方公益,热心整顿,不遗余力,以该立警察最为当今急务。该会董尤为赞同,特于日昨召集全体会员,当众宣布,当经一致承认,并由文牍桑晴初起草,函商薛所长将斗门临时警察改为永久设置云。

《越铎日报》中华民国十二年四月三号

绍兴钱业立公会

(1923 年 4 月 12 日)

绍兴钱业中人,因鉴于沪杭甬各地均有公会,而绍地独付阙如,乃邀信该业巨子,组织绍兴公会,以谋金融之流通及交易之安全。

《越铎日报》民国十二年四月十二号

钱清商会之难产

(1923 年 4 月 14 日)

钱清市面繁盛,冠于他镇。惟商会尚未成立,致无团体,亦商业中之一大缺点。近有高秀峰等发起联合各业积极进行一切,详情早志本报。兹悉发起以来,赞成者寥若晨星,咸抱冷观主义,不顾同意加入,一味因循,故商会成立之期遥遥莫卜,寄语该镇各业勿再徘徊观望焉。

《越铎日报》民国十二年四月十四号

钱侩谋充商会长

(1923 年 4 月 26 日)

绍属柯桥钱业于(十七号)邀集同行协议加坐,待议决后,忽由朱泽仙突出反对,大加破坏,种种情形,已志各报。兹闻朱泽仙受其业师陈元奎申斥,勉强应允,虽将议决规条上盖永源图章,闻系腰圆小戳,并非书柬,其实阳奉阴违,私将外行中大放加坐,推其原因,意欲埋伏外行,阴谋柯镇商务分所董事长位置,大出风头,故将东家金钱谋自己声誉。噫,如朱某者,真钱业之害马,未识该庄股东,亦有所闻否?

《越铎日报》民国十二年四月廿六号

钱清商会停顿谈

(1923 年 7 月 2 日)

钱清镇组织商会已宣传各报,至今尚未见若何进行,探其原因,系发起者不大认真之故。因此屡起屡灭,记者昨日接到第一函云:

迳启者,同人等为联络各业,相裹共济起见,讨论组织商会进行事宜,于今日下午一点钟假座道院临时会议,敢请贵执事光降乃盼。此上。某宝号鉴:下具发起人高伯修、唐畏三、施杏春、高耀山同启。至□午忽然停止,探其原因,高君修有事在绍,是以改期开会。

《越铎日报》民国十二年七月二号

卷烟商议设公会

(1923 年 7 月 26 日)

绍兴城区卷烟特税局局长徐一斋君,自任事以来,办理颇属认真。近因第一区印花卷烟运绍销售,以致印花税收大减,特派稽查严密诘问。各烟商知难取巧,群起反对,在前绸业会馆设立卷烟公会,大小烟商到者甚多。闻尚未议有结果云云。

《越铎日报》中华民国十二年七月念六日

工商友谊会讯

（1923 年 8 月 4 日）

绍属工商友谊会，由热心同志组织筹备以来，积极进步，不遗余力。现悉该会内幕布置，行将就绪，拟定期召集会员，征求一切办法意见，并讨论各项事宜，俾早克观成立。惟该会通讯处，因工商报停版，借县教育会为通讯处云。

《越铎日报》中华民国十二年八月四号

组织商界联合会

（1923 年 8 月 25 日）

绍兴商号大小不下四五百家。兹为研究商业联络情谊起见，特仿照嘉兴办法，组织商界联合会。现由商界巨子高云卿等筹备就绪，定于夏历七月二十日上午八时，假县商会内开成立大会，公选正副会长。业已通告各商号知照矣。

《越铎日报》中华民国十二年八月念五日

染业组织公会之进行

（1923 年 8 月 31 日）

绍兴染商沈仙林等，以绍地染业甚多，素无结合团体，不足以灵便声气，联络感情。兹特仿照杭垣染坊同业公会办法，发起组织绍兴染业公会，备具章程等件，送由绍兴县商会加呈证明书，函县转呈实业厅备案，业已正式成立矣。

《越铎日报》中华民国十二年八月三十一号

组织商界联合会

（1923 年 8 月 31 日）

绍兴马鞍乡地方居民众多，市廛繁盛。惟向无良好组织，致地方公共事业乏人过问。近有该地商民余嗣才、王炳璋、何容生、张成甫等发起商界联合会，于昨日（二十五）下午开成立大会，到者商户不下数十家，投票结果王炳章为正会长，余嗣才会副会长。张成甫、何容生等十人为评议认论该地商业情形，迨四时半始行散会。

《越铎日报》中华民国十二年八月三十一号

钱业开会改章程

（1923 年 11 月 27 日）

绍城钱业近年来营业颇称发达，共计大小钱庄二十七家，资本约计百万余，今秋又增四家（即大有、孚昌、元康、谦益）九底，各庄莫不竞争，刻闻该业董鲍祥提议修改章程，已得同业之赞许，定于本月二十日，在商会开会详细讨论，已通告各庄届时莅会云。

《越铎日报》中华民国十二年十一月廿七

书业公会组织声

（1923 年 12 月 14 日）

绍城书业共有墨润堂、教育馆、育新书局数家。兹有该业中人鉴于各业均有公会组织，亦拟联合同业发起组织一书业公会，一面向杭州书业公会索取章程筹备进行，定冬节后实行成立云。

《越铎日报》民国十二年十二月十四号

煤油业组织公所

（1924 年 1 月 30 日）

绍兴煤油同行协和、元升、顺记、荣康、祥甡记等各公司商号，近为发展贸易，联络感情起见，拟由各同业集资筹设煤油公所一处，并聘请莫太超律师为常年法律顾问云。

《越铎日报》中华民国十三年一月三十号

染业家之新团法

（1924 年 2 月 13 日）

绍城染业共有三十余家，每岁营业之状况，亦不下数十万金，虽有同行之经事规则，而于同业之公会，尚付阙如。兹有该业中人陶禹清等有鉴于斯，特发起组织同业公会，刻已集合同行，并援照农商部颁行规则，呈请绍县公署备案，一俟批准，即行召集全城染坊业董开成立会云。

《越铎日报》中华民国十三年二月十三日

丝业挽留张业董

（1924 年 3 月 27 日）

华舍丝绸为绍兴大宗出丝绸之地，该业同人知欲推广营业，非合团体不可。故公举张君鹤贤董理其事。张办理有年，颇称贤能，报效地方公益，如保卫团、机业校两项经费颇巨。现因张君另有他就，向各同行提出辞职。该同行闻悉之下，以张君素为同业所信仰，而且洁身自爱，为丝业中不可多得之人才。□外日邀集同志在丝业公所开会，一致挽留，未卜张君能屈从同业之请否？

《越铎日报》中华民国十三年三月二十七号

商会改选职员记

（1924 年 3 月 31 日）

绍兴孙端商会分事务所前清末叶，由该乡巨子孙德卿君发起组织，成立迄今已逾十载，历任正会长孙德卿、高瑞生，对于本处商务，无不积极改选，职以该处市面较前更形发达，□得各种商号共为一百零四户。兹以该会冬职员任期均已届满，闻于阴历本月念五日下午在上亭公园，本事务所特开春季大会，投票选举职员，签到者共七十八人，公推章仲眉、高瑞生、孙亚人、孙翼庭、孙德铭、程锦堂六人为检票员，开票结果评议员当选者高瑞生、孙□堂、孙韵琴、王翼庭、祝春林、沈成龙、雷茂森、施兰泉、孙鉴卿、□兰生、马禄均、单□林、孙槐卿等十三人次，多数候补当选。有钱士清等八人，开票之后，为时已晚，公决互选正副会长及分选业董，只得改日举行。

《越铎日报》中华民国十三年三月三十一号

钱清镇请设商会

（1924 年 6 月 22 日）

钱清镇商务繁盛，现有公民方凤苞等，拟在该镇设立商会，援照临浦商会成案，拟具会章，造具会员名册、职员履历等，呈请绍萧二县会衔转呈农商部备案矣。

《越铎日报》中华民国十三年六月念二号

瓜沥烛米业选举业董

（1924 年 6 月 23 日）

（绍兴）瓜沥镇油烛米一业，共有十三家之多，生意俱称发达，该业业董项高琴（高聚兴经理),自去年因病逝世后,迄今久付阙如,故该业虽云同行,实则内中意见分歧。对于公共事务,动辄东推西却,今由公和昌主人刘春荣发起,邀集同行,在长善局内会议,选举业董,结果陈锦堂君(天盛经理人)得票最多,当选为该业业董云。

《越铎日报》中华民国十三年六月念三号

箔业选举总董开会纪略

(1924 年 6 月 26 日)

(绍兴)箔业董事胡锡康字梅炫,近因同业有人反对,特于昨日通告各箔铺,提出辞职,现该业以董事无人,恐乱规业,爰于二十四号下午,召集上下城各箔铺主,在大路箔业公所,开全体大会,并投票选举总董,闻是日到会者,不下三四百人,开票结果,胡锡康得三百票,仍举为该业总董,何永□得五票,郎锡桂得三票,其余华元福、杨百禄、潘士刚、楼锡藩、薛松珊、冯春君等,各得一票云。

《越铎日报》中华民国十三年六月念六号

未来商会会长之预测

(1924 年 9 月 29 日)

(绍兴)商会正会长陈宰埏、副会长冯德哉暨各会董会员,均已任满,即须改选。现正豫办选举手续,定阴历九月十日前,改选会员,俟会员选出后,由会员互选会董,再由会董互选会长。闻该会多数会员,以会长一职,关系商业前途异常重要,其人非常驻本地而富于商业学识,遵守商人道德,有服务社会及进取精神者,不可。决计注意人选,故正会长以某银行行长为最得多数好感,而副会长问题,则一部分会员,拟仍请冯君勉为其难云。

《越铎日报》中华民国十三年九月念九日

商会会长的人选

(1924 年 9 月 30 日)

县镇商会为一县或一镇最高级商事研究与处理机关,在头目制度没有打破以前,会长的得人与否,自于一县或一镇商业的发展前途有重大的关系,会长的人选,资望自然是要紧的。可是会长一职,对内既须处理会务,对外尤须代表全会一切意思,学识以外,材干实在更为重要,所以商学学士,经济学博士,干不了这种事务,而身有外缘不能专心于会长职务的,也未必能胜任。

绍兴商会会长、会董,柯镇商会会长,现均已任满快要改选了,会员诸君注意,不要把这个问题看得轻描淡写,把个偶像供上台去,不管他在事实上能否肩此重任,弄得商会像个虚头目制度,或者弄个成见很深,目光如豆,知退守而不知进取。不适于二十世纪商战的时代,落伍者上台,那会务也会停顿的。

记者:商会会长的人选:

第一,须富于进取精神,远大眼光,能曾经到过国外,目睹商战情况的更佳。

第二,须能热心任事。

第三,须要有肝胆,能担当责任。

《越铎日报》中华民国十三年九月三十日

柯桥商会改选谈

(1924 年 9 月 30 日)

(绍兴)柯镇商会,改选在即,会长王磬韵,已定于旧历九月初二日,发给选举票,应行改选,各业会员,正在组织,拟选举沈赞臣为会长。沈系前届商会会长,现充绍兴乡局董事,梅袁乡自治委员,办事勤能,不辞劳怨,尤各界所赞许。此次潘师军队过境,沈君不分昼夜,认真理事,随时拨派临绍越安两公司汽轮拖驶溃兵至曹娥。该商店,照常营业,均无惊扰,受惠非浅。今番商会改选,闻沈君因事繁体弱,每对人言愿放弃选举权及被选举权,不愿担任斯席云。

《越铎日报》中华民国十三年九月三十日

箔庄业将改选业董

(1924 年 10 月 5 日)

(绍兴)县商会会长,因任期已满,改迁在即,各业业董,照例亦须改举,兹闻箔业董事俞守成,昨接到商会选举票十三张,嘱分给同业,填就名姓,投储票柜,由会开票,该业业董俞君,接到后,查同业各庄共有二十三家,尚缺选举票十张,现已向商会续领矣。

《越铎日报》中华民国十三年十月五日

箔庄业孕育新董事

(1924 年 10 月 7 日)

(绍兴)箔庄业事务繁多,交涉迭出,故该业对于业董一席,无不推诿。本届商会改选,各箔庄接到选举票后,因时局多故,办理更难,故尤为冷淡,其一部分较为热心之分□□□,将改举俞守成、傅唐校、何玉书为该业业董云。

《越铎日报》中华民国十三年十月七日

马山商会已改选

(1924 年 10 月 9 日)

(绍兴)绍属马山商务分所,于旧历九月初六日上午九时,改选会员,当时各商号均派代表莅会,有邵□□、朱玉山、俞良甫、张家承、谢元锐、杨幼堂、杨□堂、傅□□、王幼峰、冯文忠等会员列席,会长一席,仍由封祝□连任,副会长由裘海林继任。当时封某再三推辞,当经会员邵某等再三挽留,始行就职云。

《越铎日报》中华民国十三年十月九日

柯桥商会选举职员记

(1924 年 10 月 12 日)

(绍兴)柯桥商会业务委员,任期已满,照章改选,各业投票完毕,该会派会员季如鹤、蒋镜波为开票检票员,已于昨日"十一日"在商会开票。兹将当选各业业务会员姓名,抄录于下。

钱业叶昌文	当业张建堂
西路米业沈赞臣	南货业曹久峰、王福全
布业姚星槎	油车业王楚生
磨坊业孙仲豪	首饰业陈连生
乡货米业许中和	花布业蔡耀庭
药业□□章	油烛业谢宝裕
肉业宋三益	木业俞赞庭
烧酒业石锡麟	染业胡文达
水果业胡筱卿	白米业俞梅生
赀袋业周启标	茶食业史廷华
茶漆业孙规潮	酱业宋伯青
箔业沈东升	杂货业谢顺斋
碾米业黄象初	衣业何月樵
纸业潘得懋	冶坊业李保卿
嫁妆业徐春农	

现定于旧历九月十六日选举评议会员,由评议会员复选董事长。今闻该镇西路米业

会员沈赞臣,于夫投票以前,当众宣布不愿应选,业已提出辞职云。

《越铎日报》中华民国十三年十月十二日

酒商组织酒业公会的必要

(1924 年 10 月 17 日)

绍兴本以出酒著名,鉴湖运河之水,制酒最宜,阮社东浦居民,差不多户世其业,他们将血本的银钱及祖传的经验拿出来,办米造坛,设坊酿酒,或在本县,或运至外省,辛苦经营的去求若干利钱,以养家活口。近年因须缴纳唐宋叠架的酒捐,以及种种不正当的苛罚,致绍酒价目大于洋酒。又因酒商牢守旧法,不知改良,所以绍县年来酒业凋敝,作坊闭歇,伙友失业的很多了,而今年以江浙战争,粮米缺乏,交通阻隔,更衰敝得不成样子。

据记者看起来,绍兴酒业不振,固然是商家担负太重,实在是本县酒业中人没有组织力,不能团结一气,设立公会,研究改良的方法,抵制不正当的苛捐和排除为虎作伥的败类,致酒业失几到如此田地。

古语说,"亡羊补牢,犹未为晚"。我绍县酒商若能感到无研究讨论机关的痛苦,趁现在彭局长新履任的时候,痛陈酒商疾苦,要求其顾念大局,一面赶速组织酒业公会,酒商有团结,则势力浓厚,不正当之苛捐自无由横加,且可集众广思,经验学识,互相补助。我绍酒业之振兴,实舍此别无法了。

《越铎日报》中华民国十三年十月十七日

斗门商会改选记

(1924 年 10 月 18 日)

绍兴斗门镇商会,自改选陈曰沅氏为董事长以来,积极进行,办事井井有条,毫不紊乱,今因任期已满,依法改选。日昨召集全镇商民,当场投票,并邀该地警察巡官胡春□,学界高干城等参观,投票结果,当选董事者三人,即陈曰沅、吴吉甫、诸馥庆,三召,由董事互推董事长一人,仍以陈曰沅连任,一时掌声如雷,欢呼不已,至夕阳西下,始鸣铃散会云。

《越铎日报》中华民国十三年十月十八日

绍萧合组钱清商会

(1924 年 10 月 20 日)

绍兴县知事姜若与萧山县郭曾甄,日前会呈实业厅,合组钱清镇商会云:

为公民方凤苞等,拟设钱清商会,检送章程等件,请予鉴赐核转事。据公民方凤苞、章绳履、钟福球、高寿彭(中略)。钱清一镇,分辖萧、绍两县,距离绍兴县城六十余里,萧山县城四十余里,临浦镇九十余里,上通宁、绍,下达萧、临,轮船路线所经,水陆交通之地,商贾云集,人烟稠密,堪称巨镇。惟商会尚付阙如,无以联络商情,促进商业,殊为缺点。兹拟援照临浦镇商会成案,并依商会法第四条第二项之规定,设立绍萧钱清镇商会,拟订章程,附缴钤记公费,送请核转等情,分呈到署据查地跨绍萧两县之临浦镇商会,系就该镇原有商务分会改组,业于民国五年间,呈奉省长咨部核准在案。兹据前情,知事等查钱清镇为绍萧两县毗连地方,商务尚称繁盛,距离两县城内,及临浦镇各原有商会,均在商会法施行细则第二条所定三十里以上,该公民拟请援照临浦镇商会成案,设立商会,似与商会法第四条第二项下段相符,会稽所拟章程,亦无不合,理合检同钤记公费银元,会衔具文呈送,仰祈厅长鉴赐核转,实为公便,谨呈。

《越铎日报》中华民国十三年十月二十日

钱清商会备案尚有波折
(1924 年 10 月 22 日)

(绍兴)绍萧两县公民方凤苞等发起,拟组织钱清商会,呈由绍萧两县知事,检同章程暨钤记公费银元,会衔呈请实业厅核转备案各情,已志本报。兹闻绍兴县署昨奉实厅指令云,呈及会章均悉,查商会法第五条,设立商会,须由该区域内有会员资格者三十人以上发起,详拟章程,呈请核准后,方得设立等语。今该商民方凤苞等,请援照临浦镇商会成案,在钱清镇设立商会,既据会同查明,该处地跨绍萧两邑,距离绍萧两县城内,及各原有商会,均在三十里以上,商务尚称繁盛,与法尚无不合,惟发起人名册,未据同送,碍难转呈,仰即饬该商等,造具名册呈送,再行核转,会章及钤记费银,均暂存,该闻县署已指令该会发起人方凤苞补造呈送矣。

《越铎日报》中华民国十三年十月二十二日

商董联翩辞职声
(1924 年 10 月 25 日)

(绍兴)本届商会改选职员后,闻钱庄业公举当选之陈俊敏,业已向商会提出辞职,一而登报广告同行,请另举贤能。顷闻大路箔庄业投票公举之当选业董王昱波,亦蓄意辞职。今觅录其向商会辞职两稿如下:

(上略)

迳启者,顷奉十月十二日,贵会公函以本会今届第四次选举,于九月十二日开票,检票后以执事得票最占多数,当选等情云云。查鄙人前届谬蒙同业投选时,曾经有一度之恳辞,未蒙俞允,滥竽充职,勉及二年,今承连举,实非本人心愿。况前届愧无建树,重任□材,□深□短,□□□□,其可再乎? 兼鄙人近年业务纷繁,藐躬多病,入秋以来,胃痛加剧,驽骀岂能驰远。瞠臂不可当车,谨将原函□还提出辞职外,远祈将辞意坚决情形,转咨同业,另举贤能,同业幸甚,贵会幸甚,敬此恳辞,实纫公谊。

《越铎日报》中华民国十三年十月廿五日

商 董 辞 职

（1924 年 10 月 29 日）

绍兴瓜沥镇商会总董高海臣,自前商董陆煦齐辞职改选后,公推接任以来,连任将及十载,对于产务,对于地方公益,勇任前往,即有就地稍事争端,亦莫不非难解纷,为公众谋幸福,近年来该商董,鉴于时局不静,地方多故,且财政颇形奇绌,各机关应付为难,现已决意辞职,未知后认继任,始俟开会改选再志。

《越铎日报》中华民国十三年十月廿九日

商会立案尚须造送名册

（1924 年 10 月 30 日）

（绍兴）绍萧公民方凤苞等,援照临浦镇商会成案,在钱清设立商会,因该处地跨绍萧二邑,呈请绍萧二县,转呈实业厅核转备案,已志本报。兹闻指令以发起人名册未据同送,碍难转呈,仰即转饬该商等,造具名册呈送,再行核转云。

《越铎日报》中华民国十三年十月三十日

瓜沥商会改选会长记

（1924 年 11 月 3 日）

绍兴瓜沥镇商会会长高政海氏,前有辞职一说,详情已志本报。兹悉于本月安四日下午二时,由该会长召集该处人士,及商界各要人,在消防队事务所内,开全体大会,到者人数计七十余人,振铃开会,由会长宣布开会宗旨,继云:自鄙人接任以来,承各界推爱,已连历三任,自惶肩材碌碌,于地方毫无振作,现已决定辞职,请诸君另选贤能,为地方谋幸福等云。继由金缄三起立云:高会长自接任以来,热心任事,素为同人等所钦佩,今决意辞职,挽留无效,还以推诸公意,应请诸君投票公推,当由各人投票。结果高政海得五十八票,金缄三得四票,叶景显得八票,金甫卿得三票。由叶景显报告云:会长一席,仍以高政海为当选。高政海即起立云:今诸君再选,又举鄙人,实万难推诿,当再继续一年,以副诸君雅望。惟副会长及议员等,应请诸君议举。次选副会长,任勉斋得十八票,金甫卿得十二票,沈祥生得十票,叶景显得三十九票,为当选。次选议员,金缄三、孙韵清、高宜祥、任越门、任暮卿、高优臣、王关荣、吴鉴堂为当选。施觉民当选为会计科主任,任勉斋、任其贵当选为庶务科。文牍科一席,尚付缺如,议决每月开常会二次。高政海再起立云:各职员今既议决每月开常会二次,高政海再起立云,各职员今既议决,惟起造商会会址,经费一层,则公款只有一千三百余元,会址建筑就绪,约需费三千余元,不敷尚巨。请诸君议酌□当由金□二承认一千元,高德良承认二百元,高海臣承认二百元,定本年十月动工建筑,会所未就以前,常会地址,复设于同善局内,议决通过后,遂振铃宣告闭会。

《越铎日报》中华民国十三年十一月三日

安昌钱业公会纪事

(1924 年 12 月 9 日)

(绍兴)安昌镇钱业同行,自有公会以来,已召集开会数矣,内部团结及会务进行,颇有可观,所有该会厘轻订新章,曾志前日本报。昨(十一)为该地第三次常会之期,即由王锦生、朱炳生二君,出席宣方,略谓本会自孕育以来,对内诸务,已着手进行,惟对外于会长一席,迄未选出,殊不足以资表率,请诸君今日推选会长,俾利会务云云。经众一致赞成,当用无记名式投票选举,开票结果于五瑞得四票、范子穗得一票、魏俊卿得四票,并检出废票一纸,复经决选,魏俊卿得七票,当选为会长。惟魏于选出后,曾向众作一度之谦辞,由众再四挽留。闻该会尚须推选副会长等,拟下次常会时举行云。

《越铎日报》中华民国十三年十二月九日

安昌钱业会钱一再辞职

(1924 年 12 月 12 日)

(绍兴)安昌市幅员辽阔,商业繁盛,为吾绍西郭之巨镇,其中惟钱业最称发达。近闻该业以年来同业日多,若无团体,恐难一致,已于日前邀集同人,修正条规成立公会,由会体投票公举魏俊卿君为会长等情,已志九日本报。兹闻魏某以才力不胜,未允担任,函请辞职,录其辞函如下:

(上略)谨启者,吾业近数年来章程紊乱,承诺公热忱毅力,急起而整顿之,同业无不钦佩,惟日前开会,有谬选鄙人为会长之举,自问才短资浅,万万不克负荷。与其贻误于将来,某若谨谢于今日,为此除当场面辞外,敬再掬诚函布,还祈另选贤能,以膺斯职。不胜公感之至。

《越铎日报》中华民国十三年十二月十二日

钱清商会已准核咨备案

（1924 年 12 月 15 日）

(绍兴)绍萧钱清镇组织商会,早经呈县转呈省署实业厅核转有日。昨日已指令云,已连同章程钤记费,一并转呈省长核咨,仰即转行,并咨明萧山县知照矣。

《越铎日报》中华民国十三年十二月十五日

陶堰商会长将更选

（1925 年 1 月 7 日）

(绍兴)陶堰地广人众,商业尚称发达,向设有商务分所,所长者,系该乡自治委员陶廷珍。现因任期已满,各商拟于本年冬季大会改选云。

《越铎日报》中华民国十四年一月七日

查明此次商会选举是否依法办理之厅令

（1925 年 6 月 6 日）

浙江实业厅童厅长,前据绍兴工商友谊会电呈,商会会长陈秉彝选举违法,请复选等情到厅,于日昨指令绍兴县知事查明呈复云。兹录厅令于下:

(上略)呈悉。查绍兴县商会,本届改选,前据该县呈送职员名册到厅,当以该会于民国八年改组后,各职员法定任期早满,何以迟到现在始行改选。其中因何耽延,未据声叙,且核册职员,间有资格填注含糊,令县转饬查明,分别声叙,零造妥册,呈送核办在案。据称当选会长陈秉彝选举违法,致启各业反对,请撤查再行补选等情。词出空间,毫无指实,未可遽以为信。惟该会此次改选,是否依法办理,该县当时曾否临场监视,仰绍兴县知事查明,并□具覆察办。至该工商友谊会,系何时成立,曾否呈明官厅核准立案。并仰查明具覆,仍先转行知照。呈抄发。此令。

《越州公报》中华民国十四年六月六号

酱业董辞职求改选

（1926 年 3 月 15 日）

（绍兴）本城下大路绍酱业公所陈董事笛孙，自被选任以来，为酱业谋，既忠且勤，为公务奔走杭甬，席不暇暖，亦不支分文夫马费，其奔走之结果，如盐斤半价及摈除盐贩两事，综计各酱园每年再省支洋一万三四千元，酱油通销一案，并为绍萧酱业永树营业展布之基，不受任何羁束。近闻陈君感于办事之困难，自义务之已尽，于日前提出辞职，向该公所辞去董事职务，请求分函各园定期必选，以卸仔肩。闻公所方面已通函各酱园，不知各园经理能允许其辞否？

《越铎日报》中华民国十五年三月十五日

肉业公所成立无期

（1926 年 3 月 23 日）

绍兴肉业不下数百家，素无团体组织，较之各业，未免相形见绌，去冬开会，举骆鏖为代表，向官厅立案筹设公所，以资联络。现在案由商会查核，至今尚未覆县，该业中人亟盼早日成立。昨又由骆代表呈县候批矣。

《越铎日报》中华民国十五月三月二十三日

米业公会准予备案

（1926 年 3 月 26 日）

（绍兴）城区米业公会，具呈县公署，成立公会，选举办事人员及后入会者名册、简章，送请审核前来。据此，本县姜知事，备文呈请实业厅，将原呈名册简章，转呈农商部核准等云。昨奉部令，案据该公会选举人员及入会名册、简章，尚无不合之处，准予备案等情到县。奉此，现已由县令饬该公会知照矣。

《越铎日报》中华民国十五年三月廿六日

准组织米业公会

（1926 年 4 月 1 日）

绍兴城区米业公会，自组织成立后，选举办事人员名册简章，请县署呈转厅部核准，现已奉到部令,准予备案云。

《越铎日报》中华民国十五年四月一日

茶业界创立茶户公会

（1926 年 4 月 10 日）

（绍兴）平水乡,素为产茶之区,每岁输出外省,不二十余万余之巨,惟各茶户对于制茶方法,类皆墨守旧习,未能改善。兹有就地茶户周某、金某等,发起创立茶户公会,以资研究,于日前假第八校开会,公推陈焕如为正会长,梁寿恒为副会长,并请富有经验之王某等二人,筹划一切,藉收集思广益之效云。

《越铎日报》中华民国十五年四月十日

东皋镇有设立商务分会消息

（1926 年 4 月 17 日）

（绍兴）东皋镇、皋埠市,虽为商业繁盛之地,但无商业团体机关互相固结,故事多散漫,商业颇难发展。今有该镇巨商沈某,为联络感情,利济商务起见,拟着手组织分商会一所,以资适应商情。惟传闻如果,至事实如何,则尚待证明云。

《越铎日报》中华民国十五年四月十七日

长松乡商会复活讯

（1926 年 10 月 3 日）

（绍兴）长松乡长塘地方,前清末叶,原设有商会分事务所,后因主持乏人,中途逐告停顿,现有商界巨子鲁小东、宓宗海等,有鉴于此,以商会为法定团体,市乡各处,均应设立,不能久付缺如,前已函请县商会转呈县公署备案恢复。现闻已得该会之许可,一俟回文到后,即可继续成立云。

《越铎日报》中华民国十五年十月三日

省选举事务所释示商会选权疑义

（1946 年 4 月 15 日）

（越光社讯）本县县政府,奉浙江省县市参议员选举监督事务所令,前据本县县商会电,略以商会所属各业会员,以入会之每一商店为会员,凡商店内之其余从业人员,不得与于会员之列。从事农业之各个农民皆有权选举,而于从业商店之各个商民独无选举权,有失平允。又就商业同业公会而言,每一公司行号之会员代表得派一人,其担负会费满五单位者,加派一人,以后每增十单位,加派一人,且以经理人主体人或店员为限,是则依照公会章程,店员本有会员资格,而不以一店一会员为限,以有限之每一商店为商会基本会员,农会以各个农民为基本会员,人数相差,不可以道里计,请释示等情。查县参议选举条例第十条所称之会员,依照行政院释示,县商会与县商业同业公会,同为职业团体,依县参议员选举条例第十条规定,按会员多寡,比照分配参议员时,自应以各同业公会之公司、行号及商会非公会会员合并计算,如公司虽为法人,惟其他代表仍应以法人之代表为限,不担负会费之多寡而有分别云。

《越报》中华民国三十五年四月十五日

六十四爿酒家不入会勒停

(1946 年 7 月 1 日)

(本报讯)本县零售酒商,自开始组设同业公会以来,尚有该业同行大昌等多家未曾申请加入,经该会要求县府,勒令加入,县府据呈,昨分令未声请入会之零酒商,迅于令到三日内加入公会,否则勒令停业,探录未入会之零售酒商于下:大昌、宝兴、开源、和记、王茂昌、麻子、阿唐、东号、丁润泰、瑞泰、新街口杂货店、宏生荣、吴顺兴寿记、吴聚兴、马元记、郑三益、萧永记、源和、汪福禄、蒋中茂、凤昌、王子清、沈三毛、严和记、严福生、钟德树、何仁兴、德泰和、施子芳、丁德兴、庆茂、协和、丁合兴、合兴、太来安、王五八、蒋伯庆、大昌、福兴、隆泰、金昌生、冯永茂、张兰记、(无字号安宁桥)、马月记、源元、阿陶、生隆、泰昌、俞万隆、三阳、冯坤记、孟水记、华恒豫、何宝记、孙六记、久兴、倪谦豫、义成、豫生茶店。

《越报》中华民国三十五年七月一日

全县酿商集体,酿业公会昨正式成立

(1946 年 7 月 21 日)

酿业公会昨正式成立,共谋今后特产之发展

(本报讯)本县为酿酒区域,"绍兴老酒"之名,震闻全球,销遍中外,营是业者,亦多不胜数,尤以本县之阮社、东浦、湖塘等处,为酿酒之最多集中地,他如各镇乡村落,虽间有酿制,然多为零星及自饮而已,故数字比较微细,唯该业虽占本县出口特产品之一种,而业中人,类皆半营他业,致漫无组织。重光后,经本县当局及县商会理事长陈笛孙,一再督促筹组公会,期使有集体而共同研究本县唯一特产之绍酒今后发展起见,经七年月时间之筹备,始于昨(二十)日下午九时,假县商会大礼堂,正式宣告成立。昨日成立会中,计出席酿酒商人,城区陈笛孙、东浦周善昌、柯桥高春辉、马鞍陆森堂、皋埠朱蘅香、潞家□王本初、城区周祖贤、城区沈永洪、东浦沈雨均、阮社章维杲、东关宋耦农、赏祊单近仁、吴融王煜田、钱清余支、钱秀堂、城区陈承康、梅墅中梅陈润卿、湖塘章天牧、后梅陈仕洲、湖塘田仲樵、城区傅统、城区陈洪业、湖塘章国俊、城区郑志扬、阮社章少伯、阮社章受苍、袁家坟胡炳泉、东浦汤拥伯、赏祊林守纶等百余人。来宾孟世昌、县党部指导员黄炎之、县政府指导员孙庆仁。列席本报记者沈振元,主席陈笛孙。首报告筹备经过,旋即开始选举。结果,周善昌、陈笛孙、高春辉、王本初、沈雨均、沈永洪、章维杲、陆森堂、周祖贤、宋耦农、单近仁、朱蘅香、陈承康、章天牧、林守纶等当选理事。陈润卿、陈洪业、王煜田、章国俊、朱芹香等当选候补理事。傅统、胡炳泉、钱秀堂、田仲樵、章受苍、陈仕洲、章少伯等当选监事。郑志扬、汤拥伯、萧福堂等三名,当选候补监事。

《越报》中华民国三十五年七月二十一日

五金业筹组公会

(1946 年 9 月 23 日)

(绍兴社讯)本县五金业电器商号,已有十余家之多,尚无公会之设立,除新创者外,余均属于百货业等公会。顷悉有陆永兴等五金号,以该业依法已可组设公会,特经发起呈请县府核准,定期召开筹备会议,以便正式成立。

《越报》中华民国三十五年九月二十三日

百货业公会将举行改选

(1946 年 10 月 14 日)

(本报讯)本县百货业同业公会理事长李达夫,因病会请辞职,然于未获邀准前,对会务已不兼顾,而各理监事,亦多不能称职,致每有会议,皆多流产,会务形成停顿常态,业经县派经常指导员诸萍杰,报请县府,为该会今后会务展开计,拟请予以撤回,重行改选。并经县府查明属实,确有改组必要,昨特令知该会,饬于明(十五)日召开会员大会,改选理监事,并将改选经过情形,具报凭核。兹悉该会奉令后,已决是日下午二时,在大木桥六十四号该会会址,召开会员代表大会,改选理监事,兼商今后会章会务,及各种重要事项,业已电请各会员,准时出席。

《绍兴新闻》中华民国三十五年十月十四日

东关木商公会组织未符法令

（1946 年 11 月 25 日）

（本报讯）本县县商会，以准本木商业同业公会函，略为东关镇各木行，均未加入该会，声称已自立公会，惟东关镇系属本县行政区城，依照公会组织法，皆应加入该业之公会为会员，单独成立，似有不符，函请迅予劝令加入县会，俾符功令。闻县商会据情后，已转函该镇商会办理。

《绍兴新闻》中华民国三十五年十一月二十五日

乡镇不得组商会

（1946 年 11 月 25 日）

（越光社讯）关于乡镇可否设立商会一节，县商会已获得社会部解释按乡镇商号，除依商会法第五条办理外，不得另行组织，至县商会因事实上之需要，经会员大会决议者，在原行政区域内，设立分事务所，只可对内负责办理事务，而对外则不得行文收费及刊刻图记。

《越报》中华民国三十五年十一月二十五日

旅栈业公会理事长准辞

（1946 年 11 月 27 日）

（本报讯）本县旅栈业同业公会理事和丁自强，因消失会员资格，前经呈请辞职，业志本报，兹悉已奉县府令复，略为既已消失会员资格，应准辞职，所遗之缺，由候补理事选补，并仍由理事会互推一人为理事长，报候核委。

《绍兴新闻》中华民国三十五年十一月二十七日

商会会员不缴会费得呈主管官署处分

（1946 年 12 月 9 日）

（越光社讯）据悉社会部对商会会员，不缴会费，及非重要业同业公会不缴会费，职员不称职时应如何处分各节，经订定补充办法两项如下：（一）商会会员不缴会费，经会员大会之决议，呈准主管官署，予以处分。（二）非重要工商各业同业公会，不缴会费及职员不称职之处分,应参照各业同业公会办法,按照重要之规定办理。

《越报》中华民国三十五年十二月九日

银楼业公会理事长辞职

(1946 年 12 月 30 日)

(本报讯)本县银楼业公会理事长赵永祥,因近来事务繁集,不克兼顾会务,闻昨日已向各会员提出,请辞理事长职务,并闻即将召开会员会议,以资决定。

《绍兴新闻》中华民国三十五年十二月三十日

未入公会商店商会再劝参加

(1947 年 3 月 2 日)

(本报讯)本县县商会以据最近调查,未参加公会,及未组织公会之各业商号,城区及附郭,达六百余家之多,似属有违法令。兹闻该会现决再予通函劝告,如仍玩延,则将呈请县府强制办理,以维法信。

《绍兴新闻》中华民国三十六年三月二十二日

陈笛孙函辞酿酒业理事长

(1947 年 5 月 23 日)

本县酒业同业公会理事长陈笛孙,自任职以来,颇多建树,近忽以倦勤闻。兹探其致理事会原函如下:

迳启者,笛孙自担任本会理事长职务以来,对于会务,毫无建议,深滋惭恧。近因兼职事烦,未遑顾及,诚恐恋栈贻误,负疚愈深,用特提请理监事会准予辞去理事长一职,一面希即依法办理,以维会务。

《绍兴民国日报》中华民国三十六年五月廿三日

公司行号规避入会

(1947 年 9 月 5 日)

本县县政府昨令县商会及各镇商会如下:案奉省社会处代电内开,奉社会部电开,据全国商联会呈,以各地公司、行号、工厂规避入会,请明定惩处办法等情。据此,查各重要业公司、行号、工厂不加入公会之处分,应依商业同业公会法第四十二条、工业同业公会法第四十一条、输出业同业公会法第四十五条之规定办理。至如非重要业公司、行号、工厂不入会者,准依各该法对重要业之规定办理,除饬知并分行外,合行电仰知照为要。等因。奉此,除分电外,合行电仰知照。

《绍兴民国日报》中华民国三十六年九月五日

东关南货公会理事长更迭

(1947 年 9 月 8 日)

(本报讯)东关镇南货业同业公会理事长孟国柱,自任职以来,迄已两载,平日对会务不遗余力,建树颇多,此次突告倦勤,特于本月四日下午,假座镇商会会议室,召集该业会员大会,提请辞职,因辞意坚决,一致通过暂时退职,并公推理事冯伯林递补,纪录在卷。闻冯理事长,以群情难却,经于(五)日接收图印,此后该业公会,在冯理事长领导下,会务益将增强。

《绍兴新闻》中华民国三十六年九月八日

洗染业同业公会昨开发起人会议

(1947 年 9 月 12 日)

(群力社讯)本县洗染业商店,发起筹组"绍兴县洗染商业同业公会",于昨(十一)日上午十时,假书记联谊会礼堂举行发起人会议,计出席震旦等商号负责人张华章等十五人,即席由主席吕元瑞报告发起筹组情形,继再议决:

一、同业筹组"绍兴县洗染商业同业公会"应如何进行筹组事宜,请讨论案。

决议:依照发起程序报请主管核准后,进行筹备事宜。

二、请决定筹组办公地点案。

决议:暂借商会内书记联谊会为临时办公处所。

《绍兴新闻》中华民国三十六年九月十二日

县商会亟造会员名册

(1947 年 9 月 17 日)

(本报讯)本县县商会,奉县政府电知,为造送国大代表职业团体选举人名册,急待转省制定格式,限日造送二份报核。兹闻该会遵即翻印,分送各公会办理在案。截至昨(十六)日止,造送到会者,计酱园业公会等三十七单位,共名册七十四本,非公会会员名册二本,已呈请县府分别存转云。

《绍兴新闻》中华民国三十六年九月十七日

丝织生产业,昨成立公会

(1947 年 10 月 26 日)

(女声社讯)本县下方桥丝绸业,向甚发达,经营是业商厂,早达应组公会之数,事经县令该业章国相等着手筹组,业已就绪,定名为丝织业生产同业公会。于昨(二十五)日假下方桥齐贤镇丝织业合作社大礼堂,举行成立大会。

《绍兴新闻》中华民国三十六年十月二十六日

绍兴县商会之沿革

(1947 年 11 月 1 日)

(陈笛孙)

绍兴为古越国,清为郡,辖山阴、会稽、萧山、诸暨、新昌、嵊县、上虞、余姚八邑。迨民初合山、会两邑,而为今名,商业甲旧属。各县业各建会馆,设神座,以祈报之名,散胙公宴,实联络感情之意。逊清末叶,奉政府通饬,创立商会,统各业而为合议公断之中枢,始名山会分会,设总董,董其事者为秦宝臣氏,推叶董而分掌之。时物质既丰,民用亦简,库足民阜,尤称乐业安居。会址赁大木桥鲍氏试寓。继秦氏后者为钱静斋氏。民初并县更名,绍兴县商会陈秉衡会长集资四万金购小校场兴建现址会所,相继为高云卿、冯季良、陈秉彝诸氏。民十六政体一新,一度改为商民协会,不旋踵而恢复之,王子余氏继也,均为会长制,如陈和甫、冯德哉、蔡镜清、陈坤生等氏为副。厥后改委员制,常务委员负其责,主席即冯虚山,二度任其职。中间陶仲安,民三十、四一七县城沦陷时,鄮人与方理事文荫均忝列常委职,幸即间道出走,会务就此停顿,而各业公会亦若隐若现。在陷区,商人始终无组织者,恐仅绍兴而已。三十四年八一五,敌人宣言屈服,虽铁蹄未离,笛孙应桑梓函电速归,由整理而筹备,迄正式成立逾时半载。当复员伊始,计费供应修建都一亿余金,言地方满目疮痍,言经济势近崩溃,人心险恶,随环境而更张,物质枯竭,因劫掳而仅而。念过去有鲜拓展,盼来兹共谋复兴。爰志沿革,以期待来者。

《绍兴新闻》中华民国三十六年十一月一日

银行商业同业公会昨晚举行成立会议

（1947 年 11 月 3 日）

陈恕臣等十一人当选理事

（本报讯）绍兴县银行商业同业公会成立大会于昨（二）日下午五时，在县商会大礼堂举行，出席会员张纯仲、郑宗良、寿积明等四十八人，列席者胡芮华、县政府代表董起凡、县党部（董代）、县商会陈笛孙、史幼祥、绍兴新闻朱家钱、本报金文琅。主席寿积明，即席致开会训词，并报告筹备经过情形。次由县政府董科长起凡词，语多最勉，并对各项法令，解释甚详，旋由商会陈理事长惠词，继即开始讨论银行业同业公会章程并选举理监事，结果陈恕臣、寿积明、徐之潮、章恩长、鲍予忱、凌介眉、田同耕、郑宗良、陈敬塘、邵伦煜、张国权当选为理事，鲁仁昌、蒋觉先、冯亦□为候补理事，陈芝眉、孙洁安、陈德明、陈湘柏、沈芝超为监事，王伯寿为候补监事，并讨论该会会费特别费事业费筹措办法，当经决定授权理监事会办理，并交下次大会追认。迄至十二时许，始告散会。

《越报》中华民国三十六年十一月三日

银行业公会选常务理事

（1947 年 11 月 5 日）

（本报讯）本县银行业公会，已于二日假县商会成立，而常务理事等，因出席理事不多，故未产生，特于昨（四）日下午四时，在该会会议室，举行第一次理监事联席会议，出席田同耕、郑宗良、徐之潮、鲍干忱、陈敬塘、寿积明、孙洁安、沈志超、章恩长、邵伦煜、陈德明、陈恕臣、陈芝□、张国权、陈湘柏等十五人，列席县府董科长、县商会陈理事长、朱秘书、本报朱家□等、主席寿积明，于报告后，即开始选举常务理事、常务监事、理事长。票选结果，徐之潮、寿积明、田同耕、鲍予忱、郑宗良等五人，当选为常务理事，陈湘柏当选为常务监事，寿积明当选为理事长。开票完毕，即讨论会务，经决定办事细则、业务计划、经常费概算，及征收会费等，推由常务理事会先向有关方面搜集材料，并负责草拟，提交下次理事会议讨论，并规定理事常会为每月四日，常务理事会，为每月一日、十五日，监事会为每二月之十日举行等案多起。

《绍兴新闻》中华民国三十六年十一月五日

腐皮商公会筹备成立

（1947 年 11 月 28 日）

（经济社讯）绍兴县腐皮商业同业公会，由楼畏民等发起组织等情，已志报端。兹悉该会已奉县府批准许可组织,业于昨日下午,在笔飞弄十六号,举行筹备会议,计出席楼畏民等七人,县府派指导员孙越舫出席指导,会议结果,推定楼畏民、陈乔年、徐荣林、徐永明、蒋警世等为筹备员,并互推楼畏民为主任筹备员,暨推定人员拟订章程草案,从事筹备。

《越报》中华民国三十六年十一月二十八日

北货柴炭同业公会各选定理监事

(1947 年 12 月 12 日)

(本报讯)本县柴炭业,近甚发达,同行已达十余家之多,早可成立公会。嗣因县政府等之督促,由该业巨子屠基锟着手筹办以来,业均就绪,于昨(十一)日下午,假县商会举行成立会,出席王有仁等二十余人,列席县府董社会科长、宋宝华、县商会理事长等,由屠基锟主席。报告筹备经过后,旋即票选理监事,结果屠基锟、王伯炎、屠基贵、陈桂堂、朱大臣等当选为理事,王宗汉、朱志伟当选为候补理事,高嘉良为监事,屠仁寿为候补,旋即互推屠基锟为理事长。王伯炎、屠基贵为常务理事。

(本报讯)绍兴县北货业同业公会,昨(十)日召开第二届改选大会,出席会员代表褚张渭、许雪舟、金项生、方文荫等五十九人,县政府指导员宋宝华、县商会代表史幼祥,主席方文荫。开会如仪,首先报告两年来会务概况,及收支款项,次即声明原有理事王燮臣、监事冯悦轩,因另有高就,先后离职,此次改选半数,应列在抽出之例,继由商会代表史幼祥演说。(略)旋即讨论章程,对客货征取二厘事业费一和,经会员代表郭庆延提出删除,未获大会通过,仍维原案外,余皆修正通过。开始选举,计抽出理事金项生、郭庆延二人,监事杜柏林一人,选举结果,计普任理事为方文荫、许雪舟、褚张渭、吴宝甫四人,新选理事为张泗曾、杜柏林、吴芳洲,候补理事为孙荣表、王宝泰、刘光明,留任监事为鲁奎年,新选监事为金项生、郭庆延,候补监事为王福全,复经指导员训词,主席谢词,循序礼毕,继开首次理监事会,互选许雪舟、方文荫、张泗曾为常务理事,郭庆延为常务监事,并推许雪舟为理事长。

《越报》中华民国三十六年十二月十二日

酱员业公会改选理监事

(1947 年 12 月 13 日)

(本报讯)本县酱园同业公会,自成立以来,已届两载。兹该会以依照规定,理监事之任期均为四年,每两年应改选半数,不得连任。昨特定于本月二十五日上午九时,在县商会召开会员代表大会,举行抽选及票选,已呈请县府届时派员出席指导。

《绍兴新闻》中华民国三十六年十二月十三日

腐皮商同业已成立公会

（1947 年 12 月 22 日）

（本报讯）绍兴县腐皮商业同业公会，由楼畏民等发起组织，业经呈奉县政府核准准可，着手筹备等情，已志报端。兹悉该会已于前日下午一时，在笔飞弄十六号，举行成立大会，计出席会员楼畏民等十人，县政府派孙越舫，商会派沈季刚出席指导，公推楼畏民为临时主席，报告事项略，讨论事项，通过修正章程草案，旋予选举理监事，结果，楼畏民、宋正晨、楼正富，当选为理事，徐永明为候补理事，徐荣林当选为监事，蒋警世为候补监事，并于理事中，互推楼畏民为常务理事，均即宣誓就职。散会时已万家灯火矣。

《绍兴新闻》中华民国三十六年十二月二十二日

粮食公会改选理监

（1948 年 1 月 6 日）

（本报讯）本县粮食业公会，于昨（五）日上午，假商会大礼堂，举行会员代表大会，出席会员代表严希尚、金新光、孙兑泉、金竹皋等八十九人，列席县府社会科长徐祖贻、董起凡、车志海、商会史幼祥、越报金文琅、商业日报甘允胜、本报朱家□，主席严希尚，即席报告会务。旋由徐科长，董前科长等先后致训，继即开始讨论：

一、参加省商联会，请追认案。议决：通过追认；

二、未入会之城乡同业，应如何分别取缔征求案。决议：交理事会依法办理；

三、请推员重行审查同业等级案。议决：推王兆铨、单企堂、沈仁德、施厚甫、俞鸿泉、施指向、金竹皋，指定王兆铨为召集人；

四、本会三十五年度账目，请推员审查案。议决：推李幼生、杜丙昌、章彬森，推定李幼生为召集人；

五、调整会费案。议决：依米价推进，逐月决定，向临浦购买者，一律照收，各行堂□，务须切实查抄。上列办法，定一月份起实行；

六、欠缴各季不敷费，应如何催收案。议决：照数补收；

七、亏负数应如何弥补案。议决：按级摊派。

《绍兴新闻》中华民国三十七年一月六日

箔铺庄公会均定期改选

（1948 年 1 月 9 日）

（群力社讯）本县箔铺业公会，以成立迄今，业经两周年，依法应行改选理监事，特于上届理监事联席会议议决,定本月十五日上午九时召集会员大会,依法改选。该会将于日前呈函分请县府、商会届时派员列席监选与指导。

（群力社讯）本县箔庄业公会,原有会员各庄,多因营业环境未能继续支持,先后报停者,为数至夥,所有现任理监事因而缺席,该会经于最近召集会员会议,决定本月十三日下午,依法改选,特于昨(八)日早函分请县府商会届期派员外席监选指导。

《绍兴新闻》中华民国三十七年一月九日

柴炭业公会取缔非会员
(1948 年 1 月 10 日)

（本报讯）本县柴炭业公会,自成立以来,以据各会员报称,有昌安杨同茂、永兴、李合兴、万安桥、阮春和、谢公桥许阿三等多家同业,虽经迭次劝告,彼等均拒绝入会,规避义务,非法营利,而其流卖柴炭,市上甚为旺盛,直接影响会员利益,且彼等并不负担捐税,更与国课有关,实有破坏团体之患,诚恐效尤。昨特呈请县商会,要求转请政府,出示严禁,俾增税源,并请转致曹娥运输业,请停止非会员之货起运,以维法纪,而全会员权益。

《绍兴新闻》中华民国三十七年一月十日

各业公会改选疑义,省社会处三项释示
(1948 年 1 月 10 日)

（本报讯）本县各业公会,现正届纷纷改选理监事之际,绍兴县商会前以商业同业公会法第十九条规定,理监事之任期为四年,每二年改选半数,不得连任。兹以本县各公会成立均达二年,多数改选,惟发生三项疑义,呈请省社会处释示。省社会处昨已释示到绍。略谓:一、会员较少之公会,如改选后继任人选发生困难时,依部令指示,可将原任理事改任监事,原任监事改任理事,或将理监事名额减少,以资补救,至各公会任期届满,均应依法改选。二、已被抽出之半数理监事,若再被选任,仍应受商业法第十七条及商业同业公会法第十九条规定,不得连任之限制,认为无效。三、改选半数时,不得连任之涵义,系指被抽出之理监事,在本届已无再当选之资格,县府奉示,将转饬该会知照。

《越报》中华民国三十七年一月十日

照相业公会改选理监事

（1948 年 1 月 14 日）

（本报讯）本县照相业同业公会，经县政府指定改选后，业于昨（十二）下午，假县商会召开会员大会，举行改选理监事，出席鲁希明、沈少云等七人，列席县政府孙越舫、县商会应季刚、主席蒋廷鳌，讨论事项：一、本会理监事是否全部改选，或抽选半数，提请公决案。议决：全部改选。二、章程草案提请讨论案，旋即开始选举，结果沈少云、钱耀山、陆培生，当选为理事，孟茂如为候补理事，蒋廷鳌当选为监事，鲁希明为候补理事，互推沈少云为常务理事，均经当场宣誓就职。

《绍兴新闻》中华民国三十七年一月十四日

人力车公会改选理监事

（1948 年 1 月 15 日）

（本报讯）本县人力车业同业公会，于昨（十四）日下午假县商会召开会员大会，改选理监事，出席会员代表二十五人。列席县府车志海、县商会沈季刚，主席福堂。开会如仪，旋即开始票选，因原有理事潘芝青、周仁法二人，俱已辞职，故仅补选，结果朱鼎明、潘芝香当选为理事，汪永泉、周筱臣为候补，其余理监事均系连任，即经互推朱鼎臣为常务理事，均各当场就职。

《绍兴新闻》中华民国三十七年一月十五日

柯桥镇商会定卅日改选

（1948 年 3 月 29 日）

（本报讯）本县柯桥镇商会理事长张晔轩，因任期已满，定于本月三十日上午九时，召开会员大会，举行改选理监事，闻县府已派定社会科指导员秦志文届时前往监选。

《绍兴新闻》中华民国三十七年三月二十九日

孙端镇镇商会投票选举理监

（1948 年 5 月 11 日）

（本报讯）本县东关镇各商业同业公会理监事，自三十五年五月间选任以来，迄已届满二年，依法应改选半数。兹悉该会已定明（十二）日上午，分别召开各业公会会员代表大会,举行改选,县府已派定指导员张钟灵出席监选指导。

(本报讯)孙端镇镇商会,自成立以来,现已届满二年,日昨(九日)该会召开会员大会,出席会员代表,非常踊跃,全部会员人数,出席者,十分之九以上。县府列席指导孙毓庭,推定监察管理后,开始投票选举,结果孙传薪、孙光祖、章雅斋、章家康、蒋良骥、孙仰之、孙百禄、马家林、郦兰田,当选为理事,孙传薪为理事长,阮德明、孙树森、倪伯堂为监事,十二时散会。

《越报》中华民国三十七年五月十一日

东关镇商会举行改选

(1948 年 6 月 7 日)

本县东关镇商会于六月三日召开会员代表大会,举行改选,由县政府派指导员车志海莅会列席指导,同时由大会议决,原任理事五人,增加四人,原任监事一人,增加二人,并以投票代替抽签,开票结果,留任理事罗锡臣、章伟丞、周□琛、孙柏庆等四,林志冠、宋耦农、俞茂荣、王聘怀、张文华等五人当选为理事。叶云锟、杜间达、孟国柱等三人当选为候补理事。楼德卿、许成夫、俞绍发等三人当选为监事,邵芝卿当选为候补监事,续于同日下午接开第二届第一次理监事联席会议,互选常务理监事,结果以罗叶臣、章伟丞、周□琛等三人当选为常务理事,俞绍发当选为常务监事,并就理事中互推罗锡臣连任理事长。

《越报》中华民国三十七年六月七日

安昌商会改选完成,十一个公会同时改组

(1948 年 6 月 22 日)

(本报讯)本县安昌镇商会,于前(二十一)日举行改选理监事,县府派社会科指导员秦志文前往监选,同时该镇各业公会,如南货、粮食、杂货、竹木、首饰、磨坊、呢绒、绸布、国药、酒业、油烛、棉花等理监事,亦均任期届满,举行改选,昨已先后改选完毕。兹经记者探得该镇商会及各业公会改选后当选之理监事姓名于下:

镇商会:

理事长:胡亚山

常务理事:谢雄哉、谢盈顺

理事:余受言、胡芝芗、诸春辉、俞国藩、程宝三

候补理事:徐廷占、韩恩荣、徐荣昌

监事:张德茂

常务监事:周德权

候补监事:沈茂初

南货业：
理事：程贡三、张幼堂、宋学昌、陈惠庭、陈尔荣
候补理事：张璃桐、朱梦珊
理〔监〕事：张少堂
候补监事：张理玫
粮食业：
理事：俞国藩、戚书仲、陈家德
候补理事：冯孝庭
监事：钱学海
候补监事：娄锡藩
杂货业：
理事：徐廷占、周华庭、胡皎□
候补理事：朱玉堂
监事：杨锡绶
候补监事：朱茂顺
油烛业：
理事：谢雄哉
候补理事：张明珊
监事：张德茂
候补监事：傅遂岑
棉花业：
理事：胡芝卿、周德权、陆初相、韩恩荣、傅鹤林、钱达三、万元庆
候补理事：何茂生、胜秋生、周英杰
监事：陶世荣、陶华林
候补监事：钱学海
竹木业：
理事：陈国梁
候补理事：周大毛
监事：谢懋林
候补监事：高锦凡
首饰业：理事高培庆
候补理事：未定
监事：沈玉衡
候补监事：未定
磨坊业：
理事：徐庆祥

候补理事：钟伯明

监事：徐延州

候补监事：潘阿东

呢绒绸布：

理事：沈茂楚

候补理事：胡子明

监事：童瑞林

候补监事：施济成

国药业：

理事：沈焘

候补理事：王植三

监事：吴家耀

候补监事：罗桐庆

酒类：

理事：韩松堂、沈德荣、李桐生

候补理事：沈东生

监事：韩九堂

候补监事：郑宝泉

《绍兴新闻》中华民国三十七年六月二十二日

副议长候选人陈笛孙简历

（1948 年 6 月 24 日）

陈参议员笛孙，商界硕彦，地方领袖，信义卓著，宅心仁慈，举凡地方公益可称无役不从，社会人士，素所钦敬，历任省县商会常务委员理事长，暨全国商联会浙江代表等职，熟谙地方，深通民情，权衡经济，绾握金融，和平老人，议坛之珍，且诚恳博爱，处事客观，允为继任副议长之最适当人选。

《绍兴新闻》中华民国三十七年六月二十四日

鹿鸣纸公会并纸业公会

（1948 年 7 月 16 日）

（本报讯）关于本县鹿鸣纸商业同业公会，应否另行组织，或并入纸商业同业公会一案，县府主管科以法无明文规定，未便决定，曾呈请省社会处转社会部核示。兹悉：社会部已层释到县略以该会应并入该县纸商业同业公会,毋庸另组鹿鸣纸同业公会,闻县府已转饬该公会知照矣。

《越报》中华民国三十七年七月十六日

绍兴县商会公函

（1948 年 8 月 16 日）

（绍兴县商会公告栏·只登本报不另行文）

总字第二百〇一号

三十七年八月日

案准浙江省商联会总字第二二五〇号通函内开:案奉浙省社会处社一字第七六八六号代电内开:

"三十七年七月十三日总字第二二三〇号,呈悉,查工业同业公会会员工厂设有门市部或发行部者,视同商业之公司行号,均应加入商业同业公会为会员,希转知等因。奉此,除分行外,相应函达,查照等由。准此,相应函达,即希查照为荷。"此致

各公会

理事长 陈笛孙

《绍兴新闻》中华民国三十七年八月十六日

商会今举行联席会,陈理事长提请辞职

（1948 年 4 月 16 日）

（本报讯）本县县商会陈理事长笛孙,自第一届臂选以来,对名项会务,及为谋商民福利等事业,无不苦心孤诣,任劳任怨,矛克勉为维持,迄今时越二载,在上月间改选之时,原拟退休,无如众望所归,仍被推举。兹悉近以失眠,旧疾复发,医嘱必须休养,故又顿萌退志,决于今（十六）日理监事联席会议中,提请辞职,其辞呈语甚恳切。兹探录其原文如后:

本会理监事诸公暨各业理监事长均鉴:

笛孙猥以菲材,蒙诸同人谬爱,授予重任,服务桑梓,责年旁贷,忆自三四八返里,由筹备而整理成立,荏苒二载余,席不暇暖,只惭德薄能鲜,虽抚心无愧,究难有补时艰,上月坚持改选,原冀退让贤路,借卸仔肩,乃不荷鉴谅正义相绳,益滋愧恶,差本所选诸常务理事,惑老成练达,或干练精明,组织的臻健合,进展可期,堪以告慰,笛孙以失眠旧疾,近复加厉,恐以健忘误事,且医嘱非予休养不可。特函恳乞准辞去常理及理长职责,俾符始愿,而维残朽,不情之请,伏乞邀准,全为感盼。

《绍兴新闻》中华民国三十七年四月十六日

孙端镇商会改组,理事长连选连任

（1948 年 5 月 10 日）

（本报讯）本县孙端镇商会自成立以来,已届两年,原任理监事任期届满,依法应行改选半数。该会特于昨（九日）上午九时,召开会员大会,依法改选。出席会员代表,非常踊跃,列席县府指导员孙越舫,来宾孙庆仁等,济济一堂。选举方式,当由大会决定,以投票代替抽签,结果计孙传薪、孙光祖、章雅斋、章家康、蒋良骥、孙仰之、郦兰田、孙百禄、马家林等九人,当选为理事。孙传薪当选为理事长。阮德明、倪伯堂、孙树森等三人当选为监事。该会原任理事长孙传薪,公正热心,素为该镇商民所拥戴,故此次改选结果,仍以连选连任。

《绍兴新闻》中华民国三十七年五月十日

东关镇商会改选理监事

（1948 年 5 月 30 日）

（本报讯）本县东关镇商会,自重光后成立以来,至于理监事任期届满,半数须举行改选。昨该会理事长罗锡臣,以呈请县府定于六月三日上午九时举行会员大会,予以改选,请求届时派员至镇监选。

《绍兴新闻》中华民国三十七年五月三十日

粮商业公会制发会员证

（1948 年 6 月 7 日）

（铎声社讯）本县粮食商业同业公会,以第七次理监事会议决议制发会员证,分发各会员行号悬挂营业处所,以取得合法粮商之资格,俾与不登记入会之商店,有所识别。兹悉该会已将是项会员证制就待发,业于昨日分函各会员行号,随时领取,其有登托未完备者,亦可同时更正。

《绍兴新闻》中华民国三十七年六月七日

安昌镇商会补选理监事

（1948 年 6 月 22 日）

（本报讯）本县安昌镇商会,经县府派员整理以来,业已完毕,并于日昨在该地举行补选,县府派指导员秦志文,出席监选及指导。兹悉选举结果计为理事胡亚山、谢雄哉、余受言、谢盈顺、胡芝卿、诸春辉、于信候、俞国藩、程宝三,候补理事徐延占、韩恩荣、徐荣昌,监事张德茂、周德权,候补监事沈茂初,并即席召开理事会议,互选胡亚山为理事长。

(又讯)本县安昌镇各商业同业公会,经整理后,重行补选理监事,县府派指导员秦志文出席监选及指导,业已次第完竣。兹探志各业公会当选理监事姓名如次:南货业,理事,章贡三、张幼堂、宋学昌、陈惠庭、陈尔容,候补理事,张瑞相、朱蔓珊,监事张少堂,候补监事张理政。粮食业,理事俞国藩、戚书仲、陈家德,候补理事冯孝庭,监事钱学海,候补监事杨锡藩。杂货业,理事徐延占、周华庭、胡咬咛,候补理事朱玉堂,监事杨锡校,候补监事朱茂顺。油烛业,理事谢雄哉,候补理事张明珊,监事张德茂,候补监事傅遂岑。棉花业,理事胡芝芗、周德枚、陈初相、韩恩荣、傅鹤林、钱达三、万元庆,候补理事何茂生、滕秋生、周英杰,监事陶世荣、罗华林,候补监事钱学海。竹木业,理事陈国樑,候补理事周大毛,监事谢懋林,候补监事高锦凡。首饰业,理事包培庆,监事沈玉衡。磨坊业,理事徐庆祥,候补理事钟伯明,监事徐延洲,候补监事潘阿东。呢绒业,理事沈茂楚,候补理事胡子明,监事童瑞林,候补监事施济成。国药业,理事沈寿,候补理事王植三,监事吴家耀,候补监事罗相庆。酒业,理事韩松堂、沈德宗、李相生,候补理事沈东生,监事韩九堂,候补监事郑宝泉。

《越报》中华民国三十七年六月廿二日

鹿鸣纸公会将合并改组

(1948 年 7 月 16 日)

(本报讯)本县为锡箔出产之地,因是锡箔用纸浩繁,遂有鹿鸣纸业同业公会之组织,惟其应否另行组织或并入纸商业同业公会,因无明文规定,县方未便决定,经呈省核示后,兹悉社会部昨已层释到绍,略谓应并入本县纸商业同业公会,毋庸另组鹿鸣纸公会,闻县府奉示,即将令饬该会改并。

《绍兴新闻》中华民国三十七年七月十六日

鹿鸣纸业商人请速加入公会

(1948 年 8 月 22 日)

本县鹿鸣纸商业同业公会,据会员商号联名□称,以近在□巷茶市,见少数投机行商,来自山乡,每届箔市开场,担挑鹿鸣纸,遍向铺家兜售,既不设立牌号,又不遵章入会,未负丝毫之会费与地方应出之经费,尤对纳税偷漏无疑。若不预谋取缔,恐将滋漫难图,影响所及,惟有相率停业,公会解体,危害整个商团,势将不堪收拾。该会以行商投机取巧,妨害正式商,当请县府纠正,县府据呈后,已令饬警察局派警会同该业公会主持人,随时劝导是项行商依法加入公会。

《绍兴民国日报》中华民国三十七年八月二十二日

换灰佬确认团结重要,
要求组织同业公会

(1948 年 8 月 24 日)

(本报讯)本县乡间各地,常常可以听到"鸡屎换草纸"和"换灰"的声音,做这生意的人不在少数,他们为了同业的福利,曾于日前呈请县府组织该业同业公会,县府以法无依据,故批示不准。距该业中人顾柏全、王阿友等昨天又联名上呈县府,要求准许组织"绍兴县换灰业商业同业公会",理由说得颇为充足,原文是:"吾绍换灰业相沿已久,营业性质多以实物换柴草之灰,故名'换灰',其实是收购贩卖之一种商业也。此种营业作用,自积极方面言,是利用废物,运销各地,以作天然肥料,并足以消灭多种害虫,裨益农产非浅;自消极方面言,使城市乡村,家家户户,易导火灾之灰烬,有碍清洁之弃物,可以不断清除,并且支付若干反报酬,其贡献社会,相当切要,同业在安昌、齐贤、党山、禹会四乡镇较多,计终年直接从事者,有五六百人,装运船只,达三百余艘,沿养家小,至三千余人,但向若散沙一般,迄无组织,不如缸砂业之已有公会,同人等确认团结之重要,所以发起组织,以谋集体福利事业之发展"云云,究竟准与不准,则待主管当局之决定。

《越报》中华民国三十七年八月二十四日

商会将饬棉花商店筹组同业公会

(1948 年 11 月 7 日)

(本报讯)本县棉花商业,已有同行十余家,自应依法组织公会,除公大等四家已加商会为非公会会员外,其余钱泰生、甡泰、张永茂、谢福昌、杨泰生、柳福堂、窦兴、谢福来、金锡记、刘黄和、大江桥钱元兴、北海桥钱元兴、双福、大毛、阿培等十五家,并未参加商业团体,昨经公大等四家,联名呈请县商会,要求转饬加入商业团体,以固团结,而就正规,该会准函后,即将转饬筹组正式公会。

《绍兴新闻》中华民国三十七年十一月七日

2. 会议和会务

绍兴商会开会纪事

（1912 年 6 月 5 日）

减房租国民捐，变更收账期

徐公入祠欢送式

本月初□日，绍兴商会函邀议董、业董及各分所等开临时会，至者度□□余人。由商董钱静斋报告提议事，凡四种：

（一）减房租。日前商店同庆丰等一百□□家，及市门阁、大云桥等数□家，先后来函，以出入式□几□支持，可否减轻房租，以苏商困情形。□店要求减租之陈请，□告□房□俟有确音，再行会议办法。

（二）国民捐。钱君宣布海涵及协济分会等来函，计孙寅初、蔡镜清及该庄友朋，已缴来洋三十元，陈怀病、单悟修，缴来洋各一元，当此千钧一发，救国之策，舍国民捐外，其道末由。又由陈坤生、蔡镜清、丁星阶等先后陈说，各业均踊跃输将，共捐洋计五百数十元，尚有数业，俟通告各店，再投入该会。

（三）收账期。钱君谓各业簿记类皆改用阳历，收账期容否变更到会者，均赞成。以三六九十二四月终日为收账期，遂表决通地。

（四）徐公入祠。钱君谓本月初十为徐烈士入祠之期，徐公为四万万同胞而牺牲生命，凡我商人有愿往送入祠者，请于是日晨至会同往。全体咸起立表同意，遂散会，会议时有同业董亦莅，因职业稍微，每起言辄为某议员或冷言相议，或厉声而诘。当时旁观者亦颇以某议员骄矜，□职多侧目腹诽之。

《越铎日报》中华民国元年六月五日

绍兴商会开会记

（1912 年 7 月 9 日）

绍兴商会于七日午后三句钟开全体大会，到者六十余人，首（下缺）某君起言，土货行销内地，不能免捐，病民害商，莫此为甚，应如何对待，请众决，经互相讨论良久，决议先由各业迳禀省财政部，吁求免捐，以纾商困。

次□议警署来文，公设妓寮问题。咸谓此事非仅关于商业上利害，应移警署由议事会提议，于地方风俗有无窒碍，再行集议，末催缴民团经费，众决限本月十三日以内一律缴清。遂散会。

《越铎日报》中华民国元年七月九日

商会开会记

（1912 年 11 月 17 日）

绍兴商务分会前日下午，因商团请维持经费事，邀集各业董事开会讨论，与会者有铜业、磁业、米业、染业、□业、衣业、线业、布业、钱业、酱业、茶漆业、鞭炮业等各业董，因人数不多，不能正式开会，举行谈话会，略为讨论，会长钱静斋君，略谓：顷据商团报告，该团自开办迄今，经费见形竭蹶，发起诸人已筹垫不赀，颇难支持，请为维持等情。夫商团之设，所以保商，则其经费自不得不取诸于商。兹闻开办之初，经费本形竭蹶，卒赖发起者及办事人之热心，不遗余力，操练者俱能勤职，得有今日完好之效果。若不为之捐助，功亏一篑，殊为可惜，并何以对办事者之初意。所称维持等情，本会天职尔尔，应请大众□议以持永久。次商团职员蔡镜清君，报告该团状况，并谓现届冬令，本团当须制备冬令操服，至经费一层，请为筹措等因。又谓前承鲍清如君，以本团□□精神，慨助后膛枪百杆，现已前往购办矣。次团长陈坤生君谓酱业均已认费，每店每月均可二十元。次陈丙衡、丁星阶等诸□，互相讨论，由到会各董，分携捐册，向各店劝募。□议毕散会。□商界诸君定能应将伯之呼也。

《越铎日报》中华民国元年十一月十七日

商会彻查糊涂账

（1913 年 1 月 11 日）

银丁裘廷良，前年与金厚康合资在绍城府山街，开设□康银炉房，由金厚康管理账务。讵金心怀不良，欺裘廷良目不识丁，任意舞弊，致□账□亏蚀一千余元之巨。裘颇怀疑，密延熟悉账务者，察阅簿据，指出种种弊端，知为所欺，遂投诉县法院，批移绍兴商会理处。日前该会邀集两造到会，查看簿籍，收付多有不实，且有假立名户等事。舞弊吞款，业已显见，当由该会据实移覆县法院，未知如何判决也。

《越铎日报》中华民国二年元月十一日

商余学社开讲

（1913 年 6 月 16 日）

绍城商务分会总理钱静斋，迩当商战时代，一般营业□□不可无法律智识，爰就该分会设商余学社一所,内分科□□种,聘请朱幼溪为教员。凡属于商界子弟,均可报名听讲。额设□□十名,现在报到者已达七十□名。于六月十六号为始,限定□□晚九时至十一时,不放暑假,以六个月为期。兹特前晚(十四)开堂演讲。举行仪式□□,振铃后。首上钱静斋□□□□宗旨,次由教员朱幼溪出席□讲员七十一人,向之行之一鞠躬礼,朱教员讲授商法总则,至钟鸣十一下,振铃退班。论者谓此举倘能始终不懈,裨益商人固非浅鲜。惟日来昼长夜短,南货各业黎明即须营业,退班回店,动须夜半,安能日日如是,奔波往来,恐异日不免有虎头蛇尾之诮云。不知主持此社者,亦一计及否。

《越铎日报》中华民国二年六月十六日

商会新年会记事

(1917 年 2 月 20 日)

绍兴商会于昨日午前举行民国六年新年会,各业会员到者五十余人,先由会长高云卿君宣布开会宗旨,并报告去年经过案件及报告去年收入支出各款。略谓本会进出各款,应由各业进出查账员二员清查账目,以昭大公云云。次提议印花税事宜,谓近闻各商往往有失贴印花之处。此项税法颇为注重,一经察出,罚办难辞,应请各会员转劝各业,毋贪小失大,致罹法纲。次提议铜圆价格,谓今日市面铜圆以现时洋价计,每枚可作制钱十文,惟各营业不同,恐为折耗,定作九文通用。如此则商家、主顾,两得便宜云云。议毕,已将午正,遂摇铃散会。

《越铎日报》中华民国六年二月二十日

商会改选后之第一次职员会

(1918 年 11 月 2 日)

绍兴商会改选会董长,其姓名已叠志

兹悉昨日(三十)下午每次职员会会董到者十余人,会长冯纪亮主席,首述此次会议本拟待副会长由沪回绍,共同计议。现陈君来函,续假委为代表云,须讨论呈报改选公文。当由会董公推冯德哉等二人修正之。次公布前会长任内收支账(略)。次提议特别会董,公推选举。均有人提出。当由会长表决,主张选举者多数,遂指定金秩卿、陶仲安为检票员,投票后选出高云卿、陈秉衡、蔡镜清、陶仲安四君为特别会董。次会长要求会董轮流到会,俾资整理。会董均踊跃承认。时已傍晚,遂散会。

《越铎日报》中华民国七年十一月二号

开会挽留会长

（1919 年 3 月 1 日）

绍兴商会会长一席自冯纪亮辞职后，虚悬迄今，会务冰搁，各业挽留无效，一切详情已志本报。兹悉各业于上月二十七日开新年会于商会，是日到者五十余人，会员中提出动议，以会长问题如不解决，实为本会一大缺点。其时各业均主张挽留，内有特别会董陈秉衡起谓，挽留设再无效，是仍不能解决。会董沈墨臣谓，不如托辞别有重要事故，请渠到会。众均赞成，遂公推赵云标、药业会员许贞昌、农业会员史玉堂、洋货业会员沈逸哉、绸业会员等六人代表全体往请，未几冯随六代表到会。各业起立欢迎，并要求继续担任会长。冯仍以事故坚辞，特别会董高云卿谓，会长如有事故，有副会长在，照章毫无窒碍。副会长陈坤生谓，会长如有期间的事故，自当起而代理。陈秉衡认为辞职无理由，且谓会员无一人同意，照章不能成立。丁星阶、陶仲安、章月坡、金秩卿、陶秋芳复先后以商场多故，会中不可一日无人主持为言，各业又一致，以勉为其难相要求。冯纪亮无可退让，遂允暂承其乏，并闻开会既竟，复公推梁禹九、沈逸哉为查账委员，比及散会。

《越铎日报》中华民国八年三月一号

柯镇民商大会记

（1919 年 7 月 11 日）

绍属柯镇商务分所自停办以来，已逾一载，屡接城会函催组织，迄未就绪。此次，该镇警所调查印花，甚至将已贴印花簿据□无效，带回所中处罚，不胜枚举。一般被罚者，又均不得收据，情同索诈。兹闻该镇承康钱庄经理王某大不为然，特于日昨邀集全镇士绅巨商等假融光寺组一临时民商会。上午遍送传单，于下午一时开会，到者不下三百人秩序尚称整肃。兹将是日开会宗旨及提议条件披露于后，（一）振铃开会；（二）报告开会宗旨；（三）公推临时主席；（四）柯镇商会容否组织；（五）警所吊去簿据，讨论完全方法。由俞恒甫宣布一切宗旨，及公推为临时主席，略云柯镇市面繁杂，商会容否组织，众皆拍手赞成组织，次由王卿云起谓，今日商会众已赞成，组织急切，未能就绪，改期于二十二日再议。唯印花税一则，警所未给收据，又将有税之簿据，亦一律吊去，作何办法云云。次由蒋而臣起谓，本镇有被警所吊取簿据，有未贴已贴，未罚已罚，须各报明登记，以清界限。众皆一一陈述，由承康庄经理王某执笔登记，无一有收据者，当由各业派一代表到所责问代理警佐王伯儒，究不知如何对答也。因时已旁晚，当即振铃散会。一应后事，准于二十二日再议云。

《越铎日报》中华民国八年七月十一号

商会诸会董诸会员公鉴

（1919 年 8 月 18 日）

纪亮才短资浅，亦无能力担任会事，乃缪荷同人公举，当经力辞于前，而同人责以大义，致不能不竭蹶从事。向会辞职，又经诸同人不谅，夫许藏□为再四之坚留，一时□昧，虑伤盛情，复受事负愧，逮于今日。适遇青岛问题发生，我国人民以救国之热诚，各处响应，拒绝日货，而商会之地步处于应付俱穷矣。受学界之责言，被商店之责问，调停苦口，仍无解决之方，披露愚忱，未有见原之地。惟有决心辞职，别举贤能，使纪亮得以谢罪，同胞销安衮影，坤生本系病躯，又滥承数事，不连同辞职，俾免抱愧而释负疚。

冯纪亮、陈坤生谨告。

《越铎日报》中华民国八年八月十八日

柯镇商会成立记

（1919 年 8 月 21 日）

绍兴柯镇商务分所奉部令必组为分事务所，选举会董会员等情。已志十二日本报。兹悉该会于日昨在融光寺大殿开成立会，到会者有本镇袁警佐宁后、贻谷筱，本镇竞进校高迁校校董职教员及来宾会员一百余人，秩序整齐，济济一堂，颇极一时之盛，录其开会秩序如下：

（一）振铃开会
（二）军乐
（三）琴歌
（四）董事长报告开会商旨
（五）演说
（六）长官致勉词
（七）来宾演说
（八）本会会员演说
（九）来宾祝词
（十）本会会员致谢辞
（十一）琴歌
（十二）军乐
（十三）振铃散会
（十四）会董会员全体摄影而散

《越铎日报》中华民国八年八月念一号

商会将开追悼会

（1919 年 10 月 9 日）

评议员柳瑞甫逝世

柯桥镇商会分事务所评议员正泰杂货店主柳瑞甫君（号霭轩），虽非巨富，尚称小康，平日性情仁厚，见义勇为，凡对于地方公益事宜，无不热心赞助，不期天不假年，于月前偶染伤寒，医药罔效，延至本月四号清晨，竟在寓所溘然长逝，现由该分事务所副董王庆云君，发起邀集同人等开会追悼，以志哀忱云。

《越铎日报》中华民国八年十月九号

绍兴商会开临时会记事

（1919 年 10 月 16 日）

冯纪亮、陈坤生两君，自担任商会正副会长以来，整顿会务，不遗余力。前因事困□□时辞职，会董迭开职员会议，一致挽留，正副会长，坚不允从。董以少数人之挽留无效也。爰于本月十四日下午二时开临时大会，特别会董及会董、会员均到会，先后发言，大致均谓任期未满，按诸会章，未能辞职，且当商场多事之秋，苟不继续担任，是轻会务而重个人也。现在负责者尚思退让，谁复肯牺牲个人而为商场效力者乎？正副会长迫于众论，义无可辞，全体会员，又随时起立，合词吁请。两会长只得从众请，惟冯会长因有事故，尚须告假，并闻是日余知事亦到会敦劝云。

《越铎日报》中华民国八年十月十六号

商会会长公函

（1919 年 11 月 29 日）

关于补习夜课

（上略）迳启者，昨晤绍兴县教育会会长茹平甫先生，面称商业补习学校夜班讲生开讲之初，听者甚形踊跃，近来人数逐渐减少，为听讲生学业前途计，未免可惜。嘱为劝告各业，依旧听讲等语。查欧和以后，世界趋重商战，非有健全之智识，不足以占经济界优胜之地位。听讲生苟向学情殷，谅亦为执事先生所嘉许。一夜之中，能造就一合格之商业人材，凡我商界与有荣幸。况夜间店务至简，以每日数小时之工夫，而能获商业之新智识，洵为最便捷最美善之机会，用特函请执事查照，催促各听讲生照旧听讲，以免功亏一篑，无任企盼。

《越铎日报》中华民国八年十一月念九号

商会长谢绝寿庆

（1919 年 12 月 17 日）

县商会会长冯纪亮，于旧历十一月初二日为其五十初度之长，戚友中之德该会长者，咸欲于是日有所点缀，致函冯吉荪君求同意（按吉荪君为该会长哲嗣，现任江西高等检厅检察官）。讵为会长所闻，以当此闽事告急，宜以国家为单位，个人事宜之属于无关得失者，亟应废弃以表谢绝之意，其致长哲嗣家函，中有以国家司法为前提，万勿擅离责守等语云。

《越铎日报》中华民国八年十二月十七号

姚家埭商务分所成立记

（1920 年 1 月 7 日）

绍兴商会姚家埭分事务所，于一月一日上午九时开成立大会，兹将当日情形揭载如左：
（一）振铃开会，奏军乐；
（二）来宾，及全体会员入席；
（三）董事长施枚臣宣布开会宗旨（奏军乐）；
（四）东江场知事徐渭川致颂词（词略）。马亚声、马山商务分所代表封秋槎、澄湖校长倪贯卿、《越铎日报》宋甫辉、施兰臣、兴贤校代表蒋雪候、东江校校长傅缦卿，教育会代表魏约、平继演说；
（五）傅缦卿，代读县视学冯守愚，县立商业补习学校校长茹秉铨颂词；
（六）董事长施枚臣致答词；
（七）摄影；
（八）振铃散会。

《越铎日报》中华民国九年一月七号

呜呼蔡镜卿先生逝世矣

（1920 年 1 月 15 日）

城区笔飞弄蔡镜清（元坚）先生，为北大校长、大文学家蔡子民先生之胞弟，向为鲍景泰钱庄协理，曾任绍兴商会副会长，品端学粹，才识兼优，侠骨热肠，轻财仗义，关心桑梓，慷慨为怀。凡遇亲族故旧之窘迫者，有求必应。诸亲族无口不碑。对于各种公益团体，慈善事业,先生更无不尽力维持,以是竭虑殚精,积劳成疾,卧床不起,荏苒二年,卢扁不作,医药不灵,延至本年一月十三号(即旧历十一月二十三日)未刻,遽赴仙游,存年五十一岁,身后遗二子二女,皆未婚嫁,家景萧条,无甚积蓄。呜呼,天道无凭,善人不寿,乡人闻之,莫不惋悼云。

《越铎日报》中华民国九年一月十五号

商务分所常会记

(1920 年 1 月 21 日)

绍兴姚家埭商会分事务所,于昨日(二十七)午后一时,开第一次常会,到会者有施福昌、俞宗濂、陶凤笙、李元英、秦月樵、任子元及董事长施枚臣、副董事陈叙山诸人。兹将该所提议案件酌记如左:

(一)本所经费收入支出预算案(提出者施枚臣)(子)总收入一百三十元。(丑)一支城商会津贴四十五元,一支所中办事员夫马杂用洋约五十元,一支社戏津贴洋约八十三元,两数相抵,不敷甚巨。公议由各摊派认当由施福昌代表鱼行承认,每年洋十二元。由裘曰华代表菜行,承认每年洋六元,肉摊三爿,每爿每年认洋各三元,水作摊代表封有生,承认每年洋八元。再有不敷之数,仍由各店分认。案遂决。

(二)整理上仓龙务案。(提出者陈叙山)上仓龙费,本出自各舍,现欲改置洋龙,拟将费停止三月,万一此三月中设等不测,其费从何开支。公议,各店家加认武工一人,义务性质,三月后仍照旧办理。

(三)陶凤笙帖请追还医生陈馥安欠款案(提出者广和祥经理陶凤笙)公议从前处理方法,情恳陶某让去一半,令陈馥安于阴历十二月初五日还洋二十二元,加拆息一月,逾期不还,函警所追缴。

三案决议后,已晚烟四起,飞鸟归林,遂宣告散会云。

《越铎日报》中华民国九年一月二十一号

蔡镜清先生追悼会启事

(1920 年 1 月 23 日)

蔡镜清先生为吾绍商界通人,品学优长,光复后曾组织绍兴国货维持会,倡办商团,任商会会长,并出其余力,为社会奔走。诚心厚道,毅魄侠肠,世难其求匹偶。现惊悉蔡君已于旧历十一月二十三日逝世,同人等深为惋惜。定于公历二月一号(即旧历十二月十二日)午前九时,假座布业会馆、觉民舞台开会追悼,先期筹备事务所于商会,各界诸君如有挽联、诔文等件,请寄至绍兴商会本事务所收存可也。特此布告。

发起人

冯钟淇　陈均　高鹏　陈宰埏　陶传禔　冯敬纶　丁列辰　金维翰　杨祚厚　郦銮　袁荃　沈元麟　徐调元　章坦　钱□　冯虚舟　孙炜　钟敬祺　莫雨辰　应召南　陈源　马杲　张渭阳　孙秉彝　张哲甫　茹秉铨　张汉黎　杨无我　屠长赓　庄子良　陈玉　平声雷　杜鸿年　陈中□　王肇基　许剑秋　沈光煦　陈日涛　马斯臧　赵良　莫本凤　朱念慈　朱润南　姚业显　孙家骥　祝宏献　沈维翰　杜定南　王文灏　陈骚　张铖铭等谨启

《越铎日报》中华民国九年一月念三号

追悼蔡镜清君筹备记

（1920 年 1 月 30 日）

本城故绅前商会副会长蔡镜清先生，自归道山后，各界士民，同深惋惜。特行发起追悼会，定期追悼，藉表哀思，种种经过，筹备手续，早经迭志本报。兹因会期在即，特由该会筹备事务所遍发知单，通知发起诸人，届期莅会共襄此举，录其知单如下：

迳启者，蔡镜清先生追悼会业经同人等发起，定于二月一日即旧历十二月十二上午九时在布业会馆觉民舞台举行。所有应行筹备事宜，当经同人等共同讨论，公决由发起人每人出费一元，先期迳送商会内筹备事务所照收，以资开支，并公推执事为干事员。敬祈慨允担任，并请自二十九日起（即旧历初九日）每月下午二时，驾临事务所共商进行，无任企盼。此请某某先生大鉴。追悼会筹备事务所谨启。

《越铎日报》中华民国九年一月三十号

书业公会年会记

（1920 年 2 月 27 日）

吾绍书业，自前年由该业中人夏俊甫、楼仲孝、柯周宽等发起书业公会以来，对于该业整顿事宜，颇有成效，所以二年以来，该业售卖书籍等，口价均一律，免使购者吃亏便宜之弊。兹悉。该会于本月二十三日，又开阴历新年会议，本日所议事件，关于该业内部事宜者，姑不具载。惟其中议决书籍减价，一则于教育界颇有关系，特录之以便众览。书业公会议决：定民国九年二月二十号（即阴历庚申年元旦日）前售五五折之各种小学用书，今减价售五折。前售八五折之书，各种中学师范用之书，今减售八折，均由公会分发通告，一律照办。各同业不得横加高抬，免得于教育有碍云云。该业中人，可谓能识大体者矣。

《越铎日报》中华民国九年二月廿七号

乡商会开会记事

（1920 年 5 月 31 日）

绍兴商会姚家埭事务所，自施董事长枚臣接手以来，尚称尽职。昨日（二十八）下午一时，开第三次常会，由施君主席。兹觅得其议案如左：

（一）议知正泰、济泰两舍整顿消防队案，提出者施枚臣（通过）；

（二）议解肉业意见案，提出者陈叙山（通过）；

（三）本所经费收入案，提出者秦月樵（通过）；

（四）建筑所址案，提出者陈宝堂、陶凤笙（打销）。

《越铎日报》中华民国九年五月三十一号

乡商会常会纪事

（1920 年 9 月 10 日）

姚家埭分事务所

绍兴商会姚家埭分事务所，于昨日（八日）开第四次常会，由董事长施枚臣主席。兹将其议决案揭载如左：

（一）整顿摊基案（提出者，名誉会员徐如□）。

议决：以□轩下摊基摆开一尺，庙道地双方各让一尺半。秋会茭白上市，不准带草。如带草者，应□上街沿贩卖。自本月起，即由会令乡警持本会通告实贴该处，并通知一切，有不遵者，即由所函请警所饬警劝迁。

（二）铜元进出宜照市价计算案（提出者，合义号）。

议决：照市计算，以钱市日报所定价格为标准。

（三）推举国民大会代表案（提出者任子元）。

议决：本所应筹备本区内国民大会，应先推定代表公举俞宗渭（襄周）为本所代表，一面函知本人洽商一切。

《越铎日报》中华民国九年九月十号

商会欢迎新会长

（1920 年 11 月 4 日）

绍兴商会自冯纪亮、陈坤生担任正副会长以来，对于会务颇能积极进行。兹届任满改选之期，由该会改选陈秉衡为正会长、冯德哉为副会长，陈君初因会务纂繁，不愿担任，经会董再三敦劝，陈君迫于众论，固辞不获，始允就职。兹悉，该会于本月二日（即阴历九月二十二日）开会体大会，迎欢新选正副会长推选特别会董，并报告新旧接替移交手续及讨论一切进行事宜。陈会长系省议会议员，现在省议会正开常会，尚须请假二月，会务由副会长冯德哉代理云。兹录该会开会顺序如下：

（一）振铃开会。

（二）主席高云卿宣布开会宗旨。

（三）主席报告冯前会长来函，移交手续。

（四）东西席公推查账员二人，定期到会清查。

（五）欢迎新选正会长及副会长就职。

（六）正副会长发表意见。

（七）讨论会中进行事宜。

（八）推选特别会董，当推选高云卿、陶仲安、冯纪亮、陈坤生、徐叔荪、王选之为特别会董。

（九）振铃散会。

《越铎日报》中华民国九年十一月四号

商业补习校近讯

（1920 年 9 月 9 日）

（商会之通告）

绍兴商会通告各商家云：

近来商业智识日益进步，为商人者不可不及时求学。教育会茹会长有鉴于此，爰附设商业补习学校，现距学业不过一学期，惟听讲各生间有因职务关系，或作辍者，亦有未得店中经理之同意，致中途辍学者。当此商业竞争时代，苟及时求得健全之学识，非特个人直接受其利益，即于商店上亦有许多便利之处。兹本会为促进商学起见，用特谆劝各听讲生，于每晚前往听讲，藉以增长智识，并劝各经理人略采开放主义，伙友之利，亦即店中之利。诗云：日就月将，学有缉熙于光明。本会有厚望焉。

《越铎日报》中华民国九年九月九号

商务分所开会记

（1921 年 1 月 8 日）

绍兴县商会姚家埭分事务所，自施枚臣君主持以来，一意创新，形式、精神，两有可观。本年一月一日下午一时，该所举行新年会，并周年纪念会。到会人数除就地店家外，有阅报社东江校各法团，济济一堂，颇极一时之盛。兹将开会情形揭载如左：

一、振铃开会；

二、各会员向国旗行礼；

三、各会员团拜；

四、董事长施枚臣登台报告一年中账目；

五、副董事长陈叙山演说；

六、各会员议决今年收支办法，仍照上年。惟所款支出，应由各店照原认捐额加二缴纳；

七、政府厉行新税，各处商会电达中央反对，本所宜取同一步骤；

八、东江校校长傅缦卿演说商业道德；

九、休息；

十、散会。

《越铎日报》中华民国十年一月八号

商会将开新年会

（1921 年 2 月 27 日）

本县商会定于旧历正月二十日开新年会，昨已通函各会员接洽一切，想届时当有一番盛举。□该会原函录下：

迳启者，本会定于旧历正月二十日上午九时开新年会，届时务请莅会。此上某某先生大鉴：备有午膳。绍兴商会启。

《越铎日报》中华民国十年二月廿七号

绍兴商会开新年会纪事

（1921 年 2 月 28 日）

旧历正月二十日，绍兴商会开新年会，该地通告会员传单已志本报。兹悉，是日到会各业会员，共计五十五人，振铃入席后，首由陈会长报告，九年份收支账目；次报九年分已结未结各案，并请东西常会员公推查账员各一人，遂由会员推定梁禹九君及赵云标君为查账员。嗣由陈会长宣布统捐撤销情形，暨宣布所得税及灾赈附捐三案经过情形，宣布既毕。别无讨论，遂振铃散云。

《越铎日报》中华民国十年二月廿八号

丝业公所开会记

（1921 年 5 月 4 日）

城区丝业中人,以迩来各物昂贵,开支较巨,遂有加取用钱之提议。兹闻于昨(五月念一号)在该业公所(附设在横街大帝庙)开会,公同讨论,旋经议决,以原取每两丝用钱六厘外增加九厘,继则提议增加丝捐(丝捐由俞廷刚与该业中人合股认办,系每年若干元包定)。嗣后议决以原征每两六厘外,加增六厘,均有俞廷刚办理是项议决案,分别向行致部分声报。俟批准日实行云。并闻各机户以该议决案,增加捐用太重,对于该手艺生计,大有窒碍,遂定今日(念四号)亦邀集同人公议反对方法矣。毕竟如何容探再志。

《越铎日报》中华民国十年五月念四号

柯桥商会新年会

（1922 年 2 月 21 日）

绍属柯桥商会自改组以来,经会长、会员等悉心整顿,各业之款项纠葛者力主和平解决,□誉卓著,有口皆碑,是以旧岁加入该会者,有酱园、锡箔、水果等,计共三十一业。昨(二十三)为开新年会之期,各业会员到者四十一人,首由会长沈赞臣君报告旧岁议案共二十九起,已结者二十八起,未结者一起。又报告十年度取入支出总数及冬防费用,当公推陶馥堂、陈联舜两君为查账员,俟查覆后,再刊征信录分送,遂宣告闭会公宴而散。

《越铎日报》中华民国十一年二月念一号

酒业公会开临时会

（1922 年 10 月 2 日）

旧绍属酒业公会及前日(二十八号)下午二时,特假柯桥融光寺开临时大会,到者人数颇众,振铃入席,公推沈稽善君为临时主席,宣布现拟推定理事二十四人,计外县五人,本县十九人。次宣示萧伯容君拟定本会圆记式样,由章灿如君传示殆遍,众无异议,次报告本会对于公卖项下十月一号实行之附加一成赈捐,呈请免加经过情形,并提议本会同人,应即表示如何自行集款,直接助赈手续,以便与分局接洽为免加附赈之抵制。盖赈灾为慈善性质,原不受法律之制裁,故吾等反对者为附加,非反对助振也。此际到会者异常愤激,略谓:沈英齐局长屡次宣示预拟减捐情形,诱慰同业。今不惟不予及身减免,反而藉手加增,非特有损本人威信,且迹涉欺骗。当此国库空虚,财用孔急,安知不于落缸后,俟至吾等无可措手减停之时,难保不再饰词加捐。执此以例,同业能无裹足。况值大灾之余,为権政计,为军糈计,吾当勉力输将,不冀减免原捐,已属万分竭蹶,而官厅尤不应趁火打劫,杜绝来年税源。如果此次附赈不予豁免,目前(自一号起)暂行停运,以待解决。至于冬酿停减为第二步。嗣经各理事竭力劝解,并即推定代表萧伯容、沈稚香、沈墨臣、谢干庭、章灿如等数人,允于次日诣城,要求绍分局长勉加附振,俟得结果再行开会报告,大众始得缓和。末议每月开理事会至少一次,以上会期定于阴历月之初八日,如有重要事情,得召集临时会以解决之。议毕振铃散会。钟已四下,适大雨倾盆,河水泛溢,而后至者犹络绎不绝,冒雨前来。夫亦所谓剥夫之痛,利害切身者欤?

《越铎日报》中华民国十一年十月二号

酱园会议增价目

(1922 年 10 月 3 日)

绍萧酱园同业共计一十六家,合设酱业公所于本城下大路至大寺内,每月阴历初一日例开常会一次,本月份因盐斛加价每斤四厘,兼之豆麦行情又复日涨一日,原料既昂,售价自应酌增,特于例会之日另发通函,召集各园经理,务必躬行到会公议增价,是日由陈坤生君主席,议增各货价目,结果干货(除酱油一项名为水货以外)一律酌加。至水货姑俟盐斤定价以后,再议增价,因食盐晒板,此次迭被大小冲没,兼之久雨未晴,无能蒸晒,来源稀少,各酱园供不敷求,加以盐引公所续认改组,向曾运使要求以增加盐价为条件,惟水货于端节后甫经加价,势难再增,故只得暂行缓加云。

《越铎日报》中华民国十一年十月三号

绍兴商会定期开新年大会

(1923 年 3 月 9 日)

本县商会定正月二十二日上午开新年大会,现悉该会已于日昨将通函分送各会董接洽矣。兹照录于下:

迳启者,本会定于旧历正月二十二日上午九时开新年大会,并报告壬戌年收支账目及各项事宜。届时务希莅会为祷。此请某某先生大鉴。绍兴商会谨启。

《越铎日报》民国十二年三月九日

县商会筹划附设公断处

(1923 年 5 月 18 日)

绍兴县商会陈会长暨冯会员等,近以该会对于调处商市上争执,如宣告破产、欠项纠葛,每多延迟时日,并无从取决,殊感不便,拟仿照上海办法,在商会内设立商事公断处,聘请律师一人为法律顾问,刻先拟具意见书及办理细则十八条,定夏季常会开会,将提出讨论,交各业董通过,即当着手筹备云。

《越铎日报》中华民国十二年五月十八号

陡门商会常会记

(1923 年 6 月 5 日)

绍属陡亹镇商会自改选职员以皇粮,对于会务共谋进行,不遗余力,已迭志本报。夏正四月十五日为该会第四次常会日,时虽大雨如注,而到会会员仍甚踊跃,当由陈曰沅主席,陈□鼎记录,先议陡门自月初迄今盐号停业,居民食淡,筹商救济办法。结果由桑循初起草函致县商会,转呈张省长、杜运使,请求从速查究。继议本年各商店印花,仍由该会具领,以便商家而裕国税。最后议案则为近月以来,商学各界因日本驳覆我外部牒文,拒绝我收回旅大,群起抵制,作为外交部后盾。陡门地虽僻小,亦当取一致之行动,先由主席报告各地情形,及绍城各界这热诚。本会亦当实行拒绝等语,当由全体会员同声赞成。自即日起一律停进仇货,以表示决绝云。如该地者所谓热心国事矣。

《越铎日报》中华民国十二年六月五号

参观陡门商会记

(1923 年 8 月 14 日)

陡门在绍城之北,水港分歧,官塘四达,交通素称便利,之间市肆栉比,延长数里,大商店如钱庄、当典、米行、木场,应有尽有。至该镇商会,则形式、精神尤为两全其美。余于前月之望,因公途过陡,在戚友王姓家小作勾留,午后由王君引导至古闸王乐群阅报社品茗观书,颇为适意。未几铃声大振,会友齐至,始悉该镇商会是日为第六次常会。期间会场原在宝积禅寺,现因天时酷暑故暂假教育会为临时议所,而教育会则在阅报社之右侧。由王君之介绍,亦得列席傍观。按该会会长陈曰沅,正在壮年,曾受高深教育,故自接事以来,如设立警察、整顿街道及一切应兴应革事宜,无不努力进行,成绩斐然。录其是日议事程序如下:

(一)振铃入席;

(二)报告本会一月间经过情形;

(三)本镇电话另售处办理不善,每多意见用事,以致交通迟滞,可否由本会另行设法案(提出者陈筱山、王槐堂、何家灿),当经讨论多时,结果由该会公函电话公司,饬令严行取缔,否则集股另装,俾免垄断,多数通过;

(四)讨论临时提出议案,零星事件,互相筹商,为时颇久;

（五）该会会长陈曰沅君口头报告，略谓前由分警所巡官胡春晖君谈及本市应添置路灯若干。盖庶几阴雨之天，商旅可免行路难之叹。此层应兴在会诸君先行商洽。至于应设地点及灯数，俟警所调查确实后，再行正式提议，当经全体赞成；

（六）振铃散会。

查此次开会期间不下二句余钟。会员统共三十余人，未闻有喧哗、扰攘、谈笑、涕唾。秩序之佳，为各团体所罕有，足见该会职员办事之热心，而全体会员程度之高尚也。故乐而为之记。

《越铎日报》中华民国十二年八月十四号

乡商会常会纪事
（1923 年 10 月 20 日）

绍兴商会姚家埭分事务所，自春秋改选以后，所有职员，类皆热心之辈，以故对内对外，颇有可观。日昨（十七）下午一时，为该所第一次常会期间，到会者有正董事长施枚臣，副董事长孙春笙及任崇元、秦月樵、施福昌、宋雪潜等十余人。兹觅得议决案如下：

子、本分所收支一职，责任綦重，请公举专员管理，以专责成案（提出者施枚臣）。

议决：公举任□元君为收支专员，当将所中丈款，移交任君接管。至存款利息照城市日拆计算，并言明以后支款须凭本分所印条对付。

丑、会址，宜如何改选案（提出者施福昌）。本所会址借用自治公所，自非持久这道。去年曾建议迁移，迄今年余，未见实行，究宜如何，请公决。

议决：照去年议决案实施进行。

《越铎日报》中华民国十二年十月二十号

陡亹商会常会记
（1923 年 10 月 30 日）

绍属斗门镇商会，自改选以来，对于一切，办事颇著，成绩已迭志本报。兹闻该会于本月念四号九月十五日开第九次常会，到会者有会长陈曰沅，文牍桑循初，会计陈筱山及评议员金达夫、谢张龄、何家灿、□东乔、桑存候、程明芳等二十余人，开会秩序：

（一）会长报告，本月份经过情形，略谓：本市竹木业营业不小，家数亦有四家之多，已于日昨要求入会云云。

（二）解决宋家淡日船经过斗门，对于该地老船，大有妨碍，将来必起冲突，商界定受影响，当由全体议决：责令由陡门附近这山泉村经过，倘该船不遵劝解，即行具函水巡队，请求核办，当经一致通过。

（三）该会会址原设宝积寺内。嗣因该寺方丈□往借作别用，颇多不便，不如迁移至教育会。全体通过。

（四）该会拟刊印会员录及商业调查录一本。除该市各号业已□详调查外，其未调查者定于下月告成，当经各业评议员担任调查云。议毕振铃散会，已下午五小时矣。

《越铎日报》中华民国十二年十月三十号

商会将设公断处

（1923 年 11 月 7 日）

绍兴县商会自去岁迁新会所后，即拟组织商事公断处。嗣因改选会长，即将此事搁置。现闻商会董陶思成、陈震麟等提议组织商事公断处，聘请律师陈逸舟为仲裁人，又会中设评议及调查各职同。不久将实行成立云。

《越铎日报》中华民国十二年十一月七号

钱业公会开会记

（1923 年 12 月 4 日）

计议决案五条。

绍兴钱业公会于昨日下午一时开会，计到会员十余人，业董鲍成章主席，经众议决，同业出会办法五条：

（一）同业因停止营业，退出本会者，须正式具函报告；

（二）同业退出本会后，会员资格即行消灭，惟关于账目事项，本会仍当代理；

（三）同业出会后，其收账事项，仍可在公所内议市交易，以该同业向司月收回备罚之日为止；

（四）新加入同业会员，均听本会议决事项，不得擅自更改；

（五）以上办法专以纯粹收账，停止开户交易者为前云。

《越铎日报》中华民国十二年十二月四号

箔业公所革新谈

（1923 年 12 月 5 日）

本城大路箔业公所及箔业学校之经费，向托庄家征收。自七年度起，因改收焙捐，遂由公所自行收取。无如收入逐渐减少，而账房开销逐渐增大，以致亏空不赀。该业同人恐长此以往,不堪收拾,遂于日前邀同董事胡某议决整顿方法。公所及学校经费,仍托箔庄按块代收,照此办理,预计年可收一万二三千元。除警察费外,为公所及学校开销绰有裕如。现闻公所方面已决定整顿计划,旧因公所人员太多,遇事互相推诿,致胡乱不堪,今已增加月薪,派定专职,其总务员胡梅臣月薪已由十六元增至念五元。取款兼抄块员戴钦臣已由十六元增至二十四元,会计员李茂生月薪已由十元增至二十元,文牍员陶荣桂,庶务员寿子耀均月支薪十二元。自是各有专职办理,当有起色矣。又闻学校方面原有教员,每人月薪只有十一二元,设备行政亦因经费支绌,因陋就简,□校董鉴于近来生活日高,亦拟扩充经费,从事革新。兹拟定期召集开会,提出讨论扩充计划,其结果如何,容再续志。

《越铎日报》中华民国十二年十二月五号

钱业会议之议案

(1923 年 12 月 14 日)

绍城钱业公会于本月九日下午开钱业会议,其会议事件如下:

(一)公议冬节前现款向中行预先订定接济;

(二)旧历十月分拆息依据同业营业规则第八条,应由同业公同决定之;

(三)公议现水定划一办法,不得暗涨明降,各家不同,遗人口舌;

(四)本届阴历年终,各业放赈办法,如有收缩之商家,同业有间接之损失,宜共同对付之云。

《越铎日报》民国十二年十二月十四号

箔业公会议决实行停镐

(1924 年 4 月 11 日)

绍兴箔业,因入春以来,生意清淡,市价遂跌,又且原料昂贵,血本难固,该业业董胡锡庆,为维持箔铺前途计,特于昨(九号)下午,在本公所内,会议一切办法。闻是日各铺主到者,不下一二百人之多,三时许开议,先由该业董事胡君报告各茶会董事之来函,后议停锅办法,约一小时之久,经□数铺户之表决,准于本月初七日起,一律实行停锅(即停止浇锭),由所分发通告传单,咨照各箔铺,并派调查(每茶会一人)实地检查,由该公所每人发给酬劳金一元,以励其热心。又议决此后,如查得各铺,再有私自开锅者,□□□□,须罚戏一台,洋十元云。

记者按:吾绍男女劳工,为此项劳而无功之职业者,十之七八,今箔业公会议决实行停锅,当此生活艰难之时代,劳工之失业者必多,将如何救济,实宜预备,换一方面言,箔业停锅,实足促劳工作较有价值之工作也。

《越铎日报》中华民国十三年四月十一号

陡门商会常会记

（1924 年 8 月 20 日）

昌安门外陡门镇商会，于本月十六日开常会，到者有会长陈曰沅、陈筱山、程明芳、俞春生等二十余人，假教育会为会场，所议事项为整饬街道，催缴会费，整顿会务等。闻陈会长办事颇有精神毅力，商务前途能蒸蒸日上也。

《越铎日报》中华民国十三年八月二十日

瓜沥商会常会记

（1924 年 11 月 15 日）

绍兴瓜沥镇商会，于昨日十六为第一届常会之期，当于下午一句钟，在消防队事务所内开常会，到会人数，计二十余人。首由会长发言，前日改选会，尚有未尽事宜，以后请诸君共同讨论合作，俾克有成。今所提议者，警察驻扎地址，前因忽然成立，暂驻同泰茧行内。现因冬防吃紧，应□择明相当点以卫地方，当由公众指定街中基督堂前所，为该警驻扎之地，不日即行迁移。会长又云，本会常会，前定每月二次，奈明届下冬，商界殷繁，俱不能分身，恐延会误期。照鄙意不如每月改为一次，在会诸君以为然否。当下各人俱表示赞成，通过后，遂宣告散会云云。

《越铎日报》中华民国十三年十一月十五日

瓜沥商会第二届常会纪事

（1924 年 12 月 15 日）

（绍兴）瓜沥镇商会，昨日（十六）下午一句钟，在消防队事务所内，开等二届常会，到会人数，计二十八人，首由会长高政海氏发言云：今日为本届第二届常会之期，应提议之事务，请诸君共同讨论合作。任越门云：前届常会，所提议警察所迁移地址一层，迄今匝月，尚未迁移，亟应设法。

叶景显云：因基督地址尚未择定，故暂缓。今请该教迅即迁出，警所于月内即可移驻。次沈祥生云：雨化小学经费奇绌，不敷开支，前提议增加各花业之洋车捐，以充雨化经费，但该业尚无承认。今请诸君提出讨论，以维教育。赵福懋云，敝业今庚受政潮之影响，各行耗蚀甚巨，洋车捐一项，实难增加，但为国家培植人材计，不得不勉为承认，议决照去年提加一成。再光明电灯厂徐思文云，敝厂自成立以来，已及一载，但用户灯头太少，所入不敷所出，至亏蚀二千余元之巨，恐宣告破产，请贵会代为维持。高政海云，维持营业，为本会之职务,在会诸业董,请各承认添装,俾该厂得可支持,当由各业董,每业添装二十盏各案通过,遂散会。时已钟报六下,万家灯火矣。

《越铎日报》中华民国十三年十二月十五日

除夕小建之商会声明与县署布告

(1924 年 12 月 22 日)

(绍兴)县镇各商会,昨接杭总商会通函云,坊间所售阴阳合历,甲子年十二月作大建,干支方戊申,而乙丑元旦干支亦为戊申,显有错误,经各商会商号,纷纷来会讯问,良以阴历年底,关系商业结束,至为重要,节经函商上海总商会,详确改查。本年四月八日《申报》所载教育部咨各省文,阴历十一、十二两月,均作小建,依据中央观象台十四年略历,乙丑元旦,应作戊申,事关正朔,既经观象台详细推算,自应恪遵,以归一致,除分函外,相应函请贵会查照云。

又,绍兴县署姜知事亦于前日,由会稽道尹转饬至甲子腊月小建之训令,于今日布告人民周知云。

《越铎日报》中华民国十三年十二月廿二日

斗门商会新年会

(1926 年 3 月 1 日)

(绍兴)斗门镇商会,自会长陈曰沆辞职以来,会务停顿迄今,毫无起色,故日昨(十四)召集新年大会,出席者有存仁典经理诸馥庆、元丰烟号缪仲清、晋成钱庄桑柄等三十余人。首由陈会长提出辞职理由,虽经多数挽留,陈决不就,后以前会长俞明堂暂行维持,诸馥庆等八人为代表,邀俞出山,俞以多数情面难却,慨然允诺,以维持至陈会长任期届满为止云。

《越铎日报》中华民国十五年三月一日

县商会新年大会开会详情

(1926 年 3 月 9 日)

(绍兴)县商会于旧历正月念三日,开新年大会,并延各界春酌,到者计百余人,下午开会,记其顺序如下:

一、振铃入席;

二、报告乙丑年收支账略;

三、报告乙丑年经过怀形;

四、公推查账员两人（马玉麟、周子京两君）；

五、振铃散会。

其报告经过情形，略谓：窃维商会之设，以振兴商业，保卫商人为要务，秉彝、虚舟及同人等任事以来，倏经一载，其中办事之困难，开支之增加，种种经过情形，有为诸君所未尽悉者。兹特为诸君详晰告之，查去年春间，鹅行街德兴米店之事，经各界士绅会同本会妥筹善后，该店亦并无损失，市面仍安静如常，此其一也。上年清乡已届期满，改办城区保卫团，经费仍由绅商各半分认，以城区为限，自保卫团成立后，地方甚为安谧，此其二也。吾绍自发生广告捐，该征收人不按章程，以致激动公愤，嗣经多方解说，始得寝事，此其三也。前程统捐局长在差时，将前陈会长数年经营之取销近捐案，几乎破坏，后经竭力设法，省中仍调祝局长来绍，庶前案得以维持，近销各货，不受影响，此其四也。去年春间，各处劣角，输入绍地，异常充斥，市面骤跌，商店小贩，俱受恐慌，后经设法备款，限价收兑，市面得以安静，此其五也。上海五卅惨案发生后，教育界代表，来会筹商抵制劣货，派员调查各店存货，以售罄为限，一面筹垫款项，汇沪接济工人，同人等合力经营，并无意外损失，此其六也。城区路灯停后，行人大感不便，后由会公推专员，设法办理，使路灯复燃，以便行人，此其七也。前孙督销局长对待商民，过于苛刻，由会电陈运使，查明更调，此其八也。仁济施粥厂，因米珠薪桂，且贫民就食者多，用款较巨，由会刊送捐册，竭诚劝募，虽收入捐款，较上年为多，而核计开支之数，尚亏洋二千元，一切收支，俟将来刊送征信录，以备公阅，此其九也。上年本会办理行政案件七十二件，诉讼事件二十八件，均随到随办，不使积滞，此其十也。以上各项问题，或有地方治安关系，或有商务利害关系，不能不竭力尽心办理，在会长会董，以职责所在，虽办事极为困难，亦断不敢告劳。所难者经费一层，查本会用度，逐年增加，收支相抵，已经不敷。十四年分□上列各种原因，并修理会屋及增加闰月经费，以致亏负更巨。嗣后应如何增收会费，应如何节省用度，统请大会公决，并举代表查核上年账略，定一预算，至为公感云云。

《越铎日报》中华民国十五年三月九日

柯商会议禁末一字

（1926 年 6 月 6 日）

（绍兴）柯镇之末一字，盛行已久，以此为营业之店铺，亦日见众多，为害地方，实非浅鲜，柯镇各彩票铺，均误末一字为六，当时点末一字为六者，均得奖洋，点四者，反不得彩，及察觉错误，已隔日矣。不应得而已得者，则不肯归还，应得而未得者，立追取款，几酿事端。柯商会为消弥祸患记，于日昨置酒邀集各业董，公议此后无论何店，一律禁做末一字云。

《越铎日报》中华民国十五年六月六日

米业公所开会纪闻

（1926 年 6 月 29 日）

（绍兴）城区米业公所，向无正式会址，历来假五云门头之张神殿，作为聚集地点，因是往来均感不便。嗣去年有该业中领袖王维贤、潘张锦、韩奎文、谢思锦等，发起整顿，邀集同业，筹募公款，邀集人才，总董其事，拟择地建筑会馆，因经费不敷，尚在筹措，日昨该业假猪爪湾娄承夏律师事务所，开会讨一切。闻会议事项约有下列数种，一为兰溪禁运谷米，近因新货将见，拟设法疏通开禁，藉维民食，二为曹娥坝过塘行，苛索手续费，拟勒令取消，三为公款问题，如何着手，讨论多时，因莅会者不满三十人，不能议决，改拟七月一号，再开大会云。

《越铎日报》中华民国十五年六月廿九日

屋内不种稻！取缔房租折米

（1946 年 5 月 3 日）

（经济社讯）绍兴县商会，于本月二日下午二时，举行第五次理监事联席会议，出席者陈笛孙等十三人，主席史幼祥。计讨论：

一、本县商店房租，多有以米折价，直接有碍商业发展，间接刺激物价高涨，民生攸关，拟呈请县府切实取缔。

议决：前经呈请县府明令取缔，迄未见复，应再呈请从严取缔，以苏商困。

二、准县税处函，转知各商店办理商人积谷。

议决：本县收复不久，商业凋敝，亟需苏息，拟请省商联会呈省出粮管理处，免予编征，一面呈请县政府，在声请期中，暂缓编查，并通知各业公会知照。

三、美国商会总理波雷傅士来函并列单有关五金、机器、西药、纱布、工业原料等数百种货物，各商店如属需要，可请县商会介绍，直接定购。

议决：照原函及货名单，抄送有关各业公会办理。

四、定本月六日召开各业公会理各长，联席会议，讨论发展业务问题。

《越报》中华民国三十五年五月三日

县商会明召开理监事联席会

（1946 年 10 月 15 日）

（本报讯）本县县商会，为讨论各项要案，定于明（十六）日下午二时，在该会会议室举行理监事联席会议,昨已分函各理监事查照。

《绍兴新闻》中华民国三十五年十月十五日

国药业公会理监事会议

（1946 年 10 月 15 日）

（本报讯）本县国药业同业公会,于昨(十四)日下午,举行理监事会议,出席理监事十二人,由理事长马廷佐主席。决议一,公会三个月来积欠各项经费及开支,共计六十余万元,均按营业额向各会员,匀摊征收;二,审查新会员入会资格,计公大裕一家:准予入会;三,公会职员待遇菲簿,值此生活高涨,准予调整,照原有数增加五成等要案多起。

《绍兴新闻》中华民国三十五年十月十五日

木业同业公会召开会员大会

（1946 年 10 月 17 日）

（本报讯）本县木商业同业公会,于昨(十六)日上午十时假县商会召开会员大会,出席会员店代表二十余人,决议申报营业税等要案多起,并以杉坂等价,因来价无甚动荡,乃暂维持前状。

《绍兴新闻》中华民国三十五年十月十七日

茶食同业公会募款归垫亏欠

（1946 年 11 月 19 日）

（本报讯）本县茶食业公会,自本年七月间奉令筹备,自八月十日始正式成立,惟会内经费,向无万款,五月以来,均由会员筹措,迄已亏负至四十万元之巨,为拟募集归垫起见,特于昨日上午,召开全体会员代表会,出席俞德生、朱吉祥、阮福葆等十一人,主席俞德生,商讨筹措办法。经决议,会员月费,暂分为甲、乙、丙、丁、戊、己等六等,按月缴付,其以前所亏各费,则以月费四倍筹募,发还归垫。

《绍兴新闻》中华民国三十五年十一月十九日

杂货来价未更议决仍维前市

(1946 年 12 月 2 日)

(本报讯)本县杂货业公会,每逢旬末,召开会员会议一次,藉以商讨各项议案,并会议各货价格,以便同业遵守。兹悉该会于昨日下午,在会议室举行是项会员会议,出席者计吕耕读等十二人,决议新闻聚茂杂货栈,准许加入为会员等案多起,并以各货来价未更,仍维前市。

《绍兴新闻》中华民国三十五年十二月二日

县商会召开两种联席会议

(1946 年 12 月 3 日)

(本报讯)本县县商会,于昨日下午开各业理事长,联席会议后,即席召开第十九次理监事联席会,出席理监事方文荫等十五人,由陈理事长笛孙主席,兹录其决议案如下:
一、献校祝寿,函各业公会将已捐助数目报会核议;
二、准县参会函筹筑城中小菜场,转函县政府建设科办理;
三、筹募囚犯恶衣六十五万元,函各公会输捐办理等要案多起。

《绍兴新闻》中华民国三十五年十二月三日

杂货业公会催缴欠款

(1946 年 12 月 3 日)

对天和祥等两家
请求县商会执行
(本报讯)本县杂货业同业公会,因会员店天和祥、王隆茂两家,积欠会费,暨各项临时经费,每户均达二万余千元之巨,久延不缴,非惟有妨会务,且有使其他会员效尤之虞。该会为谋健全会务起见,昨已呈报县商会,请求依法执行,俾维会务进展,闻商会据呈后,决定先行派员前往劝告。若再不理,则予呈县执行。

《绍兴新闻》中华民国三十五年十二月三日

天和祥等杂货号,拒缴公会欠费

(1946 年 12 月 8 日)

(本报讯)本县昌安门外,天和祥等杂货号,因积欠县商会暨该业公会各项经费,数达二万余元之巨,虽经迭次催缴,均皆置之不理。经该业公会申电商会办理,已志本报,兹悉县商会特于昨日派职员黄炎之,前往劝令缴纳,不意该店店主,非告不受劝告,而竟态度傲慢,出言不逊,黄以其不可理喻,即经返会签复,请转呈县府依法传追,以维会务而儆效尤。

《绍兴新闻》中华民国三十五年十二月八日

商会调节常费,审核商号资本

(1947 年 4 月 8 日)

(本报讯)本县商会为调节经常费用暨平衡负担起见,业经普查城区各会员资本数字,公开稽征,惟查非公会会员资本额,多寡悬殊,如照数字配计,负荷綦重,有失持平,爰经常务会议审慎决议,计分甲、乙、丙、丁、戊五等,定每月经常费甲等六万元,乙等四万元,丙等二万元,丁等一万元,戊等五千元。兹悉已将各商号分别列入等级,开据征收。

《绍兴新闻》中华民国三十六年四月八日

省商联会员大会闭幕

(1947 年 4 月 13 日)

县商会代表昨返绍,陈理事长发表会议经过

(本报讯)省商联会会员大会,于十日前揭幕,本县出席代表县商会陈理事长笛孙、方常务理事文荫,先期赴行,参加会议,各情以志本报,兹闻省商会已于前日闭幕,本县代表方文荫于昨(十三)日上午返绍,陈理事长因须出席省参议会之经济座谈会,并须再度晋见区直接税局杜局长,故延至下午始行回县,记者闻讯,特至县商会访谒,承告本省商联会召开第二届会员大会,本县县商会由本人等代表出席,并由柯桥镇商会代表王罄韵、孙端镇商会理事长孙传薪、东关镇商会孙锡慎均出席参加,计到各县镇商会七十余单位,十日上午九时,举行闭幕式,有社会处方厅长,省党部许泰同志训话,来宾杜直接税局长双岩等惠词,礼成后,公推金理事长润泉,本人皆旧十一府属代表等,与杜局长商讨本年度所利税各项手续问题,逾两小时,结果杜局长面允七项原则,(已见昨日本报)复于下午三时,大会继续举行,经议决各款交省商联会理事会执行,晚上有杭州市商会执行,晚上有杭州市商会公宴,次日中午,朱常务理事惠清在绸业公会宴各代表,晚上应金理事长之邀,在其私邸公宴,会议计两日,通过提案五十六起,其中最重要者,厥为所利得税,本为商人谋福利之旨,与争取民权,各代表均能充分发挥意见,情况热烈,举行闭幕式,已在十一日下午七时余,朱常务理事报告,□浙江商联会,在全国商联会中,虽不能说第一流,然尚能站在最前线,盖因代表水准不低,理解清楚,惟一的优良处,还在能处超然地位,不为人所左右,且各县镇商会,一无纠纷,在本为社会服务精神之下工作,别处以权利为目标,致理事长一席,非如我们浙江省的欲摆脱而不得,其相处实不可以道理计等云云,会议至是结束。

《绍兴新闻》中华民国三十六年四月十三日

南货业公会昨审核派缴商会不敷经费

(1947 年 4 月 24 日)

(本报讯)本县南货业公会会员店一大兴等十一家,前为商会派缴不敷经费,对资本额调查错误声请商会覆核,该会特于昨[二十三]日下午,召开座谈会,当经各该号提出调查证、资本簿等有效证件,会同审阅,结果以一大兴、三泰协、六昌等三家,确有错误,准照证件,予以更正,其余概照原查无讹,经各和洽,宣告散会。

《绍兴新闻》中华民国三十六年四月二十四日

酱园业公会将召开临时会

(1947 年 4 月 24 日)

(绍兴社讯)本县酱园业公会,以各项会务,急待解决,闻定于二十六日,召开临时会员会议,俾策进行,昨已分函各会员查照。

《绍兴新闻》中华民国三十六年四月二十四日

加强商业组织,县商会派员出发督导

(1947 年 7 月 9 日)

本县县商会理事长陈笛孙,受省商联会之推定,为加强商业基层组织,绍属各县镇督导委员,对各县镇商会之会员代有调查等事宜,原限上月底汇报,而因事繁,迄未完竣,省会业又函催。兹闻陈理事长,为加紧督导,俾臻事功,业已派定商会职员金巨□于今(九)日出发,前往余(姚)、上(虞)等县镇导督。

《绍兴民国日报》中华民国三十六年七月九日

各业公会联席会议

(1947 年 7 月 14 日)

续请复核所利得税定期解决,艺宣队公演戏券由商会统筹绍兴县各业同业公会,于昨(十三)日下午二时在县商会举行第十四次理事会议,出席:马廷佐、章春乔、陈景甫、方文荫、金聿耀(代)、沈梅仙、董世恩、马文光、莫永春(代)、曹文标、许立凡(代)、赵永祥、章德新、杨崖德、茅福堂(代)、胡炳水、吴宝生、徐茂坤(代)、陈笛孙、任昌辰(代)、李子鱼(代)、包谓堂、陈德魁、倪予凡、许承荣(代)、吴惠之(代)、施张发、钟淦生、黄伯泉(代)、傅正中等三十余人,主席马廷佐。讨论:

(一)今日请求复查所利得税,恒丰等十七商店应如何办理案。决议,建议县商会定期函知各该业理事长及声请人,会同商会五常务理事、陶副议长,并请前次推定陈景甫、傅正中、曹冠卿三理事长,协商解决。

(二)第一绥靖区司令部艺术工作团艺宣队,函商会推销公演戏券二千五百万元,提交商讨案。决议:事关复兴建国,原则自应赞同,惟战后绍兴商店,外强中干,颇感力不从心,艺券婉却免销,一面推宋常务阳生、陈理事景甫接洽,予以相当补助。结果由商会统筹票价五百五十万元,并分甲、乙、丙、丁四级配缴。同时洽定票价既由商会统筹,任何商店绝不再另受销戏券。

《绍兴民国日报》中华民国三十六年七月十四日

粮食商业同业公会,昨举行理监事会议

(1947 年 9 月 8 日)

(本报讯)本县粮食商业同业公会,于昨(七)日下午三时,举行理监事会议,出席罗秉臣、严希尚、何福庆、俞鸿泉、黄朝森、张焕耀(代)、金秋荪、金新元(代)、孙兑泉、张菊生、王子光。主席严希尚,报告经济大略,即开始讨论:

一、本会收取三联会费,尚有遗漏,以资收支不符,影响会务进展,应如何设法整顿,以期会员负担平衡案。议决:今后教会费,凡县境内之同业,除已组织镇公会者外,不分城乡与本业外业,一律收取,其收取方法,须查照各行堂簿,照数收取,定九月十一日为□饬开始日期,期前由会剀切通函,以便张贴,如再有遗漏,凭各行负责,不设簿据之行,函请直接税局责令设立。

二、各乡镇不设立镇公所者,应如何促其加入本会,以资团结案。议决:呈请县政府依法办理之。

三、本会尚有一部分会员行号欠缴平卖供应米,业经函请警察局派警催缴,并已取得限条,始终延不履行,以致裕民和垫米,迄尚无从归还,究应如何办理,以资结束案。议决:呈请县政府,无限严厉执行。

四、本会不敷经费,欠缴尚多,应如何催收,以济会用案。议决:呈请县政府派警催收。

《绍兴新闻》中华民国三十六年九月八日

布商同业公会，开会竟告流产

（1947 年 9 月 15 日）

（本报讯）布商同业公会，于前日（十三）下午二时，在布业会馆召开二时，在布业会馆召开二十三次全体会员会议，商讨调整门市售价，及整顿放尺等事，自鸣钟的指针到六时，出席会员人数不足法定，且早到者均感没趣，纷纷先告离席早退，因此竟告流会。

《绍兴新闻》中华民国三十六年九月十五日

瓷陶业公会开会员大会

（1947 年 9 月 17 日）

（群力社讯）本县瓷陶业公会，因久未开会，积案甚多，为资清结起见，特于前（十五）日下午二时，在该会会议室召开会员大会，计出席会员十余人，会议开始后，主席报告上届会议议决各案执行情形，及本次收发文件，嗣即讨论提案多起，于六时许宣告散会。

《绍兴新闻》中华民国三十六年九月十七日

商会代表大会十月五日召开

（1947 年 9 月 17 日）

（绍兴社讯）本县县商会，为整饬会务起见，经三十五次理监事会议之决议，定下（十）月五日下午二时，召开会员代表大会，俾资共策整饬。闻已分函各业公会暨非公会会员查照，如有提案，先期送往，以便列入议程。

《绍兴新闻》中华民国三十六年九月十七日

县商会理监事联会

（1947 年 10 月 3 日）

（经济社讯）绍兴县商会，定于今（三）日下午二时，在该会会议室，召开第三十七次理监事联席会议，商讨会务，昨已分函各理监事准时出席与议。

《绍兴新闻》中华民国三十六年十月三日

国药业公会昨会员会议

（1947 年 10 月 13 日）

（绍兴社讯）绍兴国药业公会，因经常支绌，于（十一）日开临时会员大会，出席：沈竹卿、陈安锦、韩维炳、陈嘉元、岑长明、叶梅生、王培卿、罗葆元、杜良骏、吴国华、胡占奎、杨嘉焕、丁樟仙、任晓笛、沈以松、徐廉夫、毛炳全、张如林、叶嘉良、徐桂棠、傅景庆、闻吉生、罗怀邦、王秉煌、傅志佩、胡玉春等三十余人。沈主席竹卿，报告本会经常支绌情形，及重要函令多起，旋即开始讨论：

一、各会员牌照税延未申报，应如何加紧办理案。决议，由公会集中申报，限于二十号前后竣。

二、本年度经常支绌，负债达一百五十万元，如何弥补，请公决案。决议，按会费项计算筹集归垫。

三、经常支绌，每月不敷，应如何筹增案。决议，月费按半增收通过。

四、员工薪给已达十月未经调整，应否酌加，请讨论案。决议，加倍支给。

五、商会十月份起会费增加五成，请追认案。议决：追认通过。

六、商会出募三项特别费，应如何筹措案，决议，按级征收。

《绍兴新闻》中华民国三十六年十月十三日

茶食业定期召开大会

（1947 年 10 月 14 日）

（群力社讯）本县茶食业职业工会，为讨论要案，特定本月十九日下午二时召开会员代表大会，昨已通知各会员代表知照。

《绍兴新闻》中华民国三十六年十月十四日

十一月一日商人节，本县商会发起庆祝

（1947 年 10 月 17 日）

（经济社讯）十一月一日为国定商人节，本县县商会拟于是日举行扩大庆祝。闻该会预定节目，遵照规定：一、发行特刊。二、各公司、行号一律悬挂国旗。三、休息半天，在商会悬灯结彩，举行庆祝大会，并聚餐、游艺等各项余兴。

《越报》中华民国三十六年十月十七日

商人节，商会发起庆祝

（1947 年 10 月 17 日）

（经济社讯）十一月一日为国定商人节，本县县商会拟于是日举行扩大庆祝，闻该会预定节目，遵照规定：一、发行特刊；二、各公司、行号一律县挂国旗；三、休息半天，在商会悬灯结彩，举行庆祝大会，并聚食、游艺各项余兴。

《绍兴新闻》中华民国三十六年十月十七日

薪给与物价赛跑八月待遇新实施

（1947 年 10 月 17 日）

（经济社讯）绍兴县商会，于昨（十六）日下午二时召开第三十八次理监事联席会议，出席方文荫等十三人。

主席陈笛孙报告（略）。

讨论：乡镇自治教育经费，已由越王镇公所造就商店名册，送达县商会审核，原编定等级计特等三十一户，甲等二百二十二户，乙等一百九十九户，丙等三百五十六户，丁等七百二十九户，戊等二百四十九户，共计一千七百七十二户，经初审遗漏商店，尚有不少，且原定等级，相差悬殊，未免苦乐不匀，经议决：

一、以戊等一万，丁等二万，丙等四万，乙等八万，甲等十六万，特等二十万以上、五十万以下，按月缴纳为原则。

二、公推审查员七组，每组三人，计推定曹冠卿、章季侯、傅中正、金幼庭、倪予凡、严希尚、寿秀川、严傅友、沈梅仙、施张发、马廷佐、章德容、傅岳校、许雪舟、沈取士、陈景甫、章春乔、陈德魁、朱国治、黄伯源、□□惠等二十一人，定本月十九日下午，由五常务理事，会同先行审查店册。

三、定二十日召集各业公会理事长会议，复核决定，函复办理。

《绍兴新闻》中华民国三十六年十月十七日

菜馆业今涨价

（1947 年 10 月 17 日）

（当代社讯）本县菜馆业同业公会，于昨日下午二时，在该地办公室，召开理监事会议，由常春荣主席，闻决议增加会费及调整菜价等案多起，并悉菜价涨价，决自（十八）日起开始实行。

《绍兴新闻》中华民国三十六年十月十七日

庆祝商人节，昨开筹备会

（1947 年 10 月 26 日）

（经济社讯）首届商人节庆祝大会，于昨（二十五）日下午二时，举行第三次筹备会，出席马廷佐等二十余人，主席史幼祥，报告（略），讨论决定事项：一、大会特刊改出四开版一张，由宣传组与秘书处办理。二、请商会函商大明公司，通宵放电。三、原定下午游行，改为上午庆祝大会后举行。四、庆祝大会各业参加人员最少三十名。五、中午大会全体筹备员及工作人员各理事长节约聚餐。六、大会特刊向各界商业同仁征文，务请于廿八日前惠赐并由秘书处函催。七、原定休业一天，改为上午各商店自动减价，下午休业。

《绍兴新闻》中华民国三十六年十月二十六日

庆祝首届商人节，全市商店将减价

（1947 年 10 月 31 日）

（本报讯）明（一）日为国定首届商人节，全国各地商人，无不热烈庆祝，本县县商会，亦正在筹备，明日必有一番盛况。兹悉酱园同业公会，为表示庆祝起见，特于昨（三十）召开会议，经一致决议，明日上午，各档酱油，门售一律照原价九折实收，以示庆祝，下午遵照商会决定，休业半天。

（又讯）大街各商号，对庆祝商人节，尚无表示，惟陶仁昌已悬软额，并露布有惊人表示，未识其他各商号，是否共表庆祝。

《绍兴新闻》中华民国三十六年十月三十一日

绍兴县商人节庆祝大会筹备会通告

（1947 年 10 月 31 日）

总字第号

民国卅六年十月卅一日

查上年十一月一日全国商联成立，规定是日为商人节，以纪念此历史性商人大团结之开端，与其他各种纪念节同具深长之意义。本年十一月一日为首届商人节，凡我商人自当热烈庆祝。兹经定名为"中华民国首届商人节绍兴县庆祝大会"，并决定庆祝活动如左：

一、是日各商店一律悬旗志庆；

二、是日上午八时，在县商会举行庆祝大会，各业均须参加，各业参加人员最少三十名，如非大会会员，最少二名，会后游行；

三、各商店于是日上午自动减价，下午休业；

四、各商店个别举行节约聚餐；

除分别函达外，特再通告，务希各商店一致庆祝为要。

《绍兴新闻》中华民国三十六年十月三十一日

县商会昨理监事会讨论商业登记法规

（1947 年 11 月 17 日）

绍兴县商会于昨日下午举行第三十九次理监事会议，计出席者马廷佐、施张发、宋阳生、严傅友、金幼庭、陈景甫、俞宗汉、章季侯、寿秀川、曹冠卿、傅正中（代）、倪予凡，主席陈笛孙。

甲、报告事项（略）。

乙、讨论事项：（一）前大会临时动议，钱庄业公会以钱庄资本，与各业情形特殊，计算单位，拟请发通办理一案决议，情形特殊，原则通过，交理监事研讨等因，应否推员研讨，提下次例会讨论，请公决案。决议：本年度为时有限，请钱庄业勉力负担，暂不更动，俟明年度会员大会，再行提议变更。（二）奉县府检发商业登记法草案，饬签注意见等因，已交秘书室加具意见两条，请讨论案。决议：公告各业征求意见，并交法规研究委员会研讨，于五日内审查完竣，由本会呈复。

《绍兴民国日报》中华民国三十六年十一月十七日

简　讯

（1947 年 12 月 22 日）

（本报讯）本县县商会，近以各项会务，亟待商决，特定于今（二十二）日下午三时，召开各业理事长会议，俾便商决。昨已分函各理事长查照，准时出席与议。

《绍兴新闻》中华民国三十六年十二月二十二日

制茶公会昨举行理监会议

（1947 年 12 月 29 日）

省行茶贷数微利高，茶业会员不愿承借

（本报讯）本县制茶工业同业公会，于昨（二十八）日上午九时，假座古项院县立中学，召集第二届第四次理监事联席会议，出席谢耀文、董厚康、陶承文（宋在田代）、宋孟光（谢耀文代)、陶茂康、黄季棠、宋福田,列席胡耀庆,主席陶茂康。即席报告会议宗旨后,旋即开始讨论:(一)准四联总处三十六年度箱茶自外汇管理办法改变后,外销茶已无困难,政府业已决定停止收购,出口地点押款,业奉核定每担准押一百万元,并经函中国农民银行办理等由,此项决定,本会是否认定满意,请讨论案。议决:(甲)自外汇调整后,国内物价同时上涨,因此平茶产制成本增高,自由运销受洋商抑价,无法开展。电请中央有关主管机关呼吁收购。(二)出口地点押款,自放长为每担一百万元后,上海农行办理手续时,对于三号眉茶一色,改押每担为三十三万元,与四联总处核定每担一百万元不符,电请农行解释。(三)准中央银行代电,三十五年度受押箱茶,已有定案,未便变更,所请豁免栈租利息各节,请迳与中国农民银行洽商可也,等因,应如何办理案。议决:电中国农民银行查照办理见复。(四)准省银行电,茶贷展予半数准期一月,利息每月十一分计算,际此茶市闲散,应否通知各会员续借,请讨论案。议决:数微利高,手续麻烦,本会会员不愿承借,函复省银行总行查照办理。

《越报》中华民国三十六年十二月二十九日

粮食公会全部改组,营业税仍吁请免征

(1948年1月6日)

(本报记)本县粮食商业同业公会,于昨日上午,在县商会大礼堂,举行会员代表大会,出席会员代表计严希尚、金新元、孙兑泉等八十九人,列席县政府社会科长徐□□、董起凡、车志海、县商会史幼祥、绍兴新闻报记者朱家镇、商业日报记者甘允胜、本报记者金文琅,主席严希尚,开会如仪后,即席报告(略),旋由徐科长训词(略),后由董起凡致词(略),继由开始讨论:

(一)参加省国联合□请追认案,决议:通过追认。

(二)未入会之城乡同业,应如何分别取缔征求案,议决:交理事会依法办理。

(三)请推员重行审查同业等级案,议决:推王兆铨、单企堂、沈仁德、施厚甫、俞鸿泉、施指向、金竹皋负责指定王兆铨为召集人。

(四)本会三十六年度帐目,请推员审查案,议决:推李幼生、杜炳昌、章彬森负责,推定李幼生为召集人。

(五)调整会费案议决:依米价推进,逐月决定,和临浦购买者,一律照收,各行堂簿,务须切实查抄,上列办法,定一月份起施行。

(六)欠缴各季不敷费,应如何催收案。议决:照数补收。

(七)亏负数应如何弥补案。议决:按级摊派。

(八)裕民和提出前垫平卖米七十余石,应如何归偿案。议决:欠缴之户因拖延而致高涨,照现在米价,确系巨大,姑予宽展,先行收半数,其余第二步再办,裕民既已吃亏在先,仍请忍痛,予欠缴同业以便利,由欠户以照数二成半现米,无代价解还裕民,再由公会按原欠数还裕民每石十八万八千元之现款,欠户缴现米,限一月十日前为限,公会还款定一月十五日前为期,次即开始选举理监事,结果:严希尚、杜炳昌、金新元、孙兑泉、沈仁德、李幼生、张焕耀、单企堂、金竹皋、王子光、章彬森为理事,凌瑞芳、罗秉臣、俞鸿泉为候补理事,金秋荪、王兆铨、孙如海为监事,俞思海为候补监事,临时动议:孙兑泉、王子光、俞鸿泉、金新元四理事提出不愿抽签先行辞职,可否请核议案。议决:完全改组,据会员纷纷报称,县税处向本业通知,责令于本月八日以内,申报营业额,应如何办理,请公决案。议决向县参议会、县政府、县商会、省商联会分别电请免征,并函县税处,在未决定前,暂缓申报,上列情形,授权理监事会,积极办理。

(又讯)本县粮食商业同业公会改组后第一次理监事会议出席者严希尚、李幼生、张焕耀、金新元、王子光、章彬森、单企堂、沈仁德、孙兑泉、杜炳昌、金竹皋等,旋即开始理事互选常务理事案,开票结果,严希尚为理事长,金新元、杜炳昌、金竹皋、孙兑泉为常务理事,同时讨论提案多起。迨至下午灯火辉煌之际,始告散会。

《越报》中华民国三十七年一月六日

县商会今理监事会议

(1948 年 2 月 2 日)

(经济社讯)绍兴县商会定今(二)日下午二时,召开第四十三次理监事联席会议,商讨会务昨已分函各理监事准时出席与议,如有提案先时送会以便列入议程。

《越报》中华民国三十七年二月二日

县商会今日召开理监事会议

(1948 年 4 月 23 日)

商会定期慰劳荣军

(本报讯)本县县商会,今日召开理监事会议,对该会应兴应革事项,有所讨论,迄记者发稿时止,尚在热烈讨论中。

(经济社讯)绍兴县商会,于昨(二十二)日下午举行临时理监事联席会议,出席曹冠卿等十九人,主席宋阳生,报告(略)。讨论决议者:一、定本月二十四日上午,邀集本会理监事及各业同业公会理事长,携同毛巾、白猪等物,并商借警察局军乐队引导,前往第二后方医院慰劳伤患官兵。二、本年度本县营业税,征收当局即照新税率开征,商民不胜负担,急电省府财厅、省参议会、省商联会、县参议会呼吁,请求援照沪市例,(本月十七日上海中央日报载),仍照旧税率课征,并推定曹冠卿、倪予凡、傅正中、方文荫、陈景甫、吴惠之等六理监事前往县税捐征收处要求,在未解决前,本年度营业税暂缓征收。三、招商估价开辟本会东首大门。四、本会陈理事长及方常务理事提出辞职,一致慰留。关于经费等困难情事,定二十五日召集全体理监事及各业同业公会理事长联席会议商讨解决。

《越报》中华民国三十七年四月二十三日

县商会昨开联席会

(1948 年 5 月 4 日)

(本报讯)本县县商会,于昨(三)日下午举行第六理监事联席会议,出席理监事金幼庭等十八人,主席方文荫。经决定:

一、所得税闻有尚未申报者,由会通知各公会,转知各会员,务于本月十日前申报。

二、出总直接税局检发所得税法。

决议修理会所:

一、设计图样及开门方向,尚有斟酌之处,重交设计委员研究。

二、本会现在门墙,先行修饰等案数起。

《绍兴新闻》中华民国三十七年五月四日

粮食业公会,讨论船运费

(1948 年 6 月 1 日)

(本报讯)本粮食业商业同业公会,为商讨该业三十六年度所得税,及临浦至绍城船运要求加费各事,特于昨三十一日下午二时,在该会会议室召开第十一次理监事联席会议。主席严希尚,议决各案多起,会议至灯明。

《绍兴新闻》中华民国三十七年六月一日

商会理监事会议

(1948 年 6 月 17 日)

(本报讯)本县县商会,于昨(十六)日下午举行第九次理监事联席会议,出席理监事傅正中、陈笛孙、宋阳生、傅岳校、任昌辰、锺淦生、吴惠之、许雪舟、金竹皋、李子渔、杨肃楣、陈景甫、严希尚、俞宗汉、金幼庭、陈芝□、马廷佐、倪予凡,主席陈理事长。报告各项会务后,旋即开始讨论:

一、端节劳军所需经费,列有收支帐单,应何如办理案。决议:报请县政府审查后,再召开结束会议,办理结束。

二、邮政储金汇业局亚函征求改进意见,应如何办理案。决议:将来函登载公布,征求大众意见。

三、本会员工签请,拟将每月由会供膳之食米五斗,愿停膳发给,以补家属等情,请商讨案。决议:请常务理事会,拟具方案,提理事长会议,商讨办理。

《绍兴新闻》中华民国三十七年六月十七日

粮食业公会,昨开理监会

(1948 年 6 月 21 日)

(本报讯)本县粮食业公会,为商讨粮食公店暨平粜事宜,特于昨(二十)日下午二时,在该会议室召开第十三次理监事会,出席者杜炳昌、金新元、金竹皋、王子光、徐宝定、单企堂、冯嘉生、沈仁法、李幼生、王堪铨(代)、孙兑泉、严希尚、俞思海、朱国梁、金秋荪,列席商会代表倪予凡,民调会代表宋阳生,主席严理事长。讨论事项,计:

一、平粜准以一次发给为原则。

二、公店总干事金秋荪先生,因负平粜责任,未能兼顾,请推员接替,当推请孙常务理事协助平粜事宜,毋庸接替。

三、平粜与公店米落驳上下之武工,定为每石八万元,应提请民调会核给,使米商不亏血本,符合法团会议意旨。

四、此次办理公店平粜以会支出,势必至少须筹三亿元方可应付,决定以会员按级征收。

《绍兴新闻》中华民国三十七年六月二十一日

中信局委托制箱茶,制茶公会电请制止

(1948 年 6 月 21 日)

(本报讯)本县制茶业同业公会,以解缴三十六年度所利得税,及□信局委托制茶殊欠公允等事,亟须讨论,特于昨(二十)日上午,假县中大礼堂举行会员大会,出席同信等三十四厂,代表谢耀文等三十余人,列席直税局胡思镐等,主席陶茂康,首先报告开会要旨,旋即开始讨论。计:

一、三十六年度所得税,应如何解缴案,议决:限本月二十八日前交会转缴。

二、第六次理监事会议决:本会本年度事业费每箱拟收国币五千元,请追认案。议决:准予追认,由会与农行接洽办理。

三、中央信托局与茶厂订约,包装精制茶箱,□欠公允,应如何交涉案。议决:

(1) 群请中信局、中国茶叶联营公司查询见复后。

（2）电请四联总处、行政院、总统府，要求遵照六月十日四联总处三六五次理事会议议决，电中信局停止制茶，令饬止制。

（3）电请农民银行，凡与中信局订约茶厂，停止茶贷。

四、拟继续电请政府，增加贷款，以利生产案。议决：电请四联总处、行政院、农林部、财政部、经济部、省政府、省县参议会呼吁，增加贷款。

五、源□茶厂，介绍元大仁、茂康厂入会，请追认案。议决：准予追认。

六、本会会员茶厂，原有厂名除记，应否办理入会手续，请讨论案。议决：与第□大会第三案同等办理。

《绍兴新闻》中华民国三十七年六月二十一日

县商会举行理监事联席会议请减营业税率

（1948 年 7 月 3 日）

（本报讯）本县县商会，于昨（二）日下午，举行理监事联席会议，出席任昌辰等十九人，主席陈笛孙，计决议讨论事项：

一、奉县府代电，饬即发动慰劳就地驻军，应如何办理案。决议：与越王镇公所接洽办理。

二、本会月支经常费，前经议决，按生活指数计算，惟生活指数之公布，在次月月初，致本月份经常费未能确定，如照上月份指数计算，则支出不敷，应如何补救案。决议：本会月支经常费，前经议决，按生活指数计算，惟生活指数之公布，在次月月初，致本月份经常费未能确定，如照上月份指数计算，则支出不敷，应如何补救案。决议：本会月支经费，先照上月份生活指数计算，暂行收取，至次月生活指数公布后，再行补收。

三、本会员工薪给，应如何调整案。决议：将本会月支经费常费底数，增加三百元，弥补员工薪给，提理事长会议通过施行。

四、上海市参会议决，本年春季营业税，仍按旧税率百分之一五征收，本县应请援例办理案。决议：电请省参会请求省府援例办理。

《绍兴新闻》中华民国三十七年七月三日

酱园业公会，今开理监会

（1948 年 7 月 8 日）

（铎声社讯）本县酱业公会，以有要案亟待商讨，定于今（八）日上午九时，在该会召开临时理监事联席会议，昨已分别通知准时出席。

《绍兴新闻》中华民国三十七年七月八日

酱园业公会昨开临时会

（1948 年 7 月 12 日）

（本报讯）本县酱园业公会，于日昨下午，举行临时会员代表会议，出席郑志扬等十余人。当经决议，门售酱货，因成本关系，分别酌量增价，及职员折菜金，原定每人每日四万，已感不足，准自即日起提增为六万元等案数起。

《绍兴新闻》中华民国三十七年七月十二日

粮食业公会，会费常调整

（1948 年 7 月 15 日）

（越光社讯）本县粮食商业同业公会，以近因物价高涨，该会经费收支不能平衡，在会费收入未调整以前，每感入不敷出，多方借垫，以致重要支出，筹措无从。兹为欠缴县商会大会费超额费，逐月欠缴会费利息及三月份经费，又应缴本业省联合会二三两个月经费及会修葺油漆费，本月理监事会招待费，连同本会应还协茂暂借款等项，共需九千万元，待解甚急，不容或缓。爰本月十四日第五次理监事会议议决，分级派收，以资过渡，除派员前往收取外，于昨日分函各行号查照给付，藉得维持。

《绍兴新闻》中华民国三十七年七月十五日

商会会员证仅收工本费

（1947 年 8 月 11 日）

本县县商会，制发各业商号会员证，以资识别，惟因是项经费，无处开支，故每张收回工本费二千元，且系一律，并不分等，现已制竣，分发各公会转发，亦仅收回工本费二千元，并无其他费用。

《绍兴民国日报》中华民国三十六年八月十一日

粮商同业公会召开临时会议

（1948 年 6 月 23 日）

本县粮食商业同业公会，于昨（二十二）日下午三时，在该会会议室，召开临时理监事会议，出席：金竹皋、金新元、王兆铨、凌瑞芳、沈仁德、俞鸿泉、章彬森、孙兑泉、严希尚、俞

思海、金秋荪、孙如海、杜炳昌。主席严希尚,经报告后,即席讨论:

（一）民调会补办米谷,无须本会协助,应如何推派人员,以专责任请讨论案。议决,由理事长指派一人,各行再派一人,前往协助办理。

（二）金华、兰溪各地同业公会来函以外,各县向该地采办粮食,必须经当地田赋粮食管理处登记之合法粮商,领取田粮处采购证及取得县商会之证明书,方得采购,否则视为非法商人,一概禁运,应如何办理请讨论案? 议决,由会通知各会员遵照办理。

《绍兴民国日报》中华民国三十七年六月二十三日

各商业严格执行限价,昨举行紧急会议

（1948 年 8 月 24 日）

南货鲜肉涨烈,填送价目审核

（本报讯）昨日为金元券开始供用之第一天,本县县政府为遵照中央规定,严格执行限价,特召集各商业同业公会理事长,遵令举行经济紧急措施会议。同时县商会适举行理监事会议,合并举行两会,出席者、茶食业公会俞德生、柴炭业公会屠基锟、旅栈业公会许承荣、煤油业章春樵、水果业公会曹文标、钱庄业倪予凡、颜料业马福治、洗染业吕克瑞、锡铺业沈梅仙、县政府黄之森、警察局许开铃、酱业公会郑春扬、茶馆业常春荣、国药业马廷佐、腐皮业楼畏民、国民党县党部黄镛、县政府财政科黄鼎、油业朱梅仙。鲜肉业莫永春、金银业章季侯、方文荫、宋阳生、陈为臣、傅正中、人力车业朱鼎顺、地方法院李锡全、陈笛孙、孟祥木、南货业秦华国、列席各报记者,主席、商会理事长陈笛孙报告大意: 今天为经济紧急措施问题,由县当局及本会召集各业理事长暨各法团代表共同与会,共同商讨,建设科长潘文奎报告,略谓: 中央颁发经济措施办法,本县当严格执行,继则当场宣读加强管制经济办法第十三四两条,条文及县府拟订"经济紧急措施六项办法"。

《越报》中华民国三十七年八月二十四日

执行经济紧急措施,当局严格管制物价

（1948 年 8 月 24 日）

派警监察市场,违法抬价严惩:

（本报讯）本县县政府,为奉行中央币制改革政策,严格执行整理财政及加强管制经济办法第十三、四条之规定,管理物价及工资起见,特于昨（二十三）日下午三时,假县商会大礼堂,召开经济紧急措施会议,乘金圆券开始暨币制改革后本县银钱业首天开始恢复营业之日,晓谕币制改革后法令。同时本县县商会,亦为检讨币制改革后有关商业之各项事宜,于昨（二十三）日下午三时召开各业理事长及县商会理监事联席会议,两会遂合并举

行,出席各机关法团代表,计有国民党绍兴县党部黄镛、县政府潘文奎、徐祖贻、王鼎、警局许开铃、地方法院李锡全(张昌炽代)、新闻记者公会沈振远、县商会陈笛孙、方文荫、董起凡、陈恕臣、宋阳生等,暨油烛、鲜肉、金银、南货、柴炭、煤油、茶食、旅栈、人力车、钱庄、水果、颜料、洗染、箔铺、酱油、菜馆、国药、腐皮、布业、新药、鞋业、北货、杂货、衣业、铜锡、草席、香糕、箔庄、粮食、卷烟等各业理事长及代表,与本县各报社记者王宝善、诸萍杰、单幼卿、钱可凡、沈振远等,主席陈笛孙。首致报告,略谓:为经济紧急措施问题,由绍兴县政府及商会召集各业理事长暨理监事联席会议与各法团会议,次由县府建设科长潘文奎报告,略谓:中央颁发经济紧急措施办法,本县须严格执行,继即当场朗诵加强管制经济办法第十三四两条条文,及县府拟订之施行办法六点,计为:

折合金券,标明价格:

(1)即日起各商号收支帐目及货物交易,均应以金元券为计算单位,由县商会及各同业公会通知所属会员商号,一律遵照。

(2)即日起,各项物价,均应照八月十九日之价目折合金元券,标明价格发售,其有特殊原因者,应呈请本府核准,严禁擅自抬价,如发现有违法抬价者,即依照非常时期取缔日用重要物品囤积居奇办法惩处之,或没收其商品。

(3)即日起由各同业公会负责,将本月十九日之各种物品价格从实造表呈送县府审查,核定公布,即以此项核定价格,为折合金元之标准。

(4)即日起由县警察局派员警随时监察市场及小菜场交易,如有发现不以金元作计算单位及私擅抬价者,均予依法严惩。

(5)公用事业价格,非经核定,不得擅自加价。

(6)劳务工资价格,另行召集会议决定。

冻结物价,工资折币:

继由徐社会科长祖贻报告。今天本人列席重心,是经济措施会议中工资问题,来和大家作一商讨,这次商业应注意的,就是都要依照八月十九日物价冻结为标准,政府是根据这一点办理。其次,是管制物价,过去系由本县参议会主持评议,今后应根据经济措施办法第十四条管制。最后是工资问题,绍兴箔司,有数万人,沿用以米计算,中央曾有规定,以二十六年前币制计算,但因习惯人事物力延未改革,今后拟以廿、廿一、廿三等条文工资管理办法办理,希望各位回去,将以币折算的意见,抄送县府社会科,作一参考。

物评会议,十天一次:

至此,又由主席陈笛孙申述,潘科长、徐科长所□□□□□简明经济紧急措施大纲,同时并又报告,八月十九日为价格限制,各款价值,过去由评议会十天一评,末次距离时间较远,目今政府大体行使,不能顾及商人小节,惟有忍痛服从,如果距离较远的,只要合法请求调整,切勿黑市及偷偷摸摸。近闻煤油业因外汇问题,就有请求必要,但是为数较近,请各谅解政府,忍痛牺牲。其次尚有工资问题,过去以米为标准,此后当遵行管制办法,惟须获得劳资协调,使双方都能过活,希望各公会有劳资双方协定者,请于短期内新拟改订,请县府社会科审核后施行。

商业报价,十九作准:

报告毕,以座谈方式讨论:

(一)鲜肉业代表提八月十一评价会议,定价为鲜肉每斤一百二十万元,而毛猪则逐日暗涨,直至八月十九日,已到一百七十六万元一斤,对这物价表上,应如何填写?答:凡属评议会评定之各业公会,在八月十九日评议之价值,如至十九日距离较远者,限明日(即今二十四日)将表填送县政府于当天下午召开会议讨论,如逾八月二十四日,即开始执行。

(二)国民党县党部代表董镛发表谈话,提出限各业填报价目表愈快愈好,而且不得开列两个价目。

(三)警察局许局长发表谈话。本局是执行机关,本来政府发下命令,是马上执行。现在因为地方特殊,就是本县物价还是八月十一日评定,到十九日已有好多天,所以再由同业公会负责,把十九日的售价填报县府,如果高超的话,本局只有根据杭地各报比较执行,不能允许各业自己胡揽。

(四)钱庄业理事长倪予凡申述意见,略谓应遵照政府,根据八月十九日价值填报,即以外埠报价,可作标准。其次,银钱业对各公司行号交易,须一律在限定期内折合金元券。其三,今天发生主顾许多麻烦,便是责令兑换金元券,但同业未奉上峰命令,究竟指定那家兑换,未便擅行。这点,要求诸位长官,通令各公司行号,毋生滋扰。

(五)主席陈笛孙提出,各小菜场盲目波动,物价影响极大,希望政府普遍宣传,最好由县通令各乡镇保长,到处宣传,务使各民众深信金元券有十足准备。

(六)史理事幼祥提,填报物价表,与检查有无重要性与普遍性之分别。这实在值得研究。答:根据法令,以法币一百万作一标准,是普遍性,照中央经济决策看来,此后永无评价,万一有所变更,须遵第五条之规定,经政府许可者。

(七)主席陈笛孙最后嘱各公会理事长,回去速将物价表根据十九日市价,漏夜填就,明(即二十四日)日送交县政府,如果特殊问题,须表末附注。

(八)小菜上涨,应予管制。傅理事长岳校提,箔价自颁布经济令以来,逐日下挫,不管制而自管制,本来自奉政府,不必多谈,只有小菜价值,天天上涨,应该管制。许局长答:当负责管制,并管制人力车价。

(九)主席陈笛孙补充意见,如以管制恐患不周,不妨要求政府,另订检举办法。

(十)许局长补充,检举一节,措施办法上已有规定,就是十分之四充赏,本局绝对遵照办理。

(十一)百货业赵理事长要求对物价填报表格,每业要尽量抄齐为难,且这次填定价目,适如上海来价有增,变更之时,未免困难,这点请政府注意。县府潘科长答:此后如有涨跌,照第五条法令看来,似有弹性,好在经济枢纽,总是上海、杭州,大可采择仿行。

(又讯)本县各商业同业公会,以此次经济措施办法颁布后,本县如白糖、布疋等各种价格,尚系本月十一日所评定者,与十九日价格,似难符合,特于昨(二十三)日参加县政府及县商会所召开之会议后,今(二十四)日将分别召开各业会议,以便填报送请政府评议。

(又讯)主要物品,多已降跌。昨(二十三)日为币制改革后各银钱行庄恢复营业之第一日,本县各银行钱庄,自上午九时起至下午四时止,在此整个七小时中,因经三天来(两天系奉令停业,一天系星期例假)之进出停止收付,以致营业异常鼎盛。各经济□赴银行、钱庄收解款项者,甚形拥挤,全县市场中各业商号,亦均遵令于昨(二十三)日起,将各种物价,改售金圆券,(虽间有数业因格于惯例,一时不易改售,但均在计划于两天内实行)。一般物价,多呈倾跌景象,卖买亦不似过去数目之兴旺,领导百物之赤金,昨日黑市亦形回软,前几天银钱业停市时略向下游三四尺,他如食米、香烟等各种主要物品,均无若干轩轾。

(又讯)小额法币,尽先收兑。本县县商会,昨(二十三)日通告各业商号,以承绍兴交通银行行长面告,交行所发之旅行支票,自即日起,随时可向该行兑换金圆券,以遵法令。

(又讯)据本报记者分向金融负责方面人士探得确悉,对本县法币兑换金圆券时间,至速须出月(即九月份)起,方可开始。盖:

(一)运到本县之金圆券为数不多。

(二)金圆券之辅导尚须运抵,且对兑换时,将尽先收兑小额法币(如五千元,一万元等),以敷市场流通。

(又讯)据悉,本县银钱行庄,自昨(二十三)日起,奉行实行金圆券,除对存款一律折合为金圆券外,同时并通知往来各庄,以后签发支票,概须以金圆券填写,否则不予支付。惟为便利往来免使交易各户蒙受意外损失起见,早对已经日签出之预期法币支票,仍予照常通融,至本(八)月底止,逾期即难通融,以符法令。

(又讯)米业标牌,首先改换。昨日为改革币制后,本县银钱业恢复收解之第一日,本县各业商号,多遵令以金圆券为各物售价者,米业首改标牌(火珠巷同源市价,起档米为金圆券十七元,中档十七元七角,高档二十元,惟较前日起档米价法币五千万元计算,却高起六百万元有奇)。其次,如各布号,门首已张贴同业公会通知:"自今日起,一律改售金圆券"字条,最为平民所关怀而日常佐食不可或缺之水作业,昨(二十三)日豆腐售价,仍以起码法币五百万元。

《绍兴新闻》中华民国三十七年八月二十四日

3. 商会与政府

蒋尊簋不顾民食

(1912 年 5 月 28 日)

绍兴运米局暨各米商,前曾在无锡购办民食约一万石,由徐显民电商上海备荒事务所给护转运,近被苏督程德全禁遏。前经县议会、商会电请蒋督电商苏督开禁放行,讵苏督坚持不允：兹特录其来电文如下。呜呼！来源既绝，而不仁富户，颇闻犹有贮谷不售。噫！良可慨也矣。

（往返电文）杭州蒋都督鉴：

绍运米局在无锡购存米五千担，并绍商买存约四五千担，前已由徐显民君电商沪备荒事务所给护转运，未蒙苏督允准。现在绍兴存米仅支十日粮，饥民蠢动，全市恐慌，乞速电商。

绍议事会、商会

蒋电绍议事会、商会胡钱诸君：

漾电悉。苏省现在禁米出口，其防范之严，甚于私运军火。（比拟不伦。）迭经电商，几于声嘶力竭。（费心了）。我尽肯求，彼终罔应。（原来无效。）敝人实已智尽能索。（力量有限）。如能由绍商派人至凤，与苏省商会婉商，或能通融。（不能通融如何。）近返来请咨者，均给护照赴皖采办。皖再遏粜，浙真坐困矣。（公其奈何。）

都督蒋敬
《越铎日报》中华民国元年五月二十八日

平粜之阻碍

（1912 年 6 月 1 日）

俞知事不知大体，县议会商会力争。

筹办平粜，经俞知事交县议会提议，以地丁每两带征备荒捐银元□角。惟现未开征，缓不济急，难以改变方针，以地丁银作抵，向钱业商假。嗣为钱业所拒。嗣又改为请知事经发五元至百元印单，合洋六万元，按照城镇乡人口摊给，或自治团设法抵借现洋。是项印单，准完正副税，即以带征备荒捐弥补，曾沥志本报。俞知事以公费无所出，竟□回返前议，迁延未实行，近忽自省来电以省税无出，允饬□议案交省议会云云。议会闻而大为愤激，已电省力争矣。绍兴商会以平粜迁延，有关大局，亦已电省，迅请核准，电文觅录如右：

县议会电：

杭省都督蒋氏、民政司、财政司钧鉴：绍兴民穷财绝，平粜急于星火，款无所出，不得已议决于今届征收地丁银，每两带征备荒捐五角，计可得六万元以外，议请知事速发五元至百元印单，合六万元，按照城镇乡人口，摊给各自治团，设法抵借现洋平粜，以济贫户。是项印单，准完正附税捐，即以带征备荒捐弥补移缓济急，于正税毫无出入。刻由县署交来知事杭电，以印单完粮省税无出不允，饬提议案交省覆议等语。因何误会，不胜骇异，除备事□，听候饬提外，特电闻。再饥民弱者饿毙。强者骚动，事在万急，省议必需时日，乞先拨款六万元，以救民命，仍以备荒捐抵还，乞电复。

县商会电：

杭州蒋都督鉴：绍兴平粜，经县议会议决，由知事出发印单，为移缓就急计，顷知事由杭□来电提省覆议。惟转辗需时,饥民蠢动,商业难安。乞即核准,以定人心。绍兴商会叩。

《越铎日报》中华民国元年六月一日

绍兴商会上蒋都督书

（1912 年 7 月 27 日）

都督钧鉴:

敬启者。报云张君伯岐□委任绍郡带防营。张君绍人也,而任绍事,都督固□其□谓祸绍,即敝会等亦知其□不祸绍,而一般人民不知,厌民久而从益之。吾绍人,其何以奔走骇汗,蹙额相告,纷纷扰扰,致有迁移罢市之预,而此非有所恨于张君也,因误会而生恐慌,恐慌而生反对也。各团□采□舆情,而援以上达各报馆,怵于现状,而据以直陈。此亦非有所恨于张君,其于天职使然也。敝会对于兹事之发生,为主静,盖以张君为革命巨子,光复元勋,此次奉委来绍,断无不欢迎之理。

《越铎日报》中华民国元年七月二十七日

呈复现水维持办法之困难情形

（1915 年 1 月 7 日）

绍兴县知事宋承家,日昨呈复齐省长并财政张厅长文云:

案奉财政厅长(钧长)训令第二七零二号内开:本年十二月十二日奉钧长指令,据绍兴吴元仁等呈,钱业垄断洋价,请令县转知商会妥议由。内开:银洋涨落,本随市面为转移,前据具呈,兼经批示在案。惟省城大洋逐日作价,绍城则一成不变,能否随时伸缩,援照省城一律办理,以及现款如何维持,现水如何改革,仰财政厅转饬绍兴县知事召集省商会邀同各业妥为筹议,务使进出两得其平,市面益臻稳固,是为至要,仍饬将遵办情形具复察夺,此令等因。奉此,合亟令仰该知事即便转行商会,克日邀同各业,按照令饬各节,妥为筹议,以维市面,并将遵办情形分报察夺毋延切切,此令等因下县。奉此,当即函致商会,遵照令饬各节,召集各业妥为筹议。去后兹准函称:绍地近来钱文甚缺,行用多系铜币,铜币每日均由市价随时伸缩,并非一成不变,即省城市价,亦以铜币为标准,初无两致也。至于现水,须视杭、甬汇水及规元为涨落,目前杭、甬规元未能轻减,杭元每千两一千三百九十左右,甬元每千两一千五百八十零,即为现水所由重。绍地现洋升水,即无从缩短。前杭总会亦以前情致函,曾将现水之关系,由于杭、甬规元之故具复在案。故现水枢纽,不在于绍而在于杭、甬规元,杭、甬规元能相并,则现水落,杭、甬规元不能相并,则现水涨。若仅就绍地一区以求轻减,实无维持办法云云。合将实在情形备函声复,即希察核转报等由过署。准此,理合据情备文呈复敬祈钧长(钧厅)察核,实为公便云云。

《越铎日报》中华民国四年一月七号

函送恒德典当帖

(1915 年 6 月 25 日)

绍兴县知事公署公函绍兴商务分会总理高,文云:

迳启者,本年六月二十一日,奉浙江财政厅长张批,敝公署详恒德当仍需依偏僻例给帖,免予补纳捐银,并送绍城衢路图及认保结,乞示遵由。奉批及地图认保各结均悉。既据该知事查明,该典开设地点确系偏僻,应准照偏僻例填发恒德典帖一道,仰即查收转给收执,一面迅即查明该典架本金额,饬令认定捐数具报毋延。此批,图及保认各结存。计发恒德典偏僻当帖一道,等因到署。奉此,查是案前准贵会公函,当经转详在案。兹奉前因,理合将该典偏僻当帖一道,随函转发。为此函请贵会长照转给该典商金文燧具领,并希查明该典架本金额,饬令认定捐数,克日函复过县,以凭转报,是所切盼。此致。

《越铎日报》中华民国四年六月二十五日

修正商会法内容

(1915 年 11 月 15 日)

农商部修正商会法业经提交参政院审议,其全文已付各商会定于二十日开议。兹将各商会分事务所修正章程探录如下:

(一)商会分事务所隶属于本县商会;

(二)商会分事务所之区域及设所地点,由本县商会酌定之;

(三)商会分事务所之职务依商会法第六条之规定,就其区域内执行之,但对于官厅陈述意见,答复咨询以及调查报告,陈请各事,均须函请本县商会转禀;

(四)商会分事务所区域内有商会法第八条之资格者,均得为本所会员;

(五)商会分事务所设董事长一人,主持本所事务设董事五人至八人,分任调查评议、书记、庶务、会计各事;

(六)商会分事务所成绩应由本县商会随时派员确切调查,据实禀报县知事转详道尹、巡按使核夺。

《越铎日报》中华民国四年十一月十五日

一纸书提倡磁业

（1916 年 1 月 14 日）

绍兴县知事公署公函绍兴商务分会总理高，文云：

迳启者，本年一月十日，奉浙江会稽道公署第四四号内开：民国四年十二月三十日奉巡按使公署第五七一六号饬开，据龙泉瓷业公司发起人吴觉等禀称，窃查中国瓷器一项，以赣省出口为其大宗，自舶来瓷品充斥市廛，赣瓷从此退化。查江西制瓷情形，例如制造一皿，必经过数手，始克告成。业早行者，不能涉左，乙行如有翻新花样，欲博社会之欢迎，谋瓷业之发达者，同行即认作违规，辄起交涉。盖恐其独占优先，群受影响，同行刻妒，以至于斯，积年已久，遂成习惯。迭经官厅劝谕改良，而积弊根深，无可挽回。龙泉向产磁器，品虽不如赣磁之随地行销，然宋代哥窑，颇为宝贵。年久事湮，古法仅存。清初，为闽商改变方针，专制粗皿，以供通常之用，历年以来，仍循旧样，只因提倡乏人，无可扩展。现今政府正在提倡国货，开展财源，为立国基础，吾浙龙泉磁品，向为外人所欣羡。若能从事改良，范围放大，非徒足御舶来磁品，且可行销国外，实收利权。惟兹事体大，非仰钧使俯赐提倡，势难收美满之效果。为此订立章程禀请察核批准备案，一面通饬提倡，俾便着手进行，以速成效而收善果等情。并附招股各章程等到署。据此，查该县富有瓷料，哥窑向称名瓷，现在该民等发起组织公司，以谋改良发达，洵堪嘉许。惟发起伊始，肇端远大，自非由地方认时见远之士招认股本，协力举办不为功。所请提倡之处，自可照准。除批示并分行外，合亟饬仰该道尹转饬所属各县知事行知各商会劝导各商认股，以期集事。本使有厚望焉，切切等因。奉此，合行饬仰该知事转行各商会分别劝导各商认股，是为至要。此致。

《越铎日报》洪宪元年一月十四日

改良商业之劝谕

（1916 年 1 月 28 日）

绍兴县公署日昨致商会函云：

迳启者，本年一月二十一日，奉浙江会稽道公署饬第一五七号内开：本年一月十三日奉巡按使公署第七十七号饬开：案准税务处函开：我国商业亟须振兴，况际此商战时代，尤必设法扩充，以图发展。顷据上海英美烟公司汤懋士递来说帖一件，所陈改良中国商业各条不无可采。兹将原说帖印送一份，即希查照核办可也。等由。并附说帖到署。准此，除分行外，合亟粘抄附件饬仰该道尹转饬所属各县知事，行知各商会劝导各商民一体改良，是为至要。切切等因。并附粘件到道。奉此，合行粘抄附件，饬仰该知事转行各商会劝导各商民一体改良为要。此饬等因，计粘抄到县。奉此，相应照录粘件函达贵会查照，希即设法劝导各商民一体改良，是所企盼。

《越铎日报》洪宪元年一月廿八日

升记舞台停演三天

（1916 年 2 月 18 日）

有绍人陈某者，曾于去年冬间指称城区升记舞台唱演淫戏，并以未曾详请给发许可证书为词，具禀巡按使署，请求饬行查办。当经屈勋使照准，特饬即由本县宋知事查明具复，旋奉批回，以该舞台既未详准给发许可证书，应即饬令停演，以符定章，其时宋知事适值因公进省，由薛警佐遵批转饬，该舞台业于前日（十六）停演，一俟详请核发许可证后，再行继续开演。惟一般无知愚民四处造谣，声称戏园停演，定系另有一种原因，风声所播，不无摇惑，人民纷纷向各金融机关探听消息。商会总董高绅云卿有鉴于此，特电请巡按使并本县宋知事（宋知事进省未回）暂缓停演，以息浮言。兹闻宋知事业于昨日由省回任。高绅云卿、陈绅坤生暨商会议董陈绅秉衡等诸君，当于昨晚进谒宋知事面商办法。闻宋知事深以为然，业允电省陈请，并另文详报，一面暂令该舞台停演三天，期满照常开演。兹将商会所上巡按使电文□致宋知事电文分录于后，以明是案之真相：

顷据升记舞台帖称，该舞台成立时，前县知事漏未详报。现奉道尹函饬暂行停演，一面另行详报，组织情形等情前来等因。查本台包银已付五千余金，一旦停演损失甚巨。乞为维持等因。查该舞台陈说自属真实，如果停演，人民多所误会，地方、商务将均受影响。乞速面禀巡按使，维持市面，暂缓停演，乞速电复。绍兴商会元。

屈爵使钧鉴：绍兴戏馆奉县署转奉令饬，以前知事漏未详报。饬令暂行停演等情，查吾绍自滇事发生以来，商业恐慌，现下开市在即，一经戏馆停演，谣诼兴兴，易滋误会，现水飞涨，地方商务均有关系，除将取缔情形由县另行详报外，合行电乞暂免停演，以安人心而维大局。绍商会。

《越铎日报》洪宪元年二月十八号

杭商会电告安堵情形

（1917 年 7 月 15 日）

浙督军署参谋长赵禅于日昨（十三日）上午八时，在羊血弄八旗会馆铺附近，被人暗杀。本报于昨晚即得有驻杭访员快信，特为慎重起见，故于记载中详其实而隐其名。兹据商界消息，赵参谋确于日昨在途遇刺，已由杭商会电达绍商会报告安堵情形，并属照常营业，勿惑浮言。商会总董高云卿君准电后，即通告各业领袖毋事恐慌。兹将杭商会致绍商会原电录下：

商会鉴：今晨赵参谋长在途被人暗杀，谣言四起，当即特开临时会议，佥称两次政潮，浙商未受影响，全赖杨督军维持之力，商民蒙福靡不感戴。现仍安堵如常，望转致各商号，切勿轻听谣言，致为所惑，有碍商务。商总会元。

《越铎日报》中华民国六年七月十五号

维持营业之布告

（1917 年 10 月 30 日）

绍兴县宋知事日前准商会函开：本年十月二十一日，据典商茅庆珍、张沅帖称：

窃商等现在集合资本，拟在绍兴县属柯桥沈家溇地方开设通源牌号典当业，经遵章缴呈帖捐公费洋元，请颁当帖在案。嗣后，凡遇民间典质衣物，概照向章取息，所有取赎期间，亦仍循旧限以十八个月为满，不致稍有歧异。惟是绍兴陋俗，凡遇新开典当，每有不法棍徒捱当硬质，以及各界有强质军械制服徽章，并有丐人等乘间骚扰等情，若不先期呈请示禁，深恐临时易滋事端，为此帖请贵会长分别函致县警两署，准予先期一体给示谕禁等情到会。据此，敝会复加体察，自系实在情形，相应函请查照，迅赐给示谕禁，以资保卫而利经营等语。

宋知事准函后，除将捐费另文呈解并请颁帖处，已于日昨出示布告，大致谓：开设典当为救济急需，便利贫民起见，倘有强质硬当，以及骚扰情事，一经察觉或被告发定即拘案严惩，决不宽贷云。

《越铎日报》中华民国六年十月三十号

购买机器须具保

绍兴县知事函致商会正会长高云卿、蔡镜卿文云：

迳启者，本年十一月八日，奉会稽道尹公署第九五一号训令内开：本年十月二十七日，准外交部特派浙江交涉员林咨开：案据美商胜家公司函称，敝公司售出之缝纫机器，得由买主觅取妥保，分期交款，本为利便贫民起见，乃有欺诈之徒，于货款未经缴清之先，遽将机器典质，得钱逃避，种种纠葛，防不胜防，务请地方官厅传知典业，嗣后典质缝纫机器，如无各处分经理收清货价之证据，典商切勿受典等情到署。查该公司所请，虽为预防纠葛起见，惟该公司所出证据，各典商无从辨认，真伪难分，是欲杜售户之籐葛，转滋典业之贻累，殊非便商之道。惟近来私典缝纫机器之案层见迭出，自不得不设法取缔，以杜讼原，愿请会稽道尹通令各县知事，传知典商，嗣后遇有该公司缝纫机器，无论有无收清货款证据，一概不予受典，并有利康洋行所售之缝纫机器与胜家公司，一律应请一并禁止典质，庶奸民无从诈伪而典商不致受累。除由敝署函复该公司并登报公布外，相应咨请查照施行,实为公便等因。准此,除分行外,合行令仰该知事,一体遵照办理。此令等因到县。奉此,用特函致贵会,请烦转致各典商一体遵照办理为荷。

《越铎日报》中华民国六年十一月十四日

绅商大犒军警纪盛

(1917 年 12 月 30 日)

自上月宁波党人宣告独立后,风声鹤唳,一日数惊。绍兴介于甬杭之间,主客争衡,首当其冲,幸赖全城军警,协力同心,维持防护,地方安谧如常,其雍容坐镇之功,不可谓不伟也。兹闻绍城绅商胡梅森、鲍芗谷、阮明溪、胡坤圃、孙寅初、高云卿、陈秉衡、冯纪亮、陶仲安诸君,以地方危而复安,非军警竭力维护,曷克臻此,不可不筹,所以酬报之道,特于日昨备具猪羊酒礼赠犒驻绍陆军暨水陆警察,用伸地方之仪。兹觅录其礼单如下:

送团犒军礼:猪十六只,羊十六只,酒四十坛,蛋糕八百枚。

送水警署礼:猪二只,羊二只,酒四坛,蛋糕四百枚。

《越铎日报》中华民国六年十二月三十日

控告钱商之近闻

(1918 年 3 月 29 日)

省长公署昨据绍兴县民吴元仁等呈,为该邑钱业依旧剥夺众商,再令县布告洋价照省一律等情。查此案前据绍兴县知事转据绍商会筹议呈复,以近来绍地钱文甚缺,行用多系铜币为标准者,初无二致。惟现水升减须视杭、甬汇水及规元涨落以为衡。若仅就绍地一区以求轻减,实无维持办法等情。业经令行财政厅转致杭总商会会商,妥为筹议,具复在案。银洋市面关系大局,初非一业一地所能任意操纵云云。现已令知该民着静候议复察夺云。

《越铎日报》中华民国七年三月二十九号

革除现水之雷厉风行

(1918 年 9 月 1 日)

杭、甬、绍现水等经齐省长通令钱塘、会稽两道尹转饬杭、鄞、绍三县知事,限文到十日内一律革除等情,已志昨报。兹闻财政厅为革除现水一案,昨特公函总商会,请为转知各钱业一体遵照,录其原文如下:

迳启者,查浙省革除现水一案,前经本厅呈请省长示期实行,并函达在案。兹奉指令内开:呈悉。现洋贴水,最为市面恶习,自宁绍发生以来,近渐沿及杭属,民生国税,交受其害。日久不除,弊将愈甚。现经该厅商准中国银行筹备现金,结合群力,共图补救,自应乘此时会,完全革除,以为一劳永逸之计。除通令旧杭、宁、绍各属知事遵照,并行道转饬外,仰即一体令饬各县迅即出示布告。嗣后,市面流用,无论现钱交易,或以汇划过账出入,一律以现洋作算,不准再有现水发生贴现名目,一面切实函致商会传谕各钱业遵照,倘有奸商藉端反对,希图破坏,扰乱金融,即由县查提,从严惩办,勿稍宽纵,仍将一切善后事宜,随时由订会同中国银行妥为筹画,具报察核等因。奉此,自应遵办。兹已由厅训令各县知事,迅即出示布告,此后本省境内不准再有现水名目发生,其钱业划单,并不得有不准支取现金之限制。市面通用,应照民国三年部电成案,以本国所铸银元为本位,无论现钱交易,以及欠款划账,出入均归一律,倘有不肖商人,藉端反对,希图破坏,或另立名称,扰乱金融,即提案从严惩办,勿稍宽纵,除分行外,相应函达贵会,希即转知各钱业一体遵照。

《越铎日报》中华民国七年九月一号

电留盛团长暂缓移驻

(1919 年 8 月 4 日)

驻绍第六团有奉令调驻温州消息,本县县商会于三日,以万民爱戴等情,特电杨督军,请求暂缓移驻。兹录其原文如左:

督军杨钧鉴:顷闻盛团长、杨、陈营长,调驻温文具,商民奔走骇汗,金称团长、营长,维持秩序,整饬军纪□□,闾阎同沾□泽,令调瓯江,如失慈母,乞俯须顺舆情,暂缓移驻,虽用人行政长官自有权衡,而万民爱戴之忱,亦不敢壅于上闻。为此吁恳留驻,不胜迫切待命之至。

绍兴商会会长冯钟淇、副会长陈均,特别会董高鹏、蔡元坚、陈宰埏、陶传褆、会董冯敬纶、郦□、章坦、徐调元、丁列辰、金维翰、沈元麟、莫应辰等暨各分所会员公叩冬。

《越铎日报》中华民国八年八月四号

盛团长离绍之去思

(1919 年 8 月 6 日)

驻绍第六团,奉令调驻温州。本县县商会以该团驻绍以来,维持秩序,整饬军纪,万民爱戴等情。于本月三号,电请杨督军暂缓移驻,其电文已志四号本报。兹闻第六团调驻温州,已成事实。定于本星期六(九号)出发,承其乏者,为第八团。由杭垣南星桥调来团长施肇英（杭县长），俟六团出发后，即来绍驻防，闻第八团已有上级官长数人。于昨（四号）晚上二班轮船抵绍矣。兹补录绍兴县商会恭送第六团盛团长颂功词如下（略）

《越铎日报》中华民国八年八月六号

驻绍第六团第二营出发赴瓯

（1919 年 8 月 7 日）

驻绍第六团奉令调驻温州暨第八团由杭南星桥移绍接替，以及本县县商会恭送第六团盛团长颂力词等情，已两志本报。兹悉第六团之第二营，已于昨日（六号）出发赴瓯，雇民船十余艘在本城龙王塘前下船，由营长杨德恭氏督率同行县商会暨各当道均诣河干，欢送如仪，济济跄跄，颇极一时之盛云。

《越铎日报》中华民国八年八月七号

防止减轻日拆发生暗水之公函

（1919 年 9 月 12 日）

为重日拆，翼以现金集聚。近闻各钱庄又有主张减拆者，绍兴县公署特函商会云：

迳启者，绍地现金，自此次金融评议会议决增拆六分，顿形活动，而暗水遂以消减，可见加拆，实为调剂金融根本要图。近闻少数钱庄藉口加拆病商，意图减少绍拆之涨落，应以沪、杭为标准。若绍拆过轻，则现金复去而之他。暗水即因之复活，市面恐慌，人心惶惑，更相随而起，一般投机营业者，又得乘此时期囤积罔利。该钱庄等欲做暗水，则曰现金缺乏，欲减日拆，则曰商民吃苦，实则暗水之病商，较拆息十百倍也。今上海银拆常在五六钱之则（即洋拆五六角）何以并不病商。且绍庄放出三九月长期利息为九元七角五分，如每日挂拆六分，假定旧历闰月起至九月正，亦只五元四角，加以四月起至七月止，拆息二元八角五分五厘，两共仅八元二角五分五厘。又有所谓加头者，并而计之，比之长期利率，尚属有减无增，则虽挂拆六分以上，于商家亦无所损。今少数钱庄之意图减拆者，不过自身关系，仍不外专顾私利，把持利面而已。总之，绍拆必较沪、杭为高，庶现金不致外溢，暗水得免重生。至从前现水如许之重，各商家甘受痛苦，绝不计较。兹为暂救市面起见，偶将日拆加高，乃遽藉口实，未免不知轻重，相应函致贵会请烦查照，传知各钱庄对于日拆，不得骤减，以防现金缺乏，发生暗水，倘敢违抗，据实函告，以便呈请惩办，一面传知各业商铺，现挂日拆，尚比长期利息为轻，晓以上述理由，勿再误会。至纫公谊。此致。

《越铎日报》中华民国八年九月十二号

知 事 布 告

(1920 年 8 月 27 日)

布告：

为布告事。本年八月十四日，准绍兴城区商会函称，据绍、萧县属花业董事秋桂芳、谢厚甫帖称，窃缘商在南沙棉业通商中外，历有年所，本年迭奉官厅整顿棉业之训令，商等曾将革除重包规则，请为转呈县署核办在案。兹因夏尽秋来，凡此南沙植棉地户，因多潮没而居奇之心尤甚。当此新花成朵，接落装包并不如昔之摊晒，而黄殭雨渍，混杂其间，更有包索做重、裹心钩角、搀和次货、无帖私秤等弊。请即转求给示谕禁，一面转饬安昌、瓜沥、孙端警察分所随时重究，以维商艰而振实业。送呈同行公议规则，帖请商会转请给示严禁等情到县。查棉花搀水各项弊端，前奉实业厅长令行申禁，并据该董事秋桂芳等禀请查究□□，先后出示告诫在巡查。兹据商会复以前情函请示禁前来。合行出示布告，仰圐邑花业人等，一体知悉，自经此次布告之后，如果再有包索做重、搀和次货各项情事，一经查出或被告发定，必严予拘究，决不姑宽，凛遵特此布告。

《越铎日报》中华民国九年八月廿七号

维持粮食禁囤积

(1921 年 5 月 10 日)

绍兴县公署昨公函本县各商会文云：

迳启者，本年五月三日，奉浙江会稽道尹第四零五号训令内开：本年四月念八日，奉省长公署第九九三号训令内开：案准淞沪护军使公函内开：顷据淞沪粮食维持会函称，敝会去冬成立，业经呈达钧案，仰赖远近长官及团体赞助，勉副维持名义。惟米价由十六元步跌八元，早虑青黄不接时，仍有乘机囤积私运垄断居奇者，创议设仓积米，以资补求。新正米价七元，今果复涨□元左右。又恐慌时代夙仰钧使轸念民艰，力全物候，合无仰恳，俯赐察核，令行□道县及两公廨。凡遇私运出洋囤积居奇，一体查禁严办以杜奸商囤积偷运，一面咨请江浙督军省长通饬水陆军警严查私运，务获严办，并函淞沪江苏交涉公署照会驻沪□团转饬捕房照案严禁囤积，按季调查，规定存米，籍保公安等情。除函复并分别咨行外，相应函达，即希查照浦饬所属□津局卡，一体查禁，以维民食等由。除函复分行外，合行通令该道尹知照，即行转饬所属各县一体认真查禁。遇有囤积米粮，私运出洋米贩船只，随时获送究办。此令等因。除分行外，各行令仰该知事遵照。此令。等因。奉此，相应在函请贵会查照。

《越铎日报》中华民国十年五月十号

奖给绍商会匾额

（1922 年 4 月 19 日）

省署令实业厅云：准农商部咨称，前准咨称，绍兴县商会历年办理会务，成绩昭著，请转呈奖给匾额等因前来，当经指令：呈悉，准如拟给奖绍兴商会，并准颁给匾额。此令。等因。奉此，并准国务院转交匾额到部，相应抄录原呈，并匾一方，咨行贵省长查照，令行实业厅，转饬具领可也。等因。合即令仰该厅遵照，匾一方令发。此令。

《越铎日报》中华民国十一年四月十九号

取缔运米护照法

（1923 年 3 月 20 日）

绍兴县公署公函绍兴县参事会、绍兴县商会、水灾筹赈会等文云：

迳启者，本年三月八日奉会稽道尹训令第一七八号内开：本年三月三日奉省长公署第六一六号训令内开：案准江苏省长咨开：据大胜关米票监视委员周陞曜函称，窃查浙省赈米，完全税之护照，商户以在大胜关税所无呈验之必要，于报税时往往匿不呈验，及至下关致上火车时，始将护照取作出省之凭证。而大胜关税所反至无从查考。兹扰饬下关于查赈米委员于经过大胜关之商人呈验运米出省护照，若无陞曜，所盖戳记，即勒令在南京变卖，不得外运，以杜弊隐而促稽核。惟须将由何日实行订明，以免两歧，所拟是否可行，伏候只遵等情。据此，查该员所陈系为防弊起见，自应准予照办，除指令外，相应咨请查照，饬知为荷。等因。除分令外，合亟令仰该道尹迅即转饬所属各县知事查明本管境内所有办赈慈善团体，暨各商会一体分别转行查照办理。此令。等因。奉此，除分令外，合亟令抑该知事迅即转行办赈，慈善各团体及商会一体遵照办理。此令。等因。奉此，除分函外，相应函达贵会查照办理。此致。

《越铎日报》民国十二年三月二十日

商会挽留叶巡官

（1923 年 6 月 19 日）

绍属齐贤乡□分驻□巡官叶绍唐任事以来，已一年余。多次闻有更动消息，该乡商会特开临时会，共同议决，公禀绍兴警察总局，极力挽留矣。

《越铎日报》民国十二年六月十九号

请澈查捏名诬蔑之电文

(1923 年 8 月 16 日)

绍兴商会之去电。

杭州督办省长警务处长钧鉴：阅本月九日，杭报载有第五区烟酒分局全体职员潘世铭等通电一则，深为骇异。经沈局长、顾知事、倪监督等，分别电请澈查烟酒分局职员登报声明假冒，种种虚伪，不攻自破。惟职会所犹有言者，是非不可不辨，公论不可不伸。查陆军自驻绍以来，保卫地方，纪律严明，非特此次对于酒烟分局捣毁文卷，抢劫税银，全属子虚，即所称今春抢典扰商，试问所抢何典，所扰何商。职会见闻较近，如果实有其事，何致寂无一言，至于信口雌黄，污蔑正绅，荒谬尤极。揣其用意，无非欲挑拨恶感，排挤善类，然后彼得实施其破坏之术，以扰乱地方之治安，星火不灭，可成燎原。商业居地方之中心，职会为各商之领袖，关系既重，缄默奚甘，恳乞彻底根究查明捏电之人，从严惩办，以戢阴谋而杜后患，商民幸甚，地方幸甚。绍兴商会叩文。

《越铎日报》中华民国十二年八月十六号

省署对于绍商会指令

(1923 年 9 月 28 日)

绍兴县商会前以绍属米粮向赖湘、皖各省之接济，拟阁弛放米禁，倘各省因弛禁而糖食告匮，不啻致遏□令枭而影响及于绍民，请迅电苏皖各省，一电皖力争等情。昨奉张省长指令云，此案前准外交部，以日灾奇重，浙省产米能准运若干等因。电询来署，当经将本省民食不敷自给，万难出运情形电复照查一在案。来电所称湘、皖等省粮食告匮，影响及绍节，系属过虑，未便据以协事，仰即查照转知。

《越铎日报》中华民国十二年九月二十八号

箔业开会筹储款项

(1924 年 8 月 26 日)

(绍兴)参县开会，以近来时局不静，亟宜保持地方秩序为要务，业由大会公决，先筹储现洋十万元，以备不时之需等情。已志本报。商会方面，已承认三万元，现向各业认捐垫缴。闻箔庄业董事俞守成、胡筱堂，为此事于昨晚召集同业二十余家，在大路七星龙□开会，当由胡董事代表，及俞董事报告商会经过情形，及筹集垫款，维持地方治安，劝各同业，每家认洋五十元，各箔庄以事关治安，故均允可。业由该董事俞胡二君，亲向各庄收取，共计洋一千元。已于昨日解交商会转呈矣。

《越铎日报》中华民国十三年八月念六日

商会犒宴驻绍军队

（1924年10月12日）

（绍兴）驻绍陆军，此次齐卢战事发生后，一三两营来往杭绍，二营则驻绍维持秩序。绍县商会，特于昨日办龟鱼翅菜十五席，陈酒四十坛，猪三十头，以犒宴一、二、三各营军队云。

《越铎日报》中华民国十三年十月十二日

宁绍商会代表晋省陈意见

（1924年11月29日）

（绍兴）绍兴总商会代表田时霖、宁波总商会代表林端甫，因军事问题，于前日由沪赴甬，于昨日经绍兴晋省，向孙巡使有所陈议云。

《越铎日报》中华民国十三年十一月二十九日

孙督理电商会请主张公道

（1925年1月5日）

（绍兴）本邑商会昨接孙督理传芳电云：

此次陈乐山假托命令，攘夺师长，宣言以攻浙为目的，各界父老，闻风骇惧，佥以浙人惊魂甫定，瞬及旧历年关，哀我商民，何堪再扰。环请传芳贯彻保境卫民之本旨，速为制止。传芳既履浙土，眷念民依，诚不忍其无端破坏和平，稍受痛苦，遂即酌派队伍，前往镇抚，不意陈竟沿沪杭路线，阻兵肇乱，折断路轨，隔绝交通，以致人心愈益恐慌，传芳更不得不对陈为相当之处置，以遏乱萌而慰舆情。近闻有浙人葛祖爚为虎作伥，尽力为陈乐山密谋祸浙，是何居心？令人难解。诸公恭敬桑梓，素具热忱，务请主张公道，群起警告，葛祖爚勿再执迷不悟，甘为浙人之公敌，仁言利薄，珂乡蒙庥，非仅传芳拜赐已也。特此奉达。诸维公鉴云。

《越铎日报》中华民国十四年一月五日

关于采运米粮之省令

（1926 年 3 月 16 日）

（绍兴）本县姜知事昨奉省长公署指令云：

查浙省采运苏米，前经本公署电商孙□帅暨江苏省长核复，以苏省食米，因碍于中央条约关系，一概不能出境，势难通融办理等因。是苏米运浙一节，此时殊难办到，至兰溪限制办运米粮，系为顾全就地民食起见，所请饬照特殊情形取销限制一节，能否照准，应候电饬金华道尹查明具复再行核办。该县豫仓原为备荒而设，现值米价飞涨，民心恐慌，自非赶紧提取存款，设法方多购备，不足以资接济而平米价，该知事有难持民食之责，应速督饬该仓仓董，克日妥筹办理，随时具报，毋稍迟误。又电令衢州汪道尹云，顷据绍兴县商会代电，以绍兴民食恐慌，急迫万状，兰溪之米，本系由金华各邑捆载而至。以外境输入之米谷，转济邻邑之急需，俱于民食商情，两有裨益，请迅饬兰溪县知事，准照特殊情形，取销限制米谷出境办法，俾便采运等情。据此，查绍兴缺米恐慌，系属实情，所请准照特殊情形□□限制一节，能否照准。仰该道尹迅即查阅具复，以凭核办毋延。省长真印。

又一访函云，绍兴县商会昨电呈省公署云：

夏省长钧鉴：窃绍邑产米，向来不敷民食，全恃各地购运，远如苏省无锡等处，近如本省兰溪等处，分投采办，以资接济。现在无锡禁米出运，兰溪又禁止运谷，限制运米，以致绍地粮食空匮，米价飞涨，当此青黄不接之时，若不急筹救济，绍民势将绝食，治安前途，何堪设想？查无锡、兰溪均为聚米码头，无锡之米，多由皖、赣等省运入转销。兰溪之米，系由金华各邑捆载而至，以外境输入之米谷，转济邻邑之急需，似于民食商情，均有裨益，揆诸恤邻移粟，亦属仁施，为此叩请钧座俯赐鉴核，速予救援，咨请苏省长官准予给照前往无锡购运，一面迅饬兰溪知事，准照特殊情形，取销限制，俾便采购，伏念我孙联帅对于苏浙人民，一体同视，钧座爱民如子，决不忍绍邑人民独受饥饿，此敢代全绍人民百叩请命者也。抑有请者，查绍邑城内，向有豫仓贮谷备荒，其法至善。嗣因藉口交通便利，运输不难，竟将随粮附征之备荒一项，贮款而不贮谷，致仓储空空，不存一粟，前曾代电吁请绍兴县知事赶速恢复仓谷，以备救济，现在仍未举办，绍邑民食恐慌，急迫万状，并乞速饬绍兴县知事即日购谷贮仓，万勿再缓，以维全绍生命，实为公便，除电陈总司令暨金华道尹及绍兴县知事外，谨此电陈。绍兴县商会叩。

《越铎日报》中华民国十五年三月十六日

给照购米恢复仓储

（1926 年 3 月 18 日）

绍兴县公署，昨公函县商会会长云：

迳启者,本年三月十三日,奉省长公署第一九五零号指令,据绍兴县商会代电,为绍兴民食恐慌,请咨饬苏省长官,暨兰溪绍兴两县知事,分别给照购运,暨取销限制,并购谷储仓,以维生命由内开。查浙省采运苏米,前经本公署电商孙卿帅暨江苏陈省长核复,以苏省食米因碍于中英条约关系,一概不能出境,势难通融办理等因。是苏米运浙一节,此时殊难办到。至兰溪限制办运米粮,系为顾全就地民食起见,所请饬照特殊情形,取消限制一切,能否照准,应候电饬金华道尹查明具复,再行核办。该县豫仓,原为备荒而设,现值米价飞腾,民心恐慌,自非赶紧提取存款,设法多方购备,不足以资接济而平米价。该知事有维持民食之责,应速督饬该管仓董,克日妥筹办理,而随时具报,毋稍迟误。仰即遵照,仍转该商会知照。原电已据分呈,不再抄发,此令等因到县。奉此,查此案前准贵会支日代电,当将呈请转咨,并函催参事会提交核议情形,先行电覆在案。兹奉前因,除恢复仓储一案,候准议覆,再行照办外,相应函请贵会查照为荷。此致

绍兴县商会会长 陈、冯

《越铎日报》中华民国十五月三月十八日

二次还款银钱两业借款

（1926 年 6 月 17 日）

绍兴本县商会。于正月间因省令银钱两业凑借现洋一万元,以本邑统捐为担保偿还,曾于上月间已先行偿还十成之三等情,均志前报。现闻商会于昨日,又向统捐局提到现洋二千元,续行偿还二成,业已付交银钱两业收领,其尚该半数,俟下月份再行提解云。

《越铎日报》中华民国十五年六月十七日

关于民食问题之消息

（1926 年 6 月 24 日）

(绍兴)本邑粮食市价,虽已腾贵,惟近数月来尚无所变动,现在时值青黄不接,幸缘各行存货尚丰,且各富户仍有仓谷出售,故市价尚不致骤涨增高。乃兹据米业中人云,近为上江下路来源稀少,日前忽由杭帮来绍大批办运,以致骤告缺乏。现市高米每石售十三元六角。次档每石十三元至十二元六角,起码早米每石十一元六角。若不赶筹救济,不久必将飞涨,深望关心民食者,有以设法也。

又绍兴商会昨接绍兴县公署公函云:

迳启者,本年六月十六日,奉省长公署第四九二一号指令,敝公署呈为转请变通兰溪运米限制由,内开呈悉,查兰溪限制运米办法,兹经本公署核准在案。既称该县民食向恃兰溪采运接济,请予变通限制,姑候令金饬华道尹,复议呈夺,此令饬等因。相应函

请贵会查照。

《越铎日报》中华民国十五年六月廿四日

柯镇钱业摊认新公债

（1926 年 10 月 7 日）

（绍兴）本省新公债，已由县商会摊派各乡镇，柯镇商会、前泰县商会，应派公债千元，兹发到债票，仅四百五十元，按数由各钱庄摊认，当由商会王会长，召集各庄经理分认摊购云。

《越铎日报》中华民国十五年十月七日

令建设局及全县各地商会转发《交易所法》仰知照由

（1929 年 11 月 17 日）

绍兴县政府训令（只登公报不另分行）

建字第二四四五号

令建设局及全县各地商会转发《交易所法》仰知照由

令建设局、全县各商会：

案奉浙江省建设厅训令第一六五八号开：为令知事。案奉省政府秘字第四三三○号训令内开：案奉国民政府令开：为令知事。查《交易所法》现经制定，明令公布，除施行日期另以命令定之并分行外，合行抄发原条文，令仰知照，并转饬所属一体知照。此令。等因。奉此，合行抄发原条文，令仰该厅知照，并转饬所属一体知照。此令。等因，并抄发《交易所法》一份到厅。奉此，除分别函令外，合行抄发《交易所法》一份，令仰该县长知照，并转饬所属一体知照。此令。等因。计抄发《交易所法》一份下县。奉此，合行照录《交易所法》，令仰该会局即便知照。此令。

计抄录《交易所法》一份。（略）

县长　汤日新

《绍兴县公报》民国十八年第六十一期

令全县商会商民协会转知改革结帐
办法仰转商民一体遵照由

（1929 年 12 月 15 日）

绍兴县政府训令（只登公报不另行文）

秘字第五七四号

令全县商会商民协会转知改革结帐办法仰转商民一体遵照由。

令全县商会、商民协会：

案奉浙江省建设厅训令第二〇四六号内开：案奉省政府秘字第四九四五号训令内开：案奉行政院第四一五八号训令开：案据上海特别市政府呈称：窃据属社会局呈报：职局鉴于推行国历，废除阴历，商家旧习结帐日期，亟宜从事改革。但以本年国历年终总结算之准备已感不及，不得不暂准展迟一个月，自明年起，每年分期收账，均应遵照国历计算，或按照节气前后一年，酌分数期，务以废除阴历为目的。业经函达本市商人团体整理委员会知照，并请于上述办法内，考察商情，参加意见，拟具本年总结账日期，及明年起分期收账办法，以备采纳。兹准复称：经全体会议议决，商界阴历结帐，原分为一年三期，而以年终为大结束，如收账期数加多，则期短气促，实行为难。如将期数减少，则经济流转亦受影响。为求各方事实便利起见，仍以每年分三期结账为宜。至分期办法，我国以农立国，须顾到农民收获时期。查国历五月终为蚕丝及大麦登场之期，九月终为成熟之期，如以五月末日及九月末日定为商家结账日期，在日行上尚少阻碍。仍以国历十二月末日为大结束之期，其习惯向以阴历大小月底、即月之末日及十四日收帐者，仍以国历大小月底即月之末日及十四日收帐，以资周转。其本年国历年终总结算，应即照社会局来函，至多不得逾一个月（即国历十九年一月底），从前所订契约如用阴历者，改为以到期之月日之国历展缓一月计算，房租如未改者，明年起亦照国历支付，薪水亦同云云。相应函请察核示复等语。准此，查核所拟，尚属妥善，惟事关重大，职局未便擅断，理合备文呈报，仰祈鉴核示遵，以便通告施行等情。据此，查核转呈，所拟改革结账日期办法尚属周详，本年国历年终为期迫促，总结算之准备商家即感不及施行，自应暂准展缓，至多不逾一月为度。惟自十九年分起，即应绝对遵照所拟分期办法办理结账，庶几明年以后，端午、中秋等结账旧习，亦得随阴历而俱废。至从前阴历契约，以后到期月日，即依递迟一月国历月日计算，自属简捷易行之法。而房资、薪工，均照国历支付，亦为当然。除指令照准，转饬通告属市各业一体遵行外，理合将所拟改革结账日期办法，备文呈请钧院鉴核，迅赐转呈国民政府备案，并请通令全国，一体遵行等情。据此，当交工商部议复，核与中央法令、商事习惯尚无不合。经本院呈奉国民政府，指令照准在案。除分令外，合行令仰该省政府遵照办理，并转饬所属一体遵照，等因。奉此，合行令仰该厅转饬所属一体照。此令。等因。正核办间，又奉建设委员会会同前因。奉此，除分函并分令外，亟令仰该县长知照，转饬所属各商会、各商民协会一体遵照。此令。等因。奉此，合行令仰该会，即便转致各商民一体遵照。此令。

县长　汤日新

中华民国十八年十二月十五日

《绍兴县公报》民国十八年第六十六期

令所属各商会照录《修正商会法施行细则》仰一体遵照由

（1929 年 12 月 31 日）

绍兴县政府训令（只登公报不另行文）

秘字第八六一号

令所属各商会照录《修正商会法施行细则》仰一体遵照由。

令所属各商会：

案奉浙江省建设厅训令第二一八一号内开：案奉省政府秘字第五○七六号训令内开：案准工商部咨开：查商会法施行细则，业经本部依法制定，于本年十一月十三日公布施行在案。兹特检寄三份，请烦查照，转饬所属各商会一体遵照办理。等由。附商会法施行细则三份过府。准此，除分行民政厅外，合行检发前项细则一份，令仰该厅即便转饬所属一体遵照。此令。等因，并检发商会法施行细则一份到厅。奉此，除分别函令外，合行抄录商会法施行细则一份，令仰该县长知照，转饬所属各商会一体遵照。此令。等因。计抄录商会法施行细则一份下县。奉此，合行照录商会法登报，令仰该会一体遵照。此令。

计抄录商会法施行细则一份。（略）

县长　汤日新

中华民国十八年十二月三十一日

《绍兴县公报》民国十八年第六十九期

令所属商会奉建设厅转发票据法仰各商会一体遵照由

（1930 年 2 月 9 日）

绍兴县政府训令（只登公报不另分行）

秘字第一三四三号

令所属商会奉建设厅转发票据法仰各商会一体遵照由。

令所属商会：

案奉浙江省建设厅训令第一三○号开：案奉工商部商字第六九六三号训令内开：案奉行政院第三七八九号训令开：为令知事。现奉国民政府第一○六○号训令内开：为令知事。查票据法业经制定，明令公布，亟应通饬施行。除分行外，合行抄发原条文，令仰知照，并转饬所属一体知照。此令。等因。计抄发票据法一件。奉此，除分令外，合行抄发原条文，令仰知照，并转饬所属一体知照。此令。等因。奉此，除分令外，合行照抄票据法一份，令仰知照，并转饬所属一体知照。此令。等因。并附发票据法一份到厅。奉此，除分函并分令外，合亟抄录票据法一份，令仰该县长知照，并转饬所属商会一体知照。此令。等因。计抄录票据法一份下县。奉此，合行照录票据法，令仰各该商会一体遵照。此令。

计抄录票据法一份（略）

县长 汤日新

《绍兴县公报》民国十九年第七十一期

令县属各商会奉建设厅令饬商会改组
期促转仰遵章依法办理由

（1930 年 2 月 16 日）

绍兴县政府训令（只登公报不另行文）

秘字第一五三二号

令县属各商会，奉建设厅令饬商会改组期促，转仰遵章依法办理由。

令县属各商会：

案奉浙江省建设厅训令第三〇八号开：案据浙江全省商会联合会常务委员袁端甫等呈称：窃维全国商会联合会删代电略开：查商会商联会应遵照商会法第四十一条之规定，依限改组，照商会法施行细则第十九条规定，商会应依法改组或改选时，由现任职员负责办理，如届期不能完成，即不得继续行使职权等文。商会法系十八年八月十五日公布，改组期限系至十九年二月十五日为止，现在为期已促，应请贵会即日通电全浙各商会，迅速改组，至为盼切等由。准此，查全浙各商会素重官厅令文，兹事体大，除由职会通电改组外，合再呈请钧厅，电饬各市县商会依限改组，以符商法，而免延误，等情前来。除分令并指令外，合亟令仰该县长转饬所属各商会，依法改组为要。此令。等因。奉此，合亟令仰各该会一体遵照办理。此令。

县长 汤日新

中华民国十九年二月十六日

《绍兴县公报》民国十九年第七十二期

令所属各商会照录《修正商会法》条文仰一体知照由

（1930 年 4 月 13 日）

绍兴县政府训令（不另行文）

秘字第二五五三号

令所属各商会照录《修正商会法》条文仰一体知照由

令所属各商会：

案奉浙江省建设厅训令第八八四号开：案奉省政府秘字第八七一号训令内开：奉行政院训令开：现奉国民政府第一一九号训令开：为令知事。查商会法前经制定公布在案，兹将该法第四十二条酌加修改,应行通饬施行。除分令外,合行抄发修正条文,令仰知照,并转饬所属一体知照。此令。等因。计抄发《修正商会法》第四十二条条文一分。奉此,除分令外,合行抄发修正文,令仰知照,并转饬所属一体知照。等因。计抄发《修正商会法》第四十二条条文一分。奉此,合行抄发前项条文,令仰该厅转饬所属一体知照。此令。等因,并抄发《修正商会法》第四十二条条文一分。奉此,除分行外,合行抄发修正条文令仰知照并转饬所属一体知照。此令。等因,计抄发《修正商会法》第四十二条条文一件下县。奉此,合行照录修正条文,令仰各该会一体知照。此令。

计照录《修正商会法》第四十二条条文一件。(略)

县长　汤日新

中华民国十九年四月十三日

《绍兴县公报》民国十九年第八十期

绍兴县政府令所属各工商团体

(1930 年 5 月 3 日)

绍兴县政府训令(只登公报不另行文)

建字第二五八号

令所属各工商团体:

为奉建设厅令转发《商会法》及《施行细则》、《工商同业公会法》及《施行细则》勘误清单,转饬知照由。

令所属各工商团体:

为令遵事。案奉浙江省建设厅第一一四一号训令内开:案奉省政府、工商部秘字第一一六一号令发校正《商会法》及《施行细则》、《工商同业公会法》及《施行细则》铅印本四份,并由省政府校勘前送油印品各误点另发清单一纸,饬即查照转知等因。除将部发各册存厅备查外,合行抄发原令文,及前送油印品各误点清单,令仰该县长即便查照,分别更正,并转饬所属一体知照。此令。等因,并奉发原令文一件,前送油印品各误点清单一纸。奉此,除遵照更正外,合行抄发原附各件,令仰各该团体一体知照。此令。

计抄发原令文一件又前发油印品各误点清单一纸。

县长　汤日新

建设局长　程祥德

中华民国十九年五月三日

附　浙江省政府训令

秘字第一一六一号

令建设厅:

案准工商部咨开:案查《商会法》及《施行细则》,均经先后咨请转饬所属一体遵照在案。惟前次检附各件,均系临时油印,其中不免有讹误脱漏之处。兹经详加校正,铅印成册,即以此册为正本,所有以前油印之件,如有讹误脱漏,均应查照此册更正。除分咨外,相应检附铅印《商会法》《工商同业公会法》,咨请贵府转饬所属,一体遵照,至纫公谊等由。附《商会法》《工商同业公会法》各三份。准此,查前准工商部咨送油印《商会法》及《施行细则》《工商同业公会法》及《施行细则》,业经先后令发该厅在案。兹准前由,当经饬处校勘,业将前送油印品各误点分别摘签,另立一单,合行检同现送原件,一并令仰该厅知照,并转饬所属一体知照。此令。

计检发《商会法》《工商同业公会法》(内附施行细则)各二册,又清单一纸。

浙江省政府主席　张人杰

常务委员　朱家骅、程振钧(公出)

中华民国十九年四月十日

前送油印品各误点:

《商会法》第十二条:"商业的法人"误为"商会的法人";

《商会法施行细则》第三条:"两组以上"误为"两组以下";

又第七条:"公会委员会"误为"公会执行委员会";

又第十四条:"县区镇商会"误为"区镇商会";

又第三十四条:"缴销"误为"撤销";

《工商同业公会法施行细则》第七条:"地方主管官署"误为"主管官署"。

《绍兴县公报》民国十九年第八十四期

令发修正人民团体职员选举通则等法规仰遵照办理由

(1933 年 6 月 11 日)

绍兴县政府训令

建字第　　号

令发《修正人民团体职员选举通则》等法规仰遵照办理由。

令商会、工会、农会、渔会:

为令遵事。案奉浙江省建设厅第一七四六号训令内开:案奉省政府秘字第四〇九〇号训令开:案奉行政院第一一七六号训令开:案奉国民政府第六四号训令开:为令饬事。案奉中央执行委员会秘字第二四三一号函开:查本会前颁行之:(一)《人民团体职员选举通则》;(二)《人民团体埋事监事就职宣誓规则》;(三)《人民团体组织指导员任用规则》;(四)《人民团体经费辅助办法》;(五)《各地高级党部指导人民团体权限划分办法》;(六)《指导人民团体改组办法》;(七)《通俗讲演员检定委员会组织通则》;(八)《通俗讲演员检定条例》;(九)《通俗讲演员检定合格证书志愿书及履历书之式样及说明》等,与现在党部组织名称未尽适合。兹经本会第五十七次常会分别酌加修改,除分行外,相应检同各该修正法规各一份,函请查照转行饬遵,等因。奉此,自应照办。除函复外,合行检发该项法规,令仰该院转饬所属遵行为要。此令。等因。奉此,除分令并函知北平政务委员会外,合行抄发原件,令仰遵照,并转饬所属,一体遵照。等因。并抄发《修正人民团体职员选举通则》等法规九份。奉此,除分令民政、教育两厅外,合行抄发原附件,令仰该厅遵照,并转饬所属一体遵照。此令。等因,计抄发《修正人民团体职员选举通则》等法规九份。奉此,除分令外,合行抄发原件,令仰该会遵照,并转饬所属一体知照,遵照办理。此令。

计抄发《修正人民团体职员选举通则》等法规九份。(略)

县长 汤日新

中华民国二十二年六月十一日

《绍兴县政府公报》二十二年第九期

公安局函劝商人重视国旗

(1933 年 10 月 1 日)

国庆纪念转瞬即届,公安局兹以绍城各商店多未制备国旗,特致函商会,请转知各商民,应知尊重国旗。该函略云:查国旗系代表国家之尊严,凡属国民皆应极端尊重,不得等闲视之。近查本县各商店凡遇纪念日,多不知应悬挂国旗,即有之而所悬之旗,非尺寸大小不按规定,即颜色暗淡,破坏不堪,似此不知尊重国旗,即不知管护国家,殊非国民所应有。兹特将国旗式样绘成图案,并附同尺度表,请烦贵会转饬各商店依照图案及尺度表制造之。嗣后,凡纪念日务须一律悬挂国旗,以表爱国之至意。特此函达,即希查照云。

《绍兴新闻》中华民国廿二年十月一号

为奉令抄发《修正浙江省取缔公司商店廉价竞卖暂行办法》及报告表式样仰遵照由

(1936 年 7 月 6 日)

绍兴县政府训令(只登公报不另行文)

建字第一〇七二号

为奉令抄发《修正浙江省取缔公司商店廉价竞卖暂行办法》及报告表式样仰遵照由。

令各区署、各商会:

案奉浙江省建设厅二十五年六月二十四日第三〇一六号训令内开:案奉《本省取缔公司商店廉价竞卖暂行办法》早经公布施行,并令饬遵照办理各在案。兹本厅业已变更组织,改局设处,所有前商务管理局主管取缔商店廉价事宜,应由厅直接办理,是以原暂行办法第五条、第六条、第九条及第十五条,均经修正,藉符实际,而便施行。嗣后各商会仍应将每月廉价竞卖之公司商店,于翌月十日以前,依表填就,呈由该府汇报到厅。如该月并无举行廉价竞卖商店,亦应专文呈报,以便稽考。合亟抄发《修正浙江省取缔公司商店廉价竞卖暂行办法》及报告表式样各一纸,令仰遵照,并转饬切实遵照办理为要。至民国二十四年四月二十七日第一五七八号令发许可证式样,仍可适用,并无变更之处,并仰知照。此令。等因。奉此,除分令外,合行抄发修正办法,令仰该区属会遵照办理。此令。

计抄发:《修正浙江省取缔公司商店廉价竞卖暂行办法》及报告表式样各一纸。(略)

兼县长　贺扬灵

中华民国二十五年七月六日

《绍兴区行政督察专员公署公报》二十五年第四十一期

令为抄发货物产地签发规则仰转饬各出口商一体遵照由

(1936 年 7 月 10 日)

绍兴县政府训令

建字第一一〇一〇号

令各商会:

案奉浙江省建设厅廿五年六月廿六日第三一〇一号训令内开:案奉实业部商字第四四七七一号训令内开:案查本部货物产地证书签发规则,前于民国二十一年三月,呈准行政院备案公布施行,并将前项规则,及签发机关表等令发转知在卷。兹本部为明确指证国货工业产品之输出起见,将前项规则加以修正,业经呈奉行政院提出第一一六四次行政院会议通过。除公布施行并分别咨令外,合行检发前项修正规则一份,令仰遵照,并转饬各商会知照。等因,并附发规则一份。奉此,合行抄发原修正规则一份,令仰知照,即便转饬各商会,转知各出口商一体遵照。此令。等因。奉此,除分令外,合行抄发原修正规则,令仰该会知照,并转饬各出口商一体遵照。此令。

计抄发《修正实业部货物产地证书签发规则》一份。(略)

兼县长　贺扬灵

中华民国二十五年七月十日

《绍兴区行政督察专员公署公报》二十五年第四十二期

为奉令举办商业登记抄发登记规程及登记理由仰遵照由

(1936 年 7 月 30 日)

绍兴县政府训令

建字第一二二二〇号

为奉令举办商业登记抄发登记规程及登记理由仰遵照由。

令各区署、各同业公会各商会：

案奉浙江省政府建设厅本年七月十五日第三四〇九号训令内开：案查《浙江省商业登记规程》，业经省政府委员会于本年六月三十日第八三三次会议议决通过，并已列入本厅二十五年度行政计划，且定为本年度工商行政中心工作，自应依照规程，积极筹备，如限办理。除各县市商业登记审查委员会组织规则及登记表式等，应俟本厅分别拟定另令颁行，并已决定于本年九月一日起为开始，举办总登记日期外，合亟抄发《举办全省商业登记之理由》，及《浙江省商业登记规程》各一份，先行通令知照，仰该县长迅即分别令饬布告各商人团体及商民人等一体知照为要。此令。等因。计抄发《举办全省商业登记之理由》，浙江省商业登记规程各一份。奉此，除分令并布告外，合行抄发登记规程及登记理由，令仰该区长即便转饬所属商民人等一体知照、该会知照！

此令。

计抄发：《浙江省商业登记规程》及《举办全省商业登记之理由》各一份。（略）

兼县长　贺扬灵

中华民国二十五年七月三十日

《绍兴区行政督察专员公署公报》二十五年第四十四期

为令饬编送经费预决算由

（1937 年 3 月 16 日）

绍兴县政府训令

建字第六五九二号

为令饬编送经费预决算由。

令各商会工商同业公会：

查各商会、各同业公会经费收支，应分别依照商会法第三十一条及工商同业公会法第十三条之规定，每值年度更始，造具预决算，呈报地方主管官署分别存转备案。兹二十六年度即将开始，各该会自应依法编送，以凭审核。除分令各商会、各同业公会外，合行令仰该会遵照办理具报。

此令。

兼县长　贺扬灵

中华民国二十六年三月十六日

《绍兴区行政督察专员公署公报》二十六年第七十七期

为奉令切实协助度政推行仰遵照转饬
各乡镇保甲长一体遵办由

（1937 年 4 月 30 日）

绍兴县政府训令（只登公报不另行文）

建字第一○五四五号

为奉令切实协助度政推行仰遵照转饬各乡镇保甲长一体遵办由

令各区署、各商会及临浦公安局：

案奉浙江省政府本年四月十五日第六○号训令内开：据建设厅案呈转饬，省度量衡检定所所长吴象乾呈请转呈通令各县转饬乡镇保甲长，切实协助度政，推行新制等情到府。据此，查所称各节确属切要，除分令外，合行抄发原呈，令仰该县长转饬所属乡镇保甲长，切实协助为要。此令。等因。奉此，除分令外，合行抄发原呈，令仰该区、局、会遵照。

此令。

计抄发原呈一件。

兼县长　贺扬灵

中华民国二十六年四月三十日

照抄原呈：

窃查本省办理划一度量衡，已由城市而深入乡村，由商店而推及住户，佃农之缴租，积谷之征收，均已一律遵用新制量衡器。各县乡镇公所及保甲长办事处，应行置备之新发度量衡标本器，或正分期推进，或已提前办竣，以资倡导，完成划一。惟查各县辖境辽阔，全县度政仅赖检定员一人负责办理，宣传力量既难普遍，推行取缔亦欠周密，自非藉公安自治机关切实协助，殊难收效划一。乡村民用器办法拟定专条前经核定饬遵，并于训练保甲长时，列有推行新发度量衡学科，原以期彻底明了，俾得切实协助，藉收事半功倍之效。顾各县乡镇保甲长，实行奉行者固属不少，而敷衍因循者亦复甚多。兹为彻底完成各县乡村民用度量衡器划一起见，拟请钧厅转呈省政府，通令各县转饬乡镇保甲长，切实协助，负责推进，如遇有持用度量衡旧器情事，并应随时检举，俾便取缔，以期肃清旧器，彻底完成划一。是否有当，理合备文，呈请鉴核施行。谨呈

浙江省建设厅厅长　王

浙江省度量衡检定所所长　吴象乾

中华民国二十六年四月七日

《绍兴区行政督察专员公署公报》二十六年第八十三期

为奉令改正国产装潢以资鉴别仰遵办由

(1937 年 4 月 30 日)

绍兴县政府训令

建字第一〇六一一号

为奉令改正国产装潢以资鉴别仰遵办由

令各商会及各厂：

案奉浙江省建设厅本年四月十九日戊字第七六〇号训令内开：案奉实业部工字第一九六二二号训令内开：准外交部二十六年三月十五日国字第二一六六号咨开：据驻河内总领事馆呈称，查：

（一）现在我国实业并不十分发达，在我国自制货物内，有时不能不采本国所无之外国原料，惟因该原料上印有"在某国制造"之字样，以致越南海关时常因此发生麻烦。如去年上海商务印书馆运至云南分馆之自制风琴，因铜黄上有"德国制"字样，海关不允作为华货，坚持须作别国货上税；又如滇商张绍会前向江苏省立农具制造所购运至滇之十二匹高压力柴油引擎机三部，内细件系购自德国，字迹未去，越关亦须全部作为外国货上税，虽有法领事之签证，亦难生效。

（二）我国新出之各种化妆品，如孩儿面、花露水等，所有原料，虽完全为国出产，但商人因欲迎合顾客心理，一切装潢标题，处处仿照洋货，即使"在中国制造"之中洋文字样，亦不书写，越关不知底蕴，均以外国货上税。

（三）至于完全外国出产之货物，加以装潢色扎，充作华货，运往越南，越关终须照外国货上税。例如五洲药房所出之鱼肝油，因鱼肝油均为挪威出产，不独我国所无，即法国亦无此产。关于此种情形，与海关发生之争执，不一而足，希望我国商人注意及此，自动予以更改。如对于运销南洋，尤其是越南一带之我国货物，若其中一部分原料，须用外国出产者，务须设法转知原出品厂商，切勿印有："在某国制造"字样。再运云南之化妆品，如并不注明在中国制造，或标题说明书等均用洋文者，均应注明"在中国制造"字样，庶海关易于鉴别，争执自可减少。至于改头换面之外国货物，如鱼肝油等，因我国并无此项出产，自难责人以国货上税。等情到部，相应咨请贵部查照，转饬各地商会，转知各厂商予以注意，并改正为荷。等由。准此，除咨复暨分行外，合行令仰该厅遵照，转饬所属各商会，转知各厂商注意并改正为要。此令。等因。奉此，除分令外，合行令仰该县长遵照，转饬所属各商会及工厂注意，并改正为要。此令。等因。奉此，除分令外，合行令仰该厂遵照办理，并转饬各商号一体遵照。此令。

中华民国二十六年四月三十日

兼县长　贺扬灵

《绍兴区行政督察专员公署公报》二十六年第八十三期

为抄发《修正取缔棉花搀水搀杂暂行
条例施行细则》条文仰知照由

（1937 年 5 月 5 日）

绍兴县政府训令（只登公报不另行文）

建字第一○五九○号

为抄发《修正取缔棉花搀水搀杂暂行条例施行细则》条文仰知照由。

令东关、皋埠、安昌区署、各商会：

案奉浙江省建设厅本年四月二十三日丁字第七七六号训令开：案奉省政府本年四月六日秘字第一○八九号训令内开：案奉行政院本年三月四日第一一七九号训令内开：案奉国民政府二十六年二月二十五日第一三二号训令开：为令饬事。据该院二十六年二月十六日第三五四号呈称：前奉钧府二十六年一月二十日第五六号训令抄发《修正取缔棉花搀水搀杂暂行条例施行细则》，令仰转饬施行一案，当经通饬所属，一体知照。旋据实业部呈，以该细则第二条内："惟上海、宁波"五字下，漏列"汉口、沙市"四字，请予补正等情，当以全国经济委员会，以前送院之细则草案第二条内原无"汉口、沙市"四字，究竟情形如何，经函请查复去后，兹准函复内开："该细则第二条内'上海、宁波'四字下，确属脱漏'汉口、沙市'四字。又第二十二条内'各该省'及'各省'之'省'字下，均脱漏一'市'字。附抄缮正条文，请查照办理"等由。除先行令知实业部外，理合缮同原附缮正条文，呈请鉴核补正，通饬知照等情。据此，查前据该院呈为准全国经济委员会函送《修正取缔棉花搀水搀杂暂行条例施行细则》草案，转请鉴核公布施行到府，业经本府于二十六年一月二十日明令公布，并以第五六号训令，通饬施行各在案。兹据前情，应准照案补正，通饬知照。除分行外，合行抄发原附缮正条文，仰知照并转饬所属一体知照，等因。奉此，除分令外，合行抄发原附缮正条文，令仰知照，并转饬所属一体知照。等因，并奉发缮正条文一份下府。奉此，查此项施行细则，前奉令修正，业于本年二月五日，以秘字第一三六九号训令饬遵在案。兹奉前因，合行抄发原条文，令仰该厅知照，并转饬所属一体知照。此令。等因。抄发《修正取缔棉花搀水搀杂暂行条例施行细则》第二条及第二十二条缮正条文一份，奉此，合行抄发原条文，令仰该县长知照，并转饬所属一体知照。此令。等因。奉此，除分令外，合行抄发原修正条文，令仰该区长、会长知照。

此令。

计抄发《修正取缔棉花搀水搀杂暂行条例施行细则》条文一份。（略）

兼县长　贺扬灵

中华民国二十六年五月五日

《绍兴区行政督察专员公署公报》二十六年第八十三期

为奉令转发《浙江省商业登记规程》修正
第二条条文等仰转饬知照由

（1937 年 5 月 28 日）

绍兴县政府训令

建字第一〇八五六号

为奉令转发《浙江省商业登记规程》修正第二条条文及施行细则第四条条文仰转饬知照由。

令县商会、柯桥镇、东关镇商会：

案奉浙江省建设厅本年五月十四日戊字第一一二一号训令内开：案查《浙江省商业登记规程》，曾于二十五年六月三十日由浙江省政府委员会第八三三次会议通过公布施行，并经呈请转报行政院备案在案。嗣奉省政府秘字第九九六四号训令，以奉院令，该规程第二条所订营业种类，未照商人通例办理等因，复经本厅叙述缘由，遵令修正该规程第二条条文及施行细则第四条条文，呈请提交会议，并请转报备案施行各在案。兹奉省政府二十年四月六日秘三字第一一三五号指令内开：呈件均悉。当于府委员会第九〇四次会议提出讨论，经决议通过等因。除将登记规程第二条修正条文公布，并咨请实业部转呈备案外，仰即知照。件存。此令。等因。奉此，除分别函咨及通令外，合行令仰该县长即便转饬知照。此令。等因，计抄发《浙江省商业登记规程》修正第二条条文及施行细则第四条条文一份。奉此，除分令外，合行抄发各该修正条文一份，令仰该会知照，并转饬各同业公会一体知照。

此令。

计抄发《浙江省商业登记规程》修正第二条条文、施行细则第四条条文一份。（略）

兼县长　贺扬灵

中华民国二十六年五月二十八日

《绍兴区行政督察专员公署公报》二十六年第八十七期

抄发《修正工商同业公会法施行细则》
第十六条条文仰知照由

（1937 年 6 月 23 日）

绍兴县政府训令（只登公报不另行文）

建字第一三六二三

抄发《修正工商同业公会法施行细则》第十六条条文仰知照由。

令各商会工商同业公会：

案奉浙江省政府二十六年六月十二日府建五字第七四八号训令内开：案准实业部二十六年五月十八日商字第五五五四六号咨开：查《修正商会法施行细则》第二十条条文，并将原第二十条条文改为第二十一条，以下条文依次递改一案，业经本部公布，并以商字第五二〇三七号咨通请饬在案。兹查《工商同业公会法施行细则》第十六条，亦应连带修正，除以部令于二十六年五月七日公布并分行外，相应检同修正条文一纸，咨请查照，转饬所属一体遵照为荷等由，并附发《修正工商同业公会法施行细则》第十六条条文一纸。准此，合行抄发修正条文，令仰该县长知照，即便转饬所属各工商同业公会一体遵照。此令。等因，计抄发修正条文一纸。奉此，除分令外，合行抄发修正条文令，仰该会知照。

此令。

计抄发修正条文一纸。（略）

兼县长　贺扬灵

中华民国二十六年六月二十三日

《绍兴区行政督察专员公署公报》二十六年第九十一期

为中中交农四行破损钞票无分支行地方
由邮局代收兑换转行知照由

（1937 年 6 月 23 日）

浙江省第三区行政督察专员公署训令（只登公报不另行文）

财字第九七〇号

为中中交农四行破损钞票无分支行地方由邮局代收兑换转行知照由。

令区属各县政府、绍兴各商会：

案奉浙江省政府二十六年六月九日府财字第七六七号训令内开：案据新昌县商会主席委员俞雨生等呈称：窃查属县自奉令改用纸币以来，人民虽称便利，但在市上流通纸币，因辗转使用，期间过长，以致纸币残破不堪，复因无收兑机关，不能推陈布新，咸感痛苦。最可怜者，一般农民以血汗换得之有限残旧纸币，或因藏于布衣袋磨擦，或因农民心粗手木易于损破，市上既不能使用，又无处兑换，农民遭此损失，在街巷号哭流涕者数见不鲜。社会人士目睹情形，莫不同为叹惜。按发行纸币者，原为流通计，其规定破碎纸币尽可向发行银行兑换。惟属县地瘠民贫，商业未臻繁荣，各银行均未设有代收机关，致使农民所受痛苦至深。素仰钧座爱护农民无微不至，属会复因目击心伤，为特不揣冒昧，略陈梗概，请求钧座鉴核，俯赐准予分别函咨中、中、交、农四行，委托浙江地方银行，转饬新昌办事处代理收兑各银行残破纸币，汇向原发行纸币银行兑换新纸币，来新使用，以资推陈布新，而维农民利益，不胜馨香祷祝之至等情。查破旧不堪使用纸币，照章原应由发行银行收回，未可长使流在市面，以肃币政。自推行法币以来，各发行银行钞票已深入内地各县，原呈所称情形自非新昌一邑为然。在各发行银行未设有分行办事处及兑换机关之偏僻县份而已,设有其他银行,自应委托其他银行代为收兑。即无其他银行设立,亦应委托就地商会或钱庄兑收,俾使持有钞币人随时随地得以兑换,藉维信誉,而便人民。当经本府函达中中交农四行,察酌办理在案。

兹准中、中、交、农四行会衔函复开:奉经敝行等一度会议,金以是案前奉中、中、交三总行函令略开:查关于在三行场未设分支处,各地委托邮局代为收换三行破损钞票,案经三总行与邮政储金汇业局洽商,同意并签就合约,即日实行。除由该局通函各分局照办外,合行通告等因。敝中、中、交三行破损钞券,既经由各地邮局代兑,敝中国农民银行事同一律,亦应照此办理。且邮局代收破损钞票,向三行兑换,敝中央银行迭经照办有案,奉函前因,理合备文陈复,仰祈察洽转行等由到府。除分行各行政督察专员、各市县政府外,合行令仰该专员即便转行商会,一体知照。此令。等因。奉此,除分令外,合行令仰该县长即便转饬商会一体知照。

此令。

专员　贺扬灵

中华民国二十六年六月二十三日

《绍兴区行政督察专员公署公报》二十六年第九十一期

令绍兴商会

（1938 年 6 月 14 日）

二十七年六月十四日

建字第八四三四号

一、据齐代电,以新设商店登记手续是否依照浙江省规程办理,抑依照绍兴县战时工商管理暂行办法办理,转请核示等情。

二、本县战时工商管理暂行办法,系呈奉建设厅核准、所有战时新设商店登记手续件应遵照是项办法办理,仰转饬知照。

右令绍兴商会。

县长　沈涛

《绍兴县政府公报》中华民国二十七年第十二期

令各区署警察局各商会

（1938 年 6 月 19 日）

二十七年六月十九日,建字第八七七九号（不另行文　只登公报）

一、案奉浙江省政府二十六年十月二十八日祕人字第一○四二六号训令、抄发修正国民政府军用运输护照规则及施行细则各一份、暨同年十二月四日第一一七三二号训令附发护照样式请求书式、保证书式及运输说明书式各一份、饬知照并转饬知照、等因

二、除分合外合行抄发原规则及细则连同护照样式请求书式保证书式、运输说明书式各一份、令仰该区会局长知照

右令各区署警察局各商会

计抄发：《修正国民政府军用运输护照规则及施行细则》、暨护照样式、请求书式、保证书式、运输说明书式、各一份。（略）

县长　沈涛

《绍兴县政府公报》民国二十七年第十二期

成立委员会筹购军粮今开会商讨

（1946 年 5 月 18 日）

（本报专访）本县自经省方派定应购五月份军粮后，为迅赴事功起见，昨特聘定县党部应书记长、临参会金议长、县商会陈理事长、青年团沈干事长、县农会傅理事长、县米业公会严理事长、县地方银行徐行长，及地方士绅朱仲华、金汤侯、金鸣盛、陶春煊等为委员，定于今（十八）日上午十时，在县府会议室，举行成立"军粮筹购委员会"，同时并讨论购买五月份本县应购军粮事宜云。

《越报》中华民国三十五年五月十八日

东关镇商会拒筹警察费

（1946 年 6 月 7 日）

（本报讯）东关镇商会，昨召集各业负责人暨理监事座谈会，出席林志冠等，主席罗锡臣。报告事项：

一、关于营业税法，闻已修正要点于下：

（1）免税点提高，凡营业总收入额每月不满二万五千元者，均予免征。

（2）罚则提高，不领换营业税调查证者，不设置账簿者，不送请登记盖戳者，均处以五千元以上，二万五千元以下之罚金，并得迳行决定之，如滞纳税款如处罚外，由法院强制追缴之。

以上免税及罚则两项，经本会面请东关分驻所周主任从宽办理，以恤商艰外，事关商业福利，希各会员商号特别注意之。

二、三十四年营利事业所得税，本会根据念六年时解释成案，电请省商联会向财政部援例免征。嗣接省商会电称，已向财部请愿，一致力争。

讨论事项：

一、东关警察所长警待遇菲薄，函请救济案。决议：警察所经费遵照县令，应由警察总局统筹办理，本会未便承认。

二、为集思广益，健全机构，并加强组织起见，各候补理监事，在未递补前，拟请参加各种会议，是否请公决案。决议：通过。

《越报》中华民国三十五年六月七日

为奉省府转发人民团体游行注意事项令仰遵照由

（1946 年 6 月 12 日）

绍兴县政府训令

社二字第七二〇四号，中华民国三十五年六月十二日

事由：为奉省府转发《人民团体游行注意事项》令仰遵照由。

令警察局、县商会、县立中学、各乡镇公所、总工会、县立简师、各私立中等学校、县农会、县渔会：

案奉浙江省政府本年五月二十一日诚字第六六六三号训令内开：案准内政部渝警字第二一〇一号公函内开：查团体游行管理，稍有不慎，足以影响社会秩序与公共安宁，应防患未然。本部有鉴于此，特拟订人民团体游行注意事项一种，除分别函令外，相应检送该项注意事项一份，函请查照参考办理为荷。等由。准此，自应照办。除分令外，合行抄发《人民团体游行注意事项》一份，令仰遵照办理。等因，并附件。奉此，除分别函令外，合行抄发原件，令仰遵照。

此令。

计抄发《人民团体游行注意事项》一份。（略）

县长　林泽

《绍兴县政府公报》民国三十五年第三期

据呈从业行号拒不入会请指示补救办法等情指令执照由

（1946 年 6 月 12 日）

绍兴县政府训令

第六八三号，中华民国二十五年六月十二日

事由：据呈从业行号拒不入会请指示补救办法等情指令执照由

令零售酒同业公会：

呈一件，为从业行号拒绝入会请指示补救办法由。

呈悉。从业行号拒绝入会,依照职业团体会员强制入会与限制退会办法第三条之规定,应先由该会限期劝令加入,如其逾期仍不遵办者,应予警告,自警告日起,十五日内仍不接受者,由该会呈报本府处分之。仰即遵照办理为要。

此令。

县长　林泽

《绍兴县政府公报》民国三十五年第三期

县商会重评地价

(1946 年 7 月 7 日)

(绍兴社讯)本县县商会,以接地政科送交地价调查报告表,函嘱核议,兹悉该会为缜密考核,磋商平衡准确起见,已订于八日下午三时,在该会召集各业理事长,及各理监事,开会研讨,以便提交评价会。

《越报》中华民国三十五年七月七日

经三度平允商榷,城区标准地价评定

(1946 年 7 月 11 日)

宅区最高额每亩五百万,历年契价估计同时决定

(本报讯)本县城区土地,即将开始办理登记,地籍整理办事处,为期所调查制定之地价平允起见,经订定地价表,提付第一次地价评议会评定,复又经县商会重评后,昨又召开第二次标准地价评议委员会,评定标准地价,经此次评定后,即将依照是项评定价格,开始办理登记,收取登记费,兹录昨(十)日标准地价评议委员会第二次评议委员会议情形于下:

出席者,朱仲华、徐叔侃、李舜开(代)、杜海生、傅逎□(傅祖禹代)、陈笛孙、史幼祥、金鸣盛(宋长儒代)、林泽、陶春煊、张家麒,列席者,周叔元、王鉴香、王均禄、陈子樵(余家骥代)、李大桢、□绍怡、徐春扬、孟哲生,主席林泽,纪录谢长苞。

讨论事项:

一、地籍整理处原定地区等级及地价估计是否有当,请评定案。议决:

(一)地价方面:

甲、宅地:1. 特上区为五百万元,特下区为四百万元;2. 甲区一律为三百万元;3. 乙上区为一百五十万元,乙下区为一百万元;4. 丙区为六十万元;5. 丁区为四十五万元;6. 戊区为三十万元;7. 已区为十五万元。

乙、农地:一律十五万元。

丙、杂地：照县商会修正价值评定如下：1. 特区四十万元；2. 甲区二十万元；3. 乙区十五万元；4. 丙区十万元；5. 丁区分八万元；6. 戊区七万元；7. 己区五万元；

丁、田：大田一律十二万，连小田为二十四万元；

戊、山：依照地整处原议，一律一万元；

己、荡：依照地整处原议，一律五千元。

以上地价均以每市亩计算。

（二）应行更改地价区如下：

甲、日辉弄以东至大街县西桥止为特上区。

乙、县西桥至轩亭口止为特下区。

丙、日辉弄口至兴文桥为特下区。

丁、观桥至大庆桥为乙上区。

戊、清道桥至观桥为乙下区。

己、三大街依照过去历史习惯应改为丁区。

庚、大小坊口至天主堂一带均改为丁区，其余地区照原定等级通过。

二、推收所提议，为拟具本县历年不动产，价格表请公决案。议决：除地价依照本会评定价格办理外，其余田、山、荡均照表额议决通过附录推收所拟定之田荡山地价表格于下：

田：三十年上二零零；中一五零；下一零零。三十一年上四零零；中三零零；下二零零。三十二年上五零零零；中四零零零；下三零零零。三十七年上七零零零；中六零零零；卜五零零零。三十四年上二零零零零；中一八零零零；下一六零零零。七月份至十月为六零零零零，十一月份起照三十五年下级计算。三十五年上一八零零零零，中一五零零零；下一二零零零零。各区域等级依据原有字号分定之本额简摘以告，另备详表。

山：三十一年前，八零——一五零。三十二年至三十四年，三零零零——六零零零。三十五年六零零零零——一零另零零零。

荡：三十一年前六零——一零零；三十二年至三十四年，二零零零——一五零零；三十五年，五零零零零——八零另另。山荡区城高低不一，本额摘告总点，如有不同者，依据原字号评计。

《越报》中华民国三十五年七月十一日

本年已供应八千余石，配拨军粮全部购解

（1946 年 7 月 27 日）

派购未足额由粮商借垫，各乡镇欠数将严饬催收

（本报讯）本县军粮供应情形，兹经县当局统计完竣，记者为使全国人士明了起见，特探录于下：

（一）上年十二月份本县配购军粮□七□另三石，每石单价五□七另元，经依地方富力，分配各乡镇收购，并将军粮价购款，依照派额，先行发交各乡镇具领，以利收购，迄至六月底止，计购起五零四一石，未收二二六二石，解拨各部队者七三零零石，所有溢拨之二二六零石，均由县府向各机关及粮商临时借垫。

（二）本年三月份军粮配额，为一三零零石，奉省令照市价收购，经即由县府召集各法团会议委托粮食业负责承购解交军站。

（三）本年四月份军粮，配额二三四九石，仍照上月成议，按照当地市价委托粮商承购解交。

（四）本年五六月份军粮，配额共四八七四石，除由县府负责价购一四另另石外，余由省处电饬在杭州嘉金两处提运拨补，并悉上年十二份各乡镇欠缴军粮，一俟新谷登场，将严饬各乡镇公所收购足额，以资归垫。

《越报》中华民国三十五年七月二十七日

沪报污蔑林县长，各法团电请根究

（1946年8月2日）

（青锋社讯）本县民众，自上月三十日上海版中央日报无中生有，刊载绍兴县长林泽贪污渎职被拘通讯后，已激起公愤，以该消息不但侮辱县长，抑且侮辱整个绍兴民众。林县长自莅任以来，操守廉洁，与民更始，全县人民爱戴有如父母，该通讯信口雌簧，显系含有作用，而污蔑"绍兴人民闻讯，无不称快"，尤属卑鄙无耻已极。本县各法团，昨特联名电请浙省沈主席，迅予澈底根究，以正视听，并函中央日报社交涉。兹将电函原文，探志如下：

浙江省政府主席沈钧鉴：顷阅七月三十日上海中央日报载有绍兴县县长林泽贪污渎职，经钧府撤职扣押，移送法院消息一则，群情惊异。查林县长操守清廉，遇事勤慎，爱护人民，无征不至，全邑人士，感戴同深。日前奉令赴杭出席省行政会议，已于昨日返绍。前项消息，必有人故意造谣，应请钧府迅予彻底根究，以正视听而儆不法，并乞赐覆为祷。绍兴县商会、总工会、农会、教育会、渔会、妇女会、律师公会等全叩。

上海中央日报公鉴：阅七月卅日贵报地方通讯栏内，载有绍兴县长林泽贪污渎职，经浙江省政府查明属实，撤职扣押，即日移送地方法院一闻。查林县长操守清廉，遇事谨慎，爱护人民，无微不至，全县人士，感戴同深。日前奉令赴杭出席省行政会议，已于昨日返县，前项消息，绝非事实，应请迅赐更正。且查该通讯下段，"绍兴人民闻讯，无不称快"，如据有闻必录，则称快者必有其人，再请将真实姓名见告，俾明真相，顺颂公绥。绍兴县商会、总工会、县农会、县教育会、县渔会、县妇女会、律师公会同启。

（又讯）关于上海中央日报七月三十日地方通讯版，载有林县长贪污渎职被拘消息后，已激起全县人民公愤，林县长虽对此事，一笑置之，认为事实胜于难辩，惟县府全体同仁，认为此项荒谬消息，不仅侮辱县长个人，抑且关系绍兴县政府全体同人名誉，经一致议决，推派陈世煜赴沪,赶往中央日报社交涉,陈世煜以义不容辞,业于昨日下午,专程赴沪,前往交涉。

《越报》中华民国三十五年八月二日

奉令抄发工厂登记规则及登记表式分令运办具报由

(1946 年 9 月 25 日)

绍兴县政府训令

建字第一〇七七六号,中华民国三十五年九月二十五日

事由:奉令抄发工厂登记规则及登记表式分令运办具报由。

令各乡镇公所、县商会:

案奉浙江省政府三十五年八月字第二四八四〇号训令,以准经济部函开:查工厂登记,原为调查国内整个工业情形,以为施政之参考,关系至为重要。本部自国民三十年三月二十五日公布《修正工厂登记规则》,即经督饬各地工厂办理登记。数年以来,依章登记之工厂固居多数,其尚未登记者亦属不少。胜利以后,各地工厂变动更多,所有变动情形,本部亟待明了。盖以工业之奖助,本部固随时筹划办理,而工厂之考核,亦不容稍有松懈。且惟有对事业考核明了,始能有奖助之依据。兹经规定办法三项:

(一)无论旧设、新设,凡未领有本部登记证各工厂,应速填具登记表,呈请本部登记,以凭核发登记证。

(二)无论已未登记,各工厂应将上年度产品种类、数额,本年度及下年度制造计划,分别据实报部。

(三)领有本部登记证各工厂,已休业者,应将原证呈部注销,其属暂时停业者,亦应叙明原由报部。

相应检送《修正工厂登记规则》,及《登记表式》各一份,即希贵省政府督饬辖境内各工厂遵办,并于文到一个月内,将辖境内未登记各工厂汇齐登记文件转部为荷。等由。附规则及表式一份。准此。除分令合行抄发原规则及表式一份,令仰遵照办,并于文到二十日内,将辖境内未登记各工厂汇齐登记文件,呈府核转为要。等因并附件。奉此,除分行外,合行抄发原规则及表式各一份,令仰该乡、镇、理事长,于文到十日内,查明所辖境属商店,凡内未登记各工厂,督促如期办理登记手续,汇齐登记文件,呈送本府,以凭核转为要。

此令

计抄发《工厂登记规则》及《登记表式》各一份。(略)

县长　林泽

《绍兴县政府公报》民国三十五年第七、八期合刊

绍兴县商会公函

（1946 年 11 月 18 日）

（绍兴县商会公告栏·只登本报不另行文）

商组字第七九二号

三十五年十一月十一日

绍兴县政府本年十一月六日建字第一二六二九号训令内开：

案准中国国民党浙江省绍兴县执行委员会，本年十月十四日兴社字第四〇二号代电内开：案奉浙江省执行委员会第三〇四号不列日代电内开：奉中央执行委员会未马机通电开：查此次提高外汇率，为维护民族工业，鼓励国内生产，本年全国丰收，物价已趋稳定，而政府控制黄金，尤足保证法币之对内价值，应即协助政府，发动所属及各级同业，严厉限制商人乘机涨价，并策动各级工会，不得增加工资，以资安定民生，是为至要等因。奉此，自应遵办。除分行外，合亟电仰会商当地政府，切实遵办，具报等因。奉此，查本案关系民生至深且巨，当经提会讨论，决议会同县政府，将办理经过情形，具报等语，纪录在卷，相应函达，即希查照，转饬所属及各级同业，严厉限止涨价，并盼见复为荷。等由。准此，除函覆外，合行令仰该会，转饬所属各业，切实遵照为要。等因。

奉此，相应函达，即希查照（并转行各商店遵照）为荷。

此致。

各同业公会、非公会会员

理事长　　陈笛孙

常务理事　史幼祥　施张发

宋阳生　方文荫

《绍兴新闻》中华民国三十五年十一月十八日

为奉令抄发浙江省各县市水电行及水电匠管理规则令仰遵照由

（1946 年 11 月 21 日）

绍兴县政府训令

建字第一三七一七号，民国三十五年十一月二十一日

事由：为奉令抄发浙江省各县市水电行及水电匠管理规则令仰遵照由

令大明电气公司、县商会、各镇商会：

案奉浙江省政府三十五年十月二十六日（三十五）建字第一三九六五号训令内开：案据杭州市县府电，为管理市内水电行及水电匠起见，特订定管理规则一种，请鉴核备案等情。

据查,水电行及水电匠订定规定,予以管理,核属需要。唯本省各较大县市,都具有电气设备,所有水电行及水电匠,均须予以管理。经改订《浙江省各县市水电行及水电匠管理规则》一种,并提经本府委员会第一四七三次会议决议,修正通过,记录在卷。除呈请行政院备案暨指令外,合行抄发上项规则一份,令仰遵照。等因,并附发《浙江省各县市水电行及水电匠管理规则》一份下府。奉此,自应遵办。除分令合外,合行抄发奉颁管理规则,令仰遵照。

此令。

计抄发《浙江省各县市水电行及水电匠管理规则》一份。(略)

县长 林泽

《绍兴县政府公报》民国三十五年第七、八期合刊

绍兴县商会公函

(1946 年 12 月 12 日)

(绍兴县商会公告栏·只登本报不另行文)

字第八四三号

三十五年十二月六日

各同业公会、各非公会会员台览,案奉绍兴县政府财字第一四五三七号代电内开:

"查该会经募三十三年同盟胜利公债,业经解缴浙江地方银行绍兴分行核收转解,并填给临时收据,饬即转发各购债人收执各在案。兹准浙江地方银行绍兴分行电知,前项债票已如数领到,请予通知各购债人持同原有临时收据,跟十二月底以前掉换债票等由前来,除分电外,合行电仰遵照,迅即查案通知,要购债人持同原有临时收据,依限迳赴浙江地方银行绍兴分行掉换债票勿误为要。"等因。

奉查,此项债票,业由本会向绍兴地方银行领到,各购债人应即持同本县填发收据到商会会计室掉换债票,除分电并登报通告外,相应电达查照。

此致

各同业公会、各非公会会员

绍兴商会理事长 陈笛孙

常务理事 史幼祥 宋阳生

施张发 方文荫 亥支印

《绍兴新闻》中华民国三十五年十二月十二日

中央将变更办法,本县粮商登记缓办

(1946 年 12 月 12 日)

(本报讯)本县田粮处前以查照奉颁粮商登记办法,拟即实施,以便管理,特经抄同细则,拟

自本月中旬起，饬粮商依法登记，藉资切实管理，各情已详志本报。兹悉该处，以近据□方确息，中央对是项办法，已有变更，明令不□可达，故决暂缓实施，延期举行，俾便依法，而免麻烦。

《绍兴新闻》中华民国三十五年十二月十二日

卅五年度地方积谷，民意决定应否带征

（1947 年 1 月 5 日）

已发停征令者不应更张，三区专署奉令饬县遵行

（本报讯）本县三十五年度带征积谷，前曾奉行政院令，暂从缓办，其经地方民意机关同意者，仍照旧办理，并由省府通饬停征。惟对商征民意机关同意一节，语意未见明晰。此次沈主席于巡抵三门、宁海各县时，据各该县参议会及地方代表陈述，金以省政府中途命令停征，不仅有失政府威信，且使人民忠实者受损，玩忽者得盈，影响所及，将碍政令之推行，请求庚续带征，主席除予面准外，甚恐其他各县亦有类似情形，莫所适从。主席于回省后，特根据行政院令，昨手令三区专员公署，着即转饬所属和县，应先征询民意机关之参议会意见，如愿继续带征者照准，否则停征。倘已发停征命令者，不应再有更张，以免失信于民，事署奉令，将分饬各县遵照。

《绍兴新闻》中华民国三十六年一月五日

绍兴县商会通告

（1947 年 1 月 27 日）

案准浙江全省商会联合会总字第六八一号公函内开：

"案准中中交农四行联合办事处，浙江分处函开：接准贵总字第六四四号来函，以据温岭县商会函请收兑小额钞票一案，希即查照，转饬各地行号，尽量收兑等由。查收兑破券除函行外，并由国行委托中交农地各行分转所属行处，一律义务收兑，是项破券之整理办法，亦趋简化，可分别行名与券额各别分札。例为中国行五十元券五千一万各为一札送请附近行处兑换。惟查温岭当地并无四行分支机构，除转函浙地行总处转行温岭办事处予以收兑，外用物复希洽照转知为荷，等由，复准中央银行杭州分行函同前由。准此，查此案前准温岭县商会，函请过会，即经分别转达在案。兹准前由，除分函外，相应函达即希查照为荷。"等由。准此，相应函达，即希查照并转行各会员知照。此致

各同业公会、非公会会员

理事长　　陈笛孙

常务理事　史幼祥　宋阳生

施张发　方文荫

《绍兴新闻》中华民国三十六年一月二十七日

绍兴县商会公函

（1947 年 1 月 31 日）

（绍兴县商会公告栏·只登本报不另行文）

总字第卅六号民国三十六年一月日

绍兴县政府本年一月十二日义字第二五八号电开：

"按准省政府财三（卅五）第 452□2 号代电内开：按准财政部京钱庚三 1294、1102 代电内开：查自物价高涨，市场利率随商业利润而俱增，乃发生所谓'地下钱铺者，非法经营银行业务，并以高利贷放盘，剥取利息，扰乱金融，助长投机，莫此为甚，虽迭经查获，依照本部管理银行办法内所定私股行庄之罚，即勒令停业，处以罚钱，顾此类钱铺，多属临时组合，附设于住宅，或商店之内，查获既已不易，□被发觉，处罚之后，仍可易地另设，照旧经营，核望所为，□已触犯刑章，然应依法严惩，以自禁革，查刑法第三十三章诈欺背信，及重利罪，于第三百四十四条规定，趁他人急迫、轻率，或无经验，贷以金钱，或其他物品，而取得与原本额不相当之重利者，处以一年以下有期徒刑，拘役或科或并科一千元一下罚金'，第三百四十五条规定，'以犯前条之罪为常业者，处五年以下有期徒刑，得并科三千元以下罚金'，地下钱铺得以猖獗，自系趁人急迫、轻率、无经验，以遂其高利贷放，非法取利之企图，嗣后凡经查获此项案件，关于擅设行庄情节，仍应报部，依照管理银行办法处罚，至触犯刑章部分，应并将人犯证件送该管法院，依法究办，以资惩敬，请即暂饬所属一体严查此类地下钱铺，并奖励举发，藉以制止，并应对于工商各业，剀切布告，如需融通资金，应向合法设立之银钱行庄，按正当手续办理，或照章向地方金融机关（省市银行总分行处）办理小工业贷款，免受非法贷款者之重利盘剥，除函司法行政部转行各级法院注意办理，暨分电外，相应电请查照，转饬遵照，并希见复为荷，等由，准此，除电复并分行外，合行电仰遵照，等因，奉此，除分电暨布告外，合行电仰遵照，并通告工商各业遵照等因，奉此相应函达查照，并转行各会员知照为荷，此致。"

各同业公会、非公会会员

理事长　陈笛孙

常务理事　史幼祥　宋阳生

施张发　方文荫

《绍兴新闻》中华民国三十六年一月三十一日

商会对税务机关行文

（1947 年 7 月 16 日）

省商联会顷电本县商会云：前准余姚商会函，请求重予规定省、市、县税务机关与商会行文程式,业经财政部核示如下:查省、市、县税务机关,对省、市、县商会在主管业务范围行文时,用令,其它事项行文得变通之。及省、市、县商会对省、县税务机关有所请求或陈述时,用呈文之规定,系本部报照公文程式条例,及中央各部会附属机关行文惯例,并参酌实际情形而订,业经通饬各税务机关遵照在案。该会所请规定行文程式照旧。

《绍兴民国日报》中华民国三十六年七月十六日

商会转知公会住商登记废止

(1947 年 9 月 14 日)

绍兴县商会,前经电请财政部,准予修正营业税住行商登记办法,令饬停止实施境外采购证一案。兹已奉财部批开:代电悉,查营业税住行商登记办法,业经通令废止,仰即知照。县商会奉此后,昨已分函各同业公会转行各会员知照。

《绍兴民国日报》中华民国三十六年九月十四日

切实保障权益强化商业登记

(1947 年 10 月 16 日)

(群力社讯)本县县政府日前分令县商会及各同业公会,以叠奉经济部令:"查商业登记,系为商号专用权之保护而设,其作用在对抗第三人,此项权利之取得,原非具有强制性质。自三十六年公布非常时期工商业及团体管制办法后,对于经营必需品,业经规定,须声请商业登记。"

《绍兴新闻》中华民国三十六年十月十六日

粮食业公会挽留董科长

(1947 年 11 月 5 日)

(本报讯)本县粮食业公会,以县府社会科董科长,建树良多,群情感戴,近闻倦勤,向省辞职。昨特电省社会处请留,兹录其原电如后:

浙江省社会处处长方钧鉴:绍兴县政府社会科董科长起凡,英明干练,建树良多,尤以弭平米潮,化险为夷,艰苦劳瘁,群情感戴,忽闻准辞,同深惶急,拟恳收回成命,藉慰民望,特肃奉恳,伏乞垂察。(下略)

《绍兴新闻》中华民国三十六年十一月五日

县商会代表持物慰劳荣军

（1948 年 4 月 25 日）

（本报讯）本县各界，自日前首次慰劳驻扎本县之联勤总部第二后方医院伤患官兵后，昨（二十四）日上午八时，又由商业筹集毛猪三只，毛巾一千三百四十九条，推由县商会常务理事陈迪孙、方文荫，暨各业理事长陈景甫、吴惠之、傅正中等为代表，先以军乐队为导，持物前往该院，作第二次之慰劳，当由该院陈院长代表全体伤患官兵接受，并致谢意。

（又讯）联勤总部第二后方医院陈院长，昨（二十四）日，代表全体官兵，向各界致谢，其函云（上略），敝院奉命，迁驻贵邑，甫经一月，荷承各机关、社团暨各界人士热心襄助，俾使义务进展顺利，实深铭感，复于方事收容之际，更蒙各界慰劳伤病，暨馈赠慰劳肥猪五头，足征热诚关爱，使受惠伤患，无不同深感激，除登报致谢并呈报外，用肃芜函，聊申谢悃，敬希台照。（下略）

《绍兴新闻》中华民国三十七年四月二十五日

绍兴县商会公函

（1948 年 4 月 27 日）

（绍兴县商会公告栏·只登本报不另行文）

总字第七十五号

民国三十七年四月廿一日

顷奉绍兴县政府第五科函开：案准联勤总部荣誉军人第二十五教养院稽查组函内开：查绍兴市区各商店发现《荣誉》综合半月刊，据报系藉荣军名义，向各商店强销等情。查本院并无是项杂志，殊有碍本院院誉，除将详情呈报院方办理外，相应函请贵科转饬各商店，如有强销情形，可不予接受等由。准此，相应函请查照，并转饬各商号知照。等因。奉此，相应函达，即希查照，并转行各会员知照为荷。此致

各同业公会、非公会会员

理事长　陈笛孙

《绍兴新闻》中华民国三十七年四月二十七日

确定绥靖费来源，征借房租两个月

（1948 年 5 月 11 日）

戡乱动员会昨会议决定，俟送县参议会通过施行

（本报讯）本县戡乱建国动员委员会，于昨（十）日上午十时，召开第三次委员会议，出席委员，计有高植卿、沈鼐、陈笛孙、蒋家灿、史立三、何大涤、徐道乘、周福凯、王绍之、张光楷、阮光乙、王玉振（代）、鲁源润、陶绍谦、金林、邵作霖、来松梃、陶春煊、方文荫、董起凡，列席潘文奎、陈敬山、金奎、史瑞生，主席孙秉贤，首致报告后，旋即开始讨论：

一、准民社、青年两党本县县党部先后来函，介绍人员，充任本会干事，应如何办理，请讨论案。决议：本案增加员额与追加预算，送请参议会核议后施行。

二、准县商会函覆，以垫支本会元宵节慰劳驻县荣军经费，共计息借国币一千八百七十四万四千元，应如何归还，请讨论案。决议：俟稻谷变价后，即予发还，利息部分请县商会筹募归垫。

三、准县参会暨临江乡乡长先后函电，为转请援例慰劳驻节临浦、临江两乡荣军，以表敬意，请讨论案。决议：交第一组签具意见，提下次会议讨论，今次会议，本会委员提供意见两点：（一）非经常支出，应有统一筹募办法及支出预算。（二）关于慰劳事宜，另行组织委员会办理。

四、本会灵通情报，防杜匪患计，依照省颁组织通则之规定，拟具设置侦察队暂行办法草案请讨论案。决议：办法修正通过，由第三组会同县府会报室、警察局联系办理。

五、查本会第一次委员会议（二月十九日）第六案，决议办法第二项，有以富力为对象，向全县富户殷商劝募本县绥靖经费，由第一组拟订劝募办法等语纪录在卷。是项劝募原则，应如何确定，请讨论案。决议：（一）征借全县城镇店住屋租两个月，由屋主负担；（二）屋租在三斗以下者免借；（三）交第一组拟具征借办法，送县参议会通后施行。

六、建议省政府，刊颁本会开防案。决议：呈省核示。

七、自卫总队部提本会每月办公费一百五十万元，因物价激涨，不敷开支，拟自三月份起折发实物（稻谷）以每石二十四万元折算，计稻谷六石二斗五升，是否可行，提议公决案。决议：通过。

八、自卫总队部提，常备中队每月办公费（连班办公费），每中队一百二十二万元，实不敷开支，拟自三月份起折发稻谷，以二十四万元折算，计稻谷五石〇八升半，是否可行，提请公决案。决议：通过。

九、自卫总队部提，本部及常务中队官佐（计总队部八人，一二两中队十四人）为顾及服装费支出困难，并资划一，以壮观瞻起见，拟请制发制服二十二套，其经费在预算预备金项下动支，是否可行，提请公决案。决议：通过。

十、自卫总队部提，常备第一中队，因迁营舍，装置电灯，计工料价共四百六十四万元，前由该中队长私人垫支，拟请在预备金项下动支归垫，请公决案。决议：通过。

十一、自卫总队部提，拟定绍县民众自卫干部训练班集训办法，经常预算，提请讨论案。议决：通过。

十二、陈委员笛孙，请辞第一组长职务，请讨论案。决议：准予辞职，并推请方文荫兼第一组长。

《绍兴新闻》中华民国三十七年五月十一日

十集团军移借米,商会决力争发还

(1948 年 5 月 24 日)

　　(本报讯)战前本县前商会代民众订购洋米,除已运到分给购户外,尚有三千余包,停甬待运,经前第十集团军兵站分监部,于民国二十九年间,借充军粮。重光后,本县县商会,迭推代表赴省请愿,并不断向省田粮处粮食部转辗请求发还,数年于兹,文卷盈尺,过去办理情形,普迭志本报,最近该会接奉联勤总司令部批复,略谓已逾清理时期,未便受理等语。此项洋米,系本县民商集资订购,完全为人民所有,今当局竟不问原案情由,轻易推脱,置人民财产的权于不顾,殊属失信于民,该会昨特邀集洋米原办委员朱仲华、金汤侯,及该会顾问律师陶春煊等商讨办法,决定联合本县地方民意机关,再向主管当局据理力争,务达目的,以维原出资人三百余十户之权益。

　　　　　　　　　　　　　《绍兴新闻》中华民国三十七年五月二十四日

供应军肉油,免缴屠宰税

(1948 年 5 月 26 日)

　　(本报讯)本县各有关机关,为商讨供应荣军肉油差价办法,于日前假县商会召开谈话会,出席,县商会董起凡、县政府张献尧、国民党县党部黄□镛、县税捐稽征处(周叔元代)、鲜肉业公会莫永春(姚代)、第五十一粮库谢志军,主席董起凡。讨论事项:

　　本县肉商,过去低价供应六九医院肉油,因亏耗甚巨,拟自本年四月一日供应之日起,每日免征屠宰税二只,以资弥补,可否之处,提请公决案。决议:县税捐处,每日征收税款,均已作帐缴库,自难追溯发还,惟为顾念实情起见,准自五月二十三日起,至六月一十二日止,每日免征屠宰税三只,自六月二十三日起,应减为每日免征二只,以符原议。至免征方式,应请由联勤总部第五十一粮秣库,会同鲜肉业公会逐日证明,力可免缴。

　　　　　　　　　　　　　《绍兴新闻》中华民国三十七年五月二十六日

戡乱动员会征借店住屋租金

(1948 年 5 月 26 日)

　　(本报讯)本县戡乱建国动员委员会,于昨(二十五)日下午厂里,召开第二次常务会议,出席委员王绍之、王铎中、朱苴英、金林、陈笛孙(沈季刚代)、张光楷、金鸣盛(陶春煊代)、孙秉贤,列席金奎、陈敬山、许开铃、詹天觉、汤兆文等,主席孙秉贤,领导行礼如仪后,旋即报告上次会议各案执行情形,继即开始讨论:

　　(1)慰劳荣军购猪一只,计重一百四十八斤,价十二万算,计一千七百七十六万元,拟在标售稻谷项下先行拨支,请追认案。议决,准予追认。

(2) 本会第三次全体委员会议决,慰劳荣军事宜,另行组织慰劳委员会办理一案,应如何办理,请讨论案。议决,函请县政府、县商会、警察局、县参议会、动员委员会、越王镇公所、县总工会、县农会、国民、民社、青年三党绍兴县党部,及柯桥、汤浦、孙端、安昌、东关等五镇商会,联合组织绍兴县各界慰劳委员会。

(3) 拟定侦察队工作纲要及支出预算,请审核案。决议:通过。预算送汤主任、金科长审查。

(4) 拟具拟借城镇店住屋租办法,须请讨论,以便函请县参议会核议案。议决,借征城镇店住屋租金,由县税捐稽征处代征,办法请张委员光楷、陈委员笛孙,会同财政科金科长,税捐处詹处长共同商订,请张委员为召集人。

(5) 自卫常备总队官佐及第二中队士兵服装,拟定明细表请审核,以便定期招标案。决议:通过。

(6) 本会会计事务日形繁剧,非有专门人员不能担任,县政府会计室又无员可以调派,应如何办理,请讨论案。决议:请县政府派员兼派。

(7) 本会收入现款,拟由绍兴县银行代理保管,其支付手续,仍由本会主任委员与县政府会计室财政科签支拨,请讨论案。决议:通过,呈省核备。

(8) 警察局送省修理旧有旧枪,计修理费五千余万元,拟在标售稻谷款下提先拨支,以便应用案。决议:通过,函请县政府提先照拨。

(9) 准民众自卫总队部函,以人员不敷,拟增设人员,检附提案,嘱送县参议会讨论,应如何办理案。决议:酌景增设名额,请主任委员决定之。

(10) 密:

(10-1) 拟将常务自卫中队及库存损坏枪枝,速送省保安司令部修理,以资使用案。决议:通过。

(10-2) 拟将自卫总队部士兵及常备队队丁基本数(实物稻谷)一律比较保警待遇发给,以符法令案。决议:通过。

(10-3) 客情。

(10-4) 警察局提拟购置保警队笠帽三八〇顶,约款二千〇九十万元。决议:通过。保警队与自卫中队一律添置。

(10-5) 警察局提,拟制手榴弹袋带,约款五千一百万元。决议:通过。经费亦在绥靖经费项下动支。

(10-6) 为严密情报,其活动经费请动支案。决议:通过,检据送核。

(10-7) 章总干事抚恤费。决议:请主任委员酌定之,拨给治丧费三千万元,由会暂行垫付。

(10-8) 应否联请任芝英及孟铎彦、曹冠卿为本会委员案。决议:照办。

(10-9) 拟派王佑之代理本会总干事案。决议:追认。

《绍兴新闻》中华民国三十七年五月二十六日

房屋租赁办法颁布，禁止房租折实物

（1948 年 5 月 27 日）

县府即将参酌实际情形拟订标准，概以法币为限

（本报讯）本县自重光以还，市面日渐恢复繁荣，战时背乡旅外者，固纷纷归来，而来绍干营工作者，亦日增月盛，因是不特城中较热闹之区如大街附近一带，大有人满之患，即僻静处所，亦有无屋可租之憾，以致造成一般有产阶级者乘机抬高房屋租金机会，非惟大街商业区域富丽房屋，果然月需租金，食米五石或十石不等，而冷僻地区之住宅租金，竟亦非月租食米数斗以至数石不等，一律概须以食米，或其他实物折算，拒绝收取法币，由是一般商店住民，均感无法维持住的问题。经大街各商号一再联名向县当局、县商会等呼吁，要求转呈中央，禁止实物计算房租后，兹悉浙省府业已先后接奉行政院训令两件，禁止房屋租金索取金条或食米等。昨浙省府已将是项命令通令本县，即将由县府与县参议会等各法团，参酌本县实际情形，拟定房屋租金标准，概以法币为限，不得以实物或其他物品计算。兹纪行政院训令，及浙省府拟定浙省各县市房屋租赁办法于下：

（一）三十七年五月七日，四内字第二二四三〇号，奉国民政府代电，据报四川省房主出租房屋，不索取金条，即索食米，往往拒绝以法币计算租金，此种风气，现已延及京沪各地，请严令禁止等语。查此风若长，影响币信甚巨，即希查明核办为要等因。经召开关系各部审查，拟具两项意见：

（1）请立院在房屋租赁条例第四条文内，增加一项明文规定房屋租金以现金为限，不得以实物或其他物品计算。

（2）在房屋租赁条例尚未修正前，令饬各省市政府依照房屋租赁条例第二十一条之规定，拟订补充办法，禁止租金索取金条、食米，以资救济，应照准审查意见办理，及呈报并分行外，合行令仰遵照办理具报，此令。

（二）三十七年五月二十一日，四内字第二五〇九号（上文与前令相同，略），兹复于本年五月十八日提出本院第十六次会议议决，先由院通令禁止，条例应通盘检讨后，再行修正，除分令外，合行令仰转饬所属，一体严行禁止，此令。

《绍兴新闻》中华民国三十七年五月二十七日

房屋租赁办法，浙定补充草案

（1948 年 5 月 27 日）

（又讯）浙省府现已拟定浙江省各市县房屋租赁办法草案一种，即将提出省委会议后，通令各县市遵行，其中硬性规定，自房租最高额公布实施后，原租约所定租金，如超过或不及最高额之规定者，应予实施之日起，将原租约重行改订，对房租最高额之调整，则规定每

三个月调整一次。其办法为：

（一）办法依照房屋租赁条例第二十一条订定。

（二）浙江省指定适用房屋租赁条例之县市，除依照房屋租赁条例之规定外，悉遵本办法办理。

（三）本省各指导市县房屋租金之最高额，由各该市县政府斟酌当地经济情况，并参照土地法第九十七条之规定，拟定标准，经过该市县民意机关之同意，并报经省政府备案施行。

（四）前条租赁之最高额，经备案后，各指定地区之原约定租金，超过或不及最高额者，应予施行之日起重行改订。

（五）依照第三条所规定之房租最高额，每届三个月调整一次。

（六）房租应以法币为限，不得以实物或其他物品计算。

（七）本省各指定地区之县市政府，为处理房屋租赁纠纷起见，组织房屋租赁纠纷调解委员会，不服该会调处者，得向司法机关诉讼处理。

（八）本办法由浙江省政府委员会通过，并呈经行政院核准施行。

（又讯）本县对房主强以食米或其他食物则取租金，在未经订定办法以前，将先通令严禁，概以法币计算，以维法币信用。

《绍兴新闻》中华民国三十七年五月二十七日

百斤以上棉花，运输须领凭证

（1948 年 6 月 20 日）

（本报讯）本县县商会，层奉花纱布管委会电，以棉花运输通过交通据点者，在若干市斤以上，须请领运输证，亟应限定。兹经规定，除一百市斤以内之散装花，可无须请领运输证外，超过一百市斤而无证者，即应予以查扣收购，并闻县府亦已奉到明令，转饬该会遵办。兹悉该会昨已分别函知棉布业公会，棉花店安昌棉花业公会等遵照。

《绍兴新闻》中华民国三十七年六月二十日

商会继续力争发还前借洋米

（1948 年 6 月 20 日）

（本报讯）本县县商会，以战前借予十集团军之洋米尚有二千余包，虽经迭次请愿，呈请发还，迄未批准，疑谤沸腾，又经遵照省田粮处电示，迳向联动总部请拨，嗣奉电复，为逾期清理已久，未便受理，该会奉电后，诧异莫名，昨特又分别电请行政院、立法院、监察院、联动总部、粮食部、青田粮食处等机关，分项详述是项洋米之原委，及胜利后之迭次请求发还情形,要求迅予发还,俾救本县严重粮荒,并悉又经陈理事长备函致南京同乡、参政会秘书长邵力子氏,及本县住京立法委员金鸣盛氏,请其就近协办,俾获早日核拨,以济民食。

《绍兴新闻》中华民国三十七年六月二十日

全县登记商号今起分组抽查

（1948 年 7 月 2 日）

(本报讯)本县县当局,以本县自举办全县商业登记申请领照以来,遵办者固居多数,延不申请,意存观望者亦复不少。兹为加强商业管理,并充实各级公会组织起见,特就各商业集中地处,实施挨户检查,强制各商号办理商业登记手续。今(二)日起,先分两组,抽查城中各商号,然后再赴孙端、东关、柯桥、安昌等各市镇抽查,抽查人员,业已派定建设科技士钱大清、张宗琼等,其检查事宜,会同县商会及各有关商业同业公会,各地镇商会,派员办理,检查时除检查各商号有无申请商业登记外,请并查验有无依法参加各该之同业公会,凡已经申登记,领有县府商业登记证商号,而其登记证内各项,与实际事实相符者,则加盖验讫木戳,或张贴验讫纸条,以资识别,不论新创或旧设,凡未经申请登记之商号,即通知于检查之日起,三日内填具登记申请书,连同登记费印花费等,送由各该业同业公会,汇呈县府登记,以凭发给登记证。前项申请书,由县府发给,不取分文,各公会于接获各商号填送申请书时,应评加议核,是否与实际相符,并加盖公会图记,以资证明,如商号已经登记领证,而登记证内各项与实际不符时,即通知即行办理变更登记,其手续与上述一样,商号登记后,因故停业时,应办理消灭登记,其手续亦与上同,商号非依公司组织者,不得用"公司"字样,其承受公司商业而不照公司组织继续营业者亦同,所营商业,依照法令须经主管该事业之机关核准者,应于核准后声请登记,并附呈核准之证件,凡属商号组织,非经呈准县府登记者,不得创设,如有未经登记即行创设,或经催令登记,逾期延不遵办者,均依行政执行法严予处罚,仍勒令登记。

《绍兴新闻》中华民国三十七年七月二日

木商无力供应军用,县商会请县政府设法救济

（1948 年 7 月 22 日）

(本报讯)本县县商会,以据木商业同业公会报称,此次国军××旅开驻本县,各团营连分别向各木行借用铺板木料。因事关军用,无不勉力供应,惟目前木业因物价高涨,资本短绌,平时营业货物,多借用外债,随时随卖,勉强周转,一被借用,即趋呆滞,加以近来物价动荡,银楼奇紧,索债有主,进货无款,而驻军之征借木板,则纷至沓来,应接不暇,已借出之松板,为数甚巨,最近复须陆续征借,以有限之存货,实难作无期之供应,长此以往,

板片部分之营业,将有因板被借罄,致无货应市而被迫停止之虞。各木行以政府有维护人民之责,请设法救济或拨发价款,或给予临时贷款,俾资凭转。且国军应用之物,少数尚暂向就地移借,似此大批木板,应由政府统□办理,商会据情,以事属实情,除劝□各木业勉力维持外,昨(二十一)日以快邮电请县政府,予以设法救济,以使木业不致周转不灵,资本呆滞而陷停顿。

《绍兴新闻》中华民国三十七年七月二十二日

驻军副食粮秣价格问题,各法团昨集会讨论

(1948 年 7 月 31 日)

(本报讯)联合勤务总司令部第三供应站、绍兴分站、为本年八月份副食粮秣等价格问题,于昨(卅)日假县商会会议室召开本县各法团评价会议。出席第三供应站詹振球、何申泽、六九医院王先佑、县参议会宋长儒、鲜肉业公会莫永春(代)、油烛业公会吴惠之、粮食业公会李育才、国民党县党部、县商会董起凡、柴炭业公会屠基锠、驻绍兴宪兵队吕玉、县政府潘定中、列席民国日报记者单幼乡、本报记者诸萍杰等,主席詹振球,作简短之报告后,旋即开始讨论,经决议要案(一)关于绍兴区八月份供应六九医院伤患官兵及绍兴宪兵队官兵物品价格应如何评定,请公决案。决议:黄豆每市斤议定价目为十六万元猪肉议定每市斤价目为八十九万元,菜油议定价目每市斤七十五万二千元,蔬菜议定价目每市斤七万五千元,柴火议定价目每市斤三万元,食盐议定价目每市斤为八万元。(二)关于副食物品采购办法,应如何规定案。决议:猪肉由绍兴县鲜肉业公会负责照议定价目按规定数量供应,其他各物,均由各该县公会负责供应。

《越报》中华民国三十七年七月卅一日

三、商会与工商实业

1. 扶持工商实业

调查工厂给褒状

（1915 年 1 月 11 日）

绍兴县知事公署致商务分会函云：

迳启者，民国三年十二月三十一日，奉浙江会稽道尹公署第八百另八号饬开：本年十二月十九日奉巡按使第四千一百四十四号饬开：准农商部咨开：本部前于十一月二十日呈请特给工厂匾额，俾资鼓励一案。十一月二十二日，奉大总统批令，呈悉，应准特给匾额，以示奖励，单存，此批等因。奉此，查此次所请特给匾额者计十一家，系属成立较久，资本较巨，出品尤多，信用尤者之厂，其次于此者，拟由本部详细调查，分别给予褒状，以资鼓励，业于原呈内声明在案。惟是此次工厂散处各地，本部访查所及，势必难周，应请责巡按使通饬所属查明此类合格工厂，无论个人经营或公司组织，务将该厂创办氏名、成立沿革、资本金额、职工人数、出品种类、销路情形，盈亏成绩等详具说明书，转报到部，由部汇齐，比较分别核奖，以符原案，相应抄录原呈，暨清单咨行查照办理，并希从速见复可也。附抄件等因。准此，合亟照抄附件饬仰各该道尹转饬所属各县，遵饬确实调查，并详具说明书，送由该道尹具报□□。案关鼓励工厂，慎勿延误，此饬，计粘抄等因。奉此，合亟饬仰该知事迅速查明该县境内有无此类合格工厂，遵照饬指各节，确实调查详具说明书，赳日送署，以凭转报毋延，切切此饬，计抄等因到县。奉此，查鼓励工厂，实为振兴商务之动机。奉饬前因，相应粘抄附件函请贵会查明本县境内有无此类合格工厂，遵照严饬各节，确实调查，详具说明书，克日见复，以凭核转，幸勿稽迟，是所至盼。

《越铎日报》中华民国四年一月十一日

函请查报特产品

（1917 年 8 月 24 日）

绍县宋知事于日前函请商会查报就地国货及特别出产品，以为提倡国货之准备，录其原函如下：

迳启者，本年八月十六日，奉会稽道尹公署训令内开，案奉省长公署训令内开，案准农商部咨开，查国家经济之盈虚，与国内产业之消长为比例，东西各国莫不以奖进国内产业为培养国本之方，政策设施，纤细其备。若日本之国产会，美国之国工协会，皆助长国产之枢纽，提倡国货之表征。我国自有清以还，输入超过，年有增加，漏卮莫塞，生计日艰。自非发展实业，提倡国货，无以奠民生而维国本。近自欧战发生，外货来源日绌，向所仰赖之舶来品供给，以不足所应求。当此外货短蹙之会，正国货恢复之机，欲图利用厚生，尤宜特加提倡。查前年本部开设国货展览会于京师，商民出品，颇称踊跃。核诸审查报告，品质不乏优良，艺术亦多精美，我国工业渐臻进步，于此可见。其中如日用物品，类能出色，当行改良竞胜，尤足供世界之鉴赏，扩海外之销场。及查此等国有特产，如瓷器、地毯等品，外人往往乐用，而国人反弃而他求，购用洋货，即各官署、学校等机关，亦多习焉不察，任意外购，殊非宝爱国货之道。惟欲维持国货，非由公家首先购用，不足以资表率而广销行，拟请嗣后所有公共机关，日用销耗各品，除特种无国货可代用者外，务请专购国货，以示提倡。事关国家经济，谅所赞同，相应检同著名国货名称、产地等清册，咨行贵省长查照，并转知所属各机关，遵照办理。再此次调查清册，各有未同。贵省若有特别著名产品，为本表所未列者，尚希随时咨明本部，以便转咨各省，藉广销路等因，并附清册到署。除分令并分日排登公报外，合行令仰该道尹转饬各县知事查照，就近详细调查，如有特别著名，为清册附发，仰将造办情形呈复。此令。等因，计发清册一本。奉此，除将奉发清册存署备查，并分令外，合行令仰该知事，即便遵照，就近详细调查，如有特别著名产品，为清册所未列者，即行具报来道，以凭汇核、转呈，毋稍延误。此令。等因到县。奉此，相应函致贵会查照，希即按照本年八月十二日起浙江公报附录门国货分类清册，逐一审查。如有本邑特别著名产品，为清册所未列者，即开报来署，以便转呈。如无，亦望见复，是为至要云云。

《越铎日报》中华民国六年八月念四号

创办临绍协济轮船

（1917 年 11 月 19 日）

临绍协济轮船有限公司董事吕祖楣、谢进、冯禹甸、汪骏，监察施云如、任鉴呈绍兴县知事宋文云：

为呈请转详注册事，窃商等鉴于绍临行旅往来众多，原有民船，不敷准载，以致交通梗阻，不便实业。爰集同志十人招股银五千元，设立临绍协济轮船有限公司，购置汽轮两艘，行驶绍兴至临浦一带航线。谨遵公怀注册章程第四条暨第十二条，应声明各款由董事与监察人员全体禀请知事察核，迅予转详，实为公便。谨呈奉批，此案已由本署函交水利研究会，从迅查勘，应俟复到汇核办理，据送书件及注册银十元暂存。

《越铎日报》中华民国六年十一月十九日

开办汽轮之进行

（1917 年 12 月 13 日）

临浦商会会长吕祖楣、陆文光等，日前函致绍萧水利联合研究会文云：

迳启者,本年十二月四日,据临绍协济汽轮有限公司董事谢进、冯禹甸、汪骏等帖称:窃商等筹集股本银五千元,组织临绍协济汽轮有限公司,无非为便利交通,消除危害起见,节经呈请绍县公署转详注册,业蒙函绍萧水利联合研究会查勘复核在案。现在时居冬令,转瞬年关逼近,各业均须催收账款,纷纷要求敝公司早日成立,为此陈请贵会,转请绍萧水利联合研究会,从速核准,以便实行开驶等情前来。查临绍一带,贸易繁盛,商旅辐辏,彼此交际,异常繁密,乃旧日航船,行驶迟滞,动稽时日,乘客均感未便。况值时局不靖,伏莽遍地,中途遇劫等事,时有所闻,行旅视为畏途,商业大受影响,非设法救济,不足以善其后。该商等组织公司,行驶汽轮,既可便利交通,又能消除危害,实于临绍商业前途,裨益滋多,敝镇各业,极表赞同。惟航线经过地点,堤岸民船,不无妨碍,应如何津贴岁修,限制轮班之处,务希贵会审查,察勘规定办法,从速复县,俾便早日成立,实为公感云。

《越铎日报》中华民国六年十二月十三日

商会提倡国货之热心
(1919 年 5 月 25 日)

绍兴县商会为提倡国货,抵制日货,前曾通告各商家照办。兹悉,该会以洋广业尤为紧要,昨特专函该业会员周玉堂、史钰堂两君,竭力维持照行。录其原函如下:

迳启者,全国发起拒绝日货,沪、杭各地一律进行,前经本会开会通告,一面以实力维持国货为抵制,凡有贵业前进日货,请勿再行陈设。昨已在会当面确切相嘱,用再函告,务望邀齐各同业即日照行,并勿以日货冒充国货,致生枝节,祷企千万,此请筹安。

《越铎日报》中华民国八年五月二十五号

齐贤乡筹办电灯
(1919 年 8 月 6 日)

绍属齐贤乡,地方辽阔,商业繁盛,几与柯镇、安昌两镇鼎足而三,称为极大乡市。乡中居民操机坊业者,十居其六,且近年绸缎销路日益畅旺,机业亦因获利不资。兹闻该业因习惯夜间工作,然用煤油,对于颜色极有关系,以故均燃菜油。该乡士绅韩迪周有鉴于斯,特集巨资,拟创办电灯。经该乡商务分会正会长韩焕章、副会长胡士雄等诸君竭力襄助。闻韩某聘请宁波电灯公司材料科主任徐雪龄,来绍筹划一切,铺户机坊纷纷订装者,已有数百家。一面派其长子韩百年,次子韩迪□,赴沪向协济洋行订购二千匹马力之电机,一俟机关到绍,即可开办云。

《越铎日报》中华民国八年八月六号

请求减拆之文章

（1919 年 12 月 2 日）

吾绍自平现以来，日拆六分，几成惯例。市上各业，全赖钱业为周旋，无不为日拆所困。各业凋敝，已达极点。本月份甬拆已减，每日几差一二分，因之绍城各业纷纷开会，公举代表请求商会开会，向钱业疏通做减。南货、米、布、洋广、丝线、绸缎各业，均已一致进行。兹闻大路各箔庄，均已一致进行。兹闻大路各箔庄业于昨日开会，亦公举业董王显波、俞守成、陈元庆等举行矣。今觅录呈商会说帖如下：

（上略）谨说者：窃惟市面衰旺，全视金融为转移，商业亨否，必赖银根为周旋。今吾绍自去冬平现以来，钱庄拆息日议六分之复利式的计算，不亚二分之重利，较诸典当及盘剥贫穷者为尤甚。矧彼辈心虽凶狠而不敢明目张胆，如钱业之议盘悬市，官厅之不禁，细民莫敢违。代表等侧声商业，可告无罪于公家，通账营运，自必当然之趋势。试问谁能堆基金？而操业谁能无外用？而求谋夫贸易者，古所谓牟什一之利者也。今什一之利未得，而先负什二之息，市情因之日衰，商场因之凋弊。即吾一业而论，缘此亏负而不可收拾者，已比比矣。贵会负维持营业，振兴商务之责，断不忍坐视各业呼吁无门，而一任钱业之垄断市利也。钱业既受骈蛑矣，岂各业不受骈蛑之例耶？况长此以还，各业之顿挫，未始非钱业即间接之影响，代表等忝职业董，目击敝业之困惫，心伤各业之偏枯，故不能为钱业讳，又不能不为敝业代表艰苦情状而一呼吁之也。丁此交通便利，信息灵敏之秋，商战剧烈，总商人智巧，达于臻极而卒为钱业所困。贵会而不主张公道也。畴克越俎而主张之。窃查甬拆近且核减矣，相差不三百里，相隔一衣带水耳。甬既减矣，绍何独不然。为此请求贵会痌瘝为怀，据情核转，县公署传谕减轻日拆，或给示布号纠整，此商人自杀之方针，俾苏商困而振市面。爰思余县长勤政于民，躬亲察访，对于娼赌讼三者，不烦谆谆之告诫，势必深谙夫管子牧民之篇。太公殖民之略脱，不欲维持商人则已，欲维持商人也，必察纳下情，力为设法向钱业疏通诰诫，而解商人之倒悬。齐绍、甬为一，致庶几营业发展，市面富庶，既富而教，收顽廉懦立功之则垄王考成，试目可观。桐邑颂声蝉联鉴水不此之图。舍本逐末，窃为不取焉。谨说。（下略）

《越铎日报》中华民国八年十二月二日

利交通振兴市面

（1920 年 1 月 10 日）

孙端乡啸唫村，地处海滨，商店林立，市面素称发达。惟地势涣散，邻近乡人，出市购物，交通颇觉不便，商业不无阻碍。该处商务分会诸君有鉴于斯，特筹集经费，至寺东西昂枯渚屯头西处地方，开驶市船四只，凡往来乘客，一律不收船费，藉以利交通而兴商业。现已著手进行,并闻该处各商店拟大减价目,以广招徕云。

《越铎日报》中华民国九年一月十号

催送商会调查表

(1920 年 2 月 7 日)

浙江实业厅通令本县知事文云:

案准全国商会联合会函开:案查敝会前发全国各县商会调查表,曾经函请贵厅转发各县知事,按表查填,函送敝会,以便有所稽考等因。现查此项表纸,尊处是否填齐,尚未接准贵厅函复,合亟再行函促,务希转令各县催报,迅速填齐,函送商会,以便依据办理。除分行外,函请查照,迅予办理等因。准此,查前项调查表,前经本厅令发各县查填,迄今日久,各县均已填表送核。惟该知事延不填送,且无只字具复,实属玩延。兹准前因,合行令催仰知事,速将前项调查表限三日内填送。设商会尚未成立,亦即依限呈复,以凭汇转。毋再稽延,致干未便。切切此令。

《越铎日报》中华民国九年二月七号

花业董事之公函

(1920 年 2 月 12 日)

花业董事奉本县公署函令其劝谕组织协会,设立试验场等因。昨该业董,已函复县署矣。原函如下:

谨复者,案奉第十八号贵公函内开:奉实业厅训令内开:案准整理棉业筹备处函开。查近年纱业盛兴而棉料之给,乃有求过于供这虑,亟宜力图补救而挽漏卮,应请转饬所属择其宜棉县分,由该且知事会集绅商,广为劝谕,组织协会,设立植棉试验场等因。又奉第二十七号贵公署函开:奉实业厅训令内开:案准整理棉业筹备处函开:接准函复,已分饬产棉各县知事遵照,立即会集绅商,并责成该县市乡各农会广为劝谕,组织棉会,设立植绵试验场,务于三个月内成立具报。惟棉会章程,并未订有此项规章。兹将天津棉业公会简章,附寄一份,相应函请查照办等理因。奉此,查此案前奉实业厅训令,即经函请贵董事办理在案。兹奉前因,相应抄录天津棉业公会简章,送请广为劝导,赶速组织棉会,设立植棉试验场,另拟章程送署转报各等因。奉此,查组织协会,每因人各四散,未及半数,致难组织就绪。即试验场一事,亦因外埠全坍,苦无场基可立。古者农事设有乡官藉资提创农事,今县市镇乡既已成立,不少富有经验之人,据董事意见,凡我经营中人,才识浅薄,恐协会与试验两项均不足以仔肩重任,无由贵署函请农会组织办理,较为妥善。昔大禹治水功成,然后稷可教民稼穑,今者宣港业已通流,坍地可期停止。我公饥溺由已。盖实古之禹、稷也。可否择善而从，藉观后效。缘奉羊因，相应函请县长察核施行。贵报大主笔先生伟鉴：花业董事秋桂芳。

《越铎日报》中华民国九年二月十二号

绍兴现在米谷缺乏之原因

（1920 年 4 月 10 日）

迳启者，据附西郭五云门乡镇之安昌柯桥马鞍各米行先后来会面称：以绍县产米不足民食者，为数甚巨，行等向赖上江之兰溪及无锡等处购运回绍，以资民食。其谷成交买定后，其运回者固有，而仍寄栈于该地陆续起运尤为多数，为向来之习惯如是。业今闻无锡已奉禁口，而行等买而未运之谷米，均分寄于该地各栈，近日绍地因缺货，米已逐步涨至八千以外，若将已购之无锡货不能运回，则影响及于挨户朝夕之需，实有不堪设想者。为此邀集同业来会，开具各行买存谷米清单，请求贵会函请县公署迅赐转呈省长，咨行苏省长，将前项在禁前买存之谷，查照清单，一律准与给发护照放运回绍，俾资各行之缺乏等情。敝会查绍县产米不多，历来仰食于外，当此米价腾涨，若购定之谷，因禁口不得起运，则关于全县治安者，实为最急，理合据情函请，即希为最急理合据情函请即希贵知事察核，迅予转呈咨行，将各该行寄存无锡之谷米，一律给发护照放行运绍，以济民食而保治安，无任顶戴之至。此致

绍兴县知事余

计附各行清单一纸。

绍兴各米行存储无锡各栈谷米清单录下：

五云庆成米行存白籼米二百四十一石八斗；

西郭震泰米行存籼谷五百六十一担念八斤；

安昌恒春昶米行存籼米一千四百三十一石三斗；

安昌震源米行存造籼米二百八十石〇五斗，白籼米七百三十石〇六斗；

安昌广裕牲米行存造籼米六百〇七石三斗，白籼米三百八十二石五斗；

柯桥万春米行存米五百三十一石，谷一千七百七十一担另；

柯桥景泰米行存米二百担，谷一千八百零九担另；

马鞍袁万盛米行存白籼米一千另八十七石一斗；

城区乾大米店存米三百四十五石，谷二百四十四担九十五斤；

安昌谢正大米行存谷四百五十担另。

会　长　冯钟淇

副会长　陈　均

中华民国九年三月三十一日

《越铎日报》中华民国九年四月十号

通告各商赴欧赛会

（1921 年 4 月 13 日）

绍兴商会陈会长昨公函各商务机关,往义国赛会,其原文照录如次:

杭总商会昨奉农商部训令云,本部接准外交部,转驻义王公使电称,据米朗领事函称,准万国工商各品标,本陈列展览会函,该会将于本年六月十五日在义国巴屠举行第三次大会,如中国商家欲陈列,商标及其所占之面积,请早声明。乞转农商部并电复等因。查各国自大战停止后,为回复原状计,金以举办赛会为奖励产业之政策。我国乘此时机,正宜设法参与,顷为扩充对外贸易事业之准备。现在巴屠赛会期限在即,应由该会将开会主旨、期限及与会利益,传知各业户自由赴赛,或先期呈报本部,以凭转告驻京该国使馆代为介绍一切,合行令仰该会遵照办理,并呈复可也。

《越铎日报》中华民国十年四月十三号

水果行增加用钱

（1922 年 4 月 29 日）

绍兴县公署布告云:

为布告事。案准县商会函开:案据城区水果业阜泰、仁和、协大、同余、协泰和、乾源等行帖称,窃商等均在城区笔飞坊地方开设水果山杂货行,遵照向章,代客持平买卖。自前清嘉、道、咸、同以来,凡代客经售之货,每千以九三钱水九扣折用,又以钱盘转成洋块,核今钱市,每元约计八九折之谱。迨至光绪丙申年间,因各业均改洋块,敝同业势难独异,遂由同行妥议,亦以洋块计算,每元取用洋□角。又毛木洋水一分,核以经售水果八九折。山货九一折,茶肉九二折,为成例。当经呈请府县给示勒石,遵守在案。嗣是以来,又将三十年矣。敝同业自前清宣统以迄今兹,或因股东更迭而改组,或因无方而闭歇。推其原因,实由代客垫用货物,拆息增加已达三成之二,以国税重迭,薪桂米珠,实觉支持为难。遍观各业各店,莫不增工增价。独敝业仍照旧章,以致开支维艰,迭遭亏折,岌岌堪危。若不妥筹良法,不但营业萧条,抑且危机暗伏。爰邀集各同业公同议决,以本年旧历四月朔日起,所有经售各货,每元提加用金一分,一面置酒演戏,酌请各客藉便接洽而资维持。事关行客信用,应请据请函请给发布告,俾昭核实而资遵守等情。据此,查近来各业大抵增加费用,该水果行事同一律,所有帖请每元酌加用金一分,□系为维持营业起见,想应函请给发布告等由。准此,合行布告,该业买卖人等一体知悉。尔等须知,该行等此次酌加用金,系为维持营业起见,自应照办,不得妄生异议,毋违切切。特此布告。

《越铎日报》中华民国十一年四月二十九号

商民要求省道改线之呼吁

(1922 年 8 月 31 日)

绍兴建筑省道,前经派员各处测量钉椿,兹闻柯桥兴工,为期不远,初交确定地点,须经过柯镇上市头一段(俗名龙舌嘴)。如果实行,该处居民商店,必致大受影响,均各异常恐慌,迭次要求商会、自治会备文呈请绍兴县知事兼特派委员,会同工程师覆议改线。兹觅得呈文附录于下:

为呈请事。案查本省遣用兵工,建筑省道,为谋交通便利计,节费兴工,政策远大,办法周至。传贻等何胜钦颂。惟是经筑之处,凡关于水利庐墓等有妨害者,应请特派委员会同工程师,勘明情表,酌量迁避,曾经人民环请本县议会电达省长暨前督军俯准照办在案。兹因柯桥商务繁兴,街道逼窄,市廛林立,民居云稠,现列绍兴第二工段范围以内,购地兴工,为期不远。倘准测量时,所钉初椿以之进行,非特经筑龙舌嘴凿,确数千百年地方习惯上永禁建筑之谶壤(龙舌嘴向称谶壤,偶一动土,街上先遭灾厄,虽事出迷信,然屡验不爽,故地方上公认悬以永禁)。且此处属南市中心,民屋市房鳞次栉比,一旦令该拆让,纵使收用土地,给价购买,章程规定,不无体恤,但利一害千,得不偿失,有碍商业,妨害民庐,违反舆情,实非浅鲜,传贻等因地方民情迭次诉吁,敢不揣冒渎,为此据情会呈,仰祈贵委员鉴核俯赐指定日期,会同工程师先行履勘,酌量改迁,终使路政商情兼筹并顾,两得其所,实为公便之至。谨呈

绍兴县知事兼省道特派委员顾公鉴

柯镇商务分会董事长　沈传贻

自治委员　张子家

《越铎日报》中华民国十一年八月三十一号

农业董差强人意

(1923 年 5 月 13 日)

城区大善桥后街尚德衣庄经理金殿华,品学优良,热心地方公益,久为同业所钦佩。去年商会改选,会员金君被选为该业业董,坚辞不获,自担任以来,对于会务,悉心整顿,不遗余力。日前为商会对日经济绝交问题,该业董金君首先提议,次议设立绍兴保卫团。金君极力赞成,散会反庄,即发通告于同来,大略谓:对日经济绝交,勿进劣货为政府外交后援,以及设立保卫团,多措语,非常痛切。如该业董金殿华者,在近今商界中之佼佼者也。

《越铎日报》民国十二年五月十三号

乡典商思患预防

（1924 年 10 月 6 日）

绍兴党山乡泰升当商许绍第，以该典在党山开设有年，惟□城□□，北濒大海，接邻沙地，当此时事多艰，所质金珠首饰，恐为窃贼所垂涎，为思患预防计，与为便利质户计，拟将所质□金珠首饰，逐日运送城区承恩坊泰来当铺，妥为存储，定于本年夏历九月初一日为始，凡在泰升当铺所质之金珠首饰，当本在四元以上者，概送城区泰来富存储，当票上加盖此货储城泰来当字样戳记。如质户声明自愿留乡者，于当票上加盖质户自愿留镇字样戳记。其尚有衣饰合当本在四元以上者，票上则以内货外货区别之，注内货二字者储乡，注外货二字者储城，凡当本在四元以上之首饰及衣饰合当之外货质户取赎时，先日交清本利，换给联票，隔日持联票向本当取回质物，并不丝毫加费，而质户所质之金珠首饰，较为安全矣。现特函请县商会转呈县公署出示布告，闻现已蒙姜知事核准，给予布告，张贴该典门首矣。

《越铎日报》中华民国十三年十月六日

压平现水维市面

（1925 年 1 月 6 日）

（萧山）钱市向听杭盘，近日以沪杭车断，时局又生波折。现水骤然提高，而钱侩乘机播弄，抬高暗水，致商店大起恐慌。兹闻商会方面，以年关在迩，为维持市面起见，特与各店商议，现水悉听杭盘，切勿私涨暗水，现闻自四元八角、二元□角，一元六角，降为一元，大约不日可跌至数角云。

《越铎日报》中华民国十四年一月六日

商会长创办织布厂

（1926 年 3 月 3 日）

（绍兴）本城商会会长陈秉彝君，为吾绍钱业中之泰斗，声望素孚，信用久著，其所营各业，如钱庄、茶栈、布店等，近年来，无不获利三倍，对于地方公益、慈善事业，尤为热心，前在故乡（车家浦）创办之教育（信成校）已经二十余年，成绩斐然可观。近更鉴于时势艰难，乡中一般劳苦平民，无计谋生，日以为虑，今年特在本村南首聚德桥地方，集资创办震华织布厂一所，规模宏大，业已命其哲嗣庆澜，测量厂址，计十三开间四进，自夏历新正初六日起，开始建筑，预定三月间，可告落成，从此该乡贫寒者，得藉以趁工度活，莫不额手欢欣云。

《越铎日报》中华民国十五年三月三日

米商领照运籼米

(1926 年 4 月 4 日)

绍兴县商会函县云：宋源记米行，购囤桐庐南北两乡籼米，共计六百担，被该县扣留禁运，请予给照运绍以济民食。兹悉昨日本县姜知事给发运米热照六纸，函送商会，特给该号往县交涉起运矣。

《越铎日报》中华民国十五年四月四日

兰溪米仍照限制出口

(1926 年 4 月 13 日)

绍兴米价昂贵，原因系来源缺乏，曾由商会电呈省署，转饬兰溪县，照特殊情形，取销限制运米，通融采运，即经指令金华道尹，查核情形，酌予变通在案，兹闻该邑徐知事，已呈复不能，以该邑各地前往采运米粮日多，久后匮乏，米价必增，为维持本县民食计，故定限制之法，业经呈准□宪备案。绍县通融，似亦未能仍照定章，以每船三十石，有官厅护照为效，将来来源涌挤，再行开禁云，已由汪道尹呈复省署转知商会矣。

《越铎日报》中华民国十五年四月十三日

兰溪米依旧限止出运

(1926 年 4 月 18 日)

(绍兴)本县因米粮缺乏，民食堪虞，米商赴兰溪采办，又被禁止，未许通融，绍兴商会因此问题，日前分电省署暨金华道尹，请求准予采运兰溪粮食，实行通融办法。现经兰溪县徐知事，呈复汪道尹，略谓各地前往采运米粮日多，久后必感匮乏，米价亦必增涨，为维持本县民食计，不得不予限制，业经呈准省宪备案。绍县通融，似亦未富，仍照定章，以每船二十名，有官厅护照为效。将来来源拥挤，再行开禁等情，业已由汪道尹饬令绍兴商会知照矣。

《越铎日报》中华民国十五年四月十八日

发给赴皖办米护照

(1926 年 10 月 3 日)

(绍兴)本县商会，前为绍地米商景泰，大昌济、越万春三家，函请杭州总商会，填发赴

皖采米护照等情,曾志本报。兹接杭总商会来函一则,分志如下:

来函一:

迳启者,准贵会函请填发赴皖采米护照,计景泰二十张,大昌济十张,每张填米三百三十石,并附连环保证书一纸等由。准此,相应填发护照三十张,备函送请贵会查收转给,并祈见复。再查前由贵会函请转给各户护照,其愈期未缴者,尚有三百零六张,兹闻具清单,送请公别催缴,勿任再延,是为至盼。此致

绍兴县商会

计附送景泰护照二十张,护安四千零九十六号起,四千一百十五号止,大昌济护照十张,护字四千一百十六号起。四千一百二十五号止,又清单一纸,旧历九月十八日。

来函二:

迳启者,准贵会函请填发赵万春赴迫采米护照四十张,每张填三百三十石,采谷护照二十张,每张填五百石,并附保结等由。准此,相应填发护照六十张,备函送请贵会查收转给,并祈见复为荷。此致

绍兴县商会

计附送采米护照四十张,四千一百二十六号起,四千一百六□五号止,采谷护照二十张,四千一百六十六号起□□□□百八十五号止。旧历九月二十日。

《越铎日报》中华民国十五年十月三日

县商会筹组事业协进会

(1946 年 4 月 10 日)

(绍兴社讯)本县县商会,为增加生产,繁荣市场,进求地方事业福利,特依据商会法第三条之规定,组织事务协进会,拟聘请寿积明、张万龄三十一人为委员,现正缮发聘书,并定于十三日下午一时,举行成立大会,并已函邀云。

《越报》中华民国三十五年四月十日

改良平茶品质,争取世界市场

(1946 年 5 月 3 日)

茶业公会筹组研究室,请县府示蚕茶农掺杂

(本报专访)本县平水绿茶,永享国际盛誉,占本县物产农品输出首位,在战前商人不知自爱,茶农惟利是图,掺和煤色石粉,使茶色绿嫩,分量加重,甚至混入假茶,此种不道德行为,造成华茶外销一落千丈。本县制茶工业同业工会,自沪战发生,外销窒息,已数年于兹。胜利后之平茶外销,亟应先从品质改良入手,以争取世界市场,特召开第一次理监事

会议决定：一、呈请县政府出示布告茶农，禁止掺杂。二、筹组茶叶产制研究室，从事改良工作，该会除通知各会员改进制造外，昨已呈请县府出示禁止掺杂，县府据呈即将出示严禁云。

《越报》中华民国三十五年五月三日

本县商会计划中美货品交流将以土产换取进口货

（1946 年 5 月 13 日）

（本报专访）本县县商会，日前接美国商会总理波雷博士来函，略以窃尝游战后各国，深知各国，均需要货物接济，爰以如何使需要者，直接能从出产者购货，及铺排现金交易货品之不断流通为使命，故请转知贵县生产家，各将其需要及出口货品，以航空信告我，可能的话，还请注明货价及愿意接受何种货币等等为盼，费神之处，万分感激，并希望和贵国要进货各商号联络。

又函：

值此国际经济交通，日趋恢复正常之世界中，贵国对于世界贸易上，当占有重大使命。兹经敝当事人数次讨论之下，凡已经或将欲创设自由港和货栈的国家，得有优先在该处运送输用的货物，因此我们已经组织起来。对于贵国需要的货物，都可由此供应，并且其他五十国家，亦同样供应，附详细货单一纸，希台鉴：其价格约以一九四三年为准则，凡从美国出口货物之批发价目，概由美国政府规定，并奉美国官方之批准，其余更可供给贵国的自由港，以半制就货品，可由贵国自取工料完成，加相当税率后，得运销国内外，因此贵国经济准则，可望提高，而收入亦可增加矣。此次首先拟建议者，乃望贵国在地方律法和规则之下，能即行创立一国营货栈公司，如蒙可能，极愿参加。凡在附寄货单上所列各物，均将可由这里以低价转给贵公司，以及半制造货品，如无□□冰箱、火炉、汽车等，可由贵国自行完成，或在必要时，得派专家相帮，共同制造和指导，对于交易贵国出口货物，概以现金支付，或相抵，由此处买去的物资，欲完成此项计划，得需贵国各种经济机构，如银行等、进口商、制造商和农业生产者的共同合作。在贵国首都，需建中央机关，而在各地之工商农业中心区，分设地方机关，并以许多能干人员，组织完全成。最后希望贵方通知对隶属之区内之有关方面，速以航快或电报示覆，俾早日完成是项计划。当经提交该会第一届事业协进会计划办理，经计划组王迪忱、王觊甫两委员，将货品单详细译成，共计三十类。再就三十类内各商品性质，与有关各业，列成简表，征询各业，是否需要，尅日送会。本县物产丝茧茶酒等项，向占国际贸易上输出品重要地位，抗战八年，本年工业制品生产减落，日用主要物品供不应求，现准美国商会，愿以各项货品供给采购，并预以本县出产品交流抵价，允称一举两得云。

《越报》中华民国三十五年五月十三日

平水茶商电请中央挽救茶叶衰绝危机

（1946 年 7 月 20 日）

货弃于地农商已濒破产，速发二茶贷款继续购制

（本报讯）本县平水绿茶，为我国输出特产品，久负国际盛名，抗战初期，政府赖以易取外汇，换取军火，增益匪浅。迨太平洋战事发生，海运断绝，茶销停顿，茶农以收购乏人，无意采摘，任意萎枯。重光后，仍陷停滞景象。本县制茶工业同业公会，认为如此情形，茶业前途堪虞。经第二次会员大会议决，会同东南茶区场联合会，平水区分会，于昨日联会电呈国防最高委员会主席蒋，暨各院部长，沥陈平水艰苦，吁请继续贷款，探录原电文于下。

电文：

国防最高委员会主席蒋、行政院长宋、财政部部长俞、经济部部长王、四联总处钧鉴：

查平水绿茶，为吾国输出特产品，久负国际盛名，抗战初期，政府赖以易取外汇，换取军火，增益匪浅，太平洋战事发生后，海运断绝，茶销陷于停顿，茶农以收购乏人，无意采摘，任令萎枯，甚至铲除茶株，改种杂粮，似此情形，十足令人痛心。重光以后，茶业农商，满以政府必能争取时机，维护特产，藉使国茶仍能驰骋于国际市场，力谋发扬光大。讵事与愿违，各地茶业农工，引颈以待，迄于茶芽怒放，政府尚无切实茶业政策。嗣经一再呼吁，始由中国农民银行，举办生产贷款，茶厂虽得继续经营，奈因物价飞涨，产制成本激增，所有贷款，仅足收购毛茶一万余担，即使制成箱茶，亦不过一万五千箱，况对于加工精制及包装运输等费用，尚无着落，致茶厂既不能源源收购，又不能开工精制，已陷于不拔之地，茶农以已摘茶业，无人收购，生计艰难，更无余力采制二茶，只得任令货弃于地，莫不叫苦连天。查战前平水箱茶输出数额，达三十万箱，虽经战事影响，产量锐减，以三分之一论，亦有十余万箱。现中农贷款，收购茶叶数量，远不及战前十分之一，杯水车薪，无补实际，外销方面，又因政府管理外汇售价仅及生产成本之半，凡此我国茶叶，已临空前未有之浩劫，不独商农破产，抑且有损国产资源，茶农工商，莫不忧心如捣，谨特电请钧座，俯念民生，维护国产，一方面续饬中国农民银行发放平水二茶收购贷款，及加工精制贷款，使各茶厂能以继续购制，并请饬由中央信托局收购易货，使茶农工商得以延续生命，国产得以勉强保存，临电不尽欲言，不胜迫切待命之至。东南区场联合会平水区分会主任委员故一之，绍兴县制茶工业同业公会理事长陶茂康叩。

《越报》中华民国三十五年七月二十日

省商联会一致通过将函请财经两部援案举办

（1946 年 10 月 14 日）

将函请财经两部援案举办

绍酒为本县之特产，遍销全国，名闻遐迩，同时繁荣地方，亦有赖于此。然自经敌伪四

载蹂躏,原有存货,皆被搜刮殆尽。重光后,正计划复兴,而又以资金短绌,捐税苛重,两重摧残,势将一蹶不振。本县酿酒商业同业公会,鉴及此种严重之危机,曾经援请县商会陈理事长晋省请愿,要求减低税额,并拟请四联总处,援案办理酿酒贷款,以资挽救。兹悉是案,已由陈理事长携同请愿书,提请省商联会核议,业经该会全体理监事之同情,予以一致通过,决议函请财政部、经济部,及四行联合总处,援案举办酿酒贷款十亿元,救济危在旦夕之绍兴酿酒工业,如能邀准,对酿酒商业,自有复兴之望矣。

《绍兴新闻》中华民国三十五年十月十四日

绍兴县商会公函

(1946 年 10 月 28 日)

(绍兴县商会公告栏·只登本报不另行文)

总字第七四〇号

民国卅五年十月廿七日

事由:为中交农行一行收兑破券奉令转饬查照由

案奉绍兴县政府财字第一二三三三号训令内开:"案奉浙江省政府申三〇四〇八府财代电开:案准中中交农四行杭字第一三一八号函开:接准贵处浙字第六一六一号函,以汤溪县长建议,收回破钞一节,查收兑破钞,除本行外,并委托中交农地各行,转饬所属行处,一律义务收兑,是项破券之整理办法,亦趋简化,可分别行名与券类,各别封扎(例如中国银行五元五千为一扎,十元一万为一扎)退换,相应复请洽照,转复为荷,等由。查此案,前准贵府来函,经转函中央银行核办在案,兹准前由,用特函复,希查照转知为荷等由。准此,核办在案,兹准前由,除分电各县市外,合行电仰知照,等因奉此,合行令仰知照。"等因。奉此,相应函达,即希查照,并转行各会员一体知照为荷。

此致

各同业公会

各非公会会员

理事长　陈笛孙
常务理事　史幼祥　施张发
宋阳生　方文荫

《绍兴新闻》中华民国三十五年十月二十八日

制茶业公会拟具计划,要求中农增加贷款

(1946 年 11 月 28 日)

中农已定下月初商讨贷款事

（本报讯）本县平水区所产之茶，名闻中外，占我国国际贸易之大宗，因受大战影响，以致一落千丈。本年茶汛时，本可恢复旧观，然以物价步涨，而中农行头茶贷款，为数又仅二十二亿，虽经各界屡此要求，皆未获核准，二茶茶贷，数更低微，只有十亿，受贷最低之茶厂，仅分配得千万，资金不足，周转为难，不得已而吸收高利贷款，勉力维持，故皆精疲力尽，将有崩溃之虞。现在年度瞬将过去，来岁茶汛将届，若仍如本年国家银行，仅予少数贷款，则前途更难设想。近闻中、农总行已定有下月初，召集各地分支行，开会商讨三十六年度春茶贷款事宜，并闻本县制茶工业工会等，业已拟具各项计划预算，呈递中、农总行，要求加放贷款，免被高利压榨，俾得充分营运，藉资挽回利权。

《绍兴新闻》中华民国三十五年十一月二十八日

酱业公会请求扩充销货区域

（1924 年 9 月 19 日）

（绍兴）杭、绍两处酱园作坊，所出酱油等类，定有规章，规制极严，只界内可以行销。但杭帮销地广大，营业甚佳。而绍地酱坊，反以范围有限，以致不能畅销，日前谦豫、咸亨、同兴、永兴、合兴等十余家酱坊，邀集萧山各作坊主，在绍兴城区大路酱业公所内，一致议决，拟将限制破除，一律通销，弈可扩充营业。闻昨已联名公呈两浙盐运使，请予核准矣。

《越铎日报》中华民国十三年九月十九日

卅年茶贷方案请加列毛茶贷款

（1947 年 6 月 15 日）

放宽出口地点及箱茶押款，制茶工业同业公会已决议。

（绍兴讯）本县制茶工业同业公会，为商讨茶贷等事宜，特于一日举行第一次理监事会。

一、准省银行绍兴分行，函送茶厂调查表，嘱转知各厂填送，并提供茶贷支配意见，请讨论案。决议：

（一）五月三十一日截止，共计填送调查表会员七十一厂，平均支配，每厂贷款七百万元（有四厂未缴会费，暂缓转送）。

（二）非本会会员茶厂，请省银行直接办理。

（三）利息及偿还日期，遵照童经理面洽，贷款期间为三个月，每个月利息八折计算，其息金请按照透支办法办理。

（四）三十五年箱茶，迄未收购，三十六年茶贷方案，条件太苛刻，请求政府，请尽速贷放。

二、已届茶汛,迅予改变方针扶植出口事业。决议:

(一)三十五年箱茶,提高收购价格,以维血本。

(二)三十六年茶贷方案,请列入加放、毛茶贷款,并放宽出口地点,箱茶押款尺度(四担米价为原则)。

(三)函请全省参议员,及县参议员,分向行政院、财政部、经济部、四联总处、中央银行、中信局,呼吁救济。

三、本会经费,截至五月底止,积余不多应如何设法,使其充实,以利会务,请公决案。

决议:每厂征收事业费十万元。

四、最近物价暴涨,书记薪给微薄,拟请酌予增加,俾安心工作案。决议,(略)。

五、未缴会费会员,应如何处理案。决议:未缴会费不得享受权利。

又有临时动议二案,计:

一、外销箱茶免税证及运单,各厂来绍局请愿,往返需时,拟请货物税局转饬各地驻场员,就近办理,对于保家一层,可由各厂预先同绍局办妥,整数箱茶额保证,陆续运输,是否可行,请讨论案。决议:函请绍兴货物税局查照办理。

二、本会第四次会员大会第十案,关于茶叶为出口特产,已由铁道部、交通部通令,优先装运,对于船筏运输,亦拟予以优先便利案。经本会电请建设厅在案,迅予转饬办理案。决议,通过。

《宁绍新报》第9期,中华民国三十六年六月十五日

安仁等茶厂电请优惠收购平水茶

(1947年9月8日)

以顾恤茶农而维国产销路,县商会已为据情转电四联

(本报讯)本县平水区安仁等合作茶厂,本年夏,为发展产茶外销,曾集合会员收购毛茶三百余箱,运沪押入中国茶叶联营公司委托销售,以其品质并不着色境杂,为过去美销之平水绿茶原品,经该公司评阅,极加赞许,不意近闻中央信托公司有停止收购本年平水外销箱茶之说,安仁厂等闻讯,大起恐慌,以所传非虚,则今年平茶非经大商人之手不可。盖平水区合作茶厂,创办伊始,何能将平茶直销外国,即落商人之手,则定受严重剥削,茶农社员,势难□□,更以时日延长,贷款利息累累,负担尤重,若不得政府予以收购,今年平茶,必被居间人之摧残,而平茶品质,选择与制造之改善,无复所望,外销前途,亦永落人后,昨特据情电请本县参议会等各机关、法团,要求迅予转电四联总处及中央信托局,务念提倡国产,体恤茶农,优惠收购无色箱茶,由政府准销外洋,以资改进而利茶农。兹悉,参议会等接电后,以事关平茶外销,业已据情转电四联总处,要求优予收

购,以维国产销路。

《绍兴新闻》中华民国三十六年九月八日

商会请先拨粮贷

(1947 年 9 月 12 日)

新谷登场亟待购储,商会请先拨粮贷,分函要求提拨三十亿元,俾正式粮商以米谷抵押。

本邑为著名缺粮县份,频年粮价得长时期低于沪杭及邻县,免除粮荒,全恃粮贷款调剂。兹闻县商会陈理事长,为仰体林县长关怀民食之殷,曾电四联总处,并函省田粮处,中央中国张金两行长,请予提先拨付粮贷款,以借正式合法粮商直接以米谷照章抵押,兹觅录原电稿如后:

南京四联总处公鉴:本年九月七日杭州东南日报载,杭市民食购销委员会,为调剂明年青黄不接之民食,请蒙尊处核准贷款六十亿元,饬由浙分处在浙省请贷粮款七百亿已准之二百亿元中,先行提拨等语。查绍兴为著名缺粮县份,频年幸免于粮荒,全恃贷款调剂,明年青黄不接时,当然有待接济,曾经县政府呈请省政府转请核准绍兴粮贷一百亿元有案,兹因新谷渐见登场,粮商亟待购储,拟请饬由浙分处就已准之二百亿中,先行提拨三十亿元,交由绍兴中交农行,专借正式粮商直接以米谷照章抵押,不再另设机构,务乞赐予照准,先行电复,俾得为来年民食之预备,临电不胜企盼之至。

《绍兴新闻》中华民国三十六年九月十二日

绍兴县商会公函

(1947 年 10 月 12 日)

(绍兴县商会公告栏·只登本报不另行文)

案准浙江全省商联会本县九月二十七日总字第一五七四号公函内开:

"案准经济部商标局京总字第一九五六八号公函开:案查全国商会联合会,全国工业协会等四团体发起,在首都举办国货展览会,本局征集国货厂商,迅将历年注册及现经审定国货商标各检相符图样五组,并粘附标签,其能装配美术镜框或锦轴者尤佳,均于九月五日以前寄交本局国货商标征集处,以便陈列展览,藉广宣扬。前经以京总字第一七七二四号函请分别转知在案。兹查此项展览期间计达两月之久,各国货商标参加展览,尽有从容准备时间。现在业经寄局商标图样,较之历年注册及现经审定之商标总数相差尚巨,各厂商容有尚未周知或迫于限期,不及寄送。兹特规定在十月底以前,各国货厂商仍可随时检送图样五纸(并附标签,能加美术装璜更佳),寄南京中山东路一七五号商标局国货商标征集处，以便随时转送，参加展览，而期达到普□宣扬目的。用再函达贵会，迅予转行各业公会，分别转知各厂商，务各踊跃参加。除分函外，即希查照办理见复为荷。等由。准此，除分行外，相应函达，即希查照，转知各公会各厂商踊跃参加为荷。"等由。

准此相应函达，即希查照，并转行各会员知照为荷。

《绍兴新闻》中华民国三十六年十月十二日

绍兴县商会公函

（1947 年 10 月 13 日）

（绍兴县商会公告栏·只登本报不另行文）

字第　　号

民国　年　月　日

案奉绍兴县政府本年九月二十五日廉字第八九二八号训令内开：

"案奉浙江省建设厅本年九月十一日建二字第三〇五〇号代电，以奉经济部训令，以派遣商务代表赴日贸易一案，经行政院第十次院务会议决议，交本部主办。当经会同有关各部会局组织对日贸易指导委员会，并经公布施行各在案。兹尚有应行注意事项开示如次：

（一）各区商务代表之产生，由各区中指定市之商会、工业协会及各工业同业公会，会同推定之具有市名之各区，即以该市为指定市。东北区、西北区、台湾区，分别以沈阳市、西安市、台北市为指定市，前项各指定市商会、工业协会及工业同业公会，于非定商务代表人□时，应充分考虑各该区其他各地同业全体对日贸易之需要，并注意协调精神。

（二）各区商务代表之推定，应于本文到达后十日内办妥，并将最先三批代表出国先后次序排定呈报所在地主管官署，转呈经济部。

（三）各商务代表出国手续，依工商人员申请出国办法第二条之规定，应填具详细履历，载明姓名、性别、年龄、籍贯、经历，并检附最近半身正面二寸照片三张。

（四）关于预付商务代表赴日所需外汇旅费之偿返，民营商务代表由中华民国商会联合会及中国全国工业协会共同负责保证。

（五）各该区民营事业已向本部申请参加赴日贸易者，另列名单发交各该区市商会备查，合行抄发该实施纲要，令仰迅速通饬所属工商各业知照等因，令仰转饬知照等因。奉此合行抄发原实施纲要，令仰知照。"等因。

附抄发《组织赴日商务代表团办法实施纲要》一份。奉此，相应抄同原件，函请查照为荷。此致

计抄附《组织赴日商务代表团办法实施纲要》一份。

组织赴日商务代表团办法实施纲要

一、赴日商务代表团之组织，赴日商务代表团暂由代表二十人，组织之民营商务代表十三人、侨商商务代表二人，公营、合营商务代表五人。

二、商务代表之标准：

（1）派遣商务代表之工商业须曾经依法登记；

（2）派遣商务代表之工商业须直接经营政府核准之对日输出入货品；

（3）派遣商务代表之工商业须有充分之资金，缺具从事对日贸易之能力；

（4）派遣商务代表之工商业，应提出证明文件，证明经营对日贸易货品并有迫切派遣商务代表之需要；

（5）充任商务代表之人员应体格健全，品行端正，有专门学校水准之程度，通晓英语或日语，并具备国际贸易经验；

三、商务代表之推选章序：

民营商务代表十三人名额之分配，由中华民国商会联合会及中国全国工业协会，就左列各区洽议□□每区应有代表一人，但得视需要融通分配；

（一）上海区（包括苏、浙、皖）

（二）天津区（包括冀、热、察、绥）

（三）汉口区（包括湘、鄂、赣）

（四）广州区（包括粤、桂）

（五）青岛区（包括鲁、豫）

（六）重庆区（包括川、康、黔、滇）

（七）福州区

（八）西北区（包括陕、晋、甘、宁、青海、新疆）

（九）台湾区

（十）东北区

（1）前项商务代表之推定，由各地商会、工业协会分会及各工业同业公会共同办理，呈报经济部汇办（第一次推定三批代表人选呈报经济部）；

（2）侨商商务代表三人，由侨务委员会选定函知经济部汇办；

（3）公营事合营事业商务代表五人，其分配由对日贸易指导委员会决定，经各该事业主管机关指定人选，函知经济部；

四、对日贸易暂以左列进口货物为限。

（1）出口货物：

铁砂（输出期限于本年度专以交换日本钢轨）

油漆（桐油生漆）

麻（霖麻、大麻、苎麻）

□

盐

杂粮、大豆及其他制品(所括大豆、豆油、饼、酱、粉,花生,绿豆,菜籽,蚕豆等)

兽毛皮骨(羊毛、山羊、绒毛、骆驼、毛皮骨及角等)

蛋

烟叶

樟脑

药材

其他(松香、糠□、野蛋、丝、水果、棉子油、棉子饼等)

(2) 入口货物:

交通工具及器材

人造丝

化学原料(硝酸、醋酸、硫酸□)(肥料)通□酸钙、硫磺、石灰、□素等;

金属原料(紫铜及黄铜、锭块、铜丝、布、各种大型铜材);

木材(矿用密木,制火柴梗片用之木材,圆木段及斩方木材);

苗(蚕种、桑苗、农业种子等);

机器及附属器材(各种机器试验及流电表、电压表、电度表、高热计等)

其他输入货品(水浆、人造靛、沥青、鲸油、新闻纸等)。

五、贸易之清算

(1) 输出、输入有关之外汇,总由中央信托局以记账方式清算之;

(2) 商务代表赴日所需外汇旅费,得先向中央银行申请预付,每人以美金五百元为限,将来在输出货物所获之外汇项下扣除;

六、驻日代表团商务专员之指派;

七、其它事项

(一) 商务代表赴日贸易,以轮流为原则,核准后应尽量请领护照,启程赴日。留日期间以二十一日为限,应尽速办理贸易手续,事毕归国。如久无交易,或故意迟滞者,得由对日贸易指导委员会报告经济部取消其资格。

(二) 商务代表赴日贸易,对于全国各地未能派遣私人商务代表之同业,有接收委托办理对日贸易之义务。

(三) 商务代表留日期间,应受我国驻日代表团(商务专员)之指挥监督,归国以后,应即向对日贸易指导委员会报告其进行贸易之结果。

(四) 其他有关出国手续,准用工商人员申请出国办理。

理事长　陈笛孙

常务理事　史幼祥　宋阳生

施张发　方文荫

《绍兴新闻》中华民国三十六年十月十三日

华舍绸业发达，鼎豫钱庄复业

（1947 年 10 月 20 日）

（经济社讯）本县华舍鼎豫钱庄，于抗战时停歇，去年曾一度申请复业，未得财政部核准，该庄经理李实福近因华舍机织绸业日趋发达，而金融机构尚无设立，各业周转运用，致感不便，特再补充理由，由钱业公会，转请县商会证明，重申登记，以便复业。县商会以华舍为本县产绸区，市面繁荣，实有设立钱庄之必要，业已据情予以证明，层转财部登记核示。

《绍兴新闻》中华民国三十六年十月二十日

平茶成本增高无法展开，电中央呼吁收购

（1947 年 10 月 30 日）

（绍兴讯）本县制茶工业同业公会，于日前假座古贡院县立中学，召集第二届第四次理监事联席会议，报告开会宗旨后，旋即开始讨论：

（一）准四联总处三十六年度箱茶自外汇管理办法改变后，外销茶已无困难，政府业已停止收购。出口地点、押款业奉核定，每担押准一百万元，并经函中国农民银行办理等由。此项决定本会是否认定满意，请讨论案。议决：

（甲）自外汇调整后，受洋商抑价，无法开展，电请中央有关主管机关呼吁收购。

（乙）出口地点押款自放长为每担一百万元后，上海农行办理手续时，对于三号眉茶一色，改押每担为三十三万元，与四联总处核定一律每担一百万元不符，电请农行解释。

（二）准中央银行代电三十五年度受押箱茶已有定案，未便变更，所请豁免按租利息各节，请迳与中国农民银行给商可也等由，应如何办理见复。

（三）准省银行函展予半数展期一月利息，每月十一分计算。□此茶市开放，应否通知各会员续借请讨论案。议决，数微利高，手续麻烦，本会会员不愿承借，函复省银行总行查照办理。

《宁绍新报》第 17—18 期，中华民国三十六年十月三十日

商会昨验明县银行增资

（1948 年 7 月 11 日）

（本报讯）本县县银行，自于五月一日股东会议决定，增资为十亿元，迄今业已集足，以

依照银行法规定,须由县商会验资,出具印文证明,方准呈请财部给照,该行董事会,特于前日函请商会派员查验,闻经该会推定倪常务理事予凡前往,业经点验属实,已予出具证明,函复该行查照。

《绍兴新闻》中华民国三十七年七月十一日

制茶业电农林部提高平水茶贷

（1948 年 7 月 19 日）

争取外汇必须大量生产,增加贷额俾利加工运销

(本报讯)本县制茶工业同业公会,昨电请农林部,要求提高平水茶贷款,其原电文云:

农林部长□钧鉴:

查我平水绿茶,年销国际市场,战前达二十余万担,战后三十五年四万担,三十六年六万担,本年度以受物价刺激,一切工本,均以米为单位,因此每担到沪成本,需米五石。五月间,四联总处核定贷款,计每担加工贷款三百万元,运销贷款四百五十万元(除加工贷款)出口地点,押款八百万元;(除运销贷款)嗣以贷款太微,经本会呈奉四联总处核定,改为加工四百万元,运销五百五十万元,押款一千万元,饬由中农行办理各在案。兹以物价狂涨未已,产区米价已每石三千万元,合计国币成本在一亿五千万元,茶商资金有限,而所获贷款,亦仅及十五分之一,因此生产减低,资金冻结,无法大量生产,根据农行最近运销贷款装沪箱茶,不过一万担,仅及去年六分之一,如政府对于贷款,不予考虑提高,则今年生产量必甚悲观,与奖励特产,争取外汇之国策不符,为此电豆腐脑钧长鉴核,俯赐请转四联总处,将平水茶贷提高为加工贷款每担四千万元,运销贷款五千五百万元,出口地点押款一亿元,茶商资金,得以周转运用,而生产以可大量拉加,于国计民生裕益甚大,不胜迫切待命之至。绍兴县制茶工业同业公会理事长陶茂康午篠叩。

《绍兴新闻》中华民国三十七年七月十九日

商会经委会今日成立

（1948 年 8 月 16 日）

(经济社讯)绍兴县商会,为策划该会经济活跃,及解决经济上各项困难问题,由第四次理监事联席会决定,组织经济委员会,并授权常务理事会,聘请委员人选兹悉业已议定,以该会全体理监事为当然委员,另聘沈加贞、孙廷鹤、朱国治、章德容等四君参加为委员,并定今(十六)日下午四时举行成立会议云。

《越报》中华民国三十七年八月十六日

2. 维护市场秩序

城乡收账各自为风

（1912 年 6 月 15 日）

　　绍兴商会前曾议决：夏季于阳历六月终收账，已通告各镇乡一例遵行。兹闻道墟、东关、曹娥等乡各商店，仍以阴历端阳收账。日来纷纷分票，一切账簿及票上尚沿用阴历月日，并不遵用阳历，殊属不知通变。且阳历六月终距阴历端节不过十日，该商店等何竟迫不及待，置商会通告于不顾，自此一端已足征绍兴商界各自为风矣。

　　　　　　　　　　　　　　　　　　《越铎日报》中华民国元年六月十五日

无意识的议董

（1912 年 6 月 17 日）

　　绍兴商界向章，以端午、中秋、年终，分三期收账目，改用阳历后，绍兴商会迭次开会讨论，经多数议员议决，遵照杭垣办理，改以阳历三、六、九、十二等月分作四期收账，通发传单，不啻家喻户晓。迨阴历四月间，复开临时会，重申前议，决以阳历六月底为第二次收账期。讵近日无识各商家，竟纷纷循旧分发账票，破坏议案，启口舌之渐，城区恒裕隆袁泰茂二杂货店为商会议董，袁瑞生、袁梦兰弟兄二人所开设，竟亦随一般无识商家大发收账票，以阴历端午为收账期，其忝为议董犹如此。其余无识商店固无论矣。

　　　　　　　　　　　　　　　　　　《越铎日报》中华民国元年六月十七日

伪钞票案之余波

（1914 年 4 月 16 日）

　　绍城市上前发见浙江银行伪造五元钞票，经商务分会集议，限期止收办法，并呈明粮柜征收为难情形。省公署据呈前情，当转令该行妥筹办法，一面令饬金知事督饬钱粮征收人员，详细辨识，遇有以伪票完纳钱粮，即和平详询来由及完粮人之姓名、住址，以便转行该商务分会遵照金知事奉令前因。昨已函致商务分会知悉矣。原函录后：

　　迳启者，本年四月九日奉浙江行政公署指令第四〇七三号内开：财政司案程，本年三月十六日，据呈该县近日市上发现浙江银行五元伪钞，经商务分会邀集各业议定办法，限期止收,请转呈令饬该银行,于该地分设经理处,随时收兑,并呈明粮柜征收为难情形,请示办法。复于二十七日,又据宥电呈同前由各等情,查该县发现伪票,致碍市面金融,该县商务分会邀集各业议定办法,限期止收,于商业上虽无亏累之虞。惟于该行真票之流通,不免大受影响,自不得不兼筹并顾。据呈前情,当即转令该行妥议办法,克日具复,一俟复到,再行□□饬遵。至粮柜征收,攸关□□□用,自未便因难于识别,不予收受,所呈极有见地,应即督饬征收人员详细辨认,如遇有以伪票完纳钱粮者,并即和平详询伪票由来,及完粮人之姓名住址,以便转辗究追,传案质讯,仰即知照并转行该商务分会遵照。此令。等因。奉此,合亟函致贵分会希烦查照。此致。

《越铎日报》中华民国三年四月十六日

派员收兑伪钞票

（1914 年 5 月 2 日）

绍兴发现浙江银行伪钞票,商民拟□停用,经商务分会呈由县署转呈浙江行政公署饬令该银行在绍分设经理处收票竟现,并以粮柜收兑票券办法请示等情,已志本报。兹悉行政公署令据该银行呈复称,分设经理处须待董事议决,辗转需时,复令饬该行先行派员莅绍收兑,以资急济,一面令绍兴县转知商务分会知照。金知事奉令后,已函致商会查照矣,原函录后:

迳启者,案奉浙江行政公署第四九三五号指令,财政司案呈本月十三日据该县呈称前因,绍邑发现浙江银行伪票,商民疑惧停用,据商务分会略请转恳,饬令该行分设经理处收票兑现,并以粮柜收兑票券办法请示,未蒙令复。近日市上停用如故,而营队所领银行钞票,市面未能通用。该县为大局起见,暂由粮款项下兑给现银,无如移驻兵队陆续增多,若县署一律照兑,征收有限,后难为继。惟有速筹疏通,以资救济。商务分会前请该银行分设经理处收兑票款办法,是否可行,合再备文呈请迅赐指令,并据声称,该署收兑各军队银行钞票,现已二千余元,将来自当一律解库收充正税等情。据此,查此案前据该县呈电到署,业经转令该银行妥议具复去后,嗣据该银行复称,自二月间伪票发见愈收愈多,不得已于三月十三日在商务总会开会,议决:以七日为限,所有各处收落伪票,限内均向本行兑现,办法并无两歧。惟绍地流行钞票,因此生一障碍,亦系实情。本行当开董事会妥议办法,再行呈报等词前来。是该行能否在绍地设立分经理处,须俟董事会议方能确定,未免辗转需时,为济急计,惟有令饬该行迅即派员赴绍,委托素常往来各庄号代为收兑钞票,并将伪票式样检送县署及商会暨往来庄号,以备核对,庶真伪易辨,而收兑亦不致为难。倘再有藉端阻止,致碍货币流通者,该县应即立予究办,以维市面。除令饬浙江银行迅速照办外,仰即知照并转行商务分会一体遵照,至声称该署收兑该行钞票二千余元,拟请一律解库,上充正税一节,查金库发款,悉系军用票、现洋两项,据称绍地各军队所持银行钞票,谅由间接支取而来,并非由库发给。该县所收兑二千余元,仍应向该行兑换现金,再行解送金库。事关正税，未便牵混，仰遵照。

《越铎日报》中华民国三年五月二日

绿茶价跌一案

（1914 年 5 月 13 日）

上海绿茶栈接美国来电，缘茶市价骤跌，特电绍兴商会，请商会转告各茶栈，万勿放价广收山货。兹将原电录下：

商会鉴：

美国来电，绿茶市面骤跌，关税更高，验色加严，新茶到申，开价深恐不及旧年山价。若比旧贵，负险胡底，请贵会飞咨各栈，各自紧守，切勿放宽，顾全血本，赶快维持。申六栈具。

《越铎日报》中华民国三年五月十三日

整顿茶业之文诰

（1915 年 5 月 7 日）

茶业一物，为吾绍大宗出产，奈一般奸商往往搀煤着色，贪图厚利，以致销路日滞。近虽官厅屡次禁止，并提倡改良，无如昧良奸商利欲熏心，竟异想天开，采取一切木质枝叶，用皂□水制成粗茶式样，搀入茶业，真伪莫辨，不特有关人民卫生，且于茶业前途大受损害，现有商民陶寿鸣等禀请县署给示严禁矣。原示录下：

为出示严禁事。据稽东剡北各乡商民陶寿鸣、李炳文、张省三、陶曾培、喻颂周、马之谦等禀称：窃茶叶一种，迭奉政府提倡改良，□箱茶既经认真，其粗茶末片，亦宜讲究。不料间有昧良奸商，异想天开，令妇女采取一切木质枝叶，收买晒干，用皂□水制成精茶式样，搀入茶内，不但无茶之处，真伪莫辨，即产茶之地习见。茶叶者亦难认识。按树木性质含有毒质者，不可枚举。令收买不拘何叶，妇女何知，势必贪于便利，见叶即采，以毒质之叶，搀和渔利，贻害滋深。为此请求广为示谕，严行禁绝等情到本公署。据此，除批示并函致商会一体查察外，合亟示禁为此，一仰阖邑业茶商民人等知悉。须知茶叶为日即运销之大宗出产，当此商战竞争，正宜格外讲求，力图精良，以坚信用，而广销路，如果奸伪茶商辄以树木杂叶制造搀和，以伪乱真，不特有关人民卫生，且于茶业前途大受损害。按诸情法，均难姑容，自示之后，务须痛改前非，切勿再蹈故辙，倘有无知之徒利令智昏，任意违法尝试，一经觉察定即提案，从重惩治，决不宽贷，其各凛遵毋违，切切特示。

《越铎日报》中华民国四年五月七日

催议乡物储城案

（1917 年 6 月 7 日）

乡典质物储城办法,曾经县署函请商会公议,划一规则,呈覆核夺在案,惟该会迄未议覆。现在樊江丰泰典,前以乡典储货不便,拟具办法,呈请检示立案。县署以是案曾交商会核议未覆。据呈后昨复抄录原呈函催商会,迅即并案速议覆候察夺矣。摘录丰泰典拟办法如下:

（一）凡珍贵品物当本在二元以上者,均移储城中;

（二）质户取赎之时,准隔两日交货,以便周转;

（三）所有移储城中之货,当于票上加盖此货贮城四字,不另给票。

《越铎日报》中华民国六年六月七号

对于会议铜币价值之建议

（1917 年 11 月 20 日）

绍兴首饰业会员陶文谷对于铜币价值,有所主张,曾于昨日致函商会,建议颇有可采之处。兹录其原函揭刊于后,以供关心钱市者之研究。其原函略谓:

接贵会知单,定初五日召集会员公议铜币价值事宜。窃思铜币流行,各省买卖即作制钱。惟吾绍独异者,前总董任米、布两业一己之私,铜币短价行用,制钱非理补水,碍商之由,无过于此。盖吾绍铜币流行,与制钱市价互有涨跌。十余年来,贵会三次召集,文谷迭经倡议铜币与制钱不分界限。然言者谆谆,听者藐藐。谚云,强权即公理,诚非虚谬也。今荷会长召集会员维持铜币,凡属商人,咸感深佩。但救济吾绍铜币之策,必须依照沪、杭、甬一例,铜币即制钱,制钱即铜币。舍此无最善之方。凡商店货价洋块买卖者,照市核算,以昭大公而图永久。为此采集商店公意,肃函联具。伏乞正副会长普吉大众,趁日施行。想会员诸公定表同意,不胜盼祷之至。陶文谷谨启。

《越铎日报》中华民国六年十一月二十号

绍商会集议升钱铜圆纪

（1917 年 11 月 21 日）

吾绍商会前因制钱充斥,曾由前故总理钱静斋决议,加一升用,以致小贩穷黎受害非浅,怨声载道,有口皆碑,虽主张创议者内幕另有其人,而钱某总不免为集矢之的,故时人有:"钱静斋总理商会,成绩只值一文钱"之谣。盖指钱某总理商会,一生仅此区区上什加用一文钱之秕政也。现在制钱稀少,每元直换所余无几,正可查照暂行之原案,立予取销。至铜圆逐日出有市面升减,至不齐一,若经按照近日市面,减从末减呆板规定,市面短则铜圆稀少,卖买截用,尚不致十分妨碍,犹属可行。苟市面长则铜圆兑换之价格轶于板定之额值,势必致市侩搬运,沽客兑用,店肆收入折核缴庄,一进一出,积少成多而损失已不堪言状。非特铜圆之充斥已也。然不板定,市面行用至不划一,亦易启事执之弊。以上两种迭经吾绍各业函电纷请(如沈秀山、陶文谷等之建议于商会,曾志十九、二十两号本报)。商会筹议,即由商会发布通函。业于昨日(十九号)下午二时,召集各业开全体大会以资讨论,到者约百余人,由会长高云卿君登台宣布取消加一升钱及铜圆照市收用方法,各业互有发言,于取销加一升钱,除米业表示反对外(按米业逐日收入钱文,为数颇夥,加一一经取销,势必制钱充斥,亏耗殊甚,亦属实情),余均赞成通过。惟须别收板方,以资调剂。至铜圆有主张照沪杭甬办法作制钱十文者,有主张暂行板定九厘者,有主张逐日照市行用,要求钱业单位起算者(如铜圆每个单位几厘、几毫,以免按照大盘核算之烦,以省手续而资划一)。嗣经决议,逐日按市行用,如须揭示单位,只向金融日报要求核算,载明渠系售报赚钱,自易办理。惟厘毫出入亦须有一定准则,如每个九厘二毫五以上,作九厘五毫用,如九厘七毫五以上,作一分用,均照划洋核算。现在布业铜圆一项,日按市面大盘核算单位,揭示同业各业尽可遵用,多数通过,振铃散会。时已六下钟矣。

《越铎日报》中华民国六年十一月二十一号

改革洋价之动机

(1917 年 12 月 23 日)

绍兴县知事公署公函,绍兴商务分会会长高云卿、蔡镜卿文云:

迳启者,本年十二月十七日,奉财政厅训令第二七零二号内开:本年十二月十二日奉省长指令,据绍兴吴元仁等呈,钱业垄断洋价,请令县转知商会妥议由。内开:银洋涨落,本随市面为转移,前据具呈,业经批示在案。惟省城大洋逐日估价,绍城则一成不变,能否随时伸缩,援照省城,一律办理,以及现款如何维持,现水如何改革,仰财政厅转饬绍兴县知事召集商会,邀同各业,妥为筹议,务使进出两得其平,市面益臻稳固,是为至要。仍将遵办情形具复察夺。此令等因。奉此,合亟令仰该知事即便转行商会,趁日邀同各业,按照令饬各节,妥为筹议,以维市面,并将遵办情形,分报察夺毋延,切切此令,等因到县。奉此,相应函请贵会查照,希即召集各业遵照令饬各节,妥为筹议,以维市面,并将遵办情形,从速见复,以便分别呈报,事关省令,望勿稽延,是为至要。

《越铎日报》中华民国六年十二月二十三号

关于平现问题之近讯

（1918 年 6 月 16 日）

钱业划单问题，尚未解决，而绍汇现水，因洋单缺乏之故，已渐回升，非日拆开四分，不足以资持平。闻绍兴商会会长高云卿暨宁波商会会长费冕卿，定于今明等日偕同钱业董事起程到省协商妥善办法。昨日（十四）省垣钱商先在杭总商会开谈话会研究革除划单现货进出方法。闻杭市一部分苟有大批现洋带川存储，或可仿前清时代办理。至于甬绍两市向称赊货码头，商用又大，事实上恐难实行云。

《越铎日报》中华民国七年六月十六号

杭绍甬金融会议详志

（1918 年 6 月 21 日）

杭总商会前日午后，合杭、绍、甬三处钱业，特开金融会议，宁波总商会已于先一日来函转告钱业意见，不遣代表晋省。绍兴商会会长高云卿偕同钱业代表应惠棠、范嗣三，到省参与会议。杭州钱业到会者百有余人，各银行行长亦到。入席后，即由会长报告财政厅公函暨甬、绍两商会先就钱业会议后之复函，并省垣钱业全体公具之意见书及善后条陈三条，（词极冗长，明日续登）毕，详加讨论。对于现水问题，佥议现洋充足，现水自平，划单犹人身之血脉，未可一日停滞。杭绍商市虽有不同之点，而划单之断难取消，情实一辙，讨论结果，请求总商会将杭、甬、绍三处商人所陈意见及杭商之善后条陈转达官厅，俯赐采择，遂散会。

《越铎日报》中华民国七年六月二十一号

革除现水声中之进行谭

（1918 年 9 月 13 日）

自革除现水之问题发生后，绍兴现洋升水，数月以来，每百元自十七八元已平至一元有奇，遂渐进行，已收实效。近日来，绍市现底单薄，花用奇旺，如非酌加现水，不足以聚集现洋。昨前两日市情，每百元竟又升水至三元以上，须俟杭州中行大批现洋汇绍后，即可实行革除。现在商会会长高云卿正向各钱庄疏通云。

又闻甬江钱市因革除现水命令发表后，同行意见未洽，钱业中竟印刷通启，暂停收付。现尚在磋商办法，收解仍无日期云。

又闻杭州钱业现水业已实行革除，日现洋出境，原定一万元为限，由各钱庄领照，兹因同行有二十余家之多，此数不敷分配，现已不去领照，商款概取收缩主义云。

《越州公报》中华民国七年九月十三号

革除现水声中之绍兴钱市状况

（1918 年 9 月 19 日）

自革除现洋升水问题发生后，迭经杭、绍、甬三属钱业同行一再筹议，旋人经省公署令知杭州总商会实行革除现水，一面行令绍兴县知事遵照，本县王知事奉令后，业已函告绍兴县商会，限令于阴历八月二十日为止，实行革除现洋升水云。兹悉本城钱业自经商会转告，迭次开会筹议办法，卒无若何结果，推厥原因，盖缘该业中现款定缺乏宗旨，不一意见，遂因而纷歧，且会议时又复以一己之多缺为本位，私意存乎其中，致议略多而实效少矣。现在中秋已届，收入之账洋为如颇巨，故日来现水又骤短至两元许。二十日期限，届时或可收革除之实效。

又，绍兴各钱庄所发行之签票，仅能同行汇划，不准支现取款。近因恒有持签票向各庄硬支现洋，各庄家告以须同行汇划，彼则一味蛮横，往往有不支现款，于兴为难之势，因而各庄近又革除签票之议云。

《越州公报》中华民国七年九月十九号

对于革除现水后之隐忧

（1918 年 9 月 21 日）

绍兴自官厅明令限期革除现水，有商界中人署名瘦生者，虑及现水一旦革除后，现洋不济，汇划有碍，影响所及，各商业先受其害，质问商会诸公及钱业领袖，何以善其后，兹录其文如下：

窃此次行政官厅偕同中行，为减轻人民苦痛，整顿币制起见，在杭、绍、甬三埠厉行革除现水，凡我商民，无不感受便利。而有识者无不称之曰，此政策刷新之一种，在下亦惟期名符，其实垂诸永远，并愿有以善其后。夫事之兴革，不能成本法则与实际上歧途而行，当发轫之初，必须斟情酌理，慎之又慎，务使窒碍流弊无丝毫杂于其间，然后秉所持之针，循序而进，以迄于完全成之永久不易之良法，人民信任而笃守之，则蒙重惠而不虚也。今于平现一事，不闻有几度之斟酌，视为轻而易举，无所究其善后办法，官厅率令奉行，商人贸然应之，置现底空虚于不顾，今是明非以不问，在官厅本秦人视越人肥瘠，商民损失痛痒不关，而侧身商界者，利害切夫，当极思有以补救，乃未闻商会于官厅有所请求商榷，杜其害之所自生，于各业广搜博采，征其意见所自出。钱业中亦不闻有以准备筹未来之应付实行后应如何接济有所建白，以供采择。况银行中不乏明澈市况者，兼有为诸公旧日之同人，不妨推腹示心,有行商权,乃计不出此,适或吾绍如期不能实践,甘受相当处分,抑效法省城之阳奉阴违(风闻杭城如向钱庄支取现洋,暗中贴水,每百元计升水一元,果如所闻,则其升水可任令个人升,抑人民吃苦为尤甚,亦即法令与实际歧途而行之结果也)。愿冠奸商渔利之雅号,敢为人民之劲敌也。记者亦为商界一份子,自愧无学识经验,窃恐此次现水之尚含有机械的作为,日后复旧抬商,则我商人不堪蒙几次升跌之损失,慄然自慎,不择发言之当与否,敢就所知所闻质诸商会暨钱业诸公。溯币制成法习惯,统以现银元为本位,则划单为补助现银元之虚位,所以谋转运之便捷,杜抢劫之危险,法良意美。迨闻海禁后,各友邦竞争商业,我国工商幼稚,无与以抗,外溢金钱,年不知几许。然现银虽空,得无经济恐慌者,以其有所抯注也。故光复以前,除夏时之丝茶,秋末冬初之花果用途浩大,供不敷求,小有现升数角外,其他时间,现洋统属去水,究其胡为乎升水,藉以吸收现金也,胡为乎去水,不愿负存现金所耗之利率耳。至于查绍地所存现底,今昔之比较,缺数相差不过二三十万元,何以升水高下有如许之巨,虽不乏奸商买空卖空,囤积居奇,其泰关原因,实以前者绍地需要现洋时可仰给于杭,而杭又可仰给于沪上,以及友邦各银行贮有多数现洋以供杭、绍、甬三地之需求,利率既轻(当其时杭、绍、甬拆息必重)源流不竭,因而得以周转裕如。迨至光复时,遍地兵革,各自为谋,商市闭塞,人民之稍有资财者,咸藏现洋,以备不时之需,钱铺以现款无从罗掘,乃高抬升水,在欧战以前所罕见,以冀存有现银者图利,而贷诸市上需要者,因融耗过重而裹足。及至国势大定,因重价之吸取,聚集既多,虽如民国元年之统岁无利率,而现银去水如故。欧战既开,所以金价日跌,银洋日紧者,为赖各银行藉以周转之现银,悉数吸收,以供彼邦战地之需,至酿成如此现象。今庚春夏间,竟得平其五分之四有奇,亦不无线索可寻。当春季省议会有平现之提议,中行蔡谷清君意欲实行整顿,风声所播,在近水楼台之市侩,以投机事业,厚利所在,趋之若鹜,甚至在官人役,亦闻或有之(余不能必其确实,姑隐其职衔,望各自儆毋步市侩之后尘,亦敢卖空买空,自蹈法网也),汇划单存注于绍地,连银行划款,总计不下三四百万元,绍人无此大腹,供过于求,是以杭汇水日缩,现水因随之而降,倘能将所注绍地划单索还于丝茶花售罄之日,以后需要时复有以接济之,并不附苛索条件,则现水不平而自平。商市亦无停滞窒碍之虞,我商民受实惠无以时矣。或谓钱业同为维持金融之周转枢纽,极应常川存诸多数现洋,以辅划单之实(即银行所谓准备金),如果信用卓著,并可免停滞之虑,不知银行贵有限制的发行钞票权(征诸北京中行何如),虽数逾股本,亦无阻滞,并将所负偿钞票债额(无负利率之耗),除提存金库若干成,以周流动外,其余悉可投贷与人,以增利率进益(此即红利)。钱铺则不然,所负偿还债额,统须担负利率上之融耗,不归失败闭竭者几希。上述种种原因,足供研究参酌以济,如果无以善其后,虽官厅威令所加,钱铺力无以敌,暂顾目前不得已而强平之内部酝酿,危险实多,即如杭城之冒险者,敢违法令,暗中需索,以苦人民自好者,亦将收集放账以自固。决不愿再授贷与人,致遭挤轧。如果各业有赖甲钱铺维持经济者,势不能通融于乙,以致无可措手,不能闭歇乎?如必至败象显著而始谋及补救,其如商市上受恐慌何,其如商□歇业何,敢问商会钱业诸公,以鄙人之所述,诸公类皆知之且能言之。夫官厅只知成本的法则,他非所过虑,且其中利害关系,亦非有经验者,无以道其颠末,诸公痛切身肤,岂可置之不问。不闻乃竟噤若寒蝉,坐观成败,未闻有条陈利弊,根本解决之。且此举所受影响,在钱业为直接的,他业为间接的,如直接的不速起筹划,有所建白,因循复因循,将来适或果如鄙人之所虑,酿成金融恐慌,或重复抬高升水,诸公实负其咎。况商会中业董或议员,均为各业所公推代表,会长又为各业所戴,以维持商谋,所以发展商业者虽然义务性质,而责任所在,利害所关,遇事必思虑维周,详加研究,有以副商民之属望助官厅之革新,今乃一筹莫展,不徐图补救,试问设无接济商市,能免恐慌否,欲永久革除现升,有准备以资周转否,如任其境遇情迁,继复抬高,利之所在,播弄愈多,商民能堪几度升跌之损失?故鄙人不辞琐屑,警告诸公所望,有待商榷,务使周转裕如,现升名目不再见,杭、绍、甬三处,非特商民之幸,亦诸公之荣也。

《越铎日报》中华民国七年九月念一号

平现声中绍兴钱业之拟定办法

(1918年9月23日)

近日杭市甬、绍汇水,又复增长,推厥原因,实为一般囤户,纷纷将绍洋出售所致。闻各帮绍单充斥于市,值此绍帮缩小范围之时,均拟拒绝存单,不肯安顿。而所囤绍单者,俱欲纷纷出售,因此则汇水前途颇抱悲观,绍兴自革除现洋升水问题发生后,迭经杭、绍、甬三属钱业同行一再筹议,旋经省公署令知杭州总商会实行革除现水,一面令行绍兴县知事遵照,本县王知事奉令后业已函告绍兴商会,限令于阴历八月二十日为止,实行革除现水升水云。兹探悉本城钱业自经商会转告后,迭次开会筹议办法,卒元若何结果。推厥原因,盖缘该业中现款缺乏,宗旨不一意见,遂因而纷歧,且会议时又覆以本庄之多缺以为衡,私意存乎其中,致议论多而实效少矣。现在中秋已届,收入之账洋为数颇巨,故日来现水又骤短致两元许。二十日期限届时或可收革除之实效,各钱庄所发行之签票,仅能同行汇划,不准支取现款,近因恒有持签票向各庄硬支现洋,各庄家告以须同行汇划,彼则一味蛮横,往往有不支现款,与其为难之势,因而各庄又有革除签票之议。钱业为平现紧迫,筹议暂维现水办法,拟定简章数条,探录如左:

(1)本庄向来所出本签及主客上签限,以八月二十日为上出签止之期,各业上票如票上有,自愿过账,不取现洋等安样者,概为代理,倘持票者必须取现,而遇现洋竭厥之时,惟请上票者自理。

(2)主客与主客进出款项,如得双方同意,委为过划等情,一律仍代照理。

(3)凡各机关及银行等款项,上兑必须现洋抵价,倘委为败现代理,适遇市上现洋缺乏无从搜汇,敬请鉴谅。

(4)各路同行及各主客委代捆办现洋,如遇市上现洋缺乏时,未便效劳。

《越州公报》中华民国七年九月念三号

行将整顿花包重量

（1918 年 9 月 24 日）

绍、萧两属为棉花生产地，各埠纱厂，历年向绍、萧两属行订购籽花，各花行于籽花发运时，往往加重包皮，各纱厂于籽花到厂后，除去包皮，重量顿减，暗中损失，实属不少。现经沪上棉业联合会集合厂商，公议整顿之法，但厂商虽设法取缔，而绍、萧行家未能照办，恐仍于事无济。顷闻绍、萧两县商会昨已接准沪上商会咨商，切实整顿办法，以期彼此均无吃亏云。

《越州公报》中华民国七年九月念四号

革除现水之来踪去迹（五）

（1918 年 10 月 8 日）

绍兴官令平现，各业惶恐，锡箔业代表郑秉徽拍电财部旅京同乡会电文等情，已志本报。兹闻该业代表又经具禀，请求县公署转圜，觅得王知事批答如下：

十月三日锡箔业代表郑秉徽禀称，现水为市面恶习，自奉省令革除，节经函致商会集议，妥洽遵令实行在案。该代表须知事关弊政，何得藉口习惯，妄冀转圜。至现洋缺乏，于钱业虽不无影响，现已由商会及钱业各董，向杭州中行筹商办法，并经本知事呈请该省长知照中行，设法维持，该代表毋得不加研究，率行妄禀，切此批。

《越铎日报》中华民国七年十月八日

钱业已照常开市

（1918 年 11 月 8 日）

绍兴储成钱庄以杭汇日长，恐又受外界干涉，故于日前提倡加拆一分，讵为做抛单者所恶，屏不开市，竟至二日之久。其详情曾志昨报。兹悉，昨日绍兴商会新旧会长，以屏不开市，殊碍商业交通，劝令钱业开市。对于日拆，亦双方调和。该业允之，故钱业昨日已开市，日拆开五分云。

《越铎日报》中华民国七年十一月八号

关于钱市之近讯

（1919 年 5 月 27 日）

绍兴县知事王曾嘉，曾以本年五月十二日准商会函开：铜元、制钱，同为补助货币，价目必须划一。绍兴前因制钱缺乏,每兑钱洋一元,定价一千文。自铜元通行以后,各处洋价,逐渐提高。惟绍兴固定不动,以致各处钱文群集。此绍兴市面制钱供过于求之原因也。各业为救济目前起见,因发生制钱加一贴水名目,决非持久之道。敝会开会讨论,金谓绍兴自革除现水后,以国币为本位,杭绍出入业经一律。是制钱、铜元亦应仿照杭州办理。议决:嗣后市上行用铜元,以十文计算,制钱兑易银元,应照铜元之市价,为市价以归一律,函请布告,并声明小民工价与商民所订契约,向以制钱为本位者,改以洋块为本位。八年五月十三日,即阴历四月十四日以前,仍照向来市价,每钱一千合洋一元计算,以杜争议等由。准此,查绍邑洋价,向定以制钱一千文易银洋一元,自他县洋价日增,于是不肖市侩将他邑制钱运入绍境设摊兑换,每银洋一元,可兑钱一千一百数十文,藉以从中渔利,以致绍兴贪图小利之居户,以洋银赴摊易钱,再持往商铺照每元一千文之洋价购物,各商铺因须暗受无形之拆耗,遂自相议定,每钱十文须加升一文收取,旬日以来,市面纷更,颇非划一整齐办法。况绍邑自革除现水后,杭绍出入一律,市面行用铜元、制钱,自应仿照杭州办理。今商会议决办法,知事复加查核,洵属平允,除由知事据函布告周之,自八年五月十三日起实行遵办等情呈请省公署察核备案矣。

《越铎日报》中华民国八年五月二十七号

整理花业之所闻

(1920 年 5 月 13 日)

安昌花业公所,近接商会转奉县署公函,禁止棉花搀水。该业董事秋桂芳君奉函后,业已邀集花业中人议定办法函复商会,转呈县公署矣。其原函照录如下:

迳启者,案准公函奉绍兴县署转奉实业厅第二零八号训令内开:案照整理棉业,尤宜祛除积弊,以畅销路。查棉花搀水一□□□□□□□□□□令仰该知事即便遵照,邀集该县农会、商会暨各乡自治委员、棉业董事,将取缔搀水一事,妥议办法,实行禁止。一面由该知事多出布告,严切申诫,倘至本年新花上市,仍有故犯者,一经官厅派员查出。准将该货全数充公,以示惩儆,仍将办理情形,随时具报查核勿违。此令。等因。奉经行县到会,转致前因。准此,查棉花搀水,自民国整理棉业以来,敝同业憎此奸诈行为□,于新花上市时节,必先整顿□规,遍贴知单,演戏告诫。若有□犯,按照水之轻重,处以罚金,充作演戏用度,或为公所经费,此向来办法也。兹蒙令行禁革,自应更筹妥善。爰于四月八日,一再邀集绍萧全体同业,在敝公所汇议,金以棉性随天时潮燥为转移,有一种自来潮者,非搀水可比。故上海验水局定章,以每百斤烘耗十二斤为标目。绍属未立验水局,惟有按照苏、浙各□□办法,另置烘箱,须有□八折可烘者,果系全干,核与各纱厂及验水局章程相符,方准通销。盖烘箱之限制,无论天时、潮燥,绝无畸轻畸重之弊,固可作为准绳。其辅佐进行之法,由敝公所选举稽查员一名逡巡各镇乡,随时具报。该员之薪水、夫马等费,暂由公所代垫,倘遇故犯前项搀水情弊,上得烘箱试验,立见明证,应照章处罚。其章程拟由敝公所当众酌议行□订定。惟罚款一项,可否充作□□□□,俾经费不至支绌,以□永固,倘有不服处罚者,合将□□□解县处治,以儆其余。缘准前因,合将禁办搀水缘由具覆贵会长核转。此致

绍兴县商会会长冯、副会长陈
花业董事　秋桂芳

兹闻该业董事以地户任意加增蒲包重量,殊属妨碍花业前途,特集议取缔,并另订整顿。该业规则数条,觅得原文,一并□录如下:

为革除重包整顿棉业事。缘吾花业日趋败涂,皆由进货之不订真。即就蒲包一事而论,向被地户任意加重,由每双毛二斤之包,加重至五六不等。当花出卖,届此货价高昂,受此暗亏。非但落风之际,双面拆耗。即使市面提涨,亦属有名无实,情殊可憎。是以上年除禀请官厅出示,严禁重包外,复由安昌公所,公同议决:每只以二斤为限,遍贴知单,已得效果。讵日久玩生,劣户复萌故智。推厥原因,系被无帖私贩,只图目前朦混,遂引起地户之发生弊窦。若不重申禁规,后患无穷,花业前途,何堪设想。况际此国家注重棉业,尤宜切实整顿,以仰副官长之至意,爰邀集同人,列议于后。统希查照施行:

第一条　地户囤庄,及同行出卖之花蒲包,应照前议,每只一斤零至二斤,到行剥复,余重照除。今庚新花上市以后,如果再有重包发生,应当加倍除算。至于黄殭雨渍,以及着潮、裹心、吊角等弊,尤宜凭公酌罚。倘有处罚不服,办理横生枝节,由公所转请警所送县惩办。

第二条　同行进花到时,邀邻行互相检视剥包,明回二斤以外,不得徇情故纵。倘未邀同邻行,擅自进栈,如不服检查,即系有意破坏,一经察出,公议应罚洋三十元,充作公所经费,以儆其后。

第三条　行友出门办花,秤价主张,固属分内。惟蒲包一项,须归行中节制,货到明剥为准,办货人不得干涉,免生藉词。

第四条　无帖私秤,贩卖客销,有碍大局,除由各行派人轮值,向沿塘一带巡查外,应请花业同人,加意防范。若有所遇,务将货秤扣留,邀众议罚。其所罚之款,拨尝扣留人二成,余归公所公用。

第五条　同行所放秤手,暂宜发给三联小票,以避私秤之嫌。其有用剩,照数各须缴还,因恐移花接木,以昭郑重。

第六条　公所经费,素来支绌,遇有公同交涉之事,不敷开销,应由各同行公同筹备,不得推诿。

第七条　公所基础,向由同行垫款成立。嗣后新设同行,甲等每份须缴公所经费洋五十元,乙等三十元,以资补助。

第八条　各行进办籽花,每包扣除上力地户一分,同行六厘,稑陈一分,向例已久,万不可免。近来吝啬地户,往往计较,不成形式。嗣后须一体照除,若有徇情之处,察出按照第二条罚洋三十元充入公所。

第九条　所以各项皆系群情一致,极无偏倚,以故各盖图章,表示同情。由本业董存

执,每行并缴公所现行缺乏费洋十元,暂归公所收入,以备整规经费,每年正月份,由司账员分布征信录一份。以昭大信。

第十条 如有未尽事宜皆可发表意见经过公同议决得以随时修整之。

绍萧花业公订
《越铎日报》中华民国九年五月十三日

购运皖米者注意

(1920 年 6 月 12 日)

杭总商会函绍商会云:

会案奉省长公署训令开:案准江苏省长齐号代电开:据上海税务所长陈超衡电称,由芜湖运皖米赴浙,恐中途添装苏米,请电咨浙省,分饬米商携带捐单呈验等情,所陈不为无见,合行录电转达,希即分饬各米商,凡由芜湖购运皖米,务须携带赴运捐单,大胜关税票,投报下关税所,及上海税所驻宁稽查处,并禁米查验处,三面会同验明,装车直运到达地点。此外,无论何站,是否皖米,一概不准装运出省,以杜弊混。希查照办理等因,并附抄件到署。准此,查浙商赴芜购运米粮,前经商准,凡持有起运捐单,并兼持有大胜关税票者,经过苏境,准其查验征放在案。准咨前因,合行抄同附件,合仰该总商会迅即转知各米商查照来电事理办理,并转函各县商会,一体知照。此令。计附件。等因。奉此,除分别知照外,相应抄件函请贵会查照,并希转知各米商为荷。

《越铎日报》中华民国九年六月十二日

关于运米之最近要闻

(1920 年 7 月 6 日)

绍兴县商会昨日接杭总商会公函云:

案奉省长令开:准江苏省长咨开:苏省自本年入夏以来,米价飞涨,人心恐慌,揆厥原因,由来源稀少,而私运充斥,藉口他省之米,一再转口,希图影射夹带,恐亦在所不免。嗣后,由芜湖运出,经过苏省之米,轮运只能直放,陆运只能联运,不得在金陵、镇江、上海各埠逗留转口,以杜弊混。除电饬本省各查验机关一体遵办外,查贵省与苏地直接毗连。前项运经苏省之米甚夥,所有本省拟定轮运陆运各办法相应咨明查照等因到署。除咨复外,合行令仰该会长迅即转知各县镇商会并通告省垣各米商,一体查照。此令等因。奉此,除分函外,相应函知,希即查照,转知各米商一体知照云。

又绍兴柯桥万里米行向沪购运湘米五百袋,诸暨粮食经理局向沪购有白米五千担,均由该县给有装运护照,由沪运回该两县,以是项食米经过杭境,恐遭阻滞,特备文咨请杭县知事查照验放，闻王知事已转知水陆警厅验放矣。

《越铎日报》中华民国九年七月六号

棉花业之整顿谈

（1920 年 7 月 8 日）

花业董事秋桂芳为取缔棉花搀水，罚款问题，于日昨函复绍县商会，录其原文如下：

谨覆者。准九十六号公函，以准县知事函开：所议取缔棉花搀水，按照苏浙各纱厂办法，尚属简而易举。惟罚款充作公所经费，将来易滋苟扰而多流弊，迅即重议具复等由。又准九十七号公函，以准县知事奉实业厅训令内开：案奉省长指令，本厅呈余姚县拟订取缔棉花搀水办法各条，各条酌加改正，定为余姚县暂行办法，其余产棉各县，乃别由厅通令，各就地方情形，参酌办理具报。抄件随发，令仰该知事遵照，务就该地情形妥酌办理，并具报查考。此令。

各等因。奉经行县到会，转致前由。准此，兹由敝同业公同会议，按照就地情形，查棉花有籽花、皮花之分，带子为籽花，去子为皮花，绍、萧所属产棉各户，向无轧车，故各行所进棉花均系籽花，由各行备及火车、铁车轧成皮花，专备实销杭萧纱厂，向各行采办者实居多数，而该纱厂备有烘箱，仿照上海验水局章程，以每百斤烘耗十二觔，即八八折为原干之标准，其间有甬等厂，前来采办者，向由办客面采、面看，以原乾目的方的方可成。惟此绍萧之情形也，其如余姚办法，因产户置有轧车，该地花行所进之花籽皮，并行销路以申甬为最。至于情形较绍、萧大有不同，故取缔棉花搀水办法，在余姚宜籽花、皮花双方兼顾，绍、萧则首重籽花，而皮花一层，既有前项限度，易于完善措置。兹奉省长暨实业厅长整顿棉业之至意，不得不加意慎重，为此各同业拟设绍萧棉业联合会，公举检查员，规定各镇乡俟本年棉花出新以后，遵照上海验水局章程，置备烘箱，以昭公道而凭实在。爰拟条陈咨请核转。此复绍兴商会会长冯、副会长陈，计钞录附条一纸（条陈今日限于篇幅不及刊录，明日续志）。

《越铎日报》中华民国九年七月八号

棉花业整顿续志

（1920 年 7 月 9 日）

花业董事秋桂芳，为取缔棉花搀水罚款问题函复绍县商会，已将原函揭载昨日本，兹复将条陈续录如下：

绍萧取缔棉花搀水办法：

第一条　取缔棉花搀水以畅销路而谋发达。同人等一致赞成设立绍萧棉业联合会，设备烘箱，派检查员，以便新棉上市，随时检验。

第二条　棉花有籽皮之区别，籽花搀水，颇易明了，故本会首先注重，凡摘落后必须晒燥□卖，无论产户、行户，倘敢故犯搀水情弊者，经承买人察出，将该货送会禀县充公。

第三条　买卖皮花，仿照浙苏各纱厂及上海验水局定章置备烘箱，以每百斤烘耗十二觔，即八八折为标准。

第四条　经烘箱试验八八折以下，至八五折以上者，除将该货退回原家外，由本会按照货价处罚十成之一，所罚之款，充作棉业联合会开销，如八五折以下者，准将该货全数充公。

第五条　凡充公籽花、皮花，由本会设法烘晒成为原干，招额拍卖，其款拨充联合会，半数以作开销外，余呈县署存俯备充地方实业之用。

第六条　搀水情弊，若许报告人，若干充赏。恐好事之徒，凭空架捏，将来买卖易滋苛扰而多情弊。故不若由本会选派检查专员逡巡各镇乡，查有搀水实情，随时具报，将货扣留，以凭烘箱试验。

第七条　检查员有联合会公同选举，其薪水、夫马等费，暂由本会填给，倘或检查员故敢徇情，经本会察出，即宣布饬革。然应处以相当之罚金。

第八条　以上各条皆由本会同人公众议决，暂行试办。设有未尽事宜，得随时修改之。

《越铎日报》中华民国九年七月九号

绍萧棉业公会关于验关之函牍

（1920 年 12 月 24 日）

绍、萧棉业同人，自官厅有取缔棉花搀水办法，即组织一联合会，自置验水烘箱，公举调查员，认真查验。前月余姚县知事，误信人言，对于姚花卖验办法，竟有大相抵触之处。闻该会已沥开原委公函绍兴商会，托为转详矣。兹将绍萧棉业公会与绍兴商会来往函文觅录于下：

棉业公会函：

谨启者。本年十一月七日，准钧函内开：准县知事公函，转奉会稽道尹公署训令，据余姚县知事陈赞唐呈称，前因姚花搀水，拟具规则，组织棉业公会，故近日姚花，确无搀水情弊。慈镇两县花行，亦先后入会，共守条规，为此检具该会原递节略，援请萧山之昌安、上虞、崧厦，亦须在该会甬埠设立之验水所一并照办等情，并录清折，奉令咨县转会，函咨察酌情严行取缔办法，暨转致各棉业商人，运花到甬，一律报名验水所检验，并将遵办情形函□以便覆县各等因。奉准此，即由敝会邀集各商公共讨论，金以前次奉到各级官厅取缔棉花搀水办法，遵即拟具八八烘折条规，设立绍萧棉业联合会，置有验水烘箱，公举调查员，认真查验，盖有绍萧棉业公会牌印，早经禀准在案。原期安昌棉花早已名闻中外，愿得蒸蒸日上，当此商战世界，独占优胜，非特与余姚分道扬镳，必且于市场驰名异域。讵陈知事误信该会节略，必欲牵制□端。窃以敝棉花销申江多而甬江寡，本可无庸置论。惟其所拟节略,谓去年宁波和丰厂,不愿在就地购低价之棉花,而转向上海进高价之外花,实则花丝有粗细之不同,非可执一而论也。又录安昌崧厦等处到甬之花,颇为宁波各行所欢迎,尚何指摘之有? 乃以其运销外埠,诬为花劣挽水冒称姚花,似此捕风捉影,尤在情理之外。又谓责成和丰厂另设一验水机关,必与公会互相鉴察,是其越俎代谋,亦属枝生节外。又请饬越甬站宁绍利两转运公司规定到甬之花,由本所商准转运处,先将大牌录簿,一面本所到车站查验。而规定棉花每袋除费四分,是其垄断独登而专市利,是罔尤为不近人情。又请颁给凭证,以便验水人员得上月台。查姚花姚验,尚属分内之事,而必使安昌之花,任其同地嫉妒,得上下其手,此其破坏情形,不待智者而后明。即在常人视之,当亦能灼见肺腑。而后安昌之花,既由本会员查验,盖有棉业公会牌印,而必使再受余姚间接调查,是使绍萧棉业公会形同虚论。该思安昌之花行行销浙西者,及其他属不经甬站者,岂亦该会所能统制乎? 总之,整顿棉业为商人应尽之资,同一公会,何绍、萧、余姚之分? 况乎改良成绩莫不各有攸归,经费一项,更无他助。理所有□。抄录余姚清折,应请收回成命,合杜弊端,以期仰副取缔棉花挽水之至意。若不获闻命,而必由余姚专权、专利,使绍、萧棉业前途,从此不堪闻问,是则敝会似未便承认者也。缘准前因,谨叙其议如右是否有发,伏乞贵会长察核转县详送施行。此上

绍兴商会会长陈副会长冯

绍萧棉业联合会会员秋

绍兴商会函:

迳启者,本年十一月十四日,准绍兴县知事余公函内开:本年十二月九日奉会稽道尹公署第四八五七号指令,敝署呈复取缔棉花挽水及办理情形,请察核由。奉令内并:呈悉。取缔棉花挽水,系为振兴棉业起见。凡属同业,自应厘分畛域,互相维持。阮经呈准取缔挽水办法,派员烘验,并盖有绍萧棉业公会牌印,自无重验之必要。倘有未盖牌印,仍应一体检查,以免影射,仰即转饬遵照。此令等因。奉此,相应函请贵会查照,并转行棉业董事暨各该商人一体遵照等因。准此,查此案前准贵会员函复,即经本会据情函转道尹公署核办在案。兹准前因,相应函请贵会员查照,希即转知同业一体遵照。至纫公谊。此致

棉业公会会长陈宰埏

副会长　冯敬伦

《越铎日报》中华民国九年十二月念四号

绍兴县商会通告

(1921 年 2 月 2 日)

广东新角二八搭用。

昨绍兴县商会为广东新角问题,特开会讨论,现已解决。兹录其通告如下:

迳启者,本日钱业接杭函,以新广东角,即二毫角,杭州不能通用等语。现在岁阑在

即，前项广东角不免散给各处。若照杭垣实行，窒碍甚多。本会刻召集各业公同讨论，结果前项广东新角，不拘各业进出，一律以二八搭用。至岁阑为度，开年再行从长计议。事关紧要。特此通告。绍兴商会启。

《越铎日报》中华民国十年二月二号

限制铜元入境之变通

（1921 年 6 月 25 日）

昨奉省长通令绍兴县知事云：案据杭州总商会呈称：本年六月八日，准萧山县商会函称，本年六月四日，据敝会南货业董张德镛函称，以本城衡大南货号挑杭铜元，被警扣留，由敝会据情函请核转在案。兹据各业董面称，萧邑各店货物，半由杭省批运门庄，售落铜元，或抵庄款，或还行账，一经搁住，周转不灵。前曾请求转恳省长准给护照免致金融阻滞，迄今已逾多日，各店铜元愈积愈多，全市大受恐慌，为此急迫，续乞给照，以维市面等语。查各该业董所称各节，均系实情，相应函请察核，迅赐转请颁给护照，俾资流通而维商业等因。准此，当即邀集各业开会集议，佥以省垣铜元充斥，禁止大批入境，原为杜绝私贩起见，内地交易往来，如果一律禁运，则各县镇商家，势必拒绝收受，深恐滋生事端。兹拟兼筹并顾，嗣后外县铜元，若确系抵交杭庄款项，或缴还行账者，得由各该处商会随时向县知事证明，请照行运。杭州铜元运往外县，亦拟照此办法，以资流通等语。总会窃查，上列会议情形，于流通本省市面之中，仍寓杜绝外来私贩之意，似尚可行。为此具文呈请，仰祈示祗遵，如蒙俞允，并请通饬所属一体知照，实为公便等情。据此，查公布限制铜元办法，原为杜绝私贩内地往来，仍须通运。据呈前情，事属可行，除指令并分行外，合行令仰该知事遵照。嗣后，如有甲县铜元确系抵交乙县款项，或收缴账款者，准由各该处商会证明，向县知事公署请照行运，不在限制入境之列，以示流通而免窒碍云。

《越铎日报》中华民国十年六月二十五日

金融恐慌之呼吁

（1921 年 10 月 12 日）

绍兴钱市自平现后，每致闭塞，非重拆不能兑现，几为官厅及一般阿□家之口头禅也。今也，日拆已重至每百元每日六分，不特于市无补，而杭汇一项，已停市五日，商店汇划至杭办货，而钱业因缺杭，不与汇划，至各商自运现洋往办。故绍地现洋缺乏更甚。今日钱市，至夜未出。闻因现洋不敷分布，米业中以汇既不通，现亦无取，运消匪易，民食攸关，帖请商会设法维持云。

《越铎日报》中华民国十年十月十二日

书业重整规则谈

（1921 年 11 月 26 日）

绍兴书业商人，自前年发起书业公会以来，对于同业整顿内容，书籍、文具之增减卖价等颇为认真。今春大街新创一大同书局，以致同业之卖价，未免各自为谋，纷纷不一。不经济之顾客，未免受亏太甚，殊非营业之正当办法。该公会有鉴于此，特于昨日（即十一月二十六日下午）在城区墨润堂书局特开同业会议，因一切纸墨等料，来源昂贵，不得已将各种书籍卖价略为更变，议定于阴历十一月一日起，商务书馆出版之普通中学师范等书，以七五折计算。英文等书，概卖八五折，共和两等书，概卖五五折。中华书局出版各种书籍，照商务书馆折扣发卖，其余各书局之杂书小说，概卖八折。闻新创之大同书局，亦自愿加入公会，一切售价，均照同业议定办理，不得私自增减，以昭划一。此亦整顿营业之一道也。

《越铎日报》中华民国十年十一月廿六号

招收艺徒新规则

（1922 年 2 月 9 日）

下方桥机业为谋本业之进步起见，特组织公会等情已志昨报。兹悉，该公会所新订招收学织艺徒规则十八条之探录如下，欲从事学习织绸缎者不可不知也：

一、年龄须在二十岁以上，三十岁之下，身体强健，并无嗜好习气，经殷实商号或确保证人具有保证书者为合格。

二、学织艺徒，有志学织，须邀同保证人填写志愿书，手续完备后，方准进厂。

三、凡学织艺徒入学后，须先察其能程度，其略知织务者，即令学习织机。否则先作机上杂务。二个月后，苟能技艺优美，方能派令学织。

四、学织艺徒，应遵守规则，服从命令，由工场长指定位置，尽心学习，不得任意要求易机。

五、学织艺徒，学织后由厂主或工场长及工长管理员察阅其技艺优美与否，倘评较手段，不能合格，认为无可造就时，亦得随时令其退学，并酌量追缴学费及损失等费。

六、学织艺徒先织另料，察其成绩优美，已无疵累，再令试织三步练习手段。倘三疋之后，艺徒技艺平常，不能进，经该工察长或管理员于制品上察出劣迹，不能合格，须当场责令赔偿。倘故意屡犯，于赔偿货本外，即将该织工斥退。

七、学织艺徒试织三疋后，成绩优美，照给工资。其应领工资扣除一半偿还前此垫款，扣足至五十元为止。所有应付工资，不得预支。

八、学织艺徒应守各项规则，如有违犯，照章处罚。大则除名斥退，并须查照公所规则取缔。

九、机厂内门窗玻璃灯类及织机或其他用具,有毁损或遗失时,随时报告管理员。若认为不应毁损,或遗失者,均应责令赔偿。若隐不报者,不论如何,均应赔偿。

十、因工作上自己不注意或怠慢毁损制品时,应审查其事实,依情节之轻重,酌量处罚。如本人无力赔偿时,应由保证人负担。

十一、各种另星器具,均各派定,各归各管。每日放工时,须各自收检清楚,不得乱堆移用。

十二、厂内器具原料,不准任意携出厂外,并不得任意拆织。如拆织至三寸以上者,其纬线之分两,须由织工赔偿。

十三、需用各种原料器具,须告管理员,或向主管者支领,不得擅自取用。

十四、纤子肥细,须视花之相当,应由工厂长或管理员审定,不得私自嘱托摇纤加减。

十五、本规则为培植织工起见,不惜材料,以供学艺织徒练习之用。故学织艺徒之义务,倘有中途告退等情,应按照志愿书责令赔缴。

十六、保证人倘改易商号及迁移远处等情,须责成学织艺徒知照本厂,另觅保证人。倘隐匿不报,一经察出,须从严议罚,以不簿惩。

十七、本规定以外之事项,或本规定须更改时,得由会员提出评议公决之。

十八、本规则自中华民国十一年壬戌初一日起实行。

《越铎日报》中华民国十一年二月九号

商会集议限制铜元办法

（1922 年 8 月 4 日）

绍城商□泰生、谦益等十余家公函县商会,以杭甬两地议决拒绝轻质铜元后,吾绍商人如无相当办法抵制,则甬、杭铜元,势必尽入绍地,即集议办法等□。又丰茂、和盛等坊□□家,亦于□时具函该会,以绍地钱市向较他处为低,自铜元充斥后,洋价愈低,无怪各处贩运者,日见来绍,商民交困,应请集议取缔等情。商会据函□以前函所陈俱属实情,惟案关国家国法,商会为法定团体,理应开会集议,呈请官厅核办云。

《越铎日报》中华民国十一年八月四号

商会长整顿权衡

（1923 年 12 月 14 日）

吾绍东关一镇铺户幅辏,商务繁盛,而米业尤为大宗。惟向来进出升斗参差不一,以致时起纠纷。现经商会正会长胡镇藩君、副会长陈夏生君等有鉴于斯,特行邀集米业同行,公共议决,另置划一升斗。盖用烙印后,发交各店,以资信守,业于旧历十一月初一日一律实行,不得紊乱。而胡君、陈君等复为防制流弊起见,并再函请警所随时取缔。兹将其原信照录于下:

(上略)为函请备案施行事。窃敝会为本镇米业收粜杂粮米石高抬市价,时起争执,纠纷不已。敝会一再调查,始悉有一行出入而用两斗之的因,长此注弊,于米商前途,不特大受影响,且失商人资格。故八月初六日开会传集各米商会同讨论,佥谓东关升斗,向有东斗名目,由来已久,其权量与五云一式,应当仍以东斗名目为标准,并置火烙印曰"东关公较",存会所。有各米焙磨坊收粜乡货之斗,皆须由会公较,有烙印者方可以市行用,无烙印者毋以私斗论。不拘何货,进出均归一律,不得擅用二斗,每月到会公较一次,以免高抬而杜弊端,事经公同议决签字在案。兹以新斗告成,定于夏正十一月初一日实行,各米商深恐日久弊生,有阳奉阴违情事,愿请贵所饬警随时取缔罚办,以资儆戒而免取巧等语。敝会整顿商务,责无旁贷,用特函请贵公所备案,并望颁发布告,以利施行,而□市政,无任公感。此致

《越铎日报》民国十二年十二月十四号

商会请设库券兑换处

(1924 年 10 月 8 日)

绍兴自省垣发用定期券及基金兑换二种,行使市面以来,投纳钱粮,市上兑换,皆可通行无阻。绍兴商会,闻因此事于前日特邀集会董会议,以基金等券,定章如繁盛之区,应附设临时兑换处,以利流通,而昭信用。绍地亦为繁盛区域,有应设立之必要,议决呈请县署,转呈财厅,照章设立云。

《越铎日报》中华民国十三年十月八日

城区当业划一利率之公议

(1926 年 3 月 15 日)

(绍兴)城区当业十九家,对于质户利率,向归一律,近年来因生意清淡,存架稀少,遂各园竞争,微特利率之减让无定,即与物之价格,亦贪得提高,其实自顾血本,均感损失。兹经该业同人切实讨论,重订规则,帖请商会公决。议定自旧历二月朔日为始,各当利率一律以一元至二十元,按月一分四厘,二十元至五十元,按月一分二厘,其五十元以上,各自斟酌增减,并每当各具洋一百元,划存商会为信,如自紊乱,一经查出,即将存洋没收充公,一面再令补划信洋,方准营业云。

《越铎日报》中华民国十五年三月十五日

商 业 调 查
（1946 年 9 月 18 日）

（经济社讯）绍兴县商会为辅助社会组织，促进商业健全起见，举行全县商店总调查，并制定调查表，即日起派员分组挨户调查，凡在本县行政区域内之公司行号，无论是否公会会员商店，一律均须填表报查，俾有统计，而谋商业进展。

《越报》中华民国三十五年九月十八日

县府再令商会调查未核准钱庄
（1946 年 11 月 28 日）

（本报讯）本县县政府，迭次层奉财部令饬，调查未经核准之钱庄，以便切实管理金融机构，县府奉令后，已转函商会调查。并悉县商会以是案早经迭函银钱业公会，然迄未准查复，昨又以奉县令调查，特再函请该公会迅行函复，而便转呈。

《绍兴新闻》中华民国三十五年十一月二十八日

绍兴钱商业同业公会公告
（1946 年 12 月 2 日）

案查财政部南侧定，凡属"活存透支"放款，应订立透支契约，载明限额，限期觅具殷实保证两家。此事沪杭各地早经遵行。近又经部派直属专员严密检查，本公会为恪遵功令起见，兹经议决，订定契约格式，分发各同业，依法办理。自公告日起一律实行，各客户如有未尽明了，请各该交往钱庄接洽办理，以符公告。

《绍兴新闻》中华民国三十五年十二月二日

布业同业公会议定削价
（1946 年 12 月 8 日）

新开恒泰布号
加三放尺三天
（本报讯）本县布业同业公会，昨日开临时会员大会，出席章德容、杜文源、寿秀川、高源泉、沈大坤、冯湘泉、宋阳生、任延林等三十余人，列席指导员黄炎之，商讨规定同业售价,以免参差起见,因议定将售价削低,平尺无放。惟新开恒泰布号,为举行开幕纪念,要求例外加三放尺,经大会代表交换意见,复经县商会陈理事长调解折冲后,准许其照公议售价,加三放尺发售三天。此次该业竞争可谓真实求是,而新开恒泰布号尤为真实牺牲。

《绍兴新闻》中华民国三十五年十二月八日

绍兴县商会公函

(1947 年 1 月 31 日)

(绍兴县商会公告栏·只登本报不另行文)

总字第卅六号

民国三十六年一月日

绍兴县政府本年一月十二日义字第二五八号电开:"案准省政府财三(卅五)第 452 □2 号代电内开:案准财政部京钱庚三 1294、1102 代电内开:查自物价高涨,市场利率随商业利润而俱增,乃发生所谓地下钱铺者,非法经营银行业务,并以高利贷放盘,剥取利息,扰乱金融,助长投机,莫此为甚,虽迭经查获,依照本部管理银行办法内所定私股行庄之罚,即勒令停业,处以罚钱,顾此类钱铺,多属临时组合,附设于住宅,或商店之内,查获既已不易,即被发觉,处罚之后,仍可易地另设,照旧经营,核望所为,□已触犯刑章,然应依法严惩,以自禁革,查刑法第三十三章诈欺背信,及重利罪,于第三百四十四条规定:'趁他人急迫、轻率,或无经验,贷以金钱,或其他物品,而取得与原本额不相当之重利者,处以一年以下有期徒刑,拘役或科或并科一千元以下罚金'。第三百四十五条规定:'以犯前条之罪为常业者,处五年以下有期徒刑,得并科三千元以下罚金'。地下钱铺得以猖獗,自系趁人急迫、轻率、无经验,以遂其高利贷放,非法取利之企图,嗣后凡经查获此项案件,关于擅设行庄情节,仍应报部,依照管理银行办法处罚,至触犯刑章部分,应并将人犯证件送该管法院,依法究办,以资惩敬,请即暂饬所属一体严查此类地下钱铺,并奖励举发,藉以制止,并应对于工商各业,剀切布告,如需融通资金,应向合法设立之银钱行庄,按正当手续办理,或照章向地方金融机关(省市银行总分行处)办理小工业贷款,免受非法贷款者之重利盘剥,除函司法行政部转行各级法院注意办理,暨分电外,相应电请查照,转饬遵照,并希见复为荷,等由。准此,除电复并分行外,合行电仰遵照,等因。奉此,除分电暨布告外,合行电仰遵照,并通告工商各业遵照等因。奉此相应函达查照,并转行各会员知照为荷,此致。"

各同业公会、非公会会员

理事长　　陈笛孙

常务理事　史幼祥　宋阳生

施张发　方文荫

《绍兴新闻》中华民国三十六年一月三十一日

县商会拟具意见，规定典当利率满押

（1947 年 4 月 2 日）

（绍兴社讯）本县县商会，昨接省商联会函，以管理典押当规则，业奉颁布，惟利率及满限、满押之期，尚未规定，须视各地实际情形，特请拟具意见，以便汇转层奉，请予采纳，俾得切合当地民情，而资依法管理。

《绍兴新闻》中华民国三十六年四月二日

绍兴钱庄公会决定星期日停止评议汇率

（1947 年 9 月 30 日）

（绍兴）本县钱庄公会于九日函请箔庄公会转知各会员，嗣后每逢星期日，停止评议汇率。该会评议汇率关于本年二月一日起恢复曾经函请箔庄公会复函赞同。兹该会以星期日为行庄例假，是日票据既停，现钞亦难调剂，为谋同业业务致起见，特于本月七日召集会议经决议，除逐日照常评议外，星期日概行停市。

《宁绍新报》第 16 期，中华民国三十六年九月三十日

绍兴县商会公函

（1947 年 11 月 23 日）

（绍兴县商会公告栏·只登本报不另行文）

总字第号

民国三十六年十一月日

案准浙江省商联会总字第一六八二号通函内开：

"案准经济部商标局第二一五五七号函开：'查本局主管商标行政，垂念余年，所有注册商标，总计不下五万件。现均以三十年'为专用期限，数量既多，历时又久，而注册人、国籍、住址及其营业区域亦非同一，致法益保障，难期周备，近且拟改商标法规，对于注册之商标，尤当明了，使真相藉资参考，得以推进。注册商标之效力，用特制定注册商票调查表式一种，函请查照发给该省所属市商会各同业公会转知各商标注册人，依照表式制填，附图迳寄本局为荷。"等由。并附注册商标调查表式。

准此，除分行外，相应抄发表式，即希查照转知，依照表式制填，迳寄为荷。等由。附注册商标调查表式一份，准此，相应抄同原表，函请查照办理为荷。

此致

各有关工厂。

计附注册商标调查表式一份（略）

理事长　　陈笛孙

常务理事　史幼祥　宋阳生

施张发　方文荫

《绍兴新闻》中华民国三十六年十一月二十三日

粮食业公会调整装船价

（1948 年 5 月 15 日）

（经济社讯）绍兴县粮食商业同业公会，于昨（十四）日上午十时，在该会举行第十次理监事会议，计出席严希尚、金新合等十余人，主席严希尚，讨论东西路调整船价。经决议：

（一）临浦装费，自五月十五日起，米（一石二斗）每袋五万二千元，谷（一百斤）每袋六万元。

（二）曹娥装费，自五月十五日起，米（一石二斗）每袋四万元，谷每一百斤为二万二千元。

（三）西路驳船费，自五月十五日起，西郭至探花桥七千元保佑桥九千一百元，东双桥一万另五百元，塔子桥一万四千元，偏门九千一百元，昌安一万另五百元，五云一万四千元，鲤鱼桥七千元，大云桥一万二千六百元，轩亭口九千八百元，府桥九千一百元。

（四）蒿坝来绍米谷装费，自四月二十九日起，每斤二百六十元，并悉该会昨已通知各会员店查照矣。

《绍兴新闻》中华民国三十七年五月十五日

私擅经营银行业务，勒令全部停业

（1948 年 7 月 12 日）

（本报讯）本县县商会，昨准省商联会函，略为层奉经济部通知，凡□通公司、商号，私擅兼营银行业务者，前经分电各省严予取缔，违者得勒令停业，并处以罚锾，惟对于违反□开禁令之公司、商号，应否勒令整个停业，或仅□令该兼营银行业务之部门停业，尚无规定。兹值加强管制金融，既促进生产之际，关于上述情形，亟应明白规定。嗣后如有查获私擅经营银行业务之公司、商号，确系农工矿生产或公用□通事业之厂商，应处以罚锾，并令将兼营部门停业，以示兼顾，其他公司商号，凡私擅兼营银行业务者，不论业别及规模大小，一律处以罚锾，并勒令整个停业，特转请查明，分令遵照。

《绍兴新闻》中华民国三十七年七月十二日

县布业公会调节盈虚，成立货物交换所

（1948 年 7 月 15 日）

（本报讯）本县布商业同业公会，鉴于会员日益增多，际此金融日枯之时，各会员备货难免缺乏或过剩，兹为调节经济周转，及节省居间人剥削起见，特组织"货物交换所"地点在布业公会内，凡参加会员，由会方发给入所证件，其交换方式，系由双方当事人按市价出立成单，并由在场同业代表备书证明，如有事后反悔而不予交割者，永远取消交换资格，交换所费用，由参加会员每月纳常费若干，货物交换成交后，双方须各出千分之一（按市估值），以充所内一切应用开支，兹悉该会为集思广益起见，于昨日下午三时，在该会会议室召开会员会议，商讨进行程序，通过交换所草案。

《越报》中华民国三十七年七月十五日

绍兴县商会公函

（1948 年 8 月 4 日）

（绍兴县商会公告栏·只登本报不另行文）

总字第一八七号

卅七年七月廿五日

案奉绍兴县政府财字第一一七号训令内开：案奉浙江省政府本年七月午桂府财三代电内开：案据浙江省银行总行代电，略以兑换小钞系受中央银行发行局委托办理，惟自收兑小钞面额由□元以下，逐增至四百元以下，最近复增至二千五百元以下，券类既多，券量亦增，本行各办事处人手稀少，此项大量小钞这兑换查点费时，事实上势难随到随兑。兹拟具补救办法两点：

（一）拟请通饬各县转知商会分行各商号，所有小钞应照国行收兑小钞整理办法整理后，按系加□盖章请兑，以期迅捷。嗣后如发现短少，应□请兑商号负责补缴，并照国行挂牌放款拆息算取利息。个人所有小钞请兑，亦照前颁规定办理，并取其铺保。

（二）□行因国行拨存代兑之基金过少，不胜负荷，除已电国行发行局请增拨基金外，为救急□，拟请准由本行暂行签发五万元、十万元本票以便畅兑而利民生等情到府。除□原拟办法：（一）须应准照办；（二）须仍应电催国库发行局增拨基金，并将已兑起之票尽速向发行局兑换，以速周转，不得发行五万元、十万元本票等语指复，并电请中央银行杭州分行查照办理，暨分行外，合行电仰知照并转有关机关暨县市商会知照等因。奉此，除分令外，合行令仰该会知照并转照各银行钱庄商业知照。等因。奉此，相应函达，即希查照，并转行各会员知照为荷。

此致

各同业公会、非公会会员

理事长　陈笛孙

《绍兴新闻》中华民国三十七年八月四日

绍兴县商会公函

（1948 年 8 月 12 日）

（绍兴县商会公告栏·只登本报不另行文）

总字第一〇八六号

案准浙江全省商会联合会总字第二二二一号公函内开：案奉财政部钱乙字第一二三六号代电内开：本年六月九日总字第二一七八号呈悉，查关于各地对小额钞券需要减少，业由部电准贵行通函各分行处，及兑换行局对五百元以下小钞一体收兑，并对一千元至二千五百元券视需要情形，酌予收兑在案。据呈前情，除再由部电，请中央银行转江浙省境内代兑行局，对收兑小钞应切实遵照规定办理外，合行电仰知照，并转知商民对于小钞仍应一律通用，不得歧视为要等因。并准全国商联会电同前由，奉查此案前准绍兴佛堂等县镇商会，函请前来，当即分别函呈在案。兹奉电因，除分行外，相应函达查照，转知为荷。等由。准此，查此案前准贵会函请过会，□□转请在案。兹准前由，相应函达，即请查照为荷。

此致

各同业公会、各非公会会员

理事长　陈笛孙

《绍兴新闻》中华民国三十七年八月十二日

金圆券折合资本问题请示一平允计算办法

（1948 年 8 月 23 日）

（经济社讯）绍兴县商会昨日代电浙江全省商会联合会称：国家改革币制，发行金元券，凡属工商业，遵当一律以金元为本位，惟工商业除金融事业外，均以物资为实际资本，簿册所记法币数，无非为供求简作一假定之计算，例如粮食业，在胜利之初出资一千万元，可进米三千余石，加以行庄透支，极足敷营巢上之运用，最近出资十亿元，仅进米二十石，即再加充量之行庄透支，营巢极形支绌，前者资本数字少而物资转多，后者资本数字多而物资少，照新办法折合前为三元三角三分，后为三百三十三元，兹若不问物资之多寡，仅就资本数字一概折合金元，似觉不符实际，相差悬殊，各地情形，当必相同，拟请定期召开理监事会议，征集意见，商得一平允计算办法，以为建议政府之预备（资本折合,能否以物资市价为换算依据,其物资超额部分,作为盈余),特电奉商,务希速赐核批,至深企盼。

《越报》中华民国三十七年八月二十三日

商会商讨卷烟供售

(1948 年 9 月 7 日)

拆去封口防止业外囤积

本县县商会,为商讨若干商品供售问题,特于昨(六)日在该会会议室举行各机关法团首长座谈会议,计出席:沈蒲、孙秉贤、应维梁、来松梃、姚锦麟、何大森(代)、张思远、王先佑、董起凡、朱苴英(代)、潘文奎、张光楷、许开铃、陈景甫、沈嘉贞、郑士伟,列席本报记者单幼卿等。主席陈笛孙,首先报告:本县自奉行经济紧急处分令以来,承政府首长严格管□,而各业均能明白大体,不顾牺牲,恪守政令,物价得以平稳,惟近来卷烟业因沪、杭厂盘未开,来货稀少,外县四乡卷烟贩同时聚集,及不良分子(俗称黄牛党)竞买抢购,喧扰拥挤,道路堵塞,各烟号虽不顾牺牲,尽力供应,而与市场秩序,地方治安,关系至巨。兹邀请各首长商讨,求得一有效处置办法,旋即讨论决定办法:

(一)自九月七日起,正大、安康、三和兴、惠记、大丰等五家烟号门售供应,每人供给至多不得超过四包,并于出售时拆去封口,以防囤积。

(二)普通烟号门售,每人供给不得超过两包,出售时亦拆去封口。

(三)请政府严令取缔业外人囤积,奖励原告,并请严格检查。

(四)各烟号于九月七日起,向县府申报存货以后,销货数量逐日填表申报(由卷烟业公会汇转),以上项略请政府布告周知。

(五)请警察局加派员警,巡查各烟号,以维秩序,必要时请由陆军第 X 旅及六九医院协助。

又讯,卷烟供售办法订定后,如发现有超过限买数量者,县当局亦将予处分云。

《绍兴民国日报》中华民国三十七年九月七日

绍兴县商会公函

(1948 年 10 月 8 日)

(绍兴县商会公告栏·只登本报不另行文)

商总字第三百卅七号

案准绍兴县警察局本年九月三十日政义字第六二号公函内开:查本局第二十七次局务会议讨论事项二,查经济检查人员在调查物价时,需检取其发票等单据,以资校核,而作裁决违反限价者之佐证。现商店颇多拒绝填给发票,即有发觉其有抬价情事,亦多狡辩卸责,使无法定谳,影响经济及国税极巨,应如何办理,请核议案。经决议:

1. 视实际情形依法就行政或司法处分;

2. 函请商会转知各商店售货须开始发票等语纪录在卷,相应函请查照办理为荷。等由。

准此相应函达,即希查照,并转行各会员知照为荷。

此致

各同业公会、非公会会员

理事长　陈笛孙

《绍兴新闻》中华民国三十七年十月八日

商会召集各业商讨决定法币兑换方式变更

(1948 年 11 月 19 日)

(经济社讯)绍兴县商会为法币流通与兑换金圆券期间,同限二十日截止,曾以手续麻烦,时间迫促,恐遭损失,电请中行展延等情,迭志本报。兹据杭州消息,已无展限可能。昨(十八)日上午九时,特再度召开各业公会理事长暨该会理监事联席会议,协商敏捷妥善办法,计出席理监事马廷佐、傅岳校、宋阳生、曹冠卿、俞宗汉、傅正中、倪予凡、周叔明、严希尚、许雪舟、陈景甫、金幼庭、章季侯,暨各公会理事长四十余人,主席宋阳生。首先报告兑币令限迫急情形,继由倪常务转言陈理事长在杭对本案办理棘手,急如星火,相邀各位协商妥善办法,旋经各业理事长发表意见,商讨良久,最后决定办法:

一、各公会通知各会员店,于本月二十日晚上止,将所收法币集中公会,漏夜分版整理,加贴牛皮及纸封签,每百张为一束,十束为一扎,分版开列清单,至二十一日上午八时至十时止,如数汇总商会,由商会派人协助同业公会分向各行库请兑。

二、各会员如有兑换法币者,不论多寡,须由公会推派代表,带同应兑法币,到商会分任兑换职务。

三、遵林县长折冲办法,□五行库平均分兑为原则,各公会应兑法币,由商会支配分组出动,以期迅速。

四、由商会函大明公司,对于二十日晚上之供电延长四小时。

(又讯)绍兴县商会为所利得税问题,于昨(十八)日上午联席会议中,特邀请绍兴国税稽征局直接税课课长赵芳林列席指导,共同商讨解决办法。最后洽定本年上半年度营利事业所得税比照上年度(即照六倍数)连底四十七倍征缴,税款限于十一月二十日起至三十一日止,扫数解库,不得延欠。

《绍兴新闻》中华民国三十七年十一月十九日

3. 保护商人利益

商减房租之潮流

（1912 年 5 月 29 日）

绍城自光复后,金融塞滞,商业凋零,已达极点。欲节省开销,除减用伙友外,只惟减让房租。前曾□文国君发起,在商务分会提议,因意见各殊,遂成中止。现闻省垣已由商会议决,减去二成,俟一年后市情转机,仍照原定租额。本城各商拟仿照省城办法,先具禀于县知事,□并呈现说□于商务分会,未知彼房主果能体念时艰否?

《越铎日报》中华民国元年五月二十九日

绍兴商店之呼吁声

（1917 年 4 月 23 日）

绍兴商业如南货、衣业、药材、衣布等货,皆从宁波贩运来绍,取利甚微。近年来各货昂贵,金融阻滞,该商等勉力维持,元气未复。幸往岁绍洋汇至宁波有盈无缺,每千元取得汇划去水一二十元,以是尚可支持。不料,本年春初,宁波钱业因空盘买卖,互相把持,遂由少数奸商重抬利率,致阴历二月、闰月之日息,每天敲至四角。近日复增至六七角之间,而绍兴利率颇轻,两相比例,则甬洋贵而绍洋贱,故绍钱业之甬汇水,每千元须升四十元,商场暗耗,为数颇巨。现由该业等帖请绍商会函致甬商会,劝令该处钱业,持平息价,以苏商困。兹觅得说帖原稿如下:

谨略者:窃维生计社会之盈朒,视乎金融机关之盛衰。金融机关之盛衰,视科钱庄制度之得失。晚近以来,我国市面恐慌,金融逼迫。论者多归咎于实业之不振,不知实业之所以不振者,实缘无正当健全之金融机关,以资周转也。吾绍居腹地,市面之涨落,以申甬杭为转称,是以汇水升去,朝暮不同。本年开市,宁波日拆开至三角,规元骤短,绍兴甬汇升至四十余元。如此重拆,实为亘古所未闻。推原其故,因宁波钱庄买空卖空,且有多数以为投机事业者,不特不可以望汇兑制度之划一,且适足以启商事社会之纷扰,同行外业,怨声载道。若长此以往,不加取缔,以宁波一隅之市面,几足扰乱全省之金融。所谓无正当健全金融机关,摧残实业前途,实惟宁波为罪首。即如敝业等应解宁波款项,不下数百万,照往年开市陆续汇进,因被宁波无故开拆,绍市汇头做抬,商人无端耗此汇水,迄未解付。不料甬市竟以少数钱庄垄断,再接再厉,昨市增开六角五分,则此间汇水,愈加升长。商款更难落手,直接间接之损害,愈难支持。商号转辗思维,殊无良策。否则各商焦头烂额,年关之倒闭,不能预计。外业瘦而钱庄独肥,恐未必也。贵会维持有责,当蒙俯允所请,临帖不胜迫切待命之至。

《越铎日报》中华民国六年四月廿三号

烟酒业预备专卖之恶耗

(1917 年 4 月 27 日)

联合会力竭声嘶,绍商会专函布告,愿吾两业同胞齐猛醒。

中国烟酒联合会,日昨函由绍兴商会,转致烟酒业会员沈秀山等公函一通,系为烟酒事务署违反议案,预备专卖,特即联合抵死力争,藉为将伯之呼。吾绍烟酒两业同胞,当此生死关门,谅必急起直追,不落他人之后。况吾绍现办捐务人员均非其人,酒类公卖,查坊、查店,严刑峻罚,苛扰尤甚,其速急筹最后对付方法以自全,毋再懵懵,堕入樊笼而不知觉。此次如何对付,姑试目以观其后,兹将商会公函觅录于下,藉供众览:

迳启者,顷接中国烟酒联合会丁字第三号,函开新接京师代表团快函,内称烟酒事务署钮督办,多方运动,将烟酒专署经费列入经常门,制烟厂经费列入临时门,业经众议院审查会通,不日提交大会决议,其所提理由书中,有先从公卖入手,将来必须办到专卖,造端宏大,决非部中附属机关三数员司所能胜任,故设置专署与部划分独立等语。烟酒既特设专署,经费既列入经常,是机关无裁并之希望,公费无废除之希望,且其目的竟欲从公卖而进于专卖,置两业已经众议院通过之请愿案于不顾。前钮督办与吾总代表在京谈判时,允我先商税法,彼此同意,再行提交国会。今乃自食前言,竟将预算案提出审查,油滑取巧,把持病商,手段通神,闻者莫不痛恨,迭经一再开会,讨论挽求之策与对付之方,到者极众,群情大为激昂,公决除一面筹备抵制外,一面函致京师设法挽救,并急电众议院要求俟该预算案,提出大会时立予打销,合将原电刷印寄奉,尚祈尊处协电力争,同伸公愤而表舆情,并乞公决。最后对于方法,即日详示,俾便进行,事机急迫,务请注意,特此警造,并附刷印原电,内开:

众议院议长议员公鉴:窃敝会去秋请愿废除公卖改良税则,冬季仰蒙通过,咨达政府,两业商民若望云霓。讵迁延半载,在政府百端待举,兼顾未遑而该烟酒署为保存禄位计,竟争机揽权,把持愚弄,一方面与商民敷衍,允所先商税法,征求同意,一方面将预算朦混提议,希图实行专卖。今悉贵院审查会突然通过,万商遑恐,商民等十八省之同意半载余之呼号,竟不敌烟酒署一人之私见,查取销公卖之议案,商会联合曾多至数十起,四川、浙江等省省议会多至十余次。此次全国财政会议,亦决定税费合并一道征收,足见上下一心今竟一概抹煞,不知如何情形,遽尔审查通过,一若中国烟酒非专卖不可,中国改良烟酒税非斯人莫属,一听其颠倒播弄,置千万烟酒商于死地。呜呼,即不为人民计,独不为国家计乎?查日本烟酒专卖投资二千九百十七万元,按其实行时期尚在税关条约改正之后,且外烟外酒均经政府收买,我国外债日增,税约未改,而欲以百二十万官款制烟求利,为专卖之张本，是真梦想耳。闻该厂尚未出品，而公款已尽销磨，无非冀预算成立，弥补报销，固守位置，势必至逼令两业商人，均挂洋旗不止，蠹国殃民，莫此为甚。贵院为人民代表，两业生死存亡，全悬于诸公之手，伏乞于该预算提出大会时，秉公评议，立予打销，毋徇一人而福全国，临电不胜迫切，悚惶之至。中国烟酒联合会全体商人公叩。等情到会。合函请查核，并希转知同业为祷。此致。（下略）

《越铎日报》中华民国六年四月廿七日

绍兴中国银行行长之去思

（1918 年 4 月 23 日）

绍兴中国银行行长孙寅初君，自任事以来，群情孚协，于地方公益，尤能竭力维持，往岁因政治风潮，中国银行，忽告停止兑现，孙君对于绍兴方面，力筹现款救济，绝对不以停止兑现为然。故而绍兴市面，得不摇动。嗣后甬事发生，市场上经济又形恐慌。孙君依旧竭力维持。今绍兴绅商各界，闻孙君有升调兰溪中国银行行长之消息，联电挽留。兹录其来往电文如下：

绍兴商会去电：

杭州中国银行蔡、金两先生鉴：银行为各业领袖，孙君以绍人而办理绍行，已历多年，平日官商各界，遇事均资擘画，急公好义，措置咸宜。去岁甬事发生，不辞劳瘁，保全尤大。一旦离绍，群情失望，为桑梓计，伏恳转电总处暂缓调兰，临电不胜待命之至。绍兴商会叩。

各绅去电：

杭州中国银行蔡、金两先生鉴：孙管理办事热心，有益地方，应请主持，暂勿调动。徐元钊、沈锡荣、胡毓骥、姚煦、周志煦、褚□绍、陶传禔等三十一。

杭州中国银行来电：

绍兴商会暨徐吉荪诸先生鉴：电敬悉。孙君事谊，关系桑梓，敢不效力？已电陈总管理处核办矣。请台洽元康百顺。

《越铎日报》中华民国七年四月二十三号

商会请减重拆之呼吁

（1918 年 12 月 15 日）

绍兴钱业自奉令平现后，日拆逐渐增至六分五厘，各界以如是重拆，为绍兴向来所未有。且当此冬令需□之际，若长此不减，则力难担负。而冬季帐而将有不堪收拾。昨日午后二时，各业在商会开会讨论，到者人数甚夥，其结果公决举出代表偕商会长冯季良君赴

县署要求,并覆电向省长力请减轻拆息,藉纾商困。而复电现尚未至,今将电稿照登如下:

省长齐、财政厅长张钧鉴:

绍兴各商店向称放帐码头,货价分三节归结,故钱业利率比杭为轻,与杭地商店情形截然不同。近因平汇影响,日拆骤增至六分五厘,此等重息实为绍兴向来所未有。近届冬令,各商店存货之时,势不得不借款于人。日拆骤重,损失不赀,倘不量予减轻,商民将未享平汇之益,先受重拆之苦,倘不失钧长维持商业之本意。为此不揣冒昧,将绍兴商业习惯及绍商困苦实在情形电请钧长察核,俯念商业艰难,准予电饬绍兴县知事量予减轻,以救商民以倒悬而免无形之损失,激切待命,竚候电复。

绍兴商会全体商人叩元
《越州公报》中华民国七年十二月十五日

题于加拆平汇之函电一束

(1918 年 12 月 23 日)

近来之加拆、平汇问题,个中黑幕重重,不易抉破。本社兹觅得关于是项问题之函电一束,志之以供探讨者之研究。

杭州中国银行蔡行长复冯会长函:

接奉环云,敬聆大教,加拆平汇,省令固主积极进行,弟等亦以杭汇之继长增高,由于绍拆、杭掉之相去悬殊,以致绍地现洋逐渐流出,市面因以空虚,汇水因以增涨,病根在此,非以重拆医之不为功。至于外行用款,负息自然较重。然与其受汇水涨落无定之苦,转不若拆息之额有固定,可以着实计算,较有把握。现各业冬令需款,岁以殊常,需款者既于冬令较多,现款自必于冬令较缺。然为各业计,如去冬之现水,今年之汇水,均为用款者吃苦之处,而避重就轻于拆息,尚觉吃亏较少,尊教以接济杭地市用,使利率稍松,则汇水不难渐平,亦是声东击西之道,敝行正在随时接济,与尊见尤相符合。事关市面,不惮商兑,专此,奉复,尚希主持,至为企幸云。

绍兴商会冯会长再致蔡行长函:

奉教敬查尊款,以杭汇增长,由于杭绍拆之悬殊,以致现洋流出,市面因而空虚,汇水因而增长。卓论甚佩,然现金之转运原因亦不尽然。例如各业远地进货,不便携带现金,势不得不汇划济其穷,故每当繁用之际,钱业不得不以现金代各业转运抵补也。更进而言之,现金固定一隅,不图生化,孰肯坐耗重拆之损。盖现金犹水也,水之就下,势有固然。主于汇水,固为市场积习,阁下起而划□,策非不美。惟来书有非以重拆药之不为功,并谓拆有定额可以预计,不若汇水之起落无定等语。弟在商言商,为各商计,其利害关系偏重,实在拆息。盖各业繁用之时,无不借资于人,日拆既重,无论直接、间接,同受损失,欲图两全之术,必也如前函所云,就根本解决,以现洋源源接济,则杭用宽展,杭掉轻而吾绍亦涸辙之渐苏,拆平而汇水随之而下,一举而数善。备此纯赖执事之有以维持之也。弟殚精竭虑，为各业谋轻担负起见，用敢缕陈管见，是否有当？尚希亮察为幸。

又绍兴商会会长冯纪良、陈坤生续致省长公署暨财政厅电云：

省长齐、财政厅长张钧鉴：绍兴日拆骤增至六分五厘，当商业凋敝之时，受重特负担之苦，曾由绍兴全体商人电请钧长体恤商艰，迅饬绍县知事量予减轻，绍商急迫困苦情形，想在洞鉴之中，迄今未蒙电□，亿万商民洞深盼望，为此再行电恳，俯念商人水深火热，迅饬绍县知事减轻折息，还商业之自由，登商人于衽席，倒悬待解，速请电复。绍兴商会会长冯钟淇、陈钧等叩□。

又致杭州中国银行电云：

杭州中国银行行长蔡、金两君鉴：官厅主张加拆，系因平汇而起，今汇水渐平，绍拆似宜酌减，以苏商困，敝会迭据各业说贴，吁恳转求官厅减拆，曾由弟等迳电省长财厅在案。执事以经济名家，主持会计，务请垂怜商情救此倒悬，力向官转圜，准予减轻，不胜迫切待命之至。绍兴商会会长冯钟淇、陈钧等叩铣。

然说者或谓绍兴商店之主持人不以小民之生计为前提，而以个人为单位，人人以个人之卖空买空为单位，自中行以杭汇升六十元与各钱庄计价后，各业之主持人，无不视屯杭为发财捷径，钱业更无论矣。故反对加拆之人，不知者谓为各业即钱业中之反对加拆者，亦无不曰维持各业。然内幕中实为个人之屯杭，希冀杭汇复长而已，岂真为店中受此重拆起而为本店设法哉。勇于私事，毫无疑义。日前各业开会于大路，不知者亦以为各业之原动，按诸实际，各业受本街本绸庄某某之运动，而某某则受做抵押款于申庄之某钱庄之运动。不然当开会之日，胡必以电话东招西请云云。内幕如是，并存之以资研究。

《越州公报》中华民国七年十二月念三日

绍兴钱价之病商

（1919 年 4 月 20 日）

吾绍商业自平现以来，市上小钱充斥，商业受亏甚深，各业纷纷函投商会，请求会长提议通告。兹将纸业上商会冯会长书录后：

迳启者，绍县钱价，自现洋有升水以来，例以加一照升。凡进出每钱一千，加升一百为限。因之卖买货物，虽使用钱串，尚称公允。自上年平现以后而现水革除，钱俭相随短抑，仅以每钱一千，易洋一元，因之由外县贩入来绍者，盈千累万。而小钱充塞市上者，处处皆是。凡买户购货，百钱仅以百钱交易，千钱仅以千钱购货，银元、银角，纷纷运往他处。是以相见寥寥，砂铅小钱扰扰贩入绍市，由此使用□多，则小本营生无不怨声载道，而街衢商店，亦受亏累无穷。此固金融上之一大弊病也。查绍县银价，每元一千文，每角八十八文，较甬杭诸嵊余上各处之银价，每元一千二三百文，则每角一百零三四文不等。然绍市银价较短，别处贩运小钱入市，商业均受影响，而呼痛号泣之声充耳触目。若不力谋良策，革除弊病，则绍县商业几无振兴之日。素仰会长为商业领袖，无不以顾全公益为怀，相应函达

神聪,务予维持,则我绍亿万商民,莫不额手庆颂也。此致

绍兴商会会长冯

中华民国八年四月十九号

绍县纸业公启

《越铎日报》中华民国八年四月二十号

商会电请维持丝绸两业

(1919 年 5 月 14 日)

绍兴县商会昨电致省公署实业厅、省议会、总商会文云:

(前略)报载省会修正茧行条例,主张开放□。旧绍属嵊、新两县茧行发达,最多最早,丝车现已绝迹,绍亦如之。余上产鲜,惟萧诸蚕桑较旺,丝茧各得半数。华舍纺绸为出口大宗,合之官纱绸缎,岁计千余万金。若取消限制,势必茧行林栉,原料吸收无余,数十万□户与丝绸两业同归于尽,贻害民生,有碍治安。迫乞垂念机工生计,力予维持。绍兴县商会。

《越铎日报》中华民国八年五月十四号

金融涸辙之悲观

(1920 年 12 月 3 日)

泰和堂等七十余家,联名请求救济。

钱庄一业为商界之领袖,藉其挹注俾资周转。讵为几辈操纵金融,惟利是图之徒,垄断把持,致使商者转而病商。此不可不速筹良法,以为救济也。兹闻绍商泰和当等七十余家,有鉴于此,业已联名盖章备具说帖,请求商会开会,提议一面具呈县公署要求设法筹减,以恤商艰,究未识果能达到如愿以偿之目的否也。觅录其呈文如下:

禀为日拆弥增,商情愈困,金融紧迫,救济无方,谨陈苦况,仰乞公力维持减轻拆息,俾体商艰而维业务事。窃维商人营业端赖金融,钱市流通尤为命脉。当兹百货奇昂,来源飞涨,蝇利所得已,民极轻微。况复金融一项,日拆綦重,周转之间,颇受重累,影响播及营业,更难就纪在论。日拆市面增至六分,例如照百元计算,则每日拆息六分,复增加坐子三天一结,母子相生,商人坐耗已在二分以上。况依次递增,循环不已,日计不足,月计有余,有限血赀,何堪受此重累,纵云善于持筹,精于操算,而来货既昂,金融又紧,幸免亏耗已属难能,欲冀赢余直同妄想。商等经营日久,受累同深,兼以时交冬令,各商店冬季货物在在皆须购置,倘使折息和平,尚获稍纾困难,若长此以信,不但营业前途濒于危险,且恐商人畏葸见而灰心,殊于振兴商业大有妨碍。虽或现水之增,足以病民,不如加重日拆,以便商

人分担仔肩。或尚不至十分困难。不知商人营业原为将本图利起见,则所受之日拆不能遮加于货价之上,徒使商人受至重至大之损失,殊非保护商场之旨。至就日拆与现水论,从前日拆平和之际,现水不过六七角之则,目下拆既如是其重,而现水反增至三元左右,执此而论,可知日拆之增减与现水无何等关系。际此商怀困苦,呼吁无门,设非力予维持,不足以资救济。总之,目今市面能减轻日拆即商人得减轻损失。盖日拆之增,实足以致商人之命。商等今日之请愿,不但为维持自己利益计,抑且为顾全大局计。倘蒙俯念商艰,准予设法筹减,吾绍商民实利赖焉。为此除将情并陈,商会请求提议外,仰乞知事鉴核施行。谨呈。

《越铎日报》中华民国九年十二月三号

关于钱业注日拆之公电

(1922 年 12 月 3 日)

《越铎日报》转绍兴商会秉衡、德哉二先鉴:启者,今年吾绍灾荒为数百年所未有,商业凋敝,甚于光复。间阎分子,莫不虚形寡故,含苦偷安,不期入冬以来,钱业重注日拆,然环顾各业,生意清淡,存货停滞,正在措置危亡之秋,岂堪受此极度重拆。目前倒闭虽未见,隐患已无穷。吾等商场分子,目击心惊,为此难安缄默,上书左右,还祈转达钱业仰体时局艰危,勿贪小利,急切减平,以苏商困。吾等虽为各业请命,抑亦为钱业前途计,要知利息愈重之处,元气愈弱,杭、甬两地利息之轻重,和元气之厚薄,即可率为明证。卓识如二公,定能计及也。临颖无任盼祷。此请公安。王德馨、金墨卿、陈子清、裴达三等谨上。十月十二日。

《越铎日报》中华民国十一年十二月三号

运米中途被阻之电请

(1923 年 3 月 14 日)

绍兴商会会长陈宰埏、副会长冯敬伦灰(十日)代电杭州总商会略云:米商震泰等上年阴历十二月间领有赴皖运米护照六十四纸,委托南京永慎丰行承办。业由该行择就运绍,筹济民食,其护照并由苏省公署验明盖印,经过南京煤炭江,讵火车站总管以未奉明文,不准装车。查绍地民食,向恃外省接济,该商持照运米,系为顾全民食起见,该火车站总管不准装运,于绍地民食前途大有妨碍,特电请贵总会鉴核准转电省公署迅电南京煤炭江火车总管,即予装车运绍,实为公便。

《越铎日报》民国十二年三月十四日

洋米拨还有望，兵站监部查法定代表

（1946 年 7 月 1 日）

（绍兴社讯）本县前粮食公司所办之洋米，正在运绍之际，适值战事紧急，当时因交通困难，经发作军粮。自胜利后，迭经地方士绅等向各方交涉，已获核准拨还。惟兵站总监部，以商会理事长陈笛孙，是否即前粮食公司之法定代表人，饬补具证明。兹闻已由本县县府于日前电呈该部，证明陈理事长确系战前商会委员，亦即该公司之法定代表人，并请速赐发还，以济粮荒。

《越报》中华民国三十五年七月一日

未奉省方核定前商人积谷暂缓征

（1946 年 7 月 8 日）

（经济社讯）绍兴商人积谷派募额颇巨，前由县商会函请省田粮处免征，并提请浙江全省商联会第二届会员大会请转呈照地方积谷援例免征以恤商艰，在未奉指复前，并经函请县税处暂缓征收。兹该处以地主积谷及商人积谷，系本省三十四年度建仓积谷计划第三条规定为备荒之需，在未奉令免征前，本应照征，惟县商会既经呈省豁免在核示中，自当暂缓征收，俾资兼顾，刻已函复该会。

《越报》中华民国三十五年七月八日

商会请援地主例免征积谷优待金

（1946 年 8 月 17 日）

（青锋社讯）县商会以三十四年度收复县份之地主，既免田赋，又免积谷，惟商人则于重床叠架之营业税、所利税、印花税、营业牌照税、货物税之外，复须征收积谷，按营业税十分之三，何厚于彼，何薄于此。且本县商业，经敌伪五年余压迫摧残，经济已濒破产，政府为稍苏商人喘息计，似应一视同仁，无分轩轾，而征属优待金性质名义，固与营业税不同，而商人支出无一不赖此营业，不啻于营业税之外，增加附税十分之一，在出征军人身亲炮火，效命疆场，其志可嘉，其情可悯，我收复区商人，虽经五年敌伪之摧残，究无亲冒弹火之危险，相□优待征属，自是义无可辞。讵自重光十阅月以来，生活指数，继涨增高，营业日敝，捐税日繁，本地各处募助教育慈善等款，又几无虚日，纷至沓来之荣誉军人，尤须有来必应，一树枯枝，其何堪手斧之伐？该会□各业商人，朝夕相亲，深知其苦，并据纷纷函陈，转求请免，特乘沈主席莅绍机会，面请沈主席转陈□□，并行粮食管理局援照地主例，免征积谷,并对于商人征属优待金暂缓征收,俟商业稍有转机,再行遵缴。

《越报》中华民国三十五年八月十七日

厚余当质物被劫案县商会已无案可稽

(1946 年 10 月 14 日)

敌人占居会址时档卷尽毁

本县地检处,前以漓渚厚余当经人举发,有侵吞贫民质物之嫌,而据被告供称,于敌人流窜漓渚时,质物均被劫尽,曾经报请县商会备案,该处为明了底蕴起见,特函请县商会查复,并以其他典当闭歇,是否均经报请核备,曾志本报。兹悉县商会业已函复,略为敌人有廿九年间流窜本县时,典当被劫,谅系实情,事后想亦报案,然因该会会址,被敌人占居四年之久,所有档卷,皆遭毁失,如〔无〕从稽考,而典当业公会,亦以县城沦陷,即告解体,无案可稽,复请查照。

《绍兴新闻》中华民国三十五年十月十四日

十数同业公会决议一致拒缴商人积谷

(1946 年 12 月 11 日)

并由县商会电请准予免缓

(本报讯)本县北货业方理事长文荫,百货业曹理事长冠卿等十数单位,于昨(十)日在商会讨论税捐稽征处近向各商店征收商人积谷,及征属优待金,应如何对付,金谓本邑各商店,因受高利贷之恶果,倒闭日有所闻,似已而临崩溃前夕,政府应处在同一阵线,维护不遑,乃竟隔案观火,层层催逼,使商民透不过气来,其命意实难臆断,经决议一致拒绝缴纳,并由商会代电省商联会,转呈准予免缓,俾勉维持。

《绍兴新闻》中华民国三十五年十二月十一日

高利贷断伤成恶果

(1946 年 12 月 11 日)

高利贷断伤成恶果,积谷金无异催命符,商民力竭声嘶电四联总处低利贷款,请免优待金,俾维残喘

本县商业,已渐趋崩溃前夕,外强中干,俱难支撑,故倒闭时闻。最近较为著誉而清理者,如蔡万和桂圆店、鼎泰源米店等。昨日鸿正昌油烛号亦告倒闭,似此情形,恐在本岁大

结束期间,更将不堪设想。兹闻县商会以据各同业公会理各长纷向该会请求,并更以商人积谷及征属优待金等催征急如星火,将促使其仅存一息之生命,难以接续,昨特电请省商联会,要求转呈四联总处,低利抵押贷款,并请转请免募商人积谷及征属优待金,俾维残喘,兹录其原电如下:

(上略)据各同业理事长纷纷来会报称,近来各商号,因受高利贷之恶果,倒闭日有所闻,请迅谋救济办法,以维危机。又税捐处近复向各商店征收商人积谷及征属优待金,查此二项捐款,前经呈请省商联会,转呈省方予以免征在案,现税捐处遽行征收,使奄奄一息之商人,更短促其生命,并请转呈免缓等情到会。据查高利贷之危害商业,已属尽人皆知,若不设法抑制,商业前途,不堪设想,应请转呈四联总处,低利押贷,以维危机。又商人积谷一案,前经本会函准贵会,转函省田粮处核复,"以绍属系属收复区,情形特殊,此项积谷,可否停止征募,已令饬绍兴县政府妥议具复",并经本会呈请县府,转情俯准免征各在案。现在田赋项下带征积谷,近已奉明令豁免,商人积谷,事同一例,现省田粮处,既未有征收明文,而税捐处遽行开始征收,更且益以征属优待金,一并催收,急如星火,层层催逼,致商人无力应付。查近来时届年底,金融奇紧,而三十四年份所得税,又在火连催缴,商人处于高利贷之胺削与捐税之紧迫下,已面临崩溃前夕,危机严重,不容忽视,据请前情,用特电请鉴核,对危害商业之高利贷,速予设法挽救,商人积谷,给予转呈请免,征属优待金亦并请转呈缓征,俾维商业。

《绍兴新闻》中华民国三十五年十二月十一日

粮贷取消抵押不可能,粮商昨集会毫无结果

(1946 年 12 月 27 日)

(青锋社讯)本县十亿元粮贷,依照原办法规定,申请贷款者,必先以实物抵押,始得以八折借款,同时又规定抵押至少须五十石,限制颇为严格,嗣由县商会理事长陈笛孙,常务理事长史幼祥等,以限制过严,处目前粮商资金一致短绌之时,前项粮贷,恐难普遍,爰经商得银行同意,变通办法,以一资贷与粮食业若干亿元,由粮商自行集团向产地采购,俟所采之货到绍入库后,即所由粮商自由申请认借,惟认借者须缴纳相当抵头,以资保证。例如欲申请借一百石者,则须先缴纳二十石抵头入仓,即可陆续回赎,至一百石购完为止,惟是项办法以一次为度,以后仍须见货付款,是无异贷与粮商以首次资本,所以体恤粮商者,无征不至,可谓法良意美。不料昨日下午粮商集会,对此项办法,发生误解,不赞成集团采购,更反对缴纳抵头,有一部分竟主张请银行完全信用贷放各粮商,取消抵押,一时意见纷歧,秩序大乱,致大会毫无结果,即行散会,殊不知此次粮贷原办法,规定綦严,经陈理事长等再三商请银行界,始允变通,欲求完全取消抵押,为极不可能之事。闻银行方面以粮食业既如此缺乏团结,只得请陈理事长仍依照原办法办理。

《越报》中华民国三十五年十二月二十七日

粮贷见货付款，米业会商办法

（1946 年 12 月 26 日）

（青锋社讯）本县粮食业同业公会以此次拾亿元粮贷，依照原办法，必须见货付款，若然粮商如欲申请借款者，必先自行筹款购得首批粮食，然后始可抵押借款，而目前各粮商资力，均极短绌，苟必需如是，势难普遍，经已商得银行同意，爰定于今日下午二时，在县商地召开临时会员大会，商讨变通办法。

《越报》中华民国三十五年十二月二十六日

制茶业同业公会请求提高收购价格

（1947 年 3 月 30 日）

（绍兴讯）本县制茶业同业公会，以中央银行业务局，对于去年各厂箱茶，假定中心价格为贷款茶三十三万元，自资茶二十七万五千元。查自资茶系茶商为协助政府增加出口政策，自用高利贷制运，成本较重，且志贷款茶是同一种类品质制成，应由政府予以提高收购价格，以资鼓励，而今反被抑抵评价，显失公平，经第二次会员大会推派宋孟光、陶桐声、黄季棠、董厚康等四人赴沪中央银行及中央信托局请愿，该接代表来信，谓在本月三十日赴中央银行，即由该行副总裁兼务局长刘攻芸、副局长李筱庄亲自接见。据答，平茶打包，贷款，已内定贷款茶、自制茶、包制茶三种，统扯价为二十八万元，呈请行政院核定云云。经代表恳切陈述，自制茶商负高利贷痛苦，请求提高与贷款茶为三十三万元，当允转请行政院核定复至中信局，由吴局长接见，亦蒙转呈。次日（二十一日）中央银行刘局长电召中国茶业协会寿景伟、孙晓村过谈，谓昨日平水厂陶、黄、宋三代表所称茶商痛苦，尚属实情。现准内定改为祁红五十万，屯绿四十万，平茶一律三十三万元，打包押款递加百分之一百二十，大概一星期内可实行办理，请愿目的，初步已达到云云。

《宁绍新报》第 3 期，中华民国三十六年三月三十日

县商会催送各业调查表

（1947 年 7 月 30 日）

本县县商会以绍兴商业夙称繁荣，胜利以后，尚无切实之纪载可资查考，前曾拟就调查表式，函请各同业查填。关于表列各栏，须就最近各项货物及营业运销等情形，翔实叙述，并希迅即填送，以便汇编。迄今时隔月余，各业填送者未及三分之一，商会以是案亟待

结束,殊难再事延缓,特再函催未填各业,迅速填送。

《绍兴民国日报》中华民国三十六年七月卅日

商会陈理事长等昨赴嵊交涉扣米

(1948 年 4 月 7 日)

(经济社讯)绍兴县粮食商业,以所办食米,在嵊被扣,由该会理事长严希尚邀同县商会理事长陈迪荪,常务理事倪予凡,社会处督导董起凡,于昨晨专车赴嵊证明,予以放行,结果圆满,当日下午四时返绍。

《绍兴新闻》中华民国三十七年四月七日

本县被扣米谷,省电嵊方放行

(1948 年 5 月 31 日)

(本报讯)本县各米商,在嵊县购办就之食米三千担,稻谷二千石,被该地藉口限制食粮出境,加以阻遏,曾由本县米业公会理事长严希尚,及县商会秘书董起凡,一度前往该县交涉。同时更有本县县政府、国民党本县县党部、县参议会、县商会等各地方机关法团,联名电请浙江省政府,要求转至嵊县放行。昨(三十)日省府已电复本县各机关法团,谓已饬嵊县不得阻遏,同时本县各米商,已向该县领运到食米三千石,该县尚存两千石稻谷,仍有阻碍情形,闻本县米业方面将再派员前往该县,要求继续放行,以济本县军情民食。兹探录浙省府复电略文如下:

(上略)查内地粮食,应自由流通,各县不得藉口限制,并擅定出县给证等办法,致有阻遏,经通饬遵照在案,所称嵊县阻遏粮食出境,亦经电饬纠正,仰即知照。

《绍兴新闻》中华民国三十七年五月三十一日

茶业公会分电院部反对承制茶叶

(1948 年 8 月 11 日)

利用国家资金囤积图利,迫使数万茶工陷于失业

(本报讯)本县制茶工业同业公会,以近据传闻,中央信托局,最近与中国茶叶公司,上海益丰茶叶公司等,订立密约,低利贷款,承制茶叶,无异利用国家资金,囤积图利,迹近垄断,影响平水箱茶出口,势将迫使平水茶区数万茶工陷于失业境地,特提出会员大会议决,于昨(十)日分电行政院、立法院、监察院、财政部、工商部、农林部,

暨四联总处，要求转饬中信局，既有对外易货决策，不妨制定标准，公开招商订约承制，并明察实情，迅予有效制止，以苏商困，而维民营生产，其电文略谓：行政院长翁，立法院长孙，监察院长于，财政部长王，工商部长陈，农林部长左，暨四联处钧鉴。查六月二十日本会第五次会员大会时，以据各会员报告，中央信托局，与中国茶叶联营公司，订约包制箱茶，殊欠公允，当经提付讨论，决定先电中信局及中国茶叶联营公司查询见覆，再电钧处，要求遵照六月十日第三六五次理事会议决定，制止中信局收制箱茶，并电农民银行，凡与中信局订约公司所设之茶厂，停放茶贷等语，纪录在卷，迄今一月有余，未准中信局暨中国茶叶联营公司函复过会，而反变本加厉，先后继续与中国久兴茶叶公司及上海益丰茶叶公司等订约，使本会多数会员，咸受严重威胁，影响本年度茶叶生产至重且大。

《绍兴新闻》中华民国三十七年八月十一日

大批食米滞留赣境

（1948 年 11 月 27 日）

（本报讯）本县向为缺粮县份，不敷民食，全赖外地接济，兹以赣省自币制改革金圆券后，非持有粮食部正式执照之米商，不得向该地采购粮食，而本县粮商全体米业行号，虽曾举办经年来之登记，两度向粮食部声请发给执照，终以未符程式，以致迄今未领得部照，本县参议会，日昨曾以此原由，电请粮食部，要求转饬赣省暂凭本县田粮处及民调会采购证放行。昨日（二十六日）本县米业公会，以赣省为本县粮食唯一采购之接济地区，且近日本县粮商在该省办就之食米，为数至巨，一旦须凭部照放行，在县粮商均未持有部照之目今，实无异断绝本县粮源之供应，除电请省粮食公会及省商联会，要求转请准许暂凭本县田粮处及民调会所发之采购证放行外，本县米业公会理事长严希尚，昨日（二十六）特亲行晋省，向省粮食业公会，面陈一切，要求转行交涉，力为放行。兹经记者探得本县各米行，在最近赣省各地所办就食米待运之数字（仅城区各号）于下：

小江桥兴大米号，在鹰潭办就（一百二十五斤成袋，以下同）食米四百五十袋；

塔子桥源和，在鹰潭办就二百五十袋；

斜桥大成，在鹰潭办就二百袋；

利济桥慎泰，在弋阳办就三百八十袋；

探花桥协茂，在弋阳办就五百袋，贵溪办就四百袋，温家圳办就一百五十袋；

昌安万陆在弋阳办就二百一十袋；

西郭同昌，在弋阳办就一百〇四袋。

《绍兴新闻》中华民国三十七年十一月二十七日

粮商获得证明书，派员提运赣米

（1948 年 12 月 3 日）

米业公会催请粮商登记

（本报讯）本县米业同业公会理事长严希尚，日前两度晋省，为交涉本县各米号在赣省办就之食米放行事，业于昨（二）日返绍。闻此次赴省结果，已向省田粮处领到向赣省采购食粮证明书。现本县米业，即将派员持同是项证明文件，赴赣省要求放行。

（又讯）本县粮食业，昨（二）日特急通知各会员米行号。略谓：

十一月三日奉绍兴县田赋粮食管理处暨县政府为奉部电，以金圆券发行后，粮商一律办理变更登记，绍兴前因资格不符，未奉核准，应即重新登记，限十一月底截止办理完竣，逾期如有观望，即依粮商登记规则第二十一条及二十二条之规定，作罚锾停业处分，存货作囤积论等因。迭经通知各会员有案，兹查月底止，来会登记之行号，仅有五十二家，业已依限呈送核转，所有未及登记者，虽经申述原因请求展期，未奉核准，事关同业法定资格，利害所系，不得不苦口催告，为此特急通知，务希查照办理，勿再迁延自误为要。

《绍兴新闻》中华民国三十七年十二月三日

四、商会与捐税征缴

1. 税制法令

劝导商民贴用印花

（1914 年 2 月 4 日）

昨日国税厅令饬绍兴县知事暨征收局长文云：

照得印花税推行以来，业已半载，迭据各支发行所报告，虽间有销售稍畅者，而统筹全局，成绩殊无足观。揆厥原由，虽事创始，商民观听未娴，而各该支发行所之劝导无方，奉行不力，实已咎无可辞。国家财政艰危，达于极点，端赖推行新税，广阔财源。本处为监督征收机关，固未便任令因循，各该支发行所职司所在，尤宜力图推广，使税收日有起色，未便长此敷衍。查印花税率本极轻微，应贴印花之项簿据、证券、货票、凭单，章程中各有规定。浙省为商业荟萃之区，若能按法施行，则商民之所费，不过铢锱之微，而公家之所收，实有丘山之极。且是项印花，不特适用于中国商人，即外国商人，凡在中国贸易，与中国人交易者，亦须均用。现在外交团方持中国一方面先办到实行地步，外人亦可照办之。设若对于内国之商民未能普及，不特国家税源无发达之希望，而印花税之不能推及于洋商，岂不重为外人所笑！查《印花税法》第二条规定，应贴印花各类，大多系商业中日用必需之品，是欲求印花税之推行，诚宜先由商界一方面广为开导，方能事半功倍。除函致杭州商务总会，定期召集各业领袖，多方论劝，一面通饬各商务分会，会同各该支发行所长官，仿照办理外，合亟令饬该县知事遵照，仰即函商就地商务分会，定期召集各业商人，切实劝导，务使各该商人咸晓然于国家财政现状，与夫印花税票，不能不争先贴用之理由。庶几税务前途，蒸蒸日有起色，其一地方数支发行所者，各该长官尤须会同办理，协力进行，仍将遵办情形具报查考。此令。

《越铎日报》中华民国三年二月四日

坛业仍须缴捐领帖

（1915 年 1 月 19 日）

绍兴县知事公署公函绍兴商务分会总理高文云：

案奉浙江财政厅长张批，本署详请示，坛栈营业，可否免予纳帖一案由。奉此，详悉。砖瓦、石灰等项，均以领帖为必要。坛业为窑货之一种，若以栈名而遽予免纳牙帖，殊不足以昭公允，仍应劝谕该商缴捐请帖，以昭一律，仰即知照。此批。等因。奉此，查是案前准贵会，以据坛业章凤奎等帖请邀免，一再函致过县，即经据情转请核示在案。兹奉前因，除饬柯镇警佐饬警催令该商章凤奎等缴帖领帖外,合亟函请贵分会查照,转知该商章凤奎等,迅即备齐捐银,领帖执业,勿任违延。是所至盼。此致。

《越铎日报》中华民国四年一月十九日

契约簿据须贴印花

(1915 年 2 月 2 日)

绍兴县公署奉浙江财政厅长通饬,以印花税法系奉令公布,自应遵照办理,饬即转致各商务分会,传知各行商一体遵照办理毋违等因。金知事奉饬后,昨已函知绍兴商会暨安昌、柯桥、陡亹、东关、孙端、汤浦各商务分所知照矣。原函录下:

迳启者,本年一月二十九日,奉浙江财政厅第二百八十六号饬开:本年一月四日,奉财政部第一七一四号饬开:案查修正印花税法,业于本月七日,奉令公布内载第二条第一款之契约、簿据不贴印花,或贴用时未盖章画押者,处以二十元以下,十元以上之罚金,贴不足数者,处以十元以下,五元以上之罚金。第二类之契约簿据,不贴印花,或贴用时未盖章画押,处以二百元以下,二十元以上之罚金,贴不足数者,处以一百元以下,十元以上之罚金。又第十条修正为第八条,照偷贴之数罚贴印花三百倍十二字修正为,处以一百元以下,二十元以上之罚金十五字。各等因。此项罚项,既经修正公布,自应即日执行,以重法案,应由该厅长饬知省城暨商埠各商务总会,并饬由各县知事,转饬各县商务分会一体传知。各行商遵照,务将应贴印花之契约簿,据依法贴用免干罚办,是为至要。合行饬知遵办等因。奉此,查修正印花税,既经奉令公布,载入十一月八日第九百三十二号政府公报法律栏内,自应遵照办理,除分行外,合亟通饬知照,饬到该县,即便转致各商务分会转知各行商一体遵照办理,毋违切切。此饬等因到署。奉此,除分函外,理合函请贵分会(所)查照,希即传知各行商,务将应贴印花之契约簿据,依法贴用,免干罚办,是所切盼。此致

《越铎日报》中华民国四年二月二日

谕饬通行印花税

(1915 年 2 月 5 日)

推广印花税额一案,前经财政部拟具办法,呈奉大总统批准办理。即由该部通咨各省巡按使,转饬各属一体遵照在案。兹悉,本县公署昨奉会稽道尹饬知,业已出示晓谕矣。录其示谕如下:

为出示晓谕事。本年一月二十九日,奉浙江会稽道道尹公署第一百九十四号饬开,本年一月十八日,奉巡按使第一八二号饬开,准财政部咨开,本部具呈酌拟推广印花税税额

一案,于民国三年十二月二十四日,奉大总统批令,准如所拟办理,交政事堂饬法制局查照。此批。等因。奉此,查印花税第二条所载各种契约、簿据,第一类价值银元十元以上,贴印花一分或二分。第二类纸面银数十元以上,未满一百元者,贴印花二分,用累进法贴至一元五角为止。现经本部呈准,嗣后财物成交,所有各种契约、簿据,而价值银元十元以上者,仍依法定税额贴用印花外,其在十元以下者,无论属于第一类或第二类,均一律贴用印花一分,俾与税法相辅而行,自应即日施行,遵批办理。相应抄录原呈,咨行、查照,转饬各该地方官,迅即出示晓谕,一体遵照等因,准此,合行饬知该道尹,即便知照,转饬所属,一体遵照办理,切切此饬等因。奉此,合行饬仰该知事迅即出示晓谕,一体遵照办理,切切此饬,计抄发原呈一纸等因到署。奉此,合行出示晓谕,为此示仰诸色商民人等,一体知悉,须知现为推广印花税税额起见,嗣后财物成交,所有各种契约簿据,须依法分别贴用印花勿违。切切特示。

《越铎日报》中华民国四年二月五日

详解柯镇钱业捐

(1915 年 2 月 5 日)

县公署详财政厅文云:

为详解事,案奉钧厅饬将各县钱业欠缴辛亥及元年捐款,查明催收解送等因。奉经函致绍兴商会转催各钱庄遵缴去后,旋准函复,据钱业董声明为难实情,并将各庄所缴癸丑年正捐洋八百二十九元五角,又补缴元年捐洋五十二元五角,两共洋八百八十二元,分别开具清折,转解到县,即经知事备文详解金库,投纳在案。兹准续函,准柯桥商务分所函称,该镇钱业自辛亥年间影响所及,如泰源、安泰、震泰、□□、□□等五庄,均于光复后停止营业,泰源一庄出纳虽停,以账目繁多,尚在清理。现虽开设□庄,其资本范围较前相去,不过十分之二三,应缴捐款经分所一再劝导,始勉认缴正捐共银四十五元。开折转解前来。查前次奉发单内,尚有德昌、恒孚、谦泰、仁德、利泉、穗康、升源、盈康、泰源怡等九户,仍未将关闭情形并报,除再由知事函请催追补报外,理合开具清折,备文详解,仰祈钧厅察收,俯赐掣给库收备案,实为公便。

《越铎日报》中华民国四年二月五日

请颁发印花税票

(1915 年 5 月 11 日)

绍兴县金知事详财政厅文云:

为详请事,案照印花税法内载,凡财物成交,所有各种契约、簿据,均须遵章贴用印花等因。奉经遵办在案,兹查各商店咸知税款关重,势在必行,遵章购贴,日见起色,所有前颁一角印花税票存数无多,理合备文详请,仰祈钧长鉴核俯赐颁发红色一角印花税票一万枚,面额合银一千元,迅赐邮递下县,俾资转发,再前请一分印花税票面额合银八百元,二分印花税票额合银二百元,共计一千元,尚未奉到,并请迅速照发,至印花税票簿,前经随详附送,此次请颁之一角印花面额,合银一千元,并乞一并填登并发,实为公便,谨详。

《越铎日报》中华民国四年五月十一日

详解印花税

(1915 年 5 月 19 日)

县公署详财政厅长文云:

为详解事,案奉前国税厅筹备处令饬印花税法,依限施行,并续颁搭放印花税法,依限施行,并续颁搭放印花税票办法,饬即遵办等因。奉经知事设所办理,并将印花销售搭放票价,截至三年六月底止,扫数批解各在案。兹查七、八、九月份销售印花税票,价计洋五元,又十、十一、十二月份销售花税票价计洋九元,两共计销售票价洋一十四元,内除扣支五厘经费洋七角外,实计应缴洋一十三元三角,又七、八、九三月搭放印花票价洋九元三分,又十、十一、十二月搭放印花票价洋九元三分三,共计洋三十一元三角六分,现经如数备齐,理合具文详解,仰祈钧长察核饬库兑收,并掣给库收交解款人赍回,实为公便。

《越铎日报》中华民国四年五月十九日

请颁印花税票

(1915 年 6 月 26 日)

县公署昨详财政厅文云:

为详请事。案照印花税法内载,凡财物成交,所有各种契约、簿据,均须遵章贴用印花等因。奉经切实劝谕遵办在案。兹各商店咸知税款关重,事在必行,均已遵章购贴,并饬发各乡镇警察分所,就近代售,以广销路而裕税款。惟前颁印花税票存数无多,理合备文详请仰祈钧长鉴核,俯赐颁发蓝色一元印花税票三百枚,面额合银三百元。紫色五角印花税票二百枚,面额合银一百元,红色一角印花税票二千枚,面额合银二百元,绿色二分印花税票一万枚,面额合银二百元。共计银一千元,邮递下县,俾便发购,实为公便。

《越铎日报》中华民国四年六月二十六日

颁给粮食行牙帖

（1915 年 6 月 10 日）

商会准县公署函云：

迳启者，本年五月二十七日，奉财政厅长批，本公署详请察照前详，填发潘吉生开设恒祥乡货粮食行牙帖由。奉批，详悉。查粮食二字，包括米谷在内，乡货既系指四乡农民所出粜之米而言，自可毋庸加入，以杜影戤，应准填发恒祥粮食行偏下长期帖牌各一道，仰□查收转给，一面将该行编入牙户册内，以为征税之稽考。按年照章征解，毋任隐漏，切切此批。申请书一纸存等因。奉此，查是案前奉厅长批示，当经本公署续详声明在案。兹奉前因，合将领到牙帖函送贵分会查照，希即转发该商潘吉生具领，以资营业。此致。

《越铎日报》中华民国四年六月十日

印花税着手进行

（1915 年 6 月 15 日）

印花税法早经实行，如有抗违，照章须受罚金之制裁。其执行罚金事宜，前奉财政厅饬以警□检查入手办法。并以各区警察所及分所内附设印花支发行所，定七月一日为实行检查之期。绍县公署早经给示布告在案，迳因检查期近，金知事已将印花分别饬发柯桥、安昌、皋埠、临浦、东关、平水、漓渚、孙端警察分所各警佐督促进行矣。其原文如下：

为饬知事。案奉财政厅第七四六号，饬以印花税执行罚金各事宜，自以警厅检查为入手办法。饬即撰示张贴，并会同商会印刷传单，俾各商民共晓然，于利害所在，争自粘贴免致科罚，即以四月一日为出示布告之期，七月一日为实行检查之期。将来检查，由县会同警所，派定警官一面将姓名详报等因。奉经查明绍县地方辽阔，仅派一员检查微特不能遍及，兼恐有妨警务，拟就警区范围以内责令该各警佐兼任斯职，庶几责有攸归，于民不扰而事易集详。奉省道批准转行各在案。现距七月一日为期不远，城厢商号曾在商务分会集议，遵饬实行，所有乡镇各店铺亦应一体遵意购贴。兹拟由县酌数配发印花，即由各该警所就近发售，并将印花税法随文饬发。为此饬仰该警佐遵照，即书绍兴县印花税第八十八支发行所代售处字条一纸，贴于所前，俾附近商民得以随时购用而资便利，所收售价，一经集有成数，即照配发印花面额，先行如数缴县，并将应行续发印花税票数目随文声请附发，以便接续售销，一面即自七月一日起实行检查，遇有商铺货物单据簿折及其他应行贴用印花各件，如未购贴印花者，务须责令遵章补贴，倘敢违抗，即照部颁印花税法罚金执行规则。

《越铎日报》中华民国四年六月十五日

钱业欠捐将处罚

（1915 年 6 月 20 日）

钱业捐款，前清向已征收，民国成立后继续办理。惟光复以来，金融停滞，各钱业之未曾措缴者所在多有。兹悉绍县公署昨已奉到财政厅饬，并附发简章，令即扫数催缴，否则将照章处罚矣云云。觅得原饬及简章照录于下：

为饬知事，案查各县钱业欠缴辛亥元年捐款，迭饬查明催收，其二、三两年捐银，亦经饬催征解在案。兹查各县解款，或系元年份，而二、三两年未据解到，或仅正捐而倍捐并未随解，鲜有扫数清完者。推原其故，在征收官吏，恒视此款为不足重轻，催征因之疏懈。在各商辄藉口于改革以还，金融停滞，意存观望，不知是项钱捐，系属固有之款，微论改革后继续营业者应令仍前完缴，即新开各户，亦应饬令认定捐数，按期缴纳。讵容任其延玩。况现奉部饬整顿各项捐税，是项钱捐，自应亟为整理，除订定捐输简章，并钱业字号，及已完元、二、三年捐数表，通饬各县外，合行各检一份，饬发饬到该知事，即便遵照，一面各钱庄积欠元、二、三各年捐数，限一月内责令扫数清完报解省库，并将欠完数目按照表式迅即填造详送，以便核办。各该商顾念国库艰窘，宜如何激发天良，迅行输纳，自此通饬之后，务令遵限清缴，倘再因循逾限，其照简章处罚，决不宽贷。该知事有经征之责，尤当剀切晓谕督催，不得仍前玩忽，致干未便。再查旧温府属各县钱庄，原认数目有六两、八两、十余两畸零不等。自四年分起，应一律饬令照又次等认捐，以昭划一而符定章，毋违切切。此饬。

《浙江省钱业捐输简章》录下：

第一条　凡本省区域内开设各钱铺，均应按照简章规定，完纳钱捐。

第二条　各钱铺应完捐银，仍照从前规定捐率等则，按年完纳。上等每年完正倍捐银一百九十元；中等每年完正倍捐银一百二十元；次等每年完正倍捐银九十元；又次每年完正倍捐银六十元。

第三条　前项钱捐，限于当年十月清完，届期务各缴由该管县知事汇解。逾限不缴，加一成处罚，嗣后每延一月，递加一成处罚。

第四条　县知事接收是项捐款，限于十一月五日前，一律清解省库。面开具完户清折，详送备核。

第五条　各钱铺无论新开、闭歇，均应禀报该管县知事，新开之户□县，于开设时，饬令认定捐额，转详立册，按期完捐，闭歇之户，由县详报除名。

第六条　前项新开之户，其开设时期，在七月一日以前者，本年捐款，应行全数完纳。开设在七月一日以后者，准予减半完纳。

第七条　本简章于四年六月一日起为施行之期。

《越铎日报》中华民国四年六月二十日

函送摊认印花税票专则

（1915 年 6 月 25 日）

绍兴县知事公署公函绍兴商务分会总理高文云：

迳启者，本年六月十八日，奉浙江财政厅第一八七九号饬开：案查印花税一项，迭奉部饬，切实推行，严定罚则，饬即遵照实行，当经撰刷示谕，剀切劝告，并酌定实行检查之期，派委干员分赴各属，广为劝导，以期商民咸知贴用与不贴用之利害。又以此项新税，欲求推行尽利，首贵提倡，而提倡之力，允推商界，复经函请杭宁商务总会广劝各业一律先行遵帖各在案。兹准杭州商务总会函陈，以省城各业均愿各按营业大小，分期认购贴用，拟具专则，并认购印花证书式样，一并送请核复前来，察核所订专则，除第八、第十、第十一、第十二等条，稍欠完密，业予分别酌改外，其余处件，尚属周妥，业经函复，准予暂行试办，并将各商号认数，迅速册报各县分会，事同一律，自可仿办，合将改正事则录印饬发，饬到该县，仰即转致各该商务分会召集各业商董，仿照专则所定办法，各按营业大小，分别责令认购，以期简捷而利推行，一面仍将摊认各商号认定数目，由该县造具细册，限十日内送厅备核，其限内未能认定各商号，将来准认与否，应详明本厅，酌核办理，以示与先认者有所区别。并即一体传知，均毋违延，切切此饬。计饬发省城各商号认购印花税票专则一份，认购印花证书式样一纸等因到县。奉此，查绍邑商号，前曾齐集贵分会，经本知事会同省委劝导实行议定，准于本年七月一日起，一律遵章购贴在案。现在省城既有认购办法，事较简易，自应仿照办。为此函请贵会查照专则克期召集各商号分别认定购数，造册送县，以凭核转。乡镇各商务分所并希传知仿照遵办，以期普及而促进行。是所盼祷。此致。

杭州商务总会经售杭县全属各商号摊认印花税票专则

第一条　杭州商务总会经售杭县全属各商号摊认印花税票，遵照部定印花税法施行细则外，得依本专则之规定办理。

第二条　杭县全属印花税票发行所，附设杭州商务总会内，所有已认未认各商号及分售处，应需印花税票，均向杭州商务总会备价购领。

第三条　杭州商务总会经售杭县全属各商号摊认印花税票事宜，以一年为满期，满后继续办理与否，须视官商之同意与否为标准。

第四条　杭县全属各商号认购印花税票，须将字号地址，营业种类及年认若干，□单送会，以凭造具表册，函请财政、警察两厅备案，一面由杭州商务总会填给认购印花证书，以资执守。

第五条　各商号认购印花税票，于一年期内，不得请减认数。

第六条　各商号认购印花税票，作四期分领银，亦作四期分缴，以四年七月一日为第一期，十月一日为第二期，五年一月一日为第三期，四月一日为第四期，不得逾期购领，如愿四期一次购足者听。

第七条 认购印花税票之各商号，若停止营业，得向本会陈明转达财政、警察两厅取销认购，但已领之印花税票不得退还。

第八条 此次未经认购印花税票之商号，将来如愿请认，得照本专则第四第五第六等条办理，但须□□□核准。

第九条 凡已认印花税票之各商号，如于认额内有不敷贴用时，仍须向杭州商务总会购领，依法贴用。

第十条 凡认购印花税票之各商，□向杭州商务总会购领印花时，一律于印花税票上加盖某字号戳记，以杜流弊。贴用时，均应照印花税法施行细则办理。

第十一条 杭州商务总会发行印花，应需经费，准在各商号摊认数内按数扣提二成。

第十二条 杭州商务总会，应需印花，迳向财政厅请领，所有□□各商号摊认印花之税银，按四期缴由中国银行金库核收。

第十三条 凡认印花税票之商号，由财政厅随时派员会同杭州商务总会抽查，概免警察干涉，以示与未认者显有区别，藉资鼓励。

第十四条 认购印花税票之各商号，若有不依印花税法粘贴者，应由杭州商务总会向该商号诘问。如果抗违，仍当函请官厅照执行罚金案处以罚金。

第十五条 本专则经财政厅核准后，于四年七月一日起发生效力，如有未尽事宜，得由杭州商务总会函请财政厅修正。

《越铎日报》中华民国四年六月二十五日

请颁给牙行帖版

（1915 年 6 月 28 日）

绍兴县公署详财政厅文云：

为详请事。本年六月十七日，奉到前厅长张批，知事详请填发钱优等请领钱日兴澜记花布米行偏中长期牙帖，并补缴捐税银圆案中长期牙帖，并补缴捐税银圆案内。奉批，至钱优一户，既经遵饬补缴捐税，改领偏中长期，本可填帖给发。惟该知事，误将该商捐款划抵，未经核准发还之款，以至款项混淆，应俟将误划之款补解到后，再行给帖等因。奉此，查前据该商补缴捐税到县。同时，又据魏云孙禀伊同益花行业经闭歇，前缴洋一十八元，声请发还扣解在案。兹既未奉照准，理合遵批备文补解，仰祈钧长鉴核，俯赐察照前详，填颁钱优请钱日兴澜记花布粮食行偏中长期牙帖门牌各一道下县，俾便转给具领，一面将魏云孙所开同益花行，现经闭歇旧帖注销除额，实为公便。谨详。

县公署又详财政厅文云：

为详请事。据商民杜筱湖禀称，拟在旧山阴所前乡棲圈地方土名寺前郑家埠，开设杜恒顺夏委瓜果行，备缴偏下季换捐税洋四元二角五分，取具保结，禀请转详颁帖给执。又据吴如高禀称，拟在旧山阴延寿乡土名新安乡马社村三十九都一图地方，开设吴合兴瓜果行，备缴捐税，取具保结，禀请转详填颁偏下季换帖牌给执等情到署。据此，知事按户复查无异，除禀批示保结附卷并报明会稽道尹外，理合填具申请书，并将缴到捐税洋元如数随文详解，仰祈钧长鉴核，俯赐饬库照收，一面填颁杜筱湖开设杜恒顺瓜果行、吴如高开设吴合兴瓜果行，偏下季换牙帖一道暨门牌下县，俾便分别转给具领，以资营业，实为公便，谨详。

《越铎日报》中华民国四年六月二十八号

变通印花税法之所闻

（1916 年 1 月 22 日）

绍县知事咨警察所文云：

为咨请事。本年一月十三日，奉财政厅第三十九号节开案奉财政部第三千五百零二号饬开：案查修正印花税第六条，于第一类第二类之契约、簿据不贴印花，或贴用时未盖章画押及贴不足，在应分别处以罚金，并经本部拟订执行规则，呈准通行遵照在案。惟查印花税立法本旨，系以最轻税额保障人民契约之信用，征收之制甚简，而诱掖之意居多，果使习惯养成，自可推行尽利。至于检查纠发，藉以督促进行，原属不得已之举。现在此项罚则，业由各省次第执行，本部详加体察，其有对于商民税法，明知故犯，从严罚办，固有自取。设因一时蒙昧，于税法未尽了解，以致误罹专罚，亦宜量加矜恕。藉以剂情法之平。本部现为力持宽大起见，暂将属于第一类之罚金，如不贴印花，或贴用时未尽盖画押者，以五元以上之数处罚，贴不足数者，以一元以上之数处罚，属于第一类之罚金，如不贴印花，或贴用时未盖章画押者，以十元以上之数处罚。遇有无力遵缴罚金者，得援照违警处分，□科拘留。此系因税法施行未久，人民知识或未普及，暂作为临时变通办法，仍以一年为限。俟期满即依法定罚金数目之分别科断。至业经贴用之票揭下，显系意存破坏，与不明税法者情事不同，故仍依法处罚，不得援此为例，合行饬知转行遵照等因。奉此，除分行外，合亟仰该知事查照遵办，毋违切切，此饬等因。奉此，拟合备文咨请贵所长，请烦查照，遵饬办理。此咨。

《越铎日报》洪宪元年一月廿二日

整顿印花税饬文

（1916 年 1 月 25 日）

本县知事昨奉财政厅饬知文云：

照得印花一项，本属最良税法，历经饬令各属认真办理。此项税款系属专款解部，近日迭奉部饬催解，急于星火。本年浙省又奉加派税额，为数甚巨。奉饬按月匀解，全赖各属实力进行，方足以资凑济。乃□有上午九月以后各县局报解是项税款，甚属寥寥，而访查各属商铺漏贴者十尚八九,且竟有略为认购而全不贴用者,是各知事于劝导之方,整顿之法,均尚未能切实奉行,已可慨见。长此疲玩,尚复成何事体。兹值阴历年关,各商民所有簿折、账单契券等项需贴印花之数,较平日为多,尤宜及时推销,一面认真检查,以杜隐漏而裕税源。除将各县派销额数另定饬遵外,合亟专案通饬,仰该知事即便转知商务分会一遵照,将印花税竭力劝售,逐月所收税银,限次月五日内报解。举凡检查防弊诸要端,均应查照节饬认真从事,务使销数较前踊跃,收入日渐增加,以副大部推行新税之至意。其有民国四年各月未解之款,克日扫数解库,以重公帑,倘再任意因循,以致延误部款,恐不能当此重咎。本厅长惟有据实详请惩处,决不宽贷,勿谓言之不预也。

《越铎日报》洪宪元年一月廿五日

推广印花税办法

(1917 年 4 月 3 日)

绍兴县知事公署训令:

柯桥警佐郑中,安昌警佐邵耀辛,临浦警佐张良栻,皋埠警佐吴秀森,东关警佐黄之翰,平水警佐马昌麟,漓渚警佐奚启徐,孙端警佐金祯潜:案照印花税推销事宜,迭奉省令严厉进行,本县派销税额,每年二万四千元。奉经刷印布告,分发各该警察分所发贴周知在案。查定章各乡应设印花税代发行所,凡属地方正绅以及殷实铺户均可承办。本公署拟就各乡警察分所豁境以内,每区设代发行所二处或四处代发行所销售印花。税款实收实解,代发行所应需经费,另由本署拨给各代发行所如能销售巨额,另行酌给特点优奖,合行令仰该警佐查照所豁区内就乡镇适宜地点,选择公正士绅以及殷实铺户二处或三四处开呈姓名住址呈候发给证书,委托承办,备于令到十日内赶速遴选呈报,勿稍稽迟。一面将所有从前各商铺原设代发行所饬警传谕一体取消。交来凡有票面,均须盖有本县支发行所戳记,方能售销。是为至要。

《越铎日报》中华民国六年四月三号

仿行印花税发行

(1917 年 5 月 4 日)

绍县宋知事以绍邑办理推销印花税事宜,前经会同劝销员,先将遵办情形呈报省署在案。现查商会函报各商家购存未用印花尚有四千余元,连同县署旧存未销之印花,共有六千余元。自本月十五日已令一律补盖戳记,再行贴用。至应设劝导员一项。查劝导员既得兼售税票,必须经手款项,非选择委任不足以昭慎重,曾经令行各乡警察分所遴荐。业据呈请委充者,已有廿余人。惟尚有数处,未据呈报齐全,所有应设代发行所,仿照杭县办

法,特拟具规前十二条,于昨日备文呈请财政厅条核示矣。规则如下:

绍兴县属印花税票代发行规则

第一条　本规则各代发行所均应一律遵行。

第二条　凡请设代发行所之殷富绅商,须将字号地址及所营何业,开单报由县署核准委任。

第三条　代发行所就地点之适宜,得由各乡劝导员办之。

第四条　各代发行所销售印花,须向县署请领盖有绍兴支行戳记之税票,如无戳记或他县税票,一概不准销售。

第五条　领售印花税票,每次自十元起至三十元为限。票价应先清缴。

第六条　印花税票售价无论数目多寡,均以现大洋照市核算,不得销有折扣增加。

第七条　各代发行所应需经费,照票价开支百分之七,准于销售时先行扣给。

第八条　各代发行所如销售税票数目较巨,得酌量拨给经费。如经售税票至五百元以上者,准给经费百分之十;一千元以上者,准给百分之十三;五千元以上者,准给百分之十六;一万元以上者,准给百分之二十。如在五百元以下,仍照章扣提百分之七。

第九条　代发行所每日售出各种印花税票数目,须专簿据,分别登记,按月开单,呈报县署备查。

第十条　县署委托各代发行所销售印花,随时派员检查。如有无戳记或他县印花税票以及领售存数不符等项情弊,即撤销其代发行所,一面呈报印花税分处核办。

第十一条　关于应列事项,各代表发行所应随时报告县署转呈核办,或报由就近警所转报。

一、私行销售税票者;

二、发现贴用无本县支发行所戳记或他县之税票者;

三、确知领各代发行所有违背本规则第四、第六条之规定者。

第十二条　本规则呈奉印花税分处核准后施行。

《越铎日报》中华民国六年五月四号

整饬丝商之布告

(1917 年 7 月 5 日)

绍属安昌镇统捐局长符寿嵩日前呈请省财政厅饬县出示严禁丝商聚众滋扰,并不服盘查运丝等情,即经财政厅训令后,当即出示,布告丝商知悉矣。录其布告原文如下:

案奉浙江财政厅训令内开:案据安昌统捐局长符寿嵩呈称:查南沙丝捐上年收归□兼办,绍属华舍为丝商运销地点,关系至为重要,当时设立稽查所,原为预防偷漏起见。惟事经创办,丝商以不便私图,多方阻挠,曾经郭前局长沥情呈准钧厅颁发禁令有案。本年六月一日职局庚续开办，局长亲往该处实地察看，诚为扼要区域。爰遵照向章，在该处相度形势，仍设立稽查巡船，一面刊布通告，慎选公正司巡，饬于六月一日开往认真查验。讵有奸商因有稽查，不能遂其私买私卖，竟纠集当地流氓，邀截中流，演出抛砖投石等事。经员役再三以大义相劝，始各悻悻而去。然运丝货船不服盘查，员司以理喻既穷，来局报告局长，始终以和平办理，力戒操切，但目前时局不靖，丝行停秤尚无大宗用丝通过。其所损失尚小，大局解决以后，运丝踊跃，似此不法行为，如徒博宽大之名，不思早筹补救，影响甚巨，咎无可辞。且今年比额增加，尤非切实整顿不足以裕税收而敷新。比局长辗转思维，惟有缕情呈请钧厅训令绍兴县知事出示严禁，倘敢再聚众滋扰，即由职局按名送县提案，予以相当处分，庶足以挽回颓风而肃税政。局长为贯彻禁绝，增进国课起见，是否有当。伏祈核夺示遵等情，据此除指令外，合亟令仰该知事遵照，即日布告严禁。如再有聚众滋扰情事，即由该局长查明指送该县究办，以儆刁风而重榷政，毋违切切。此令。等因到县。奉此，合行出示布告，仰各丝商一体遵照，嗣后运丝滋扰情事，一经指送到署，定即从严惩处，不稍宽贷，其各凛遵。特此布告。

《越铎日报》中华民国六年七月五号

抽丝捐充作团费

（1917 年 7 月 8 日）

绍兴县知事昨据禹会乡保卫团团总沈少帆呈请出示晓谕，以维团务等情。略谓：

前以属团经费关系，禀请出示晓谕一案，前奉指令内开：详表均悉，仰候分别存转可也。至该团经费既于上年特与该村各丝贩碴商销丝一千两，抽团费五百文，并由贩户承认签字，尽可照数自行抽收，如有遗漏隐瞒，不妨随时稽察，并婉言劝导，所请给示，应毋庸议。此令等因。奉此，查属团全赖是项丝捐补充经费，藉资维持。惟抽收时不免遗漏隐瞒，一经查觉加以干涉。又有不能认真责备之处。若任意放弃，则于属团经费问题大受损失，秉公有所不能，循私更为不可。若不蒙官厅出示晓谕劝导，何以资所遵从而维团务。为此迫不得已，再行具呈，伏乞鉴核，迅赐给示劝谕，俾资遵循，实为公便云云。宋知事阅文后，旋即指令。呈悉，是项抽收丝捐充作团务经费，既经贩户承认在先，并据该团总一再声请，准候给示劝谕，妥为维持，以全公益可也云云。

《越铎日报》中华民国六年七月八号

请牙帖呈报原因

（1917 年 8 月 7 日）

绍兴县知事宋承家呈浙江财政厅长张文云：

呈为呈复事。案奉钧属指令第二六八九号内开知事呈为请领陈长裕等牙帖由。奉令。呈悉，该商陈长裕请领长期牙帖，核与定章相符，应准填发恒大长期偏下帖牌各一道，给领营业。褚世昌一户，本于五年四月领有年换偏中牙帖，现据改领偏下长期，究竟每年牙用收入若干，与等则是否相符。查申请书内填注货物在三种以上，有违定章，仰即详加审查，饬令删除货物缴销旧帖换具申请书呈复核夺。陶燧一户，查该县原有陶顺成与现请之陶燧行号地点相同，于四年六月七日发给年换偏中牙帖在案。迄今未据缴换，虽现据改为长期，仍应以五年分捐税补缴以杜取巧。至该行年计牙用究有若干，与偏下等则是否相符，亦应查明，切实声叙，并补足捐税，缴销旧帖，再行核办报解捐税银元，已由金库兑收掣据到厅矣。陈长裕申请书存。褚世昌、陶燧二户申请书发还。此令下县。奉此，当将奉颁陈长裕帖牌各一道，先行转发给执，并令知褚世昌遵将交易货目删减，改为山杂卤货，牙用收入在二百五十元以上，与规定应偏下则相符，一面将陶燧开设陶万丰牙行是否与从前陶顺成有预替取巧情事，函致柯桥商务分所，遵照指令各节，详细查复去后。兹据复称，查陶燧先以陶万丰燧记字号请帖之际，曾因与前次开设之行号、地点相同，疑及并未并歇，仅加记号，抑或先行闭歇，重行组织，当经派员查复，以该行实于上年请领短期年换牙帖期内闭歇。迄今年阴历正月间，重行组织，直至三月间开张请帖，是以即予据情转请给帖。兹准函开前由，复经敝分所详细调查，该陶万丰燧记所设花布行，名虽称行，实则与店无异，资本无多，仅供乡民小贩，年计收入照偏下牙用，实属有短无余。至陶顺成实于上年短期年换牙帖期内缴帖闭歇，与现请之商人陶燧集资加记重开之时间断数月，并无取巧情弊。请免予补缴捐税以恤商艰等情。并据陶燧禀同前情各到县。准据此，查陶顺后开设陶万丰年换牙行，曾于上年冬间将旧帖缴销报闭，时值知事与金前知事辗转相替，致未呈报。是则现在陶燧所请之陶万丰长期牙帖，其间断数月，核与该商务分所复称各节尚属实在。理合检同陶顺成旧帖，连同申请书一并备文呈请仰祈钧长鉴核。俯准免予补缴捐税，以恤商艰，并请迅赐颁发陶燧、褚世昌偏下长期帖牌各二道下县，俾便转给，实为公便。谨呈。

《越铎日报》中华民国六年八月七号

禁用外县印花税

（1917 年 8 月 19 日）

绍兴县知事公署布告文云：

本年八月十一日，奉印花分处指令第一一三二号内开：本公署会同督查委员，呈为杨聚盛鞋店折价购用外县印花请示由。奉令，呈悉。杨聚盛鞋店贱价购运外县印花，希图冲销，殊属非是，既已提存县署，应即悉数销毁，以示惩儆。仰即遵照，嗣后如遇有外来印花减价冲销情事，并即一律提县销毁，责令重行补贴，仍一面督率警察认真检查，务使销数畅旺足顾比额切切，并转知督查员查照。此令等因到本公署。奉此，除函请印花税督查委员，并商会查照办理处，合行出示布告仰阖邑商民人等一体知悉，帖用印花务须购买本县支发行所税票贴用,方能有效,切勿购用外县税票,致干惩儆。其各凛遵毋违切切。特此布告。

《越铎日报》中华民国六年八月十九号

烟酒公卖局之官样文章
(1917 年 8 月 21 日)

绍属烟酒公卖分局,昨奉新任烟酒公卖局云局长训令云:

照得整顿税务裕课,端赖恤商,各国于烟酒二项,视为消耗品物,课税不厌繁重,而对于征收机关,则督察綦严,不使销涉苛扰,是以岁入巨赍,国家蒙其利益,商民乐于输将。本局长莅任之后,访闻各区经征员役,其清白乃心,顾全名誉者,固不乏人,而贪婪枉法,蠹国病民者,亦复不少。丁此国库奇绌,民力独敝之秋,亟应将病商积弊,尽力廓清,始副裕课恤商之本旨。兹经撰刊布告多张,除分发各区外,合行令发到该分局长,即使遵照遍贴城乡内外,传众周知,一面并仰振刷精神,督查员役,随时训诫,有则必之,无则加勉。是为至要。切切此令。

布告附录于下:

照得整顿税收,□□唯一之职志,而体恤商艰尤为注重之宗旨。盖税出于商,商困国税何能裕?故商情与税收,实有相得益彰之理。既以恤商为主旨,必将病商之弊,尽力廓清,始副恤字之实。为此行行布告所有通省各该区在职员司经董丁役,如有不遵定章,婪索敲诈或朋结罔利、蠹国病民者,无论何人,均许投函呈控,其有商艰民隐,实为官厅所不及知者。并许随时陈诉,凡可维持必竭棉力。惟具呈必取具本城商铺切结粘贴印花附呈方敢受理,否则一概不问,以杜挟嫌诬罔,区区之意,其事体之。特此布告。

《越铎日报》中华民国六年八月念一号

烟酒营业须编查
(1917 年 9 月 14 日)

洋烟洋酒,专售带卖,已未领照,一体查报。

绍兴县宋知事令饬城区各警察分驻所巡长文云,为令饬事。案奉烟酒公卖局训令内开,查烟酒牌照税开办以来,贩卖洋烟铺户,各县间已给照收税,遗漏者仍居多数。其洋酒一项,因销售有限,均未领照纳税,同属营业性质,办法未能歧异,兹本前因,自应遵照办理。为此,训令该县知事知照,仰即迅速查明,该县境内共有贩卖洋烟、洋酒铺户若干,已给照者若干,未给照者若干。即于本年第二期起分别营业种类,按户给发牌照,依额收税,汇集报解。倘有藉端抗拒者,即呈候秉承□宪,依法惩办,仍限半月内,将遵办情形,并造具种类、牌号、税额清册呈送查核。此系奉部电饬要件,急待汇转,毋稍玩延,是为至要,切切此令,等因到本公署。奉此,合行制发清册,令仰该巡长遵照,迅将所辖区内售卖洋烟、洋酒各铺,无论专售、带售,已未领照,遵式详细造具清册,送候核转,毋稍延误。切切此令。城区各警长奉令后,已认定区域,分头编查矣。

《越铎日报》中华民国六年九月十四号

酒类捐税循旧征收划洋

(1917 年 12 月 4 日)

绍地酒类捐税,一再呈请照旧征收划洋,函电纷驰,并经会同宁属(即第四区)以事同一律,均属划洋码头,联名呈电及省示暨都覆照准各文,令并第五公卖局召集经董会议,将民国六年已收酒类捐税(即印花捐附加税等)现洋升水。查照省令循旧二字,例须照数发还各节,迭志前月暨三十号本报,兹复探录第七六号省示如下:

凡各酿户所有已缴本年印花捐税现水,查照解缴之日现升市面,向各该经董索还。未缴者此后均用划洋购领签票直出,现洋照升角子照市不得短抑,祈各注意及之。虽云杯水车薪,要亦不无小补也。

第五区烟酒公卖分局于前日接奉省长公署第三三六九号训令内开:本年十月十八日,准财政部咨开:案准咨开浙省宁绍两属酒类捐税征收现洋,商情困难,前据该两属酒商代表章棋、孙鉴芳等先后具呈,行据厅会同呈覆,即经令准暂征划洋,一面转咨查照在案。兹又据烟酒公卖局长云韶呈称,改划征现,万难奉行等情。请查照前咨,准将宁绍酒类捐税暂循旧征划,一俟现水轻微,再令察酌情形,改收现款,以纾商困,希见复等因到部。准此,查宁绍两属酒类捐税征划一案,实以款关预算,划洋亏耗过多,是以该局呈请,迭经前事务署暨本部先后令驳在案。兹准贵省长咨称:维持酿户,即所以保全税源,并以该两属酒类捐税暂行循旧征划,是一时权宜之计,并非著为成例,自可暂予照准。惟此项通融办法,只应限于宁绍两属酒类捐税,他处不得援案照请。至该局长所称一面研求徐谋挽救,亦应责成赶速筹办补救方法,总期国计民生兼筹并顾,俾现状可以维持,而预算不至有所亏损。准咨前因,相应咨覆贵省长查照,并请转令该局遵照等由。准此,查此案前据该局先后具呈,均经分别指令,并两咨转咨在案。兹准前由,合行令仰该局先后具呈,均经分别指令,并两咨转咨在案。兹准前由,合行令仰该局即便转令第四、第五两区分局遵照办理,一面速筹补救方法,总期民生国计兼筹并顾,以维现状而副预算等因。奉此,查甬、绍两属改划征现,一案前因商办凋敝,金融恐慌,未能实行,叠据甬绍两属酒商禀电纷驰,请求仍收划洋等情,即经云前局长呈请财政部,暂予循旧收划,以纾商困,施奉令驳。又经呈奉省长据情转咨在案。兹奉前因,除分行第四、五两局遵办外,合行布告,仰甬、绍两属酒商人等一体知悉。须知该两属酒类捐税,现已奉准暂行循旧征划,俟现水轻微,再予改收现款,体恤商艰,不为不至。该酒商等应缴捐税,务各赶紧,不得稍有延欠,自取追呼之累。

特此布告。

《越铎日报》中华民国六年十二月四号

当票印花又展限

（1917 年 12 月 22 日）

未奉部示以前，仍照原案办理。

当票印花自四元起贴一案，经财政部令限至本年十二月底为上，现因部限又届，复由全浙典业公会联合各省典业合词呈请财政部准照元年公布印花税法办理各在案。嗣恐缓不济急，又由该会函请浙江印花税分处，准予通令各县知事，对于当票印花税，在未奉部示以前，仍准自四元以上起贴，旋奉毕处长核准，已将前因训令各县知事知照矣。兹觅得毕处长训令各知事文于下：

案准全浙典业公会函开，当票印花，自四元以上起贴一案，瞬届限期，典业之困难如故，当联合各省典业公会，具书陈请中华全国商会联合会，提议转呈，并由各省典业公会，联名具呈财政部，请准依照元年公布印花税法办理各在案。兹将呈稿送请贵处长察照，敬祈令行各县知事，于未奉部示以前，所有当票印花，仍准自四元以上起贴，以示体恤，并送呈文一件等由。准此，查当票自四元以上贴用印花，前奉部令准，展限至本年十二月底为止在案。现既准该公会函，称呈情核减，应候财政部核示遵行，至未奉部示以前，仍照前令办理，除分行外，合行录印原呈，令仰该知事即便遵照。此令。

《越铎日报》中华民国六年十二月二十二日

当票印花再展限

（1918 年 1 月 16 日）

绍兴县知事宋承家昨接奉浙江印花税分处第一四三号训令内开：

案奉财政部二八八三号训令内开：查当票暂自四元以上贴用印花一案，前以各省典商沥陈困难情形，当经本部迭次展限，截至本年十二月底为止，通行遵办在案。现在瞬届限满，本应即自一元以上起实行贴用，以符通案。惟查现值金融状况，尚未回复，典业与小民生计关系较为密切，所有当票自四元以上贴用印花前案，案再从宽展限年截至民国七年六月底为止，以示体恤，至其他各种契约簿据，仍照通案，自一元以上贴用印花，秒得援以为例。合行令知查照转遵等因。奉此，除分别函知令行外，合亟令仰该知事，即便转知商务分会警察分所暨各典商一体遵照此令等因下县。宋知事奉文后，旋即函致商务分会传知各典商，并咨请县警所转令各分所一体遵照办理矣。

《越铎日报》中华民国七年一月十六号

拟定商民呈诉法

（1918 年 1 月 18 日）

绍兴县知事,昨奉浙江烟酒公卖局,于日昨训令云:

案照烟酒为销耗品物,各国税则厌重征,国家恃为正供,商民乐为输纳。浙省自遵令开办公卖以后,历任局长对于捐务之征收,无不斟酌损益,竭力整顿。凡任用人员,改变捐率,尤觉再三审慎,反复申论,总期国税,得以旺收,商情不致扞格。乃查近来关于烟酒捐费之控案层见叠出,及一经彻查,则非属挟嫌诬告,即系藉讼抗捐,实于榷政前途影响匪浅,本局长审度再三,栈员董固难保其决无病民困商行为,而商民等亦应先向该管机关呈请核办,何得越级控诉,饬词耸听。若不酌定规则,设法取缔,殊不足以求实在而杜虚狡。当经本局长拟定取缔,商民呈诉局栈员董暂行规则七条,呈请省长察核。嗣于六年十二月廿七日奉省长公署第一七三零二号指令内开:呈折均悉,所拟《取缔商民呈诉局栈员董暂行规则》,察核尚属可行,仰即通令各区分局及县知事遵照出示布告咸便周知,各商民不得无端捏控。该分局长亦不得稍有偏护,均干未便。此令折存等因。奉此,合行令仰该知事即便遵照,将核定商民呈诉暂行规则出示布告。嗣后,关于商民呈诉员董经理事件,即应遵照此项规则,切实办理,商民等不得无端捏控,亦不得越级上控。该知事如遇有发交此等控案,并应秉公核办,实究虚坐,毋得稍有瞻徇,除分行外,合亟抄录商民呈诉暂行规则七条,令饬遵照,并即布告,俾众咸知,切切此令。

《越铎日报》中华民国七年一月十八号

检查印花将实行

（1918 年 4 月 2 日）

县公署之布告。

绍兴县公署布告文云:

本年三月二十五日,奉浙江印花税分处第一六二号训令内开:案奉财政部训令,查印花税罚金执行规则第一条内载,应贴印花之契约簿据,每届六个月,由警察官厅检查一次等语。现届检查时期,应仍查照定章,由各该处先期布告,一面派员会同警察厅员分往各县认真检查等因。奉此,自应遵照办,除训令该旧绍属常驻督查员遵办理外,合亟令行该知事,即便遵照先行撰就白话布告,分贴城乡各处。一俟委员到境,即行会同依法查检,毋稍延误,切切此令等因。奉此,合亟布告本邑商民人等知悉,须知印花税督查员转瞬即到,即须会同切实检查。尔等如有未贴印花之契约簿折及一切人事凭证,务各依法购贴,倘有隐漏,一经检查得实,定即从严处罚不贷,其各遵照,切切特此布告。

《越铎日报》中华民国七年四月二号

实行检查印花

（1918 年 4 月 5 日）

旧绍属印花税督查员徐世保、绍兴县知事王嘉曾会衔布告云：

案查印花税一项，本知事俞，奉印花税务处令行奉到财政部核定印花税法罚金执行规则第一条，每届六个月，由警察官厅检查一次，饬即会同督查员，依法检查等因。当经明白布告在案。本督查员现已莅绍，亟应会同督警切实检查，除分函城乡各警佐遵办外，合行会衔布告本邑各商民人等知悉。尔等如有未贴印花之契约、簿据及一切人事凭证，务各依法购贴，倘敢隐漏，一经检查得实，定即从严罚办。其各遵照毋违，切切。特此布告。

《越铎日报》中华民国七年四月五号

绍兴房捐实行改征现洋矣

（1918 年 4 月 25 日）

绍兴房捐向征划洋，自王知事到任后，即发生改征现洋之议。近不知以何种手段，居然由省令促成实行矣。兹录其布号如次：

本年三月二十七日，奉全省警务处令开：房捐一项，关系警饷，应一律征收现洋，俾免短缺，除咨财政厅查照外，仰即遵照办理。此令。又于四月一日奉财政厅令同前因，除征收员遵令，即日征收现洋，并函知商会外，合行布告阖邑商铺、业主人等，一体遵守毋违切切。特此布告知事王嘉曾。

《越铎日报》中华民国七年四月二十五号

印花税有关考成

（1918 年 6 月 9 日）

浙江印花税毕分处长昨令本县知事文云：

案查浙省印花税，前奉部定年销四十万元，即经奉处察酌各县繁简情形，拟定比额派令按年领销，并定考成规则，以资遵守。自本处成立以来，已逾一年，各县认真劝办者固不乏人，而敷衍塞责者，实居多数，一年截改考核，各县税收，除遂安一县比较及额，萧山□收数为各县之冠，及收数稍旺之吴兴、余姚、平湖、桐乡、余杭、诸暨、兰溪等县均已呈请财政部、省长，分别酌予奖励外，本年各县自应认真推销，况劝销检查，迭经派员会同办理，商民习惯已将成，果能积极进行，国家良税，指日即收效果。及本年一月至三月份，比较收数，大半仍无起色，且有较上年反形减色者，似此玩懈，意存放任，殊属有碍国税，除分令各属常驻督查员外，合行令仰该知事即便遵照，迅即按照比额，竭力推销，一面督察认真检查，务使税收日有起色，足敷比额。倘仍玩误，徒托空言，致亏税款，定当择尤呈请财政部长酌予惩儆。事关考成，毋销违误云云。

《越铎日报》中华民国七年六月九号

酒捐印花改征现洋

（1918 年 10 月 8 日）

官厅实行平现，自九月二十五日起，并无现划之分，惟杭汇日形加重，各钱庄拒绝取现，以致现洋无从取给，酒商受害尤深，货洋均系同行过账，悉属划洋，公卖费向系现洋，欲领印照，已属无从取应。现在酒捐印花公卖分局，以依据省中平现之令，迄令各支栈亦一律改征现洋，哀尔酒商，岂非平现之利未见而征现之累已加矣。兹将局令录下：

浙江第五烟酒公卖分局训令第十一号通令事。照得各该栈代征公卖捐税等款，向分现洋、划洋两种，历经解缴本局汇解在案。查自本年九月二十五日起，绍郡钱市，已将现水一律完全取销，并经绍兴县公署转奉省令出示布告，革除划洋名目，以去金融上之障碍。业已遵令实行，嗣后该栈代征捐税，应与公卖一律解缴现洋，仰即转知各酿户一体遵照。毋得违误，切切此令。局长徐之模。

《越铎日报》中华民国七年十月八日

实力推行印花税

（1919 年 3 月 5 日）

绍兴县警察所昨日奉到浙江全省警务处令，以案准浙江印花税分处咨开：案奉财政部第二二四号训令内开：查印花为最良之新税，而劝导检查，尤非各县知事切实奉行，不足以收推行之功，年来各省军事频兴，灾荒迭告，税务停滞，固所不免，而各县知事藉故敷衍，因而玩视者，实居多数，影响税收，殊非浅鲜。现在大局渐就平定，各种新税亟待推行，而印花税之整顿，尤属刻不容缓，应由该管行政长官令行各□尹责成所属各县知事，嗣后对于印花税务，务当切实进行，将劝导检查一切事宜，认真办理，以期税收渐有起色，其有如前因循疲玩者，即由各道尹查明呈请该管行政长官酌予惩儆，并随时咨报本部查核。除咨行外，合行令知查照等因。奉此，查检查漏税端赖警察相助为□。兹奉前因，除通令各县切实遵办外，相应咨请贵处长查照，即候转行所属一体协遵等由。准此，除分行外，合行令仰该兼所长，即便转饬所属，妥慎协助为要云云。闻县警所奉文后已通令各警佐遵照办理矣。

《越铎日报》中华民国八年三月五号

为严防伪造印花案

（1919 年 9 月 18 日）

财政厅张厅长昨日通令本县余知事云：

奉省长训令，案准财政部咨开：查中华民国印花税票向由本部直辖之中央印刷局印制，经本部颁发各省区发行，所有种类及颜色，均照税法所规定，其花纹一切，前后一律，不稍变易，并饬由各发行所依照旋行细则第八条，于印花中央加盖戳记，民间流通极易辨识，其有伪造或改造者，应按照刑律，伪造纸币例处罚，税法内明定专条，禁止綦严，本部现为预防流弊起见，用特再行申明。凡印花税票须由中央印刷局印制，经本部颁发后，方为有效。嗣后，如发现稍涉疑似之印花税票，无论大宗及零数，均由官厅先行扣留，检呈本部细加化验。若确非中央印刷局所印制，经由本部颁发者，即行销毁，并将运销之人，从严罚办不贷。除另行布告刊登政府公报，俾众周知外，相应咨请查照，并转饬各属一体遵照等因。准此，令仰该厅长即便通行各机关遵照云云。

《越铎日报》中华民国八年九月十八号

行销印花官文章

（1919 年 11 月 17 日）

绍兴县公署训令皋埠、柯桥、安昌、临浦、漓渚、平水、东关、孙端各警察分所警佐文云：

案照各乡镇行销印花，经宋前知事令行该警所为代发行，依照规则，认真办理在案。现查该乡镇销数极短，非该警佐劝导不力，即各商铺有意观望，亟应切实进行，以收后效。本邑奉派年销印花税银二万四千元，除由县商会认售一万二千元外，其余一万二千元，应带各乡镇分别认销，以附比额。合行令发印花税票额银若干圆，仰即查收，会同该处商董，分别认销，按月报解。倘敢故违，一经检查，定即照章罚办，决不稍宽，并仰转饬，一体知照。仍将办理情形及收到印花日期具报备查。此令。

《越铎日报》中华民国八年十一月十七号

查缸委员须保护

（1920 年 1 月 4 日）

绍兴县公署训令城镇乡各警察分所警佐文云：

本年十二月二十九日，奉浙江财政厅烟酒公卖局训令内开：查酒捐定章，各酒捐征收局应于每年旧历十二月起，至次年二三月止，编查酿户酒缸一次造册具报听候本局委员复查,除通令各分局遵照酒捐编查酿缸规则,分别认真办理。并布告各酿户据实报告,听候局员查验。如有反抗调查情事,定即照章送县严究外,合行令仰该知事遵照,一俟烟酒公卖局指派查缸委员到县,仰即分饬各区警察所长妥为派警保护,如遇各酿户有以暴行,反抗调查情事。一经调查员据实报告,应即责成该知事,立行拘办,以维权务而儆效尤。查近年来,各区查报缸额,有减无增,察厥情形,难保无百端隐匿弊窦丛生,是以调查手续尤宜周密。该知事务须认真协助,以期国税增多,毋得稍涉玩延,贻误权政,是为至要等因。奉此,除分行外,合亟令仰该警佐查照,一俟查缸委员到地,即派干警,妥为保卫,毋违切切。

《越铎日报》中华民国九年一月四号

令知增加印花税

（1920 年 2 月 9 日）

绍县知事奉浙江印花税分处处长令云:

准代理省长冯政、政务厅长函开:接财政部电称,浙省印花税收入额定每年四十万元。现经国务会议议决,一律增加,婚书印花税八十万元。浙省应增四万三千元,浙省统共年计五十二万三千元等情,相应电咨转饬印花税分处,酌量分配,另定比额,通令各县知事,切实办理,以裕税收云。

《越铎日报》中华民国九年二月九号

贴用印花之条规

（1920 年 5 月 31 日）

绍兴县公署印发各警佐及各商会印花条规罚则,照录如左:

第二条 各种契约、簿据,分为二类,税额如左:

第一类（十五种）:发货票,价值银元十元以上,贴印花一分;寄存货物文契之凭据,价值银元十元以上贴印花一分;租赁各种物价之凭据,价值银元十元以上,贴印花一分;租赁各种物价之凭据,价值银元十元以上,贴印花一分;抵押货物字样,价值银元十元以上,贴印花一分;承种地亩字样,价值银元十元以上,贴印花一分;当票价值银元十元以上,贴印花一分;延聘或雇用人员之契约,价值银元十五以上,贴印花一分;铺户所出各项货物凭单□□□□□□元以上,贴印花二分;租赁及承顶各种铺底之凭,价值银元十元以上,贴印花二分;预定卖买货物之单据,价值十元以上,贴印花二分;租赁地土、房屋之字样,值价银元十元以上,贴印花二分;各项包单,价值银元十元以上,贴印花二分;银钱收据,价值银元十□元以上,贴印花二分;支取银钱货物之凭折,每个半年,贴印花二分;各种贸易所用账簿,每□每年□贴印花二分。

第二类：第一种，提货单、各项承揽字据、保险单、各项保单、存款凭单、公司股票、汇票、期票、遗产及折产字据、借款字据、铺户或公司议订合资营业之合同，以上十一种纸面银数十元以上，未满百元者，贴印花二分；百元以上，未满五百者，贴印花四分；五百元以上，未满一千元，贴印花二角五；千元以上，未满一万元者，贴印花五角；一万元以上，未满五万元者，贴印花一元五；万元以上，贴印花一元五角。至此为止，不再加贴印花。

第五条　账簿凭折，应贴之印花，由立账簿凭折人，于使用年贴，在开首白写年份之处写某年字样，半写于印花票面，再依第四条规定，加盖图章、或画押。每本每个以一年为限，如过一年，仍旧接写，应再贴印花作为新立簿据凭折。

第六条　第二条第一类之契约凭据，不贴印花，或贴用时未盖章、画押者，处以二十元以下、十元以上之罚金。贴不足数者，处以十元以下，五元以上之罚金。第二条第二类之契约簿据不贴印花，或贴用时未盖章画押者，处以二百以下，二十元以上之罚金。贴不足数者，处以一百元以上，十元以下之罚金。第八条，业经贴用之印花票，不准揭下再贴，违者处以百元以下，二十元以上之罚金。

《越铎日报》中华民国九年五月卅一号

严防伪造印花令

（1920 年 9 月 4 日）

绍兴县昨奉财政厅转奉省公署训令文云：

案准财政厅部咨开。查中华民国印花税票，向由部直辖之中央印刷局印制，经本部颁发各省区发行，所有种类及颜色，均照税法所规定，其花纹一切，前后一律，不稍变易，并饬由发行所依照施行细则第九条，于印花中央加盖戳记，民间流通极易辨识，其有伪造者，应照刑律伪造币例处罚。税法内明定专条禁令綦严，本部现为预防流弊起见，用特再行申明，凡印花税票须由中央印花局印制，经本部颁发者，方为有效。嗣后，如发见稍涉疑似之票，无论大宗及零星，均由官厅先行扣留，检呈本部细加化验。若确非中央印刷局印制，经由本部颁发者，即行销毁，将将运销之人，严加罚办，不贷。除令行外，咨请查照，并转饬各属一体遵照。（下略）

《越铎日报》中华民国九年九月四号

县公署布告·检查印花

（1920 年 10 月 20 日）

本月十二日奉浙江印花税分处训令第五十八号内开：案奉财政部第一千三百三十三

号训令内开：查本部呈请将印花税检查时期更定于每年五月及十一月，两次举行，并饬京外认真办理一案，已于本年九月十六日奉大总统指令，准如所拟办理，交内务部通行遵照此令等因。奉此，除分行外，合行抄录原呈令仰该分处遵照，迅即会商警察官厅，将更定检查时期即日出赤通告，以便届时实行检查，并将办理情形具报备查等因。奉此，查印花税检查时的定每年六月及十二月举行，历经遵办在案。兹奉前因，除咨行外，合行抄录原呈训令该知事即便遵照，并即出示布告商民人等一体知照等因。并奉抄发原呈，一抄到县。奉此，除令各警佐届时实行检查外，合行布告，为此仰阖邑商民人等一体知照。特此布告。

计抄附原呈于后：

财政部呈大总统文

呈为酌拟改定印花税检查时期，并恳令饬京外认真办理，恭呈仰祈鉴核事。查民国四年一月本部准印花税罚金执行规则内规定，每年六月及十二月由警察官厅执行检查，历经通行办理在案。迩来各省区印花税分处因情形窒碍，时有呈请变通者，良以时届十二月。已近商民结账之期，于此际举行检查社会习惯，或感不便，其有未经更改时期者，往往呈请展缓即或如期办理，亦多未能切实奉行。本部加察核印花税之督促进行，全赖有检查之举严绳其后，方足以唤醒商民之注意。若果因循废弛，实恐于税务前途，蒙其影响，拟请将检查时期一律更定，于每年五月及十一月两月举行，庶于事实习惯均无阻碍，抑本部更有请者。迩来政变纷纭，大局不靖，各省对于检查一节，未能十分认真，或则屡请展期，或则奉行政事，故积欠玩生，税务难期起色。现在财用支绌，军警各饷急不容缓，非整理新税无以资挹注而裕库储，应恳令交内务部转饬京外各警厅，务必按照新改检查之期，依法认真办理，以重税务所有改定印花检查时期各缘由，是否有当，理合呈请钧鉴训示施行。谨呈。

《越铎日报》中华民国九年十月二十号

屠宰税由警征收

（1920 年 10 月 23 日）

绍兴县知事奉浙江财政厅训令云：

照得浙省屠宰税一项，于民国四年奉文开办，当经张前厅长详奉财政部核准，参照浙省情形，略仿营业税办法，由各县先行调查，按营业之大小定纳税之多寡，分别认定，按月匀缴。通饬遵办在案。此种办法无非就简去繁之意，无如各县均未认真办理，以致各屠户认领均有未实，而征收方法多未妥善，其征收人员，亦难保无通同徇隐从中侵蚀情事，甚有积欠税款，并不按月征解者，更复不少。若不认真整顿，何足以去积弊而重国税。当此国家财政困难之际，此项固有之税能整顿一分，即国家增一分之收入，在和屠户将缴税款，系转取之于食户，亦并无增其负担，实属利国而不病民。现由各厅酌定整顿办法。自十年一月起，所有各县屠宰猪、羊两项税款，无论派人征收，抑由屠户直接认缴，一律由县收回，责成各该管警察区官按月向各屠户调阅簿据,查明实在屠宰只数,照只征收缴县造册报解,一面仍由县随时派妥实可靠人员切实调查,以杜隐匿之弊,似此办理则不特税款可望按月清解,不致积欠而收数亦要望较原有认额增加不少,于公家实有裨益,除分行外,合行令仰该知事即便遵照办理,一面将截至九年十二月止应征及欠征税款,仍照认额尽年内一律征齐造册扫解,以清眉目。至经此次整顿后,各该县如果征解踊跃,征额较多,所有留县三厘经费,或有不敷开支之处,应予酌量加给,以资办公,并即知照,仍将奉文遵办情形,先行具报核夺毋违云。

《越铎日报》中华民国九年十月念三日

整顿屠宰税办法

(1920 年 12 月 16 日)

财政厅昨奉财政部指令,本厅呈酌定整顿屠宰税暨提经费各办法,乞鉴核由。奉令呈悉。该厅所拟自十年一月起,将浙省各县屠宰猪、羊两项各款,无论派人征收,抑由屠户直接认缴,一律由县收回,责成各该管警察区官,按月向各屠户调阅簿据,查明实在屠宰只数,照只征收缴县,造册报解,一面仍由县随时派员切实调查,以杜隐匿之弊,系为整顿税收起见,应准照办。所有各县欠征税款,应即认真催解,以重税政。至所请将此项办公经费改提百分之十一节,查屠宰税办工经费照章只准由正税项下提百分之五开支。此次既据声称各县需用经费较繁,应暂准改提百分之八。以六厘,留县办公,仍以二厘解厅为印刷纸张等费,勿得再行额外动支,合行仰遵照此令。

《越铎日报》中华民国九年十二月十六号

印花税改章从缓

(1921 年 1 月 8 日)

印花税分处快邮代电。绍兴县公署公函商会暨各商务分所文云:

迳启者,案奉浙江印花税分处俭日快邮代电内开:奉财政部号电内开:查支票贴用印花一分账簿凭折改贴一角一案,具经呈准。自十年一月一日实行,嗣据各省会电陈困难情形,经本部详为解释在案。兹为格外体恤起见,拟由部酌议变通,定期实行所有原订办法,应暂从缓设。该省业经接洽妥适者,先行照原案如期试办。仰即遵照等因。奉此,除分行外,合函电知该知事遵照等因。奉此,相应函请贵会转知各商铺一体遵照。此致。

《越铎日报》中华民国十年一月八号

赈捐暂缓之通令

（1921 年 1 月 16 日）

绍兴统捐局昨奉财政厅训令云：奉卢督军沈省长会衔训令内开：案照货捐带征赈捐一成一案（公电从略），此项附捐，在本年阴历年内暂缓实行，合行令仰该厅即便迅速通令各统捐局一体遵照，此令等因。奉此，除分令外，合亟令仰该局长即便遵照办理云。

《越铎日报》中华民国十年一月十六日

印花税暂缓加贴

（1921 年 1 月 16 日）

绍兴县公署接浙江印花税处毕处长训令云：案奉财政部号电内开：查支票贴用印花一分账簿凭折，改贴一角一案，具经呈准，自十年一月一日实行后，据各省商会电陈困难情形，经本部详为解么在案。兹为格外体恤起见，拟由部酌议变通，定期实行，所有原定办法，应暂从缓设。该省业经接洽妥适者，先行照原案，如期试办，仰即遵照云。

《越铎日报》中华民国十年一月十六日

申禁减折取捐令

（1921 年 4 月 7 日）

绍兴县统捐局奉财政厅训令云：前以各局争揽货船，减折招徕，当经通令，严行禁革，并各局倘仍不知悛改，复蹈故辙，立将该局长彻惩，所有少捐之数，除仍饬商人照章补捐处罚外，并责成该局长照应称捐之数，加十倍赔缴在案。兹闻浙西各局对于襄饼、黄豆两项仍多减折，如果属实，于捐务大有妨碍，除分行外，合行令仰该局长遵照，先令严饬县役人等务须认真查验，十足收捐倘仍私行减折，破坏捐率事项一经发觉，定予撤罚云。

《越铎日报》中华民国十年四月七号

催填所得税额表

（1921 年 4 月 22 日）

绍兴公署昨函县商会文云：

迳启者,本年四月十四日,奉浙江财政厅第六六四号训令开:案奉省长公署第四四一七号训令开:案准财政部咨开:本部呈拟考成条例一案,业于一月十九日奉大总统指令:呈悉。准如所拟办理,即由该部转行遵照。此令。等因。又所得税各项辅助章程,业由本部厘订,于九年十二月二十五日,经国务会议议决,以部令公布,合行恭录指令,并抄录该项考成条例及各项章程咨请查照,并希转行所属一体遵照可也。等因。准此,合行照录条例章程,共六种下厅。奉此,除分行外,合行印刷,奉颁条例章程令仰遵照,计发条例章程共六种,又地本年四月十七日奉浙江财政厅训令第六七号内开:案奉督军省长会令开:本年三月二十一日准教育内务财政农商部皓日会电内开:所得税前奉明令指定用途,认真办理。兹征收调查各事项有关内务、农商各部者,并著各该部切实协助和省区军民长官,尤应同力合作,督饬推行等因。当经遵令速行在案。现在财政困难,教育应振兴而不能振兴,实业宜提倡而不能提倡,驯至已办之学校,艰于维持,方萌之企业难资孳殖,保育既废邦本堪虞,所得税世称良税筱日阁议,又经教育部提出所得税征收保管及支出各办法,议决交办,兹已届实行之期,亟应妥速办理,以资应府。此事功令所在,本部等与贵军民长官均有职责,用特合词请为赞助,并饬属查照颁行章制,多方劝喻,协力进行,凡征取手续上有需各机关互助之处,请即就地会商,俾臻妥洽。至于进行情形,并祈督饬主管机关随时呈报,克期观成,育地殖业,曷胜利赖等由。准此,除指令教育、实业两厅暨警务处查照颁行章制一体多方劝喻,协进行外,合行令仰该厅即遵照督饬各县知事认真切实遵办,并照先征税目逐项查估税额填写具报。必以税目内所列官公史俸给所得一项,与其余各公司行号等所得税期间照条例第二十三条、二十四条规定微有不同,复经电部请示,旋奉复电,以官吏薪公等项所得税之完纳日期,条例第二十四条规定,第一期系七月一日至七月三十一日,第二期系翌年一月一日至一月三十一日,自应以每年七月为征收上半年分税款之期,翌年一月为征收下半年分税款之期,是十年七月所收之款,应归九年下半年度计算,十一年一月所收款,应归十年上半年度计算,如有特别情形,仍准该厅酌量变通办理,至公司行号等所得条例第二十三条称每事业年度与会度年度有别,系指各该法人每年账册中之起讫月日,应参照商人条例第七条,现行公司律第一百零七条办理等因。奉经遵办各在案。兹查先征税目内所列各公司行号等四项所得税款,遵照例定纳税期间,应于每事业年度终了后两个月内征收,现查本年分纳税之期已早经过,而各县应行查报税额,迄未填表具报,实属玩延。至官吏幸给税款遵照部电,应于本年七月一日至三十一日止为征取上半年税款之期。现距征期不远,亟待汇核总数,现在各县之已据填报者殊属寥寥,所有未据填报及虽经填报而核数不符,令再查填之县分,究竟俸给税款应征若干,亦应迅速填报,奉令前因,除分行外,令亟令仰该知事查照,节次令饬,迅将各项税额,尅期逐一查估明确填表,呈送一面,并将税款即分别征收造册报解,其官公吏俸给税款并遵定期于七月内扣收解库,事关教养,部省督饬綦严,该知事职责所在,应即积极遵行,毋再视为具文,致干未便,切切各等因。奉前颁表截获,即当函请贵会查填,嗣又迭奉令电频催,节经催请速填送志报各在案。兹奉前因,合在照录条例章程,飞函催请贵会,烦速查明前送表式,务希迅即填送,以凭转报,幸勿再延,望速望速。此致。

绍兴县商会

计抄送章程条例共六种

饬报印花税成绩

（1921 年 7 月 26 日）

绍兴县公署日前奉会稽道尹训令内开：

奉省长令开：本年七月十八日，准财政部咨开：查印花税考核事宜，前据各该印花税及兼管印花之财政厅先生拟订惩奖章程，经部核饬遵办，曾于六年十月本部会同内务部咨行各省区行政长官，转饬各道尹，于所属各县知事办理印花税严密考查。九年十月复经本部拟订县知事办理印花税考成办法，呈准通行遵照各在案。兹查各省区办理此案，仍复时有出入，未能一律，自应明定标准，以资遵守，兹特订定考核印花税划一办法，并册报程式即九年度为始，依照实行，以免参差而昭惩劝，除令行印花税处外，相应咨请贵省长查照，通饬所属遵照办理可也。等由。准此，查印花为良好各源，值此国计困穷，苟能多销一分印花，即可多裕一分国税，前经饬令道督饬中县知事认真推销，并由道按照年度切实加考例表，呈送在案。兹准财政部特定考核印花税划一办法，并册报程式，除分令外，合亟刷印，令仰该道尹即便转行所属各县知事遵照。嗣后将关于推行印花税一案实力整顿，务照原颁，有盈无绌，免于干惩戒，一面自九年起，即由该道遵照颁册及划一办法第四条实行办理，呈候转咨幸勿逾延，切切此令等因。奉此，除分行外，合亟令仰该知事遵照办理云。

当票印花照章贴

（1921 年 8 月 21 日）

绍兴县公署行令各警佐文云：案奉浙江印花处第一九号训令内开：案奉财政部第九一四号训令开：查当票一项，照章应自一元以上贴用印花一分，前以迭遽各当业商会陈述困难情形，经本部据准暂自四元以上起贴，并历经展限至本年六月底为止，通行照办在案。此案推展已历数年，商力已纾，而此项案据在各种单据中，实占重要。现值展限届满，自应于本年七月一日起，仍照原案与其他单据一律自一元以上贴用印花，以重凭据，合行令知查照，转行遵照等因。奉此，除分行外，合亟令仰该知事转行该县警所、商会，并传知各典商一体遵照此□等因。奉此，除函知县商会外，合行令仰该警佐遵照此令云。

令查当典备换新帖

（1922 年 4 月 2 日）

绍县知事奉财政厅令云：

案查财政部核定浙江省征收当帖捐税暂行简章第七条载，各当领帖有效期间，以十年为限，限满应即换领新帖，依第二条之规定，缴纳帖捐等语。查各县典当，自民国元年以来，先后换领新帖，凡元年请换各户，扣至本年，已届换领之期，即其余请换各典，亦应届限缴换，以符定章。除分令外，合亟令仰该知事查明该县共有典当若干家，遵照颁发表示，即日填明呈送备核，如有已届换领期限之户，并即饬令照简章第二条规定办法，备具帖捐，连同旧帖，交由县署转呈核办，一面查明各该典，如有欠缴捐税，迅速严催清解，毋任延宕。

《越铎日报》中华民国十一年四月二号

财政厅令查钱业架本捐

（1922 年 4 月 21 日）

绍兴县知事昨奉财政厅令云：

照得近年以来，地方各项支出日益浩繁，则地方各项收入，亦应认真征收，方足以资挹注。查钱业架本捐一项列入地方预算，历年各县已据征解者固不乏人，而未据征解者，亦复不少。殊于地方税大有关碍，究竟现在各县钱业共有若干架本捐，何户已缴，何户未缴，自应切实调查，冀图整顿，除分令外，合亟颁发表式，令仰该知事即便遵照查填呈送察核，一面迅将各户未缴捐款，催令清缴报解，毋稍违延。

《越铎日报》中华民国十一年四月二十一号

限制绍兴统捐局设卡之省令

（1922 年 8 月 11 日）

省长训令财政厅云：

照得绍兴统捐局原设各城门分局巡船，前据省议员陈宰埏等，以出城、入城，货物重叠收捐，商民受困，呈经本公署令厅派员，会局详察情形，分别裁移缴，以杜扰累在案。兹复据陈议员宰埏等呈称，绍城统捐局重捐苛累，迭请裁免一案，前奉指令财政厅派委察看形势，将各城门查验处所分别裁撤移设等因。经该局委会呈财政厅核准，即于民国十年一月一日起遵令实行，并报钧署立案，第宰埏等回溯绍城光复后，临时省议会改监督总局为征收捐局，聚九州铁铸一大错，然亦只一局三卡耳。八九年来，变本加厉，城厢跬步，巡船如枃，分卡若林，惩前毖后，安保数载以还不更死灰复燃。兹生后患。复经呈请钧署撰发布告，永垂禁令。凡此次规定各分局巡船，设驻地点，既经迭令厅委县局详查筹议至再三，姑行核准，自必慎密周妥，可知应请立案饬局遵照。嗣后对于规定分局巡船地点，不准再请更易，尤不准将此次裁撤各城门分卡、巡船地点借端再请规复，或就前项地点左近，以近此次规定地点之外，饬词朦设船卡，如有故为尝试，除立案不行外，并治以违令之处分。其未经呈请核示，私擅设置者，一经查觉，或被告发，并予从严惩处，以为朘民肥已，假公营私者戒。又现在裁余之分局巡船，除杨汛桥、车家浦向司稽征远销外，其新设之东湖分局暨鲁墟、高桥巡船，亦系奉令专查往来远销货物，又探花桥分局向系专收洋广货落地捐，周家桥巡船专收扇捐，舌嘴巡船专收茶捐，并乞申禁各该处司巡，应各按规定专收之捐款，分别征收及探花桥分局得就近总局收纳远销货捐外，不得对于经过近销商货，藉词查验留捺扰累。保留认捐系为邀免重捐苛累，以后不再加额，以示取民有制等情。当蒙钧署批示，如呈办理仰候行厅，分别布告严禁苛扰，以恤商艰，此批并奉钧署令行财政厅即便遵办具报。此令各等因。奉此，仰见钧长体恤商艰，惩前毖后之至意，下怀钦佩，莫可言喻。现查改办一年以来，实征数目比较历年有增无减，既增收入且免扰累，其于国计民生，果然两有裨益，足征其局并非裁捐，不过斟酌变通，划除弊窦，深合钧长整饬之初心暨宰埏等请求之征志，似日久难免玩生，立源须规远大，要非钧署详叙原案，撰给布告一道摹勒上石，俾众周知，恐不足以昭郑重而垂永久。为此沥词呈请鉴核施行，实为公便等情。据此查此案前据呈请给示勒石，已由署核令厅通办具报，据复称分别饬局布告在案。兹据前情，复查该局裁移船卡后，近销货捐准归商认试办，已历年余，商民既甚相安，公家收入并未较前亏短，是现办法尚属妥洽，此后循守成规办理，当不虑其别生窒碍，亦无再事更张之必要，所请由署拟拨给布告之处，自应准其照办，以顺商情。除批示外，合行令仰该厅知照，并转行绍兴统捐局遵照可也。

《越铎日报》中华民国十一年八月十一号

屠宰税按只征收

（1922 年 11 月 17 日）

绍兴县顾知前昨日又谕饬城镇乡屠宰猪洋各铺文云：

为谕饬事。案照本邑应征屠宰税银，逐渐短少，非认真稽查，不克增加收数。前经拟具办法，呈奉财政厅照准，并函请任绅兆年带警调查，按只征税，一面谕饬遵照各在案。兹查城乡内铺所宰猪、羊只数，核照认数缴税银短绌甚巨，应即按只加盖牌印，方准出售，一面照只征取税银，以免偷漏，除函致任绅外，为此谕仰该肉铺遵照毋违。切切此谕。右谕仰某某肉铺。准此。

《越铎日报》中华民国十一年十一月十七号

力争箔捐认办之无效

（1923 年 11 月 3 日）

绍兴箔商力争箔捐仍归认办等情，已志前报。兹悉。财厅已有布告认办之请求无效，其布告如下：

照得杭绍兴锡箔认捐，现经撤销，由厅委员特设专局，按货取捐，于本年十一月一日起开办，除呈报并分令各县局暨原认商遵照外，合行布告，仰该箔商等一体知悉。嗣后运销锡箔，应即遵章向箔捐总局或所辖分局按事报捐填给捐票，方准运销，毋得偷漏绕越，致干究罚，其各凛遵切切。特此布告。

《越铎日报》中华民国十二年十一月三号

推销自制印花之通令

（1923 年 11 月 12 日）

督办、省长通令绍属各机关云：

案据印花税处处长陈景烈呈称，窃职处防止外票冲销，保持正税收入，爰拟自制印花，以资接续各情形，业经呈奉核准在案。查此项新票，现在业经印就，刻拟即日发行，惟新票推行之始，深恐人民怀疑观望，拟恳通令文武各机关，暨银行、商会，对于新制税票，一律推销，庶裨税收而免歧异。除由职处先行布告，并发行各县局外，所有新制印花开始发行，拟即通令推销各缘由，理合分呈鉴核指令施行等情前来。查此项印花既须发行，自应一律推销，以裕税收。据称前情，除指令分行外，合行仰知照，并转行所属一体知照。

《越铎日报》中华民国十二年十一月十二号

屠宰税批准商办

（1923 年 11 月 12 日）

绍县屠宰税自归警察征收后，因按只盖戳，手续太繁，兼之弊窦丛生，各肉商群起反对，业由认商阮始康君晋省面陈窒碍情形，当面向县署呈请认办。兹悉顾知事已准如所请，探录其批示如下：

呈悉。准自本月份起如呈□□该认商即取保各结，并备保证金，呈候核期委任可也。此批。

并闻此批自挂发二日后，不知被何人抹扯毁，现在闻阮君已出为密查矣。

《越铎日报》中华民国十二年十一月十二号

处令掉换新印花

（1924 年 2 月 28 日）

日前浙江印花税处处长致县公署代电云：

查浙省发行新印税票，所有从前浙字戳记旧票，准其各向就近支发行所掉换新票，通令遵照在案。兹查新票发行已经数月，各商民实在购存旧票，当已缴换完竣，此项掉换办法，应即停止，以杜伪票冒换之弊。惟各县乡镇间有离城较远，实系从前购存未及缴换者，姑予酌定限期，限电到五日内，令饬一律迅速掉换，如有限满后仍用旧票者，查出即照章究罚，毋稍宽贷，除分电外，各行电仰该知事遵照。此令。

《越铎日报》中华民国十三年二月二十八号

整顿屠宰税之特令

（1924 年 3 月 23 日）

绍兴县知事昨奉财政厅训令云：

照得屠宰税按月依限报解，迭经饬令遵照在案，乃各县往往并不认真办理，或虽将报册等件造送，而税款延不解库，或先行提解若干，而报册等件延不造送，或经历冬月工无分文报解，似此任意延宕，实属不成事体。兹将专令严催该知事查照章开，将截至十三年一月底止是项欠解税，设法立即查明，扫数解库。二月份亦已逾限，应即迅速征齐报解，并将未送册件造齐备核。凡有上年税款，未经清解者，即将经办人员姓名开呈，听候分别处分，一面务遵守章申月税款□乙月五日以前报解清楚，须知款关国税，同受考成，各该知事责任催科，应随时留心督察，岂容任听延欠。嗣后，须振刷精神，实力整顿。此系特饬之件，切勿视为具文。奉文后，□征办理情形限五日内切实具复，倘再因循玩□，或藉词延宕，足干未便，凛之切切。此令。

《越铎日报》中华民国十三年三月二十三号

当票印花准再展限一年

（1924 年 8 月 6 日）

（绍兴）当票印花四元起贴之展限已满，拟仍照原案一元起贴，事未实行，各处函电纷驰，呼吁展缓，体恤商艰，现奉省令照准展限一年，即自十三年七月起，至十四年六月止，限满当酌核情形办理。绍兴县昨已奉到训令，转知商会通告当商知照矣。

《越铎日报》中华民国十三年八月六号

布告机户照章纳捐

（1924 年 9 月 25 日）

（绍兴）县署、警局会衔示谕华舍各机户照章缴纳店屋捐，以裕警费文云：

为布告事。案照华舍等处各机织纺，照章征收店屋捐银，业经本局派员查定，列入警费预算，而警费预算，又经省议会议决公布在案。前有该处机业代表赵光淦等，藉口并非店屋，暂请免捐，迭次禀奉省署，批驳不准。又经本署局一再明白批示，乃近据收捐员警报告该机户等，仍抗不缴纳，实属有违定章。该代表等须知机织物品，如卖于人，即系营业，其置织机房屋，即系供营业之用。本局派员调查，择其营业较大，屋租在一元以上者，照章下收十分之一捐银，统计各处织纺，入册征捐者，仅有数百户，在编查之初，原寓体恤之意。且所定捐额，均系一角二角，至多亦不过三角四角，些微捐数，于营业实无影响，该代表等何得煽惑机户，一再饰词反对。本知事等不惜谆谆诰诚，特再出示晓谕，为此示仰各该机户一体遵照。自示之后，尔等务将应纳店屋捐银，按月缴清，以裕警费，倘再抗违，即以抗捐论，定将为首之人提案从严究办，勿谓言之不预也。凛之切切。

《越铎日报》中华民国十三年九月二十五日

锡箔坊抗店屋捐后警局之解释

（1924 年 10 月 20 日）

（绍兴）延寿、新安、南钱清、前梅等乡锡箔坊，运动免征店屋捐。由该乡自治委员等函达警察局一节，业志本报。现悉该箔坊等应征店屋捐，系经警察局派员照章编查列册，箔工业悉华舍等机户店屋捐之数目每月与警局百五十元，尚不厌欲，以为当此物价高昂，工价低贱，箔业停顿箔工失业之际，万不能担任此种巨额之苛税，因相约请求该四乡自治委员，要求免征，而警局知箔工已有误会，因将详情答覆延寿乡自治委员等。原函照录如下：

迳复者，昨接贵委员等来函，祗悉一是。查各处箔坊，照章应征收店屋捐，前经敝局派员编查列册，一面呈明省宪在案。现在城乡各处，多已遵照捐输，该处各坊，何得独异。兹据收捐员报告，有江南周、孙家桥、王家塔、上孙、江口、沙田傅、山头、蒲荡下牛头山、张湖涂等九村箔坊，计同顺兴等三十五户，相率抗不缴纳。查系有人从中把持，冀图反抗，检阅编查底册，该江南周等九村箔坊，总计每月捐银只四元七角，至各户细数，除蒲荡下、牛头山、夏晋记一户，月捐三角八分，其余三十四户每户每月捐银，均系一角或一角五分。至多亦不过二角，为数极微，来函谓为有促生计，并谓铤而走险，未免耸听。且此种捐银，系捐于开设箔坊之坊主，与房东各半分担，于箔工生计，更无妨害之可言。贵委员等均属办理地方公益，店屋捐关系警察饷糈，应请传谕各户，将应纳捐银，剋日清缴，是为至切。特此函复。即希查照为荷。此致

延寿乡自治委员陆绅遵
前梅乡自治委员高绅云宾

绍兴警察局启

附录各箔坊每月应缴捐额：

地　点	箔坊字号	每月捐数	地　点	箔坊字号	每月捐数
江南周	同顺兴	一角		夏聚昌	一角
孙家桥	义兴□	一角		唐秉记	一角五分
王家塔	王协泰	一角五分		唐浚记	一角五分
	王太和桂记	一角		吴德和	一角五分
	王泰和	二角		吴聚兴	一角五分
	王顺泰	一角五分		吴协兴洽记	一角五分
上　孙	沈合兴	一角		吴聚泰	一角
	姚顺泰	一角五分		吴宝记	一角
江　口	孙同和	一角		吴森昌	一角
	夏同兴	一角		孙合兴	一角
	蒋法记	二角		孙洪泰	一角
沙田傅	傅林记	二角	张湖涂	郑茂盛	一角
山头	协兴泰	一角五分		郑德记	一角
	李同和	二角		郑同源	一角
蒲荡下牛头山	夏晋记	三角		郑川记	一角
	夏义泰	一角五分		郑灿记	一角
	夏合兴	一角		吴仁是	一角
	夏仁昌	一角			

《越铎日报》中华民国十三年十月二十日

关于招认绍箔之财厅布告

（1924 年 11 月 15 日）

（绍兴）绍萧箔捐，将仍归商办，大路箔商某，正在进行。本报得驻省访员抄录财政厅长蔡关于此事布告，亟刊于下：

为布告事。据箔商慎裕源记呈请认办杭绍萧箔捐，年缴正附捐银十七万八千元。又据箔商周荣茂等亦请认办箔捐，年缴正附银等银十八万百四十四元各等情。查此项箔捐，前因认额未尽核实,于十二上十一月一日起,由厅设局派员征收,酌定全年正捐比额银十八万元,额支经费一万八千余元。现查截至本年十月份止,共收正捐十六万一千余元,惟其间八九等月,适值江浙战争,捐务不无影响,所有收数尚不足为准。兹既据呈请认办,自应较官办收数增加。现经本厅核定,所有此项箔捐,每年以应缴正附捐银十九万七千余两为最低限度,按月匀摊,不扣开支,仍照常缴存两个月押款,又预缴六个月捐款,均按每月应缴正捐计算,其预缴六个月捐款,以按月一分计息,逐月递减,准予先行扣除,约计共先应缴银十万元。如愿认办是项捐务以箔商本业为限,应即查照前数,限五日内,即本月十六日以前备具现金,交存中国银行金库,检同库收,呈送本厅以凭核办。如不遵前项办法,将预缴押款捐款如数缴足,呈凭验收,仅以空文请认者,概不批示,合行布告,仰该商等一体知照云。

《越铎日报》中华民国十三年十一月十五日

锡捐商办一准一不准

(1924 年 11 月 28 日)

(绍兴)箔商徐守衡认办箔捐一节,早志本报。规由慎裕源记呈缴,并预解捐款,请予认办□绍箔捐。昨奉财政厅核准,一面□牌知照云。呈悉。所请认办杭绍萧箔捐年缴正捐银十五万六千元,二成附税银二万一千二百元,共银十八万七千二百元,并据将二个月押款,照正捐数计二万六千元,又预解六个月正附捐银七万八千元,内除按月一分,逐月递减息银二千七百八十元,实银七千五百七十元,连同□款,总共银十万一千二百三十元,缴由金库代兑收,掣取副收据,通知到厅。姑念时局甫定,商业尚未全复,当予照准。至该商认捐期间,应准自本年十一月一日起,至十四年十二月底止为期满,以便截清年份,共计十三个月,应缴正捐附捐税银二十万一千八百圆,除截记联票布告等另文颁发外,仰即知照云。

又讯,绍兴商人孙其德,以浙省杂锡经过之局,仅收捐款,不给捐票,特呈请财政厅,切实整顿,并准商认办,昨奉财政蔡厅长批示,查此项杂锡,既称经过杭嘉萧绍各局,仅收捐款,不给捐票,如果属实,殊属有违定章,嗣后应即由各该局切实整顿,按率收捐,填给捐票,除令各该局遵照认真稽征外,所请认办之处,应毋庸议。

《越铎日报》中华民国十三年十一月二十八日

关于处分误贴旧印花之函复

(1924 年 12 月 6 日)

(绍兴)调查印花施委员函复县公署云:

迳复者,查从前绍兴县商会函知贵署备案,系专指经折而言,簿据一项并未列入,委员此次检查,对于经折贴用旧印花者,责令换新,免其处罚,其簿据贴用旧印花者,量予处罚,并令其换贴新印花,以符原案,而恤商困。想应函复请贵会事查照。

《越铎日报》中华民国十三年十二月六日

绍兴县商会等为通告簿折贴用
印花手续希转告各商铺遵办由

(1928 年 9 月 13 日)

绍兴印花税分局公函

第一四一号函

绍兴县商会、绍兴县商民协会,为通告簿折贴用印花手续,希传知各分会转告各商铺遵办由。

迳启者,本月十七日奉浙江印花税局第九五号令开:查向办簿折贴用印花手续,由立账簿凭折人,于使用前贴在首页面上向写年份之处,将某年字样半写于印花票面,再加盖图章或画押,如过一年仍旧接写者,应再贴印花于簿面,标明附某年份字样,半写于加贴之印花票上,盖章画押,作为新立簿折。现查各商遵此手续实贴者固多,亦有取巧将税票贴在簿据首尾两里页之内,以保存税票色素而免污损,冀为揭下重贴之预备。间有不盖章画押,或故盖字缝较宽之大戳,使票面纸面接连处,毫无所盖之戳骑缝痕迹,甚或空盖半戳,并未贴花,或被查出,以失落借口者,凡此种种,亟应注意纠查,以维税收。除分令并分函各商会转传外,兹发去布告,令局即便分发具报。等因。遵查,绍兴商家簿折,竟有将印花随便粘贴,如令内所指各端,推其用意,不可究诘,自应随时纠查,以维税收。相应函请贵会查照,希即传知各分会,转告各商铺,凡簿折粘贴印花,务须依照向办手续,贴在首页面上向写年份之处,将某年字样半写于印花票面,再行分别加盖章押,倘再任意取巧,随便粘贴,一经检查,惟有呈请以无效处分,统祈分转知照是荷。此致

绍兴县商会

绍兴县商民协会

《绍兴县公报》民国十七年第四期

统捐局货物税附征一次成振捐

(1929 年 12 月 7 日)

安昌统捐局局长斯侠,前奉省令,因各县虫水旱灾情奇重,哀荒遍野,令饬货物税项下再征振捐一成,以济灾民。斯局长奉令后,昨特出示布告。兹将原文觅录如下:

本年十二月一日,奉浙江省政府财政厅第二九〇一号训令内开:案查民国十一年浙

省办理灾振,曾在本省货物税项下带征一成振捐,为数颇巨,裨益振务匪尠。本年夏秋以来,浙东西各县灾,水早相继肆虐,灾区之广,几遍全省。而灾情奇重,亟待办振者,不下二十余县,自非筹集大宗振款,不足以资救济而惠灾民。兹以援照前届成案,在本省货物捐税项下,除丝茧两项,现在均已落令,收数甚微,绸捐一项,年来销路停滞,营业失败,维持为难,均暂缓议外,其余各货一律带征一成振捐,自本年十二月一日起,以一年为限,约计可收数十万元,以资征振,利赖实多。再查中央征布修正划分国家收入、地方收入标准案第六条内载。国家税、地方税划分后,各自整顿,不得添设附税等语。货物税系属国税,此次附加振捐,事关救灾急需,非寻常附税可比。此外概不得援以为例,以示区别。经本厅等提请省府委员会,于本年十一月十九日第二百六十九次会议,议决通过,并准省政府秘书处第七八九号公函通知厅,除分咨暨布告并通令外,仰该局长办理,广为布告,并于十二月一日起,在厅取振捐之各联捐票上,加盖带征本省一成赈捐取讫红戳,以资查考,毋稍违误,仍将奉分遵办日期报查。此令。等因。除分令外,为此布告商民等一体知悉,自本月一日起,本局征取货物税带征本省一成振捐,以资救济而惠灾黎。(下略)

《绍兴新闻》中华民国十八年十二月七号

行政院令饬停征绍兴鱼捐

(1931 年 4 月 20 日)

绍兴鱼捐认商,因拟定罚则,致被渔民高鹤林向国民政府及省政府一再呈控,并请求豁免。兹悉,国民政府行政院已于前日命令省府转饬绍兴县政府予以豁免。原文照录如下:

(上略)查鱼业税已奉明令,一律豁免,无论何项机关,不得征取。仰该省府即便遵照,转饬绍兴县速将苛杂鱼捐停征,以苏民困。(下略)

《绍兴新闻》中华民国二十年四月二十日号

本县清道费就店住屋项下带征,民政厅已指令照准

(1933 年 10 月 1 日)

本县城区,人烟稠密,街道不洁,原有卫生警及清道夫,不敷分配,拟援杭州市例,就店住屋捐项下带征十分之一清道费,前经县政会议通过,并奉民政厅指令,改为城区内店屋月租三元以上之商店,住屋月租五元以上之住户起征,其捐率仍照店住屋捐之银额以十分之一计算,复经饬查,约计收入数目支配用途修订征收规则,改编支出预算书呈请核示。复经民厅指令,准予备案,县政府奉此经饬财政局遵照,定期加戳带征,并令公安局迅按预算规定,将城区清道事宜切实整顿,具报备核云。

《绍兴新闻》中华民国二十二年十月一号

凡收受故买漏税货物应依刑法科刑
一案照抄原条文令仰知照由

（1936 年 6 月 26 日）

浙江省第三区行政督察专员公署训令

财字第八八八号（只登公报不另行文）

奉省令凡收受、故买漏税货物应依刑法赃物罪科刑一案照抄原条文令仰知照由。

令本区各县政府、绍兴各区署、各公安局、绍兴各区署、各商会：

案奉浙江省政府二十五年六月九日秘字第四五六〇号训令内开：案奉行政院本年六月三日第三四四四号训令内开：案据财政部二十五年五月二十九日呈称：查偷漏关税被获，向例仅由海关按照海关缉私条例处罚。近因各处走私日益猖獗，非严行惩治，不足以维税原，而安民业。曾由本部拟订《惩治偷漏关税暂行条例》八条，并由钧院呈奉国民政府核准公布施行在案。偷漏关税，既为犯罪行为，则漏税货物即为赃物，收受、贩买赃物，刑法定有明文，则收受、故买漏税货物，应依刑法赃物罪科刑。但事属创始，恐一般民众未及周知，而各级司法机关亦未免发生疑问。理合呈请钧院明令，凡收受、故买海关漏税货物者，除按照海关缉私条例，将货物没收充公外，并依照刑法赃物罪科刑，使一般人民知所警戒，并转咨司法院通令各级司法机关遵照办理。是否有当，伏乞鉴核施行等情。查《惩治偷漏关税暂行条例》，前奉国民政府本年五月二十二日第四三六号训令，准交立法院审议，并特准先予施行，业经转饬该部公布施行，及令行该省政府饬属知照在案。兹据前情，除指令准予照办，并呈报国民政府鉴核备案，咨请司法院转饬各级司法机关遵照办理及分令外，合行抄发刑法第三百四十九条条文，令仰该省政府知照，并通饬所属一体知照。等因。奉此，除分令外，令行抄发刑法第三百四十九条条文，令仰该专员知照。此令。等因，计抄发刑法第三百四十九条条文一纸。奉此，除布告并分令本区各县，及绍兴各区署，各公安局，各商会外，合行照抄原条文，令仰该知照，并转饬所属一体知照。

此令。

计抄发刑法第三百四十九条条文一纸

专员　贺扬灵

中华民国二十五年六月二十六日

照抄刑法第三十四章赃物罪：

第三四九条　收受赃物者，处三年以下有期徒刑，拘役或五百元以下罚金；搬运、寄藏、故买赃，或为牙保者，处五年以下有期徒刑，拘役或科或并科一千元以下罚金。因赃物变得之财物以赃物论。

《绍兴区行政督察专员公署公报》二十五年第三十九期

奉令发《修正印花税法》税率表第十二目一案仰知照由

（1937 年 3 月 17 日）

绍兴县政府训令（只登公报不另行文）

财字第五九三八号

奉令发修正《印花税法》税率表第十二目一案仰知照由。

令各区署、商会：

案奉浙江省政府二十六年二月十三日训令秘字第二○一四号内开：案奉行政院二十六年二月十三日第八四八号训令内开：案奉国民政府二十六年二月五日第八四号训令内开：为令知事。查《印花税法》及税率表前经修正公布在案。兹将该法税率表第十二目再加修正，应即通饬施行。除公布并分令外，合行抄发修正税率表，令仰知照，并转饬所属一体知照。此令。等因。奉此，除分令外，合行抄发修正税率表，令仰知照，并转饬所属一体知照。此令。等因，计抄发《修正印花税法》税率表第十二目一份。奉此，合行抄发修正税率表，令仰知照，并转饬所属一体知照。此令。等因，计抄发《修正印花税法》税率表第十二目一份。奉此，合行抄发修正税率表，令仰该区署、商会知照，并转饬各业商一体知照。

此令。

计抄发《修正印花税法》税率表第十二目一份。

兼县长　贺扬灵

中华民国二十六年三月十七日

《绍兴区行政督察专员公署公报》二十六年第七十七期

奉令解释《印花税法》第三条适用疑义一案仰知照由

（1937 年 3 月 31 日）

绍兴县政府训令（只登公报不另行文）

财字第七七三八号

奉令解释《印花税法》第三条适用疑义一案仰知照由

令各商会　农会　工会：

案奉浙江省政府二十六年三月十三日训令第二七一九号内开：案奉　行政院二十六年二月二十七日第一一○三号训令内开：案查前据财政部二十五年八月二十八日第二三四六号呈：以各地方之农工商等团体，是否可认为《印花税法》第三条所称之自治机关，请转咨司法院解释等情到院，经咨请解释在案。兹准同院二十六年二月二十二日院字等一六三一号咨复开：案经本院统一解释法令会议议决：农、工、商会虽系公共团体之一，但

《印花税法》第三条第三款所称自治机关并不包括在内,倘其所发凭证系内部所用,不生对外关系,自可适用同条等八款规定,免纳印花税。相应咨复,查照饬知等由。准此,除令饬该部知照并分令外,合亟抄同本院原咨,令仰知照并分令外,合亟抄同本院原咨,令仰知照,并转饬所属知照。此令。等因。奉此,合行抄发原件,令仰各该机关一体知照。此令。等因,计抄发行政院原咨一件。奉此,除分令外,合行抄发原件,令仰该署、会即便转饬所属一体知照。此令。

计抄发原咨一件

兼县长　贺扬灵

中华民国二十六年三月三十一日

照抄本院原咨:

案据财政部本年八月二十八日第二三四六号呈称:查《印花税法》第三条第三款规定:各级政府或自治机关,处理公库金或公款所发之凭证,免纳印花税等语。关于自治机关,有谓包括地方自治团体、公共组合、营造物法人三种,而公共组合亦即农、工、商会等团体。究竟各地方之农、工、商会等团体,是否可以认为《印花税法》第三条第三款所称之自治机关,法无明文规定,不免发生疑义,理合呈请转咨司法院解释祗遵等情。据此,案关法律适用疑义,相应咨请贵院查照解释见复,以便饬遵。此咨

司法院

《绍兴区行政督察专员公署公报》二十六年第七十九期

为奉令发所得税审查委员会组织规程仰知照由

(1937 年 4 月 28 日)

绍兴县政府训令(只登公报不另行文)

财字第八九五三号

令各区署、商会、团体、机关:

财政厅二十六年四月二十一日第一五十三号训令内开:案奉省政府发交财政部所字第三六七九五号咨开:查《所得税暂行条例》第十五、第十七各条规定,纳税义务者不服征收机关复查之决定时,得申请市县或其他征收区域设置之审查委员会决定之。现在各类所得税既均开征,各地纳税人不服复查决定,重为申请之件势所难免。且比来各地法团,亦均声请早予设立,此项审查委员会组织规程允宜从速核定,以符法令,而资救济。经由本部拟订《所得税审查委员会组织章程》十四条,呈送行政院核定施行在案。奉二十六年三月十七日第一○七○号指令开:呈件悉。案经提出本院第三○四次会议通过,已呈报国民政府鉴核备案,仰即以部令公布施行,仍将公布日期具报备查。此令。旋又奉二十六年三月三十一日第一六八四号训令开:案查该部二十六年三月十日所字第二八四三号呈,拟《所得税审查委员会组织规程》十四条,请核定示遵一案,经提出三○四次院会通过,

业于三月十七日以第一〇七号指令,饬以部令公布施行,并检同原规程呈报国民政府鉴核备案在案。兹奉国民政府二十六年三月二十四日第五六五号指令内开:呈件均悉,准予备案,附件存。此令。等因。奉此,合行令仰知照。此令。各等因。奉此,遵于三月三十一日,以本部叁字第二九九四号部令公布。除呈报并通行外,相应抄同《所得税审查委员会组织规程》一份,咨达贵府,请烦查照,并转行所属,一体知照为荷。等由。并附抄件,转发到厅。除通令并分行抄发原件,令仰该县长即便知照,此令。等因。奉此,除分行外。合行抄发原件。令仰该署、会知照。此令。

计抄发所得税审查委员会组织规程一份。(略)

兼县长　贺扬灵
中华民国二十六年四月二十八日
《绍兴区行政督察专员公署公报》二十六年第八十三期

增加国库收入,茶箔两项课征国税

(1946 年 4 月 26 日)

箔税率达百之五十以上,货物税局准备令到开征

(本报专访)本县箔类,为出产之大宗,战前中央,曾在绍设有箔类特税局,征收箔税,自战时以至重光,是项税收迄未征收,仅县府征收百分之十二事业费以充县经费而已。兹闻是项特税,据记者探悉,中央将令由本县货物税局课征,其课税标准,因属迷信,将不低于卷烟税率,据悉在百分之五十以上,货物税局方面,一俟奉到命令,即实行开征,同时茶税亦将课征国税云。

《越报》中华民国三十五年四月二十六日

烟商仍课营业税,利得税待令开征

(1946 年 5 月 3 日)

(越光社讯)本县直接税局,顷奉财政部令,以制造卷烟之厂商,已纳出厂税,得免课营业税,接买转卖之销售商,仍应照章课征营业税。又奉部令释示,收复区直接税征收办法内,丁款第一项规定,收复区营业税,一律自征收机构成立之日开始征收一节,系指自各区局,及直辖局成立之日起,开始征收而言,各分局不论何时成立,均应以该管区局,及直辖局成立之日为起征日期云。

(越光社又讯)记者向有关方面探悉,杭州直接税局,对于去年三十四年度事业所利得税,财政部已令饬即日开征,并规定采用简化稽征办法,对于各业商号上年之销货资本,如以伪币记帐者,于计算其票准纯益率时,以原伪币额计算,至歇业商号之课税,其以伪币记

帐者,于计算其税额时,可按二百比一,折合法币课征。闻本县直接税局,对于上项征税,尚待上级命令到达后,亦将开始征收云。

《越报》中华民国三十五年五月三日

箔税为政费所资,县参会电省力争

(1946 年 7 月 6 日)

(浙车社讯)县参议会,闻省方有统收箔税之传说,箔捐为本县财政之命脉,特呈省政府沈主席、财政厅厅长,其大意如后:省府主席沈、财政厅厅长黄,查本县自重光以来,县税短绌,全赖箔捐挹注。近闻省方亦有征收箔税之说,事关全县财政命脉,群情惶恐,本县第一届第一次大会,经提案决议,万一中央与省方亦拟征收箔税,最低限度,其收入之半数,必须作为县地方收入,藉资维持,纪录在卷。锡箔为本县特产,以箔税收入,作本县政费,足以免受摊派流弊,于理甚顺,故全体箔业商,无不乐输,一旦改归上级收入,诚恐民情难平,且县政停办,亦非省方所希望云云。

《越报》中华民国三十五年七月六日

箔税率百分之三十将由货税局征收

(1946 年 7 月 8 日)

(知行社讯)关于箔类税开始征收事,省方货物税局,已奉财政部令,积极筹备,约在本月内,可能实施,税率定百分之三十,仍由当地分局办理,不另设机构。

《越报》中华民国三十五年七月八日

酒税分期匀缴,家酿先报后制

(1946 年 8 月 3 日)

(越光社讯)本县绍酒税收税办法,绍兴货物分局已奉区局订颁以分期匀缴为原则,闻已分别通知商会酒业公会等,转饬各酒商遵照,兹探录各款如下:

一、规定分期匀缴税款之酒,系指按季节酿制之酒(如绍酒土黄酒之类),其他经常酿制之酒(如烧酒、生酒之类),仍应按月报请货物税局查定登记,每月分十六日及月终,两期缴纳税款。

二、凡按年或按季酿造成酒在三千市折以上者,应报由货物税局查明产销情形,酌量核定按年酿制者得分四季匀缴税款(每季在首季缴纳),按季酿制者,得分三期(每月一期)匀缴,每月在上旬缴税。

三、分期匀缴各户并出具切结,如有到期不缴,或欠税逃税情事,移送法院追缴。

四、酿户新酒制成后装置容器时,由货物税局发给新酒登记证,证明此酒已在查定酿额之内,俟缴税领照派员监贴印照后,方准行销。

五、三十四年度存酒欠税,应一次清缴,不得援行匀缴办法。

(又讯)关于家酿自食之酒,例须先行申报酿额,缴税领照后,方得开制,现在是项家酿绍酒登记之后,完税者固多,而延欠不缴者亦不少。闻该局已会同本县县政府会衔布告各酿户,限于十日内一次清缴,否则即将列名单移送请法院依法追缴。

《越报》中华民国三十五年八月三日

箔税随货转嫁不致妨箔业生产生计

(1946 年 8 月 11 日)

财政部电复未准缓征

本县各法团,前电请财政部缓征箔税一节,兹悉财政部昨已电复本县县党部,并转本县参议会、三民主义青年分团、律师公会、记者公会、妇女协会、县农会,以"准行政院秘书处函送呈国防最高委员代电",为请予缓征锡箔税等因到部,查抗战胜利后,复员建国,需费浩繁,筹拟恢复锡箔等项统税,系当前充裕库储之必要措施,且统税系间接税,箔商缴纳税款后,准予加入货价,随货专嫁于消费者,在商人本身,并无负担可言,自不致妨害生产,影响生计,贵党部等维护国策,素具热忱,仍希向箔商切实开导,以利实施。

《越报》中华民国三十五年八月十一日

各商号营业税限月半以前申报

(1946 年 10 月 6 日)

县税捐处呈省核示期中,箔类临时营业税仍照征

(本报讯)本县税捐稽征处,业于本月一日正式成立,处长徐体诚亦于是日到职视事。大部人事,均已发表,该处为进展业务起见,特于前晚七时,召集该处各科室主管及重要负责人,举行第一次处务会议,出席者有莫课长若恕等七八人。由徐处长主席,报告开会宗旨,及指示今后工作方针后,即开讨论,兹将决议各点,探载如次:

一、已登记商号营业税、申请书、保证书,由洪股长向直接税局接洽移交,并商借地领户册、业领户册、抄写副本。

二、营业税普查经费,可否编列县预算,应呈请省府核示。

三、各商号营业税,按期应由各商号申报,自本月七日至十五日为申报期间,逾期不

报者，即根据其五、六月份营业额，先行决定，通知加税，俟普查决定后，再行通知退补。

四、箔类临时营业税，应否征收，请财政厅核示，一面由本处依照直接税局惯例，先行征收，至临时箔商，应查前县税处所征箔税存根，通知照章缴税。

五、营业税款，根据地段分别通知征收。

六、营业税款已改由本处征收，应洽商各报社，在报章宣传，并在缴款书上，盖戳说明。

七、各商号应用帐簿，通知来处，重盖戳记。

八、乡区各商号住商登记，由分处负责办理，呈送本处稽核。

九、城区筵席捐，由本处直接征收，乡区由各分处负责。

十、各种使用牌照税，自九月份起，应予整顿，加紧征收，过去未征收者，限期补税，暂行免罚，逾期照罚，自用包车、人力车、轿舆、自由车、三轮车、汽车、轮船等，均应领照缴税。

十一、各娱乐场所之娱乐捐，应通知所候稽查收税，城区由本处直接征收，乡区由各分处稽查征收，一面通知警察局注意，如有未经缴纳者，应即责令补缴后，方得开演。

十二、房警捐已编查者，即开始征收，未编查者，赶紧编查，已填捐者，补盖处印。

十三、契税仍照评议会规定价格，开始征收契税附捐，未奉令前，照旧章办理。

十四、契纸工本，原定每张十元，不敷成本，应呈请厅方核加为一百元，未奉令前，仍照旧收费，俟核准后，取契时照补。

十五、函请田粮处于办理推收时，须验明印契，方准推收，如有白契，应即扣送本处核办。

十六、市上肉价，应组织评价委员会，核实评定，以作课纳屠宰税标准，委员人选，除本处处长、征收课长、县税股股长，为当然委员外，并分聘县政府财政科长、建设科长、越王镇镇长、县党部、参议会、青年团、县肉业公会，代表各一人为委员，每月开会一次。

《越报》中华民国三十五年十月六日

绍兴县商会公函

（1946 年 10 月 9 日）

（绍兴县商会公告栏·只登本报不另行文）

商秘字第六九二号

事由：为转知绍兴县税捐稽征处组织成立日期由。

案准浙江省绍兴县税捐稽征处酉支总字第四号代电开：

"案奉浙江省政府财人字第三四七八七号令开：兹派徐体诚代理绍兴县税捐稽征处处长，合行检同关防一方，仰即查收，前往组织成立具报为要。此令。等因。合计发关防一方，文曰"浙江省绍兴县税捐稽征处关防"。率此，遵于本月一日组织成立，起用关防正式视事,除呈报并分函外,相应电达,查照,并希转所属各团体知照为要。"等由。

准此,相应函达,即希查照为荷。

此致各同业公会

理事长　陈笛孙

常务理事　史幼祥

施张发　方文荫

民国三十五年十月八日

《绍兴新闻》中华民国三十五年十月九日

鲜肉业评定价格每斤只要两千元

(1946 年 10 月 13 日)

屠宰税每只猪仅七千元

(本报讯)本县税捐稽征处,以屠宰税开征在即,为规定一个月内之课征标准价格,特组织肉价评议委员会,于昨日正式成立,举行第一次委员会。出席委员计徐体诚等九人,主席徐体诚。简略报告开会宗旨后,即开始讨论,决议事项,计:

一、猪只课税,参照县政府最近核定价格(每斤暂以二千元)计算,猪只重量,每只以七十斤计算。

二、羊肉价及其重量标准,概以猪之三分之一计算课税。

三、自十月廿一日起实施,至其税率,则依照上项评定价格,征收百分之五,即每只猪屠宰时,应课税七千元。

《越报》中华民国三十五年十月十三日

茶箔等七项货物税重定税额昨起实施

(1946 年 10 月 22 日)

锡箔改为按斤计征,其他六项的品税额略减

(本报讯)箔类货物税完全价格,当局将予重订,是项消息,甫经昨日本报刊载,兹悉本县货物税分局昨奉浙江区局命令,对麦粉、茶类、皮毛、锡箔及其他迷信用纸、水泥、汽水、果子露等七项物品,已重新估定完税价格,按原定税率,将纳税额分别予以调整,并令于昨(廿一)日起照新订标准,实施课税,其中箔税一项,以前原系按"块"从价计征,经此次调整后,则改为按"斤"计征,当为箔业纳税以来之新畸现象,至于其他各项税额,则较前定者略有减低。兹将该新税额分别探志如下:

一、麦粉(税率为百分之二十五,每袋以四四・四六市斤计),每袋完税价格为一万三千八百七十元,应纳税三百五十元。

二、茶类(税率为百分之十,经每百市斤计):

1. 甲等红茶,完税价格十万元,应纳税一万元;

2. 乙等红茶,完税价格五万八千三百三十三元,应纳税五千八百三十元;

3. 甲等绿茶,完税价格十六万八千七百五十元,应纳税一万六千八百八十元;

4. 乙等绿茶,完税价格五万八千三百三十元,应纳税五千八百三十元;

5. 毛茶,完税价格四万一千六百七十元,应纳税四千一百七十元;

6. 茶末,完税价格一万七千五百元,应纳税一千七百五十元;

7. 茶梗,完税价格一万三千三百三十元,应纳税一千三百三十元;

三、皮毛(税率为百分之十五):

1. 纹皮(每平方英尺计),完税价格四千八百元,应纳税七百二十元;

2. 小牛皮(每平方英尺计),完税价格一千一百二十元,应纳税一百七十元;

3. 色熟牛皮(每百市斤计),完税价格十七万六千元,应纳税二万六千四百元;

4. 甲种毛线(每磅计),完税价格四万元,应纳税六千元;

5. 乙种毛线(每磅计),完税价格二万二千四百元,应纳税三千三百六十元。

四、锡箔(税率为百分之六十,以每百市斤计):

1. 边黄,完税价格二十九万一千四百元,应纳税十七万四千八百四十元;

2. 的车,完税价格二十六万六千二百二十元,应纳税十五万九千七百三十元;

3. 普车,完税价格二十五万一千三百四十元,应纳税十五万零八百元。

(按:据熟悉箔业者称,边王每块计重约九斤四两,的车每块约八斤六两,京方普车每块约五斤十二两,鹿鸣普车每块约五斤半)

4. 黄表纸(每件计),完税价格一万二千三百五十元,应纳税七千四百十元,

五、水泥(税率为百分之十五,以每桶一百七十公斤计),完税价格二万二千四百元,应纳税三千三百六十元。

六、汽水(税率为百分之二十,以每瓶计),完税价格三百六十九元,应纳税七十四元。

七、果子露(税率为百分之二十,以每瓶计)

1. 大瓶果子露,完税价格二百四十三元,应纳税四十九元;

2. 小瓶果子露,完税价格一百七十七元,应纳税三十五元。

《越报》中华民国三十五年十月二十二日

制茶业电请财政部,当地核发免税运照

(1946 年 10 月 22 日)

(本报讯)外销茶类,准免货物税,其已缴者得请求退税,此讯早经本报揭载关于外销

茶类免税起运办法,依照税务署订颁茶类税稽征规则第八条第一项末段规定,外销茶类,于货物出厂时,由制茶公会报请税务署核发免税运照,交由公司持向起运地主管税务机关,或驻厂驻场人员,验明与货件相符后,逐件发给加盖"运销国外免税出厂"戳记之印照,并于免税运照内批明,出厂起运日期立予放行。业由绍兴货物税局电知绍兴县制茶工业同业公会,兹该会以本县地隔税务署遥远,请领免税运照,往返转辗费时,茶商对清偿农行贷款,凭有愆期之虑,为免抱耗利息,便利箱茶运销起见,特再陈述理由,电请财政部税务署,将是项茶类免税运照,改由当地税局核发藉资迅速。

《越报》中华民国三十五年十月二十二日

锡箔仍按块计税,三档纳税额决定

(1946 年 10 月 30 日)

财政部指覆鹿鸣纸准免税

(经济社讯)绍兴货物税局以奉令重订麦粉等七项新税税额,业经通饬遵办在案,惟查箔税一项,以绍兴市场旧习,向系论块征收,如一旦改斤课征,则手续上不免发生困难。兹经呈奉省局核定,以照重订税额折合各块应纳税款征收,拟即日实行。兹录箔类税额折合每块应纳税款表如下:

边王每块平均批价三九六三〇元,完税价格二三三一二元,应纳税额一三九九〇元。

的车每块平均批价三一六八〇元,完税价格一八六三五元,应纳税额一一一八〇元。

普车每块平均批价二二五〇〇元,完税价格一三八二四元,应纳税额八二九〇元。

(本报讯)本县造箔用之鹿鸣纸,前经税政当局列为迷信用纸,照章应纳货物税,本县鹿鸣纸业公会以鹿鸣纸无非为造箔原料,若课统税,则无异一物两税,于情不胜负荷,于理亦欠妥当,爰经呈请财政部释示。兹悉该公会已接电指覆,略以"查鹿鸣纸系制箔原料,在未制成锡箔前,应免课征。除据情电饬浙江区货物税局转饬绍兴分局遵照外,仰即知照"。

《越报》中华民国三十五年十月三十日

商人积谷不能豁免应照营业税额派征

(1946 年 11 月 18 日)

(本报讯)本县参议会,第一届一次大会时,曾议决请政府豁免警捐及房主积谷,并核减房捐,经县府转呈省府核示后,昨已奉到省府覆令,探录如下:

(一)查本省各市县警捐,系由固有之警察、消防、清道、卫生等捐所改征,并经咨准财政部准予照旧征收在案,所请免征,未便照准;

（二）据称该县于穷乡僻壤三两茅屋,竟亦列收房办捐一节,究系如何实情,应即查明,依法纠正;

（三）查商人积谷规定,应照营业税额派征,其未具有营业性资,免予编征营业税者,是项积谷,自应予以照免;

（四）该县房捐应遵照本省各市县房捐征收细则之规定,切实编征,务期适合实情,不得稍涉偏颇,县府奉覆,将函参议会知照。

《绍兴新闻》中华民国三十五年十一月十八日

绍兴县商会公函

（1946 年 11 月 19 日）
（绍兴县商会公告栏·只登本报不另行文）

商组字第八〇一号

三十五年十一月十二日

绍兴县政府财字第一二五九号训令内开:

"案奉浙江省财政厅转奉财政部三十五年九月十七日京财直二字第二四七〇号训令内开:查收复区直接税免征办法规定,自三十四年十月起,免征运输业及粮食业营业税一年,嗣后扩大范围,及于麦粉、玉米粉等制造业,又贩买业,均予免征,实行以来,将届一载,按前项规定,系战后暂时措施,旨在加强运输,配合复员,平抑粮价,普济民食,兹以各地复员已告段落,粮情复多好转,值此建国需材,政府为充裕国库计,自应兼筹并顾,所有全国运输及粮食业,以及粮食加工制造之麦粉、玉米粉、高粱粉、豆类粉之制造业,及贩卖业,一律自三十五年十月份起,照征营业税,除分令外,合行令仰转饬所属,一体遵照为要,此令。等因。奉此,除分电各县市政府及税捐处外,合亟电仰遵照,并布告周知等因。奉此,除布告外,合行令仰该会,即便转行有关同业公会,通知各商号一体。遵照,此令。"等因。

奉此,相应函达,即希查照为荷。

此致。

粮食业

曹娥运输业公会

本城运输业各商行

理事长　陈笛孙
常务理事　史幼祥　施张发
宋阳生　方文荫
《绍兴新闻》中华民国三十五年十一月十九日

绍兴县商会公函

（1946 年 11 月 23 日）

（绍兴县商会公告栏·只登本报不另行文）

商秘字第八一四号

三十五年十一月廿一日

案准 绍兴县税捐稽征处征县字第二〇七号公函内开：

"查本县本年度商人积谷折款按营业税额征收百分之十五，征属优待金按营业税额征收百分之十，应即开征。前奉绍兴县政府布告，并分饬前县处代征，准经移交本处接办在案。兹查本年一至九月份，该项积谷折款暨优待金，业经按照各该商号同期营业税额，依上项规定税率将纳税凭证查填完竣，并限于缴纳十月份营业税时，一并由各该商号自行直接缴解浙江地方银行绍兴分行代理县库核收。嗣后并应与营业税同时按月缴纳，不得远延，除将纳税凭证迳发各商号饬缴外，相应函请查照转知各商号遵照。"等由。

准此，除分函外，相应函达，即希查照并转行各会员店知照为荷。此致。

各同业公会

各非公会会员

理事长 　陈笛孙

常务理事 　史幼祥 　宋阳生

施张发 　方文荫

《绍兴新闻》三十五年十一月二十三日

各业营业牌照税税捐处将派员编查

（1946 年 11 月 24 日）

（本报讯）本县税捐稽征处，以接办营业牌照税以来，依法应完税领照之各业商号，迄多意存观望，延不办理。该处为谋免被避漏起见，拟自即日起，派员分头编查，俾裕库收，藉符法令，昨特函知县商会，为凡依照浙江省营业牌照税法所规定之各业商号，均应领照纳税，请层转有关各业商号遵照。

《绍兴新闻》中华民国三十五年十一月二十四日

三十四年所利得税全县负担六亿

（1946 年 11 月 26 日）

税额审查会昨举行，各业表示难荷重负

（本报讯）本县直接税局，对各商号营业所利得税，即将开始征收，特于昨（廿五）日九时召集各委员及各业代表，举行第一次审查各商号所报税额会议。出席委员李炳全、金鸣盛、俞康、陈笛孙、陶春煊。列席各商业公会代表，计箔业傅岳校、南货业陈德魁、绸商黄伯元、直接局陈恭寅、杂货徐恒梁、茶食俞德生、颜料许立凡、布商寿秀川、纸商任昌辰、卷烟陈景甫、百货曹冠卿、新药傅正中、国药马廷佐、铜锡包渭堂、北货方文荫、金银阮仲皋等。公推金鸣盛主席，首由主席报告，略谓："今日为本县所利得税审查委员会第一次会议，于绍兴直接税局计征三十四年度所利得税之标准，以及各业负担税额之情形，请陈局长先向大会报告。再省商联会金理事长及浙江区直接税局杜局联衔来电，定本月二十七日下午解决三十四年所利得税，请本县商会陈理事长邀同陈局长晋省共同洽商。现将原电向大众宣读。"（略）

《绍兴新闻》中华民国三十五年十一月二十六日

县长转陈代为请命

（1946 年 11 月 27 日）

（又讯）本县林县长，自昨接见各商业请愿代表后，以所请确属实情，昨特电请省政府，省接税局，代请核减税额，以苏商困。兹录其电稿如下：

浙江省政府主席沈，直接税局长杜钧鉴：本日全体商业同业公会代表五百余人，于大雨滂沱中，来府请愿，据称，以奉绍兴直税局宣布三十四年所利得税，须缴纳六亿元之巨，全县商业资本，仅有五亿余元，而税额反超过资本总额，整其所有，不足抵付，群情惶骇，请求转陈核减等情，县长鉴于商困已极，不敢壅于上闻，理合据情电陈，伏乞俯鉴商艰，令行主管机关予以切实核减，迅赐电示，俾便转知，以安人心，绍兴县县长林泽宥印。

《绍兴新闻》中华民国三十五年十一月二十七日

绍兴县商会公函

（1946 年 11 月 25 日）

（绍兴县商会公告栏·只登本报不另行文）

商组字第七八三号

三十五年十一月九日

案准浙江全省商会联合会，总字第五二五号公函内开：

"案奉财政部京直字第三六五四号批，本会三十五年七月二十五日总字第一〇四号呈一件，呈请通令纠正依照营业额征收印花税由。内开：是悉，查印花税，系按凭证贴花，并无依照营业额征收印花税之规定，除令饬各区直接税局查明纠正外，合行批仰知照，等因。奉此，除分行外，相应函达查照为荷。"等由。

准此,相应函达,即希查照为荷。

理事长　陈笛孙

常务理事　史幼祥　宋阳生

施张发　方文荫

《绍兴新闻》中华民国三十五年十一月二十五日

绍兴县商会公函

（1946 年 12 月 2 日）

（绍兴县商会公告栏·只登本报不另行文）

商总字第八〇三号

三十五年十一月　　日

浙江全省商会联合会总字第五二七号公函内开:

"案奉财政部京钱丙字第八一五八号代电开:三十五年九月五日总字第二八二号呈悉,查该会员拟挽救工商业危机意见,请采行一案,并准行政院秘书处通知,及经济部函转到部,经核:

原意见(一)、(二)两项所称各节,查现行印花税法,本系根据凭证贴花,并未以营业额推算,原请恢复货运递增,而减轻贴花,及营业税应将批发业,及零售业分级课征,可备修正税法时参考,在现行税法未修订前,仍应依照现行规定课征。

原意见(三)、(四)两项所称各节,查自抗战以来,商业利润因随物价增高,以致市场利率早已超过民法规定,各地游资,多不透过金融机构,泛滥市场,助长投机,本部为期将游资纳入正当用途,使银行利率与市场利率相接近,并避免法律纠纷处理困难起见,经拟定银行存放款利率管理条例,呈经行政院转奉国民政府于本年二月公布施行,各地行庄放款利率,自应依照该项条例所规定,由当地银钱业公会拟报中央银行核定牌告之利率办理。至国家银行放款利率,系由四联总处核定,且各行局负有低利融通生产资金,扶助生产事业发展之资,自不得有高利贷情事,所称限制不得超过百分之二,应毋庸议,又国家银行到商业银行,及普通商业放款,早经明令停止,自无拆放,商业行庄之事,□对生产事业贷款,若于核定利率外,巧立名目,收取手续费者,历经本部严格取缔有案,此外国家行局,对生产运销事业,工矿事业,以及经营出口贸易等项贷款,□仍□续办理,浙省各业,如需资金周转,自可依照规定,随时向四联总处浙江分处及各国家行局申请核转办理,除分复外,□□□□饬知等因。

奉此,查本会前□鉴于本省工商事业之危机,经拟具挽救意见四点,分呈行政院,立法院,经济部,财政部,采择施行,去后,□奉行政院批示,已分交有关机构酌划等因,当经报告本会第三次理监事联席会议在案,兹奉前因,相应函达,即希查照为荷。"等由。

准此,相应函达即请查照为荷。

此致

各同业公会
各非公会会员

理事长　　陈笛孙

常务理事　史幼祥　宋阳生

施张发　方文荫

《绍兴新闻》中华民国三十五年十二月二日

好可观的货物税

（1946 年 12 月 3 日）

绍兴分局派员加紧督征，限期收足十七亿九千万

（本报讯）绍兴货物税分局，规定所属各场处及其本身，应于最近起至本年年底止，征起锡箔税□一亿元，酒税五亿元，茶业税五千万元，烟叶税一亿四千万元，总计十七亿九千万元。其派额，计绍兴货物税分局征锡箔税十亿〇五千万元，酒税一亿元，茶叶税三千万元；萧山办公处征酒税二千万元，烟叶税一亿一千万元，锡箔五千万元；上虞办公处征酒税五千万元，茶叶税一千万元；诸暨办公处征酒税一千六百万元，茶叶三百万元；嵊县办公处征酒税四百万元，茶叶税七百万元，烟叶税三千万元；东浦场办事处征酒税一亿元；柯桥场办事征酒税八千万元；孙端场办事处征酒税一千五百万元；东关场办事处征酒税一千五百万元；斗门场办事处征酒税二千万元；皋埠场办事处征酒税一千万元；南平场办事处征酒税一千五百万元；安昌场办事处征酒税一千万元；马山场办事处征酒税二千万元；钱清场办事处征酒税一千五百万元；临浦场办事处征酒税一千万元。闻该局为督促各公处及办事处，努力征收税款，以期早日完成使命起见，特派定嵇鸿年为城区督征员，姜煜昆为东浦、柯桥两场办事处督征员，杨介西为上虞、嵊县两办公处督征员，贾紫云为诸暨、萧山两办公处督征员，常驻指定督征区内，巡回督征，已未派有督征人员之办事处，均由各该场税务员督率属员，加紧征收。并由该局原定督征工作实施计划，令饬各办公处、办事处及督征人员遵行。兹探录是项计划如下：

一、本局为加强辖属各场处稽征工作，完成本年度预算使命，遵照区局令颁旺征时期加紧稽征要点提示，并察酌本局辖区实际情形，拟订本届督下实施计划。

二、为兼顾本局人力财力与增加工作效能起见，酌将辖属各主要税源地区划分区域，实施督征。

三、本局辖属督征区域，暂划分 1. 绍兴区域，2. 东柯（东浦、柯桥），3. 上嵊（上虞、嵊县），4. 萧诸（萧山、诸暨）等四区。

四、每一督征区内，由本局指定高级职员一人至二人充任，督征员常驻该区，配合各该场处主办业务人员出发巡回督征。

五、未经派驻督征人员之场处，责成各该场处主管人员督率所属，及时加紧稽征，完

成核定最低应征数任务,不得疏懈。

六、依照区局核定本局最低应征数,并考察各地主要税源公布及产销实况,分别核定所属各该场处本年十一、十二两月份最低应征数,各该场处务应努力挤征,达成任务,以重职责。

七、督征人员,经抵达派驻地点,应即会同各该场处主管人员,分别召集有关各业商负责人,举行座谈会,宣示本届督征任务,并剀切阐示本税稽征要点,以利推进。

八、本届督征中心工作,就本局主要税源,概列如下:

甲、关于酒类税者:

1. 酿户欠缴酒税,应一律限于本年内如数催征清楚。

2. 清查各酿户现存酒斤,其尚未达分期匀缴数量,应饬具遵限缴税切结存案。

3. 疲玩酿户欠税,经催罔效者,应即查明移送当地法院,依法追缴科罚,以儆效尤。

4. 零星酒户,应妥商当地乡镇保甲长协助,严密查征,以杜遗漏。

乙、关于箔税者:

1. 尅期完成箔类产制运销商号庄铺登记。

2. 清查存箔数量及督促照章补税。

3. 厉行以制箔庄铺为纳税对象,以利管制。

4. 妥商当地行政机关协助查缉私货,藉杜漏卮。

丙、关于烟类税者:

1. 切实调查本年度土烟业产量,办理存货登记。

2. 督促完成烟叶经纪行栈登记。

3. 提高土烟叶纳税等级,杜绝以高货冒低货纳税情弊。

4. 清查刨烟丝店刨具,核实查□产量标准。

丁、关于茶类税者:

1. 调查存货,分别办理内外销茶量登记。

2. 督促办理茶类制造运销公司行号登记。

3. 考察当地茶类产量及其运销实际情形。

戊、关于一般督察事项者:

1. 各该场处征纳税款,已设有公库地方,是否恪遵公库法规定办理。

2. 各该场处人事配备,是否适当?业务进行,是否严密妥善?

3. 各项印发单照填发保管,是否依照照定妥为办理?

4. 有关本税之产制运销商号,已否遵章办理登记?

5. 本税课征货品,无有漏私行销市场情事?

九、本届督征时期,暂定为十一、十二两个月,必要时得视各地实际需要情形,酌予展延。

十、督征人员应将督征情形,按旬详实报局查核。

十一、本届督征成绩,以各该驻区场处税收盈绌为考核标准,分别奖惩,不稍宽假。

十二、本计划未尽事宜,随时增订之。

《越报》中华民国三十五年十二月三日

所利得税分配比例城区为百分之九十

（1946 年 12 月 4 日）

限本月底须一律缴解，商业互助会今将商讨

（本报讯）本县直接税局，以三十五年度营利事业所得税额，现已在省商妥决定，特于昨（三）日在该局召开第二次所得税审查委员会，出席委员金鸣盛、李锡全、俞康、陶春煊、陈笛孙五人，列席陈局长恭寅、扬审核员全生、何课长志成。

首由主席金鸣盛报告，略谓：上周第一次审查委员会开会时，因省方电邀陈理事长、陈局长去杭，会同解决所得税事，因此无甚结果。现二位已在杭商妥返绍，本县税额核减为三亿三千万元，适为原比额六亿元之五五折，减轻本县商民负担甚大，应请各位分别商讨云云。继由陈笛孙提议：昨日商会集会讨论，请求将本县税额三亿三千万元中，三千万予以减免，经与陈局长商洽，似不能再减，唯分业讨论时，斟酌情形，原则上仍照三亿三千万元决定，如何请公决案。决议：通过。后由陶春煊提议，城乡比额之分配，应请确定标准，以期负担公允案。决议：直接税局查照营业税之多寡，比例分配，城区百分之九十，乡区百分之十，有所依据，仍照直接税局所拟比例，旋即由主席报告城区及乡区各营业税额分配数。决议：原则上决按原额五五折计征，通过。末由陈笛孙提议，略谓：昨日商会集会讨论，向直接税局要求五点，其中第二点"全县三亿三千万税额，城区若干？乡区若干？应公布"。第四点"缓缴或分期缴，最早以农历大结束为缴解期"，第五点"已缴三十四年所利得税收入若干，请局方表明"。各点应如何答复，请公决案。决议：关于（二）、（五）两点，直税局绝对可以公布，至第四点因年度结束，国库需款，实难再缓，且此次在省商谈减轻税额，原须以提前缴纳税款为条件，故务须在国历十二月底前，一律缴解国库。

（经济社讯）三十四年度所利得税，经最后决定，绍兴派额为三亿三千万元，并于昨（三）日由审查委员会讨论分配，闻本县商业互助会定今（四）日下午二时，假县商会召开临时会员大会，商讨解缴等办法。

《越报》中华民国三十五年十二月四日

绍兴县商会公函

（1946 年 12 月 11 日）

（绍兴县商会公告栏·只登本报不另行文）

商组字第八四一号

三十五年十二月六日

案准财政部浙江区货物税局绍兴分局本年十一月二十八日浙绍□字第二七五○号代

电开：

"查本局前以同县境城乡间运售税货在分运标准数量以上者，如责令申请分运，则手续频繁，于机关、商人两者均感不便，兹为便利商贩起见，令出售商号，开具发票，并持原税照来局呈验，在税照背面批注，以省手续，经呈奉浙江区货物税局浙戌一字四六九号指令，暂准试办等因。奉此，嗣后城乡间商人运售税货，在标准数量以上者，一面在原售商店所持之完税照上，由本局批注，一面并在运商所持之发票上注明本完税照字号，以资对照，除分别电令外，相应电请查照，转令各商照遵办"等由。

准此，相应函达，即希查照并转行各商号一体遵办、办理为荷。

各同业公会、非公会会员

理事长　　陈笛孙

常务理事　史幼祥　宋阳生

施张发　方文荫

《绍兴新闻》中华民国三十五年十二月十一日

绍兴县商会公函

（1946 年 12 月 15 日）

（绍兴县商会公告栏·只登本报不另行文）

商组字第八四一号

三十五年十二月六日

按准财政部浙江区货物税局绍兴分局本年十一月二十八日浙绍□字第二七五○号代电开：

"查本局前以同县境城乡间运售税货在分运标准数量以上者，如责令申请分运，则手续频繁，于机关、商人两者均感不便，兹焉便利商贩起见，令出售商号，开具发票，并持原税照来局呈验，在税照背面批注，以省手续，经呈奉浙江区货物税局浙戌一字四六九号指令，暂准试办等因，奉此，嗣后城乡间商人运售税货，在标准数量以上者，一面在原售商店所持之完税照上，由本局批注，一面并在运商所持之发票上注明本完税照字号，以资对照，除分别电令外，相应电请查照，转令各商照遵办。"

准此，相应函达，即希查照并转行各商号一体遵办、办理为荷。等由。

各同业公会、非公会会员

理事长　　陈笛孙

常务理事　史幼祥　宋阳生

施张发　方文荫

《绍兴新闻》中华民国三十五年十二月十五日

绍兴县商会公函

（1946 年 12 月 30 日）

（绍兴县商会公告栏·只登本报不另行文）

商组字第九一九号

三十五年十二月廿六日

案浙江省绍兴县税捐稽征处本年十二月二十日征县字第三四七号公函内开："案准
浙江省政府亥鱼四二九七二府财二代电内开：案准财政部本年十月廿四日财地字第四
六三五号公函内开：案据浙江全省商会联合会本年八月十三日总字第一九三号呈，为
准杭州商会函，以包作业等不应课征营业牌照税，且省颁营业牌照税征收细则，与中央
所颁税法抵触，请咨省修正业情，正核办间，复据该会本年八月十四日总字第一九七号
呈，为准杭州市商会请愿书，转请废止本省单行之营业牌照税征收规则，另订合法征收
细则，通令遵办，并发还不依法征起之税款，祈核示等情。查浙江省各县市营业牌照税
征收细则，应予废止，依照营业牌照税法及前项细则规定营业牌照税，应按资本额分别
等级课征，烟草业、估衣业、服装业、磁器业、百货（除奢侈品外）业、国药（除参茸燕桂
外）、西药业、烟酒制造业（除兼营另售者外），均不在征税范围之内，浙江省各县市按营
业额，及对前述各业征收营业牌照税一节，核与规定不合，应请转饬依法办理，又杭市税
务人员操切从事，任意高估税额一节，事如属实殊有未合，并请转饬纠正，以洽商情，至
于钟表业、铜锡业、玻璃业、绸缎业、搪瓷业等，在我国目前国民经济情况下，近似奢侈，
或装饰品营业、包作业、堆栈业、屠宰业、居间业、转运业等，均有管制必要，故本部前依
照营业牌照税法第二条，凡经营奢侈装饰品业——及其它经财政部核定应行取缔之营
业，均征收营业牌照奢侈税之规定，准贵省列入营业牌照税征课范围，原呈所请免征钟
表、铜锡、玻璃、绸缎、搪瓷、包作、堆栈、居间、屠宰、转运等业营业牌照税一节，请毋庸
议，□见前情，除批示外，相应抄附原呈二份，函请查核办理见复等由。准此，自应照办，
除电复并分饬各区县外，合行电仰查照等因。奉此，自应查照，除分令外，相应函请查
照，转知各该业遵照为荷。"等由。

准此，相应函达，即希查照为荷。

此致

各有关公会

理事长　陈笛孙

常务理事　史幼祥　宋阳生

施张发　方文荫

《绍兴新闻》中华民国三十五年十二月三十日

绍兴县商会公函

（1947 年 1 月 30 日）

（绍兴县商会公告栏·只登本报不另行文）

总字第五〇号

民国十六年一月日

案准浙江全省商会联合会本年一月十五日总字第七一七号公函内开：

"案奉浙江省政府财字第五四四三四号批，本会据财政厅案呈，该会卅五年十二月三日总字第五八三号呈一件，为呈请释示石灰、砖瓦等厂商，应纳何项，祈鉴核由，内开：'呈悉，查制造商自营业税法公布后，除金融业及其他不能以营业□收入额计算之营业，就其营业资本额征收外，均以营业总收入额课征，至石灰、砖瓦、农具、石锅、酱油等厂商，系属制造业，自应依照营业税法施行细则附表所列范围内，计算其营业总收入额，课征营业税，仰即知照，等因。奉查此案，前准上虞百官镇商会函请前来，即经转呈释示在案，兹奉批示，除分函外，相应函达，即希查照为荷！'"等由。

准此：相应函达，即希查照为荷。

此致

各有关砖灰、农具等商店

<table>
<tr><td></td><td>理事长</td><td>陈笛孙</td></tr>
<tr><td>常务理事</td><td>史幼祥</td><td>宋阳生</td></tr>
<tr><td></td><td>施张发</td><td>方文荫</td></tr>
</table>

《绍兴新闻》中华民国三十六年一月三十日

绍兴县商会公函

（1947 年 4 月 23 日）

（绍兴县商会公告栏·只登本报不另行文）

总字第一七六号

民国三十六年月日

财政部浙江区直接税局绍兴分局一字第一二五号公函内开：

"案奉财政部浙江区直接税局本年二月廿一日 36 宣字第八〇九号训令开：所得税稽征办法，业经本部三十五年十二月廿七日京财参字第一二三号令公布施行在案，依照该办法第十二条规定，'各住商进货时，应将客户名称，及营业地址，查明确实，连同所进货物之名称、商标、数量、进价等，详细登帐，并将各项进货单据，妥为保存，以备主管稽征机关调查'，查进货单据，一方为计算进货成本之重要依据，同时亦可稽核出据人是否贴印花，各局应晓谕各该管辖商号,嗣后须切实按照上项规定,将进货凭证,妥慎保管,以备随时检查,各局所查征所得税时,尤需注意进货凭证,有否贴足印花,以期控制印花征收,仰即遵照,并转饬遵照等因。奉此,查行商一时所得税稽征办法,业经本局本年一月廿日38一字第742号训令转饬遵照在案,兹奉前因,除分令外,合行令仰切实遵照,晓谕各该辖区商号,嗣后须切实按照上项规定,将进货凭证,妥慎保管,以备检查,并转饬所属一体遵办为要,等因。奉此,自应遵办,除分别函令外,相应函达,即希查照,并希转知各商号,切实遵照为荷。"等由。

准此,除分函外,相应函达,即希查照,并转行各会员知照为荷。此致

各同业公会

非公会会员

理事长　　陈笛孙

常务理事　　史幼祥　　宋阳生

施张发　　方文荫

《绍兴新闻》中华民国三十六年四月二十三日

处理欠缴所利得税,税局奉颁处理办法

（1947年9月15日）

(经济社讯)财政部直接税署以三十六年度营利事业所利得税,早经规定,于八月底以前纳库,现查尚有若干单位,未据申报,特规定处分办法两项,通令各税局办理:

(一)对尚未申报单位送请法院究办,依照规定,除处以二万五千元加一倍之处分外,税局并可按实际情形,迳定税额,限期缴税。

(二)根据标准计税办法,并核加应纳税额百分之十作为罚金。

兹悉本县直接税分局,已奉到前项训令,并严饬加督征,以期及早结束。

《绍兴新闻》中华民国三十六年九月十五日

商人出境办货仍须领采购证

（1947年9月19日）

商人出境采办货物,应向当地营业税征收机关领取采购证,曾经浙省商联会电请财部废止,并经财部电复认无此事。最近浙财政厅以采购证制度,系本年财政部订颁行商登记办法所规定,并附有登记格式,经电财部核示,兹奉财部复电,以浙省商联会前呈请废止采购证办法,原意含糊曾予否认,现仍须照行住商登记办法规定,商人出境采办货物,仍须向所在地营业税征收机关,领取采购证,昨已分令各县税捐稽征处

遵照。

《绍兴民国日报》中华民国三十六年九月十九日

管理箔商暂缓办提成采取分解法

（1947 年 10 月 16 日）

本报讯，本县箔税研讨会，于昨（十五）日下午二时，在县府召开第二次委员会议，出席委员张子平、俞汝良（代）、汤兆文、章寿椿、金鸣盛（代）、徐体诚、俞康、徐复勤、王均政、林泽、夏云标、陶春煊、陈笛孙、许开铃、朱苴英、鲁源润、江明显、董邦廖，主席林泽。讨论事项：

（一）管理箔类厂商办法案，经前次由□□徐处长□□研究□，据□复从□□□，请公决案。议决：暂缓办理。

（二）箔税代征行将满限，应如何建议案。议决：暂缓建议。

（三）箔税提成困难，应如何办理案。议决：采取分解办法。

《绍兴新闻》中华民国三十六年十月十六日

直税局开征综合税，聘定联合申报委员

（1947 年 11 月 5 日）

（天行社讯）本县直接税局，近为适合综合所得税申报起见，其委员人选，业经遴定聘请，兹探录原函如下：

查综合所得税为近世各国公认最能适合负担能力之良税，欧美各国早经推行，我国于民国三十五年四月十六日，奉国民政府令，于修正所得税法中增订施行，依据该法规定，凡个人所得，除课征分类所得税外，所得总额依照最近奉令调整为超过三千万元者，应加征综合所得税，同时为使便于纳税义务人申报起见，并规定主管征收机关得于各区乡镇设立联合申报委员会，负责申报、审查、汇转之责。其委员人选规定为五至七人为名誉职，由当地主管征收机关就各地区公正人士中遴选报聘。兹查本局辖区县乡镇人文荟萃，商业发达，为使便于纳税义务人申报起见，自有设立综合所得税联合申报委员会之必要。素稔台端为地方硕彦，众望所归，爰遵规定，遴选为该区综合所得税联合申报委员会委员。兹奉财政部浙江区直接税局三十六年一字第一五二五号指令，复发台端聘函一件，连同综合所得税联合申报委员会组织规程，即报缴需知各一份，一并崇函附奉敬希察收惠之，并请时赐协助，毋任感荷。附录综合所得税联合申报委员会组织规程：

一、本规程以所得税法（以上简称本法）第四十一条之规定订定之。

二、综合所得税联合申报委员会（以下简称联合申报委员会），得由当地主管征收机关，因本法第二十六条之规定，就距离征收机关所在地较远，而不能就近直接办理之乡镇区域，视实际需要，并呈经上级主管机关核定后设置之。

三、联合申报委员会由当地主管征收机关，依本法第二十七条规定，选拟名单，经径上级主管机关核定后聘请之。

四、联合申报委员会之主席，以每年首次开会时，由各委员互选之，任期一年，连选莫连任。联合申报委员会主席缺席时，由委员中互推一人代理之。

五、联合申报委员会，非有过半数委员之出席，不得开议。

六、联合申报委员会，得向纳税义务人或其代理人，调阅关系文据及账簿。

七、联合申报委员会开会时得通知纳税义务人或其他代理列席说明，纳税义务人或其他代理人不得拒绝。纳税义务人或其他代理人要求列席会议时，联合申报委员会应许之。

八、联合申报委员会将纳税人之所得额及审查结果汇报于主管征收机关时，报告书应由出席委员签名盖章，并应将纳税义务人员申报之全部表件一并附送征收机关备核。

九、联合申报委员会，于每届申报时间，应会同主管征收机关所派人员，督导纳税义务人依法申报。

十、联合申报委员会，设总干事一人，事务员二人或三人办理日常事务，有主管机关派员兼任之。

十一、主管征收机关依本法第三十六条规定核给之乡镇教育补充费，应由联合申报委员具领、保管，会同当地主管教育机关商议支配用途，并监督之。前项乡镇教育补充费，联合申报委员会，应专户存储当地殷实银行，并应按期公布收支状况。

十二、本规程自公布日施行。

《绍兴新闻》中华民国三十六年十一月五日

绍兴县商会公函

（1948 年 4 月 7 日）

（绍兴县商会公告栏·只登本报不另行文）

总字第四八号

三十七年四月三日

案准浙江全省商会联合会总字第二○四○号公函内开：

"案准财政部浙江区直接税局 37 壹字第一七八九号代电内开：案奉财政部直接税局本年三月五日直秘字第七五三九六号训令内开：查本年上半年度岁入预算庞大，责任綦重。而两月以还，各地进度迟缓，弥虑不克完成预算任务用特重申前令，务仰争取时间，加紧稽征，遇有纳税义务人逾限不报，申报不实，或延不缴库情事。一经查实，不论国营、民营事业,均分别依照税法规定,移送法院,严格执行处罚,一面与当地法院切取联系,用利进行等因。奉此,事关上峰功令,自应遵办,除分令外,相应电请查照,并惠予转知各县市商会转饬各商号知照为荷。等由。"

准此,除分行外,相应函达,即希查照转知等由。准此,相应函达,即希查照,并转行各会员知照为荷。此致

各同业公会、非公会会员

理事长　陈笛荪

《绍兴新闻》中华民国三十七年四月七日

绍籍国代在京力争箔税归县

(1948 年 5 月 3 日)

(本报讯)本县青年党县党部主席张新民,日前因要公赴京,向该党负责人有所请示,已于日昨返绍,据张主席语记者谈,此次在京,曾分访在京绍籍国代、国民党元老邵力子先生,联合本党绍籍张安侯、国民党国代任芝英等,对箔税划归地方问题,正在多方进行,据可靠方面消息,箔税划归地方颇有希望,邵、张二氏,现已征集各方资料,联合绍籍国代,竭力向中央陈述,以求达到目的。

《绍兴新闻》中华民国三十七年五月三日

粮食营业税将永远免征

(1948 年 5 月 9 日)

(群力社讯)本省粮业公会,顷电各县市粮业公会,关于粮食营业税,免征问题,已获得国大通过,永远免征。是项办法规定:

(甲) 由国民政府明令永远免征粮食营业税。

(乙) 各省市政府,不得假借任何名义征收粮食捐税,现已送请政府饬主管机关切实办理。

《绍兴新闻》中华民国三十七年五月九日

箔税划归省征下月一日实行

(1948 年 6 月 10 日)

(本报讯)本县锡箔货物税,自去年七月份起,经地方向中央力争,归由本县代征后,兹

悉七月一日起,中央已准划归省方代征,并以百分之二十经费,补助本县教育经费。

《绍兴新闻》中华民国三十七年六月十日

本月货物税额评定即日按新额改征

(1948 年 8 月 2 日)

迷信用纸税额增加几近二倍

(本报讯)绍兴货物税分局顷奉浙江区货物税局代电,以八月份各类课税物品税价税额,兹经依据各产区查报六月十一日至七月十日一个月市场平均批价,依法评定完毕,卷烟类则仍依署电予以放宽,自六月一日至七月十日四旬平均批价为评价依据,兹特检发上项税额表,电仰该局遵照于八月一日起实施,绍分局奉电后,经已通饬所属遵照,按照新税额改征。

新税额较旧税额普见提升,其中以火柴类之安全乙级火柴及国产酒类之酒汗两项提高最巨,均达百分之二百以上,熏烟叶提高百分之一百八十,棉纱类六支及十支两种均提高达百分之一百二十以上,回丝纱仅提高百分之十,其余各支纱各提高百分之一百左右,糖类红糖浆提高百分之百,冰糖百分之四十,其余各约百分之八十左右,锡箔及迷信用纸以表黄及铜箔提高最巨,达百分之一百八十,金华产小黄尖提高最少,近百分之十五,其余各提高由百分之二十至百分之一百七十不等,国产烟类土烟叶提高百分之一百,土烟丝提高百分一百二十,国产酒类除酒汗提高特巨外,其余各提高百分之百左右,矿产品类除磁土未有增减外,其余各提高自百分之五十至百分之一百二十不等,饮料品类提高百分之百,卷烟类提高百分之五十五至百分之一百二十五。

《越报》中华民国三十七年八月二日

货税率调整,绍酒税增达八倍,箔税加百之五百

(1948 年 10 月 5 日)

(本报讯)绍酒,锡箔及迷信用纸,卷烟等各种国税税率,本县国税稽征局,昨已奉令调整公布实施,计为绍酒税约增加百分之八百不等,锡箔及迷信用纸增加百分之五百不等,卷烟则百分之百不等。兹经记者探志有关本县特产之绍酒,锡箔及迷信用纸等调整后新税率于下:

锡箔:

边王:每块七元五角(金元)(原纳税率一元八分);

的车:五元七角五分(原八角六分);

普车:三元三角二分(原五角);

边王元花：五元五角（原七角六分）；

的车元花：四元（原五角七分）：

普车元花：一元四角七分（原二角五分）：

老九：一元九角一分（原二角六分）；

城长第：一元六角（原二角一分）；

小普车：三元〇五分（原三角二分）；

大三七：一元六角（原一角八分）；

小三七：一元一角五分（原一角六分）；

三七对：一元四角八分（原一角八分）；

城三开：一元一角五分（原一角五分）；

正大：四五角五分（原七分）；

十二开：四角七分（原五分）；

十二开：三角五分（原四分）；

小岩只九：七角六分（原五分）；

好细：三元四角七分（原七角六分）

绍酒：

绍酒：每百市斤十一元二角；

金元：原一元一角五分；

仿绍酒：八元六角七分（原一元三角二分）；

土黄酒：八元〇二分（原一元〇四分）；

土烧酒：二十三元〇五分（原二元四角五分）；

绿豆烧：三十七元一角六分（原五元三角四分）；

药烧：三十八元八角九分（原五元五角八分）；

土生酒：四元七角八分（原五角四分）；

土白酒：一元六角四分（原三角四分）；

酒精：四十元〇〇七分（原十五元三角八分）。

《绍兴新闻》中华民国三十七年十月五日

绍兴县商会公函

（1948 年 10 月 16 日）

（绍兴县商会公告栏·只登本报不另行文）

总字第三六三号

三十七年十月十四日

案准财政部绍兴国税稽征局酉元绍稽一字第七一五号代电开：酉支总字第三二

二号代电,奉悉查营利事业所得税,自三十七年起,分上下两半年度征收,并规定本年九月底以前呈报,系遵照总统颁布整理财政补充办法规定办理。本局业经顾念事实困难,展缓至十月十五日截止,并已分电通告各在案,所嘱展缓一月碍难照办。至资金及各项账目,乃照办币先为结算,以期迅速便利,特复查照。等由。准此,查此案前经本会先后电请展缓各指示折算办法,并已暂行各公会查照在案。兹准前由,相应函请查照为荷。此致

各同业公会、非同业公会

理事长　陈笛孙

《绍兴新闻》中华民国三十七年十月十六日

2. 官府督征

各商户帖用印花之限期

（1914 年 4 月 14 日）

国税厅会同警察厅协商推行印花等情,已志日前本报。兹闻议定自阳历四月十五日,至五月十五日止,凡铺户、住户,所用契约簿据,一律照章贴用印花,不得逾限。以后各商民等,对于契约簿据是否依法贴用,由警士随时检查。第一次检查时,如该铺户于应贴印花之件,未经买贴,令其出具自行购买切结,限期赴寄卖印花票处购买。俟第二次检查呈验。若经第二次检查时,尚未购贴,或不服检查,应援照警章,由警察厅署传问,处以一角以上五元以下之罚金,并勒令购买□贴。

《越铎日报》中华民国三年四月十四日

印 花 税 实 行

（1914 年 5 月 10 日）

自印花税法施行后,绍县署中于日前奉到行政公署国税厅筹备处令饬办理,当由金知事遵办在案。兹金知事援据印花税法施行细则第三条内载具有左列之资格者,即由分发行所认为分支发行所。其第四项各商务分会由商务总会认定之等语。以绍兴商务分会既有是项资格,得由杭州商务总会认为支发行所发行印花。况前经该会集议办法,商界自可克日实行。爰叙上项情节,函致该会,并检送赭色税票一万枚,合洋一百元。请该会查收,

分配各商店缴价领用矣。并须汇价核转,一面由该会自行呈明杭州商务总会,作为认定支发行所云。

《越铎日报》中华民国三年五月十日

催缴肉捐欠款

(1914 年 6 月 26 日)

肉捐经董任翼谋前以城乡各肉铺,自四月底止,斗门、协成等数十家,积欠捐洋九百余元,迭次催缴,置若罔闻,请为遴派干警严追等词,呈县在案。兹闻金知事除批示外,已饬警协同肉捐司事逐一追令清缴矣。饬知警所文如下:

为饬追事。据肉捐经董任翼谋禀称城乡各肉铺截至阴历四月底止,斗门、协成等数十家,积欠捐洋至九百三十七元六分之多,迭派司事人等前往劝导,概置不理,似此任催罔应,肉捐前途何堪设想?开具欠捐各户清单,禀乞遴派干役按户严追等情到署。据此,除批示外,仰警即赴肉捐公所,协同司事按照单开协盛等肉铺欠缴捐洋逐一追令清缴。该公所收领限十日内,仍将办理情形复□,以凭察核。

《越铎日报》中华民国三年六月廿六日

营业税委员抵绍

(1915 年 2 月 2 日)

绍兴营业税办法已奉省令遵章调查实行等情。业志本报。兹悉浙江财政厅已派委汪源澄来绍办理。汪委员业于昨日抵绍,寓居浙绍旅馆。昨午在本邑商会宴会,闻金知事亦莅席讨论云。

《越铎日报》中华民国四年二月二日

催解印花税款

(1915 年 5 月 14 日)

本县金知事,昨奉财政厅通饬云:案查各县发行印花税票,叠奉部饬,切实推行,准于收起税款内酌提三成,补助公费,以示策励,并饬将逐日售出票价,务于次月十日以前报解省库汇转,节经先后转饬遵照办理在案。兹查各县对于是项税务,大都未能实力奉行,而对于报告收数,批解税款,尤属任意迁延。

《越铎日报》中华民国四年五月十四日

催缴典当捐项

（1915 年 6 月 1 日）

县公署致商会函云：

逐启者，案查绍县典当捐税，向按座数征收。现在当税均已陆续清缴，而于应纳架本正捐，仅缴至民国元年份止在案。倍捐一项，辄藉口于改革以来，典业彫敝，声请蠲免。兹奉财政厅严饬催收赶能势难稍再延缓。合亟函致贵分会，请烦查照，令将城乡各该典当应缴元年份架本倍捐，以及二三年份正倍捐银催令克日按年当如数遵缴清楚，开折汇总转送过县，以凭核收报解。总之，是项税捐，系属固有之款。幸勿任其迁延，至紉公谊。现在已届五月，所有本年一、二、三、四等月，取存票价，已经报解到省者寥寥无几，甚至尚有三年分各月税款亦未报解清楚者，部饬綦严，岂容长此延宕。兹与各县约凡三年份尚未解清者，统限于饬到五日内，仍准查照前颁报告册式，分别搭售，按三个户汇数填报，并将应解税款，随文解清。自四年份起，即依照此次新颁册式，每月遵填一纸，截至四月底止，一并限于五月十五日以前，连同税款解送到省。自五月份起，嗣后逐月载截清数目，限于次月十日以前填报一次，并将税款随文扫解，其三年分已经解清，而四年一、二、三、四等月尚未报解者，亦并依限遵办，自五月以后，亦应逐月遵限填报，至报告册式，不厌求详，提成补助公费，已于四年一月份起遵照实行，而搭放办法，复于四月十六日起奉饬停止。所有前颁册式，似不适用，合亟参照前式拟订新册式样，并附填记方法，饬□该县查收填报，其各县如有已经将四年一、二、三、四等月仍照旧时册式造报过者，准其免予重造，即自未报之日起，依照新式填送，以省手续，并仰遵照，一面将进行办法迅速议定，务照定额数目，有增无减云。

《越铎日报》中华民国四年六月一日

请免洋捐之禀批

（1915 年 6 月 16 日）

绍兴屠宰税，前经金知事委任肉捐董事征收在案。猪肉业闻已办有端倪，惟羊肉业迄未承认，前由羊肉业代表骆锦献等一再赴县禀求，一切情形已志本报。兹悉，此案已奉县署批示，特录原批如下：

查屠宰税系奉部饬之件，事在必行，且就原有之捐董，稍为扩充，兼可间接取诸食户，虽改章伊始，各铺户不无为难之处。惟收款关重，未便藉词推诿。查现据正谊校校董详称，该校尚有年捐约三百元左右，尔等禀县每月仅钱四千八百文，数目多寡，大相悬殊，究竟实有若干，案经饬警协同肉捐经董切实调查，应候并饬确实各铺账转，核明开报，以便汇核转详粘单存。

《越铎日报》中华民国四年六月十六日

劝告商铺购贴印花

（1916 年 1 月 5 日）

国家厉行印花税以来，商铺中发票、账单均须购贴印花，否则罚不贷已，不啻三令五申矣。顾各商铺吝惜琐琐之费，每将所掣付之发票、账单违章漏贴，相与庆幸，以为漏贴一分，便节省一分，不知此类票单，为人所得，控诸官厅，而罚随且后。所吝者区区，所罚者倍蓰，吾甚为各商铺不取也。

况乎人心不古，世道日降，好事者每发摘此等案件为快意。一人创其先，而十人效尤于其后，继今以往，各商铺□累行且无穷，曷不实行购贴之为愈也！

《越铎日报》中华帝国洪宪元年一月五日

典当税须缴现洋

（1916 年 1 月 6 日）

绍兴县镇乡各处典当例于年终遵缴当税，此届阳历年关，各典商循例向县公署呈缴此项当税者共有四十一户，计缴税银及征收费等共庄签洋三千二百二十八元七角五分，连同汪折函送至署。昨据宋知事函致商会高总理略云，近日市面现水极重，此项当税报解上峰均须现款，照市贴现必须志短一百数十元之巨，实属无从弥补，特烦该总理转致各当商，刻日贴足现洋，以资报解等语。究不知典当□□□□□□□□。

《越铎日报》中华帝国洪宪元年一月六日

认办羊宰税照准

（1916 年 1 月 20 日）

城区正谊校校董骆汉雄，详绍兴县知事公署文云：

为详送城乡羊税认表，备具信洋保给事。窃董奉饬查，不敢弛懈，虽多数业已造报认定，间有一二欠缺者。缘临浦所前各羊淘咸推委猪税尚未实行，而柯市各羊铺强欲缩认，董未便徇情，姑许致贻别家以多报少之口舌。职是之故，且待给示委收别处迨尽后，彼等当然知所省悟。姑先将城乡全数认表遵批造关，并备具倪源兴字号米栈保结一纸及信洋四百元。查信洋照普通条理，必率二成。今羊税年计约千五六百元之谱，即有二千，当以四百元。况四分开支，按年只有八十元，往返乡镇，绕越道途，幅员川资，皆与猪税雷同。是猪税税多利厚，宜乎相竞无已时，而董所办之羊税，则遵照规则四分开支，只壳信洋之子息，其将何以资川费而持久耶？据此情迫，备述底细，即请钧署严明出示晓谕。凡城乡各洋铺户，须知征收屠税开支有限，不得带欠延缴以免多耗川资及缩认漏报等弊。一经察出，照章科罚，然后董度于仅收前欠而便汇缴。若不沐迅赐示谕，势必迁延时日。相率徘徊，亦非计也。为此赶措信洋，备具保结，叩请知事长察核施行。

当奉知事批：详册均悉。姑准出示晓谕，饬委妥慎试办。查表载临浦洋汛桥暨柯桥等处，尚未认有确数，致难静报，着即赶速查明月宰数目，详确续报，一面并将四年七月份起每月应缴税捐各款收齐济缴，以凭报解表结及保证签洋四百元均存。再税银系报解之款，务须现洋缴解，仰并知照此缴。

《越铎日报》洪宪元年一月二十日

闹不了的屠宰税

（1916 年 2 月 26 日）

绍县屠宰税自去年七月开办以来，曾经该业同行周兴太等与该税征收委员任翼谋迭次反对，致酿风潮，种种情形，早志本报。去冬经县署委商会出为调处，分为旧山会两区办理，其旧会邑一区仍由任某接办，当时均各承认在案。兹闻周兴太日前又具词禀呈县署，当经宋知事批斥不准。嗣复以所送元、二、三年账簿粘贴印花，均未盖戳，有违定章，饬所执行。其批示略云：

查第一款所称民国三年间，计在城附郭肉铺共三十一家，至民国四年三月间，陆续添开六家，共计三十七家。该征收员任翼谋并未匀摊核减，仍照三十一家派数缴捐，其陆续添开之六家，系何店号，始终于何月开账，某店认缴月捐若干，其他有无闭歇之店，来禀亦绝未详晰声叙。是仅知增店减捐而不问闭歇增捐也。其第二款所称，民国四年四月十五以后，因部定颁发屠宰税，其向有肉捐，即至五月十八之捐款，仍由任翼谋如数抽收，而所给捐票并无正式联票，仅给私设取条而已。查征收屠宰税，以民国四年七月一日为实行之期，其七月以前固有肉捐，自当照常收缴，何有停止抽收之明文。至于票上曾盖有肉捐公所戳记，且所收捐款仍然缴县指拨地方公用，无所谓之私收。又阅第三、四两款词意，一则以少报多，一则以多报少，情弊显然。周兴太等度当时不肯承认，是以禀控知事，派警查复其详顺等家，并无以多报少情事，愿照报数缴纳，暂免调查账簿，其为并无多报可知。是以金前知事详报认定数目，一面将各禀控之案详销，本无翻异之可言。且案已确定，岂能出尔反尔，致启他人效尤。第五款所称任翼谋侵吞宣统三年捐洋一千八百元。此案前经函请商会查复，该款已由任翼谋缴与前军政府经济部核收，持有收条，送县详报财政厅查验核办在案，业经稽查。该商先后禀控之案，不知凡几，案卷俱在，尽属影响之词，实堪痛恨。现在办理是项屠宰税，官厅迭准调查明确，业已详报并划区会委经办确定在案。该商倘再听播弄，捏词妄渎，定即严行查提，并究毋妄渎，定即严行查提并究，毋谓言之不预也。云云。

又查所送元、二、三年账簿粘贴之印花，均未盖戳，有违定章，已由县备文咨送警所执行，账簿三本存案备查。其捐票执照收条一并发还。究不知嗣后有无纠葛也。

《越铎日报》洪宪元年二月廿六日

羊宰税派警严催

（1917 年 2 月 3 日）

前羊宰税经董骆世贵因办理不善撤差，继任者为孟子香，惟骆世贵心不甚甘，屡欲设计破坏，其种种鬼蜮伎俩已迭见报端。兹闻骆世贵除唆使凌庚福（按凌为骆之妻舅）、平阿宝、沈和源等抗缴税捐外，复敢私收捐款至四五户之多，业经孟子香呈控县署，经金知事饬令警务所派警前往澈查，并严催欠捐各户照缴矣。录县署饬警察文如下：

为票饬事。案查经收正谊校羊肉、小猪两捐，自骆汉雄撤消后，已由县谕饬孟子香接征。该两项捐款，自五年旧历五月起，应归孟子香收取，以资校用。前据孟经收员呈称，董甫于旧历十一月中往皋埠、安昌等处开始征收，讵该商报称五月以后，多数仍被骆汉雄及向为代收之张长生收去。近日又由张长生分给传单，阻止停缴云云。有如皋埠之凌庆福（即兴富）、安昌之平阿宝、华舍之沈和源，均与骆某有亲戚关系，听从其言，一味反抗，分文不缴，其余各户，均于骆某收单交向抵充，是以综计收入，仅达十分之一。而董等接办以来，修整添置费用及校内开支已垫至百余十元之巨，实属无力负担。若不亟予提案澈究，正谊校实有岌岌之危。汇呈朦收各据，声明彻究等情，计粘清单及联票廿五纸到署。据此，除批示外，合亟照抄清单检同朦收联票，饬仰该长警迅即分赴单开各市镇各户查明联单，究系何人所出，是否骆汉雄及张长春冒收，抗不遵缴之各户，是否实在，一并查明具复，以凭核办。并传知各户赶速照数清缴，毋再抗违，致干提究云云。

《越铎日报》中华民国六年二月三号

印花票必须盖章

（1917 年 2 月 8 日）

绍县公署日前奉财政厅饬转奉财政部训令，以贴用印花，照章应盖图章，或画押于印票与纸面骑缝之间，以明业经贴用之手续，乃商家往往不盖图章，其中奸商或有揭而重行贴用者，令即传知商会转知各商家，嗣后贴用印花，务须一律盖章，以杜流弊云。昨已由金知事公函商会转知各商家查照办理矣。

《越铎日报》中华民国六年二月八号

委定催办印花税专员

（1917 年 4 月 1 日）

凡民事人事商事诸凭证，均应贴用印花，迭经官厅布告在案。兹闻绍属每年派销印花税额二万四千元，特委徐世保（字佑长本县长）为催办印花税委员。徐委员奉委后，昨已到差任事，并会同县知事布告阖邑人民知照矣。

《越铎日报》中华民国六年四月一号

羊宰征收员辞职

（1917 年 5 月 17 日）

绍兴羊宰税征收员一职，曾由羊肉小猪捐经董孟子香，于去岁呈准县署兼办。讵承办以来，税率较增，办事棘手，收征为难。现拟向县署呈请辞职，另行委员接充云。

《越铎日报》中华民国六年五月十七号

一纸书催办印花

（1917 年 5 月 24 日）

绍县各属印花税代发行所，曾经县署训令各警所遴选殷实绅商承办，惟临浦警所迄未呈报，势难汇转。宋知事已于日前函催矣。兹录其原函如下：

迳启者，案查印花税代发行所，前经本公署训令各分所遴选绅商，呈由本公署转呈发给证书，委托承办。嗣据贵处呈复，暂由所内附设等情。当经本公署指令妥再选定克日呈报在案。兹查各属均早呈报到署，惟贵处尚未复到，无从核转。请即速为选择公正士绅，以及殷实商铺二三处，或三四处，查照第五十一号训令办法，克日呈报以凭汇转，濡笔以待。望勿稽迟。是为至要云云。

《越铎日报》中华民国六年五月廿四日

实行检查印花税

（1917 年 6 月 14 日）

绍兴县公署，昨出有白话布告云：

照得印花税的事情，现在县里头奉到印花税分处的训令。印花税罚金规则第一条载明，每年六月及十二月，这两个月期间，由省中派员到县里，督同本县的警察人员，到各商铺里，检查一切簿据，及各种契约。你们大家都要晓得，这印花税的税率极轻，一贴印花，便受国家法律的保证，所尽的义务极微，所得的权利很大。现在已到了六月，就是检查的时候了，省里委员就要到县里来，督同警察人员检查。若被其查出不贴印花，或贴不足数，或揭下再贴的，那时候依法罚办起来，这吃亏实在不小呢。还有一件最要紧的事体，你们大家注意，印花税票的上面，要盖有绍兴支发行所字样的戳记，方准贴用，倘若所贴印花，没有这个戳记，定干查究的。为此劝告你们，大家须要照章贴用印花，须要贴有绍兴支发行所戳记的印花，并要晓得贴用印花，就受保障之利，不贴印花，就受处罚之害。你们仔细想一想，断不可因贪小而反致吃亏，若不预先贴用，到了那检查的时候，恐怕来不及了。你们大家知道。特此布告。

《越铎日报》中华民国六年六月十四号

一纸票催牌照税

（1917 年 6 月 16 日）

绍兴县公署日昨禀饬警察所文云：

案照烟酒牌照税，本年第一期税款逾限已久，第二期税款征期将届，亟应派警查催，以资整顿。若再迟延不缴，定即照章罚办，再有担户摊贩并不领照，专事私售，亦应一并清查押令到牌照处缴纳税款，领取牌照。如有抗不遵令，即行禁止营业，统限十日内，一律查清。按照城厢内外分段查催，合行令仰该警等务须依限查竣，毋稍稽延，切切此令。

《越铎日报》中华民国六年六月十六号

旧绍属印花税额之报告

（1917 年 7 月 2 日）

全浙印花税毕畏三处长，前次筹划绍属印花税，额定绍兴二万四千元。

《越铎日报》中华民国六年七月二号

薛警佐定期检查印花税

（1917 年 7 月 12 日）

印花税实行以来，各商铺均遵章依法贴用，而中央恐有漏未购贴情弊，以故规定每年六月、十二月间，由警察厅派员检查，以杜流弊。兹悉，绍兴县警察所薛轶尘警佐拟会同省派督催员徐君定于本月二十号，即阴历六月初二日亲往本城大街一带，实行检查，并闻薛君已于昨日函至商会关照矣。

《越铎日报》中华民国六年七月十二号

印花税票准限报解

（1917 年 7 月 25 日）

临浦警佐张良杕，呈请绍兴县公署文云：

为呈请事。案奉钧署第二零三号训令，计发绍兴县属印花规则五纸到所。奉此，遵即分别转发。前经认办代发行各绅商查照，金谓第五条规定，票价应先清缴，碍难遵办。警佐业将此情，函请薛警佐瑞骧转陈钧长，查蒙准予仿萧山办法，印花税票由本厅具文请领转发销售，一俟销有成数，缴由本所，于月终报解，理合备文呈请，仰祈核发一分、二分税票各二十元，一角印花税票十元，迅赐寄下，俾便转发推销。再认办印花代发行所之殷商汤锦堂、汤虚问等，已遵代发行所规则第二条，开具清单，合并转呈，并请发给委任证书，以专责成而便推销，洵为公便。

知事指令：呈悉。印花税票由警所代领，月终报解，尚属可行，应准照发，据报代发行所营业姓名、地址、清单，准予承办，仰将发去证书两纸转给该商等执凭。清单两纸仍将领到税票等件，先行具报。此令。计发一分印花票二千枚、二分印花票一千枚，一角印花税一百枚（共合票额银五十元）□□□□□堂证书两纸，代发行所规则三份，抄印财政部布告三纸。

《越铎日报》中华民国六年七月二十五号

呈解印花税银圆

（1917 年 7 月 30 日）

绍兴县知事宋承家呈浙江印花税分处处长毕文云：

呈为呈解印花税银元，敬祈核收事。窃属县经售印花税票，前经商会代销，业已造表报解至五月份止在案。兹据商会续缴到六月份售出税票银二千元，内除奉准扣支百分之二十经手□□四百元，计实解银一千六百元，理合缮具报告表，连同副库收一纸，一并备文报解，仰祈钧长核收，实为公便。谨呈。

《越铎日报》中华民国六年七月三十号

印花税办理得宜

（1917 年 8 月 6 日）

旧绍属印花税前经徐委员佑长劝销,已认定四万余千元。兹悉,毕处长以徐君办事得力,复委为旧绍属督查委员。闻奉文后,拟先从绍县入手,日前已会同宋知事,率警检查。惟印花税奉行未久,贻利漏害,人民尚未尽知,故一切凭证漏贴者,实居多数。徐君每至商店,如遇未贴之件,均令补贴,并不科罚,故一般商民颇为满意云。

《越铎日报》中华民国六年八月六号

屠宰猪税征收员易人

（1917 年 8 月 6 日）

绍兴县房捐局主任兼屠宰猪税征收员金汝楫,以职务繁多,不能专事整顿等辞呈请县署辞去兼职。已奉宋知事批准,其遗缺令委王士彦接办,自八月一日起开始征收云。

《越铎日报》中华民国六年八月六号

印花税照旧进行

（1917 年 8 月 9 日）

绍兴县知事公署布告文云:

本年八月二日,奉财政厅训令第一六六七号内开,本年七月二十三日,奉财政部个电开,印花税一项,既可补充国库收入,复足保证人民契约。东西各国,久经认为最良税源,我国施行数年,成效显著,并经于各省区特设专处,策劝进行。乃张逆矫发谕旨,擅自废除,实堪痛恨。现在共和回复,一切关于印花税务,仍应照旧办理,希即通饬所属遵照,如有借词阻挠,并即严行究惩,以重税法等因到厅。奉此,合亟通令该县局一体遵照。此令。等因。查此案前于本年七月二十五日,奉印花税分处令开,前因奉经咨请县警所通令各分所遵照,并函商会知照各在案。兹奉前因,合行出示布告,仰阖邑商民人等,一体知悉,务各依法贴用,所有印花事宜,现仍照旧进行,倘有借词阻挠,定即严行究惩,以重税法,其各凛遵毋违切切。特此布告。

《越铎日报》中华民国六年八月九号

牌照税调查告竣

（1917 年 9 月 14 日）

安昌警察分所警佐邵文彬，呈绍兴县知事宋文云：

为呈报事。案查接管卷内，本年六月十八日，奉钧署训令第一八二号内开，案照本署征收烟酒牌照税，六年第一期税款，收数寥寥，征期逾限已久。本年第二期税款征期，亦已将届，调查督促，置若罔闻。且有历年旧税尚未清缴者。若不派警严行催办，积欠伊于胡底，除出示布告外，合行令仰该警佐，迅派妥警，赶将所辖境内烟酒二业，按户查催。统限文到十日内，一律告竣，催令克日来署纳税，并将查明某号或某户欠税若干，期领有何年、何期、何号税照，详注店主姓名，及详细住址，务于本月内造册呈报，以凭察核。此系特饬之件，务希该警佐，迅即查照办理，是所切盼。此令。等因。由前警佐饬派长警郭庆云、马葆福，分往各市乡，按户查催。兹据该长警复称，奉令后遵即分赴本所管辖境内之各乡村贩卖烟酒两业之各商铺、摊户，逐一按户详细查催。凡查延欠未换各户，已催令克日赴县更换，其有未领牌照各户，亦限令克日赴县领照，以从税率，合计支用川资洋三十三角，呈请给发等情。据此，查职所幅员辽阔，村市极繁，按户查催，以致颇费时日。兹因调查告竣，理合造册呈报云云，即经宋知事指令，谓呈册均悉。兹将来册查对本署牌照税营业发给分册等则，重行抄发，并名册、省颁收据一册，仰该警佐代为催收，随时缴解应需用费洋三十三角，及以后应需收税川资，均在税款内扣支百分之二，以资津贴，仰即知照云。

《越铎日报》中华民国六年九月十四号

呈解印花税银圆

（1917 年 9 月 23 日）

绍县宋知事日前呈解八月份印花税款一千六百元，备文呈请毕处长核收。其文云：

窃属县印花税款按月填表报解，至本年七月份止在案。兹奉钧处寒日代电，八月份所销印花税款饬即如数清解等因。奉经催据商会解到八月份印花税票额银二千元，内除奉准提支百分之二十经手费用银四百元，计实解银一千六百元，除填具纳款通知书。迳解金库外，一并备文呈送，敬祈钧长察收，实为公便云。

《越铎日报》中华民国六年九月二十三号

催缴钱当业牙税

（1917 年 11 月 27 日）

绍兴县知事公署公函绍兴商务分会正副会长高、蔡文云：

迳启者,本月二十二日奉财政厅训令第二五三七号内开:案照财政部核定浙省征收当帖捐税暂行简章第五条载,名当应完税银及架本捐银统限于当年十二月内清完,届期务各缴由该管县知事汇解财政厅。至钱业捐输简章第三条载,前项钱捐限于当年十月清完各等语。兹查各县钱业应完本年捐银已逾内之期,而解到数目甚属寥寥。当业捐税亦应及时收解令催。令到该县迅即分别捐项催令即日缴纳开具清折汇解来属,一面查明钱当两业如有欠缴历年捐税,一并严催清解,毋任延欠。切切此令等因。奉此,相应函请贵会查照,希即转催城镇乡钱当两业迅将本年分应纳捐税及历年旧欠赶速按户收齐分别开单解送过县,俾便核收汇解,望勿稽迟,至纫公谊。

《越铎日报》中华民国六年十一月廿七号

第五公卖分局会议详情

(1917 年 11 月 30 日)

第五区烟酒公卖分局,特于前日(二十号)发布通函,邀集各经董,在西郭门内延昌桥,该分局内开会集议,到会者计章岐山、吴梦飞(代表王桂棠)、锺伯源、陈振卿、裘海龄、鲁厚甫、王宿初、周佩卿(代表王选之)、何一和、汤德卿、贾福祥等,共二十余人。于是日下午一时开议,张分局长干青、陈总稽查旭方,亦一同列席。共议三件:

首议催解损费问题。略谓现奉省令饬解捐费,急如星火,务请各经董从速扫解,以重公款而应急需。当由王宿初等起言,现在各经董处,多无存留款洋,即有未解,纯系酿户积欠,如欲解款,惟有由各经董查点各酿户现存之酒,究有几何,因各酿户今年新酒,多已私运销售净尽,以故购领印照,甚属少数,所余花照,多以淋饭抵充、弥补,一经查点,自难隐漏,倘已私运,酒数缺则照花截角,责令缴款,似此办法,则款自易收起,而酿户亦蒙混无从矣。多数通过。

次议查报淋饭(即酒酿)问题。略谓现奉省饬,即须查报淋饭,以便呈复等情。各经董等咸谓,淋饭为酿酒之母,近时所酿淋饭,均行并入正缸,有每缸盛放一坛者(俗名带□),外有三四坛并入一缸者,其报数亦在正缸之内,向未另行列报。盖酿酒以淋饭愈多愈佳,并不专酿淋饭,偷捐私卖。即闻有因淋饭过多,而在肆另售者,亦属少数,决难以正缸外而再令□报淋饭之理。无已,惟有混沌随意册报数案,以实具复省署。至其确数,无从核实,势亦不妨,惟必须并入明春报认正缸之内,不得另作正缸,特不过敷衍册报一次而已。多数通过。

末议捐税正划问题,略谓酒类捐税,循旧征收划洋,现奉部覆照准。本分局复于本月二号接奉省公卖局第七十六号布告,实行征划。且查本年各经董解缴本分局印花捐税洋元,悉系划款,并无分文现水,乃各经董在外向各酿户一律勒缴现洋,庶将所有本年已缴印花捐税现洋升水,一律照数发还酿户,以沾实惠。惟闻各经董多有揩不发还及迄今仍然朦收现洋者,倘被省局侦悉,惑被人告发情事,则本分局难辞失察之咎,务希各经董共发天良,所有已收现水查照解缴之日现水市面,照数发还,或解缴分局,由各该酿户向局具领以昭核实而杜藉口。且得免不肖经董留捺揩给之弊等语,无如各经董等利欲熏心,意为一经解局发还,势难从中沾染,金谓由经董自行发还酿户,断不致有朦蚀揩给之弊云云。因亦通过散会。

时已钟鸣五下,现闻各经董等并将第七六号酒类捐税,循旧征划省示匿不揭贴,已收现水,亦不分文发还,且有目下仍收现洋,如单江纯号锦酿户被经董王选之勒收现洋,至起争执者。张干青局长以谓经董如此朦蔽侵蚀,殊属辜负省宪体恤商难之至意。刻据检呈省局核示藉以加惠酿户云。

《越铎日报》中华民国六年十一月三十号

督查印花税委员到差任事

(1917 年 12 月 18 日)

旧绍属办理印花税情形,已数志本报。兹悉绍属印花税每年原派六万五千元。经徐佑长委员劝销后,已认到五万余元。顷闻全浙印花税分处毕处长,以绍属尚未足额。复委徐君为绍属常驻督查委员,以劝销为前提,检查为后盾。现闻徐君奉委后,已于昨日到差任事,拟先从绍县入手,业经会同宋知事遵令办理矣。

《越铎日报》中华民国六年十二月十八日

催缴钱当业捐税

(1917 年 12 月 25 日)

绍兴县知事公署公函,绍兴商务分会会长高鹏、蔡元坚文云:

迳启者,钱当两业捐税,前奉财政厅第二五三号训令,饬催奉经函请贵会转催在案。现在阳历年关即届,前项捐税未经交到,值此解款孔殷之际,无可再称,相应函请贵会请烦查照,迅即转催钱当两业扩捐税尅日缴齐汇解过县,以凭转解。柯桥、安昌两处,并希一律照催,足纫公谊。

《越铎日报》中华民国六年十二月二十五日

屠宰税更变办法

(1918 年 2 月 5 日)

二月二日午后一时,王知事饬号房传征收屠宰税主任王玉堂入衙,令其将屠宰税撤销认捐名目,改为实征实解,每月给薪金十六元,并司事报费等共二十三元,不必另行组织机关,即搬入署内办公。小猪税及羊肉税,亦归王玉堂带收。至孟子香经收款项,饬令移交。若不遵办,即当重办。辞甚严重,查两宰税及羊肉捐,系带征尚德校正谊校之常年经费,今亦欲一纳牵去。王知事对于征税可谓热心任事,不遗余力矣。

《越铎日报》中华民国七年二月五号

绍县房捐将改征现洋矣

(1918 年 2 月 18 日)

绍县房捐征收,向征划洋,已历年所。自王知事到任后,拟改征现洋。人有语以前知事成例概征划洋,于今何得改征现洋,王知事谓:各人有各人办法,不能以前知事征划洋,故遂不容后来者改征现洋云云。目下各商铺正虑商业凋衰,无力维持。今又益以房捐改征现洋,折耗现升,皆不胜其怨恨也。

《越铎日报》中华民国七年二月十八号

房捐改征现洋

(1918 年 2 月 18 日)

吾绍房捐向以征划洋闻,今闻王知事将改征现洋,得非以现洋升水高涨故欤。以今日吾绍商业凋衰,故一旦以划洋征现洋,未免重困吾商人。惟是地方官吏征收捐税,其征收也,为现洋,其解省也,亦必为现洋,则断未有所征为现洋而所解为划洋者。吾人要未可测。王知事此举为肥私计也。虽然,吾人既负纳税之义务,则于官吏解捐于省时不可不注意及之,其解省也为划洋乎?为现洋利?毋曰吾人于纳税外,而不问不闻也。此则吾人对于房捐改征现洋实行后,唯一之责任焉。

《越铎日报》中华民国七年二月十八号

饬警调查印花税

(1918 年 4 月 14 日)

绍兴县警察所薛警佐,昨奉警察所长指令,以绍属各店家账簿印花,现因徐督查员将次莅绍,亟应切实检查,以杜隐匿而维国税。现闻薛警佐奉到令后,已饬巡长孙效□、孔萃庭、何子开、林云生、沈贤遇、王成炳、黄子秀、鲁战阳等信名,先向城区中处分头查验矣。

《越铎日报》中华民国七年四月十四号

漏贴印花遭拘罚

（1918 年 4 月 21 日）

　　绍城各处店家簿折上所贴印花，自督查委员莅绍后，曾经县警所薛警佐派巡长八名各处检查。昌安一带，除多数店家已经照章遵贴外，尚有万丰、南货店等七、八家，由第八分所巡长沈贤遇再三劝导，令其一律购贴。无奈该店家等类皆贪小，迄未补贴。昨经县警所前往实行□查。遂将未贴印花之各店家簿据一律带回，并将各店家店伙拘获一名，听候罚办。兹将被罚各店号及被拘各店伙姓名探录如下：

　　万丰南货店店伙胡克家

　　吴隆昌烟店店伙俞宗谦

　　老同茂酒店店伙丁成昌

　　新号肉店店伙王坤生

　　金记酒店店伙陈其祥

　　协兴哺坊坊伙魏鼎贤

《越铎日报》中华民国七年四月二十一号

检查印花之严厉

（1918 年 4 月 25 日）

　　贪小商家宜注意。

　　绍城各处商家簿折上所贴印花，自督查委员莅绍后，曾经县警所薛警佐派巡长八名，分投向昌安门外、西郭门外、城区大路等处详细检查。各商铺之遭查出者，业已不下数十余家，内有昌安门外万丰南货等六号店家，其店号及被拘罚办各店伙姓名已志二十一号本报。兹又探悉西郭门外俞森号油烛店、聚丰菜饭馆，协成肉铺等家，有于账簿上贴用已废印花者，有竟不贴印花者。此次检查拘得之该三店家店伙各一人，当于日昨由警所判罚十五元释放，以儆效尤而重税务云。

《越铎日报》中华民国七年四月二十五号

罚办印花又一家——新菜馆

（1918 年 4 月 26 日）

　　吾绍自印花税发行以来，商铺簿籍均须遵章购贴，乃查近来各店有违章不贴者，有贪小将用过印花揭下混贴者不一而足，以致全绍之大印花销数不甚畅旺。故省中特派专员分头调查。经该委莅绍后,即由县警所派警向各店铺挨户检查,嗣有昌安门外万丰南货店吴隆昌烟店、老同茂酒店、新号肉店、金记酒店、协兴哺坊,均系舞弊漏贴。业由去警连人带簿拘所罚办,一切详情已志日前本报。兹闻日昨该警查至轩亭口——新菜馆,见其簿上所贴印花系属上年旧色,且无支发行所印章,显系违章取巧营私,当将该铺主带所讯候罚办。旋据该铺供称印花系向某钱庄代买,并非有意违犯等语。薛警佐以印花无论自买代买,总以现贴为主,今暨查获,例必处罚。旋经该铺主再四哀求,姑从宽判罚英洋十元,即行清缴省释云。

《越铎日报》中华民国七年四月二十六日

请奖提倡印花税人员

(1918 年 6 月 2 日)

浙江印花税分处处长毕桂芳以杭州总商会会长顾松庆、副会长王锡恭,宁波商会会长费绍冠,副会长余承谊。绍兴商会会长高鹏,副会长蔡元坚,吴兴商会会长王树枬,以上商会正副会长七人,为商民之望,于印花税实心提倡,养成习惯,裨益新税,实非浅鲜。拟请财政部会同核准呈请大总统传令嘉奖云云。齐省长察阅后已指令照准矣。

《越铎日报》中华民国七年六月二号

警所严查印花税

(1918 年 6 月 2 日)

绍兴警察所前承督查印花税,除委员查办后,查获漏税各店罚办等情,迭志本报。兹悉。该警察所积极进行,不遗余力。日昨又在昌安门内震裕和米店查获未贴印花簿子八本,大遭惩罚。又昌安附郭竹场头、许顺记竹场检出漏贴印花计数张、簿一本,该作主只一寡妇,拘人情恩,罚洋三元,姑得寝事,亦可谓雷厉风行者矣。

《越铎日报》中华民国七年六月二号

漏贴印花遭惩办

(1918 年 9 月 12 日)

商铺簿据须照章贴用印花,曾经官厅一再示谕,不啻三令五申,一般无知商民往往贪小失大,漏未贴用,致被警察查出罚办者,时有所闻。兹复有偏门附郭吊桥下公义泰米店亦因贪图小利,所用账簿漏贴印花。月前曾被县警所巡长孙效膑、楼渭查悉检出未贴印花簿据带回所中在案。昨由薛警佐饬警将该店伙张连英拘入所中,旋经罚洋五元寝事云。

《越铎日报》中华民国七年九月十二日

羊宰税中之近讯

(1918 年 10 月 23 日)

绍兴城区羊肉摊户,祝阿瑞等以羊宰税征收员向各摊户等收取税款,并无财政厅执照,擅出收条,于情不服。于日前派代表羊肉司凌凤祥赴省公署控告,兹将省长批示探录如下:

禀悉。此案即据财政厅呈复,以据绍兴县知事查明祝阿瑞等,每日售羊肉,确系私自宰杀,并非向该户贩买,则原控显系捏饰,意存朦混,所陈该县执照处罚暨饬认宰只,按月纳税各情形办理尚无不合,应准照办。至该征收员擅出收条,有违定章,既经该管县署记过示惩,并将用剩空白,一律截角涂销,并应从宽免其罚议等情。业经指令在案。羊肉摊贩既属自行宰卖,自应照章缴捐,毋再饰词多渎。此批。收据三纸发还。

《越铎日报》中华民国七年十月二十三日

令各县清解屠宰税

(1918 年 11 月 9 日)

绍兴县公署昨奉浙江财政厅通令文云:

以各县屠宰税积欠甚巨,前经财政厅通电催缴后,已解者固属不少,未解各县,尚居多数。兹闻张厅长以此项税款关系国课,自未便任令宕延,爰于昨日通令各县知事,将本年各月份所收数目先行呈报,一面将未缴迅速请解来省,以昭郑重,如再玩延,定即守提。

《越铎日报》中华民国七年十一月九日

漏贴印花遭破获

(1918 年 11 月 9 日)

商家店铺均须贴用印花税,早经迭次通告在案,不啻三令五申,乃一般贪小商民屡次漏贴印花,致遭破获惩办,实属咎由自取。兹悉七号午后,督办印花税徐委员会同县警所薛警佐、倪巡长,在本城东街一带查办,又捉获漏贴印花店铺四家。

《越铎日报》中华民国七年十一月九日

不贴印花又遭罚

（1918 年 11 月 10 日）

旧绍属印花税督查委员徐世保，近日会同县署警所薛警佐，分往各处严行检查印花，业将违章不贴之丁久丰、泰和油烛店、万兴昌肉店、德泰米店（均在东街），查获判罚等情，已志昨日本报。兹悉偏门外大有昌、协丰茶食店、衡源昌、万昌杂货店、长兴酒店、德泰米店、杜同福、同昌、茶聚源等店，所用各种簿据，不贴印花，或虽有贴者，系属已废印花及贴不足数，均违定章，即由薛警佐饬警将前项簿据带回所中，分别判处罚金，以示尽儆而利税源云。

《越铎日报》中华民国七年十一月十日

徐委员严查印花

（1918 年 11 月 23 日）

商家铺户所用簿据应贴印花，早经官厅示谕，不啻三令五申，乃无知商民贪图小利，遂致因小失大，捉获惩办。兹悉，前日（二十一号）印花税委员徐佑长会同第二派出所警佐章莱川，前往昌安街一带查验。又捉获元盛杂货店等七、八家未贴印花之簿据多本带回县警所，分别科罚，以重国税而儆刁顽云。

《越铎日报》中华民国七年十一月念三号

令饬检查印花税

（1919 年 7 月 23 日）

绍兴县警察所近准县公署咨开：案查奉定印花税简章，每届六个月，应将各商铺所用簿折、发票等项，实行检查。现已届期，且查绍邑印花销数日形疲滞，显由各商铺漏不遵贴及贴不足数所致。

《越铎日报》中华民国八年七月念三号

警察严查印花税

（1919 年 7 月 25 日）

商家店铺所用账簿遵照新章，须购贴印花，早经地方官吏暨行政警察出示晓谕，诚不啻三令五申。乃各店家遵章照贴者固居多数,而因循坐误,偷漏不贴者,亦在所不免。本城东街一带,昨经警察第七分驻所巡长孔萃庭向各店家调查,查获未贴印花之商铺鲍家弄口同福昌酒酱店、陈裕源锡箔店、东双桥鸿宝昌油烛店、小保佑桥厚昌衣店、头陀庵前潘万兴酒店、保佑校直街文盛裕锡箔店等簿据,概行带入所中,移送县警所照章科罚,以重税务而儆效尤云。

《越铎日报》中国民国八年七月念三号

漏贴印花遭科罚
（1919 年 7 月 30 日）

商家铺户所用账簿,照章须盖贴印花,早经官厅示谕,不啻三令五申,乃遵章贴用者固居多数,而贪小漏贴,致遭罚办者,亦不一而足。兹又探悉,昌安门外泰生木场等十余家,昨亦因偷漏印花为该处第八分驻所巡长孙效腴查获,送入县警所科罚。闻该本场一家罚款至三十二元之巨,而该伙某甲不自知咎,反向该分驻所争吵,必欲索还簿据,并以曾充某报访员等不堪入耳之言相恐吓,亦可谓无理取闹者已。

《越铎日报》中华民国八年七月三十号

积欠捐费认真催
（1919 年 11 月 1 日）

第五烟酒公卖分局长昨奉烟酒公卖局长通令云:

调查各处积欠捐费,迭经严令清催,并择要分别派员暨先后展限责令协同认真催缴各在案。兹查此项积欠为时已久,一旦彻底查追,深恐各酿有匿避违抗情事,非得地方官协助办理,不足以策进行。除通令各县知事,嗣后遇有分局开单送追之抗缴各户,立即提案严追或随时派警保护,藉资协助,并分行各区分局查照外,合行印刷令稿令发该分局即便知照,一面仍将积欠捐费,认真查催清解,毋任违玩,致误饷需云。

《越铎日报》中华民国八年十一月一号

检查印花税办法
（1920 年 1 月 31 日）

绍兴县公署训令各警佐文云:

案查本邑印花税票稍数口形短绌,皆由各商民对于买卖货物簿折发票,以及一切人事凭证,漏不遵贴者实居多数,非属行检查,不足以利推行而裕税源。仰该警佐遵照迅派干警切实检查,倘有漏未贴,或贴不足数及将贴过印花揭下再贴者,一经查实,务须从严处罚,不稍宽贷。惟不得纵警索扰,致干咎戾。切切此令。

《越铎日报》中华民国九年一月卅一号

增加印花岁入额

(1920 年 2 月 5 日)

浙省印花税收入定额每年四十万元,兹闻省长公署昨接财政部电,以印花税岁入额,现经国务会议议决,一律增加二成。浙省每年应增八万元。又增加婚书印花税八十万元。浙省应增四万三千元,浙省总共年计五十三万三千元等情。业经冯代省长令饬印花税分处酌量分配,另定此额通令各县知事,切实办理,以裕税收云。

《越铎日报》中华民国九年二月五号

检查印花税办法

(1920 年 4 月 21 日)

绍兴县公署训令各警佐文云:

案查本邑印花税票销数日形短绌,皆由各商民对于买卖货物,簿折发票以及一切人事凭证,漏不遵贴者,实居多数,非厉行检查不足以利推行而裕税源。除布告商民依法购贴,并分令各警佐认真检查外,□□令仰该警佐遵照,迅派干警切实检查,倘有漏未粘贴或贴不足数,及将贴过印花揭下再贴者,一经查实务须从严处罚,不稍宽贷。惟不得纵警索扰,致干咎戾。切切此令。

《越铎日报》中华民国九年四月廿一日

印花税罚金何重

(1920 年 5 月 16 日)

四月二十六号漓渚警察所有开至盛塘大船一艘,派选警察十名,肩荷快枪,声势汹汹,直如捕盗,挨户遍查,乱翻乱倒,一般商民均敢怒而不敢言,被其掳去簿子共四十四本,内贴足印花,被掳者亦有十余本,□□昨该所又特派警分头催领,每本各罚洋五元,限五日内交清,逾□要出拘单押缴云,向其索取催单一看之后,不肯留下云。系该所警佐交代出来者,查印花税法第八条应贴印花数目罚贴印花百倍计算,每本不过罚贴印花二元,安有每本罚洋五元之理。说者谓去年该巡亦被搜去簿子七十余本,曾每年罚洋五元想其已有成案。

《越铎日报》中华民国九年五月十六号

调查印花罚角子

(1920 年 5 月 19 日)

绍属安昌西市驻扎分驻所巡长,日前带同巡警往马鞍乡搜查各商号印花,查□祥艮楼、王顺昌酒店,又□阿根杂货店及周阿法、徐傅根等各店簿据,均无印花。当将各簿□□。旋由该商号托王代恳出洋五十角了事。又八字桥韩裕昌酒家,漏贴印花亦被该巡长张某查出,由该店主托成裕庄张店主说情,罚洋五元。又沙地王阿福酒店□罚洋五元寝事云。

《越铎日报》中华民国九年五月十九号

给领牙帖之复咨

(1920 年 5 月 27 日)

周议员廷杰质问□于绍兴县知事转请财政厅给领日新元茧行牙帖事项。查日新元茧行系先经核准,续因□前定取缔茧行条例,规定里数抵触撤销。至上年条例废止后,复行缴捐,由财政厅给帖开设,并非新设。至设行地址是否应属萧山县管辖,已令财政厅转县查复,俟复到再行核办云。

《越铎日报》中华民国九年五月念七号

警察严查印花税

(1920 年 6 月 1 日)

商家店铺所用簿据,须遵章揭贴印花,明目张胆官厅谆谆告诫,诚不啻三令五申,乃其间遵章实贴者固居多数,而贪小失大,隐匿不贴,或贴而不盖戳记,或浮贴不实,种种弊窦,不一而足。本县警察所长有鉴于此,特于前日派城区各巡长分路调查,将未贴印花之账簿概行拿去。现在是项簿本送入所中,已不下千余本。间每本罚洋须在十五元以上云。

《越铎日报》中华民国九年六月一号

当票贴印花近闻

（1920 年 6 月 19 日）

四元以下当票贴用印花，迭经展缓至本年六月末日。又届期满。兹闻省公署昨准财政部来咨，续据典商请求展现。已批准，再予展缓一年，至民国十年六月末日为止，以示体恤云。

《越铎日报》中华民国九年六月十九号

搜查印花之严厉

（1920 年 7 月 2 日）

曹娥、东关等处市廛繁兴，商铺所用各簿印花，有未贴足者，有已贴未曾盖印者，兼有未贴者。前日（二十七号）经印花税督查足派姚某至东关会同该处警所巡士，将各商店簿子搜去三百余本。曹娥搜去一百七十余本。闻两处照章须罚一千元之款。现由东关商会会长胡镇藩、曹娥商务分会会长陈保贞二人，向该警佐翁骏业及调查员姚某疏通，由两商会出面向被罚各商号抖洋二百元，以作罚金了事云。

《越铎日报》中华民国九年七月二号

派员守提印花税

（1920 年 7 月 7 日）

浙江全省印花税分处长毕畏三君，因迭奉部电，催解浙省印花税，以济中央急需。昨特委派本处督查员俞荣庆等六号驰赴宁绍台各县公署守提六月份征存税款，尅日解处，以便汇解财部。闻各委员定睛地今日省首途云。

《越铎日报》中华民国九年七月七日

屠宰税决定变更

（1921 年 4 月 17 日）

绍县屠宰捐税因按月认捐，出自猪肉业董事等损人利己，致为少数小肉铺反对，以此项按月认捐之议案，有大铺多宰少捐，小铺少宰多捐之弊。呈请县公署及财政厅变更办法，旋经财政厅规定，本年一月一号起，应变更为照屠宰只数征收，并将此项办法达部通令在案各节，曾迭志本报。兹闻此项捐税征收员仍以按月认定之额数，向各肉铺征收，因而反对认捐之童刚记

肉铺等又复向县公署及财政厅呈诉。现得财政厅批示,系决定认捐无效,兹录该批如下:

此案前据该商来禀,当经令行绍兴县知事查明复夺在案。据呈前情,是否该县屠宰税征收员征收此项税银,果有违背通令,并不照只征收之处,仰候令饬该县知事并案查发,以凭核夺。此批云云。

《越铎日报》中华民国十年四月十七号

省委来绍查印花

(1921 年 5 月 17 日)

各商家其注意

绍兴县公署昨出布告云:

为布告事。本年五月四日,奉印花税处第七号训令内开,案奉财政部训令内开,案奉财政部训令,以检查印花时期改为每年五月及十一月,两次举行等因。曾经通令遵照在案。现在届检查之期,自应遵照部令办理,除训令督查员驰赴该县会同检查外,合亟令行该知事即便遵照,先行撰就布告分贴城乡各处,俾众咸知,一俟委员到境,会同查出,定即照章处罚不贷,其各凛遵毋违切切,特此布告。

《越铎日报》中华民国十年五月十七号

典业印花展期之省令

(1921 年 7 月 4 日)

典业印花,因关贫民生计,曾经全浙典业公会呈,以当票四元以下,贴用印花,请求从缓办理等词。陈请省长准予展期在案。兹闻沈省长以浙省连年迭被灾侵,民生困苦异常,贫民专恃质典,以资周转。典汪满货拥挤,困难情形更甚,若取消前案,改照一元以上贴用印花,负担加重,更难支持。自属实情。除令行印花税处通令各县,仍照旧办理外,一面已电部核办矣。

《越铎日报》中华民国十年七月四号

严令催解印花税

(1921 年 7 月 9 日)

绍兴县公署昨训令城乡各警佐云:

案查印花税票,前经本公署陆续发给,各警所分销在案。现截至本年六月份止,除已缴、未缴外,各所欠缴税款为数甚巨,迭奉印花税上令电催解,急如星火,不容销缓,除分别令催外,合亟开单,令仰该警佐查照单开银数,尅日呈解来署,以便转解,毋稍片延,至干委催,切切此令。计抄清单一纸。中华民国十年七月,知事余大钧。

《越铎日报》中华民国十年七月九号

关于督查绍兴县印花之函牍
(1921 年 11 月 7 日)

绍兴县印花税为自称杭关监督公署统计科科长兼全浙印花税处督查员张荫槐,率警向城区大街各商家非法搜查勒罚,致商场震恐,群情愤激,几酿罢市风潮,赖县知事会同商会出面维持,剀切劝导,人心始定。经省议会议员范康保等向省长公署提出质问书一节,已志前日(五号)本报。兹觅得省长公署复范议员等原文,照录如下。浙江省长公署咨复省议会云:

本年十一月一日,准贵议会咨送范议员康保等提出关于印花税督查员张荫槐率警索诈商家事项质问书一件,咨请查照答复等由。准此,查督查员检查印花,按照规则应于督查员出发以前,将日期呈明省长,转饬所属知照,以资接洽。该督查员所至各地,方准先期招集该地商民演说、劝导,于印花办法务令明白周知。又商民单票簿据有不遵法贴用印花者,经查出后,应知照主管官署,按照印花税法罚金执行规则办理各等语。兹该督查员赴绍兴检查印花,并不按照规则次第办理,辄带同警佐,种种索扰,甚有殴打拘逮店主情事。如果属实,殊属违法,究系如何情形,除令行印花税处澈查议处,呈候察夺外,缘准前由,相应咨复贵议会请烦查照。

《越铎日报》中华民国十年十一月七日

斗门警察查印花
(1922 年 4 月 4 日)

绍属禹门乡斗门各商店之簿据,向来贴印花者少,因省小费故耳。昨日有城警所派来抽查是项簿据,如高□昌、普昌等店,多未贴全。该警将漏贴印花簿本,随身带上,未知薛所长如何惩罚也。

《越铎日报》中华民国十一年四月四号

印花税督查员莅绍检查之布告
(1922 年 11 月 17 日)

绍兴县公署布告第二二四号

为布告事。本年十一月十三日,奉印花税处第九五号训令内开,案奉财政部训令,以检查印花时期改为每年五月及十一月两次举行等因,曾经通令遵办在案。现届检查之期,自应遵照部令办理,除训令督查员驰赴该县,会同检查外,合亟令行该知事即便遵照,先行撰就布告,分贴城乡各处,俾众咸知,一俟委员到境,即行会同检查,毋稍违误,切切此令等因。奉此,除遵办外,合行布告阖邑商民人等一体知悉,尔等如有未贴印花税票之契约簿折及各种人事凭证,务各依法购贴,倘再贻误,一俟委员到境,会同查出,定即照章处罚不贷。其各懔遵毋违,切切。此特布告。知事顾尹圻。

《越铎日报》中华民国十一年十一月十七号

绍县设立财政公所之省闻

(1923 年 3 月 21 日)

财政厅长张寿镛以年来绍县征收太不起色,现已订立章程,将绍县原有之财政科,改为财政公所,即以绍县知事为征收督办,另委人员为会办,专司其事,并由绍兴中国银行派一人员保管所取之现金,以杜督办挪用之弊。绍县会办已委财政厅制用科员吴泽基(吴兴人)充任,并饬即日到差,从事整理云。

《越铎日报》民国十二年三月廿一日

啸唫乡印花罚款

(1923 年 10 月 18 日)

绍属小金乡街上各商铺簿折印花税,于日昨午后由孙端警所陪同印花税稽查员施荣福(江苏嘉定人),向各商店挨户检查箔折、印花,竟有贴足未加盖红印者,或有贴而未完全手绪者,惟簿折八本,折子三个,均被拿去,勒令按章处罚洋一百元云云。嗣闻该商店等因小本经营,势必吃苦,情急挽商陈奎庭、孟静轩、阮维葆等向冯楚材恳该稽查员施某说情,从轻处罚,计开:恒丰成(印掉失贴)簿一本,罚洋四元;章茂兴(印花已贴未印)簿四本,罚洋六元;聚兴染坊(印花手续不全)簿三本,罚洋七元;恒顺泰同春堂胡庆记折三个,共罚洋三元。以上簿折取回了案。

《越铎日报》中华民国十二年十月十八号

漏贴印花被查获

(1923 年 10 月 23 日)

昨(二十一号)绍兴县警察局长薛瑞骥派警来墟调查印花,挨户查验,其中遵章贴足者,固属不少,乃取巧漏贴者,实繁有徒,计被查获者章德昌南货店二本,得意楼饭铺七本,豫丰水果店一本,均益磨坊一本,某饭铺(因无招牌)一本。其中章德昌与均益磨坊当各罚小洋四十角,簿已领去,余均尚未了结云。

《越铎日报》中华民国十二年十月二十三号

认购屠宰税先声

(1923 年 11 月 10 日)

城区公民阮贻康昨日禀请县署认办屠宰税,愿备保金请求委任,县署未悉能否准予所请,容探续志。

《越铎日报》中华民国十二年十一月十号

省委调查簿印花

(1924 年 1 月 19 日)

昨(十六号)浙江省征收委员俞廷尧带同东关警察一名,赴道墟调查簿印花到埠后,当由该乡乡警施六十领导,挨户查察,其中照章贴足者,果属不少,而取巧漏贴者,实繁有徒,计被查察处罚者,有章庆记杂货号收账折四本,罚大洋五元;张顺兴肉铺浮贴簿四本(因已贴而不盖印者,谓之浮贴),罚大洋五元;洽丰南货号账簿一本,罚大洋一元;足□粥店账簿一本,罚大洋一元。此外得侥幸免脱者,约尚有四五十家云。

《越铎日报》中华民国十三年一月十九号

催缴钱当两业捐税之财政厅训令

(1924 年 2 月 23 日)

绍兴县知事昨奉财政厅令云:

案照财政部核定浙江省征收当帖捐税暂行简章第五条载,各当应完税银及架本捐银,统限于当年十二月内清完,届期务各缴由该管县知事汇解财政厅。又钱业捐输简章第三条载,前项钱捐限于当年十月清完各等语。兹查民国十二年,各县钱当两业应完捐银,均早逾完纳之期,而解到数目甚属寥寥,合函令催,仰该县知事,迅即分别捐项催令,即日缴纳,开具清折案解来厅,一面仍遵迭次训令将钱当两业欠缴历年捐税,一并严催清解,毋稍违延云云。

《越铎日报》中华民国十三年二月二十三号

催解当钱两业捐税之厅令

（1924 年 3 月 6 日）

绍兴县顾知事昨奉浙江财政厅训令云：

案照财政部核定浙江省征收当帖捐银暂行简章第五条载，各当应完税案及架本捐钱，统限于当年十月月内清完，届期务缴由该管县知事汇解财政厅，又该业捐输简章第三条载，前项钱捐限于当年十月清完各等语。兹查民国十二年各县钱当两业应充捐银，均早逾完纳之期，而解到数目甚属寥寥。合亟令催，仰该知事，迅即分别捐项，催令克日缴清，开具清折汇解来厅，一面仍遵迭次训令，将钱当两业欠缴历年捐税一并严催清解，毋稍违延云云。

《越铎日报》中华民国十三年三月六号

近日在绍两省委

（1924 年 6 月 20 日）

（绍兴）绍属牙帖委员，已由财政厅委派蔡雨岩在案，近闻已于前日由甬来绍，即晚谒见姜知事、吴会办，现寓浙绍旅馆，大约有半月之耽搁。又印花税处特派委员施荣复来绍，催提印花税款，亦于前日到绍，不日即须返杭云。

《越铎日报》中华民国十三年六月二十号

派员来绍整顿印花

（1924 年 6 月 22 日）

（绍兴）县公署，前日由浙江印花税处，派施荣复前来调查印花销数，以资整顿，现已会晤姜知事，筹商办法，当于昨日函知商会，请为设法整顿，俾图推广云。

《越铎日报》中华民国十三年六月念二号

招商认办各杂捐

（1924 年 8 月 24 日）

（绍兴）本邑渔捐、船捐、水陆捐、丐捐，前由县会议决，归参事会直接征收，以资整顿。兹闻参会方面已议定将前项杂捐，分别招商包认，通告商人，限十日内来会接洽认缴云云。

《越铎日报》中华民国十三年八月念四日

箔捐将归商办

（1924 年 10 月 4 日）

（绍兴）杭绍萧箔捐，向有巨商徐姓认办多年，自去岁省署收归官办后，一般箔商，吃苦不少，此次政局改变，新督莅任，闻有商人某某等，向财政厅认包，仍旧收归商办云。

《越铎日报》中华民国十三年十月四日

杭绍萧箔捐将归商办

（1924 年 10 月 27 日）

（绍兴）箔捐局，自归官办以来，箔商受苦不少。此次省局改变各处税□，一律改革。闻有巨闻徐瑞樛，系九章箔庄东，以十万金，向财政厅应包就杭绍萧三县箔捐，现该局办事人员，大批均须更调，谅不日即可交卸归后任接办也。

《越铎日报》中华民国十三年十月二十七日

印花税处催解税款

（1924 年 11 月 12 日）

绍兴县署绍兴商会暨经售印花之各机关，昨奉浙江印花税处沈处长函，略谓前奉令饬按月将税款拨解军饷，军兴以后，税收停滞。现奉督令催解，急如星火，望迅将所售税款，扫数赶解，以济军需云。

《越铎日报》中华民国十三年十一月十二日

伙受印花罚则之商家

（1924 年 11 月 22 日）

此次印花税检查员到绍，仅城区一隅，三天之内，竟搜得漏贴印花及贴用已失效印花之簿据三百余本。城区商人见闻比较为广，知识亦较开，三天又是最短的时间，检得应罚簿据之成数已足骇人，加以时日，其在偏僻见闻较狭，不知印花税法和旧印花废止及兑换期之商家，应课罚之成数，当不知凡几，此虽一小事，然亦足证吾绍商人对于一切事情的疏忽而不注意了。

据记者所知，此次城区商家被检去之簿据，大半因贴用已失时效之印花票，此种印花，省署曾令商会通告各商家截止本年二月末日作废。三月份起一律改用新印花，其有剩余者，得向商会兑换新票，绍兴商人多不喜看报，故是项通告，大半没有知道，致被课罚而懊悔，贪小疏忽，可是已来不及加贴或改贴了。

大凡一个人受了罚，总不愿意下决再受，这是古今东西无论谁人都是相同的，此次绍商受了检查员的罚，拿出了钱，还担个违法偷税舞弊的罪名，那一个不在暗地祷告，希望下次再不会有这种事情在我们店里发生了。就是再不贪小和不注意看报了。亡羊补牢，犹未为晚，望我绍地商人工作余暇，看看报纸，研究研究商余上的常识。

不过记者有一点意见要告诉施委员，绍地商人的锢塞，已如上述，此次违犯印花税法，实非故意，也非贪小。乃是商人消息不灵，不知另有新印花税颁发，其原存印花税的无效了。且绍兴叠受时局影响，商业非常萧条，亟应维护恢复，决禁不起重罚，甚望施委员能体恤商艰，曲予原谅，薄惩以警后来，那么，商界方面，就受惠多了。

《越铎日报》中华民国十三年十一月二十二日

关于处罚漏贴印花之函牍

（1924 年 11 月 30 日）

（绍兴）县公署函商会云：

迳复者。案准贵会公函，以此次施委员到绍检查印花，于各业箔据贴用旧印花者，均与违章漏贴者一概处罚。既与原案事实不符，其办法殊不公允，函请转致施委员，除漏贴者应照章处罚外，其已贴售印花而受处罚者，应将罚金醒数返还等由。准此，查此次检查印花，有无违章漏贴，或贴不足数，以及揭下重贴等情事，并未准施委员函知者署，致各业簿据，以当时新票未奉发到，仍暂贴用旧印花税票，确经贵会函知敝署有案，是此项暂贴旧票者，虽不合法，情尚可原。应即暂免处罚，但旧税票现已无效，所有施委员此次查送贵会之箔据，如系贴用旧票者，应责令一律换贴新票，以免纷歧，而示体恤。兹准由前，除函知施委员外，相应备函复请贵会查照，至纫公谊。（下略）

《越铎日报》中华民国十三年十一月三十日

呈请续办五区广告捐

（1926 年 3 月 13 日）

（绍兴）绍属广告公司，上年因征收广告捐，异常减色，业经呈请警务处，于一年认办期满后，照章发还保证金，实行停办等情。早志本报。兹悉商人徐梦飞等，已查具呈警务处，俟原商认办期满，准予继续接办，不知能否邀准也。

《越铎日报》中华民国十五年三月十三日

绍属督查印花员已委定

（1926 年 3 月 14 日）

（绍兴）浙江印花税处，向例于春秋两季，委派各属督查员，以冀整顿税收，奉此委者，无不视为饭票，其好处虽不及财政厅之查牙帖，烟酒局之查酒缸，盐运署之查酱缸，而谋夫亦复不少，盖总有几个钱可捞也。每届热心任事者□有，而向商界骚扰者，则指不胜屈，故商人视此项委员，称之曰饿虎式，而各县知事，便多一麻烦事。昨据报告，此次印花税处长沈铭，已循例发表委员四人，宁绍属为单亚藩云。

《越铎日报》中华民国十五年三月十四日

城区普查直接税，临、安、柯设立分驻所

（1946 年 5 月 11 日）

（知行社讯）绍兴直接税局为控制乡区税源，增裕库收起见，兹在临浦、安昌两地，设立查征分驻所，并调派该局股长姚泽降，税务员王乐平，分别为该所主任云。

（知行社讯）绍兴直接税局，近派大批调查人员，分组出发，普查城区第二类薪给报酬及第三类存款利息所得税，并催缴房屋租赁，暨饬报第一类营利事业所得税云。

（经济社讯）绍兴直接税局为便利乡区各商号报缴营业税起见，特设立安昌、柯桥二分驻所，并经派定税务员王乐平、席德麒为主任。凡安昌、华舍、下方桥、马鞍、斗门、三江、安城、袍渎、松陵、则水牌、阳嘉龙、陶里、党山等各乡镇均划归安昌分驻所管辖。柯桥、阮社、钱清、东浦、漓渚等各处，划归柯桥分驻所管辖。嗣后各该处商人申报营业税，可直接向该二分驻所报税，毋庸再跋涉来城云。

《越报》中华民国三十五年五月十一日

平允商民负担，营业按实课税

（1946 年 7 月 3 日）

浙直税局已准饬绍局，不得以凭空估计横加

（本报讯）本县旅栈、转运、酱酒等各商业同业公会及职员代表，先后向商会陈述关于绍兴税收比额之不公，营业税不按簿记平空增加，及薪给所得连主副食并计课税，营业牌照税之超越取缔范围等等，昨商会理事长陈笛孙，因公出席省商联常会之便，顺道晋谒浙江区直接税局杜局长，答谓营业税除商号无账簿可稽，得迳行决定外，均应以实际营业为准，不得横加，允为转令绍局注意，至于薪给所得，如习惯上确为店主供应者，当可不予并

计其比额一层,省局与分局均因受中央分配之限制,但仍以实际为课征标准。至营业牌照税超越取缔范围一层,并经陈理事长请由商联会提案分呈财部、省府予以修正。

《越报》中华民国三十五年七月三日

直接税局已奉令开征综合所得税

（1946 年 10 月 3 日）

各乡镇将设联合申报委会

（本报讯）本县直接税局,近奉浙江区直接税局转奉财政部命令,即日开始征收综合所得税,是项所得税之征收,凡三十四年以后,有各类收入之一种或二种以上者,得合并其所得,课征三十五年度综合所得税。本县直接税局奉令后,适值乡镇并缩之际,一时无法展开,一俟和乡镇改选就绪后,即在该乡镇公所所在地,成立各乡镇联合申报委员会,办理申报暨课征业务,其人事直接由局指派,详细组织情形,该局刻止在计议中,容后探载。

《越报》中华民国三十五年十月三日

契税明天收件,营业税定期先行申报

（1946 年 10 月 4 日）

（越光社讯）本县捐税处征收课长陆长潘对本社记者谈,此次徐处长接收税务后,对于业务一切大致整理就绪,关于契税部份,为便利人民投税起见,业决定于本月五日开始收件,营业税同时决定于本月七日先行申报。

《越报》中华民国三十五年十月四日

锡箔市面太好了！货税估价将予重订

（1946 年 10 月 21 日）

于法有据,税局拟断然处置

（本报讯）本县所产之锡箔,纯系迷信用纸,对地方社会,毫无利益,唯因本县二十余万箔工,赖以为生,箔税加重,影响箔工生计,故特准减低税率,以轻负荷,详情曾志本报。兹悉,近来本县锡箔,外销甚畅,价格日趋上涨,已超过货物税局估定课税价格之上,据该局负责人谈以此迷信用纸,因畅销而乘机抬价,并不能使箔工获利,仅少数财主,从中取得利润,如此情形,既不为众,徒饱私囊。该局将断然处置,引据"凡就地某物价增至估定价格四分之一以上者,得由所在地之货物税局提高估价课税"之货物税法,重行估价,课征箔税,课征税款,以裕国库,一面并将报请浙江省区货物税局核备。

《越报》中华民国三十五年十月二十一日

箔商报验统税应提供登记证

(1946 年 10 月 23 日)

(本报讯)绍兴直接税局,现在本县箔类统税,开始征收,各箔庄验统税时,多数因能遵照规定,以住商牌号登记,但假借影戤,任意化名登记,以图取巧者,亦属难免。至于行商则登记之姓名,真伪莫辨,行动既无定址,又未办理保证报缴所得税之手续,如此则诚实之住商,负纳税之义务,而刁黠商人,却可无须负税,实失公平之道,该局为维护住商,并期负担公允起见,爰经规定,凡箔庄报验统税,应向货物税局提供住商登记证,以本店牌号办理手续,如为行商,应先向直接税局办理行商登记,领取行商登记证后,方可报验统税,否则,货物税局不予接受办理。闻该局已令知各箔商,并函请绍兴货物税局照办。

《越报》中华民国三十五年十月二十三日

上年度所利得税不准豁免

(1946 年 11 月 23 日)

(本报讯)本省出席全国商联会代表,前在京于蒋主席召见邀宴时,曾面陈工商业之困苦,请准豁免三十四年度所利得税一案。兹悉本案由国民政府发交财政部核办,该部业于昨日电复省商联会,略以"营利事业,须至年度终了结算盈余后,方能计算所得利得,故每年度营利事业所利得税之课征,依法系征收各上年度营业之所得利得,前颁收复区直接税征免办法,规定营利事业所利得税,于卅五年一月起征收,即指以各业卅四年度营业之所得利得,缴纳卅五年度应征之税,至前卅三年度之所得利得计征,已在豁免之列。各业在三十四年度获有所得利得者,本年自应依法申报缴纳,其无所得利得之营业,如申报后,经税局派员查账证明属实,自当不予课征,至战时在后方之营业,历年均经依法缴纳所利得税,抗战胜利,社会经济日趋正常,尤应依法纳税以符功令云。"

《越报》中华民国三十五年十一月二十三日

所得税审查委会明日邀各业会议

(1946 年 11 月 24 日)

税局令照常办理申报事宜

（本报讯）本县所得税审查委员会，前经该会委员谈话会决议，定于明日（二十五日）召开审查会。该分局业已分函各审查委员查照。又该局为便利审查会之咨询，并已分函本县各主要商业同业公会，届时推派代表一人参加。

（本报讯）本县三十四年度所利得额之申报期限，前经所得税审查委员会提请税局，展期于今（二十四日）截止，而此申报最后日，适为星期日。兹悉该局为使各商号尽量申报，以凭核实课税计，今日仍照常办公。

（本报讯）本年直接税，预算巨大，责任綦重，而以第一类营利事业所利得税，因简化稽征进行迟缓，致各局纳库数字，距预算数额相差甚远。兹本县直接税分局，近奉直接税署电令加紧办理，略以"营利事业所利得税，为重要税源之一种，惟以简化稽征进行迟缓，各局纳库数字与预算相差悬殊，亟应加紧办理，俾利税收。沪市各业各商税额，已由该市审查委员会审定通过，近正踊跃申报，税款即可纳库，其未参加商会公会之各户，亦限于十一月五日前办竣，全部稽征即可完成，其余南京、苏州、镇江各地，亦正提前报缴，进行迅速。现年度瞬将终了，税款催缴实不容再缓。该局应即集中全力，加紧赶办，务仰于本年十二月底前缴清税款，完俾预算"云。

《越报》中华民国三十五年十一月二十四日

本县卅四年度所利得税尚须与省方商讨

（1946 年 11 月 26 日）

（经济社讯）绍兴直接税局，为解决三十四年度所利得税问题，特于昨（二十五）日上午九时，召开所利得税审查委员会，出席委员金鸣盛、陶春煊、李锡全、俞康、陈笛孙，列席直接税局长陈恭寅、稽核主任杨全生、第一课长何志成、课员傅秉廉及各业同业公会代表方文荫等二十余人，主席金鸣盛。开会如仪，主席报告，略谓本会原定今日举行审查三十四年度所利得税之分配数字，因昨日省商联会理事长金润泉来电，邀陈理事长笛孙、陈局长恭寅赴杭，于二十七日共同商讨后，再行召集审查。陈局长报告对三十四年度所利得税调查经过，现在绍兴全县已减为六亿元，并对六亿元数字之求得，及城区与乡间之分配，但商业代表方面以此庞大之数目，总难负担，尚拟请求减免，最后由主席发表结论，由陈理事长与陈局长赴杭洽商后，再行讨论决定，旋即宣告散会。

《越报》中华民国三十五年十一月二十六日

直接税局电知年底一定要缴

（1946 年 12 月 5 日）

（本报讯）绍兴直接税分局，为求查征税额，切合纳税能力，而期恤商裕库起见，经由该局召集各据点分局长,并请各地县市商会代表提供意见,对各地应征税额,切实调整,各商号就应纳税额,仍应依照简化稽征办法计算所得课税,并应于本年十二月底,扫数纳库,以便完成年度结算,该局特于昨日电请各商业同业公会遵照。

《越报》中华民国三十五年十二月五日

五金业营业牌照税财政部批覆不准豁免

（1946 年 12 月 11 日）

（本报讯）本县县商会,昨准省商联会函,略谓五金之营业牌照税,前经该会呈请财部豁免,业已奉到此复,以该业并非民生必须品,与本省营业牌照税征收办法相符,所谓豁免,应毋庸议,特函请转饬遵照。

《绍兴新闻》中华民国三十五年十二月十一日

各业营业税彻底办理务做到实查实征实解

（1946 年 12 月 13 日）

（本报讯）省府自订定各县财政收支系统后,各县营业税,已划归地方,由县税捐稽征处负责征收,其所得税款,分配省县,以作经费。兹悉,省府以属境各县征收营业税,多未合予要求,财政厅长以此事有关整个法规,如不能彻底完成,影响财政方案,实非浅鲜,昨特函请三区专员郑小隐,协助办理。兹探录原函如下:(上略),营业税关系省县财政,现正督饬各属,遵照税法,积极查征,至祈鼎力协助,督饬各县切实办到实查、实征、实解,务期务除摊认、包征等陋习,以昭公允,(下略)专署准函后,将转饬所属各县切实办理。

《越报》中华民国三十五年十二月十三日

所利得税限期缴纳

（1946 年 12 月 14 日）

（本报讯）本县三十四年度所利得税,前经本县所得税审查委员会审查通过,兹闻直接税局对于各商号应纳税额,业已分别填发查定通知书,限期缴纳,并定本月十八日为最后纳库期限,逾期不缴,将依法送请法院处罚。

《越报》中华民国三十五年十二月十四日

财部派员到绍抑制武装走私

（1946 年 12 月 14 日）

（本报讯）本县箔类税，自本年七月一日起，划归货物税局征收国税后，以其迹近迷信，中央为寓禁于征，将税率提高至百分之六十以后，致引起一般武装阶级之偷税企图。自近月来，每至夜半更尽，整载车轮，偷税出境，以低价向外地倾销，因此之故，不特影响国税收入，而于正当箔商对外贸易，亦大受打击。货物虽曾呈请当地三区保安司令部，饬属协缉，更派出大批缉私员警，从事严缉。然以武装偷税，设果予以强制抑遏，深恐引起冲突，酿成惨果，致迄无相当办法处置，惟为维护税收暨保护正当箔商对外营业计，不得不采取积极措置。货物税局袁局长，在无办法下，乃于日前晋省面请处置良策，省区局为慎重起见，复电请中央财政部税务署选派大员，该署科长程鹭予，暨督导田治等至省，在省一度商讨，于昨（十三）日下午，偕同来绍，将在绍商定积极抑制武装偷漏箔税办法，以裕国课。

（又讯）浙江区货物税局，前以本县税收旺征时期已届，特派督导骆正葵来绍督征。兹以本县酿造绍酒编查酿缸已分别派员出发，为明了酿缸编查情形。昨（十三）日特派该局科长张履政来绍视察。

《绍兴新闻》中华民国三十五年十二月十四日

箔酒烟防走私

（1946 年 12 月 15 日）

（本报讯）本县近来箔类武装走私之风甚炽，且酿酒时期又届，财部税务署暨省区货物税局，为商讨防止箔类走私善策，及明了本年酿酒情形，前日税务署特派科长程鹭予、督察田治、省货物税局特派督察骆正葵、科长张履政等来绍视察税收，及明了酿酒暨商讨防止箔类走私办法等消息曾志昨日本报。

《绍兴新闻》中华民国三十五年十二月十五日

财政部粮商营业税准予继续免征一年

（1946 年 12 月 15 日）

箔铺业营业税仍应依法照缴

（本报讯）本县粮食业公会，前以本省恢复征收粮商营业税，间接影响民食，曾经发起联合各县镇粮商公会，在省集会商讨，并经推定严理事长等晋京请愿，要求豁免等各情，早志本报。兹闻是案，已由财政部分电各市县镇粮商公会，略罚粮食营业税，业经明令自本年十月份起,至明年九月份止,继续免征一年,仰即转饬知照本县粮商公会,昨已遵电转知各粮商遵照。

《绍兴新闻》中华民国三十五年十二月十五日

锡箔武装走私炽盛,宪兵将驻绍防缉

(1946 年 12 月 17 日)

税务署程科长摇首太息,希望自动觉悟停止偷漏

(本报讯)本县锡箔走私之炽,为历来所未有,且均有武装者保护,致货税局恐引起他种扰乱,未便严加查缉,而专署虽经出示禁止,终未稍杀其势,近闻驻杭宪兵第七团,为维护国家税收,保证正当商人利益,整肃风纪起见,决定派遣宪兵,来绍驻防,协同查缉,日内即将到达。

(又讯)财部税务署科长程鸷予及督察田治等,来绍视察箔酒等税收情形,连日分别巡视箔庄铺酒坊,群研防止箔类走私,昨(十六)日在货物税局,召集该局职员训话。事后据语记者,"绍兴最近箔类走私之风甚盛,不特关系税收,抑且有关正当箔业商人之生计,除甚望偷税之武装者顾全国税暨商人营业自动觉悟停止偷漏外,甚望地方人士共同协助"。谈话时程科长曾摇首太息不止。

《绍兴新闻》中华民国三十五年十二月十七日

财部体恤箔商艰苦,准许记账报缴税款

(1947 年 1 月 5 日)

四日起实行税额至多八亿元

(经济社讯)锡箔为绍兴之特产,沪杭即为运销重心,而运输之前,必须遵章纳税,故箔税一项,系绍兴货物税之主要收入。惟近年来商业不景气,各业陷于崩溃,资金周转为难,故箔业不得不设法改变报税方针,谋外销发展,充裕国产。兹闻箔庄业公会理事长傅岳校,业奉货物税局代电,以箔税改为记账报缴,已呈奉财部核准,并于昨(四)日起实行。兹志办法如下:

一、记账税额,至多至八亿元;

二、记账日期,以每月二十五日截止算结,二十五日至月终为解缴时期,月终必须清缴,不得拖欠;

三、由箔庄商业同业公会觅定银行两家,向税局担保,每一箔庄觅定同业两家,向公会担保,并同业闻可以相互连环保证云。

《绍兴新闻》中华民国三十六年一月五日

营业税定期普查,娱乐捐加紧征收

(1947 年 1 月 31 日)

(本报讯)本县税捐处,对营业税普查一节,已决定三月一日起开始,该处近正在赶备一切,以便如期办理。

(本报讯)本县县政府,为稽核税捐处各分员及各征收员之征项县税有无积压等情弊起见,特派江明显、朱鹏等前往该处,盘查票照,俾免朦压。

(本报讯)本县税捐处,以时届古历新年,各乡哄演灯头戏者甚众,为严密查征,以免偷漏,增裕税收起见,特于昨日举行第五次处务会议,对各分处及稽征人员等,加以指示,应握把时机,以裕库收,并悉县府,亦已通令各乡镇公所暨警察所等,协助征收,俾杜漏税。

《绍兴新闻》中华民国三十六年一月三十一日

防止锡箔走私宪警会商办法

(1947 年 3 月 18 日)

(本报讯)本县箔类,自去冬发生武装走私后,税收大受影响,正当箔商之营业,亦大遭打击,经货物税局一再电请财部转请国防部调派宪兵第七团,于前(十六)日由杭开拔到绍驻防后,昨(十七)日下午三时,宪兵第七团,及三区保安司令部、货物税局、警察局等,为严密防止今后箔类走私,加强共同协缉起见,在三区专员公署,举行箔类缉私座谈一议,商讨办法,出席者计有宪兵队谢明、警察局许开铃、货物税局袁励通、朱亦彰、朱□生、专员公署郑小隐、陈哲闻、保安第九中队李文、主席郑专员小隐。讨论事项:

如何严密取缔箔类走私案。议决:

(1)指定警察局经常控制警士一中队,保安第九中队控制一中队,随时候命出动协助。

(2)责成绍萧汽车公司常备汽车两部征用,以资迅速。

(3)由警察局许局长召集旅馆业负责人谈话,严密防范。

(4)由货物税局派员配合宪兵队服务,密切关系。

(5)货物税局应分送取缔办法与有关各机关参考。

(6)缉获人犯,除有军人身份送请区保安司令部惩罚外,如系普通百姓,概送警察局羁押办理。

(7)所需囚粮及汽油等杂支,一律由货物税局负责供给。

(8)是项办法,定今(十八)日即开始执行。

《绍兴新闻》中华民国三十六年三月十八日

营业房捐普查开始

（1947 年 3 月 20 日）

本县税捐稽征处，自本月一日开始普查城区营业税工作以来，迄今已多日，闻将行查竣，该处复以乡区普查在即，特拟十五日起先行分派干员，前赴各乡镇稽征分处，调查乡区营业税，各分处当应会同协查，并规定出发调查人员应把握时机，其他如向乡镇各商号普查时，绝对不得有籍端需索行为，务使普查顺利完成。

《宁绍新报》第 2 期，中华民国三十六年三月二十日

城区营业税普查短期可望竣事

（1947 年 3 月 22 日）

（绍兴社讯）本县税捐征收处，本年度营业税普查，城区已于一日分八组开始，原定十日完竣，而以地区广阔，商户众多，致未能如期完竣，迄今已民逾两旬。兹悉经该处主管课之督促，已有两组完成，其余六组，亦已调查竣事，刻正在整理造册，最短期内，必可结束。

（本报讯）本县税捐稽征处，城区营业税普查，已将竣事。兹闻乡区，亦已令饬各分处着手调查，俟城区完毕，当再派员往前会同编查及抽查，以期早日竣事。

（又讯）本县税捐处，以运输业之营业税，层奉部令，再予免征一年，其所负荷免征条律者，系为备有运输工具之事业，藉以弥补其战时为国效劳之损失，至普通运输行号，纯系营业性质，并不备具运输工具，亦无贡献国家，依法乃应课征营业税，该处已于日前派员开始编查，日内即可全部查竣。

（又讯）本县税捐处，自去年接办营业税以来，尚有少数商店，自去年七月份起之营业税，迄未缴纳，该处前为杀一儆百计，曾择其尤者，移送法院罚办，而至今未遵奉缴纳者，仍有不少，该处已在着手整理，拟即全部移送法院，依法严办，以肃税政。

《绍兴新闻》中华民国三十六年三月二十二日

去年商人积谷税捐处继续征收

（1947 年 4 月 2 日）

（本报讯）本县税捐稽征处，自奉令代征商人积谷以来，虽经分别填发纳税证，从事举办，惟因事属初创，致缴者寥寥，至房捐项下带征之积谷，因上年□□春夏季房捐，系于十二月间开征，故遵令带缴。秋冬两季收据，现在尚在填写，兹以省令将附收之商人暨房主积谷，一律自本年起停征，该处以三十五年度应征未缴之房主积谷，及优待金，应否继续征

收,抑于奉电日起停征,昨呈请县府核示,县府据呈,以三十五年度应征未缴之房捐项下积谷及优待金,仍应一并继续代征,即令饬遵照。

《绍兴新闻》中华民国三十六年四月二日

综合所得税底数,财部将重予调整

（1947 年 4 月 2 日）

(本报讯)本县商会,昨准省商联会函,以综合所得税一节,前经呈请财部,要求免征或缓征,现已奉财部电复,为综合所得税,前曾订颁规定,凡个人全年所得,综合在六十岁以上者,应予课税。今以物价暴涨,所定数底数,与实际不符,现正拟定草案,呈请立院核定,一俟奉准,即予实施,所请免征或缓征,碍难照准,函请查照。

《绍兴新闻》中华民国三十六年四月二日

商号所利得税不准实物计算

（1947 年 4 月 2 日）

(正风社讯)本县参议会,前以各商号营业结果,数字虽见递加,而存货实际减少,帐面虽有盈余,物资却反短少,曾经第三次参议大会决议,电请财部准予依照实物核定所得税额。兹悉是案,本省商联会亦经呈请在案,现经财政部批覆,以营利事业所得税之征课,系以商号营业结果后之实际所得额为依据,并以实物为计算标准之规定,所请于法无据,未便照准。

《绍兴新闻》中华民国三十六年四月二日

乡区营业税普查税捐处限期结束

（1947 年 4 月 13 日）

(绍兴社讯)本县税捐处,以城乡房捐,急须开始编查,而乡区营业税普查,迄未竣事,致人员不敷分配,业于举办,昨特分令各乡普查人员,统限于十五日前查竣,以便调集全部人员,开始编查房捐。

《绍兴新闻》中华民国三十六年四月十三日

税捐处赶办营业税登记证

（1947 年 4 月 22 日）

(本报讯)本县税捐稽征处,以城区营业税普查,业早竣事,所有营业税登记调查证,正在派员积极赶办,日内均可竣事,凡已申报者,皆得络续前往领取,如有逾期未领,及未办理申请者,该处将予无证营业处分以儆效尤。

《绍兴新闻》中华民国三十六年四月二十二日

直接税局派员赴商会查核各业商店账簿

(1947 年 4 月 22 日)

(经济社讯)三十六年所利得税,各业多已申报,并为便利接洽及咨询起见,商人曾要求直接税局,迁移县商会查帐,陈局长允诺照办,于昨(廿一)日起,调派查帐人员二十四人,分为十二组,由该局秘书何志成率领,实行改在县商会开始查帐,同时陈局长亲自莅会督导,闻各业商店簿册,送会者甚为踊跃,预计每组每日核查帐册一家,至六月底前,可能完竣。

(越光社讯)省直接税局,近为改进征收直接税,特于日前在杭州召集各分局长,举行业务检讨会,闻本县直接税局曾提议,请规定一时营利事业所得税查帐时,应同时稽核各种原始凭证,以利印花税收,当经议定,饬各地分局饬知查帐人员,随时注意,顷该局将通令各县查征所,及分驻所,应转饬所属各查帐人员,随时密切注意。

《绍兴新闻》中华民国三十六年四月二十二日

审查商店账簿移县商会办理

(1947 年 4 月 23 日)

(本报讯)查县直接税局,以三十五年度之各业营利事业所利得税,急须课征,而准县商会等之要求,故决派员至该会,集中各业商号簿据,举行审查。兹闻业于昨日起,该局已派经办人员,全部移至县商会办公,通知各业商号,携同簿据,前往听候审查,并闻商会方面,亦每日排定人员,按次轮流值日,俾便咨询。

《绍兴新闻》中华民国三十六年四月二十三日

各业票据贴现依法仍应课税

(1947 年 4 月 23 日)

(本报讯)本县直接税局,昨函县商会,以奉层令,前据省商联会呈请,为各业公司行号,因周转资金,驳收存款,非如专营者可比,故对票据贴现等之利息所得税,请予免征等一节,而以是项票据贴现,非与金融机关所同,仍应依法课征,不得免缓,令饬转行遵照。

《绍兴新闻》中华民国三十六年四月二十三日

粮食营业税十月起续征

（1947 年 8 月 9 日）

（学垒社省讯）关于粮食征税，前经各地民意机关，以粮食为民生需要，际此劫后元气未复，民不聊生，且各地粮荒又甚严重，会前后电请财政部，永远免征营业税，藉苏民困，业一度免征。兹悉财政部，以该项营业税，于本年九月底免税届满，应即恢复。

《绍兴新闻》中华民国三十六年八月九日

税捐处奉令增加营税预算五亿元

（1947 年 9 月 8 日）

（女声社讯）本县税捐稽征处，自接办营业税后，即奉财政厅令，规定本年度营业税预算为二十亿余万元，嗣经该处遵照预算分配各分处，暨城区各业，在上半年度，似有难建预算之势，旋以物价动荡，各业营业数额，逐渐增加，故二十余亿之预期，正期可能到达。兹闻财厅，近又以收支总预算，赤字虽趋平均，昨已令饬该处，递加营业税预算五亿元，饬如数征足，以求平衡。

《绍兴新闻》中华民国三十六年九月八日

交通营税续免又满，下月起恢复征收

（1947 年 9 月 15 日）

（知行社讯）交通事业营业税，前经奉令续免一年至本年九月底已届期满。兹悉省财政当局，已令饬各地县税处，自十月一日起开征，凡境内行驶之各轮船、汽车、电车、轮渡等公司均须依法向各地市县税处申请登记，缴纳营业税。

《绍兴新闻》中华民国三十六年九月十五日

箔铺业所利得税直税局电催申报

（1947 年 9 月 27 日）

（铎声社讯）本县直接税局，前据箔铺公会，要求所利得税整个解决，实施简化手续以来，兹直税局以本年度所利得税，各业均已办理完竣，而该业迄未将标准计税分户，名册报局，殊属不合，特再电催该公会，迅予申报，逾期则函送法院罚办等语。箔铺公会奉电后，以应缴所利得税,早经评定数额,分段通知缴纳在案。局方催促仍频,未便再事拖延,已于昨分别通知各会员,(箔铺)限于本月三十日以前,照数缴齐,以便汇转。

《绍兴新闻》中华民国三十六年九月二十七日

综合所得税申报各区委员已遴选

(1947 年 10 月 12 日)

(天行社讯)本县直接税局所属各区合所得税联合申报委员会,委员人选,兹悉已由该局分别遴选,并呈报上级机关核聘在卷。兹将各区委员人选分别探志如后:

绍兴柯桥区委员:蒋家灿、杨士标、王磬韵、叶棣华、张晔轩、朱圣闻、陈恭寅。

绍兴东关区委员:单万声、裘味琴、胡廷栋、孙孟山、范锡臣、□章血榕、陈恭寅。

上虞松厦区委员,俞兆康、吕东来、朱汉章、俞国桢、朱宪章、杜正昌、陈恭寅。

萧山临浦区委员:锺倬、孔昭赓、陈乐欢、何祥熙、章乃赓、郭雪正、华剑秋。

余姚周行区委员:陈廷英、池桢干、倪永强、杨虞亮、章公甫。

余姚泗门区委员:谢式兰、韩德明、谢显仍、谢久樵、章公甫。

诸暨璜山区委员:冯惠绥、黄春校、黄沧山、黄元创、黄恒谦、郑耀山、孙家骏。

诸暨牌头区委员:张鼎新、袁兴波、张龙九、周绍斌、陈庭华、黄在中、孙家骏。

诸暨枫桥区委员:骆震、金长刚、余寒英、骆车肇、骆伯森、汪鑫耀、孙家骏。

诸暨姚江区委员:张明、姚少白、姚智荷、陈幼源、孙家骏。

嵊县崇仁区委员:楼定□、裘□□、□□□、王□东、裘翌恺、徐圣寿、余□□。

新昌新昌区委员:俞隐民、康默亭、陈权庄、喻庆年、余寿康。

(又讯)该局近奉令将综合所得税起征点提高至三千万以上后,原拟设置之绍兴斗门平水二区,及上虞、章家埠、小越、余姚、浒山及萧山瓜沥等六区综合所得税联合申报委员会,因税源有限,乃暂缓设置,至本县城区各大户,刻正由该局主办人员严密调查中,闻不日即可分别通知申报。

《绍兴新闻》中华民国三十六年十月十二日

最近十四日中征起箔税四亿

(1947 年 10 月 16 日)

代征以来共收廿一亿,缉获私箔二百四十块

(本报讯)本县锡箔货物税,自本年七月十六日起,由县设立代征所代征以来,截至本(十)月十四日止,共计征起廿一亿七千一百二十五万五千元(计为七月十六日至七月底,二亿四千六百十五万九千元,八月份八亿六千二百七十一万四千元,九月份六亿○一百九十九万三千元,十月一至十四日止,四亿六千〇三十八万九千元)。

(又讯)本县箔类货物税,自本年七月十六日起由县代征后,截至本(十)月十四日止,共计缉获走私箔块二百四十一块零二百九十张,计边王二十四块零一千四百张,边王元一块,的车四十块,普车一百六十二块半,的车元一块,普车元十三块。

(又讯)本县代征箔税,依照代征办法规定,于按月取得纳库证以后,得就近送由绍兴货物税局审核,即可签开公库支票。本县自七月十六日起至八月底之代征经费,由税务署电令绍货物税局垫拨,兹以九月份征起箔税六亿一百九十九万三千元,应得代征经费一亿二千三十九万八千六百元,早经检送纳库证,且数度与货物税局商洽,未得要领,而县库又青黄不接,待用孔亟,昨再函请货税局,迅予□□,以济急需。

《绍兴新闻》中华民国三十六年十月十六日

欠税遭处罚城乡五十家

(1947 年 10 月 17 日)

(当代社讯)绍兴直接税分局,以本年庚营利事业所得税之稽征,已可告一段落,关于证券存款、财产租赁等所得税,现正全力推动,以裕国库。闻城区方面,已派员分组出发调查。

(又讯)该局对于欠缴三十五年度营利事业所利得税,亦在□□整理,分期移送法院法办。兹悉第一批送罚者,已于昨日发出,城区戴万盛等三十余户,乡区洽昌等二十余户,并据该局主管课赵股长告记者,其余欠缴各商号,倘能即日如数解库,当可免予处罚,以示体恤。

《绍兴新闻》中华民国三十六年十月十七日

直接税局核发住商登记证

(1947 年 10 月 19 日)

(越光社讯)直接税局绍兴分局,近奉财政部命令调查发给辖区住商登记,该局当于日前开始办理,并分别派员前往各业商号,核发住商营业登记证,闻城区方面,是项工作已告一段落,最近将展开乡区工作。

《绍兴新闻》中华民国三十六年十月十九日

箔税收数渐短少,把握时期紧催征

(1947 年 10 月 19 日)

(本报讯)浙江区货物税局,昨电令本县锡箔货物税代征所,以所送九月份稽征表,所列箔类块额税收情形，与前次各旬征起数目渐见短少，十至十二月，原为箔类旺销时期，应把握时机，督饬所属，加紧稽征，以裕库储。

（又讯）本县前为加紧查缉箔类走私，曾拟组织宪警联合查缉队，经向省核示后，兹悉浙江区货物税局，昨已电覆到绍，以上海军警联合缉私，已经实施，收有成效，绍兴方面，已无实施必要，惟应会同军警上紧查缉，以裕税源。

《绍兴新闻》中华民国三十六年十月十九日

补救县财政支绌，准开辟特别课税

（1947 年 10 月 21 日）

财部业经订定办法八项。

（知行社讯）财政部为补救县市财政之不足，特制定县市开辟特别税办法一种，内容如次：

（一）县市非因所列各款情形，不必开辟特别税课：（甲）法定收入不敷法定支出者；（乙）有特殊性质税源可资开辟者。

（二）特别税课应由县市政府拟具详细征实办法，提经县市参议会通过，呈请省政府核准施行，并应由省政府转报中央备案。

（三）县市特别税课之收支，应列入预算统筹支配，不得指定专门用途。

（四）县市政府开辟特别课税，不得由左列各款情形：（甲）与中央或地方税课重复；（乙）对人民主要生活必需品课税；（丙）各地方物品之通过税。

（五）特别课税率最高不得超过原税物品价值百分之五，征税物品之价格，由主管机关每三个月公告一次，并报省政府查核。

（六）特别课税，应由县市税捐征收机构直接征收，不得招商保证。

（七）特别税课，不得以任何名目增收附加税捐。

（八）违反特别税课之罚锾，其处罚额最高不得超过应纳之五倍。

《绍兴新闻》中华民国三十六年十月二十一日

酒税递增百分百，酿业请剔除坛价

（1947 年 10 月 31 日）

（本报讯）本县酿酒时期转瞬即届，兹悉绍兴货物税局，对本年十月至十二月（即第四期）税额，绍酒每市斤完税价格为八四、六二〇元，应纳税额为每百市斤一八四、〇〇〇元，而本年第三期（七月至九月）完税价格，则为每百市斤九〇、〇〇〇元，税额每百市斤为七二、〇〇〇元，时仅三月，已递增至百分之一百以上，实际上酒类售价，并不与其他货物剧烈上涨之情形相同,且市上售价,税款虽不并计,而坛价(容器)则计算在内,现在坛价每五十斤装一只,为国币四万元,每百市斤为坛一只,共需八万元,税收当局,于评议酒价时,并不予以剔除,酒税之外,复须负担坛税每百斤六四、〇〇〇元,(系从价征收百分之八十计算),殊于货物税对物课征之原理不合,县参议会为谋繁荣本县酒业,特提出日前召开之第一届第五次大会议决,将陈请税政当局,于评议绍酒税价时,尽量减低,并将容器(坛)价格剔除,以维酿业,而保特产。

《绍兴新闻》中华民国三十六年十月三十一日

请领箔税代征费,应付县财政窘迫

(1947 年 11 月 22 日)

(本报讯)本县锡箔货物税代征所,自本年七月十六日起设所代征以来,截至本年十月底止,应得百分之二十代征费,尚未经领到者,数达二亿八千万元。兹悉县府以最近县库竭蹶,库存如洗,各项支出,迫不及待,公教人员待遇,又亟须调整,需用孔殷,昨特派定财政科科员周叔元,定今(二十二)日晋省,向省浙江区货物税局乞领,要求迅予解拨,以渡县财政难关。

《绍兴新闻》中华民国三十六年十一月二十二日

各法团联电中央,箔类税恢复旧制

(1947 年 11 月 28 日)

俾涸竭地方财政得苏复,在未改制前仍归县代

(政风社讯)锡箔为本县大宗出产,其他虽或有之,惟产量微细,战前由地方管制征课箔类特税,地方教育经费,仰赖甚多。自货物税法颁行,锡箔被列为货物税课征标的之一,并划作中央税收,此于地方财政影响极巨,教育文化事业,因而多陷停顿,形成财政上收支失调,发生极大困难。锡箔虽属商品,究与烟酒等物之全国普遍出产者不同,且地方固定大宗税源,移属中央,又无其他适应税收,足资抵补,其为摧残地方事业,自不待言。参会及地方各法团,曾一再电请,并派员赴京面诉地方实情,一面又由本县籍参政员陶玄,向国民参政会正式提出议案,经通过转送政府,又由浙江监察使朱宗良,向中央建议各在案,兹闻财政部根据各省主席要求,正考虑将烟酒等税,划归地方自办,是锡箔一物,自当尽先归还,俾涸竭之地方财政,得以苏复。县参会以事关本县地方财政,经会同各机关、法团联电中央,重申前请,准将货物税中锡箔删除,并明令准许地方征税,作为因地制宜特税,俾复旧制,在正式改制前,本县征课事宜,自三十七年一月起,仍请归县办理,以免□更。

《绍兴新闻》中华民国三十六年十一月二十八日

箔税继续代征，划归县办不准

（1948 年 1 月 7 日）

（本报讯）本县锡箔，为出产品之大宗，其税向为县财政收入，而自奉令划归国税后，县财政即感困难。嗣经各法团多度请求，始得奉准由县代征，复于上月间，由参会等再度电请财部，要求划为县税。兹闻已奉复电，略为锡箔划为货物税，业已订入条例，前姑准托县政府代征，并从宽提拨百分之二十之代征公费，对县财政已属不无裨益，所请划为县税，未便照准。该会奉电后，昨已分别函知各有关法团查照。

《绍兴新闻》中华民国三十七年一月七日

粮食业营业税沪皖已准豁免

（1948 年 1 月 11 日）

（本报讯）粮食征收营业税案，普遍引起反对，各地莫不纷纷请愿，要求豁免，以苏商艰而利民生。本县粮商，前经决议，推派代表向当局提供理由四点，要求予以豁免，消息已志本报。兹悉皖省及上海市，均由省市政府决定，全部豁免，业已通令知照云。

《绍兴新闻》中华民国三十七年一月十一日

税捐处召集各业商讨营业税问题

（1948 年 1 月 14 日）

（本报讯）本县税捐处，以各业营业税，亟待开征，特定今（十三日）下午二时，假县商会召集鹿鸣业、铜锡、旅栈、人力车、照相、新药、扇帽、水作、水果、酱园、国药、草席、零酒、木、香糕、颜料、杂货等十余业，开会商讨营业税问题，昨已函托县商会，转知各该业公会准时出席与议。

《绍兴新闻》中华民国三十七年一月十四日

六月来代征箔税拨补地方九亿元

（1948 年 1 月 15 日）

（本报讯）本县锡箔货物税，自去（三十六）年七月份起，由本县设所代征以来，计为七月十六日至月底，征收四二亿千六百十二万九千一元，八月份征收八亿六千一百七十九万八千元,九月份征收六亿另七百三十万九千元,十月份征收八亿九百五十一万一千元,十一月份征收十四亿七千五百六十七万九千六百元,十二月份征收五亿另二百八十二万元,共征四十五亿另四百三十三万六千六百元,该所应领百分之二十代征公费,计九亿另八十六万七千三百二十元,除先后三次已借到五亿一千万元外,尚应补发三亿八千八十六万七千三百二十元。昨已电请省区局迅为补拨,以维县财政周转。

《绍兴新闻》中华民国三十七年一月十五日

箔税划归省有

(1948 年 2 月 1 日)

(本报讯)本县锡箔货物税,业于去年七月间,划由地方代征,即由县组设锡箔货物税代征所,专司其事。兹闻是项锡箔货物税,即将划归省税,并将由省方指派专人,设立专局,负责课税事务,并闻改设专局时间,将在本年三月份。

《绍兴新闻》中华民国三十七年二月一日

请免粮食营业税,县政检讨会通过支持

(1948 年 2 月 2 日)

(本报讯)本县参议会,以粮食关系民生,向无课税名目,现在政府开始征收,其理由为系行为税,取之于商,惟商人如缴纳该税以后,势必列入成本,且直接提高粮价,间接刺激百物上涨,而去年全国粮商,□大请愿,计达三次。财政部最后表示,各地须视财政、粮情,由当地政府□呈后,再行核定征免。最近沪、杭二市,业由市政会议决定,暂缓开征,报部备案,本县迷据粮食业公会电请支持。又复本县缺粮甚巨,粮情较沪、杭恶劣,事实上确应免税,俾苏商困,而利民生。昨经第三次县政检讨会通过,除由会函请县府转呈外,一面并电请省参议会,函该省政府准予明令免税,藉利本县民食。

《越报》中华民国三十七年二月三日

税捐处定期普查营业税

(1948 年 3 月 18 日)

(群力社讯)本县税捐稽征处以时届三月,三十七年度营业税普查事宜,亟待举办,业于前(十六)日起开始办理,除派员分别调查外,昨特电请县商会暨各业公会转函各商号知照。

《绍兴新闻》中华民国三十七年三月十八日

税捐处派人普查营业税

（1948 年 4 月 4 日）

（本报讯）本县税捐稽征处，以三十七年度已开始多时，为谋增裕税收，同时并遵行省令起见，于本月份起，开始三十七年度营业税普查。昨日起，各普查人员均分别出发，下乡普查营税。

《绍兴新闻》中华民国三十七年四月四日

营业税一律增高，请减征部令不准

（1948 年 4 月 28 日）

（本报讯）本县县商会日前以本县（三十七）年度春季各业营业税，财部将税率陆予增高一倍（去年度百分之十五，增高为百分之三十），使战后元气未复之本县商业，虽负此重大税率，经电请省财厅，要求援照上海、嘉兴两地前例，予以照旧征税。兹悉，财厅据电后，昨已指覆到县，略以本年税率增高，系全国一律，财部既未允准上海要求，且嘉兴又无前例，所请碍难照准，饬即勉为缴纳。

《绍兴新闻》中华民国三十七年四月二十八日

茶税准予免征

（1948 年 4 月 30 日）

（本报讯）本县唯一特产之平水绿茶，瞬届采撷时期，平水区各茶厂商，现正纷纷筹组茶叶合作社，以期扩大收购，谋求恢复战后平茶外销。昨（二十九）日，得悉财部已准免征茶叶税后，情绪尤特别兴奋。

（又讯）财部昨已公布，茶叶税准予免征，绍兴区货物税局，已奉电令实行。

《绍兴新闻》中华民国三十七年四月三十日

所利得税加紧催收，各商号纷纷遵缴

（1948 年 5 月 7 日）

（经济社讯）本年度营利事业所得税，财政部前曾饬各地直接税分局，先行按照上年度各商号缴纳税额六倍估缴，俟查定实际应纳税额后，再行退补。本县直接税局奉令后，并经于三月间分别填发通知书通知各商号,限期遵缴。兹悉缴纳期限截止四月底止,业已届满,而各商号尚有观望延未缴纳者,税局方面近迭奉层令,饬依照规定移送法院追缴。该局为免若干商号因贪图目前少数税款利息,致遭受科罚大量罚金,得不偿失起见,日来正分头催缴中云。

(经济社又讯)直接税局以本年度营利事业所得税六倍估缴税额,照去年物价增涨倍数论,六倍之数系属从宽估缴,且依照估缴办法,俟将来查帐决定后,尚须按照各商号实际盈亏情形分别退补,如有退还税款,并加给利息。至沪杭各地商会同业公会,近月来数度请求减低估缴倍数一节,财部以事关国库收入,影响戡建大业,业已一律批驳不准,并分令各地直接税局,加紧催缴,择尤送罚,估缴所得税应克速遵缴,已为必然之趋势,而本县深明大义之各商号,亦均纷纷遵缴。

(经济社又讯)据杭州消息,杭市估缴所利得税办法,已有市商会理事长金润泉与杭市直接分局长刘景苏、课长楼林炎会商后,业已顺利解决。兹探录口头洽定办法如下:

(一)自即日起各纳税义务人迳向税局办理申报手续,至迟五月底止,逾期不办妥申报手续者,由税局迳行决定其所得额及税额。

(二)六倍估缴税款,自即日起随报随缴,至迟在六月二十日以前必须全部解缴入库,否则,移送司法机关罚办。

(经济社又讯)绍兴县商会,以本县各业商店,关于三十七度所得税,尚有未曾申报,即经该会第六次理监事会议议决,由会通知各公会,转知各会员店,务于本月十日前申报等语。记录在卷。兹悉该会已分函各业公会查照,迅转各商店,务在限前申报勿延。

《越报》中华民国三十七年五月七日

本年所得税限廿日清缴

(1948 年 5 月 16 日)

(经济社讯)绍兴直接税分局,以查本年度营利事业所得税,前遵税额通知书,通饬各商号于一月内缴纳在案。现逾限已久,各商号遵期缴纳者固有,而延不缴纳者尚属不少。兹因迭不奉层峰令饬严催缴纳,并照章处罚,该局为顾念商艰起见,姑宽限至五月二十日止,必须将上项六倍估缴税款,一律缴清以免逾期送罚。昨已分电本县各商业同业公会查照,迅转各商店如限缴纳勿延。

《绍兴新闻》中华民国三十七年五月十六日

三项县税超收,营业牌照税尚未开征

(1948 年 5 月 16 日)

(本报讯)有关省县财政之本县税捐稽征处,对名项税收,本年一至四月份,究已征起

若干,兹经记者探得已征起之数字于下:

(1)营业税,全年预算数一八〇〇〇,〇〇〇,〇〇〇元,一至四月分配数四六五〇,〇〇〇,〇〇〇元,一至四月实征数三四三五,四二〇,九三〇元。

(2)屠宰税,全年预算数四〇〇〇,〇〇〇,〇〇〇元,一至四月分配数一二五〇,〇〇〇,〇〇〇元,一至四月实征数一三二五四二九,〇〇〇元(超收八千五百四十二万九千元)。

(3)契税,全年预算数七〇〇,〇〇〇,〇〇〇元,一至四月分配数三三五,〇〇〇,〇〇〇元,一至四月实征数七三三,四五三,六〇〇元(超收四亿元)。

(4)房捐,全年预算数六〇〇,〇〇〇,〇〇〇元,本年度正在编查中,征起上年度五〇〇,八二五,六〇〇元。

(5)营业牌照税,全年预算数一六〇〇,〇〇〇,〇〇〇元,一至四月分配数三〇〇,〇〇〇,〇〇〇元,一至四月实征数(尚未开征)。

(6)信用牌照税,全年预算数九六〇,〇〇〇,〇〇〇元,一至四月分配数三〇,〇〇〇,〇〇〇元,一至四月实征最六一五〇,〇〇〇元。

(7)筵席娱乐税,全年预算数三一四,〇〇〇,〇〇〇元,一至四月实征数七八,一八六,〇〇〇元(超收)。

《绍兴新闻》中华民国三十七年五月十六日

简　　讯

(1948 年 7 月 10 日)

(经济社讯)粮食营业税顷定下半年度恢复征收。据财政厅估计,本省每年粮食交易额有四八〇万石,如以千万元一石百分之三税率计,每年可收入一万四千四百余亿。

《绍兴新闻》中华民国三十七年七月十日

营业税请减收千分之三,县请检讨会覆议

(1948 年 7 月 20 日)

(本报讯)营业牌照税,参会前应商会函请要求减低税率,经参会函请县府办理去后,兹悉县府以营业牌照税率,旧有税法第五条规定,内载营业牌照,依前条分级课税,其税率最高级,不得超过其资本总额千分之三等语,自卅六年十一月修正后,其最高级改为不得超过其资本总额千分之卅,细绎立法原意,其弹性所在,视各县地方财政与商业情形而定。本县财政困难,入不敷出,而默察本县商业,尚不失为繁荣,本年牌照税率,前据税捐处拟定,按资本总额课征千分之卅,经上次参会议,法案手续已告完成,如本县各商号,只顾本身负担,而不体念政府艰困,延搁半年,迄未缴纳影响地方事业,殊非浅鲜。闻县府拟

代电参议会,前项税率,商会要求变更前议,减为千分之三,未免过低,拟请复议仍照千分之卅课征,以维度支,至课税资本额照税法第三四条规定,换领营业牌照,其资本额每年应重行申报,系以原报资本额或实收股本加分□,准备盈余滚存等项,合并计算,今参会复议,以账册登载为依据,核与法令有所抵触,未便施行,拟请参议会县政检讨会复议。

《越报》中华民国三十七年七月二十日

3. 商会的督劝与抗争

商会研究统税
(1912 年 4 月 13 日)

新颁统税章程颇多偏轻偏重之处,以致商界啧有烦言。即如药材之一业而论,各种药酒,每斤售价不过一角四五分,而抽税每斤至一角五分之重。羚羊角每斤值洋二百元左右,而每斤只抽税一分九厘。鹿角价贵而税轻,龟版胶价贱而税反重,推其定捐初意,凡繁消者其税重,□销者其税轻,不论货值之高下也。省议会有鉴于此,日前电咨绍兴商会,饬令按业填表申送,以便修订,闻该会接电后,以兹事体重大,未便臆造,拟邀各业领袖莅会,公同研究,以便核造表册申覆云。

《越铎日报》中华民国元年四月十三号

绍兴商会通告
(1912 年 11 月 24 日)

迳启者,房捐收充警费,曾经本会于开会时宣告,并分单传知在案。兹准绍兴县知事陆函开:以派员收取,各铺户均谓未经开会推托观望。嘱本会函请各业董切实劝导各铺户照旧捐输,迅速清缴等因。除已传知各业董照缴外,其未入会之商号,恐未周知,特此通告。

《越铎日报》中华民国元年十一月廿四日

绍兴商会赞成附加税耶
(1914 年 4 月 9 日)

今者浙省又征附加税,关于丝茧者加征一成,关于其余之货及烟酒特别捐者,加征二成。凡属商民均称不便，各处商会函电纷驰，请求缓征，绍兴商会默然不发一言，岂竟赞成加税乎？抑绍兴商民均能担负乎？

《越铎日报》中华民国三年四月初九日

请缓特种税公函

（1915 年 1 月 11 日）

绍兴商务分会昨接杭总商公函云：

敬启者，特种营业税一案，敝会迭准财政厅函，奉财政部电转饬，以是项特项，事在必行，全国一致，亟应切实筹办，勿稍误会，致碍税收各等因。惟查全国商困，异途同轨，剥肤之痛，谁能隐忍，敝会徇众商之请求，联合省以协争，积极进行，迄未稍懈。前次通禀中央政府禀稿，业经印刷分存在案。兹因部批未准，征期已届，求解倒悬，更形亟切，除婉商财政厅长稍缓须臾外，又于本月四日续禀平政院，恳赐转呈，并一面撰具公函，环请旅京诸乡老鼎力协助，事关全国商业，稍纵即逝，危险万状，为此特将续禀及公信原稿印刷分送，诸祈台洽是荷。再同省高级官厅，谅均深悉商民疾苦，对于是项特税，只为部限所迫，爱莫能助，不得不督促进行。倘各商会所在地，奉派调查委员，有强制或骚扰情事，不妨拟电分禀北京堂部暨财政讨论会，一致痛陈商困，请求缓办，庶几众志成城，较易动听，尊见以为如何？（下略）

杭总商会续禀原文已记本报。兹将该会致旅京同乡函稿附录于下：

诸乡老均鉴（中略）。谨陈者，敝会迭准浙江财政厅暨杭县知事，先后函送财政部颁发特种营业税条例细则，并各种书类，委托先行详查。又准财政厅函，奉部电转，饬三年十二月五日为开始征期各等因。节经敝会召集各该业领袖详细查询，竭诚劝导，旋据痛陈种种商困，环请咨商财政厅详部核示暂缓开征。讵正静候部批，各处调查委员已纷纷出发，而定期征税之通告，又复满贴于街衢。事在必行，谅为部限所迫。惟近准苏、沪、湘、皖、奉、直、滇、粤等省各商会函，佥以是项特税，为全国病商之苛政，已先后陈请高级官厅，据情转详，尚未实行。至京师商会，已禀奉平政院据情呈请大总统批令暂行缓办。京师为首善之区，行远日迩，自应首先邀准。敝会正延颈企踵，静候续令。讵准财政厅函奉部电转饬，切实筹办，勿稍误会，致碍税收等语。因思商会为承启枢纽，案关部饬，遵即召集各该业再事劝导，乃当场众口一词，佥以骤加特税譬之。剥肤之痛虽麻木不仁者谅亦未必能忍，商等与其忍痛就毙，毋宁歇业苟延，事关急切，惟有环求，为商请命，通禀中央政府暨本省巡按使，上陈商困，以资喘息各等词。敝会以该商等所称各节尚系实情，况京师一隅已准缓办，浙省事同一律，南北商民当然一视同仁，自是无所偏枯。爰于上年十二月十一日，分禀政事堂、平政院、财政部、农商部，暨本省巡按使转呈各在案，迄今政事堂批示尚未奉到，而巡按使批，以据陈各节，尚系实情，候分别转咨至财商两部，批皆未准。平政院批，以业经分禀，应静候核办各等因。惟此间开征期限已届，商民倒悬即在目前，松庆等目击商艰，委实情难漠视，除续禀平政院，恳援京师缓办成案，迅赐转呈外，夙仰诸乡老谊笃桑梓，恤商尤具热诚,浙省近年以来叠遭变故,复受旱灾,市廛萧条,已达极点。至商民所负担者,于事前正税而外,已加纳附税、印花税,及各种单行之地方税、公益税等若干,营业收入,复征特税。似此层累诛求,我浙商业前途,何堪设想?况商与工有连带之关系,商既凋敝,工亦随之。窃恐营业治安,两有妨碍,松庆等辗转思维,一筹莫展。为此将敝会先后禀稿,联名具函录送台察,敢乞重以鼎言,特开同乡会议,分向堂部院协力斡旋,务将是项特税援案缓办,以维商业而苏商困。不独松庆等同深感激,全浙商民,亦戴德无既也。临颖无任急切待命之至。

《越铎日报》中华民国四年一月十一日

一纸详文陈商艰

(1915 年 6 月 4 日)

商会为染业请命。

绍兴商务分会致县公署函云:

迳启者,本年五月十八号,据祥和、乾泰、天章、同兴、协兴、谦裕、盛裕、源兴、悦昌、和顺泰等染坊帖称,为勒捐受累,营业难安,公同说请函达知事,转禀财政厅长饬知捐局,准予免捐晓谕事。窃缘商等各号承染各杂货店,发染布疋,素无重捐规章,现遭统捐局度外苛捐,以致发染布疋之各店,大受阻碍,断绝交易,当经商等各号一再说请贵会转违,并再三禀请知事咨请捐局,准予免捐,循旧流通,按照知事二次批示。此案,现准绍兴统捐局以染布一项,早经示谕各染商,所有发染布疋进卡时,一律将发票挂号,染京出卡,准将该票销号,准予免捐,如无挂号票据,即系销售布疋,仍应照章报捐云云。然发染布疋,素由函送,并无发票,抑且所染之色各样不等,何样未染,各样已就,迟早难定,发送来往络绎,挂号实属为难。况发染者,多系洋布,已于申甬两地购买时落地报税充足,进口发赴各路,向无辗转重捐之条,即非发染,而属销者亦无复捐规章。乃发染布疋各店,自被该局勒捐,以致断绝交易而于商等营业,实属大受阻碍之影响,并照知事三次批示,以现禀所称发染挂号运送窒碍,究竟可否量予变通,及有无碍及税法之处,并即自行禀请统捐局长听候核察施行一切,似此办理,本属允当。惟该局既生苛勒重捐之端,何肯测予变通之意。若商等自行禀请核夺,势必无效而成话柄。复经商等各号据情禀请财政厅长察核饬知,迄今四旬有余,未荷批答,则商等营业岂可常此断绝,辗转思维,惟有公同说请贵会函请知事转禀财政厅长,饬知捐局,准予免捐,一面出示晓谕发染布疋各店循旧流通交易,俾安营业,实为公便,再就统捐局饬令挂号销号,为杜朦混起见。现染就发出之货,均有□索绿标头,最易识别,断难朦混,合并声明等因而会。据此,敝会查染坊一业,系染布之坊,非卖布之店,既非卖品,自无捐税。况有识别,难以朦混,据帖前情,相应函请察照,赐即据情转详,免予报捐,以符定章而维商业,无任公感。

《越铎日报》中华民国四年六月四日

印花税之折扣谈

（1915 年 4 月 22 日）

印花税票绍县既有认定额数，本可照销无异。乃近来绍兴商会闻杭州总商会领售印花，只以八折计价，而沪上且以七折计价。绍兴均须八五折，商民未免疑虑。日前由商会正副会长高、蔡二君，函询县署。县署准函后，以未便擅专，昨特据情专案，呈请浙江印花税分处处长核示遵行矣。未识毕处长若何指令也。

《越铎日报》中华民国六年四月廿二日

领牙帖是否照章

（1917 年 6 月 2 日）

柯桥镇商务总董蒋寿康前函县署，据商民陶燧帖称：在柯桥开设陶万兴燧记布米号，请领偏下长期牙帖，随缴捐税银元过署。并据该商禀同前情到县，经宋知事汇案呈奉财政厅指令内开：陶燧一户，查该处因有陶顺成与现请之陶燧行号、地点相同，虽现据改为长期，仍应将五年份税额补缴，以杜取巧。至该行年计牙用，究有若干与偏下则是否相符，亦应查明，切实声叙，并补送捐税，再行核办等因下县。当经宋知事转知该牙户去后，即据声称陶万丰前经报闭，其间间断数月，并无一年之久，请免补缴，以恤商艰等情。惟县署据牙帖处查得陶万丰原领偏中牙帖，虽据报闭而行仍开设，并未中断，自应补缴捐税，以杜取巧。盖免于处罚已属从宽，又续行牙帖章程规定卖买满五千元以上或年计牙用收入在二百五十元以上者，应领偏僻下则帖，其卖买满一万元以上者，年计牙用收入在五百元以上者，应领偏僻中则帖。现陶燧改领偏下长期牙帖，是否合于章程之规定，无从查悉。昨又函致该商董请烦详查见复，并转令该商补缴捐税，以凭转呈给帖云。

《越铎日报》中华民国六年六月二号

商会为酒商请命

（1918 年 9 月 8 日）

绍兴自烟酒公卖局开办以来，对于一般酿户颇有不满人意之处，各酿户积怨交加，时有所闻。前月间有酿商全城辉等，□新税重叠，帖请绍兴商会代达商困，即经商会据情转达。兹闻已经烟酒公卖局公函具复矣。录稿如次（上略）：

迳启者，案准贵会函开：据酒商全城□等帖称，为新税重叠，负担为难□□□□按数苛罚，胪列商困情形六端，是由贵会转达过局等由。准此，查该商民等所列各节，均系各前

任之事，业已据情咨开过前局长齐案具复，一俟咨复到局，再行转达，准函前由，相应函复贵会查照施行。此致

绍兴商会长高、蔡

商会会长公函

（1919 年 11 月 29 日）

关于购销印花。

迳启者，案准绍兴县公署函开：以印花销数短绌，恐有外省印花流入，一经检查，如有违章，应行处罚等因。兹本会为维持商店起见，因恐手续错误，是以于旧历十月初四日开大会通告，并将议决办法录下：

1. 由各商号认领印花者，填明认数、店号，报会后，由本会发给证书，俾与未认之商号示有区别。

2. 所发给之印花，由本会加盖小戳，以杜外来印花之流弊。

3. 前由本会发给之印花，尚未用竣者，务于旧历十月十五日以前，检送来会加盖小戳，如无本县支发行所戳记者，本会概不加盖小戳。

4. 各商号全年认数亦希于阴历十月十五日以前报会，俾便汇齐造册送县备查。

5. 检查时其印花上如无本会小戳，即不得谓为同本会认领之印花，设有错误，本会不负维持之责。

6. 自民国九年起，各商号认购印花，拟分作两次发给，以轻负担。以上办法，相应函请贵会员查照，迅速转告同业，确定认数，尅日汇总报会为祷。（下略）

商会催认印花税

（1919 年 12 月 12 日）

绍兴县商务分会前因各业认购印花以及加盖小戳，通函各业领袖，限定于阴历十月十五以前，一律开单送会。迄今逾限未报。昨又通函专催录其函稿如下：

迳启者，认购印花以及加盖小戳，前已通函各业会员一律于旧历十月十五日以前报会。现已逾期，贵业中请将已经认定之店号及认购之数目，分别开送清单，以便造册发给证书。倘如未经认定者，务希尅日集数开单报告，是所至祷云云。

绍兴商会开会记事

（1920 年 5 月 6 日）

各□贴用印花，官厅检查在即。兹悉，绍兴县商会于五月五日下午二时开会，会员到者数十人，其顺序如左：

（一）振铃开会；

（二）发给认购印花；

（三）布告检查印花手续。凡认购在先各店，持有商会证书者，检查时其账簿等件，间有手续错误及未完全之处，其账簿免予带所。由检查人开单，并由该店盖章，汇齐送商会，遵章办理。业经由商会函请警察所核办。

（四）报告印花价目。凡认购者九折。其余未入会认购者，照额计算。

（五）改良过街招牌，因此项过街招牌有妨路灯光线，请到会会员转告同业，设法改良，免受官厅取缔。

（六）振铃散会。

《越铎日报》中华民国九年五月六号

绍兴商会公函一束

（1920 年 4 月 22 日）

吾绍商会近日发布公函两种，觅录于下：

迳启者，案准绍兴县知事余公函内开：案查本邑印花税票奉派年销票额银二万四千元，向由贵会认定，年销银一万二千元，按月匀缴。嗣奉令饬切实整理，迭经函请加认在案。兹查每月销数，不特不能加增，反致日形短绌。绍邑地方辽阔，商业繁盛，举凡买卖簿折发票，以及人事凭折，众能依法购贴，何致再行缺额。兹查各商铺，于卖货发票，漏不遵贴者，实居多数，非厉行检查，不足以利推行而裕税源，除布告商民依法购贴，并分令各警佐派警认真检查外，相应函请贵会查照，希即转知各业商铺，速将买卖货物簿折发票，一律购贴印花，幸勿任其遗漏，致干罚办，转谓敝知事不能体恤商艰，是所至要等由。准此，除分别通告外，相应函请贵会员查照，希即转知同业官厅检查在即，迅将买卖货物簿折发票等件一律购贴印花，幸勿遗漏，致遭处罚。实为至要。此致

先生大鉴

绍兴县商会谨启

四月廿二日

为分给认购印花税票，并通告检查办法，及取缔过路招牌事。兹定旧历二月十七日下

午二时,开全体大会,届时务请拨冗莅会为祷。此致。(下略)

绍兴县商会谨启

四月廿二日

《越铎日报》中华民国九年四月二十二号

东关商会会长之请愿

(1920 年 6 月 17 日)

绍兴东关镇商会会长胡镇藩请愿书云:

迳启者,为局卡林立,添设巡船,请愿重申旧议,以苏商困事。溯自民国初建,吾绍厘卡,由于前临时省议会强改清季旧制,偏苛累民,怨声载道,而各局卡又变本加厉,不照部颁地点表查照。绍兴统捐局以外,仅止东路、西路、车家浦、西郭门四处。今又加以偏门、昌安、龙舌嘴、东关四处,是诚所谓三里一卡,五里一巡,竭泽而渔,无逾于此。且探花桥分局,曾于民国元年陈请前议会裁撤,再付审查在案,乃未见实行。去岁蒙贵议会提议,呈请省长批行财政厅令饬绍兴县知事查验、核转、覆夺,似裁撤探花桥分局,已在动机,何以该分局依然如故,此则敝会不得不再为商民请命。现在各处巡船,以稽查为名,或谓货捐不符,或谓以多报少,种种需索,层见叠出,更有甚者,各分卡巡丁,见穷箩小贩,本非捐章所有之物,乃竟无物不捐,无补国税,徒饱私囊。此则敝会又不得不为贫者、劳动者代为请命也。综之,探花桥分局既经呈请于前,理合续请于后,非达目的不止。而四处添设之巡船,相应再请财政厅饬令各分局迅予取缔,以符地点表之规定。照得裁厘加税,中央已设员专查。在外交尚能一致,何独于吾绍厘金,较别处为偏重。诚如贵议会旧呈省长公文中有可裁之道五,此皆切要之针砭,洵不愧为人民代表。

《越铎日报》中华民国九年六月十七日

增加税额召集会议

(1920 年 12 月 14 日)

绍兴商会接杭商会通电云。案查所得税暨银钱支票贴用印花,并更定凭折账簿税额两案,前经敝会长议决,电呈部院,请求缓办,未邀允准。至印花税更定新章,曾准浙江印花税分处转奉财政部令,劝导各商依照办理,以维税务等因。函知过会。当经开会集议,公决续请缓行各在案。现在实行之期已近,各商会来函询问情形,日有数起,非会集妥商,难谋一致。惟函电往还,未能尽意。特此函致各商,请派代表于阳历十二月二十二号(即阴历十一月十一日)以前从速莅杭,以便会商一是。时机切迫,不胜盼祷。

《越铎日报》中华民国九年十二月十四号

商会反对印花税之电文

（1920 年 12 月 28 日）

绍兴商会昨接杭州总商会电云，顷上北京国务院财政部农商部并致各省总商会一电。文曰旋行所得税暨印花税薄折加贴两倍，旧税未除，新税重叠，前经电明，各商无力负担。奉令劝导众情坚执，各县商会代表昨已齐集省会议决，对于所得税商力已竭，万难负担。印花税新章苛虐尤甚，一致循旧办理。中央顾念商艰，必蒙逾格体恤，否则亦惟有待罪候命，临电徬徨，急不择言，伏祈垂察等语，合亟电闻诸希台洽。

《越铎日报》中华民国九年十二月念八号

商民要求缓增新税呼吁声

（1920 年 12 月 29 日）

绍兴县商会为请缓加新税问题，拟电中央暨省宪并函县署及统捐局，维持商艰，特先公函旧绍属各县商会，商妥进行。录其原函及电文如下：

迳启者，前接总商会函邀各旧府属商会代表会议敝会长代表赴杭二十四日，在总商会开会，以政府新颁所得税、加增印花税、统捐加一成灾赈附捐三案，各代表公同讨论，当此商业凋零，商民委实无力负担，且无合法国会议决，商民万难承认。当公决电致政府收回成令，并议决由旧府属商会分邀各商会会议，亦公电政府一致反对。查各新税须一月一号实行，时间迫急，邀集会议，势已不及。兹由敝会拟一公电，一并附呈，事关加重商民负担，应请克日见复。敝会俾待各商会赞成，信到即当拍发，并将碍难遵办情形，公函县公署暂缓实行，待省垣照行自当一律照办等云。请尊处亦函致贵县公署与统捐局，一律办理，以免与省垣两歧。事关大局，特此奉闻，迅速示慰，至要。（下略）

致北京及各省长财政厅电：

北京国务院财政部、农商部、浙江省长财政厅均鉴：浙省频年灾歉，商业凋零，我绍尤甚。奉颁所得税暨印花税薄折加贴四倍，旧税未除，新税重累，又加灾赈两捐，商力已竭，万难负担，吁求俯念商艰，循旧办理，临电徬徨，迫切待命。绍兴、上虞、萧山、新昌、余姚、嵊县、诸暨、百官、临浦、东关各商会公叩。

致绍兴县公署及统捐局公函：

迳启者，案奉施行所得税印花薄折加贴四倍及统捐加增灾赈附税三案，敝会曾据各业纷纷来会，佥以旧税未除，新税重累，商务已竭，万难负担。除电呈北京国务院、财政部、农商部、杭州省长、财政厅循旧办理外，在省垣未实行以前，应请暂缓进行，以恤商艰而免纷扰。理合函请贵知事贵局长察照施行，毋任公感。（下略）

《越铎日报》中华民国九年十二月念九号

商人对于厉行所得税之要求

（1921 年 1 月 8 日）

绍兴商务机关昨接省垣总商会公函,略谓:

准中华全国商会联合会江苏省事务所函开:政府于十年一月一日厉行所得税一事,本联合会大会时,由各商提议公决,以此项所得税从法律上、事实上观察,均应认为不可行。政府如必欲实行,时则有数问题不得不提出,以促政府之反省:

（一）所得税法本身上不公平之点,须切实改正时;

（二）须将一切恶税废止,并实行保护工商政策;

（三）所得税法之用途须切实予人民监察之权;

（四）须实行登记法,改良警政,社会有精密统计时;

（五）须声明不以所得税抵借外债;

（六）政府举行之新税,应列入合法之预算案;

（七）政储未实行裁兵及各省各项靡费以前,人民不能承认此新税,以供无谓之浪费。

以上七条,政府如肯俯从,再由合法国会来函通过,则人民有纳税义务,自无反对之余地。否则我商民为自救计,万难奉命。有最高之压力,应所不计等语。除录案呈请院部查照复行外,相应函请贵事务所查照,希即容纳本联合会议决各从,分告贵省各商会,转告各商一致办理,以示决心而厚商力等因。准此,除分函外,相应函达贵会查照,希即转知各商会为荷。

《越铎日报》中华民国十年一月八号

要求缓征赈捐之公电

（1921 年 1 月 9 日）

各报馆总商会各路商业联合会宁波旅沪同乡会,浙江旅沪学会公鉴:加征赈捐一案,政府未经合法手续,遽以部令实行,商等万难承认。况宁属同系灾区,岂能再加负担,当于五日在县学明伦堂召集各业大会,到者二千余人,议决反对,齐至道尹公署请愿豁免。道尹允予转呈省长,设法咨部,收回成命。一面劝令各捐局暂时展缓实行,此事为全体商人生计所关,当此群情激烈,难保无意外之虞。伏希一致主张打消,以维大局而苏商困,盼切祷切。宁波各业公叩。

鄞县、余姚各统捐局长接会稽道尹函云:

顷据宁波总商会函开:赈款增加捐税,前经敝会以是项捐税,各商业万难承认,函请贵道尹电省,请求从缓实行一案。本日各商号在在县学明伦堂开会,到会者二千六百余人,佥以赈款系慈善性质,断难强人民以承认,政府非法苛税我商民人,剥肤吸髓痛快。议自明日起一律罢市,群情一致,而群赴贵公署请求电省咨部请免举办敝会,以增加捐税系财政部通令,能否达到目的,应视全国舆情之向背。惟甬埠商业极形凋敝。且本年又遭水灾,兼之阴历年关,各货汇集,关系颇巨。并闻沪埠、杭州尚未依限实行,拟请贵道尹迅电省长及财政厅,所有加捐一成,在本年阴历年内,暂缓实行。鄞县、余姚统捐及洋广宁镇船费,各特种捐局一体缓征,以抒商困而维市面等由。并据该商民千余人,以前情来署要求,经本道邀同商会长等面加劝导,群情愤激。为维持秩序起见,允为转呈核示。除电督军、省长及财政厅并电各捐局外,合行电仰该局长在未奉省令解决之前,将加捐一成,暂行缓征。闻姚局长已遵照上开情形,通告各分局暂缓加征,候省长及财政厅明令解决后,再行办理云。

《越铎日报》中华民国十年一月九日

裁撤绍兴捐局之近讯

(1921 年 1 月 16 日)

绍籍议员陈宰埏等暨绍兴商会,迭次请裁绍兴统捐局一案,经前任齐省长核准,为日已久,未见实行。兹闻省署据财政厅查复,谓目前该局势难裁撤,请准从缓施行。故调任该统捐局长祝履中,将王家庄丝茧捐稽查职务结束后,禀卸赴绍接任矣。

《越铎日报》中华民国十年一月十六日

洋广局免加赈捐之呼声

(1921 年 4 月 5 日)

绍兴县商会以洋广局附加赈捐,宁波、温州均已免收,绍兴事同一律,未便独异。昨特快邮代电,请求省长饬令财政厅核例援免,其原文如下:

杭州沈省长钧鉴:奉饬附加一成赈捐一案,商力疲惫,委实不胜负担,经沥陈吁请免加在案。查洋广局征收前项附捐,宁波、温州因情形特殊,与统捐有别,已奉明令豁免,绍兴洋广局事同一律,迭据美孚等煤油公司金称,同属民国领土,办法岂能歧异,应该恩施,转令财政厅迅饬绍兴洋广局准予免收,以恤商艰而昭大信,伏乞电复施行,除陈电呈财政厅外,绍兴商会会长陈宰埏等叩江。

《越铎日报》中华民国十年四月五号

商会呈请认办鹿鸣纸

(1921 年 9 月 11 日)

绍兴四乡所出鹿鸣纸,实为出产大宗之一,仅行销内地,故商人报局,只收半捐。绍局年收约有一千七八百元之谱。现在绍兴商务分会特具呈财政厅,以是项纸捐极为绕越,拟请由本会认缴每年捐洋二千五百元归会认办。未识陈厅长,如何批示云?

《越铎日报》中华民国十年九月十一号

改贴印花之催促

（1921 年 10 月 14 日）

绍兴县商会昨接省商会公函云:

案奉省长公署训令,本年十月三日准财政部咨开:查本上呈准凭折、账簿,改贴印花一角一案,前经核定展期,于本年二月十五日一律实行。案经通电各省区遵照在案,兹逾实行之期,已经半年,调查各省情形,商民对于此项折账,意存观望,希图免漏者,仍属多数。现在印花税款业奉明令拨充十年公债基金,国家信用所关,税务亟宜整理。且关于拨解税款一节,电牍往返,几费磋商。如此案果能切实推行,税收渐以增加,内外皆受其益,拟请查照省长会同国出示,剀切晓谕,使各商民对于凭折、账簿改贴印花一角,务应遵照办理期渐推广,以裕税收。除分咨并令行印花税处遵照外,相应咨请查照办理,并希见复,实纫公谊等由。准此,查此案上年一月间,准财政部咨行,即经转行通知遵照在案。除分行宁波总商会,合行令仰该会,即便剀切劝谕各商业,并分致各县商会一体遵照办理等因。奉此,除转知各商家并分函外,相应函达,即希查照办理云。

《越铎日报》中华民国十年十月十四日

又是一件印花税风潮

（1921 年 10 月 15 日）

商界印花,不免漏贴,财政厅特派张姓委员来绍密查。张委员到绍后,不动声色,即至各铺搜查。当时漏贴印花之簿据,皆被搜去。各铺主任大为愤激,意欲罢市,为商会会长所闻。当邀集各业董在商会开会集议,余少舫君亦到场,当众宣布税法,决定办法如下:

（一）钱业为商业枢要,长此罢市（因是日钱业停市）不义,有关各业应即照常开市。

（二）张委员所获漏贴印花各簿,明日即地发还,应当之罚则,姑念商情困苦,免予议罚。

到会各界均通过,遂振铃散会云。

《越铎日报》中华民国十年十月十五日

绍兴商会处置簿据印花之偏歧

（1921 年 10 月 22 日）

本县商会刚因警察星夜大搜簿据声言粘贴印花违章，恐须科罚，以致激成公愤，由钱业发起，特开临时大会，讨论抵制方法，几酿罢市风潮。嗣因余知事竭力调和，免预科罚□□□□□□。兹悉商会办理此项簿据印花，颇有偏歧之势，凡不入商会而与略有情面者，亦得在免罚之例，否则仍须科罚，每本现洋二元。或谓此次罚款，系属补助该会建筑之费云云。然钦？否钦？则非局外人所能推测，第未入会小本营生之经纪商民，宁免向隅之痛耶？呜呼。吾绍之商会！呜呼，吾绍之商民。

《越铎日报》中华民国十年十月廿二日

绍地箔捐取归官办之未妥

（1923 年 11 月 2 日）

绍萧箔捐收回官办等情，已载前报。兹绍兴县商会为该业转达一电，照录如下：

财政厅长钧鉴：顷据箔业董事俞守成等声称，箔捐收归官办，恐商情未洽而捐数亦难裕收，请转电财政厅收回官办成命，仍邀原□认商妥议加认办法。庶国税、商情两多裨益等语到会。查该董所称各节不为无见，相应电请钧□察核，俯予照准示遵，绍兴商会叩。艳。

《越铎日报》中华民国十二年十一月二号

商会筹议销印花

（1923 年 12 月 9 日）

绍兴县商会前以便利商号购贴印花起见，拟由该会核定销数，向省处直接领销，曾通告各商号劝认。乃近来曾在劝认之商号，大半遵奉贴用，而观望不贴者，亦屡有所见，统计认数，仅二千余元，较之原额相去远甚，刻该会拟择日召集各商董集议切实办法，以凭核计而广推销云。

《越铎日报》中华民国十二年十二月九号

商会呈请蠲免糯主特捐近讯

（1924 年 11 月 29 日）

绍兴本县酿商全体，以酿酒原料，□□糯米，而苏省近忽征收糯米特捐，每石一元，前曾函请商会转呈巡阅使署，要求咨行苏省蠲免，以维营业，当由闽浙巡阅使会同省署转咨苏省免收。惟该省复文迄今尚未到省，而绍地酿户，又迫不及待，多数主张，一方先赴苏省要办，一方函商会向省中当道催促云。

《越铎日报》中华民国十三年十一月二十九日

箔业董事呈请免捐

（1925 年 1 月 18 日）

（绍兴）锡箔为绍兴出产大宗，民国六七年间由前王知事商由箔业董事，每年认定块捐洋四千元，作为警察经费，按月遵缴，由王前知事报省呈部存案，列入经常警费预算案内。已成不可动摇之的款，目前箔业董事胡锡康，藉口去年战事影响箔业，呈请省县警局，免予缴捐，事关警察经常饷需，识者均谓断难邀准云。

《越铎日报》中华民国十四年一月十八日

米业代表赴部请免征粮食营业税

（1931 年 4 月 21 日）

本县米业公会，因请免征粮食营业税，迭向省府〔请〕愿，经省府核定粮食营业税率，为千分之一等情，迭志前报。嗣第六区营业税局，以奉财政部宥代电开，浙江营业税条例及施行细则，业经奉准财政部修正备案，各县营业税应于三月一日起征，饬即遵照，并奉省政府俭代电开，浙江营业税条例准部修正后，税率减轻，恤商周至，应各激发天良，据实开报，如再隐匿，则是不顾大局，令局照章罚办，毋稍瞻徇等因。该局奉到部电、省电后，即函县商会转知米业公会。不料本县米业公会近接宁波米业公会函，各县米业代表拟赴国民政府财政部请愿免除粮食营业税，一面由米业公会函请商会转函第六区营业税局在各代表赴部请愿，未奉批令以前，准予暂缓征收粮食营业税云。

《绍兴新闻》中华民国二十年四月念一号

关于绍兴酿酒业之呼吁文

（1926 年 4 月 19 日）

（绍兴）农学生周清，研究农学，已十余年，酿造一业，尤具心得，民国四年间，为巴拿马赛会所著《绍兴酒研究之报告》一书，于绍酒优点及酿造法等，言之綦详。日人变木生译载于支那杂志中。农商部委员孙君，来绍兴调查酒类，亦嘉纳焉。绍兴酒捐，原较他省他县为重，自暂加倍捐及公卖费实行后，捐过乎本远甚，论者尤欲以为消耗品，藉寓禁于征一语，为加捐理由，酿商受兹痛苦，辨无可辨，故请周君撰《酒业痛言》，以判白之。十余年来，制酒之原料工膳，息金运费等，日渐昂贵，特重之捐税，又成为历史上陈迹，而无减免希望矣，故请周君撰《酒业痛史》以呼吁之。想亦为留心民瘼者，所闻之而唏嘘不置者。照录于下：

痛哉，吾侪小民，不幸而营业，又不幸而营绍兴之酒业，举凡他县他业所未曾负担之重税，竟永久担负之而无一日之减免也。岂不痛哉？岂不痛哉？曷言之，吾绍酒税，自前清光绪二十八年创办以来，逐渐增加，已较他省他县为特重，迨至民国四年，于原有印花捐附加税外，又有名为暂加一倍捐者，此种税目，古今中外，未之前闻。其捐也以倍计，不以成计，则酒税之重者愈重矣。其加也，原拟于公卖未立以前，暂行征收，初非垂为久远也。今则公卖实行，已逾十载，而其捐也如故，其加也亦如故。所谓暂加一倍者，实已非暂而为常矣。此其可痛者一。

绍酒名闻中外，推销之广，无远勿届，其利用农闲而酿造之也，直接予农民以莫大便利，间接为国家增无限税源。有理财之责者，应如何辅助之、奖励之，以冀酒业之充，而乃重征叠税，以摧残焉，只顾捐局收税之比较，不恤酿商制造之艰难。无怪乎酒业之日衰，而酿户之日少也。回溯光绪年间，绍酒产额，在三十万缸左右，今已减至六万余缸矣。非捐重罚严，价高销滞之结果而何？此其可痛者二。

查绍酒之捐税，不下十有余种，除印花捐附加税，暂加倍捐，及公卖费外，有所谓缸照捐，牌照税者，有所谓公益捐，通过税，进口捐，落地捐者，行销愈远，纳捐愈重。凡兹捐税，有重复层叠者，有浙江一省单行者，有绍兴一县特重者，而其捐纳之罚则，更苛刻不可言状。例如印花公卖照，因月日不符有罚，数目小写有罚，错写阴历有罚，破碎浮贴有罚，编查数与运销数不符亦有罚，巡役稽查，随地挑剔，在局吏上下其手，即可得意外之收入，在酿商偶失检点，即指为犯罪之行为，以视苏杭等属之酒捐，均由绅商认办，所领印照，不必实贴坛上，贴之亦不必一一查验者。待遇酿商之厚薄，相去奚啻霄壤也。此其可痛者三。

从来尽纳税之义务者，多享纳税之权利，故常有负若干捐款，抽回几成，办学校及公益事宜者，如吾绍之箔捐、肉捐，杭垣之绸捐、肉捐、木业捐、盐税等皆是也。亦有各业代表息借若干款项，输纳若干捐税，为当道优待而礼遇者，如商会、钱业公会之会长、绸业、盐业、典业等业董皆是也。今吾绍酿商则何如，以言捐款，每年不下数十万，微特无丝毫权利可以享受，即负重本，致远道，地方长官，有保护政策者乎？无有也。有奖励条文者乎，无有也。对于酿造人材，无论智识经验，如果优美，经营缔造，如如困难，因重捐而亏耗成本者有之，因苛罚而横遭威逼者有之，以言厚遇，则未也，此其可痛者四。

去年吾浙军队，战胜之功甲于宇内，名誉之重，几震全球，论功行赏之余，莫不曰某地一战，某将之功也。某曰一役，某帅之力也，谁复知十余年来兵饷，为吾绍酿商所负担者，居其多数耶？饮水思源，食果念树，军政诸公，其亦知吾绍酿商，十余年来所独受之痛苦，而思有以济救之耶？抑吾更有进者，凡兹酒税，既与军饷有关系，与其说寓禁于征，假美名以困商人，而产额逐渐消亡，饷源亦将枯竭，毋宁说寓征于劝，均税率以昭公允。而酿业或可回复，税源日见扩充，劝之以经济，博施固属难能，劝之以人才，发展非无善策，就消极言之,如调查各省县酒类成本之轻重,以平均负担,废除烦苛名目,裁并骈枝机关,于相当范围之内,予酿商以自由营业之权,此其首要者也,就积极言之,酿造法如何改良,销运法如何组织,劳国资本如何支配,原料装置,如何审择,绍酒之优点,如何发挥,洋酒之畅销,如何抵制,是在为局长者,有以熟筹而并顾之者。不然,酒之原料取诸农,酒之创造属诸工,酒之贩运赖乎商,酒业之发达与否,于农工商三业,有重要关系焉。受此横征暴敛,绝无发展之机,任其吹毛求疵,侪诸罪人之列,吾侪小民,何不幸而营酒业,何不幸而营绍兴之酒业也。当必有痛心疾首,以改营他业者矣。且必有痛哭流涕,以力求减免者矣。军政两界之长官,其亦思拯救之于水深火热之中乎?此则吾绍酿商所痛定思痛,而馨香祷祝者也。

又《酒业痛言》云,绍酒烧酒汾酒等,同为酒类中之一种,酒类在农产制造上,实占重要地位,凡具农业智识者,无论中外,靡不首先研究,以图出产旺盛,为国课增岁入,为民生利日用者也。世人不察,纯以消耗品视之,又藉寓禁于征一语,为加捐张本,抑若酒类既为消耗品,不妨重征叠税,断送其命运者也。此种意志,微论提倡国货,注重实业者,不应稍萌脑际,即立征收地位,有理财责务者,安得具此饮水竭源,食果断树之谬见也。酒类果为消耗品,消耗品中奚啻一酒类,且其所谓消耗者,消耗之程度,亦有轻重大小之不同。茶叶咖啡,同归饮料,化装饰物,等掷虚牝。培利氏博士尝谓,制造工艺,凡于国计民生,可资利用者,即使品属消耗,亦当改进其货物,发达其销路,培养其元气,保护其营业,俾一国人民,不至取资外货,厌其嗜好,利源固可保存,国税因而增入,酒类其一例也。不然各国之化学家,酿造家对于酒精饮料,奚必悉心研究,惟恐其业之不精耶?自专门行政,既少专门人才,一知半解之徒,转得充任其事,宜乎政策之自相矛盾,食果断树,饮水竭源之谬见,横梗于胸中而不知悔悟也。今之主持财政者,其亦读总统策令,而知凡百事业,为一知半解之徒,堕坏于冥冥中者,固不可胜计耶?吾恐酒业之命运,亦将为若辈所断送也。尝闻张总长之宣言书曰,商业政策,惟藉税法为操纵,或减轻以奖励之(指国货言),或重征以抑止之(指外货言),未有不顾商民之苦,纯以收入目的,为减征标准者,彼与公卖同加之印花捐,施诸酒类而尚未减免者,其亦闻兹伟论耶?吾绍出运之酒,除印花捐、附加税,每坛加至四角三分二厘,公卖每坛议取四角外,缺照有捐,牌照有捐,米麦早有捐,进口有捐,出口有捐,筹防税关等又有捐,行销逾远,纳捐逾重,值百抽百,是过之无不及,张总长所谓迫其近售,而罚其远销者也。夫商货远行,则有罚,乌可言商政,遏塞商货,以强取民财。

《越铎日报》中华民国十五年四月十九日

关于绍兴酿酒业之呼吁文(续)

(1926 年 4 月 20 日)

是乌可言财政,凡此抑制输出之政策。(张总长目为自敝政策),直接病商,间接病国,猥曰苟且以济国用,而不知外货潜来,国货日匮,民穷财尽,税源亦涸,更何所济乎?尝问收入之计划,当以实在可恃为指归,实在之取求,恒视民胜为准则,力尚有余,多取本不为虐,力所不及,竭泽亦属无功,今绍兴之酒业,正所谓力有不及之时也。力有不及而责以公卖,已属难堪。若再以四角三分一厘之印花捐,附加税加倍征收,故无论通都大邑,设立公卖之地点,原无此项规定,即使断章取义,谓吾浙酒业,于公卖以前,原有印花捐,必须暂加一倍,以示异于各省,要亦当视民力之能胜与否,而量为之变通也。否则,申令虽颁,停业日众,将来之收入,仍属难凭,是国家徒博加税之名,国库不得实供之用也。抑吾更有进者。捐之加也,以成计则有之,以倍计则未闻也。即欲以倍计,亦当视税率平均之后,始得形诸事实。不然,畸重畸轻,难悬标准,愈充愈远,莫定权衡,在主张斯议者,或具有不得已之苦衷,以救济其燃眉之急,故于公卖未立以前,有暂加一倍之规定,然非垂为久远也。不然,加必加必,胡必冠之以暂之之字,且限于设立以前耶? 公卖为国家所专办,产销两处,并属国土,重叠捐纳,弊与前同,当必有呈请改正,实行其便利商民之要旨者。此皆注重实业,提创国货,立征收地位,有理财责务者,所应共同参酌也。金融室滞,商家实首当其冲,生计艰难,工界更难逃其厄,酒之一业,固以农产物为原料,然必有工艺上之智识,而后可酿造,有商场上之经验,而后能贩买。发达与否,于农工商三业,实大有关系焉,大总统暨京直长官,既以振兴农业,奖励工商为要政,酒业亦实业中之一部也。对此暂加一倍之印花捐及新旧附加税,其必有量予减免之一日耶? 吾当为酒业幸焉,不然。吾将为酒业危焉。呜呼!

《越铎日报》中华民国十五年四月二十日

县商会等电请国府从缓开征箔类国税

(1946 年 6 月 1 日)

报载将课百分之百税率,设果实行关系箔业生命

[本报讯] 本县县商会、箔庄业公会、总工会、箔铺业公会、鹿鸣纸业公会、箔司工会、浇整工会、研箔工会等,近阅报载,最高国防会通过货物税条例,锡箔及迷信用纸,税率为百分之百,以本县为箔类特产区域,赖以为生之劳资人民,数逾十万,设果一旦照议决条例实行,关系十万余箔人生活,昨特联衔分电国民政府、立法院、浙江省政府、邵力子先生等,请求从缓列入国课,探录原电文于下:"阅报载货物税条例原则经最高国防会通过,税率已交立法院起草,条文原则第十一项,锡箔及迷信用纸,为百分之百。阅悉之下,不胜惶骇。查锡箔及箔类用之鹿鸣纸,为绍兴大宗特产,依此为生者,占全县人口十分之四,而劳方工资所得,则占售价之半,即其他商业之盛衰,亦系于箔业之兴替。箔业在沦陷时期,遭敌伪蹂躏,损失惨重,非经多年培养,不能恢复元气。重光后,县库如洗,百废待举,乃缴百分之十二特产捐,为地方计,勉为输将,纳税义务,可谓已尽。如果报载属实,产销益遭打击,关系地方事业,与数十万劳工生计,至深且巨。本会等目击艰危,难安缄默,为此电请钧长鉴核,俯准体念实在状况,转饬立法院从缓列入国课,庶几箔商得以稍舒喘息,工人勉可苟安生活。"

《越报》中华民国三十五年六月一日

营业税估计过高，各业晋省请愿要求直税局重估减低

（1946 年 6 月 15 日）

（本报讯）本县各商业，以本县直接税局，对本县各商号营业额，估计过高，征收营业税因亦甚巨，影响战后元气未复之本县商业发展，特于昨（十四）日下午四时，各业同业理事长，假县商会举行会议，业经议决，推派代表晋省请愿，要求重估减低，以恤商艰。

《越报》中华民国三十五年六月十五日

估计课税，商会请制止

（1946 年 6 月 27 日）

（绍兴社讯）本县直接税局，课征商号营业税，多不依照各商号实际申报营业额，皆以估计凭本课征，致商号不胜担负，迭由各业公会呈请县商会救助。兹悉县商会方面，以直税局如此课税，确近苛重，实不堪负担，已拟向省商联会提请核议，呈浙区直税局指饬制止。

《越报》中华民国三十五年六月二十七日

县商会建议直税局改善征收营业税

（1946 年 7 月 7 日）

申报不确须重商决定，免涉司法以体恤商艰

（绍兴社讯）本县县商会，前以直接税局，对各业商号申报营业税等，屡起纠纷，经该会理监事联席会议决，建议办法□□，函局采用。计一、各商号所申报之营业额，如局方认为须重核议者，应于三日或五日内，函知该业有关商号，及该会邀集，会商决定。二、每月申报营业额，限仅五天，稍一忽略，则遭移送法院罚办，商号实不堪其繁，应请免涉司法，闻已函达该局，请予采用，以恤商艰。

《越报》中华民国三十五年七月七日

利得税无法减免，县商会筹划缴纳

（1946 年 7 月 15 日）

（绍兴社讯）本县县商会，以闻报载，本省请求免征三十四年度利得税，已遭财部驳回，

恐难邀免，而直税局正在办理征收手续，为免临时抱佛脚计，昨特通知各业公会，及非公会会员，请速将去年资本额，列表报会，如能将去年营业法币、伪券数同，同时表报更佳，以便于公文到时，即可商讨缴纳。

《越报》中华民国三十五年七月十五日

派额特重商负不堪，所利得税会谈搁浅

（1946 年 9 月 8 日）

重光后四月应纳四亿元，各店陈述艰困要求减轻

（本报讯）三十四年度所利得税，绍（兴）、萧（山）、上（虞）、嵊（县）、新（昌）五县，经浙江区直接税局派定为十七亿元，更由绍兴直接税局重派，仅绍兴城中各商号，须负担约四亿元，各商号金以本县自三十四年九月间重光后，时仅四月，负担如许巨额，实属力有未逮，且以"利得"言，有"利得"始有"所税"，而重光后四月间之商号营业，固无如许"利得"，更以重光前之各商号，与现在之各号，多已更易股东，几何营业数字与有无利益，均无从查得，以目今而论，市上外表，虽较繁荣，实则外强中干，多数吸用游资与高利贷，赖以维持营业者，故纷纷要求县商会，力陈商业困难，予以减轻，经商会一再向省厅及中央请求迄无结果，致各商至今对于申报，亦延未举办，虽本县直接税局，多次督催，并派员分头催报，各商号多以兹事体大，无从申报，终未举行，迨至本月，财政部直接税署，为督征本省各县三十四年度所利得税，特派督察刘凤文前来浙省。刘督察于日前由杭转道来绍，昨（七）日上午九时，假县商会大礼堂，召集本县各商业同业公会理事，劝导速即申报，否则将举行抽查，予以决定税额，以免加重负担，各商业公会理事，金以本县经八年余之抗战，四年余之陷敌，商业元气斲伤，以目今城市各业而论，外貌虽尚繁荣，内在咸皆空虚，商号什九赖游资及高利贷周转，形成外强中干，一致要求减轻，庶商业国税，两皆顾全，会议直至中午，仍无结果而散。闻刘督察在绍，尚有几日勾留，各商业或将个别召开会议，再作最后之力争，并陈述商业之艰困，面请刘督察转陈中央减轻。

《越报》中华民国三十五年九月八日

所利得税仍僵持，再度商讨无结果

（1946 年 9 月 9 日）

（本报讯）本县三十四年度所利得税，自经省区直接税局派定为十七亿元（包括萧山、上虞、嵊县、新昌等四县在内）后，各商号闻讯，群情惶恐，金以本县自三十四年九月重光以至年终，时仅四月，何来如许利得，纷纷要求县商会转请核减，虽经县商会据理，一再向省方中央沥陈商艰，要求核减未果，致各商号亦延未申请，益以依照派定之数估计，每一商

号,最少须缴纳二十万元以上。日前财政部直接税署督察刘凤文抵绍催征,于前日假县商会召集各商业理事解释及催报,未得要领而散。县商会以三十四年度所利得税,政府事在必行,各业如无具体对策,必不能遇此难关,于前日会议未果后,当晚即分函各同业公会,务须漏夜商讨对于本业及本店营业收入支出及所得部份,商定切实办法,复于昨(八)日下午四时,召集各业公会理事商讨,乃请刘督察与本县直接税局陈局长等出席指导,经各业一再陈述商艰后,终无妥切办法,旋经决定,由各商号将估计数字陈报商会后,由县商会转向本县直接税局要求核减。

《越报》中华民国三十五年九月九日

预算仅为稽征目标,所利得税按实征课

(1946 年 9 月 10 日)

直接税局决维税法原旨,申报延期将采主动手段

(本报讯)本县县商会,为商讨本年度所利得税事宜,连日召集各业负责人会谈,并将结果向有关当轴请示,详情迭志本报。记者为明了本县所利得税推行情形,特走访本县直接税局陈局长,承告各节如次:查本年所利得税,前经奉令颁订简化稽征办法办理,依照该办法规定,各商号应于结账后一个月内,将三十四年全年度之所得额,依式申报所在地主管征收机关,然后由主管征收机关抽查各业账簿完备确实之商号百分之五至百分之二十,决定各该业之标准销贷毛利率、费用率及资本毛利率、费用率,以推算各该业销货款准纯益率,及资本标准纯益率,并将抽查结果连同计算依据文件,送请所得税审查委员会审定,至未抽查之各商号,则分别依照上项标准,计算其所得额及应纳税额。嗣以省商联会电请中央豁免三十四年份所利得税,各县纷纷援应电请缓征,致稽延甚久。现年度已过三分之二,无法再延,中央亦以本年所利得税推展过缓,特派刘督察来绍督征。本局现正与商会洽商赳日推展抽查工作,至本年所利得税预算数额,本局前奉令核定为五亿四千余万元,经参酌各县商情实况暨税源丰啬,公平分配后,计核配绍兴本县部份约四亿元。嗣因国用浩繁,奉令追加一类所利得税预算至十七亿元。本县配额依比例增加后,计应配比额为十二亿七千余万元。昨阅本市报载关于所利得税新闻一则,颇多误传,除将本县一类所利得税预算比额误为四亿元,及征课时期误为光复后起征一节,应予更正外,所载所利得税之意义亦有未符。查所利得税之征课,系以所得额为对象,且所得必需合于一定标准后,始行课税,至利得之课征,旨在征课战时暴利,故必需所得额超过法定限度外,始行课征,本年所利得税虽采行简化办法,但仍当顾及税法之精神及本税之原旨。至本年本局奉派预算额,商人虽嫌过高,但预算不过为稽征之目标,执行上仍须按照实际情形,以定收入实额之大小,务望本县各商号,从速依法□报,以便按实征课而求公平,若再延宕不报,则本局责任所在,自当采取主动调查决定之手段。

《越报》中华民国三十五年九月十日

缴纳所得税问题，商会再度集议

（1946 年 9 月 12 日）

（绍兴社讯）本县县商会，以直税局征收三十四年度所得税事，迭经邀集各业公会理事长，及非公会会员，开会讨论，迄无解决办法。政府对征收三十四年度所得税，事在必行，若再迁延不决，势必遭受罚办。该会为体恤商艰起见，不惮辞烦，特定今十二日下午三时，在该会召开作最后一次会议，以资决定，已通知各业准时出席与议，以免延宕自误。

《越报》中华民国三十五年九月十二日

各业所利得税认缴数字假定

（1946 年 9 月 13 日）

商会昨再度集会讨论，决定请税局核减原额

（本报讯）本县县商会，以三十四年度本县各商号所利得税，自经省方派定绍（兴）、萧（山）、新（昌）、嵊（县）、上（虞）等五县为十七亿元，更经绍兴直接税局派定本县为十二亿元，城区须八亿元后，各商号金以去年重光后仅只四月未能负荷如许税额，均延不申报，迄至最近，催报日亟，该会以延不申报，终非善计，昨（十二）日下午三时，复邀集各业理事长再度商讨申报事宜，经会商结果，业已假定各业认缴数字，将由会转请税局核减。

《越报》中华民国三十五年九月十三日

所利得税悬案未决，商会提出豁免要求

（1946 年 9 月 24 日）

响应杭各业对参会提请，今召集会议向当局力争

（本报讯）本县三十四年度所利得税，经本省直接税局派定绍（兴）、萧（山）、嵊（县）、新（昌）等县为十七亿元，本县须负担约十二亿元，仅城区一隅，估计须缴八亿元后，各商号群以去岁本县重光，时已九月，此四月中，既无如许利得，何堪负此巨额税款，纷纷要求县商会，转请核减，以恤商艰。县商会据各业请求后，曾一再向本县直接税局折衷，终以未得具体办法，迄今逾年度时已九月，犹未能作最后确定。日前中央派督催员来绍催缴，并限令各业，赶行缴纳，否则即为估定税额，县商会以此事久悬不决，终非善计，且缴纳势在必行，乃于督催员离绍后，复召集各业公会理事长，重再商讨假定数字，以为请求核减之张本，终以数字过巨，与各业假定，相差尤甚，仍无切实办法。兹闻县商会，复定于今（二十四）日下午，召集各业理事长再行商讨是项办法，同时并经记者探悉，各业公会，以最近杭市各业，

已向省参议会大会中提出要求转请豁免,绍兴亦将援案声应。今日集会中,将提出豁免要求,向当局力争。

《越报》中华民国三十五年九月二十四日

所利得税派额过高,各业提四项意见

(1946 年 9 月 25 日)

(本报讯)昨(廿四)本县各商业同业公会,为讨论三十四年份所利得税,特假县商会,举行临时座谈会,交换意见,计出席金银业等廿七单位,综合各业提出意见,计分三点:

一、所得税顾名思义,当以有所得而征税,查三十四年份有三分之二为沦陷时期,人民生命不保,物质被掳,庐舍被毁,既失政府之保障,受尽惨酷之摧残,幸而胜利来临,重光时期,仅三分之一,军政复员之供应,已属竭尽能力。况所存伪币,奉令两百对一,损失不赀,而资产负债,无从计算,且在敌伪时受尽摧残,簿籍零落不全,此不能申报之唯一理由。

二、伪券之两百对一,政府已属体恤,惟仅指实在伪币而言,如以数字论,假定某商号战前为资本二十万元,在沦陷时受敌伪压迫,以手无寸铁之商民,无可抵抗,以两对一折为十万元,倘再以两百对一,则其数仅值五百元矣。以战前二十万元资本,已属唯一巨商,一再折合,只余五百元,不及一包香烟之值,于法于情于理,是否公允,此应请立法院经济部研究考量,方能平抑民心,否则毋宁一纸命令收归国有。

三、所得税当然有所得才有所税,今直接税局一则云绍属比额六亿三千余万元,再则曰十七亿元,从何估计,从何加增,何所依据,所得税其名,摊派征捐是实。况委座在重光时,广播全国,处处顾念陷区民众疾苦,予以来苏,德霈仁言,全民兴奋,今直接税局有违委座初衷。政府如以财政收支,未能适合,何妨另寻途径,令行全民,公平担负等语,提出要求县商会,分电各院部会暨京沪杭各商会各报馆。

(商会来函)本月二十四日贵报登载县商会关于所得税案,召集各业理事长,于本日下午,开会讨论办法一则。查敝会并无分发前项召集开会通知,阅报甚觉骇异。嗣至下午,各业到会,询系各该业自动集会,并非本会召集,请予登报更正,此致越报社。绍兴县商会启。

《越报》中华民国三十五年九月二十五日

鹿鸣纸业公电当局请免鹿鸣纸统税

(1946 年 9 月 30 日)

(本报讯)本县鹿鸣纸商业同业公会,以绍兴货物税局,将课征鹿鸣纸统税,引起全县该业一致反响,大意因鹿鸣纸虽系制造锡箔用纸,其性质应视同原料,□造箔之锡□□,如果设税征课,不惟一物两税,且核□财政部指示课征范围"迷信用纸,暂以黄表纸一种为限"之规定抵触,昨已声述理由,分电立法院、财政部,暨浙省货物税局,请令饬绍县该局,制止课征,以维劳工生活。

《越报》中华民国三十五年九月三十日

两箔商业公会紧急会议

（1946 年 10 月 2 日）

电省请改正税额,并推派代表将晋省请愿

（本报讯）本县箔类,为出产物之大宗,销路之兴衰,税额之高低,均与十数万箔工生活,息息相关。兹息箔业商铺,对于此次绍兴货物税分局,所估百分之六十计税方法,核□定章及实际情形,颇有未合,纷请箔庄业,及箔铺业同业公会,予以救济。该公会等昨已召开紧急会议,电请省方改正,并推派代表晋省请愿,原电采录如下:

财政部浙江区货物税局局长刘钧鉴,查绍兴分局,对此次征收箔税:一、不照财政部规定□税方法,以出产地或出厂附近市场三个月之平均批价,为完税办法,擅估价格。二、不分货色优劣。三、比照本地酒税估价,高低大相悬殊。四、查苏州税额较低,何以苏浙不能统一,箔商等纷纷来会请求,金谓处此商业困苦,对此违法负担,誓难承认,群情惶恐,商怨沸腾,除推代表来省请愿外,特先电请改正,以平商愤。绍兴县箔庄商业同业公会理事长胡炳水代、箔铺工业同业公会理事长沈梅仙叩。

《越报》中华民国三十五年十月二日

税率提高不堪负担,酿酒业也要请愿

（1946 年 10 月 7 日）

胪列苦衷四点恳请救济,推派代表陈笛孙等将赴京

（本报讯）本县所产之黄酒,名闻遐迩,产量丰富,战前为吾邑对外贸易之一大特产。迨抗战军兴,是项特产,渐趋低减,至"四一七"县治沦胥,各酿酒坊号,不愿苟安于敌伪卵翼之下,均纷纷自动停酿,而其存货,一再为敌伪游杂劫掠,形成无货可售之局面,重光以还,该业正拟积极整顿,以维战前状况,但因酒税特重,无利可图,有迁移或依然停酿之举,致无法发展,非特影响吾邑大宗贸易物之锐减,且危害社会经济,亦匪浅鲜,本县酿酒工业同业公会有见及此,特推派本县县商会理事长陈笛孙等,不日赴京请愿,恳请有关方面予以减低税额,并设法救济。兹将酿酒工业同业公会胪陈同业困苦状况及恳请救济各点,探录如下:

一、国产酒类税率,原征估价百分之六十,已属偏重,最近立法院通过之修正国产烟

酒类统税条例,国产酒类税率,为估价征收百分之八十,负担突增,税率特重,实属不堪负荷。

说明:查最近立法院通过之修正国产烟酒类税条例,虽未接奉明令,已见报端揭载,国产酒类税率,已由估价征收百分之六十,提高为百分之八十。衡诸其他货物税率,除舶来品外,其余纯属消耗或迷信类,亦以国产酒类为独重,复查国产酒类一项,为宴会酬酢必需之品,并非纯属无谓消耗,即以吾绍酿酒事业而论,固为城市及农村之主要生产,而战前曾经行销国外之伦敦、纽约、新加坡、东京等各大都市,实与国民经济及国际贸易有极大关系。现在战后待苏,亟应提倡扶植国产,酒类断不能骤增税率,加重负担,在国府固须顾及财政收支,而各同业则改业未能,实觉痛苦万分也。复查卷烟统税,原系从价征收百分之百,旋因税率过高,影响销价,以致外货充斥,政府为示提倡国货,体恤商艰起见,减为实征从价百分之六十。今国产酒类税率,骤增为从价征税百分之八十,与机制洋酒从价征百分之百,相差仅为百分之二十,势必重踏外货充斥之覆辙,而致国产酒类于破产,拟恳予维护,迅赐减征,仍维估价征收百分之六十原案,使与吾绍箔税税率相等,实为万幸。

二、分期匀缴税款办法,应请税政当局,予以变更,仍照随销随税成案办理。

说明:查绍酒关于缴税办法问题,本年一月间,各同业初奉不论新酿陈酒,于查定登记后,即须一次如数缴税之明令,均属惶骇异常,旋经本会筹备处沥陈困难实情,迭次分别呈恳税政当局,暨函请绍兴县商会转陈,旋准本省全省商会联合会转奉财政部渝六税俭代电,以业经令饬浙江区货物税局查照成案办理。窃维所谓"成案",根据过去绍酒,别无缴税办法,自系"随销随税"。惟查现行修正国产烟酒类稽征规则第八条,有"对于酿造有季节性之酒,得由各省区货物税局察酌情形,拟订分期匀缴办法,呈部核足"等语之规定。旋奉绍兴区货物税局转奉浙江区货物税局令颁酒类分期匀缴税款暂行办法一种,此项办法,自系根据上项国产烟酒类稽征规则第八条而订定。但查此条条文之精神,全在"察酌情形"四字,盖层峰固知税政商情,息息相关也。复查修正国产烟酒类税稽征规则第八条仅规定酿造有"季节性之酒,得由各省区"云云。并无"按年酿制者,必须分期匀缴税款"等字样,而查阅酒类分期匀缴税款暂行办法第一条,则有"则酒类制造商按年或按节酿造成酒","酌量核定按年酿制者,得分四季匀缴税款"之规定,省颁办法内订入按"年"酿制,揆诸部颁规则内仅规定酿造有"季节性之酒",岂有失根据。吾绍酿酒向属一年一度,多在冬令或在春初,实无季节性之可言,情形特殊,显属例外,上项酒类分期匀缴税款办法,实未尽"察酌情形"之能事,绍酒缴税办法,应仍照"随销随税"成案办理。盖绍酒重在外销,但冀外销畅通,酿额扩展,则税收自旺,又何必分期匀缴税款,加以限制也。抑尤有陈者,国产黄酒之制造,其原料不外曲麦与糯米,其方法亦均相同,故成本并无高下,惟别处之酒,不能久搁。绍兴之酒则愈陈而愈佳,一因天赋之水质,二因技术上精益求精,以故酒质愈陈,则色、香、味愈佳。绍酒上述优点,多数外销,而客商年年必候十月以后方有成交。盖绍酒装煎成坛,尚无变化,必至桂花蒸后,始免变质,陈新相接,年年如此,如欲强行分期匀缴税款办法,则各酿户于成年之外,尚须预筹税款,因经济之难以周转,势必停酿或减做,无异拷骨吸髓,使绍酒濒于消灭,是以为税收商情着想,实以循照"成案"随销随税为宜。

且分期匀缴税款，其税照必令先行粘贴坛上，一遇天时霉蒸，或遇鼠咬，或被□牛剥食，势必残缺不全，使路上稽查不易。窃以裕税必须培养税源，所谓"食蛋养鸡"，因酿商之便利，而年增酿额，税收增多，固不必分期匀缴也，拟恳变更酒类分期匀缴税款办法，仍照"随销随税"成案办理，庶几裕税恤商，兼筹并顾。

三、绍酒税率，不能独重，应与其他酒类划一名称，平等征收。

说明：查绍兴区货物税局转颁之各项课税物品税额表，国产酒类，除酒汗及土烧酒外，计分土黄酒、生酒、仿绍酒、绍兴酒等名目，种类既多，税率又异，要之绍酒之酿制，所用原料，均为糯米及曲麦，与他种酒类之原料及其酿制方法暨成本，并无二致，而绍酒之得名，无非因历史及地方两种关系，初非与他处产品有所特殊。现行绍酒税率，估价特高，征税独重，有此症结，在绍各坊，多有迁往他省各县，如苏州等地方酿造，以冀避重就轻者。惟是绍酒重在外销，现因税率之重，影响销价，难与他酒市场相抗衡，前途大受打击。复查绍酒在产区价格，与他省各县之土黄酒在产地售价，实属毫无轩轾，名目繁颐，税不平等，事理情形，均有扞格，拟恳划一名目，平等征税。

四、拟恳转请金融机构，对于路销殷实坊家，贷与巨款，以贷周转而保特产。

说明：绍酒为本县特产，久已遐迩驰名，关系全县国民经济与夫国际贸易。吾邑沦胥五载，敌伪环伺，游杂窜扰，抢劫掳掠，备受过甚之摧残，实已一息仅存。盖各坊多不愿于敌伪羽翼下，作忍辱苟安之计，在沦陷期中，无奈相率停酿，重以强梁劫夺，十室九空，因存货之缺乏，致周转不灵。现值昭苏之际，特产尤宜发展，惟各坊欲图扩展酿额，财力实有未逮，非大量货与巨款不为功，拟恳迅赐转商金融机构，援照茶业贷款，暨最近经济部规划之工商贷款例，对于路销殷实坊家，贷与巨款，俾资周转，而图增酿。

《越报》中华民国三十五年十月七日

绍兴县商会公函

（1946 年 10 月 14 日）

（绍兴县商会公告栏·只登本报不另行文）

商秘字第七一四号

事由：奉经济部批，关于三十四年分所利得税，本县各业所提三点意见，已函请财政部查核办理，转函查照由。

案奉经济部本年十月七日京商（三五）字第一二九九九号批本会申有电一件，为据本县金银、棉布、绸缎、百货各业公会，讨论三十四年分所利得税，提出意见三点，请予转呈鉴准豁免一案，电请鉴核由内开：

"电悉，已据情函请财政部查核办理矣，仰即知照，此批。"等因。

奉此，查此案前据金银等各业理事长、理事、监事提请转呈至会，即经分别电呈在案，兹奉前因，相应函达，即希查照为荷。

此致　各同业公会

理事长　陈笛孙

常务理事　史幼祥

施张发　方文荫

民国三十五年十月十三日

《绍兴新闻》中华民国三十五年十月十四日

酿酒业公会举行会议呈请减低绍酒估价

（1946 年 10 月 16 日）

（本报讯）本县所酿绍酒，在战前遍销全国，颇负盛名，沦陷期中，迭遭敌伪摧残，以致一落千丈。重光后，酿商均拟重振旗鼓，以资复兴，业已粗具规模，惟近以货物税分局，层奉财部，颁发第四期税额表，对绍酒估价竟提高为二万五千元，税率亦增至百分之八十，每百市斤纳税额为二万元，无异双管齐下，一般酿商，实感有不堪负担之苦，特于昨（十五）日下午二时，在该会第三次理监事联席会议中，提付讨论。出席者计理监事十三人，由陈理事长主席，对税率估价等详加讨论，经决议：

一，向京沪杭绍各地日报刊登启事，呼吁减低税率；

二，向绍兴货物税分局申明实情，请层呈减低估价，并分电财政部、税务署及省区货物税局，要求核减，并议决调整会费等要案多起。

《绍兴新闻》中华民国三十五年十月十六日

县商会电请免征三四年度所利得税

（1946 年 10 月 17 日）

前所折合资本未按照实际标准

（本报讯）本县县商会，以三十四年度所利得税，暨各商号资本折合，未能援照实际标准，电请财政部请求免征一节，本报记者昨特走访县商会陈委员笛孙、史委员幼祥。据谈，此次直接税局查编三十四年度营业结账后实际所利得作为征收标准，殊欠允。盖三十四年上期，大地尚未重光，本县各地商号，在敌寇淫威下，被迫使用伪币，原资本数额以二对一折合伪币，待去年八月十日敌寇降伏，政府复以二百对一，将伪币折合国币，当局编查商号，所利得税，亦伪币折合国币作为该商号资本实数，而将来原本数额，因币值之贬值而予以提升，如某一商号，原资本额为伪币三千万元，经理美油、五金，经折合后，仅为伪币十五万元，以目下时值估计，十五万元当未能经理美油、五经，势非将十五万元资本提升，方能符合现行资本实数，向直接税局查编，将资本提升部分未允考虑，将伪币折合部分切实查编,除去十五万资本数额,余均列为三十四年度所利得税,是为某一商号势将无法继续营业矣。本会为维持商店营业,继续电请予免征外,并电立法院币制折合,资本提升各节,请予切实解释。

《绍兴新闻》中华民国三十五年十月十七日

绍兴县商会公函

(1946 年 10 月 22 日)

(绍兴县商会公告栏·只登本报不另行文)

民国三十五年十月廿一日

案准财政部浙江区直接税局绍兴分局,本年十月十七日绍直字第四三□□函内开:

"案奉财政部浙江区直接税局本年十月三日 35 贰字第六四六□□,转奉财政部电以行栈代客买卖货物,对买货□出立之清单,及对卖□□立之卖货结帐单,应按修正印花税法第十六条税率表,第十八目经理卖买□□券,其金银或物品所用之单据簿折例,贴用印花等因,饬知下局,除分行外,□应函达,即希查照,烦迅转知各业公会,通饬各会员行栈遵照为荷。"等由。

准此,相应函请查照,并转行各会员知照为荷。

此致。

各同业公会

非公会会员

理事长　陈笛孙

常务理事　史幼祥

施张发　方文荫

《绍兴新闻》中华民国三十五年十月二十二日

呼吁减免所利得税全市商民游行请愿

(1946 年 11 月 26 日)

税额欠公平,仅差杭市一亿

商会陈理事长今赴杭向省局洽商

(本报讯)本县各业商号,以际兹商业已濒破产之时,而直接税局奉令查征三十四年度所利得税,虽已奉财部电覆不准豁免,然去岁重光,已在九月,遭受敌伪蹂躏,更因币制变更,非但毫无所利得,实皆亏本甚巨。今骤增加六亿元之捐税,势实难于负荷,恐将因此而影响,商业之萧条,或须致于破产,颇使商业前途,难堪设想,特于昨(二十五)日下午,假县商会会议室举行各业公会理事长联合会议,出席者布业商业、国药业等二十九单位,代表章德容、马廷佐三十人,即经公推傅岳校为临时主席,宣告开会,行礼如仪,由主席报告直接税局核定各业应纳三十四年度所利得税之额,并为本县商业已濒破产,实难再负此重荷等语。继即开始讨论:

一、对于呼吁联名公文,请各同业公会传观后,缮发时间由公会核定请公决案。决议:明日下午一时答发;

二、如何向党政机关请愿,恳求减免三十四年度所利得税,其人员请公推决定案。决议:公推傅岳校、陈景甫、章季侯、任昌辰、傅振中、王觊甫、马廷佐、曹冠卿、俞德胜、严希尚、严傅友;

三、本会为请减免三十四年度所利得税,名称如何,请公决案。决议:定名为绍兴县商人请求减免所利得税请愿团。

会后即由推定人员继续开会,商讨各项进行事宜。

(又讯)本县各商业同业公会,以直接税局查征三十四年度所利得税,数达六亿元之巨,实难担负,特经集议,决定组织请愿团,分向党政民等机关,暨税务当局请愿,要求减免,俾维残喘,闻定于今日下午一时,假县商会集合出发,向专员公署、县政府、县党部、参议会、直税局等请愿。请愿行列进行时,各执小旗一面,并拟散贴标语,裨使各界注意,而获声援。并悉晋谒首长,代表发言人选,亦已推定。闻今日参加请愿者,因关系商人切身问题,将有数十人之多。

(又讯)本县各商业三十四年度所利得税,原定额为十七亿余元,经商人一再请求豁免,而已奉财部批回,然数额略为减低,但尚须六亿元之巨。但杭市原定额须四十七亿,今已核减至七亿,仅近二折,而本县虽蒙减低,尚须四折有奇,颇使各界有厚彼薄此之感。昨闻省商联会理事长及浙区直税局局长,联电本县县商会理事长陈笛孙,请邀同直税局陈恭寅,涖省商讨本县各商业所税事宜。兹采录其原电如下:绍兴县商会陈微孙先生鉴:定二十七日下午决定三十四年所利得税事,请邀同直接税局陈恭寅,涖会商讨。金润泉、杜严双,并闻陈理事长已于陈局长洽定,于今日专车晋省,代商民请愿。

《绍兴新闻》中华民国三十五年十一月二十六日

陈恭寅陈笛孙明日赴杭,各业公会一致请求豁免

(1946 年 11 月 26 日)

(经济社又讯)绍兴县各商业同业公会,为三十四年度所利得税,业经征收当局明定数字,负担实堪困难。昨(二十五)日下午假县商会举行全体商业代表座谈会,一致要求陈理事长赴杭时,力争豁免,万一不许者亦只能最少数负担之。一面推举代表,备文向党、政、民、司法各界当局,请愿呼吁减免,以挽商业之垂危。

《越报》中华民国三十五年十一月二十六日

三十四年所利得税逼得商人走投无路

（1946 年 11 月 27 日）

本县各业代表五百余人，昨向党政民法当局请愿

（本报讯）本县各业，以直接税局额定本邑各业所利得税至六亿元之巨，核与各业资本额，亦不过五亿余元，而税额反超过资本额之上，即使罄其所有，尚难抵付税款，实觉不胜负担。前日下午，在商会举行各理事长联席会议，决议推定代表，向各机关法团及直接税局，联合请愿，所有情形，已志昨日本报。兹悉昨日下午各同业公会会员店代表五百余人，群在县商会集合，手持请愿标语旗帜，在大雨滂沱，由商会出发，先至县政府，由推定请愿团代表傅岳校、陈景甫、严希尚、傅正中、王觊甫、曹冠卿等六人，持刺投谒，蒙林县长亲自接见，各代表面递请愿呈文，其余各商店代表，序立县政府大礼堂，屏息以待。林县长受呈后，温论有加，略谓"税款虽不能尽免，然与杭甬各埠相较，请求比例减抑，事亦可能，允为转达税局"，并至礼堂，向大众训话，结果圆满，各代表高呼感谢口号，兴辞而出，转赴县党部，谒见应书记长，书记长亦深表同情，出向大众训话，极为恳切，对于各代表之冒雨请愿，不辞劳瘁，为绍地商人破天荒有秩序之集体运动，尤所佩服，此应书记长之谦辞，然亦足见书记长领导民众有方，最后，书记长愿为各代表转达直接税局，在可能范围内，减低定额，庶绍兴商业经济不致因此破产，各代表接受训话，一致感奋，向书记长致敬道谢兴辞。

向直接税局提四点要求，即赴直接税局，该局陈局长赴杭，由张秘书延见，经代表要求：

一、绍属六亿元税款，万难负担，必须减至最低合理限度。

二、各商店决定税额花名册，提先公布。

三、嗣后检查商店账册，事先通知同业公会，派员会同检查，俾免误会。

四、此后行文，请多采行含有民主化性方式。

经张秘书答复：

一、由绍局长报告省局，尽量减低，决不使商民负担六亿元巨数，可能与杭市减低比例额相同。

二、三、四各项准照办。复由代表曹冠卿声述绍兴商业衰落情况，较杭州为甚。若比例与杭州相同，商民亦恐难负担，经张秘书允为请示局长核定，各代表认为尚觉满意。再赴参议会请愿，因金议长公出，由高秘书接见，继至专员公署，值专员赴四明山区，仅提呼吁呈文。旋至地方法院，李院长亲自接见，对于请愿答复，均甚圆满，无不愿为商人解除痛苦，直至暮色苍茫中始散。各同业公会理事长暨非同业公会代表，晚间仍集商会讨论再接再厉之有效办法，至发稿时，该项会议尚未结束。

《越报》中华民国三十五年十一月二十七日

电省呼吁，林县长据情电省请核减安人心

（1946 年 11 月 27 日）

（本报讯）本县各商店以所利得税额定数过巨，商人不胜负担，除向专员公署及党政、民意、司法等机关请愿减低数字外，并电请省直接税局全省商会联合会，兹探录原电文如下：

杭州直接税局局长杜，全省商会联合会钧鉴：绍兴商店倒闭，层见叠出，各业皆外强中干，均临崩溃前夕，今急奉绍兴直接税局宣布，绍兴三十四年所利得税，责令缴解六亿元，数巨骇人，群情惶急，除向绍兴党政各机关各法团请愿外，伏乞俯赐转陈，大加减削，保留一线生机，俾免立时崩溃，无任迫切待命之至！（下略）

（本报讯）本县林县长，鉴各业因受巨额之所利得税之威胁，势将使各业趋向于崩溃，影响社会问题，至□且□。昨特电请沈省主席及省直接税局，抑减税款。兹录原电如下：杭州浙江省主席沈，直接税局长杜钧鉴，本日绍兴全体商业同业公会代表五百余人，于大雨滂沱中，来府请愿。据称奉绍兴直接税局宣布三十四年所利得税，全县须缴六亿元巨，阖邑商业资本□，不过五亿余元，税额反超过资本总额，倾其所有，□□□付，群情惶急，请求转请核减等情前来，□□□□□实□□分迫切，县长鉴于商困已极，不敢壅于上闻，理合据情代陈，伏乞俯念商艰，令行主管机关，予以切实核减，迅赐电示，俾便转知，以安人心。

《越报》中华民国三十五年十一月二十七日

绍兴县商会公函

（1946 年 11 月 27 日）

（绍兴县商会公告栏·只登本报不另行文）

商组字第七八四号

三十五年十一月日

浙江全省商会联合会，总字第五一二号公函内开：

案奉财政部财地字第三八九五号批，本会八月先后呈二件：

（一）为准杭州市商会函，以包作业等，不应课征营业牌照税，且省颁营业牌照税征收规则，与中央所颁税法抵触，请咨省修正由。

（二）为准杭州市商会请愿书，转请废止本省单行之营业牌照税征收规则，另订合法征收细则，通令遵办由。

内开：两呈均悉，查铜锡业、钟表业、玻璃业、绸缎业、陶瓷业等，在我国目前国民经济情况下，近似奢侈，或装饰品营业、包作业、堆栈业、屠宰业、居间业、转运业等，经核有管制

必要,依照营业牌照税法第二条:"凡经营奢侈装饰品业,及其它财政部核定,应行取缔之营业,均征收营业牌照税"之规定,经准浙省列入营业牌照税征课范围,所请免征铜锡、钟表、玻璃、绸缎、搪瓷、包作、堆栈、屠宰、居间、转运等业营业牌照税一节,应毋庸议。至于浙省各县市,按营业额及对于席草业、估衣业、服装业、磁器业、百货(除奢侈品外)业、国药(除参茸燕桂外)业、西药业、烟酒制造业(除兼营零售者外),征收营业牌照税,暨杭市税务人员,操切从事,任意高估税额各节,核与规定不合,已函请浙江省政府查明,转饬纠正矣,并仰知照等因。奉此,查前两案,前准杭州市商会函请到会,即经分别呈请浙江省政府,暨财政部在案,除省政府批复,业已由会□□外,奉批等因。相应函达,即希查照,转知有关各业知照为荷。等由。

准此,相应函达,即希查照为荷。

此致

各有关同业公会

理事长　陈笛孙

常务理事　史幼祥　宋阳生

施张发　方文荫

《绍兴新闻》中华民国三十五年十一月二十七日

商界成立互助会续办所利得税请愿事宜

（1946 年 11 月 28 日）

(经济社讯)绍兴县各业同业公会理事长,于昨(二十八)日下午二时,举行联席会议,出席傅正中等二十余人、县党部秘书李又芬、县府社会科长董起凡列席指导,公推傅岳校主席,开会如仪,讨论决议:

一、为各业取得联系,共谋商民福利,组织绍兴县商业互助会。

二、请愿未竣事宜,及嗣后推进工作,授权与互助会办理。旋即继开互助会成立大会,通过章程,推选干事及正副干事长,由李秘书、董科长监选,推选结果,以傅岳校、任昌辰、马廷佐、王觊甫、严希尚、陈景甫、锺淦生、曹冠卿、赵永祥、章德容、傅正中等十一人为干事,陈德魁、张春声、黄伯源等三人为候补干事,互推傅岳校为干事长,曹冠卿为副干事长。继又召开第一次干事会议,经决议:本会办事组织分为交谊、进修、福利、总务等四股,公推干事马廷佐、赵永祥,负责交谊股,傅正中、章德容,负责进修股,严希尚、任昌辰,负责福利股,陈景甫、锺淦生负责总务股,并敦聘董起凡、李又芬为顾问。

(经济社杭州电)绍兴县商会理事长陈笛孙,于本月二十六日奉省电邀,同绍兴直接税局局长陈恭寅联袂晋省,出席三十四年度所利得税解决会议,至昨(二十八)日尚无结果,于下午仍在继续会议,须于今(二十九)日始可返绍。

《越报》中华民国三十五年十一月二十八日

三十四年所利得税今日最后决定

(1946 年 11 月 28 日)

(本报讯)本县各业商号,因直税局宣布三十四年所利得各税额为六亿元,引起商人惶骇,曾经游行请愿等详情,迭志本报。兹悉,县商会理事长陈笛孙,于前日应省商联会金理事长,浙区直税局杜局长这电邀,偕同绍局陈局长赴省,商讨所利得税的事宜。昨曾有电到绍,略为上午在省与区直税局详加商酌,决定今日上午返绍,并闻各业公会理事长,得悉是项消息后,已定于今日下午二时,仍假县商会举行联席会议,除□陈理事长在省商讨结束后,并拟对三十四年所利得税之最后决定。

《绍兴新闻》中华民国三十五年十一月二十八日

直税局今开会商讨所利得税分配办法

(1946 年 12 月 2 日)

(经济社又讯)三十四年度所利得税,绍兴比额原定为六亿元,嗣因商家无力负担,组织请愿团,要求减免,复经县商会理事长陈笛孙,直接税局局长陈恭寅奉召联袂晋省商讨,业已减至(绍兴全县)三亿三千万元。兹因亟待解决,直接税局已定今(二)日下午二时,召开审查委员会,商讨分配办理方法。

(经济社讯)绍兴县商会,于今(二)日下午一时,召开理监事联席会议,商讨会务进行,已分别通知各理监事届时出席与议云。

《绍兴新闻》中华民国三十五年十二月二日

所利得税审查会今商讨分配办法

(1946 年 12 月 2 日)

商会理监事今联席会议

(经济社讯)三十四年度所利得税,绍兴原定六亿元,因商家无力负担,组织请愿团,要求减免,复经县商会理事长陈笛孙、直接税局局长陈恭寅,奉召联袂晋省商讨,业已减至(绍兴全县)三亿三千万元。兹因亟待解决,直接税局已定今(二)日下午一时,召开审查委员会,商讨分配办法。

(经济社讯)绍兴县商会定于今(二)日下午一时,召开理监事联席会议,商讨会务进行,已分别通知各理监事届时出席与议。

(青锋社讯)本县县商会理事长陈笛孙,此次赴京出席全国商联大会,并为本县粮贷事宜,向各方奔波,所负任务,卒底完成,甫于日前归来,商会理监事史幼祥、方文荫、傅岳校等,以陈理事长为公辛劳,历时匝月,为稍资慰安起见,拟于今晚在商会欢宴。

《越报》中华民国三十五年十二月二日

各业理事长昨会商派缴所利得税事宜

(1946 年 12 月 3 日)

税局审查会议改于本日举行

(本报讯)本县关于直接税局课征三十四年度所利得税事宜,曾经引起全县商民之不安,经联合举行游行请愿,并请县商会陈理事长晋省洽商,业与浙区直接税局作初步洽定,本县总额为三亿三千万元,已照原定配额,减去十分之三强,陈理事长已于前日回绍,特于昨(二)日下午在县商会召开各业理事长会议,出席各业代表四十余人,由陈理事长主席,经过详密讨论,结果决议:

一、三千万零数要求减免;

二、全县三亿三千万总额所派,乡镇若干,城区若干,应公布;

三、城区各同业公会每公会若干,及每公会中各商店应缴数额,前两项数额,均要求局方通知商会,并各同业公会,以备各公会对各商店之稽核,藉课征额之公允;

四、缓缴或分期缴最早日,以农历大结束为缴介时期;

五、凡已缴三十四年份所利得税收入若干,应准请局方查明表示,核实扣输,并均须通知商会等五点。

(经济社讯)绍兴直接税局原定昨(二)日下午召开所利得税审正委员会,兹以各业公会理事长同时举行联席会议开,为时期抵触之关系,审查委员会改于今(三)日下午举行云。

《绍兴新闻》中华民国三十五年十二月三日

国药业公会召开临时会员大会

(1946 年 12 月 8 日)

(本报讯)本县国药业公会,以三十四年度所利得税等事宜,亟待商讨,特定于今日下午二时,在该会召开临时会员大会,俾资商决。昨已函达各会员店准时出席。

《绍兴新闻》中华民国三十五年十二月八日

金银商业公会请示所利得税核算方法

（1946 年 12 月 11 日）

财部解释银楼业营业税

（本报讯）本县金银商业公会，以此次直接税局核定该业各商号三十四年所利得税税额，未见公允，特拟电请该局，要求将三十四年所利得税分派核算办法，迅予详细指示，俾使各商号得以明了而释疑虑。

《绍兴新闻》中华民国三十五年十二月十一日

商人拒缴积谷捐，派募标准仍颁下

（1946 年 12 月 15 日）

（青锋社讯）本县各同业公会，前以本邑各商店，因受高利贷之恶果，倒闭日有所闻，似具已面临崩溃前夕而政府对商人积谷等，催征更急如星火，将促使其仅存一息之生命，难以继续，曾决议一致拒绝缴纳，并由商会代电省商联会，转呈准予免缓，消息早志各报。据悉本县税捐处已将商人积谷限于营业税中，继续征收，商民迫于无法，固亦有忍痛缴纳者，惟多数则谓际此商业确已濒于崩溃之秋，而税捐当局竟层层催逼，毫不放缓，大有非将奄奄一息之商业予予断送之概，用意颇难臆断。且田赋带征积谷，早已明令暂缓商人积谷，何故非征收不可，闻将再度集议应付办法。

《绍兴新闻》中华民国三十五年十二月十五日

国产酒业甚为衰落，酒业公会再请救济

（1946 年 12 月 18 日）

（经济社讯）绍兴县酿酒工业同业公会，前为国产酒业衰落情形，曾胪陈财政部，请予减低税率税额及分期缴税，并划一名称征收，以苏商困，业经财政部批复，谓国产烟酒类税条例，此次修正条文，将酒类税率减为百分之八十，经过立法程序，全国各省一致遵行，绍酒未能独异，且较洋酒、啤酒等已减二成，所谓减征一节，应毋庸议等情到会。顷本县酿酒业公会，以绍酒为吾国唯一特产，战前广销全国各地，及国际市场，又为农村主要工业之一，全县人口有百分之三十五以上赖其营生，攸关农村生产，与国民经济者甚巨，且因战时受尽摧残，现至一息仅存，若不加扶植，则国产酒类，势必破产。该公会理事长陈笛孙，为挽救颓势，特再呈财政部请救济。

《越报》中华民国三十五年十二月十八日

傅岳校晋京请求锡箔记账缴税，并向四联处借保证金

（1946 年 12 月 21 日）

（本报讯）锡箔为本县特产最大之输出，自改征国税，税率增高为百分之六十后，各箔商每月所缴税款，约在十三亿元以上，致使营运资金，颇感不敷周转，曾一再请求照卷烟商改为记帐纳税，未获照准。此次税务署程鹜予科长来绍，各商曾向当面陈请，并经县党部应书记长代为声述困苦，要求转陈中央，予以批准，即经陈科长面允。兹闻箔商方面，昨特推派傅理事长岳校，晋京面请外，并向四联总处交涉，请国家银家贷予税款十分之六，计八亿元之保证金，俾箔业前途得有振兴之望。

《绍兴新闻》中华民国三十五年十二月廿一日

绍各业请援杭例七折解缴所利得税

（1946 年 12 月 23 日）

经各公会代表联席会决议，并公推代表向直税局请求

（本报讯）本县各业同业公会，于昨（二十二）日下午假县商会会议室，举行各同业公会代表联席会议，出席者，计箔庄业傅岳校（胡炳水代）、布商业宋阳生等二十一人，经推定方文荫为临时主席，首由主席报告，略谓据报载杭州各业三十四年所利得税，额定七亿元，而因各业商号，以时届年关，无力负担，经商会开会讨论，并向局方折冲，已获有结果，凡在国历年内纳库者，准照原核额以七折计缴，若逾期者，仍应照额十足纳库等云云。继即开始讨论，本县各业所利得税核定额一亿三千万元，开始催缴以来，急如星火，目前时届年关，金融奇紧，商民咸感无力应付，宜如何办理，请公决案。决议：

一、援照杭市例，请求以七折解缴，俾轻负担；

二、公推方文荫、曹冠卿、宋阳生、陈景甫、严希尚为代表即日向直税局请求。

《绍兴新闻》中华民国三十五年十二月廿三日

酒税含有转嫁性质似难直接加诸酿户

（1946 年 12 月 24 日）

六团体昨联电代酿商呼吁

（本报讯）本县酿商商业同业公会，以奉部区督导催缴税款，实难缴纳，经电请各界予以转请，准其随销随税，俾资周转，其原电曾志本报。兹悉本县参议会、总工会、农会、律师公会，昨特联电立法院、行政院、财政部、税务署、参政会等，代酿商呼吁，除该业公会原电

外特录其按语如下：

查收复区天日虽已重光，而民穷财尽，处处皆然，以本县为尤甚，酿酒公会所称确属实情，竭泽而渔，究非良策，再就法理而言，国产烟酒税并合条例，同为消费税，与各项货物税条例所定，均有转嫁性质，依据理性，应在销货行为成立时，方能征税，而非直接加诸酿制工商之税，意颇明显。今特将酒类严格预征捐税，宁得谓平？据电转请依准随销随税，以维商艰。

《绍兴新闻》中华民国三十五年十二月廿四日

营业税以续费计征，银楼业请迅予实现

（1946 年 12 月 24 日）

（本报讯）本县金银商业公会，昨电税捐处略谓：

叠准省商联会电，查银楼一业，自营业税法修正公布改以营业总收入额为课征标准，各地银楼业，认为负担太重，纷纷请求减轻。兹悉上海方面银楼业于六月一日以后，所有兑换不计重量，一律以手续费照佣金额纳税，业由上海直接税局呈奉财部核准，浙江地区毗连，自应援案办理，除呈请省政府，转饬财通令各县处依照上海成案办理，希转各会员查照，查经请求援例改以手续计征，顷准前由，合再请求迅准援照上海市成案办理，以昭公允。

《绍兴新闻》中华民国三十五年十二月廿四日

银楼营业税额援沪市例缴纳

（1946 年 12 月 26 日）

税捐处未便照准

（本报讯）本县金银业同业公会，迭据各会员呈称，以该业营业税，在战前省税时代，向以资本课税，去年重光后，由直接税局征收，概须以营业收入额为征税标准，受亏至巨。查银楼以兑换为业，非普通买卖营业可比，纯系收进兑出，加工改造，不过博取微薄之手续费（即挂牌坐子），且本重利轻，其营业数字必巨，而负担之税亦多，以微薄之收益，纳巨额之税款，实未公允。本年七月间，中央重新营业税划归地方，而税捐处仍循旧例征收营业税，实使该业不胜负担而临危机，故特于日前呈请税捐处，援照上海市商会呈准财政部，凡银楼以兑换为业者，不计重量，一律以手续费收入，照佣金额纳税（即照挂牌标准），藉昭公允，而维商业，税捐处据呈后，以该处未接税局查定，分别通知缴库在案。兹悉直接税局以年度即将届满，各租赁税扣缴人，应于年内全部缴库，又已经代扣之存款利息所得税，亦应于年内如数缴库，一俟年度过去，对于各税之滞纳人，均将一并移送法院处罚。

《越报》中华民国三十五年十二月二十六日

酒类随销随税，税局呈请核示

（1947 年 1 月 10 日）

（经济社讯）关于缓征三十五年度存酒税一事，前经酿酒业公会，请求县商会，分电货税局，及中央各部会，电请予以随销随税，以苏商困。兹悉货税局已函复商会，以据所请情事，转呈核示外，并劝导各酿酒商，仍须遵照缴纳。顷闻酿酒方面，尚须俟中央电复后，再行遵缴云。

《绍兴新闻》中华民国三十六年一月十日

箔庄业公会决议暂停箔块部分营业

（1947 年 1 月 31 日）

（本报讯）本县箔庄公会，以奉货物税局代电：

（一）产制锡箔坊铺，制成箔类，售与已登记之庄号者，于箔类交割之际，应依照习惯，备具送货簿，送由承购庄号证明。

（二）各产区制箔类之坊铺，出售箔类，各承购人并非登记庄号，所有税款，应由该坊铺负责缴纳，如有隐匿，即行照章罚办。

（三）各分局或办公处及驻厂人员，应责成各坊铺将浇锭中锭培数，裁成页子，甲数制成乾纸，甲数成箔块数，以及出售各庄号及门售块数，立簿登记，每月查核一次，如有漏未报者，即予照章罚办。

兹奉税务署指令，查货物税照章应由制造商人负责缴纳，产制箔类之坊铺出售箔类，不论承购人是否登记庄号，所有税款，概应由制箔坊铺先行负责缴纳，所拟办法第一、二两点，核与上项规定不合，应毋庸议。至第三点意在加强税源控制，核尚可行，暂准照办，经提付该会会员大会讨论，金以目前箔业受某种影响，营业无法继续，今货物税当局既有是项改进办法，深表同意，经决议接受各会员要求，暂停箔块部分营业，静候货物税局向箔坊、铺征税办法实施，并呈该局核备。

《绍兴新闻》中华民国三十六年一月三十一日

北货业公会要求收回，督促行商缴税办法

（1947 年 1 月 31 日）

（本报讯）本县税捐稽征处，为统一各牙业行栈，督促行商缴纳营业税手续，及便于稽征起见，特订定本县各行栈督促行商缴纳营业税补充办法，呈县转饬北货业公会遵照办理。北货业公会奉令后，即行召开临时会员大会，旋据各会员意见，金以各行栈督促行商

缴纳营业税办法,类似代征性质,尤以觅保负责经办手续更觉困难,稍一疏忽,俱有触犯法令可能,而该业同行,又自念商人智识浅陋,对本身纳税工作,尚虑不周,遑论驱策行商。况行商多为山农渔民,与牙行唇齿相依,产销维系,在山农本已免税,因念其采取维艰,特予优恤。而渔民生活三面潮水,其采取之艰危,甚于山农,即国府之对渔民,亦多姑息,经一致议决,昨呈复县府,要求收回呈命,免予施行。

《绍兴新闻》中华民国三十六年一月三十一日

朱仲华等晋京请愿,箔税仍归地方办理

(1947 年 3 月 22 日)

(正风社讯)锡箔为吾绍特产,赖此营生之工商,数在十余万人,为本县社会经济之命脉。复员后,县政设施,赖以维持。自上年十月间奉令划归中央征收货物税以来,税率骤由百分之十五,增至百分之六人,军人因而乘机图利,勾串流氓地痞,狼狈为奸,公然大批走私,市场颇形混乱,日久走私愈炽,税收愈落,箔商经此打击,多数停业,箔业箔工生计,亦间接大受影响。当兹财政困难之际,而本县地方财政入不敷出,预算赤字达四五十亿之巨,自非恢复箔税,无从挹注。本县参议会有鉴于此,经第三次大会决议,推派代表朱仲华、史幼祥赴京请愿,准将箔税划归县地方办理,仍将税收之半,供献中央,既可减低税率,又可免除漏税,增加税收,上利国课,下益民生,尤可解决县政恐慌,经一致通过,昨已备文交由朱仲华、史幼祥两代表带赴财政部面请。

《绍兴新闻》中华民国三十六年三月二十二日

县商会今商讨所利得税问题

(1947 年 4 月 8 日)

(本报讯)本县县商会,为商讨三十五年度所利得税事宜,定今(八)日下午,举行理监事会议,并邀各业理事长出席参加,昨已分别通知。又闻该会陈理事长俟今日主持全议后,决于明(九)日携同各项议案晋省,出席省商联会会员大会。

《绍兴新闻》中华民国三十六年四月八日

直税局函各业公会,详查去年物价变动

(1947 年 4 月 24 日)

(越光社讯)绍兴直接税分局,以为编制三十五年度辖区一般工商经济动态,并为报告

上级，必须调查金融利率，与汇率之升降，又为明了市场变动情形，业已函请各同业公会行栈，将去年市场物价变动情形赐复，以资参考。

《绍兴新闻》中华民国三十六年四月二十四日

商 人 会 议

（1947 年 5 月 20 日）

不服查账决定，已得声请复查，今午将继续集会商讨

为商讨直接税局对于各业商店查帐决定税额，及三十四年份所利得税扣缴利息等问题，获得最后协议起见，特于昨下午六时，在商会会议室举行各业理事长会议。出席：新药业公会傅正中、孙延鹤，绸缎业黄伯源（代），箔庄业胡炳水（代），国药业马廷佐，铜锡业包渭堂（钮代），纸商业任昌辰，百货业曹冠卿、李子鱼（俞宗汉代），金银业赵永祥、章季候，油烛业吴惠之，钟表业金汉宸、王烈丰，颜料业马福治，鲜肉业莫永春（代），衣业严傅友，茶漆钱承高，纸商业金幼庭，北货业方文荫，煤油业章春乔，卷烟业陈景甫，粮食业严希尚，南货业陈德魁，木行业吴宝生，钱庄业倪予凡，旅栈业许承荣（孙代），茶食业公会俞德生（王代），运输业杨崖德，鞋业钟淦生（代），水菓业曹文标，鹿鸣纸业施张发，人力车业吴炳琦，香糕业马文光，草蓆业董世思，瓷陶业章绰夫，杂货业金聿耀（朱代），布业章德容。

公推主席傅正中，经各理事长分提意见，由陶副议长、陈理事长归纳，转呈陈局长、何秘书、徐科长缜密磋商。至午夜一时，除二十一日所决议之五点继续有效，昨日又经一改决议六点：兹探悉其提出六要点：

一、前日商会协议五点，关于已失申请时间者，以旋缓三个月为补救，但因初查决定事实未明，有此二例闭点，收歇店如何负担庞大数字。

二、为改善审查所得税，已有请愿数点。关于声请复查，务求达到目的，如因不合理之查定，已失声请复查期间者，仅以三个月缓缴之救济，强不需要，务求重行声请复查目的。

三、过去查帐心得，应请局长作统盘说明，何以所有商店，俱是盈余而无亏融者。

四、查定通知书要注明课税理由，使纳税人明了。

五、请求复查时无力负缴半税时，请求改用书面保证金。

六、三十四年所利得税款及存款利息所得税款，应必须作正当开支等，今各得答复如下：

（一）列举倒闭收歇店字号，斟酌实际情形核定。

（二）如有不服者，于五天内由各同业公会开具应予复查商店字号，由商会向局方提阅，查定税额理由书，准予复查。

（三）决定包括于第二点内。

（四）已查定者，亦包括于第二点内，未查定以后准予说明课税理由者。

（五）应专户存入殷实行庄，以庄折送局保证。

（六）三十四年确有盈余者，应付在盈余项下应予剔除，未有盈余者，得作开支，利息所得税，确无扣缴者，得作开支，否则不准。关于临时询问，局方以必须于查定后，依法令期间缴库，各商店以为一时筹款困难，拟予延缓缴纳。

至此已达午后，应尚待协商，定于今日下午再行商讨。

《绍兴民国日报》中华民国三十六年五月二十日

商会昨请县府改征大街房捐登记不能一律列为特级
（1947 年 7 月 25 日）

本县商会，以本城大街一带店屋，照编查房捐标准，列入特级，以其房屋格式新颖，装璜富丽美观，论其店面，固合于特级标准，而其内部，狭小陈旧之余屋脚屋，距离标准甚远，一律以特级计算，似失平允原则，经各商店纷纷请求改善要求后，即提付廿二次理监事会议决："建议县政府，商营以店面为重心，沿街门面，固可照章纳捐，然店面以后之第二、三进房屋及另星脚屋，断难与门面可比，应请一律改为丙、丁级稽核课征"。昨特录案呈请县府核行。兹悉县政府据呈，已饬税捐稽征处核办。

《绍兴民国日报》中华民国三十六年七月廿五日

县商会今开会讨论税务问题
（1947 年 7 月 25 日）

县商会为商讨税务问题，特定本月二十五日下午四时，召集各业理事长临时会议，昨已通函各团体公会，届期务希理事长准时出席，并以事关各业商号之切身利害，幸勿缺席云。

《绍兴民国日报》中华民国三十六年七月廿五日

县商会通告各商店
（1947 年 8 月 25 日）

本县县商会，昨紧急通告各商店：

顷奉绍兴直接税局陈局长面示，遵奉国府主席谕，所有各商店应缴利得税，限八月底一律缴清，如敢逾限，立即移送法院罪办。

《绍兴民国日报》中华民国三十六年八月廿五日

钱业利率特种营业税准免征

（1947 年 9 月 15 日）

（经济社讯）绍兴县商会,前经请求免征钱庄特种营业税一案,兹悉财政部以所请法无依据,且特种营业税法施行细则第五条银行业应按其营业税总收益额课税,并无任何扣除之规定,惟念该业甫由资本额改按收益额课税,负担遽重,亦系实情,为减轻该业负担起见,准于收益额中减除存款利息一项,以示体恤,业经分函四联总处转行所属各行局,并通令各局遵照,并闻本县商会,已奉到是项饬知。

《绍兴新闻》中华民国三十六年九月十五日

绍兴县商会公函

（1947 年 9 月 15 日）

（绍兴县商会公告栏·只登本报不另行文）

总字第号

民国卅六年月日

案奉财政部本年九月四日财字第一二六四号批,本会本年八月奉代电一件,为请准予修正营业税住行商登记办法,令饬停止实施境外采购证由内开:

"代电悉,查营业税住行商登记办法,业经通令废止,仰即知照。此批。"等因。

奉此,查此案前准绍兴县税捐稽征处公函,当经电请财政部、财政厅转饬停止实施,并请省商联会转请在案。兹奉前因,除分行外,相应函达查照,并转行各会员知照为荷。

此致

各同业公会、非同业公会

理事长　陈笛孙

常务理事　史幼祥　宋阳生

施张发　方文荫

《绍兴新闻》中华民国三十六年九月十五日

粮食营业税准再免一年

（1947 年 10 月 27 日）

（群力社讯）关于粮食营业税,前以免征期满,有即将开征之说,兹经全国商联会发动全国各省市商会,及粮食业公会,推派代表,再度晋京请愿,财部俞部长曾面允考虑。顷据有关方面称,财部经数度核议后,以粮税攸关民食,准自三十六年十一月一日起,至三十七年十月底止,再免征一年,全国商联会已接到财部批示,转行省商会,即将分电各县查照。

《绍兴新闻》中华民国三十六年十月二十七日

肉业请减税,县批饬不准

(1948 年 1 月 7 日)

(本报讯)本县屠宰税,自肉价飞涨后,已于本月一日起,将税率增高为猪每只征收十一万二千元,羊每只征收三万八千元。兹悉鲜肉商业同业公会,以屠税调整期限,大致越月更动,□次时未半月,且与前月相比,增税倍余,似于营业攸关,呈请县府要求从宽实行。闻县府据呈,以此次调整屠税,系随市价而行,法有明文,所请应毋庸议,已予指饬不准。

《绍兴新闻》中华民国三十七年一月七日

征收粮税影响民生,粮食业请愿豁免

(1948 年 1 月 9 日)

昨一致决议提四点理由,分呈党部参会予以支持

(本报讯)粮食征收营业税问题,前准财政部通令各地办理以后,全国粮商,金以际此米价高涨,人民负担过重,如一旦征收,势必影响民生,乃由本省粮食同业联合会发起,邀同全国商联会,全国粮联会暨各省市县镇商会与粮食公会先后推派代表,三次晋京请愿。本县粮食公会召开改组后之第一次理监事联席会议,金以本县乃缺粮县份,所需粮食,大部份均向外地采购,如征收营业税,每担即将增加十余万元,影响民生,诚不堪设想,同时本县系财政充裕区域,依照财部规定,实应予以豁免,乃一致决议,推派代表向林县长、詹处长作迫切请愿,要求豁免营业税,以苏民困,并作成请愿理由四点,分呈县党部及县参会予以支持。

《绍兴新闻》中华民国三十七年一月九日

粮食商同业公会续请免缓粮税,会员店分级摊派费用

(1948 年 1 月 20 日)

(铎声社讯)本县粮食商业同业公会,于昨(十一)日上午九时,在该会会议室,举行第一次常务会议。出席者:金竹皋、杜炳昌、金新元、严希尚等,主席严希尚。报告(略)。旋即开始讨论:

（一）东路船价，应如何决议案。决议：分定米谷每斤八十元，函复查照。

（二）本县粮食营业税催报甚急，报载上海市，已明定缓征本会应如何积极吁请免缓案。决议：依据上海消息再电县税处，一面函请商会，召集法团会议，予以支持。

（三）会员等级业已审查毕事，依照大会决议，按级摊派不敷费用，应如何着手派收案。决议：甲级一百五十万元，乙丙一百二十万元，丙级九十万元，丁级六十万元，戊级三十万元。

（四）查照审查同业等级，间有未周至之处，应否酌予变更，以资平允案。决议：

（1）原审查决定恒大列为乙级，应改为丙级。

（2）原审查决定协茂裕、同昌列为乙级，应改为甲级。

（3）原审查决定洪成列为乙级，应改为丙级。

（4）原审查决定裕记公司列为甲级，应改为乙级。

《绍兴新闻》中华民国三十七年一月二十日

箔税继续代征

（1948 年 1 月 23 日）

（本报讯）本县县商会等各法团，前以财政异常支绌，而箔税原系地方收入，自奉令划为货物税后，虽经多次请求，奉准由县代征，酌提征收经费，无如仍感不敷，且瓜代有期，故经电请财部，要求恢复旧制，仍归地方收入，否则请准继续代征，勉维县预算平衡。兹闻该会昨奉财部电复，准仍代征，特采志原电如后：

绍兴县商会览，三十六年亥感代电悉，关于绍兴县政府代征锡箔税物税一事，近据该县政府电请自三十七年一月起，由县政府继续代征，经于本年电复，暂准旧办理在案，仰即知照。

《绍兴新闻》中华民国三十七年一月二十三日

税捐处函商会

（1948 年 2 月 4 日）

本县县商会，昨（三）日分函各业公会转知各会员，以准本县税捐稽征处函开，该处前对各商号申报每月营业收入额或收益额，均饬先缴清十月税款，再行申报，因此商人每多申请延迟，致引起税法上逾期申报之责任。兹为便利商人申请及如期缴纳税款起见，本年一月份起，特依照税法及参酌本县实际情形，规定商号每月营业额或收益额，应于下月十日内填具申报单送处，以凭查核课税，至每月应纳税额另由本处填送纳税通知书（或四联缴款书）。商号接到是项通知书或缴款书复，应即于日内向公库清缴税款，逾期不缴者，一律移送法院罚办。

《绍兴民国日报》中华民国三十七年二月四日

营业牌照税率增高引起本县商界反对

（1948 年 3 月 29 日）

（本报讯）本县税捐稽征处，近调整年度营业牌照税，一律以资本额之千分之三十征收，致引起一般商疑窦。昨据县商会陈理事长谈称，营业牌照税法，系去年十一月十四日国府修正施行，其第四条规定营业牌照税，应按资本额及营业种类划分等级课税，第五条规定营业牌照依照前条分级课税，其税率最高不得超过其资本总额千分之三十。又第六条末段规定营业牌照税之征收率，由各市县依法分别拟订，提经市县参议会议决，层转财政部备案。准此以观，营业牌照税之税率，最高为千分之三十，且其税率之订定，须经民意机关通过，现税捐处既非经由参议会通过，遽以最高额千分之三十征收，于手续上似不无欠缺。本省商联会，前以商号向政府领取牌照，乃系许可性质，自不能以征收营业税之所谓行为税以比例收税，设必须征收，亦只可征收许可费，现正向中央力争中，故本县目前征收牌照税，自有斟酌之处。

《绍兴新闻》中华民国三十七年三月二十九日

县商会决议响应废除营业牌照税

（1948 年 4 月 3 日）

（本报讯）本县县商会，于昨（二）日下午，举行理监事联席会议，出席理、监事方文荫、陈恕臣等十八人。主席陈理事长，首先报告，继即开始讨论，计决议响应杭州市参议会议决，要求废除营业牌照税，及礼堂租金增加五倍，大礼堂每次为四十万元，较礼堂二十万元，暨因经费困难，组织经济委员，专职办理等案多起，散会时已万家灯火矣。

《绍兴新闻》中华民国三十七年四月三日

营利事业所得税，商会电请缓开办

（1948 年 4 月 3 日）

（越光社讯）本县县商会，准浙江省商会联合会函知，以准浙江区直接税局函送三十七年度营利事业所得税稽征办法，经提该会第十一次理监事联席会议讨论，金以是项办法，核计增税额，为数甚巨，决非商民所能负荷。且未经立法程序认为命令变更法律。决议：

一、呈请行政院财政部收回成命。二、函请浙江省区直接税局暂缓开征,并请各分局缓发缴款通知局。三、呈请司法院及本省高级法院顾及法理与事业实情,勿受理执行此项案件。四、通函全国、省联会、各省市商会,一致据理力争。五、通函各会员,此案在未解决前,一律从缓缴纳,并由各市县商会函请当地法院查照,除电请行政院财政部力争,并分函绍兴县直接税局、地方法院外,该会于昨日函请各业公会查照办理。

《绍兴新闻》中华民国三十七年四月三日

县商会对所得税函各业提供意见

(1948 年 4 月 18 日)

(经济社讯)绍兴县商会,以查本年四月十日,各业理事长会议,讨论事项,第三案,三十七年所得税以六倍预缴一案,请求未获要领,此后应作如何对付,请讨论案。决议,(一)推定曹冠卿、孙春帆、倪予凡、孙廷鹤、孙春帆、傅岳校、吴惠之、陈景甫、许雪舟、马廷佐、史幼祥、寿秀川等十一委员,采集资料,详加研究,作一准备,并以曹冠卿先生为召集人;(二)函各业公会,限七日内,以书面提供有关所得税之各项意见,以作参考等语,纪录在卷。该会昨已录案,分函各同业公会查照,于本月二十日前,提供书面意见送会,以备参考。

《绍兴新闻》中华民国三十七年四月十八日

请免提高绍酒税

(1948 年 4 月 19 日)

(经济社讯)省商联会,奉财政部批复绍兴县酿酒工业公会所请免予提高国产酒类税率,俾维生产一案,查国产酒类税率提高为百分之百一案,前经转奉国务会议议决,令饬即日实施补办立法程序,业由不部密电各货物税局依照新税率另行核讨税额,一律自三月六日实施有案。酒类原属消耗品性奢侈品,欧美各国莫不课以重税,现行税率百分之百,衡诸各国课征奢侈品情形并不为高,际此动员戡乱期间,国库支应浩繁,务盼勉体时艰,努力输将,所请免予提高税率,碍难照准。至绍酒税额之调整历系根据市场批价,依法核定。经查绍兴货物税分局之报表所列每市担绍酒平均批价,本年二月上旬以前为八八万元,二月份第三次为九二万元,第四次为一〇三万元,第五次为一二四万元,第六次为一二八万元,三月份等一次为一四〇万元,第二次为一六四万元,原电所称两月之间税额已增高百分之八十,而酒价并未上涨一节,核案不符等语。省商联会奉批后,业已转知绍兴县酿酒工业公会矣。

《绍兴新闻》中华民国三十七年四月十九日

柴炭业公会请减所得税

（1948 年 4 月 21 日）

（本报讯）本县柴炭业公会,以三十六年度所得税,经局方核定,似与实际不符,缘该业均系小本经营,且接近工业,故无完善簿籍,更以去年天时亢旱,货物已十室九空,实难负荷。昨特呈请县商会,要求呈税局核减,以恤商困。

《绍兴新闻》中华民国三十七年四月二十一日

所利得税六倍估缴商会劝各业从速申报

（1948 年 5 月 4 日）

（本报讯）本县县商会,前以本年度所得税,税政当局,奉令六倍征收,商民难于负荷,曾经分电有关当局,请求免予倍征。兹悉昨奉财部电复,以六倍征收,系属临时性质,仍须查帐核课,多退少补,且于税法中业有明文,际此勘乱建国时期,库支配急,所请确难照准。

（经济社讯）本年度营利事业所得税,中央规定先行六倍估缴,俟将来查定后,少补多还,本县方面,业经直接税分局分别通知各商店。兹悉浙江区局杜局长,昨特致函本县分局王局长,以奉署谕,是项估缴税款,亟盼督促催解,必须于九月底以前完全办竣,以裕国库,王局长接函后,业已派员分向各商店动缴矣。

（又讯）绍兴县商会理事长陈笛孙、常务理事方文荫,本月一日晋省出席商联会议,讨论税务事宜,已于昨（三）日返绍,召开理监事联席会议,报告赴杭会议经过,并劝导各业商店,如尚未申报者,应限于本月十日前,从速申报,幸勿延误,以遵法令,而裕国税。

《绍兴新闻》中华民国三十七年五月四日

商业报缴所得税,决再派代表请示

（1948 年 5 月 9 日）

（本报讯）本县县商会,于昨（八）日下午召开各业理事长联席会议,计出席黄伯源等三十四人,列席直接税分局王局长、胡科长、主席陈笛孙,报告今日召开会议要旨,及为商讨申报所得税事宜,当请王局长、胡科长指示,旋王局长对于所得税六倍估缴,及申报注意事项,均有详细之讲解。会议结果,因各业理事长意见纷歧,未能一致,即经推定孙春帆、曹冠卿、倪予凡、陈景甫、史幼祥、章德容、方文荫、孙廷鹤等为临时代表,决再向局方请求办理。

《绍兴新闻》中华民国三十七年五月九日

孙端冰雹成灾，商民要求减税

（1948 年 5 月 28 日）

（经济社讯）孙端镇商会理事长孙传新，会同该镇商业代表多人，于昨（十七）日上午，向直接税局第一课，洽商六倍估缴所得税事宜，经商谈后，孙理事长愿反镇负责劝导商民，于本月底前，将税款纳库。为去年该镇遭冰雹打击，受灾惨重，商店损失尤不可胜计，要求局方酌情减低。胡课长以孙理事长热心纳税义务，深堪嘉许，对雹灾损失，允与调整，结果属实，将来查账后，是可酌量减低或退还，但六倍估缴税款必须按期纳库，以符法令。

《绍兴新闻》中华民国三十七年五月二十八日

东关镇商会缴纳所得税

（1948 年 6 月 7 日）

（本报讯）东关镇各商号，三十六年度营利事业所得税，经直接税绍兴分局，派查光泰股长往镇，会同该镇镇商会理事长罗锡臣，按日挨户严催，截至本月六日止，已陆续纳库者计十分之七八，各商号以现商业衰弱，多有因此延缴者，亦经查股长罗理事长善予劝导，各商民均能体念时艰，纷纷缴纳。

《绍兴新闻》中华民国三十七年六月七日

催缴所得税，逾期将处罚

（1948 年 6 月 14 日）

（铎声社讯）绍兴直接税分局，以本年度所得税，虽据各业公会陆续汇缴，及非公会会员商店自行先后纳库，惟尚未能定额，前由县商会洽定，至迟在本月二十日务须全部缴清，否则必须移送法院处罚。兹悉局方以省局业派督征员侯毓华来绍督征，并以洽定缴税期间，为时已近，而未缴各商号，务请依限纳库，免受处罚。

《绍兴新闻》中华民国三十七年六月十四日

房捐捐率过高，商会要求核减

（1948 年 6 月 24 日）

（本报讯）本县城中大街各商号，以此次税捐稽征处，拟定即将征收之营业用房捐捐率,须照房租百分之二十征收,在此物价日趋上涨,商业支应浩繁之秋,实难负担如此重捐。且杭州市区,仅亦征收百分之二十,以绍兴与杭州市相较,于事有失公允。特于前日,县商会召开各业理监事会,临时议决,要求此次召开之县参议会大会中,予以切实核减。

《绍兴新闻》中华民国三十七年六月二十四日

开征临时财产税,商会电请罢议

(1948 年 6 月 30 日)

工商遭摧残豪门仍无涉,国家收入有限贪污难免

(本报讯)本县县商会,以中央开征临时财产税后,举国震惊,工商业尤为惶骇失措,非特刺激物价狂涨,而工商经济已面临危机,昨特分电立法院、行政院、财政部,要求予以罢议,其原电云:

南京立法院、行政院、财政部钧鉴:

自开征临时财产税案发生后,举国震惊,凡属工商业,尤为惶骇失措,报载财金委员会第五次审查会议时,多数立委,对于营利事业之财产净值问题,均认为足以摧残工商业,应从新考虑。惟刘不同立委,则以孔宋等豪门资产,并不在房地产,多系公司企业组织,若不以法人为对象,则无法课征豪门资产等语,则其目标,专在豪门,若全国公司企业组织,尽属孔宋等豪门资本,其说尚属近似,不然则其他中产工商法人,先蒙池鱼之殃,而豪门则仍逍遥法外,为政府权力所不及,如救济特捐,可为先例。且因此投机商人,集中大量资财于美钞黄金之收购,设计逃避外流,有本愿投入工商业之流动资金,亦同一趋向,较促成金钞黑市之增长,而影响于其他物价,如近日之狂涨飞升,似此摧残工商各业,刺激物价上涨,财产税尚未开征,工商界经济,已面临崩溃。况受八年抗战,两年来币值日跌,贷利日高之影响,已经奄奄一息,至此则课征一部分财产税,即削弱一部分事业资本,坐以待毙,无法生存,政府如肯为工商业留一线生机,务乞立予罢议,否则:

(一)工商遍遭摧残,豪门依然无涉。

(二)国家收入有限,难免中饱贪污。

(三)外价法人财产,尚恐引起反响。

急切陈词,伏乞鉴纳,不胜翘企之至。

绍兴县商会己感印

《绍兴新闻》中华民国三十七年六月三十日

县商会电请减营业税率

(1948 年 7 月 3 日)

(本报讯)本县县商会,于昨(二)日下午,举行理监事联席会议,出席任昌辰等十九人,

主席陈笛孙,计决议讨论事项。一、奉县府代电,饬即发动慰劳就地驻军,应如何办理案。决议:与越王镇公所接洽办理。二、本会月支经常费,前经议决,按生活指数计算,惟生活指数之公布,在次月月初,致本月份经常费未能确定,如照上月份指数计算,则支出不敷,应如何补救案。决议:本会月支经常费,前经议决,按生活指数计算,惟生活指数之公布,在次月月初,致本月份经常费未能确定,如照上月份指数计算,则支出不敷,应如何补救案。决议:本会月支经费,先照上月份生活指数计算,暂行收取,至次月生活指数公布后,再行补收。三、本会员工薪给,应如何调整案。决议:将本会月支经费常费底数,增加三百元,弥补员工薪给,提理事长会议通过施行。四、上海市参会议决,本年春季营业税,仍按旧税率百分之一五征收,本县应请援例办理案。决议:电请省参会请求省府援例办理。

《绍兴新闻》中华民国三十七年七月三日

县商会电请减营业税率

(1948 年 7 月 3 日)

(本报讯)本县县商会,于昨(二)日下午,举行理监事联席会议,出席任昌辰等十九人,主席陈笛孙,计决议讨论事项:

一、奉县府代电,饬即发动慰劳就地驻军,应如何办理案。决议:与越王镇公所接洽办理。

二、本会月支经常费,前经议决,按生活指数计算,惟生活指数之公布,在次月月初,致本月份经常费未能确定,如照上月份指数计算,则支出不敷,应如何补救案。决议:本会月支经常费,前经议决,按生活指数计算,惟生活指数之公布,在次月月初,致本月份经常费未能确定,如照上月份指数计算,则支出不敷,应如何补救案。决议:本会月支经费,先照上月份生活指数计算,暂行收取,至次月生活指数公布后,再行补收。

三、本会员工薪给,应如何调整案。决议:将本会月支经费常费底数,增加三百元,弥补员工薪给,提理事长会议通过施行。

四、上海市参会议决,本年春季营业税,仍按旧税率百分之一五征收,本县应请援例办理案。决议:电请省参会请求省府援例办理。

《绍兴新闻》中华民国三十七年七月三日

营业税率援沪办理,县商会电省呼吁

(1948 年 7 月 3 日)

(经济社讯)绍兴县商会,于昨(二)日下午四时,举行第十次理监事联席会议,出席任昌辰、傅正中、陈芝眉、(代)俞宗汉、周廷佐、寿秀川、宋阳生、许雪舟、章季侯、李子鱼、锺淦

生、曹冠卿、倪予凡、陈笛孙、吴惠之、金竹皋、陈景甫、(代)严希尚、杨肃楣等十九人,主席陈笛孙,报告(略)讨论:

(一)奉县府代电饬即发动七七慰劳就地驻军,应如何办理,请讨论案。决议:与越王镇公所接洽办理。

(二)本会月支经常费,前经议决,按生活指数计算,惟生活指数之公布,在次月月初,致本月份经常费未能确定,如照上月份数计算,则支出不敷,应如何补救请讨论案。决议:本会月支经常费,先照上月份生活指数计算,暂先收取,至次月指数公布后,再行补收。

(三)本会员工薪给,应如何调整,请讨论案。决议:将本会月支经常费底数增加三百元,弥补员工薪给,提付理事长会议通过施行。

(四)上海市参议会议决本年春夏季营业税,仍按旧税率百分之一五征收,本县应请求援例办理,请讨论案。决议电省参会请求转请财厅援例办理。

《越报》中华民国三十七年七月三日

县粮业一致响应续请免征营业税

(1948 年 7 月 4 日)

(本报讯)本县粮食业公会,续请免征营业税,前经财部批饬,粮食为地方主要税收,粮商如有特殊困难情形,须请求免征者,应迳呈由省府,斟酌地方财政及当地粮市情形核议,嗣经省粮食联合会,暨省商联会,分别呈请省府,继予免征。顷悉财部为补救财政困难,对是项粮食营业税,将予重新征收,因是全省粮食业,又引起极大惶恐,盖际兹粮食问题严重之际,升斗小民生计益形艰难,兹再加以税收,无异增涨粮价,加重民食负担,因此该业将力争到底,省粮业联合会,亦已电请省参议会力争,以轻民负,并电致本县粮食,一致响应。

《绍兴新闻》中华民国三十七年七月四日

卅六年七月至今年六月本县箔税征起数字

(1948 年 7 月 25 日)

箔产锐减与战前相差过半

(本报讯)本县战前箔业繁荣,每年产量,约在三百万块以上,迄至战后,因受原料人工运输各种关系,致销价低于成本。正式箔商,渐形萧条。每年产箔咸在一百二十万块左右,较之战前相差大半,兹将三十六年七月至三十七年六月征税数字录后:

月　份	征税块数	征起税款额	库　收　数
7	19,380	2,428,259,000	246,219,000
8	65,559	862,714,000	862,798,000
9	47,211	60,199,350	607,309,000
10	40,448	814,635,000	809,511,000
11	38,764	1,499,473,600	1,475,679,600
12	15,104	477,546,500	502,823,000
1	12,002	1,387,985,500	1,387,728,000
2	6,880	1,072,231,000	1,071,435,000
3	18,932	3,557,978,000	6,054,334,000
4	13,063	2,472,360,000	41,664,000
5	4,213	1,623,663,00	3,258,229,00
6	7,105	3,007,000,00	3,517,374,000

总计征税 278,679 块。征起税 17,625,318,900 块。库收数 212,835,102,600 块。

《越报》中华民国三十七年七月二十五日

各法团联电省府缓征粮食营业税

(1948 年 7 月 30 日)

（本报讯）绍(兴)、萧(山)、诸(暨)、新(昌)、嵊(县)等各县参议会、县商会、县农会、总工会、教育会、妇女会等各法团，昨(二十九)日联名电请浙江省政府陈主席，要求从缓开征粮食营业税，其原电略云：

浙江省府主席陈钧鉴：查粮食征免营业税一案，前国民代表大会议决，永久免征税，呈奉总统府秘书长统字第六五号函复国大秘书处，以本案业已发交行政院转饬办理，足征中枢关怀民食，全国民众，正深庆幸。近悉省参议会议决，本省暂征一年，获悉之余，群情惶惑。窃按是项决议，一方面固为顾到政府财政之不足，惟本省财政，尚未闻有不适之处，且入会诸公，接受各县民意机检及各法团呼吁者，已达全省三分之二，大多数，可见侧重于政府者，实系少数人之意见，又本省为缺粮较著之区，自生产以至消费，层层课税，结果均在升斗小民身上，再如政府果感款支不适，亦宜着想于富力方面，庶克有济，抑更有进者，本省密迩匪区，一旦加以巨税，正恐为从驱雀，确非危言，凡此种种，于情于法，均不宜对粮食有税，且更不应有此创立之税，以致平民受其威胁，除急电省参议会顾念民生提出复议

外,为此合词陈请,恳祈钧府为鉴核,在本案未经复议决定前,准存从缓开征,临电急切,不胜企祷之至。(下略)

《绍兴新闻》中华民国三十七年七月三十日

参议会再电立法院豁免粮食营业税
(1948 年 8 月 3 日)

(成吼社讯)本县县商会陈理事长笛孙,鉴于食为民生必需品,政府在各大都市办理平价配购,原其抑平粮号,今若开征粮食营业税,虽名义上取之粮商,而事实上,必转嫁于消费者之平民,岂非有违愿意,经函该县参议会,转请立法院主张豁免粮食税,顷悉县参议会据请后,当申述理由,于昨再电立法院,请予覆议豁免。

《绍兴新闻》中华民国三十七年八月三日

县商会呈请暂缓征粮税
(1948 年 10 月 19 日)

(本报讯)粮食营业税,过去曾喊得震天价响,要求减免,后来省商联会方面,已愿意弥补百分之一点五,作为各县的绥靖经费,现在本县商会,接到省商联会通知,在参省议会没有开大会以前,各县一律暂缓征收。因此,本县县商会昨(十八)天已上呈县政府,要求对这笔税收,暂缓开征。

《绍兴新闻》中华民国三十七年十月十九日

4. 商人与捐税征缴

烟业呼吁声
(1914 年 4 月 13 日)

绍兴烟业昨致民政长暨国税左,其电文录下:
杭州民政长、国税厅长钧鉴:
叠年惊耗频传,商业几经摧折,凋弊情形已达极点。方今惊魂稍定,喘息未已,亟望维持。乃烟捐三次迭增,负担愈重,生计日促。兹闻又增附税,则众商之魂魄失舍,仰恳体恤商艰,从缓进行,无任感戴!

《越铎日报》中华民国三年四月十三日

详请免缴旧典税

(1914 年 6 月 10 日)

绍兴同德、泰升等典前呈由知事转呈,请省中颁给当帖,省中以该典等辛亥年捐款未尝缴纳,令县催令补缴。金知事以是年时值光复,营业艰难,已呈请国税厅筹备处长免予置议矣。未识该处长,能准如所请否也。

《越铎日报》中华民国三年六月十日

第一支栈经理违章执法之实录

(1915 年 1 月 7 日)

绍兴酒类公卖第一支栈经理兼经董王以铨(字选之),自攫得经董兼公卖后,营私舞弊,勒索敲诈,擅作威福,无所不为,道路喧传,有口皆碑,并经迭志杭绍各报。本报自去年十月间揭载后,王某心中惴惴,闻其迭赴省垣运动弥缝,不料霹雷一声,十四大款之罪状,六十三家之告发,自九霄而下矣。该呈业于前月二十号奉省公卖局局长朱钧弼氏批令第五区烟酒公卖分局长冯汝玠氏,于十日前即饬陆、赵二稽查,按照指控各行,核实调查,并经取具被害人,盖束切结在案。探悉该呈内容,其词甚长,内有"确凿有据,过付有人"八字,并有贪婪成性,舞弊营私,违章执法,病国殃商,名为国家机关,实系社会蟊贼封门事。迩闻冯局长素性严厉,对于查办是案公愤所在,未识能否一秉至公,具覆严究。现姑试目以观其后,公呈甚长,容即探录全文,逐日揭载。兹将省公卖局批示录下:

绍兴酒商坊号贺广平等环控绍兴酒类第一支栈经理兼经董王以铨营私舞弊请查究由。据呈已悉,所称如果属实,自应严究以苏商困,仰候令行第五区公卖分局逐条彻查具覆核夺云。

《越铎日报》中华民国四年一月七号

请免草纸捐续志

(1915 年 1 月 16 日)

本县南门外南池村民,因草纸一物向章销售内河者,并无捐率,今捐局勒索捐款,该业生计本微,何堪负此重税。爰特邀集同业百余人,赴县跪香,环请咨文统捐局酌减一节,已志昨日本报。

《越铎日报》中华民国四年一月十六号

捣毁丝捐征收所之兴高采烈
（1915 年 5 月 25 日）

绍属禹会乡华舍地方向为纺绸出产之区，以故该处居民多数以开设机坊为业，历来生涯尚称发达。惟各机所需纺丝，向于新丝登场之际，群往尧山等处落乡收买。光复后，时势艰难，道途荆棘。

《越铎日报》中华民国四年五月二十五日

酒业代表会议进行办法
（1915 年 6 月 5 日）

陈请平均税率，讨论印花加倍问题，议创建会馆，抽收缸捐。

前月二十九号，绍兴酒商假箔业公所开维持会，公推代表续禀省厅，并筹设酒业会馆共谋挽救等情，已记六月一号本报。兹悉，前日（三号）上午该代表等会集提议印花加捐问题，前经禀陈省议，并电请均平税率，当即奉批。大旨谓绍酒物美价昂，故与土酒稍有区别。现在大部拟核定通章，应静候通饬遵办。又据电，□税率之重轻，以物体之优劣，价格之高下为衡。绍酒与土酒，物价不同，税率自应有别等因。但查绍酒与外县之土酒，其原料、米麦相同，出售价目亦同，所谓物美价昂者，路庄耳。而出运之路庄，□定加倍印花，且运至各省，又须重重征纳，价目自不能与土酒同等。□□就本地出□而论，其物其价，委实无所差别。则税率当处于平等地位，应无疑义。现在国库支绌，加征酒税，吾绍人民，分宜负担。第与外地轻重悬殊，万难通销，及此不争，将来永无平均之日。吾绍大宗实业，势必渐归消灭，而外国酒且乘之畅行矣。为今之计，亟宜据情续禀，以苏商困。公决，即日起稿。又提议，酒捐局宣示印花加征一倍，五成照旧率，五成照新章。另制加征印证分配一节，现在各酿户向经董纷扰，有领印花已至七八成者，酒已售于买户，如何追加。且存储远年陈酒，向有额外印花，如何匀摊。又有受罚之户，印花重贴，此项加征，由酿户再认，抑由局中赔垫，种种为难，应由经董通禀挽回。又提议公卖局，前由省委郑志远君调查，事在必行，公决举定王选之、陈子英、陈子仪、章楠庭等悉心考察，陈请省厅。至于筹设酒业会馆，实为联络同业，共谋进行之必要依照，前次大会议案，每缸抽捐五分，委托各经董，赳日收集，随发收据，汇交事务所，按日登报，存储大路升昌钱庄，以便购地建筑，为永远之计划。当由王桂堂热心提倡，先垫捐洋四十元云。

《越铎日报》中华民国四年六月五日

羊肉铺求减屠宰税

（1915 年 6 月 14 日）

□□□□□□□□□奉部饬委任前肉捐经董任翼谋，于前月廿九号开办各节，曾经迭志本报。兹悉，猪肉税一项，业已办理就绪，惟羊肉店铺以绍地行销类系山羊，每只资本不过千数文之则，科征每只大洋二角，殊难担负，迭向县公署禀请免捐，金知事以是项捐税系奉部饬各省照办，未如所请。现由该业各铺王某等三十余家于前日齐赴县公署跪香请求酌量变通，减轻捐税，未知□□□□□□□。

《越铎日报》中华民国四年六月十四日

羊肉业因捐歇业

（1915 年 6 月 26 日）

绍兴屠宰税自奉部饬开办以来，定章宰猪每只捐洋三角，宰羊每只捐洋二角，猪肉铺以每只售洋二十元左右，尚堪负担，城乡各铺业已遵章报税。惟羊肉一项，以绍兴行销类系山羊，每只售价仅千数百文之则，骤课捐税，每只两角，各铺实难遵行，曾由该铺等一再禀请县署免税减捐，金知事以部饬照旧，各省一律，碍难宽免等情，业已迭志本报。兹闻该羊肉铺等因减捐难以转圜，情愿抛弃放账停止营业，城乡各处纷纷倒闭者，自旧端节后业已十余铺矣。噫，捐税病民亦可怜也。

《越铎日报》中华民国四年六月二十六日

羊肉铺左右为难

（1915 年 6 月 30 日）

绍兴城区各家羊肉铺，因屠宰税开办以来，必须遵照部章定规，每只捐洋二角。无如绍地各铺所行销者，多数系属山羊，每只只售制钱千余文之则，本无若何余利可沾，今一旦骤捐每只大洋两角，按诸实情，实难负担。曾经迭次请求县署转详免捐减税，而金知事以案关部饬，各省一律，未便照准。嗣经该捐委员任翼谋，亦深知该业艰苦情状，允为变通办法，大小均□捐多益寡，每铺每月均纳捐税费七只之数，各城区暨附郭共计十五铺，每月共税一百零五只。似此办理，庶于公家税则，铺户血本，两无妨碍，由该委员任某一再商请县署，业经县知事首悬矣。不料，突有该业恶棍，即向办正谊校之骆世贵者，希图谋办该税，千方百计，从中阻挠，未遂所欲，乃出其最后之刁难恶计，于旧历端午节后，令该铺等十五家一律停止营业，扬言如敢私自开卖者，定须罚洋二百元云云。奈该铺等自停闭以来，迄今十有余天，消耗特甚，兼之停无可停，开不能开，大有进退维谷，叫苦连天之概。呜呼，骆某之肉足其食耶？

《越铎日报》中华民国四年六月三十日

小猪捐交涉志闻

（1916年2月14日）

柯镇商民王长生、王长裕、王长仁、杨秀记、张老虎等五人，代客买卖小猪，认缴捐款拨助正谊校长年经费，已有年所。讵积久弊生，该行户等竟逐渐欠捐不缴。经正谊校董骆汉雄禀请金前知事追取，而该行户复故意延宕。自宋知事莅任，屡次饬警追催，并将认捐人拘押。该行户等始知不可再事模糊，乃运动柯桥商务分所总董蒋寿康代呈知事，意图仍得减少捐数，宋知事体惜商艰，批将积欠免缴。以后须照原认每月六元缴足，为商为学，两得其平，未识该行户等肯贴耳而服否也。

《越铎日报》洪宪元年二月十四日

请减宰税遭批斥

（1916年11月8日）

城区长桥下沈元兴羊淘主沈昭友意图减轻羊宰税捐款具禀绍兴县公署略云：

民在城区长桥开设元兴昌羊淘照章每月认税七十五只，因自新年以来，有东街祝恒兴羊淘令其子侄来民店贴近地方日事摊售，僧多粥薄，各业皆同，彼店因摊贩多而增宰之数，民店因营业减而少日宰之数。若不请求查减款，民负担太重，输缴为难。民店原认每月七十五只，今实宰数目连正茂每月只有四十五只，宜减缴每月税洋三元，可查可征，不敢虚饰云云。

宋知事当即批，以原认每月宰税已觉轻微，何得因有一二摊售之故率请减让，致启同业之效尤。所请应毋庸议云云。并闻前有大云桥顾松盛羊淘亦曾禀请减让，是项羊宰税经县公署批斥不准。今该羊淘□沈某、骆某等尚敢步其后尘，碰此大钉，诚可谓自贻伊戚者矣。

《越铎日报》中华民国五年十一月八号

羊肉店公议封淘

（1917年5月8日）

捐税烦重所致。

绍兴各羊肉店铺，尔因屠宰税捐款加重，每只须捐洋三角，负担为难，拟要求财政厅减轻捐税,以恤商艰,一面同行会议,于前日(六号)起一律封闭羊淘,停止屠宰。论者金谓绍地各羊淘所宰羊只,纯系山羊毛,每只价目不过一二元之谱,今竟税以若是之重税,实未免过于苛扰云。

《越铎日报》中华民国六年五月八号

羊业请求减捐之内幕

(1917 年 5 月 10 日)

近有羊业代表凌凤祥等以捐款过重,负担为难等词,请求县署量予酌减,旋奉宋知事批,略谓:查增加税率,不独绍兴一邑为然,该羊业何能妄事请求,至称猪税停加一倍,一税多加十倍,殊属误会,所请转呈之处,碍难照准云云。

有谓该业中人本不愿多事,实有已撤经董骆世贵从中鼓动,藉以见好羊业中人,为卷土重来之计,其信然欤。兹追录其呈县署文如下:

(上略)为捐额过重,负担为难,叩请恩予转详,并请派员复查酌减而救细商事。窃商等安分,不外售羊营生,原属勤苦手业,图利本属微细,税节经种种抽捐及各交通过税、查验税、公益捐等,已颇不资。民国四年发生屠宰税者,查部定捐率,亦多有不公。如猪每只大者约二十余元,小者亦十余元,其捐率不过每只三角。惟羊只,下路湖羊虽极大者,每只不过数元之谱。绍处各铺均购山羊居多,每只价只七八角,极大不过一元。余之目如照部每只抽捐两角,何以值十抽二,而与猪只并均,似觉偏苦太甚。同系中华民国,系将本营生,矧猪商不比羊铺之另拆微细,觅利原小者也。此实缘上下隔阂,民隐未通,而执政诸公,不知民间市物之低昂所致耳。故金前知事,有鉴于斯,曾经转详省厅,每羊十只征税二角,有案可稽,已蒙前财政厅蒋批准,稍予变通,每羊两只,征税二角,照此尚难负担。又查猪税与旧有之捐,仅加一倍,何独羊税与旧有学捐多加十倍,不难一查即明。所恨者实被前征收员骆汉雄苦劝所致,现当孟子香办理羊税,未谙情形,不洽商情,夜郎自大,只知照原册收捐。讵不知羊淘营业,或去年发达,今年骤减,或者反是,并不更新整理。况本年生意与上年大相径庭,上年每日认税三十只,而本年日宰不过十五六只之数,非沐派员清查,将致难安营业,侧闻本年缘奉部饬每羊一头,加税□角,如照原案收捐每羊一头加税九分,似此捐缴实虽负担,若钧台□□为怀,不嫌一引手之烦恩转详而商民等亦无须停业改图,非敢停业要求,实于捐率大觉偏苦。为此情迫,不得不公举代表叩请公事长钧核批示施行。

《越铎日报》中华民国六年五月十号

仿造洋货请免捐

(1917 年 5 月 16 日)

绍兴西郭门外福年地方,有杨汉三者,商界之巨擘也。对于实业一道,颇具热心。平日服御犹以提倡国货为宗旨,近在本村组织一袜厂,其所出之品颇觉精良,销路亦尚不恶,因恐捐局留难,推销未广。昨特帖请商会咨送总商会转呈浙江财政厅请将该袜准予免捐,以利进行,未知能准如所请否。

《越铎日报》中华民国六年五月十六日

羊业罢市已解决

(1917 年 6 月 8 日)

绍兴羊肉业因要求减轻屠宰税,自前月二号起,各铺一律停淘。迄今一月有余,种种情形,早志本报。兹悉该业自日前向商会投递说帖后,已拟按照减少只数办法,先由城区各铺每月认定纳税洋五十一元。闻该业于日昨集议,准于本月十号开市屠宰,照常营业云。

《越铎日报》中华民国六年六月八日

羊业开市之难决

(1917 年 6 月 9 日)

绍兴羊肉业因要求减税于前月二号停宰以来,迄已月余。经该税征收员孟子香呈请县公署设法维持,由宋知事函致商会出为调停。旋经该业出具说帖,向商会陈请,拟城区十四家每月输税洋五十一元,一面由该业自行讨论办法,于本月直号开市各节已志本报。兹悉有自称该业代表之骆世贵党羽骆锦献、凌凤祥等,尚从中作梗,唆使各店铺照常停闭,必须减税明文颁布,然后开宰,因之各店家均尚犹豫,未便即行开淘营业云。

《越铎日报》中华民国六年六月九号

绍兴酒商之大声疾呼

(1917 年 7 月 1 日)

昨日(二十九号),绍兴酒商因奉省公卖局局长萧鉴:财政厅长张厚璟会衔,示饬酒捐印花改征现洋,前曾函电纷驰,迭经呈请无效,爰再假座商会,于下午一时特开大会,到者八十余人,决定公推章楠庭、汤本初、章凤岐、朱根香等四人,同赴绍兴分局,公请韩局长转呈省局收回成命,仍予划洋解缴,韩局允为转呈。该代表等复拟就电稿两纸,立即拍发,其电文如下:

其一:

省长齐、财政厅长张、公卖局长萧钧鉴:兹奉示饬印花改征现洋,今日特开全体大会,金谓四五两区地属划洋码头,故历征划洋,矧此时事未平,金融窒滞,现银綦缺之际,一经改革,国课商艰,两受其弊,万难承认。当经代表等竭力劝解,无如众情愤激,势难抑阻,务乞收回成命,循旧征划,以维国课而恤商艰,不胜迫切待命之至。绍兴全体酒业代表章棋、陈凤锵、汤宝善、章凤岐等公叩。

其二:

宁波商会转酒业诸君公鉴:迩奉省局示饬,印花改征现洋。敝处今日假座商会,特开大会,到者甚众,异常愤激,金谓五区地属划洋码头,且历征划洋,更当时事未平,金融窒碍,现银綦缺之际,万难遵行。当经电请省局收回成命,贵区事同一律,务乞协电力争,除派代表前来商办法外,急盼电复。绍兴全体酒业代表章棋、陈凤锵、汤宝善、章凤岐等叩。

《越铎日报》中华民国六年七月一号

宁波酒业代表来绍志闻

(1917 年 7 月 5 日)

绍兴酒捐向用划洋,近以省公卖局、财政厅会衔示饬,酒捐印花改征现洋。经酒商一再呈请收回成命,终属无效。爰于前日(上月二十九日)假商会开会议决,联络甬属酒商,公推代表赴甬共筹办法等情,已志前报。兹闻绍代表章楠庭君,因结束六月份五年旧印花账,事关紧要,尚未动身。而接电后,即推甬商代表孙浏亭君来绍接洽一切。今日(五日)绍代表极表欢迎,假座商会设筵为之洗尘,并闻昨(六日)甬绍两代表同赴省请求收回成命云。

《越铎日报》中华民国六年七月五号

一片商民呼吁声

(1917 年 11 月 27 日)

绍兴县西漓渚横路头商民张廿七(开设张顺记米店)中市头商民孙诚昌(开设孙公茂米店)。日前会禀绍县宋知事文云:

窃民等缴销行帖,改行为店,被奸商张志恭挟□肆唆,耸令烟酒牌照税委员梁午亭将民擅拘滥押,苛勒诬报各情,曾于日前联名声禀,沐批:查该商民原董张顺记孙公茂行帖朦禀闭歇,行仍开设,业经查觉,犹不照章缴纳捐罚,竟敢强词渎辩,殊属刁狡。案经令行警所传追,如敢抗违,严惩不贷,切切此批等谕。伏查民国宪法,与民更始,凡无违犯法律者,国家不侵其自由,即有嫌疑,亦须查明实据,方予以惩戒科罚处分。本案民等自民国二年至五年,原以开行名义纳帖认捐。嗣以资本不敷,不得已将行牌取销,具禀缴帖。当时亦声明此后拟改为卖米小店,略权子母,对于乡货,概不收纳取用,倘有丝毫滥取,必有证据可吊。今民等实未稍违定章,何甘平空捐罚,除禀请省长公署外,为此出具甘结,伏叩知事长公鉴,迅赐澈查密访,核实省释,一面将张士恭等分别惩戒,不胜盼切。

宋知事批谓:查该民等原报闭歇,据张廿七所禀,开设张顺记牙行取用甚微,入不敷出,停业另就。至公茂牙行,系孙阿长列名具禀,声称因父病故,无力开张,各等语。原案俱在,岂容捏饰。案经令行漓渚所查追,既据迳禀,应候省长公署批示饬遵云。

《越铎日报》中华民国六年十一月廿七号

羊税征收员被控

(1918 年 1 月 22 日)

绍兴县公署,昨据城区羊业代表严连庆、骆锦献、凌福昌、王百年等具禀称,略云:

为征收颟顸,公选另任,环叩恩速委任,以利进行而安商业事。窃商等前奉省令,遵即召集开会公选商等四人为该校校董,轮值正谊校学捐经收事宜,将事实情形业经详禀钧县教育科,迄未蒙发表在案。近缘征收羊宰税委员孟子香,商情不洽,案牍繁兴,对内既无迅取旺解之效,对外又乏利导勒收之方。为此商等拳拳,兹事必期上利国税,下便商民,遂召集名铺主谨慎磋议,非撤换另选,不足以资整顿而利宰税。已于七年元月一号,在该校会饬齐集开选,公举前征收员族弟骆麈接充斯席,□情既谙,税务又熟,事关荐委,应请钧署察夺,如蒙允命,俾便通知骆麈正式觅具殷实商铺保结,并呈缴押信品物,赐示通晓,以七年元月一日起划归改征收员收解进行而洽商情,以顺税务。全体羊业公认妥约众谋金同,商等理合将实在情形,呈请核夺。为此加盖城区全体书束,伏乞知事长恩鉴批示施行。

上状奉批:查该业欠缴税款,为数甚巨。现正办理结束,岂能遽易生手,的请暂毋庸议。此批。

《越铎日报》中华民国七年一月二十二号

绍属酿户请求税款缴划

(1918 年 11 月 17 日)

绍邑酿商冯恒顺、章信诚、茅万裕、茅思周等,昨呈省长文云:

窃商等向在绍邑开设酒作,所酿绍酒,均由各处酒店来绍拆兑,其所付酒价,从不携带绍款,均在绍城钱庄划单过账,此系商家历来习惯,是以商等领用印照,向例亦缴划洋。上年九月间,以所领印照,均须改征现款,商等以绍酒批发,尽是划洋,而领用印照,概须现款,从中暗示损耗,不堪言状。商等当即将改划征现困苦情形,一再呈请钧署暨财政厅烟酒公卖局照市征收划洋,以舒商困。旋由商等奉到布告,以宁绍两属酒类捐税,现已奉准,暂行循旧征划矣。现水轻微,再予改取现款。体恤商艰,不为不至。该酒商等,应缴捐税,务各赶紧,不得稍有延欠,自取追呼之累。特此布告。商等遵奉之下,相安无异。近奉第五区公卖分局训令,以现在现水革除,已无划洋各目。嗣后该栈代征捐税,一律解缴现洋,转知各酿户一体遵照等因。查现在绍邑金融缺乏,凡各路划单,向钱庄支取现款,须贴汇水六七十元、八九十元不等,是现水而改变汇水,仍与现水未曾革除无异。商等以交易进款,一律划洋,而所领印照,一律现款,从中仍受损耗。在官厅不过一纸虚文,革除现水,在商等断不能以不取划单,停滞文易,此项划单,各钱庄均须照贴汇水,虽为钱□垄断,水半皆由绍邑现款缺乏所致。现在商等进款,均是划洋,所有领用印照,只能循旧征划,将来市面金融充足,汇水销除,商等再行改划征现。目今汇水飞涨,万难解缴现款,绍邑是否缺现,汇水是否六七十元至八九十元不等,不难切实调查,非商等可能朦捏。伏祈俯赐迅令财政厅暨烟酒公卖局,转令第五区公卖分局暂行循旧征收划洋,一面赶紧设法维持市面,取消汇水,以舒商困而恤商艰,实为公便云。

《越铎日报》中华民国七年十一月十七号

丝业中近闻片片
（1919 年 5 月 16 日）

认购印花

该业每年向认购印花税八十六元,今年仍照旧数认购,由该业董事赵吉甫分派各行,今将各行所派之洋数揭志如下:

老协成、宝康、恒和、豫盛、协和五地每行计十元;

顺记、益康、永和、诚泰四行,每行计五元;

咸泰、谦益、乾源信和四行,每行计四元。

《越铎日报》中华民国八年五月十六号

典商请减负担之呼吁
（1919 年 10 月 4 日）

浙省典券加点印花,由来已经八载。自民国三年起,改为四元以上始,但财部意总议实行一元以上之税率。各典当以负担太重,咸向典业公会请愿,要求减轻,故近数年来仍以四元以上为起点。现闻财部仍拟于民国九年一月起执行一元当票贴用印花之议等情。已略志本报。兹悉,各典商又群起恐慌,以典券开始贴加印花,原定十元以上,此系遵照民国元年大总统法令,两元以上贴用印花,系民国三年之部令。循名质实,本不相符。今又实行一元质票贴用印花之举,岂非于负担上又增负担。值此商困日甚之秋,因不得不大声呼吁也。顷闻省会区域杭县范围以内共典当四十八家,联合省外各县典当邀由全浙典业公会,联合十七省典业公会,一致向财政部请愿,要求遵照民国元年大总统公布法令,仍以十元以上为始,以维国价而苏民困。然双方意见距离过元,不识如何结果也。

《越铎日报》中华民国八年十月四号

呈请裁撤绍县统捐局之全案(一)

（1920 年 8 月 21 日）

浙江省议会绍籍议员陈宰埏、俞弼、王以铨等呈请裁撤绍县统捐局文,已载前报,因关于此案来往公文甚多,本报不嫌其详,为有系统之记载,将全案披露如下,以便阅读:

为呈请事。窃查浙江统捐沿袭前清厘金制度,考其税法,即东西各国之通过税,立法之意,固以裕国便商为原则,尤以因地制宜为主旨,设局地点之当否,关系于民生国计者甚巨。清季旧制,绍兴府城设总局驻绍,办管辖六局。一曹娥(驻县署东境曹娥镇);二安昌(驻县署西北安昌镇);三余姚(驻姚属竹山港);四百官(驻上虞百官镇);五临浦(驻萧绍临浦镇);六闻堰(驻萧属闻家堰),其下则□就繁僻,各调分卡、巡船,而隶于总局之绍船凡二,一曰东路(驻绍县城内探花桥)(专司稽查自曹娥迤东各局卡捐过货物);二曰西路(驻绍县西郭门外)(专司稽查,自安昌迤西各局卡捐过货物)。此两船向不直接收捐。光绪二十八年,英商麦边洋行华商经理,在绍城江桥河沿开设麦边洋油□钱行,其油铁由海道直抵栋树下新埠头入塘,该地分卡系曹娥局所辖,英商恃有子口税单,不允完厘。经局员详请浙抚饬洋务局向驻沪英领交涉,始由总局与该行华经理议结,取销洋商牌号,扣折认捐,划归隶属总局之东路巡船(即驻探花桥巡船),专办曹娥局。不复顾问。此为绍兴有货落地捐之始。(嗣后由海运达绍城之洋广货品,逐年增多,此项落地捐因之特定比较),亦即东路巡船直接收捐之始,当时敷衍洋商通融定案,本非正办,且所收者并非百货捐也。诚以绍、萧均处腹地,绍县南境平水、长塘以上,崇山峻岭,向无入境货物外,其东西北三面皆受包围于海塘,东则嵩坝、曹娥、车家浦、栋树、下桑贫、新埠头(凡宁波、余、上、瓣、嵊等县来货及沪货,由海运进口者必经此),是为车塘□口,有曹娥局以辖之。西自丁家堰递瓜沥、龛山及塘外沙地(以棉花为出产大宗),是为西塘坝口,有安昌局以辖之,北则莫家港与潭头、闻堰、义桥、新坝、临浦(凡严东关以下及诸义浦各县,并杭州闸口等处,往来货物必经过)。是为西北两塘□口有临浦、闻堰两局以辖之。绍萧人口出入口各货,非经过东西北三塘坝口,一则不能运销内地,一则不能越塘偷漏,三塘坝口沿途局卡林立,征捐查验节节稽巡,地点不为不扼要,布置不为不周密,故旧制绍兴城内之总局为监督六局而设,不收捐也,原隶总局之两巡船,除洋广货落地捐外,为稽查东西肉路而设,亦不收捐也。光复后,吾浙临时省议会,裁撤厘卡,改办统捐,议决统捐局地点表绍兴旧设之总局,当然撤废,乃并不体察形势,又不研究旧章,凭空添设绍兴县统捐局兼办洋广货落地捐,复凭空添设三分局,其东西两分局即旧设东西路两巡船改组,两分局之距又不及三里。其三则为车家浦分局车家浦者,本属曹娥局管辖之分卡地点,亦凭空截以隶绍,离奇乖舛,尤离索解,于是原处监督地位之总局，现改为统捐局而强令收捐，原司稽查之东西两路巡船，亦因升为分局而竟令收捐，且临时省议会铸此大错于前，三五年来，经办者又变本加厉于后，就现制论，更改三分局为四。一曰东路，二曰西路，三曰探花桥，四曰东家浦。探花桥东路也，今又另有所谓东路分局者，则一地两戳，便影射侵越矣。四分局外又有一巡船曰周家桥，本为局捐而设。今则零星□杂，无物不捐矣。捐自何来，此盈则彼绌，除原定该局比较本从清□受总局监督之六局匀出外，有不经三塘坝口出入，而新□者，无有也。有之则虐民苛扰之。三五里内肩挑背负入城出城近销各货物而已。归诸公家者，不逮十一，徒供不肖司巡之藉词勒索而已。

《越铎日报》中华民国九年八月廿一号

呈请裁撤绍县统捐局之全案（二）

（1920 年 8 月 22 日）

窃谓按之形势，稽诸旧制，核之关税，谋诸舆论，绍县统捐局实无设置之必要，综其理由，有可裁之道五：

其一，改办统捐，原杜苛累而利推行。裁监督之厘捐总局，而设骈指之统捐局，核与改革初意，已属矛盾，原司稽查东西两路巡船，复升为两分局，使其专办出城、入城之土消，尤属病民。试问绍境内非已设有曹娥、安昌两局乎，不注重于东西北三塘坝口之咽喉而必在腹地糜开支，匀比较以增一层，无裨公家，徒扰商贩之局所，一县而有三局，一腹地之绍局所辖又无歧途。又港城二三里，分局如栉，重床叠屋，何为者也。此可裁者一。

其二，绍局比较表列货捐洋三万余元，核其册报，远销货物占额百分之九十有奇。夫辽销货物当然出三塘坝口，沿塘均有局所。东路有曹娥局收捐，西北两路有安昌、临浦、闻堰三局收捐。前清行之五十年，正当商贾无感不便，奸商亦无自偷漏。今如将绍局比较摊拨曹安临闻四局，在公家匪特因利乘便，毫无损失，并可规复旧制，节省开支，洋广货落地捐情形从同，毋庸特设专局。扇捐年列比较一万四千余元，此项出产限于县境西北周家桥一带，拨归安昌局收捐，实较绍局近便。又车家浦本隶曹娥局，尽可循旧改正，并予划增比额，以维税收，倘能照此实行，官商交便，一举而数善备者也。此或裁者二。

其三，绍属货物既以东西北三塘坝口为出入孔道，除统捐外，大宗出产如酒，则设局专办，年征七八十万元，如锡箔则认捐十余万元，如纺绸则认捐数万元，如平水箱茶则年征十余万元，如茧则年征数万元，如棉花则年征七万余元，如盐则年税二十余万元。虽主管征收机关不同，而民间输将，国家岁入则一。夫一县地方，物力几何，小民终岁勤劳，一岁之一，仅就捐税而论，担负已民若是之巨。为民生国计起见，似不易竭泽而渔，扰及肩挑背负之土产土销，俾穷担小贩，聊资生活，况远销巨贾无本绕越之足虑乎。此可裁者三。

其四，或谓总局若裁，土产土销若可无捐，不几导商贩于漏私耶？不知可裁者，绍县之城局，而县境以内之安昌、曹娥两局，依然存在，捐所当捐，何漏之有。且如新昌、嵊县、诸暨,各邑一县之大,竟无一局,岂各该县绝无土产土销乎?又如宁波府属为浙东西繁盛大郡,何以只宁镇船货局洋广局闽货局,共年输银二十四万数千元,只鄞县统捐局年列比较洋十四万元,以视绍兴府属各局,岁入近六十万元,各专局认捐年输银又一百十余万元,两相比拟,试问甬东七县,岂亦绝无土产土销乎?抑彼设一统局,已无绕越偷漏,而绍属星罗棋布之沿塘内地各局所乃不能逮鄞县一局乎?钊宁府如此,他府可知,就浙言浙,绍捐平日顶真与否,绍商之负担平允与否,长官一视同仁,必有以知绍之偏重而不忍其更受苛累也。此可裁者四。

其五,更进一步言之。查绍局本年六月上旬报告表列,除远销各局占百分之九十零外,近销捐数不及百分之十。所谓近销率肩挑小贩,入城出城之微细货物,□其道而取之者,居其大半。即以全年统计,该局货捐三万余元,百分之十,为多数则三千元耳。夫公家裁一骈指赘旒之绍局,所节开支最少亦在六千元以上。有利于国,有利于民,又何靳而必留引秕证,以便不肖司巡之中饱哉?此可裁者五。

基此五端,宰埏等目击商民困累之深,昔日改设之误,思维再四,缄默难安。伏读历任大总统明令,严禁苛细杂捐,所以维邦本而厚民生者,至周且渥。我钧长(治浙三年)煦育群伦,痌瘝在抱,谟猷入告,闾阎感恩,用敢缕晰,上闻披沥陈请,仰祈钧长监核俯赐,令行财政厅檄饬绍兴县知事详细调查画图贴说,剀切核议呈候裁夺施行。该知事为亲民之官,地方情形较为熟悉,必能上顾国税,下察民瘼,庶苛累得除,税源日益,地方幸甚,捐务前途幸甚。谨呈浙江省长公署十二月十八日指令。据议员陈宰埏等呈,察核呈请,尚非持之无故,究应绍兴统捐局有无设置之必要,仰财政厅转令绍兴县知事体察情形,详细查明,呈由该厅核复察夺。此令呈抄发。

《越铎日报》中华民国九年八月廿二号

呈请裁撤绍县统捐局之全案(三)

(1920 年 8 月 23 日)

前财政厅长张复省公署呈文:

为绍兴捐局碍难裁撤,遵令议复事。案奉钧署指令,据省议员陈宰埏等呈绍兴统捐局,无设置之必要,有可裁之□五,请令查核议等由。奉令开察核呈情,尚非持之无故,究竟绍兴统捐局有无设置之必要,仰财政厅转饬绍县知事体察情形,详细查明,呈由该厅核复察夺,此令呈抄发等由。奉此,查原呈所持各种理由,乃专就商民一方面着想,于公家殊多窒碍,谨为省长缕晰陈之。绍兴统捐局征收各项货物,迄今已逾八载,其所收捐款之种类凡三,曰进出口货捐,曰洋广货落地捐,曰近销货捐。进出口货捐一项,凡进口各货,均须经过东西北三塘坝口,已由曹娥等局收捐。间有绍兴局补捐者,亦属无多,其出口各货,须经过三塘坝口者,前清亦系归曹娥等局抽出厘金,民国由绍兴统捐局收捐,在商民只须经过第一捐局,完纳一次,无论由何处征收,均可出入,此时即仍改归曹娥等局收捐,亦无不可。惟绍兴用丝,系由丝行就地出售,邮政包裹,更须就地交寄,势必由绍兴捐局就近收捐。若绍兴裁撤,则此两项捐款,立即无着,此有窒碍于公家者一。

洋广货落地捐一项,照章须俟货物到达指定地点,缴销子口单,然后由承买铺户完捐。如货物未经到地,经过各局不能抽收。原呈所称绍局货捐比较摊拨曹娥各局,洋广货落地捐从同,殊与事实不符。接绍局洋广货捐全年比额,为数甚巨。若绍兴裁撤,此项捐款无着,省捐大受损失,此有窒碍于公家者二。

至于近销货捐,虽浙省幅员辽阔,捐局未能遍设,近销土货,间有无从收捐者,但已设捐局地方则近销土货无不照章收捐。国家设局收捐,以收入为目的,就经各方面规□,不能不体察情形,分别取舍,何得以此引为口实。且定章近销货物,照捐章折半征收,与远销货物,本有区别。又无论何种货物,以核计银元至一角以上,有起捐之数,规定亦属明晰,各局一律,绍兴岂能独异。此系国家正捐,捐局当然照章征取,原呈援为苛细,杂捐之禁令,殊属误会。若徇商民之请,因免收近销货捐,准将绍局裁撤,他处近销货捐群起援例求免,又将如何处理。此有窒碍于公家者三。

就以上情形而言,绍兴实有设局之必要。当时改设并非无故,不得谓之骈枝赘疣。如谓绍属裁撤,□省开支不知进出口货物固可均归曹娥等局征收,近销货物亦姑置之勿论,而应由绍局就地收捐之用丝及邮政包裹两项,断无放弃不收之理。绍兴总局虽裁,仍须由他局增设分局,其扼要地点巡查偷漏,亦仍须照设巡船。且洋广货捐,既不能归他局征收,更须另设专局,是开支仍不能节省。□□□更而已。至收捐之多少,当视货物产销之淡旺以为衡,不能以区域为比例。绍兴纳税之巨,由于物产之丰。如绍兴酒纺绸锡箔盐茶棉茧之类,皆属地方特产,有此收益,然后有此负担。又如吴兴一县,现设有统捐局六,□分局三四十处,其捐额亦较他局为多,原呈辄以宁属繁盛,大郡捐款少于绍兴,遂谓绍属负担偏重,亦非确切之论。厅长详加考核,所请裁撤绍兴局之处,实属窒碍多端,应毋庸置议。此案事关捐务,为本厅之职责。兹已由厅核议,亦毋庸再行饬县议复,所有核议绍兴统捐局碍难裁撤缘由,理合具文呈复,仰祈鉴核。

《越铎日报》中华民国九年八月廿三号

呈请裁撤绍县统捐局之全案(四)

(1920 年 8 月 24 日)

具呈。浙江省议会议员陈宰埏、俞弼、王以铨为续陈裁撤绍统捐局公家,并无窒碍理由,环请俯饬平情覆议,以宣上德而体下情。窃读本年二月间报载前财政厅长张议复宰埏等呈绍兴统捐局无设置必要,请令查核议等情一案。原覆历举公家窒碍情形,以丝捐邮政包裹捐洋广货落地捐一端,为绍局不能裁之主点。而于宰埏等呈指比额最巨,产销最繁之进出口货捐,划归曹娥等局征收一节,认为均无出入亦无不可,仰见前厅长公忠体国之苦衷,具为舆情所共谅。第所称窒碍各项,宰埏等管见所及,征诸就地现办理实,援据本省历办成案,结局若裁,似非竟无善后之策,事关商困,两害取轻。

《越铎日报》中华民国九年八月廿四号

呈请裁撤绍县统捐局之全案(五)

(1920 年 8 月 25 日)

既蒙钧座念切□□,饬尽于始。宰埏等目击市廛疲敝之深,迭听桑梓呼吁之切,何敢避烦渎之小节,遇仁泽而外生成。谨就原函,分别诠释,为钧座缕晰陈之。

原覆绍兴用丝系由丝行就地出售,绍局就近收捐,局既裁撤,捐即无着。查比年绍兴丝捐,表面收归官办,实际仍由统捐局照额包与丝行摊缴,坐支征收公费,无人不知(且不独丝捐为然)。起捐填票,量足制下饰上,而不能欺下。较之未收回之丝业认捐,本无稍异,原情略迹非必绍局有何弊窦。盖不如是,比额转将不敷也。窃谓绍局果裁,捐仍摊认,匪特公家丝业毫无出入,倘能考核得宜,此项用丝捐款,且可有盈无绌。从来榷税原则,少一层关掫即多一层比较。涓滴归公,理有固然。此无碍公家者一也。

原覆又以邮政包裹捐亦系就地收清之□,同为就近不可无局之理由。查邮局骎遍全浙,捐局未尝随邻以并设,则凡邮寄包裹,决不仅限于有捐局地点可知。无统捐局地方,邮寄包裹捐作何征收,自必定有前例,尽堪援照,又何患乎无着藉。曰无之,证以邻县,萧山通惠公纱捐,派员驻厂征办成案,不妨由附近捐局遴委专员驻局验收,或令检查委员就近兼办,所费甚微,要不必因噎废食,此无碍公家者二也。

《越铎日报》中华民国九年八月廿五号

呈请裁撤绍县统捐局之全案(六)

(1920 年 8 月 26 日)

原覆又谓洋广货落地捐一项,照章须俟货物到达指定地点缴销子口单,然后由承买铺户完捐。绍局洋广货捐,全年比额,为数甚巨。若请局裁撤此项捐款,□著省税大受损失。查该局洋广货落地捐,年定比额,一万五千元。现在每年实征若干,能办几成,省税是否无损,月报俱在,快算可稽,不难覆按夷考。其实绍局不裁,既亦有绌无盈,若其议裁纵不能盈,然亦不必以无着为恐,何也? 所裁者,局也,非捐也。捐本不裁。□然查征收之法,其法维何,考民国二年九月,前国税厅筹备处呈部核准颁行浙江省征收落地捐暂行章程第七条规定,在未经设立统捐局地方,凡承买洋货铺户,得向缴销子口单之县公署报捐。其捐款即由公署照收解交就近统捐局转解本处。又第八条洋货运入指定地方,如未经设有统捐得,须由经过末次之统捐局,咨照该管县公署,照章分别办理等语。此项章程专为征收落地捐而设,立法之初,规划本极周密,是绍局即裁,部章未废,况复定有专条,尽资援办,不但官商交便,抑且引用合法,损失何来。此无碍公家者三也。

总此三项,原覆佥以无着为词,引为撤局之害,并为绍局不能裁之要素。第经平情而论,□其实不然,所称情形,按诸事实,征诸定章、成案,又皆无一着。良由原覆认裁局为裁捐,致将设局地点与征捐办法并为一谈,并置裁局之善后办理于不议。而反移为不能裁之□提,殊于宰埏等呈述设局沿革议裁主旨不无误会。至□近销货物捐所当捐,原呈亦既言之,若徒以正捐、杂捐为辨,则名随人定,杂固可正,虽正亦杂,要惟是否苛细为断,方不背政府恤商禁暴之明令,钧座加惠□□之德意耳。

《越铎日报》中华民国九年八月廿六号

呈请裁撤绍县统捐局之全案(七)

(1920 年 8 月 27 日)

原覆仅以体察情形,分别取舍概括其词,并未举示孰系应取,孰系应舍之理由,而强人不得引为口实,在昔专制时代,尚以庶政公诸舆论,共和国家,主体在民,书曰民为邦本,有若曰,百姓不足,君孰与足。以前厅长之廉明,宁不知此?况宰埏等所称苛累现状,应以绍局地点重规迭矩,徒便不肖司巡。藉近销之名,行其进城出城一货屡捐之实。他属是否同此苛累,吴兴是否一丘之貉,宰埏等未处考核地位,不敢妄为比拟,担负多寡,固由出产,然出产既□,尤当务其远者,大者,基上所述,裁撤绍局既无窒碍,原覆开支仍不能省一语,亦是不成问题,裁一局六千余金之开支,而所少者充类至□区区三千金之近销货捐而已。公家取舍之大,孰大于此体察情形,又何乐而不为。执此例彼,又何群起求免之足虑。斠划归各局以后,第在斟酌妥善,去其苛累,真正近销之货,仍有捐,亦仍有本,不致少乎。抑宰埏等更有进者,先哲有言为政之大,在持大体,曹□论清弊去泰,甚无□狱市夫,以绍地土产之三步五步,举足有捐,悄悄不平,岂无集矢于征办之员司,新市毁卡之衅,甬东附税之争,前车匪远,补牢已迟。宰埏等力劝商民戒勿出为对人之论者,亦既□音敝舌矣。诚念沿误所致,弊在局址,根本改良固冀稍纾桑梓贩卖之困苦,亦具有维持官厅威信之愚忧,长官爱惜属僚,岂后于人民之拥护法令。此则不能不愚劝下所司稽加□意者。愧正供这巨,莫过于丁潜,然以贫苦积欠尚蒙虽豁三年,所蠲何啻百万,绍之土产捐入微累,普以比额辖免太仓稊米,况钧座煦育群伦,远迈汉相,徯我独后,来其苏比,尤不能不仰乞恩施终始拯拔者也。为此环词□渎请命,崇增伏祈钧座鉴核,俯念商艰,准赐令行财政厅持平覆议,呈请裁夺施行,不胜感激之至。再绍县城区前清系设置总局地点,仅司监辖,不直接收捐,已详前呈,根本沿革,与吴兴之原分六局者,各自不同,未应据以例绍,合并声陈。谨呈。

浙江省长公署据议员陈宰埏等呈批:

呈悉。绍兴城区向无直接征收捐局,其对于进出口货物,历由曹娥等局征收,前据该处据呈,亦称改并收捐,□无不可。惟于征取丝捐邮政包裹洋广货落地等捐款,不无窒碍之处。兹据条陈各情,究应能否援办,于公家是否有益无损,绍兴有无设立之必要,候令财政厅再行逐一考察,妥为核议。□呈复察夺。此批。

北京同乡致浙江齐省长函稿:

□□省长节下:久未复书,驰思何极,消□昼永,伏想履□□,至为企祝。绍兴捐务当清季时只于郡城处设总局管辖各处,入民国后始改设城局直接收捐,比岁以来,分局时有增加,商民苦于繁重,曾于去冬由省议会会议员陈宰埏等具呈钧座,请予裁撤,蒙批饬财政厅查复。嗣由张前厅长就案核议,以窒碍颇多,复请毋庸置议在案。然该议员等以原呈要旨,系请裁局,并非裁捐,于公家初无大损,详绎厅复,似多误会,事关闾阎疾苦,拟再缕述情形,续呈鉴核。铭昌等先将下情上达,伏思捐局设置在官厅自有一种之计划,惟既经多数商民以为不便,且所述理由,钧批亦谓尚非持之无故,厅复仅就书面讨论,并未实地调查内容,或有隔阂。此次该议员等续呈到辕,可否批饬财政厅详细查复,庶民隐不致壅遏,幸甚!专肃。

敬颂台绥。

沈铭昌、王家襄拜上
六月六日
《越铎日报》中华民国九年八月廿七号

呈请裁撤绍县统捐局之全案(八)

(1920 年 8 月 29 日)

具呈浙江省议会议员陈宰埏、俞弼、王以铨

为呈请事。窃宰埏等续呈裁撤绍统捐局,公家并无窒碍等情一案,奉钧批候令财政厅再行逐一考察,妥为□覆等因。今厅查覆在案。关于前厅长呈称,征收丝捐邮政包裹洋广货落地等捐,窒碍情形,均经宰埏等详稽现办□实,援据本省成案,所有裁局善后办法,续呈言之已详。奉令以后,本可静候厅复,不意适□沈厅长一再电部辞职,行政因之迟滞,一般心理本认统捐局为疏通仕途之一,平时尚不顾公尔忘私,有伤寅谊,矧值长官引退,相率推诿,高阁奉文已久,未饬属考核。又无只字呈覆,宰埏等暑来省,候命经旬,迭接绍兴绅商法团驰函诘询,金谓财厅主管员司漠视商艰,交相诧异,绍局叠床架屋,苛勒病民,绍人茹痛输捐颠连九载,今幸仰蒙钧长俯恤痌瘝,好察迩伤,饬查至再,方庆秕政之除,□在旦夕,何图厅员对上不负责任,对下不畏清议,至此自非玩愒,即属把持,并谓簧□所乘,无非斤斤。近销二字殊不知近销货物,何地蔑有。甬郡六邑,何以只鄞县一局,上江各郡至多属设两局而止,岂亦无一近销,原覆所指,湖属六局,又与绍兴改原有厘金总局为统捐局之性质情形绝对不同。是绍商之独遭歧视,确异他属。互相比较,庸论何处何县担负偏苛无过吾绍。财政厅统辖全省孰平孰不平,岂有绝无闻见。特自绍民言之,摊归曹闻六局,分别援案人。公家有益无损,而官厅成见已深,裁一局即少一调剂之差。明知公家无亏,终非彼□乐闻,亦终无妥为议覆之一日。公函宰埏等披沥上陈,不应瞻顾迟回,有负恩施而辜众望等语。群情责难,愧对殊深。再四思维,未便壅遏,惟有据情呼吁,迫切具呈,仰祈钧长鉴核俯予始终维持。□否准照前呈,迳令绍兴县知事□会同绍统捐局剀切查明核议具复,呈候□夺施行之处。伏乞批示只遵,深为公便。谨呈浙江省长公署据议员陈宰埏呈批,既据一再呈请,仰候令行绍兴县知事会同统捐局查明呈复察夺。此批。

《越铎日报》中华民国九年八月廿九号

假冒酒捐稽查激动公愤之详情

(1920 年 8 月 30 日)

(上缺)要求商会该酒商等公同要求连夜立开紧急会议,因时已不及而散。翌日(念六号)即行备具说帖,搭盖书柬,并公举代表四人要请商会践言函县提办。昨闻商会业已照行,并闻酒商现又搭盖书柬,即拟分呈省长暨省公卖局长、分局长、本县公署,按律提究,一面预备暂停营业,静候解决,未识余知事对于该冒捐局名义,深入擅入查酒,敢毁坏盘碗,凶殴店主,纠众诈扰之刑事犯,作何处置也。至与该局往来文件,及公呈容探续志。

《越铎日报》中华民国九年八月三十号

呈请裁撤绍县统捐局之全案(九)

(1920 年 8 月 31 日)

绍兴县知事余大钧、绍兴统捐局长王□桂呈省长文:

为会衔呈复事。窃奉钧署第六五八三号指令,议员陈宰埏等呈请裁撤绍兴统捐局云云,至会同核议由,奉令:既据一再呈请,仰绍兴县知事会同绍兴统捐局查明核议,呈复察夺。此令。前呈抄发等因。并奉发抄呈一件下县。奉经知事大钧咨开:会局长榕桂查照原呈,陈述各节,公同考核,悉心筹议,敢将查明情形,并管见所及为我钧长缕晰陈之。窃谓本案第一要点,自应以绍局当裁不当裁,及果议裁撤,公家有无窒碍为前提,而裁局之善后事宜次之。今查绍县辖境,恃有东西北塘之包围,平常进出口各货,不□□三塘坝口两过。地势使然,为上下所公认。三塘以内锁喉扼□,东有曹娥,西有安昌、闻堰,而绍局则叠处其中,创前清之所无,划东西各局可收之捐,以加诸由总局蜕改之绍局,于是乎乃有远销之比额。平情而论,此项设置不得谓非重规複矩。陈议员等原呈划归各局征收,固以此为根据,即前厅长张核复文内指为并无出入者,亦有此是匀摊比较,虽为别一问题,而按诸地势沿革,证以官民意见,绍局似无不当裁之理由,固已众情一致者也。

《越铎日报》中华民国九年八月三十一号

关于请裁捐局之所闻

（1920 年 9 月 20 日）

省议员陈宰珽等请裁撤绍兴统捐局一节已迭志。兹悉，本报绍兴七邑旅沪同乡田世泽等于日前电请省署，迅予令厅实行裁撤，以维商困。昨已奉到沈省长批示云云，代电悉，查前据财政厅以裁撤绍局，事多牵碍等情，拟议呈复。业经指令，并饬将近销进出城货物重捐苛累，派员切实查明革除，以恤商艰在案，仰即知照云。

《越铎日报》中华民国九年九月二十号

又将加增屠税耶

（1920 年 10 月 25 日）

本城猪肉铺现下共有四十户，其向杂税事务处认定屠宰及公益捐者，大抵每铺按月二十作只，至四十六只而已（每只洋四角）。日前有省派调查杂税员来绍侦查，以此项肉税尚有多宰少税之弊，遂劝令各铺加认，于是肉业同人集议，拟城区每月加认一百六十六只，作四十户，平均派分，每户加四只，旋因小铺核计受亏反对。此议故尚未决定云。

《越铎日报》中华民国九年十月二十五号

屠宰税变更先声

（1921 年 1 月 6 日）

绍兴屠宰猪羊捐税，本由捐税处照各铺按月认定税额征收。去年十一月间因办理增加税额，又由肉业董事等集议酌加每店四只。嗣因加认之议决案未见公允（大店每月屠宰百数只，小店每月屠宰有不到三十只者，一律加四只，揆情果不平允）。遂由不服肉铺禀县及省垣财政厅诉请撤销增加之认定。兹闻禀诉者，于前日已得财政厅批示，略谓此项屠宰捐税，按月认定办法，实为未妥。嗣后以本年一月一日起，应按月派员调查屠宰只数征收，已饬各县遵照办理等云。

《越铎日报》中华民国十年一月六日

加征赈捐之反抗

（1921 年 3 月 3 日）

绍兴商会暨各商务分会昨接余杭县商会警电云：

各县商会鉴：阅报知部复杭总商会嘱动振款附捐，实行敝处，群情惶急，纷纷集议，浙税较他省已重万难，再加负担，已电杭总商会始终坚持到底外，持电请一致进行以达目的而苏商困，祷甚幸甚。

又闻南北号及猪行等十余业二月念七日，又复召集开会对于征赈捐一案，誓不承认，否则即已停运对付方法。而其日为商会新旧会董行交替祈，各业到者当众对于此案均表反对，并定二日下午召集各业领袖各业董在商会，讨论最后对付方法云。

《越铎日报》中华民国十年三月三号

锡箔业请免赈捐

（1921 年 3 月 13 日）

政府下令捐税附加什一之赈捐，已届实行限期，杭商会及各区商人莫不奔走呼号，请求免捐，函电纷驰，早已尽人皆知。前日绍城方面各业亦纷纷说请商会设法维持，闻酒商已蒙上峰详情大部核准豁免，以示体恤。大路箔庄业全体，以箔业亦属出产品，力请业董五月坡、陈元庆等缮具说帖，呈请绍商会设法维持，希图免征，以舒商困，大致谓锡箔业，实已捐税重叠。又系出产品物，非酒类消耗品可比。况绍属仰食于兹，贫苦劳工男女不下百余万人，若不预事防微力为请免，恐致不可收拾，且调查箔业情形，非敢抗不承认，确实力难负担云云。昨已说请商会长核办，究不知能否达到如愿以偿之目的也。

《越铎日报》中华民国十年三月十三号

公电挽留吴局长

（1921 年 4 月 10 日）

浙江第五区烟酒公卖局长吴莆卿，因办事棘手，顿萌退志，向上峰呈请辞职等情，已志昨日本报。兹闻吾绍一般酿商咸以吴局长办事和平，酒商受惠，业已公电省垣挽留，未识上峰能俯如所请否也。试观其后。

《越铎日报》中华民国十年四月十号

公电挽留吴局长续志

（1921 年 4 月 11 日）

浙江第五区烟酒公卖局长吴莆卿，因办事棘手，向省署辞职，由绍兴商界公电挽留等情，已详志昨日本报。现闻绍兴商会并士绅去电，已得省中快邮复电。觅得其所发电文，并省中快邮代电原文如下：

绍兴去电：

杭州督军省长烟酒事务局局长钧鉴：第五区烟酒吴分局长琪莅绍以来，整顿税款，融洽商情，办事廉勤，人民爱戴。现闻辞职，众恐异常，乞叩俯赐留任，以顺舆情。绍兴士绅徐锡麒、陈宰埏、王以铨、张哲甫、鲍诚陆、张嘉谋、胡燡、鲍德馨、张钟湘、陈玉等叩。

省中复电：

绍兴商会诸公鉴：电悉。第五区吴分局长呈请辞职，已于本日指令慰留矣。特覆。青印

其复士绅徐君等词旨同上。

《越铎日报》中华民国十年四月十一号

全绍酿商反对更调公卖局长之电

（1921 年 5 月 6 日）

第五区烟酒公卖局局长吴莘卿氏，莅绍任事后，办理酒捐颇为妥善，甫有起色可望，忽为省局调办浙西烟捐，功败垂成，全绍酿户、酒商，正在通电京署、省局，一致挽留，而继任局长沈某，前在禾地贪贿病商，不孚舆论，恐其来绍，仍肆故技，咸皆有戒于心等情，已志昨日本报。兹又觅得绍兴全体酿商人等通电文一道，照录如下：

督军、省长、省烟酒事务局、省议会、杭总商会暨之江全浙江浙江两浙各报社钧鉴：顷闻二区沈灏调办绍兴，查沈灏今春在禾查缸南汇蒋姓酱园一案，搜括骚扰，四处拷诈，每缸索贿三、四元，饱掳万金，禾人切齿痛心，群谋上控，乃狡免营窟，运动迁绍。绍商彫敝，余生膏髓已竭，何堪更任拷剥。本日酿商开会公决，暂不承认，应请立予撤委查办，以儆官邪，除电京署救济外，迫切待命，并请诸公维持正论，免除民贼。绍兴全体酿商代表章厉卿、汤绍韩、王光烈、陈平澜等公叩。

《越铎日报》中华民国十年五月六日

绍酒酿户之哀情血泪

（1921 年 5 月 11 日）

绍兴阮社、东浦等处酒业酿户，以我绍酒类捐费之重且巨，实甲于全国，加以八阅月间四易，绍局员罗掘骚扰，民不堪命，特此快邮代电旅京诸乡老，措词甚为哀迫，觅得原文如下：

北京全国烟酒事务署、山会邑馆转绍兴旅京诸乡老、杭州督军、省长、烟酒省局长、旅杭绍局同乡父老、全浙、之江、浙江、两浙各报馆钧鉴：共和国体，主权在民，营业自由，载

在约法，我绍酒类捐费重且巨甲全国，拨为驻浙四师月饷，向章随销随完，仅征仅解，既非包酿，更非包捐。上冬苏糯遏运，十坊九停，今春查再查三，脂匮膏竭。夫纳税义务尽于政府，非尽于贪吏，捐以养罴虎，非以伺狼豺。乃省局视民若仇，八阅月四易绍局员，罗掘骚扰，民不堪命，新委沈灏，卖缸诈贿，蹂躏遍二区，复调以虐绍。嗟我绍商，憔悴余生，何罪何辜，遭此朘削。兹为正当自卫，特电陈词，敢告司牧，省局弃我绍，即弃军糟。自今日始，绍商酒停，运捐停完，不冬麹麦停造，茕茕数千户停业告哀，以谢沈灏。惟民长官父老共鉴之。绍兴阮社、东浦酿商泣叩。

《越铎日报》中华民国十年五月十一号

茶商请减捐税之呼吁（一）

（1921 年 5 月 12 日）

认办绍属箱茶商董楼景晖、金昌运等略呈省长云：

窃箱茶一项，向为吾国出口大宗，近自印、锡、爪、日等茶充斥市场，以与我华茶角逐。我华茶遂一落千丈，不可复振，原其所以盛衰消长之故，实因彼国政府各本其保护贸易政策，拨款以接济，设法以推销，而吾国政府则坐视商民之困苦颠连而不之救，且不惜重叠加捐以困之，故一得一失收效若此。现在巴西政府方欲推广其加啡销路，抑制华茶进口，项政府欲畅销其印锡之茶，故每担增加华茶进口税二便士，以阻止华茶前往。日本商人则又以阴谋诡谲手段，破坏华茶之名誉，欲思尽夺其销路，我华茶业正在四面受敌，千钧一发之秋，及今不竭力提倡，积极维持，恐此后将愈减愈少，永无挽救余地，商等在绍言绍，请即以绍茶情形而详言之。查绍属箱茶，清季每年约有二十四五万箱，民国初元尚有二十余万，或二十万箱左右，迨民国五六年以来，忽在由二十万箱递减至十二万箱或十一万箱不等，且其销口尚不能如从前之畅达。当初次一二年，尚以欧战未平，或归咎于欧战之影响，及今欧战既平，而销数反逐年锐减，大有江河日下之势。此其故何哉？盖其向销华茶，各国必早有他国之茶起而代之也。按去年吾绍头帮茶到沪尚在旧历五月中旬，就往时市面而论，本当极旺销之时，乃竟寂寂无闻，毫无受主。商等见势不佳，遂纷纷函告，由头相率停办，统计全绍所出茶数，较之往昔盛时，尚不及十成之五，私衷目揣，各物以稀少为贵，断不致乏人顾问。无如自夏至秋，自秋至冬，并此少数之茶，虽贬价亦不能售脱。目下新茶将届，而前次存茶尚无起色，商等思欲再做则存货山积，销场毫无把握，且去冬银根受轧，应解第五期捐款，至今尚未收起。金融周转，亦大都为难，闻有一二资本稍厚者，或力量减轻，或恐蹈覆辙，亦不能如前此之踊跃。盖吾绍茶商自欧战以来，连年失败实已创巨痛深。去岁重整旗鼓，原系勉强支当，希图桑榆之收，不料反受一大打击，则此后更视为畏途，不敢问鼎。

《越铎日报》中华民国十年五月十二号

茶商请减捐税之呼吁(二)

(1921 年 5 月 13 日)

是以本年内地茶栈预备再做者,至今尚属寥寥,所可虑者,吾绍去年灾荒甚重,十室九空,而新、嵊两县,向为产茶最多之地,去年水风旱三灾并至,困苦尤不堪言状,嗷嗷待哺之民,方满望新茶上市,或得藉资接济。若茶栈停止过多,则彼藉茶为活之饥民,既不得茶叶之代价,又不能藉茶栈以佣工,青黄不接之秋,难保不铤而走险。况近今洋茶之所以贱售贱丢,原欲推翻我华茶,争夺我销路,我国若因一时之倾轧,居然停止不做,是适以堕其术中。而茶业前途,益将不可设想。商等为顾全大局计,既不能不做,又不能遽做,转辗筹思,别无良策,惟有请将本年内地五成厘捐,及上年未解第五期附捐,一律准予豁免,以示鼓吹。则吾绍茶帮,或当收拾余烬,背城借一,亦未可。伏念此项出洋箱茶,前年方奉政府减免税捐二年,在政府之待华茶,则逾格加厚矣。商等本不敢再施无礼之要求,特是外茶一方面方不惜资本,贬价竞卖,以与我华茶争夺销路,我华茶成本尚重,不能与之竞争,是以不得不一再吁请。窃谓理财之道,开源为先,谋国之方,饮鸩最拙,当此抒柚久空之际,我大总统犹不惜将土货仿制洋货各物品,一律准免内地厘捐,所以尊重国货,抵制洋货,用意至深且远。箱茶为吾华出口大宗,关于国计民生者尤非其他各物品所可比例。现在正当奄奄一息时候,诚宜破格优待,特别鼓励,或足以恢复海外之贸易,挽回已失之利权。况吾绍茶捐本定认额,尚在民国四年,彼时茶数尚有二十万箱,故每年遵缴正捐有十一万五千六百元,尚属相符。今茶市既有变迁,则该额亦宜减削,若不问箱数之多寡而认额仍责令照常缴解,强无特殊情形。在商民既不便承认,而官厅当亦有所不忍。商等忝为茶业领袖,用敢将免除内地厘捐缘由陈请,是否有当,仍候钧裁施行。谨略。

《越铎日报》中华民国十年五月十三号

酒业代表请愿团之公电

(1921 年 5 月 17 日)

绍兴出产,向以酒为大宗,自捐税重叠以来,各酿户均以不堪支持,逐年减酿,一面大声呼吁,冀苏其困。讵加给各栈公费及经董节存夫马两款,五年以来,悉被小局中饱。现经酒业请愿团代表查出,已请省议会提案查办,一面并电京请派员彻查,更代电到绍。录其原电如下:

绍兴《越铎》、《工商》、《越州》各报,速转绍属各烟酒分支栈、各同业均鉴:查各栈公费,民国六年起,奉部加给二五,准支七厘五毫,又七年裁撤经董,节存酒捐项下夫马二厘两款,迄今五载,省局悉数中饱,全行吞没。共被侵蚀银二十余万元。年来捐重酿停,我业彫敝已极,此项公费夫马,试问何一非我业同人之膏血? 显卿等受两业公推来省,刻已请愿浙江省议会提案查办，一面电请京署特派大员会同监督官厅澈底查明，称送法院，按律判追，除通电外，特电达即请尊外协力主持，迅遵法定七五扣解，如仍串冒侵销，希并查取名证送省，以严汇案起诉，幸勿自弃。旅杭两浙烟酒业请愿团代表章显卿、汤绍震。

《越铎日报》中华民国十年五月十七号

请减茶捐又不准

（1921 年 6 月 6 日）

绍属箱茶捐认商□□等续呈财政厅，请将认额再予核减，并免缴赈捐等情。兹经陈厅长批示云，前据来呈，准将认额核减一成，已属格外体恤，该商等如果情愿续认，应即遵照办理。至北地振捐各项认捐，均系一律征解，该处何能独异，所请将认额再予核减，并免收北地振捐之处，碍难照准云。

《越铎日报》中华民国十年六月六号

绍兴酒商二次宣言

（1921 年 6 月 9 日）

绍兴酒商因于叠税，曾发宣言书，要求减轻，未获效果，昨又发出第二次宣言云：

吾绍酒业承重订叠架之苛捐，受历任贪吏之搜括，破产歇业，已属憔悴万分，上年山乡苦旱，濒海水灾，加以冬季苏糯禁运，疏通已晚。缸额停减，实由天时、人事使然。乃上官不察民隐，不闻保商以裕本源，尤疑不实不尽，突于分局覆查已毕之后，复派钮委来绍搜挤，开三查之创例，接续苛扰。我业凋敝，余生将无宁日，各经理身为领袖，不知力伸商艰，但求卸责纷辞。当局者藉词整顿，收回官办，无非蓄意摧残，纵爪牙鹰犬，以噬吾业。耳闻所及，报章所纪，似此办法，国课、商情两有损害，我业同人万难承认。如官厅不加顾恤，则际此麦贵坛贵之时，何苦再下血本，造此烦恼事业，为俎上肉、釜中鱼耶？非敢废业，实逼处此。特布区区，长官父老共鉴之，而赐以救济，不胜惶迫呼号之至。

《越铎日报》中华民国十年六月九号

当票印花请免加

（1921 年 8 月 15 日）

四元以上当票贴用印花，通行已久，不料一元当票贴用印花。此次又经财政部催令限期本年七月一日实行，是以浙省印花税处，已于昨分令各县转行商会，一体遵办。兹悉全浙典商以洋厘毫息,近来同业亏负已属不支,此项负担势难承认,刻拟即日召集公会同人,特开会议,一致否认,环请总商会电陈大部,要求收回成命,恳予体恤商艰。不知果能如愿以偿否也。

《越铎日报》中华民国十年八月十五号

典商反对印花税之表示

(1921 年 8 月 18 日)

绍属典商,昨日接同业杨英等通告文云:印花税颁行之初,其原案以十元起贴,后以命令变更法律,改为一元起贴,是政府侵扰我民国之法律者,即牺牲我民国之商业,爱国男儿诚宜以保持法律为先,法律不保,国家且从此牺牲矣。嗟呼,皮之不存,毛将焉附!商人宁牺牲典业以保持法律为主体,抑又论之以吾典有限之利益,似无力盲从政府无厌之诛求,且增多税额,异日安知不辗转而入于外人抵押之一途。况剥蚀血本,营业淘汰,窃以为加重印花,阶之厉也。慨自印花加重之命令宣布,同业亦即皇皇而终日矣。为自卫计,事前宜如何自动,临时宜如何自决,意思自由,营业自由,合法自由之举动,政府其如我何?是故对于加重印花,愿各典自动自决,嗟嗟畏首畏尾,身其余几,或又曰取法乎上,仅得其中,然则典业与印花争一日之命脉,正当自卫,瑛已筹之熟矣,同业以为何如?

《越铎日报》中华民国十年八月十八号

典业会议印花税

(1921 年 8 月 22 日)

当票印花原定四元起贴,现因财政部推广印花税,法逼一元起贴,典商以时势艰难,呈请省长转呈财政部收回成命,仍照原案办理,并由省长艳电财政部,以浙省迭年受灾,贫民生计困难。况典业与贫民关系密切,倘使一元贴用印花,则典业力难负担,恐有相继停歇之虑等情达部。复由全浙典业公会联合江苏典业公会,通电各省典业,在上海开全国典业会议,以期一致否认。兹绍属七邑典业事务所,接到省城公会函件,于昨日(廿一日),于上午九句钟入席,公推章月坡君为临时主席,宣布开会宗旨,略谓一元贴用印花,关系贫民生计,典业负担无力,恐有停止营业之虑。目今世界,典当视为贫民周转机关,一经停歇,贫民无周转之余地,势必起生意外铤而走险,官厅对于此层,犹不加注意也。又闻官厅方面日内必能接到省令,则实行检查将为如何。次由事务所理事长孙炎生君起言,谓官厅既接有令文,必由县达商会转致来所,此后办法,须先向官厅方面声明,以当票印花税由省公会联合各省同业,在全国会议未经解决以前暂缓检查,一面以七邑典业各义,公电大总统、国务院、财政长,请求维持众议公决,一元印花万难承认。次选举评议员孙炎生君、章月坡君、王问九君得票最多,均当选。次提议典业银行股份,由孙炎生君起言,谓银行事业系为我业必需之金融机关,非与他种投机事业可比,应请诸君踊跃认股,消除观望。大凡办公之处,尤须藉着团体,即此之印花税亦得有公会出面维持云云,尚有续议,容明日再战。

《越铎日报》中华民国十年八月念二日

续志典业会议记

(1921 年 8 月 23 日)

当票印花于日前(廿一日)在当业公所开会集议,种种详情已志昨日本报。兹又探得续议,特再载录于下:

原为讨论加增印花抵制方法,当有事务所管事孙炎生君起言,谓此案省城公会虽已向部三次续呈,又拟在上海全国典业联合会议,而今日部中未予邀准,逼令依法实行。日阅报载,已有印花税处通令各县知事遵章办理。然则如是难保无即刻派警检查之虑。城区方面与官厅较近,尚可疏通,恐山乡僻处,见闻孤陋,一旦检查,无以应付,须将经过全案,印刷通告,分寄各典,得遇检查之际,藉以对付,一面再向官厅疏通原因,请令行各乡警佐,于全国联合会未解决以前,暂不检查,如是城乡并顾,方为至妥。前闻沈省长亦因浙省连年迭遭灾害,民间生计维艰,大率恃质押以资周转,典当满货拥积,营业困难,较昔倍甚。倘取销前案,改自一元起贴,则负担既重,实恐难以支持,一旦相继停歇,于贫民不无关碍,维持典业,即所以体恤民艰,无微不至,谅吾绍官厅以省长尚能为民请命,当亦因情而生憾,未予即令检查,一面仍请公会联合会各省同业,将种种利害关系通电都中,请求量予展限取销前案,倘使一元印花实行,负担既重,势必相继停歇,恐即发生私抵短押,重剥贫民情事。于国家既无税率之收入,而民间之痛苦,不堪言状矣。次由王问九君言,印花税案经章、孙二君表示明晰,此后进行,尤宜固结团体,即典业银行股份犹不可不认。盖银行与吾业唇齿相继,银行发达,公会基础巩固,则吾业完全有引援之余地。诸君对于此层犹不可不注意也,应请诸君当场认定发表,除由前次多数认去外,经未认各典,亦认去数十股云云。议后时已钟鸣二下矣,遂振铃散会。

《越铎日报》中华民国十年八月念三日

当票贴用印花办法

(1921 年 9 月 17 日)

全国典商,因部令一元以上当票起贴印花一分,大为恐慌,月初在上海开全国典业联合大会,决定呈请依照原颁法税,自十元以上起贴,在奉批令以前,仍自四元以上起贴。是项呈文,由苏省典业公会主稿,领衔迳呈。现全浙典业公会通告各典商当票印花,仍自四元以上起贴,静候部令办理,以归一律云。

《越铎日报》中华民国十年九月十七号

当票印花又展期

(1921 年 10 月 2 日)

一元当票粘贴印花一分,部令本年七月一日实行,各省典商曾经开会数次,佥谓际此商民困苦之时,万难遵办,由典业公会电请中央,再予展缓以恤商艰。兹闻财政部因各省反对甚烈,已允再展一年,至民国十一年七月一日起实行,闻已电致浙省知照矣。

《越铎日报》中华民国十年十月二日

绍兴酒商会议情形详记

(1921 年 11 月 8 日)

绍兴第五区酒烟分局,自本年六月间分局长沈灏到任后,种种苛扰勒罚,暗无天日情形,早经迭志本报。全绍各酒商、酿户创巨痛深,怨声载道,呼吁无门。嗣因受苦难堪,势将坐毙。不得已特延律师陈士燮(字子余)君代表各同业晋省请愿,当蒙财政厅陈厅长、省局王局长派委魏在田君莅绍切实查办,该业已发函通传,并假酱业会馆开会集议等情暨通告同业公启,已志六号本报。兹悉,该业于日昨邀集同人假城区下大路药业会馆开会,到者百余人,济济一堂,莫不激昂慷慨,互陈经过冤屈详情,颇有理直气壮,百折不回之慨。当将各酒商历来受该分局长沈灏冤苦情形数十条,逐项提出确实证据,公推代表四人亲诣公署面谒魏委员,沥陈衷曲。蒙魏委员允,将该分局长沈灏苛扰勒罚实情秉公查复,决不徇情偏袒,请诸位放心云。该代表遂与辞而出,静候魏委员查复后再定方针云。

《越铎日报》中华民国十年十一月八日

酒捐请征划洋之呼吁

(1922 年 7 月 4 日)

绍兴酒商孙卓人等以第五区公卖分局收征现款,不但酒商加重负担,而于市面金融大有关系。日宁波第四公卖分局对于征收烟酒捐税等项,均系划洋。查宁绍同为缺现码头,绍兴现水每百元须在十元以上。若再搜括现金,商界立现恐慌。闻已据情分呈第一区公卖分局,并浙江烟酒事务局,请予仍征划洋,以恤商艰,一面略请绍兴商会转杭州总商会,恳为函达官厅,俯察商艰,以维市面而示体恤云。

《越铎日报》中华民国十一年七月四日

酒商反对加捐之先声

(1922 年 9 月 13 日)

绍县各酒商昨悉省讯,拟按原有捐额,再加一成,以充赈款,各酒商以绍兴酒捐本系单行法,较各处为重,况此次绍地亦系灾区,捐额再行加征,恐于营业大有妨碍,因之闻讯之下,大为震恐,拟即电省反对云。

《越铎日报》中华民国十一年九月十三号

绍兴酒商反对增加酒捐附税之电

(1922 年 9 月 14 日)

电一

杭州督办卢、杭州省长沈、杭州烟酒公卖局长王、第五区酒类事务局长沈钧鉴:阅报载增加酒捐附税,不胜骇悚,绍兴酒捐之重,甲于全国,商等负创忍痛,勉为支持。况风雨为灾,绍兴受灾尤重。若再增加附税,势等竭泽之渔,商等决不承认,敢请收回成命,绍兴酒商姚越兴等三十余坊叩。

电二

(上略)绍人不幸,风灾之后,继以水患,饥寒露宿,灾声遍野。商等同居灾区,损失更不胜言宣。今又将增加酒捐附捐,是何居心。诚不可解。果若实行,惟有停业以待,万难担负。绍兴酒商沈永和等十余坊叩。

电三

(上略)频年米价沸贵,今更加以风灾水患,商等营养维艰,正拟吁请减捐。近闻反将增加附税,惶骇万状,死不承认。绍兴酒商咸亨等十余坊叩。

《越铎日报》中华民国十一年九月十四号

绍兴酒商呼吁之电文

(1922 年 9 月 16 日)

电文一:

督办卢、省长沈、浙江烟酒局长王、第五区烟酒分局长沈钧鉴:查烟酒捐费附征振捐

一成,前经商等呼吁邀免,恩准展缓三个月。现展缓期间瞬届,闻于下月照案进行,商等鳃鳃过虑。窃有未便实行者,理由约有数端:

(一)酒捐本与百货统捐性质不同,因定率奇重,商困已久,未便因统捐附加而令酒商一律附加振捐一成之理由。

(二)绍兴酒商之担负,更较他区为重,平时已力竭声嘶,业务逐渐陵替,加以一成附捐,是犹负千钧之重者,更加以压力,其不偿败者,几希矣。

(三)绍兴自上月六日三十一日及本月东冬等日,飓风狂雨,震撼海塘,深山穷谷,蛟洪暴发,水势汹涌,人畜漂流,棉黍不登,灾象显著。商等生长斯土,利害关系至巨。其所受苦痛,不堪言状。喘息未定,负担更重,情何以堪。

(四)捐税为财政上之事,应按照财政学上以普遍公平行之。赈灾为慈善上之事,灾重区广,应如何劝募,如何集款,似应另立团体,专司其事,热心慈善之家,量力捐助,为乐捐性质,非强制征收性质。今因赈灾之故,而迫令同商加重捐输,理既未喻,况酿业自顾不暇,心余力薄,强为附加,众情骇惧,

以上各节,询之众商,意见相同,理合电请鉴核,迅赐将烟酒附加振捐一成永免实行,以恤商艰,实为德便之至。鲁水盛等二十余坊叩。删。

电文二:

督办卢、省长沈、浙江烟酒局长王、第五区烟酒分局长沈钧鉴:阅报载烟酒捐费附征振捐一成一案,前蒙体念商困,展缓三个月,再行开办。现计展缓之期瞬将届满,即须照案筹备进行等语。同商闻之奔走相告,金以酒捐原定税率,本为綦重,自加公卖以后,捐数倍增,酒商忍痛负担,原以税糈所关,未敢率请末减。然折阅困苦,积日累月,无法支持,酒商衰落,无可讳言。现值两次飓风,捐失匪轻。绍为受灾之区,酿商捉襟肘见,实苦呼吁无门,更何堪附加振捐一成,以增意外之担负。在救灾方法,自以为筹款为先,同商能力所及,亦各量尽棉薄,而对于此项附加振捐一成,因原捐业已烦重,实无可再行附加,应请收回成命,将附加振捐一成,准予邀免,救酒商垂毙之命,即所以裕税源根本之圆。宽绍地一分之微求,即所以苏商人一分之元气,千斤之重,蚁负增惭,敬乞俯鉴下情,准予邀免实行,无任公感,酿商某某等叩文。徐执明等三十余坊叩。删。

《越铎日报》中华民国十一年九月十六号

反对增加酒捐附税

(1922 年 9 月 16 日)

绍兴唯一的出产品!酒!已趋于失败的现象了!你看那各处的舶来品,既充斥于市廛,各地的土酒,尤所在皆是,而绍酒的销额,反逐形减少,还不是绍酒失败的现象么?

我要推究,绍酒为什么缘故,趋于失败的现象呢?一般酒商的故步自封,不加改良研

究，这是一种原因；而捐税的奇重，实为一大原因，所以为振兴我绍酒业计，为救济利源外溢计，第一要着，当然是减轻捐税，俾得畅销远方，以与舶来品相争竞。

考番兆民不幸，天灾频仍，吾绍酒商一己方面的损失，姑置不计，而各地因灾况而形影响于生计，因生计而影响于吾绍酒业前途者，又不知凡几？在上者察到这种情形，应该怎样体恤？怎样设法？俾得我绍素来驰名的酒业，不致一败涂地，乃竟概置不顾，而反以加捐闻，这不是竭泽而渔扼吭促毙么？那么不但是一般酒商，固当声明否认，就是绍兴各界，也应该代为援助，同声呼吁，百折不回的反对此不近情理的命令！

《越铎日报》中华民国十一年九月十六号

酒商文电续续来

（1922 年 9 月 17 日）

电一：

卢督办、沈省长、浙江烟酒局长王、绍兴第五区烟分局长沈钧鉴：酒捐费附征振捐，展缓三个月，现在展缓期间瞬将届满，商等仅就目前情形缕晰陈之：

（一）灾区以春酒商营运，必以闾阎乐利为前提，盖酒非必要品，而为消耗品，各地灾象日见，酒之销路日衰，维持现有捐税，商等已觉困苦万分，何可再行附加一成，以绝酒商之生计，以杜烟之税源。

（二）绍地受灾情形，春酒商之营酒业，不仅依赖流动资本，而田亩之租息，实占多数。此次飓风霆雨，绍塘山乡惨象叠载报章，即普通田亩，收成歉薄，其房屋之坍倒，人畜之损失，更不可以数计。酒商遭此灾荒，自救不遑，尚有何力可负担附加振捐一成。

（三）绍兴与各区酒商之比较，查绍地酒商捐税公卖重叠，加捐负担，实较他区为重。是以此项附加一成，万难再行增加负担。

以上各节，系属实情，恳请察核，准予邀免，或再行展缓数月，以恤商困。临款不胜翘企之至。绍兴酒商章楚号等十余坊叩。谏。

电二：

绍兴酒捐本较他区为重，当此灾歉以后，商力已苦不逮，再加一成附捐，委实难以应命，与其竭蹶于后，何如呼吁于先，务乞准予邀免，俾垂毙酒商，不致停酿，税源响稽，亦不致受其影响，掬诚禀请，伏祈照准。绍酒商云集二十余坊叩。

电三：

酒捐附加赈捐一成，就现状言，殊难承认，一因原捐已重，碍难附加，且绍兴同为受灾之地，直接、间接之害甚巨，中加重负担，力有不逮，务恳收回成命，以示体恤，实为恩便。绍兴酒商源元等二十余坊叩。谏。

《越铎日报》中华民国十一年九月十七号

风发云起之绍兴酒商电文

（1922 年 9 月 19 日）

电文一：

卢督办、沈省长、浙江《民报》、绍兴沈局长钧鉴：窃维绍兴酒捐本较他处为甚，迩来米珠薪桂，原本勉强支持，以效税源，不期水灾风灾，层见迭出，同业已受无形之害，意图恳舒原本税源，以补救酒业之前途。今见报载赈捐附加一成，实因原税之困难，加以负担，实属力有未逮，恳请另筹巨款，以清慈善之举。酒业幸甚，伏乞收回成命，准予免捐，不胜盼切。绍兴酒商何长兴等二十余坊叩。啸。

电文二：

今见报端酒捐附加赈捐一成，是否实行？窃思酒业前途，迩来迭受水灾、风灾及米珠薪桂之影响，正在呼吁无门，不遑暇顾，如再加负担，实属力有未逮，恳请加成问题收回成命，以舒商艰而顾血本。酒业幸甚。绍兴酒业同源等三十余坊叩。啸。

电文三：

督办卢、省长沈、王局长、《全浙公报》、绍兴沈局长钧鉴：绍兴酒捐税叠床架屋，较之百货统捐，加重几倍，酿商忍苦含辛，匪伊朝夕，倘附加振捐一成实行，是酿商不堪负担，惟有出于停酿辍业之下策，国税商情两受其困，恳请体念商艰，维持附加一成免除，实为公便。绍兴酒商源章等二十余坊叩。

《越铎日报》中华民国十一年九月十九号

风发云起之绍兴酒商电文

（1922 年 9 月 21 日）

电一：

今年夏秋雨师风伯并驾肆虐，绍兴灾区甚广，待赈孔殷，省宪以酒捐附加一成，藉资救济，事属善政，商民等何敢异词。惟绍酒捐率本重，奚可再增负担。闻之惊骇，为此恳求恩准，收回成命，不胜感戴。绍兴酒商章鉴记耀号等四十一家同叩。效。

电二：

绍地今秋，水患风灾相继迭至。哀鸿遍野，惨不忍睹，商等忝居灾域，皆遭殃及。近悉有增加酒捐附捐之举，不胜遑恐，加必实行，惟有出于停业之一途。绍兴酒商金顺舆等叩。效。

电三：

吾绍不幸，迭遭风灾，继以洪水为患，饥民遍野，惨不忍闻。商等同居火坑之中，绍人损失已不可胜言。今闻酒捐又将加增，果成事实，则何异乎杀戮。吾绍人民若欲再加负担,商等死难承认。绍兴酒商汪锦茂等公叩。效。

电四:

近闻一成附捐下月实行,商力几何,何堪再重负担,是为被灾之区,酿商所受苦痛,较之数年前何啻倍蓰。商人无力输纳,系属实在情形,应谓取回加成命,永免附加,临颍不胜屏营之至。绍兴酒商章荣记等三十九坊同叩。效。

电五:

绍酒业务,一蹶不振,酿商艰苦,不堪言状,原定税捐,已苦无力负担,附加振捐一成,委系力不胜任,务恳矜怜商困,准予免加数万,酒业中人所馨香祷祝,以求之者也。章东明等四十三坊同叩。効。

电六:

绍兴酒捐,本已重叠。兹奉令饬实行附加一成,不胜惶骇,若不恩准维持,势必辍业商民,国税两受其损,为此情急,恳乞免予附加,伏祈亮察。绍兴酒商章焕记协号等二十二家同叩。效。

电七:

绍兴酒捐本重,迩来米珠薪桂,加以风水为灾,层见迭出,呼吁无门,奉饬附加一成,力有未逮,实难承认,恳情取回成命,以恤商艰,不胜感戴。绍兴酒商章焕记正号等三十余坊叩。效。

《越铎日报》中华民国十一年九月二十一号

风发云起之绍兴酒商电文

(1922 年 9 月 23 日)

电一:

窃酒捐税率本重,加以公卖,商力实有未逮,是以停止营业者日多。近闻附加振捐一成,有下月实行之说。在官厅救灾恤民,原为多筹赈款起见,酿商苟可主持,自无不乐于赞助。奈营业失败情形,早在洞鉴之中。绍地近来风灾水灾,迭次见告,田庐损失不赀,酿商无形之困苦及维持现状之困难,较之一般商人,更为难堪。此次附加赈捐一成,商等万难承认。人之好善,谁不如我,慈善救恤,具有同情。特是从井仍不足以救人,毁家仍不足以舒难,区广灾重,酒业实行附加,在赈款不过丝毫之益,而敝业实有丘山之损,非敢漠视灾振也。区区下忱,伏惟鉴核施行。绍兴酒商高长兴浩记等三十余坊叩。号。

电二:

报载酒捐附征一成,奉令实行,商等不胜惊骇。查绍兴三次风雨为灾,从来未有,商等同罹浩劫,待赈孔殷,从井救人,何异自杀,伏乞钧座取回成命,俾垂死人之苟延残命,不胜焚香祷祝之至。绍兴酒商田德润记二十余家叩。号。

电三：

吾绍自风灾之后，继以水灾，倾墙倒屋，人畜漂流无算，伤惨之状，不胜惊异。缘自灾歉以后，百物腾贵，人民皆有枵腹之虑，况酒业迹近消耗，销路日见微细，负担之重，尤为各区之冠。在钧意只一成之附捐，而商人实不啻千钧之压力。若取之于灾区而为灾区之抚恤，与不赈何异。商人万难担任，恳请俯察下情，准予邀免。绍兴酒商业万灏等十余家叩。号。

《越铎日报》中华民国十一年九月二十三号

绍兴酒捐公会之迫切陈词

（1922 年 9 月 27 日）

呈为捐重民困，请将一成附振，迅赐转呈，恳请收回成命，以维税源事。查绍属酒捐，向分本运两种，简而易行。民国以来，本运正捐而外，又加附捐。民国四年，正捐又加，附捐亦加，乃又于无可加捐之中，特设一不名捐而名为费之公卖，其额又与正附捐相埒，此外又有绍属单行之特许牌照税，既有牌照，又有类似牌照之缸照捐，再加之以牌照督促费，又加之曰出运验单费，重床迭架，名目繁多，重以历前之不肖司巡，非法勒索，不捐之捐，不费之费，酿户实自知之，又前有似商非商，似官非官之稽察事务所，遍设稽查，严求苛索，不言捐而甚于捐，不言费而甚于费。酿户亦自知之。去年酒类运销公司布告皇皇，名为商业，实假官威，骗合股之款，诈免查之费。酿户更自知而自苦之。循是以观，捐愈重，弊愈滋，营业愈艰，民生愈困，绍属酿户，非但饥荒时代已入死之域矣。局长莅止，庶政刷新，人民咸颙颙然望治若望岁也。然各稽征所力于催缴，严于稽查，无知酿户，固未必言恩，而局长乃慰谕频颁，初则曰减捐，再则曰减捐，事虽未行，希望岂遽断绝，酿户又盍敢言怨，乃顷第二十四号布号有附加赈捐，十月一日必须实行等谕。明知限以二年，展以三月，且仅仅于公卖项下加成，转辗请求，系出自局长恤商之至意。钧等何胜感激，然绍属酿户，益受重捐之苦。值此危机，处此窘状，在层宪堂高廉远，或未同知，局长巡视几周，决不使民间疾苦壅于上闻。钧等当酒业公会开会时，绍属酿户咸称是项赈捐，属于慈善，本不受法律之制裁。况此次绍属亦受重灾，何堪再增担负，然酿户运酒，须先领照，如不缴振捐，恐印照不给，则酒则停运停销，于营业亦受损失。徬徨瞻顾，焦急难堪，兼辖局长本以减捐自任，虽未即实行，似决不致再有加捐之事，是一线曙光，更希望局长斡旋之力。钧等谨本绍属各酿商开会意旨不得不为恳□之哀求，除电呈督办、省长、省局外，伏乞局长俯念绍属酿户处此重捐之下，□力实有未逮，应请将十月一日实行之一成赈捐转求层宪，迅赐取回成命，以维税源而苏民困，生死肉骨。绍属酿户，感激诚无。既惟屏营惶悚，不胜迫切待命之至。再禀绍属酒业公会未经呈报，启用图记以前，仍以发起公会钧等列名，请求合并声明。沈钧、萧伯荣等。

《越铎日报》中华民国十一年九月二十七号

请免征酒捐附税之京电

（1922 年 10 月 29 日）

绍兴各酒业暨酒业公会反对增加酒捐附税等情，已迭志本报。兹悉北京乡老王幼山等，亦有同样主张，录其致卢督办、沈省长漾电于下：

卢督办、沈省长钧鉴：吾绍酒捐向称繁苛，酿户或停或徙，商业寝衰，本年水灾，酒类又多损失，附加赈捐，绍属似应免征，即筹振需款，亦宜照第一区办理，以昭公允。王家襄、田稔、陈蛰枢。漾。

《越铎日报》中华民国十一年十月念九号

绍兴酒商呼吁之电文

（1923 年 1 月 28 日）

绍兴酒商沈永和等号，昨电卢督办、张省长、烟酒公卖局王局长云：

绍兴酒业日形疲滞，上年沈分局长编查冬酿，较昔严厉，计米点缸，搜罗无遗，商民隐忍，所翼销场畅旺稍苏商困，讵料今秋迭遭灾变，已蒙影响。入冬复旱魃为虐，河干水涸，路庄停顿，商业金融本难周转，兼之甬商冠糯十万石，非特市价增涨，竟致备资赴苏，无货可购，已成面麦形将暴弃，停酿势所不能，酿造则难如额。沈分局长专顾一己之考成，不顾税源，穷搜苛派，强令认加，定欲超过上届原额，敲剥吸髓，绝商命脉。为此联电迫叩钧长，俯念时艰，保眷税源，迅赐令行五区沈分局长核实编查，勿再苛勒，以舒商困，不胜感德。电呈。绍兴酿商沈永和等五十二家同叩。敬。

《越铎日报》中华民国十二年一月廿八日

绍兴酒商呼吁之电文

（1923 年 2 月 3 日）

绍兴酿户汤源元等八十六家电陈省宪云：

杭州督办、省长、烟酒事务局长钧鉴：绍兴酒业今年迭遭灾侵，疲带已达极点，各酿户赴苏采糯，无货可购，制成面麦，完全暴弃，分局编查，反较往昔严厉，无酒强令认额，商等势难承认，为□□□迫，叩钧长迅令沈分局长勿顾自己考成，任意苛勒，以苏商困。感德电陈，酿户东浦汤源元、赏纺徐思云等八十六家同叩。陷。

《越铎日报》中华民国十二年二月三号

化名禀办羊宰税

（1923 年 3 月 17 日）

城区羊业代表凌潘生、严连庆等禀绍兴县公署文云：

为利税便商，改予征收，请求俯如所请，以利进行事。窃商向在城乡各区开设羊淘，安分营生，输捐办有正谊学校，已历年所，成绩斐然。嗣经部令征收屠宰税本归本校经董兼收，驾轻就熟，本极便利，继续屠宰猪税，迭闹风潮，影响所及，遂有分别征之举。伏查四年十一月份钧署奉有前届巡使批令，猪羊各业缠讼不休，猪税准予所请，羊税应另派员征收可也等，谕中征猪羊各税非分别征收，端不足以弭龃龉而安商民。况查六年之前宋知事批示云：查屠宰羊税与正谊校学捐有连带关系，现捐归孟子香办理，税捐未便两歧等论。此更足以证明猪羊各税，不可混一之铁证也。顷闻有人认办此项宰税，若钧署俯准，则不免又生枝节，远不如函知本校经董照旧承办，情形既已熟谙，带收又较便利，且能驾轻就熟之效，利税便商，莫甚于此。官办果大公无我，商等尚称便利，而一经民办，恐又生厚簿，彼此之波折，为此遑恐万状，特为具禀，环叩大知事公鉴，俯如所请，以慰下情，不胜顶感上禀也。

批：屠宰猪羊各税，业经函衣任绅认真稽查，照只查印征税，呈奉财政厅核准在案。所请应毋庸议。此批。

《越铎日报》民国十二年三月十七日

绍属酒商之公电

（1923 年 4 月 12 日）

杭州烟酒事务局王局长钧鉴：一成附振，蒙饬五区分局拟定变通办法，遵照杭区十二年新酿免加办理，实深感激。兹届新酿告成，即须发运，应请迅颁示谕，俾商等得所遵循，以安营业，实为公便。绍属酒商公叩。有。

《越铎日报》民国十二年四月十二号

屠宰税收回成命

（1923 年 6 月 25 日）

绍县屠宰税由前财政厅批归任四丰暂行照办，指令遵照在案。嗣因斗门各肉商，并原呈人尹世德，何友福等早经推定俞君廷佐出为认办。且对于任四丰化名认捐，心殊不服。再将任四丰不能认办之理由呈请财政厅收回成命，准归商务。兹探得财政厅批示如下：

呈一件,为化名认捐,贪得无厌,请收回成命,准归商办等情由。查屠宰税一项,无论如何征收,应归县知事负责。据呈前情,仰即呈请县署呈核夺等因。

似此财政厅对于成命已默认收回,闻尹世德、何友福等已向县署据实呈请,且愿□加征,未知顾知事如何办理也。

《越铎日报》民国十二年六月念五号

乡肉铺罢市争税

(1923 年 8 月 13 日)

偏门外漓渚镇,为诸绍通衢,商铺林立,市镇繁盛。近为警局饬行屠宰附加税一案,该镇肉业陈瑞记、荣记等铺,已于前日起,一律罢市,远近乡民有婚丧宴会等事者,殊觉不便,未知何日方能开市也。

《越铎日报》中华民国十二年八月十三号

请求收回官办箔捐之电呈

(1923 年 10 月 27 日)

绍兴箔业全体代表胡锡康等日昨电达财政厅云:

财政厅长钧鉴:阅报载杭、绍、萧锡箔认捐期满,拟收回官办,另行设立征收专局,一则不胜骇异。查锡箔捐一项,为吾绍出产大宗,数万人工艺衣食攸关,箔捐向由浙地造铺及全体箔商会同各客路箔号公同摊认,相安无异。于民国二年曾收归官办,由绍地统捐局征收。因箔捐数目巨细不等,有一票少至几分角数,多至十几元,兼有一家向数□家交易,统捐局必欲将几家捐票并为一票,而箔章则票货两歧,多有不便,直接窒碍箔章运货,间接影响造箔工□,□以未及两月,仍由商□全体公举慎裕源继续认办。现闻钧长设专局征取,恐蹈民国二年覆辙,复议公摊认缴,备呈请求核准外。爰据实情先行电达,吁请钧长将另行设局,专收收回成命,顺舆情而恤商艰,不胜迫切待命之至。箔业全体代表胡锡康。率同箔铺七百十余家公叩。

《越铎日报》中华民国十二年十月二十七号

绍箔庄关于征捐之呼吁

(1923 年 11 月 1 日)

绍兴各箔庄电杭州财政厅云:

杭州财政厅长钧鉴：六月间杭、绍箔认捐局奉钧署指令，饬将认额加增，同业摊缴，切实声叙，呈署察核毋延等因。奉此，商等时值淡月，捐数大减，一时未能切实加增，然延期已久，恐干咎戾，是于本月十五全体同业磋商摊认加额方法，当经公同认定，认捐局于十月二十日忽又奉钧令拟收归官办等因。奉此，窃箔捐一项，历由商等与箔铺及商全体认办有年，上裕国课，下便商民，骤然收回官办，向客征收，道远未便，更绍地系划单码头，现洋未备，手续上种种窒碍，深恐阻及行运，间接影响实业，除另行备呈公摊认缴，仰求核准，仍予认办外，先此电达，取回成命，俯恤商艰，不胜迫切之至。

箔庄业：九章、源大、李楚记、复泰和、普记、原章、益大、志成、衡成、乾泰、同德、诚昌、瑞昌、协裕成、复泰、升永、兴裕、瑞裕、汇成、慎裕源、章鼎记公叩。

《越铎日报》中华民国十二年十一月一号

烟业同行开会记

（1923 年 11 月 21 日）

城区烟业同行三百余家，开会议事，反对特税稽征员违章苛罚，购领印花手续太繁，及请愿添设印花分销□数家，以便商人。到会烟业代表二百余人，律师孟照鉴、名誉董事朱滋宣登场演说毕，公决请特税局长徐一青，顾恤商艰，和平办理，该烟业已推聘朱绅为绍城烟业董事，以便循序办理烟业同行事务云。

《越铎日报》中华民国十二年十一月廿一号

屠宰税改正章程

（1923 年 12 月 5 日）

绍兴县属屠宰税按只收捐，早由该县顾知事呈省照准在案。不料，肉业孙源相等代表电呈到省，声名窒碍：

（一）按只收捐，钟点不合；

（二）乡间派警抽收，盖印迟误；

（三）缴款为难。

张省长据呈后，即令会稽道尹饬县妥拟办法，必须国税、商情双方兼顾，即日早复核夺等因。刻顾知事已将征收章程逐条修改，转呈省道核夺矣。

《越铎日报》中华民国十二年十二月五号

华舍机工请求免加房捐

（1924 年 4 月 24 日）

绍兴本邑华舍机业，因生意萧条，骤然加捐，不堪担负，业具呈向省官厅呼吁求免，录其词如下：

为生计艰难，无力认捐，禀请体恤苦衷，以轻负担事。窃敝业机户本系小本生意，趁工度日，际此生活日高，虽嗷吃省用，尚虑不能活命，加以频年扰攘□□，绸销为之停顿，血本为之难保，甚至十家九闭，十室九空，言之下泪，闻之酸鼻。讵料月之初上，突有绍兴警察局房捐委员沈寿彭，带领警士，挨户编查，骤然加捐于手艺苦工之中，不知章程如何，性质如何，既不明白宣布，又不切实开解。况敝业苦工，由来已久，既不加捐于当初，何竟编查于目前。伏读县公署警察局布告内开：民国元年至今，向未纳店屋捐之店屋，应按照现时租价，照章纳捐，以充警费，并酌加五成，拨作保安队之需等因。查敝业机户，藉此糊口者，类皆破屋一间，男织女络，机在此，灶在此，床帐在此，水缸、桌椅在此，其人既不得谓之商，其屋亦不得谓之店，非商非店，而令额外纳捐，无论力有未逮，即心亦实有不甘，况米珠薪桂，生意萧条，鸠形鹄面，在在皆然，一幅流民图，愧无郑侠手腕绘成上献也。今汇集保机户，在敝业公所开会，欲罢工者有之，罢市者又有之，然民光淦等晓以大义，陈其利害，不得已叩请钧长警务长察核，哀此穷而无告之民，迅赐饬县豁免，俾得苟延残喘，感得德无涯，地方幸甚，实业幸甚。谨禀。

《越铎日报》中华民国十三年四月念四号

机工请求免加房捐之不准

（1924 年 4 月 27 日）

绍兴华舍机业，为生计艰难，无力担负店屋捐，具呈向省官厅及县警察局呼吁，请体恤苦衷，暂缓加捐等情，已志前日本报，今闻警局已批斥不准，大致谓店屋加捐，系警务处通令，各处已一律照办，该处何得独异云。

《越铎日报》中华民国十三年四月念七号

当典对于印花之呼吁

（1924 年 6 月 17 日）

（绍兴）当票印花照，民国元年国会所议决之印花税法，原定十元以上始行起贴，乃至民四间，财政部忽令改自一元起贴，并许典当向质户案取票纸费，以资弥补。当时各当典商，即以：（一）命令不能变更法律；（二）捐税不能取诸当衣物之穷民两大理由，联合奉、直、江、浙等十七省代表集京，向部力争，卒改为四元以上起贴。此次本省印花税分处第二号布告解释贴用印花税章程，关于当票一项，有四元展期已满，应仍照原案一元起贴等语。绍属典商见之，不胜骇诧，电省城忠孝巷典业公会，据理力争，以苏商困，持论极为正当，兹录其电文于下：

全浙典业公会鉴：顷见浙江印花税处布告，详解贴用印花章程第一类，关于当票四元起贴印花，展期已满，应照原案一元起贴等语，不胜骇异。查此案前经联合各省典业迳赴部院声明否认在案，此次本省印花税处，罔恤商艰，横加苛税，遵令一元起贴，吾业痛切剥肤，已达极点，无论官厅如何压迫，一元起贴之暴敛，誓不承认，除分电各邑典商一致坚拒外，为特电请据理力争，至为企盼，绍兴典业事务所勘。

《越铎日报》中华民国十三年六月十七号

华舍机业继续反对店屋捐

（1924 年 6 月 22 日）

（绍典）华舍机业，反对警察局抽收店屋捐，一切详情，早经迭志报端。兹闻该业代表赵光淦等，又具请愿书于省议会要求主持公道，打消苛捐，不知能否达到目的也。录其请愿书如下：

具请愿书人绍兴县华舍等村机业代表赵光淦等为请愿事。缘敝业本系劳动苦工，毫无商店性质，讵料本年四月间，突有绍城警察局委员沈寿彭，率警编查机工住屋，按照店屋捐一律纳税，窃思店屋加捐，认办有年，而机工住屋，迥别商店，并无招牌字号，类皆破屋一间，其屋亦不得谓之店，非商非店，而令额外纳捐，群情为之不平，且财力实有未逮，加以频年时局不静，各省迭遭兵燹，买卖裹足，生意亏耗，工作之停闭，不可以数计，甚至鸠形鹄面者有之，饔飧不接者有之，枵腹鹑衣，在在皆然，强壮者另作小贩，以延残喘，老弱者号寒啼饥，坐以待毙，正在呼吁无门，求生不得，何堪再令纳此苛捐，是以群情异常惶恐，公愤实属难平，曾禀张省长，要求饬县豁免苛捐，已沐省长钧批该机业有无能力担任，是否含有商店性质等因，令饬绍兴县知事，秉公查覆，核办在案。因念贵会诸君子，既为全省人民之代表，又为敝业同人所爱戴，利者兴之，弊者革之，尤为诸公之天直。伏乞诸公登高一呼，哀此穷而无告之民，希将是案收受，一致表决打消苛捐，则数万人劳动苦工，定当衔环结草以报也。临颖不胜迫切待命之至。谨请浙江省议会议长沈，暨诸议员均鉴。

《越铎日报》中华民国十三年六月念二号

华舍机业反对店屋捐平议

（1924 年 6 月 26 日）

记者昨晤华舍等村机业代表赵光淦，为言该处机业，全系劳动苦工，毫无商店性质，机工住屋,迥别商店,并无招牌字号,类皆破屋一间,机在此,灶在此,水缸火炉在此,每月房租在三四角左右……人既不得谓商,屋亦不得谓店,欧战以后,该业衰落十之七八,加以频年时局不静,各省迭遭兵焚,卖买裹足,工作停闭,不可胜数,少壮者改业,老弱者转乎沟壑,本年机业校认捐三四百元,仅征得三十五元,足征机业之衰落矣。今警局编查机工住屋,按照店屋捐一律纳税,当此时际,而令额外纳捐,实为罔民政策,机工为苟延残喘,不得已议决全体反对,若警局坚持不允豁免,机工愚昧,惟有一面罢工,一面全体大小家口,齐赴县署警局坐索生存权云云。

记者素抱取精用宏主义,当谓地方事业,非钱莫办,欲地方事业之发展,在公家自不得不筹划款项,惟款项之筹集,多出于人民之负担,故吾民既须顾及公款,尤须顾及人民疾苦,不使苛税扰民。

店屋加捐,认办有年,其用途即充警察费,以发展地方事业,与人民有极大之关系,实无反对之余地。顾据赵君主,"机工住屋,非商非店",则民浙江省征收店屋捐章程第一章第一条"凡在本省城域内之房屋,供营业之用者,无论租屋典屋己屋,均适用本章程征收店屋捐",不合。又谓,"类皆破屋一间,机在此,灶在此,水缸火炉在此,每月房租多在三四角左右,即有较广大者,其租价每月在一元以上,然百不得一二,统计华舍机户二三千家,是项住屋,不及二三百家"。按诸征收章程第二第五两条,所入亦复有限,以今日机工财力之困,生计之艰,不加以税,已少壮者改业,老弱者号寒啼饥,坐以待毙,正在呼吁无门,求生不得,今又增重其负担之数,无怪乎仔肩莫胜,而出于罢工之一途也。

夫机户恃工作以为生活者也。今竟不惜牺牲职业而罢工,机工虽愚,若非迫不得已,宁甘出此,不过此举固机工之不幸,抑岂绍兴社会之福?记者深愿姜知事薛局长顾念民艰,准予豁免,毋令招罔民之饥焉。

《越铎日报》中华民国十三年六月念六号

典业对于印花呼吁又一声

(1924 年 6 月 28 日)

(绍兴)近日各典,反对加贴印花之声,嚣然尘上,日前绍属典业事务所,曾电杭州全浙典业公会,据理力争,以苏商困等情,已志本报。兹又探悉余姚当业联合会,亦有电致绍属典业事务所,转全浙典业公会,维持现状。兹觅得电文如下:

绍属典业事务所转全浙典业公会公鉴:奉浙江印花税处第二号布告,涉及当票一项,令以一元起贴,阅之不胜骇异。查此案前经公会议决,依照原章,只认十元起贴,当此时局泯梦,民生彫敝,典业满货,恒不足贯,困难情形,视昔尤甚,拟请坚持前议,十元起贴,若果改令一元起贴,敝邑同业不克负担,万难承认,伏乞维持,无任公感。余姚当业联合会叩。漾。

《越铎日报》中华民国十三年六月念八号

机业房捐吁免征取

（1924 年 6 月 29 日）

（绍兴）华舍居民，大半系机织为生，住屋狭小，工食其间，近年绸疋销滞，出货更少，以致生活维艰。本年四月，警局整顿店屋警捐，特派人至该处编查，亦须以营商性质，饬令纳捐。该处机业，均以无力负担，不予承认，推出业董赵光淦，代表全体，呈省豁免，由省转令绍兴知事详查在案。现该业董又因姜知事莅任伊始，必能体恤民艰。昨特提呈理由，声叙各机工困难情形，请予豁免，未识能否照准也。

《越铎日报》中华民国十三年六月念九号

华舍机工死不承认店屋捐

（1924 年 8 月 1 日）

（绍兴）华舍机业代表赵光淦等暨机工三万六千人，因警局抽收不合店屋捐之机工住宅，四出呼吁，经省长令县查复。近闻县署并不派员下乡切实调查，仅将警局覆文点缀，并以性质不同之酒作、箔坊相比附，遽行呈覆。民情异常愤激，大有死不承认之概。特于三十号专电省长，请求缓批。先行派员复查，录其电文于下：

杭州张省长钧鉴：顷闻县署受警局暗示，将民等不合店屋捐之住宅，并未下乡调查，遽行呈请抽捐，民等死不承认，除再呈请派员复查外，敬急电呈县署覆文，乞暂缓批准。绍兴机业代表赵光淦、赵维新同机工三万六千人同叩。

《越铎日报》中华民国十三年八月一号

缓征机业店屋捐

（1924 年 8 月 2 日）

华舍机业工人四出呼吁，要求豁免店屋捐，昨电张省长请求派员复查，并谓死不承认，抽收不合章程之店屋捐。而邑绅中亦有主张缓征以稍解机业之阨者，凡关心现时华舍绸业之情形，与机户之生计者，皆当认为必要，诚以年来绍兴华舍绸业已陷于极危险之境，苟任其自然，不加扶持，机业已将澌灭，机工亦将改业，若再加以苛税，则华舍之绸缎，将不见于市场，吾人需要之绸缎，将尽仰给于外省或外国，其关系于国计民生前途者为何如？

缓征机业店屋捐以轻机户之负担，俾现在机业之勉力支持者，益有支持之可能，实不能谓非间接扶助机业之一方，顾省县当局是否能允予免除或缓征，实在不可知之数，不过机户本身,对此问题,似仍应坚持要求,毋稍退让耳。

《越铎日报》中华民国十三年八月二号

华舍机民将罢工

(1924 年 8 月 9 日)

(绍兴)华舍机工,因绍兴警察局,以不合店屋捐章程,强行苛捐,该处机业代表及机民,纷纷电呈省警两署,要求豁免,并呼吁各法团,请求援助等情。送志本报。现下该处民心异常愤激,如不达到撤捐目的,将罢工以为对待云。

《越铎日报》中华民国十三年八月九号

华舍机屋捐请免被驳

(1924 年 8 月 16 日)

(绍兴)华舍机业代表赵维新暨赵光淦等,前以县署将不合店屋捐章程之住屋,遽行抽捐,电请派员复查豁免等情,已志本报。兹闻省署竟行批驳,殊出人意料之外,其文如下:

查此案前经饬据该县知事复称,以是项机坊,有商业性质,且与箔酒等作坊情形相同,自应查照征收店屋捐章程第一条办理,租金每月不及一元者,仍予以照章免捐等语前来,业经本署指令照准在案,所请应毋庸议云。

《越铎日报》中华民国十三年八月十六号

机工住屋免捐运动之再接再厉

(1924 年 8 月 17 日)

(绍兴)华舍机业代表赵光淦等,因不合店屋捐章程之机工住屋,而绍兴警察局强行抽捐,已由该代表等电禀省署等情,已志本报。兹又探得该代表致警察局文如下:

为机坊苦工,谋生乏术,认捐无力,特再联名叩请准予豁免征捐,以全民命事。窃民等向以机坊糊口,男织绸,女络丝,日作苦工,赖以活命,无非一机三日而已。即生意流通之时,亦不赚多大钱财,况近更连年兵燹,销路停顿,绸贱丝贵,不但无利可获,甚至工食难保,求生不得,呼吁无门,三餐不饱,饥寒交迫,此种困苦情形,言之伤心,闻之酸鼻,在贵局以机工住屋,欲照店屋抽捐,讵不知店屋含有营业性质,而机坊苦工住屋,类皆破屋一椽,估其每年租价,不过二三元,照章抽捐,相隔天渊。且机坊苦工,皆系日趁日吃,无招牌字号,又无商店性质及营业机关,兼与箔坊酒坊迥不相同。惟吾机坊向章,由绸庄发来造货,织成绸疋，续交庄上，权操绸庄，因此而论，则机坊苦工，既无认捐之例，又无认捐之力，曾经多数苦工，一再集议，公推代表赵光淦等，迭次具禀，要求豁免，不达目的，誓不甘心，已沐张省长批县秉公宣复，谅在贵局洞鉴中。□□毋庸赘述也。素仰局长道高望重，政迹卓著，抱己饥己溺之怀，存爱民爱国之心，为全县人民所感戴，爰特不揣冒昧，续请于局长之前，伏乞恩赐逾格准予豁免□捐，则数万劳动苦工，自无不颂德歌功者矣。

记者按：机工要求免捐屋住，已由省团批斥不准。（文见昨报）华舍地方一般机民，近来确饔飧不继，鹑面菜色，而所居者，类皆矮屋半间，床铺茶灶在此，毫无营业性质，稽之店屋捐征收章程，亦颇不合，而县署复文与箔坊酒作相提并论，则姜知事亦未免不深明三者间之性质与情形也。

《越铎日报》中华民国十三年八月十七号

机工请求免捐之痛哭陈词

（1924 年 8 月 22 日）

（绍兴）机业代表赵光淦等，共三万六千人，为无认捐□□□。昨又呈请张省长派员复查，准予免除机工住屋捐，词极□痛，特录其原文于下：

为机工生活，迥别箔坊、酒坊，不得已续请派员复查，准予免捐，以维民生事。窃民等机织度生，确无营业性质，更无认捐能力，种种困苦情形，已详前禀，沐批，查此案前经饬据该县知事复称，以是项机坊有商业性质，且与箔坊、酒坊情形相同，自应查照征收店屋捐章程第一条办理，租金每月不及一元者，仍予照章免捐等语前来。业经本署指令照准在案，所请应毋庸议等因。奉此，民等惊骇异常，誓死不认，万不得已，再将机坊苦工性质，及无力认捐实情，再为我爱民如子之钧长郑重详陈之。民等织绸工资，向由绸庄放本，名曰印货，所织绸疋，又由绸庄指定式样，尺梢长短，分两轻重，皆有板规，织成之绸，续交绸庄，故民等所赚者，日惟数百文工钱而已。其所指为有商业性质者安在？所指为与征收店屋捐章程第一条相符者又安在？箔酒两坊各有坊东，各有资本，各有招牌字号，旨在贩卖谋利，含有商业性质，征以店屋捐，不得谓过，哀我机坊劳而无功，无非日赚日吃，既无招牌字号，又无营业性质，何得谓与箔酒□坊情形相同，则指鹿为马，已可想见，况乡村庄屋，租价□殊城市，而城市每月租价在一元或数元者，较之乡村每月不及数百文。且机坊住屋，类皆矮屋一间或半间，估计每年租价，多则二三元，前次警局派员沈寿彭编查时，半于租屋典屋者，并不查验租契典契，系于己屋者，又不估计屋价租价，只查民等机具，而其征收册上所列征款，多者每月四五角，少亦一二角，是项手续，试问与征收店屋捐章程相符欤，抑不符欤？且民等窘困情形，实非局外人所得而知者。在数十年前，绸销畅旺时，亦不过趁工度日，并无多数积赚。近更有大绸华丝葛通销，上海杭州，并其他巨埠，穿纺绸者，殊不多见，几将绝迹于市场。诚有一落千丈之势，言之可胜浩叹。兼以频年兵燹，米珠薪桂，所赚工资，不敷柴米，是以十作九停，失者已不可胜数，号寒啼饥之声，闾巷相闻，沿门求乞之徒，无处无之。种种凄凉情形,可为痛哭流涕者矣。想恻隐之心,人皆有之,素知钧长道德高尚,不得不将实在情形,冒昧泣诉,伏乞鉴核,迅将县署受警局暗示,并未下乡调查,遽行呈覆,而我钧长为其所朦,并乞哀我穷黎,救我蚁命,派员复查,藉明困苦而予豁免,则此恩此德,没世不忘也。谨禀浙江省长。

《越铎日报》中华民国十三年八月念二日

华舍机工请愿县议会之请愿书

(1924 年 8 月 27 日)

(绍兴)华舍机业反对抽收店屋捐一节,早经迭志本报。兹因是案多方呼吁,迄无效果,顷又向绍兴县议会请愿建议,设法打消苛捐矣。录其请愿书如下:

为请愿事。敝业机坊,本系劳动苦工,毫无商店性质,讵料本年四月间,突有警察局委员沈某,率警编查机坊住产,按照店屋捐,一律抽税。窃思店屋捐照章抽税,尚无不合,而机工住屋,迥别商店,不过男织女络,趁工席日,并无招牌字号,类皆矮屋一椽,机具在此,房灶在此,水缸风炉在此,其人非商,非屋亦非店,既曰非商非店,安能令照商店抽捐,则重重黑幕,置公理于何地,是敝业机工,迭次开会,誓死不认此项苛捐,群情大为不平,财力实有未逮,加以频年时局不静,各省迭遭兵燹,商旅裹足,机工停闭,丝业游民,不可胜数。强壮者成或另作小贩,老弱者或坐以待毙。鹄面菜色者有之,餐饔莫给者有之,鹑衣枵腹,号寒啼饥,在在皆然,惜无郑侠手腕,绘就流民画图,粘呈浏览也。曾经迭禀省长,要求豁免,已蒙省长批县秉公查覆,乃姜知事下车伊始,不谙机工穷苦之真情,竟受警局朦蔽之请托,并未下乡调查,遽行呈覆,竟照店屋捐章程第一条办理。又谓与箔酒两坊情形相同,而敝业机工,骤闻消息,惊骇异常,按箔坊、酒坊,各有招牌字号,资本充足,其所住房屋亦较机工为尤大,断不能相提并论,辗转筹维,耿耿中心,甚至寝不安席,食不甘味,除再禀省长绍县警局外,因念贵会诸君子,英才济济,众望允孚,执全县之牛耳,如山斗之仰望,既为人民之代表,又为机工所爱戴。况近在咫尺,耳目周详,爰特不揣冒昧,具书请愿。伏乞诸公存恻隐之心,救倒悬之急,迅将此案收受建议,则登高一呼,群山响应,得能打消苛捐,则数万人劳动苦工,定当啣环以报也。临颖不胜屏营待命之至。谨请绍兴县议会议长张、徐暨诸议员钧鉴。

《越铎日报》中华民国十三年八月念七日

华舍机业代表续请捐

(1924 年 9 月 2 日)

(绍兴)华舍机业代表赵光淦等,昨又有呈县署一文云,为苦工住屋,迥别箔坊酒坊,特再痛哭泣诉,恩准免捐以维生计事。窃民等织绸趁工,毫无商业性质,口难食席,更无认捐能力,种种困苦情形,曾经叠再呼吁要求,未蒙县长鉴谅,遽迩呈覆省长,查照征收店屋捐章程第一条办理,事出意外,民等惊骇异常,死不承认,不得已再将机坊苦工性质,及无力认捐真情,为我县长痛哭陈之,民等织绸工资,向由绸庄放本,名曰印货,所织绸疋,又由绸庄指定式样,分两尺稍,不能变更,织成绸疋,续交绸庄,所赚汗血工钱,每日不过数百文,其所指为商业性质者何在? 与征收店屋捐章程第一条相符者又何在? 箔、酒两坊,各有招牌字号,各有资本东家,论其贩卖,较之商业情形,相去不远,征以店屋捐,情尚可原。哀我机坊苦工,无非男织女络,日趁夜吃,既无招牌字号,又无商业性质,何得谓与箔、酒坊情形相同。况乡村住屋租价,与城市不同,而城市租价,每月在数元者,在乡不过数百文,缘机工住屋类皆破屋一椽,机具床灶,皆在于此,估其每年租价,多则二三元,前次警局编查时,所有租屋、典屋及己屋,并不查验契据,又不估计屋价租价,只查民等机具,而其征收册上所列征款,多皆每月四角,少亦一二角,试问与征收店屋捐章程相符欤,抑不符欤? 且近来绸销停顿,薪桂米珠,十作九停,不但无工可趁,而失业游民不可胜数,号寒啼饥之声,沿门求乞之徒,接踵而起,凄凉景况,言不忍言,伏乞县长哀我穷黎,救我蚁命,免我苛捐,则莫大阴功,无可限量也。(下略)

《越铎日报》中华民国十三年九月二日

华舍机工请免苛捐之省批

(1924 年 9 月 4 日)

(绍兴)华舍等□机业代表赵光淦等,因请求免征店屋捐,续禀省长,一再呼吁,要求豁免等情。迭志本报。兹探得省批,照录如下:

呈悉。该局此次派员编查是项店屋捐,果未依照旧章,核实查验估记,俾即巡呈该管警察局,另行查照办理可也。此批。

《越铎日报》中华民国十三年九月四日

机业请免警捐之县批

(1924 年 9 月 6 日)

(绍兴)县署□批机业代表,赵光淦禀云:

查机织各坊,所织绸缎,非批发各庄,即贩买与人。此种机业,实于营工业之中,含有营商之性质,其机□□房屋,是明明条文所指,供营业之用,故收店屋捐,核与定章,并无不合。照查每月缴纳捐银,大都每户一二角,至多亦仅四五角,负担尚不过重。须知征收是项捐银,系为办理警察,谋地方之公共安宁起见。现在本邑警费异常支绌,该民等既为机业代表,应即切实劝令各机户力顾公益,踊跃输将,勿再藉词观望,是为至要。此批。

《越铎日报》中华民国十三年九月六日

箔工之免捐运动

(1924 年 10 月 18 日)

延寿、新安、南钱清、前梅各处居民,多以打造锡箔为业,自警局编查屋捐,将箔工住屋,挨户编入,冀照店捐一律征收,打箔为苦工生活,并非商店营业性质。昨日(十五号)要求各乡自治委员援助,誓不达豁免目的不止。兹将四乡自治委员公函照函于下:

轶尘局长先生钧鉴:谨启者。本年阴历三月底,奉贵局派警,向敝乡等处,编查箔工住屋,按照店屋一律纳税。嗣因民情惶恐,曾由新安乡自治委陆鸿飞,具函声诉在案。迄今未蒙示覆,阴历九月一日,复来贵警两名,迫令各工缴付屋捐,甚至多方恐吓。因此群情益形愤激,势将暴动。委员等窃思现值军事戒严,穷乡僻壤,宵小窃发,更宜维持治安。况工作停闭月余,箔工之失业者,不可胜数,呼吁无门,求生不得,何堪再纳额外细捐,而促生机。该苦工已在水火之中,若照贵警所云实行罚办,无益水益深而火益热,委员等不忍坐视民瘼,尤虑为细捐起衅,以致铤而走险,不得不沥表代陈窘困,伏乞我公俯体舆情,赐予免捐,一面由委员等具呈省宪,待示遵行。肃此祗颂勋安,贮候训示,新安乡自治委员陆鸿飞、南钱清乡自治委员沈企吾、延寿乡自治委员郑寿彭、前梅乡自治委员高云宾。

《越铎日报》中华民国十三年十月十八日

箔 工 店 屋 捐

(1924 年 10 月 18 日)

自警察局向机户箔工征收店屋捐后,华舍等机户声嘶力竭以争,迄今尚未得解决,今又有延寿、新安、南钱清、前梅等自治委员为箔工请命,要求警局长豁免箔工店屋捐之事。

箔工与机户,日向资本主取原料,于住屋中工作而转交于庄家发卖,不含营业性质。若诚含有营业性质,官厅方面,似不妨因其利而酌取其赢,此即店屋捐之所由来。今箔工之作坊,与机户之机房,其性质迥殊于店铺,与征收房屋捐一条不相合,当然可免征。

浙财政日趋于窘,预算案已岁有不敷。军兴以来,县警政又日待整理扩充,人民增加赋税之负担,势难终免。无如财政固日艰,而工艰劳已甚,战端未启,机户箔工已日不暇给,自军兴以来,交通断绝,绸业、箔业均形停顿,数千万之机户箔工,胥为失业之工人,少壮流散四方,老弱转乎沟壑,言之痛心,闻者酸鼻。当兹军事徬徨谣言惶惑之际,何堪引起警工之误解,致土匪乘机侵入乎?此记者所以关心民瘼之姜知事、薛局长体恤工艰,决予豁免。势果非万不得已者,仍不若以清积弊入手,更从大处着眼,或暂缓执行也。

《越铎日报》中华民国十三年十月十八日

宁绍箔庄力争关税重征
(1925 年 1 月 5 日)

(绍兴)箔庄出运箔件,本由西路运输,自江浙战争后,火车中断,交通极为不便,故向东路转运至甬报关者,亦属不少。讵日前该业公会接甬箔庄拍来一电,略谓:

箔庄公所:甬关税重征,箔件止装云云。该业得电后,当召集同业,开会公议,箔件停止出运,一面去电力争否认。与甬箔庄一致行动云。

又讯,该业公会接甬箔庄来函云,甬地关税,照旧每征七钱,现自阳历元月二日起,须实征二两,与旧章须增加二倍之巨,闻不日开商会,将与税务司严重交涉云。

《越铎日报》中华民国十四年一月五日

钱业请求免贴上单印花
(1926 年 6 月 3 日)

(绍兴)城区钱业同行,以上单一项,与银行支单性质相同,各银行于开出支单,向不粘贴印花,则钱庄之上单,当然事同一律,现拟公函省会同行,征求同意,以便就近声请总商会,转陈印花税处,应予一律办理云。

《越铎日报》中华民国十五年六月三日

绍布商认定落地捐
(1926 年 10 月 17 日)

(绍兴)布业同行陶泰生、天福丰等,以近年内地行销洋货布匹,日渐增广,沿途收捐,每多留难,且有税率不均之弊,故纠合同业,拟每年认缴落地捐银一万元。又二成附加捐银二千元,按月匀地报解,以便分运旧绍属,各内地诚恐杭垣、宁波二认捐,有所误会,用特郑重声明,因杭所认者,系金、衢、严沿江一带,宁波所认者为进口捐,实两不相值,不识财政厅如何批示也。

《越铎日报》中华民国十五年十月十七日

柯商会摊派商借款

(1926 年 10 月 21 日)

（绍兴）自省委来绍提款，绍商会除本城绅商等应派外，犹未足数，拟定分派柯镇、安昌等商会，各应二千元，业已函咨各该商会知照矣。

《越铎日报》中华民国十五年十月廿一日

所得税限期迫促，众商请愿缓报

(1946 年 5 月 7 日)

浮收税款及查货举动，呈直接税局即予制止

（直报专访）本县县商会，于昨（六）日下午两时，召集和业公会理事长，及非公会会员代表，举行联席会议，出席百货业理事长李子鱼等多人，主席县商会理事长史幼祥，首报告召开会议意义，次请直接税局对三十四年度各业所得税，限各商号于本月六日起，一星期内申报，应如何处理，请各位前来讨论云云，旋即开始讨论。一、直接税局催报三十四年度所得税，限期迫促，应从速申报案。议决，各业以当时币制贬值，尤以新陈交替，簿据散失，各种原因，一时无法稽核，不及申报，应请推定代表晋省请愿，公推严傅友、王烈丰、马廷佐、傅正中。二、直接税局对各商号申报营业收入额，每有浮加数字及按月点查存贷，引为违章科罚之张本，使各业无法为计，应如何设法制止案。议决，具呈直接税局制止浮加及查货等举动。

《越报》中华民国三十五年五月七日

沪箔商代表指陈箔税估价欠公允

(1946 年 10 月 3 日)

（本报讯）本县货物税局开征箔税，估价过高，业由箔庄、箔铺业公会，联名电请省处重行估价，消息业志本报。记者昨访晤上海箔商代表陈永年，承发表谈话谓，此次绍兴货物税局，擅估箔价，超过市价至巨，致纳税者，不堪负担，非仅箔商受意外损失，且将影响箔业前途。其不合理之点为：

一、酒箔税率相等，同为百分之六十，而负担悬殊，如每坛绍酒目前市价二万五千元，税价五千一百元，每块中等锡箔二万四千元，税价竟达一万一千三百四十元。

二、当前为民主时代，人民对政府之措施，应有贡献意见之权。此次货物税局不征询箔商对估价意见，擅定商价，非仅不依法定三个月市价平均估计，且超过目前市价，例如盖边黄市价为四万元,税局估价作四万五千元,此即盲目估计之明证。

三、苏州估价,每块完纳九千九百九十元,货样较绍兴宽大三分,绍兴每块完纳一万一千三百四十元,同一浙苏税区,而税目差异若是。至于此次吾等发动请愿,要求税局依据过去箔税成例,设置估价委员会,由箔商参加,以求得合法合理之计算标准。箔类出运,照章按报额贴印花,以简捷手续,便利营运。

(又讯)本县货物税局估计箔价,超过市价,其价目差异原因,为一、计算方式,依据法定,以基本数一七分除而为税价,税局以一一分除为税价,致税价两相悬殊。二、计数时,低档箔类如二花、破花,不列入计数,致平均数超过市价二成以上。

(绍兴社讯)本县参议会,县商会等各法团,提高税率,势必影响箔业前途,为兼筹并顾起见,亟谋设法箔工改业。惟以兹事体大,措施为难,前曾呈请省府请为转电中央,将征获之箔税中,提拨若干,以备箔工改业,俾可补助慈善教育事业。兹悉省府昨已令复,准予转请中央核示云。

《越报》中华民国三十五年十月三日

箔业代表昨赴省请求减低箔税

(1946 年 10 月 5 日)

列举六点理由希达四项目的

(本报讯)本县箔商对于货物税局计税方法,核与条例不符,电省请予改正,民减箔业负担等情,业志日前本报。兹悉箔商业及箔铺业两同业公会,已委托金炳炎律师,拟就请愿收推举代表九人,于昨(四)日晨联袂赴省请愿,请愿书原文,探录如下。

请愿书原文:

为请求令饬绍兴货物税分局,改正计税方法,以维箔业而免纠纷事。窃缘绍兴箔庄业、箔铺工业等会员,纷纷来会请求,佥称此次绍兴货物税分局,对于箔块计税方法,颇与条例不符,迅予设法救济,以维箔业等情前来,当经敝会等分别召开会议。议决:"电省令饬绍兴分局改正,并推代表晋省请愿。"记录在卷。兹将应请减低理由,及请愿目的,谨述如下。

请求减税理由:

(甲)应请减低理由:

(一)查最近公布施行之货物税条例第五条规定,"课征货物税之货物,应以出产地附近市场,每三个月平均之批发价格,为完税价格之计算根据"。今绍兴分局并未依照过去三个月缴纳县税之实际价格为根据,仅以不准确之价目,擅自估计,且未将较盖、边王、的车、普车,次并估算在内,尤为不当,试问此项二花箔、破花箔,用否纳税,如此计算,显系违背条例,不利商民,于理于法,均难适合,商民负担如此额外加重税款,不特有碍锡箔销路,抑且害及绍兴十余万箔工生活,影响之巨,殊非浅鲜。且查凡属从价征收之统税货品,按

照条例,其计税方法,计分步□步:

一、批发价格,即出产地,或出厂附近市场三个月之平均批发价格。

二、完税价格,即按照各该货物之批发价格,除去原纳统税及运费等之真实价格。

三、应纳税额,即将真实价格,以百分之六十税率计算之税额,今绍兴分局既不将三个月平均批发价格,妥为估计,甚至将二花箔及破花箔,未予分别,一律视同优货相等,又不将完税价格切实核算,竟将应纳税额,含糊估定,使商民额外负担,实属错误。此其一。

(二)酒、箔价目相同何以税率悬殊。查绍酒售价,每坛二万四千元,彼时课百分之六十时,每坛征税仅五千一百元,箔价与当时绍酒价目相同,且箔税规定,亦为百分之六十,何以普车、双九箔,每块须征一万一千三百四十元,同一土产,同一售价,同一税率,其税额高低,几差一半,显失公平。此其二。

(三)查苏州每块锡箔,应纳税额,为九千九百九十元,且其货质颇较绍兴为优,而货样亦较绍兴为大,何以绍兴每块须纳税额一万一千三百四十元,两相比较,苏、浙不能统一,殊欠公允。此其三。

(四)查商人资本,全赖营运周转,如此重税,万难一次缴纳,应请按照货物税条例第九条规定,查明产额,分期征收。此其四。

(五)查货物税条例第十条第一项规定,锡箔及迷信用纸等项,应由驻厂人员,或经征机关,填发完税照,并于包件上监贴印照,按绍兴锡箔向以十□块装成,整包为单位(俗称一包),用篾篓包装,应请按照上开条款规定,在包件上监贴印照,以符定章,而省手续。此其五。

(六)查绍兴出产之箔,向有盖边王、的车、普车及各种之二花箔、破花之别,因其货色优劣不同,价格亦未一致,目各种货色,每日均有批发市价,高低不一。嗣后每三月照章核算平均批发市价时,为求公平真实起见,应会同就地箔庄业、箔铺业同业公会会同核算,以示公允。此其六。

请愿目的:

(乙)请愿目的:

(一)请求减低锡箔应纳税额,准予比照绍酒计算,每块纳税五千□百元。

(二)请求将应纳税五千由同业保证,分期征收。

(三)请求在整包之包件上监贴印照。

(四)请求于每□个月平均核算批发市价时,会同就地箔庄业及箔铺工业同业公会,公同核算,以维箔业而免纠纷。(下略)

《越报》中华民国三十五年十月五日

茶箔等货税额,绍局如是云云

（1946 年 10 月 6 日）

(本报讯)关于茶、箔等货物税额之估计过巨,已颇引起各该业之不满,箔业且已推派代表赴省请愿,消息曾志本报。兹本报昨接绍兴货物税局来函,谓该局并无拟订税额之权,全系奉令执行,惟上级如何估定税额,则未加说明。换言之,上级何从按照条例而估定平均价格,以为征税之张本,一般人犹难明悉。兹录原函如次:查十月一日,贵报刊登本县货物税局,已定于今日奉令开征茶叶等统税。兹悉应纳税额,已由该局拟订,今日起实施,并探悉是项平均税价,由本县货物税局于两个月中估定一次,呈报省局转陈中央核定,公布照征等语。又十月三日,贵报登载,昨访晤上海箔商代表陈永年发表谈话,谓此次绍兴货物税擅估箔价,超过市价至巨,致纳税者不堪负担等语,新闻各一则。查现行各项货品征税税率及完税价格,悉奉财政部核定令发执行,本局并无拟订税额之权。又平均税价,由本局于两个月中估定一次,亦非事实,报载各节,自系传闻之误,相应函请贵馆代为更正为荷。此致。《越报》馆、财政部浙江区货物税局绍兴分局启。

《越报》中华民国三十五年十月六日

箔庄箔铺联请免重征营业税

(1946 年 10 月 15 日)

(本报讯)锡箔为本县重要工业,十数万工人,均赖此生活,地方市面,亦得以繁荣。惟因纯系迷信用品,故此中央为寓禁于征,业经列入货物税内,并已于本月一日起开征,迭志本报。兹悉箔铺、箔庄两同业公会,以锡箔既要征收货物税,而近奉通知,又须缴纳营业税,然箔庄为向外推销,原箔铺之发行所,而箔铺则为制造商业,实则二而为一。战前组织公会,政府亦令饬并办,照依照货物税条例,凡已缴纳货物税者,可不另纳他税,营业税法亦有明文规定,今既须缴货物税,而又须纳营业税,似系重征。昨特联衔会呈县商会,请求转请绍商联会,转呈各级机关,予以豁免营业税,俾符功令,而恤商艰。

《绍兴新闻》中华民国三十五年十月十五日

箔铺商乞免营业税,昨派代表赴县请愿

(1946 年 10 月 19 日)

林县长、颜视察允将苦衷转呈省方

(本报讯)本县二十余万民众,赖以为生之锡箔,其制造成一箔块(先由浇整之锡块,打成锡页,经过□砑,始得□成),手续至为繁重,但一经出产销售,即须缴纳货税及营业税,利率高大,实使各箔商不胜负担,直接影响箔工生计及社会经济,本县箔铺业同业公会,认一物在同一课征两税,与营业税法第五条第三款,显有不合,特于日前呈请县府,准予豁免营业税,以苏负荷。昨日上午,又邀集箔铺商代表江汾渭、张鸿元等二十五人,诣县府请愿,当由林县长及财政厅视察颜本京,亲自接见。各代表胪陈同业困难,如不豁免营业税,

则各箔铺均将有蚀本而至停滞倒闭之可能。因之,或会引起严重之社会问题,况豁免营业税,法有所据,似应照准,县允允予飞电呈请财政厅核示后再行,颜视察允于回省后,当代表痛陈苦衷,各请愿代表,以答复满意,于十一时许,始退出县府。(按财政厅视察颜本京昨误将"颜"字刊为"顾"字,并此更正。)

《越报》中华民国三十五年十月十九日

箔庄业呈货物税局请废除按斤计税制

（1946 年 10 月 25 日）

朱仲华致函邵力子氏,请求中央减低绍酒税

(本报讯)绍兴货物税局,鉴于箔业市面,日趋激增,各项价格,超过该局估定价格四分之一,经呈奉浙江区货物税局核准,予以提高估值,并按照斤两计算税款,(即边黄每百市斤征十七万八百四十元,的车每百市斤征十五万九千八百三十元,普车每百市斤十五万○八百元),详情送志本报。兹悉,本县箔庄业同业公会,以货物税局既经提高估价,征收税款,各箔庄负荷,当已增加,如以斤两抽税,无形中,箔庄方面已受两重负担,(因每百市斤不及锡箔一包即十二块),非惟将影响箔庄之发展,且有碍箔工之生活,箔庄业公会,以事关切身问题,特于昨日呈请本县货物税局,胪陈上述苦衷,准予废除以斤两抽税之规定,以苏负担,货物税据呈后,已电请浙区货税局准予照请,以利工作进展。

(本报讯)本县著名生产,而全县数万人民赖以生活之锡箔业及绍酒业,自财部增加税率以来,遭受打击甚巨。日前中委邵力子氏返乡扫墓,曾应本县各界之请,返京时向中央请求减低锡箔税率。嗣本县林县长、邵校长,接邵氏由京来函,尚未能圆满,各情已志本报。兹悉本县国大代表朱仲华,近又致函邵氏,请为转向中央请求减低绍酒税率,以减轻酒商负担。

(本报讯)本县货物税局,因二十一日各货税率提高,在本月十九日开出之缴款书,因二十日为星期日,故多在二十一日向交通银行缴款,仍接旧税率缴纳,对该局采用缴款制度,有所违背,致引起税局与缴税商店之冲突,迭经联合请求仍准照旧税率缴款。兹悉,该局经一再解释,已获多数商民谅解,暂以新税率解款,一面由该局电浙区请示办理,如□以照旧税率缴款,即行发还。

《越报》中华民国三十五年十月二十五日

要求减低绍酒税率,酿酒业晋京请愿

（1946 年 10 月 25 日）

绍酒业联合杭苏沪三地同业,各推代表日内在沪集中同行

（本报讯）本县向为出产绍酒之区，销路遍及全球，重光后，酒业中人，鉴于酿酒业形同散沙，非整顿不足以言发展，乃恢复成立酿酒业同业公会，复以酒税税率特高，经于日前，推派代表晋省，陈述绍酒今后发展之困难，并要求贷款救济，消息曾志本报。兹悉该业近又发起联合杭州、苏州、上海三地同业，各推代表晋京，向财政当局请愿，要求减低绍酒货物税率。闻绍兴推定之代表，为周善昌，杭州为丁宝富、寿天锡，上海为章复斋，定于日内在沪集合同往。

《绍兴新闻》中华民国三十五年十月二十五日

赴京请愿酒商代表，获得圆满结果归来

（1946 年 11 月 19 日）

（本报讯）本县酿酒商人，以本县酒税，自开始征统税后，税率提高至百分之八十，箔类为迷信用物，尚能由百分之百税率，经要求减轻后，能减至百分之六十，绍酒为本县惟一特产，尤应有予以扶掖，使之发展，减轻税率之必要，乃于本月初，推陈笛孙、孟世昌、周善昌、朱芹香、章维皋等五人为代表，向中央请愿，五代表于本月六日离绍启程赴京后，即于十二日在京会同之苏州酒商代表金瑞麟、上海酒代表章复斋、杭州酒商代表丁宝富等，先后赴财政部、立法院、国民参政会、行政院、税务署等五机关请愿，结果甚为圆满。兹悉绍酒商代表孟世昌等一行，除陈笛孙尚在省与贷物税局接洽一切外，孟世昌等昨已回绍。

《绍兴新闻》中华民国三十五年十一月十九日

米商请免营税

（1946 年 11 月 23 日）

（群力社讯）全国各地粮商，以请免粮食营业税，迟迟未奉批复，群情遑急。兹悉，近闻财部对于此案，不作任何决定，将通令各省市斟酌当地财政情形，量情处理，现经各地代表商讨结果，决由全国商联会及全粮会，分别加邀各地代表，再度晋京请愿，务达全面解决目的，并分电各省市县粮食，依照此项决定，继续坚持，力争到底。

《绍兴新闻》中华民国三十六年十一月二十三日

要求免征粮税，三次晋京请愿

（经济社讯）全国粮食业，为求免征粮食营业税，曾两度请愿，财部均未予接受，曾由全国粮联会召集紧急会议，共谋对策，决议再度请愿。兹闻刻由全国粮食业代表王晓簌、浙省粮食业黄桐生等十余人，于前日晋京向中央作第三次请愿。

《绍兴新闻》中华民国三十六年十一月二十七日

所利得税太重商民昨集体请愿

（1946 年 11 月 27 日）

五百代表冒雨分头呼吁，四项要求税局已允接受

（本报讯）本县各业商号，以直接税局额定各业所利得税至六亿元之巨，核与各业资本额，亦不过五亿元，而税额反超资本额之上，虽罄其所有，尚难抵付税款，实难担负，特于前日下午，在县商会举行各业理事长联席会议，决定推派代表向各机关法团及直接税局，联合请愿，各情已详该昨日本报，兹悉昨（廿六）日下午，各同业公会会员商店代表五百余人，群在县商会集合，手持请愿标语旗帜，虽在大雨滂沱中，均因切身利害关系，暨全县经济将陷于不堪设想之境地，而勇往，由商会出发，先至县政府，由已推定请愿之代表傅岳校、陈景甫、严希尚、傅正中、王觊甫、曹□卿等六人，投刺晋谒，当由林县长亲自接见，各代表面递请愿呈文，其余各商店代表，均序立县府大礼堂，屏息以待，林县长于受呈后，温语有加，略谓税款虽未能尽免，然与杭、甬各地相较，请求比例减抑，事亦可能，愿代为转达税局，并复至礼堂，向各商民训话，各代表于高呼感谢口号声中，兴辞而出，转赶县党部，谒见应书记长，书记长亦深表同情，训话甚为恳切，对各代表之冒雨请愿，不辞劳□，为绍地商人破天荒有秩序之集体运动，无示钦佩，最后书记长愿为各代表转达直税局，在可能范围内减低定额，庶绍兴商业经济，不致因此破产，各代表接受训话，一致感奋，向书记长致敬道谢，辞出即转赴直接税局，该局因陈局长赴杭，由张秘书接见。

四项要求，可能照办。

经各代表接出要求，计：

（一）绍属六亿元税额，万难负担，必须减至最低合理限度；

（二）各商店决定税额花名册，提先公布；

（三）嗣后检查商店账册，事先应通知同业公会，派员会同检查，致免误会；

（四）此后行文，请多采行含有民主化性方式。

当经张秘书答复：

（一）由局长报告省局，尽量减低，决不使商民负担六亿元之巨数，可能与杭市减低比例额相同；

（二）三、四项允准照行。

复由代表曹冠卿声述绍兴商业衰落情况，较杭州为甚，若比例与杭市相同，商民亦恐难负担，张秘书长亦允为请示局长核定，各代表认为尚属满意，即转至参议会请愿，适金议

长公出，由高秘书接见，继至专署，因专员赴四明山，仅递呼吁呈文，旋至地方法院，李院长亦亲出接见，对于请愿答复，均甚圆满，极愿为商民解除痛苦，直至暮色苍茫中，各代表始散集返店，各同业公会理事长，暨非公会代表，晚间仍集县商会讨论再接再厉之有效办法，务使税务当局，明察商业困苦实情，予以减免三十四年所利得税后而止。

《绍兴新闻》中华民国三十五年十一月二十七日

大雨滂沱，游行请愿

（1946 年 11 月 27 日）

（又讯）本县各商号，金以直接税局宣布课征三十四年所利得税，其税额竟超越全资本额，虽罄其所有，尚属不敷，故经前日各业公会理事长联席会议之决定，于今日下午一时集合各商民手持旗帜，分赴专员公署、县政府、县党部、直税局、参议会、地方法院、检查处等各党政民法机关请愿，呈递请愿文告，并在各通衢张贴触目惊心之标语，参加请愿各业商号，计有绸缎业义成等十一家，金银业赵水成等十四家，茶食业德和等十三家，磁陶业刘荣盛等四家，粮食业裕民等十二家，颜料业□荣济等七家，旧货业陆庆生等十七家，茶漆业悦名等八家，旅栈业龙山等十六家，百货业四□余等三十七家，卷烟业陆来兴等十七家，国药业升大等十二家，人力车业□炳□等十二家，鞋业洪□等六家，酱园业咸亨等八家，南货店恒豫□等二十家，杂货业元亨利等共计代表五百余人，虽在大雨滂沱中，情绪仍甚高涨，秩序颇为整齐，行列甚长，实创本县商民集体之新纪录，兹将其向机关请愿呈文等□□如下：

窃维政府征收营利事业所利得税，顾名思义必须有所得而后征税。绍兴沦陷五年，三十四年秋间，始获重光，全年中三分之二在沦陷期内，重光时期仅三分之一，商人所存伪币，奉令二百对一，损失不赀，而资产负债，无从计算，簿籍亦另落不全，如不问皂白，囫囵征税，是否因敌伪压榨尚未干净，并残余之所有而一并归公，敢问全球民主国家，有否此种成例，况于沦陷时，以两国币折一伪币，重光后以两百伪币折一国币，一再折合，已等于零，就此征税，毋宁一纸公文，将所有商业，悉数收归国有，今政府因知征收为难，遂改定简化税征办法，绍兴一区定为六亿元，为数之巨，骇人听闻，征税其名，摊派是实，是□不顾商难，必置之死地而后已，商等因在生死关头，迫不得已，为特合词吁恳钧长俯赐恩情，据情转□主管当局准予豁免三十四年度所利得税，万一非征不可，伏乞大量减削，使商民留一线生机，俾资存活，迫切陈词，无任□求之至（下略）

（又讯）本县各业公会理事长，因直税局课征三十四年所利得税，于昨日举行大请愿，并复拟于晚间继续开会，商讨再接再厉之有效办法，结果因晚间雨势转剧，各理事长均未出席，故致延会。

《绍兴新闻》中华民国三十五年十一月二十七日

分电省方请求减低

（1946 年 11 月 27 日）

杭州直接税局、省商联会钧鉴：

绍兴商店倒闭，层见叠出，各业皆外强中干，均临崩溃前夕，今忽奉绍兴直接税局宣布三十四年所利得税，责令缴解六亿元，数巨骇人，群情惶惶，除向绍兴党政各机关各法团请愿外，伏乞俯赐□□大加减削，保留一线生机，□免立即崩溃，无任迫切待命之至。绍兴箔庄、箔铺、酱园、粮食、棉花等各同业同叩。

《绍兴新闻》中华民国三十五年十一月二十七日

所利得税如不减免商人决作最后挣扎

（1946 年 11 月 28 日）

现正静待省方洽商消息

（本报讯）本县所利得税，额定数字过巨，曾于前日联合各业代表五百余人，组织请愿团分向三区专员公署、县政府、县党部、参议会、地方法院、直接税局，请求减免，并电请浙府省直接税局，省商会，要求减抑比额，详情业载本报。兹悉请愿团以直税局局长陈恭寅偕商会理事长陈笛孙，晋省洽商，在未获确实消息前，暂予静止，如抑减税额未能达到相当程度。闻决拟作最后之挣扎，其动作可能为罢市，及其他不得已之措置。

《越报》中华民国三十五年十一月二十八日

各业对所利得税将作最后表示，详细计划正拟定中

（1946 年 11 月 30 日）

（本报讯）财政部以三十五年度即将终了，三十四年度所利得税，急待征收纳库，特令饬各直接税局努力征收，并经派定本县三十四年份所利得税六亿元，本县各商业，以无力负担，即联合各业，发起请愿，要求减免，并为加强组织，互相联系，以谋商民福利起见，特组织商业互助会，一方面由商会理事长陈笛孙偕同直接税局绍分局局长陈恭寅进省，请电省直接税局，抑减所利得税，以挽商业危机，详情曾刊本报。兹悉，省方洽谈迄今，非但并无减少放款，且增加至八亿三千万元之巨，本县各商业闻悉后，以此事关系商业前途，如其将来年终倒闭，不如目前振臂一呼，藉救千钧一发之危机，故决定作最后之呼吁，其究竟如何表示，刻正由各商业同业公会方面拟定中。

《越报》中华民国三十五年十一月三十日

商业互助会昨开临时大会

（1946 年 12 月 5 日）

南货等六业所利得税派额过重，决请求酌减

（本报讯）本县商业互助会第一次临时会员大会，于昨日下午，假县商会会议室举行，出席全县各商业同业公会理事长及代表三十二人，主席傅岳校朗诵成立大会宣言后，即由主席报告，略谓：本县各业应行缴纳三十四年份所利得税之比额，业蒙税收当局核减为三亿三千万元，其体恤已可谓优厚，兹各业应纳税款，其派额业经核定，希各业踊跃输纳，以期双方早得结束，各业如有业务之困难，请提示互相讨论，旋由南货业代表陈德魁、油烛业理事长吴惠之、颜料业理事长傅维佑、另售酒业理事长周祖贤、新药业理事长傅正中、油车业代表朱梅轩，分别提出各该业所派定之所利得税额，南货业（一千八百三十三万七千八百四十八元），油烛业（一千三百四十八万七千六百五十元），颜料业（五百七十七万五千元），另售酒业（四百六十万另七千一百三十元），新药业（一千〇九十六万二千六百元），油车业（二百二十万元）等六业，税额过重，未尽公允，油车业代表谓，城区油车仅只两家，且已倒闭破产，局方所公布派数，是否仅此两家负担？抑系全县油车负担？如仅此两家负担，则绝对无能，倘系全县油车分配，则无问题，应转请解释，当场公推干事长傅岳校、副干事长曹冠卿、晋局代为六业请求酌减。请求结果，据陈局长答覆谓，公布数字，已经审查通过，只□勉为其难，惟南货、油烛两业，如吃亏过大之处，应由该业等书面申述理由，再付审查决定。闻请求未准四业，亦拟□□□□，以求公允。

《越报》中华民国三十五年十二月五日

现实使他们自觉了，商人已经不是绵羊

（1946 年 12 月 5 日）

我们感觉到自己太没有连络了，太没有团结了，我们相对地看到别人在谈民主，在谈团结，他们为着本身的福利，为着国民经济的繁荣，在政府的领导之下，迎头赶上了时代的前哨，而我们呢？始终没有从中世纪的商业形态下解除出来，保守妒忌，各人自扫门前雪，不管他人屋上霜，逃避现实，自以为能，可是现实是紧紧的会笼罩着我们的，譬如：这次营业所得税的不合，针对着我们保守，逃避现实的人一个好教训，从这个现实教训之中，我们方才醒悟了个人的力量，不能解除整个商人的痛苦和利害，因此产生了绍兴商人一个划时代的新生，请愿团他发挥了偌大的力量，博得社会上多少人的同情和应援，我们方知团体力量的伟大，同时亦是指引了我们组织互助会的主要动机。

现在我们虽然觉悟了团体力量的伟大，有了一个互助会的组织，但是这个新生的宠儿，还须要我们大家来培养其生长，我们要警觉我们的周围还有不少的侵犯者和刺客，我们稍一疏忽,这个宠儿亦许会被人谋死,所以,我们互助会内对于自我教育——进修,非常注意,我们要教育到每个商人,都具有新的脑筋,都能站到时代的前哨,作为互助会的声卫,如有人来侵犯我们的福利时,我们要当头给予一个棒喝,警告我们的侵犯者,绍兴的商人,这不是民国三十五年十一月二十五日以前的绵羊,同时对于业务亦须要互切互磋、自琢自磨,从工作中培养新干部,使业务能蒸蒸日上,我们决不自私自利,我们要为谋整个商人的福利,我们要互助互爱,我们要有亲爱精诚、患难相救的新精神,我们这种为大众谋福利的新姿态的表现者,是我们互助会每个会员义不容辞的自我作起,同时希望我们全绍同人紧步的跟上,这样,互助会的本身才能充实、生长、发展,也就是使绍兴整个商业会有办法,不然,我们始终是时代的落伍者,是侵犯者的俘虏。

我们的组织充实了,我们必须还要争取地位与权利,现在已是民主时代了,每个国民应该讲话,应该有地位,应该有权利。说起地位与权利,我们绍兴的商人真正可怜,在四面楚歌的县商会,他是只有义务没有权利,我们假使与绍兴的农民去比较,我们真要羞得无颜自容,他们因豁免了三十四年的田赋,获得了双二五减租的利益,我们却要缴纳三十四年的营业所利得税,这不是政府厚于农而薄于商? 实在是我们太没有力量,不注意我们的地位和权昨的争取,天天自顾地过着绵羊的生活,尤其是我们绍兴的商人。

末了,时代的鞭策,打醒我们的保守、自私。我们的过去,譬如昨日死,我们的未来,譬如今日生,我们要团结,我们要维护互助会的生长,我们自我教育,我们要赶上时代,我们要争取地位,我们要争取权利。

《越报》中华民国三十五年十二月五日

米业今日会议分派所利得税
(1946 年 12 月 5 日)

(青锋社讯)三十四年度所利得税各公会派额,业经决定,兹悉米业公会定今日下午二时,召开临时会员代表大会,商讨各号分担数额,业已分函各会员知照。

《越报》中华民国三十五年十二月五日

去年度所利得税核减后商民踊跃缴纳
(1946 年 12 月 10 日)

(本报讯)本县三十四年度所利得税经核减后,各商业认为税务当局,尚能体谅商民困苦,除深为感激外,并为报答厚意起见,于近日来向直接税局缴纳税款,颇为踊跃,或可能于年内将全部税款三万三千万元全部缴足。

(本报讯)绍兴直接税分局陈局长恭寅,以年度即将结束,为督促所属县处努力业务,加紧工作起见,决定于今日上午,分赴上虞、嵊县、余姚等三县视察,闻陈局长此行,在外约有一星期之勾留,迨回绍后,或将再赴萧、诸各县视察。

《越报》中华民国三十五年十二月十日

鲜鱼咸鲞业准免牌照税

(1946 年 12 月 11 日)

(又讯)关于鲜鱼咸鲞业之营业牌照税,本县根据征收法规课征,惟各该该业以鲜鱼咸鲞,系生活所必须,并非奢侈货品,须由省商联会呈请财部,赐予免征,以恤商艰,顷闻已获财部核准免征。

《绍兴新闻》中华民国三十五年十二月十一日

马仁和香糕店请免所利得税

(1946 年 12 月 11 日)

(本报讯)本城水澄桥马仁和香糕店,此次率直税局三十四年所利得税核定通知,并税据六纸,饬即缴纳核定税款,该号以自经敌蹄陷绍,即告停业,迁往内地,至去岁重光,始迁回复业。根本在三十四年并未营业,所得利得,更属毫无,似无遵缴三十四年所利得税之义务。昨特呈请县商会,要求转请该局,予以豁免。

《绍兴新闻》中华民国三十五年十二月十一日

粮食征收营业税影响民生重大

(1948 年 1 月 9 日)

(本报讯)粮食征收营业税问题,前经财政部通令各地办理以后,全国粮商,金以际此米价高涨,人民负担过重,如一旦征收势必影响民生,乃由本省粮食同业联合会发起,邀同全国商联会,全国粮联会暨各省市县镇商会与粮食公会先后推派代表,三次晋京请愿,本县粮食公会理事长严希尚,亦曾数度赴京杭两地。嗣奉财部电复,以此税已划归地方,由各地行政机关酌情办理,并规定财政充裕区域,可予豁免。兹悉本县税捐稽征处,已于日前通知各粮商,申报营业额,开始征收。昨日本县粮食公会召开改组后之第一次理监事联席会议,金以本县乃缺粮县份,所需粮食,大部份均向外地采购,如征收营业税,每担即将增加十余万元,影响民生,诚不堪设想。同时本县系财政充裕区域,依照财部规定,实应予以豁免,乃一致决议,推派代表向林县长、詹处长作迫切请愿,要求豁免营业税,以苏民困,并作成请愿理由四点,分呈县党部及县参会予以支持。

《越报》中华民国三十七年一月九日

缓征粮食营业税,米商请参会支持

(1948 年 1 月 21 日)

(本报讯)本县粮食商业同业公会,于昨(二十)日下午二时,在该会会议室,举行第三次理监事会议,出席者金新元、王子光、严希尚、俞思海、王兆铨、杜炳昌、金竹皋、孙如海、凌瑞芳、罗秉臣、俞鸣泉等。主席严希尚,即席报告(略)。旋即开始讨论:

(一)粮食业营业税,杭市业已明定缓征,本县应如何继起,吁请缓征,请核议案,议决:绍兴粮情比杭市更为严重,务须吁请免征,除经呈县府批准予转呈免征外,另电参议会,提付县政检讨会继续支持。

(二)县商会出席代表应如何举派案,议决:公推常务理事五人为代表。

(三)据同业纷纷报告近来机砻厂号涨价过巨,不合实际市情,应如何交涉,请核议案,议决。一、机米比照米价推算增加,定为每石三万二千元,砻米三万六千元,回佣照前例比算扣除。以后调整价格仍须依照,以前办法,由双方公同议决。三、将本会推算方式,详叙说明,函请机厂业公会接受照办。

《绍兴新闻》中华民国三十七年一月二十一日

粮商援例请缓征税

(1948 年 1 月 23 日)

(本报讯)本县粮商业公会,以粮食营业税,自中枢公布恢复征收后,即经联合各地同业,迭次请求免征,迄尚未获结果。前闻沪市已准缓征,曾经电请县府,要求援例办理。昨该地又以阅报谂知杭市,亦经市府批准,暂缓开征,特又电请电府,重申前由,要求一视同仁,援例暂缓查征,并请层电财厅,准予免征,俾平民商艰,两得昭苏。

《绍兴新闻》中华民国三十七年一月二十三日

酒商电请货税局缓办酿缸抽查

(1948 年 1 月 29 日)

俾酿商得以随时添制,免贻不肖者匿报之机

(本报讯)浙江区货物税局,以本县黄酒制酿时期已届,特电饬本县酿酒业同业公会,分别抽查,同时订颁抽查办法,饬即遵照办理。兹悉该会以绍酒酿制情形,均因资力关系,系络续添筹成本,方能先后添酿,就国家税收言,自宜力宽尺度,俾使各同业视周转力量,申报酿制。若予束缚,反贻不肖者以匿报之机会,尤以本县年来米价狂涨,酒价反因销疲而下泻,各同业间有因他种原料,如麦等均已多备,拟自陈酒价格稍于起色之短期内,再行出售其酒,添制新酿,是以过去习惯,于编查期满后,亦不予抽查,准予申报增酿者,盖着眼在税收增加耳,故于编查期间,加以抽查,实为因噎废食之举,今各同业于增酿之际,突遇抽查,查出即予罚办,则非停止增酿,即匿藏移存,将来必贻走私之风,故特于昨日电请浙江区货物税局暨绍兴分局,请求着重正项收入,不宜偏注罚办,俾绍酒酿商,得以随时添制,而裕税源。

《绍兴新闻》中华民国三十七年一月二十九日

5. 捐税积弊

酒捐局长之金钱热
(1912 年 2 月 12 日)

斗门民团自陈场长接办以来,颇能认真,然因经费、器械不足,欲卸责。地方士绅于日前议,拟分头劝导各户接济经费,俾免解散云云。前日桑盆北方被酒捐局查获私酒三千余坛,旋经济部以此酒作为充公之用,买洋五千余,捐局得其一千八。□查是款,照章应提抽分与司事巡丁等人,所以励其巡缉劝劳也。不料局长谢尧文,财心勃发,尽付中饱,致司事□巡群向谢诘责,大起冲突,辱骂不休云。

《越铎日报》中华民国元年二月十二号

酒捐局之历史(一)
(1912 年 3 月 15 日)

群犬争骨,腥秽逼人。

绍兴酒捐开办已及□年,岁无定额,一任言茂源明侵暗蚀,外则托名为官督绅办,提二成以充经费,实则委员月支薪水坐受其成,于征款之多寡,毫无闻见。言氏之所以升官发财,莫不由是而来。且每年报销之数,仅十余万元,即至多之岁,亦仅二十余万元已耳。然其每年实征之数,实不下四十余万元。言氏与各董干没过半,犹且积解经年,以权子母,故此缺久为人所垂涎。光复后有酿户樊克昌,名晴南者,以三黄戚属得任经济部征发科长,乃得陇望蜀，复谋于黄竞白，得充该局局长，并引其私人菖蒲溇酿户谢尧臣合办，朋比为奸，援言氏旧例，不限征数，议以所得之款，与黄竞白按成派分，方谓此利源源，可步言氏后矣。乃突有阮社酿户章培生者，暗浼黄皆亲之戚娄仲安，向黄皆亲认办，允许岁纳捐洋十二万元，外酬黄皆亲洋一万元。黄欣然允诺为之斡旋，遂即改委章、娄。二人于阴历元日接替，并限定在半月前预缴保证洋一万元，讵章、娄等方筹得半数，力犹未逮而限期已届，焦灼万分时，有沈永和□户，名沈墨臣者，探知其情，□筹洋五千元与章、娄合股，始得如数缴清云。（未完）

《越铎日报》中华民国元年三月十五号

酒捐局之历史（二）
（1912 年 3 月 18 日）

（续十五号）

至除夕夜，章、娄二人率沈墨臣、姚阿昌等至局，勒令交出簿据时，樊某归里，谢尧臣二人在局，以簿据非草率可以移交，且必欲将所存印花七万余元，强章、娄等承认。章、娄等不允，遂大起冲突。次日樊某回局亟诉之黄竞白，嗣竞白出为调和主张，各半分认。章、娄等以其袒樊，遽于席间将桌掀翻，杯盘满地，墨臣等且起而攒殴樊某，并波及黄竞白。竞白仆从见其主被辱，群起援护，将墨臣擒去，备极狼狈。章、娄等要劫，于途得释，墨臣欲招同业控诸分府，竞白恐碍于己，令樊将分认印花之议取消，以趋附章娄。且令樊某弘章、娄等，于己设四分局二十分卡处，所经办事室纤悉报告，始彼此寝事。乃章、娄等吞欲性成，不欲民命，勒令酿户重买印花，其从前向樊、谢时所领买印花，均作为无效。各户正深怨忿，不图未及二旬，又为张荣堂、王景彰等，夤缘盐茶局长徐显臣、分府族□王宗林等（参观本月九号本报），于七号四鼓时委任张荣堂为局长，取浙前给章娄□书，不百日间酒捐局已三易其人。螳螂捕蝉，黄雀在后。而王景彰又因认借保证金食言，为盐局捕送分府，由分府移交县知事核办，罚洋一千五百元而释。

《越铎日报》中华民国元年三月十八号

酒捐局之色相
（1912 年 4 月 21 日）

徐显臣越俎争利，张大堂傀儡自居，防家贼平民受殃。

酒捐局长张大堂自接办以来，该局种种括削民脂，迭经本报一再揭载。兹探得局内秘密消息云，张虽名为局长，毫无权握，实一傀儡，凡有所举措，必须请命于徐显臣。其内部办事人员除会计王选臣及城区调查胡耀三外，余均皆新进。其间唯高国庆（前开高达利彩票店者)系张之旧友,余则均皆徐所委任,且皆居要职,遇事无不排挤异己,吹毛求疵。张虽明知其故,然亦无可如何(可怜)。近因各处需用印花甚急,原有之印板不及刷印,会计王选臣饬承印印花之许模记添刻数块,以便赶印。嗣因该店遗漏元年"元"字,失于检察,即贸然送局,迨为会计所知,将原板退回,重令补入。当发刻时,因不先告知徐显臣所委之总稽查,旋为徐所知,疑王与该店通同舞弊,私造印花,即派本局巡丁前往该店索取印板,并将店东送请军政分府讯究。业由执法处提案讯问。该店东供称滥刻印板系由王某嘱其所为,况印就者均属空白,毫无用处,必于上面加盖该局关防并稽查内号,□戳填号登簿之后,方能有效,现案尚未结。噫,城门失火,殃及池鱼,如该刻字人者,无妄之灾也。

《越铎日报》中华民国元年四月念一日

酒 捐 痛 史
(1912 年 4 月 24 日)

酒捐局长张大堂终日吞云吐雾,局中诸事悉藉于人,甚至弊窦百出,所以发出印花,有真假两种,近被查出,将局中王显堂及刻字许某,送府严讯,罚王一万元,令许某妄指殷实酿户,以便按户苛罚。唯许某尚具天良,不肯妄指,因而各酿户未受其荼毒也。

《越铎日报》中华民国元年四月念四日

酒 捐 痛 史
(1912 年 5 月 4 日)

一字一泪之传单,持刀辟门之调查。

酒捐总局张大堂拷骨吸髓,毒害酒业,迭经该业电吁省垣拯援,乃迄未有效。近该业发有传单,泣告各界,一字一泪,不忍卒读。特为录之:

启者,吾绍酒捐,自张维岳君认办以来,挨户骚扰,被累已甚。又复异想天开,局中钤记,除颁发外,重行私刻两颗,并小戳三颗,盖诸印花,错杂发给各分董,转给各酿户。于是授意心腹遇酿户之殷实者,即妄指为钤记不符,设阱诬陷,预埋敲诈地步。乃近阅绍报登有该局广告,一则曰手民翻刻私印,再则曰勾串酿户销朦粘,深文周内,不言而喻。从此吾业将为几上肉,釜中鱼,择肥任噬,受累无穷矣。爰特调集该局所发钤记种种不同之印花,及粘贴通衢之告示,并所出各项之公文,以为铁证,藉谋自保,务乞各界诸君怜而惜之,不吝教益,共匡不逮。酒业幸甚。商民幸甚。

绍属酒业全体泣告

后梅村有孀妇萧潘氏者,青年丧偶,矢志柏舟,究以影只形单,怯□独处,因之归宁母家之日居多。其夫在日,每年□酒数缸,借博蝇头微利,该氏迄今独守其业焉。某日有调查员到该村稽查,该氏适不在家,将酒二十余坛锁闭屋内,经邻右人等据实报告,且请托人通知该氏,令其即日回来,当请查验云云。讵该调查员大肆咆哮,不由分说,即手持巨刀,将门劈开,不料用力过猛,刀落伤足,失声喊痛,遂愈触其怒,将所存之酒三十五坛尽数交地保看管,声称必须出洋三十五元方可了事。虽由邻人从中再三代恳,情愿减半奉献,而该调查员尚一味蛮横,坚持不下云。

《越铎日报》中华民国元年五月四日

酒 捐 痛 史

(1912 年 5 月 16 日)

箔业伙充调查员,调查私酒坐茶园。

酒捐局自张大堂接办以来,种种刮削民暗,冤诬商民,本报已一再揭载,并经酒业全体控诉。讵日前昌安门外某甲有酒七坛,贴有民国印花,着人运往官塘桥王某处,路经三脚桥。适有酒捐局调查员沈文锦带同局差在外调查私酒,亦路经三脚桥,为其所见,即令停住查验。因坛上印花稍有破损,沈即指为私酒,在该处茶园内高坐,大肆咆哮,居然自称为调查老爷,即饬局差将酒携送回局,声言须从重科罚后运酒。某甲挽人赴局排解,情愿出洋认罚,而该调查尚一味蛮横坚持不下云。

《越铎日报》中华民国元年五月十六日

酒捐调查之离奇

(1912 年 5 月 19 日)

真耶假胃者耶,当局者其审察之。

稽东横溪街有店铺十余家,多以售米为营业。店内住眷属,日前有称酒捐调查员者三人,至该处存德酒店,检阅酒坛,均贴有印花,知无利可图,乃迳入内房。该店妇以其行为可疑,大声喊救,邻居毕集,欲将三人绌缚,饱以老拳,以老成人之排解始免。三人临去时,就中龚姓嵊人声言,三日内必派卫队前来复仇云。噫奇矣。

《越铎日报》中华民国元年五月十九日

酒 捐 痛 史

(1912 年 5 月 21 日)

绍兴酒业被张大堂敲肌剥髓,迭次诈扰,均纷纷赴省早控,迭志本报。现阅该业维持会所举代表鲁某等八人,已于日前面谒蒋都督、财政司,陈说被害受诈种种情形,并将铃记不同之告示、公文、印花等件,一并呈览。蒋都督大为不然,面允迅即派员查办。兹录蒋督批该代表鲁锡坤等禀批如下:此案前据酒商朱锦江等电禀,及酿户曾德裕等具禀,业经先后电令绍兴俞知事查复,并批司派员驰往查明复夺在案。据禀前情,仰财政司迅饬委员暨绍兴俞知事确切查明,分别据实呈复,以凭核办。禀抄同印花告示,照片并发。

《越铎日报》中华民国元年五月二十一日

<h2 style="text-align:center">酒 捐 痛 史</h2>

(1912 年 6 月 4 日)

贤哉朱委,幸哉酒商,丑哉录事,苦哉大堂。

酒捐局私刻铃记,伪造印花,激动酒商公愤,纷纷赴省呈控,业奉蒋都督批饬财政司派委朱子余君莅绍查办各节,叠经本报据实登载,为一般受害酒商呼冤。朱君于一号会同知事署执法韩鹤笙君审问,首传许庆祥,供认该局铃记除原有分府颁给一颗外,由该局总务科陈子庄(即张大堂之连襟),令伊在局内添刻两颗,并小戳三颗。分府审讯八次,俞执法令供铃记,改认戳记,伊终不允等语。(俞执法何以令供铃记为戳?阅者思之。)次讯范顺生(范顺泰纸店主),供明印模因补民国元年之元字复行脱落,由该局办事人,令承印印花之陈某,携往许广记镶补,并无别项。(此系营业性质,何罪之有。)次讯王禹州,先供被害始末情形,继呈验该局令爪牙钟锡庭、祁继生,遍勒及私令许庆祥逼扳股实酿户,以便索诈,暨铃记不同之□,示公文、印花各证。(证据确凿,张大堂还想赖耶?)嗣因陈子庄避不到案,等候多时,由该业代表催传数次始到堂。再为集讯,由朱君详细质问。陈子庄知不可抵赖,始供认确由局长张大堂伊令□许庆祥添刻铃记两颗,小戳三颗,印模念二块。(张大堂你见否?)至稽查在外索诈,现多撤销等语。此时旁听者咸颂朱委员之贤明,唯录事马鹤廉受关系人之运动,将重要供词任意删改,铃记故书戳记等类,不一而足。(岂尔亦欲作弊耶?)旋被朱委察破,亲行改正签字,以昭大公。当被代表责问,马遁饰不得,竟敢以极无意识之言对付,可笑亦可怜也。

《越铎日报》中华民国元年六月四日

<h2 style="text-align:center">船捐风潮之剧烈</h2>

(1912 年 7 月 18 日)

分府卫队激成之。

绍属航船捐,向由各船户自认自缴,并公举张十三专司□□,捐款汇缴商会,再由该地汇解府县，拨充公用，靡安无事，□各船户因捐出自愿，故无不勇于输将，鲜滞纳之弊。自光复后，前经济部黄柏卿排斥异己，拟另委接办，并将张三十□□追缴欠洋，后理财科长孙□□经出示，召人认办。嗣因中□□辍，改为官办。当由分府□□嵊产某甲在猪瓜湾设□□，以其所定捐率过重，各船不能负担，是于前月二十四日聚集城乡各船开会，共谋□□之方法，一面公同赴省禀□□，略志前报。现闻该□□□□事，以为皆系张十三独力主张反抗，故□□日前请分府遣□卫队十余人，将张十三获到府，略讯数语，即用籐条鞭责五百，拘押拘留所，拟治棍□之罪，一面勒令各船户依定率认捐。兹悉□船户除□开之新河弄、小江□各船外，其余各埠，均皆一律停开，抗不承认，业经设局尽将扣留，另行召人接开，然各船又纷纷赴省拼命，向浙督控诉，未知如何结局也。

《越铎日报》中华民国元年七月十八日

张大堂又办酒捐之风说

（1912 年 9 月 25 日）

朝三暮四之司令

绍兴酒捐局自光复后四易其人，先为谢尧臣，次为沈娄合办，继张大堂藉王季高之舅徐献臣之力，运动分府，改委张为局长，而酒商之受害，亦以此时为最。公举代表赴省陈述利害。嗣王季高去绍，张大堂失势，虽欲踌躇而不可得。又由酒业公会公举沈为局长，□胡司长准如所请，下委任书已多时矣。不料，杭州访员报告，张极力运动新财政司，又有派委张来绍续办酒捐局之说。是否确实，容当续报。

《越铎日报》中华民国元年九月二十五日

肉捐一片糊涂账

（1914 年 2 月 7 日）

绍城前任肉捐经董俞幼斋，因与司事王月亭等舞弊营私，浮收捐款，被该业各铺攻讦，仍延旧董任冀谋接办一节，曾志本报。讵任自去岁十一月间接手后，向各铺催收捐款。奈因前账舛错不一，致使收捐为难，甚至县署解交公款，亦从中朦混（去岁三四五三月旧欠，应缴洋一千三百五十元，据俞某交卸时云已缴过四百元，只欠九百五十元之数）。迨至任某月前向县署缴纳是款，始知俞某仅缴过二百元。兹特探录其批示如下……任某自前日接到此批后，即向俞某跟追。不意俞某已闻内远遁，不知去向。因之任某大有左右为难之势，正不知作何解决也。

《越铎日报》中华民国三年二月七日

捐局苛捐病商民

（1915 年 1 月 7 日）

绍兴南货业品物，由宁波运来者居多，凡营业广大之商号，皆有驻甬庄客，任贩买之职务，货物之纳税，为浙东首屈一指。去年阴历十月间，有乾大、悦来、陶仁昌等号，由甬装运黑枣数十件，曾经照章在宁波完纳捐税，执有完全捐票，向章以沿途经过局卡，只有查验及盖印于捐票之手续，并无重叠完纳暨需索者。不料，上虞百官镇之盐局司事杜某，见该商黑枣，令其补捐，每件一角四分四厘，小费五分，当由该商依据捐例条件力争无效，不得已应求所求，然其货已被留捺将一月矣。

《越铎日报》中华民国四年一月七日

第一支栈经理违章执法之实录

（1915 年 1 月 7 日）

绍兴酒类公卖第一支栈经理兼经董王以铨（字选之），自攫得经董兼公卖后，营私舞弊，勒索敲诈，擅作威福，无所不为，道路喧传，有口皆碑，并经迭志杭绍各报。本报自去年十月间揭载后，王某心中惴惴，闻其迭赴省垣运动弥缝，不料霹雳一声，十四大款之罪状，六十三家之告发，自九霄而下矣。该呈业于前月二十号奉省公卖局局长朱钧弼氏批令第五区烟酒公卖分局长冯汝玠氏，于十日前即饬陆赵二稽查，按照指控各行，核实调查，并经取具被害人，盖柬切结在案。探悉该呈内容，其词甚长，内有"确凿有据，过付有人"八字，并有贪婪成性，舞弊营私，违章执法，病国殃商，名为国家机关，实系社会蟊贼封门事。迩闻冯局长素性严厉，对于查办是案公愤所在，未识能否一秉至公，具覆严究。现姑试目以观其后，公呈甚长，容即探录全文，逐日揭载。兹将省公卖局批示录下：

绍兴酒商坊号贺广平等环控绍兴酒类第一支栈经理兼经董王以铨营私舞弊请查究由。据呈已悉，所称如果属实，自应严究以苏商困，仰候令行第五区公卖分局逐条澈查具覆核夺云。

《越铎日报》中华民国四年一月七号

图谋屠宰税未成

（1915 年 9 月 5 日）

绍兴屠宰税曾由县公署金知事委派旧肉捐经董任翼谋办理。讵有骆世贵妄图谋办，该税化名骆锦献，自称该业代表，一再向县公署捏词妄告。金知事洞摘其奸，先后均遭驳斥在案。酒欲心未死，日前又捏名绍兴县全体羊淘代表骆锦献、陈贤儒等，向省垣财政厅禀请办理。又遭批斥。兹将批示探录如下：

略谓：该代表等既将城区各肉铺日宰只数据实开报，应即由县署复查核办。至取捐办法，官厅自有权衡，更毋庸议。该代表越俎代庖也。仰绍兴县知事知照云云。

噫，亦可已休矣。

《越铎日报》中华民国四年九月五日

屠宰税波折何多

（1915 年 11 月 21 日）

绍兴偏门外附郭开设周兴泰肉肆之周世樑，以任翼谋屠宰税办理不善为词，曾经禀请省垣、巡按使暨财政厅，迭遭批斥，屡志本报。兹悉周世樑，日前又分禀各署拟加捐认办。兹将批示照录如下：

巡按使署批：察阅来禀，核与前县知事详称各节，绝对不符，禀系邮递，且未盖有该号戳记，恐难免无捏名讦控情事，应不准行。

财政厅批：查此案，据该公民一再禀请，均经批县详查。嗣据以是项屠宰税，已责成经董照常收解，未便由商认办。业经据详，转请巡按使屈核示在案，所请仍难照准，仰即知照。此批。

又批：查该县肉捐经董任翼谋，前被肉商怡和号，暨羊业代表骆锦献等，迭次禀控，均经先后批饬该知事详查复夺。旋据该经董收缴肉捐，历办有年，尚无短欠，业已取具妥保，饬令循旧接办。复经据情详请巡按使核示各在案。兹核禀粘执照，仅有盖用征税官印处一方，并未将全照粘呈，究竟所税征款，与应征数目，是否相符，无凭稽核，所请应毋庸议。

《越铎日报》中华民国四年十一月廿一日

屠宰声中呼吁声

（1915 年 11 月 22 日）

绍兴肉业自屠宰税开办以来，各商家已困苦不堪。讵近日又有该业中之周世樑具人者禀请官厅加捐认办。该业中人闻风后，大形恐慌。昨二十号城乡各区店铺四十余家，各盖书柬，令该业董事张廷相、□瑜等亲赴县署面禀宋知事，并陈述该业捐税苦况情形。午后，又赴商会陈说一切。兹将禀县署文探录如下：

为营私妄讦，专欲希成。环乞察核批示，藉资镇定事。窃商等均在各市区开张鲜肉铺生理。缘本业旧有白肉捐款一种，向由同业任翼谋收解，以为经董。本年奉办屠宰税，前经钧署饬委任董接办调查只数，并经金前知事饬派警署会同任董，按铺查实日宰只数，填表具详。□□各在案。乃有少数同业恰和、周兴泰等，勾串羊业代表骆□，因挟任董调查手续□事无□之嫌，妄以任董有以多报少，藉词攻讦。贵知事莅任后，面谕任董命商等调停，无如该少数□董屡邀屡避，此次复以任董□浮收税款等词具禀省长，□□批驳，按调查只数一层，非□□董办事尽实，且有警所监察□资，任董有私，岂警所亦有□□□□之一也。据浮收一层，□此次奉颁税照联式一联，系□日宰认数一联，系填固有地方捐，是以将日宰认数对联分项填注。兹周兴泰等持前半□填写半数之联票，诬指任董为浮收，可谓险极矣。此妄讦之二。□惟此次加认屠宰税，事属创办，若非任董任劳开导，同业反对者颇众，功效难奏，且任董自办肉捐以来，对于官款，既□带欠，对于同业，亦甚融和，是以众望素孚，查周世樑本一肉铺宰夫，非独办捐之资格不符，且亦不当，同业中对于周世樑信用全无。其此次之横加认数攻讦任董，希图谋经董一席，按其用意，难保非外界人从中主事，殊不思我同业中决无承认者也。为此呈验已完税照联票证明填数，请求知事电鉴谨禀。

《越铎日报》中华民国四年十一月廿二日

经办肉捐之解决

（1916 年 1 月 9 日）

绍属屠宰税自实行征收以来，其猪只屠宰税则，仍委该业经董任翼谋经办。讵该同业恰和等号起而反对，迭次联名具禀控县控省，声称该董营私舞弊。□方垂涎经办该业捐务，群起纷纷认办，甚至捐额加至一万元，□经省峰饬县查办，由县函请商会密查无据，□由商会解决分认办法，投票选举。开票后，仍以任翼谋得票占最多数，分认为旧会稽区征收员。该业有蒋午亭者，得票次多数，认为旧山阴区屠宰征收员。经该会据实详复县署等情，迭经揭载本报。兹悉，县署据详后已分别饬行该商等令其查造认缴税捐□屠户花名清册，以凭给委矣。

《越铎日报》洪宪元年一月九号

漏贴印花者何多

（1916 年 1 月 14 日）

城区大街望江楼新河弄口久孚油烛铺，日昨有本街晋升泰钱铺人中，以红票一枚，向该铺支取香烛元宝烧纸等件，计银二元二角□分，当时该铺曾开横单小发票一纸，旋因该线铺将元宝烧纸等件改掉烛货。讵该油烛铺夥以该货系红票所取，不允掉换，遂致两相冲突。经该处站岗警察出为干涉,当经排解劝散。事本了矣,嗣被该警检得该票并不粘贴印花,即将该票带回所中,告知巡长吴耀,由该巡长吴某将票据呈送县警所报告薛警佐,未悉作何惩处也。

《越铎日报》洪宪元年一月十四日

又有反对猪税征收员者

(1916 年 1 月 19 日)

绍兴猪税征收员一席,本县宋知事以争逐人众,特函致商会,通知各肉铺投票选举。选举结果,得票多数者为任、蒋二人,当准以任、蒋二人充任,其详情已志本报。兹悉城区瑞昇祥、周兴太、怡和、协昌全等肉号,以任蒋二人,系朋串舞弊,运动当选者不能认为有效,持具禀财政厅,并本县县署攻讦。现闻宋知事已批以既据禀,候财政厅长批示云云。不知财政厅长如何批示也。兹觅录该肉铺等禀县署文录下:

为朋串混弊,难服人心事。窃商等因任翼谋经收屠宰捐税,种种舞弊,业经一带呈控在案。至昨日即十二月廿八日清晨,有任翼谋收捐之裘姓,至各铺户传说,今日下午两点钟至商会开会,公举经收税捐之人,商等届时至会,当有高总董代表陈姓主席,商等拟将任翼谋历史对众陈说,饬令肃静无声,当即投票,得票多数者,即任翼谋、蒋午亭二人。查蒋午亭系万顺肉铺经理,与任翼谋经理之祥顺肉铺同一股东,则蒋午亭即任翼谋化身,不问可知。查票举任蒋二人之祥顺、同顺、恒顺、万顺、丰新号等肉铺同一股东,分设六号,不啻任蒋自举,其余陆元兴、乾昌、于恒大、正大、童纲记、叶德兴、叶盛兴、老协盛、新协盛等铺,向来与任翼谋串同一气,以多报少,捐数不及一半,试一吊捐票簿据,情弊显然,似此名为公举,实则朋串弊混,自欺欺人,公道何存。试思税项关系国家收益,以报效国家之款充一二人私囊,试问试则甘心,该商会并无正式传单,特临时由任姓私人招集,合县肉铺共一百数十家,当日到会者仅四十余家,而此数十余家大半系任翼谋预先运动成熟,不问可知。似此选举为有效乎?为无效乎?种种不按规则之举动,商等情难缄默。为此联叩知事长钧鉴,俯赐吊齐捐票簿据,彻底清查,以明虚实而昭大公。除禀财政厅外谨禀。

《越铎日报》洪宪元年一月十九号

银行大沾余润矣

(1916 年 2 月 13 日)

绍兴县公署经征各项税款,收数较多,从前各知事收入后,先行存放钱庄,放款时付以庄中签票,略在现升小板中较量锱铢,每年溢出无虑数千金,藉为补助办公之用,绰有余如。且钱庄多一进出,亦能稍沾余利。自宋知事下车以来,匪特支放现洋而大宗收入,均经解往中国银行,而该行主任长袖善舞,得此意外之红利,宜其大沾优势矣。

《越铎日报》洪宪元年二月十三日

捐务风潮闹不了

(1917 年 2 月 3 日)

城区正谊校经常经费,向由羊肉、小猪两项抽捐挹注。嗣经董骆汉雄,因办理不善去职后,继任者为孟子香,未及数月,又有捐户出而反对控省控县,迄未解决。日前省长公署曾批令绍兴县详查底蕴具复在案。兹闻省公署以呈复各节,核与□□□项尚未详尽。又已批令县署检送原卷,呈省核夺。兹将县署呈省长原文暨省长指令分录如下,藉贡注意是案者之参考。呈文云,为查明陈复事。上午十二月十一日钧署第四八八四号指令,据骆汉雄呈知事伪信,学务委员追缴正谊校具,同日奉指令第四八八三号,据凌凤祥等呈孟子香接办正谊校捐,图收停办期内捐款各等由。均奉抄发原呈饬令并委查明在案。知事查正谊校原名成艺,创办于民国元年秋季,以骆汉雄之兄骆献廷为征收员兼校董。骆献廷系开设羊肉铺,当时即有与捐户互控情事。旋虽收归官办,亦无善果,陆前知事任内乃由骆汉雄承办者。查阅该校历年视察簿各项详语,办理诸多未洽。上年三月间,该校长蒋乾才以办事掣肘,呈请辞退,并追缴所欠教职员薪水等情到署,并据骆汉雄暨张德庆等,以蒋乾才砌词诬追等词,分呈前都督府批饬,仰县查明核办。并据骆汉雄先后呈知到县,经知□饬警查理无效,复行分□到□讯明欠薪属实,判令照还完□□。而查明该骆汉雄种种刁□及腐败情形,饬令将所任正□撤销,另行示期,由各捐户□举接充,以昭慎重而免藉口。□月三日,各捐户齐集县教育□授票公举,并由知事派城区学务委员陈邦彦暨本署办理□□之□□□□□□□□□□署接委收捐并兼任校董□□捐款,以骆汉雄四月停办□,五月起应归后董收用,业经□示布告。正在聘请校长部署校务间,骆汉雄及各捐户忽□□□,一则留捺校具,一则联名□求豁免校捐,另选经董,纠葛□耘,莫可究诘,以致孟子时三□聘定校长,均不敢接就。□□□迫孟子香另造校具,另聘校□始报明于十一月十九日开□,此正谊校迟迟开校之原因,兹据孟子香呈报,董于旧历十一月中往各处开始征收捐款,据各商称五月间曾□□□□□骆汉雄及向为代收之张长生收去。又由张长生分给传单,阻止缴捐,粘送被收及抗捐各户名单,连同向捐户收回之冒收联票二十五纸,请示办理等情前来。伏查骆汉雄抗缴校具本有把持收捐及办学意思,检阅孟子香粘送联票,均属不盖县印,确系背冒收取,究竟是否骆汉雄及张长生所为和,知事未便听一禀之词,遽予讯究,除已饬警逐户查明报候核办,并随时督饬该校认真办理外,所有奉令查明骆汉雄及凌凤祥等分别呈诉缘由,及知事办理是案情形,据实呈复各节,核与原控事项尚未详尽,应速将是案原卷呈送再夺。仰即遵照毋延。此令。

《越铎日报》中华民国六年二月三号

冒收羊宰税之铁证

(1917 年 2 月 10 日)

羊宰税款,自宰羊夫骆汉雄(即世贵,绰号落水鬼),攫充征收员后,舞弊营私,种种不法行为,县公署知之已久,曾将该恶斥革,五月起归后征收员孟子香接收。而该恶竟于五月后,与张长生等人,在个各镇乡冒收,经后征收员孟某闻悉,报由县署饬警详查。兹闻去警系巡长张茂淦,昨日已将是项税捐被骆某等冒收情形,详细具复,当经金知事批示矣。究不知金知事,将该项税务,如何整顿,并将骆某等如何惩办也。姑录巡长张茂淦报告文于下:

为查明报告事。奉绍兴县前知事宋票饬查开,案查经收正谊校长羊肉、小猪两捐,自骆汉雄撤销后,已由县谕饬孟子香接征。该两项捐款,自五年旧历五月起,应归孟子香收取,以资校用。兹据孟经收员呈称,董甫于旧历十一月中,往皋埠、安昌等处开始征收,讵据该商报称,五月以后,多数仍被骆汉雄、张长生等收去等由。巡长奉票,即遵驰往,票开按照清单,详细查明:

1. 查皋埠恒元小猪行主屠永学(五、六、七、八,共四月);

2. 查皋埠陈德茂小猪行(五、六月份);

3. 查皋埠同兴昌店主凌兴富愿认;

4. 查偏门金瑞兴店主阿牛、金成店主文炳、王永盛店主傅荣小猪行三处(五、六月份);

5. 查安昌平福顺羊淘的名(五、六、七、八共四月);

6. 查安昌平正贵羊淘的名(五、六、七、八共四月);

7. 查安昌平阿宝的名单,开抗捐不缴,现据平阿宝呈出收捐票据六纸(元月至九月);

8. 查濮连法的名,现缴呈五、九两月收单二纸;

9. 查柯桥高长顺羊淘店主三毛(五、六月);

10. 查柯桥宋顺兴店主德顺(五、六月现呈);

11. 查东浦沈福春羊淘店主沈照甫自愿即认;

12. 查华舍沈和源情愿认捐;

13. 查马山陈德和猪行(五、六、七、八共四月)。

巡长查明,一面谕令该商等即日缴清,以维公益。据该商同词,系由骆汉雄、张长生收去。现据偏门金阿牛(金瑞兴)、金文炳(金成)、王传荣(王永盛)三人均称,系由骆汉雄自谓此捐仍归伊办,以故商等信以为真,所单开各镇查询,实系均由张长生收去。

为此将查明实情具报察核,缴奉联票三十五纸,又原票一纸。批,报告阅悉。票销联票存。

《越铎日报》中华民国六年二月十号

堂堂两大认商其图穷匕首现耶
(1917 年 2 月 27 日)

船捐认商。

绍兴船捐一项,前由就地商民吴祖泽认办,自民国五年五月间撤销,改委高镇庭提办后,该认商吴某总共短缴捐款一千三百七十一元四角二分一厘。迭经宋前知事一再催缴,该认商吴某饬词延宕,一应情形,均志本报。兹闻该前认商日昨又复将从前各捐户欠捐总册,呈送县署,并请求高某带收以图推诿。金知事以款关要需,未便照准。业已严词批斥矣。

《越铎日报》中华民国六年二月廿七号

冒收捐款起刑诉
(1917 年 4 月 11 日)

前正谊校董骆世贵冒收捐款,私搬校具等情一案,已迭志本报。兹悉是案已奉到省令,准予勒傅押缴,又经该校后经董孟子香呈请县署饬追在卷。乃骆世贵至今未缴,该后经董已正式向司法部分提起刑诉,一面并呈报县署行政部分,当奉宋知事指令,既据提起刑诉,仰候司法部批示核办云。

《越铎日报》中华民国六年四月十一号

骆世贵末日到了
(1917 年 4 月 20 日)

已撤羊宰税征收员骆世贵卸事后,尤复胆大妄为,四处冒收捐税,中饱肥私,种种不法情形,迭志本报。兹闻宋知事以骆某如此目无法纪,大为震怒,业于日昨训令警所巡长郑乾升限两日内交骆某带案核办。似此雷厉风行,谅骆某虽具有广大神通,恐亦难逃法网也。录其训令如下,案查原办屠宰羊税征收员骆汉雄自十年四月终止辞职停办迄将一载,尚无结束。四月以后税款复擅自收取,节经令饬清结,一再逾限,若不传案,恐无结束之期。合行令仰该巡长立传骆汉雄限二日内带案,以凭讯究,毋稍稽迟,致干惩处云云。

呈报追缴羊宰税

（1917 年 4 月 20 日）

绍属孙端警佐金祖潜，以前奉绍县公署指令，略云，前办羊业屠宰税征收员骆汉雄呈称，各乡担贩，应缴税款，延宕不缴，开列清单，请予传追一案。查此项欠款，系本年六月以前应缴之款，实属玩延已极，合行开单，令仰该警佐按照开单欠数，克速选派妥警，立传各担贩照数清缴，随即缴县，俾便填给印照而资报解。倘有借词延欠，并即解案押追云云。当由该警佐金祖潜遵令选派妥警，按照单开欠数，前往分头催缴。无如各该担贩，均属玩疲性成，初则东避西匿，继则延无确期，终日挽保约限，直至凭保跟究，始各陆续缴来，尤复零续不等，宽待至今，尚有田港一路担贩，迄未缴清。除仍饬警严催田港担贩，克速缴清，再行补报外，特于日昨，将已收税款，开单汇解县公署查收，以便填给印照。兹录其所缴各款牌号数目胪列如下，以供众览：

同和源即期票洋六十元；晋源泰即期票洋四十元小洋，一百六十八角，钱七十六文，羊宰税收数；沈德兴缴到税洋二十九元零四分；周永兴缴到税洋二十一元一角二分；德和缴到税洋二十元正（照清单核筹丈洋二元，应移作去年或今年未纳税款）；陈四十、六四、长庆三户，合缴税洋二十七元正；陈六、八、三二、志渭春、林三八，五户合缴税大洋十三圆，小洋六十五角（九八），共合洋十九元三角七分正（照清单计算，尚应缴洋一元五角七分四厘，此项缴税款，现正饬警严催，一俟缴清，再行补解），共收税洋一百十六元五角三分。宋知事指令云，呈悉。追到屠宰羊税沈德兴等共九户，计税银划票一百元小洋，一百六十八角，又钱七十五文，照收作帐。惟税银须现洋报解，照近日市价，现水每元贴水银一角二分以上，即按户追令补缴现水，以凭填给印照。

绍兴酒捐可望轻减之消息

（1917 年 4 月 22 日）

绍属酒捐日益增加，酿户将不堪命，虽经一再求减，迄无效果，因此绍酒一落千丈，各酿咸相率减酿矣。兹闻捐务机关昨接前徐宿卿君私函，谓绍属酒捐，现经汤政老竭力设法，已蒙钮总办许为减轻，不久当可发表云云。果尔，则绍兴酒业前途，可尚有一线之希望也。

骆世贵被拘已取保

（1917 年 4 月 23 日）

巡长牵骆驼，糕店出保结。

已撤羊宰税征收员骆世贵，自上年四月卸职后，迄将一载，旧欠税款，尚无结束，尤复胆大妄为，四处冒收捐款，图饱私囊。节经县署令饬清结，一再逾限，宋知事大为震怒。日前，又饬巡长郑乾升限二月内，将骆某带案核办等情，送志本报。兹悉，该巡长郑乾升奉令后，即于十四日将骆某拘获。讵骆世贵犹图乘机兔脱。幸该巡长深知骆某之老奸巨猾，以麻绳束缚其手，立即送县看守。嗣于十六日，有城区轩亭口开设三阳香糕店之周金水（系骆世贵之母舅），取具保结，限骆某于二日内，清理税捐，宋知事已准如所请矣。

《越铎日报》中华民国六年四月廿三号

冒收捐款之铁证

（1917 年 4 月 24 日）

宋知事毋再姑息

骆世贵令张长生向各羊淘捐户冒收捐款，交唆使抗缴孟子香税捐一案，曾经孟校董一再呈县，请予惩办在案。兹悉，孟校董现已觅得冒收捐款笔据，昨特备文呈送县署，请予立即从严处分，并移付司法，依律科罪，一面出示晓谕各淘户，当奉宋知事明白指令矣。笔据及指令揭录于后，以供众览：

笔据认定正谊校捐，五年阴历五月起，至十月份止，由张长生冒收，收单遗失。立此为证。民国六年闰二月日，谢木林、阮恩忠、阮八二、阮思福代书、阮思忠（拘押）

指令呈悉。张长生冒收捐款，既由谢木林等证明有据，应候传案讯究。至谢木林等应缴屠宰羊税，抗不遵缴，亦并予传追，以重税款。此令。粘据存。

《越铎日报》中华民国六年四月廿四日

冒称代表攻经董

（1917 年 4 月 25 日）

骆世贵用化身陈贤儒真靦脸。

有冒称羊商代表陈贤儒者，日前以一纸禀词，谓羊宰税风潮迭出，实以新举经董孟子香办事苛勒之故，请求撤换，其所列种种，无非攻讦之言，盖受骆世贵之唆使也。查陈贤儒系阿潮之化名,绰号白吃食,乃骆世贵之走狗,又系骆子之妻舅,偏门外秋湖人,曾偷窃正谊国民校已故教员陶凤声之绿呢大夹袄,并当前正谊校长蒋某控追薪水,时因为教员任某砌词反对,经县署三面质讯,曾被拘留有案,今竟冒称羊商代表,显系有意攻讦,宋知事阅禀后即洞烛其奸,已严词批斥不准矣。觅录陈某禀文如下:

城区公民陈贤儒为禀陈整顿羊税事。窃公民素业经营,于民国四年承各羊商公举民为全县代表,有金前知事布告可凭。兹因羊业宰税一项,创办期间已委前肉捐经营任翼谋,闹成种种笑史,风潮迭起,商店停售。案如鳞积,嗣经另委前正谊校董骆汉雄查办。惟事属初创,由骆某赔垫,川资颇尽,谆劝利导,始得认定税额,羊税税率较之旧有学捐加多十倍,而独猪税与旧有之捐仅加一倍,有案可稽。讵料骆某已于上年六月间辞职告退,现查孟子香办理羊税,未谙情形,不洽商情,每意图票外勒索规费,而羊业中大不满意,迭次会议,赴省厅上控,若不另委征收之人,恐于税项之收入大有妨碍,查本年缘奉部饬,每羊一头加税一角,钧署案关部饬,定有专章,虽明烛商艰,亦未便率请改章,以歧税目。倘照章实行,恐将来酿成激烈之祸,故不得不深思过虑,为我知事长缕晰陈之。如欲妥筹方法,不若将绍县各羊商予以变通之办法,务于新税之中,亦寓体恤之意,请求仍照金前知事原案转详省厅,本年税率每羊二头,征税三角,庶几部章以符,商艰以恤,倘蒙俯允,本年一月起之宰税,由公民志愿觅具殷实商保,缴纳押信洋六百元(因骆征收押款四百元,本年税率,照章增加押款,亦加二百元,合并声明),仍照原认只数办理,切实调查,务求多增少减,且照旧只数,万难减少。非民毛遂自荐,乃于羊商各户,素来允洽从公,成绩堪可自期,况孟子香与羊商舆情本属未洽,征收手续,实系渺茫,此次各捐户赴省呈控,业蒙省长批准正谊学校校董,由各羊商另举,将孟撤换,况孟之抵押品人言藉藉,确系公共祭主,朦混抵押。今民公而亡私,一片婆心,顾全公安,绍县羊税若不认真整顿,月收月缴,将来恐无结束之期。为此谨陈巅末,伏乞裁夺,责成民为羊税最后之解决,如有扞格不效之处,当可撤换,是否有当,叩请知事长钧核,批示施行上禀。

《越铎日报》中华民国六年四月廿五日

矸业行头将复活

(1917 年 5 月 18 日)

矸纸一业为绍兴箔业中最勤苦之生活,讵该业中狡黠之徒,又复巧立行头名目,向各户捐资,藉以中饱私囊。前岁曾由讼棍蒋某等私立行头事务所,幸官厅不为所朦,勒令取销在案。乃近因事过情迁,又有城中大营之陈桂生等冀图死灰复燃。公然号召同业中怠类多人,更拟发起矸杆捐,向各矸启调查杆数,如事果实行,则一般矸启,又未免大受其累也。

《越铎日报》中华民国六年五月十八号

鱼捐之过去未来

（1917 年 5 月 18 日）

章式金开始运动。

本县鱼捐,自前清末造改归商认以来,业经三易董事,承办者往往顾负欠款,不堪收拾。此中原因,虽因各荡户疲玩延徽,征收不易,整顿为难,而办理不得其人,实为个中第一关键。故如前董事周同善、任鸿□、朱菊泉、余衡,欠捐不缴,历由官厅押追。周、朱两人,先后均以破产下场,任避匿无踪,余尚羁留于看守所中,竭力运动,至今卒未得释,皆其明证。今董事冯某、赵某,以熟悉荡户情形承办,两年尚能扫数清解。兹以认办期满,继续办理与否,官商均在未定期。闻有前司事陶季文、金子扬,力向县署某科长说项,为王家峰人章式金运动承办,有无把握,顷尚未知。唯品其人格,陶现为律师,金乃讼棍,章则盗卖庵田被控有案之败类,如果成熟,则将来看守所中,尽可为亏欠公款者,预留一位置以待也。

《越铎日报》中华民国六年五月十八号

绍属查缸委员之披露

（1917 年 5 月 26 日）

调查酱缸一事,为盐署中短期之优差。兼之,吾绍运盐公所高抬盐价,即豆、麦等货价又奇昂,业酱园者,获利殊鲜。在各商出资营业,唯利是图,对于酱缸数目,以多报少,在所不免。每届夏秋之际,在委员以九牛二虎之力谋得是差,正如饥鹰饿虎,无所不为,偶经查获,即雷厉风行,以发封、罚办等词,恐吓商人,借得饱其欲壑以去。此中弊窦,由来已久。兹闻新任运使胡彤恩,已委任唐寿仁、徐廉,为绍属查缸委员,不日来绍,调查酱缸,未悉能激发天良,上顾盐课,下恤商艰否? 试拭目以观其后。

《越铎日报》中华民国六年五月廿六日

酒商力竭声嘶之结果如是

（1917 年 5 月 21 日）

绍地酒捐逐年加重,然皆为有形税率之增加,本无足异。迨去冬公卖改缴现洋,虽税率上并无增加之形迹,实则暗中骤加十成之一现水。迭经呼吁,终无效果,已属苦难言状,不期主持权政者,尚竭泽而渔,有加靡已。今春复奉省饬印花亦须改缴现洋,一切情形,曾经略志本报。嗣由本区分局转呈省局,并由绍酒业董沈秀山等函请商会,分别咨呈第五区分局及杭总商会转咨省公卖局,呈奉中央烟酒事务署驳复,转由杭总商会函致绍商会经过无数手续,甫日昨据情专函该业会员知照,而结果竟至于斯,良堪浩叹。

《越铎日报》中华民国六年五月廿一号

羊淘罢市之黑幕

(1917 年 5 月 26 日)

前羊宰征收员骆世贵主唆乃弟世林、乃舅凌凤祥等停宰抗税,激成风潮,居然冒充代表,投禀县署,经征收员孟子香劝导无效,于日前呈县请示办法。兹觅得关于是案之文件,披录于下:

孟子香呈文:

窃子香征收屠宰羊只一税,旋奉修正部章,于本年一月起,每羊一只加征一角,统计每只征收税洋三角,即经遵照转知各淘户照纳在案。乃淘户以税率过重,不堪负担,大有停止营业之慨。查正税款为国家维正之供,附捐系作学费之需,均关紧要,经征收员竭力劝导,冀其照纳税,不料淘户凌凤祥即凌兴甫等竟于本月六号,一律停宰息业。闻已举代表赴县公署具禀,究应如何办理之处,理合具文呈请县长察核。

当经宋知事指令云:

呈悉。此案业据凌凤祥等来禀,声称五月二日起一律停业。来呈谓本月六号一律停宰,究竟确系何日停宰,凌凤祥与骆锦献二人,五月以前税款是否清缴,以凭核办,仍着将各羊淘以前欠缴税款赶速催收,倘有抗不遵缴,另行开明地址牌号,店主姓名,呈请追办毋事稽延云云。

凌凤祥等禀词:

城区羊业代表凌凤祥(即庆福,又即兴富,骆世贵之妻舅)、骆锦献(即世林,骆世贵之胞弟)等禀绍兴县知事宋文云:窃商等安分营生,输捐利国,业苦利微,又加近年来各种恶捐,更加屠宰税为袁政府未经议会通过之秕政。商等以负担为难,沥情呈请沐批:查增加税率不独绍兴一邑为然,该羊业何能妄事请求,至称猪税仅加一倍,羊税加多十倍,殊属误会,所请转详之处,碍难照准等情。是犹商已倒悬,而加之水火矣。况征收员孟子香未谙情形,夜郎自大,亦不肯据情转详,伏思绍县猪税与羊税比较,一则有案可稽,其二本年税率现奉部饬,照原定税款增征十分之五。查猪税已蒙仁台变通办法,何独羊税请求未蒙恩准。商等丁此时势日难,负担日重之秋,蒿目寒心,惟有于五月初二日起,一律停售,非敢停业要求,实于捐率大觉偏苦。若不沐核减,商等惟改图别业,以求生计。

当奉宋知事批,谓:

查奉颁修正屠宰税简章载明猪税,每头大洋四角、羊税每只大洋三角。本署遵照定章,令由各征收员办理猪税,照章征收,并无变通办法。羊税增加十分之五,来禀谓猪税已蒙变通,不知何所据而言。然该商民等多所误会,前禀已明白批示,何尚执迷不悟,停业要求,殊堪痛恨。姑念事出误会，候查明察办，仰各照常营业，遵章纳税，毋再固抗，致干未便云云。

骆世林禀：

窃民向在昌安街开设正茂羊肉店，因地处僻静，生意清淡。自开设后，故不宰杀。民历由城区长桥向元兴昌贩得伊宰杀之生白羊肉到店，自行炊□转卖熟羊于人。于民国四年七月征收屠宰税以来，是以税款民店亦由元兴昌认定，每月共计七十五只有案可稽。嗣因本年一月起，奉部饬加屠宰税以来，于阴历闰二月初六日乃元兴昌羊淘淘东沈俊昌责令民帮贴伊店每月税洋两元。民思是项税款系由屠宰而出，民店历由伊店贩生卖熟，并不宰杀，款从何来。不料，沈俊昌存有不遂其愿之心，恐有另生枝节之事，民就于次日即当停歇以待各淘理处后，再行开设。为此据实声明。

宋知事批云：该民停止营业，有无私宰售卖，以前税款是否清缴，有无蒂欠，应报告征收员转呈察核云。

《越铎日报》中华民国六年五月廿六日

彻究罢市风潮首要

（1917 年 5 月 31 日）

骆世贵破坏洋税捐务，迭施鬼蜮伎俩，种种不法，详情历志本报。兹闻洋税征收员孟子香，以各羊淘税率过重停业，要求具呈县署，请县核办。即经宋知事函致商会，劝令各羊淘照常营业，即咨请警所查明凌凤祥、骆锦献等有无迫胁各羊淘停业情节。此事究系何人为首，现在城厢内外各羊淘，是否确系一律停宰歇业。有无名为停业，仍自私宰售卖情事。县警所准，咨后已分别饬警澈查矣。

《越铎日报》中华民国六年五月三十一号

羊淘停止中之消息

（1917 年 6 月 6 日）

向商会投递说帖，绍地羊淘因增加屠宰税负担不堪，停止营业，要求减税，然自停宰以来，迄已月余，尚无正当之解决。曾经该税征收员孟子香据情禀请县公署，由宋知事批令商会调处在案。兹复觅得该业全体向商会投递之说帖一道，照录如下，以供众览。略谓：

商等宰卖羊肉，谋利蝇头，为经营中最劳苦、最细小之营业者，奈前则有屠宰税率之颁行，每宰羊一头，须纳银二角。本年正月，又有每羊一头，加增一角之部令。然则吾绍只数以两作一，凡宰一只又须按加五分，即照旧认税额，加纳三分之一之谓也。无如在城各淘，生意减色，年不如年，如朱福记、顺泰、祝恒兴每月认宰八十只，认缴税银八□□□□□不加，无力维持，已先后禀报停歇，而在商等并不甘抛弃事业，特以部令未便稍违，而生意竟减少大半，征收员仍须照旧认税额按加征收，未许减让，故不得已于五月二日禀报停闭，无心营业，但营业停而生计且将绝，所有旧税纵追呼日急，措缴愈难，其乡间之担卖摊卖者，更无论矣。第查征收员孟员固一再劝遵于前，兹复蒙贵会准函劝告于后，岂容固执。但每日屠宰若干，每月统计若干，随生意为转移，未能确定。今除报告停闭者，并昌安正茂分认外，月宰不过三百三四十只之谱，既承谆告，何能藐听，惟有仰体贵会据情详覆县长，应予照现宰实数计算，至多每月认完总税洋五十一元，以恤商艰而安营业云云。

《越铎日报》中华民国六年六月六号

捏词图蚀羊宰税

（1917 年 6 月 8 日）

昌安门外附郭昌安街之正茂羊淘，系已撤羊宰税劣董骆世贵之胞弟骆锦献化名骆世林所开设，迩因该处地居偏僻，生涯冷淡，兼之日来正值税款收葛时间，受其兄骆世贵之唆使，希图破坏正谊校捐务暨羊宰税款，以快其私，特于日前捏词具呈县公署禀报停止营业，其蓄心何在，明眼人自能知之，可无容赘述。兹特录其禀词及批语如下，以供众览：

禀：为征收颟顸，混合牵扯，叩请查明底细，以清税务事。窃民世林即锦献，开设正茂羊淘，实缘生意清淡，日宰一头尚有余，弃之则有丧血本，售则之妨害卫生，故不得已设法向城区长桥下沈元兴店贩白肉而自行煮售，自宰税开办以来，即在伊店合认定宰敷情同民间卖买田屋寄户承粮，同一办法。由该店主沈厚昌于本年阴历闰二月初六日，责成民月贴两元，以作引渡纳缴，如为不信，可吊该店自开办迄今之税照，水石即明，后征收员阴鸷其心，希图无理扩充税额，勒令民与沈店分别缴纳，破毁旧章，捣乱成法，致闹讼牍，即此一事，足征该征收办事颟顸，可无疑议。事凭实在，税照可查，岂容信口雌黄，即使令民另纳，亦当善言开导，何必上渎钧台。窃为该征收不取也。民除声禀外，理合照章向沈店说明缘由，如果沈店确已缩缴，即当与其核清附缴税款以便清讼累而儆效尤。为此禀陈伏乞知事长钧核批示施行云云。

批：查征收员孟子香缴到税照上年六七八三个月沈元兴户每月原认银七元五角，向与正茂合认，今分认改为五元五角，是沈元兴户上年六月份起与该羊淘分认，自应另行清缴，仰即遵照。此批。

《越铎日报》中华民国六年六月八日

羊宰税毛遂何多

（1917 年 6 月 12 日）

城区商民周百铭，日前以羊税风潮迭起，前后征收员均无成绩可观，该民自问对于羊

商一业尚称熟谙,公然毛遂自荐,具呈绍县公署,情愿认办是项羊宰税,继续承充征收员。其呈文略云:

> 城区公民周百铭,年四十岁,德兴书束禀。为征收黩职,羊商罢市,叩请准予接充,以靖风潮事。窃查绍县屠宰羊税,自开办以来,前后两征收员,皆声名恶劣,引渡不灵,滥欠延宕,眉目混淆,界限不清,殊觉有碍税务,动辄饬警,而税款抗欠如故,不称其职,已彰明较著矣。今又闹成罢市风潮,尤为黩职至极。若不令饬取缔,何以驭掾属而资考成,何以来税务而崇报解。民于羊商一业,颇称熟谙,各店日宰大数,查众羊油毛行即知梗概,多则不能隐瞒,少则不至苛案,保无偏枯之弊,当收允协之功。如蒙俯准所请,商保信洋,即行照章缴案,一面请先给示,以何月起由民接充,以后尽缴月清,结束彼输纳者,轻而易举。征收者,集腋成裘,除责成由民谆谆开导劝免各淘户照常营业外,理合禀请知事长钧核批示,准予施行。当奉宋知事批示云,所请暂从缓议。噫,如周某者诚可谓乘兴而来,扫兴而去者矣。

《越铎日报》中华民国六年六月十二日

闹不了的羊宰税

(1917 年 6 月 15 日)

绍县羊宰税自骆世贵唆使凌凤祥等藉减税为名,发生停淘风潮,种种详情,已迭志前报。兹闻羊宰税捐征收员孟子香,以停淘多日,国税为难,又于日前具呈县署,请迅予核示,以维国税而复营业云云。录其原文如下:

> (上略)窃员前以羊业停淘,呈报请示在案。第迄将匝月,屡经征收员再四开导,近由商会准函劝告,而各淘户乃大悟部令难违,特以生意减色,除先禀报停业之顺泰、祝恒、朱福记三家,月认屠宰八十只外,城区目前总计月宰仅二百七十只之谱。具函要求转详等情到所。征收员又与商会再四劝喻,现备承认,月缴税洋五十一元(计月宰三百四十只),如须再加,尽可派员按该屠宰只数逐日征收云云。征收员复又暗地侦查,其所称虽犹未尽实然,亦非踰格挟要,侦得除歇业之三户外,大约月宰实数不过三百七八十只之数,如以征收员之侦查为不谬,应请指令转饬遵照,俾该业早一日开淘,即国家多一日收入。况且积压税款为数甚巨,该代表久昌、松盛,亦承认开实之后,城中欠税,即当限日拔缴,决不再有延欠各等语。至前次禀请减税为首之凌凤祥,始于本年正月拆去淘灶,其间售之羊,系上年十一月间,乃兄新开之同福昌五月二日以后又依旧门卖。经人报所,电托皋埠警所饬查属实,其种种行为,无非为赖税地步,东关道墟、陶堰、啸唫四乡淘户,均系沙民宰于家而卖于市,同居联络,皆视道墟乡之认否卜输纳之从违。而奈道墟芝(颜注:应为之)捐税,前征收员之雇役张长生,唆庇抗完,因之极形胆玩,其余遂相率效尤,既准传案究追在案,还须勒限提征。若张长生扭辱征收员,应否移送司法核办之处,静候钧裁云云。即经宋知事指令,谓此案业经呈请财政厅核示令遵该征收局赶将城乡各羊淘上年宰羊数目查明确实,核

之本年该业状况，每月均派造册呈报，至旧欠税款，亦即详送清册，送候传催。至张长生冒抗税捐，已令行东关警所催传矣。

《越铎日报》中华民国六年六月十五号

办捐务毛遂自荐

（1917 年 6 月 27 日）

绍属陶里乡居民王德顺，以绍属屠宰羊税一项，风潮迭起，竟致罢市，如此情形，非特取捐无起色之望，或竟无清理之期。况本年缘奉部饬羊税增额，是非熟谙情形之人，碍难妥办。民素与各羊商允洽从公，成绩堪可自期，虽系毛遂自荐，尚敢收允协之效。倘蒙俯如所请，恳于民国六年一月起，准由民接办清理，以重税务等情。具禀县署，旋奉宋知事批，查屠宰税与正谊校捐有连带关系，现捐款既由孟子香征取税捐，未便两歧，仰即知照云云。

《越铎日报》中华民国六年六月廿七日

照妖镜中羊风潮

（1917 年 6 月 28 日）

不办骆世贵终无结束时

城区自称羊业代表凌凤祥（即前正谊校劣董骆世贵之假妻舅），并骆锦献（世贵之弟），日前禀县，以劝导各羊淘照常开宰设淘为由，向县称功。其实此次羊业停业、停宰风潮，多由若辈唆弄所致。宋知事据禀后，当即批示驳斥矣。录其原禀及批如下：

窃查绍属羊只，身小价廉，如照部颁捐率，不啻值十抽二，较之猪税大相径庭，商民不堪惶急，停售要求减让暨请求省厅等因各在案。前沐钧署批饬，仰各照常营业，遵章纳税等谕，民等不胜感激衔戴之至，具见钧台上通民隐，下苏商艰，不愧为我民保障，执政龚王而留遗泽，于去思起汇歌于尘市者也。民等承各铺信任付托之重获公署批饬之严，不得不任劳任怨，慨切劝导，谆谆以停售折耗工食及羊口喂料，瘦病倒毙等暗亏，毋得财予呆停，直至唇焦舌敝，而昨日已一例照常开市。惟税率案关部饬，增加十分之五，定有专章，虽明烛商艰，亦未便率请改章，以歧税目。而本年各淘宰数与上年大相悬殊，应请另委妥员更新整理。况孟子香未谙情形，不洽商情，夜郎自大，倘钧台仍令从事，将来恐无清理之期。为此据情呈叩，伏乞钧核施行。

当经宋知事批云：

查该代表等积欠税款，均不清缴，徒以簧鼓其口，藉端攻讦为能事，殊为该代表不取也。既称各淘均已照常营业，仰即传知照章纳税，毋再玩延，该代表等应缴税款，限十日内先行扫数清缴，以为各淘表率，倘敢抗延，定即传案押追，勿谓言之不预也。切切此批。

《越铎日报》中华民国六年六月廿八号

羊税征收员被控

（1917 年 6 月 29 日）

县属皋埠村商民凌庆福等日前禀县，以征收羊宰税员舞弊营私，颠倒黑白，特于日前禀县澈究，当经县署严词批斥，志其原禀批如下：

为征收舞弊，黑白颠倒，叩请饬警查明实在，以安商业事。窃民兄弟三人，长兄凌凤祥（即现为羊业代表），次兄凌庆友在皋埠开设同兴昌羊淘，历有年所，民国五年阴历端节，即阳历五月。嗣因生意亏本，将店停歇，淘即拆毁，另行买酒度日，所有同兴昌欠缴税款，除凌庆友如数清缴外，民凌庆福前在鄞县署员鲁君门下办公有年，上年十月间鲁君销差，民即返绍闲暇无事，在皋埠开设同福昌羊淘，每月认税羊二元五角。民照章踊跃输捐，毫无蒂欠，执有税照。本年税款征收员并不来店收缴，非民抗欠。查皋埠洞桥下已闭同兴昌羊淘店屋之东首，即一天南货店，西为协昌祥南货店，南面陈松盛水作店，钧长立可调查。岂容舞弊奇派。况民等兄弟三人，该劣孟子香朦混，为民庆福一人，实为有意反对，颠倒黑白，明眼人观之不言可知。查孟子香与民挟有微嫌，因胞兄凌凤祥于上年十月间为羊业代表，控奉省长诉孟子香运动违法选举正谊校校董，已蒙省公署批准，由认捐各户另举校董数人，以资监视。嗣后收捐经董及校长二职，均由校董公同推举呈县核准等示训令到县。讵孟子香从此深仇恨。去年阴历岁终，带警来同福昌羊淘，百般恫吓，大言炎炎，要与民为难，似此公报私仇，挟嫌妄诬。目今共和时代，岂容劣员任意颠倒，非沐恩准详细调查，则小民冤抑难伸受累胡底矣。为此，据情呈叩伏乞鉴核施行。再本年捐税并不来收，应否将税银即日缴署，合并声明上呈。

旋奉批云：

查该羊淘开设同兴昌牌号，每月认缴税银三元，何时闭歇，何时改设，同福昌有无征收员，注册有案，未据声叙，无凭察核，如果按月照章纳，税征收员断无不收之理。该羊淘应缴税款，仰即缴由征收员汇缴可也。此批。

《越铎日报》中华民国六年六月廿九

冒收捐款应彻究

（1917 年 6 月 30 日）

已撤之正谊校劣董骆世贵，带同张长生冒收捐款一节，业志本报。兹悉该民张长生，以后董孟子香藉势诬陷，私擅逮补等情，砌词向县司法部分正式起诉，一面于行政部分禀

请彻究。当经宋知事严词批斥,并将其缮状费、收据一纸掷还矣。觅录禀批如下:

窃民年逾古稀,因老校董骆汉雄所有预收各款,与孟子香一并清算各在案。该恶孟子香与骆前董挟嫌波及老民,竟敢恃势畏吓,私擅逮捕,尤敢串同□户,借题妄诬,非沐移卷刑庭,按例法办,何以儆恶势而肃法纪。为此情迫粘送司法部分收据,叩请知事长察核,批示施行,当经宋知事批云,该民既经提起刑诉,请刑事部分查卷核办,未便率请移送卷宗(下缺)

《越铎日报》中华民国六年六月三十日

请免屠税遭批斥

(1917 年 7 月 3 日)

道墟乡扇头地淘户阮银贵、阮卅忠、阮世福、汪金生、诸天元、诸桂生、章五四、单锦彪禀县公署文云:为贩生卖熟,并非宰户,请求恩准饬警查明,责成宰户完纳,以安农民事。窃民等世居道墟扇头地,农种度日,缘谢木林、章阿寿、阮八二等三人,在本地开设羊淘三处,民等农闲之际,均向该淘户贩来分往东关道圩、陶堰等处肩挑售卖,生意甚属微细。民国四年发生屠宰税以来,前任征收员骆汉雄,系前清光绪年间充任迁善所羊肉捐经董,已历多年,素与该淘户等莫逆,徇情袒护,将民等不宰担贩,造送合认清册在案。查屠宰税简章第一条,前项税额,由宰户完纳,不分牝牡、大小及冠婚丧祭年节宰杀者,一律照征,民等系向谢木林等三处羊淘贩卖,而宰税万难□缴,况该淘户等应缴税款,抗不遵缴,民等诚恐一同受累,已于□午间一律停止营业,已据情报告现任征收员孟子香。而该征收员未悉情形,夜郎自大,徒知有恃无恐,兼不更新整理,任意委卸,非沐恩准,查明实在,照章责成宰户完纳,何以清税务而肃法记。除百官倪阿康,在东关另开羊淘外,宰税自行认缴,为此据情呈叩,伏乞钧核批示施行。旋奉批,该民等虽不自行屠宰,而所售羊肉既在谢木林等淘内屠宰,应纳税款自应共同负担,前征收员骆汉雄造送合认清册,尚属公允。若此担贩为词冀免纳税,则私宰之弊流多,而认税之淘户受亏不浅矣。着将应缴税款,从速清缴,毋再藉延干咎云云。

《越铎日报》中华民国六年七月三号

整顿羊肉小猪捐

(1917 年 8 月 26 日)

正谊国民学校经董兼校董孟子香,以该校经费出自猪、羊两捐,羊肉每斤捐钱一文,小猪、大猪各每只捐钱一文,小猪、大猪各每只捐钱五十文,董于上年接任征收,凡原认新设各淘行,应于五年旧历五月起遵章一体缴捐。无如奸徒煽惑不体,循良者固已踊跃输捐,昧理者仍复诱延滞纳，而刁狡之徒，或则要求减认，或则捏报停业，自上年迄今竟有分文不缴者，不知该捐为正谊校经费预算列表，有案可循，岂容任意增减，且近日每有奸商在乡间私相买卖，偷漏学捐。总上各节，殊于学校前途大有妨碍，闻于日前呈请县署迅予出示，严禁私售，并令照章交捐以维学款。宋知事据禀后，已出示布告，小猪、羊肉两捐户人等知悉，尔等务各遵照旧章，按月如数清缴，不得诱延滞纳以及私卖偷漏，捏报停业，致碍学款，加再有前项情事，一经指名呈县，定行提究不贷云。

《越铎日报》中华民国六年八月念六号

税银重纳请求纠正

（1917 年 8 月 28 日）

城区东街祝恒兴羊淘屠户孟阿有，以税银重纳，日前具禀县署，请求纠正。录其原禀如下。

窃民在东街开设祝恒兴羊淘，每月认税三元，自民国四年七月份缴税以来，历无蒂欠。嗣因上年九月间前征收员骆汉雄来店催缴税款，因店中无有现款，只有阴历九月二十八日票洋十五元，与骆汉雄磋商，将票洋付给。因票洋不能分裁，只得如数充作税款。当时给有祝恒兴税照五纸，自五年二月份至六月份止（每月三元，核计十五元）。事本已矣。讵料本年后征收员来店收缴，又有六月份之税照，民目不识丁，一时茫无头续，任其收去。现因查悉，屡向后征收员理论，置之不闻。伏思粮无重完，税无重纳，同时财政厅执照岂任后征收员孟子香揩不充作税款，即使民情愿受亏而钧署核转省厅六月份税照出有两纸，亦难免失察之咎。为此据情叩请知事钧核施行，即经宋知事批云，禀悉。仰将税照呈验，如确有错误，准予更正抵充云。

《越铎日报》中华民国六年八月廿八号

绸业董事不董事

（1917 年 9 月 21 日）

绍属齐贤乡下方桥绸捐征收所，由绸业各庄认捐，开办至今，已将四载。据该所中人云，历年除开支外，尚有盈余洋四万数千元。惟业董韩某遇事以老成自矜，往往有刚愎之处。前月该业同人，因常会群集议乃偷义漏抵御问题，均言须立巡船一艘，往来逡巡，俾一般偷漏者，见而寒心，稍知敛迹。于捐务不无小补云云。讵韩某不明理由，一味反对，遂致事成中止。事为该乡惯于偷漏者所知，莫不喜形于色云。

《越铎日报》中华民国六年九月二十一日

骆世贵又展阴谋

（1917 年 9 月 23 日）

骆世贵移粮影射图霸湘家荡鱼租不遂，种种详情，屡志前报。讵骆雄心未死，串令王安甫出场，以李代桃僵之契串，迭向县署控追租花。王居住本城黄芽弄，本与骆世贵一鼻孔出气，自向县署进禀之后，此案即发警察所传讯，被传之下荡户高会元遵期赴审，而王安甫则并不到案，竟敢耸使王有宝妄称出主，饰言该荡从前抵与安甫。现经回赎到案备质，安甫续进禀词，词意亦复相等。事经薛警佐申饬在前，县公署批斥在后，乃阅时未几，安甫又复进禀追租。如此东涂西抹，此中有何曲折，明眼人早经觑破而承审官厅，贸然不察，竟至再予传讯，未免太儿戏耳。

《越铎日报》中华民国六年九月二十三号

锡捐舞弊又一幕

（1917 年 10 月 6 日）

绍光锡捐一项，向由诸暨籍人楼锡蕃，以年纳二千金，向统捐局包办收取捐款，素来形同拷诈，不给捐票，为一般锡户所诟病，种种违法殃民，暗无天日之事，时有所闻。月前，曾由锡户陈连生因重收锡捐，不给捐票，向官厅起诉在案。

《越铎日报》中华民国六年十月六日

骆世贵妄请归款

（1917 年 10 月 7 日）

宰羊夫骆世贵（绰号落水鬼），去年春季被县撤退正谊校校董一职，欲心未死，时拟恢复，百般设法破坏捐务、校务，种种详情，迭志本报。兹悉该宰羊夫骆世贵昨复砌词冒请县署归还垫款，知事洞烛其奸，严词批斥。兹录其原禀如下：

窃汉雄向办正谊校，历有垫款，民国四年十月五日，金前知事任业核准净垫钱一百六十五千一百四十二文，有清册可证。又四年冬季修理校舍垫洋八十余元，经钧署三查五核，为时不远，墨迹未干。又汉雄自蒙撤经董，后暑假未届，万不能令七八十学子中辍，贻误光阴，不得不由汉雄勉为支持。又垫洋六十余元，三共垫洋三百余元。迭次禀请追给，终无着落，不得不禀奉省长，蒙批是案既由劝学所会同县视学清算，如果垫款确实应行规还，仰即迳呈该县核办可也云云。现奉劝学所会同冯视学邀同双方，迭次清算，各处捐户城乡辽远，恐有失漏，预收之捐，一经查实，再行呈报。此次汉雄会算，共预收钱一百三十八千一百三十文,内除二成开支净收到垫款钱一百十斤另五百四文,尚缺垫洋一百九十余元,正应请设法归还。至校具为此案重要问题,汉雄与孟子香眼同检交,尚有摇铃铃记、床架均经在劝学所,由委员督同交给清楚,则汉雄责任可以脱卸。夫垫款有案可查,岂能徒付东流,将来社会公益,筹垫无□,莫不寒心引避。窃思钧署有提倡小学普及之责任,吾绍教育前途尚可问乎?且汉雄亦系向他人告贷而来,办公益如石投井,追债权则如火添油,而后董逍遥法外,凡具天良者,有是理乎?为此情迫,遵奉省令,请求知事长钧核,恩准严追,以清眉目。再汉雄未撤任内各户,尚有旧欠捐钱二十余千文,应否追缴,或由后董带收,合并声明。

奉宋知事批云:该民前充正谊校董时,垫款应在小猪、羊肉两捐盈余款内拨还。现在前项捐款,先被该民浮收数月,近来捐户又多抗缴,以致该校经费尚且入不敷出,何能归还前垫,所请应从缓议。

《越铎日报》中华民国六年十月七号

王知事与大洋

(1918 年 2 月 27 日)

绍兴钱市自现洋升水高涨以来,商业上贸易现洋与划洋显分轩轾,每百元相差至十余元之多,而社会上银钱出入,现洋与划洋遂成一问题。

各项杂捐向以划洋征者,今王知事将一律改为征现洋。而社会上通称现洋曰大洋,于是对于王知事一有举动则曰此大洋问题也。因大洋而念及王知事,因王知事而深惜其大洋之去,一若王知事与大洋有密切之关系者。大洋以王知事而驰其名,王知事以大洋而受其累,此一段公案。其曲直竟末由而分。王知事乎?大洋乎?不知何以了却,吾敢质诸王知事与大洋。

《越铎日报》中华民国七年二月廿七号

屠宰税贸当棒喝

(1918 年 9 月 8 日)

绍兴县屠宰税一项,向来由商认缴承办,种种积弊,有口皆碑,控案叠叠,几于无任无之,如金秋槎、王士彦其一例也。现闻财政厅长有鉴及此,对于此项屠宰税,加意整顿,通令各县斟酌情形,限文到之日,着具整顿意见,□行详复,以凭核办云。本县知事署业已奉到上项通令矣。

《越州公报》中华民国七年九月八日

学捐风潮又一幕

（1919 年 4 月 19 日）

城区正谊校假校董骆世贵化名骆鉴，禀县追收汤浦小猪行捐，带警恫吓，希图索诈，闹出私擅逮捕捐户吴某，向县请求饬警押放。次日县署适票饬总警所往为查明押放，并拘行凶之骆世贵、王玉秀到案。正发票时，旧羊捐征收员孟子香，以呈文并吴某一名，送署县警所警察赵杰（昨报误赵为曹）亦以拒捕之报告进。于是，司法与行政接洽，将票饬收回，即时开庭。而骆世贵、王玉秀匿不到庭，四处传捕，毫无影迹。据吴捐户供，确为骆某当场主使，逮捕赵警亦供称同去收捐，确有骆姓之人。现由王知事谕令学捐理合照章遵缴捐户，交保释放，有否拒捕及恫吓肆诈私捕情事，俟查明核办。骆某究系何人，俟下次开庭拘执云云。闻骆某消息极灵，当日已潜往各乡催收学捐，借作逗留逃避之费，一时不敢遄归，所有该校职薪水，将因此风潮而无人负担，前途已有岌岌可危之象云。

《越铎日报》中华民国八年四月十九号

城区商业代表为统捐局苛虐之请愿

（1919 年 5 月 15 日）

吾绍统捐局苛虐病商，留捺货物，局员索诈之事，时有所闻，本报亦不时纪载。兹闻城区油业业董，华馥□等不忍坐视，拨图修正办法，以利商民拨邀求省议会议员陈秉衡等提议裁撤附郭各分局，归总局直接管辖。兹录其请愿书于下，以供关心商业者：

为捐率偏枯，请愿核议修正事。缘绍兴城中，系四乡交会之所，前清时厘卡东设于曹娥、蒿坝，西设于临浦、义桥等处，当时仅有洋广货落地捐局，并无厘卡，凡货物由外入绍及由绍出外，均系东西□口征捐，足以包括绍属全境之货物。其捐款由各局解至绍兴盐茶局汇解省库，开支少而捐多。职是故耳。光复后，裁撤厘卡，改统捐局。凡货物一捐之后，全省通行，最为便商之德政，更不用多设局卡，乃东自曹娥局以内，于绍城五云门外，设立分局，城内又设立探花桥分局及大路总局，并西郭分局，四局相距不满十里。离城过西三十里有杨汛桥等处分局，因与商□窒碍，曾于民国元年陈请前议会〔议案云，查绍地设局既多，将见一里一卡，五里一局，亦属不成问题，但东西路隔二百余里，中途不可无巡船，可将探花桥分局裁撤（惟旧有之洋广货局仍存）。至来牍所称尚有窒碍情形，再付审查〕。是议会本意系为稽查过路远途货物起见。嗣以绍局无论客货、土货，凡近处往来，均属从宽。故商民不复续诉。讵旧岁自张局长到任以来，步步吃紧，而探花桥分局并未实行裁撤，并入探花桥原有洋广货局内兼办统捐事务。又有偏门、昌安、龙舌嘴、东关，添设分局巡船四处。阅民国五年部颁地点表绍兴统捐总局以外，仅止东路、西路、车家浦、西郭门四处，照今已有八处之多，是此星罗棋布，漫无限制，将成遍地局卡世界矣。且于陆地派遣员役沿途□□，甚至本未经过局卡之货，强令勒捐，一月十六号，皋埠庆祥油坊运寄甬江油件，被绍局员役中途扣留五天，商人再四恳情，始得照捐释放。讵货船至曹，又被曹局扣留旬日，无非各局为争夺比较之故，致使商货停顿，损失可知。又如四乡所出之袋麻，本由城中行栈转销出运，方□报捐，乃乡货进城投行来卖，被分局巡船撞见，勒令纳捐，以致乡人货投他处，于是捐额无益，城商生意已绝。似此横征苛扰，民不聊生，谨陈事实如左：

（一）如油业之桐、茶、柏、棉等油及南货、杂货、水果、药材、磁器、衣布等客货，皆从外省外县办来，不城中销售者，十不逮一，如转消出境者种类必简单货色，必成件方可遵章分运，其门消四近乡镇地方虽异，其实仍是绍属之境地，无分运之必要。距离既近，数目甚紧，买主埠船限定时刻，急不容缓。城中中小商铺不计，外大店百数家，今姑以五十家言，每天买主十户，每户即买五物，须分运二千五百张。况每天每家不止十户，以及每户不止五物，则分运单数更倍蓰，且一票分运，仅限三纸，而四乡地点，往往在十数处者，无论捐局对于商人请开分运挑剔捐，多方刁难，各商铺固疲于奔命，则捐局断亦不暇应付，应请变通者一也。

（二）绍属出产花、箔为大宗，花产于西沙，曾经安昌、瓜沥设有专局，箔则另办认捐。此外，土产如杂物业之袋麻笼簾，油业之菜油青池，然皆产自四乡，今日进城之货，即是他日出城之物，如进时先须投税，出时又遭重捐，致使城商货物不能屯积，而乡货因此裹足不来，假如甲乡之货进城投行，由行家转销乙处者，固须征捐。倘甲乡之货，由城一转而仍到甲乡店户者，经过城门局卡，亦须纳捐，甚而一城之中，经过大路总局或探花桥分局亦在征捐之例。惟城外则甲乡之货，虽往来于乙丙丁戊等处，路隔百余里，俱可自由，从此坐卖买，视城商为畏途，势必乡镇坊店互相接交，城商如同虚设，必至商店尽数迁移乡镇。然又限于牙税地点为难。此近处土产货物，应请变通者二也。

（三）若谓土产土销，不能免捐。□金华、诸邑、新昌、嵊县等处，素推各货出产繁盛之区，并无设局，而于潜、昌化、分水、桐庐之货，下运三四百里至江平、义桥，始得征捐，阅地点表，本省未设捐局之县邑正多，则各处土产土销，安有着落。夫纳税为人民应尽之天职，捐取于商，商取于民，在商人不过间接之劳。兹商等不求仿邻县之无捐，只因城门设局，城商进货为难，从此不但城外用户，不再进城购物，即城中用户，反向城外去购食用之品，不在上捐之例。是则捐课无丝毫裨益，城商生意顿绝，确系偏枯向隅。照此情形，虽牺牲阖城商铺，仍于捐课无益，营业衰颓，甚至于应捐之款，反形短出，有不得不变通者三也。

（四）以上不过指大略而言。此外未入商会店铺及受累民人，莫不以纷扰苛捐，忍气吞声，敢怒而不敢言者，不可胜数。绍局长身历其境，目击情形，所有客货、土货，未有不思变通办理，但究竟捐章向违，然因此□足以启司巡勒索之门。似此上于国课无益，下于商民受困，应请明令变通者四也。

查现行统捐捐率，系根据前议会议决暂行法为标准，商等何敢妄议，惟在城区立局，照地形与事实，实未相当，所有私添偏门昌安等处分卡，及已裁未撤之探花桥局，固应取缔销灭，并可否将近城分局巡船裁撤。凡近处之货物，从宽变通，免开分运。如出运坝口之货，遵章报捐，遵章分运，仿照前清办法，绍城设一总局管辖东西路□口各局，则公家收入必旺，每年更可省若干元之开支。诚于裕国便商，两有裨益。是否有当，伏乞大会公决施行。谨禀浙江临时省议会电鉴：中华民国八年四月日油行业代表华馥□，南货业代表□□华磁酱业代表沈醴仙、杂货业代表郑善庆，茶笋、水果业代表胡春荣，铜锡业代表沈南辉，油坊业代表韩华忠，衣业代表许贞昌，油烛业代表赵运标，药材业代表姜声斋，染坊业代表陈锦源，布业代表陈和村。

《越铎日报》中华民国八年五月十五号

调查印花税黑幕

（1919 年 8 月 10 日）

绍属偏门外漓渚警察分所警佐李兰华自任事以来，对于正当职务，置于脑后，一遇调查事件，非常踊跃，所罚银洋，大半收入私囊，种种劣迹，指不胜屈。该警佐近日调查朱华乡坡塘各商号印花税账簿一项，查有失贴或贴一分，是项账簿均已带所候罚等情，曾志日前本报。兹悉该警佐罚款营私舞弊，乃未贴印花每本罚洋十元，贴一分每本罚洋五元。该处商号，均照应罚缴付。

《越铎日报》中华民国八年八月十号

查印花擅吸角子

（1919 年 8 月 28 日）

迩来查验商店箱据，印花颇为严厉。讵有安昌西市警察分驻所之巡长张振汉者，调充是职以来，对于警务毫不整顿，一味赚钱手腕，尤属精滑，以故一般警察上行下效，种种腐败，不堪言喻。兹闻该巡长所委警察二名，往西市一带按户调查各店簿据，有无漏贴印花，违者尚称稀少。惟只贴印花未盖戳者，计有数起。该镇警察俱令照章领罚，最可怪者，有该处警韩松记水果店等三家之簿据虽有印花，而无盖戳，共计五本。被其一并携去，适有该店之伙沈某（名未详）与该巡长素称莫逆，赶往中途截住，暗地抽出上述五本，当赠龙洋五十角，为该巡长寿饱入私囊，洋洋返所，然此种查验印花无非借公肥私起见，旁人闻之无不嗤之以鼻云。

《越铎日报》中华民国八年八月念八日

丐费病商请革除

（1919 年 8 月 31 日）

绍兴自前清以来，即有丐头之名，城镇乡各商铺月收规费，少则四五百文，多且十余元不等。及光复以后，一仍其旧，丐头王荣，不知如何运动县署，年纳警费洋六百元，实则其收入所得，奚啻倍蓰。□各商号既纳房警诸捐，复出此无谓之丐头规费，着实不甘，故于前日由某绸庄(似系华章)提议盖章,联合城区各号,将是项丐费呈请革除,未知县署能予准行否。

《越铎日报》中华民国八年八月三十一号

统捐局非法敛钱

(1920 年 2 月 28 日)

何物张师爷不法乃尔,绍属各处统捐分局非法敛钱恣意敲诈,向为独一无二之惯技,载在本报,何止数次。讵若辈愍不畏法,执法苛征如故。兹探悉日前,阴历年终,有安昌镇元泰生花炮作坊,寄城中大街崔议隆花炮货洋数元(照章不满十元并不捐资),乃该航船驶至西郭门外,竟被该处驻扎之统捐分局司事混名张师爷者,勒令科捐。船户以向来无捐,乃张某必欲捐洋二元,直至耽搁数天,挽人说情,罚情十二元,始将原物释放云。

《越铎日报》中华民国九年二月廿八号

南池街发生调查印花风潮

(1920 年 4 月 29 日)

绍兴偏门外漓渚□□曾于去年派警调查,就□各商号之印花税。讵该商号等不识定章,竟被调查警察暗中勒罚重款,饱入私囊。事后察觉,无不恨之入骨。昨(二十六日)又行第二次之调查,由该所派警八名前往,如法炮制。该警等首先驰至坡塘市上调查商店簿子□印花不足者,悉数搜罗,共计三十余本。挨查至该处仁寿堂□店,不由分说,即将该店簿内所贴之印花剔去。据谓系临时所贴云云。该处查毕,开船至南池街,时已午后两句钟。该调查警等声势汹汹,闯入各米南货店大肆搜查,非常严厉,公然将各店账桌抽斗洋箱钱柜乱捣乱撬。该处各商号鸣锣号召各店商人将该警等围住绷缚上城,送入县公署,究未知余知事如何办理也。

《越铎日报》中华民国九年四月廿九日

知事越权转详之质问

(1920 年 5 月 23 日)

省议员周廷杰提出质问书云:查牙行领帖、注册,须向该管辖官厅呈请核准。近闻萧山县东沙碑牌头地方,有张儒镛新设日新元茧行一所,由绍县转详核准,领取绍县牙帖,何以境界不明至此。按碑牌头地方,跨绍萧两县,□有碑记分界,其碑一在北海塘三歧蓬,□碑上有萧山界址字样,其一在中流界路之□碑上刊有绍萧分界四字,碑之四周,□名碑牌头,东为绍境,西为萧县。今该行不在是碑之东,而在是碑之西头,系萧县区域。绍兴知事并不查堪明白,越权转详,实属不解。议员等事关区域,未敢坐视,为此依省议会暂行法第十九条之规定,提出质问,请贵省长于五日内明白答复,无任企盼。

《越铎日报》中华民国九年五月念三号

印花罚款大卖买

(1920 年 7 月 6 日)

国家之收印花税,原为补助财政,商民之遵帖印花,亦系尽其义务。近闻各处调查印花,商民虽屡有偷漏之弊,而官厅亦不免有苛罚之处。兹有印花调查员偕同东关警佐翁某,于六月廿七号,向长松乡长塘村市上沿门搜查,搜得各店账簿共计三十余本。按簿据□□罚。查长塘各店并非意图朦混,故意漏贴。实因贪小,将八年度附九年度之簿据,只贴八年印花,不贴新花,以致不得完全,遂被该调查员藉为口实,兼藉警察之势,任意恫吓,每家勒价自一百二三十元不等,以十七家计算,约计在二千一百余元以上。后有人称长塘知事之罗厚卿者,从中谳处,得以九十余元了案。各商店于是大感罗厚卿之德,纷纷将罚款如数交齐。该调查员遂于各店商罚款交齐之后宣言于众云,此次罚款均各从轻,与章不符,如要呈报,尚须补罚。你们愿呈报否?于是众口一辞,均云不要呈报。该警佐等遂将罚证扯碎,倾入囊中。查印花税罚章第一类第二条进出簿据不贴印花者处二十元以下,十元以下之罚金。如贴不足数者,处十元以下,五元以上之罚金。今长塘各店,不过在贴不足数之一条,该调查员应依章处罚,何得妄自讨价在二千元之上,未免定价大不划一矣。兹将调查所罚之实数及商号一一列表如下:

商　号	营　业	罚　数	商　号	营　业	罚　数
严全泰	酒店	一二角	顾协兴	水果	三元
马晋和	水作	二元五角	仁和	烟庄	二四角
罗德昌	香店	二元	朱林记	樹店	六元
陈水丰	酒坊	五元	孟乾昌	砖灰	一元
庞庆祥	饭馆	二元	同裕	南货	三元
鲁锦昌	水作	一元	王万隆	南货	三元
周仁兴	烟酒	一角	同盛	杂货	三元
许福禄	点心	二元	恒仁	酒酱	一元
王万祥	杂货	三元			
共计洋五五元四二角					

《越铎日报》中华民国九年七月六日

安昌统捐分局违法虐民记

（1920 年 9 月 14 日）

绍兴兴浦村吴瑞源扇庄屋后，种植桑树，每年妇女育蚕，藉博微利。今年蚕事告竣，积有新丝八九十两，于旧历七月二十八日交与兴浦开驶至安昌埠船，转寄小赭售卖，交船夫小洋十角，铜圆十枚，今其到安昌后代为报捐。讵埠船开未里许，突来巡丁数人（即该分局违例添设之巡船，日泊新湖沿，百般肆虐者），将丝攫取指为偷捐，除原物充公外，尚须罚洋八元。船夫告以离局尚远，到安昌自当照例纳捐，何得为偷。且果欲偷漏八九十两之丝，不难包裹结实，暗藏船肚，何必显豁呈□于外，恳求返还，俾得报捐转寄。奈该巡丁人等如狼似虎，不由分说，抢丝迳去出口，称尚要提人罚款。船夫奔告吴瑞源庄，家仅女流，不得已赴局诉明原因，局长毫不理睬。又哭诉各绅，乞为关说，仿佛申包胥秦廷泣血，各绅怜之，为再三申诉，始允发还。捐例外，另罚洋六元有奇。呜呼，冤矣。查新湖沿巡船肆虐行凶，不一而足。甚至菜担粜□船亦勒令捐钱，无钱则将菜与□□敬献，亦可苛细至此，不成体统。而小贩经营之人，咸视兴浦等处为畏途，居民无物可买，亦载道怨叹，有牧民之责者，所宜查明取缔也。

《越铎日报》中华民国九年九月十四号

假冒酒捐稽查激公愤案结果

（1920 年 10 月 14 日）

迩因劣警地痞动辄冒名查酒，私捺诈扰，甚有前第十三分驻所一等警察徐课标夜半闯入内室，假冒稽查，狂鸣警笛，率众诈扰情事，以致激动酒商公愤，连夜帖请商会将人送局移县提究，并开酒商紧急大会，电呈督长、省局。一面分呈本县知事、局长各节。迭经六志本报。兹悉。沈叔詹省长业已饬省局许钱正副局长训令新任绍分局长袁寅□氏，会同本县知事余少舫氏出示布告。嗣后巡丁查酒，准予发给符号，藉示区别。劣警地惫无央扰累，准即呈请分局从严惩办云云。兹将酒商公电并会衔布告照录于下。

全体酒商公电：

督军卢、省长沈、烟酒局长许钧鉴：（上缺）近因劣警地痞动辄冒名干涉留捺诈扰，商不堪命，今日特开大会，公决环请电饬绍兴县知事会同分局通告。嗣后凡无稽查徽章不得妄肆干涉，违以滥用职权诈欺取财拟究，藉全税源而维实业。绍兴全体酒商松茂元等公叩。支。

《越铎日报》中华民国九年十月十四号

假冒稽查案定期审理

（1920 年 10 月 17 日）

劣警徐课标假冒酒捐稽查，深夜擅入蕙兰桥松茂元酒店内室，私擅搜索，复在线路上狂鸣警笛，率众诈扰，捣毁凶殴，以致激动酒商公愤，即将该假稽查送请烟酒事务专局验明，复由业董沈秀山函询得覆，证明假冒属实，咨送县署，并连夜急开商会，贴请呈县提究，一面特开酒商临时紧急大会，电呈督军、省长、省局令饬分局会县布告，嗣后专局巡丁，原有查酒之责，亦须发给符号，以资识别，劣警地痞，倘有仍□捺诈扰情事。准即呈明严惩各节，先后业已七志本报。兹复探悉，本县知事余少舫氏，因据酒商环求将在押之假稽查徐课标，按律提究，以平众怒而警效尤，后现已禀传被害人松茂元店主范迪元，定于本月十八号（即旧历初七）上午提问该犯研讯律究。迩闻该业中人，刻已推定代表多人，届期出席旁听，并悉该商等事关切夫，颇为注意。惟查该假稽查徐课标，系警务处第一科长杨某之妻舅，投鼠忌器，果未识官厅能尽法惩治，藉厌众望否也。姑试目以其后观。

《越铎日报》中华民国九年十月十七号

绍兴全体酒商之宣言

（1921 年 5 月 17 日）

本社顷接绍兴全体酒商之宣言，照录如下：

更调分局长，省局大权。所请上官自有权衡，岂容尔民干预，不准、呵斥可也，着毋庸议，已可慨然。则我绍酒商宁尚不知之？奚为对于省局更调五区分局长而恒起恐慌。我绍士绅、法团，宁亦不知之？奚为对省局更调五区分局长，而辄一再电留。我酒商等则正答之曰：欲知我绍分局长之不宜轻率更调者，不可不先知我绍酒商所受于历来分局长及历来省局更调分局长之骚扰与搜括。今特揭其成绩列诸左表，藉质当道长官、邦人父老。

魏大名，民元九月至民二五月，收回官办，无额，诸般草创觕具规模，为伪印花一案，括得一万七八千金而去。

杨赟同，民二六月至民四十月，整顿税收，一十二万九千缸，廉以持已，明以接物，十年以往，永无如此好官，裕国恤商，恂堪无愧。

徐时勉，民四十月至民六二月，宽以济猛，十万缸，随严厉之后而抚以慈惠，一张一弛，合得其谊。民到于今称之。

韩秉彝，民六二月至同年六月，未竟所施，九万缸，亦是血心任事。惜初则出之过激，继则不获乎上，赍志以去。

张安泰，民六六月至同年九月，大开方便之门，到不两月，各卡创放酒私，加大改贴京庄，放出数万坛，缸额数千缸，虽五日京兆，已腰缠十万，酿户受欺，上档破产亡家，恩施无限。

冯汝玠，民六六月至民七七月，兼收并蓄，细大不捐，七万六千缸，一到绍大吹法螺，自称奉杨故督调剂，无钱不掳，无案不钱，卖缸放坛，勒罚栈坊，出售支栈，总计十个月，足掠三万金。

徐之模，民七八月，至民八十月，顽钝无耻，惟利是图同上，卖萧山、上虞缸额，卖阮社、新昌支栈，貌似诚厚，心尤险诈，善报虚缸，无事不索，贿略外六县欠款，一手养成，在任十四月，饱掠两万三。

张显烈，民八十月，至民九九月，要钱不要脸，爱赌不爱命，同上。以省局二科科长领五区分局上搜下括，从心所欲，卖缸放白坛，事事取法冯、徐，尤爱赌如命。呼卢喝雉，从不驻局，局员效之，大开桌面，善取恶赊，不下二万。临走尚敲后任竹杠二千六百元。绍商请愿查办罪状十款，西江不能濯也。

袁庆萱，民九十月，至同年十一月，有限光阴，本受始于张而来，复被谮于张而去凶，终隙未遑恤我，后政绩无闻焉。

吴琪民，九十一月至民十五月，奉令回浙西烟捐本任，才不胜德，五万余缸。其人既属梓桑，其意但求见好，越想讨好，越不得上司之欢心。论事宜人人为之不平，论做品则咎由自取，好人难为于斯益信。但其一清如水，誓不弄钱，实为杨、韩以后朝阳鸣凤，宜绍之绅商纷纷保留，公道在人，遁世之闷矣。

总上十任，民六一年四易，民九一年三易，易一任则掳一票，掳一票至少二三万，憔悴于今，仅余皮骨。今年未五月，又见两易，来日大难，脂膏已竭，哀我绍民，不堪正当防卫□鉴而然。前辙匪遥，我觉悟之同人，有以自治者矣。昔贤云，须知我亦有儿孙。老子曰：民不畏死，奈何以死惧之。愿当局出以猛省，愿思染指五区为张、冯、徐、张之续者出以猛省。

绍兴全体酒商宣言。

代表人　章显卿　汤绍震　王光烈　陈平澜
《越铎日报》中华民国十年五月十七号

酒　捐

（1921 年 6 月 19 日）

凡事欲整顿，必须从实际上着想，不在乎形式之更张也。今吾绍第五区烟酒公卖分局奉令整顿捐务，而局长沈灏将各支栈撤销，收归自办，一面仍分设经董，以为是乃正本清源之举，吾不敢信。

夫经董与支栈之经理何别？徒名义不同耳。欲舞弊，欲受贿，经理可为之，经董亦可为之。安见其可正本也，复安见其可清源也。如果欲整顿，诚能慎选其人，严加督察，经董可也，经理亦可也。否则经理不善，经董未必能善，于此一变，于国课、民生，究竟能有几何利益乎,或沈局长别有深意在焉,则非小民所能知矣。

《越铎日报》中华民国十年六月十九号

酒捐经董性质之研究

(1921 年 6 月 22 日)

事有存而实不至者,若今之酒捐经董是已,以吾绍酒捐之沿革言,民国四年,由归有之经董,改设支栈经理,今由支栈经理,改为经董,抑若循环复循环,周而复始,二而一,一而二者也。庸知所谓经理、经董,采征收之权,坐收渔人之利,而改组中之经董,名同而性质殊异,不享实权,徒拥虚名,此其所以不同也。且赖以达酒商之隐情者,厥唯经董,监督征收之舞弊者,亦惟经董,吾所谓名存而实不至者,其斯之谓软。

《越铎日报》中华民国十年六月二十二号

私查印花图敲诈

(1921 年 10 月 25 日)

余昨因事路过利济桥后街,见一身着制服之警察将该局簿据大肆审查。又有一年约二十余岁之女子与之理论,余即驻足讯问。邻人据云,该警初与该局交好,因前日向该局借洋不遂,结怨于心。故至今日见该局并无男人在,只一女流可欺。乃藉查印花为名,素图敲诈。余始生检查印花,又将其一切簿据视之印花均皆粘贴,本可无事。该知该警不问皂白,将其簿据如数拿去,百般恫吓。口称非罚洋不可等言。幸有和事老出而圆说,令该女人往邻店借洋数元,交付该警。一面将簿据归还,其事始寝。噫,吃角子本警察之长技,藉端图诈,时有所闻。不知我贤明之薛所长,亦有所闻否。

《越铎日报》中华民国十年十月念五日

烟酒公卖局之苛勒

(1921 年 11 月 10 日)

绍兴第五区烟酒公卖局长沈灏种种苛勒,日日查坊查店,酒商痛苦已达极点等情,已志各报。况现在糯主价格有增无已,酒商实不堪命,而门内司事巡丁尤不敢通同舞弊,小民更苦不可言,就中尤以司事潘芝衡、吴益甫,巡丁胡阿潮最为不法云。

《越铎日报》中华民国十年十一月十日

第五区酒烟公卖局长之八大罪状

（1921 年 11 月 11 日）

绍兴烟酒公卖局沈分局长（灏）自奉委莅绍以来，种种苛扰酒商各节，暨被酿户向省告发等情，已经迭志本报。兹闻近有绍兴酒商代表顾显卿胪列沈灏纵痞扰民，营私舞弊各节，向省议会请愿查办，原文录如下：

为胪陈第五区烟酒事务分局长沈灏纵痞扰民，营私舞弊各节，请愿查办，以拯酿业而保国课事。窃绍酒为吾国大宗出产，民国以来加征倍捐，厉行公卖，值年抽百，岁输百万，负担之重，甲于全国，以致纷纷停酿，缺额一落千丈。本年五月，现任第五区分局长沈灏自嘉兴调绍，挟绍商电拒到任之嫌，并不呈准京署，擅撤绍萧全县支栈，改设稽征所八处，委任伊戚潘芷衡等六十余人分充主任助理，合之原有沿塘各卡司、巡足，达三百余名，蓄意摧残，四出骚扰，实施其括地面之主义。九旬之间，本区七邑，无坊不被查，无店不遭罚，虎狼载道，民不聊生。总其植党营私，灭绝税源之罪状，擢发难数。姑举劣迹昭彰证据确凿者胪列如下，依法公推代表显卿专诚来省请愿，贵会伏祈提付大会公决，咨行省长，依据监督职权澈查究办，绍商幸甚。

《越铎日报》中华民国十年十一月十一日

关于查办烟酒局长案之要讯

（1921 年 11 月 14 日）

自奉委莅绍以来，种种苛扰，酒商被酿户向省告发，并经省议会提出质问，由烟酒事务局令委魏委员莅绍查办各节，及酿户原定省会质问书，已迭志本报。兹悉绍兴县公署，以魏委员莅绍多日，案待结束，除曾函各支栈令将收抵清单速缴外，昨又专函往催矣。原函下：

迳启者，前奉浙江烟酒事务局令委魏委员来绍会催分支各栈欠缴单照款项，业经函邀各栈经理，于本月八日到署会议办法，乃是日仅到第三支栈经理王君丙藻及第四支栈经理王君承先代表两人，未能解决。现在魏委员莅绍兼旬，此案亟待结束，用特续函布告，务乞执事将应缴单照款项及应抵应扣各款逐项开具清折，连同缴款收据，于五日内函送来署以便核办，幸勿稍稽是荷。（下略）

《越铎日报》中华民国十年十一月十四号

烟酒局长违法之质问

（1921 年 11 月 16 日）

省议员朱曾慈提出质问书云，查全国烟酒公卖暂行简章，民国四年五月三十日，财政部呈奉教育令公布该简章第一条,政府整顿全国烟酒规定公卖办法,以实行官商销为宗旨;第二条,全国烟酒公卖法未颁布以前,烟酒公卖事务,暂行按照本章程办理;第三条凡本国制销之烟酒,均应遵照本章程办理;第四条各省设烟酒公卖局,酌量烟酒产销情形,划分区域设置分局,名曰某省第几区烟酒公卖分局;第五条,公卖分局于所管区域内分别地点,组织烟酒公卖分栈,招商承办,由局酌取押款,给予执照,经理公卖事务;第六条,凡商民买卖烟酒,均应由公卖分栈代为经理公卖事务;第六条,凡商民买卖烟酒,均应由公卖分栈代为经理,此项简章虽未经提交国会议决,惟通过政府既无明令废止,各省区又岁征公卖费三千余万,迄已七载之久,不但未闻免除日抵押外债,指拨军饷,恃为特别大宗收入,是凡该简章所规定,当然通行有效可知。五年一隶属财政部之全国烟酒公卖局改为独立之全国烟酒事务署,民国九年复因外债合同关系,增置署长,并改各省烟酒公卖局为烟酒事务局,其局长则由部委而升简任,又改各区烟酒公卖局为烟酒事务分局。综其机关名称,虽屡屡易,然官督商销,固如故也。征收公卖费,亦如故也。逮九年五月,全国烟酒事务署始有进行办法十二条饬议,办法第九条始有筹议收回分支栈之商榷,是又明明仅有计划而非实行,可知藉欲进行,究竟收回之后,如何组织,征收机关如何规定,运销办法亟应首先筹议,通盘规划,明定章程,各省区原设局栈,慎重考量,分别存废,然后颁行全国,为统一烟酒税之基础,方不背官督商销之原则。从未有一省之中,一区之内,忽而甲地收回官办,然而乙地招商承充,枝枝节节,政令歧出,任意变更,倒行逆施。如吾浙省此应质问者一,既云收回官办,则各区本有分局经征税款,其专责也。乃复乡村腹地,竖旗灯挂虎头牌,遍设所谓稽征所者,按稽征所名称,既不见有呈准中央之编制,纯系浙江妄自创造,每一稽征所辄由分局委派司事五六人或七八人,易一栈之经理为七八名之所员,并攫五厘之栈费,为数百元之开支。所谓司事者,更纯系同僚上官情荐,势托而来,九流三教所不容。谋捐局一席地,磨牙吮血以图一逞者,乃使直接商家经征捐,非渔肉骚扰,即亏空侵吞,现状已彰彰矣。一日分局易人,相率饱掠而鸟兽散去。有款押款,有身家有股实保证之本业经理,而纵若辈以虐商病国,始作俑者,果何仇于烟酒商,更何仇于烟酒税之□人。且查各省税所,统捐局凡遇设分局驻巡船必查勘地点,再三斟酌,达部核准,既核准后,并不得率事更易。即公卖局栈设置之初,复考量地点,严重限制,一则曰酌量烟酒产销情形,划分区域设置分局,再则分别地点,组织烟酒公卖分栈,原章俱在,更从未有三里、五里有一稽征所,以论性质,既非官督,又非商销,以论事实,稽征不足扰民有余,支绌谬妄,擅自设置。如吾浙省者,应质问者二矣。

综上现状,五区为最,五区捐费为浙重心,绍兴一县尤其巨擘,县属千余酒坊,最近尚岁输捐费六七十万。其捐率则值百抽百,其负担则视全县百六十万户口,年纳地丁,抵补全国省县税三千余万元者,仍倍过之。丁兹连岁大灾,米珠薪桂,盖藏已馨,当局坐视不恤,反目而肥肉。本年六月,该区局长沈灏衔恨绍商电拒刺晋,事前并不呈准京署,朦上诬下,尽撤诸栈。在绍、萧两县内地设八稽征所,合沿塘原设查验出运各卡,派出大批司巡三百余名,使其妻舅潘芷衡、冒族沈典牛统率之,四出骚扰,无店不查,无坊不罚,核其布告,动称呈奉核准。本年七月距沈灏撤栈设所,已隔五旬,中国烟酒联合会电询京署,署复并未据报，立予饬查。然则此等稽征所，究竟依据何种法律，何项命令而产生，退一步言，是否如税所统捐局设分局、巡船，先经勘查考量，达部核准之程序，或如原设局栈时酌量产销情形，曾得就地商会及纳税商人之同意。此应质问者三。沈灏纵此三百余名爪牙以办稽征所，虎狼载道，酒商踵接遭搜，节曾不三月，除该分局自由外分外，绍县行政、司法两部，迭准五区分局咨拘咨传咨罚之案，综达五六十起，所瓜蔓牵者，不下数十百家，囹圄为满。吏警络绎于山阴至上，群商禁口卑息，如吴小儿之畏张辽。绍之尝老叹谓，自咸丰辛酉，长发贼来王入越，设师帅、旅帅于各乡村后，今迫六十年周甲，而复遇辛亥光复之王金发，无其扰焉。综厥罪恶，绍商控京控省，有耳共闻，不复逐述，要其指归，莫不由稽征所所造成。此一路哭者。沈灏纵令有以造此一路哭之孽者，人人又莫不知为亏空十万，一瞑不视之毕奎。然毕奎一阌吏耳，当其在位，尸居余气，诚不足查。特何遂目无监督长官，敢于私擅狂妄。若是此，应质问者四。国家地方之收入，当然有支出之一途，征收烟税为一事，烟酒税拨充军饷又为一事。征收烟酒税之官吏，但问其考成若何，能否胜任而已，岂容妄假军威，为横征暴敛，无恶不作之护身符。沈灏不然，开口督军，闭口督军，列载绍报。既藉军饷，大题以高压商民，择肥而噬，膏牙果腹，复藉军饷以挟长官，挟知事，挟助同敲诈之，警察局长行于上，稽征所员效于下，所员怒拘押立至，必驱安居乐业之绍商，迫尝粤闽陕之境况，必遏军民长官恤商裕课之德意，使人人激受侧目重足及汝偕亡之感。

《越铎日报》中华民国十年十一月十六号

屠宰税觊觎有人

（1923 年 7 月 3 日）

绍县屠宰税前□任四丰调查各铺，每月宰猪若干只，呈请认办，数月提及款尚属踊跃。比较上年增加一成有余，讵任某于三月间承友人函邀，已赴沈阳机关办事。是项捐税，顾知事即委征收杂税主任接收办理，亦曾数月。近闻肉业中要觊觎□项捐税者，皆思染指云。

《越铎日报》中华民国十二年七月三号

谋办屠宰税黑幕

（1923 年 7 月 14 日）

绍县屠宰税自任四丰加捐认办后，一般肉业中人视为奇货可居。遣俞律师包办。俞某乃与陡门屠户尹世德等人赴县公署禀请□定每年税银一万一千元，并将附税照额增加，先行预缴税款一月。顾知事批饬不准。兹将县批录下：

任四丰业据辞职，前项屠宰税银现由捐税处姚立三承办，尽征尽解，至附税一项。昨奉警务处派员来绍调查,尚须增加,当据县警所呈请派警稽查,按只加戳征税,即经转呈在案,所请应毋庸议云。

《越铎日报》中华民国十二年七月十四号

华舍丝捐病民记

(1923 年 7 月 26 日)

绍属华舍地方出产以丝绸为大宗,自设立丝捐、巡船以来,一味横征暴敛,额外苛求,因此各机坊购办原料,非常受累,即查看小票亦无不百般挑剔,必达到饱填欲壑之目的而后已。怨声载道,申诉无门,至堪痛愤。兹悉,该地有寿连爷者,前在凫山购到之丝,因今庚华舍银根紧急,权向就地新号南货店抵押三百两,藉付行款。于旧历六月初四日携款取丝,料无他虑。讵西岸地急(该地急系傅润身之妻舅),所见起心讹诈,即报告该船,巡丁不分皂白,将丝扣住,大肆盘诘。该负丝人告以此系抵货,且已经捐过。该巡丁诘以抵在何处,如在庆昌、永裕两庄方可过去(因该两庄势力伟大,平时专以垄断世款为事),别家须照漏税处罚云。后有傅润身假为排解,罚洋十二元了事。又有亭后人某甲(姓名未详),于前日底在赵如瑞家买去做罗糙丝三百四十两。现因罗价骤缺,且乏受主,致行款不敷偿还,已将□□糙丝一百余两,于旧历六月初六日退还原家。适被该船巡丁沈某所见,将丝扣住,该机户即出小票,说明原委。讵该巡丁沈某大打蓝青官话,恐吓乡人,扬言时隔太远,须照章十一倍处罚。后经赵如瑞向傅润身据理驳诘,始以大洋八元了结云。噫,该处有此狼狈为奸之捐船、地痞,一般机业商民将永无天日矣。

《越铎日报》中华民国十二年七月念六日

绍兴酒商对于苛税之呼吁

(1923 年 8 月 29 日)

呈为绍酒不能按期缴捐缘由,环请钧督转饬省局收回成命,以恤商困事。窃奉第五区分局第三十九号布告内开:案奉本省局第一五零号训令内开:案查整顿酒捐章程第十二条内载,每年查缸后,即照各酿户酿酒缸数,按缸计坛,责令酿户分作四期匀数领足全数印花等语。是以各区征收土酒捐费,均系遵照每年查定缸额,分期征缴。惟绍、萧两县所产黄酒,因有出运关系,每至存酒离坊,始行完纳捐费。其实出运之酒,仅居一部分,因此而连本计捐费,亦不按期缴纳办法,殊有未是。且出运之酒,定章系于本庄捐费之外,另加出运捐税。本庄捐费不妨先纳,昨经召集各分局会议,佥认应照定章谕令绍、萧各酿户一律依照别县办法,将应纳本庄捐费税银根据查定缸额分期匀缴,如于出运之酒,再于出运时补缴出运捐税,庶捐费征有定期,而军饷不致贻误,令仰遵照,将绍、萧黄酒如何订定办法,先行按期征收,本庄捐费悉心核议,呈候察夺等因。奉此,当查本区绍、萧二县所酿黄酒,运行全国路庄之酒,有须存俟一二年或三五年始克行运。是以当时为恤商起见,凡各坊每年报酿黄酒须俟运销,方使缴纳捐费,领给单照。然舍路庄外,本销之酒亦居大半,其征收本庄捐费,亦任其随销随捐,积习相沿已成惯例,一旦改弦更张,责令绍萧各酿坊将每年编定缸额,应征本庄捐费,一律先行缴纳,转恐实在经营路庄各坊户金融周转不灵,于酿额不无减色。按诸经济原理,征收方法于保养税源,必须兼筹并顾。惟查近来本局调查存坊各酒,每多缺额,□平日白坛偷运,仍所难免,以致近年税收日形短绌。然补偏救弊之策,亦惟有先将本庄捐费,责令按期遵章缴纳,第改革之初,只能循序渐进,拟将城镇各酿坊兼营门售者,先行入手,责令自十二年分新酿为始,将各坊编定缸额,照缴本庄捐税公卖,遵章匀作十二个月。自每年七月为始,按期缴纳,填给单照。至次年六月末日办理结束一次。一面由局随时抽查,存坊之酒,如有运销十二年以前陈酒及新酒逾额者,仍令随时补缴足额,凡须运销出属者,仍照章持单赴就近各稽征所补足出运捐费一道,制给补出运单照,查验放行。其城乡酿坊并非兼营门市销售者,征收方法,暂仍其旧,应由本局责令各稽征所每月检查存坊酒数一次,一面仍由本局随时前往抽查。合经此次布告之后,一经查有缺额,除令补纳捐费,掣给截角印照外,应照酒捐定章,从严处罚,并须根究受销商店,一并严予罚惩。如不能举出受销商店,应照出运捐费罚补,设有一再违犯,并按稽查本章第十九条勒令停止营业,以期杜绝偷漏,庶商民金融仍得照常周转,饷需收入亦较有定时,俾免贻误,是于整顿税收之中,仍寓恤商之意也。经核议具文呈复。兹奉省局第九二九号指令内开:据拟绍萧两县兼营门售,各酿坊按期缴纳本庄捐费,办法尚属周密。应即准予试办,惟当填给单照之时,务须将凭单印照字号县名牌号年份等项遵章详晰填注,派员督令各该坊商,按坛实贴,不得稍有疏漏,致滋流弊。所拟各稽征所按月检查,以及随时抽查办法,并准照办,仰即遵照妥为办理,并将兼营门庄各坊户查明册报,暨将各坊户截至六月底止存酒数目,先行报查,以资稽考等因。奉此,现在已届启征之期,除分令各稽征所,将兼营门门各坊户暨截至本年六月底止存酒数目,分别编造细册,呈候核转外,合行出示布告,仰各酿商一体遵照,毋稍违误,再蹈从前偷漏覆辙,致干从严究罚,致此布告等因。奉闻之下,骇汗惶惑。伏查绍酒一项,为越中出产大宗,行销全国,关系国计民生甚巨。乃是民国四年骤增倍捐公卖以来,本销捐率,每坛从二角一分六厘增至八角三分二厘。出运捐率从四角三分二厘增至一元一角二分,而原有之缸照捐、牌照税等尚不在内。而杭嘉湖三属每缸不过六元零。宁波每缸不过四元零。独绍酒每缸计须八元有奇者。绍酒商已经暗中受苦,加以年来绍酒销路已成江河日下之势,推厥原因,实受捐重之影响,捐重则销滞,销滞则产额日短,产额既短则查缸愈严。查缸愈严而停酿、减酿愈夥。沈分局长钧局上年查缸不厌,搜查统计得七万余缸。公家固属额长,然酿户被骨塞喉,忍痛难言。惟有停减一法,今年缸数究有若干,商等虽不得而知,惟照观见所得,决无上手原数者可断言者也。而绍酒缸数民国迄今,由十二万九千余缸递减至六七万缸。近如绍酒大酿商迁往上海、无锡、金坛、苏州、宁波等处造酿者,络绎不绝,亦因绍酒捐重出此避重就轻之举。司榷只顾比较,惟恃搜查之术,无如产可搜查,销路则不可强迫。既无销路,酿户照本已受搁捐之苦,如再令先行缴捐,似投井下石,与心何忍。事实、商情均难负担。所云,印照一项,有督令各该坊商按坛实贴等语。查粘贴印照,必用糊麦,岂知浆糊一物最惹鼠虫之噬蛀,设贴于坛端,断难经年累月,日久非但印花纹字迹模糊,且纸张一经□□等虫蛀后必多破碎,再□霉蒸,神眼亦难辨别。试问此项不能辨别之破碎印照,将来能否发生效力,其不能预缴领帖者一也。况商等每届造酿,借本营业者,十居八九负重□而博蝇利,已属危险。金融之奇紧,周转之不灵,断无余资,而再先行缴捐,此无力按期遵缴者又一也。年来金坛、丹阳、无锡等处糯价昂贵,酿造成本较巨,可衡现象绍酒日起于消灭之一途,裕国恤商,亦当兼筹并顾,商等不能因噎废食,一再筹议,众意佥同,合将绍酒无力按期遵缴,万难承认各缘由吁恳钧督长鉴核俯赐,准令饬省局收回成命,迫切待命,实为德便。谨呈。

绍兴酒商代表:沈永和、章□记、楚号、章万顺、岐记、章□明、正记、章焕记、正号、王松茂、州记、谦豫萃、鲁永盛、王松茂、湘记等八十余家。

《越铎日报》中华民国十二年八月念九号

箔捐局将被呈控

(1924 年 1 月 6 日)

绍萧锡箔统捐局,前系商办,一切尚知商情。现因改为商办后,主任不得其人,致局内恒以戏赌抽头为生活,置捐务于不顾,锡箔铺挑箔块去做捐,往往候至三四时之久,尚不肯出来检点。其地点设在西郭门头远路,箔店挑箔而往者,无不怨声载道。甚至店东因店伙出去迟缓回覆生意者,在屡屡有之,乃该捐局人员以取之民脂民膏,作樗蒲之戏,呼卢喝雉,多少兴高采烈,不知业是业者,亦属以手艺赚钱,光阴实有如黄金之可贵。现闻该箔店私自会议,拟将捐局员腐败情形上控省长公署,不知该捐局主任知之否耶?

《越铎日报》民国十三年一月六日

调查印花之黑幕

(1924 年 1 月 24 日)

本月中旬,省城派出调查印花委员俞子卿,由绍城调查后,到道墟攫得罚金不舍。于十四日到斗门镇调查,携出簿子二十五本,内有零用簿、□洋钱簿数半,又强携经折四个,不论经折之废弃及处村,统需每本罚洋三元,经斗门商会中人,竭力协商,俞某不肯退让,商会又饷以午餐,劝其放松,约经八九小时之久,舌疲唇焦,始以六十元了结。在商人不晓科罚明文,又无商会通告,无端被该委员勒索,心痛已极。俞委员闻喜笑颜开,满载而回云。

《越铎日报》中华民国十三年一月二十四号

保卫团董藉捐病民

（1924 年 8 月 5 日）

（绍兴）华舍保卫团，自开办以来，经费由绸业担认，讵意本年勒收私捐，顿改旧观。查有保卫团董沈少帆，藉加添团丁四名经费不足为由，于月底饬警向各商铺挨户勒索，且勒收数目之多寡，视商号营业而定，乡警本一无赖，既得劣绅之庇护，又得假公以肥私，遂强索硬□，益逞其无赖之凶熖，而各铺主处于胁迫之下，忍气吞声，无从伸诉，此等勒收私捐，谓之曰公，不得议会之通过，谓之曰私，又不得多数高铺之承认，且不掣给投条，并无报告大众，其违法勒收，假公肥私，不言可喻，沈某开此先河，诚该乡之不幸也。

《越铎日报》中华民国十三年八月五号

箔捐认商之进退难

（1924 年 11 月 5 日）

（绍兴）杭绍萧箔捐，自去年收归官办以来，曾有一部分商人向省署认办不准。此次政局改变后，业由箔商某向财政厅先以十万金抵押承包。详情已志前报。兹又探悉，该商徐某，自北方政变消息传来后，恐牵动大局，故向财政厅认包之举，尚在考虑中。

《越铎日报》中华民国十三年十一月五日

呈请箔捐改归商办

（1924 年 11 月 6 日）

（绍兴）绍萧杭箔捐，前因认办不得其人，各商号均未信服，群起纷争，官厅有鉴于斯，因收回官办。讵官办一年，奸商舞弊，捐额前途，大受影响，兹闻有箔业商号周荣茂恒升等，呈请省长财政厅，以为如归商办，并能认真从事，捐税必有起色，愿认正税洋十五万一百二十元，二成附加税三万二十四元，每年共缴洋十八万零一百四十四元，未知能否照办云。

《越铎日报》中华民国十三年十一月六日

锡箔捐商办之隐幕与波折

（1924 年 11 月 25 日）

（绍兴）绍杭锡箔捐，由财政厅长蔡朴招商认办，现有绍兴箔商徐守衡具呈，每年认缴捐款十八万七千二百元,并将二成押款,及预缴六个月捐款,共十万余元,解送金库由厅批示准予认办,闻徐氏初呈,原认十七万二千元,代财政厅长萧鉴任内,以去比额尚远,虽经有人说话,仍未予批准。徐氏提出条件,愿借省政府洋十万元,永不起息,再缴二成押款,当时外间传有一万元运动费云云。萧氏不为动,后徐挽某要人授意,萧氏曾力拒之,此次居然沐恩批准,设者谓箔商之力量真不小,惟昨闻省议会中,以未经投标手续,拟将提出质问云。

《越铎日报》中华民国十三年十一月二十五日

箔税放大笼

(1947 年 10 月 12 日)

积压电文多日,显有舞弊嫌疑。

(本报讯)本县税捐稽征处安昌分处主任,兼本县锡箔货物税代征所主任徐复勤,滥派人员,包征税收,私刻方印,且有收税不给收据等种种情事,经被害人陈某检证呈控,并经京、沪、杭、绍各报纷纷揭载消息,财厅派视察孔懋来绍彻查,搜集证据多件,回省复命。旋获悉,谓省方已填饬林县长将徐复勤扣交法院侦办,本县各界得悉,莫不额手称庆。讵事隔多日,未见下文,以致议论纷纷,啧啧称异,讵一波未平,一波又起,昨(十一)日又发生一扣压机密公事,透露箔税增价情事。查箔税代征,为本县一大收入,此次财政部税务署调整税额,箔各随一增加,本县于十月七日,即奉税务署增价代电,收文为三六七七号,县府于文到之日,即直送徐处长,箔税代征所徐主任收到后,竟扣压四天,于昨天始行发表,而使本县箔商事前获得秘密消息,以致纳税数骤增,三日来纳税数达一亿余千万元之巨,因是外界传说纷纷,疑窦丛生,咸谓徐复勤前案未了,而如斯胆大妄为,扣压电文,使国税蒙重大损失,箔商获侥幸利益。记者以事前未闻有关是项消息,急明了真相起见,昨特走访有关机关,闻县府奉到是项命令后,以事关机密,即行直送。记者复走访县税处长,适因公出赴杭未回,另据有关方面消息,谓此项电文系文到之日,直送箔税代征所,并非由税捐处收文转发,揆诸情理,是项重要电文,税捐处何得积压三四日之久。详情可向箔税代征所方面探询。记者又赴代征所访徐主任,首申述来意后,承言"关于是项电文,本所系九日下午收到,为免消息透露,本人即于是日赴安昌,十日晚始回城,适双十节例假,至晚始将是项公文宣布,本人可代表征所,可奉告各位,是项加税消息,无人知悉。至外传三日来纳税数骤增,并非事实。总之,本人为人素踏实地,守住自己岗位"云云,确情容采志。

《绍兴新闻》中华民国三十六年十月十二日

当地报刊中的绍兴商会史料

下

汪林茂　颜　志 编著

上海古籍出版社

五、商会与商事纠纷

1. 股东纠纷

肉铺股东之内讧

（1912 年 7 月 7 日）

绍城江桥和□肉铺系由杨、蒋两姓四六合股开设，已历多年，旋因杨姓力有未逮，乃将名下股份六股租价赁与蒋某。讵蒋某因觇该店生涯颇盛，意图独占，诡云转赁与屠子俞三元，暨惯施讼术之王世量，当由彼二人出面，将租款捺住不交，擅将该店号匾拆□，并又串通其戚许怀金，挖赁店屋，必欲将杨姓店股屏诸门外而后已。闻杨某情不能甘，已提起诉讼于知事署矣。

《越铎日报》中华民国元年七月七日

官样文章·绍兴地方审判厅批陶锡本

（1913 年 11 月 2 日）

状悉。此案既经商会议决有案，该民尽可向商会请求理处，无庸来厅多渎，印纸发还，此令。

《越铎日报》中华民国二年十一月二号

官样文章·绍兴地方审判厅批陶锡本

（1913 年 12 月 26 日）

诉及粘件均悉。着该民仍向商会妥为理处，毋庸多渎可也。此批。

《越铎日报》中华民国二年十二月二十六日

官样文章·绍兴地方审判厅批鲁宝福

（1914 年 1 月 6 日）

状悉。此案早经商会核定账款数目，已将原卷发还上虞县审检所照判执行，毋庸来厅多渎。此批。

《越铎日报》中华民国三年正月六号

茶店居然开商会

（1915 年 5 月 18 日）

城区义爱祠前有陈松青，本一满清胥差，其种种劣迹，屡经本报揭载弥遣。前岁曾在最新茶店为伙，因耸弄毛某暗地集股，在诸善弄口组织迎辂茶园，从此茶博士跃为经理，面目大非昔日。无如狼心未改，屡将店中物件私携归，并串通账房陆某暗中舞弊，旋被各股东觉察，大开交涉，后挽任阿良等出为情恳，万事推在陆某一人身上，将其生意覆绝。各股东遂草草了事，而以任何良舅氏者阿顺继充是职，上手未几，讵知前门拒虎，后门进狼，一切账目，弄得一塌糊涂。陈松青不加约束，事为各股东所知，以账房为一店生死机关，盈亏在其掌握，一再催促清理。陈某被逼不过，转商任何良，竟用先发制人手段，借股东资本不齐之名义，要求商会开会评议。现闻商会已允其所请，准于阴历四月初七日开会集议云。

《越铎日报》中华民国四年五月十八日

丝行倒闭交涉记

（1915 年 11 月 9 日）

绍属西岸周地方，有恒泰盛丝行设立于前清宣统年间，系属周宪章、周子康、谭子腾等数人合股品开。光复后，该行宣告闭歇，欠有各钱庄款项，初由该东周子康以所开扇竹场销路停滞，金融周转为难等词，向各庄缓颊，已而子康作故。庄家向理，周妻田氏以该行股分已退让与谭子腾等语相抵抗。各钱庄不得已帖请绍兴商会开会理处，该地于本年六月间开会评议，有朱子常者代表周子康到会，亦声言恒泰盛股份已并归谭姓。惟提不出契约凭证。会中以商业习惯，将店股归并或分拆，必有契约。周姓既无可证明之契约，众皆不能承认。嗣经诉请县署核办，县中于前月二十八号传案集讯。周子康代理人忽提出谭具名之八行书，指为与□股□谭有关之证佐。谭力辨非亲笔，呈由承审员验看，竟亦认为谭所书者，遂毅然判决，既不查书中字迹之符合否，亦不问商习惯，营业之授受若何。又不询有可证之簿据否。贸然认周姓之让渡为正确，周姓竟能脱离债务关系矣。现闻谭姓以是非倒置，与商业前途有绝大关系，业已续呈县署请求再审，未识能得若何之结果也。

《越铎日报》中华民国四年十一月九日

商　习　惯

（1915 年 11 月 9 日）

恒泰盛丝行之交涉甚为离奇，非外人所能推测。惟查该行系数股东合开，系属组合性质。组合营业如有折耗，不愿继续再营其业，欲将其股分归并于组合中之有企业心者，必有契约。按之吾绍商习惯，亦必有议单等证据，否则必在新闻纸上登广告若干，以为佐证。此一次之手续也。

《越铎日报》中华民国四年十一月九日

钱猢狲之马鞭政策

（1917 年 5 月 4 日）

择肥而噬殃入池渔

绍城利济桥后街泰升线店倒闭后，债务情形已志昨报。兹将其内幕详情探录于左：

城区利济桥泰升线店于前清光绪十五年间，有俞顺隆、周天柱、钱厚生、吴建勋等各出资本银五百元，合成二千元，以吴建勋为经理。开张以后，每年折耗。至民国元年俞顺隆、周天柱，不顾继续营业，宣告脱离，除亏本外，每股应派折耗银九百元，当经交结清楚，出立还股议单，并闻该业业董翁在周，当时亦同在场目击。该店经理吴廷勋于民国四年物故，计亏欠复裕、同康、乾昌、乾泰、源益、源安记六家钱庄银五千余元，顾该经理吴建勋家非素封，尚有在场合股之钱厚生，家景亦属式微，其时各钱庄除搬取店中货物外，别无办法，惟有向营业官厅提起诉讼。荏苒光阴，迄已数年，所谓讨债英雄，不敌欠债精穷，并无丝毫着落，乃该六庄中如陈秉衡、冯德斋，向为个中佼佼，亦商会中之有数人物，知该号前东俞、周两姓现在均为乡中富户，居然奇想天开，施其马鞭政策（马鞭向有肉处梗，此为钱业中独一之讨债政策），与吴建勋之子吴海章讨论办法，以俞、周当日拆股，尚未登报声明，否认其拆股，并许以官厅方面，由钱业中疏通。此计果成，则当为吴、钱两姓减轻债务，藉以达其择肥而噬之目的，计划既定，即行如法炮制而早经脱离之俞周两股东，果被牵涉在内矣。

《越铎日报》中华民国六年五月四号

马鞭政策之可畏

（1917 年 5 月 4 日）

营业拆股办法，对于品业同人，苟已出立退股议单即为手续完备。嗣后，与其所业之店断绝关系矣。至于登报声明，非其所必要也。

《越铎日报》中华民国六年五月四号

官话连篇扰会场，臭绅士死出风头

（1917 年 6 月 22 日）

城区大云桥诚裕钱店，自倒闭后，各股东中之稍有资财者，均被经理徐锦文唆使各存户任意骚扰等情，已先后详志本报。兹经颜、季二股东，拟具说帖，请求商会秉公协议。嗣据商务总董高云卿分发传单，于前日（二十号）下午三句开会，除高云卿列席外，议员到者钱业莫雨人、冯德斋、典业钱德芳、徐鼎荣；诚裕到者，经理徐锦文、协理兼股东颜勉斋、股东颜雅斋、季仲和、骆昌爷、王小卿倩代表，余均未到。各存户均在两旁听高某讯问情形。据徐锦文谓，催取欠款，一时不能应手，已与各股东有成议。诚裕资本一万，作为十股，每股再垫六百元，合成六千元，以作缴还存户之预备。高某谓，本属本此办法，惟端午节届，恐再有滋扰情事，姑且通融办理，正与各股东磋商之际。不料突来肩舆一乘至会场口落轿，旁听者金云，此即官气十足，铜臭熏心之沈杏青，特来为徐锦文帮忙耳。讵沈某出轿后，竟手捧水烟管在股东席上挨肩而坐，居然什么长、什么短，官话连篇，滔滔不绝，致使会场秩序为其扰乱。经总董令其旁坐，彼尚信口乱吠。总董谓，官厅旁听，本无发言之权，惟此处议场因旁听者均系本地人，予不愿过事苛求，君毋譟，请听予一言，遂将前情略述一过，彼始信服。后经各议员议决，各股东于端午日，先缴三百元，再由阴历六月初五日续缴三百云云。当即通过，未到各股东由徐锦文抱及，遂摇铃散会。后来沈杏青与徐锦文不知如何遽起冲突，人皆目之为窝里狗咬云。呜呼，前清之官场！

《越铎日报》中华民国六年六月廿二号

南货业致商会书（一）

（1917 年 8 月 18 日）

绍城南货业以萧山商会理处衡大南货店应破产案，殊不满意。曾经登揭广告声明否认，兹录该业中复绍兴商会公函录下：

迳覆者：于八月九号奉贵会选送到萧山县商会公函一件，内载为对衡大南货栈经东吴庆澍等陈请破产一案，当查阅该公函内所载各节，萧商会全系违法侵权。本无答覆之必要。现既奉贵会通知，是以将逐项驳斥如右：

（甲）查负欠债务，无力履行，陈请破产，必须向司法衙门申请，而司法衙门经过调查手续，然后派员组织破产财团，通告各债权，依期加入后，再债务人财产出示拍卖，以拍卖之后所得洋元按债额之多寡，定办济之成数。此非特中国已死之破产律如是，即证之各国破产律，何独不然。经萧商会并非司法衙门，何得受理债务人之陈请，捏词调查，真实乃事，实出违法侵权。此答覆驳斥者一。

（乙）于三月二十八日，除沪甬杭及本地各债权，是否受该地传知暨愿意抛弃债权，局外人不得而知外。惟杜德斋、胡实楚等赴萧索取债款，并无受该会之传单，且无到会列席，同场表决，亦无公推情事。该地何得捏造事实，谓均各列席，并无反对之词。此种妄言，是否该会所能言而该地所能造此答覆驳斥者二。

（丙）查大理院民国二年上字第六十八号判决例内载，考前清光绪三十二年商部奉准施行之破产律已于光绪三十二年十月二十七日，以明文废止。现在该律并未复活，似未便即行适用，复按现行法例，对于无力偿还债务人应如何免除其债务，毫无明文规定。司法衙门为严格保护人民债权起见，自不得遽予宣告免除等语。可见，司法衙门尚不敢判令抛弃他人之债权，而该会何得将已死之破产律对抗债权人。此种公函，实属违法侵权已极，此答覆驳斥者三。（未完）

《越铎日报》中华民国六年八月十八号

南货业致商会书(二)

(1917 年 8 月 19 日)

南货业对于萧商会处理衡大案之议抗(续)

（丁）查大理院民国三年上字三十三号判决例内载，凡商店之财产不敷清偿债额时，其营业人等仍须以私有财产抵补等语。经萧商会所谓吴庆澍等陈请破产，是否限于衡大商店财产，抑系吴庆澍等私有财产统括在内。如果仅止衡大财产，该会实属有违上述判例。如果连私有财产在内，该会将债务人究有几何房屋、田产及家内器皿、杂物因何未经宣布于众，断不能以并无倒骗寄顿情弊数字而掩饰债权之理。此答覆驳斥者四。

（戊）原函既称衡大财产拍卖，自应指定拍卖场所，依法投标，使其竞买合格，方为有效。该地岂能介绍新东倪念劬，私相受授，其中有无隐匿，局外人岂能知之。即该会所行行为，按情度法，安得有效。此答覆驳斥者五。

（己）查已死之破产律，虽有破产后赡家费规定，然其规定者不过约给债务人三个月之养料，并无有与该会六百六十元现洋优给之规定。况该律现无复活，已如第三项理由中说明，无待繁赘。该会对于本案虽无关痛痒，而按之真情，实有违法。此答复驳斥者六。

（庚）绍栈经理诸人，据称明明赞成，自应令该地提出赞成书押之证据。如果为受讼人之感情，以平空结撰之言，妄指绍栈赞成，实为该地所不取。即谓并非单独擅专，何以擅拟三成摊还之办法。更可笑者，公函内谓多数债权人赞成，即有绍栈四五□之反对，亦属不生效力等语。讵不知债权抛弃，即应有债权人之意思。断不能以债务人受托一二私人，不顾债权人之损失可以代为任意弃却之理。况查大理院民国二年上字第一百三十号判决内载，不得任意判，令当事人舍弃其利益等语。可见司法衙门尚且不能判令任意舍弃，何况萧商会谓绍栈不能反对，殊属违法侵权。此种不明法理之公函，实为不值识者一笑。此答复驳斥者七。

（辛）绍栈既未赞同，该会何谓平空翻悔。绍栈既未承认，该会何谓食言。据称既未擅未,何以妄引已死之破产例。绍栈自等之报,该会何言捏登种种违法干涉,实无价值之置辩。此答覆驳斥者八。

爰诸上述各节理由,请转致萧商会各董,劝其安避禄位,切不可违法干涉,自陷于罪。为此函覆,敬请绍会会长公鉴。

《越铎日报》中华民国六年八月十九号

绸庄破产讲倒账

(1918 年 1 月 4 日)

绍属华舍宝记隆绸庄,系由周正昌等兄弟开设,历来信用卓著,营业亦颇发达。惟贷款于人,个人不无报耗,兼之迩来西南战事,绸销停滞,而申庄与绍庄金融尤难接济,风声所播,致各债户为之恐慌,催迫愈紧,周氏兄弟数人,束手无策,不得已于上年九月底避居沪上,仅留几辈女眷守家,各债户闻耗,以为一去不返,始而惊骇,继而愤怒,即于十月初旬,大兴问罪之师,将该庄所有什物,尽行捣毁,唾骂纷纷者有之,坐食不走者有之,幸有该处公民沈少帆出为排解,始得退去。现闻沈某代邀商会总董高云卿及该业许承之等,同为调理,一面函邀周正昌等来绍清理账目,令尹寓居商会,藉免酿成他故,俾得从容摊讲。兹高、许二君查核簿据,约欠六万余元,将周氏所有财产和盘托出,仅得二万余元之谱。闻绸牙、机户方面已定三折认还,且已得各户允许,惟贴票一方,因多寡争执,尚难定夺,想高、许二君既允为之调理,于先必有圆满方法,以解决此项难题也。如何结局,探明续志。

《越铎日报》中华民国七年一月四号

绍兴商会临时会记事

(1920 年 4 月 27 日)

城区大善桥下恒豫泰南货号经理赵恒甫、司账薛蓉轩,狼狈为奸,侵吞舞弊。由该号股东姚蔼生控县公署,批令向商会清算账目,呈复核办,一切详情,已志本报。兹悉,绍兴商会于前日(二十五)下午,召集会董开会评议,并向县公署调取案卷及在押之赵恒甫、薛蓉轩二人到会,以备质对。是日,会董到者计十五人(该号股东均在列席),冯会长主席宣布开会宗旨毕,双方陈述事实,当有该号股东姚蔼生列举该经理赵恒甫与该司账薛蓉轩侵吞舞弊情形,并提出七年红单与历年总清簿据为证。经该会董等略加查核,其中舞弊事实,不胜枚举。最著者为七年红单,与该号账簿截然不符,账中各户已有三五年不揭,委托各钱庄贴出角子,均不计价,甚至簿据一页中有两列两三户者,总清簿有改头换面,重行装订者。该会董等质问该经理赵恒甫,则一味狡展,诿为不知,且不承认为该号经理。冯会长诘以依照商会法第六条,关□会员之资格,以公司商店股东或经理人为限,尔(指赵恒甫,下同)果非经理,何以七年改选时,该业公举尔为商会会员。赵恒甫俯首无词。质问该司账薛蓉轩,则诿为秉承经理口头嘱咐记载,并非伊所伪造,且谓七年以来,红单有先由经理所钞书面,令其照缮者。该会董等令其提出此项书面,则以收回为词,无从提出。该会董等遂认为讨论终结,至该两人是否侵吞舞弊,请会长以起立付表决。全体起立。冯会长以赵恒甫前既由该业公举为会员,按照商会法第七条,该会员已丧失资格,应否即时除名,抑召集全体会员开会后,再行宣告除名。赞同后说者居多数。时已旁晚,遂摇铃散会。赵恒甫与薛蓉轩二人,则仍由法警带回县公署看守云。

《越铎日报》中华民国九年四月廿七号

商会长理处得宜

(1921 年 7 月 1 日)

城区大善桥同豫泰茶食店,自开张以来,蚀耗颇巨。内有一部分股东,不愿听认,致各上行大起交涉,请商会理处,种种详情已三志本报。兹闻此事于旧历五月二十一日下午二时,该店各股东暨各上行代表均齐集商会筹议。首由商会会长陈秉衡君发言,谓营业蚀耗,理应各股东按股分担,这种东家何得好少一钱云云。乃询该店经理,自开张至今,究属蚀耗几何,该经理当将清单递上。该会长阅后又问,该经理同豫泰这爿店,值价若干。该经理答称,仅一千元之谱。后经该会长断定,同豫泰作价一千四百元,每股除去资本金外,应负担二百二十元,众皆承认(该店资本金二千元作十股)。该会长又向各上行代表云,同豫泰欠你们账款,限五月终如数缴清,届时到敝会来取云云。该店股东李某、姚某及上行代表,金称办法最妥,应遵照行。时已电灯放光,遂散会。如该会长者,诚可谓理处得宜者矣。

《越铎日报》中华民国十年七月一号

商业中之大波潮

(1922 年 5 月 3 日)

城区县西桥万丰茶食店自开设迄今,营业颇为发达。讵该店经理董某平日措施不善,以致内容亏耗甚巨,遂有江河日下之势,不得已有宣告停闭之消息。该店开出红票颇多,历来信用尚佳,从无错误。昨有某甲持票向该店取货,该店因一时不能应付,由是外界纷纷传播,一般债户群起恐慌,群向该店索款,愈聚愈多,不下数百万人。该经理手足无措,当以电话禀请警所派警保护。薛所长即派警察多名前往,一面谕该店约期清理,各债户始陆续散去。闻其中以米业暨粉业、糖业为最巨,油业亦不下数百金。总计约有数千元之多。闻该经理董某,拟于二星期内设法清理,意图复开,或谓该经理董某现在本城笔飞坊

□寺暂为隐避，确否不得而知。并闻此事实被坏于钱业中之某号，因该号催款过急，致各债权人极为摇动。该经理无计可施，故不得不出于停闭。不知此事将来作何解决，容俟探明再志。

《越铎日报》中华民国十一年五月三日

茶食店会议债务
（1922 年 5 月 9 日）

城区县西桥万丰茶食店，由王张任三姓各股品开，因该店经理张文荣，不善经济，将店中银钱任情摊放，加以各股东亦鲜佐助，致遭倒闭。现悉该经理张某竟匿迹无踪，该店所有债权人，皆纷纷追取（总计共欠各存户暨各上行有二万四千元），至今分文无着。兹悉，该店各股东，不忍袖手，邀请周德源为万丰全权代表，于昨日假座旧会稽火神庙邀集各债权人会议筹还方法。是日到场与议者，有各债权人一百十余人，先由周代表发言，谓万丰各股东委鄙人为该店全权代表。现查该店存货以及生财有四折可抵。请问诸君允否。鄙人为代表，如果承认者，鄙人即可去查该店一切账款以及该店各股东之财产，以便变价偿还，限定旧历四月十二日下午二时，再假座原场决议债务云云。众皆赞成，遂宣告散会。

《越铎日报》中华民国十一年五月九日

茶食店议债三志
（1922 年 5 月 22 日）

城区县西桥万丰茶食店，自倒闭后，曾由周德源为该店全权代表，开过两次会议。因该店希图大打折扣，各债权人全体反对，致无结果，种种详情，已两志本报。兹闻该代表周某于昨（十号）下午二时，邀集各债权人，仍在旧会稽火神庙会议圆满方法。是日到会与议者，仅有三十余人，先由周某起言，谓鄙人（周自称）又至该店各股东家调查财产，实已变卖殆尽，请诸君只好原谅一点，实在没有法子云云。各债权人亦无所表示，嗣有债权人某甲与周某至密室鬼鬼祟祟半小时许，复至会场，当由某甲发言，谓诸位听我道来，该店总亏连所有开出红票二千元，共计亏洋二万四千元，那么我想红票除开净亏二万二千元，计算起来，有四折三分好还。劝诸位承认罢了。于本月二十六日下午二时，仍至原处来取洋银云云。内有几位债权人，似允非允，是此番会议仍无结果，须待二十六日会议，再行探志矣。

《越铎日报》中华民国十一年五月念二号

茶食店议债四志

（1922 年 5 月 24 日）

城区县西桥万丰茶食店，自倒闭后，种种黑幕，已迭志本报。兹闻该店周代表定昨日下午二时，仍在旧会稽火神庙交还各债权人四折三分之款。是日到会取款者寥若晨星，因有几家债权人不允打折，致无结果之期。现闻周振生（王股东之母舅），联络其甥王济庭大起黑心，一面请周德源为万丰代表，会议债务。如果各债权人，不愿打折，议定嘱王济庭隐避远方，冀图缓诱。噫！如周某者，竟敢联络其甥，大肆舞弊，诚可谓商界中之蟊贼也。

《越铎日报》中华民国十一年五月念四号

泰和升布庄倒闭之黑幕

（1923 年 1 月 25 日）

城区府横街泰和升布庄开设已有年所，资本总额一万二千元，股东陈和甫氏八千元，姚亦记氏二千元，经理锺锡麟二十元，开设以来，已拆三账。民国五年抵一账，盈一万二千元；民国八年拆一账，盈八千元；民国十年拆一账，亏四千元。盈亏相抵，尽足维持。乃经理锺锡麟大权独揽，内账王永泉为锺心腹，朋比营私，狂赌滥用，挨延至本年十一月底，实有难以支持之势，遂潜匿无踪，各上行得此警耗，相约驰赴该庄厮守监理，收入暂行存入公户，俟日后解决公摊。查锺某亏负总数达十三万元，以上店内存货并可取之账，不过三万余元。布业领袖郦春融、陶仲安二君，于前日在商会开会集议办法，闻大股东陈和甫氏户下，除外存相抵外，须担任亏负三万余元。姚亦记氏户下除外存相抵外，须担任五千元。大约每股以二千元计算，每股须摊认亏账六千五百元。当时在商会集议时，商会诸公促令姚某写亲笔信一封，内述该庄姚氏户下亏负之数愿将祖遗湖田作抵云云。惟闻锺在该挂账有五万元之巨，如果某公司一万元之股款，并挂洋二万四千余元，及洪福泰茶食店股款，前后四千元，家中新购湖田五十余亩，□在□锺未到案前，此案一时未便解决。况锺有产可破，有款可抵，尽可分配摊还，同一股东，同一义务，彼此自未便遽分轩轾。尚望商会诸公平心静气，为之公允判断也。其余详情，容再探志。

《越铎日报》中华民国十二年一月廿五日

鼎泰源闭歇后账目业已理清

（1946 年 12 月 12 日）

（本报讯）本城鼎泰源米号，税负过甚，难再维持，已于旬前闭歇，并委托宋崇厚律师清理。兹悉业已清理账目,昨由宋律师函请县商会,要求定期调处,以资结束。

《绍兴新闻》中华民国三十五年十二月十二日

商事公断处评断拆股案

(1947 年 10 月 15 日)

(经济社讯)绍兴县商会商事公断处,根据首次处务会议之决定,于今(十五)日下午二时,在县商会会议室举行评议员会议,评断王丽生等与俞锦堂合伙营业义大绳店拆股一案,业已分函经前次抽定之各评议及调查员,准时出席评议。

《绍兴新闻》中华民国三十六年十月十五日

2. 同业间矛盾

商 会 冲 突

(1906 年 5 月 27 日)

恒昌水果行已开了三年。旧年因为钱庄账目不能清还,由商会总董调停,暂把账目收起来,存在同吉庄里(同吉就是总董开的钱店)。不料,同吉钱庄到手,先把自己的欠款收了清楚,把剩的钱叫别家匀摊。以致各钱庄不服,不认他做总董了。

《绍兴白话报》第 104 期,光绪三十二年闰四月十五日

衣庄开市会议

(1912 年 3 月 24 日)

阴历去岁,绍城各衣庄因货款收得甚微,积欠尚多,是以今春开市较上年为迟。盖欲调查欠户,□择交易也,提议先由该业董陈君发起,同业均极赞成。讵本月二月一号,景章、同泰等庄竟不关照同业,先行开市。嗣被同业知悉,乃邀集全体,敦请业董假大帝庙开特别大会,群向诘责,兼筹相当办法云云。

《越铎日报》中华民国元年三月二十四日

衣业会议再志

（1912 年 3 月 27 日）

本月二十一号，衣业景章、同泰两庄，因违议抢先开市，致被同业诘责。业志本报。兹悉各衣庄欲重申前议，乃于日前仍假大帝庙为会场，邀集同业到会集议。由业董陈君宣言，谓嗣后各庄开市，尽可自由，不拘迟早。惟各店所该货款，有一庄未能清偿，由该庄通知同业各庄，均不准与之交易。如违此议，罚洋百元，以充公用云云。同业均赞成，签字而散。

《越铎日报》中华民国元年三月二十七日

烟业竞争之解决

（1915 年 1 月 15 日）

城区大云桥有某甲者，日前在该处恒丰烟店门口摆设烟摊，悬挂分售乾原烟丝字样。恒丰经理人，以乾原有意垄断生意，大为不然，当向乾原交涉。讵竟各抱理由，均窒商战，减价贱售，于是接踵效尤，沿害同业。现经业董出场喻以鹬蚌相争，殊非自谋之道，爰议定规则，自阴历十二月初一日至初三日止，概行吵盘，以后一律仍照议价，不得紊乱，刊刻知单，不日就可分送云。

《越铎日报》中华民国四年一月十五日

钱业摈市之真相

（1915 年 11 月 9 日）

绍兴钱业自改掉期为日拆以来，垄断居奇，已达极点。如昔日之三天一掉，其加息不过一二分，今则每日一拆，加息亦以一分五厘为率，且天天举拆，该业同行之争执，亦较前为多。昨日（即八号）为开七号（盖阴历十月初一）起之日拆，由储成庄出面，加二分为三分，而其余同行概因市面未安，商场困乏，似不应过重为词。盖各同行多因滥放长期，盆单太缺，或多汇头，或屯货物，私心、公理两得其宜，遂出而反对矣。当由该业稍明事理之人，在公所多方理劝，嘱多者稍从减轻，俾缺者略堪自慰。无如言者谆谆，听者藐藐。一番开道，两不相能，致一般自任曹、邱之和事人恼羞成怒，直坐至钟鸣一下，尚未开市，白眼相看，势成骑虎，有同吉庄场伙寿某出而问曰，今日两不相下，似无转圜之余地。我辈局外人，不如归去，日待事有端倪，再行□议。于是纷纷欲散，突有□成庄伙高立门槛下恫吓之声曰：今日谁先走，谁先死，我当记名以去。内有景泰庄场伙□某应之曰：死坐无益，不如暂□若有商量余地再来未迟。我辈饭桶主义,回去午餐矣。遂散去。益景泰等庄并无多缺,不过□停未妥,致争意气耳。

《越铎日报》中华民国四年十一月九日

钱业开市之调停

(1915 年 11 月 10 日)

绍兴钱业因加息、日拆、多缺相争,以致搁市。其真相已志昨报。昨日(即九号)由商会总董高云卿、中国银行行长孙寅初、同吉庄经理莫雨辰,景泰庄蔡镜卿出而调停,各相劝勉,已得双方允许(阴历十月初一日起),日拆准开三分,以后再行递减,约于晚间邀集同行假座保昌庄(即商会总董经理)讨论此后日拆情形,并维持各业方法,遂由储成开源两庄场□挂拆三分开市而散。惟是日现水过长,升至三元四角,闻有大宗解款之故,幸由银行贴出数万元,否则尚不止此云。今晚保昌庄如何议决,容俟探明续志。

又一访函云,绍兴钱业昨因加拆问题,多家与缺家,双方相持不下,以致搁市。其情形已志本报。兹查钱业定章,下冬拆息多以五分为度,多家之评三分,其主张以活泼市面为词,缺家主减轻,则以维持市面为词。其实各有难言之隐,盖其真知均为利所蔽矣。兹觅得该业各庄之多缺公单刊举于后:

元康庄,多九千元;亿中庄,多一万二千元;敦元庄,多一万九千元;同吉庄,多六万七千多;怡丰庄,多九万;储成庄,多十三万元;开源庄,多念万元。以上七庄,均为多者。

明记庄,缺四千元;安记庄,缺五千元;承源庄,缺九千元;允升庄,缺一万四千元;复裕庄,缺一万六千元;乾泰庄,缺一万六千元;乾昌庄,缺三万元;同和庄,缺五万四千元;同泰庄,缺二十万元。以上各庄,均为缺者。

《越铎日报》中华民国四年十一月十日

南货业之新风潮

(1917 年 4 月 7 日)

绍兴南货栈全体,自民国元、二年以来,营业维艰,支持为难。于民国五年丙辰正月间,全体集议维持办法,以鲜货每元加用一分,咸鲞每元加用五厘,呈请商会公议。商会中以时世维艰,放账困难,银根奇紧,所请加用维持办法,自属实在情形,公决可行。城镇乡各南货店,悉皆依照所议结付,毫无异言。独安昌一镇同信昌、祥泰、泰和、其昌、协兴昌等竭力反对,不肯承认。城中各栈闻之大愤,遂于本月十六日起,在江桥张神殿设立会议公所,并拟定罚款规则,公布与该镇南货业全体绝交,停止来往,每栈出公积金五百元,存庄作为交涉公费,并另派栈司稽查该镇往来航埠,如有私自交往寄货,自是有心破坏行规,一面将所存储之五百元，立即充公，并犒赏稽查出力之栈司，及向商会、县公署提起损害赔偿之公诉。并闻自十六日起，各栈经理须往张神殿每夜讨论对付方法，凡有推故不到者，须缴罚金若干元，以儆效尤云。

又据另一访函云，绍属各镇乡南货业与城中南货交易，向惟黄鱼、带鱼有每洋一元，加用一分之例。此外，瓜鲞等咸货，俱无用钱。不料，去年三月间绍城各栈，忽有咸货一律加用之议知会，各镇乡南货店该业绝不承认，因循至今年，尚无结果。讵四月三号，安昌镇树场汇头忽停泊大船一艘，内有吴某等栈友七人，齐至该镇绅士杨某家中，托杨某向南货店商说加用一事。由城中七栈愿出运动费洋一千元，与安昌南货店（因安昌南货业为各乡镇之冠）。杨某始而不允，继则因吴某商求再三，杨不得已遂向各南货店转达。讵该业以该栈等无端要求，所关匪浅，虽有运动费一千元，万难承认。业经覆绝，乃各栈为运动无效，于是恼羞成怒，竟向各南货店算清账目示以绝交之意，而该镇南货店亦即还请账洋。此后，不向七栈进出（惟绍城陶仁昌、柯桥东升不在其内）一番大波折，究不知若何了结也。

《越铎日报》中华民国六年四月七号

安昌镇春水波绿

（1917 年 4 月 11 日）

南货业

绍属安昌镇南货店，因城中南货栈于咸货一律加用，南货店拒不承认。该栈等遂算清账洋绝交，致启冲突一节。业已详志七号本报，兹悉该栈与安昌镇各店算清账洋后，即于七号由该栈等公电与安昌某甲，托某代觅三开间店房一所，欲在该镇设立一南货公店。该镇各店闻信后，异常恐惶，即于是日午后，聚议抵制方法，当时议决如果该栈来安昌开设公店，实为扰乱南货业市南起见，我等将前算还账款签洋展远期限，捺不解缴，大众赞成。现闻瓜沥各乡市南货业亦预备抵制，不肯承认，未识该栈又以何种手段破败之。

《越铎日报》中华民国六年四月十一号

安昌镇乡新谈片

（1917 年 4 月 13）

绍属安昌镇南货店，因城中七栈增加外用，致启交涉一节，业经两志本报。兹又探悉七栈与安昌各店绝交后，情愿与该镇咸鲞摊进出，言定照大盘退让二分二厘，一般买主因之群向摊家交易。现货店得此消息，亦不得不稍为减价，以广招徕。该业董事仍拟邀请同业妥筹抵制方法，万不能任其扰乱市面，一面拟与七栈等正式交涉，必期占到优胜地步而后已去。

《越铎日报》中华民国六年四月十三号

裕和庄仿造伪票七志

（1917 年 4 月 23 日）

城区大路裕和钱庄，于本月间仿造冯雪珊上鼎升庄阴历十月念二期，计洋一百四十六元之进票一纸，朋串魁元楼歇伙阿顺及伙友六三，托永昌庄代为照实贴现，将款朋分。及真票发现，根究伪票贴现之洋一百二十五元八角零，并行使伪票之阿顺、六三，交由冯雪珊送请十二分驻所移县究办。十二分驻所警长，违法滥权，擅将行使伪票之现行犯六三、阿顺保释，并将伪票发还，种种详请，已六志本报。兹又访悉，该裕和庄伙友，以仿造伪票为惯技，此次败露，实由该庄某学生在外泄露机密所致，该庄经理王方振初不知情，及事已喧传，案已证实，为釜底抽薪之计，已于日前将泄漏机密之某学生，现行复出，以杜后患云。

《越铎日报》中华民国六年十二月十八号

绸业舞弊将澈究

（1917 年 7 月 2 日）

华舍绸庄，对于机坊码字（瞻码）非常注重，若稍有误，必须自开庄起，疋疋见补。虽其事不合理由，而向传成习惯。日前有赵阿春以生纺一疋（号道字），售于万源绸庄，谓其码字有弊，鸣众向该庄大开交涉，经业董沈少帆出为讨情待复，瞻后再作计议，现已多方瞻过无讹，照原分反少五钱。赵某自知理屈，料难收拾，恳求沈某冰消某事。沈某畏其强悍，许其所请，六月三十号上午，各同行在绸业观成堂提议办法，沈某置之不问，其中有陈野夫者，大为不然，以为数月之间，同泰等家被罚者四（为瞻码交涉或十年一见，或五年一见，非时时有闻），长此以往，吾业不堪设想矣。现闻陈某已具函上海钱江会馆（即上海观成堂）、杭观成堂联络一气，以整行规云。

《越铎日报》中华民国六年七月二号

争夺航船已解决

（1917 年 7 月 18 日）

绍属阳嘉龙开驶西兴夜航船之娄阿方、娄长生与开驶西兴日船之马四六，因争航路酿成斗殴一节,曾志三号本报。兹悉,此事已由安昌镇自治委员寿萱阁暨迎驾桥之马静安等出面排解,令娄阿方每年出洋十二元,充入阳川水龙会经费,仍令其照常开驶,惟将日船捣毁之物,须全数赔偿。又出资若干为日船伙医药之费,一面令日船在迎驾校停泊,双方均已允洽,其事始寝。

《越铎日报》中华民国六年七月十八号

驵商诈财之黑幕
(1917 年 7 月 24 日)

绍兴商界向推锡箔为巨擘。因其出产丰饶,营业扩张,为各业冠,兼之铺户(造箔作坊)林立,普及城乡,无异星罗棋布,而全绍人民之藉此营生者,直不下五六万人之多,故关系全邑生命,最为切要。第此项锡箔,必须用点铜制造而成,一经搀用次货,立见劣败。查点铜原名广拱,俗呼点铜,产自香港,行销全球。城区大路各箔庄及河沿各铜店,向由申庄采办分销,各铺户习以为常,历久相安。近缘欧战事起,来源稀少,价目骤增,各奸商不顾天良,因而利令智昏,异想天开,假冒申庄牌印,伪造点铜,公然与真货混冲,互相搀卖,鱼目混珠,设法兜销,计此种伪造点铜,照市价批发,每支可获利二十余元之谱,行销既久,沾利颇巨。全绍铺户,共有六七百家。此项伪货,发现以来,各铺户逐日制造锡箔日见损失,虽加悉心研究,迄无效果,大众束手无策,莫名其妙,盖皆不识其点铜之为冒牌伪造也。全绍人民业是手工者,十有其九系贫苦小民,如背户、研户、打箔夫等,皆赖苦工度日,谋升斗而活身家,加以连年荒歉,民不聊生,自被伪点铜之影响后,无不汗泪交流,惨苦难言。不意天网恢恢,上月间忽被铺户贤德、徐奎记两家察出,始遭破获,由是一唱百和,传遍城乡。察悉是项伪货,蔓延既久,城区各箔庄,均有出售。惟其中出主之最多数者,为开济、天成、志成、鼎裕、益记、复记、裕记等家,而损失更巨之铺户则为俞顺泰、王福兴、同升泰等,无不恨深切齿,正拟大起交涉风波,向彼理论。现闻几辈及衣冠兽禽之奸商,自知聚怒难犯,遂使狡黠手段,派人四出运动,颜甲十重,向各铺户一再恳请,情愿认罚了事。现发章程受买用过伪货,每支罚洋三十元,受买尚然未用,向原家易真点铜者,津贴每支十元。然各铺户尚未承认,如何结果,容探续志。

《越铎日报》中华民国六年七月二十四号

驵商诈财案续志
(1917 年 7 月 27 日)

城区大路箔庄伪造点铜,混冲售卖。受买之俞顺泰、王福兴、同升泰与箔庄交涉,曾志本报。兹又探悉。俞顺泰所买之点铜,为复记初所伪造。王福兴、同升泰所买之点铜,为开济所伪造。俞顺泰、王福兴之锡又由开济、复记裕挽人恳情罚洋了事。惟同升泰以伪造欺诈，非罚洋所可了事。现拟提起刑诉，业闻开济托人运动，希免刑诉。惟志成、鼎裕、益记之点铜，实系申江办来，并非伪造，前报乃传闻之误云。

《越铎日报》中华民国六年七月二十七日

驵商诈财案三志

（1917 年 8 月 1 日）

城区大路开济等箔庄伪造点铜诈欺取财一节，经本报据实揭载后，该庄等即改变方针，伪造荷兰锡每担售价一百零七元。闻此项伪锡即阮社油头锡之变相，实在价值只需九十元左右而已。闻大路某箔庄以及西小路明记两家出货最多，其害尤甚于伪造之点铜，不知该业董胡梅炫、胡小堂等将何法整顿，为箔铺除害耶？

《越铎日报》中华民国六年八月一号

驵商诈财案四志

（1917 年 8 月 7 日）

城区大路开济、天成、复记等各家箔庄，近因伪造点铜混冲真货，致起交涉。种种情形，曾经迭志本报。兹据另一访员详细调查，内有和济铜店向来销售油头锡，原身并无私造伪点铜情事。现在各箔店因买进价格亦照油锡市面，并非点锡行情。故未便向各箔庄交涉。闻箔业董事胡梅炫□向绍兴商会呈递说帖，请求裁决。业由该会出单传知各箔庄于阴历六月二十日开会公议，而和济则已提出收付各簿要求商会证明。并无混售伪货之后，再行另起交涉云。

《越铎日报》中华民国六年八月七号

南货业言归于好

（1917 年 8 月 21 日）

绍兴南货栈于去年春间，由坤泰、三阳等七栈发起，各色鲜卤货加用，议定鲜货每元加二分，卤货每元加一分，旋经该业城乡各门店竭力反抗，双方有绝交之意。经商会总董高云卿等出而排解，鲜货减加一分，卤货减加五厘，遂双方议决。讵今年春间，该栈至安昌门店结算去年未了账目，该处门店一律否认，因而双方大起冲突，致有绝交之举，种种详情，早志本报。兹悉由本城陶仁昌、钟庆丰，柯镇东升厉、高荣（缘该两栈因有别故，未曾加用),谓行栈与门店形同狼狈相依,偏一不可。若此两持不下,殊非所宜,遂为调停。先与绍栈磋商,以前加用至今年六月底止,令该门店仍旧照议付给。自七月初一起,择加五种,其余四十三种,一律免加(前加用共有四十八种),所加用五种无论鲜卤货,每元加一分云云。该绍栈初犹未肯,经该二君一再磋商,始行承认。该二君再至安昌门店与之商议亦然。现已照二君所议,当即两方通过,和好如初。至应加五种鲜卤货,如各色鲜货,各色勒鱼,各色水鲞,名色带鱼,各色卤蟹是也。其余向有加用者,不在其内,并闻陶仁昌及东升两栈,亦自七月朔日为始加入。七栈团体并于是月初八日,在江桥相公殿设席演戏,大整行规云。

《越铎日报》中华民国六年八月念一号

商会处理伪锡案
(1917 年 9 月 9 日)

伪造土番瓜碰一案,昨日下午二时,由商会会长高云卿君邀集光昌行麦成海及绍箔庄和济、天成、同成等家在会集议。因各方面各有主张,尚无就绪,其会议详情及所主张之理由,统容明日详志。

《越铎日报》中华民国六年九月九日

商会处理伪造土番瓜碰案详志
(1917 年 9 月 10 日)

伪造土番瓜碰一案,曾于旧历六月二十日,在商会开会,最终结果以先查和济等账后,再行集议。前日下午二时,复由会长高云卿理处等情。已志昨日本报。兹将详细情形记录如下:

届时会长高云卿先问查账人有无查竣,称尚无详查。完毕复询天成代表施某,前向和济买来二十二条之货,买进何价,售出何价? 答买进九十四元、九十六元,售出亦如之。高君谓,按之市价,须百零六元,何竟不从中贪利。施某称,并不贪利,有簿据可查。遂即袖出一纸朗读十二条理由。

(一)小庄簿据业经商会查校,冒牌点买进只有二十二条,既与和济庄簿据斤两相符,确系和济出产,已无疑义。按如有谓不信,请贵会即派武场,无论往本庄、别庄,马上挑圆、长各数十条块,当场有无雷同,如是者此足以证明确为和济庄出货之理由一也。

(二)且查小庄有烊炉簿点存簿,逐日付炉,乃现存均可查核,请贵会勒令和济庄呈验,上云两种簿据,来源去路,均可一目了然。此理由二也。

（三）此货既系和济庄前次开会时指由陈连后托和济庄收账，是和济庄货款可查陈连生，究系该和济庄是何种货款，此理由三也。

（四）查麦君未到以前，开会交涉时，何以不罚天成而独罚和济等庄。和济庄何以愿甘承认名誉、权利双方损失，并不提出反对理由四也。

（五）查告示上只有和济而不及小庄。事关第二生命，和济庄何以又情甘承认。此理由五也。

（六）又查舆论各方面及同业庄铺口气，人言啧啧，咸指和济而不疑天成。此理由六也。

（七）据贵会会卷及和济庄经理谢锦春君当场声称，自行往外面去理了。此可证明之理由七也。

（八）前次开会后和济庄向小庄收回（由胡梅炫君转收），所余三条既非和济庄出产，试问何必收回，多此一举手续。此理由八也。

（九）查商情习惯各栈簿据发票，均注意在数目字上。况开与块和济庄早具鬼胎，预先以曾通所用之△字添加卅，改作弁。原有发票条字，可证此理由之九也。

（十）查小庄如果受胡君指使，代光昌公司破案，为整顿商货起见，而即负行使责任。然则会上由光昌公司提出之两条，由邱正兴、徐元裕、鼎裕所来，岂亦将受行使（颜注：应该是刑事）处分耶。是小庄任破案眼线，反受行使罪之处分，试问法律上有无此条之规定，而光昌公司问心亦自愧否？此理由之十也。

（十一）小庄既能私行伪造，何以只有此数。况贵会检查簿据，并无别家指出，此理由之十一也。

（十二）查小庄既系营业，必为权利。是人皆知，小庄由和济买来转售与别家，只有赔贴利息有洋款过账可查，毫不牟利，是可证明。小庄不为牟利，实因破案而救护同行起见。此理由之十二也。

读毕箔董胡梅炫称当时和济售与天成之伪土番破案后，和济自知理屈，即至箔公所愿甘罚洋四十元，以充罚戏。有同泰即签为凭。并将伪印等销毁，是和济伪造土番，已成铁案，并列举和济贩户陈连生等之种种证佐，和济庄名尧卿者再三辩论，终不得直。

复由律师潘芝恩代表上海光昌谓，顷间天成之十二条理由，系对于和济交涉。唯第十条有小庄任破案眼线，光昌问心无愧否云云，太觉荒谬。此案未破获之先，从未托天成任眼线责任，且此案在天成破获，无论和济确造伪锡与否，斧凿相寻，自应追究。光昌愧于何有云云。嗣经高云卿称此事系法律范围之事，然到此地予欲为诸君和平了结，即光昌与天成、和济，亦同此情，唯有散会再行共同磋商等语。遂振铃散会。其私议结果，据光昌麦某谓，此次和济伪造土番，于光昌营业大受无形损失。须在三千元之则，已无庸说。唯有形损失，则此次来绍，实须一千元，应由和济赔偿。闻已有允意并须再罚洋数百元，以充地方公益之议，方可寝事。又闻事后，尚须公同协议，此后绍庄不得再造伪货，冒牌混销，请县立案云。

《越铎日报》中华民国六年九月十号

钱业停市之真相

(1917 年 12 月 7 日)

绍兴市面自光复后,元气未复,各业凋敝已达极点。幸往年利率销轻,各商店惨淡经营,冀金融活泼,略可转机。不料,今年钱业中人不顾他业之损失,竟重抬利息。现当甬市初平,该业中稍明事理者,辄欲减轻日拆,以维市面而镇人心。讵乾昌钱庄经理应惠堂因自己抛出甬杭洋四五万元,把持重利,不肯稍减。甚至该业同行二十一庄,群向商说。应某力排众议,一味坚持。故该业中人,以无可理喻,纷纷走散。昨日(六号)钱市摈搁。至晚尚未出盘,如应某者真商场之蟊贼也。

《越铎日报》中华民国六年十二月七号

日拆问题之解决

(1917 年 12 月 8 日)

六号绍兴钱市因日拆问题,乾昌经理应惠棠主张三分五厘。各钱庄主张二分。以近年来绍兴金融颇形恐慌,各商业日见萧条,自不能不轻其日拆,维持市面,亦足征各钱庄之明大义,知公益也。不料,应某为个人肥私计,独排众议,坚持日拆非三分五厘不可。各钱庄亦不能相让,直至午后四时许,由绍兴中国银行经理孙寅初君亲诣钱业会馆,向各方面竭力和解。其结果遂定日拆为三分。散市已六时许矣。

《越铎日报》中华民国六年十二月八号

伪造点锡获厚利

(1917 年 12 月 9 日)

箔业为绍地大宗,惟制造锡箔原料,均系点铜、□管两项,是项锡料类皆从上海贩运而来。讵近有某某等占铜号,利令智昏,竟敢雇就郑梅生及吕某等用油头锡自造土番混充牌号名曰产条。惟是项土番系夹心制就,中含铅质,故获利颇佳。现闻是项伪货业已行销各店铺,虽一时未经觉察,日后必不免有一番大交涉也。至所造该土番,各号且候探悉后再行续志。

《越铎日报》中华民国六年十二月九号

钱业议拆又停市

（1917 年 12 月 12 日）

绍兴钱业因争议日拆而停市已非一次。现闻该业乾昌钱庄经理应惠堂爱抬重拆，颇有除死方休之概。而该业中人，怒其垄断罔利，不顾大市，群与为难。故昨（十一日）钱市至晚未出，恐须摈搁，不知行政官厅亦有所闻否。

《越铎日报》中华民国六年十二月十二日

烛价吵盘累同业

（1917 年 12 月 12 日）

绍地油烛淘业，每届冬季，动辄放贱价目，大肆吵盘。盖因此际新柏油将次上市，冀图买主揭票，以故门庄生意，异常兴旺。往年每元售至四五斤之多，今庚秋季，因柏油步砌成本欠符，售至每斤三角三分六厘。迩届冬令价目骤削至二角九分六厘，而一般顾客，均以价较往年昂贵，相率观望，尚期再减。兹悉昌安门外宝丰咸烛淘为招徕买主起见，不顾血本，特别放盘，至每斤二角七分六厘，价目一贱，生意自较别家发达。致使邻近各号，如久兴、恒丰、瑞丰、森号等家大为妒忌，议定二角六分八厘，较之该号更贱。一般城中买主，以及四乡贪小之徒，闻风往揭，络绎道途，城中各油烛业烛价，以屹立二角九分六厘不动之故，竟至一落千丈，过问寥寥，不得已邀集同行，以血本难保，受莫大之损失，于日昨在江桥张神殿会议，决计劝令涨价，藉以挽回成本，容待柏油松动，再行止云云。故自前日（十号）起，昌安家一律以二角九分六厘，而城中店家又复提升三角零四厘（因城内店烛较城外好一筹故也），特无买主之裹足不前何。

《越铎日报》中华民国六年十二月十二日

点铜业层波叠浪

（1917 年 12 月 20 日）

吃空卖空，本干例禁，绍属点铜一业，历来与钱业、米业、油业并称大宗生意，向取人信用口头成约。此种不良习惯，已成牢不可破之势。讵本年自入秋以来，拱点价格不时涨跌，自百零六元跌至八十七元后，竟涨至百十六七圆，以故操斯业者，非大获利，即折耗累累。凡铜锡行及箔庄铺家，无不有盈有蚀，苦乐不均。兹闻有都昌坊高清记箔铺主高阿毛、高阿齐兄弟二人，因贪做生意，卖空成出。九月底、十月底等期点铜约二百多条，每条拆耗约在十元左右，且到期铺内一元存货，遂不顾信用，抗不缴解，起心黑赖。现由成进店家,如陈裕昌、永思、天成等六七家邀集本业董事,于昨(十八日)在大路龙局开会评议,佥谓高清记查此次成进之货,亦有多数均贴现转售图利,确系有意欺诈取财,破坏百余年成规,非请求商会长开会取缔,断不足以维市面而整商业云云。日前备具说帖,请求商会公断云。

《越铎日报》中华民国六年十二月二十日

抛买点铜起交涉

(1917 年 12 月 26 日)

城区东昌坊口高清记箔铺铺主高阿毛、高阿齐兄弟也(绰号小长毛)素性野蛮,不务正事,烂嫖狂赌,无所不为,以致亏耗,势难久持。不料,高阿毛、阿齐等,穷计百出,专做抛买点铜(锡名),买进卖出数目甚巨,有赚头者,当取盈余以垫亏空,如亏蚀者不肯赔偿,损失种种,非法行为,无不切齿骨肉。兹又探悉,高阿齐、高阿毛等售与大路天成、鼎成、永昌等庄共计碔锡二百十五条(每条约重七十五斤),计期九月半、九月底、十月半、十月底洋货两交。讵届期锡价骤涨约计折耗洋二千四百余元,乃高阿齐等不顾信用,违约抗交,屡向催索。高阿齐蛮无理喻,现闻各庄集议,经具说帖向商会理追捐失。未知商会如何公断也。

《越铎日报》中华民国六年十二月二十六日

点铜业会议纪闻

(1917 年 12 月 29 日)

城中都昌坊高清记锡箔铺主高阿毛、高阿齐兄弟二人(绰号小长毛)卖与大路各箔庄期碔(锡名)二百三十五条,计亏负洋一千六百八十余元,图赖抗缴,种种详情,迭志各报及二十六号本报。兹又探悉,是项交涉已于昨(二十七号)下午二点钟开会公断。到会者计铜业箔庄铺等七十余人,当由高会长振铃开会,发表开会之原由,嗣有天成、鼎成、裕昌、永思、源章、开济等(共计六家)宣告成交期货之理由,商情之习惯向无成票之说明,点锡□□□价目涨跌,由伦敦福足□□□及香港汇水大条金升缩暨申杭升水原价为标准,一一表明。当询高阿毛、高阿齐,成交之期碔是否确定,奈高阿毛等仅将少数家头鼎成等承认。惟卖予天成期碔一百三十条,坚不应允,继竟反言系天成卖与我号十月底期碔一百条。高会长明知蛮言难讯,问箔业业董,据云敝业买卖向无成票,无论茶馆、酒肆,亦可成交,百余年之习惯,毫无违约食言之弊。此次天成等庄与高阿毛、高阿齐抗缴之费,请会长整顿,以维商情、习惯等语。高会长因无证可查,只得将双方簿据按日吊察。无如高阿毛等居然云,小号一无簿据,只有自由日记为证。高会长云,日记簿无所效用,且出入条额期间不符,不胜效力,当场批驳一番。所认原有之碔,应如数解缴,勿再宽延。与天成上落之碔,回去稽查,难免失记云云。高阿毛等见势不佳,一味蛮言。据云候天成解我再行缴还等语。高会长见其情形不似商人,对于此事料难解决,而天成等则请求移县另诉究办,时已黄昏,因即振铃散会云。

《越铎日报》中华民国六年十二月二十九日

已成谷价图翻悔

（1918 年 1 月 6 日）

绍属偏门外曹家坂人王阿才,向以谷贩为业,日昨适向偏门外快阁姚宅,成得时谷二万斤,卖与西郭门外震泰米行,该行当以签洋二十元作为定洋,阿才当将签洋交与姚某,约定五日交货。不料,近日时谷价目骤涨十余元一万斤,姚某大有悔心,意欲图赖。震泰定谷届期竟不交付,昨日该行嘱阿才前往姚宅催货,讵知姚某非但不付所成之谷,反对以目下谷价已涨,谷早售与别行云云。阿才答以既然谷已售出,不该收我定洋,叫我震泰一边如何交代。讵意言尚未毕,突然有名唤姚梧章者,遽批阿才两颊,声言定洋尚不收到,大声詈骂,并拟逐出门外,阿才无法可施,只得忍痛逃至震泰米行,将此种凶恶情形一一告诉与该行经理梁某。刻闻梁某闻言之下大为震怒,决拟与之即开商会。噫,如姚某者真所谓全失信用而无理由者矣。

《越铎日报》中华民国七年一月六号

铜锡业大动公愤

（1918 年 1 月 8 日）

城区冬昌坊口高清记店主高阿毛、阿齐兄弟二人,吃空买空,抛拍点铜,以致同业大受其害,因抛卖与天成、永思、陈裕昌等六家空货,大折其本,希图狡赖。经商会评判无效,提诉公庭等情,迭志本报。讵阿毛等尤敢将存货售现黑吞讲倒,并大言炎炎,串同讼棍王某、张某,在茶楼酒肆吼称县署中有知己多人,诉讼大有把握,即已承认之家,当然败诉。今商会已接到泊业赖锡业、铜业各董事证明书一件,大致谓破坏成规,显系狡赖,觅录如次。

敬说者:窃缘天成等六号请求开会追缴高清记箔铺抗缴成碲二百三十五条,计贴价洋一千六百八十余元一节,业蒙贵会传知董等前来,遵即届期临场查讯两造。而高清记对于永思等五号成碲一百零五条,当场承认无讹,惟认欠不缴天成碲一百三十条会中查明簿据确凿,高清记非但不认,反捏称天成售与高清记十月底碲一百条,蓄意混赖,当蒙贵会长令其缴簿查核。直至晚上始缴到系铅笔写就袖珍日记一本,簿面新鲜,空白极多,并称该号进出,向无簿据,惟以日记为证等语。其冒诬情迹显然,毫无疑义,已蒙贵会长当众宣告,不生效力,并承贵会长讯明永思等五号向高清记催货时,并不提及天成欠货一端,实已水落石出。况董等叨在同业熟谙情形，岂容反诬狡赖，破坏成规。讵高清记一味混辩，且敝业锡价早晚时刻不同，出入成交，全以对人信用，口头成订，长幼皆知。今高清记含血喷人，胆敢反诬天成，董等既推同业舆论，又睹会场事实，若不为其证明，将来何以营业。矧董等有维持市面，保障营业之责，为此备具证明说帖，上请高会长鉴牒公署究追，俾便营业云。

《越铎日报》中华民国七年一月八号

点铜案纠葛不已
（1918 年 1 月 9 日）

点铜一项为制造锡箔之原料，产自香港，转售上洋各锡行。吾绍所需之点铜，均向上海锡行电购转运至绍，制造箔块。夫锡箔通销外洋，广售各省，向系吾绍营业中首屈一指。吾绍人民之藉业以糊口度日者，实居半数。查该业卖买点铜箔块，素以口头订交，百余年之习惯，已成牢不可破，向无纠葛情事。讵有都昌坊口开设高清记箔铺主高阿毛、阿齐（绰号小长毛）兄弟二人，自八九月间卖与大路天成、鼎成、永思等六号九、十月等期点铜二百三十五条，计算负洋一千六百八十余元，初尚诱约，继则蛮骂，后敢图赖抗缴，反以捏称天成卖与我号期碛百条，强言霸语，竟敢破坏百余年习惯，实属创闻。经商会开会评议，亦难解决，一切详情迭志本报。兹闻此项案卷已于昨三号移县，一面有当事人提起诉追。闻该业同行大抱不平，且事犯公愤，亦拟提诉公呈声诉事，实不知宋知事接到是项公事，作何判断也。姑再志之以观其后。

《越铎日报》中华民国七年一月九号

图赖点铜开会议
（1918 年 1 月 17 日）

城区水偏门头金茂昌箔铺主金章茂，于阴历十月间，向大路同成、源记、裕昌等箔庄购买十一月半期双交点铜（锡名）八十条，计价一百零八九元不等，当时诡称系桂巷人田小州所委（查田小州即田阿宝之次子，已故六载）同成信以为真，订期成交。不料，到期锡价骤跌至一百零三四元，计须亏蚀三百二十元之则，乃该铺金某初则嘱送田宅，同成等如言送往，田姓合家姓女毫不接洽。同成等情知有异，当向该铺主金某理论。据金某谓，货则摆存尊庄，洋归十二月初二期，如数解讫云云。讵同成等候至届期，非但洋无交到，即货送何家，亦并不订。与之评论，虽不承认，一味蛮言乱语，声势汹汹，不可响迩。同成等见其如此横行，亦不与之多言，即于昨十五号晚上邀集同行（计二十家）会议，由当事人提出要求之条件：

（一）同行如金茂昌箔款暂行扣住拨入七星龙局户；

（二）尚缺之数，嗣后箔块解入同行者，再行除扣；

（三）请业董是否允洽。

旋由业董查讯各同行内有天成箔庄初五期箔款一千二百零五元，经同行议决，准归划入七星龙局户暂存。俟此案解决，仍划原家。此外同行只有尾找，不能提划，一面再行和平妥议云云。后事如何，容探续志。

《越铎日报》中华民国七年一月十七号

点铜案传讯有期

（1918 年 1 月 27 日）

城区都昌坊口高清记箔铺主高阿毛、阿齐兄弟二人，于八九月间，售与大路天成、鼎天、永思等庄九月底十月半十月底等期点铜（锡名）二百三十五条，计亏蚀洋一千六百八十余元，图赖抗缴，初与理论，诱约无期，继因催索期货蛮言霸语，大肆詈骂。该庄等即要求箔业董事郑某、俞某、王某等在七星龙局会议，并挽人和说，乃高某兄弟居心叵测，以店中所存现货昂价售与别号，而售与天成等期货则坚不承认，心存狡赖，天成等以货既无着，反遭凶骂，当具说帖，向商会评论。由会长高云卿择期传集同业七十余人，问明天成等买期货时之情由，天成等据实说明，并检查簿据，毫无错误。质之高氏兄弟，亦直认不讳。讵该兄弟居心不良，仅将少数承认，惟卖与天成一家十月底期货一百条捏称卖与我号。高会长令期取出簿据查看，据云小店无簿据，只有日记簿为证交案。查察簿面新鲜四角无异，内系铅笔随写几家，并不周全。高会长见其如此，情知蓄意图赖，案卷却下。旋因当事人要求商会长移县追偿损失，种种详情迭志本报。兹闻是案传讯有期，究不知作何判决也。查该业出入，向系口头订交，双方无异，百余年习惯已成，牢不可破之势。且商界出入，以信义为主。今高氏兄弟竟敢首先破坏，殊属骇人听闻，若不严行究办，长此以往，非但该业效尤，即商界亦不成事体矣。但前任宋知事调查箔业之卖买点铜、箔块之习惯，特派调查，查察确实。无如宋知事现已调省，新任王知事定然严查习惯，秉公惩办也。如何公判容探明再志。

《越铎日报》中华民国七年一月二十七号

点铜风潮小结束

（1918 年 3 月 18 日）

点铜为造箔之原料，箔产为全绍人生计之一部分。去年因点铜市价狂跌，朝暮不同。讵有城区都昌坊口高清记箔店主高阿毛、高阿齐兄弟，吃大卖小，希图坐拥厚利，遂售与永思、天成、陈裕昌等六家点铜二百数十条。不料,届期价增,阿毛兄弟,以损失颇巨,萌异想竟尔天良抹煞,六家一条不解。迨开商会谈判,阿毛兄弟,又含血喷人,强词夺理,反诬买进。无奈商场出入,同业无不闻知,致动公愤,群与阿毛断绝交易,一面由该六家提出诉讼等情,已志去年报端。兹闻昨十六号下午为是案集讯之期,阿齐畏罪避匿在家(前期称出门未回,此次称有病在家)。阿毛庭供既无理由,且甚野野。铜锡箔各业商董则均证明阿毛黑赖反诬之人,于是承审官察,按舆情,阿毛既不守公庭规则,又希图停店远飏,依据新律,急促处分条件,庭谕发押看守。此时万分刁狡之阿毛,始知狐尾已现,犀烛难逃,再四哀求。幸蒙承审官谕允,著觅殷商切结人洋并保。然当日之高阿毛,已饱受看守所中趣味矣。未识如何结果,容俟探明续志。

《越铎日报》中华民国七年三月十八号

米蛀虫垄断肇祸

(1918 年 2 月 29 日)

城区大庆桥一带米店林立,生意均属可观。惟迩际米价陡跌,每石约贱一元之谱。缘该处大庆桥下岸,有新号米铺一家,为招徕生意起见,乘此进货平价时间,于前日(二十六号)。即旧历二月十四日起,将每色每担减价四角。讵被邻近同业店家大庆桥直街之三泰、三多暨辛弄口之穗泰、狮子街口之泰和等店铺四家所妒忌,同行汇议每石只准减价两角,新号不允,自由售卖如故。讵顿触同业三泰等之怒,至晚间竟喝令各店捣米工人齐赴该新号店中,将该店捣毁。该店主出于理论,反被殴伤头部,血流如注,一时观者均各代不平。询问原因,又系为争跌米价,于是旁人大动公愤,均各摩拳擦掌,群欲将各老店捣毁,以快人心,而喝令为首之三泰米店,知众怒难犯,当求援绰号岳元帅即蒋阿鹤之锡箔坊司护卫,未遭毁捣,而穗泰一家系诸暨人陈湘云所开设,平日恃有同乡兵士相熟识,时出风头,是晚亦不肯甘居人后,将新号捣毁。后又复大言不惭,于是众人殊为不服,一跃入内,将该店米白篮多数倾倒。而该店主知以损失甚巨,当赴县谎报抢案。经王知事到地后讯问该处警察巡长何子升,答系该处为线路之所,并无抢案。王知事遂谕将该店捣毁什物自行收拾清楚后,讯系因米价起衅,大加训斥,并将陈某带回县署发押。又赴新号米店履勘捣毁情形,并受伤店主抚慰一番而去。闻昨日该店家均已照常开市云。

《越铎日报》中华民国七年三月二十九号

米蛀虫高抬米价

(1918 年 3 月 31 日)

绍属米价,自前月间暴涨以来,几增至每担半元或六七角不等。讵近日以来源大旺,各色米盘跌价至一元或八九角之数。各米店市价本可骤减,乃各店家以存货拥挤,恐亏资本,均各按兵不动,仍照原价售卖,一般数米为炊者,莫不怨声载道。噫,米蛀虫自为计则诚巧矣。曾亦念民食维艰否耶?

《越铎日报》中华民国七年三月三十一号

一帙商界鬼蜮史
(1918 年 4 月 27 日)

吾绍箔业向为出产大宗,而卖买货物,全凭口头契约,从无反悔之事。自去年高清记发生抛售点铜悔赖案后,现已涉讼官厅,迄无解决。此案尚在悬搁,一切详情,早志本报。不料,是项点铜,本年旧历正月间,自一百十七元骤涨至一百六十元,因而此种案件,遂由是离奇变幻,层出不穷。兹复探悉,有城区新试前益记箔庄,曾于二月(旧历)间向昌安下岸陆佑记箔铺主陆天佑处买就点锡五十条,时价一百十九元,订明三月半洋货变交。讵知今已到期,由该箔庄伙傅某向该号催解,不期该铺主陆某铜毒攻心,不顾信用,竟出其圆赖之手段,益记核计亏耗约在一千五百元左右,该铺庄主陆某则出其狡狯技俩,坚不承认。现闻益记以该号信义丧失,情不能甘,已向官厅起诉追缴矣。后事如何,容再探明续志。论者佥谓,锡箔一项,卖买交易,全凭口头成交,牢不可破之定例,今该铺主陆某胆敢破坏商规,图赖成交货物,倘任长此以往,则非特该业一败涂地,即商界前途,亦复成何事体,质之该业业董,将操何法以善其后耶?

《越铎日报》中华民国七年四月二十七号

卖空买空乃涉讼
(1918 年 6 月 5 日)

绍兴锡箔业之点铜,向有买空卖空陋习,历来已久,牢不可破,昔者点铜无甚涨跌,故尚能顾全信用,无鼠牙雀角之争。不料,入春以来,锡价骤涨数倍,一进一出,为数至巨。因而卖者捺货不交,受者提货急于星火。双方不合,致起争执涉讼官厅者,指不胜屈。兹悉又有新试前益记箔庄与昌安陆佑记等铺成交抛期点锡五十条,言明三月终为期,谁知届期价已飞涨,照市核算,陆佑记亏耗一千五百余元,非但极不承认,反敢先发制人,提起诉讼。幸官厅洞烛其奸,批斥不准。黔驴之技,至此已穷。嗣由该业中人,出而调解,邀集双方交接埋楚,万冀事息波平。不期陆佑记股内之贺某又出而反对,独持异议,坚执不允,遂致九仞之山,败于一篑,日后不知如何了结也。

《越铎日报》中华民国七年六月五号

一幅商场鬼蜮史

（1918 年 6 月 10 日）

点铜案层出不穷。

绍地箔业向为出产大宗，事虽近于消耗，涉于迷信，然绍民之藉此以谋生计者，何止数万人。惟历来是项交易，向订口头契约，行之已久，早成为牢不可破之定例，自去年高清记发生图霸天成点同案后，至今涉讼公庭，迄无解决。此案尚在高搁，继则昌安下岸陆佑记图赖益记碘锡，彼此互相控诉，由黄某、周某等人，出为调停，赔洋了事。一切详情迭志本报。不料，一波甫平，一波又起。有向在静宁巷开设许源润箔铺之许锦有者，自上月间向新试前益记箔庄买就小碘三条（内一条系归王聚兴箔铺代买），彼此言明，价目每担一百六十二元，按期收洋，本可相安无事。讵知申电传来，港锡禁止出口，致使来源停滞，群情惶惶，迭向申庄电催，而交货无期。直至阴历四月中旬，方始弛禁。讵期时价自一百九十元，骤跌至一百一十元，乃该庄益记则谓，货已成交，当去分送。讵料，该箔铺主许锦有，明知亏耗累累，恃其平日横行技俩，顿悔成交初意，藉一百八十五元之价，仍作价于益记，声势汹汹，大有不负承认之概，反向益记索取盈余之洋。于是双方口角，几至用武。嗣由和事人出为分解，究不知作何解决。容再探明续志。查该业交易，向在茶市上成交，从无图赖情事。自东昌坊口高清记昌安下岸陆佑记两家作俑悔赖后，一般箔主之亏累甚重者，骤生不良之念，因此步其后尘者，络绎不绝。迩当商业竞争时代，该业实为绍产首屈一指，长此以往，非特不成体统，实属成何交易。记者对于该业，不禁为前途悲，未识素抱热心之董事，俞守成、王昱波二君，将操何法以善其后而挽回此浇风也耶？

《越铎日报》中华民国七年六月十号

南货业会议吵盘

（1918 年 10 月 8 日）

五云门外东皋镇南货业吵盘以来，迄今已数月，城乡各处纷往购买，致绍城各店家生意大为减色，殊妨营业。兹闻绍城各店家均为招徕生意起见，亦汇议吵盘，莲粮线粉等件，减价售卖，藉以号召顾客，已于昨日五号，即阴历九月初一日起实行，故日来城中各南货店生意骤行起色，大有山阴道上，应接不暇之势云。

《越铎日报》中华民国七年十月八日

点铜鬼也有今日

（1919 年 9 月 3 日）

城中都昌坊口高清记箔铺系高阿毛、高阿齐兄弟所开，专事虚抛点铜，扰乱市价，始害同业，故有点铜鬼之雅号。前年因抛与陈裕昌、永思、天成等前家点铜二百七八十条，后因价涨黑赖不缴。经永思等讼之公署，案延三年，屡被贿通承发吏，逍遥法外，现经余知事严饬干吏叶某会同法警董某，切实拘案查产。叶某等奉票之日，即行出发，而点铜鬼阿毛、阿齐信息极灵，闻风逃匿，虽人未获案，而产业房屋业经实行查点发封。该处邻居莫不称恶人也有今日。而同业人等，咸以谓商场蟊贼，大失信用，若不如是依法严办，将来营业，必受其害，故一时称快不已云。

《越铎日报》中华民国八年九月三号

又一起点铜交涉

（1919 年 11 月 21 日）

吾绍箔业素为出产之大宗，事虽近于消耗，而贫民之藉此以谋生计者，不啻数十万人，自光复以来，消场愈广，营业日盛，城乡箔店之多，几如星罗棋布，比比皆是。查是项锡箔，其原料由砒煾所成（俗呼点铜逼管）。然该砒产于古滇，来自上海，置造锡箔，历年如是。讵料近年以来，砒锡涨跌无常，而一般营此业者，无不暗受亏蚀，成交图赖者有之，营业闭歇者有之，种种情形，时有所闻。自东昌坊口高清记图赖天成等点铜案后，始则涉讼公庭，继则呈诉于大理院，现已破产完案矣。不料一波甫平，一波又起，向在县东门开设李协兴箔铺之李阿六者，表面类似忠厚，而心怀险诈，于七月间向某箔庄伙某甲买就砒锡二十条，价七十六元二角，订明阴历八月底双交成定之后，本无异言，孰知市不抬人，日形疲软，于是李某天良昧尽，拆订簿据，顿起反诬手段，欲步高清记后尘，非特到期不恳收货，反言以进为出（言买进反谓卖出）。查某甲之货，向天成所买进。嗣因市面日减，转售于李某，众所知悉，于在茶市上大开交涉，议论纷纷，莫衷一是，后事如何，再明白续志。

《越铎日报》中华民国八年十一月二十一号

请看箔业公所提取箔纸之谕单

（1919 年 11 月 25 日）

混冒官厅耶？恫吓乡人耶？

昨日予行经大路，拾得似公文非公文之谕单一纸，知为箔业公所给发于朝京坊乡警戚鉴，向乡间提取箔纸者，一字不易，照录于下：

单仰朝京坊戚乡警知照：兹据高福昌锡箔铺来所报称，储墅村芦埂头地方，有褙呢陈老八太娘，曾向伊店领褙双九锡箔一甲，延久不缴，意图吞没。又有褙户陈新发家亏少双九千纸二百七十张，该箔铺向之催讨，抗不缴偿，尤敢逞蛮，殊属无理之至。本公所以维持箔业为天职，本拟禀请□追。姑念无知妇女，故从宽办。为此单仰迅会乡警，领赴该褙户陈老八太娘、陈新□等家，按户提取前述箔纸，勿得再容抗欠，勿稍宽纵，切切。特单□右仰戚鉴知照。旧历十月初三日□限缴销绍郡箔业公所。

记者按：箔业公所为箔业团体的机关，倘褙户果有不缴箔纸情事。该公所只可代各箔铺请求官厅追缴，断不能私给提取箔纸之谕单于乡警，令其前往缔取，与地方官厅文告相混，或致误会。该公所伪冒官厅文告，以吓乡人，不审该业董事胡梅如有所闻否耶？

《越铎日报》中华民国八年十一月念五号

空抛点铜祸营业

（1919 年 11 月 26 日）

锡箔为吾绍出产品之一种，其制造原质，惟赖香港点铜。近来人心阴险，置固有之锡箔营业于不顾，专事空抛虚囤，于点铜一项，今庚因欧战告终，于出产骤增，而吾绍商人，因鉴于去年价高至一百七八十元，遂一味任情虚囤，大路一带各箔庄，及稍稍股实之市侩箔铺，无不希望价涨，以图厚利，万不料，自夏徂秋，屡报屡跌，延至今日，每条价额，仅值四十余元。又加银根奇紧，折息日重，每条拆蚀非一二十元左右不能出售。现在中国银行所抵押之点铜，已经堆积如山，上海鸿裕点铜行派员来绍兴大章庄交涉，因大章拍电往购点铜一百五十条，后由天城庄发函知会价退声明代买理由，而大章亦函请鸿裕与天成直接交易，鸿裕以点铜价跌，有利可图，伪作不知，将货发发，大章作为寄栈，而收受货款不缴。该行派员来与交涉，请求业董王月波、俞守成处理。王、俞两君以出入较巨，各恃理由，置不过问，未识该行派员将操何法以对配之也。噫，大好营业将因点铜而自杀，诚恐阴历年终，大路一带各箔庄必有不可收拾之概矣。并闻每庄非拆耗三四万元不可元。

《越铎日报》中华民国八年十一月二十六号

县商会复县署公函

（1919 年 12 月 2 日）

迳复者，案准贵知事公函内开：据临绍协济轮船公司商人吕祖楣等，请与越安公司分班行，由商会召集越安、协济两轮船公司商人，秉公妥议，希将议定行轮班次情形详晰呈复，以便核办等由到会。准此，当经敝会邀集双方选次开会讨论，据临绍协济公司代表声称，查越安公司之组织，仅有越安一家，未闻有永济、大通两公司之合组，即按照交通部批令,亦仅楣等与越安公司匀分班次,未载有第三公司。又核诸公司条例,公司呈准注册六个月内,不着手开业,即失去法人资格,大通、永济并未取得诸人资格,何得与分班次。至越安公司所提出之抄本议约,系与大通、永济之私议等语。据越安公司代表声称,大通、永济、越安三公司,前已遵照县批,议定行轮班次,立有合同议约,确为三公司之鼎立,并非一公司之合并等语。并据大通、永济两公司航商吕寿祺、徐辅、冯德泰、魏衡甫将公司经过情形帖请核夺,并提出指令两纸,议约一纸,交通部轮船执照两纸。经敝会悉心讨论,双方所争执之理由,以永济、大通两公司应否匀分班次为要点,又以该两公司是否取得法人资格为先决问题。敝会查阅交通部轮船执照前经颁给,则其法人资格已有官厅所承认。不过营业执照尚未颁到,则其开业尚需时日,当经体察情形,公同议定在永济、大通营业执照未颁到以前,所有行轮班次,拟由越安与协济两公司平均分配永济、大通两公司;营业执照颁到以后,所有行轮班次,应由四公司平均分配,揆诸法理、事实,尚无不合。准函前由,合将议决行轮班次情形,备函复请贵知事查照核办。至纫公谊。

《越铎日报》中华民国八月十二月二日

滇铜案中沧桑谈

(1920 年 1 月 9 日)

卖空买中,久干例禁,绍城滇铜,虽有城绅钱某等禀请禁县公署尚未出示。然贻害商人,实非浅鲜。兹查大路某箔庄经理俞寿生,原亏负所抛点铜点价万三四千元,已逃往上海匿迹。益记庄以俞曾托公济米店过印,向商会贴请开会,责成公济负担,计洋千五百元,尚未解决而大云桥梁同泰水作店小东梁阿运,亦因囤卖点铜损失千五百元,现以现款周转不灵,终日愁眉不展,拟将不动产出抵,而日拆又重,出售无人过问。查商会点铜交涉案,层出不穷,明哲如冯会长,当对于此项问题,宜如何陈请知事设法严禁,使奸商无虚囤之弊,而营业有维持之道也。

《越铎日报》中华民国九年一月九号

又是一起滇铜案

(1920 年 1 月 14 日)

城区大营昌安桥俞顺泰箔铺,系和尚店人俞继生所开,生意颇称不恶。九月间因向大路天成庄购买滇铜九条,煏管四百斤,计价洋六百七十余元。嗣以转售他人,恐价目再跌。不料,时未一月,其价大增,悔无可悔,只得将天成庄款捺不清解,推三赖四,诬指系为别家代买。查送货单上所盖之印,确系俞氏即转别家。其款早由俞某划收,不涉天成之事。现今愈演愈凶,诬称此款系天成出焦点伙俞守方所收清(系本家)。似此瞎扯,虽经业董俞守成等排解无效，业由天成经理郑某缮呈说帖，请求商会开会公判。冯会长对于滇铜交涉，已痛心疾首矣。未识何日开会，俟续探再揭。

《越铎日报》中华民国九年一月十四号

滇铜案定期开会

(1920 年 1 月 17 日)

城区大营俞顺泰箔铺主俞继生，因图赖大路天成庄滇铜价洋六百三十余元，已由天成经理郑生徽说请商会开会公断等情，曾志本报。现闻商会会长冯纪良君，已给发知单，邀约各业董及双方当事人择于阴历十一月二十九日下午召集开会，想届时必有一番交涉也。

《越铎日报》中华民国九年一月十七号

滇铜纠葛之真相

(1920 年 1 月 19 日)

城区戒珠寺前俞顺泰箔铺主俞继生，前向大路天成箔庄跑街俞守芳处，买进点铜六条，逼管四担，计货价洋六百余元，当时货由天成栈司送交俞顺泰，并即盖就回单，交天成收执。及到期由天成跑街，俞守芳向俞顺泰收去。前项货款，其事本属业中应有之惯例，跑街夥固当卖货收款之专责。商场中无不如此。讵天成箔庄因遭搁浅，营业已有停顿之势，庄中伙友之亏负，皆无术弥缝。跑街之俞守芳，遂将俞顺泰箔铺所收之款，尽入私囊，以及抵偿别处之亏累，故并不将俞顺泰户下之账款销清。及至近来天成闭歇，俞守芳人已远遁，忽有经理人郑秉徽列名帖请商会追理前项之款。交涉发生，闻俞顺泰箔铺系小本经济，向天成箔庄所买点铜、逼管已将款项付缴该庄跑街。本已事了，何堪再受意外之牵累。在天成箔庄以货送俞顺泰，款虽跑街收去，尚未缴入庄内，入簿销清，故与交涉。益以天成经理郑秉徽，素以健讼著名，其军师即系大名鼎鼎之瞎眼讼师钱志中，专业教唆兴讼为唯唯一能事。箔铺之被其缠讼贻害者，已数不见鲜。今俞顺泰恐又将有荡产倾家之累矣。是皆抛盘点同之祸害，而讼扰官厅，亦恶讼师之有以致之也。

《越铎日报》中华民国九年一月十九号

又是一起滇铜案

(1920 年 1 月 20 日)

城区草藐桥赵万源箔铺主赵椿茂，夙与香桥头开设钟同和箔铺主钟元奎（即双木老阿林)为莫逆交。平日往来如同手足。兹闻旧历八月间赵某代阜康箔铺,向钟某处订购虚盘点铜六十支,分作八月底只交二十支。(每支价洋七十二元六角)。九月底只交四十支,届期钟某向鼎裕庄购得四十支,送交赵某处转交,而赵某知点铜价目跌至五十七元左右,合计成交价目折耗五百余金,顿生翻悔,坚不承认代交,遂致双方大起冲突。现闻钟某已向县公署提起诉讼矣。

《越铎日报》中华民国九年一月二十号

滇铜交涉开会记

(1920 年 1 月 21 日)

城区大营俞顺泰箔店主俞继生居心不良,黑赖大路天成庄售进滇铜价洋六百余元,推三诿四,延欠不还。经天成经理郑秉徽具帖商会开会公评等情,业已三志本报。兹于昨日(十九号)下午,由商会召集双方及各业董,于三句钟时开会,据天成方面谓,俞店既盖有送货折,收到之印,则小号惟有责成宝号负担,以重信用。至俞守方系尔同宗本家,私人出入,乃另一问题,据顺泰方面谓,货虽收到由小号盖印烟管四百斤,尚有滇铜九条,因货劣请换。迄今未见送来,现因价涨,当令天成赔偿贴价,方可将烟管洋清偿云云。冯会长谓,既已兑换,当然无庸盖印。讵俞某言词闪烁,改云系由俞守方挑送陈思记,当问该号收账,冯会长诘以天成并未盖有该号之印,何能向收。双方辩论多时,商会认俞某为无理由,限令次日将烟管洋一百七十二元,如数缴清,铜交涉。由朱滋宣担任处理,时已五句钟,遂振铃散会。

《越铎日报》中华民国九年一月二十一号

又一起滇铜交涉

(1920 年 1 月 24 日)

城区戒珠寺前寿彤记箔店主寿六八,绰号黑旗长毛,居心刁诈,行为不端,历来对于卖空买空滇铜,极为踊跃,盈利则充嫖赌之资,蚀耗则黑赖刁辩。旧历本年七月十七日,向大路鼎裕庄成买铜二十条,计七十九元,以八月底期届期送货,成交簿上盖寿彤记之印,送货簿上又有引渡店同成庄之印。嗣由同城解英洋一千零三十三元,尚差二百余元。延宕不缴,屡催无效,目下居然改口诬称清楚,要知过付,有人成交,有印依法当难图赖。巨寿六八刚愎自用,不可理喻。经鼎裕庄经协理傅明效具贴请求商会公判,想寿某虽刁,定必难逃公断也。

《越铎日报》中华民国九年一月二十四号

滇铜案层波叠浪

（1920 年 1 月 26 日）

城区大骆鼎裕箔庄经理傅明效，本一卑鄙龌龊小人，因积有孽钱，居然以股东而兼经理，夜郎自大，旁若无人，狂嫖滥赌，是其所长。以故该庄设局聚赌等事，几于无日无之，进出之巨，不问可知。其内容之腐败，久为同业所不齿。平日对于营业，往往不顾信用，一味以油腔滑调，欺骗为能，旧历本年，滇铜市面，涨跌无常。傅某肆其赢吃输懒手，每所获利，益不下十余万元之巨。此等非义之财，傅某竟利令智昏，贪得无厌。闻有某箔庄夥友俞春生者，素与傅某交称莫逆，曾于七月间成交滇铜念余条，照市核算。俞某须拆耗一百九十余元，巨俞某因另有亏负，早已溜之大吉。傅某本系贪利之徒，一遇俞某受迫，顿忘旧日交情，于是百计图谋，公然嫁祸于某箔铺，不问理由，向该铺催索。俞某滇铜耗款，该铺以傅某事前既未接洽，事后又不说明，待事已数月，始行发泄，事实人情，均难承认，以致双方互起争执，一时恐难民云。

《越铎日报》中华民国九年一月念六号

滇铜案平了一波

（1920 年 2 月 1 日）

城区戒珠寺前俞顺泰箔铺主俞继生，向大路天成箔庄之跑街伙俞守芳处，买得点铜九条，煜管四打，计货款洋六百余元，被该庄跑街。俞某盗收远遁，天成经理郑秉徽，帖请商会追理。前项货款日前由会长冯纪良君宣告，以上情形，付会评议。而评议员杨亢宗君等，以天成之跑街俞某在外私收账款，前时既懵于觉察，亦有难辞其咎。而俞顺泰箔铺与该庄之跑街伙往来银钱，私人出入，亦属非是，嘱令自行和解。当有朱滋宣担任调停，后有车振声等与郑秉徽磋商决定，令俞顺泰偿还天成箔庄洋四百七十元了事，双方允洽，其事遂寝。闻当日郑秉徽在商会之一切举动及其言词，颇形横暴，胆敢指会场中之箔铺主等人为帮助俞顺泰而来，并敢以帮同赖债等，言词唐突，遂为诸人所诘责，已成众矢之的，而自取其辱。如该经理郑某者，迨亦刚愎自用，而不免贻商界之羞者也。

《越铎日报》中华民国九年二月一号

卖空买空之商侩

（1920 年 4 月 26 日）

点铜滇铜亦名瓜拱，为粤人所经营，又名之曰广拱，实非广东产也。其锡矿系在云南蒙自个旧,故有其名滇铜者,盖有所指也。滇铜以矿产锡米,装运至香港求售,香港有粤人所经营之中兴厂、和泰广等皆以所收买之锡米镕成条头,装载轮舶,亦有名曰瓜红、拱锡,亦有板锡所镕化者。惟此瓜拱锡、龚板锡二项,进出口办法,香港之英政府有取缔及开放之权,故不知者几疑为外货,其价格之升降,与新加坡及庇能两地所出产之福足锡有连带之关系,亦有与金磅市价涨缩而上下者。盖亦有□乎外国之动办与否所跌昂者,在上海之点铜、锡行,最著名者为广永成、光昌、冯登记,该三家开价售买点铜,悉依据香港之厂市电报为标准。有涨跌者,则□电到绍通知箔业铜锡业,其消息通灵者,可以暗向别处先做进出,然后将上海通知间行公电发表因迟,闻消息而遭吃亏者,进出之巨有罄,其关系一店之营业,大小数百元至数千数万元不等,故做多做缺者□注意重于此最紧要之上海来电。德成、天成箔庄俱以点铜失利而倒闭,此其利也。绍地之信息最灵通,而□□□快捷而早得者,惟有鼎裕、□成二家。该两号与上海光昌、冯登记俱有密切关系,故涨跌之电报得之较早,其获利之巨,亦堪惊人。因其营业只有百数十万。鼎裕盈至七万余元,其伙傅命效亦盈至一万四千余元。同成盈二万余元,皆云去年终揭账所报告者。闻鼎裕箔庄置有接电报密室,有上海来电,悉投密室之内。开□室内有名吴震之者,主持其事,发号施令嘱跑街伙上市去做进出,即为傅命效,其心计最工,狡猾最甚。故该业中人,呼为□□党首领也。外行中人不察,易坠术中。如现在市风□跌,愈趋愈□。屯户做多头者,皆俱有拆耗至破产者。而箔业中人,尚不知敛迹依旧旺做抛货,将来祸害之烈,有不忍言。予闻知商会中所议论点铜,何止百余起矣。箔庄屯户,如群犬之争骨,如财徒之好为孤注,□不足责。商会有纠正商业,维持商市之大责任,何放不加过问,如秦越人视肥瘠,膜不相感耶?况为空盘进出,赌赛输赢,而贤明察察之余知事,抑亦未之闻耶?

《越铎日报》中华民国九年四月廿六号

染业会议之详情

(1922 年 7 月 12 日)

　　昨日(阴历本月十四,即阳历八号)十一句钟,城区火珠巷元帅庙内,为染业同行交涉,特开评议会,到会者约数十人,傍观甚众。喧扰不堪。探悉,因探花桥祥和染坊经理陈金源,联络染司,偷染布疋衣衫,□揽推收,背盖祥和书柬,从中渔利,种种私弊,被该店小东钱鉴清察破,邀衣正副业董及各同行公评,录其发表原因如下:

　　先由正业董唐达齐表示开会宗旨,略谓祥和染坊经理陈金源,因店中有舞弊情事,由该店东钱鉴清函嘱代邀诸同行讨论两造曲直,如相对人或先后发表言词,按照会场程序履行,双方不得冲突意见云云。次出祥和店主钱鉴清登台发言,略谓今日请正副董及各同业诸伯叔辈驾会,非为别事,实缘小号祥和,历来百余年之久,先父在日,信陈金源为最笃实,故提充经理地位,意欲保全后辈子孙之基业。不料,陈某变更宗旨,居心险恶,以致居中怪家迭出，所有年年交出之盘单，一经清查，弊端不堪收拾。接查余福记洋一百元，王瑞记洋一百二十元，傅步记洋一百五十元，均系个人户下私债，并不与鄙人通过，自己盘挖利息，因被借户屡欠不偿，开入盘单抵充亏负，以图鄙人之血本。又有金星记会洋二十元零二角六分六厘，会约上立名陈金源亦开入盘单，存金星记户，是何理由。又有染司金连生、金有仁等，皆凭经理保证，每日每个偷染衣衫八件，以分赃不均，喧扬外方，被鄙人察觉。陈金源即将该二人覆斥，以掩他人耳目。查店内除达光司学徒二人外，染司计有七人之多，每人偷染八件，每日计算五十六件。自民国五年，由陈金源接手起迄今，约有七载，合计当有十四万件之巨。此系保荐人有赔偿之责任，从宽取伊每件小洋一百角，宜由保人归越小洋十四万角，其余敝窦及盘挖等情，可无须宣告，请陈经理将历年簿据呈会，以供众览。当时将八九十三年银钱支修簿提出归业董唐某取藏，余外所有滚存流水门，并进货等簿，限十六日在钱宅清查，由正副业董监视。待清理后，再定行止云云。次由陈金源台辩语，言词简单非常。只说圣人有三过，金源因脑筋不力，不及照料，声称退让经理位置，请钱主人另择贤人，凭各位公议云云。此外众人各有议论，均极公允。惟别业董徐桂山及同业染坊黄宝元二人，有祖护陈金源思想，苦无补助，言词之余地。议毕午膳。第此案尚难议决，容后探明再志。

《越铎日报》中华民国十一年七月十二号

平水米商冲突记

（1922 年 7 月 24 日）

绍属平水市上嘉泰祥米号店主徐三毛，本一臭皮匠出身，品行龌龊，举止卑鄙，久为正人所侧目，民国三年间，在里山某孤孀家攫得孽钱甚巨，公然在该处开设米店，无如利欲熏心，屡将燥米和水，欺弄买主，以致怨声载道。比及民国七年，竟天开异想，将老凌记米店上栈米袋，因肩班误投在嘉泰祥，该店主徐三毛竟起贪心，将米没收。肩班虽百般搜查，终难觅得原赃，肩班无可如何，只得向老凌记哀恳认赔了事。至民国九年三月间，李聚兴米袋上栈又缺，肩班大肆搜查，果于嘉泰祥店内获得原赃，即欲与之评理。该店主徐三毛自知理屈，挽请巨商杨耀斋出为调停，情愿将米送还该李聚兴，以谊关同业，米已送还，亦无他议。肩班念商业名誉为重，亦不欲张大其事。如此收场，稍有良心者，理宜力改前非。讵知徐某人面兽心，廉耻道丧，本月十八日李聚兴在西郭某米行购得糙米二十袋，自己肩班肩到后，检点袋数，尚缺一袋，当责令肩班清查，有否错收事情。经向各米商讯问，均云无有。肩班不得已从事搜索，至嘉泰祥米店，有徐三毛之子徐杏生随同上楼，当获得空袋一只，米虽卸出，票头尚在，肩班因目不识丁，故时有误送。今被徐某屡次没吞，恨之切骨，遂将搜出袋皮交与乡警保存。不料，徐某恼羞成怒，先发制人，擅听奸商董阿正（绰号笑面强盗）之唆使，亲至李聚兴滋扰，扬言当今县议员徐驼背是我嫡亲，胞侄待我。我叫他上来与尔等讲话云云。李聚兴自思既被偷米，反遭辱骂，情实不甘，当于旧历二十六日邀集同行开会评理。是日到会者共有七十余人，经各米业连叫三闪，该店主徐三毛情虚畏避不来。嗣经该同行多方讨论，略谓米业中有此败类，前途何可设想，遂立即共同签字，拟向县署起诉。惟该处船户、牌户、肩班，因屡受累及公议，亦向县署声明困苦，一面相率罢工云云。后事如何，容探再志。

《越铎日报》中华民国十一年七月念四号

续记米商之冲突

（1922 年 7 月 26 日）

绍属平水嘉泰祥米店主徐三毛，迭次鲸吞同业米袋，致遭败露等情，已志本报。兹闻该处各米行阅报后，大为惊惧，纷纷向该店坐索欠款。该店主徐三毛里乾外逼，既愁行账之难还，又虑米赃之搜出。况李聚兴店主谓米袋被徐三毛黑吞，赃证现获。徐三毛不知理屈，反敢恶势横行，亲至李聚兴店内大肆滋扰。该店主李某忍无可忍，已向县署提起控诉，各同业亦恨之切骨，将情联名呈报。此外船、牌、肩一户，以屡受困苦，一律罢工抵制，向县控告。因而该店主徐三毛楚歌四面，惶急万分，无从泄愤，遂大骂当初主唆之董阿正（即在该处开设董恒茂杂货铺之奸商，绰号撞死鬼），谓谋吞李聚兴米袋虽孽由自作，尔（指董阿正下同）不叫我（徐三毛自称），先发制人，到李聚兴□米店辱骂滋扰，断不至弄到如此地步。今四处受敌，皆由尔主唆所致。董阿正被骂后遂抱头鼠窜而出去。该店主徐三毛自知理屈，然已悔之无及，只得恳求章鹤年、骆寿增二人，向同业说情服礼，未识该同业要徐三毛罚到几何地步也。容再探志。

《越铎日报》中华民国十一年七月念六号

米商冲突已和解

（1922 年 7 月 30 日）

绍属平水嘉泰祥米店主徐三毛，鲸吞本街同业李聚兴米袋，经该处肩班将原赃搜出，大开交涉，一切详情，早经迭志本报。兹悉，该店主徐三毛自知理曲，并探悉李聚兴店东李云樵，拟赴县呈诉，恐将来水落石出，遗人笑柄，不得已挽请就地公正士绅章鹤年、骆寿增等出面调停，情甘议罚了事。当由章、骆两君与李云樵面商善后办法，据李某本旨执意不允，后经章、骆两君竭力劝导，遂议罚徐三毛龙洋五百角，并各米同行斤烛一对，以作伏礼，一段风潮遂从此宣告结束云。

《越铎日报》中华民国十一年七月三十号

木业会议惩败类

（1922 年 8 月 10 日）

闻堰余记木行经理黄某，本一卑鄙龌龊之小人，专以谄媚股东，滥用私人为唯一之宗旨，平日成交货物，每以大易小，丧失信用，为同业所不齿。兹闻阴历五月中旬，本城昌安门外泰茂木场经理冯某，向该行购买四花杉木二百五十余枝，成交之后，每枝拷有冯字斧印以为真标。讵该行俟客人去后，暗将其中顶货卅五枝易出，另将次货换和足数。追货到绍，冯某心知有异，即往该行侦查，尚有十八枝在该行塘上，行伙韩某知事败露，无可抵饬，只得向冯某再三情恳，勿声张，希图私和了事。讵吾绍各水客方在该处办货，登高一呼，喧腾已遍，佥谓此事有关将来利害，群起反对。现由泰茂邀集全绍同业三十余人，假座布业会馆开会评议，其时余亦在。适炉啜茗，闻余记行亦派有代表袁某莅席，无如理曲辞穷，乏言对付，仅谓经理协理因公赴申，不能与会。代表人对于今日会议，不能完全负责等云。嗣由全体到会诸人一致表决，所有泰茂事件，未经正式解决以前，概与余记停交易。如有与该行私相交往者，一经觉察，议约将该货充公，以示惩罚云。

《越铎日报》中华民国十一年八月十号

锡箔庄开会志闻

（1923 年 5 月 7 日）

城区大路锡箔庄，从来做事有头无尾，不肯上前，专事退诿，甚且商会中公举之业董，皆辞退无人，团体性之消极，于此可见。故对于外交上，每每失败。近日各箔铺作纷纷黑倒，如李恒有、陈顺泰、张万盛、源丰顺、郭裕昌等不下七八家，大率皆亏负二三千元，大路箔庄制裁无方，坐失权利，因而昨夜（十八日）在七星龙局开会讨论维持善后，由旧业董俞守澄、王昱波等提出主张，由同行延请一名誉业董，并延熟谙业情者为公家交涉员，多数拟公举王铎中君任名誉董事。郑秉徽极力赞成，又嗣后夜间同行必到龙局开茶话会为常会，有特别事开临时大会，至郭裕昌之倒账，如是黑心，人货不见，准刊发赏格侦访，一面提出刑诉。兹觅录其赏格如下：

寻获郭仙林及其子久富，赏格一百元。兹因绍城昌安东府坊开设郭裕昌箔铺主郭林仙（绰号林仙麻子）及其子久富，家住临浦，对江张家弄。素与敝同业交易出入，约该益大等箔庄纸栈货款，计洋一千四百余元。不料，三月十四日，父子避匿无踪，店内凡属贵重货物，亦均搬运一空，显系存意不良，卷吞货款，如此行为，决难忍缓。除已邀同箔业公所商办外，特再悬赏，如知其身在何处，通知信息，因而寻获者，谢洋五十元。如有知其货物下落，通知获着者，以所得十股之一作为报酬。储款以待，决不食言。此布通信处下列各箔庄，绍兴大路益大、诚昌、裕成、复泰、和复、泰升、源大、永兴、裕九、章源兴、裕合记、乾泰、俞得记公启。

箔业停歇大原因

（1923 年 5 月 31 日）

锡箔一项为吾绍首屈一指，赖此以生之箔司、矽司，暨褙纸妇女，约计十万余人。近者各箔业（即制造锡箔之铺）屡被箔庄（即代客买卖者）伙友抑勒价格，从中舞弊，致大受损失，故箔业有三月二十九日实地停锅之举。本县议会以箔业停锅之后，对于一般箔司、矽司暨褙纸妇女等生计，实属为难。提议救济方法，并由公民陈请县议会知照县署，速行设法维持。现闻县署已函商会，由商会函邀箔业及箔庄伙友商酌维持方法。当时箔业同人均莅会，而大路箔庄竟违抗官厅命令，置商会公函于不顾，均避而不到，致无结果而散。是各箔庄对于箔业，不顾利害，抑勒价格，已可概见。近闻各箔司佥云，无生计可图，欲赴县署跪香，并有关怀桑梓之公民等将箔庄抑勒价格情形向省署上告云。

《越铎日报》中华民国十二年五月三十一号

柯商会处理交涉

（1923 年 6 月 18 日）

柯镇西路米行买卖长路粮食，为吾绍巨商之一。其中如裕生、赵万春、景泰、源昌四行，兼作零拆白米，生意因卖价较米店约短每石一元。凡食户无论大小，少向米店交易，故米店生意异常清淡也。米店中有万成字号之冯某者，名虽商人，其实专管闲事及揽讼收利为正当营业。彼见各米店除赊账交易之外，杳无现钱生意，遂异想天开，纠集各米店主，连日晚间在该米店聚众闹事，欲要挟各米行不准零拆白米为目的，并经冯某提出方法，凡各米店欠有零拆白米，西路行账一概不□，非米行取销拆场不可，并令各米店出洋五十元，计十三家共六百五十元，存于万成米店，作为此事讼费等资。盖彼又可于中取利，在各米店以行账可藉此拖欠，遂各允从，而零拆白米之米行，实被捺住货账，始知底蕴。当纠集西路同行聚议抵制方法。嗣经议决，以米店不准行家另拆，全无理由，置其要挟于不顾，频向米店索取欠账，米店则分文不付，以致双方大起交涉。（昨日十五号）该镇商会以此事关系重大，召集米行、米店开特别会议，无如各不让步，均趋极端，致无效果而散。并闻各米行以米店无理要挟，议定节后诉请司法裁判。米店中有深明大义之四家，已于开会之次日解付行款矣。

《越铎日报》民国十二年六月十八号

商会处理欠款案

（1923 年 11 月 14 日）

绍县商会昨日为鼎和事开议,据益大呈明簿据,声称有素识之鼎和钱庄经理朱国治,于该庄未开设之先,向有银钱交往,立名德记。八月十九日复向益大挪用款洋二千元,系作该庄附本。至九月念四日,将款清偿,洋二千另五十元,乃是商界常事。现鼎和庄以朱国治潜避无踪,涉讼公庭,由箔业全体公请会长公决证明是非,咸谓鼎和钱庄不免违法。闻益大亦拟提起诉讼云。

《越铎日报》中华民国十二年十一月十四号

镶牙业取缔同业

（1924 年 4 月 15 日）

绍兴本城后街镶牙店宝成,及巧□轩□家,专做一种铜牙,混充金牙,廉价出售,买主受其欺者不少。昨日其同业蒋子□、蒋华记、齿科医社、安美生、劳鹤鸣及美利坚等十余家,齐集鼎新茶园,谓该同业如此不顾信用,实则与本业名誉有关,且别在口中,易生铜绿,其毒甚巨,尤不宜制牙,议决嗣后无论何家,再有以铜牙混充金牙者,查出严重处分云。

《越铎日报》中华民国十三年四月十五日

绸业董违反议决案

（1924 年 6 月 7 日）

华舍绸业,其货素销广东香港,今春因该省军事关系,该业遂大受影响,据该业中人说,各绸庄亏损颇大。旧历本月初一日,该业公所常会,莅会者除帮董桑子纯因病未到外,绸业执事者,全体列席,首由正董事沈少帆提议,谓春间生意,虽云销路不畅,原因在于货价太高,方今新丝丰登,比较陈盘,每一百两已可减去二十元而绸价仍牢守并不松动,客帮岂肯长此受亏。鄙意以为拟联络同业限定收盘,二尺四寸纺,每两一元一角;二尺二寸纺,一元零七分;足四八纺,一元一角五分。立约之后,各庄不得逾限,违则议罚,经众赞成通过,即由公所,送发传单,俾各庄遵照。不料,沈某自创设之泰和裕绸庄,经理即其子沈继成,大收特收二尺四寸纺,价逾限三分,堂堂绸业领袖,乃竟掩耳盗铃若是。现闻同业中人,拟与沈某开交涉云。

《越铎日报》中华民国十三年六月七号

任商业自由竞争，废止新开店距离

（1946 年 8 月 29 日）

（本报讯）本县各商业，向有旧习，在旧有同业之店号设立□所，新店号之添设，非在距离旧店十间以外，不得添设，是以各商业同业业规内，多订有是项□□，限制綦严，因此而起同业间纠纷者亦所在多有，如最近城中大光明理发店、孔雀理发店，因距离关系而起纠纷，即其一例。兹闻本县县政府，以查近来沪杭各地，同业业规内，"新开店号间与间之距离"一条，不特阻碍同业自由竞争，抑且迹近垄断，殊觉不合，业经一律废止，本县亦应予废止，以利商业营业自由，即将分令县商会、总工会、各同业公会，各职业工会遵照实行，而繁荣战后本县商业。

《越报》中华民国三十五年八月二十九日

祥和钱庄要求商会调处甡源油坊欠款

（1946 年 12 月 23 日）

（本报讯）本城祥和钱庄，昨书请县商会，以该庄与钱清甡源油坊往来债款，数达三百余万元之巨。又由该庄代向巨泰钱庄保证进出，计欠一百六十余万元，而该坊业已闭歇，然其股东皆系钱清巨富，虽经迭次催偿，而皆置若无闻，请求迅予召集会议，试行调处，俾免拖累，而尚未奉明令，致难遵循，特拟在未奉令前，每张暂收千元，俟将来奉令后，如有不足，再饬补缴，倘若有余，当予发还。昨经令饬各粮食公会遵照，并呈报省处核备。

《绍兴新闻》中华民国三十五年十二月廿三日

县商会调处照相业乱价

（1948 年 3 月 25 日）

县商会调处照相业乱价

（本报讯）本县县商会，以准照相业公会理事长沈少云报称，为同业售价紊乱，请求召集谈话会，相互调整，以致一律，业定于二十六日下午二时，在该会集议磋商，俾取同业联系，互谋祥利，昨特分函相邀希各推派代表准时莅席。

《绍兴新闻》中华民国三十七年三月二十五日

绍兴县香糕商业同业公会被害会员呼吁各业声援

（1948 年 12 月 1 日）

缘查各业自八一九中央通令为改革币制,冻结物价,各商民服从政令,拥护政策,□束不敢违反。如本业香糕为绍兴著名土产,风行环球,加格服从,遵令奉行,制成原料,虽已告乏,遵限售卖,各会员资本竟成百分之十,十易之分,苟延残喘之商业,待之开放限价,始得顾全血本,按照指数调整,逐渐维持工人生计。讵于本月二十五日,有开设牲源钱庄经东孟庆海,豪劣成性,为富不仁,乘本业之□□,在限价时囤粮积料,影射族侄孙孟大茂香糕店负责人孟祥禾之牌号,鱼目混珠,加盖海记,终为绍兴县政府秉公依法处置,违反商业登记法第二十一条、二十二条之规定,同一县市,同一牌号,同一营业或类似等营业,不得以同样之登记商号为朦混,特斥不许在案。今孟大茂海记孟庆海豪傲欺人,犹比日寇,伦渡东流,掩耳盗铃之诡计,于本月二十五日漏夜挂招随货,添设外招,以绍兴孟大茂进京香糕之字样,内招书以悠久历史,秘制各种香糕,国民政府注册,以双鹤为记,毫无茶食细点,驴朦虎皮,藉入茶食业公会,以图混冒,致被孟庆禾声请当局,以加入茶食业,改换鹤记正式开张事实,蔑视政令,滥价应市,以不正当之竞争,妨害商业道德,本业会员,殃及池鱼,被其损害,不胜枚举,只得不顾血本,随之牺牲。今蒙绍兴县政府廉明,县长不畏豪门恶势,依法执行,禁止使用牌号。而孟庆海执迷不醒,继续滥价应市,同业会员营业,被其侵害,损失之巨,不啻伊于胡底,对于同业无故致遭损害,有同业公会逐日调查,仰祈各业领袖,维护正义,同声援助,共讨此一商业败类,责令赔偿,以贬豪门恶劣,特此声明援助。

《绍兴新闻》中华民国三十七年十二月一日

3. 与行业外纷争

商 人 冲 突

（1905 年 12 月 30 日）

前月初五日,小江桥河沿,顺昌杂货店,雇临浦船装,麦边洋行要把这船撑去先装,以致大家争闹,动起打场来。麦边洋行说少了三百多洋钱,又去告诉他东家,说顺昌掳掠千余元洋钱。这是青天白日,料想必无其事。应该商会出来详查细底,判断曲直才是。

《绍兴白话报》第 88 期,光绪三十一年十二月初五日

勒劝典商迅行赔偿

（1914 年 3 月 12 日）

绍属江塘地方开设有恒豫典当，去年被盗焚劫，各当户争向赔偿。不得已由典商周仁寿呈行政公署请示办法，经行政公署令饬商会集议赔偿准则。旋由该商会复称，请照贯三例稍予末减，更由该商续呈请照贯二赔偿，复为行政公署驳下，令饬照前办理。其详情已志前日(七号)。

本报兹悉，该处质户代表洪庆咕等复，以恒豫当延不赔偿，请饬令定期赔偿等情，呈行睡公署当蒙民政长批准，勒限典商迅行赔偿。昨已有令到绍县公署矣。兹将原文录下：

实业司案，呈三月二日，据该县质户代表洪庆咕等呈明恒豫典历年营业情形，此次被盗焚劫，延不赔偿，请饬令定期赔偿等情前来。查此案前经本公署令饬商会集议赔偿办法去后，旋据复称，请照贯三再予核减。业经酌定贯三赔偿，令饬遵照。续据恒豫典周仁寿等呈请，准以贯二赔偿，复经令饬，仍照前令办理各在案，兹据前情，除批示外，仰该知事即便勒限饬该典商遵照贯三迅行赔偿，毋得久延，致累贫民。兹饬该质户等知照，一面仍会营饬警严缉真正赃盗，务获究办云云。

《越铎日报》中华民国三年三月十二日

批限典质赔偿期

（1914 年 4 月 9 日）

绍兴瓜沥地方，开设有恒豫典，去年被盗焚劫，质户要求赔偿。由该典主及商会，再三呈请行政公署照最低价格赔偿。嗣行政公署指令，饬仍照贯三例赔偿等情，业已详志前日本报。兹悉该商不得已勉遵后，复以稍予展缓，拟卖父遗市房赔偿质户，续呈照准，兹得批限四月末日为期不得再延矣。录原批如下：

呈悉。据称该商等恒豫典被盗焚劫一案，拟卖父遗市房赔偿质户及人款，既经议明公欠公还，应公立议单，自免日后口舌。□淘地盘一节，查上年一月间，早经令饬所长派警督淘，迄今事隔年余，岂地盘尚未淘尽，且此等筹款方法，均非旦夕可期。该商等仍应另筹的款，迅速赔偿，不得藉口卖屋淘地为赔款之预备，希图延宕也。至赔偿地点，拟设所钱清及先赔联单，以便审查各节，均尚可行，但不得故意刁难，致滋事端，仰即赶紧定期设所呈请布告限阴历四月末日以前，一律赔偿完竣。毋延切切。此批。

《越铎日报》中华民国三年四月初九日

浮加灯费激公愤

（1917 年 4 月 20 日）

华光电灯公司自开办以来，惟利是图，逐步增加燃费，大街各店，固已啧有烦言。现因自本月为始，每灯又拟增价四角，以致一般燃户，情有未甘，殊难忍受。兹当月底收费之期，特于日昨遍发传单，布告各商号，齐心抵制，照录如下：

谨告者，吾绍电灯燃费，创办之时，每灯只有一元八折。厥后加用火表，取销折扣，旋即改为全夜加价二角，去年十一月间，因煤价增涨，又价二角，当时为维持实业起见，俱安缄默。今番每盏电灯复须加价四角，合计每盏一元八角。比照初办，定价业已过半，似此重叠增加，实于各燃户受耗太巨，用特分发传单，务请各宝号将本月燃费，仍照前月每灯一元四角，应期解付，以征信用。想该公司俯念商艰，应亦曲为鉴谅也云云。噫，时势困穷，营业实非易易，该公司垄断居奇，贪求不已，其为自计果得矣，如商业艰难何？

《越铎日报》中华民国六年四月二十日

电灯公司垄断市利之尾声

（1917 年 4 月 23 日）

商会调处月增两角。

本县华光电灯公司，每月骤增灯价四角，致被众商拒绝，分发传单，停卸电灯，以相抵制，业志本报。兹悉，该公司知难达到垄断市利目的，昨特呈递说帖于本县商会。该会即于昨日（廿一号）下午二时召集各业会员开会集议。至者约一十余人。该公司经理张大堂等亦同时莅会，迭被各业会员互相诘责。该经理惟以煤价骤增，敝公司抱耗不堪一语相搪塞。嗣经该会正会长高云卿竭力调停，决定廿五枝光每月加价两角（廿五枝光月计一元六角，火表每度增价二分）。散会时已五下。说者谓，从此装户停燃日多，该公司必至一落千丈，不堪收拾。然则垄断市利者，反致弄巧成拙也可断矣。

《越铎日报》中华民国六年四月廿三号

诚裕闭后之余波

（1917 年 7 月 27 日）

商会公定办法，存户围住经理。

城区大云桥诚裕钱庄倒闭后，由该经理徐锦文唆使存户，屡向各股东滋扰。经商会嘱各股东认垫股款等情，早志本报。兹悉阴历本月初五，又届二次缴款之期，预先由商会分发传单,邀集该股东季梅伯、季仲和、颜杨氏、颜雅斋、颜勉斋、骆春林等莅场会商。据各该股东呈递说帖,略谓应垫款项及各股东挂欠,共一万六千余元。又经理人挂欠四千余元,既股东挂欠不能与外账一律,经理人之挂欠亦是不能与放账同,理宜扫数清缴,庶几万元垫款可去半数负担云云。是日议场总董高云卿君发言,以经理挂欠,初会并未提及,今日势难促其同缴。此举容后再议。但所垫各款,既认在先,断难推诿,如无力应付,须向债权人商缓半月,至阴历六月二十日一并缴楚云云。各股东一律赞成承认,然两傍存户众口一词,金云今日缴期仍然不缴,势难再延。贵会既云缓期,倘一误再误,贵会肯负责任否,须贵会尤诺。吾等可散,坚持不下时已日中,商总董婉商各股东,再邀的实保证,庶各存户不致有所藉口,遂散会。至下午三钟复由高总董发言,各股东既缴者,自不必言,其未缴者,何以分别。今有一变通办法,各存户领款之时,须出收据为信据,上填明收到某某股本洋若干元字样。大众亦一致赞成。各存户又谓,四折既已有着,尚有六折向何处去支。高君答以本会只能负现有金钱公派均分的职务,若强制执行,本会无此权力。诸君必欲追究,可向该经理交涉,遂散会。众存户在商会门首围住经理徐某,必须讨一下落。扰攘移时,方始一同扭结而去。

《越铎日报》中华民国六年七月二十七日

保产权押迁租屋

(1917 年 8 月 24 日)

绍属芝凤界树村人民李陶氏、李庭等,日前以该民房屋租赁与屠户俞鉴清、王又堂等(在城区大江桥开设怡和肉店)。近以该屋拟收归自用,屡向租户俞某等解约,而俞某逞蛮不理。李陶氏等据情禀请县署饬警押迁。嗣由该屠户俞某等禀请县署,以店内账目一时难以结束,请将该屋缓至阴历年关迁让。现业主李陶氏等以该屋急待需用,特求饬警押迁。当经宋知事批准,即于昨(二十日)饬警长郑乾升执行矣。其原禀录下:

窃公民等前禀屠户俞鉴清、王又堂等租赁店屋抗不迁让一案,仰蒙饬警押迁,具征保护特权之至意。讵俞鉴清等本其刁狡性质,当警察押迁时,非推诿于已在圆说,即藉口于店账未清,其一种鬼蜮伎俩,详视警察报告,当已在明鉴之中。其实公民等对于是屋,纯然为自己营业计,催令迁让,毫无其他意味寓于其间。由前之说,是绝对的无圆说余地也。自去年以迄本年催促之手续,初赁中继广告,最近一再禀请且有皇皇之谕令,脱令迁移。问题与店账确有关系,则此一年余中以之筹备店账固绰有余裕者。况店账为债权问题,债权不因迁移而消灭可以断言。由后之说,是又无事实可以藉口者也。乃俞鉴清等恃其狡猾手段,挟其蔑视主权,当押迁时则百般掩饰,以为延宕计,实则一意违抗也。长此迁延不让,致公民等欲营业而不得。损失之所在,尚属情形的利益,蔑视主权,弁髦谕令,违反之所在,则为有形的法律也。为此不得已禀请县长钧鉴,迅赐饬警强制执行,以保产权而儆效尤。实为德便云云。即经宋知事批云,前据俞鉴清以店内账目一时难以结束,请将该屋缓至阴历年关迁让等情来署,具禀尚属近情。批令自向业主设法情商,妥为解决,复候核夺在案。兹据前情,是该业主因自己营业亟须归屋,无复磋商余地,候即照案饬警押迁,如违强制执行可也。

为加房租起诉讼

(1917 年 9 月 22 日)

距西郭门外三十里柯桥镇合义南货号,住屋向系戴姓产业,每年租钱一百四十四千文,历来相安无事。迩因该屋主戴某勒令增加房租,致起争执,当由该镇商会开会,公议增到每年二百另八文,双方允合,业经寝事。讵该屋主戴姓得寸进尺,事后又复故态刁难。该号不得已,乃向县署提起诉讼,究未悉作何解决也。录其禀批如下:

略谓案经依法民诉,请求移送司法部分核办,以儆刁风事。窃敝号被房主戴静孙朦禀抗赁欠租一案,对于绍属习惯,谋挖市屋,损害商权秩序,强增租价,敝号当邀请商会公议解决,令前租赁价每年一百四十四千文,加增至二百另八千文,业主允而复悔,抗议翻悔,实属任意刁难,殊属风纪攸关。对于商会为商家公共机关,既有中人调处在前,必知底蕴。所为奉贵部饬警查理,伊等贿赂来警陈松年,朦情报告案。在敝号不得不正式起诉,敝号伏查民国元年五月十二日司法部删除修正呈明大总统批准暂行援用之民事诉讼律第二条第二款,规定业主与租户因接收房屋或迁移使用、修缮涉讼者,权归初级审判厅管辖。又查本省雇租暂行法及违警律,惟佃户抗欠田租及风俗违警等案,得由行政处分。本案敝号与该业主涉讼系因加租多寡之纠葛,致有勒令迁多之挟制,按照上开法律,应归司法部分管辖。除依法提起正式民诉外,请求本案卷宗移送司法部分函查商会核办云云。昨由宋知事批示云,既据正式起诉,候民庭调卷核办,所请移送应毋庸议。

钱市紊乱之诉讼

(1917 年 11 月 11 日)

就地公民王鼎(系法政生)、陈初等十余人,日昨以越安轮船公司垄断角洋市价,有碍商情,损失金融等词,联名具禀绍县公署请求取缔。当经宋知事批候函咨商会调查复夺矣。录其禀批如下:

为私人营业垄断国币市价,请求迅速饬警查明取缔,以重实业而保人民经济损失事。窃公民等世居城乡各守职业,不预外事,自光复之后,城中有天设越安轮船公司,以为便利人民起见。开办以来,该公司尚守营业之道,所有进出银钱,悉听商场公市。公民等近因杭、宁有事,迭次趁轮往来,该公司竟敢垄断角洋市价,作为九十文之数,实属违法已极。

公民等大抱不平。查绍兴银钱市价每日均有钱业依据银根之多缺，公议价格之高低，所以逐日市情，忽涨忽跌，尚且不能一定。议定之后，无论人民、商铺、庄号及电灯、电话公司等，出入银洋，均听钱业之公市。而该公司，亦系私人营业。岂能与国家官厅之公设机关之可比。查去年夏冬起，逐日角洋市价，有九十八九文，现由涨至一百文有另，至今未退，断不能任凭该公司永远垄断九十文角洋之价格，使人民受此种经济生活之损失，较于商场亦大有关系，未免效尤。公民等不能不禀请据理取缔，以照公允而保人民经济之根本。前闻有商会函咨，责问该公司以火油及机匠等均要付出现洋之设词抵制。惟查绍兴布业及苏广庄两业买卖之货，进出甚巨，均系上海所办来现洋进出，何至绍兴交易上均听钱业公议的市价，照此比例，可见该公司之设辞抵制，实属自相矛盾。按营业性质，只能议价目之增减，人所情愿。垄断国币之价格，于人民万难甘服而法律所抵触。况近年国家大势，金融空虚，银根奇缺之际，于经济上理宜维持挽救。若再不实行取缔公平，将来人民损失何堪？设想为此，联名叩请知事长鉴察，迅速饬警察办旋行，谨禀

批：公司收算船价角洋，不按商市定价，任意垄断，实在是何情形，事关商业，候函商会调查具复察夺。此批。

《越铎日报》中华民国六年十一月十一日

催查钱市紊乱案

（1917 年 11 月 17 日）

公民王鼎等控告越安轮船公司垄断市价一案，业经县署批饬商会查明覆夺等情，已志前报。现闻该公民等，以近日现申角子日见飞涨，一般旅客受损更巨，特再函请商会从速调查。未悉该会如何办理也。其函如下：

迳启者，前因越安轮船公司系属私人营业商办性质，对于旅客购买船票，现洋角子市价，不按商议公市，任意垄断，损失人民经济，违背商情，早经公函请求贵会取缔，殊属不解。近来银根奇缺，经济为难，屡趁屡被垄断，实属违抗商市，抵触法律，故将实在情形联名具禀知事公署，请求查办。蒙批候函咨贵会调查具覆查夺等因。惟事关商业，全绍信用，未免效尤，故再公函请求贵会文到后，从速调查，实情具覆而保商业之信用，以免人民之损失，重国币之价格。（下略）

《越铎日报》中华民国六年十一月十七日

假造汇票起纠葛

（1917 年 12 月 11 日）

西郭门外居民冯锡山曾欠该处大兴鱼行洋一百四十六元，日前付以上鼎升庄十月念

二日票洋一纸。该鱼行遂将此一百十六元票洋付于城中大路裕和钱庄。讵该庄内有不规伙友几辈，专造假票欺人。昨日该伙又将大兴所付之票照式私造假票一页，即使人将所造假票，托大路魁元楼贴现。该楼当嘱伙友六三至对门永昌钱庄代为贴现。永昌即持票至鼎升照实无讹，永昌当付现洋照数贴讫。不期是日午后，裕和持真票前往鼎升庄过划，鼎升对以此票已经有永昌过去，裕和即将原票退还冯锡山。冯某思票根早已垫报，何至有假。因即拿票至鼎升查询错于何处，鼎升答以此票昨已过出，何得又有一纸。冯某即将自己同行过账正票拿出，与之质对。该庄方知昨日过去一页四十六元之票是假。当即退还来家。如是彼此三转四退，其洋尚无着落，由是人言啧啧，佥谓是项假票，定系裕和所造，均拟与之大开交涉云。

《越铎日报》中华民国六年十二月十一号

裕和庄仿造伪票再志

（1917 年 12 月 13 日）

本城大路裕和钱庄，于本月间有大兴鱼行付来冯锡珊上鼎升庄票洋一百四十余元。裕和竟敢将是票模仿一纸，形式俨同真票，于念三期日上午，串同魁元楼堂倌六三、阿顺二人，令其先持假票，向永昌庄兑现。然后于下午持真票，向鼎升去过。鼎升以同根之票，已由永昌过去，真假莫辨。及细究来家，始悉上午过去者，系是假票，种种详情，已志前日本报。兹闻假票发现后，当即根究永昌原家，而兑现之阿顺，已杳如黄鹤。然是时尚未知是票为裕和假造，及于次日获到兑现之阿顺，供出是票未去永昌对现之先，曾托长泰兴花店兑现。该店亦进出裕和，不知是票为裕和所假造，将是票去付裕和收账。裕和伙某（不知姓名，系着素服），一见是票，并不向鼎升去照，即抢先曰系是假票。夫是票既上鼎升，则是票之真假，当由鼎升发觉，裕和何以并不去照，即能断定为假票？此其疑者一。是项票据既有真假，为裕和所知，何以裕和不早向鼎升去过，及至假票过出，始去鼎升过账耶？此可疑者二。且裕和既知是票为假，何以不将假票扣住，任令再去向永昌兑现？此可疑者三。因此三点，发票之冯锡珊与解票之鼎升庄，已向裕和严重交涉，裕和亦自知情虚理屈，即挽恳孙某居中调停，不识能否达到调停目的。容探续志。又同日裕和栈司亦有假票一纸，系上余丰庄，当由该栈司托永昌栈司向余丰查对票根，希图兑现后，被余丰察觉，亦向裕和严重交涉云。

按签票汇划，全凭信用。裕和栈司过解，何得假造商户汇票，串同行使。此种行为，在公益上言之，为扰乱信用，在法律上言之，为伪造有价证券罪。商会对于商业信用，有维持之责，不识对此扰乱信用之伪造案，将作如何取缔耶。

《越铎日报》中华民国六年十二月十三日

裕和庄仿造伪票三志

（1917 年 12 月 14 日）

本城大路裕和钱庄，于本月间仿造冯锡珊、上鼎庄票，串同魁元楼堂倌六三、阿顺，向永昌贴现等情，迭志昨报。兹悉该庄仿造伪票时，有偏门外晋昌米行伙娄丽生在该庄闲坐，从旁帮同，设法交由魁元楼堂倌阿顺邀同六三贴现，分得英洋十二元，阿顺分得洋五十四元，余剩之洋，均分与裕和钱庄及魁元楼同造各伙。事发之后，娄丽生情急万分，运动某广货号经理孙某，为之设法和解，意图寝事，以遂其肥私之计。现被本报访实揭载后，娄某奔走之旁惶，无所措手，但证据确凿，事难遁饰，恐非该米伙所能弥缝也。又据另一访函云，有阿顺其人者（曾在魁元楼作伙，现已歇业）手持鼎升庄假票，计洋一百四十六元，向魁元楼伙六三处云从路上拾来，请伊设法取现，允为分肥。乃六三以意外之财可得，即向鼎升庄往取，然钱庄习惯，签票不能允现，六三遂托永昌钱庄前往过账，而永昌持票往过。不料，鼎升伙不辨真伪（票上骑缝少印一个），贸然涂销。永昌庄遂将洋付去。而阿顺、六三朋分散用矣。迨午后裕和庄持一百四十六元真票往过，而鼎升庄伙如梦初醒，方识前票之伪。于是起种种交涉，并将阿顺、六三两人送入十二分驻所。经该所警长询问，据供实际路上拾来，并无另故。现闻其洋只用散五十元，余洋已由鼎升庄追回，并经人出为调处云。

《越铎日报》中华民国六年十二月十四日

裕和庄仿造伪票四志

（1917 年 12 月 15 日）

本城大路裕和钱庄，于本月间仿造冯锡珊上鼎升庄票，串同魁元楼堂倌六三、阿顺向永昌贴现等情，迭志本报。兹悉，其中尚有黑幕，令人闻之发指者，当假票划付真票出现时，鼎升庄经理王久润即与某甲密议意欲借此图利，即电邀冯锡珊至庄大言恐吓，一面由某甲出作调人声言必为设法。讵冯某即将自己开出之票与票根核对相符，即与鼎升交涉。该庄王某始悉对票疏忽，且查悉该伪票所盖骑缝，确系裕和所用之章，因知同行裕和所仿造，竟念同行情面，曲意回护而自充作调人之某甲大失所望，不得已转恳冯锡珊和平解决。闻冯某以个人利害所关，未肯轻易罢休。

《越铎日报》中华民国六年十二月十五日

裕和庄仿造伪票五志

（1917 年 12 月 16 日）

城区大路裕和钱庄于本月间仿造冯雪珊上鼎升庄一百四十六元之同行过账汇票，串同魁元楼伙友六三、阿顺托永昌庄帖现等情,已迭志本报。兹悉该伪票骑缝圆章,既由鼎升庄经理王久润认出,系裕和庄所用之章,其为裕和庄所仿造已可断言,裕和庄经理王某,以庄友仿造伪票,赃证凿凿,无从隐讳,乃向鼎升庄经理密商解脱方法。以该伪票系裕和庄友之游戏动作,并非有意仿造,希图行使等语,由鼎升庄经理王久润请求当事人冯锡珊和平解决,以顾全同行体面云。

《越铎日报》中华民国六年十二月十六号

裕和庄仿造伪票六志

(1917 年 12 月 17 日)

城区大路裕和钱庄于本月间仿造冯雪珊上鼎升庄汇票串同魁元楼伙友六三、阿顺托永昌庄代为贴现朋分等情,已迭志本报。兹悉,当伪票发现,真票与票根核对无误之际,即由鼎升向永昌根究,委托贴现之人魁元楼店主某甲为脱干系计,因将六三阿顺,并伪票贴现之洋,计现洋一百二十五元,角洋八角零,如数凑足,交由冯雪珊处理其事。冯某即将伪票贴现之洋交付鼎升庄保管,一面向鼎升庄收回伪票,连同行使伪票之六三阿顺送押于第十二分驻所,以便移县究办。该分驻所某警长不知受何人运动,得几许金钱,竟将行使伪票之现行犯六三阿顺等任意保释,并将伪票发还,违法滥权,一至于是。未识该管警佐亦有所闻否?

《越铎日报》中华民国六年十二月十七日

拍卖存货起交涉

(1918 年 3 月 23 日)

城区居民孟某、王某等,以永思煤油行等十四家,将昌安门外元大荣杂货店存货九百余元拍卖分给各号,私债、庄款分文不偿,如此违法处分,虽依据现行之破产律,亦无此办法,断难公认。拟请律师代为申诉,以昭平允。兹查该店元大荣之店东□荣,全计亏负上行货款洋四千六百余元,惟私债大半皆孀孀闺女或女尼、老妪或茕独无依之女流或伶仃孤苦之老媪,恃此钱财为养命之源。今一旦被人倒骗,呼吁无门,其困苦之状况为何?如此次上行拍卖存货,按数派给,于私款毫无分给,未免独抱向隅。现由债权人孟某等结合团体申诉上行违法处分,不能承认与各号严行交涉。此举不特维持权利亦为人道主义,闻已邀集律师呈诉追办矣。是否容再续志。

《越铎日报》中华民国七年三月二十三号

水警干涉蔗船之风潮三志

（1918 年 3 月 26 日）

猪爪湾甘蔗船聚众殴警捣毁巡船劫夺军械，其详细情形，已志本报。兹悉，戒严司令官盛开第，以该船户等于戒严期内违禁骚扰，殊属不法，除将人犯从严讯办外，一面出示申禁，一面函请商会将各甘蔗船驱放城外矣。兹录其布告及公函如下：

布告：

查本年一月二十二日猪爪湾河内各甘蔗船只不遵取缔定则，复敢在城区聚众毁破巡船，殴伤巡士，夺取枪枝，于戒严期内竟有此种恣肆行为，殊堪痛恨。除将水警队解到案内人等饬军法处分别审办外，所有甘蔗船应自出示之日起，一律不准停泊城内，免滋事端而维交通，倘敢再违，立即查拿究办。为此布告，各该甘蔗户一体遵照毋稍违延，切切此布。

公函：

迳启者，本年三月二十三日，据驻绍水警队长吴祖芳呈，以本城猪爪湾前因停泊甘蔗船只过多，于上年十一月二十三日函准商会，限制只准停驻十艘，免致交通阻塞，舟楫难行，有违取缔定数，当传该船帮头脑上岸劝谕。不料，阜泰伙友孙文海及船伙赵雪堂、华长春三人，胆敢挺身上前，出言不逊，将该三人带队拨予惩处。旋有阜泰韩成祐、协大行经理王春帆，仁和行夥赵金钊，天和行伙徐吉堂等来队取保，未及询问，即据岗警报告门首聚伙众数百辱骂，胆敢将巡船敲破等语。当派水巡刘邦彦等五名上前劝阻，不料被一不识姓名及一名谢阿星者喝令夥众动手，并敢上先用铁钩，将水巡刘邦彦脑后摘伤，并伤两膝，推落水中。幸谙水性，不致殒命。又摘伤水巡胡白雪脑后，殴伤李菊祥两膝、郑乃思右肩、郑汉兴手膝，并夺去毛瑟枪两支，敲坏两支，暨失去制服等件。声势汹汹，内欲拥入队部，大肆非法行为。幸事前已得城绅来电，谓该业户纠夥多人，将来队为难等语。用将附近巡船长警调集队部，并电请钧部暨陆警先派队到场弹压，得以陆续解散，安靖无事。当场拿获王阿毛一名，除报水警厅外，理合将获犯王阿毛一名，及韩成祐七名解送附录供词，失单呈请核办，并将被伤水警刘帮彦等五名送验等情，并录案内人等供词失单等情到部。据此，查停泊甘蔗船只既已定有限制，应即遵行，乃敢于城市中聚众毁破巡船毁伤巡士夺取军械，殊属骚扰犯法。值兹戒严期内，尤干禁令，除将人犯发交军法处讯判外，所有该猪爪湾地方，自即日起，各甘蔗船一律不准停驻驱放城外，免再滋生事端。除布告外，合亟函达贵会转行遵照，惟嗣后停泊城外，应以河道宽阔之处为宜，仍请贵会酌定地点，令其依照并盼见复。此颂公绥。

《越铎日报》中华民国七年三月二十六日

商店倒闭之呼吁

（1918 年 3 月 28 日）

宁绍两埠商店源康、余丰泰等九十家，被嵊县丽和杂货铺倒欠巨款，由宁波商会暨旅沪同乡会电省饬追，以资救济。兹闻源康等号，现已查明该丽和杂货号，确系朱福记（即经理朱福庆）屠定记、吕王记、钱志记、杨成记（即杨成章）合股开设，立有合同簿据，与杨成章个人所股开之恒豫钱庄，绝不相涉，乃嵊县知事张翼鹏，竟以所存恒豫庄之私款，被倒无着，不顾各商店血本攸关，逞权将杨成章有股之丽和杂货号擅自封闭，近复串通该县商会会长喻忠国，拟将丽和号内之货物启封拍卖，而喻忠国又系市侩无赖，善于奉迎官长。去年极力运动，得被选商会长之职。各商等请伊理处颇多袒护，深恐启封拍卖后则欠款更无着落，因除公聘鄞县徐律师缮状禀追外，复于本月十五日，由源康号等九十户，致北京内务总长、司法总长、农商总长电云：

嵊县知事张翼鹏被该县恒豫钱庄倒欠私款，未经合法诉追，擅将该庄东所股开（即向商交易欠有巨款）之丽和商号，派队查盘搬货作抵，有意侵害商等债权，迭次逞诉不理。并将所封该号之货，擅欲拍卖，商等恐货失而债权愈危，恳思电省，迅饬将原货扣押，并请指令分别民刑，依法诉追，迫切谨呈。

又致杭州齐省长高审厅，经厅长电云：

嵊县知事张翼鹏擅封丽和商号，业经诉请核办在案。现欲将被搬之货，实行拍卖，深恐货底净尽，债权危险，迫在眉睫，恳恩迅电，将原货扣押，以便依法解决迫切。谨呈。

又恳宁波总商会于删日致北京内务农商司法各部总长电云：

浙江嵊县丽和杂货铺欠鄞商源康、绍商余丰泰等九十户货款两万一千元，因丽和肥肉东杨成章开设之恒豫钱庄倒闭，嵊县张知事有款存储恒预庄，竟将丽和货物，全部封抵，本年一月电请省长，令饬张知事妥为保管，蒙批已指令嵊县商会理处在案。迄未解决。兹据该商声称，张知事现拟将存货拍卖，债权危险，叩请电部主持。等语。窃以官款商款同一债权，自应一律办理。况倒闭为恒豫而非丽和，尤不能将源康等号赊与丽和货物封抵，张知事办理此案，未合法定手续，迅电大部应请省长暨高等厅转饬，将原货扣押，并请指定管辖，依法解决，以保商权，迫切陈词。伏惟鉴核。

又同日宁波总商会致杭州省长电云：

嵊县张知事封抵丽和号存货一案，一月间电请钧长蒙指令嵊县商会理处在案，迄未解决。现闻张知事拟将存货变卖，该商等债权危险惶迫万分，窃以官款、商款同属债权，未能歧视。况倒闭为恒豫而非丽和，尤不能擅将源康等号赊与丽和货物封抵变卖归作己有，致违法定程序。应请指定管辖电饬，将原货扣押，依法解决，以保商权。不胜迫切待命之至。

未知京省各长官如何核示也。

《越铎日报》中华民国七年三月念八号

绸机两业小冲突

（1918 年 3 月 31 日）

禹会乡华舍村居户栉比，绸庄林立，地方之热闹，为乡村中所不可多得者也。其间尤以纺绸、机业为大宗，而附近各村操斯业者，数亦不鲜。迩以战事未平，绸销停滞。机业中不徒获利维艰，而亏耗血本者，在在皆是。故今庚各机董拟欲重整规模，振兴商业，在机神殿演戏设席妥定简章，以资遵守。现闻绸庄票期上落，骤起风潮，迄无开市之日。幸该处士绅赵月樵、赵少山、赵分湖、赵竹泉四君，桑梓攸关，不忍袖手，曾邀绸机两董，切实声剖，以通融办法，和平了事，想不日内可以照常开市矣。

《越铎日报》中华民国七年三月三十一号

伪造点锡宜彻究

（1918 年 4 月 3 日）

吾绍土番之点铜，曾于去年秋间发现后，有上海光昌锡号经理麦澄海君来绍整理，迭开商会议罚了事，并曾禀县请究，出示严禁。不料，事过情迁，近来又有假造之点铜发觉，还有复记裕以伪货五十条，解于陈某，乃为素做点锡生意之未滋宣所识破，即将伪货扣留，拟照去年商会定章罚办（商会议决案，如再有发觉全数充公）。此次伪货系由杭州马继良充申庄囤货装运至慎裕源记，由源记转售于复记，复记亦不知其为伪货也。发觉后，马某已暗地竭力运动，愿受罚二百元，乃朱滋宣以若不从严彻究，将来为害箔业，伊于胡底，非照商会议决案罚办不可。甚愿一股箔业中人，亟起直追，惩一儆百，幸勿任其含糊了事也。后事如何，容再续志。

《越铎日报》中华民国七年四月三号

米蛀虫凶恶乃尔

（1918 年 4 月 3 日）

城区大庆桥钟新号米店，因擅减米价，为同业所妒，致起交涉等情，已两志本报。兹悉该号所售之米，均系劣货，故米价较大概便宜两角。一般买主，以该店转售劣货，绝少问津。故该店近日生意异常清淡□阿，恐难支持，遂以最起码之米搀和米粞、糠片，并缩小升斗，减价出售，冀图招引买主，一般附近住户，以米价昂贵有日，一闻价贱，如蚁附膻，咸往景籴治归家后，始知被欺，较诸别家，反觉每石吃亏两角云。

《越铎日报》中华民国七年四月三号

伪造点锡又一幕

（1918 年 4 月 4 日）

　　伪造点铜现又发觉，种种详情，曾志昨日本报。兹悉，日前昌安车协泰祁懋康箔铺，亦各买进二条锡，上戳有公信牌号，该箔铺主因见货身成色较次，遂认真验视，确系伪造，当请同行评视，咸谓该货只有八折身份的，为奸商伪造无疑。兹查此项伪货，系由福昌铜店向大路源记箔庄办进，伪造之主人翁为上海某锡号之杨某。现闻箔业同行，以大路帮每每以伪货行销图利，所遭损失已为不资。此次赃证俱在，必欲与其严重交涉。并闻已有人出而为之竭力圆处，因与专造假点铜之朱鉴生亦有关系，究不知此案作何了结也。

《越铎日报》中华民国七年四月四号

钱清合镇商民公启

（1918 年 9 月 13 日）

　　窃商等在钱清镇地方，各守商业，不预外事，惟近来无赖朱阿富、陈阿瑞□日逐哄同年轻子弟，至商等镇内单四六茶店，大赌特赌，牌九牌宝，通宵举日，被其害者，不胜枚举。商等本系各安营业之辈，无所关系，实□店中徒伙，时有堕其术中，亏负累累，有碍商业民情，虽有柯桥警佐派警捉拿，无如彼等声息灵通，早已遁迹。迨警察去后，即蹈故辙，商等若不加意整顿，将来闾阎难安，为此另具禀帖呈办外，一面登报声明，以供众览。钱清合镇商民公启。

《越州公报》中华民国七年九月十三号

越安公司又被控

（1918 年 6 月 23 日）

　　公民王鼎等禀县公署文云：为县令不遵，依旧垄断，目无官厅，不法已极。请求如不沐饬警勒令取缔，终不足以生实效事。

　　窃越安轮船公司垄断市价，公民等前后迭次禀请取缔一案，已荷钧署依法根据详细批示，函咨商会着该公司遵办在案。足见官厅保护商市大局之至意。讵该公司竟敢有意抗违县令，垄断如故，视官厅命令，貌若具文，不法行为，已达极点。公民等实属为维持公共人民经济损失，应当取缔奸商垄断，以儆将来效尤。现在既蒙官厅批令该公司仍敢如是妄为，平日之往来旅客，任其欺辱者，已可概见。为此不得不再请大知事长鉴核，迅赐恩速，饬警取缔，勒令照市实行，以儆奸商不法，而保官厅命令。急切请状。

（批）据禀各节，如果非虚，该越安公司殊属非是，候函知商会查明具复核办，仰即知照。此批。

《越铎日报》中华民国七年六月二十三号

染坊火后之交涉
（1918 年 11 月 6 日）

西郭门外柯桥下市头地方，于上月二十六号，不戒于火，由德懋染坊起延烧店铺住屋数十家，房屋百数十间，诚为一大浩劫。乃绍地习惯，凡被害各家，所有火烧场瓦屑，必须挑置起火人家之基地内，藉以洩愤。此次柯桥失慎后，殃及各邻店，均将瓦屑余烬，照例挑入该染坊火场。讵该坊出面阻止，遂起冲突。邻右各家，齐动公愤，一拥而前，将该坊埋入地下之染缸捣毁数只。然该缸经烈火焚烧后，性质脆弱裂不堪，已成废物。该坊富向县公署提起刑事诉讼，而邻居各店，亦同时状词辩诉，两造各据理由，相争不下，正不知作何了结也。

《越铎日报》中华民国七年十一月六号

伪饰案中面面观
（1919 年 8 月 5 日）

城区金斗桥失业饰伙陈华生、陈友生兄弟二人，因伪造天成牌印，制造铜质金银饰物，在保佑桥厚昌典试质，被该典察出，立将人证一并扣留，送交第七分驻所转送第二派出所拘办各节。略志三号本报。兹探悉，该案内容殊多复杂，据饰业传出消息，陈某兄弟曾在绍城某银楼为伙，华生系内场工匠友，生亦与乃兄同业，均因犯规被斥。继至杭州义源就业。去年又复来绍，华生托友向天成介绍已经允许下期觅保进店。不料，华生作恶过深，发生此案。虽华生犯案而天成起用之意未释。盖因华生另有一种特技之故，当此案发生之后，厚昌将华生兄弟扣留，交乡警看守，一面电话召天成伙至该典质对牌印，当由天成派伙吴某前往，讵吴某至该典后细对牌印果系伪造，立饬华生吊取伪印，华生答称印在家中，必须回去取来云云。吴某许诺，华生乃藉吊印为由，溜之大吉，至今尚未寻获。仅将其弟友□送案讯办。又该当业传出消息，以天成伙友吴某纵放华生，实居嫌疑地位，确无疑义。现闻该业对于天成牌印之金银、饰物，咸有戒心，倘赴柜求质，必向质户声明过锉，否则一概拒绝不当。倘事成实在，天成一生荣誉，从此扫地矣。并闻内业已于本月一号，在公所开会讨论，先将人证一并移送县署，按律惩办云。

《越铎日报》中华民国八年八月五号

伪饰案中又一幕

（1919 年 8 月 6 日）

城区大街天成银楼，被陈华生兄弟二人，盖用天成牌印，制造铜质伪金首镯及零星各饰，赴厚昌当抵质，即被察出，立将人证扣拘，饬坊警看守，一面电召天成伙友质对牌印。讵天成伙友吴某，不知与华生若何关系，故意吊取印戳为由，将华生纵放，仅将其弟友生，送入第二派出所暂为拘留各节已两志本报。兹查厚昌典，以吴某纵放要犯，情不能甘，乃报告当业公所，转禀知事，将陈华生缉获到案。一并严办，以杜后患。现闻陈华生得吴某纵放之意，避匿数日，于四号午前正期雇舟逃往杭州。不料，作恶过多，难逃法网，被第□派出所探悉，立派警察多名，即将人舟并获，移送县署讯办。讵一波未平，一波又起，有广宁桥章某之女凤姑，于本年四月间，在天成银楼购得金□两支，计重三钱二分。不料，此案发生，巷里间咸以天成售出金饰实非可靠，以十传百，城乡均知。该女得此消息，惶恐异常，乃持原物先在某银楼估看真伪，果系铜质镀金，不得已向天成退回。该楼伙友坚不承认，该女情急万分，乃以天成发票相示，该伙始哑口无言，只得任其调换而去。此三号午后事也。又据外间评论，此项伪金簪必系该楼内工匠所为，确系无疑义。若系他人伪造，该女之发票从何而得。此中黑幕，该楼主管尚在云雾中耳。设如保管条金之伙友，将十足赤金若干两发交内作工匠制造各饰。该工匠以为出货过多，外柜当然疏忽。因之，从中渔利，将赤金易铜，混造各饰，虽饰物上各有工匠记号，而外柜亦以生意繁杂，是以失察，即主顾者以天成之金可靠，再无他疑。第事发生后，即知此项伪簪出于本楼工匠，即此一道也。寄语该楼，亟速整顿内部，一面将伪饰悉数收回，以挽回日后之信用，否则数十年荣誉一旦扫地，后悔将无及矣。

《越铎日报》中华民国八年八月六号

为绍兴首饰业告

（1919 年 8 月 6 日）

自金价低落以来，一般妇女无不购置金饰。闻天成首饰铺中属于金饰物之出售者甚伙。

伪饰案之破获。□盖□天成牌号，天成首饰铺在绍地为信用卓著者，为维持信用计，闻此番所破获之伪饰为不可不深究。在逃未获之犯天成伙友吴某，无端释放，当负追缉之责。而天成亦当连带负其责任，否则于营业前途不堪设想矣。

《越铎日报》中华民国八年八月六号

揩赎典屋将了结

（1919 年 8 月 7 日）

绍属东关镇居民李复楚，有住屋一所，出典于金姓。因现有急需，向金姓情加典价，被金姓覆绝，要其回赎。旋为曹娥人陈玉堂所闻，挽人往说成契，李某亦将金姓典价交原中如数缴清。金姓又托言须待典契觅出，方可交屋，已历王阅月之久。金姓既不交契，又不出屋，致使原中为难，乃邀集绅商会劝，由金秀生当场承认，立票出屋，次日翻悔等情，已志日前本报。兹闻该屋主李复楚，平日性情庸懦，自被金秀生反对后，无计可施，终朝哭泣，邻族均抱不平，邀同强有力者四五人，直至金姓家中，盘踞不去，秀生亦无可奈何。当往警所诬控椿门直入，扰乱治安之罪。该所警佐穆都哩即派警察前往调查，以屋事交涉不关警政，未便干预。本拟拘办，今姑从宽，以留体面。而秀生自知众怒难犯，不得已力恳绅商原中调处。原中在商会理论，嘱金姓将契交还，宽限以九月终出屋，并立合同限单，以昭信守，两造遂允洽了事云。

《越铎日报》中华民国八年八月七号

伪饰案已成诉讼

（1919 年 8 月 9 日）

城区厚昌当发现伪饰典质案，并连及天成银楼信用等情，已两志前报。兹又觅得天成关于伪饬案禀县知事文，所叙事实与本报前载，颇多出入，爰照录如次：

为妨害信用，摹造戳记，行使假物，人赃并获，请求彻究事。窃商开设城区大街，已历数十余年，制造金银首饰，概以麒麟为记，以分别他号之识。所以发行以来，久荷各界信用。至于金饰除盖天成戳外，再加麟字为戳记，并做手工之名戳，自图营业手续完全坚固，不期奸利之徒，伪计丛生，查宣统元年间，有同业以低劣银饰混充商之牌号。嗣禀府扎县饬警会同严究罚办并出示保护各节在案（有卷可稽）。从此商对于营业更加研究整顿，所以绍兴之天成与省城之乾源、信源等并驾齐驱也。本年七月三十三号下午三号，有同区厚昌当，突来电话，据该有二人持天成戳记伪造金镯一对前来质洋，被当场察破，人赃并获等语。商闻悉后，立□驰之罪犯，正触犯刑律第二十三条数犯之罪，罪无可逭。且该被告，业本首饰工艺，对于金银饰上之戳记，何戳不可摹造，此次被厚昌察获后，城乡各当收质之伪造牌号金饰，实在不少，概系伪仿杭之乾源、信源等及商之天成戳记，而该犯不伪造他戳，独伪造此者，因均系数十年之老招牌之故也。且据质铺云，遇金饰就质，定然先看字号，继辨金质，稍一不慎，致遭若辈之欺，质铺受害非浅。商之牌号损失种种，贻害无穷，殊属令人发指。且该被告行使多次，势必另有巢穴，若不从重严究办，何以维商业而儆将来。为此请求大知事暨刑庭承审官电鉴，迅将陈友生等严加彻究吊销伪戳，追究同党，俾保商铺信用而儆效尤,实为德便,谨呈。

禀为以伪杂真,摹造戳记,行使营业,人赃并获,请求移县究办事。窃商开设城区数十余年所售金银首饰,久荷各界信用,讵料世风日下,七月三十一号下午,得同区厚昌当电话,谓有天成戳记之假金手镯一对,前来质典洋元,虽经当场察破,现已人赃扣住。唯戳盖天成,理合咨照等语。商得悉后,立即派伙前往该典,果系伪造假物,摹造天成戳记。查阅来质之人,据称本在杭为首饰工艺,因乏术谋生,致出此计,姓陈名友生,现住城区东双桥,兄弟二人,此次伪造内形假物,摹造天成戳记质洋使用,直认不讳。嗣该典即鸣保送入第七分所,姑候究办等因。夫法律系国家之威信,戳记为商铺之信用,况贵重物品之戳记,岂能容人摹造。而该犯技操首饰工艺,今日摹造此号,明日摹造他号,无用其机器,惟具只手便可行使,营种以假物,得收真物之效用。非但破坏商铺信用,实扰乱营业,典铺受害租逊,商实受害无穷。该犯既兴摹造之手段,势必行使非止一次。商数十年之牌号,几被一旦破败,殊属令人发指。为此请求警佐迅将该犯移县究办,一面另呈追究同党,以便澈办。谨禀。

《越铎日报》中华民国八年八月九号

伪饰案近闻续录

(1919 年 8 月 11 日)

城区厚昌当发现伪饰典质一案,迭志本报。兹录城区全体当业公同帖请商会开会,据情函县,从严惩办。当经商会于昨日(八月九日)下午二时邀集会董并典业首饰业各商公同讨论议决,据情函县严办,以儆效尤。兹觅得商会致县知事公函,爰照录如左:

迳启者,本年八月九日,据城区天成金银首饰号经理谢子明帖称,窃七月三十一日下午三时,由城区小保佑桥厚昌当,突来电话,据云顷有二人持敝号戳记,伪金镯一对,前来质洋,业已当场人赃并获等语。闻悉之下,不胜骇愕,立即驰往当业验明,果系伪金摹造描仿敝号戳记,即由厚昌当鸣保将该二人送入分驻所,转送第二派出所看守,并由敝号暨厚昌当先后分禀绍兴县公署及警所,依法惩办各在案。伏思商业行为,须凭信用,金银首饰,全凭戳记。兹该犯陈华生、陈友生,不顾法纪,胆敢行使伪造诈欺取财,并且损害敝号信用及名誉,实属罪犯俱发。贵会为商业公共机关,应有维持商业之责,是以备具说帖,请求准予转呈县公署对于陈华生、陈友生尽法惩办赔偿,名誉恢复信用,以儆将来而安商业。业据当业公所帖称,窃据城区厚昌复记典报称,于本年七月三十一日下午,突来二人,手持伪金镯一副,计重一两五钱二分,盖有天成麟竟及十足沙金等字样戳记上柜就质,意图朦混诈财。幸被伙友察破,诘问二人姓名,一称陈华生,一称陈友生,询其手镯来由,言语狡诈,形色仓皇,当场用铁锉锉开现出铜质,犹复不逊,难以理喻,立将陈华生、陈友生二人鸣问地保,押送至中途,陈华生一名忽被脱逃。惟陈友生一名暂由该所转解第二派出所拘留一面,通知天成银楼派友来典察看,果系伪质冒戳报恳转请提讯,严究等因。并原当伪金镯一只到所。据此当即召集城区各典公同查看,委系内藏铜质外包金质而成,盖有天成麟竟及十足沙金等字样。戳记正在备文呈请提讯核办间,旋据德和衣德尚德、荣德等典,先后来所,报称该典先于本年三四五等月间,亦各受当有同样之伪金镯,以及定针等伪金饰多件,并盖有信源乾源等店号戳不一,显系该奸徒等一手混手质当,固无疑议,请为并案彻底查究,勒令该奸徒等缴出原质当票,分别照本取赎,以儆将来等因。查奸徒伪造金饰诈欺取财,大干法纪,若不严予惩办,将来伪饰流行,防不胜防,非但有碍全体营业,抑且有碍社会信用,贻害何可胜言。查典当伙友,凡经手当饰物,如有失检,误被朦质之件,于当限期满时必须责令原经手人照本利赔偿取赎。试问身为典中伙友,岁入辛俸,能有几何,一经失检,误被收当。岂能负完全赔偿之重任,为害殊非浅鲜。第城区地方,该奸徒等胆敢伪造金饰,任意行使乡镇市廛朦混可知,胆玩不法于斯已极。□据前情,除□现犯陈友生并续获陈华生一并先行解案讯究外,理合备文呈乞贵会长察核,迅赐据情转行陈请县知事长察核案情,关系全体典业,提同现获各犯生等讯明,按律严惩,以应得之罪,并责令该犯等缴出原质当票,分别按照本利取赎以儆玩法而维营业等因到会。查行使伪金伪造戳记,使商典各业防不胜防,非蒙按法惩办,实于市风大有关碍,合亟据情转请,即希贵知事察核提案审讯按法惩办,以儆效尤而安商业。至纫公谊。此致

绍兴县知事余

《越铎日报》中华民国八年八月十一号

绍兴商会通告

(1919 年 8 月 18 日)

今有本城东双桥之陈友生、陈华生兄弟,冒刻天成银楼牌号戳,并伪造金饰,行使典质,业被厚昌典察觉鸣警送所。旋由厚昌典电知天成双方,呈请移县究办在案。惟是天成银楼,以此事发生后,城乡顾客,恐多误会,有妨信用,名誉攸关。现经该业会同典当各具说帖以会,已于前日(即八月九号)开会备文移送县署,请求尽法严惩,以儆效尤而保商业,一俟讯实执行,则天成信用、名誉不特依然存在,且如精金百炼,愈炼而愈显也。恐未周知,特此通告。

《越铎日报》中华民国八年八月十八日

当业公所启事

(1919 年 8 月 18 日)

前据城乡各典报称,查陈华生、陈友生兄弟二人,伪造天成牌印,制成各种伪金饰物希图混冒诈财。本月初六日该奸徒持冒天成牌印之伪金手镯一副,胆敢在厚昌当典质银钱,

即被该典察出，立将人证获送警所拘禁。一面知照天成，先后呈请县署提办在案。讵知事后谣传纷起，竟有将天成牌印之金饰向各典试质，典业实不胜其烦。查天成开设以来，已历数十年，久为社会上所信用。倘各界诸君所存金饰确向天成购买而来，毋庸再滋疑虑，亦勿必再向各典试质，尽可安心。惟该犯等虽由县署提案严惩，难保无党徒四布，施其故伎，尚望诸君幸勿贪廉购买，庶免再被诈欺。事关利害前途，用特据情□布，幸祈各界诸君垂鉴焉。

《越铎日报》中华民国八年八月十八日

天成银楼启事

（1919 年 8 月 18 日）

本号开设多年，信用素著，凡有出售金饰，无不成色充足，精益求精，是以名传遐迩，有口皆碑，固不必为标榜也。不料，有陈友生、陈华生者，业操饰匠，前在别处作工作。今冒刻本号戳记，伪造金镯，竟于七月三十一号下午持往厚昌典质洋，被□就获，鸣警送所。其时本号承厚昌典备电知会，派友前往验明冒戳伪造属实，遂即禀请警所移办，一面状请县署尽法严惩。现已奉□提案讯究。但自此事发生以来，街谈巷议，飞短流长。本号自问无愧，悉听众口悠悠，不与辩驳，然恐各界因此误会，有妨名誉、信用，特行邀集同业公同各典，□开商会，届时荷承各典暨同业协力维持，殊深感佩。复蒙会长维持此案，□备文移请严办，以保商业，一经商厅严讯，此中虚实真伪，不难水落石出，而本号之显被欺诬，足以表白于社会矣。谨登报章，诸希众览。

《越铎日报》中华民国八年八月十八日

轮船局不顾公益

（1919 年 9 月 3 日）

绍萧越安轮船由曹娥、西兴转回行驶各一次，东关街河极狭，被该轮驶过后，污浊不堪，与城河相等。各商店要求商会会长胡君、自治委员孙君力劝该轮暂行停驶，孙、胡两君当函致穆警佐代劝，分局转致总局，暂免街河驶轮，以保卫生而重公益。翌日绍总局邵君曹分局车君，均到自治委员孙君处面商。孙君当邀集各绅商共同讨论，两相商妥，以东市停轮，用篙撑往西市，□长不过里许。西市仍用小轮拖去，各相允洽。不料该船不遵决议，现仍照常行驶，反赂警察分所，早晚派警保护，伪言有县警所薛警佐训令，是诚咄咄怪事。公共卫生，警察理应注意，乃竟利令智昏，一致于此。现闻该乡人拟重行交涉云。

《越铎日报》中华民国八年九月三号

东关停轮之交涉

（1919 年 9 月 4 日）

越安轮船为街河停轮问题，与东关人交涉一节，已志本报。兹悉是案现已由东关乡自治委员孙庆谷、商务分会会长胡镇藩呈县核办矣。其原呈如下：

为河水不洁，时疫蔓延，陈请取缔越安汽轮，变通行驶，以全民命而顺舆情事。窃敝乡入秋以来，天旱水涸，时疫之发始于市街，遍及村落，死丧载道，耳不忍闻。委员等公同研究，何以别乡如陶堰、皋埠等，未闻酿疫如是之甚，而东关独遭此巨厄，始知敝乡街河浅狭，一切秽物，早已停蓄，其中而越安汽轮公司朝夕往来，经一日两次之鼓荡，秽水沸腾，过之者几欲掩鼻。而沿河居民苦无食井，每日淘米汲水，均在此秽浊之河中，饮料既不清洁，疫疠何能遏止。委员等函请穆警佐主持办法，咨请公司，当由该公司派邵君来东，共同商决。该轮船即在东关码头停轮，其公司船则用水手撑至东市长端桥再行接轮开驶，次早则公司船用轮带至长瑞桥，再由水手撑过市街，至码头接轮而去。据邵君面允，定八月二十五号实行，如此办理，在该公司并无停止航路延误旅客之虑。讵邵君去后，不践前议，至今照常行驶，且闻其在公署有所朦禀，几欲以官力压制舆情，摧残民命，该公司自为计则得矣。其如众怒难平，一旦暴发，其祸还自公司中酿成之，岂他人所能负责。况疫症之来，交通愈速，流行愈广，为救疫计，自以断绝交通为上策。去年北方鼠疫，交通部且不惜停止京张、京奉等路以扑灭之。该公司贪图营业，乘客并不检查，载杭甬两地之疫人，祸我全绍。今既不求停止，但请其于东关区区之地变通办理，犹复悍然不顾，无怪凭其权势，撞涨民船，冲坍堤岸，竟横行而无忌，为众怒之所归也。委员等目击死亡之惨，不得不环请知事长立即饬知该公司照议履行，毋得翻异，保全民命，即所以保全公司，无任迫切待命之至。

《越铎日报》中华民国八年九月四日

纸花业贪小失大

（1920 年 10 月 8 日）

锡箔原料一名纸花每担（计四十刀，每刀计一百四十七张）实足数值洋十七八元，遇有缺少张片，向章罚规极重。讵料无耻奸侩，竟胆大妄为，甚致每刀偷出数十张者有之，每刀偷出四五张者有之，箔业中人早经怨声载道。现闻有宝成纸花栈出卖（华记九寸四分）偷数纸花，被华源、泰源泰察觉，挽人说华源，罚洋一百元、酒肆三桌了事。又正裕纸花栈卖出华宝记长九寸八分偷数纸花被邱润泰察觉，乃正裕栈以为有恃无恐，置告罔闻。现箔业中已动众怒，邀求箔业总董宣布事实理由，定须照章议罚，照偷数纸花，以一件罚十件外，罚戏一台，酒十桌，每箔店点斤烛一对，分愿罚单一张云。

《越铎日报》中华民国九年十月八号

私挖房屋起交涉

（1921 年 8 月 14 日）

城区草藐桥协兴腐皮店主张金龙，原籍义乌，秉性卑鄙，行为险诈，专以偷窃货物，唆讼敛钱，私挖房屋为能事，受其害者，不胜枚举，□年该店开设营基弄口，屡与邻居争执，并偷祥泰腐皮数件。嗣被同业察破，大起公愤，由业董王封香，向县公署控追，赔偿了案。讵知张某事后，天开异想，竟在店内抽头聚赌，又被房东察悉。以此种棍徒，鼠窃狗盗行为，恐遭累及，遂由该房东禀请警署饬警驱逐出屋在案。于是该店迁移，届草藐桥营业，本可相安无事，无如张某江山好改，本性难移，未及数月，复萌故态，以致营业寥寥，门可张罗，乃该店主张某不知处过，竟敢辱骂邻居，因而公抱不平，烦言啧啧，张某自思该处亦非良久可栖，乃于旧年月间，挽托莫某加租，私挖大江桥下广平酒店屋一所，并出运动费洋二十元，为莫某寿。莫某见钱开眼，允其达到目的。查该屋系作揖坊许宅祭产，自民国元年租与广平□酒店至今，每年租金一百元，今该协兴店主张某嘱莫某私挖，骤加租五十六元，共计每年一百五十六元，事被广平店东于怀卿所悉，亲赴房主许彭彦处情恳，并挽商界巨杨某等与房主商说，告以广平营业十年，账底已达八九百元之谱，一旦迁移，抱耗非轻。今年元月起，愿照协兴所加租金，续赁营业，且宾主多年，免受损失云云。该屋主彭彦尚属明达，当即允许，一面由广平店主王怀卿凭中揭算，听还协兴挖租息洋十二元八角，赁契洋十五元六角，并付租金至四月终止。此款，即开牲昌票一百零八元，龙洋十角，钱六文，由杨某等交付。惟赁据屋主许彭彦云，尚有族中未齐，容后缓送。不料，该协兴店主张金龙得悉后，东攒西谋，未悉藉何魔力，居然朦商房主许协彦（系彭彦之弟），而协彦竟受张某之愚，禀控县署，饬广平店主出屋，但是屋既由广平店主租就，所有进出均系赁中理楚，何物张金龙，胆敢施其鬼域技俩。现闻广平与协兴大开交涉，正不知此事作何解决也。容再探明续志。

《越铎日报》中华民国十年八月十四号

记平水街罢市风潮

（1921 年 8 月 26 日）

平水埠头向有楼源盛肉店，因日前所卖之肉有违警章，警所将该店发封，一时阖市各商店以违犯警例罪，不致将店发封，共起干涉，并相率罢市，以资抵制。至午后，犹未开市，究不知如何解决也。

《越铎日报》中华民国十年八月念六日

平水警所激成罢市风潮续志

（1921 年 8 月 27 日）

平水警察分所，因发封楼元成肉铺，致激成罢市风潮等情，已略志昨报。兹悉，该所周警佐，自到任以来，专市联络就地臭绅，在商家任意索诈。缘楼元成肉铺不遂其欲，于是饬令伙夫特往该铺买肉。该铺初时付之鲜肉。伙夫以该铺摆有咸肉，必须退鲜买咸，当时该铺□声明咸肉不大新鲜。该伙夫竟购之而去，尚不知其有意寻衅也。不料，去未半时，即有该地巡长、场警将该铺发封，时方正午，该铺正在烧饭，逼令退火关门，一刻不容延缓，于是群抱不平。该镇遂于念五号全体罢市，一面公同具禀县署提起诉讼，城中警察所闻讯后，昨已咨请该镇商会，劝令照常开市，并闻该平水警所警察知事将失败，伪称该肉铺阻挠辱殴，特于昨日将伤来城，朦请检验，未知若何解决也。

《越铎日报》中华民国十年八月念七号

绸业追款之风潮

（1921 年 8 月 28 日）

绍属禹会乡华舍村，向系产绸之区，绸庄林立，有协号绸庄者，曾于四、五月间，连付久和牙户□洋四十元，欠不归。本月十一、十二等日，协号收得久和纺绸十余疋，即拟抵冲借洋，至十五日，久和邀同伙友赵六二及机匠百余人至协号，不问情由，将协号经理孙舜江凶殴，一面捣毁器具。保卫团近在比邻，于此扰乱安宁之行为，竟至视若无睹。幸有当地士绅赵俊生君出面阻止，不致酿成人命。事后孙舜江挟创报告绸董，诉说情由，经该绸董允为两面调停，然烛子事刻，闻杭绸业以此风断不可长，照此含糊了事，后患不堪设想，拟公举同业到华舍调查实情，禀官严办矣。

《越铎日报》中华民国十年八月念八日

平水警所激成罢市风潮三志

（1921 年 8 月 29 日）

平水镇楼原盛肉店与该处警所巡长王鹤峰，因买肉冲突，酿成罢市风潮等情，已详志昨日本报。兹闻当时该店因有腌肉一方，系留为己用。王鹤峰因必欲购买，该店不允，遂致互相口角，诬为有违警章。王巡长遂以片面之词报告周警佐，将店发封，其时该店主正烧午饭，商请候午饭后执行，警所不允。于是合市咸为不平，各店家群至悦康茶栈开临时会，协议对付办法。当议决公呈县警所，请求派员彻查，一面并公呈省长，请求撤换周警佐。现仍在罢市中,街上交通亦为断绝,究不知如何解决也。

《越铎日报》中华民国十年八月廿九日

平水街罢市后四志

(1921 年 8 月 31 日)

平水警察分所,因贪知角子,捏造娄源盛肉店售卖臭肉,将店发封等情,已三志本报。兹悉,该处各店,虽由余知事派委劝令开市,照常营业,无如众怒未平,人心愤激,除联名呈说省县两长撤换外,一面该警佐等所欠各商店账洋,已经提起民诉,追还欠款。记者谓周警佐虽善钻营,其奈民情不洽何?

《越铎日报》中华民国十年八月三十一日

平水罢市风潮五志

(1921 年 9 月 1 日)

绍属平水警佐周世豪因挟强赊不遂之嫌,违章擅封娄源盛肉店,致激成罢市等情,已四志本报。兹闻周世豪不自知过,反以娄源盛聚众殴伤巡长,并妄指徐阿春为地痞,谓其纠集流氓哄局,而已死之。该警佐挚友,地棍陈阿全(钵头阿全)为报告人,至县朦禀请派军队弹压。幸余知事素知其心地糊涂,不为所动,令饬保安队叶啸庐队长,即日赶赴平水,并函请自治委员金仲丹君协同竭力劝导,并将肉店启封,以平众心。众商店遵谕,已于次日一律开市。惟因周世豪到差以来,倒行逆施,非法蹂躏,实已民不聊生,忍无可忍,始出此举。今和平了结,而周世豪若仍款段而来,众商民永无安枕之日,已列举劣迹赴省控告,禀词探悉如下:

为胪陈警佐劣迹,禀请撤惩事。窃维警察之设,卫民而不以扰民,保商而不以病商也。平水警所,自周汝杰调省后,除四月间撤之王秉钧尚差强人意外,其余警佐均惟拷诈搜括之是务。警政遂江河日下,不堪闻问。然未有扰民病商,如现任平水警佐周世豪之甚者,自该警佐到差以来,强赊硬买,巧取豪夺,包赌庇娼,私设烟盘,无纵不入,无钱不要,拷诈所得,近二千金。乃困于烟、赌、嫖三者,辄复拖欠警饷,所中时闻闹饷之声。去年十二月二十四日,向许仲记米店强赊白米数十石,分文不还。该店主许阿圆,小本营生,因之倒闭。其妇贫苦难度,向其索讨。周世豪乃嘱其部警,凶殴逐出,仍旧分文不偿。去年更藉冬防之名,向各绅富敛得巨款,仅招台籍鞋底匠数名塞责,其余尽藏入腰囊。该所共警察两分驻所,每所仅有实人六名,空额之饷,亦尽吞没。并因至城吸食雅片,不便招在城开设花烟盘之共进会匪首台人叶福标至平,给以稽查名目,伙设烟盘,供其吸食,并令豢养巨窃坐地分赃。至市中被窃多家,居民夜不安枕,保卫团请其驱逐,庇护不遗,反捏自称县公署充差不具名之周姓信函,为之缓颊。本年六月十二日,民人王张荣被尉治谦在沙滩地方殴毙,自治委员嘱其缉凶送究,被该警佐将凶手尉治谦拿获,在所留置十余日,索贿二百五十角释放。又藉查祝黄氏讼案,向原被告及黄祝氏后夫方万金,诈洋四百余角。又诈祝玉枝洋十余元,归途闻除后山正民陈连生富有,诬以捕卖田鸡,诈洋一百余角。本月二十一日夜,挟娄源盛肉铺强赊不遂之嫌,嘱巡长王鹤峰至该店购肉,时肉已售罄,该店辞以无有。该巡长大肆咆哮,谓其有意不卖,掷给小洋一角,纵身上柜,把该店已经盐腌,晒在簷头之肉一小块取去,旋持该所封条,谓奉警佐任命,该店售卖臭肉,有碍卫生,应即发封,将店中人驱逐出外,即刻封闭。时该店烧煮晚饭,灶中火势正炽,市中各店恐兆焚如,求其稍纵须臾,俟该店饭后火熄再封。该所坚持不允。查该肉店开设平水,数十年安分营业,人所共知。该警佐周世豪强取其自制自食晒在簷头之腌肉,指为臭肉,即刻发封,无非借端泄愤,且为该店请求启封时斄索巨贿地步,是以直情迳行,即拂舆情,酿成火灾,亦在所不顾,似此任意斄取,纵凶豢窃,滥用职权,违法殃民,吾平商店将尽成齑粉,而人民恐无死所矣。为此禀请省长鉴核,迅将该警佐周世豪撤差,提交法庭讯办,以警凶贪而安商业。全市罢业以待后命。临禀激切,无任主臣谨禀省长等语,并闻该所劣警谢如林、陈彬、王鹤峰等,当叶队长、金委员赴市劝导,众商民列队欢迎之时,尤敢当街谩骂,有定要枪毙几人,我们抵装偿命,并将路过该局门首之德昌祥南货店附设邮柜送信人章班张,无端掌责,拖入局中。又用枪刀乱击后,由保卫团董杨祖光喝阻,始行释放,不然殴毙矣。其时众商民正听叶、金两君婉劝,已愿开市,一闻此信,哄然而起,全局几翻。幸经自治委员金仲丹再三劝允,将行凶警察禀县革办始散,时已钟鸣一下,叶队长始于二句动身回城云。

《越铎日报》中华民国十年九月一号

取缔雨棚之近讯

(1921 年 12 月 27 日)

皋埠东市火警后,该镇士绅鲁良暨沈寿康等,以此次火警,碍于临街雨棚栉比,各处义龙未能从速安插灌救,致延烧市房有百余间之多。因此联名呈请县公署暨县警察所严行取桂,不许重建,并请出示布告等情。曾志报端。此事本属公益善举。讵料该市有米商周某等,以雨棚革除,实碍私益(开设米行,必须有雨棚),出而阻挠。现伊新建雨棚,虽经东皋警察分所奉令实行拆除,惟周某等竟设法上控省署,以图挽回,但未知此件行政讼事,若何解决也。探明再志。

《越铎日报》中华民国十年十二月念七号

取缔雨棚已查勘

(1922 年 1 月 9 日)

绍属皋埠火警,碍于临时雨棚,因此延烧市房百余间之多。该处公民联名呈请县警所暨县公署取缔重建,讵有该处米商周某出而阻挠,竟敢上控省署,以期挽回等情,均志前报。兹悉已得省宪批令绍县再委人员前往查勘具覆。县署接到是项公令后,当委定薛所长前往,当查勘时,由东皋警察分所警佐吴萱谷引导,未知薛委员若何具复,容探再志。

《越铎日报》中华民国十一年一月九号

商会维持皋埠雨棚
(1922 年 1 月 12 日)

省署据绍兴县商会呈称,查绍属皋埠商场,素称繁盛,邻近各处交易均系集合于此。惟是濒河地广,贸易又甚为殷繁,非有雨棚之设置,一遇风雨,营业买卖及行旅行来诸多未便。是以雨棚之制度,自清迄今数百年于兹矣。且揣其建造之初意,纯然为便利行旅,发达贸易起见,于路政交通不特毫无妨害,且有互相裨益之处,是以习惯相沿,各方均受其益。事关商业行政,兴废因革,推究不厌求详,似未可仅凭少数人之禀请,致违反数百年之习惯及各商家之心理。理合呈请钧长转饬绍兴县知事量予维持云。

《越铎日报》中华民国十一年一月十二号

绸业董处理债讼
(1922 年 8 月 1 日)

绍属华舍地方,有居民沈宝泰者,向系绸业营生,早年开设沈渭记绸号,因欠赵惠堂货款洋七百余元,立有凭票,并挽请机业董事赵廷发、寿世钊二君,向债权人赵某婉商讲洋三百五十了事。讵事本可了,乃沈某屡次诱约,赵某忍无可忍,不得已向绍县提起诉讼,传审二次。沈某自知理屈词穷,避不到堂声诉,赵某所控之沈渭记,非其所开,一味狡赖,意图张冠李戴,为抵制有方,批则候令华舍绸业董事沈正华查覆妥为调息等语。想沈董事素来公正待人,为绸业全体所信仰,当不为其所朦,一经调查确实,秉公详覆,不难水落石出,岂容沈某抵赖耶也。

《越铎日报》中华民国十一年八月一号

东浦恒泰当纵火吞物之大黑幕
(1923 年 1 月 8 日)

东浦恒泰当失慎,于旧历九月一日午后六时许,货楼完全被焚,自失慎之后,传言不一,或谓系典伙失慎者,或谓系故意纵火者,及商民许祝华赴省署控告该典之纵火吞物,与夫该典妥议,以所质价目百分之四十八赔偿质户等情,大略志诸前报矣。本报为慎重贫民经济及商人营业道德起见,向各方面调查,探得种种消息,汇录于下,禹鼎温犀,责难旁贷,愿各质户一详读之。

该典内容说者谓早已不堪,未被焚以前货楼不啻为一空城计,然系传闻,无从征实。不过据东浦人所言,该典众伙友卖奖券也,赌博也,土娼也,几于无人不嗜,薪金所入,恐不足以恣挥霍,试问此辈挥霍之财,胡从而来。

当被焚之前之上三日,有某质户曾以饰物质洋一百二十,备价前去赎取,该典伙友答以珍贵饰物,寄存在城中,须明日可取。某质户信以为真,至次日再往赎取,该典伙则答以尚未往城中取来,遂向某质户道歉,并给某质户小洋三角,藉作饭金。至第三日该典即以失慎闻。蛛丝马迹,令人可疑。

四典股东沈赞臣之二子,一为协理,一任管货楼之职,在该内中握有大权者,经理一席,不过备顾问而已。该典内容之空虚,与夫货楼之失慎。据东浦人传言,此二人实为嫌疑犯。此二人已不知匿居在何地,殊觉令人生疑。且当日货楼失慎在午后六时,各伙友之卧具都包束完全,搬运出险,一若预料将火者,此又令人疑上加疑矣。

自失慎之后,一再诉讼,各股东不能不负赔偿之责。惟各股东亦风闻沈赞臣之二子有纵火嫌疑,群谓系尔之子纵火,何能责各股东赔偿,此又可引作该典纵火吞物之一许祝华之控,不为无因矣。

□□贫民向该典质有物件者,闻失慎后,莫不悲泣,及闻系纵火吞物,则又莫不愤怒填胸。□□□□□□□□□□□□临时通讯处,与该典一再磋商赔偿方法,沈赞臣□□可通神,多方运动,质户敌不过当商,结果以百分之四十八赔偿,并须扣除利息,各质户莫不悲泣,以其损失甚大故也。不谓于十八日在东浦斋堂庵验票,照议定价率赔偿一日,各质户已切齿而视,至次日有某质户票上当价十五元,任该典夥友核算利息,谓只有小洋七角可赔。质户与其理论,该典伙友以恶声报之。于是大触众怒,激成捣毁,柯桥吴警佐到地弹压,亦无济于事。有某巡长因而受伤。然闻捣毁时,该典伙友间亦自行动手毁物者,至自治会之厨房中物,完全系该会中人自己捣毁,藉以陷害各质户者,鸣呼忍矣。

当该典伙友激成各质户捣毁时,秩序大乱,后经警察弹压,各界人士之劝导始行散去。事后顾知事即下乡勘验,而各质户遂向知事跪香垂泣而道,不审我负有牧民责任之知事,为当商左袒,抑为贫民雪冤耶?

《越铎日报》中华民国十二年一月八号

恒泰当纵火吞物之反响

(1923 年 1 月 12 日)

东浦恒泰当因内容空虚,纵火吞物等情,本报已详言之矣。地方官厅为当商朦蔽,不为贫民损失一计,已属全无心肝。日前该当开赔时,又藉端嫁祸于贫民,而地方官厅又某为当商爪牙,出票拘人。哀哀贫民,遭此荼毒,岂当商之势焰,果然薰天,而官厅之只手可以掩尽绍人之目与口耶?旅京绍同乡接到故乡消息,大不谓然,业已分电省县及绍城绅耆,秉公查办。兹录国会议员陈赞卿致杭州沈馥生、周又山二君电如下:

沈议长、周又山君鉴:恒泰典伙纵火吞货,贻害穷民,在京同乡早有所闻。兹该典极端朦蔽,县署拘单四出,村人及敝族公电促归。枢现值制宪,碍难脱身,除会同诸乡老电省县及绍城绅耆秉公查办外,并祈一致力争,毋稍瞻徇,遐尔共闻,公私同感,陈燮枢。佳方

在编辑间,接到旅京绍同乡来电,即翻录如下:

《越铎日报》社转,水灾筹振会、县议会、参事会、教育会、商会、农会、工会、地方审检分庭、各报馆均鉴:东浦恒泰典之火害及无数贫民,乃运动土豪官警殴辱质户,在京同乡啧有烦言。今闻因无赖滋扰,藉端嫁祸,朦禀知事,四出拘人,诸公相处较近,闻见必真,请主张公道,要求官厅公开审判,优予赔偿,以儆刁商而安穷黎。除电省长外,谨此布闻。沈祖宪、王式通、蔡元培、娄裕熊、王家襄、曾厚章、盛邦彦、卢钟岳、孙世伟、田稔、陈燮枢等叩。蒸。

记者按:当典纵火吞物,不加彻究,此风一开,害不堪想,旅京诸公关念穷民,尚且如此,吾绍各界诸公,其何以揭刁商之黑幕,而补求穷民之损失,不负旅京诸公之属托也?

《越铎日报》中华民国十二年一月十二号

告绍兴当业公会

(1923 年 1 月 18 日)

恒泰当放火吞物,人言实不可掩,而官厅与士绅,亦不起而加以干涉,一任驵侩朦官欺民,令人真不可解。

前日绍兴各法定团体答覆旅京同乡一电,避重就轻,但言开始时滋事,而不及根本上放火吞物之犯罪行为,今者当业公会之电,如一鼻孔出气,庇护同业,当业公会为维持同业信用起见,应该出而干涉,彻底查究。现在绍兴当业公会竟不为同业前途之信用计,当业公会得弗自招物议耶?

《越铎日报》中华民国十二年一月十八号

当业公会请保护恒泰当之电

(1923 年 1 月 18 日)

绍兴来电:

两浙典业公会鉴:恒泰典失慎,承转呈省署核定开赔,讵料莠民滋扰,酿成殴警捣物情事。现在官绅会商决定该典改在城区铣日起分乡开赔,乞贵会赐转呈省长电饬绍县知

事酌派军警奋力保护,以维典业而安良懦云。绍兴当业分会叩。寒。

《越铎日报》中华民国十二年一月十八号

请商会追还债款

(1923 年 6 月 11 日)

城区大木桥有开设王永和豆腐店之王五四者,去年因店中乏本营业,乃向本地晋昌钱庄借□洋一百五十元,言明今春三月念八日之期归还,立□期票。适晋昌钱庄上月因经理丁某亏款倒闭。于是王某以为所欠该庄之款,可以无庸偿还,藉以图赖。讵晋昌钱庄未倒之先,有该店存户□葆瑛者时向索取存款,其经理丁某因一时无款可筹,乃装将王永和之期票备函许于陈某,嘱其至期向王永和领取,乃陈某果待到期向该店索取。谁知该店主王五四刁顽不堪,初则一味诱约,继竟抗缴不认,无可理喻。兹闻陈某忍无可忍,现将该期票,并丁某之来函等备具说帖,向商会理处。兹录得该说帖于下:

具说帖。陈葆瑛任城区小教场为图赖期款,屡理抗缴,请求饬传清缴,以免拖累,以维债权事。窃鄙人有孤嫂于去年积存晋昌庄洋一百十八元八角四分六,因此到期持函及期票向取。不料,该号并不照付,屡经理说,一味抗缴。鄙人既受孤嫂之迫切,又被该号王永和之刁难,以为晋昌已倒,此款可以图赖,因此情难甘服。为此备具说帖,请求贵会长立传王永和之店主王五四到会,饬令清缴,俾免拖累。实为公便云云。

《越铎日报》中华民国十二年六月十一号

商会调解撮药案

(1923 年 9 月 11 日)

城区大街望江楼上寿堂药号,因药味纠纷一案,绍兴县商会于九月九日(即阴历七月念九日)。下午三时,邀集该会会董药业会员并震元堂、天宝堂等各药号经理及医药会会长包月湖等到会,临时将封存警察三派分所之药渣,电请送会查验。当由该所巡长亲送到会,当场公同查验已煎药味,见确为川柏,并无三凌,证明上寿堂所撮药味,并不错误,由商会劝各方息事宁人云。

《越铎日报》中华民国十二年九月十一号

源和钱庄倒闭之是非观

(1924 年 1 月 29 日)

城区大云桥源和钱庄开设有年,营业颇称发达。该庄股东兼经理尹宝林,家资殷实,惟居心险恶，于本月二十日忽然倒闭，卷款潜逃。查其内容，历年滥账，虽然不少，但计其盈亏相抵，是可维持。不意该经理尹某有心不良，且□同业市侩从中挪揄，果□□倒闭下策，现□□案已转移绍兴商会公开结束，未知陈会长何以慰存项小户也。查该庄营业，全仗零星小户存款，今忽然倒闭，闻耗之下，无不惊惶失措，大有自寻短见之举。噫，如尹某者，诚商界之蟊贼，社会之公敌也。

又一访函云，城区大云桥源和钱庄，开设至今已逾十稔，股东兼经理尹宝林，人尚诚朴，近因营业失败，苦难支持，目下年关紧迫，更属周转不灵，已于二十六号晚间停止营业，尹某脱逸无踪，一时存户登门索逋者，达三百余人。闻该庄核欠各同行及存户款项约须十万以外，□十七号上午已由商会开会议决，拟先从清查账目入手，然后仿照晋昌成例，多寡公摊。至该庄一切簿据，业经封存商会，以备将来汇核云。

《越铎日报》中华民国十三年一月二十九号

告绍兴县商会

（1924 年 1 月 29 日）

源和钱庄，在商界上是很有信用的，而且经理是个家私股实的人，营业年年又皆胜利的，忽然以倒闭闻，究竟里面有无黑幕？商会应该加以研究！

倘或不然，经理席款逃走，商会出而为之讲倒账，或五折，或六折，股东和存户，受极大的损失，至于席款逃走者，反而逍遥法外，一生吃着不尽，天下那里有这等便宜的事吓？

这种黑心倒闭的隐幕，不把它揭开，不尽法惩办，此风一开，金融界可以立刻砸产，危险不危险？晋昌的已事可不必说，□愿商会这一回对于源和的事，应该先行加以为什么倒闭的研究？

《越铎日报》中华民国十三年一月二十九号

源和钱庄倒闭之内幕

（1924 年 1 月 30 日）

本城大云桥源和钱庄突然倒闭之情，已志昨报。兹以得访员报告，倒闭原因实缘该经理蓄妾过多（连正妻共四人），□□□□□以存心阴险，去冬早存卷逃之□□□□□□□阴历□十晨席卷店中存款，挟家中动产及一妻二妾逃去，家中只剩小伙计，小家庭中只存一弃妾，□□□□□□由其上家及各存户集商会会议解决办法，有对各存户讲三折还账之说，不知确否。查大云桥市上商家十九进出源和，此次存户检源和账目，知放款极少，□系有款，则源和之倒，非为欠户拖累，实系该经理存心黑贪，蓄妾浪费所致。闻倒去款项，几至十万，以鲍氏、裘氏损失最大。大云桥市上商家，除某南货店、某肉铺外，多少均受损失，云此中又有一惨事,为读者告者,则各存户中有一孤媪,半生充当女仆,积蓄百五十金,存在源和。又有一妇女新许其女得财礼(即卖女之代价)百元,亦托人存于该庄,若三折还账之说确,则□妇之一生一女,均休矣,惨哉!

《越铎日报》中华民国十三年一月三十号

源和钱庄倒闭后一月之余闻

(1924 年 3 月 1 日)

大云桥源和钱庄倒闭后,种种确实消息,已先后志于本报。近来虽有种种谣传,谓尹宝林已溺死者,债权人私相划汇款项者,俱不真实。惟源和钱庄账目,确已从总清簿摘出,告一结束。存款确数有十一万五千六百六十二元,欠款确数有十二万一千五百六十九元,仗欠相冲,尚余五千九百零七元。惟存欠各户之经折尚未对过。至于有无格账,亦未曾查实。又闻富阳县方面之田亩,已有债权人某绅至该处私自过户(或云系注册,并未过户)。尹氏收租簿及置产簿亦存在某君处,现闻该庄债权代表定于二十八日会议,录其通函如下:

迳启者,为大云桥源和庄事,准于阴历二百二十八午后一时,在薛家弄尹宅开会,届时务希各债权人惠临与议。幸勿自误,特此通告,源和庄债权团代表。

《越铎日报》中华民国十三年三月二号

源和钱庄债权团消息一

(1924 年 3 月 8 日)

自源和钱庄倒闭后,已一月有余,因无妥善办法,致搁置□不能办理。余(访者自称)虽非债权团中人,而对于该团情形,知之颇详。且团中人亦□有相识者,故探记之,以告阅者:

源和钱庄倒闭后,多数债权人,大都知识浅薄,徒知纷扰而无办法。且苟有人出而理事,必遭疑忌,以为其人必有私心自利之处。于是诟詈横加,而其人乃退避。前者商会副会长冯德斋方拟理此事,而匿名广告纷纷贴于通衢,诋毁极深,冯乃退避。其后鲍芎谷方理此事,而匿名信中大肆□骂,且无识之债权人,群至鲍宅纷扰,于是非畏缩于是□畏缩。于是债权人中有识者,组织一最坚固之正式债权团,于阴历正月念八日召集各债权人汇议。债权人到者约有一百五十余人之多,债权约在六万元以上,薛家弄尹宅为会场,其开会秩序如下:

(一)振铃开会;

(二)主席报告开会宗旨;

(三)选举代表;

（四）代表陈述意见；

（五）各债权人陈述意见；

（六）各债权人签字；

（七）振铃散会；

开会代表之当选者为章寿卿、裴钦庶、钟恒灿、倪星斋、沈守愚、方翰操、徐幼生、王德荣、孙越樵等数人云。当场并拟定办事细则数条，已为人所公认。其办事细则俟明日续登。

《越铎日报》中华民国十三年三月八号

源和钱庄债权团消息二

（1924 年 3 月 9 日）

自正月二十八日开大会之前三日，先开一筹备会，到者人数亦众，其时已举定代表九人，惟章寿卿本为总代表，因力辞转推孙德胜，孙亦力辞转推倪某。倪亦不肯承认，鲍香谷其时推认为代表后，鲍转推孙某以自代。所以二十八日大会中将所选定之代表再报告全体通过。兹将该团中办事细则探录如下：

一、公推总代表一人，代表八人，完全受债权人之委托，本多数债权人之公意，对于清理全部事宜，负监视及协助之责任，不得遇事推委，倘能力有所不及，应报告各债权人集议共同补救。

一、源和簿据及尹氏产业，当由代表再行详细彻查，有无格账及他项情弊，其产业有无隐匿及私行移转等情。

一、本团登报招请未到各债权人，即行题名加入，以便稽核。如逾期不来，登录认为有意放弃，或另有取项等事，本团不负责任；

一、各欠户如与他人格账，为本团所不许。本团当仍向欠户索取。该欠户虽两次偿还，亦属咎由自取。

一、所取账目当榜示清单，公正摊派，其尹氏动产、不动产等当投标变价，不得短折；

一、尹氏家中谷米器具，变价作为本团经费，其所余存入银行，他日公派。

《越铎日报》中华民国十三年三月九号

可恨亦可怜之源和经理

（1924 年 3 月 10 日）

昨尹宝林遣人送一函至债权团中，其文云：

（上略）久仰高谊，殊深感佩，未识何日可以补报也。刻由舍弟来云，小号收缩，各欠户欠项承蒙允诺,赶速了清□还,各债权人清理,其事更妙。情愿将一生积蓄、家产出卖抵偿,能使二老讨饭甘心,倘若众债友三百念三家,如数到法庭诉讼,印花、律师费用若干,非几年不能了结。无非宝林拘留吃苦,一人受罪而已。倘遇短见死亡,岂非欠户无收,如之奈何,主众友细细思之。现受私罪四十余天,将家内米酒、草菜、寿衣、铜锡、棉被、帐子、箱子、白米、麦糖、脚桶、饭罩、袋皮、时辰钟什物多件,典当抵押短价贱卖,再加外人偷出多件,无从查数。又椿毁桌椅碗盖瓦器,搬出几箩,实在伤心,各债权人毁损什物,原系金钱主义,两败俱伤,但则绍兴各业黑心讲倒账者甚多,历年以来,并无此种办法。第独遭此,岂非怪事? 命运可谓苦矣。总而言之,杀人抵命,欠债还钱,并无死罪。弟本当早恳众友休谅,乃已经椿毁,典卖一空,无家可归,难以出面。特托舍弟详林同内姪陈文龙,公同收账,倘有错账纠葛,皆有簿可查,并可由弟详细注明其源。章源大借洋除资本外,尚存三千元左右,自行设法清楚。又板棹四顶、长凳十六根、蒲墩几个,系宗祠寄存。倘将租谷出卖,恳佈施几何? 家用什物,候公摊后,再行恳求相商。此番大事,全仗诸位照顾,另请章寿卿兄代为办理一切。八位代表收账了结,非常赞成,切勿拖延,叨在久交,故将直言奉托,恳各位行恻隐之心,做点好事,将信内言语奉劝奉劝,弟富阳田务托卖,未免暂行一走,一切与舍弟接洽可也。(下略)

按原信之义不甚妥善,书法亦粗笨,确为尹宝林手迹,且其信由其弟祥林去后,转瞬送到,可见尹宝林所在地离薛家等甚近。惟据祥林传语,宝林终不肯出面也。本报又得一新奇之消息,以报告于留心是事之读者。其言之足信与否,实未敢必。姑志之,以符有闻必录之例而备他日之参考也。消息为何,则自从尹宝林□店之日起,即受鲍氏之幽禁。鲍氏为源和之大股东,幽禁之者,欲变卖其产业以抵其亏负也。是项消息如果属实,则诚如宝林函中之言,现受私罪四十余天。绍兴各业黑心倒账者甚多,历年以来并无此种办法,其言若有隐痛焉!

《越铎日报》中华民国十三年三月十号

源和债权团对于经理之主张

(1924 年 3 月 11 日)

源和钱庄债权团成立时,原中各债人自行动议组合,并无他人代为之发起。成立时,各人均签字画诺。鲍芗谷亦请其账房夏虏臣代签一到字。□签字缘起略谓:今日债权人汇集□此,设立源和债权团,设法清理源和人欠各款,候结束□结,按债权之多少,照数公派,一面访寻尹宝林出面,共同清理,自今□集议之后,不得在尹宝林家中再事坐索。吾侪款项既被倒闭,损失□甚巨,须速行清理,免被他人舞弊取巧,如有格账及隐匿款项等事,即为吾债仅人之公敌。当全体齐心协力,以公理与之力争。□□到公正解决之目的,不足以慰吾各债权人之希望,尹宝林出面以后,如有人与之为难,即属有意破坏,别存恶意,吾侪当与之严重交涉。兹特选定代表九人,本债权人之公意,共理债务事宜。凡赞成者,均请列名签字,并记债权以便考核云。

恢复源和钱庄之提议

（1924 年 3 月 12 日）

源和债权团成立后,代表共计九人,惟总代表一席,互相推让,至今尚属虚悬。事无首领,负责无人,不便办理。在各债权人意,均不肯损失,由某代表筹一方法,俾各人得有美满之希望,其方法维回即复活源和是已,其意谓存户共十一万五千元,均作为源和股东,不得提出,使复开店妆账,尹氏产业亦均作为股本,一面放账,均由抵押品,免再被倒去。如股本不足,再由大股东移借,以抵押品为凭,如是数年以后,店必盈余,存户可不致再受亏折云。

碛锡成色争执案之究竟

（1924 年 8 月 11 日）

(绍兴)上海锡务公司行销新出嘉禾牌滇铜,绍兴箔业公所以其成色不足,提出反对,禀请县署出县函商会代验等情,已志前报,兹觅录商会具复县署之公函如次:

(上略)迳复者,本年七月二十一日,准贵知事公函内开:以箔业公所董事胡锡康与上海锡务公司,因碛锡成色争执一案,希即定期召集双方代表,公同化验等因。准此,当经敝会于二十八日上午,召集双方代表,以新旧两法,并行化验上海锡务公司之锡,依照该公司所谓九三五成色者,系以青铅为本位,如百斤碛锡,化分之点,锡得九十三斤半,青铅得六斤半。而依照绍兴箔业董事所谓八三四成色者,系以煋光为本位,如百斤碛锡,化分之点,锡得八十斤有四,煋管得十六斤有六,价格比较无所上落,是双方对于成色一层,名目虽有高下,实质仍复相同,不过本位互异而已。据该公司所称化验师宝柏来白克代表鼓金茂君,当众化验,报告上海锡务公司行销胡廷记之锡成色为九三六四,存隶之锡成色为九三五二,立有化验单□纸,照该化验师代表彭君所验,与上海锡务公司原定成色相符,而以绍地旧法化烊,大概评阅上海锡务公司之锡,较之港碛成色,似稍低缺。但目今绍地市上买卖港碛,与上海锡务公司之锡,价已两歧,价既不同,则成色之高下,亦无问题矣。准函前因,相应将化验情形备函具备复,并呈化验单一纸即希贵知事察存核办。至纫公谊。(下略)

碘锡成色争执之波折

（1924 年 8 月 12 日）

（绍兴）自箔业公所与上海锡务公司争执滇铜成色问题发生后，闻该公司对于是项交涉，引为大辱，故不惜金钱，延请化验室化学师宝伯来白克派员化验，需费上海规银四百两，令其负责签字，并派有驻绍交际员赵某办理种种对付方法。现闻赵某以绍兴商会覆文，殊多不尽不实，已函致沪公司，并附禀贴一件，其大致谓商会所具旧法烊化，大概评阅，系指何人，评阅之人，是否由商会负责到案对质，又价已两歧，指商会为实不知铜锡公会章程，锡之位次，原有一定，锡之价格，亦昭大宗，决不能分歧低压。今既由商会证明，请负责指出低压价格之人，以便澈究，为扰乱营业市面者戒。又滇铜代名词为碘锡，其原位本属滇锡，今商会舍本逐末，不曰以滇锡为本位，纯然依据公所之狡辩，以配镶为本位，试问此次上海银行公会、化验银币，究系以银为本位，抑系以铜铅之配镶为本位，且公所之启示，并不事前声明配镶之何若，总之货品之好歹，只讲原料，譬喻论绸，必先研究丝织，决不言及浆糊，铜币决不谈及铜铅，矿苗决不言及化除之砂，有如何要用，能值几何，今商会贸然以配镶为本位，殊觉不当，关系本公司名誉业务不浅，合应据情帖请交涉司函咨绍兴及商会责问，限日答复，以符商例云云。

《越铎日报》中华民国十三年八月十二号

碘锡成色问题之争执

（1924 年 8 月 13 日）

（绍兴）箔业公所胡锡康，与上海锡务公司何承璋，因争执滇铜成色问题，其化验情形，同商会、县署往返公函，均志本报。兹闻该公司代表赵云菲昨提出质问书于绍商会，其略如下（上略）

迳启者，顷悉贵会咨复县公署公函，内开：以新旧办法化烊敝公司之锡，经化学家验准签字负责立证呈会，而胡锡康方面，则云大概评阅，稍为低缺，究竟低缺几何，应请负责指明评阅之人。又敝公司之锡，与港碘□价已两歧，其低压价格之人，应请贵会指明。又滇铜价格除绍地不登录之土碘外，均须依照上海铜锡公会章程行施，货品有一定标准，价格有一定之市盘，今贵会长职居商要，商法不知，货质未谙，贸然出此渡言，试问何所据而云然？譬如银币市盘，必依照金融市盘，能否任人随意作短作长，至八三四与九三五之成色问题，贵会完全代胡锡康强辩，譬之化验牛乳，总以乳之成分为本位，决不能论到所余之水为河水、井水及种种有益卫生之药汁水。而与本位虽异，其物质则一，此种掩耳盗铃之强辩，其将谁欺。舍末逐末，强污本公司名誉，妨害本公司业务，综上论点，窃恐有助成犯罪之嘉惠，应请于一星期内明白答复。（下略）

《越铎日报》中华民国十三年八月十三号

碀锡成色问题争执之愈演愈烈

（1924 年 8 月 14 日）

（绍兴）因行销滇铜争执成色，虽经商会开会化验，且覆县署，而上海锡务公司不服，昨寄呈绍兴县署诉愿，特为录登，以供众览。（上略）

迳启者，敝公司熔烊碀锡，通销各处，创始经过情形，前经呈准在案。现被绍兴县箔董胡梅炫广告破坏，淆惑同业，影响的及，营业前途，妨害不浅。兹幸咨会考验，并予亲莅监视，劝解各方主持公道，仰见仁长提倡热诚，敝公司无任感激，化验证书，当由该验师籍呈冰案，足证敝公瓦器之碀锡，确系九三五成色而有余。既经当众化验明白，并无不足之弊，划一成色，无待深言，但敝公司之组织，原为救济工艺界之生活，周转市面之流通，复免卖空买空之操纵，用意良苦，诚恐不肖奸商，不便垄断，必有无端破坏者，是以检同样锡，由上海总商会分转钧长及各商会，以资信实。现在胡梅炫不顾同业之苦，受少数人之运动，藉口货色低劣，为无形之破坏，意之所在，无非欲打销敝公司之实销，可以卖空买空之操纵，利己损人，殊为吾业之败类。名列箔董，不为箔界谋幸福，犹复捏情哄市，影响同业，损失不可思议。我仁人俯念创业艰难，应恳力予维持，至于前次考验，是否以土法熔验为准，抑以科学为准，稍有知识者，当能明了。际此科学昌明时代，想为全世界所公认，以土法熔化，能否为物质之考验，尽人皆知。胡梅炫自知理曲，以前后主张，殊觉矛盾，诪张为幻，淆惑乡愚。此中暗昧，难逃洞鉴：敝公司为营业计，为名誉计，非向钧庭起诉，请求法办，不足以资救济，用特恳切陈词，仰乞主持公道，维护商艰，不胜感感。（下略）

《越铎日报》中华民国十三年八月十四号

锡箔公司因损失而交涉

（1924 年 8 月 31 日）

（绍兴）箔业公所与上海锡务公司，争执滇铜成色，因而酿成司法诉讼，已由分庭票传集讯各节，已志本报。近据该公司调查，其所受业务上之损失，已颇不赀，如前次商会派员何谢□君及化验师来绍，往来川旅费，又延请化验员，计规元四百□，又诉讼往来邮电费，交际员旅宿费，其最巨者，为行销被阻，故该公司不得不强打精神，盘马弯弓而与相手方作战云。

《越铎日报》中华民国十三年八月卅一日

碀锡案代表来绍纪略

（1924 年 9 月 1 日）

（绍兴）大路箔业公所董事，反对上海锡务公司出品嘉禾牌碀锡，致在行政司法涉讼不已。该公司以业务关系特派常年法律顾问赵芸菲来绍办理,如诉讼一经延长,尚须再加委任人,以资接替,前因时局关系,由水电厂及该公司电招赴申,应付一切。现因绍分庭讯期将届,拨冗来绍,昨将呈文赴县公署挂号递入后,因嫌旅馆繁杂,拟候寓浙东盐务督销局。嗣因该局长适赴杭运使署未还,遂由□溇村楼绅翔青邀赴家中,小作句留。赵交涉员,准拟讯期前一日晋城,受讯后,当面谒姜知事催促行政诉讼之进行云云。

《越铎日报》中华民国十三年九月一日

碘锡交涉继续未已

(1924 年 9 月 4 日)

(绍兴)上海锡务公司总经理何承璋,总代表赵芸菲,昨呈县署文云,呈为强抑市价,藉口低劣,既经化验,难凭土镕,仰新主持公道而维营业事。窃敝公司创设原因,历经陈明在案,曾蒙出示维护,仰见我仁长提倡实业,关爱用户,以维敝公司之营业,感激奚□。惟是提倡在上,经营在下,敝公司为营业计,理宜划一成色,增进名誉,不意箔董胡梅炫竟敢捏造污蔑,诬敝公司之嘉禾牌碘成色较港锡为低劣。讵知港碘行销绍地,向章亦以九五为归准。今敝公司按照旧章成色,经化验无讹,低劣与否,无可置辩,而胡梅炫,以污蔑之词,遍布报章,淆惑同业,阻止行销,损害敝公司名誉及营业,殊非浅鲜。现已认为有触犯刑律第三百五十九、三百六十两条之罪,案已依法告诉。当侯法庭裁决,以明曲直。至前次商会化验情形,及化验证书,记已函达冰案,个中情伪,想难逃洞鉴:查商会所覆,措辞闪烁,未免徇情偏护,考化验物质原素,本有一定,不能由人任意拟断,该会所称以烟管为本们,实质仍复相同。又曰大概评曰,大海锡务公司之锡比港碘成色较低。前后自相矛盾,亦难为其偏袒。且土法化烊之不足为凭,无待深辩。敝公司之碘锡,已由化验师化验实在,并无成色不足之弊,纠正之法,应请我仁长主持公道。乞转函绍兴商会,查敝公司之锡价,系由何人评定,以便彻究,用□仁长保障锡商之本意。(下略)

《越铎日报》中华民国十三年九月四日

滇铜案庭讯问答录

(1924 年 9 月 6 日)

(绍兴)地方分庭,三号(即初五日)上午十句钟时,因上海锡务代表律师赵芸菲,状诉箔业公所胡梅炫,妨害营业一案,票传双方,开庭集讯。闻初传赵代表上庭,关检察先问赵代表有无文件,赵即以该公司之委任书,及担任常年法律顾问之聘请书呈验。关检察审查后交还。问告诉之要点□居,赵答:妨害业务,请审查被告所登广告,及信件、化验单、县署呈文等便可明确。次传胡梅炫,关检察问:你为什么妨害锡务公司的营业?胡答并不妨害,因他货品低劣,□有□票可证,他自己情愿贱价三元。□□□□□□并不错,你为什么要登报写信,说他低劣? 胡答:因关系多数同行,疑我为该公司股董,所以一则宣告大众,二则表明心迹,赵代表说:照你说货低,不买就可,疑为股东,声明不在其位就可,必指摘货低图利等句。关问:货低货高,究凭什么为准? 胡答:用□烧烊冷后,看底面有纹及无纹。关问有的好,还是没有的好。胡答:没有的好。关问:你八三另九三另,从怎么样分辨? 胡答:是大众眼光分辨,最好化的硄锡,尚在商会,请法官化验。关问:他有化验书为凭,你有什么凭? 胡答:他化验书过了许多日子送来,不是当日填就,我极有疑心。关问:你旁的不用说,你妨害营业,恐怕要负刑事上的责任。赵代表申请庭被告人取保起诉。关答:他系多年箔董,想不致因则五等有期徒刑而跑掉。本庭留他一个面子,本庭的意思,你双方自己去调说调说,就时局如是,你们往来也不便。赵说:庭上明察,代表主张依法进行,绝对无调解余地。况我方所受损失甚巨。关以依法进行,是当然的,候过十天再讯,宣告退庭。而胡梅炫出来,就邀赵代表律师休息坐谈,在位者有潘律师、朱律师、江律师,赵请胡提出条件,俾便写信去沪疏通,一时无具体而散云。

《越铎日报》中华民国十三年九月六日

滇铜案讼缠不已
(1924 年 10 月 22 日)

(绍兴)大路箔业公所胡梅炫,与上海锡务公司何承璋等,争执滇铜成色一案。绍兴分庭,业于旧历八月初三日开庭传讯。迄今将届两月之久,何承璋以沪绍远隔,诉讼上已感不便,今又如是延宕,更受额外捐失不少。且本案被告,当庭业已真情吐露,承认不讳。且证据确凿,何必遇事□□,应请速予起诉法判,以资结束等情。伏请刑庭,昨得批示,伏悉本案业经函请商会调查,尚未得复,俟该会复到后,再行核办。着即知照此批。闻该公司大不以为然,拟另行提出管辖嫌疑条件,非常上告高检厅请求,以免久延不结之弊云。

《越铎日报》中华民国十三年十月二十二日

滇铜成色争执案缠讼不休
(1924 年 12 月 20 日)

(绍兴)城区大路中箔业公所胡梅炫,因滇铜成色,争执与上海锡务公司代表何承璋,在绍兴分庭刑庭诉讼一案,前月十七日经传讯侦查,其庭论,为由庭函咨绍兴商会,重行化验,而何承璋等公函商会,不承认再化,谓如必须再化,应请实业厅派员莅场督化,以免偏颇袒护之嫌。一面并向高检厅提出请求纠正侦查手续,昨十六日,又经分庭饬传双方讯问,定庭期为二十日下午,沪绍双方因此争点,累讼几及半年,殊见讼则终凶,但未识分庭能否速予解决，以恤商艰而清积案。

《越铎日报》中华民国十三年十二月二十日

箔业卖空案上诉消息

（1926 年 4 月 10 日）

（绍兴）锡箔业自发生卖空案以来，双方争执，讼累装载，始于去冬，由倪庭长判决罚款了案。本无他事，讵尚有少数庄铺不服，提出理由，向杭高等厅上诉，略谓同一案件，何以合记益大等五家，早经宣判无罪，今岂有两异，现悉高等厅业经传讯□次，闻将所有各庄做卖空买空之盖印簿据，业已吊去查阅，再行核办，宣判无罪之五家，恐不免有同等之罪云。

《越铎日报》中华民国十五年四月十日

警察捉赌伤人，临浦全镇罢市，
商会镇公所呈请惩凶

（1946 年 4 月 22 日）

（本报讯）绍属临浦山阴街金长中家，本月十九日下午，有不着制服警士四人，前往捉赌，没收一万余元后，令金长中出立无有没收损失证明出，逾时又来警士传人，存意索诈，引起口角，该警返所，忽来全武装持步枪警四名，闯入金长中开设德泰昌店中捣毁，殴打金长中并围打重伤行人流动商民张曹海，性命堪危，当众开枪射击，弹穿香烟摊贷篓绸匹，并枪弹飞石伤害陈正泉妻手部，张曹海随身资本十二万元不翼而飞。全体商民，睹此情形，以该警办理违警，不着制服，私自没收，任意索诈，无故开枪，殴打重伤，人民身体自由，全无保障，激成公愤，全体开会，要求区长征凶赔偿。所长钟子仪去绍，从速赶回道歉，保障以后人民法益，整饬纪律。次晨各商店以警所警士，以往行动，均极不良，此次肇祸警士，若不惩办，不愿营业，故绍属临浦全镇商店，均停市要求解决，一面由当地商会、镇公所、各团体负责向层峰请惩云。

《越报》中华民国三十五年四月二十二日

改造商店屋宇之盲慌

（1926 年 6 月 12 日）

（绍兴）城区大街，广益丰广货店店东朱绅，为扩充营业，铺张门面起见，拟将该号店屋,翻造三层楼房,该处邻近商号,以改造三层楼房,势必独高出众,于风水大有关碍,恐多火患,起而反对,向朱氏阻止等情,已志报端。兹悉该房屋两间,系章姓之产,一间系下方桥陈姓之产,朱绅仅止一间,意欲翻造,尚须征求章陈两姓同意。闻章姓之两间,业已订定合同,三十年内,不得加减租金,以及另造等事。惟陈姓一间,有不愿再租与该店之意,但在朱氏,倘是屋向陈姓买到,愿翻造三层楼房,上盖屋顶花园,并在二层楼添设绸布柜,而邻近众商于前月间又开会议决,如果翻造高出众屋顶,定当设法阻止云。

《越铎日报》中华民国十五年六月十二日

城区已闹屋荒,房租纠纷严重

(1946 年 6 月 7 日)

大街商店联请禁加租,将组调解会专事处理

(本报讯)本县自重光后,沦陷时由城中避难赴乡之住民,均纷纷迁回,致房屋租价日见激增,因之商店房主,亦相率效尤,始而一再加租,漫无止境,继而以收回自用为要挟,意在另易租户,既得高价之租金,又贪分外之挖费。其挖费数字,少则数百万元,多则甚有数千万元者,实属骇人听闻,在租户方面,即幸而多方请托,得免收回,其租金亦因是而皆以米计算,一唱百和,竟成为一时之风气。兹闻城区大街一带信泰、同义泰等百余家商号,以近来商业正逐趋繁荣之际,受此打击,类皆极度不安,影响市面,殊匪浅鲜,特于日前联名呈请县商会,要求转呈县府出示禁止,以安商业,并拟具意见三点:

一、房主不得作无限度之增加房租。

二、赁票不得加附以米作租金之规定。

三、房主不得贪求挖费,假借收回自用为要挟。

亦同时要求出于晓谕,闻县商会已据情转请县府令禁。

(又讯)本县县政府,为调处本县民间房租纠纷,将组设房屋租赁纠纷调解委员会,专事处理是项事宜,其消息曾志本报。兹闻县府以日来本县房租纠纷事件,迭见层出,愈演愈众,为安定社会,早日宁息是项纠纷起见,将在最短期内,予以组设。

《越报》中华民国三十五年六月七日

组织委员会管理市屋俾减少纠纷

(1946 年 7 月 4 日)

(经济社讯)绍兴迩来房租纠纷屡见不鲜,谋挖风气日炽,主客均感不安,县商会经已呈请县府制止。兹悉县府主管科,为规定房租价格,将组织市房管理委会,聘请当地公正士绅数人为委员,酌定租价及租住范围。

《越报》中华民国三十五年七月四日

商业危机！商人信义！又一商店倒闭！

(1946 年 12 月 11 日)

鸿正昌油烛店亏负停业,持票人挤兑曾发生纠纷

(本报讯)本县城区长桥下人董瑞庭,向在长桥下开设鸿正昌油烛店有年,至本城沦敌时间,董某经营略有积蓄,乃在大街轩亭口开设鸿正昌分店,营业颇称不恶。迨至重光后之本年秋间,该号半受高利贷影响,营业不无拆耗,半亦由于该号店主董某,不无蓄意不良企图。前(九)日尚揭出红票不少,至昨(十)日晨突告倒闭,店主董某,亦不知去向,致各揭票人闻讯,群集该号门首要求兑现,一时人头挤挤,颇有捣毁该号以为不守商业信义者诫之意思,横街及大善寺警察分驻所闻讯,即由蒋、应两巡官亲率长警前往维持秩序,一面由该号伙友面请该业公会理事长吴惠之转向县商会商求,由商会出面办理该号红票登记,以维现时秩序,经商会转为据情请求县府出示,准许各持票人于今(十一)日起至县商会登记者,群众始各散去。今日起,县商会将开始办理该号红票登记,并同时办理清理。据记者探悉,该号于本年冬季,(十月十日起)由每斤一千六百八十元,至一千七百六十元时,在此期内,曾大吵盘,先后捐出红票蜡烛八千斤左右,价值国币一千五百万元之间。至本月八日同业议决,涨价为每斤二千〇八十元后,该号店主一面感觉价涨无法应付,一面遂蓄意不良,前日犹大事揭出红票。至昨晨突将轩亭口之分店倒闭,人亦不知去向,当持票人正在分店交涉时,长桥下之老店,亦同时予以倒闭,致一般均谓事出黑心。

《绍兴新闻》中华民国三十五年十二月十一日

商会今清理鸿正昌债务

(1946 年 12 月 27 日)

(本报讯)自倒风猛袭本县后,各业商号,多有藉口受商业不景气之笼罩,实行黑心倒闭等各情,已迭志本报。兹闻鸿正昌烛号,经当局令饬县商会等组织清理委员会,着手清理,该委会已定于今日下午二时假县商会会议室召开第一次委员会议。昨已分函邀请各委员准时出席。

《绍兴新闻》中华民国三十五年十二月廿七日

鼎泰源倒闭后，昨举行债权团会议

（1946 年 12 月 29 日）

（本报讯）本县鼎泰源米店倒闭后，经宋崇厚律师函请县商会调处，并经该会邀集各债权人等开会。嗣因该店主人朱伯锡未到，致无结果。兹闻复经宋律师再函请求，业于昨日下午举行集议，债务人朱伯杨及债权团召集人孟月镜等均各出席，商讨多时，致难结束，决于今日下午继续会商。

《绍兴新闻》中华民国三十五年十二月廿九日

鸿正昌负责人资产，
得尽量检举作抵偿

（1946 年 12 月 30 日）

商会并分呈县府法院通缉

（本报讯）本城大街鸿正昌烛号，自倒闭以后，店主董瑞庭避不见面，经县府饬县商会等组成委员会，着手清理，已迭志本报。兹悉该委员会，以该负责人董瑞庭潜逃无踪，为防止有隐匿资产等情事起见，特通告各利害关系人，尽量检举，报告该会，以便查明抵偿，而维债权人之权益。又闻县商会，经邀请各法团会议之决定，以该店主董瑞庭逃匿无踪，致难依法执行，昨已分别呈请县府，及地检处，请求通缉，归案法办，以维商业信誉，而免债权受损。

《绍兴新闻》中华民国三十五年十二月三十日

县商会解决鼎泰源债务

（1946 年 12 月 30 日）

（本报讯）本县自倒店之风，以蔡万和为始，继其后者，即西小路鼎泰源米店。嗣此而后，速续倒闭者如天新绸布店等不下十余家之多。兹悉鼎泰源自清理律师宋崇厚函请县商会公断调处后，首次集议，因债务人朱伯杨未到，故无结果，复于前日开会，而因清算调查等手续繁杂，一时未能议竣，特于昨日下午仍在县商会继续会商，经各债权人，慎密清算盘查，以该号及店主朱伯杨所有生财、财产等之估计，仅堪抵充全部债款之四折八，其余再难设法，经各债权人承认，其账务收解等，由宋律师负责。惟以其中有一部分货物，系由该号向恒豫钱庄抵押贷款。现该庄并不参加债权团之组织，并经决议，提请县商会转请法院，依法向该庄将是项货物提出，按照全部债权平均分配，以资公允而免偏颇，本县倒店解决,以此为始,惟其他黑心者,恐非易事。

《绍兴新闻》中华民国三十五年十二月三十日

绍兴县商会公函

（1947 年 10 月 19 日）

（绍兴县商会公告栏·只登本报不另行文）

字第号

民国年月日

案准交通部浙江绍兴电信局本年七月二十六日,绍字第○五九五号公函内开:

"案准贵会七月二十三日总字第四七三号公函,略以准各业理事长会议决定,关于本局所收预存话费,拟请通融免缴,或另以书面保证,请查照见复等由。准查本局此次补收预存话费,系事第二区电信管理局电令办理,托由交通银行代收,以绍兴电信局预存话费户,存储所有计帐通话户名及已收预存话费金额,随时立报管理局核备在案。至收取预存话费标准,系根据六月份各用户所发话费总数提高五倍,并非随便补收,至增加用户负担,各用户中发话次数最少者仍为一○万元,稍多者改为二○万元,数多者改为六○万至一○○万元,或一○○万至三百万元,绝无超载规定标准情事,此本局办理补收预存话费经过情形。兹闻当地各报所登新闻,有本局收取预存话费少约百万元,多至三四百万元等语,与事实不符。再杭州转电信局——办理市话兼长途预存话费,其不挂号者仅能通市话,不能通长话。鄞县电信局除市话归公司办理外,长话之预存话费,与本局同样补收,各报所登,沪杭等处并无缴付预存话费规定,亦有不符。查六月份适为半年度结束之期,各商号用话次数较多,兹为体恤商艰起见,业经呈请管理局变更办法,改以七月份增价后所发长途话费总数,为本局收取预存话费之标准。如有超越预存数字,本局随时向各用户补收,以符功令,所嘱免缴或以书面保证,格于定章,歉难照办,相应复请查照。再各用户应缴预存话费,除已向处交行缴付者外,其未缴各户,应将本局前发通知,公函送达,以便更改金额,并请送登当地各报,在贵会公告栏内加注标题公布,至纫公谊。"等由。

准此,查此案前准各业理事长会议函请到会,即经转函在案。兹准前由,相应函达,即希查照,并转行各会员知照为荷。

此致

各同业公会、非公会会员

理事长　　陈笛孙

常务理事　史幼祥　宋阳生

施张发　方文荫

《绍兴新闻》中华民国三十六年十月十九日

房租不得以米计，箔工联名请执行

（1948 年 5 月 4 日）

　　（群力社讯）本县箔业，因受原料（锡、纸）高贵影响，以及销路阻滞关系，致成本与购价相差过远，亏负颇巨。一般箔铺，已将无法支持，惟为避免少受损失起见，箔铺将提早歇夏，致使箔工工作堪虑。箔工在此困苦期间，其生活已极度艰难，然有少数房屋资本家，变本加厉，肆意剥削，非但房屋须以食米计算，且尚有增加情事。闻本县箔司工会连续接到各项报告，要求对房租问题，设法救济。查房租原有县参议会决议，订有合法倍数，不得以米折租，该箔司工会，将据情呈请有关主管机关，请求依照县参会议案，予以切实执行。

《绍兴新闻》中华民国三十七年五月四日

住房米折无规定，租赁纠纷仍复多

（1948 年 7 月 10 日）

　　（本报讯）比方从前普通赚二十块钱一月的人，至多不过住两元租价一月的房屋，可是现在不对了，当这房荒严重之际，水涨船高，因加租价而发生纠葛，到处皆多，所以如果能够赚到一石米薪给，无论如何房租不止两斗米价，否则，便有问题，如其要安居的话，差不多三四间住房，都须四五斗之间，那么在"衣"、"食"、"住"、"行"，要素原则下，向来不算重大负担的"住"，就该除去收入的泰半，试问怎地量入为出，无怪多数人要喊着难做人，人难做了，不但如此，而且用不着厌憎房租贵，照这样租价，房屋还是飞俏活夺，因此主客之间，尔诈我虞，各显神通，假如房主之诈，再一再二再三再四，主张加米，连续不已，设若有租户不允，防得涉讼欲速不达，舍正路而不由，假借财或势贪缘了，邪气去逐客，或者用其他奸计，给租户难蔽风雨，不能安居，即使遵正道，打官司，但不是捏称积欠房租，定是说必须收回自用，至于房客之虞呢？房屋长远霸住，租价认欠不还，等到这种租户，当然不是善良之辈，既不接受理喻，又不适用邪气，只好依法起诉，然而缠夹廿三，房主想速战速决，房客明知有败没胜，偏偏有缓兵之计，及至旷日持久，初审判决，房主已经等得喉涨气急了，那怕宣告了假执行，他有破坏的法可据，于是一个不服上诉不算数，再来一个，结果，有年无月，被告还是虽败犹荣，只落得原告没甚淘成，这也是现社会悲观之一。而且一个霹雳天下响，到处皆然，只可付之一叹，且说前日绍兴地方法院方面，有判决类似上面所说的两年租屋纠葛案，毕竟原被两造，谁诈谁虞，倒还不大清楚，不过当然都是原告胜诉的。大约这样的判决主文，一件是小皋埠马钟氏诉请判决王信成迁让房屋一案，主文，被告所租住之皋埠镇东市九号房屋一所，应即迁让交付原告自用，一件是本城小保佑桥陈亦斋与张宗谋终止租赁房屋契约案，主文被告所租坐落本城府横街四十八号坐南朝北楼屋两间两进，准终

止租约交还原告收回管业。（士）

（又讯）本县房租折币问题，虽说本月份起，概以现行租约为准，食米每石以十元为基数，依照工人生活指数，重订新约，如不及办理者，本月份改订，等因。但绍兴人民，在未见政府布告以前，主客之间，仍多疑问，转致出月已将一旬，对前月之租款，迄未解决，听说前昨两日越王镇第三、四等各保，因此毕竟指数多少不明，而不付房租，致发生纠纷或口角，甚或相打，几于无日无之，无处不有，甚望当轴迅速颁布详明折币如何指数之通知，以便遵循，而息争端云。（木）

《绍兴新闻》中华民国三十七年七月十日

4. 劳资纠纷

箔工要求增价

（1912 年 11 月 26 日）

绍兴箔业频年冷落，本年生意遽形兴旺，该业作坊箔工□□加工资，特于本月二十二号由箔司工头至该业公所要求增加。该所即于二十三号邀集箔铺开会讨论，乃是日到会寥寥，不能开议，展期三天，定准于二十六号午前九时开大会决议如何情形，容再续志。

《越铎日报》中华民国元年十一月二十六日

砑户同盟罢工

（1913 年 1 月 20 日）

郡城向赖锡箔砑纸而为生活之贫民，数约四五千人之谱。但若辈皆系日趁日食之辈，其平日向于每日清晨将砑之纸负送至店，换易未砑之纸，并取所赚工资转购柴米。次日亦然，习为常事。不意近来各店付给工资，相率硬用市钱，不肯付洋。而各箔户，因向米店量米，必须洋银，无论何种大板方，一律不收，以致箔户有钱无用，莫不叫苦连天，曾经节向如店恳求，终归无效，故不得于十七号起停作，同盟罢工，借为要挟之计，要求工资加价，尽付龙洋。如果查有不照众议停作，私行开砑者，即将其砑竿捣毁，必图达到目的。现虽有人出为调停，未知一般贫苦砑户，能否得圆满之结果也。

《越铎日报》中华民国二年元月二十日

豆腐风潮之激烈

（1914 年 5 月 13 日）

请商会作调停人

绍城一般豆腐司务，近以年荒岁歉，薪桂米珠，原定工资，为数甚少，实不足以仰事俯畜，拟向各铺主要求加给薪工每锅几文，除定章几□之外，每日出账再加几文。嗣因各铺均坚执不肯加给，于是若辈，即以同盟罢工手段相挟制，迄已旬日之久。双方尚互相争持不下，曾经同城各铺禀请知事批饬警察事务所长派警传谕，妥为和平解决。嗣该所薛所长，因各铺及若辈豆腐司务大都散处全城，若挨户传言，非常繁琐，召集更属为难，是以尚在踌躇，妥善办法务期两得其平。讵意前日各作司又行发起，拟一律罢工，俾各铺无货可售。各铺闻此消息，非常惶急，重复赴县续求办法，业闻薛所长拟先照请商会代为调停，未知若何解决也。

《越铎日报》中华民国三年五月十三日

料房司罢工要挟

（1917 年 7 月 11 日）

绍属下方桥一般居民生涯，向以机司为大宗，其次则为料房（系做经）司，旧历本月十一日，该处料房司突然纠集多人，声言当此米珠薪桂时间，必须增加工价，每经一对，加洋一元二角，如不遂愿，我等惟有相率罢工云云。其时几辈料房东家见此情形，知难理谕，当向各绸庄商说，均言略增数角，尚可曲从，多则不能等语。比及次日，料房司全体罢工，群集茶肆，座为之满。下午有包工（即料房东家）三人，送一料房司名阿有者至分驻所，据云彼系为首罢工之人，请求惩办。未及一小时，大众料房司不下一百数十人，声势汹汹，同赴分驻所，要求释放，几至酿成巨祸。幸由该处自治委员胡某到场竭力开导，晓以利害，儆以法律。若辈始各纷纷走散。现已照常开工云。

《越铎日报》中华民国六年七月十一号

箔业争执案终了

（1917 年 9 月 23 日）

城中小保佑桥陈悦昌锡箔店学徒田家淇，因学年未满，为其父田某骗诱出店，往别处营业，被原店主陈某察觉后，以有违同业规则，大为不然。当与理论，讵田某不顾自过，反邀集同族数人，与该店主陈某在头陀庵前聚兴隆茶店吃茶评理。旋经多人出面理论，田某方知理屈，挽同业董童某、陈某劝解，当于次日出谢师洋四元，并鞭炮一千服礼了事。

《越铎日报》中华民国六年九月二十三号

红纸司请增工价

（1917 年 11 月 14 日）

城区红纸染司中下弄人郑岳钊等，以作主胡浩林自滥收学徒，请求增加工价，不能如愿等情，联名禀请县署，请求宋知事派警传案，劝谕酌量增价，即经宋知事明白批断矣。兹录其原禀及批示如下：

县属城区中正弄郑岳钊、冯大荣、王德鉴等（余列名单），禀绍兴县知事宋文云，为滥收学徒，工艺难生，粘呈名单，禀叩恩赐传案，劝谕酌量增加德全各家生命事。窃民等自幼各就红纸染业趁工，雇家、各作主，照章遵守，聊堪苦度。现下米珠薪桂，苟能仍照旧章，还可度活。讵料作主胡浩林，自恃大作，滥收学徒，趁俸纸司仅用三人，学徒留有五名。城内乡间红纸作坊，共有二十四家，绍帮作司，并计二十七人，外有京帮六名，学徒竟用二十九人，多于作司，何可生活？今查旧章，向开作坊，只能两司一徒，该徒三年学满，再可收用。兹胡浩林不按旧章，擅自专权，任意收徒，苦于民等趁工一日，工金一百一十文，想其用司减徒，决意不允。民等各有父母妻子，全赖工金活命，雇家环乞略加，工作各主，多数允许，惟有胡浩林嘱令同行，定要行使专权，不肯加给工资，各同行听从胡浩林指使，一味诱延，徒使民等改业不能，雇家无策。现下时势维艰，柴荒米贵，各业无不增加，仰求仁长格赐鸿慈，姑念手艺辛工，均属血汗之资，非是意外苛求。为此，开具名单，联名奉叩知事长公鉴，恩赐派警传案，劝谕酌量增价，以全民业而保苦工云云。

批：收用学徒，酌增工价，均为雇主自有之权，官厅既未便雇问工作，亦不容借口。至增价问题，果经各坊主多数许可，何致听个人指使，转复迁延，所禀殊不足靠，未便照准。此批。

《越铎日报》中华民国六年十一月十四日

锡箔工要求增加工资

（1918 年 1 月 19 日）

绍萧锡箔作事务所业董徐祥生、郭浩瑜、高百麟等具禀县署云：

为苦业难持，公同请求批准谕令加工而安贫业事。窃商等均由祖师创作打箔一行，虽亦一树上之根业，实为百业中之苦境，所守而不失者，盖由父母妻子身命攸关之为难也。敝业锡箔工价，自前清宣统二年以前每焙计三千六百文，至民国元年加至三千九百文。三年又蒙金前知事体恤艰苦，加至四千一百四十文，相安虽有三年之久。其间时事艰难，入不敷出，日甚一日，真有万不得已之势。今冬各作坊伙友意欲一例停工，不愿再做。敝同人势难坐视，特于本年阴历十一月二十五日，由本公所邀集诸同人公议，设法维持，酌定于本年阴历十二月初五日起，每焙锡箔打工加资三百文，合计四千四百四十文，照此工价，在箔店家原非十分为难。在各作司，庶可稍占乐利。事属轻而易举，为此由敝公所禀声请立案给示，以便遵行而垂久远。况现吾绍自知事下车以来，各业均占德泽，惟敝业未曾泣诉苦况。今知行旌将举，若不沐恩赐批，准通告立案，则以敝万名之苦业贫民，岂肯仰望而独抱向隅耶？如蒙从速批准，每焙加给工资三百文，不独民等已身均沾德泽，即子孙世代□德，岂有涯矣哉。至此番所加三百文之工价，以三成提作公所费用，以七成弥补各作司之短缺，众情允洽，庶可相安无事。为此公同迫切请求知事长，伏乞体恤艰苦，俯予所请项德上禀。

奉批：查打箔工资，近年迭经增加，民国三年加至每焙四千一百四十文，不为不厚。现禀复请增资三百文，无厌之求，碍难照准。至禀首自署箔作事务所业董字样，并盖绍萧锡箔作坊公所事务所戳记，是否该业公认，抑系擅立名目，图蹈昔年争夺行首之故辙，并候访明察究。此批，粘件发还。

《越铎日报》中华民国七年一月十九号

箔司邀求增工价

（1918 年 11 月 11 日）

锡箔一业，为吾绍大宗，藉此营生者，何止数万人，即箔司一端而论，亦不下几千人之众。该箔司工资，向例每□辛工洋二元八角，今箔司人等，以市价昂贵，邀求增加工资。现已连年迭增，至每焙□洋三元六角，乃该箔司等贪心不足。今又由该行头郭某、徐某等发起，再行增加工资，拟即日向各箔店铺要求，杨必有一番纷扰也。

《越铎日报》中华民国七年十一月十一号

箔业行头垄断史

（1918 年 11 月 12 日）

锡箔一业，为吾绍大宗，打箔箔可不下七八千人，该箔司等所□□□□□每焙三元六角，本属□□□法，乃该行头等，希图从中取利，近又邀同无赖多人，在□茶店商议，拟再增加工资各节，略志日前本报。兹闻该箔铺等，闻悉后大为不然，以现届生意清淡。若再加工资，实于成本大有妨碍，乃该行头等，已拟积极进行，不顾公理，强行加给工资。想此后，必有一番大交涉也。

《越铎日报》中华民国七年十一月十二号

箔司要求增工价

（1918 年 11 月 30 日）

锡箔一业，为吾绍营业大宗。绍萧两邑箔司城乡散处不下万余人，惟该业箔司，现因百物昂贵，所得薪工，不克赡家，要求各箔店，增加工资。该箔司有上间、下间之区别，而下间出息较微，每个锡箔只有工资一千文（饭金在内）。今虽递加至一元三角八分之数，而目前市物与前清同光年间相较，不论何物，如柴米油盐等类，其价目或加倍，或再加倍不等。是以该箔司等，以事畜为难，要求增加工资，已于前日开会集议。昨日该箔司代表等，又出恳单情恳各店家酌量加给工资，无论本作及包生活一体酌加，以恤工艰而安营业，究未知果能达到目的否也。

《越铎日报》中华民国七年十一月三十号

再志箔工加价之风潮

（1918 年 12 月 13 日）

城镇乡各处锡箔司因顾家为难，要求增加工资，曾由各店家允加工资，每焙洋三角公分，并搭盖书束。惟该业董胡锡康尚未照允，先后本报。兹又探录该箔司代表等具禀县公署录登其文如下：

为百物昂贵，度日维艰，请求恩怜工苦小民，准予加给工资，出示通告，以示体恤而杜阻绕事。窃民等素安打箔为业，不预外务，缘因米珠薪桂，百物逐渐昂贵，每日所趁工资，仅得自度光阴，不能上事亲老，下畜妻儿。阳年以将，各箔司亏累无穷，工艺小民，长此以往，实有难度家糊口，是以各同业于日前在大路箔业公所开会，并将吾业困苦原情刊单分送各箔店，恳求加给工资，俾得仰事俯畜，体恒劳协工苦，已承高泰源潮记等多数箔店议定，允加每焙工资钱三百六十文，本可安业工做，无虑他事。不意，突有箔业董事胡锡康，暗运少数箔店，不加工资，一面出头具控，谓民等通盖书束，恃众煽惑，要挟罢工，扰乱治安等谎，出为反对意图，从中取利。幸蒙仁长不为所朦，出示通告，吾业公举晓事之人具呈酌加工资在案。兹民等谬承同业公举代表，为此据情粘呈书束、单据，泣血哀求知事长，为民父母，怜恤工苦，小民准照多数留店，每焙允加工资钱三百计十文，出示通告，以免阻挠而安生业。谨呈。

《越州公报》中华民国七年十二月十三号

矴纸业议加工价

（1918 年 12 月 13 日）

绍城近月以来，各箔工因食物昂贵，所获工资，入不敷出，会议情恳箔铺，每焙再加工资洋三角六分等情,已志本报。兹悉矸纸一业,由行头金阿昌绰号蚂蚁阿昌,昨在大营某茶馆纠集矸工会议,仿照箔司办法,要求主增加工资若干,以免向隅,愿有监察之责者,妥为筹议,毋令矸工等长困愁城,则工业前途之幸焉。

《越州公报》中华民国七年十二月十三号

箔司增加工资之县批

(1918 年 12 月 14 日)

绍兴城镇乡箔司因顾家为难,邀求各箔店增加工资,先后各节情形,早经迭志本报。兹又探悉,该箔司代表郭天贵等禀县批示如下。禀件均悉,该箔工等向各箔店领锡打箔,论其性质,是该箔工人等属受庸于各箔店之工人,现因百物昂贵,工人向庸主请求酌加工资,原属可行之事。今尔等不先与各箔商妥善商定,遽行煽惑众工,骤至各箔店,要求挟书允盖戳。察阅粘单,尔等恃众胁迫,已可概见,倘此番加价,果系各箔店之自出心愿,则竟如价可耳,又何必每店书允盖戳,交于打箔工人之手。且尔等更不必将已经各箔店允洽之事,再来禀求出示,纵核以上种种情形,本因批斥,惟念各打箔工人均系苦力生活,当此米珠薪桂,论情尚有可原,打箔工价向来如何给发,及此次尔等所请之每焙加工钱三百六十文,是否公单正当,究竟一焙是多少,何谓上下三间,候即交由城警察所定期传集该代表及箔业董事至所,会同商会会长查询明确,再行酌核示遵。再各箔工人等,均属贫苦可怜之人,该代表等倘敢藉要求加价之名,从中鼓弄生事敛费肥已,一经察出,除将加价之事另办外,定即先将藉端生事敛钱之人拿案严办,并着凛遵,切切此批。

《越州公报》中华民国七年十二月十四号

箔司增价之结果

(1918 年 12 月 18 日)

绍兴箔业工司增加工资风潮,各经曾经本报揭载无遗。兹悉该案已由该业董胡锡康偕商会总董冯纪良,并箔司代表郭天桂、俞富临等均于昨日午后,赴县警所,由薛警佐代县知事主议,经多方讨论,始行议决,实行增加七厘,每焙加洋二角一分,照数分派,上间加九分八厘,下间加七分,焙火加一分四厘,自阴历十一月十六日起加给,并由王知事出示通告云。

《越州公报》中华民国七年十二月十八号

箔司增价之尾声

（1918 年 12 月 31 日）

箔司增加工资一案，业经商会总董冯纪亮，箔业董事胡锡康，箔司代表郭天桂、俞富林等在县警察所集议。由薛警佐主议议决，每焙增加工资洋二角一分，于旧历十一月十六日一律遵行，并由县公署知事王嘉曾给示晓谕等情，均早志本报。乃有一般不肖箔司，设立新行头，招摇煽惑，被县警所察悉。日昨午前，由薛警佐拘拿为首滋事之郎美裕箔坊箔司何绍林一名在逃未获。至午间，又捉获分发传单之大营箔司赵阿顺、施兰生两名，送入所中。现已出具改悔结挽人保释矣。

《越铎日报》中华民国七年十二月三十一日

箔司增价之余波

（1919 年 1 月 3 日）

箔司增加工资一案，经商会总董暨箔业董事，箔司代表等在县警所判决增加，每焙工资洋两角一分，由王知事出示晓谕在案。乃一般无知箔司，尚无理取闹，设立新头家，向各司煽惑。日前县警察所薛警佐曾饬警严拿为首兹事之郎美裕箔司何绍林一名，又拘获分发传单之某坊箔司赵阿仁、施兰生二名，惩处拘留保释等情，已志本报。兹悉，昨日午间又有戒珠寺前某箔坊萧山人周阿狗一名，在沿街分发知单，亦被警察所捉获判处拘留，以儆效尤云。

《越铎日报》中华民国八年一月三号

煽惑罢工图渔利

（1919 年 11 月 12 日）

绍兴米业，向用人工碾米，雇工者除规定工资外，有所谓出账者、送力者、上塘者，每日所赚多则八九角，少则四五角，以之仰事俯畜，绰有裕余。上年因有痞棍，欲从中了利，唆使□工要挟加价，商家以无事为安，勉从其请，而煽惑之人，竟能不劳而获。每月坐享其利，近更得步进步，又遍发传单，煽惑同盟罢工，希图暗中渔利。现闻米业以痞徒煽惑罢工，有关民食，况所发传单并不具名，实为一种匿名揭帖，显系渔利之徒，欲从中染指，故为恐吓之焉。拟查询为首煽惑之人，禀县请办，以杜扰乱秩序，后事续探再志。

《越铎日报》中华民国八年十一月十二号

捣米司罢工近讯

（1919 年 11 月 18 日）

绍城各米店捣米司务，以近来市物百色昂贵，所赚工资，不克顾家，特于日前在会稽火神庙邀集同类议定每石捣工加价洋一角，以资挹注一角，有碍营业，未便遽允。已由公济等号赴县警所禀请，现已由警察所长批示，饬令各分驻所巡长，随时劝导，令即日开工，以安商业。惟该捣米司等誓必达到目的，亦可见劳动才结力之坚固也。

《越铎日报》中华民国八年十一月十八号

捣米司罢工续志

（1919 年 11 月 22 日）

绍城各米店捣米司务，因近市物百色昂贵，所赚工资，不克顾家，遂邀集同类拟每石增加工资洋一角，向各店要求不允各节。曾志前日本报。兹悉米店公济等号以该捣米司聚众要挟胁迫罢工等情，禀请县警所。兹将警所批示录下。据禀捣米工人，聚众要挟胁迫罢工，如果属实，情殊不合，已由本所长饬派巡长，分头开导，谕令做工矣。仰即知照。此批。

《越铎日报》中华民国八年十一月二十二号

捣米司罢工三志

（1919 年 11 月 23 日）

绍城各米店捣米司务，因市物昂贵，所赚工资，不克顾家，汇议每石增加工资洋一角，向各店要求不允，停止工作。该店家公济等号，以该捣米司务等聚众要挟，胁迫罢工等情，禀请县警所拘办各节，已两志本报。兹又将警所批示录下：

公济米业等禀悉。查此案先据该铺等代表来所面诉情形，已禀饬巡长将为首要挟罢工之梁阿有等按名各查拿，并着保跟交陈天荣、叶小法到案讯究矣。仰即各自约束，各该铺司安分做工，勿任要挟干咎，切切此批。

《越铎日报》中华民国八年十一月二十三号

米司罢工之风潮

（1919 年 11 月 26 日）

绍城各米店米司抖集五扇东昌号南恒利西新泰源、北恒济、中周、大昌各米店头脑，抖集各米司在县东门茶店内讨论加价问题,一面分发传单要求每石捣工增加一角之谱,各米店主为民食攸关起见,难于承认,邀集各同业在五云门内张神殿开会讨论。经各总董否决,各米司遂于阴历九月二十一日全体罢工,非达到如愿以偿之目的不止。嗣由该业东金松年邀集同业,向各米店盖得书柬,具词向县署禀诉矣,未知县批如何,容再探明续志。

《越铎日报》中华民国八年十一月二十六号

矸纸司同盟罢工

(1919 年 12 月 9 日)

吾绍锡箔一业,自上年春间起营业异常发达,下路、上江箔纸销场极为畅旺,大有供不敷求之势,据该业中人声言,每焙锡箔造出足有英洋七八元可赚,以故锡伙箔司无不自行加价,争相挖雇,希图块头(即称每脚纸之别名)之多出,藉获盈利之多,赚即如矸纸一项而论,多系自食苦力之小工及妇女。初时每块矸资仅小洋一角,后加两角,距今五月前又加铜圆六枚,均出诸各锡箔主之自愿。讵意近来块头大跌,销路日滞,据闻每块贱值一圆五角左右,如月前双必刀九,每块售价总约六七元有奇。今仅卖价五圆左右有零,亦属无几。因此各店以营业衰歇,且工资过重,资本攸关,大营一带箔店相率减去矸司工资(即新加之铜元六枚)。不料,矸纸司大不甘服,意为我等均系苦力营生,际此米价腾贵,且照惯例,亦有增无减,咸持反对主义,两不相下,以致激成罢工风潮。余路经双井头香桥等处地方,均遍贴戏单式大的传单,略谓所有北扇矸户,自昨日(五号)起,一律停工,以相要挟,倘有私打地头(即取纸私矸之谓)被人察出携去,同行不负责任等语,纷纷扰扰,究未识如何解决也。

《越铎日报》中华民国八年十二月九号

矸司罢工之尾声

(1919 年 12 月 14 日)

城区北扇(即大营及昌安一带地方)矸纸司前因谢家湾头、汪瑞源锡箔店店主汪阿龙及谦豫东号,兼锡箔店经理徐祝三,并袁同源、杨公裕等号,因块头滞销,生意清淡,拟将矸纸司于肉月间临时加给之矸纸惯价每工铜元八枚,一律减去,仍照旧日工值发给(旧是双九每块矸工小洋二角)。一般矸纸司以当此米珠薪桂,即照惯例工价,亦只有增无减,决不承认,以致相持不下,同盟罢工等情,略志前日本报。兹悉此事已有徐某出为调解,并向箔店矸司双方接洽就绪,于十九日起一律照常工作,由矸纸行头分贴知单,遍示通衢。兹将知单摘录于下,略谓(荷蒙徐君调处,现已双方允洽,所有门千纸无论大小,每块照加铜元八枚,统纸无论大小,每块仍加铜元六枚,仍旧现钱付给,毫不减让,吾等各作准于本月十九日［旧历］起，一律照常工作。嗣后，倘有无理箔店，私自减去临时工资等，准由该作主报明，代表人照理交涉，特此通告。）等语，而一般食力自给之男女矽工接阅知单，无不喜形于色，照常工作云。

《越铎日报》中华民国八年十二月十四号

箔工反对减工资

（1920 年 1 月 8 日）

锡箔一业，为吾绍营业大宗，箔司一项计绍、萧两县，不下万余人。今岁因该业生意发达，于是刁滑作铺，希图渔利，私用外行人，暨杭伙打箔及下间擅打上间，而各箔店贪做生意。又自愿加给箔司工资，每焙洋三十角，计上下间各十五角。现在生意略平，该箔店等欲将所加工资减轻。该箔司等，以工资有加无减，均各不允，屡起风潮，早志本报。昨日午后，该业代表行头等，适因外行混入本业打箔，紊乱规则，拟整顿同行规章，在城中西营杏春茶园茶叙，讨论整理行规。讵有题扇桥河沿恒和升作坊之王阿昌及大营谢家湾头徐宝记作坊内不识姓名之茂庆等，提议不允减轻工资一节，邀求该代表等欲以武力从事。该代表等不允。王阿昌等竟号召箔司多人，至香桥将薛同昌、何甡记箔店及题扇桥贤德孙鉴记箔店概行捣毁。幸代表行头等竭力拦阻，而警察第二分所巡长及金寿鹏巡警沈天保等到场弹压，尚无甚大损少。顷余知事、薛所长等亦均各前往查勘。该箔司等早鸟兽散去。现闻此事，已由东大坊坊董任光兰出为排解，拟赔偿损害，正未知作何了也。

《越铎日报》中华民国九年一月八号

箔工恃众逞蛮之电禀

（1920 年 1 月 10 日）

绍兴箔司因反对工资，竟号召箔司多人，捣毁箔铺等情，已志前日本报。兹查箔司工资，原以秋间锡箔畅销，营业起色，箔司因而多方要挟，坚要增加工价，否则以罢工对待。箔铺同行，不得已承认每焙暂加小洋三十角（当时声明原属临时办法，俟生意低落，即须取销）。目下箔价骤跌，益以点铜纸花原料价目步涨，箔铺损失，以致日甚一日。该箔业为维持营业起见，由同行集议，将暂加工资一律取消。讵箔司本无知识，素以蛮横称著。故有箔棍之名，此次竟起而反对，啸聚二三千人，恃众逞蛮，以巨石为具，大肆捣毁薛同昌等箔铺十余家，同遭浩劫，是日香桥一带，人山人海，秩序大乱。闻薛同昌损失最巨，失去小洋二百廿九角，大洋五元，锡箔一块，贤德锡锅捣毁，失去炉锡六十余斤。火炉等另物多件，且将孙鉴记贤德临街火墙捣毁，失去炉锡六十余斤，火炉等另物多件，且将孙鉴记贤德临街火墙捣倒，种种横暴行为，笔难书述。噫，城区重地，军警林立，该箔司敢胆大妄为，恃众逞凶，官厅对此扰乱治安重案，竟如聋如聩，未加惩办，殊属可怪。闻该业同行，以同昌等横遭浩劫，未见官厅惩办，人人自危，愤不能平，已联合八百余家，致电督军、省长，请求严办，未识如何了结也。兹录该电于后

　　督军省长警察厅长钧鉴：七号午下绍城箔司啸聚二三千人，要挟上价，肆行捣毁，所有香桥一带箔铺同昌等十余家，尽遭浩劫，全城惊扰，形同叛乱，适值知事赴甬，警佐虽未弹压，无存心存畏葸。当时未获一凶，迄今又不严拘。际兹戒严冬防期内，城区重地，任其扰乱治安，军警虚设，人人自危，迫请严电知事，按照戒严法令，务获首要，军法惩办，失职军警，并吃立干撤惩以平众愤而保治，余呈详。

《越铎日报》中华民国九年一月十号

箔业风潮闹不休

（1920 年 1 月 17 日）

　　城区各箔工，以各箔铺必欲将前次所加之工资，上下石头，每焙三十角，如数减让，乃归四千三百五十文之老工钱。该箔工等为绍地劳动界之大帮，人数不下数万，其中不良之恶习，并未删除，尚立有行头名目，居然分发传单，勒令罢工要挟，并且捣毁箔铺八九家，业由公所董事胡梅园（即梅园老虎），禀请出示并将箔工郭德有一名送县署看守等情，已志本报及各报。兹复探悉昨日上午由胡某发单，邀请城中及附郭箔店箔铺七百余家，在大路公所开会，略谓似此久停，总非善法，拟请各店酌加工资，劝导开工。一方禀催知事查拿为首之人科办，以儆效尤。且各箔工一经归作，无聚集设法抵制之谋，亦易于逮补云。惟各店铺始终不肯加价，延至五句钟时，仍无结果而散。未知一段风潮，将来作何收束也。

《越铎日报》中华民国九年一月十七号

箔司逞蛮案近闻

（1920 年 1 月 18 日）

　　绍兴箔司因反对工价，恃众捣毁箔铺等情，早已迭志本报。兹悉该箔司等，自知捣毁箔铺不但于事无济，反罹不法之罪，于是以少数人之野心，煽惑罢工，藉为先发制人之计，期达其毫无理由之目的。在箔铺一方面，则以生意清淡，多一日制造，即多一日损失，对于箔司罢工，反持乐观。且生业横遭摧残，经营业已属无心。故无若何反动。余知事以箔司罢工，大多数均系被动，即传自称箔司代表之某甲等到案，令其立即转劝开工，静候解决云。未识该代表等有此能力否也。姑志之，以观其后。

《越铎日报》中华民国九年一月十八号

戒严司令部布告箔司

（1920 年 1 月 23 日）

箔司停工风潮，迄未平静，戒严司令部，诚恐有碍治安，昨特布告如下：

绍属戒严司令部布告第一号，照得近闻全城箔司停工要挟加价，分发传单，聚众滋扰，实属有碍治安。值此戒严期内，尤违禁令。为此出示布告，该箔司等务即照常业作，毋得滋扰，致干重惩。仰即一体遵照。切切此布。司令官盛开第。

《越铎日报》中华民国九年一月二十三号

箔司停工风潮之要闻

（1920 年 1 月 23 日）

绍兴打箔司与箔铺，因加价问题，致起停工风潮，双方禀县请求解决，先后详情已迭志本报。兹悉，余知事昨将是案抄送县商会请其邀集两造公同决议，未知若何结果也。兹将县署公函暨粘抄各禀分别录后，以供众览：

县署公函：

启者。案据箔业董事胡锡康禀，日昨敝董事闻知箔司罢工要挟，即经召集全体铺户，在箔业公所开会讨论，佥谓锡箔一业，屡被旧行头贪得对数钱之利益，唆令箔工聚众要挟，受害不可胜言。请求迅予查照前案，重申诰诫，劝谕箔司，照常开工，一面速饬干警分拘煽惑罢工要挟之郭小炳等到案□严讯办，以儆效尤。又据打箔司临时新旧董戴国祥、陈维贤、□荣炎、鲍管森等禀，垄断贫民，退减工资，屡商不允，停工日久，受损尤巨，□求传讯，陈明理由，出示调和以救贫民生计。又据箔业工艺代表张久康禀，陈述苦情，愿传同铺店，酌量解决，并粘呈箔业公所传单。又据箔司代表许森林、章祥林等禀封石停工，营业难安，请求准予临时讯问，并邀箔业董事胡锡康谕令先将箔石启封，并出谕劝令箔司，即日开工等情到县。当以箔司行头，早经永远革除，此次复有胆敢分发传单，勒令停工要挟加价，现经访查明确，实系一般棍徒及自称箔司代表等，希图复充行头，从中煽动，为抖集对数钱起见，并非出自各箔司之本意。经本知事当庭开导，并饬许森林等持谕劝令以先行即日开工，毋得听人煽惑，哄动要挟，致受苦累，一面剀切出示晓谕，暨查明素不安分之郭德友、张得意、王阿昌等获案究办。此外尚有意欲敛钱图充行头人等，亦经分饬访查拘究中在案。查箔司趁上度日，本属良民，停一日之工，即少一日之衣食，长此停滞，必至生计艰窘。本知事念切民生，箔铺箔司视同一律，纂发兼筹并顾除布告各箔司另推殷实公正四人赴贵会，除述意见，并函知箔业董事邀集箔铺代表至会，双方妥议外，合亟抄禀函请贵会查照，希即定期开会公同妥议，仍将议决情形复县，以览核办。望切施行。此致

绍兴商会会长

计粘抄禀四件：

箔业董禀：

为声请事。窃查敝业各铺户雇佣物司，打造锡箔，向有每焙一千文之划一工价，铺户、箔司互相遵守。嗣有不法棍徒，自命为箔司行头，唆使箔工聚众逞蛮，要求增加工资，事成之后，该棍徒据为己功，强向上下间箔司合索报酬洋六七八角不等，名为对数钱。绍地所有箔司，多系无知乡愚，堕其术而不知悟。因此同业中之桀黠者，视此举有大利可图。群相效尤，煽惑无已时，骚扰无宁日，计自前清光绪末叶起，至民国三年止，增加工资共有五次（每次三百文或一百五十文或九十文或二百一十文不等），较原价增多一千一百四十文有奇。各铺户为维持营业矜恤劳工起见，勉强承认。去年十一月间，自命行头之郭德友等，复演故技，主使各箔工强迫加价，当由王前知事咨请警所会同商会处理，每焙又加工资钱二百一十文，连同前数，共计四千三百五十文，牌示两造遵守，并谕各箔工，嗣后不许再有聚众罢工，强迫加价情事，一面出示布告，革除行头名目，以杜煽惑各在案。在各箔工以每焙三千文之原价，节次递加，至四千三百五十文，平均上下间工□各月打造锡箔，约可十焙计算，工资总数每二人月可得钱四十三千五百文，较之其他工业之工价，不啻倍蓰，优原已达极点。万无再请增加之理，讵有已经革除之旧行头郭小炳等多人，觊觎今年箔工较多，苟演同盟要挟故技，可得偌大□酬，胆敢违反王知事示谕，偏发传单，煽惑同业全体罢工，要挟箔铺增加工资，内有多数循良箔司，藉工资以养身家，不肯随声附和。该旧行头等竟敢率众威吓，勒令停歇。且查阅所发传单，捏称各店家每焙加给工资二十角，近由敝董等发单减让等语。殊不知该旧行头等所称店家加给之洋，并非正式工资，实缘今年夏间箔庄旺销，求过于供，各店家乘机趋利，嘱令箔司日夜赶造。窃于工资以外，另给彩钱（随赢余之厚薄而定多寡），以示鼓励。且系各箔铺自由酌给系属一种临时奖偿性质，万不能援以为例。且酌给彩钱出于各箔铺之自愿，亦不可以强暴胁迫。日昨敝董事闻知箔司罢工要挟消息，即经召集全体铺户，在箔业公所开会讨论，金谓锡箔一业，屡被旧行头唆令箔工聚众要挟，受害不可胜言。若不力去此弊，若辈□行头贪得对数钱之利益，朝唆加工，暮唆增价，不独营业被其破坏，且恐本业所担负之学费警费，亦将无着，故加价一层，万难再行承认。况箔司之工资优原，已逾寻常□铺户待遇，箔司万分优容，苟有盈利可得，不待箔司要求，自由铺主额外给彩例。如今年之彩钱，箔司并不要示，皆由各该铺主自行酌给，即其明证，故就箔司一方而论，亦不用有罢工要挟之举。兹为统筹并顾计，维有恳乞业董代表全体禀请官厅查照王前知事不准加价原案，重申布告，劝谕箔司照常开工，一面各铺户察看锡箔市情，随时酌给彩钱，庶铺户箔司两无损害而营业得以持久。至旧行头郭小炳等多人，应请官厅从严惩办，以儆贪横而戒将来各等语。敝董事察核前情，皆系实在。为此代表全体铺户，请求县长察核，迅予查照前案，重申诰诫，劝谕箔司照常开工，一面速饬干警分拘煽惑罢工要挟之郭小炳、郭竹生、郭全兴、俞富林、王阿林到案。从严讯办，以儆将来而免效尤，实为德便。谨禀。

《越铎日报》中华民国九年一月二十三号

箔司停工风潮之要闻（续）

（1920 年 1 月 24 日）

绍萧箔业打箔司全体临时全举新业董禀：

为垄断贫民，退减工资，屡商不允，事无挽回，停工日久，受损尤巨，势难再缓，请求传讯面禀理由，出示调和，以保闾阎而救贫民生计事。窃维吾业有上下间之别，下间者以锭锡打为十分，每作计工钱英洋一元四角，上间者以十分打为叶子，每作计工价英洋二元。自历年规定价目，因百物昂贵，珠米桂薪，实不敷俯畜，同业□弃本业，另就别业者居多，而各店家谅情增出，以原由旧章，外另加上下间通共龙洋三十，连旧有工价下间者每锡锭一作，计洋二元八角，零上间者类推。然同业等得此加资略敷俯畜，仍事旧业。现因人工齐集，各店多视同业等如草芥，公开公所，由董事胡锡康通告传单，将工资一律退减。同业等愿意减退五角，屡次恳商。各店家据云，由董事通告其照□概同业等事出无奈，由自称行长者，分发传单，全体停工，迄已五天。然同业等皆系贫民，众口嗷嗷，全赖趁工席日，一日停歇，何堪设想。且人众心杂，恐有游手好闲，趁机混入，扰乱闾阎，咎由何取。且此次罢工风潮，皆由店家强退工价而启。同业等苦恳情商，毫无转机，不得已公举祥等禀求，伏乞知事台览，□开宏恩，准予传讯，陈明理由，出示调和，以安闾阎而救贫民生计，项德上禀。

箔业工艺代表张久康禀：

为公举代表陈述苦情，愿酌量解次，俾安工业事。窃商旧开箔铺，现虽改图，于箔业情形，素所熟悉。近来米珠薪桂，无物不昂，于打造锡箔之手工，照旧工价，实难度日，甚有有因此改图者。本年自春至秋，销路起色，而各箔铺体恤箔工困苦，自愿加给工资，照去年所定价目外，逐渐递加每焙洋三十角，系上下间对派，其中尚有间接之三四小手工艺上下间付给者，并在其内，而照五六手工分派，以每日每工计算，所加无多。在铺家自愿加给工资，有工折登记为凭，乃箔业董事胡锡康专以讨好铺家为自固权利起见，乃擅作威福矣。于本月旧历十九日，以公所董事名义发出知单，将本年铺家自愿加给工资每焙三十角，全数革除，虽目下生意稍逊，于前亦不落十分之一，何至所加工资全数退让。且先不与众工磋商，竟以专制强迫手段，欲苦工生死听其命令，是以众心未服，停中集议。幸荷仁台怜念手□困苦，饥溺为怀，出示劝导，蒙谕退让工资问题，尽可公举代表自向箔业董陈明为难情形，婉言磋商，当有挽回之望等示。读此布告，众工等感且跪拜，不啻我众工重生，父母爱今公举代表下情上达，本当遵谕向箔董磋商。因该董事胡锡康凶横素著，其劣迹多端，迭被报章揭载。且视箔工如奴隶，极端反对，视为仇敌，更无磋商余地。惟有请愿仁始，传同铺店代表，当庭酌量解决，在众工代表请求以所加之价退让三分之一。在铺户亦不至吃亏。而箔工亦可以忍痛。为此呈请知事长电鉴，俯如所请办理，顶德上禀。

箔司代表禀：

为封石停工营业难安，请求准予临时讯问，并请迅邀箔业董事胡锡康君到案。谕令先将箔石启封，以便遵上午谕开工。至工资曾照前议，上间加十五角，下间加十五角，每焙共加三十角，增减与否，再请仁长会同箔业董钧裁决定，随出谕单，使民等持谕单劝令箔司即日开工，民等手艺度日，因为前代表将箔店石一概封起，所以未敢开工，停工日久，终非良策，应请大知事钧鉴，准予所求，公德两便，上呈。

《越铎日报》中华民国九年一月二十四号

县公署布告箔司

（1920 年 1 月 25 日）

绍县公署昨给布告云：

为布告事。案据本邑箔司遣代表许森林、章祥林等禀，封石停工，营业难安，请求准予临时讯问，并请迅邀箔业董事在案，谕令先将箔石启封，以便遵谕开工等情到县。即经传讯发该代表等请发布告谕单，前去开导开工后，再议办法等语。当以箔司停工要挟，本属非是，且系手艺营生，如果停工日久，必遭损失尤多，该箔司等即有不得已之苦衷，亦须从长计议，何得率尔停工，经本知事当庭剀切开导在案。除给谕饬令该代表等传知各箔司即日开工，并候知照箔业董事，将所谓加价一层妥议办理外，合行布告，仰城乡箔司一体遵照。尔等须知停工要挟非正常行为，趁工度日者，尤不可抛弃营生，停作一日即受一日之损失，务各即日照常开工，以免废时失业，毋得观望自误，倘有不逞之徒，再行歇工，或耸使各家停作，致生意外，定即拘案严惩，以儆刁玩，而安营业，其各凛遵特此布告。

又给布告云：

为布告事。照得箔司加资，业经函请商会邀集妥议，一面布告该箔司等即日开工在案。现闻该箔司等即日开工在案，现闻该箔司等尚在观望迄未开工，合再布告，仰城区各箔司等一体遵照，尔等与箔铺均系子民，本知事并无歧视。加资一层，当与会同提议，自有解决办法。尔等应即遵谕开工，勿再散布传单停工，要挟反使开议为难，于事无益，其各凛遵。切切此布。

《越铎日报》中华民国九年一月二十五号

商会解决箔司罢工案情形

（1920 年 1 月 27 日）

绍城箔司罢工，由县署函致商会调解，其公函禀件送志本报。兹悉商会于一月二十三日下午二时开会讨论，到会者五百余人，以问题复杂，未有端倪。二十四日下午接续开会讨论，到会者一千余人，秩序甚为整齐，经冯会长及各会董婉言和解就绪。兹将商会复县

署公文录下:

迳复者,九年一月二十三日,准贵知事公函开:案据箔业董事胡锡康禀(中略)仍将议决情形复县,以凭核办等因。并箔司代表张久康递帖到会,当经敝会传知两方,于一月二十三日开会集议,因箔司代表喻富林、高锦荣、徐海槎、郭福林等,经再三开谕,告以箔司工价曾经王前知事出示,定价每焙四千三百五十文,以后永远不准再加布告在案。本不应停工要挟,复图加给。今本会公同评议,该箔司等聚众毁店,实越常轨,姑念该箔司等手艺工人,□以米珠薪桂为词,本会竭诚劝令箔铺董事须体恤该箔司等系经纪小民,转劝各箔铺每焙酌加八厘,计二百四十文,并令箔司代表传告各箔司,即日开工,其加给之价,由县公署出示之次日为始。已经双方签字在案。合将议决情形备函具复,即希贵知事核准,予出示以安营业,而恤手工。下略。

《越铎日报》中华民国九年一月二十七号

南货伙友增辛工

(1920 年 1 月 29 日)

迩来薪桂米珠,百物昂贵,一般出外营生者,以所博辛金,不足以谋事畜,纷纷集合团体,要求增加薪俸。此盖大势所趋,出于不得不然也。兹闻柯镇南货业全体夥友,昨亦因倡议增加辛工,已得该业股东允许,特行印发传单,俾众周知,以昭信守,觅其传单如下:

谨启者,自民国肇启,迄今经济之困难,百物之腾贵,已达极点,非独柴米而已矣。年来各处大小商业,以至手工百作,诸凡夥友,靡不增加辛工为请求,且闻杭省以及临义萧然各业,经议增按月伸工十天揭算,或有全年作十六个月之规定。绍属各镇亦相继照办矣。窃惟柯桥南货业各友辛工仍沿旧习,际此柴荒米贵之时,实有不敷赡养之忧,为此邀集同人,一再磋商,佥以要求自民国九年为始,照额定薪水外,按月伸工以十天揭算,设有事出,照章扣除。若遇闰月,照前定一例,本年腊月尚祈格外尽作只工双工双伸计算,除亦照除等意一切竭情,已承业董先生剖情转达。各宝号自家请东翁先生俯念苦衷,已允可矣。兹将所定各节开列于右,以供众览:

(一)议本年腊月费各计划洋八角,薪水以双工双伸作算,居家亦因双除。

(一)议民国九年为始,每月伸工以十天加算,居家按日除算,下冬一例。

(一)议各友月费统系初一给发,是开修朋友者,无论大小,均归划洋八角,学生减半。

(一)议糖籦粉干索均归裹场糖包,该三七分派以七归友,以三归店。

(一)议无论各友均归腊月二十,一例如原灯。

(一)议辛俸均归现大洋角子者,如遇有现升,照市贴水,统归初七日开支。

(一)议□友如有不遵店规以及破坏前议者,公议处罚。

(一)议如邻近镇头,有取消者,一例照行。

（一）公议各条简章，先登报声明一星期，以周众闻。

（一）各乡分送传单，备为周知。

（一）议各友如有开年分手，定期遵限于新正二十日议决，如果期外覆者及无故特覆等，惟修金一层给取到节为度，如端节者至初十日定夺，生意长年三节，均照一例，已未腊月为始，柯帮各友姓名列入章程薄内，以昭诚信，倘各镇朋友调任柯镇者，须至业董处领取执照为证。此照柯桥南货朋友公启。

《越铎日报》中华民国九年一月念九号

箔业行头之辩诉

（1920 年 2 月 1 日）

城区箔司王阿昌因箔铺减给工资，恃蛮将贤德、薛同昌等家箔铺捣毁事后，王阿昌拘入县署看守。□行头郭德友亦被池鱼之害，押在县署。兹由郭某之妻郭范氏备述冤情，请求释放，特将原呈探录如下：

为殃及池鱼，无辜遭押，请求准予讯判，以分曲直而救民命事。窃缘氏夫郭德友素操箔业，安分作工，祸缘不知名姓箔司，于旧历十一月十六日，捣毁贤德、薛同昌、何姓记、孙铨记等四家，由警所巡长金寿鹏查明，确系氏夫足不到地，毫无知晓，随将夫带所讯明取保。复于十八日又由金巡长带往所中拘押九天，移交县署。蒙询为行头一端，但箔业行头，氏夫于去年王前知事时，已将名目取销，有案可查。以后安分作工，苦度营生，尽可调查，今布告为分发传单，勒令停工，要挟加价等因。氏夫何敢妄为？况箔作停工，在阴历十一月二十二日，氏夫于十八日已经拘留，何人分发传单，何人勒令停工？氏深所不解，想一经查明，不难水落石出，惟氏夫羁押看守，家无隔宿之粮，妻单子幼，一家数口，待哺嗷嗷，必作饿殍。为此请求县长准予即行讯判，以分曲直而救民命云。

《越铎日报》中华民国九年二月一号

肉铺伙要求加薪

（1920 年 2 月 4 日）

迩来百物昂贵，桂薪珠米，社会生活程度日趋困难。是以商家伙友以及劳动工人，因顾家为难，纷纷集合团体，要求增加薪水，藉资事畜，如箔坊箔司、南货伙友等，均各先后发起，达到目的。兹又探悉，各猪肉店各屠户人等，亦有增加工资之发起，已于日内积极进行，未知能否如愿以偿也。

《越铎日报》中华民国九年二月四号

绍兴酱业伙友启事

（1920 年 2 月 4 日）

（中缝广告）

当此经济困难，薪桂米珠之际，为伙友者实有养赡之忧，所入辛资，不敷支出，长此以往，何堪设想。现惟百业均有增工加修，诚此潮流，邀集同人筹议磋商增薪，以补养赡之费。自本年腊月为始，双俸金双伸工，双月费，以民国九年为始，每月伸工十天，全年作十六个月计处计，蒙业董剖情承诸执事先生垂谅。

《越铎日报》中华民国九年二月四号

药店伙加薪结束

（1920 年 2 月 5 日）

城属城乡各药店伙友千余人，以该业薪水之薄，较各业为最。现在申杭大埠，业已次第议加，遂联合要求，仿照增加，藉资弥补。兹闻昨（二月一号），该伙友等在城区下大路药业会馆会议，到会者约六百数十人，要求仿照申杭成案，各伙友无论位置，大小一律，月加津贴洋一元五角，各店主任初时不允，仅许加修八角，旋至加至一元。因为时已晚，电灯放光，人多起立，行将不得结果而散。始由各主任签字（签字者皆于店号下书照由杭加四字，亦有书一好字者。惟猪爪湾某小药店等三家不签字）允洽签后，由各伙友公资设筵十四席，请各店主任晚膳尽欢而散。亦足见该业之举动文明，非等于箔司加工之出自要挟也。并闻昨已将该业允单呈请县公署存案矣。

《越铎日报》中华民国九年二月五号

衣业伙要求加薪

（1920 年 2 月 8 日）

自加薪风潮流入绍地以来，各业伙友群起要求，在稍具天良之业董，无不委曲承认，藉以体恤一般伙友之艰难。如（医业）、（药业）、（南货业），等均经先后议决增加，迭志本报。兹闻城区府横街内庄衣业，因职务极简，是以修金一项，历来微薄。此被沪杭同业所动，亦起而效尤，要求该业业董增加薪俸，以资事畜。已于昨日（即五号）在衣业会馆开会，首由该业伙友代表发言。现在种种困难情形，要求达到加薪目的。讵该业业董田惟忠（绰号曹操），竟以一副奸雄手段对付。答谓我商界之大，营业惟当与庄，此种加薪举动，似非大营业之所为。倘如当业有加薪之举，我衣业明年总可照加云云。一般伙友均敢怒而不敢言，究不知此事作何解决也。如该业业董田惟忠者,亦不太近人情者矣。

《越铎日报》中华民国九年二月八号

三志药伙加薪案

（1920 年 2 月 10 日）

旧绍属城镇乡各药店伙友联合要求加薪,于本月二号在药业会馆开会集议,由各店主任允照申杭药业,每伙加月津贴一元五角。成案立约签字各节,业已两志本报。兹闻是项加薪案,当由所举代表王行恕等八人,将允议情形呈报县公署立案。现已批示照准。兹将批语抄录如下:

禀悉。尔等代表全体药业伙友,向各药号请求加薪,既得各店主允许,应准予备案可也。附件存此批。并闻该药伙等有仿照杭州药夥友谊社办法,组织药伙进德社,于昨日(九号)仍假药业会馆开临时会,筹议进行办法。

《越铎日报》中华民国九年二月十号

衣业加薪告结束

（1920 年 2 月 11 日）

城区府横街内庄衣业要求加薪,被该业业董田某拒却,种种情形,业已迭志本报。兹悉,该业伙友,均各坚持到底,誓非达到加薪之目的不止,大有与田某不能并立之势。昨日(九号)又在衣业会馆开会,正在与田某旗鼓相当,双方舌战之时,幸有同吉提庄经理金伯甫力为排解,暂以按修加二成计算,略谓今年暂为委曲承认,明年再可设法弥补云云。一般店友,始各心平气和勉强承认,偌大风潮,从此告一结束,纷纷散去。如该经理金某者,诚可谓善于息事宁人者矣。

《越铎日报》中华民国九年二月十一号

药业伙加薪之决议

（1920 年 4 月 10 日）

药业伙友自沪杭发生增加薪金以来,吾绍接踵而起,当有多数份子于去冬发起创立友谊敬德社名义,在会馆会议增加薪金,未得各商店许可。一议再议。至今,仍无良好结果。闻镇乡各商店于十六日,在南镇市开会,公同议决加薪一层,录其知单如下:

窃吾绍药业伙友,自沪杭首创提议增加薪金,集社联络感情,固结团体问题发生,宁波已进行，绍兴亦有少数分子发起，议增加薪金，创立绍兴药业友谊敬德社名义。惟沪杭加薪一层，虽已议决，每月加薪一元五角，由同业商店承认实行增加，已无变更之说。对于集社一层，以迹近藉名敛钱之举，经多数同业反对消灭。而宁波方面，对于加薪一层，亦酌量议定表决，承认每月加薪一元，集社一层反对居多。业已打消，但吾绍同业伙友听从一二发起之浮言煽惑，要求仿照沪杭增加，以致一议再议，终无良好结果。迄今未得同业各商店承认，至于集社一种，举动尤多反对。同人等业经邀集筹议表决，爰宁波之例，每月加薪一圆。虽该各伙生计，似亦待遇不薄，要知增加薪金，须视营业发达为标准。查沪滨地处市场，杭州为省会名区，甬、绍与沪、杭比较，不能相提并论。沪、杭似可一律，甬、绍自宜一致。若以营业而论，吾绍断难仿照沪杭办法。且集社虽名固结团体，究其内容无非一种少数人之主张，藉集社之美名，达敛钱之私心。各伙友薪金有限，来处不易，万勿轻信妖言，猛浪入社，使自己心血之金钱，以供他人有名无实之耗费。同人等非敢破坏团体，实深代为可惜。□□忠告，万勿自误！

《越铎日报》中华民国九年四月十号

加薪问题又一幕

（1920 年 4 月 13 日）

迩来时势艰难，生计日蹙，生活极度先进之区，咸有提倡劳工运动，并要求加薪之举。吾绍自去冬，南货、锡箔、茶食、药材、衣业等工伙闻风兴起后，各业经理人已知趋势所在，难于违反，遂纷纷自然递加。顷闻洋广货业如日新盛、教育馆、德昌祥、广益丰等号，有鉴于此，拟于今庚起实行，每年十六个月计算，如永昌隆、同庆丰等尚在踌躇未决间，将来大抵亦须按照日新盛等办法也。

《越铎日报》中华民国九年四月十三日

扇业资本家虐待劳工之设计

（1920 年 4 月 14 日）

绍地纨扇，行销各省，颇为繁伙，亦实业之一种也。近年因东洋扇流入，国中扇市日衰，然贩运出省之扇商，用其剥削穷民之术，尚得裂利倍蓰，视同乐土。盖扇商买进卖出，在绍开办，名为扇庄，其余向分做骨、糊面、沙磨三帮，大抵各自开坊。以前鼎盛之时，三帮手工不下数千人。现因扇商处处苛待，减耗工本，亏折倒闭，时有所闻。但做骨、糊面两帮，成本固重，其间售价虽减，而与扇庄进出银钱，尚能不致高抬洋价，独沙磨一帮，素无资本。扇庄糊面之后，发令沙磨。该帮置备鱼胶木炭之外，纯系手工，素来扇庄发做，仰承鼻息，最为苦恼，故扇庄视同奴隶，不特工价口逐减少，而付经工货，有龙洋十角作为大洋一元者,有大洋一元作为龙洋十二角者,种种尅扣,令人慨叹。该帮中人不磨则无可改业,应则难以谋生,终日呻吟。徒嗟薄命。愁惨之气见而酸鼻。查扇庄之中,有居住西郭门外菜蔬桥下裹横河地方开设裕大祥扇庄尉富成最为刻薄,虐待沙磨尤为凶恶,各扇庄发做沙磨,每一百把付给工资划洋五角七分(从前每百把工资七角零)。该庄尉成富每扇一百把,仅付小洋五角三分,以致该帮吃亏太甚,遂由该帮马三九、袁忠海、邹大富等出而哀求,欲令尉成富稍加体恤。如果尉成富稍有人心,亦应念及时艰,略予增价。不意尉成富素系残忍,人思抑制,竟敢架词控诉,诬告马三九等冒称知事命令私立行头,留捺经折,大题具诉县署矣。闻余知事已经受理,不日示审。在尉成富自图私利,先发制人,其计不为不工,但该帮果被压倒,各扇庄尅扣工资,高抬扇价,势必接踵而起。转起该帮无地立足。匪惟数百家无告穷民事蓄为难,倘竟散为游民,亦非地方之福。想余知事留心民膜,烛奸如神,此等压抑穷民之事,曷不访察一聆。真情而为该帮伸怨气,亦人道主义之一端也。

《越铎日报》中华民国九年四月十四日

劳 工 之 厄

(1920 年 4 月 14 日)

扇商尉成富虐待沙磨手艺,尅减工价,高抬洋价,反敢捏词诬告,希图压制心凶手辣,可谓小人之尤。惟足一人作俑,各庄接踵而起,将使苦力贫民,生计奇窘,为之潸然泪下。

或曰该帮既遭蹂躏,尽可罢工要求,何必仰人鼻息,殊不知该帮中人家无隔宿之粮,全愿作工度日,安能行此拙计。不然尉成富何敢藐视若此。

使尉成富所告非虚,则马三九等拘案惩治,无不可者。倘尉成富果有抑勒手艺情事,官厅将恃平制裁,俾使苦力者得伸怨气,何况升米百钱,日夜辛勤,尚虑不足。再加腠削残骨一把者乎。爱书此为劳工呼吁!

《越铎日报》中华民国九年四月十四号

不许罢工之文告

(1920 年 4 月 24 日)

(关于柯镇南货业者)

绍兴县公署布告云:

为布告事。案据柯桥镇南货业元隆成、震升□、瑞丰、元昌、协济、合家德、成泰、成裕、恒泰、恒兴昌、万源等禀称:窃商号等均在柯桥市开设南货店业,正经生理,雇用内外伙友,各定薪水,无稍龃龉。不料,于去冬旧历十二月初二日,各号伙友遽行罢职,聚众强迫,要求加薪,尤□妄定简章,滥布传单,意欲把持垄断,永埋胁制地步。此风一长,后患堪虑。

请予布告以儆奸谋而安商业等情前来,据此除批示外,合行布告示禁,仰尔南货业伙一体知悉。要知纠众胁迫罢工,要挟妨害商货,实蹈刑章。自此布告之后,宜各安分就业,不得再有前项情事,倘敢故违一经察,悉定予拘案严究,不稍姑宽,其各凛遵,切切此布。

《越铎日报》中华民国九年四月二十四号

肉业增薪之进行

（1920 年 6 月 1 日）

近来米珠薪桂,时势日艰,其间最苦者,莫如各商店伙友,故去冬由南货业首先发生,要求增加薪水,藉维家口而酒酱药材等业,相继举动,均蒙各店东体恤,允诺或一年伸四月,以十六月作算,或按薪水数目加二成津贴,均得美满结果。惟猪肉一业,亦曾发过传单,要求增加薪水,各店东之稍明大义者,虽已有略加弥补。然较之别业,实大相悬殊。至若大云桥童刚记仁和及西郭协盛等号,则均分文不加。是以该业加薪问题,至今悬宕。现该业中有几辈通达事理者,以为肉业同行,武夫居多,前次传单,措词未妥,当拟于近数日内邀集同业各伙开会筹商,将用恳切之言词谏告困苦之情状,以期引动各店东恻隐之心,庶可体恤（下缺）

《越铎日报》中华民国九年六月一号

研纸业增加工资

（1920 年 11 月 5 日）

锡箔一项为吾绍营业大宗,吾绍营业大宗,即如研纸一项,藉此营生者,亦不下数千人,今庚米价非常昂贵,一般研户所赚工资入不敷出,拟向箔店加给工资,以图生活。现闻由该业行头议定,每块箔纸增加辛工铜元八枚,已向各店家商榷,定当均皆允洽通过。于阴历九月二十五日起实行,并于二十九日在小江桥张神殿演荣贵遐庆班一台,鸣众整规云。

《越铎日报》中华民国九年十一月五号

钱业伙友要求加薪之言

（1921 年 1 月 23 日）

自生活程度增高以来,各业皆有同盟罢工,要求加薪之举,而手艺中人,以所得甚微,是固无足,深怪惟商界方面尚鲜,是项要挟兹悉。钱业界亦同盟要求加薪,昨众以全绍钱业同盟会名义投函本社录如下：

　　大主笔先生台鉴：敬肃者。社会愈进化，生活程度愈增高。此天演之公例也。因生活程度增高之故，以劳力谋生活在生计遂益艰窘。此又自然之趋势也。近来生活程度较之十年前不可同日语，一手一足之烈，勉图一己温饱且不可得，遑论仰事俯蓄，劳动者困苦倍增。资本家墨守旧章，致各业困要求加薪而同盟罢工者，乃数见不鲜，此实时势迫成之，非可以罪劳动家孟浪焉。吾侪钱业伙友，三年学艺，辛苦备尝，学成服务，劳心劳力，薪水式微，责任奇重，昔者百物皆廉，胼手胝足，所得尚足敷数口之养瞻，而今者珠薪皆举凡日用所需之物，亦无不随之而昂，终岁辛勤，欲衣父母妻子，以悬鹑之衣，欲饱父母妻子以粗粝之食，乃不可得。有职业而无以养家，有业不啻无业，何贵有此职业哉？倘我钱业不甚起色而我辈夥友竟不谅资本家苦衷，故事苛求，则强人所难，资本家必以肤之不存，毛将焉尔。诏我伙友乃年来钱业发达，无以自讳。资本家每年数千、以致数万之盈利，皆我伙友汗血所换，得饮水思源，投桃报李，资本家同具心肝，宜乎一顾我辈伙友之生计，则我辈伙友感激图奋，自无待言。若竟若作痴聋，一任我辈伙友之呼吁而悍然不睬，则衣食住为人生不可缺乏之要件。父母妻子亦断难分崩离析，我辈为自卫计，或亦竟如彼手艺界之罢业而则开生面，此非我辈钱业伙友之无意识，盖亦资本家激成之也。杭州钱业每年给薪三十六个月，绍兴保昌、承源则每年给薪十八个月，两相比较，绍兴钱业伙友之薪乃仅及杭州之半，何况绍兴除保昌、承源两庄外，其余均每作十二个月，杭州钱伙与绍兴钱伙同是人类劳动报酬，相去乃如是其远，揆诸事理，宁得为平现。在敝会已函商会正副会长，请其主持公道，折衷谈判，因知大主笔洞明大势，用敢函请鉴察，加以扶助，并恳将此登入来函，庶几知我钱业之困苦也。敬颂著安。全绍钱业伙友同盟会启。

《越铎日报》中华民国十年一月二十三日

钱业伙友加薪问题

（1921 年 1 月 24 日）

　　生活艰难：日甚一日。于是各业伙友皆有加薪运动，不独钱业然也。钱业伙友今已同盟宣言，主张加薪，而其目的能否达到，不可预测。然此种运动，要不能斥为无意识之运动也。

　　绍兴钱业习惯：凡伙友之薪金，本甚微薄，其希望则在于营业之赢余，分沾利益，及于各伙友，俗所谓分"花红"是也。故钱业伙友，有一岁薪金，不过五六十元，至分沾花红，超过其固有薪金以上者比比，似乎加薪又不成问题，成问题者，在分沾花红。

　　以年来生活艰难，吾绍各钱业，间有已加薪者，如年本十二月计算，今有以十四月计算者，十八月计算者，二十四月计算者不等。无加薪之名，而实际上早已加薪也。惟犹有少数钱铺，依旧以十二月计算，于花红一层，又不能分沾到各伙友，以股东而兼经理人者，愈不肯以花红惠及于伙友。钱业伙友加薪问题之发生，起因或由于是耳。

故此次吾绍钱业伙友加薪问题之发生，未必于全体。或是为钱业伙友之一部分，而此一部分之发生此问题，实所以警觉股东而兼经理人。平日不肯以花红分沾于伙友者之一类人，不审此辈乃有此觉悟否耶？

《越铎日报》中华民国十年一月二十四日

机业罢工之传单

（1921 年 6 月 20 日）

绍兴华舍地方居民，多数男织女络，机工营生，故绸庄林立，丝商聚集，市面繁盛，为各乡冠，机坊出货，凭领头向各绸庄销售，货洋概归庄票，其期以四十天为限，信用颇著，能随时贴现。光复以来，不肖绸商，次第倒闭，该业董等有鉴于斯，缩短票期，以二十天为限。兹因杭庄董事陆建章，以近来日拆加重，以三十天为期。绍董等虽不赞同，只能上行下效，顺水行舟，各机户以票期太远，机业大受损失，又逢今岁出新不佳，丝价骤涨，已乏工食，各村机业散董集议，暂时停售，各司务甘愿罢工，以罚后援。机业总董赵廷法、寿世钊等百啄（喙）难辞，付之潮流而已。兹探录其传单如下，以供众览：

窃我机业系男织女络，手工度日，近来时势艰难，薪桂米珠，更兼丝贵绸贱，已乏工食，各庄违约开远票期，我业更受损失。若不从事整顿，亏耗血本，失败营业，势所必然，为此邀集同人妥议，准于是月初拾日，一例停机，以救目前之急，一致赞成，愿我同业人等，共舟相济，勿生歧异之心，以图后效，我等为维持实业起见，不得不然之事，静待稍有下食可赚，即行开织，各司务当守望相助，为夫华舍机业观成堂具。

《越铎日报》中华民国十年六月二十号

机业罢工已解决

（1921 年 6 月 24 日）

绍属华舍地方，居民机业营生者不下五千有奇，因今岁蚕汛不佳，丝价骤涨，又兼各绸庄听信杭董实行开远期票，时正该区绸业董事沈正华有事赴申，列名不预其事，而该副董等无主权可操，以致激成罢工风潮。曾志本报。兹探悉该区前乡董沈少帆、机业董事赵廷法、寿世钊等，以各机户一经罢工，未免费时失业，发生意外风波，当向两造一再磋商，善为婉劝，绸货票洋二十五天为限，并谓机工以手艺度日，虽受损失，尔等各绸庄巍巍商业，何可与手艺人计较，劝至舌敝唇焦，各庄始行允许。现在各机坊已照常营业，解散罢工风潮。为该村机工造就幸福，化险为夷，若该董等可谓息事宁人矣。

《越铎日报》中华民国十年六月二十四号

机业董事萌退志

（1921 年 6 月 30 日）

绍属华舍地方，索产纺绸，声闻海外，今岁丝价骤涨，绸庄开远票期，以致激成机户罢工风潮。幸经越思源、寿世照等机董，双方竭力调停，得庆无事等情，曾屡志本报。兹悉该机董寿世照，因办事棘手，心意俱灰，遽萌退志，遂宣告脱离机董职务，乃各机户受惠已久，群力挽留，未识该董寿某肯重任其职否也。姑志之，以观其后。

《越铎日报》中华民国十年六月三十号

箔工减资起交涉

（1921 年 9 月 26 日）

箔业一项为吾绍营业大宗，该业连年生意发达，甚为兴旺，一般箔坊打箔，箔司工资均各增加。惟本年市面稍形清淡，该箔店拟将各箔司工价每焙减去洋六角，乃该箔司等以现届年荒米贵，所赚工资入不敷出，若再减去工价，势必无以养家，是以该箔司等大起恐慌，拟与箔店家交涉。如果实行，实有一番风潮，未和该业董事果能事前弭患否耶？

《越铎日报》中华民国十年九月二十六号

箔司要求增工资

（1921 年 11 月 27 日）

现在米珠薪桂，诸物皆昂贵，一般劳动家，生计日绌。兹间锡箔业箔司，以入不敷出，亦要求各作主增加工资。闻都昌坊口郎美裕箔铺暨塔子桥下高泰灏箔铺，已于本月十六号起加增工资，上下间每焙加给工资洋七角。惟韩衙前莫顺兴作坊，因不肯增加工资，该坊箔司概行停作迄今，尚未开工，不悉如何了结也。

《越铎日报》中华民国十年十一月廿七号

农业伙要求加薪

（1922 年 1 月 9 日）

城区农业内庄各伙友辛俸素来微薄，以协理之辛俸则格外抬高。全年总在百八九十元之谱。其余伙友均不过四五十元、二三十元不等。各经理图饱私囊，不知各伙友受苦，前年下冬曾有该业代表发起加修风潮,后经该业安吉经理张某代为解决,结果每十元加修二元。然经协理亦一律加二,不料所定加数,各经理已皆实行,而各伙友则照旧无异。现在米珠薪桂,各伙家有老母、妻子,如此辛俸实难顾家。今冬该业揭账,各有盈余,不得不要求该业董开会提议体恤。日前已开会一次,未知各经理作何办法,容探再志。

《越铎日报》中华民国十一年一月九号

衣业加薪无效果

(1922 年 1 月 12 日)

迩际米珠薪桂,百物昂贵,城区衣业内庄各伙友,要求加薪等情,已志前日本报。兹悉昨十号午后,在该地开会提议,各经理均亲到会,内惟安吉经理张某颇知大义,决意有体恤伙友之办法。不料,其中有天良泯灭之某经理(姑隐其名),竭力反对,大言炎炎,声称近来生意颇小,断无加薪之余地,万一不然,则暂加月费,每人小洋六角。自经理栈司起至学生止,作为议定,现闻各伙友大不为然,不日向该业董要求经理再行开会。如各经理坚持不允,惟有武力解决云云。如某经理者,真所谓不近情理之尤者矣。

《越铎日报》中华民国十一年一月十二号

革了行头坐拘留

(1922 年 1 月 17 日)

吾绍水作(即豆腐)业之行头,本恃武力霸充,月前哄众罢工,要求加资。讵铺主及腐工,两不叨好,遂致弓满则反,铺主竟与各工联名禀除行头名义。业蒙批示照准,于是旧充该行头之王家仁、丁小宝,以平空行头被革,系锦生泰等腐店为首,遂邀集无赖多人,日向该店滋扰。该店禀请警所法办。兹闻前日上午,已将丁小宝一名,在大云桥弋获。当发所拘留并闻须待王家仁拘到,一同送县并科云。

《越铎日报》中华民国十一年一月十七号

机业工人动公愤

(1922 年 3 月 22 日)

绍属华舍绸业接手耿仁夫,面慈心毒,刁狡性成,久惯私吞价目,减码分诈,欺诈机户,积有孽钱,劣迹累累,指难胜数。日前,又私吞价目,为机户钱阿狗之邻人某甲窥破,不肯补贴。耿某竟敢恼羞成怒,诬禀警署捏称机民滋扰云云。薛所长为其所朦,当派长警丁先清下乡调查,始知并无其事。刻闻一般机业公抱不平，遍发知单，与该号决计停止交易。探录其知单如下：

窃我机业织成之绸，交付接手，向各绸庄售卖绸货价目码，分机户钞折与绸庄号簿无讹，作为凭证。历来相安无异，因人心不古，有私减码分，侵吞价目，机坊汗血工金，几为若辈所攫。我业同志禀请山邑尊颜明定罚则，出示严禁勒石在案。现因蜀早机户钱阿狗向协和接手交易，该号竟有私吞价目四分，证据确凿。该号经理耿仁夫，不思反躬自省，犹敢百计巧辨，视我机业良懦可欺。为此邀集同业妥议与该号进出欠丈各款，先行理楚之后，停止交易。为我机业生计攸关，同人等各宜自爱，以杜效尤而保工业云。

《越铎日报》中华民国十一年三月念二号

厨司业演戏增价
（1922 年 5 月 21 日）

绍属前清厨司业，因现在米珠薪桂，所得工资势难度日，乃招集同业，假座道院讨论增价办法，经多数议决，每席加洋两角，各工头缴费一元，在太守庙演戏一台，并备酒席多桌，邀请各界列席，其有同业地居乡僻，未曾与会者，当发通告知会同业一致，免有参差之弊。凡违例者，须由同业干涉，处以相当之罚金云。

《越铎日报》中华民国十一年五月念一号

厨司业风潮未息
（1922 年 5 月 22 日）

钱清厨司业，因生活程度日高，邀集同业开会讨论等情，已志本报。所有同业工头缴开支费一元，有前梅工头高阿生不服其议，请工头置有酒器须缴费一元，一般不置酒器之小工头，何以须缴费一元云云。高阿生力加答驳。惟同业均不赞同，乃于旧历四月二十二日，号召同业在茶室品定，内有王某素与高某反对，是日王某已饱灌黄汤，言语支吾。高某正向同业发言时，王某大施蛮骂，定欲与高某一决雌雄。由是双方用武拳足交加。经和事人排解，其事始寝。惟缴会费一层，尚无正式议决云。

《越铎日报》中华民国十一年五月念二号

箔司罢工已解决
（1923 年 1 月 8 日）

绍兴箔业工司，近因反对警所征收焙笼捐事，以致激成同盟罢工四天，其各节情形，曾志本报。兹又探悉,该业公所日前开会提议各铺主,对于是项征捐,均誓不承认。现该业董胡梅炫因时届年关,箔司罢工,殊于绍兴社会大有障碍,且于该业前途不无影响,是以特商恳薛所长暂行从缓。现闻薛所长已准许可。故昨日该业公所,特出传单,通告各箔坊,即日开工,仍守旧章。而各箔坊领到是项传单后,已有该业行头通令各箔司照常开工,是以今天上下城箔坊已多数开手云。

《越铎日报》中华民国十二年一月八号

商店经理看看

(1923 年 8 月 22 日)

商店经理,待伙友和学徒,没有人道,友谊等等观念,这种恶劣的习惯,相沿不知有多少年月?感受这种待遇的夥友和学徒,也不止一日了。

感受着这种待遇的伙友和学徒,近来抱□(不平则鸣)的态度,投稿本社,因为他们的文语,不甚妥善,我们就把他们要表白的意思,——就是没有人道和友谊观念的待遇——代为表白在这短短儿的□评里面,给商店经理先生看看。

《越铎日报》中华民国十二年八月念二号

南货店伙议加薪

(1923 年 10 月 28 日)

绍地频年灾兼,民生凋疲不堪。故一般商店伙友及劳动工人,所得菲薄之工薪,极难支持其个人之生计。去岁以来,各业加薪之事,数见不鲜。若衣伙、鞋工等,均先后提议加薪。兹闻本城南货店伙亦拟集议加薪。其条件常年加薪水二月,全体十二月应作十四个月发薪,以资维持。查该店伙每逢阴历腊月,因生意忙碌,本加双薪,现照平常月数,只加一月,想各南货栈主定亦允其所请也。现正预传通告,向号主请愿,要求照办,以阴历十一月份先行加起云。

《越铎日报》中华民国十二年十月二十八号

箔司又要加薪工

(1923 年 10 月 30 日)

绍兴锡箔一业,绍产大宗□□。去今两年销路停滞,营业减色,于是铺家有因之而倒闭,不一而足。兹悉,该业箔司头家近闻锡箔市价略有升加,于昨日分发恳单,要求铺家加给工资，未识铺家能否允许其要求也。又函云绍兴箔业打造锡箔有本作、包生活之区别，有作坊共计九百二十七家，箔司不下三万□千人之多。包生活系箔工作自备锡箔，雇司打造成页，向小铺家掉锭，计收工资洋四元五角九分。该箔工作，应付上间箔司工资二元一角四分，付下间工资一元五角三分，其余尚丈九角二分，应付房租焙火等洋三角六厘，其余丈洋六角一分四厘，亏耗权利。凡造本作者，铺家应自备锭子发工打造成页，铺家给发每焙□下间工资洋三元六角七分，余丈九角二分，须归铺家所得。缘备房捐炭火资本等项，箔司所得工资为数甚微。兹悉众箔工野殍不堪，只得收集全体，乞求铺家加给工资，以活家计。兹觅得传单抄录于下：

谨恳者：窃缘吾等箔工一业，适值米珠薪桂之秋，所趁手艺工资为数几何，虽受俭节种种，难顾家计也。现届各业吃苦万分，百物异常昂贵，均蒙各业东体恤艰情，屡加恩惠，尚属不敷敷衍。况且吾等箔工劳动精力比较各业尤为惨怜，一切端尝辛苦，以资□顾家计，累累皆是，甚有亏欠□□□不可胜数者，然饥荒而来，因上不能事年老，下不得资幼雅，以致典当质卖不敷，甚属饿殍堪怜。□吾业贵东早所洞悉，乃吾箔工屡屡□恳困苦，挺身帮工，能沾年丰定可稍存蚁命，一切实情皆缘自备饭食而已。今拟具恳单，乞求贵东翁俯准酌商开会允洽，妥议恳求加给工资，以活蚁命，则箔工数万人感德实无涯矣。谨恳诸大东翁公鉴：民国十二年九月日绍萧箔工全体谨启。

《越铎日报》中华民国十二年十月三十号

箔工加薪又一讯

（1923 年 11 月 2 日）

绍兴锡箔一业，为各业冠，其全仗箔业为生活者，男女工人不下数万人，出品之多，为吾绍独一无二之营业。近年以来，生意销为减色，各铺家造箔短缩，以故箔工窘迫不堪。现因箔市起色，市上有价无货。各铺户虽督促箔工赶力打造，无奈一时不及各铺户只得暗地增加工资或酒席，以作报酬之资，致使各箔工全体汇议，刊发传单，请求一律加给工资，要求各铺主开会允洽。现在双方汇议一时尚难解决，如何解决，容探续志。

《越铎日报》中华民国十二年十一月二号

箔 工 团 体

（1923 年 11 月 2 日）

商学农都有团体之组织，而工人则无，此工会之组织，所以有不可缓者。

以绍兴之工业而论，锡箔一项，最算发达。藉此以生活之男女工人，不下数万人，团体之组织，从来所无，箔业公所，其权集诸箔商，而箔工无与焉。箔业工人，倘使早有组织，如工作时期，工银报酬，种种问题，皆可由团体中为之解决，不必累及工人，费时失业，而从事于加薪之运动，其他意思，亦得团体代表者为之宣达，其便利也如何？顾箔业工人初不能见及于此。

《越铎日报》中华民国十二年十一月二号

箔工加薪又一讯
（1923 年 11 月 4 日）

绍、萧锡箔一业，出品之多，工人之众，虽为绍、萧各业之冠，无如该业工人乍停乍歇，无长年一定工作之期间，所以箔工一业，其困难之情形，尤不可以言语尽述之也。现因米珠薪桂，生活程度日高一日，待哺嗷乜，大有枵腹之慨。该箔司是以一再请求铺户加薪，曾已分发传单同业汇议，经各铺户邀集同业在箔业公所开会公议等表，已志日前本报及各报矣。兹悉，该箔业工人犹恐各工人意见误会，妄生事端。由发起人又发传单令同业安分守业，听候铺主解决。兹录传单如下：

谨告同业诸君大鉴：兹缘吾业艰难苦困，况□底□由现已集议加工恳单告明各东家乞求开会酌加工资，以维同业，弥补衣食而已。伏愿诸君定照旧章安分守□，毋得另生意见，切切此告。各东翁妥允加资，即当通明也。民国十二年九月日，绍萧箔工全体乞恳。

《越铎日报》中华民国十二年十一月四号

再志箔司加薪案
（1923 年 11 月 26 日）

迩来绍、萧箔司藉米珠薪桂，入不敷出为词，曾经分发恳单，要求各铺家加给工资各等情，亦曾迭志本报及各报矣。是以该业各铺家，为弭风潮起见，有暗向箔司加给工资者，本无其他纠葛，旋因该业公所所发通告单内谓，铺家并不实行加给工资，系是一种随时彩钱，因之自恃有候选业董资格者，出而抵制，特于旧历本月十四日已具函□□该分所。兹探录原函于下：

业董先生大鉴：兹为昨日开会，为箔工增价一事，以临时作为实行，承胡君酌就通告单在会上表白数次，座上诸代表不下数十人，并不闻表白一说，甚为不解。彼等既是当选之人，为代表同业意见为主，因何临场，如何胆怯，所为畏首畏尾，此种之人，不能居箔业代表之人格云。业董胡君为绍萧箔业之主持，掌握越都之首业，亦当维持我业。兼近日生计艰苦，胡君谅可知之，因可善恶不明，知善而不用，知恶而不去，动则与诸代表会议，我等之人，虽有公所之名，而不能入公所之门，实为不服。今特奉信，望胡君速开全体大会，以我同志之人，诸可表白心愿，但开会之时，为取消临时彩钱一节者，尤恐繁言不据,可以投票为证,以多数为标准,若再不如是办法,则我业之败亡可计有日矣。惟前时闻代表会上云,白头信件作无效,想此种言语,俱一个人意见,实是闭塞贤路。所等虽不当选之人,亦抱维持同业之资格,若再不须我等剖诉心愿,实为抱恨。特此奉恳业董先生明鉴,望见信之后,速开一全体大会,为临时彩钱,是否投票为标准。此后虽败亡之日,亦得瞑目。此致

　　箔业公所

不当选之同业人等公具

《越铎日报》中华民国十二年十一月廿六号

箔工又召集会议

（1923 年 12 月 2 日）

　　绍兴全体箔工,日前要求铺主增加工资各节情形,业经迭志本报。兹又探悉,该业曾经每焙暗中加起五角,故各箔工始得无激烈举动。近来该业不知何故,于日前邀集各铺主在箔业公所开会议决,由公所出单通告箔工,将前暗加五角工资,自出单□一律取消。现闻各箔工得讯之下,均不已为然。当由该行头于昨(三十号)出有传单,邀各坊代表在仓桥七碗居茶店集议一切,未知如何结果,容探明再志。

《越铎日报》中华民国十二年十二月二号

锡箔司同盟罢工

（1923 年 12 月 4 日）

　　绍萧所有箔司迩藉米珠薪桂、入不敷出为辞,要求铺家加给工资各等情,本报已志不胜志矣。兹悉全体箔司因不达到目的,竟于前晚封石,自昨日起已同盟罢工矣。

《越铎日报》中华民国十二年十二月四号

箔司罢工又一讯

（1923 年 12 月 5 日）

　　本县锡箔一业,以打箔谋生者,约计一万数千人。近年百物昂贵,各业加薪,所有箔司亦欲增加工资,乃反铺户均未赞同。日前箔司公举新代表傅顺高、傅德法、谢进荣等禀请县公署要求核准,令行商会转饬增加奉批候函知商会核议复夺等语。谅可达到目的,乃各箔司迫不及待,竟图封石罢工以期解决。新代表傅顺高等因恐有碍营业,立即印送传单劝

令静候商会议复,慎勿妄动云。

《越铎日报》中华民国十二年十二月五号

箔司罢工又一讯

（1923 年 12 月 6 日）

绍兴全体箔司,近因要求铺主增加工资,于日前由各坊代表,在城区仓桥七碗居茶店集议一切情形,业经详志本报。兹又探悉是日该箔司等议决准候铺主于三日内明白答覆,是否增加云云。本无罢工之举动,讵料该新行头空于晚间,不知何故,发出传单多份,通告城□箔坊箔司,于三号起一律实行罢工,故迩来各作坊之箔工,均已纷纷回里静候解决云。

《越铎日报》中华民国十二年十二月六号

箔司罢工之内幕

（1923 年 12 月 7 日）

绍地箔司打造锡箔,藉博工资,以糊口者,约计不下二三万人。今岁入春以来,生意颇称清淡,而各箔作坊坊主每遇打就一个,按照原工资计算,维有城区鸡行街潘正兴主人潘富来每多遇有打就锡箔,工价不照原定给发,特别减让。迨至中秋将届,该箔司等苦不堪言,不得已全体辞工。该恶潘富来自知减扣工资,□箔司反对,托人挽留,许以工资照原定酌加。讵知工价本有大宗原定,不能擅自私加。继由间壁吴自记箔司闻悉,告知主人吴某略谓该号如此无理私加,希图谋挖,本号比较潘正兴酌加二角,□而各处箔司心怀不服,出单加给工资,藉口潘正兴现在每加洋几角,一面运动行头出令停石。惟行头名目早奉示禁在案,内有少数箔工情愿照常开手,奈慑于势力莫可如何,只得随同封石罢工,纷纷回里,当此年关将届,若再延宕,大局更加妨害,负有督率之责者,亟须劝令开工,以杜祸患也。

《越铎日报》中华民国十二年十二月七号

告箔业首领者

（1923 年 12 月 7 日）

锡箔一业,为绍、萧两县之出产品,两县人民藉以聊生者甚众。

近闻箔司,因迫于生活程度之极高,其所得工资,不足以仰事俯蓄,故诚想要求资本家稍加怜悯,略增工资,以维家庭中之现状。此亦人道之正义也。独怪该业资本家,非但不予以所请,反将种种非理之手段,如停止营业,及请求警所,勒令箔司不得再有加薪之举等,以为恫吓,奈自食其力之箔工,不甘受此种无理压制,愿牺牲数日工资,遂酿成罢工之举动,并宣言不达到完全目的而不止。

夫箔司罢工,所受损失不小,即开庄设铺,及藉此生活者,所受损失,亦必浩大,苟双方坚执不下,则箔业必形失败,社会亦蒙其莫大之影响。

调解双方意见,责在该业首领,吾愿为该业首领者,速出而为双方之公正调人,以维箔司之生计,而挽营业前途之危急。

《越铎日报》中华民国十二年十二月七号

箔司罢工调解说

(1923 年 12 月 8 日)

绍萧迩来箔司要求铺家加给工资,双方力未能和洽,以致酿成罢工风潮。兹闻工商友谊会为惠工保商计,昨已函致箔业公所董事胡君,请其双方调解。兹觅录原函如下:

锡康先生伟鉴:迳启者,知贵业箔工为增减工资,双方扰攘,酿成罢工风潮,影响全□社会,但锡箔一业为吾绍出品之大宗,赖此生活者不下万余人之多。际此米珠薪桂,严寒鼓腊之秋,对于地方治安亦有妨碍,且商业前途有莫大关系。敝会为社会治安计,惠工保商计,不忍坐视,故特函请先生主持公道,对于劳工应当体恤,即祈双方和平解决,即日开工,勿使万余之工人,流离失所。社会幸甚,贵业幸甚云云。

《越铎日报》中华民国十二年十二月八号

箔司罢工之呼吁

(1923 年 12 月 9 日)

本月二日城区箔司,因要求增加工资,一律罢工以待解决。闻箔司代表傅顺高等,以长此停罢工作,妨碍甚多,特备具说帖,请商会迅速议决,以便开工。兹录说帖如下,为箔司迫于生活计,要求增加工资,推举代表顺高等具禀县署,奉批候函致商会核请复夺等因。当于本月三日帖给贵会议决增加谅荷鉴核。查箔司因不达加薪目的,屡欲罢工,专候贵会议决。顺高等诚恐一经罢工,妨害甚多,特于本月二日刊送传单,劝令切勿罢工。讵又箔司置之不理,竟于同日下午四时,封石罢工,专候贵会议决复县。乃自停罢工作以来,迄今已有六日,不但全县箔商有碍进行,即如各箔司仰事俯蓄之资斧,分毫无着,啼饥号寒之惨状,即在目前,若停罢日久,以一邑之中有万余人罢工,庶事不免游手好闲,酿成巨祸。顺高等杞忧实甚,为此备文帖请贵会迅赐议决复县布告周知,以便各箔司照常开工,实为公德两便云云。不知商会长果能允其所请否耶?

《越铎日报》中华民国十二年十二月九号

南货伙友请加薪

（1923 年 12 月 17 日）

柯桥镇纸烛南货业伙友，因现下生活程度日高，特开会议，向业董要求加薪。兹将该两业之通告录下：

窃柯桥纸烛、南货业，每届冬令，生意各自增多，伙友殊形忙碌，若兼薪水，照常生计，万难维持，况绍城同业，业已一律加薪，同人等虽抱向隔之憾，为此请求业董自癸亥□起，凡各伙友加薪二月（全年作十四个月算）。此两月作帮冬津贴，永以为例云。闻该镇各业董，已允其所请矣。

《越铎日报》民国十二年十二月十七号

箔业工人呼吁声

（1923 年 12 月 18 日）

绍兴箔工全体代表喻岩书等，昨发传单云：

窃维吾打箔一业，系有上下间之区别。上间（即上手司务），下间（即下手司务），又有打本作及自包生活者。打本作须受铺主所雇用，所打之箔，由铺主给发，如自包生活者，须要自备锡箔，雇佣箔司打造。今将各节情状胪陈颠末附右：

一、打本作，上间者造页一焙，计工资洋二元一角四分二厘，除□中锭（系女人所为）工资一角二分外，净得工资洋二元另二分二厘，约五日之久，可以打就。每日工资无非四角。□谱如六七日打就者亦居多数，一凡遇黄霉雾露，以及雨湿潮暑，天时有不能制造，此其艰苦一也。

二、凡遇生意削减□，铺主即将停造，适遇材料不足，可有封锅等情，以及赚岁首牛尾，有不能趁工席日者，此其艰苦二也。

三、凡维箔司手工高下，暨材料之忧次，一遇碎□损伤，及式样略下者，其工资照原例式样须扣除工资，不能影戤，其艰苦三也。二凡打下赠造箔一个，计工资洋一元五角三分，除付拍下块揭十分（系小人女人所拍揭），工资又六分，净得工资洋一元四角七分，约九六日可打就，每日工资另外无余，只有二角另点可以存活。停工与上间一式耳。

四、凡□包生活以锭（村料）打成页（即箔名）者，向铺家掉锭，须得工资洋四元五角九分，尚付上间工资洋二元一角四分二厘，又付下间工资洋一元五角三分，另付房租炭火及家伙等用，每焙付洋三角六厘外，得余□六角一分一厘，□归包生活□人置备材料，与付箔司账头等项之利息及拆耗矣。

五、凡学箔司者，照传已久，须有留徒期间，挨轮辰、戌、丑、未年间，可以受徒，初习不间者，茶金每家付洋五分，计箔作九百数十家，纳费洋五十元。又起师谢师，例规洋十元，决不欠缺用洋六十元之谱。如再过上间者，□阘年同茶金，每家付洋一角，纳费洋一百元起师谢师例规洋十四元,另加费用,统计百二十元之谱。□上下间□全□,一统计纳一百八十元,始成箔司也。倘改图另业者,此洋尽化乌有矣。

六、凡箔司手工比较各业迥异,惟吾箔业统七备饭食及各项用费,非比他业□铺家度食,一则各业可以时列操作,惟箔业须有时刻定规,不能散乱操作,亦不能暗渡□作,全然勤俭节省,此种柴米及百物万风奇贵,实难度日,不得已拟具请求加给工资,以安生业也。

七、凡如蒙增加工资六角,吾业亦须按照四股分派。□间上间□得工洋二角八分,下间应得工洋二角,又加房租、家伙及炭火洋四角。又有作主资本等洋亦加入八分,如加工资而非箔司一人□得之每焙加洋六角,上间者每日趁工只加五分六厘,下间每日趁工只加四分,□皆按日类准。

八、凡前清时代,米价比较□,际时势各工增加二倍,□素□艰。若况箔□劳动手工,比较各业,如天壤之别矣。

九、凡吾业自去年至今秋,生意大为不色,乃铺家屡次停造。惟吾箔工无可要求,只得歇手而不操作。因此亏累无穷,而铺□全不念箔工衣食艰苦,只顾自填欲壑,致使一般箔司,另谋他业者,不可胜数,或投□杭各处帮工者,或肩挑贸易者,或有拉车□。兼之沿途求乞者,累累皆是,将来若不增加工资,必然箔司蚁命难存。现经示蒙铺主允加落局,为此沥陈,请求公鉴:箔工全体代表。喻严书云泣剖。

《越铎日报》民国十二年十二月十八号

箔工加价之近讯

(1923 年 12 月 19 日)

吾绍箔司为增加工价起见,代表傅顺高等禀准县公署,函致商会议覆,已迭志本报。兹悉,商会已准箔董事胡锡康帖称,每倍增加工价七厘,计洋二角一分,当即布告在案。傅顺高诚恐被老工头争功渔利,编发知单。兹将知单录下:

迳启者,傅顺高等为增加箔司工价,禀准县公署函致商会议覆增加七厘,计洋二角一分,已出布告在案。老工头早已革除,初七日业经布告周知,如老工头向各作铺来写对数钱,切切勿为其所朦。此告。

《越铎日报》民国十二年十二月十九号

箔司行头将闹事

(1923 年 12 月 29 日)

绍县锡箔为出产大宗,劳动界仰食于斯者,不下万六七千人。前因箔司要求增辛,罢工两星期,于箔业、箔捐前途,均大有损害。嗣经杭垣各上峰及绍县公署、绍兴商会、箔业总董胡梅炫等往返接洽,遂得加辛七厘,照常开工之结果。讵闻近有该业行头郭号九、郭马林、郭小炳、王顺德等多人,以为大功非浅,前经挨户苛敛,每人捐洋一角,不下千余元,作为箔司行头寿。闻今又设法向各作坊查写对数,按对抽对陋规洋一元,为发给行单,演戏办酒之用,其实有八九千元之收入。现因各箔司以重收叠捐,不堪负担,群抱不平,纷纷集议。又有停工之抵制。时届冬防,若不沐官厅严为防范,倘成事实,则贻害营业,尚属小事,恐将有甚于此者。惟望负治安责者亟行取缔之也可。

《越铎日报》民国十二年十二月二十九号

衣业加薪无效果

(1924 年 1 月 5 日)

城区衣业内庄各伙友,束修素来微薄,惟经协理颇丰。迩因百物昂贵,为伙友者艰于事畜,故各要求该业董开会集议体恤。昨(三十号)在该业会馆开会,讵会长经理并不体恤伙友艰苦,坚持不允加薪,致加薪问题成为画饼,闻各伙友大为不然,拟人举代表,要求业董开会再议后事如何。容探续志。

《越铎日报》民国十三年一月五日

箔司行头索规费

(1924 年 1 月 20 日)

锡箔为绍县出产大宗,仰食于此项营业者,不下数十万人,惟箔司一部分向有行头名目,在前清时抽收陋规,聚众要挟犯案累累。民国成立后,一律取销,讵该行头任连年、喻富林、郭浩九、郭竹生、郭小、马林等公然阳奉阴违。此次复借停工加价之功,向各箔作勒收规费,名为诉讼开销之用,闻已苛敛千余元,尚未满其壑,遂天开异想,以重给行单之名目,又向各作坊强收每对一元之陋规,充为演戏办酒之需,照可预算,约可收入八九千元,因此大为各作箔司所否认。讵该行头郭浩九、小马林等胆敢纠众滋扰,大肆勒索,内有某作坊主傅仁高等,迫不得已,向绍县分庭提出借端勒索之刑事诉讼,已于本月初九开庭集讯。庭论候再行侦查云云。

《越铎日报》中华民国十三年一月二十号

研纸业加薪告成

(1924 年 1 月 21 日)

绍兴研纸业工人甚众,近来因百物昂贵,生计困难,群向箔业要求加给工薪,箔业同人亦深明大义,以为箔工既已加薪,矸纸业事同一律,未便令其向隅,特于前日在公所集议,公同议决:每色加工七厘,业已知照各箔庄遵照矣。

《越铎日报》中华民国十三年一月二十一号

箔工呈请革除行头

(1924 年 3 月 12 日)

绍兴箔业工人,近因米珠薪桂,生活难以维持,集议公推代表傅顺高等具呈县署,函请县商会向各箔商要求增加工资,救济损害事,已解决。乃该业行头喻严书竟率众至各箔作勒令停工,希图增加工资谢礼。昨由傅存良等据情呈请实业厅革除行头名目。王厅长以所呈如果属实,喻岩书等殊为不合。惟其中究系如何实情,已录发原呈,令行照兴县知事查明,依法办理具复察夺。

《越铎日报》中华民国十三年三月十二号

箔工加价禀不准

(1924 年 3 月 23 日)

打箔行头傅顺高等具呈县署,代箔工请加工价。兹由县署批云,去冬间曾已每焙加洋七分,原为体恤起见,今禀虽明代箔工诉苦,实则自图利益。特斥不准云。

《越铎日报》中华民国十三年三月二十三号

染业伙友加薪演戏

(1926 年 3 月 3 日)

(绍兴)城区各染坊,内外伙友,现因米珠薪桂,百特涨价,该同业人,因工资入不敷出,故联络同业,请求该业董,加给工资,闻该业董已邀集各经理,讨论加资,各经理准如所请,故该业同人,雇定顺舞台,定于正月廿八日,演戏登台,以示实行加薪云。

《越铎日报》中华民国十五年三月三日

南货业加薪次第解决

(1926 年 3 月 4 日)

(萧山)城镇各地,南货业伙,于去冬先后运动加薪,以维生计。兹悉各地,业已分别解决,长河、闻堰各镇,全年作十七个月计算,义桥、临浦各地,全年作十八个月计算,惟城区该业加薪问题,尚无头绪,大约须俟双方接洽停当,始得和平解决也。

《越铎日报》中华民国十五年三月四日

茶食工人减薪之反响

(1926 年 3 月 22 日)

(绍兴)城区茶食业工人,不下二百余人,上年要求加薪,将每月原有升工七天,增至十天,已相安无事。讵有洪福泰茶食店股东兼工头某,藉口原料昂贵,开支日增,欲将前加升三天,仍复取消,众工人均谓各业薪资,皆有增无减,独茶食业逆此潮流,坚不允许。昨日双方在鼎新茶店理论,几至动武云。

《越铎日报》中华民国十五月三月二十二日

织绸工人要求加薪已罢工

(1926 年 4 月 4 日)

(绍兴)齐贤乡下方桥,向以熟绸为大宗出品,自改造铁机后,全乡约在一千六百张以上。近因米荒薪贵,各业均要求加薪,惟该处织工,尚未提入。现由某绸厂工头某甲发起,向厂主要求加薪。不允。遂邀该处同业,全体罢工,以期达到圆满之目的,后事如何,容探续志。

《越铎日报》中华民国十五年四月四日

空前未有机业工人罢工运动

(1926 年 4 月 5 日)

(绍兴)下方桥华舍地方,为出绸大宗之处,机厂林立,工人如鲫,然一班工人多受资本家压迫,所入不敷所出,兼之近来生活程度日高,而工资则分文无加,工人生活诚有朝不保暮之势,因此工人为维持生活起见,特向各厂主要求加资,奈各厂主非惟不允,且严施高压,群忿难平,遂同盟罢工,加入者二百数十村,人数有二万以上。织工、帮机,一致同盟,而经钱准房亦发传单召集同行,以为后援,染坊工人,亦有继起之声。业虽不同,要求目的则一。兹探得机业工人要求加工之条件,刊载于后:

全绍机业工人要求加工条件:

一、织工工价,抛梭每尺加五分,缎地每尺加五分,纱□每尺加三分,线地每尺加三

分,大绸每尺加三分;

二、尺用三元尺,量准后不和折扣;

三、帮机每月照原有工资加五层;

四、帮机夜作包加倍;

五、帮机夜工做至九点钟者,作半工算账;

六、人造丝织工价,应与天然丝一律;

七、等候花板,及经丝时损失费,应由厂津贴(每天津贴半元),膳亦须由厂总认;

八、夜作不过得几点钟;

九、织工饭洋,每月不得过四元,不足,由厂主津贴;

十、每月阴历初一、十六两日,一律放假,各厂不得自定日期;

十一、其后招收学徒,每间二年进□批,如年限未到,不得私进;

十二、此次工人上工后,工人代表,厂中无故不得回复;

十三、庄中所放料机,亦照厂中一样加价;

十四、织字牌每个大洋一角二分;

十五、条件解决后,罢工期间工资,仍须照算,不得擅扣;

十六、五月一日,世界劳工纪念日,须停止工作一天。

又讯,下方桥织工,自一日起全体罢工,已志前报。兹悉该工人等此次罢工,酝酿已久,其远因由于生活程度日高一日,向例织工工资,以尺数计算,故织工饭钱须自己收付,目下饭钱每日已增至五元五角,较之从前须增一元有零。而工人工资,一仍其旧,厂主又不稍怜惜,因此大为不平,适因益昌□故事中饭头争执,遂引起此同盟罢工之举。现各工人等已于昨日午后二时,在山南机神殿召集大会,集议工资条例,并公推代表向各厂主要求,以期厂主承认,一面得将议决条例,遍贴于下方桥街上及山头山南陶里等处。

《越铎日报》中华民国十五年四月五日

机业工人罢工运动之近讯

(1926 年 4 月 6 日)

(绍兴)下方桥等处全体机业工人大罢工情形,已志本报。兹闻此次风潮,酝酿已久,前次杭州机工罢工时,绍地亦曾派人参加,即为联络□,发生此次工潮之张本,即对于上海总工会,事前亦曾接洽妥当,故潮发生后,总工会即派代表前来指导。现代表陈安亦、蒋德生(均绍人)二人,已于昨日(廿二日)乘二班轮船抵绍,即先至青年工人互助会讯问罢工情形,后于廿三早晨,雇舟赴下方桥矣。并闻该代表携有现洋二百余元,以作津贴工人及组织工会等之用云。又青年工人互助会。四号夜间,为此事亦开紧急会议,讨论对付方法。闻议决先派王一民、陈由天二人前往下方桥常驻指导,派胡尚华赴杭沪向各工会声请援助,并募集款项,以接济罢工工人云。

此次罢工，工人极有秩序。昨日机神殿开会结果，决定每厂推派代表二人，组织罢工委员会，以便向厂主谈判条件。一面并写就（要求增加工资）（不达目的誓不上工）（静候胜利切勿胡闹）一标语。张睨下方桥各处，以激励各工人云。兹将罢工宣言录下：

现在米珠薪桂的时候，可怜我们工人一天的收入，怎样维持我们一天的生活！我们从前还是忍耐着，无如资本家，太不体恤我们了，他们安居饱食，何尝想到现在的米价要十余元一石，何尝想到我们忙了一天，还不能够养活妻子、儿女，我们若再长此下去，我们的生命，都要填在沟壑中了！我们为维持我们的生活起见，特向厂主提出下列条件，誓必达到目的，否则我们是不答应的，社会各界人士如能援助我们，我二万余工人当泥首以谢！

又讯云，下方桥织工，自一日起，至今复继续罢工，一时有不能解决之势。前日午后二时，虽有机神殿，召集工人二十余人，议决加工条例，并公推代表向各厂主正式要求，无如该代表等心存畏缩，深恐同盟罢工，有干刑律，一去提出，厂主即与代表为难，则此事愈演愈剧，将来有不堪收拾之势，故仍逡巡不前，待厂主来与工人说项时，再定解决。记者今日曾遇某织工，叩其为何不先提出条件，忽然无端罢工，该织工答谓我们深知厂主性情，此事如先提出条件，厂主一时必不承认，且我们工人，平时分居各厂，状如散沙，毫无团结，若不先行罢工，则全体工人，永会集无日，而加工条例，亦无□共同议决，我们现在趁□罢工期间，拟先组织工党，解决自身问题，俟工党组织成功后，然后再与厂主抗拒。现在止在积极进行，大约一二日后，即可成立，将来一切事项，都归工党解决，即提出加工条例，亦须由工党出面，庶有系统、有组织、不致如从前工人，事事受厂主支配，而为厂主之奴隶，牛马也。

《越铎日报》中华民国十五年四月六日

三志全绍机业工人大罢工

（1926 年 4 月 7 日）

（绍兴）下方桥机业工人，要求加薪罢工，一日之间，应响于华舍、张溇、安昌、石阜、党山、陶里、梅林、阳嘉龙、兴浦、怡丰、滨舍、板桥、陡门、柯桥等大小四五百村，一切情形，已迭志本报。兹采得昨日工人代表，曾有一次与各厂主联席会议，讨论加资问题，首有顺兴厂主吴焕章，慷慨应允，每尺加一分半，余者因三月念八日解期关系，或因上海缺货催寄关系，亦皆允诺。定今日一律开工，本可解决无事。奈突有首先肇事之厂益昌佩主人胡自荣（绰号乌烟阿六）独持异议，反对加资，并倡导停厂三月，欲致工人于死地。刻闻该厂已将各机龙头收拾藏好，并停止工人膳宿，自示决意，其余各厂，因谈判破裂，日后损失甚大，皆怨自荣，欲将其绸业会馆董事一职推倒。闻各小机坊家，自罢工风潮发生后，生意停顿，银钱受轧。昨在山头石佛寺，秘密开会，组织团体，到者三百余家，提议每家派出大洋五元，为偿命之费，意欲打死工人中激烈分子，以泄此愤。查下方桥原有观成堂，为绸业公所，此番加薪风潮,不知何故,不加闻问,此间罢工工人,闻昨已派出代表四人,分赴沪杭各地求援,并拍电数则,又在市中张贴传单,并书"打倒资本家"与"我们的血汗被厂主吸尽了"等标语。不下三四百种,秩序甚好,最可敬者,益昌第二分厂,发生罢工风潮时,该厂主即将总厂关闭,用铁锁锁住,以防内中工人应响,卒被工人用力撞破,蜂拥而出。又上海总工会,已派代表宣、赵二君,携款来绍,救济工人云。

又讯,下方桥织工罢工,自一日起,坚持到五日之久,今日情势,已趋急转直下,略有解决希望,工人方面,业已抛弃前议条例,而重订一新条例,除饭钱每月由工人自付四元,余由厂家津贴外,工资则一律与杭厂式,至厂家除益昌佩厂外,余如顺兴、益兴等厂主,亦深悉工人之困苦,照加工资每尺五厘,帮机等工,每月俱增一元,工人得□□□,亦已如愿。惟益昌佩厂主,甘愿停工,不肯照加。目下已将工人工资,如数清缴,故该厂工人,现已纷纷鼠窜杭州,或则另谋生活,一俟该工人等,各有着落,即可解决此罢工风潮云。

又越铎日报社转全国总工会,各省分工会,各团体,各学校,各父老,诸姑、叔伯、兄弟、姊妹公鉴:

绍兴下方桥益昌绸厂工贼胡自雄,联络□饭作,增加膳费,劣饭欺人,并向同行反对增加工资,私用加□放尺。又须九扣计算工账,真将工人等汗血,收括殆尽,以供其买吸雅片烟之用。我等受其荼毒,等于牛马,为此迫不得已,于东日(一号)罢工哀求,奈工贼胡自雄,非但不发现良心主张,反令其部下走狗,将厂中铁门紧锁,幽禁我等,大势恫吓。我等不为其威迫而屈,一齐出厂,该工贼计无或试,即令包饭作停止发饭,一面又通告厂中工人不准寄宿。我等要求发给欠薪,以作回籍川资,复遭拒绝,是我厂中千数工人,必讨漂流失所,奄奄待毙。特此通告周知,望各界仁人君子援助,临电不胜迫切之至。绍兴下方桥益昌第一第二第三厂被难工人全体叩鱼。

《越铎日报》中华民国十五年四月七日

全绍机业工人大罢工四志

(1926 年 4 月 8 日)

(绍兴)全绍机业加薪大罢工,种种详情,已迭志本报。兹悉工人方面,昨已正式成立工会,选出职员,分纠察、交涉、干事、财政、暗探等数股,其职员名姓,因事后恐结怨厂主,故秘不发表。昨日上海总工会代表陈安赤(宁波人)莅乡后,即先与工人方面接洽就绪,提议请厂人双方各派全权代表一人,假城中某中校为协议场厅,本人愿作调停。又闻明日除益昌珮厂外,工人方面,因有答复条件,多允复工,惟益昌珮工人,不能复工者,其生活之维持,由已复工者,每日抖资补助,以示坚持到底。又闻开会,即所组织周刊,已聘宣光华(新昌人)为主笔,明日即可出版云。

《越铎日报》中华民国十五年四月八日

下方桥机业工潮大致解决

（1926 年 4 月 9 日）

（绍兴）本县下方桥，机业工潮，自发生以来，双方坚持，至五日之久，工人方面，意志颇称坚决，且有日渐扩大之势，多数厂家，因恐时日延长，纠纷愈甚，至七日为止，均已自动允许工人要求，酌加工资，分工人方面，认为满意，相率进厂上工。惟小山、南瑞、云祥、韩元泰两厂尚坚不肯加，故该厂工人，仍未上工，谅亦不久即可解决矣。

再此次工潮发生，时逾五日，延不解决，沪、杭、绍各报，均有记载。该工人等亦经派出代表，分赴各处，请求各界援助。兹闻绍兴印刷工人联合会，绍兴青年工人互助会，绍兴各界妇女联合会，及上海总工会，杭州学生联合会，暨各职业团体代表，均先后到绍，察看情形，相几指导，现该人员等以工潮已告结束，均陆续离绍矣。兹觅得各界援助机业工人之函件补载如下：

上海总工会来函：

绍兴全体机业工人均鉴：阅报悉诸工友，因生活艰苦，要求厂主加薪，而出于罢工，敝会甚表同情，并愿为诸工友声援，希坚持到底，不屈不挠，以要得最后胜利。兹特派陈安逸君前来贵处调查工潮真相，并相机协助诸工友奋斗，希与接洽为荷。上海总工会启。四月六日。

杭州学生联合会来函：

工友们，你们为生活改善而罢工，这真是不得已而不可少的举动。望严密自己组织，以期获得所求之目的。敝会必尽力之所及，为工友们后盾也。绍兴全体机业工人罢工胜利万岁。杭州学生联合会启。四月七日。

绍兴印工人联合会函：

下方桥机业工友们，你们为要增加工资，不能得厂主谅，出于万不得已而罢工，这是很正当的手段。我们只一考查不劳而获的厂主们，平日过那很舒适的生活，岂不完全从剥削我们的汗血而来。现在要他稍微加点工钱，还要毫不体恤，真是天理良心，都已泯灭了。望你们为切身利害奋斗到底，我们誓要尽力援助，勿消退却。兹将推定夏天畏前来慰问，并接洽一切，诸希台鉴。绍兴印刷工人联合会启。

绍兴青年互助会：

迳启者，连日报载诸工友，因平素受不住资本家的种种剥削与虐待，起而罢工，迄今已逾多日，尚未能使厂主稍发天良，允加工资，其居心刻毒，诚堪痛恨。敝会同人，业经召集特别会议，一致主张，以全力援助，并代致电杭各团体，请求援助，兹先推派叶秀陶、李四毛前来接洽一切，即请下方故而全体机业工友公鉴：绍兴青年工人互助会。

又讯，下方桥机业工人，全体罢工，要求增加工资，屡志本报。兹悉，该工人等，此次罢工，已告结束，所未解决者，不过一小部分造人造丝绸匹之小机户耳。工人此次运动，原为柴荒米贵，生活程度增高而起，后闻一般厂主，亦深悉此中苦况，甘愿照加。且近年绸销尚旺，利润亦属不恶。虽租加工资，对于营业，仍属无妨，因是首肯。定缎地每尺加工一分，线地每尺加工五厘，帮机工每月各加一元，一面饬各工头，转劝各工人除事病告假外，一律上工，现闻该工人等，以此次罢工，原为要求工资，现各厂主已允照加，自当即日上工，至组织工会，及工党同盟等等，须上工后，深思熟虑，缓缓的再谋进行也。又闻由南瑞祥绸庄，近年专造人造丝绸，颇得胜利，惟人造丝绸织法简章，工人亦须照例加法，厂主尚未答应，故前日（七日）除瑞云祥一家尚未上工外，余皆全体开工矣。

《越铎日报》中华民国十五年四月九日

下方桥机工宣言复业

（1926 年 4 月 10 日）

（绍兴）下方桥贡业公人，因要求增加工资，罢工至五日之久，厂主方面以近日外埠销路正旺，而工人生活艰难，又系实情，大都允予增加，工人方面，经总工会代表等劝解，以加工资之目的既达，其余条件，可与厂主逐渐商量，不必再行罢工，以免双方多受损失，遂于七号完全上工矣。兹将上工宣言录下：

工友们，这次我们的罢工，原出于万不得已。现在各厂虽已允许略加工资，但照我们目前生活的苦况，岂是增加了这点工资所能弥补。现在我们为着不愿多事，并对厂主留些了情面起见，勉强上工，使工潮暂时告一段落，当然不是我们已经认为满足了，从今以后，我们要好好的团结起来，准备作长时间的奋斗，最后的胜利，必归我们。工友们，团结起来。

又上海总工会，对于此项工潮，极为关心。除派代表陈安亦亲来指导外，昨又有函致罢工委员会，请将进行情形随时见告，以便准备援助。兹将原函录下，绍兴全体机业工人鉴：诸君以近来米珠薪桂，生活艰苦，特提出要求条件十六项，罢工迄今已有五日，敝会代表上海全体工友，对于诸君之奋斗，表示万分同情，誓本同一级阶的互助精神，力为后盾，尚望坚持，不达目的不止，并希望将进行情形见告，以便准备援助，临函不胜迫切之至。上海总工会率全体二十一万工人叩。四月七日。

又讯尚有南端、云祥及韩元泰两家专织人造丝之厂家，尚未允加，故仍在罢工中。惟范围极小，只有三十四人，现上工工人，已议决每人每日出工资若干，以弥补该工厂未上工之工友，以资坚持云。

《越铎日报》中华民国十五年四月十日

药业伙友之加薪运动

（1926 年 4 月 10 日）

（绍兴）城区药业，大小不下百余家，因现代米珠薪桂，百物昂贵，前次该业中人黄道模,主张加俸,迄今尚未实行。兹闻该业中人,于昨日发出知单,在新河弄鼎新茶园,召集同人,讨论加俸。又择三月初一日,在下大路药业会馆正式开会,公举公长干事等,期达到加俸目的云。

《越铎日报》中华民国十五年四月十日

下方桥机织工潮录闻

（1926 年 4 月 11 日）

(绍兴)下方桥机业工人罢工风潮,大部份已经解决,惟小山南瑞云畔韩元泰二庄,依恃财势不允加工,查瑞云祥庄主徐利生,平日待遇工人,非常刻薄,前年因用人造丝织绸,在杭州混充真绸,被观成堂议罚充公。现在怙恶不悛,仍在私造,平居则吸食雅片,勾引良家妇女,纵淫寻乐,家中私养马匹,扰害地方,种种骄奢淫恶之罪状,笔难尽书。至于韩元泰庄主韩三九,毫无知识,初以囤丝获利,继则开厂织绸。近来家产已达十余万,以全乡首富自居,到处横行无忌,待遇工人,亦甚苛酷,此交与瑞云祥勾结,硬欲压倒工人,坚不上工,其余各厂,已上工工友,闻已一致起来援助,贴出通告,以后不准任何工人,为该厂做工,并对厂主徐利生、韩三九,将用特殊手段对付矣。兹录该布告原文如下:

此次罢工风潮,终算勉强解决,惟有小山南做人造丝之瑞云祥韩云泰二庄,平日对待工人,非常刻薄,此次独不承认加工,实是我三千工人之仇敌,以后无论何人,不准到该二厂做工,所有该二厂未上工工友,大家想法帮助,对于该厂主徐利生、韩三九二人,要反对到底,特此通告。下方桥全体工人三千余人同启。

《越铎日报》中华民国十五年四月十一日

下方桥工潮将再扩大

（1926 年 4 月 12 日）

(绍兴)下方桥机业工人罢工,大部份工人,都已上工,惟小山南瑞云祥韩元泰二厂不允上工,故未解决各节,已志前报。兹闻韩元泰亦已允加工资,工人一律上工,只余瑞云祥一家,独向工人进攻,不但不允加工,且以种种手段,恫吓工人,昨日竟出家中私藏之快枪,向工人射击,当场受伤多人,工人不胜愤激,恐将引起巨大事变云。

又讯,该瑞云祥厂主徐利生,生性险毒,骄奢淫佚,无恶不作,其敛钱手段,又特别高明。五年前,曾以建造机神庙为名,四处募捐,为数达十余万,迄今未曾造好,并将已经来之木料,搬入家中私用,其收付账目,从未宣布,此中墨暗,可以想见,总之该厂主平日罪恶,不胜枚举,以上不过举其一端耳。

《越铎日报》中华民国十五年四月十二日

药业夥友加薪运动续志

(1926 年 4 月 12 日)

(绍兴)城区药业,大小不下百余家,现有该业中人黄某主张加俸等情,已志昨报。兹觅得该业知单,照录于下,贵执事诸同胞惠鉴:

迳启者,前有黄君道模,倡导加俸一事,迄今未见发行,皆缘后随无人之故,虽然黄君为同人热心,究以独木难成,今同人等,追随后盾,特发知单,邀请贵执事诸同胞,于是月念七日下午二点钟,在鼎新茶园,叙议讨论,双方妥洽,再择三月初一日下午二时,至本业会馆正式开会,公举会长干事等,务求达到加俸目的,望各东翁,垂念同胞生计艰难,逐日之苦,诸祈体恤,还望见察,特此为言,绍郡药业同人公启。

《越铎日报》中华民国十五年四月十二日

下方桥机织工潮之尾声

(1926 年 4 月 13 日)

(绍兴)下方桥,机织工人罢工,只端云祥厂不允加工,延未解决,暨该厂主徐利生,种种罪恶及此次压迫工人等情,已志本报。现闻徐利生雇用流氓多人,专打工人,一方面对工人威迫利诱,并另雇新工入厂。现在工人坚不上工,并已向厂主算清账目,相率离绍,并由其他工厂工人,设法介绍到别厂做工矣。又闻该处全体工人,以此次罢工,稍获胜利,爰拟集款演戏,对社会表明一下。兹录其捐款通告如下:

工友们。这次我们罢工,终算得到一点胜利,厂主多已答应加工,现在我们应该表明一下,特定捐款办法如下,织工每人小洋二角,帮机、摇纾子每人小洋一角,三月初六日收款,演岁如有余款作筹备具乐部之用,绍兴机业工人代表大会启。三月初二日。

《越铎日报》中华民国十五年四月十三日

药业伙友加薪运动三志

(1926 年 4 月 13 日)

(绍兴)城区药业伙友,为维持生计,运动加薪,并分发传单等情,已两志本报。兹悉柯桥镇药业伙友得讯后,以事关全体命脉,誓为后盾,参同奋斗。兹将其复城区药业公函,披录于下:

迳复者。接诵来函,备聆一切,要求加薪一节,事关全体福利,极表同情,敝同人誓愿追随诸君子之后,一同奋斗,以期实现目的,设如贵群东家方面,有压迫强制等事发生,敝同人誓为后盾，一致反抗，非达目的而后已等云。

《越铎日报》中华民国十五年四月十三日

船作匠要求增加工资

（1926 年 4 月 14 日）

（绍兴）昌安门外，松林村居民，多以造船为业，现一般船匠，鉴于百物腾贵，生计日艰，所入工资，势难瞻养家室，因此邀集同业，提议增加工资，大约将来每日，须增加四分之一谱云。

《越铎日报》中华民国十五年四月十四日

详查箔司煽惑罢工

（1926 年 4 月 14 日）

（绍兴）城区箔司，前因要求加给工资，同盟罢工，酿成风潮。嗣经绍县姜知事，薛局长，会同该业董事，公同核议，酌加工资，并将行头对数名目，严行禁革，永远不准再有私情情事，会同出示布告，饬令各司遵照在案。讵知甫隔半年，现闻又有住居城内高义泰作坊之箔司俞富林，及已革老行头郭马林、郭竺生、郭步轩、徐海样等发起，藉口柴米昂贵，向各坊箔司煽惑加工，并挨次勒写对数，强抽焙捐，每只计洋一元四角，如果不遂，即行暴动胁逼，致各箔司又蠢然欲动之势，而各作主恐遭蹂躏，咸皆敢怒而不敢言。若拒绝不捐不写，必将复踏去年同盟要挟之覆辙。业由绍萧箔商徐德兴、张福标等，据情向县公署具禀，请求按名拘办，藉可遏制于风潮未起之时，姜知事业已函致绍兴警察局查办。现经薛局长票饬本局巡官应启文。前往分别详查，如果所控属实，即将按名拘捕解局，以便讯惩云。

《越铎日报》中华民国十五年四月十四日

箔业包工工友增价运动

（1926 年 4 月 22 日）

（绍兴）绍兴近来工商界伙友，因现代时势艰难，百物昂贵，多有发生加薪风潮，报章登载增价演戏等事，亦层出不穷。兹闻本城箔业包工工友，鉴于米珠薪桂，所赚工资，不敷家用，昨亦共同发起，邀集同业工友，公议讨论增价，并派代表，请求各箔号经理体恤，加给工资，以维生计，不知能否达到增价之目的也。姑志之以观其后。

《越铎日报》中华民国十五年四月二十二日

箔业包工加薪运动已解决

(1926 年 4 月 23 日)

(绍兴)城区泊业包工工友,因时势艰难,米珠薪桂,所赚工资,不敷日用,特邀集包工工友,公议增价,并派代表请求各箔号经理一节,已志昨报。兹闻各箔号经理,因今劳工生活艰难,抱体恤主义,准其所请,故该业包工工友,拟于三月廿三日,雇浙东新舞台班,在小江桥张神殿演戏全台,以示实行增价云。

《越铎日报》中华民国十五年四月二十三日

下方桥染业发动加薪

(1926 年 6 月 10 日)

(绍兴)齐贤乡、下方桥一带染坊,计有二十余户,专染该处各绸厂机织丝料,迩因生活程度,日见增高,遂由大中华染坊发起,邀集同行,增加工资,特于昨日在该处山头村石佛寺内,开全体大会,一致主张照原有工资加三成,现拟派全权代表八人,向各业主请愿云。

《越铎日报》中华民国十五年六月十日

城区缝衣业又议增工价

(1926 年 6 月 10 日)

(绍兴)城区以缝衣为业者,不下三百余人,因时势艰难,米珠薪桂,难以维持生活,曾于去年春季,同业集议,非增加工价,不足以资糊口,故每工由二角四分,增至二角八分,自加价以来,已逾一载,终以进益微少,仍属难支僧粥,近闻该业定于端节后,又有纠集同业演戏加价之举,现在价目,尚未定实,据业此者云,每工拟由划洋二角八分,增至三角二分云。

《越铎日报》中华民国十五年六月十日

箔庄跑街伙友要求加薪

(1926 年 6 月 16 日)

(绍兴)各箔庄跑街伙友,以迩来米珠薪桂,百物日昂,所得不敷所出,难以维持生活,不得不要求加薪以资补救。兹闻该跑街伙友,日前群在某茶园议决,要求增加夫马费,印就公函,通告各庄经理。兹觅得公函一通,照录如下。

敬启者，吾绍箔庄为客铺之枢柜，跑街伙友，承交易之机权，事繁利薄，责重俸轻，况目下米珠薪桂，所入不敷所出，生活艰难，今日更甚昔日，兼且习惯相沿，生意难免应酬，世俗此斯。交际未能力俭，以所得微俸赡仰数口，尚虑不足，更何论于交际应酬哉？虽承年贴茶酒资数元，无如杯水车薪，实难弥补，为此群众呼吁，实情奉告，请求再为津贴若干，以资维持生活，今全体跑街伙友，公同议决：甲种跑街伙友每节加资十六元，乙种跑街加十二元，丙种每节加八元，请照定额按节照付，以还节账，想贵执事先生俯恤时艰，定蒙俞允，不胜拜祷感激之至，专此奉达，绍兴箔庄街伙友园全体同人启。

《越铎日报》中华民国十五年六月十六日

箔庄伙友加薪运动续讯

（1926 年 6 月 18 日）

（绍兴）箔庄跑街伙友，以年来百物步贵，生计维艰，所得有限，故要求庄中津贴庆酬夫马费等情，早志日前本报。兹又探悉该伙友团自发出公函，致各箔庄店东经理以来，迄今已逾数日，无如一般顽固经理，置之不理，坐视观望，或以严厉手段压制伙友，伙友方面，闻知加给夫马费不得，拟召集各庄内外全体伙友，约有三四百人从事组织箔庄业伙友联合会，一方面拟推举代表，先向业董陈述艰苦，要求代为转达各箔庄经理店东，请予维持同人等之生活，否则惟有全体伙友，实行罢工，作最后之抵制云。

《越铎日报》中华民国十五年六月十八日

茶食业加价之反响

（1926 年 6 月 25 日）

（绍兴）茶食业，公议端节收账，革除折扣，如买主不允照办，即拟节后提高货价，为救济营业方法。讵邀同集议者，只有德和、华泰、同馥和、洪福泰、越香斋等五家，除如同裕和、同豫泰、胡永兴、四而等不入同行，概不与闻其事，如果入同行店家，提高货价，胡永兴等拟反予轻减，藉广招徕，该业有此障碍，故加价革扣，一时尚难实地云。

《越铎日报》中华民国十五年六月廿五日

柯镇药业伙友加薪谈

（1926 年 6 月 27 日）

（绍兴）柯镇药业伙友，前因城区该业伙友运动加薪，曾一致参加，极力奋斗，无奈人心涣散,不能如愿,徒呼负负。兹又因绅地药业同人,已一律加薪,故亦拟作第二次之奋斗。该地上市头天成堂药号经理孙宗海得悉后,以现下米珠薪桂,生活为难,实有加薪之必要。又因店系新开,营业忙碌,故特首先举行,提加两月,以示优待。

《越铎日报》中华民国十五年六月廿七日

齐贤乡染业加薪续闻

(1926 年 6 月 28 日)

齐贤乡、下方桥一带染坊,共有十余家,专染该处各绸厂织丝料,该业同人,以生活困难,曾有要求加薪之举,现闻各业主未获允许,故该业同人,于前日在山头村石佛寺,开会讨论,议决办法,一面拟就停工宣言,请求各方声援,一面静待解决云。

《越铎日报》中华民国十五年六月廿八日

下方桥染业加薪运动三志

(1926 年 6 月 30 日)

(绍兴)齐贤乡、下方桥染业同行加薪一节,已志本报。始于十八日起,全绍同行,一律罢工。讵有绍城仓桥泰兴染坊朱小二,破坏同行规程,私与某绸厂密收丝料落染,致动该业公愤,特于昨日下午二时,仍假山头村石佛寺为会场开紧急会议,讨论对付办法,计各坊到会者,有协昌瑞、锦昌、德昌、同昌、协昌、大中华、大兴、同茂、锦源、泰和、信昌、慎泰、全昌、人兴、马泰生、信成、聚成茂、新茂、全兴及城中染坊周裕隆、协昌纯、缪同纯等一百二十余家,议决派代表四人赴城,与朱某大开交涉,从劝令停止营业,决定组织纠察队,四出查看,以免事端,并设罢工委员会,推定委员二十人,分股办理一切事务,议毕散会云。

《越铎日报》中华民国十五年六月三十日

砑纸工人集议增工价

(1926 年 10 月 20 日)

(绍兴)砑纸工人,在劳动界亦占大部分,近亦以米珠薪桂,生计日难,特邀集同业,议决增加工资。兹将其增加数目志下:

千门大双九,每块加铜元十二枚;中和及千门车(双九)加铜元十枚;戤车利正及戤当加铜元八枚;门六五长行及四方加铜元八枚;小色大中六五统当加铜元六枚。

《越铎日报》中华民国十五年十月廿日

箔店工友增价演戏

（1926 年 10 月 31 日）

（绍兴）锡箔一业，为吾绍出货大宗，现闻锡箔店包工、伙友，（系铸锭子）因时势艰难，百物陡涨，特行邀集同人，在城区豆芽场对面茶店内，讨论每焙增加若干，并雇定文华景台班，于旧历九月廿三日演戏全台，以示增加，至每焙增价若干，容俟探明再志。

《越铎日报》中华民国十五年十月三十一日

成立评断委员会专责处理劳资纠纷

（1946 年 7 月 23 日）

争议愈多影响生产治安，县府拟订办法迅谋协调

（本报讯）本县自重光以还，物价之高涨，几可说与日俱增，因之一般劳工阶级，无日不渴望资方加薪，藉以维持最低生活，而资方则多不欲□予提高，以此劳资纠纷案件，近来亦与日增进，申请县府调解者，亦可说无日无之，即如日前箔工加薪，以及水作业工友要求提高待遇等等，纠纷至再。兹闻县府为谋是项纠纷，早日平息，劳资双方，均获协调起见，拟于近日内，成立劳资纠纷评断委员会，使对劳资纠纷事宜，究竟孰是孰非，而有专事负责处理机关，庶不致使劳资纠纷事件，愈闹愈多，期得不影响于生产治安，有平匀之待遇调整，并得紧急处理劳资纠纷。闻该会委员，将由县政府、县党部、青年团、警察局、卫生院、参议会、县商会、总工会、粮食业等各机关团体主管担任，并由委员中推选常务委员三人，主持其事，办法现正由县拟订中，即将召开成立会，以处理全县劳资纠纷，安定劳工生活。

《越报》中华民国三十五年七月三日

酱园公会调整水作

（1946 年 10 月 30 日）

（知行社讯）本县酱园商业同业公会，昨于（二十一日）为调整水作加作暨各作折菜、草鞋费、栈力等问题，召集城区同业开临时会议，并征得各园水作头脑之同意，经决议四项，探录列后：

一、自农历十月二十九日起，小渣钱一律取销，水作加作改为每作七百元，不得再向买户需索分文。

二、各作折菜改为每人每日四百元，自农历十一月初一起实行。

三、草鞋费改为每人每月八百元，自农历十一月初一起实行。

四、栈力改为每担三百六十元，上塘每石一百元，驳力加倍，自农历十一月初一日起实行。

《越报》中华民国三十五年十月三十日

县商会转函各公会，切实维护劳工组织

（1946 年 12 月 30 日）

劳资合作实赖资方鼓励，阻挠组织殊悖协调原则

（本报讯）本县县商会，以奉县府训令，准参议会函，略谓第一届第二次大会关于请政府切实保障劳工，饬各商业同业公会会员，维护劳工组织一案，经第三次会议决议，修正通过，检送原决议案一份，请查照办理。该会奉令后，昨已分函各公会遵照。兹录其决议案如下：

议题：请政府切实保障劳工，严饬各商业同业公会会员，维护劳工组织案。

理由：查工人运动，遵奉吾党劳工政策，次第进展，尤自本县抗战胜利敌人投降以后，本县工运积极推进，尚称顺利，惟往往在策动筹组伊始，其间过程，被不明组织为何物之雇主，予以打击，甚以千方百计，种种威胁，设法阻挠，竟致为工会发起人者，先予解雇，或有所恫吓行为，以示权威，类似情形，不乏有加，实有悖协调原则，妨害劳工组织，影员至巨。查劳工法第八章第四十条及四十一条均明确，载有保障劳工组织之至意，然本县上述概况，颇多发生，为其诚强调劳资之合作，实赖资方加以鼓励，悉力维护，始克有成。办法：建议县政府切实保障劳工合法地位，严饬各商业同业公会，务须遵照劳工法切实办理。

《绍兴新闻》中华民国三十五年十二月三十日

县劳资评断会评定各业工资

（1947 年 4 月 10 日）

（绍兴讯）本县各业工资近因物价动荡，各自增加，比数参差，殊不平衡，县劳资评断委员，前日特开会重予评定如下：木匠每工米十二斤半，泥水十二斤半，篾匠十一斤，石匠十七斤半，圆木十三斤，袋匠九斤，裁缝九斤，锯匠（二人）三十二斤，船匠（大木）十四斤半，（小木）九斤半，瓦司匠十四斤，以上均供膳，大淡江渡资每人每渡二百元，理发（剪发）甲等二千五百元，乙等二千元，丙等一千五百元。

《宁绍新报》第 4 期，中华民国三十六年四月十日

粮食业工会召开临时会

（1947 年 10 月 12 日）

（本报讯）本县粮食业公会，以加工厂要求增加工价格，俾维成本。又以会务繁集，诸待讨论，特昨于明（十三）日下午一时，召开临时会员会议，定已分函邀请各会员准时出席与议。

《绍兴新闻》中华民国三十六年十月十二日

职工会协商工资

（1947 年 10 月 14 日）

（又讯）本县柯桥镇地方，开设有同裕和茶食店，该号经理陈炳炎，于本年五月间，进雇有茶食司会员樊张富，起初进店时，因工资价目未曾说定，至八月节结算工账，稍起纠葛，该会员樊张富，来城要求职工会，派员与该号陈经理协商，该会即由朱理事长根及李干事泉生，前往交涉，结果非常完满。

《越报》中华民国三十六年十月十四日

南北货栈力纠纷，劳资双方昨商谈

（1947 年 10 月 19 日）

（经济社讯）北货业公会，昨准总公会函开：为据南北货业职业工会，电请要求调整栈力一案，以事关南货业会员负荷问题，特于昨（十八）日下午邀集该业代表陈德魁、沈鉴堂、秦华民、诸兆明、尹乾荣等多人，转陈事实，相互磋商，旋由该代表等发表意见，佥以据各会员所称栈力系由货价按值升算，在这物价高涨之际，所谓水涨船高，相互并进，□无影响，如果必欲增加，恐主顾舍近求远，致营业税减，虽提高栈力，而收入反形减低，无异竭泽而渔，望栈司们大处着眼，勿贪目前小利，忘却基本源泉，请力理事长力为劝导等云。继有北货业代表方文荫答称，贵代表发表意见甚是，然读来函意思，总须酌予变通，以达要求者之希望与目的。应该互谅苦衷，协调为宜。结果，据情函复总工会，以便转饬知照。

《绍兴新闻》中华民国三十六年十月十九日

绸布业职工，按米价发薪

（1947 年 4 月 30 日）

（群力社讯）本县绸布业职业工会，以各职工之月薪，自本年九月间，会同绸布二业资方协调,当经商决要项五点:其第一点,"月薪最低三十万元(即现市米一石),最高七十五万元(即二石五斗)其差额依照原薪比例类推之"。又第五点,"如遇物价高涨时,得再行协调"等语。讵一月以来,物价疯狂上涨,骇人听闻,怀念商艰,委属困难,惟员工生活,更属不易,且迭据会员纷纷声称,因不堪生活,希望资方多予体恤,一秉同舟共济之旨,酌照最低米一石之现市米价递升原薪,俾可安定员工生计,该地据情已函请各绸布号迅予调整。

《绍兴新闻》中华民国三十六年十月三十日

县府奉令筹组劳资评断委会

(1948 年 1 月 11 日)

(本报讯)百物飞涨,生活程度日见困难,致本县劳资纠纷,层起不穷。顷悉县当局业已奉令,为图戡乱期间社会秩序安定起见,即将策动组织绍兴县劳资评断委员会,定本月二十日正式成立,使一旦发生劳资纠纷,得以迅速处理解决。闻委员人选,业经参酌上峰规定及本县情形,予以指定,计为主任委员林县长,委员为警察局长许开铃、建设科长张明、社会科长徐祖贻、田粮副处长卢炘、卫生院长俞斌水、参议长金鸣盛、县商会理事长陈笛孙、总工会理事长鲁源润、米业公会理事长严希尚、箔庄业公会理事长傅岳校、箔铺业公会理事沈梅仙、浇整业工会理事长郑棠、箔司工会理事长夏云标、砑箔业工会理事长陈增林等,俟成立后,所有本县各业劳资纠纷,将由该会评断。

《绍兴新闻》中华民国三十七年一月十一

南北货业全体职工要求发给双薪

(1948 年 1 月 14 日)

县府昨召集劳资调解,决定十二月加十五成

(本报讯)本县南北货业全体职工,以旧历已届年终,绍兴习惯,向有双薪,且栈力微薄,实难维持生活,经推定周锦棠、王长发、刘锦川、钮仲山、陈志超等为代表,提出四点理由,向资方要求增加栈力二分及发给年终双薪,县府为调解起见,特于昨(十三)日上午九时,召集南北货业职工会与南货及北货业公会劳资双方代表,举行劳资纠纷调解会议。出席者,劳方代表何春樵、周锦棠、王长发、刘锦川、钮仲山,资方代表沈嘉贞、陈德魁,列席县商会方文荫、县党部陈永诚、总工会鲁源润、县政府徐祖贻、本报记者沈振远,主席徐祖贻。首先报告:

(1)劳资争议,应本互相协助原则。

(2)今天剥解,当依劳资争议处理法及劳资纠纷评断办法办理。

(3)今天希望双方认识因果,而各相忍让。

旋由劳方陈述意见：

(1) 栈力问题，理由如当面所陈。

(2) 升工请求，依上年度成案，十一月份加五成，十二月份双薪双升。

(3) 栈力请依原标准各增加二成。

次由资方发表意见：

(1) 十二月份双薪，原有惯例，自可照办。

(2) 以外五成，本业已遵照裁定，自一月份起增加。

嗣由总工会代表发表意见，谓去年决定，系称习惯，应循例办理。县商会代表意见，能照过去习惯办理，以求无事过去。县党部代表意见，既有成案，应照成案办理。末由主席参酌各方意见，予以决定下列办法：

(1) 年度员工底薪，既经调整，不再增加；

(2) 年节开工，依照去年成例办理，十一月份加五成，十二月份加十五成；

(3) 劳资双方，如有异议，应即日来会申述理由，于十五日重行调解；

(4) 栈力问题，因资方(北货公会)违未出席，亦于十五日一并调整。遂告散会。

《绍兴新闻》中华民国三十七年一月十四日

发扬劳资合作精神，箔司电贺箔铺公会

（1948 年 1 月 15 日）

(群力社讯)本县箔铺工业同业公会前经理监事会议决：定今(十五)日召开会员大会，改选理监事，箔司业职业工会以谊属同枝，特电道贺。兹志原文如下：

(上略)贵会领袖全县工业，扶掖数万工人，复兴经济，裨益民生两载，功绩弥见丰伟。全体箔工同感嘉惠，该馆召开大会，用特肃电申贺，希诸公尽筹再策，致力振兴实业，贤劳倍著，继续造福劳工。临电亲企，敬表惘忧。

《绍兴新闻》中华民国三十七年一月十五日

缸砂业遭资方压迫，吁请各界主持正义

（1948 年 4 月 7 日）

(群力社讯)本县缸砂业职业工会，以资方压迫劳工，肆意摧残工运，对劳工苛刻之平段，屡见不鲜，该县为工人生活计，已忍无可忍。昨特吁请各界主持正义，兹录原文如下：

查本缸砂业工人系以手工勤俭制作，利用废物，造成肥料，素向安分工作为原则。溯自去年下冬，工友等为谋同仁福利，安定劳工生活，发展工运起见，爰经呈准主管署，成立绍兴县缸砂业职业工会，自此同人等互相互助，群策群力，研究增加生产技术，图谋工人幸

福,团结精诚,至臻合作。讵料本县资方,乃其专行霸业之妄想,不择手段,以劳工之合作可畏,予以瓦解,乃大肆其资本主义压迫之惯技,初则短价强行收购劳工生产之缸砂,工人资方擅订短价,非但不能顾及工资,且对劳工汗血积储之成本,亦受损耗,逼不得已,惟有自行销售,藉度生计。乃资方更变本加厉,垄断货物,以工人缸砂,不能出口为藉词,于三月二十二日将本会会员(劳工)戴阿寿缸砂七百余斤,擅自主张强行扣留,声言不售给资方,则将货物"充公"相恫赫,继复以函恐怖,"凡从事缸砂业者,须加入缸砂业商业同业公会"等语。查工人等已有职业工会之组织,何以竟有强迫加入资方公会之理由,惟彼等资方竟以工人知浅可欺,乃不顾天良,胆大妄为,并以金钱相要挟,纠集地痞无赖,雇作打手,突于本(四)月二日下午八时由资方主使地痞钱相要挟,纠率同恶徒数十人,闯入(工)会理事李元甫家,不分皂白,以锡器烛台毒打成伤,且无喻之可能!该等无赖恶徒,竟敢在大庭广日之下,举动鲁莽,斑斑可见,工人等以除此实行宪政,宣扬民主之时,尚有资本主义压迫劳工之行为,蹂躏工运组织,国法何许!不仅国家败类,民族蟊贼,更有甚者,自应严惩压迫劳工,肆意摩残工运,纠众毒打工人之资本主义者。(下略)

《绍兴新闻》中华民国三十七年四月七日

简　讯

(1948 年 7 月 10 日)

(群力社讯)本县箔司业工会自整理成立来,理监事任期业已届满,该会经呈准县总工会转呈县府核准,定今(十)日假县党部大礼堂召开会员代表大会,选举理监事。

《绍兴新闻》中华民国三十七年七月十日

六、商会的社会与政治活动

1. 商会与地方公益

设小菜场先声

（1912 年 5 月 14 日）

柯桥一镇，人烟稠密，店铺林列，不亚城厢。惟街道狭小，菜鱼鸡鸭等类摊列满市。际此夏令方新，浊气熏蒸，卫生有碍。该镇警局高巡官有鉴于此，拟于东西市杪空旷之地，设立小菜场两处。现正邀集绅商妥为筹议，闻不日定可实行矣。

《越铎日报》中华民国元年五月十四日

小菜场之组织

（1912 年 7 月 4 日）

柯桥巡警分署长高叔安，为街衢设滩停担，有碍行人，且与卫生亦殊有关系，爰特遍发传单，邀集各团体于二号午后假融光寺开会，讨论组织小菜场办法，拟分设二处，以大沙滩头及融光寺内为目的场址。开办费将储积之罚款一百六十元先行拨用，犹虑不□，商会各业担任资助，经多数赞成，恐不日即当创设云。

《越铎日报》中华民国元年七月四日

小菜场前途之多艰

（1912 年 9 月 28 日）

柯桥警察分署长高叔安，前拟在镇组织小菜场一所，曾经绅商会议，并详报民政司核准。兹闻民政司已批准照办。该署长拟将尼姑阿三因犯案明罚之三百金充作开办费，择日开办，邀请自治会暨商会共同商议办法。乃皆置之不问。讵日前有自称垃圾委员者，挨户投剌，欲移所贮之三百金，其痴心梦想亦可笑矣。

《越铎日报》中华民国元年九月二十八日

派出所呈请分点街灯

（1914 年 4 月 12 日）

绍城所有各街岗灯向归警署雇人燃点，自城议事会成立后，将前项路灯议归商会及自治会合力办理。去冬春令,饬将自治机关停止进行,于是该会复将路灯移还警署。兹闻城区第二、第三两派出所所员卢彤、王绍基现拟将灯请归派出所管理。特于日昨会衔,呈薛所长,其原文录下:

（上略）籍查本城大街、后街、萧山街暨小江桥、河沿等处,街灯半明半暗,每至夜间一二点钟,火光尽灭,非第有碍行人,即警察执行职务时,亦诸多不便。查该处路灯向归各派出所分办,各有责成,各负稽查之责,自上年划归商会办理后,遂由商会交灯夫阿敖包办。讵该灯夫不顾公益,只图私利,以致路灯若此腐败。近来前项路灯,既由商会划还警察范围办理,尽可仍照旧法,分拨各派出所雇夫燃点,俾专责成,办法似较统一。况街灯与警政有密切关系,所员等责任所在,未敢缄默。为此会衔呈请察核,是否有当,伏乞指令遵行,实为公便。此呈。

《越铎日报》中华民国三年四月十二日

预备民食之计划

（1915 年 6 月 20 日）

县署函致商会调查绍县存米数目。

绍兴县知事公署公函

绍兴商务分会总理高、临浦商务分会总理吕文云:

迳启者,据马鞍乡自治委员会沈一鹏详称:窃两浙系缺米之所,而浙东尤为特甚。向米中稔之年,每县食米只敷三四个月或五六个月不等,全赖上、江、金、衢等府、下路苏、皖各省接济,始可免饥。上年各处旱荒,尤惟山乡为甚。泛舟之役,金、衢反向我绍逆运而上,独赖江苏无锡、皖江芜湖等处贩运,已属不支。近闻上江早禾因雨水不调,已有改种之说,出新时节压迟几将三月之久。查绍萧临浦、柯桥、东关、安昌、陡亹及城镇乡存米仅止十万石,照往年销路尚足支配两月。今有金、衢及新、嵊、诸暨之销,则向之支配两月者今且止敷一月之粮矣。计尚缺米两月,应须先事预筹,是宜调查存米者一也。千里运粮,土有馁色,我绍办米近止碤石、墅河,远须江苏、皖江。迩来米价日增,援照远地进价已在八元至九元相近,若不赶紧筹办,迨至庚癸频呼,一日不再食则饥,而毁捣米铺富户之风潮以起,是宜饬商赶运米石者二也。豆粥麦饭皆为民食攸关,当此豆麦登场,足敷我绍一月之食。惟绍人向惯食米,田间豆麦大率由曹娥运往宁波出口。民国元年亦因米价腾贵,由一鹏禀请前知事出示禁运,并劝令各米铺带卖豆麦在案。合无援案照请,并求编成劝食豆麦白话告示,以济粮食而移风俗,更为无疆之幸。相应详请察核施行。等情,到本公署。据此,查现值青黄不接,米价涨增,绍地存米无多,缺乏堪虞,自应通盘计画,未雨绸缪,以顾民食。据详前情,除批示并函致临浦商会分别调查议复外,用特函请执事查照,希即会同各商务分所,将各该区存米数目详细调查,并劝令米商前赴产米之区,从速购运,源源接济。一面将豆麦应否禁运出口一节,体察情形,妥议复夺。民食攸关,幸勿稽迟。无任企盼。

按绍县产米无多,全赖外省接济。近来米价日见昂贵,若不预先绸缪,诚恐民食缺乏,扰乱秩序,沈委员之详请调查存米,谋深虑远,良足多焉。惟记者采访个中消息,各米行存货尚多,且系去年贱价购入,故现在市价陈晚米仅七元零,似较别县为平,尚无意外之处。各富户存仓租谷,概未出粜,既奉县公署函致各商会调查情形,自应将各富户仓谷一律调查,并令赶紧出粜,以济时艰,一面劝令米商运米,庶几双方进出或不致有闹荒之举也。

《越铎日报》中华民国四年六月二十日

街灯改良之先声

(1917 年 10 月 19 日)

绍属柯镇沿街街灯及清道事宜,向由各商号按月出资(每号三四角不等),归警所雇工承办,历有年矣。在上年高前警佐任内,凡地痞赌徒无钱应罚,则饬警督清街道,并各区装置清道垃圾桶,尚觉虚有其表,今春自郑警佐履任后,一味深居简出,置职务于脑后,致使警政日废,各区清道桶毁弃无遗,而街头巷尾中亦无复有清道夫持帚清道之踪迹。至于沿街街灯,又皆明灭不常,灯旁玻璃破碎不堪,未及夜半,灯光全无者有之,暗淡若萤火者亦有之,求其光线直透者几寥若晨星。不可多观。咸谓腐败至斯,乌足以绝宵小而利行人。近因城中华光电灯公司火钱已经接达于东官塘之斗坛弄内,设立分公司。该镇商会各职员有鉴于此,亟欲开会集议,改良办法。想届时必有一番光明景象也。姑志以观其后。

《越铎日报》中华民国六年十月十九号

染坊秽水宜取缔

(1918 年 11 月 12 日)

河水为日用所必需,而城区河道尤甚。乃蹧蹋河道,妨碍卫生者,莫如染坊秽水。本城如江桥、斜桥、水澄巷、火珠巷、保佑桥、韩衙前大道地、大云桥、塔山下凤仪桥等各处染坊,每日将秽水放入河中,实为公众卫生之第一妨害。是项染坊秽水,一日不除,则河道一日不能清洁,警察有保护卫生之责,负巡警之职者,曷不于此加意哉?

《越铎日报》中华民国七年十一月十二号

取缔倾倒染水案

(1918 年 11 月 14 日)

绍兴商务分会冯会长,昨接县警所公函一件,略谓:
据城区迎恩坊公民刘震邮函称,河水家汲户饮,日不可缺。近来城区河水尽成黑色,兼之久旱，更不可言。推厥原因，皆各染坊倾倒染水故也。考诸化学染色，除靛青之外，不出水银、硫磺、石灰、镁铬酸铅沉淀青红樊诸毒质合制而成，倾入河中，恐于公众卫生大有损害，时疫流行，安知非此。今先生既以民命为重，仰体仁慈，芜陈管见，应否取缔，谕令各染坊，嗣后不得再在河倾倒染水，以重卫生，是否有当？乞裁行之等情前来。据此，案阅该公民函称各节，不为无见。事关公共卫生，自应妥拟取缔方法，相应函请贵会，请烦查照，希即召集各该染坊业董，共议妥善办法，克日见覆，以凭核办，至纫公谊。

《越铎日报》中华民国七年十一月十四号

取缔染坊之称颂

（1919 年 9 月 21 日）

城区商家亨大等各号，日前联名请取缔各染坊，染水侵注河中，藉免河水污秽，已蒙余知事示谕禁止。曾志日前本报。兹探悉，该号等制就匾额，颂扬余知事德政，拟本月二十二号送入县署特将该匾字样探录如下：

匾上右书大字："思源"，两字左书小字数行为："城河被污久矣。频年疫疠，强半由此。商等目击神伤，呈准知事取缔染坊，禁止倾弃沈濯，出示布告在案。从此万家烟户，每饭不忘，爰颜是额，以取饮水思源之意云尔，少舫知事余公德政，民国八年夏正闰七月，城区商号亨大等敬献。"

《越铎日报》中华民国八年九月念一号

饮水思源之碑纪

（1919 年 9 月 22 日）

本区亨大等商号，百数十家，以城区各染坊将染水倾倒河中，有碍公共卫生联名禀请县公署严行取缔。嗣因王前知事，受某坊主运动，禀虽批准取缔，而取缔之手续，久未执行，复由该商号等上告各上级官厅，适逢余知事下车，是项上告案准饬实行取缔，于是由余知事出示禁止，染水不准倾倒河中，如违定即惩办等因。并经该商号等向县署上匾称颂各节，曾迭志本报。兹闻亨大等号，现已集次将该示刊勒大碑一方，拟建立于县公署之大堂右首额，以"饮水思源"四大字为永久之纪念。曾禀明余知事照准在案。一面禀请饬警勒令，将各坊染水通河之溜沟执行堵塞，以免阳奉阴违，度可即日实行矣。并闻此次示禁之后，凡具良心之染商恪遵法令，将染水倾倒空地者固居多数，然其中冥顽不灵，怙恶不悛者，亦复不少。如乾泰等坊，不但阳奉阴违，直且于清天白日，众目昭彰之下，仍行倾倒染水于河中，未悉热心取缔之官厅，将用何法以处治之也。

《越铎日报》中华民国八年九月念二号

柯镇市街应取缔

（1919 年 10 月 8 日）

西郭门外柯镇地方，夙为市面繁盛之区，其间商铺林立，为各乡镇冠。惟该镇市上街道，本来不甚宽畅，加以各摊户罗列，两旁愈形拥塞，如大桥头至激水弄市桥上市头一带，几似羊肠鸟道，狭小不堪，乃一般小本营生摆设摊基密布，有加无已，行旅往来，几难容足，而尤以激水弄之馒头摊、市桥脚之草鞋摊、乃钱摊、鱼摊等为交通上极大之障碍，每逢上市之时，妇女老幼之遭倾跌者，日有所闻警察之负有取缔路政之责者，曷不出而干涉耶？

《越铎日报》中华民国八年十月八号

染坊积水仍落河

（1919 年 10 月 8 日）

绍城各染坊积水倾入河中，妨碍公共卫生，以致酿成疫疠，曾经本城亨大等商号百数十家联名禀准县公署示谕永禁在案。并由该商家等列名悬匾表扬余知事德政，足见该商号等对于公益，一片热心。讵煌煌文告，墨迹未干，起视各染坊如火珠巷之义和隆、水澄巷之乾泰等仍将染布在河中大肆浣濯，河水为之变色，亦可见该坊等之弁髦法令也。

《越铎日报》中华民国八年十月八号

一再严禁倾染水

（1919 年 10 月 22 日）

城区各染坊将染水倾弃河中，有碍公共饮料，经亨大等商号二百余家，联名禀请县公署取缔，旋蒙照准出示永禁，遂由该商号等将该示刊碑树立署前，以志德政而垂久远等情。早经迭志本报，兹闻近有不顾公德，藐视法令之染坊，居然阳逢阴违，仍有偷放染水落河情事。复由该商号等声称查禁，并请求饬警将染坊之染水溜沟堵塞县公署，遂于前日出示重申禁令。兹将该示抄录如下：

案查城河内倾倒染水有碍居民饮料，前据亨大等商号具禀，即经出示禁止在案。讵为日未久，各该染坊仍敢阳奉阴违，故态复萌，迩来又有发生潜倾各色染水之事。殊属藐视禁令，言之深堪痛恨，除饬警查究外，合再布告。为此仰该染业人等知悉须知城河饮水，有关公共卫生，何得贪图一已之便利，致害多数人之饮料。自此布告以后，倘瑞不遵倾倒如前,则是不顾公益,有意尝试,一经查获,或被指禀,定即传案严惩,毋谓言之不预也。

《越铎日报》中华民国八年十月念二号

弁髦法令之染坊

（1919 年 10 月 25 日）

绍兴城区各染坊水倾入河中,致河水污浊,妨害卫生,曾经亨大等商号二百数十家禀准县公园署由余知事示谕永禁,勒石在案。乃该坊等仍阳奉阴违,日前又经出示申禁各节,均志先后本报。讵该染坊等竟弁髦法令,依然将染布在河中浣濯如故,本城保佑桥一带河水自前次示禁染水落河,河水清洁,足供饮料,乃该处越昌和等染坊昨又将玄色染布在河中洗浣。致河水污秽黑如墨水,实于公共卫生大有损碍云。

《越铎日报》中华民国八年十月念五号

沿街摆摊碍交通

（1919 年 11 月 4 日）

绍兴五云门外,东皋镇东西市一带,市面本甚狭小,每至市日各村乡民蝟集,大为拥塞,且沿街摆设摊基,阻碍交通,尤以登云桥上马庆泰、马阿九所摆菜蔬摊,尉长生鸡鹅摊,及阿有之鱼摊等为最。每遇天雨之时,撞碰跌仆者,屡有所闻。并未见有该镇警察出为干涉,寄语该镇警佐吴秀森,立宜整顿路政,勿使行人受苦。若长此以往,视若无睹,乡民受累无穷矣。

《越铎日报》中华民国八年十一月四日

染水依旧污城河

（1919 年 11 月 12 日）

绍城商家亨大等百七十余家,以染坊积水倾入河中,致碍公共卫生,甚或酿成疫疠等情,于是再四具禀县公署,请求急行取缔。经余知事出示永禁,更由该商号等悬匾颂功,并勒石纪念各节,曾志先后本报。乃煌煌示谕,墨迹未干,而起视城区江桥、斜桥暨长桥、保佑桥,并火珠巷、水澄巷及南路大查桥、市门阁等各处城河之水,依旧墨黑污浊如故,而所谓酿成疫疠者,仍难免所谓公共卫生者,仍难保。岂各染坊均形同化外,弁髦法令耶？抑余知事世故纵耶？

《越铎日报》中华民国八年十一月十二号

新组染坊妨饮料

（1919 年 12 月 22 日）

绍属城内各染坊，自经王前令限止后，余知事萧规曹随，严加取缔，以免妨害饮料，致与卫生有碍，各染坊迫于功令，均尚遵守，种种情形，迭志本报。近闻有某染坊公司，拟在昌安街心组织营业，摆设染缸数百只，定期在旧历明年正月开张。查昌安市河狭窄，等于城河，商店辐辏，更与城厢无异。该公司如果遵奉功令，注意卫生，曷不在市杪市后择河道宽阔之处开张营业以免与饮料有害。若在市心，则将来漂洗染色混浊饮料，商民汲濯，大碍卫生，是受官厅之惠泽者，仅城乡之商民，其市镇之商民，反因官厅之保护城厢而受损害，何厚于彼而薄于此。况昌安市上□有两家染坊，开设多年，因其营业甚小，每家所摆染缸不过三四只，尚于饮料无妨，此次该市商民闻有某大公司之组织，无不反对，如果实行恐不免有鸣鼓而攻之。举想亦非该公司所乐受也。

《越铎日报》中华民国八年十二月念二号

改设电灯之先声

（1920 年 2 月 4 日）

绍属柯镇路灯改换电灯，已志前日本报。兹闻该镇警察分所丁警佐，关于路政兴革，业已积极进行。昨二月一号，在该镇商会开会讨论办法，职员到者四十余人，首由沈会长报告开会宗旨，丁警佐演说即以装费与灯费浩大，款无所出，拟由前商会余存项下开支，经各业董等众□金同，已完全通过。惟灯费一层，每月总计百金，即使半价论，亦非大衍之数不可，各商铺原认虽有三十余元，尚不敷洋十余元。第各业咸以公益为怀，愿负递加之责，大约在旧历十二月二十日，即可大放光明矣。

《越铎日报》中华民国九年二月四号

绸业组织水龙会

（1920 年 2 月 26 日）

绍属华舍地方，机业开办普安龙局，办理颇佳，素为里人所赞许。现因地方辽阔，户口繁盛，每逢失慎，大有杯水车薪之叹。绸业董事沈正华等，有鉴于斯，特行邀集同行，向该业公款项下开支，组织水龙，即以各炼坊水作司充当龙兵，颇称踊跃。日昨水城哑婆溇地方王某家中不戒于火，仗该龙救火队，恤邻为人生之天职。然热心公益，如沈某者亦近今不可多得之人也。

《越铎日报》中华民国九年二月廿六号

添设路灯之要求

（1920 年 4 月 12 日）

城区大辛坊地处偏僻，居户较多。自去年阴历腊月底迄今，月未两圆，若木杓溇谢绅杏田家、水沟营杨宅、董家弄梁宅、薛家弄金宅、菩提弄某作坊等，先后失窃，达十余起之多。以致该坊居民提心吊胆，大有寝不安枕之苦。自闻余知事有委城自治委员张诒庭，办理城中普设路灯之举。该坊人民莫不额手预庆，盖路灯光明，可杜窃案也。不期近日消息传来，该坊仅派路灯八盏。该坊居民以该处地面辽阔，除水沟营至和畅堂两长直隶外冷弄且有十余条之多，八盏灯，万难光明普及。遂由沈某、王某等纷纷向该坊董郭某处要求，乞其转达张自治委员，设法增加云云。想张自治委员，近在邻坊，洞悉个中情形，必能俯如所请，以重公益云。

《越铎日报》中华民国九年四月十二日

请禁任意倾染水

（1920 年 4 月 16 日）

绍城各染坊每将染水任意倾放河内，以致河水尽量，污秽不堪。曾经亨大等商号二百四十家联名呈请县署禁止在案。执行以来，遵守者固属多数，而阳奉阴违者，亦时不免。此种情形，殊与卫生有碍。须知吾绍年来疫疠频仍，饮料之不清洁，实为一大原因。是城河之关系，尤为密切也。愿各染坊本自治的精神，力矫恶习，有者改之，无者加勉，则合邑人民将感颂不置者矣。

《越铎日报》中华民国九年四月十六日

余知事维持民食之会议

（1920 年 6 月 17 日）

邀集各米商在商会集议，议定白米以八元为最高度。

昨日（十四日）下午，县知事余少舫氏，因现在米价日贵，特邀集城镇乡各米商，假座商会磋商平价办法。下午二时开会，到者：余知事、商会会长冯季亮君、会董高云卿君、金秩卿君、冯虚舟君暨柯桥、昌安、西郭、五市各米商，约五十余人。首由冯会长报告开会宗旨，略谓：此次余知事由省回绍，在省时知绍兴米价日贵，心甚忧切。适绍兴往外省办到之米，在杭州闸口扣留，即由余知事就近禀杭县公署交涉，将米放回。现在新办之米，已陆续运到。未办者，亦可往县公署领给护照赶办，不致留难。惟现在米价日贵，要诸位米商略尽义务，将米价减平一点。次由余知事报告：余忝任绍兴县知事，极愿绍兴平安。不料，当此荒岁，米价翔贵，人心惶惑。本知事日夜焦灼。现在虽然举办平粜，但来源缺乏，第一困难。此次余在杭州，得悉绍兴往无锡办到之米，在杭州扣留。余即往杭县交涉。未得结果，又往警务处交涉，亦复如是。后往省长公署请求，始得下令放行。此后，绍兴米商如果赴杭州办米，只要本衙门来领护照，不论多少，杭州决不致再有留难。诸位米商如果要往各处办米，只能运到杭州，就可安然无事。惟米价现在贵到这样地位，不是地方之福。兄弟要请求各位米商，略尽义务。此后，米价不要再加，趁钱照本发卖，诸位要晓得，米价一天一天贵起来。现在虽办平粜，如果各米商只管将米价高抬起来，这个平粜亦属无济于事。长久下去，也不是各米商的幸福。所以，现在要劝各米商略为减平一点。现在也有许多乡民来县跪香，要求出示布告，压平米价。兄弟也曾晓得商人困难，未曾与各米商接洽之先，不好贸然出告示。此是兄弟体恤商人的苦心，所以各商人要放点良心，要帮兄弟一个忙，把从前存积的米，较市价略为减平，与现在所进之米，调和起来，在各米商还不致十分吃亏。要晓得，一旦发生事端，各米商首当其冲。这点第一要明白，此是兄弟格外体恤的苦衷。列位领□记取粮仍由冯季亮君与各米商磋商平价办法。各米商□□会议平价标准，由余知事再述：现在米价分作两等起码，白米以七元八角为最高格，顶高白米以八元八角为为率。旋各米商入席，陈述：现在来源飞涨，米价故为抑勒，商人实在吃亏不起。现承知事谆谆劝谕，官厅既然爱民如子，商人焉有不仰体苦心之理。现在议定白米起码每石以八元为最，度头糕以九元为度。此指白米店而言。至于代客卖买之各米商，当然以估计糙米变成白米的成本而定。总之，不使白米店单独吃亏，因为白米店须向各米行买货。白米价既然平和，糙米亦当然平价。并议定自旧历五月初一日为始，照议定价目发售，城乡一律云。遂振铃散会。时已万家灯火矣。

《越铎日报》中华民国九年六月十七日

绍兴县商会会长之平粜意见

（1920 年 6 月 17 日）

绍兴县商会冯会长，拟具平粜办法，函请余知事采择施行。兹录其原函及办法如左：

（上略）前以本年米价日涨，外省又各发禁口命令，致米商无从运米入口。幸去年县社仓积谷，归地方绅董定议购谷存储，而高、钟两董，又能入手敏捷，在谷价尚未腾涨之前，购买多数，复得执事关怀民食，集议提款转向沪宁运购米石到绍。正在依照民国元年平粜分给银元六万元之则，酌加三成，共计七万八千元。通函城乡各自治员清查极贫户口，分配领款，仁恩所普，民气先苏，私心悦服，莫可言宣。惟钟淇窃欲献其刍荛者，查去年县仓所购之谷，除储存无锡禁口，不能运回外，其由兰溪及无锡先行运回者，计谷有八十一万零，碾米可得三千七八百石，加近向沪宁购回米六千余担，两共得米一万石左右。近运之米价，虽已稍涨而去年所购仓谷则价甚便宜，莫如合两者平均牵算，酌定价目，价目既定，可通告城乡各自治员,依照派定现款,改购米石,照定价平粜。其收入平粜之价,俟仓米发卖净尽,是项收入之价,可继续按清查户口计日散领,以无越七万八千元议案为标准。照此办法,顾名思义,而与社仓宗旨亦符,始闻贫户既能得米,继则贫户仍得领钱,时日藉以延长而仓米又少一发归米行变价之手续,想亦城乡各区人民所深愿也。管窥之见,是否有当,用条例于后,以备采览。(下略)

谨将关于平粜事宜,拟具办法四条:

(一)请将去年县社仓所购谷□,请仓储董事查明数目,一律迅速砻米;

(二)此项砻出之米,拟请仓储董事面商五云、西郭碾米公司,迅速碾成白米,酌给工食,余尽义务连同今年所购白米,均扯价格,以实进之价目,□出粜之标准,并函请自治委员按照此次□议平粜银数,折合米价照公谷升斗,领回平粜;

(三)此次□□办理事竣后,拟将□□粜价□□按照贫民户口,再行分给,□□由自治委员分别转给;

(四)此次平粜,俟办理完竣后,拟请咨自治委员造具详细报告清册,并一面榜示本区通衢征信云云。

《越铎日报》中华民国九年六月十七日

开仓米以救贫民之通令

(1920 年 6 月 22 日)

绍兴县公署训令城镇乡中自治委员文云:

案准商会冯会长来函,以本年米价日涨,外省又各发禁口命令,致米商无从运米入口。幸去年县社仓积款,发归地方绅董定议购谷存储。而高、钟两董,又能入手敏捷,在谷价尚未腾贵之前,购买多数,复得执事关怀民食,集议拨款续向沪甬运购米石到绍。正在依照民国元年平粜,分贴银元六万元之则,酌加三成,共计七万八千元,通函城乡各自治委员,清查极贫户口,分配领款。仁恩所普,民气先苏,私心悦服,莫可言宣。惟钟淇窃欲献其刍荛者。查去年县社仓所购之谷,除储存无锡,禁口不能运回外,其由兰溪及无锡先行运回者,计谷有八十一万零,碾米可得三千六七百石。加以近向沪、宁购回来,六千余担,两共得米一万石左右。近运之米价,虽已销涨,而去年所购仓米,则价甚便宜,莫如余两方平均牵算,酌定价目,既定即可通告城乡各自治委员,依照派定现款,改购米石,照定价平粜。其收入平粜之价,俟仓米发卖净尽,是项收入之价,可继续按清查户口,计日发领,以无越七万八千元议案为标准。此办法顾名思义,与社仓宗旨亦符。而始则贫户既能得米,继则贫户乃可领钱,时日藉以延长,而仓米又少一发归米行变价之手续。想亦城乡各区人民所深愿也。管窥之见,是否有当,用条列于后,以备采览:

一、请将去年县社仓所购仓谷,函请仓储董事,实明数目,一律迅速砻米。

二、此项砻出之米,拟请仓储董事面商五云、西郭碾成米公司,迅速碾白米,酌给工食，余尽义务，连同今年所购白米，匀扯价格，以实进之价目为出粜标准。并函请自治委员按照此次应领平粜银数，折合米数，照公较升斗领回平粜。

三、此次平粜，俟办理完竣后，拟请各自治委员造具详细告报清册，并一面榜示本区通衢，俟办理完竣后，拟请各自治委员造具详细告报清册，并一面榜示本区通衢征信等语。

当与县自治委员仓储部理事筹商办法，佥谓去冬购储仓谷，一律碾米暨本年续购之米，约及万石。每石以七元八角，匀算合银七万数千元，与现办粜款大致相符。各乡如需米接济，可照应领粜款银数改领米石，平价粜卖出米价仍按各户散放，洵属一举两得有裨贫民。惟第一次粜款已据具领在案。第二次如欲领米，尽可按照应领银数备袋改领米石，设或不敷，准予缴价再领。总之，或银或米，合成应领粜款银数，□断准函前由，合亟令仰该委员遵照迅即查明该区应否领米接济，克日具复，以凭核办。此令。

《越铎日报》中华民国九年六月二十二日

取缔染坊重卫生

（1920 年 7 月 3 日）

绍属城河自被各染坊倾注染水，致公共饮料变成黑臭，家汲户饮，不特有碍卫生，兼且生命攸关，害非浅鲜。于是由商号亨大等联名二百四十余家，曾经禀请县公署，请求取缔。前知事王咨请县警所转咨自治会，并城自治委员及绅商各界领袖开会决议，嗣后无论各色染水，只准弃于草地，不准流放河内，致秽公共饮料，有碍卫生，禁止在案。乃各染坊竟阳奉阴违，倾注如故。今春又蒙余知事一再示禁，并传提各染坊主到案，取具切结，严行禁止。讵各染坊东主刁玩已极，胆大妄为，致堂堂明谕，视为具文。竟以禁者自禁，违者自违，弁髦法令，顾忌毫无。今有公民王汉、孙继青等为各染坊藐视禁令，仍将秽污不洁之染水，任意流放河中，致家汲户饮，大碍卫生，恐一经酿成时疫，挽救不及，是以公同联名分禀省警务处及县署，请求设法实行取缔，以重生命云。兹将该禀批阅录于下：

为警察不察，卫生不卫，请求整顿以重民命事。窃绍县地广人众，设立卫生警所，以重民命。今见各警察弃重就轻，每于肉铺、豆腐店及此两种肩挑贸易者十分郑重，不胜注意。而独于公共水道，任人妨害，致成黑臭，大碍卫生。置之不顾，勒案得贿，令人生□。取缔染水，前由亨大等商号联名二百四十余家禀请绍县禁止，各染坊不得将各色染水落河，蒙前知事王咨请警所会同自治委员，并城自治委员及绅商各界领袖，公同议决覆县。染水倾弃城河，不特污□水道，实碍公共卫生。嗣后，无论各色染水，只准弃于草地，不准放弃河内，以重卫生。乃各染坊倾弃如故，复蒙咨请警所饬属查禁。民国八年，又奉余知事一再示禁各在案。讵该染坊有恃无恐，藐视禁令，近来仍将染水倾弃河中，水成黑臭。众目昭彰，始终任其妨害，一经时疫发生，挽救已晚。现奉绍县知事余批示，仰候分行城警佐派警察究等示。（县批录后）。案悬匝月之久，各警察不加闻问，情同虚设，故各染坊目空一切，顾忌毫无。为此沥陈，请求钧长念绍县闾邑生民至重，慎重卫生，严行整顿，以重警政，并饬绍兴县提究抗违禁令之各染坊为玩法者戒,不胜惑佩。谨禀。

县批:

此案迭经布告严禁,取具各该染坊切结在案。据禀,各染坊仍将染水倾倒城河,实属有意违抗,不顾公益,仰候令行城警佐派警查究可也。

《越铎日报》中华民国九年七月三号

关于运购米粮之要讯

(1920 年 7 月 3 日)

绍兴县商会昨接杭总商会通函云:

迳启者,敝会呈请发给运米护照,并拟取缔办法,以杜流弊一案。本年六月二十二日奉浙江省长公署指令第五九九七号内开:呈折均悉。应先发给护照二百张,仰即查收,随时转发具报,仍俟缴会后汇转请销,并候咨明江苏省长备案。并转饬所属各关局,一体查照,折存。此令。等因。奉此,相应粘抄原呈,并取缔办法备函奉达,请烦查照。倘贵会需用前项运米护照,祈迳呈省长公署请领,以期迅速而免迟延。(附录原呈及取缔办法)

(上略)

窃查浙省食米缺乏,由会呈请咨商苏皖弛禁一案(中略)。惟有仰恳钧署颁发运米护照,给由商会随时转发各米商领用,庶几有所查考,理合拟具取缔办法,呈请钧长俯赐鉴核。并恳转咨苏省备案施行,实为公便。再芜湖一带食米,或恐不敷采办者,米商拟向江西采购,除船运外,并由火车装运者,应遵采办芜米定章办理。合并陈明云云。兹录其取缔办法如下:

一、浙商赴安徽、芜湖、江西等处购运食米,系为接济民食,不得中途变卖。

一、米商请领护照时,须有同业三家以上之连环保证书交存商会,方能将护照填给。

一、沿途经过关卡验明照货相符,请予放行;

一、米商如有影射漏海情事察出,将米全数充公,并查明贩运商人船户,一并惩办;

一、运米护照呈准省公署给由商会转发米商领用;

一、运米护照不得夹带他货;

一、所领护照,应俟运米回杭时,仍须交还商会汇缴省署核销。

《越铎日报》中华民国九年七月三号

染坊主不顾公益

(1920 年 7 月 31 日)

城区东府坊腰弄口谢天顺染坊,自开设以来,生意尚称发达,藉此颇获盈余,惟该坊主谢某不顾公益,屡将染料渣倾入断河头水中,致妨害公共饮料,而该染料脚又复弃倒在门首街中,秽□当途。当此烈日熏蒸,臭气触鼻,行人裹足,妨害卫生,莫甚于此。警察负取缔清道之责,对于此种违警之大端,曷不来行查办耶?

《越铎日报》中华民国九年七月三十一日

取缔招牌之公函

(1920 年 9 月 13 日)

吾绍商会日昨因取缔过街招牌,特行通告各业录其公函如下:

(上略)前准余知事转奉盛旅长面令,以城区各商店过街等招牌,有碍行人及路灯等情,应即设法取缔,业经本会于旧历七月初十日开临时大会,与到会各业商妥办法:

(一) 过街招牌及街心悬挂洋铁、绸布等类招牌,一概收进。

(二) 当街直竖招牌,除临河无碍行人、路灯外,其余一概收进。

(三) 门口招牌以鲁尺八尺以上悬挂并须与墙垣或摇牌贴连,不得离开。

以上三项规定,于旧历八月末日以前实行,凡我城区商店久著声名,顾客早经信仰,且当面都有号□,亦已认识无遗。况省垣各店,早已改良,我绍亟应步后以便交通。除登报通告外,恐未周知,用特通告查照。希即依限改良,幸勿迟误,免受警所取缔。是为至要。

《越铎日报》中华民国九年九月十三号

取缔招牌将实行

(1920 年 10 月 9 日)

城区各商店于店外悬挂招牌,同警所取缔各节,曾志本报。兹闻日昨各岗警奉上官命令,传谕各商店,所有悬挂长招牌及过路招,务须于阴历本月底一列取消,否则有干未便云。

《越铎日报》中华民国九年十月九号

布告取缔挂招牌

(1920 年 10 月 13 日)

照得城区各商店招牌任意悬挂,既碍公共之通行,又遮路灯之光线。惟是各商店狃于旧习,不肯骤尔改良,前经面商绍兴商会开会妥议,取缔办法三条。

(一) 过街招牌及街心悬挂洋铁、绸布等类招牌一概收进。

(二) 当街直竖招牌,除临河无碍行人、路灯外,其余一概收进。

（三）门口招牌须离地以鲁尺八尺以上悬挂，并由商会于阴历十月二十六日分发通告，并登载绍兴各报广告，定阴历八月末日以前实行。

迄今期限已届，各商铺遵照办理者固多，而仍旧悬挂者亦属不少，除分令城区各分所警佐督饬长警查照取缔外，合亟出示布告，为此示仰各商铺医院药房等一体知悉。须知此次取缔招牌先由商会开会妥议办法。登报通告，期限既长，办法亦属妥洽，应各遵照办理。自此布告之后，倘敢故违，定即传案依法严惩，勿谓言之不预也（下缺）

《越铎日报》中华民国九年十月十三号

创办路灯便行人

（1921 年 2 月 21 日）

曹娥下沙地方，为甬、绍要路，行旅行来昼夜如织，加以二班甬车过渡，客商时已旁晚，途中黑暗，大有行路难之慨。该处绅士车湘舟君，有鉴于此，爰特邀集同志俞襄周君、朱兆兰、郦漱芳等诸君发起创办曹百路灯，自下沙轮船码头起至百官江边止，共二十五盏，路途照耀如同白日，行旅无不称便。比探得□助开办费诸君，胪列于左：俞襄周君十四元，绍属旅甬七邑同乡会，各职员合助十元，由该会理事长郦漱芳君缴来郦君自认二元，百官商会助五元，曹蒿统捐局助五元，斯道卿君（五夫第三团团附）助二元五角。朱兆兰君助二元五角。胡培春君助二元五角，车湘舟君助十元。王家灿、吕秉铨二君合助二元云。

《越铎日报》中华民国十年二月廿一号

妨害公益遭驱逐

（1921 年 4 月 4 日）

城区各处染坊将染水倾入河中，并在河中洗濯染布，致河水秽污如黑水，大为公共卫生之害。兹本城保佑桥河沿悦昌和，亦因染水落河，被该处店铺居民攻击后，一蹶不振，现已停止营业矣。故日来该处长桥保佑桥一带河道日来清洁异常，可供饮料洗濯，顾或谓该染店之闭歇，系内部捣乱所致，非逐驱之咎，未知然耶，否耶？

《越铎日报》中华民国十年四月四号

红坊染水碍卫生

（1921 年 5 月 26 日）

城区断河头河水为该处附近大坊口及赤帝庙县东门宝幢巷团基巷腰弄一带居民所洗

用。乃该处谢大顺大红染坊,将染水染渣放在该处河中,致河水秽浊,作猪肝色,妨害公共卫生,达于极点。际此夏日熏蒸之际,万一酿成疫疠,祸患何堪设想。该处管辖之警察分驻所曷不严加取缔耶?

《越铎日报》中华民国十年五月念六号

改良路政之通告

（1921 年 5 月 31 日）

绍兴商会陈会长昨准本县县警察所薛警佐公函,通告城乡各商店取缔屋檐所挂招牌,一律改良悬挂,以利交通而免妨碍。闻已分投通告矣。录其通告如下:

为通告事。本年五月二十一日,准警察所公函开:以前次取缔各商店屋檐所挂招牌,其改良者固多,而悬挂招牌之横铁杆未经改短,而仍旧挑出屋檐者,亦尚不少。应请贵会通告各商店,一律将横铁杆改短,以符前议等因。除开大会请各会员传告同业照改外,恐未周知,特此通告,务希一律将横铁杆改短,将招牌与墙垣或摇牌贴连,不得离开为盼。想经此一番通告后,各商店定当一律改良也。

《越铎日报》中华民国十年五月三十一号

染坊水卷土重来

（1921 年 6 月 18 日）

绍城河道之污秽,大半由染坊水倾入河中,遂成俗流,贻害公共卫生,实为甚烈。上年由亨大等数百户商号联名禀请县公署严加取缔等禀批准勒石永禁在案。而保佑桥河沿悦昌和染店,亦因受县署取缔,并遭就地绅商监督,无从舞弊,遂致一蹶不振。于去冬宣告闭歇,从此河水为之一清,一般铺户居民洗濯称便,乃时未半载,依然卷土重来,加号升记,更事开张。现正着手预备。惟该处一带河水将来必更为染水所污,未知该处绅商能出为设法劝禁否耶?

《越铎日报》中华民国十年六月十八号

商会长输款振灾

（1921 年 9 月 24 日）

近年天灾流行,而吾绍八月中旬,迭遭狂风骤雨。鄞县、慈溪、奉化、余姚、上虞、新昌、临海等县,塘堤溃决,山洪暴发,人口田庐,冲没不少,□□□□□□灾督省两长,电请中央颁发振款,以资救济。大总统当着财政部拨银一万元,由省长委员分赴灾区散放。比闻绍兴商会长陈君秉衡,有鉴于兹,并思年已知命,后嗣尚虚,故大发善心,特捐银二千元助振,已于昨日将款呈交县署,请求代为散放云。

《越铎日报》中华民国十年九月二十四号

县商会关心民食问题

(1921 年 10 月 5 日)

绍兴商会副会长冯敬纶君,对于社仓及时购存谷米问题,特具函县知事。兹录其函如下:

少舫知事先生大鉴:迳启者,窃维民为邦本,食为民天,民食关系至为重要,是以洪范八政第一在食,而班孟坚氏之志食货,亦谓食足货通,然后国实民富而教化成也。近年以来,米价翔贵,贫民粒食维艰,其所藉以哀多益寡,称物平施,剂米价之平而补民食之缺者,全在社仓实行储存米谷之一法。吾绍自贤令尹下车以后,兴利除弊,百废具潜,而办理社仓,遴选理事,实行积储谷米,推陈出新,尤为惠政之大者。近届秋令,各处早禾业已登场,而米价未见平减,四方灾侵又纷见报章。则将来谷价之腾贵,自在意计之中。吾绍素为缺米之区,似应未雨绸缪,亟图补救。县社仓前存谷米,于夏间次第出粜,米价因此转平,每石约计一元。则社仓实储谷米之有益□方,成效果属不爽。去年存积谷米既已粜罄,亟宜及时买补,以实仓储而裕民食。索仰仁台痌瘝在抱,饥溺为怀。用敢不揆愚昧,迫切陈词,务乞迅赐函致社仓理事,赶紧遴派妥员往产米之区分投购运。盖米谷价格日趋高昂,趁此新谷登场,不可不及时购置,藉取有备无患之效。刍荛之见,是否有当,伏候鉴核采择施行,专此布臆敬颂公绥。冯敬纶拜启。

《越铎日报》中华民国十年十月五日

关于仓储董事之县函

(1922 年 3 月 28 日)

吾绍一隅,幅员辽阔,山水居多,人民之赖以生活者,素以服贸远方,官幕他省,非耕种自给也。官斯土者,莫不以仓政为重。顾知事下车伊始,米价腾贵,即有在陈之虞,不但仓空如洗,而且董理乏人。故于二月二十六日邀集城乡士绅,在县公函开会,推陈鹿萍、沈赞臣二君,为社仓仓储理事。沈君因僻居乡间,兼任柯桥商会会长,以□事繁责重,未得同意。嗣经顾知事暨众绅一再劝驾,始允担任采办职务。惟仓内诸事,悉由陈君主持。查备荒捐款内约存洋十六万元,议定先办芜湖白尖六千担,西贡洋米四千担,沈君已转派吴绥章、王如祥两君,先行出发采办矣。兹觅得顾知事致沈君公函,附志于下：

迳启者，社仓仓储经理事，自高君鹏、钟君志沆辞职后，续举朱、宋两君，亦坚辞不就。斯职、重要，何能久悬，本月二十四日，因筹备仓米事宜，在本公署召集城乡士绅开会讨论。经众公举，执事与陈君鹿苹接任斯职，并议决采办事宜，专由执事负责到会，保管专由陈君负责。地方公益也，贤者出而主持，欣荣幸何如。用特专函奉布，尚希执事刻日就社仓仓储部理事之职，筹备一切，无任盼荷。此致。

《越铎日报》中华民国十一年三月念八号

关于民食问题之呈请

（1922年9月3日）

绍属柯桥米商向恃金、兰、诸暨、无锡等县产米之处购运米绍行销新、嵊、余、上等县，尤藉以此挹注。今因浙西连遭水患，收入大歉，米价有增无减。近闻苏、皖两省秋收丰稔，出货颇旺，价值亦廉。因禁令森严，办者裹足，长此以往，恐有庚癸之呼。故该镇米商帖请商会长沈赞臣君要求呈请绍兴县转详省长咨苏省长，即弛禁以维民食而资流通。兹觅得呈文附志如下：

为据情呈请转详事。案据敝镇裕生、美通等米行帖称，缘本省产米之区，迭遭水灾，邻疆禁运又严，民商交困，叩请备文过县详省，设法弛禁事。窃敝业进货，向恃诸暨、金华、无锡等县以资挹注。讵天灾莫问，前月旬日之内，连遭水患，岁收大减，无锡属在苏省，禁令方严，未敢越雷池一步。查绍县全熟之岁，本缺三月之粮，向恃邻米接济，方免枵腹之忧。值此时艰，杞忧曷极，近知苏、皖两省秋收大熟，出货颇旺，价值亦廉。皖米昔蒙省长顾全民食，商准苏长公署，如系过境者，堪以放行，惟须持省有护照为限。去年冬，行等曾有办归，今拟仍向杭总商会领照购办，苦于皖省路遥，转辗濡滞。为此仰乞分会长转请知事电陈省宪，商准苏省长，设法疏通，早弛禁令，以救浙黎。倘虑外运漏海等情，可仿皖米持照办法验准放行，俾敝业购领较易，来源自裕。民商感蒙其休，地方赖以安谧，小民幸甚，商业幸甚。等情到敝分所，当查浙省近来风灾水患，洊至迭乘，居庐田禾罹害之深，为数十年来所未有，凡浙省诸暨、金、兰等产米最多之区，受灾尤甚，天祸浙民，歉象何堪言状。现在苏、皖既告丰稔，想救灾恤邻，为仁长之德政，调盈剂虚，为邻圻所深许，只缘皖省路远滞迟，不及苏省之便。缓急所需，难期立致。该米商等虽为营业计，实为民食计也。敝分所细核帖称各节，均属实情。况食为民天，关系重要，合亟备文呈请知事鉴核，俯乞转详省长，务请转咨苏省长准予仿照皖省开禁办理，许浙省米商向杭总商会领照购运，以济民食而恤邻灾，实为公感。谨呈绍兴县知事顾。柯镇商务分所董事长沈传贻。

《越铎日报》中华民国十一年九月三号

柯镇路政无人问

（1922 年 11 月 13 日）

绍属柯桥地方，市面繁盛，商铺林立，素为西郭之巨镇。民国元年间，该镇警察分所警佐高廷耀（即叔安）在任时，关心路政，特邀集商会各业董讨论认办清道路灯两项。其经费由各商家酌量负担，并该镇茶馆茶碗捐，凑补请设清道夫四名，路灯六十四盏，设卫生警一名为之督□，其捐按月派员向收，计两项捐款，每月有六十余元之多，除开销外，尚盈余二十元左右，以作办事人津贴。后于民国八年间柯警所警佐丁宝荣（即善之）任内改设电灯，计共六十余盏，往来行旅，咸称便利。讵近来街上电灯不知何意，均皆黑暗，形似鬼火，一般行人烦言啧啧，当此冬防时间，该镇吴警佐□不出而整顿，而电灯公司亦不加修理，其为共同舞弊，不问可知也。

《越铎日报》中华民国十一年十一月十三号

柯镇电灯增光明

（1923 年 3 月 20 日）

绍兴柯桥镇自装设电灯以来，已经数年。惟该镇距城有三十里之遥，兼以电灯公司不加改良，致全镇电灯悉呈黯然无光之现象。承点各商户固称不便，即行途之人，以该镇路灯已改装电灯，亦莫不蹙额。前月间该镇商会，以其形同虚设，将解款截留，当经全体通过。该公司闻悉之下，为维持营业计，特加改良，于前日居然光明大□，较之旧昔大有零坏之隔矣。惟以发光骤强，闻灯罩之遭破裂者，数亦不少云。

《越铎日报》民国十二年三月二十日

发起市民清洁会

（1923 年 8 月 8 日）

绍兴商人赵韵生、王嘉泰等近鉴于各地发生时疫，均系不讲卫生，不注意清洁之故，特邀集同志发起市民清洁会，业已拟定缘起征求各界赞助，俟赞成者多，再行通告征求会员，定期成立云。

《越铎日报》中华民国十二年八月八号

组织商人体育会

（1923 年 8 月 18 日）

绍兴商界巨子金怀珍，鉴于迩来吾越商人，对于体育一道，素不研究，特邀集同志二十余人，结合组织一绍兴商人体育研究会，已于日昨在本城塔山下借金宅大厅开第一次筹备会，讨论一切研究体育方法。闻是日到会人员极为踊跃云。

《越铎日报》中华民国十二年八月十八号

组织商人体育会

（1923 年 8 月 23 日）

绍兴商界巨子金怀珍鉴于迩来吾越商人对体育一道素不研究，特邀集同志二十余人，结合组织一绍兴商人体育研究会，已于日昨在本地塔山下借金宅大厅开第一次筹备会，讨论一切研究体育方法。闻是日到会人员极为踊跃云。

《越铎日报》中华民国十二年八月念三号

备荒捐存典生息之经过

（1923 年 11 月 20 日）

绍兴备荒捐款，先后共有八九万之则，前由县会议决，将该捐款向仓董经济部提归参事会出纳员经管，将所有款项别存各当典生息，不得移作别用。嗣由各当典不愿吸收该项存款，由出纳员先后提存绍兴农工银行及中国银行。绍兴县商会则主张分存绍县各大钱庄，识者以为与县议会议决案不符。现由商会召集各当典代表磋商，明白准行分存各当典云。

《越铎日报》中华民国十二年十一月二十号

箔业组织善庆会

（1923 年 12 月 1 日）

本城箔业董事胡梅炫、俞守成、胡小堂、王煜波、祁葆生等十数人发起组织善庆会，于昨日二十九号午后假座大路七星龙局，开谈话会。闻到会者，有各箔庄经理二十余人外，及赞成加入者共五十余人。当由该发起人祁某报告本会宗旨，愿为创办慈善事业，现先设立善庆施材局。是项经费，均有发起人及赞成人向各庄捐助，并拟筹备一切事件，公举总务主任及文牍、交际查各科拟在大会时，再行投票选举。议至晚间，始各散会云。

又函云，西郭门内善庆施材局原为锡箔两业所创设，年湮代远，主持无人，早经坍塌。近由慈善家祁宝生、陈咸临、傅唐□、胡梅炫、胡夫昌、陈长春、俞守成等十余人发起重整，由发起人各征会员十人，不限本业，每人每月认捐一元，并由该业全体议决抽提滇铜炉锡焰光捐以资补助，一俟经费充裕，即拟开办施医、施药、种牛痘、施棉衣等各项善举。现已着手修建屋宇，约下月即可就绪。该发起人祁宝生等可谓乐善不倦而杨子主义之俞守成君亦乐助其成。难得也。兹录其缘起曰，原吾善庆材局合全绍箔庄箔铺暨客家纸锡业之力，所组织创始于前清光绪年间。地址在本城盐仓□塽棺材，概施惠已及于骸骨，成绩颇著，功常称于耆旧。既成千古难得之绩，宜树万世不堕之基。无如世事万变，而守成不易。卒因经费莫名而主持无人，遂致艰难缔造之伟大慈善事业，停顿于不闻不问中，可惜孰甚。同人等追念前功，企图续述修德，岂望后果为善，不应让人，仍循旧规重整新绪，加施医药，以恤贫病。施种牛痘，以保婴孩，施送棉衣，以惠老弱残废之无以御冬者，各项善举均宜次递进行，同人等绵力有限，窃恐措置不周，所赖各界慈善家愿宏普济，施舍者莫歧畛域，心同恻隐，捐输者何分彼我，望集腋而成裘，期众擎之易举，凡诸善人惠然肯来，共襄义事。

《越铎日报》中华民国十二年十二月一号

商会呈请追加钱江义渡费

（1924 年 6 月 5 日）

（绍兴）县商会与杭总商会、宁波总商会，昨为呈请追加钱江义渡常费事，会衔昨呈省长文云：

为呈请追加钱江义渡预算，提交省议会核议事。窃总会等前以钱江义渡原有轮帆，不敷周转，行旅之苦，拟添购汽轮四艘，拖船二十只以相济，其购置费由总会等分投募集，应增常年经费，业蒙钧署咨交省议会议决公布在案，现在轮船拖船均已分别购妥，大约下月即可陆续下水，长川行驶，所有此项增加之常年经费，拟自十三年八月起，由钱江义渡局查照向章，备文请领，乃□明本届提交十三年度省地方预算案，财政厅未将是项增加经费一款列入，是否漏列，抑系别有用意，事关交通行政，为此呈请钧长鉴核，俯赐令饬财政厅将十三年度钱江义渡经费列入地方预算，补咨省议会照案追求，以重法令而全善举，不胜屏营待命之至。

再，此呈由杭总商会主稿，会衔不会命，合并声明云。

《越铎日报》中华民国十三年六月五日

取缔商铺招牌办法

（1924 年 6 月 7 日）

（绍兴）城中商铺招牌，沿街悬挂，既碍公共之通行，又遮路灯之光线，曾于民国九年十月间，经警局长商同绍兴商会，开会议决取缔，四载于兹，顾各商店悬挂如故，鲜有成效。顷悉，薛局长为重申前令，整饬路政起见，特拟办法三件，通令在城和分所警佐，督警切实严行取缔，务使遵照收进云云。其办法如下：

（一）过街招牌及街心悬挂洋铁、绸布等类招牌，一概收进。

（二）当街直竖招牌，除临河无碍行人、路灯外，其余一概收进。

（三）门口招牌，须离地以鲁尺八尺以上悬挂，并须与墙垣及摇牌相连，不得离开云。

《越铎日报》中华民国十三年六月七号

商会创办平民学校

（1924 年 8 月 27 日）

（绍兴）本县平民学校，由县教育会首先提倡设立后，姜知事亦捐款设立一所，由县教育会转□第一县校，在天王寺办理等情。已迭志前报。兹悉绍兴商会，接到平民教育促进会函后，该会业已商榷一过，拟在大路子母殿相近地方，创立一所，命名为绍兴商会平民学校，校务委托□业校办理，教课□由该校教员兼任，开校之期，约在旧历八月初上云。

《越铎日报》中华民国十三年八月念七日

小猪羊肉两业公选校董记

（1926 年 3 月 2 日）

（绍兴）城区贯桥，私立正谊初级学校，其经费系小猪、羊肉捐附税项下拨充，去年秋间，由教育局收办，聘凌从周为校长。讵各县业户均不满意，推举代表凌某、朱某等，向教育厅、实业厅等处控诉，去冬教厅批示令各业户公选校董，善为办理，今悉各该业户，于二月二十八日，开会公选校董，闻当选者，仍是骆麖（即世贵）选举。由该业户各盖书柬，呈县备案，一面聘请优良校长，以便即日开校云。

《越铎日报》中华民国十五年三月二日

各法团会议民食问题

（1926 年 3 月 25 日）

　　（绍兴）日来米价高昂，贫民不得果腹，本地存米不多，江苏又禁运出口。姜知事为民食问题，订于二月十三午后一时，假座县参会，召集各法团会议善后办法，是日到会者除姜知事外，有县参事胡绅圃、佐理陈越樵、钟利健、县议员孙冀庭、李幼香、倪虞琴、沈稚香、毛于湘，商会正副会长陈秉彝、冯虚舟，县教育会会长陈瘦崖，县农会副会长冯祥麟，育婴堂董事陈子英，教育局长陈津门，通俗教育馆长庄子良，贫民习艺所长杜雁臣，塘工局理事何子肯，成章女校孙庆麟诸君，一致决议，本地米粮稀少，因由县参事会，息借商款，购办西贡米三万石，运绍接济，如有拆耗，准由所征存之备荒捐内开支。提交县议会追认，因议会召集，尚待时日，而办米接济之举，刻不容缓，先由各法团代表议决进行，并签字负责，遂推定陈秉彝、王子余、沈赞臣、胡坤圃、沈稚香五君为办米董事。议□散会，已五时余矣。

　　　　　　　　　　　　　　　　　《越铎日报》中华民国十五年三月廿五日

县议会与民食问题

（1926 年 3 月 28 日）

　　（绍兴）米价日贵，贫民生活艰难，姜知事因此问题，日前召集各法团，在参事会开会等情。已志前报。兹悉议会方面，以动用备荒捐，非经议会手续不可，参事会因此办米接济之举，不得不告停顿，并通函各法团云：

　　迳启者，本年三月二十三日，各法团在参事会开会筹议救济民食问题，经公同议论，拟由参事会息借商款，公推董事，赴沪采办米石，运绍接济，藉资民食，将来如有折耗，即在备荒项下开支，俟县议会开会时，提交追认，一面先由到会与议诸君，签字负责等由。正在进行间，准县议会副会长徐罗宗君面告，以此案关系动用县款，责任綦重，谅须拟定具体办法，方克有济。业已请求县公署，召集临时会，特开紧急会议等语，除分函知照外用特函达，祈察照是荷。

　　姜知事据徐副议长之请求，即通函各县议员云：

　　迳启者，查近日米价异常昂贵，贫民粒食维艰，殊深悯恻，曾由敝公署布告劝谕各米商富户，将所有存谷，随时砻米出售，并将价目酌量减低，以救穷黎在案。惟推原米价之贵，实由素称产米较多之苏、皖等省，上年收成歉薄，供不敷求，各处皆受影响，不仅绍邑为然，若办理平粜，或平价，一时又无大宗款项可拨，究应如何采购西贡籼米运输入境，以资接济而免恐惶。又杂粮中如苞谷及罗汉豆两项，亦可疗饥，应否在备究荒捐项下，酌提款项，采办数千石，发交各米行照原价每石酌减一元，并限制每人准购若干，似亦补救贫民生计之一法，所有损耗之费，将来即在备荒捐项下开支，惟上列办法，是否可行，敝知事认为事关重要，并此外有无妥善之策，应请贵议员速开紧急会议，早日议决，俾便进行。兹特依照县自治法第二十五条之规定，于本月二十九日，召集临时会，除分函外，相应函请贵议员查照，希即依期莅会核议见覆，以便循照办理。（下略）

《越铎日报》中华民国十五年三月廿八日

五年前订购洋米，商会派员前往提运

（1946 年 4 月 21 日）

米荒声中，不无小补

（绍兴社讯）本县于念九年间，订购之洋米六千石，除已运回分发者外，尚有□千余包，为十集团军借作军粮，嗣又收回一部分，移充本县旅外同乡救济，结共尚有米二千包，未曾领还，前由商会呈请省田粮处，要求拨还归垫。兹悉已获省方来函，业蒙魏处长批准，指定向汤溪县提拨，商会已备具印领，派员晋省领证往提。但前在省请求时，承本县旅杭同乡会颇多协助，曾由往洽代表朱仲华、金汤侯氏，允于拨还之米中，提取四百一十包，拨为该会办理慈善救济事业，故亦已有商会函告该会。

《越报》中华民国三十五年四月二十一日

大明电灯厂修理电杆

（1946 年 7 月 3 日）

（经济社讯）绍兴县商会，于昨（二）日召开第九次理监事联席会议，出席陈笛孙、史幼祥、方文荫、宋阳生、施张发、马廷佐、李子鱼、陈景甫、严傅友、傅正中、严希尚、章季侯、金幼庭、张焕耀、寿川秀等十五人，主席陈笛孙。议决：

一、定期召开各业理事长及邀请城区六镇长会议，缜密调查地价，以供地政办事处参考。

二、建议直接税局，关于申报营业税等办法，予以改善。

三、大明电气公司代表张百纲、王觊甫，为电器木杆修理乏费，请本会协助，拟在押表费上酌提成数，以资兴修而免危险，本会深表同情。

《越报》中华民国三十五年七月三日

筹款向甬领运，主席拨济平米

（1946 年 7 月 6 日）

昨召集运配委员会议，决向银行借款三千万

（本报讯）蒋主席关怀桑梓劫后灾黎，拨济本县之平米，业已运抵宁波，绍兴首批可得一千石,三区专署,昨为商讨备款向甬领运事宜,特于昨日上午十一时,召集本县党政机关首长及地方士绅举行□委座拨济本县平米运配委员会议,出席林泽、应维梁(代)、朱仲华、陈笛孙、金汤侯、金鸣盛、郑小隐、沈痹,主席郑专员,议决事项:

(一)委座派拨本县平米,准六区俞专员电,先拨米一千石,由县商会会同粮食业公会,赴甬洽运。

(二)价款二千八百万元,运费估计四百万元,推陈理事长先向银行洽借。

(三)米运到绍后,在五云门外觅屋寄存,另行集会支配。

《越报》中华民国三十五年七月六日

本报与青年馆县商会合办商业补习夜校

(1946 年 10 月 7 日)

对象:商店学徒伙友。

地点:县商会。

开学:本月中旬。

修业期间:两个月。

(青锋社讯)绍兴青年馆、商会、越报社,为利用业余时间,增进商人商业技能起见,爰拟合办商业补习学校一所。闻本月中旬可能开课,地点暂在县商会,校长由商会理事长陈笛孙兼任,副校长二人,由青年馆总干事陈世煜、越报社社长张光楷分任,内部人事,正磋商中。兹将补习夜校实施办法,探录如下:

一、定名:本校定名为绍兴青年馆、县商会、越报社、合办商业补习夜校。

二、宗旨:利用商人业余时间,增进店员商业知能,提高服务效率。

三、校址:本城小教场县商会内。

四、组织:本校设校长□□□由商会理事长任之。副校长一人,由青年馆总干事,越报社社长分任之。分设总务、教务、训育三股,和股设主任一人,股员若干人,由正副校长就县商会、青年馆、越报社,原有职员中,分别调派,义务兼任之。

五、经费:由县商会、青年馆及越报社,设法筹拨,预算另订之。

六、对象:高小毕业或具有同等学力之商店学徒伙友,不拘年龄。

七、训练方法:调训办法另订之。

八、名额:暂定五十名。

九、编制:暂设一学级,按学生程度,采用复式编制。

十、授课时间:每日下午七时至九时,星期日亦同。

十一、课程:课程及授课时间规定如下,必要时参酌实际情形,得予增删之:

应用文,每周二小时;

珠算,每周一小时;

商业簿记（包括商业会计），每周四小时；

商业英语，每周二小时；

商业常识（包括广告术、交际术等），每周一小时；

公民常识，每周一小时；

法令解释，每周二小时；

纪念周，每周一小时；

团体活动，每周一小时。

十二、讲师，由本校聘请专家义务担任，酌发车马费。

十三、缴费，学杂费免收，书籍自备，讲义费暂收每名八千元，盈还亏找。

十四、修业期间，二个月为一期，第一期自十月十日至十二月十日止，受足二学月，必要时得延长之。

十五、结业，本校每月终了，举行测验一次，受课期满，举行结业测验，由校呈请上级机关派员监试，成绩合格者，发给结业证书。

十六、奖励，结业学生，品性高洁，学业兼优者，由本校函请县商会函知各商店奖献之。

十七、同学会。结业前一星期组织同学会，以资联系，凡在本交肄业者，均须参加。

十八、附则。本办法经绍兴青年馆、县商会、越报社，会商核定后，分别呈请绍兴县政府、绍兴分团部备案后施行，修正时亦时。

《越报》中华民国三十五年十月七日

粮食公司一纸失单

（1946年10月16日）

大批粮款因陷敌被劫，将提出县参大会报告

（本报讯）本县在战前（即民国二十九年冬间）粮荒严重时，曾由地方人士，会同粮商，组织绍兴粮食有限公司，资本定额为一百万元，以各乡镇股富及米业为招股对象，截至三十年三月底止，共收股款五十余万元。因运用不敷，由董事会董事长朱仲华及王磬韵等，向地方银行请借七十万元，分向江西上饶及金、兰一带采粮，业务正趋展开之际，突遭"四一七"事变，以致沿途购储待运谷米，无法运绍，其时虽将已运抵绍之杂粮，按照各乡镇所缴股本匀摊价领，惟尚有许多镇乡，迟未领取，致存于仓库者，尽遭城陷时损失，嗣以金、兰各地相继被敌占陷，因此在各该地办就之米粮，均遭损失。重光后，经董事会设清理处着手清理，并通告各股东登记，闻已申请登记者，计二千一百七十四股，合计股款廿一万七千四百元，本县参议会成立第一次大会时，为明了该公司战时损失情形，曾函请县府，转请该会报告详情。兹悉，该会已拟具损失报告呈县，将提出本月二十四日举行之第二次参议会审查，兹采录该公司于战时损失情形于下：

一、公司沦陷时被劫现钞八千元；

二、新试前销售处被劫白米四百八十余石；

三、偏门仓库被劫粟谷、红粮、糯米、细豆、小麦、粗豆、大麦、莞豆、苞米，共值十五万六午二百余元；

四、在徐山村劳家坂存谷八百余包，因恐莠民劫夺，售与人民，得款约六万元，其余二百四十二包，被伪维持全劫去；

五、存于诸暨王村之谷，被劫去一百六十九包，其余三百廿一包，由邢专员提出；

六、存于董公坟之谷，不及抢运一百八十六包，被莠民劫去；

七、在诸暨九江庙糯米及麻袋，由弋阳运抵七十六包一石二斗，至九江被莠民劫去五十六包，尚余廿包，由船户借给该地住民，其时三十一只麻袋被劫；

八、在兰溪早谷三百廿六包亦被劫去。

《绍兴新闻》中华民国三十五年十月十六日

绍兴粮食公司损失，将提付参议会报告

(1946 年 10 月 16 日)

(本报讯)民国二十九年冬季，本县粮荒严重，经本邑士绅朱仲华等，联合粮商，预定资本一百万元，组织绍兴粮食股份有限公司，其资本向地方殷富招股，而投资者未见踊跃，截至三十年三月间，筹定股本五十余万元，因不敷应用，由各董事担保，向地方银行借用七十万元，先后呈准省府，向金、兰各地，采购粮食，以图救济。讵业务正在开展之际，县治突告沦陷，以致沿途购储待运谷米，无法运绍，而已运到之杂粮，按照各乡认股多寡，分配价领，但因多数乡镇，迟滞未领，致存有仓库者，尽遭损失。嗣因金、兰各地，相继沦落，公司损失，益形巨大，重光后该会会召开股东会议，着手清理，并通告各股东登记核对，从事清偿。然被炸被劫之早谷、杂粮、麻袋等，均无法追还，深抱遗憾。本县参议会成立后，举行第一次大会时，以各方均盼明了该公司遭受战事损失，特专案函请该公司作详细之报告，该公司以时间关系，允以下届参议会时报告，兹以第二次参会召开在即，该公司昨特将损失数量及清理经过，书面呈请县府转案提出，兹将该公司损失探载如次。

一、被劫现钞八千元。

二、新试前粮食销售处损失白米四百八十余石。

三、偏门仓库损失粟谷、红粮、糯米、细豆、小麦、粗豆、大麦、莞豆、苞米等九种，共重二十六万〇三百五十四斤，计成本十五万六千二百余元。

四、徐山村存谷损失，有漓渚装米早谷两船，寄存徐山、劳家坞两地，计八百余包，因恐莠民抢劫，售去得款五万九千九百余元。讵谷米未售完，尚余二百四十二包，现款一万元，均被伪军劫去。

五、诸暨王村存谷损失，被炸四百九十包，被劫外尚余三百二十一包，由邢前专员，派

员提去。

六、董公坟被劫一百八十六包。

七、诸暨九江庙被劫去糯米五十六包,麻袋三十一只。

八、兰溪中地两行损失存谷三百二十六包,存兰溪县粮管会麻袋损失两批,计三千三百另二只。

《越报》中华民国三十五年十月十六日

商业补习夜校,昨举行开学礼

(1946 年 10 月 19 日)

(本报讯)本报、县商会、青年团、联合举办之商业补习学校,于昨日上午八时,在县商会大礼堂,举行开学典礼,出席学员三八□□各机关代表及来宾十余人,三区专员公署单科长文吉,县府徐科长越(崔厚和代),列席指导,主席陈笛孙,报告筹组补习班之经过及宗旨后,次由单科长对学员训话,语多□勉,来宾朱仲华,直接税局陈局长,县□代□崔□和,均发表演说,其□义概以一般商业,均缺乏普通商业知识,商业夜校之设立□□当前要务,希各学员努力学习,以改进商业之风气,会场空气热烈隆重,至十一时左右,始告礼成。

《越报》中华民国三十五年十月十九日

百货公会议决举行冬季减价

(1946 年 10 月 30 日)

(本报讯)本县百货业同业公会,提先二日召开理监事联席会议,已志本报。兹悉,该会业于前日下午假座源兴恒百货店举行,出席者理事长曹冠卿等,计决议评价会组织草案,及会员张允升拟于下月一日起举行冬季减价,同业均应同时放盘等要案多起。

《绍兴新闻》中华民国三十五年十月三十日

参会召集会议清查粮食公司

(1946 年 11 月 20 日)

本县在战前,为救济粮荒,曾组有粮食公司,集资向外县采购接济。嗣以"四一七"本县沦敌,该公司遂无形随这解散。重光后,县参议会以该公司之组织,资本系民间集合,账目亟应审查,特于昨(十九)日下午,召开清理会议,出席者章寿椿、傅天锡、孙春帆、陈武樵、金炬炎、陶春煊、蒋振宇(陶春煊),列席者高世□,主席章寿椿,纪录陈济灿,讨论事项:

一、请先推定主任委员案。决议，推章委员寿椿担任。

二、决定本会会址案。决议，本会会址设县党部。

三、如何着手清查案，决议：

（1）粮食公司投资各股东未经登记有案者，仍登公告限期一个月内来会登记，逾期作自愿放弃论。

（2）粮食公司复文全文登报，征询大众，复文声述各点，如认有不尽、不实之处，希大众尽量揭发，如能提供证据，迳行送会，以便彻查。

（3）向县政府调取前胡县长任内有关本案各卷。

《绍兴新闻》中华民国三十五年十一月二十日

县商会献校祝寿

（1946 年 11 月 20 日）

在十七日本报"经济界"栏新闻中，载有县商会为着献校祝寿，而有筹款创设中正中学之举，已由理监事联席会议中通过的消息，同时又翻到十月二十八日杭州《大同日报》的新闻栏，见有以"培养中级经建人才，奖设职校或训练班"为标题的新闻，内中说到"教育部为谋建教合作，策动实业机关或职业团体办理职业学校或职业训练班，籍以培养中级建教人材，拟订奖励办法呈奉行政院备案，公布施行……"等语，可知在这个"教育第一"的呼声中，职业教育实在占着重要的地位，所以教育部有这样的奖励办法的公布，那末县商会这一次为着祝寿而献校，就不妨视那一种学校合乎国家现在所需要，不必一定地筹创普通中学。

我并不是说普通中学，不合乎现在的需要，而没有办理的价值，如果没有普通中学的毕业生，那里还有大学生呢？所以普通中学的重要便于此可知，不过现在胜利以后，国家正在进行建设之时，经建人才培养，实为不容稍缓的工作，再就绍兴而言，普通中学，我们已经有了省立绍兴中学，县立绍兴初级中学，私立稽山中学，私立越光中学，私立承天中学等，已足容纳一般小学毕业生的升学，其间稽山中学虽然没有商科，可是以商业职业学校作为校名，专门造就一般中级经建人才，亦就是为使毕业以后，服务于社会，而不使再升入大学的学校，却还没有，所以绍兴的商业不能改进，这就是一个重大的原因。

商会筹办学校，固须视乎实际的需要，同时亦当谋及自己的利益，因此，这一次献校的祝寿，最好便是像省立高级商业职业学校一样，筹办一所中正商业职业学校，以培养商业人材，不但促进本地的商业发展，并且在这个商业竞争的时代，还能巩固着商人的地位，以与各国的商业家互相角逐于市场之上，使本国的输出得以增加，本国的生产得以激起，而外国的输入得适合于国内的需要。

现在是科学的时代，外国的商业家，都受过学校的教育，所以他们的商业便能日趋发达，而我国的商人，虽然不是完全为文盲，其中亦很有几个知识丰富的，可是受过专门商业的训练者，真寥若晨星，所以除非积极地提倡职业教育，广培商业人材，我们商业便没有改新和进展的希望,又怎能和外国商业争一日之短长呢?

商会为着提倡职业教育,已曾联合青年馆、越报社办理一个补习夜校,使一般商店中人得于业余进修,可惜只开设一班,为期又仅一月,程度不齐,时间短促,办者虽具苦心,然而收效当然不能宏大。故此,趁这个献校祝寿的机会,我以为商会正不妨正式筹划一所高级职业学校,既符祝寿之实,又切于社会之需要,而便利一般有志从事职业者之投考,使彼等得免流江而投考省立高级商业职业学校之烦,因以此意见,贡献于商会诸公,并希加以考虑,至献校祝寿,系出自热诚与自动,故对于政府如何奖励创立职校或训练班,于本文中特不为引及。

《绍兴新闻》中华民国三十五年十一月二十日

商会平米余款一千余万元拨充举办冬令救济

(1946 年 11 月 24 日)

县府筹设冬救委员会

(本报讯)冬令转瞬即届,各收复区民众,遭受敌伪蹂躏,罗掘俱穷,农村破产,百业凋敝,重光以来,时事益艰,一般升斗小民及漂泊无依者,在风雪交加之下,囊无余蓄,谋生乏术,势必啼寒号饥,其情何堪设想? 社会部为预谋救济计,特层令各县应赶速成立冬令救济委员会,由社会行政人员发动,联合有关机关及当地各界代表组织之,以县长兼主任委员,副主任委员由社会行政人员担任,委员会内设查放组,事务组处理调查及会内一切事宜,并设筹募委员会,监核委员会,以筹募经费及监核预算等,至冬令救济委员会任务,以办理各项救济设施为原则,如一、小本贷款,二、平粜或施放米谷,三、开办平价食堂或粥厂。四、发售平价衣被或施送衣被。五、设置庇寒所或冬令临时收容所,其救济对象,为鳏、寡、孤、独、残废、难民、灾民及抗战军人家属等。至其经费来源,则在地方救济款产项下动支,或向地方热心人士劝募,绝对不得摊派,本县府昨已奉到是项命令,并由社会科迅谋成立,拟将县商会平米余款一千余万元,商准拨用。

《越报》中华民国三十五年十一月二十四日

绍兴县前粮食公司清查委员会通告

(1946 年 11 月 27 日)

案遵绍兴县参议会第一届第二次大会交办清查前粮食公司一案,推定章寿椿、傅天锡、孙春帆、陈武樵、金炳炎、陶春煊、蒋振宇、孙丽生、叶纯青等九人为清查委员,饬即筹组本会,并指定章寿椿召集人于十一月十九日召开第一次委员会议经决议:

一、推定章委员寿椿为主任委员。

二、会址设县党部。

三、着手清查如下：

（一）粮食公司投资各股东未经登记有案者，仍登公告，限期一个月来会登记，逾期作自愿放弃论。

（二）粮食公司复文，全文登报征询，大众对复文声述各点如认有不尽不实之处，希大会尽量揭发，如能提供证据，迳行送会，以便澈查。

（三）向县政府调取前胡县长任内有关本案各卷（即粮政科及粮食供销处旧卷），及伪县政府移文卷内有关该公司案卷，以遵核查。

四、审查粮食公司复文，推陈委员武樵加署按语，登报露布，征求异议，附件推陶委员春煊审查等语纪录有案。兹为简化行文手续，俾众咸晓，将得议案，全部登报公告，除第三案二三两项及第四案，俟另案办理，调集检证公告外，特此公告。

中华民国三十五年十一月　日

主任委员　章寿椿

《绍兴新闻》中华民国三十五年十一月二十七日

恢 复 越 社

（1946 年 11 月 27 日）

王铎中负责整理

（青锋社讯）本县原有越社之组设，成立于民国十八年，社址设于县商会内，以协助地方建设等事业，研究社会自治等学术为宗旨。成立以来，协助地方救济工作，参加抗日运动，不无成绩。四一七县城沦陷，社员星散，社务因之停顿，现在地方重光，百废待举，该社原有负责人，金主继续复兴，闻已呈准县府，将指派王铎中为主任整理员，朱仲华、陈笛孙、陶春煊、金鸣盛、金汤侯、金似侬、王华国、王觊甫八人为整理员。

《绍兴新闻》中华民国三十五年十一月二十七日

调剂民食避免粮荒，请拨粮贷十亿圆

（1946 年 12 月 9 日）

各法团昨联电财粮两部，将趁新谷登场分头采购

（本报讯）本县县政府、县党部、青年团、县参会、县商会等各法团，以本县素为缺粮县份，每年收入，不敷半年民食，专待米商向各埠采购，以资接济。战前米商资力雄厚，得以源源采购，民食无虑。战后米商大非昔此，资力薄纺，达于极点，莫不能强其所难，春间本由省田粮处贷拨一亿元，成立民食调济处，向各产区采购调济，得以勉为渡过。迩来米价，

比春间高涨甚巨,为未雨绸缪,预备救济,避免粮荒计,自应续请省田粮处在本省粮贷总额内,拨借本县拾亿元,责成粮食业公会知照稳妥米商,趁此新谷登场,分头采购,为将来之预备。至财政、粮食两部,已经商妥,特拟具贷款办法,计:

一、数额,国币十亿元;

一、期限,援杭州例每三月为一期;

一、利率,援照本年度杭州例四分计算;

一、贷款对象,谷或米照时价七折抵押;

一、保证,县商会暨粮业公会常务理事;

一、管理,上四联分处派稽核一人,管理一人,藉膳由承借人支付;

一、仓库,设管理委员会,由商会粮业公会组织之,名额为七人;

一、仓费上下力,由承借人支付;

一、保险,费用由承借人支付等贷款办法九项,电请省田粮处转呈拨借,以维明岁民食。

《绍兴新闻》中华民国三十五年十二月九日

锡箔附收教师福利金,每块十五元即日开始

(1946 年 12 月 11 日)

(本报讯)本县教育会,以本县教师生活清苦,依照本县"四一七"前成案,请箔铺、箔庄同业公会,每块带收教师福利金,迭经该会理事长王华国,常事理事任芝英交涉,迄无成果。昨晨该会全体理事王华国、任芝英、宋之杰、朱国光、施铨、高东方、杨士标、梁大中、宋孟君、郑士伟、俞元睦等联合赴县政府、县党部、县参议会分别请愿。县府王秘书、县党部应书记长、参议会金议长等分别接见,确认教师生活清苦,举办福利,确系重要,除深表同情外,尤应转知箔庄、箔铺两公会,每块带收教师福利金,继复面谒箔业公会理事长傅岳校,请求带收教师福利金,傅理事长亦忍教师生活确属清苦,且二十万箔业子弟,均在各校求学,允为转商各公会,暨各慈教机关,于已收之每块三百二十元之慈教经费中,教师福利金亦得十五元,即日起将开始举办各理事以虽未得理想要求,每块既得带收十五元,福利事业亦可勉强举办一小部分,即各分返原校。

《绍兴新闻》中华民国三十五年十二月十一日

本县粮贷在省决定,十亿元借款签定

(1946 年 12 月 15 日)

即成立调节会购贮民食,廿九年洋米交涉发还中

(本报讯)本县自民食调剂处结束后,即将向省所借之一亿元款额,连利一并清偿,因

此颇博得省方信任与赞誉。最近奉令,以新谷登场,本县既为缺粮县份,应及时鼓励粮商从事购储,以备明春粮荒,兼以防止谷贱伤农与防止食粮外流,县府奉令后,即将设立民食调节委员会,开设营业部,事事采购调节事宜。嗣以民食调剂,非有广大资金,不足以言采购,乃由粮商方面,要求省方仍予贷款十亿元。乃于前(十三)日下午两时,在省田粮处召集绍兴、宁波、嘉兴、吴兴、温州等区专员,及专署所在地之县长、议长、县商会理事长、中行分行长等,举行粮贷分配事宜。三区专署派石科长汝鑫前往出席,本县林县长、商会陈理事长、参议会金议长、县政府周帮办建设科长、中国银行寿行长、米业理事长严希尚等,均于十三日先后前往出席参加,除林县长、陈理事长、严理事长等昨日尚在省方向省田粮处交涉民国二十九年间省方向本县所借之二千包洋米,要求发还事宜,及此次在省决定贷给本县之十亿元粮款与省方订立借款合同等事宜,约须今(十五)日始可返绍外,金议长昨已公毕返县。记者往访,据谈,此次赴省参加粮贷会议,除本县出席者,如上述人数外,尚有嘉兴吴专员、吴兴于专员、宁波陈县长、杭中国行金润泉、中央行张忍甫等,主席为陈省田粮处长贻。经议决:以绍兴为最大缺粮县份,且上次民食调剂处所借粮款,本利偿还迅速,特予此次确定贷给十亿元。(昨日杭报所载绍区十亿元系绍兴一县之误),其他为宁属十亿元,温属十亿元(内永嘉五亿元,各县五亿元),嘉属与吴属系食粮出产之区,各贷给七亿五千万元,一俟提付省会通过及林县长等此次在省订立借款合同后,即可拨款到绍,并闻本县一俟林县长在省订立合同于今日返绍后,即行成立民食调节委员会,从事购贮。

《绍兴新闻》中华民国三十五年十二月十五日

箔业慈教费原助会成立

(1947 年 1 月 5 日)

(本报讯)本县箔业组织之愿助慈教经费经收委员会,于本月三日下午一时,在箔庄公会会议室,召开成立会议,出席傅岳校、邵鸿书、朱国治、周继香、史幼祥、赵肃良、华安潮、祁葆生、沈梅仙、张浩春、尹仲昂、孟文华、黄子衡、周督铭、张春声、胡炳水等,由傅岳校临时主席,通过组织简则,及经收办法,核定支配数额,并推定傅岳校为主任委员,兼经收处主任。

《绍兴新闻》中华民国三十六年一月五日

调节民食工作积极进行,
民食调节会业已正式成立

(1947 年 1 月 5 日)

(青锋社讯)自省粮贷会议议决,拨贷本县十亿元粮贷以来,时隔半月有余,仍未举办。

迨至去年十二月廿八日，各法团会议决定，除推定林泽、金鸣盛、应维梁、陈笛孙、严希尚五人，以民食调节会代表名义，先向四行订立贷款契约外，并在最近期内，成立民食调节会后，始积极进行，详情早载本报。兹悉本县民食调节委员会，业于前(三)日在县政府正式成立，计出席委员许开铃、金鸣盛、金汤侯、应维梁、金炳炎、寿积明、王磐韵、陈笛孙、李锡全、陶茂康、林泽、严希尚、金林(王佐之代)、陶春煊、张明等十余人，主席林泽。首先报告组织经过，及当然委员会经过后，即开始讨论，经议决各案如次：

(一) 本会组织规则草案，业已拟订，提请讨论案。(决议)修正通过。

(二) 请互推本会主任委员，副主任委员，及聘请总干事案。结果：(1) 推林委员泽为主任委员，金委员鸣盛、陈委员笛孙，为副主任委员。(2) 请张委员明兼任总干事。

(三) 本会业务机构组织大纲草案，业由金陈二委员拟具，请核议案。(决议)原则通过，推金委员鸣盛、张委员明，整理文字，提下次会议讨论。

(四) 业务部即待成立，其负责人员应如何选聘，请讨论案。(决议)聘陈委员笛孙为经理。

(五) 中国银行粮贷款，须先有实实物抵押，应如何办理，请讨论案。(决议)以救济院及公有款产保管委员会公谷作抵。

(六) 业务部组织规则，请推员负责起草案。(决议)推定金委员鸣盛、张委员明，负责草拟，提交常务会议核定施行。

(七) 中国银行贷款契约，是否可行，请核议案。(决议)通过。

(八) 前由各法团会议，推定应维梁、林泽、金鸣盛、陈笛孙、严希尚五人，代表本会，签订粮贷约，请追认案。(决议)准予追认。

(九) 本会粮贷支领手续，应请推员负责案。(决议)推正副主任委员，及会计四人会签，但其中三人会签，亦得生效。

(十) 散会。

(又讯)十亿元粮贷契约，于昨日下午，已由林泽、金鸣盛、陈笛孙、应维梁、严希尚五人，代表民食调节委员会，与四联代表寿积明，在中国银行正式签订，因今日为星期，该地业务部陈兼经理，为求迅速进行起见，并已将粮贷支领手续办妥，先提五亿元，委由中国银行汇至南京，同时已派就采购员孙兑泉、章嘉陞二人，于今日午后，赴首都采购。

《绍兴新闻》中华民国三十六年一月五日

朦蔽接收伪布厂，各法团一致拒绝

(1947 年 1 月 10 日)

今天紧急会议商讨制裁陈逆崧林移送法院严办

(本报讯)本县参议会、县商会、县教育会、县妇女公会、县渔会、县记者公会、县律师公会等各法团,以本县救济院所属之习艺所,自依法于重光后,将伪安平布厂改组为习艺所,曾经核报省方核备,准予拨充救济院,同时并向敌伪产业处理局,出具保管使用切结,藉以维持此本县唯一之救济事业,用以救济失业之贫民。不意近日竟有前伪安平布厂之经理陈逆崧林,异想天开,奔走省处,四出活动,朦蔽驻浙办事处,谓伪安平布厂内有七分之六民股,渠自称民股代表,要求该处函知本县当局发还,不知何故,该办事处竟允为转知中央信托局,交由该陈逆保管使用。前日再度由陈逆陪同中央信托局等职员来绍,强迫移交,各法团以救济院习艺所,设果一旦被陈逆朦蔽接收,将使赖以过活之许多贫民,失去救济机关,无以生存,为主持正气,一致主张拒绝移交,以整法纪,而维此唯一之救济事业起见,由县参议会发起,定今(十)日上午十时,假县商大礼堂举行各法团紧急会议,商讨如何制裁及伪安平布厂之交接问题。

(又讯)本县救济院院长鲁植园,以前伪安平布厂经理陈逆崧林,近竟藉词遭受停顿。昨(九)日特电请县参议会主持正义,一致声援。

(又讯)前日再度来绍企图朦蔽接收前伪安平布厂之经理陈逆崧林,证据确凿,业已由县送请法院法办。

(又讯)本县林县长,以当此大地重光,已逾一周年之际,竟尚有曾充伪安平布厂之经理陈逆崧林,藉词前来本县,希图朦蔽接收本县唯一救济事业之习艺所,将使本县救济事业遭受重大打击,为正气计,为维持本县救济事业计,昨日向外表示,决不惜牺牲一切,为国家张正气,为贫民求生存,奋斗到底。

《绍兴新闻》中华民国三十六年一月十日

各界联名电请行政院无条件拨交伪布厂

(1947 年 1 月 11 日)

严办陈逆崧林,通缉陶逆兰天

(本报讯)本县各法团,以本县救济院平民习艺所,为本县平民之唯一赖以生存救济机关,近竟有陈逆崧林,朦蔽来绍接收,势将使本县唯一之救济事业,陷于停顿,为一致声援拒绝接收,并对陈逆作法律制裁,以张正气,而维救济事业起见,由县参议会发起,于昨(十)日上午十时,假县商会大礼堂,召开本县各法团、机关、学校联合紧急会议,商讨拒绝接收及制裁办法。出席者,参议会金鸣盛,县教育会王华国,县妇女会任芝英,县渔会朱国□,县农会傅祖禹,中医师公会凌春生,县商会陈笛孙,宋阳生,史幼祥,红十字朱国珍,救济院鲁植园,县党部□□□(李又芬代),县记者公会沈振远,县政府董起凡,警察局许开铃,三区专员公署单文吉,青年团沈鼐,律师公会陶春煊。主席金鸣盛,首报告开会宗旨,继由县府董科长报告陈逆崧林来绍接收平民习艺所情形,决议事项:

一、拟由本县各法团、各机关联名电请省政府、省党部、省参议会转请行政院,将本县伪安平布厂无条件拨充本县救济院继续举办习艺所之用。

二、伪安平布厂经理陈崧林,襄理陶兰天(系陶逆仲安之子),矇请敌伪产业管理局前来接收习艺所,应即电请当局予以纠正制止。

三、陈逆崧林,在沦陷时,投拜敌人北岛门下,为虎作伥,作恶多端,藉媚敌恶势力,充任伪安平布厂经理,重光时,匿迹潜逃无踪,日前胆敢公然回绍,业经县政府捕获,解送法院惩处。本县各界,应联电本县法院严办。

四、分电沪杭各报,发表新闻。

五、函请法院,通缉陶兰天,查封陶兰天、陈崧林财产。

六、征求地方供给陈、陶两逆劣迹及证据。

七、本案电文,推定朱国珍先生、李又芬秘书、金参议长,会同起草。陶副议长,参插法律意见。

八、文电以联署式,党团参农工商教妇渔及自由职业团体均应具名。

《绍兴新闻》中华民国三十六年一月十一日

参议员清查帐目,民调会停止采购

(1947 年 3 月 18 日)

平粜应俟盈余再行办理,存米全部平无分配乡镇

(本报讯)本县民食调节会,于昨(十七)日下午举行第二次委员会议,出席委员会:沈鼐、单文吉(许开铃代)、金鸣盛、张明、金炳炎(李锡全代)、陶春煊、高东方、阮光乙、楼铭、林泽、陈笛孙(严希尚代)。列席:金竹皋、史幼祥、余□民、张振新。主席林县长,即席报告,继开始讨论。

一、准参议员王佑之函,为定十九日开第一次清查会,请推员出席。决议,推余□民、金竹皋、张振新三人,随带簿据,列席第一次清查会。

二、准冬令救济会函杭价购食米三百万元。决议,事关救济,准予配售价购食米三百万元,以照成本白米每石八万五千元,糙米每石七万三千元,函复于三月底领讫。

三、陈兼经理造送业务部编制,及事务、业务费,月支扯算,经常会通过,请追认案。决议,准予追认。

四、准田粮处函,提赋谷三千余百石,价四万一千元,嘱购买案。决议,照购。

五、准参议会函,为业务部存米,举办平粜,嘱提会讨论见复,请讨论案。决议,一,平粜应依照省颁办法,应俟有□余时,再行办理;二,现有存米,依照成本加利息(算至四月十日止)业务费用,全部平均分配各乡镇(越王镇除外),由乡镇长、乡镇民代表主席,及当地参议员,会同集款缴现购领,自行分配;三,时间自登报日起至四月十日为止,逾期不领,配与合法粮商;四,计算成本,推张光楷、陶茂康二委员,会同业务部办理(利息算至四月十日止),于三月二十日前办竣;五,登报日期,定二十一日至二十三三天,不另通知;

六、业务部于本月底止,由经理酌裁一部分人员,以紧缩开支;

七、兰溪采购部分,即日电饬停止撤回。散会时,已万家灯火。

《绍兴新闻》中华民国三十六年三月十八日

民食调节会今开委员会

(1947 年 4 月 8 日)

(绍兴社讯)本县民食调节委员会,自于前次经会议决定,结束业务部,将余米配售与各乡镇后迄已多日。兹悉该会又以业务部结束情形,并配售余米等事宜,亟待报告决定,特订于今(八)日下午,召开全体委员会议,俾便商决,昨已分函相邀各委员出席。

《绍兴新闻》中华民国三十六年四月八日

十六乡未配给米民调会限月底购领,
照原价加利息及保险费等

(1947 年 4 月 24 日)

(本报讯)本县民调会,于昨(二十三)日下午,假县商会举行第五次委员会议,出席者金鸣盛、单文吉、沈鼐、王馨韵(代)、朱苴英、张光楷、楼铭、严希尚、金炳炎、陶茂康、阮光乙、张明(代)、陈笛孙(代)、林泽、许开铃(代)、李锡全、陶春煊,列席史幼祥、金吼民、金竹皋,主席林县长,即席报告。一、上次会议纪录,二、南京白米配给粮商情形及数量(共七八、三七五斤,合五百二十二石五斗)一百十七家,三、糙米配给各乡镇,名称数量,及未配到各乡镇名称数量,(共五十六乡镇,三十八万六千四百斤,合二千五百七十六石,未配十六乡镇),四、娥江保坍会抵押粮贷经过,五、仓储抵押情形,六、粮贷息本及业务部收支情形,七、西郭散班脚夫,妨害仓库公务,发生纠纷经过,继即开始讨论。计一、查粮贷契约,前准中国银行转知,照章应贴用印花,经三月十日函复呈省请示,兹复准中行来函转知贴花,究应如何办理,请讨论案。决议,候省方核复后,再行照贴。二、准前民食调剂处经理张焕耀,函请代解利息差额,应如何办理,请讨论案。决议,准予代解。三、据道墟、禹陵、东关、延陵、东皋及安仁、潞阳等乡,呈以未能如限购领配给米,各有原因,仍请准予补购,究应如何办理,请讨论案。决议,未配十六乡镇,为一视同仁起见,准照原定每石七万二千元加利息保险等费三千元配给,限四月三十日以前领讫,不再延期。四、准娥江东塘,保坍工程联合会函,商请价购各乡镇逾限放弃之食米,应否准予照购,请讨论案。决议,各乡镇米已决定延期配发,准予照价配给。五、根据参议会议决案,大量向外采购,以裕粮源案。决议,交业务部尽量办理。

《绍兴新闻》中华民国三十六年四月二十四日

筹征自治教育经费商会昨召各业会议

（1947 年 9 月 12 日）

（本报讯）本县县商会，以关于营业税带征乡镇及教育经费一事，特于昨（十一）日下午二时，召集各业理事长举行联席会议，出席马福治（代）、吴惠三、傅正中（代）、陈德奎（代）、金聿耀（代）、许承营（代）、章春乔、钱承高、严傅友、吴宝生、方文荫、倪予凡、任昌辰、宋阳生、陈笛孙，报告事项。

一、关于比照营业征收乡镇自治及教育经费一案，呈奉县府指饬，参照最近商业营业状况，以千分之七比算，暂定半年度（三十六年七月至十二月），每月负担额为一亿元，饬由本会会同当地乡镇长暨乡镇民代表主席，按户查明，拨定认数，册报征收。

二、本会曾一度与越王镇公所商洽，镇公所方面意见，由镇公所编就征收册，送交本会，召集各理事长评定，并再会同征求各商店同意后，开如征收，旋即开始讨论。

三、本案奉县府指饬，究应如何办理，请讨论案。议决：应奉指饬依照八月二十九日各业理事长联席会议议定等级，（除热心自治教育暨非本会会员自愿踊跃输将者外），请越王镇公所编拟征收册，送交县商会召集各业理事长评定，报请县府征收。

《绍兴新闻》中华民国三十六年九月十二日

民食调未了事宜昨开临时会讨论

（1947 年 9 月 12 日）

（本报讯）本县民食调节委员会，原已结束，兹因尚有未了事宜，特于昨（十一）日上午九时召开临时委员会议，出席委员李锡全、朱苜英、阮光乙、陶春煊、陈笛孙、寿积明、应维梁、史幼祥、金炳炎（代）、严希尚、王磬韵（代）、许开铃、张光楷、陶茂康、张明、林泽。主席林县长。报告：

一、施粥站欠本会借米三百九十六斤，业于本月八日由严委员希尚以每石二十八万元价格，代为折价归还。

二、本会向兰溪提回之麻袋十件到绍进仓时，检点之下，缺少五十只，又被掉去袋皮约四五十只，应如何办理案，前次会议议决，责成原经理人查明返回，业准片浦寿记行函复，已经严质返究中。

三、前调剂处价证单丝车袋一千四百五十只，除收到一百七十七只，尚缺一千二百七十三只，已去函催索中。

四、本会最后一批称溢米二十七斤，已如数作价出售。

继即开始讨论：

一、本会存会麻袋，屡有缺少，经派职员王立生前往盘查，兹据该员报告，共缺一百四十六只,究在如何办理,请核议案。

议决:限一星期内,分别退还。

二、查第一仓库所在之药王庙内,有国药业公会员工四人,八月于前,颇得照料协助之功,拟请酌予津贴,以资酬庸,当否,请核议案。

议决:准津贴国币六十万元。

三、查第二仓库,早经停办,其原址接鉴湖第二中心校,要求证为原校校址,所有一部分生财,作值八十万元,亦归该校承购,可否,请核议案。

议决:既属学校承购,准予照办。

四、准救济院施药公所函,以诊所自开办以来,各项费用,除奉县府拨给少数施药费外,完全向各界劝募,兹闻本会业已结束,所将盈余,分配各乡镇,嘱将前项盈余,酌量拨补,以济周急,请核议案。

议决:本会盈余支配,早经参议会决议,未便变更,歉难照办。

五、本会盈余一亿三千九百四十万元八千余百〇八元九角九分,前经议决,关请县政府分配各乡镇,是项盈余,应否由本会议定分配原则,送请县办办理,请核议案。

议决:(1)前项盈余,由本会遵照参议会决议原则,直接配发各乡镇。(2)各乡镇平均先行配发一百八十万元,即日由会分函,并登报通告,来会具领。(3)前项分配分数,依照省颁民食调节办法,以作平粜救灾基金为之。(4)余款尾数俟全盘结束后再议。

六、本会现有麻袋器具等生财,经上次会议决议,一律价卖,他日举办粮袋民调工作,自多困难,应否复议重订处理原则,请核议案。

议决:(1)麻袋家具、风箱升斗等生财,应否保留,委托县商会、县粮食业公会共同保管,由会造册点交。(2)驳船一只,由会价卖。(3)所有麻袋,应加整理后,盖用民调会棕印。

七、准《绍兴新闻》、《民国日报》、《越报》社来函,以本会业务暂告结束,嘱暂借麻袋三千只,以一月为期,期满归还,可否请核议案。

议决:(1)准予借用,以一个月为期,(2)须有殷实商铺两家以上之担保,是项麻袋,到期凭保负责归还,以得缺少。

《绍兴新闻》中华民国三十六年九月十二日

营业附征乡教费商会已转知各业

(1947年10月12日)

(本报讯)本县乡镇自治教育经费保管委员会,以于第四次委员会议决定,为前所洽定,各业商号等缴纳按月一亿元,其不足之数,由县商会等会同镇公所洽商决定。兹定自十月份起,仍遵照省令按营业额征收千分之七,托由税捐处加戳代征,其七八九个月,另据补收,以资挹注不足,该会昨特录案函请县商会转令各业遵照。

《绍兴新闻》中华民国三十六年十月十二日

商店缴自治教育经费原定等级再调整

（1947 年 10 月 17 日）

名册经初审尚有不少遗漏

（本报讯）本县县商会，于昨（十六）日下午三时，在该会会议室，举行第三十八次理监事联席会议，出席方文荫、沈殷士（代）、严希尚、严傅友、陈景甫、章季侯、俞宗汉、寿秀川、李子鱼、史幼祥、傅正中、施张发、陈笛孙、曹冠卿，主席陈笛孙。即席报告：（1）本月五日临时会员代表大会议决各案纪录，已送各公会，及非公会会员查阅，并呈报县府备案。（2）本会议决修订本会章程，加入第三十七条，制裁未和公会及欠缴会费等情，专案呈报县府备查。（3）改组商事公断处经过，大会票选方文荫等十五人为评议员，任昌辰等四人为调查员，并由评议员互选倪予凡为处长，即日组织成立，专案呈报县府，致送地方法院备案。（4）大会议决审查历届决议未执行各案一事，推派曹冠卿、许雪舟、孙廷鹤、倪予凡、陈芝眉五先生，及章常务监事季侯办理，已分别转函查照，并请章常监召集。（5）本会委托稽山中学代办（会计短期补习班），已定本月十六日起至十八日止报名暂收男生四十名，已分函各公会查照，请转致各商店从业人员，志愿补习者，从速报名，补习为四个月。（6）请发还洋米二千石一案，已呈请县府交清理军粮委员会登记，并乞转陈迅速发还。（7）报载本县粮贷派十亿元，现以粮价高涨，所得不及从前十分之一二，已函陈省主席、田粮处、金润泉先生，请予酌加，以维民食，旋即开始讨论：（一）乡镇自治教育经费，已由越王镇公所造就商店名册，送达县商会审核，原编定等级计特等二十一户、甲等二百二十二户、乙等一百九十户、丙等三百五十二户、丁等七百二十九户、戊等二百四十九户，共计一千七百七十二户，经初审遗漏商店，尚有不少，且原定等级，相差悬殊，未免苦乐不匀，经议决：（一）以戊等一万元，丁等二万元，丙等四万元，乙等八万元，甲等十六万元，特等二十万元以上，五十万元以下，按月缴纳为原则。（二）公推审查员七组，每组三人，计推定曹冠卿、章季侯、傅正中、金幼庭、倪予凡、严希尚、寿秀川、严傅友、沈梅仙、施张发、马廷佐、章德容、傅岳校、许雪舟、沈殷士、陈景甫、章春乔、陈德魁、朱国治、黄伯源、吴惠之等二十一人，定本月十九日下午，由五常务理理，会同先行审查店册。（三）定二十日召集各业公会理事长会议复核，决定函复办理。迨至六时许，始告散会。

《越报》中华民国三十六年十月十七日

乡镇自治教育经费，商会明日审查名册

（1947 年 10 月 19 日）

（绍兴社讯）本县县商会，以经三十八次理监事会议议决，关于征收乡镇自治及教育经费一案，公推审查员曹冠卿、章季侯、傅正中、金幼庭、倪予凡、严希尚、寿秀川、严傅友、施张发、马廷佐、章德容、傅岳校、沈梅仙、许雪舟、沈殷士、陈景甫、章春乔、陈德魁、朱国治、黄伯源、吴惠之等二十一人，分为七组，定本月十九日下午一时，由该会五常务理事会同审查名册。昨已分函查照，准时莅临审查。

《越报》中华民国三十六年十月十九日

县商会昨商讨乡教经费，昨集议多时无果

（1947 年 12 月 29 日）

（本报讯）本县县商会，因商讨自治教育经费问题，于昨（二十八）日下午，在该会会议室，召开各业理事长会议，出席者箔庄业傅岳校等二十六人，列席王觊甫、徐衣言、高世樑、周福凯、马松茂，暨绍兴新闻报记者朱家□、本报记者金文琅等，主席陈笛孙。首先报告开会宗旨后，旋由各理事长各发表意见，争论多时，仍无结果。嗣以时间已迟，不及讨论，决于今（二十九）日下午再行集议。

（经济社讯）绍兴县商会，于昨（二十八）日下午三时，召开各业理事长会议，出席傅岳校等二十余人，列席县府民政科科长牟剑峰、参议员周福凯、高世樑、越王镇公所徐衣言等。主席陈笛孙，稍作报告，即开始讨论征收十、十一、十二三个月自治教育经费问题，结果定于今日下午继续召集各业理事长商讨后，再行决定。

《越报》中华民国三十六年十二月二十九日

成立民食调节会，运用余亿粮贷款

（1948 年 1 月 6 日）

已由关系首长签订合同，组民丰粮食运销社承办

（本报讯）四联总处所贷给本县之八亿元粮食贷款，业已汇至本县中国银行，本县各机关团体首长，为谋调节民食起见，特于前日下午，在县府会议室，成立绍兴县民食调节会，以便上项贷款领到后，立即开始调节民食工作。是日出席者，计有朱苴英、阮光乙、鲁源润、严希尚、章寿椿、张光楷、陈笛孙、余吼民、张明、林泽，列席越报记者何弈运，本报记者沈振远，主席林泽。首报告：

（一）上年十一月间，奉省颁运用粮贷调节民食办法，经分别征询意见；

（二）由各法团推员签定粮贷契约原因；

（三）为征取时间，依据报端宣布之组织简则，先行组织本会之意义。

次由陈笛孙委员报告：

（一）前民食调节会标售麻袋经过情形；

（二）洽请中国银行承购赋谷经过情形。

嗣即开始讨论：

（一）本县粮贷，已由关系首长会同签定，是否可行，请核议案。议决：准予追认；

（二）本县粮贷运用原则，经由县参议会议决，交由民丰粮食运销社承办，如何进行，请讨论案。议决：粮贷业务，准由民丰粮食运销社订约承办，其办法手续，推张光楷、严希尚、张明三委员负责拟订，提会核议；

（三）依照本会组织简则设主任委员一人或二人，由委员五推，请推定案。议决：本会暂设副主任委员一人，推陈笛孙委员担任；

（四）本会粮贷支领手续如何，请核议案。议决：推正副主任委员，本会会计，及民丰粮食运销社经理会签，但其中三人会签，亦得生效；

（五）请推荐本会会计案。议决：请县政府会计员张振新兼任之。

《绍兴新闻》中华民国三十七年一月六日

今纪念儿童节，民教馆主持各项活动，县商会招待儿童代表

（1948 年 4 月 4 日）

（本报讯）今为"四月四日"儿童节，本县各界，为促进社会注意儿童管教养卫，以培育国家未来主人翁起见，定今（四）日上午八时，假花巷觉民舞台，召开儿童节纪念大会，同时通告各商店，一律八折，减价一天，以优待儿童购买。斗鸡场民众教育馆，更于今日下午，在开元寺前旷场，举行儿童风筝比赛，西营县立卫生院，定今日纪念会后，为儿童检查身体，实施儿童健康比赛。

（经济社讯）绍兴县商会准本县庆祝儿童筹备会函嘱主持征集奖品，并招待儿童代表，及通知各文具、糖果商店，以八折优待童购买一天等事项，除照办并应征奖品，已函各业公会，迳送斗鸡场民教馆外，一面已饬总务股预备今日下午一时招待儿童代表事宜。

《绍兴新闻》中华民国三十七年四月四日

中央赋谷余额全部配售给业户

（1948 年 4 月 13 日）

昨各法团会议决定配价，每石单价百四十五万元

（本报讯）本县田粮处，以奉令提售中央赋谷四一八〇石，内未售余额，奉省财政厅电饬续售粮户，抵完田赋，特于昨（十二）日下午，在该处会议室，召开各法团会议，计出席：县政府王均政（代）、征借实物委员会章寿椿、县商会严希尚、审计处王福民、县党部张光楷、田粮处朱馥生、张子元，主席卢□处长（朱秘书代）。开会如仪。

甲、报告：

一、奉令提售中央赋谷四一八〇石，经于三月十五日结束，计出售四〇二七另石，经呈报省府，所有价款亦经随时解缴省库核收。

二、奉财厅电，未售余额，饬照市价出售，限四月十五日结束。

乙、讨论：

一、奉令提售中央赋谷，查核原配额尚有东关等办事处未配一百五十二石，应如何配售，请公决案。议决：因省电迫促，全部在城区办事处配售粮户完赋。

二、请议定此次价格案。议决：参照本日市价，议定每石（一〇八斤），单价为一百四十五万元，如在配售期内，上涨百分之五以上时，应即调整。

三、请议定此次配售期限案。议决：自四月十三日起，至十七日止，价款逐日缴解，限十八日上午十二时以前，全部缴清，办法仍照前订实际办法办理。

《绍兴新闻》中华民国三十七年四月十三日

食调会调剂民食，平售稻谷六万斤

（1948 年 5 月 16 日）

按照当日市价八折出售，解除与民丰社所订合约

（本报讯）本县民食调节委员会，为商讨平售稻谷，于昨（十五）日下午三时，在县商会会议室，召开第七次委员会议，出席委员沈鼐、卢炘、金鸣盛（高世杰代）、章寿椿、孙秉贤、张光楷、朱苴英（董起凡代）、潘文奎、阮光乙、宋阳生（陈笛孙代）、鲁源润、严希尚，列席陈笛孙，及本报记者沈振远等。主席孙秉贤，领导行礼如仪后，即席报告召开会议意旨，旋即开始讨论：

一、准中国国民党绍兴县党部函，以本会民丰社所办粮货业务，已告一段落，请民调会办理平售，归清贷款，解除契约，希办理见复由，如何办理，提请讨论案。决议：本会与民丰社所订合约，准予中断解除。

二、拟平售稻谷六万斤，其平售对象及价格如何，请讨论案。议决：

（1）本会委托粮食业公会同县政府社会科办理；

（2）价格授权主任委员按当日市价八折出售；

（3）自六月一日开始办理，限十天内办竣；

（4）本会推定章委员寿椿、宋委员阳生、沈委员鼐、张委员光楷四人分别监督。

三、中国银行在本县收购赋谷六千石，拟函请该行转呈粮食部就地平价出售，以调节民食案。决议：通过，并请陈笛孙先生负责交涉。

四、准绍兴县商会函，改推宋常务理事阳生担任本会委员，其前任陈笛孙委员所兼副主任委员及仓库主任，应如何改进，请讨论案。决议：加聘宋阳生先生为委员，并兼任仓库主任，陈委员笛孙，仍担任副主任委员。

五、据本会全体职员联名陈请自本月份起,按照中央领发生活指数发薪,以维生活由,如何请讨论案。决议:比照县政府待遇支给。

平粜端节开始全城划分四区

(1948 年 6 月 7 日)

(本报讯)本县县政府及本县民食调节委员会,鉴于本县近来粮价飞涨,为顾全平民生计,缓和食米涨势起见,定于本月十一日(即端阳节)起至本月二十日止,举办平粜十天,平粜时间,每日上午九时至下午四时止(夏令时期)由民调会拨发稻谷六万斤,托各米号承办。兹悉承办平粜之米□,业经米业公会洽定,计分东、南、西、北四处,以便利平民购籴,东区为□穗丰米店(地址保佑桥),南区为恒济米店(地址五福亭),西区为维德米号(地址北海桥),北区为裕民和米店(地址探花桥)于是日起,同时开始办理平粜。

《绍兴新闻》中华民国三十七年六月七日

中行在鄞购谷,价拨办理平粜

(1948 年 6 月 10 日)

(本报讯)本县前由杭州中国银行,代向鄞县购存之稻谷六千石,原所以积储备荒者,兹悉是项购存于鄞县之六千石稻谷,最近浙江省政府鉴于时值青黄,各县粮荒虽不十分严重,但粮价则步趋上涨,关系民生至巨,为救济本县平民生活,特商准粮食部同意,价拨本县民调会,办理平粜,并规定平粜价格,为稻谷每市石七十五万元,糙米每市石一百五十万元,平粜对象,以贫户为限,将令饬本县迅即备价向鄞县领运到绍,办理平粜。

(又讯)本县县政府与本县民食调节会,鉴于粮价日涨,民生堪虞,且时值旧历端节,为救济平民,藉渡节关起见,特拨稻谷六万斤,定期(十)日(即旧历端节)起,委托城中各米号,分东、西、南、北四处,分别办理平粜十天。

《绍兴新闻》中华民国三十七年六月十日

拨谷八万五千斤,下旬起办理平粜

(1948 年 6 月 14 日)

城区贫户共九五八七口,配售大口五升小口二升,中行谷六千石平售与各乡镇

(本报讯)本县民食调节委员会,为商讨城区平粜事宜,暨调节民食,特于昨(十

三)日上午十时,假县商会会议室,召开第八次委员会议,出席委员,计有陈笛孙、高东方(代)、孙秉贤、严希尚、朱苣英、潘文奎、张光裕、卢炘(代)、宋阳生、鲁源润(代)、余吼民、沈鼐、金鸣盛(代),列席县府社会科长徐祖贻(代)、《绍兴新闻》郑士伟、《民国日报》应维梁、《商业日报》来松桥、主席孙秉贤。首报告上届会议决议案执行经过情形,继即开始讨论:

(一)据越王镇公所造关办理平粜食户清册,共计三○六三户,(内大口六二七五口,小口三三一二口)共计九五八七口。兹将原册据请审议案。决议:审查通过。

(二)各贫户承粜平米敬量如何,提请核议案。决议:大口五升,小口二升,共需谷八五千斤,不足之数,在民丰社购储稻谷项下,增拨二万五千斤。

(三)承办平粜米号,其地区数量店号如何,提请核议案。决议:依照去年冬令救济会办法,分六区平粜。

(四)平粜日期请决定案。决议:按省颁办法,照十八日市价,七折计算。

(五)平粜日期请决定案。决议:定本月二十一日开始。

(六)平粜区域,增加为六区,暨章委员寿椿已作故,应加推委员三人为监督。

(七)印制平粜证三千二百张,计价三百二十万元,连同发票一纸,提请核销案。决议:准予核销。

(八)准绍兴中国银行函,以层奉粮食部电,在本县收购稻谷六千石,准以每石七十五万元售与本会,作办理平粜之用,其所需价款及如何平粜,请讨论案。决议:稻谷六千石,平售各乡镇公所贫民(越王镇除外)其平粜办法,推请县政府民政科、社会科、建设科、田粮处,暨张委员光楷、陈委员笛孙、余委员吼民,会同拟订,由建设科召集。

(又讯)本县粮食业公会,以此次办理平粜,前经推定会员店四家承办,经报粮业公会集会议决,计旧鲁迅由恒济米号承办,汤公由穗丰米号承办,成章由源济米号承办,锡麟由秋成米号承办,秋瑾由裕民米号承办,元培由维德米号承办。

《绍兴新闻》中华民国三十七年六月十四日

解决粮荒确保治安,当局采取紧急措施

(1948 年 6 月 17 日)

设立粮食公店按日调配平粜,调查米商存量查扣私运出城

(本报讯)本县自近日来粮价飞涨,各机关法团首长,为解决目前严重粮荒,以维民生,而安社会,藉以确保地方治安起见。特于昨(十六)日上午九时,假绍兴县政府会议室,召开绍兴县各机关法团临时紧急会议,商讨救济办法。出席县参议会高世杰、绍兴新闻报郑士伟、沈振远、地方法院李锡全(代)、县政府孙秉贤、徐祖贻、地院检查处俞康(代)、戡乱动员会王佑之、警察局许开铃、总工会章锦江、律师公会马斯臧、县商会陈笛孙、国民党绍兴县党部朱苣英、董起凡、越报社诸萍杰、妇女会王玉振、越王镇公所徐衣言、《民国日报》应

维梁、民食调节会潘文奎、粮食业公会严希尚、田粮处卢炘（代）、县教育会王华国、县农会王绍之、越王镇民代表会王铎中、青年党绍兴县党部张新民、民社党绍兴县党部何大森（代）、箔司工会夏云标、船员工会沈伯杨，主席孙秉贤，首报告召开紧急法团会议意旨后，继即开始讨论。

（一）目前本县粮荒严重，为确保治安起见，应设法紧急措施案。决议：

（1）在城区设立粮食公店四处，其地点由粮食公会决定；

（2）公店粮食来源，由各米商及民调会集米五千石，设法按日调配（内民调会三千石，粮商负责二千石）；

（3）价目由县政府按日兴市价低价评定；

（4）一般粮商，仍应照常营业，不得拒售，如有拒售情事，准由经济警察队执行，凡有执照者，吊销其执照，无执照者，勒令永久停业，并分别严办；

（5）紧急调查各米商存米数量；

（6）凡查有运粮出城者，应即送粮食公店，照平价收购，以裕粮源；

（7）公店出售数量，每人限购五升。

（二）粮食公店如何筹组案。决议：

（1）由县政府、地方法院、县商会、粮食业公会、越王镇公所及国民、民社、青年三党绍兴县党部等九个单位，共同筹组；

（2）惟县政府、县商会、粮食业公会拟具办法，迅即实施；

（3）粮食公店，定六月十八日开始，由粮食业公会负责办理；

（4）公店未设立前，由粮食业公会，转知各粮商，应尽量供售；

（5）中行价拨食谷六千石，由陈理事长笛孙、严理事长希尚接洽；

（6）粮食公店开始业务时，向参议会、地方法院，按日派员前往监督，会议直至中午始散。

（又讯）本县为救济粮荒严重中之平民食粮，昨经法团紧急会议决定，于明（十八）日起，择城中交通便利处设立粮食公店四处，其地点现正由当局选择中。

《绍兴新闻》中华民国三十七年六月十七日

六千石存粮饬就地平粜

（1948 年 6 月 17 日）

（又讯）粮食部委托杭州中国银行代本县购存之稻谷六千市石，昨浙省府鉴于本县目今粮食严重，电令拨交本县民调会办理平粜，并指示处理办法如下：

（一）此项价拨粮，应由县政府督同民食调节会，向当地中国银行洽提，并照实收数量，出具接粮收据，交由该行，以遵转向省田粮处掉换总收据。

（二）粮价准粮食部电示，稻谷每市石七十五万元，糙米每石一百五十万元，本县必须筹足全部价款,缴由当地中国银行后,再行提粮。

(三)此项粮食,本县民食调节会接收后,应由民调会全部办理平粜,并以贫户为限,不得以任何理由变售,或假手他人。

(四)平粜粮品质,概为糙米,售价以现市价七折为度,应于事前电报省府核定。

(五)享受平粜之贫户标准,同民食调节会,邀同地方各法团及民间机关代表公同议定,其办粜办法,一并议定报省查核。

(六)帐目应单独处理,一应实物与财务收支,必须记载清楚,不得稍涉含混,并于办理结束后十日内整理清楚,提会审查后,专案报省,如有盈款存储,充以后民食调节之用,绝对不得移作别用。

(七)因办理此项业务必须之开支,实报实销,但必须尽力樽节,其临时办事人员,一律调用,不支薪给,并饬以上各项,必须切实遵办,各级承办人员,尤应公正廉洁,如有徇私舞弊等事,一经察觉,定予严处,主管人员,并应连带负责,县府奉令后,以本县目今粮荒严重,即提昨日召开之法团会议议决,推县商会理事长陈笛孙、米业公会理事长严希尚,向本县中国银行寿行长积明洽提,一俟提到,即遵令办理。

《绍兴新闻》中华民国三十七年六月十七日

城区分设四个公店

（1948 年 6 月 17 日）

(又讯)本县米业公会,为安定民食,特于昨(十六)日下午二时,在该会会议室,召集各会员,举行紧急座谈会议,出席会员,计有单企堂、陈戊生、钱茂林、金竹皋等四十余人,主席理事长严希尚,首报告今日上午,县政府为安定民生,维持治安,召集法团会议,与本业有关者,为规定于十八日在城区分东南西北四处设立公店,由粮食业公会负责办理,在未设立前,各粮商应尽量供售,既设以后,粮店仍须照常售米,其价格公店与粮店,一律照市,粮店供售之米,其身份确高于公店者,价得自由,继即开始讨论:(一)依照法团会议决定各项,究应如何积极准备,请讨论案。议决:(1)地点,东区、永裕新、南区菩提弄口咸亨分园旧址西区信泰源旧址,北区协茂裕。(2)推金庆云君为东区负责人,徐德定君为南区负责人,杜炳昌、黄朝林两君为西区负责人,沈仁德君为北区负责人。(3)家具由负责人自理。(4)人事、东北两区由商行酌派,人数自定,南区由偏门酌派。(5)米石,照法团会议议决以借民调会存谷为原则,惟因不及开礱,应先行垫借,以资迅速,东北两区之米,由商行垫用,西区之米,由西郭垫用,均以弋尖或相似者为准。(6)售得米款,由会指定钱庄,由各区按日送存,尽先解缴民调会。(7)公店购买量,依法团会议决定,每人五升。(8)礱谷机米加工事项,请机厂业公会分配。

《绍兴新闻》中华民国三十七年六月十七日

城南筑闸抽水清洁城区河流，向商店筹受益费

（1948 年 6 月 17 日）

（本报讯）本县城区整理河道工程委员会，以时入夏令，天气渐热，城区居民饮料，亟须未雨绸缪，现除着手在城南建造石闸及装置五十匹马力之美式抽水机房屋，以便完工后，即行置机抽水外，昨为商讨经费问题，特假县商会会议室，于下午三时，召开第二次委员会议，出席委员，计有郑士伟（沈振远代）、曹冠卿、徐衣言、徐春扬（代）、陈笛孙、潘文奎、朱仲华（代）、陈洪规、金汤侯（代）、鲍予忱、堵季彭、张泗曾、史幼祥、马玉龄、孙少生、王铎中、李大桢、王觊甫（代）、孟哲生、马涵叔、马廷佐、傅岳校、倪予凡、陈景甫、王子刚等。主席陈笛孙。

首报告召开会议意旨后，继即开始讨论，筹款问题如何进行，经议决，定六月二十七日上午七时起，由全体会员出发向大街至清道桥商店，先行劝募，其绍兴县城区水利工程委员会建设，经费筹措办法于下：

经费筹措办法：

一、本会筹措建设经费，依照工程受益费征收条例，就受益地区商店住户筹措之。

二、工程上支付工值，概以食米计算，前项经费，商店住户解缴时，亦按照食米市价折币。

三、商店住户之负担，视其能力，分甲、乙、丙、丁、戊、巳，六级编认之。

四、各级负担数额规定如下，甲级二号米二石，乙级一石六斗，丙级一石二斗，丁级八斗，戊级四斗，巳级二斗。

五、前项经费，由会填就三联收据，加盖越王镇公所，及县商会各图记，派员收取，报县核备。

六、商店住户，如有超额输将者，由会报县嘉奖，热心人士特捐巨款者，依照捐资办理公益条例，请县府报请省府转呈中央给奖。

七、本办法提经越王镇镇民代表会议议决通过，呈请绍兴县政府核准公布，施行修正时同。

组织规则：

第一条　为办理筑闸抽水，清洁城区河流，特组织本委员会。

第二条　本会设委员三十一人，至四十一人，呈请县政府聘任之。

第三条　本会设主任委员一人，常务委员六人，就委员中互推之。

第四条　本会设总务、财务、工程三股，各股主任一人，由委员中公推任之，干事若干人，视事务繁简，随时聘任之。

第五条　总务股之聘掌如左：

（一）关于文稿之撰拟及收发事项；

（二）关于文件之保管事项；

（三）关于器具之购办事项；

（四）关于一应庶务事项；

（五）关于其他不属于各股事项。

第六条　财务股之职掌如左：

（一）关于预算、决算之编造事项；

（二）关于经费之征募保管事项；

（三）关于会计及出纳事项；

（四）关于稽核及报销事项；

（五）关于征信录之编印事项。

第七条　工程之职掌如左：

（一）关于工程之设计事项；

（二）关于工务之设施事项；

（三）关于会计及出纳事项；

（四）关于稽核及报销事项；

（五）关于征信录之编印事项。

第八条　工程之职掌如左：

（一）关于工程之设计事项；

（二）关于工务之设施事项；

（三）关于施工之督察事项；

（四）关于工程之验收事项；

（五）关于其他有关一程事项。

第九条　本会会议分委员会，及常务会两种，开会无定期，由主任委员斟酌情形，随时召集。

第十条　本会开会时，各股主任均应列席，各就主管事务，分别提出报告。

第十一条　本会委员，及各股主任、干事，均为义务职，但因公必需开支，仍得作下报销。

第十二条　本会倘因事务繁剧，得由主任委员随时请县商会、越王镇公所、绍萧公司，各主管调派职员办理之。

第十三条　本规程经□员一议通过后呈报绍兴县政府核准施行，修正时同。

《绍兴新闻》中华民国三十七年六月十七日

救济粮荒确保治安，城区设粮食公店

（1948 年 6 月 17 日）

集米五千石设法按日调配，运粮出城即扣住平价收购

（本报讯）本县县政府，以目前粮荒严重，为安定社会起见，特于昨（十六）日上午，假县

政府会议室,召开法团紧急会议,出席者:县参议会高世樑、郑士伟、地方法院李锡全(萧代)、检察处俞康(萧代),戡乱建国动委会王佑之、警察局许开铃、总工会章锦江、律师公会马斯藏、县商会陈笛孙、县党部董起凡、朱苴英、粮食业公会严希尚、越报社诸萍杰、绍兴新闻沈振远、县妇女会王玉振、越王镇公所徐衣言、《民国日报》应维梁、民调委员会、田粮处、潘文奎、教育会王华国、县农会王绍之、王铎中、青年党县党部张新民、民社党县党部陈芝铭、篛司工会夏云标、船员工会沈伯扬,讨论事项:

(一)目前粮荒严重,为确保治安起见,应设法紧急措施案。决议:

1. 在城区设立粮食公店四处,其地点由粮食公会决定。

2. 公店粮食来源,由各米商及民调会集米五千石,设法按日调配,(内民调会负责三千石,粮商负责二千石。)

3. 价目由县政府按日照市低价评定。

4. 一般粮商,仍应照常营业,不得拒售。如有拒售情事,准由经济警察队执行,凡有执照者吊销。其执照,无执照者,勒令永远停业,并分别严办。

5. 紧急调查各米商存米数量。

6. 凡查有运粮出城者,应即扣送粮食公店,照平价收购,以裕粮源。

7. 公店出售数量,每人限购五升。

(二)粮食公店如何筹组案。决议:

1. 由县政府、地方法院、参议会、县商会、粮食业公会、越王镇公所及国民党、青年党、民社党三县党部等九单位,共同筹组。

2. 推县政府、县商会及粮食业公会,拟具办法,迅即实施。

3. 粮食公店定六月十六日开始,由粮食业公会负责办理。

4. 公店未设立前,由粮食业公会转知各粮商尽量供售。

5. 中行价拨食谷六千石,由陈理事长笛孙、严理事长希尚接洽。

6. 粮食公店开始业务时,向参议会及地方法院按日派员,前往监督。

《越报》中华民国三十七年六月十七日

补救粮荒解决民生,粮食公店今晨开粜

(1948 年 6 月 18 日)

每市石公价七百八十万元,分四区供售,每人限购五升

(本报讯)本县为解除粮荒,安定社会秩序,经法团会议决定,今(十八)起,全城分设四处粮食公店,其售昨(十七)日经县府与米业公会共同决定,为每市石七百八十万元,以中等米而售低档价目,四个粮食公店地址,计为东区保佑桥、永裕米店、南区大庆桥咸亨酱园旧址、西区府桥民生机米厂、北区探花桥协茂裕米号。每日营业时间,自上午八时起至下午七时止,每人限购五升,明后日逐米价,由县会同米业公会核定。

（又讯）本县县当局，以近日来本县粮荒渐趋严重，为解决民生必需之目前问题，以安社会秩序，而维地方安宁起见，特于昨（十七）日上午九时，在县府会议室，召集各机关法团代表，举行设立城区粮食公店筹备会议，出席者计有县参议会宋长儒、越王镇公所徐衣言、粮食业公会徐衣言，国民、民社、青年三党绍兴县党部汤匡瀛、陈芝铭、张新民，地方法院沈孝龙，县商会董起凡，县政府孙秉贤，主席孙秉贤（徐祖贻代），其议决事项计为修正通过城区粮食公店实施办法，定自今（十八）日起，全城分四处设立四个粮食公店，兹择处设立粮食公店实施办法于下：

（1）本县为解决粮荒，藉保地方治安起见，特依照紧急法团会议第二案第二点之决定，订定本办法。

（2）粮食公店分设于保佑桥永裕米号、大庆桥咸亨酱园旧址、府桥民生米厂、探花桥协茂裕米号等四处。

（3）各粮食公店负责人，由民调会及粮食业公会商派之，其所需其他工作人员，由粮食业公会就各粮商中商调派充之，均为无给职，其所需用具，并向粮食业公会向各粮商商借拨用。

（4）粮食公店，营业时间，自上午八时起，至下午七时止。

（5）粮食公店食米，以一档为原则，其价格逐日由县政府会同粮食业公会核议后公告之。

（6）凡向粮食公店购米者，以五升为限。

（7）各粮食公店食米来源，向民调会及粮食业公会设法之。

（8）各粮食公店每日售米数量及价格，应造具日报表五份，除一份存店外，并分送参议会地方法院，民食调等会，及粮食业公会，其价款并应当日结清，次日上午，专户存入指定行庄。

（9）各粮食公店，供应期间，应请地方法院及参议会随时派员分赴各处监督。

（10）本办法经城区粮食公店筹备会通过后，送请县政府核定施行并呈报省政府核备，修正时同。

（又讯）本县米业公会，昨函致本报，以此次办法粮食店，西区粮食公店，昨日原定西小路信泰源旧址，业见今日报载，兹为事宜上之便利起见，改设于府桥民生机厂，深恐籴食者届时误会，请披露云云。

（本报讯）本县粮食公会，为筹设公店事宜，于昨（十七）日下午三时，在该会会议室召开二次座谈会，出席孙兑泉等十三人，主席严理事长希尚。报告事项：四区公店地点，因事实上之便利，改为府桥民生厂，东区金庆云公出，须改推负责人。

讨论：

一、东区负责人应改推案。议决，暂推金新元、俞思海二君担任。

二、为西区公店便于统一管理起见，应推举干事案。议决：推金秋荪为总干事，莫灿庭为干事。

三、公店午膳，应如何供应案。议决：每区各以四人计算，每人主副食合米一升，共为一斗六升。

四、借米之分配,经议决向同业筹借。

《绍兴新闻》中华民国三十七年六月十八日

粮食公店今设立

(1948 年 6 月 18 日)

营业时间规定每人限购五升,供应出售食米以一档为原则

(本报讯)本县县政府,为解决粮荒,安定民生,确保地方治安起见,特依照紧急法团会议,决定筹组城区粮食公店,并于昨(十七)日上午九时在县府会议室召开,本县城区粮食公店筹备会,出席者计有县参议会宋长儒、越王镇公所徐衣言、粮食业公会严希尚、国民党县党部汤匡瀛、民社党县党部陈芝铭、地方法院沈孝龙、县商会董起凡、青年党县党部张新民、(代)县政府孙秉贤,主席孙秉贤(徐祖贻代),其议决事项计为修正通过,城区粮食公店实施办法,定自今(十八)日起,全城分四处设立四个粮食公店,兹经记者探志粮食公店实施办法如次:

(一)本县为解决粮荒,确保地方治安起见,特依照紧急法团会议第二案第二点之决定,订定本办法。

(二)粮食公店分设于保佑桥永裕米号、大庆桥咸亨酱园旧址、府桥民生米厂、探花桥协茂裕米号等四处。

(三)各粮食公店负责人,由民调会及粮食业公会就各粮食商中商调派充之,均为无给职,其所需用具,并向各粮商商借拨用。

(四)粮商公店营业时间,自上午八时起至下午七时止。

(五)粮食公店食米,以一档为原则,其价格逐日由县政府会同粮食业公会核议后公告之。

(六)凡向粮食公店购米者,以五升为限。

(七)各粮食公店粮食来源,向民调会或粮食业公会设法。

(八)各粮食公店,供应期间,应请地方法院及参议会随时派员,分赴各处监督。

(九)本办法经城区粮食公店筹备会通过后,送请县政府核定施行,并呈报省政府核备,修正时同。

《越报》中华民国三十七年六月十八日

全城分六区办理,平粜米今日开始

(1948 年 6 月 21 日)

照市价七折每石六百万,凭越王镇平民购证发售

(本报讯)本县为救济粮荒严重,解除平民生活艰痛,谋求抑平粮价起见,定自今(二十

一)日起,全城分六区办理平粜,平粜地点,计为旧鲁迅镇恒济米店(五福亭)、旧汤公镇穗丰米店(保佑桥)、旧成章镇源济米店(大庆桥)、旧锡麟镇秋成米店(府横街)、旧秋瑾镇裕民米店(探花桥)、旧元培镇维德米店(北海桥)、平粜米价,亦经当时法团会议决定,以本月十八日一号白米市价打七折为准。兹悉十八日一号白米市价每市石为八百五十万元,昨经县府同业公会决定,照八百五十万元打七折发售,为每市石六百万元,平粜时间为十天,每日上午八时起至下午六时止(夏令钟),凭城中越王镇公所调查发给之来民购米证发售,计为大口五升,小口两升,届时由参议会、地方法院派员会同前往监视,更由警察局派警分赴各平粜地点维持秩序。

(又讯)本县孙县长,为办理平粜,昨特出示布告晓谕平民,于今(二十一)日起,按照手续前往籴食,惟须遵守秩序,以体念政府关怀平民生计维持社会秩序之至意。

《绍兴新闻》中华民国三十七年六月二十一日

民调会尽向产地采购,本县粮食问题可无虑

(1948年6月23日)

(本报讯)本报记者昨对目下粮食问题,曾向该业公会作一访问,承严理事长希尚等见告,自民调会提谷六千石,先后设立公店四处,平粜处六处后,供应无缺,一面将售得之款,已指派妥员协助民调会,而产地陆续尽量采购,以为接济。又悉各行前向浙赣线办成米谷,为数甚巨,现正源源到绍,早稻见新不远,则本县粮食前途,当可无虑。

(本报讯)本县民食调节委员会,为商讨调节民食事宜,于昨(二十二)日上午十时,在小校场县商会会议室,召开第九次委员会议,出席委员,计有孙秉贤、宋阳生、潘文奎、阮光乙、卢炘(代)、陈笛孙(代)、金鸣盛(代)、鲁源润(代)、严希尚、余吼民等,列席骆锡铎、徐衣言、郑士伟、来松梃、应维梁等,主席孙秉贤。首报告近来米价飞涨,召开紧急法团会议等经过,次由严希尚报告粮食公店情形,继由宋阳生报告平粜情形,嗣即开始讨论:

(一) 准绍兴县紧急法团会议通知本会,承购中行之稻谷六千石,暂借作食粮公让门售之用,将售得之款,再购粮食抵补,已照办,请追认案。决议:追认通过。

(二) 本会向中行购得之谷(六千石),前经决议:作各乡镇平粜米之用。兹准绍兴县紧急法团会议通和,借予粮食公店,门售之需,一面将所售之款购谷抵补,惟查每日售得另款,待集有成数,再行进补,在此物价早晚不同之时,难免有补不足之虑,抵补时又需若干业务费用,拟由本会损耗及开支,如何请讨论案。决议:由本会会同县政府、参议会、县商会、米业公会,组织采购机构,其损耗及开支,概由本会负责。

(三) 准米业公会函,以粮食公店及平粜米,于加工后,分送各处(十处)其肩驳工力每石八万元,请由贵会发给,如何请公决案。决议:准由本会支给。

(四) 准越王镇公所函,以平粜户口,比原册增大十七口,为六二九二口,小口增三口为三三一五口,请予追认案。决议:追认通过。

（五）查平粜业已开始，关于各项收解手续，应如何规定，请核议案。决议：每日售得米款，于次日上午十二时以前解缴本会指定钱庄（祥源、恒隆）持收款凭证来本会出纳室转帐，及售出数量，一并报会备查。

（六）民丰社中途函请解约，依照上令，民丰社运销所获盈余，应归会支配，关于民丰社业务费用，及损益结算，应如何办理，请核议案。决议：保留。

（七）越王镇长徐衣言称，本所奉令协助办理平粜，因临时雇用职员及造册木戳等费用约五百万元，拟请贵会核实支拨案。决议：准予检具单据，核实支给。

《绍兴新闻》中华民国三十七年六月二十三日

民调会昨举行九次委员会议

（1948 年 6 月 23 日）

采米到绍早稻见新不远，平粜米售得款缴解指定钱庄

（本报讯）本县民食调节委员会，为商讨办理平粜及粮食公店等事宜，特于昨（廿二）日上午十时，假县商会举行第九次委员会议。出席委员孙秉贤、宋阳生、潘文奎、阮光乙、卢炘（代）、陈笛孙（代）、金鸣盛（代）、鲁源润（代）、严希尚、余吼民，列席骆锡潭、徐衣言、应维梁、来松梃、郑士伟，主席孙秉贤。

（甲）报告事项：

一、主席报告近来米价变动及召开紧急法团会议应付经过。

二、严委员希尚报告粮食公店情形。

三、宋委员报告平粜情形。

（乙）讨论事项：

一、准绍兴县紧急法团会议通知本会承购中行之稻谷六千石，暂借作粮食公店门售之用，将售得之款再购粮抵补，已照办。请追认案。决议：追认通过。

二、本会向中行购得之谷（六千石），前经决议作各乡镇平粜米之用，兹准绍兴县紧急法团会议通知借予粮良公店门售之需，一面将所售之款购谷抵补，惟查每日售得零款，待集有成数而再进补，在此物价早晚不同之时，难免有补不足原数之虑，抵补时又需若干业务费用，拟由本会损耗及开支，如何请讨论案。决议：由本会会同县政府、参议会、县商会、米业公会、组织采购机关，其损耗及开支，概由本会负责。

三、准米业公会函以粮食公店及平粜米于加工分送各处（十处），其肩驳工力每石八万元，请由贵会发给，如何请公决案。决议：准由本会支给。

四、准越王镇公所函，以平粜户口比原再增大口十七口，为六二九口，小口增三口，为三三一五口，请予追认案。决议：追认通过。

五、查平粜业已开始，关于各项收解手续，应如何规定，请核议案。决议：每日售得米款，于次日上午十二时以前，解缴本会指定钱庄（祥源、恒隆）持收款凭证来本会出纳室转

帐及售出数量一并报会备查。

六、民丰社中途函请解约,依照上令,民丰社运输所获盈余,应归会支配,关于民丰社业务费用,及损益结果,应如何办理,请核议案。决议:保留。

七、越王镇长徐衣言称,本所奉令协助办理平粜,因随时雇用职员及造册木戳等费用,约五百万元,拟请贵会核实支拨案。决议:准予检具单据,核实支给。

(又讯)本报记者,为对目下粮食问题,曾向该业公会作一访问,承严理事长希尚等见告,自民调会拨谷六千石,先后设立公店四处,平粜处六处后,供应无缺,一面将售得之款,已指派妥定,协助民调会向产地陆续采购,以为救济。又悉,各行前向浙赣线办成米谷,为数甚巨,正成源源到绍,早稻见新不远,则本县粮食前途,当无可虑。

《越报》中华民国三十七年六月廿三日

粮食有不接之虞,民调会派员采办

(1948 年 6 月 28 日)

县长昨谕粮食公会,必须尽量供应抛售

(本报讯)本县在粮价飞涨下,人心惶惶,虽略有现钞者,亦皆籴米以备,以致市上粮食,顿形缺乏,前日民调会等,曾派员至临浦采办,昨已接获来电,为浙赣路受水所阻,赣米难于下运,临镇无货所办。兹悉该会等,以粮食关系民生,实不能一日匮乏,故经签请县长核准,今日续再会同粮食公会派员携款分赴产区金(华)、兰(溪)、碛(石)等地,尽量采购,以济民食。

《绍兴新闻》中华民国三十七年六月二十八日

民食调节会昨举行十次会议

(1948 年 6 月 30 日)

粮食公店暂不撤销,办理平粜派员监督

(本报讯)本县民食调节委员会,于昨(二十九)日上午九时,假县商会会议室,召开第十次委员会议,出席委员,朱苣英、孙秉贤、张光楷、沈鼐、阮光乙、许开铃、卢炘、严希尚、宋阳生、潘文奎、鲁源润、余吼民,列席徐祖贻,(代)主席孙秉贤。首报告:

1. 中行已提出谷四千石,供粮食公店用。

2. 公店自十八日起至二十七日止,计出售米一千四百七十六石二斗二升五合,出售米款一百二十八亿九千二百七十二万四千元,计耗米十六石一斗另二合。

3. 采购情形分三组出发:一、临浦组,二、金兰组,三、碛石组,四、平粜米自十八日至二十七日止,共售米三百三十九石六斗五升,售得款二十亿另三百七十九万元。

旋即开始讨论：

一、准中国银行函，以本行价拨贵会稻谷，何日开始平粜，及每石粜价若干，所有平粜盈余款项，应随时交存本行等由，如何函复，提请讨论案。决议：函复中行平粜日期尚未决定，正在筹划中，一俟开始再行函告暨办理公店实际情形，函告中行备查。

二、依照上次会议决定本会之稻谷八万五千斤，在城区平粜中行之稻谷六千石，平粜乡区各乡镇，旋准各法团紧急会议决定，设立公卖店四处，由本会负担六千石，粮食业负担谷四千石平价公卖。兹本会已先后拨付谷四千石，粮商方面尚颗粒未拨，而当前米价涨风愈炽，为顾全平民生计及地方治安计，公卖店不能撤消，如何使之持久，应请商决案。决议：粮食公店暂不撤销，本会向中行购存谷二千石，再不拨付。嗣后公店门售米由粮食业公会负责供应谷一千六百石以资维持。

三、本会调节民食，系全县性向中行购存谷六千石，原定平粜乡区各乡镇，兹为维持地方治安，暂拨公卖店平售，依照目前米价涨率，恐不能抵补足额，万一差额较大，被乡间民众质询，势难应付，应如何弥补，请讨论案。决议：购补实物，不敷数先向田粮处商借积谷一千石，俟平粜售得款购谷归垫。

四、民食调节与社会救济，食有连带关系，拟聘社会科长徐祖贻为本会委员，是否有当，请公决案。决议：通过照聘。

五、本会为平民多得实惠起见，今后应否派员监督案。决议：推请朱委员苴英、宋委员阳生、潘委员文奎暨县府社会科徐科长四位为监督委员。

六、此次城区平粜，闻有从中中饱情事，无异吮吸贫民血汗，应推员严罚彻查，如经查有实据，送请政府严惩，是否有当，请公决案。决议：请县政府办理。

七、准县政府交来警察局函，以检查城区米店，未经登记合格者计四十五家，应予取缔停止营业，所有存米二百余石，如何处置，请讨论案。决议：交粮食业公会转拨粮食公店供应售市。

《越报》中华民国三十七年六月三十日

简　讯

（1948 年 7 月 10 日）

（本报讯）去年夏秋本县各乡所受水旱虫灾之中央拨发救济振款四千余万元，顷悉县方已定于本月十三日上午九时，在县府会议室，召集各法团机关代表，开会商讨分配问题，以便依法散派。

（本报讯）绍兴红卍字会，本年度夏令施医施药，定于七月十日起开始，西医部聘请内科何纪林，逐日上午施诊给药，中医部聘请外科金子能，每逢农历三六九日上午施诊给药。

（经济社讯）绍兴县商会越王龙，自设置以来，各项器具，已次第购备完全，惟缺乏基金，致平日添购汽油，及一应支出，均系随时移借，颇有亏负，目近来油价日涨，亟须稍为购储。兹悉县商会,拟即筹款一、二亿元,以资应付,昨已分函各业公会筹募。

《绍兴新闻》中华民国三十七年七月十日

便利民食调剂,恢复自由流通

(1948 年 8 月 20 日)

(越吼社讯)本县警察局,以准本县民食调节会函,略以目前为新谷登场之际,兹为谋县民供求调剂,恢复城乡区粮食自由流通起见,业经本会于第十三次委员会议第五案议决通过,请警察局于即日起,恢复城乡区间,粮食自由流通。警局据函后,昨已令饬各所队、城区督勤区暨各分驻所遵照办理。

《绍兴新闻》中华民国三十七年八月二十日

存粮酌量配给,每日照常供售

(1948 年 10 月 9 日)

(又讯)本县米业公会,鉴于本县粮荒,迄今未见缓和,特又于昨(八)日下午两时,召集该业公会各理监事,商讨继续解救业务困难办法之临时会议,出席理监事,计有严希尚、金秋荪(代)、张焕耀等二十余人,主席严希尚,首报告上次会议议决,自动调查行号百货,于本月六日下午,将四日止存粮四千二百九十四石,已汇报警察局,一面并电请县政府、参议会、县商会,转请省政府统盘救济,并报告昨日被临浦扣留本县途货,已于昨日电请县政府交涉发放,一面并已推请董顾问、单理事,前往萧山县政府面陈情形,复报告本日奉县长面谕,米源无论如何困难,仍须设法供应门销,否则责任奇重,以作同业之警告,报告毕,即开始讨论。日来粮食恐慌,并未和缓,一面途货遭扣,一面县长责令维持为难,应如何于无办法之中,寻求方法,请切实讨论案。议决:

(一)各行存粮,逐日应酌量配给门售店,每批均须对照,以资持久。

(二)各门售店,除得到配给外,尤须各自努力设法搜购,务须每日应市,不得中断。

(三)上项决议,由会分别通知遵守弗渝。

《绍兴新闻》中华民国三十七年十月九日

米荒仍日趋严重,粮商续请救济

(1948 年 10 月 10 日)

三天出售已耗存量半数,萧山扣米尚未起运到绍

(本报讯)本县近三四日来,粮荒非特不见缓和,且有日趋严重之势,各米号仍存底甚

薄,到货稀少,即可于下列米业公会昨(九)日呈请县府继续设法救济文中,窥见一斑,其原文略云:

查本县城厢粮食恐慌,曾于本月四日,沥陈困情,呈请救济,旋荷县参议会、县商会,联请浙江省政府,准许绍兴粮商,向金、兰、衢、龙等地尽量采购,勿予留难,并俯念杭、绍、余、甬接壤地区价格不齐,准以不超过杭州市价格为度,酌量另定售价,未获指覆,群情惶惶,一面渴望接济之各行号途运之货,又被临浦扣阻,尚在交涉中,兹查近三日来,四乡出粜者,依然裹足如前,本会所属各会员行号,截至四日止,仅存总额四千六百四十一石,五六七三天,仅有人人、恒康、大源三家,新到二百八十一石,合计不及五千石。而三日中售出,已逾上项存额之半,照此情形,不见缓和,自觉益趋严重,本会业已责成批卖行,务将存粮逐日酌配给门售店,须有对照凭证,又责成门售店,除得到配给之外,尤须各自努力,设法搜购,□冀供应门销,不致中断,此本会最近之措置,惟是源不能开,流无可节,症结甚深,流解无方,仍恳继续设法解救,以达安全。

(又讯)本县各米号向金兰各地采购来绍之米谷,在临浦被萧山县扣留后,虽经本县米业公会派员前往交涉,已得放行,但是项大批食米,迄昨日止,尚未起运到绍,闻尚须一二天或可运抵。

《绍兴新闻》中华民国三十七年十月十日

粮食公店不敷数量暂借公粮维持

(1948年10月16日)

临浦扣米今可运绍,米商集体向金采购

(本报讯)为了救济目前的本县严重粮荒,经过了前天晚上经济管制委员会的委员们一个讨论,议定自今(十六)天起,全城设立十二个粮食公店(设立的地址,已载昨天本报)。每天上午九时到十二时,下午二时到六时,准许每个市民购买两升,同时一方面更决定了"价目同杭州一样"公卖的时间是一礼拜,这个办法,到可说是"没办法中想办法",临时来个"头疯灸头",但是"小人卵子娘身肉",耗损还是米店老板讨论每天应该供应的食米数量时,不是你说"我们范围小,那里派得到这许多",便是我话"我们资本有限,根本没有米,而且天天要耗损许多,实在吃不消",弄得米业公会理事长严希尚,感到"头痛",结果总算米商们还深明"戡乱时期地方治安要紧"大义,结果作了下面的决定:

(1)十二公店负责人,东区新岳庙,南和庙,章彬森;南区禹迹寺,单企堂;菩提弄咸亨旧址,金竹皋;西区净瓶庵,黄朝森;妙明寺,杜炳昌;北区,北货公会,金竹皋;景泰当,金新元;中区头陀庵,孙兑泉;火珠巷,孙兑泉;偏区山阴城隍庙,孙如海;止水庵,俞鸿泉。

(2)对各公店必需费用,于发还价款时,每石暂提金元两角,结果后多还少补。

(3)较小的米店,供应必须要负担,一面由米业公会面请县政府暂借公粮,维持他们的困难。

（又讯）最近一再把本县食米扣留的萧山县政府，昨天来了一个公函到绍兴县政府，意思是，以后本县米商如果向外县去办米要路过萧山的话，必须有绍兴县政府的采购证明书，经过该县检验掉换准运证书后，方可通行，否则仍旧要扣留的。

（又一个消息）听说被临浦扣留的一批食米，今天可以到达绍兴，这可说是严重粮荒中一个救星，同时一般米商们也深深觉得限制购买是救不了长久粮荒，所以急急地打算联合起来向金华、兰溪、临浦等各产米地方，马上去大批采办。

《绍兴新闻》中华民国三十七年十月十六日

大批粮食装运到绍，米荒渐趋缓和

（1948 年 10 月 17 日）

民调会赴临浦采购，县府改善公店制度

（本报讯）米荒严重到没有购买地方的本县，昨（十六）天上午，已有大批粮食运装到绍，在西郭门外各米号起卸，这可说是一个"久旱逢甘雨"喜讯，听说这批米，是临浦方面运绍的。

（又讯）民食调节会因为听到临浦方面，已有食粮运到，现在本县粮荒严重，自然应该去采办。昨天特地请县政府办了一张证明书，今天派员到那边去采购，预备办一千担食米，以最快的办法，运来供应民食，粮荒在不远的将来，一定可以解除了。

（又讯）昨（十六）天有许多公民上呈给县长，自称为饥饿的一群，现由很充分地说着，绍兴的米荒，弄得十分严重，简直没有购买的地方，做小百姓的，古语说得好，"民以食为天"，别样东西还可以将就，米是一天不能够缺少的，如果把辛辛苦苦得来的钱想去买一升米都买不到，还可以生存下去吗？昨天起首，虽分东、南、西、北、中设了十二爿公店，可是一批量手，和他熟悉的、强硬的，才至买得到，甚至说不定还可以一买再买，不和他认识以及没有力气的，一天到晚仍旧是挨不到米，而且靠趁工度日的，也没有这许多工夫，最好的办法，还是依照配给冬振米旧案，"先叫保长查明本地份内要吃量来米的赤贫户口，每天凭购米证配给平价米"。现在听说纳善似流的林县长，已把这件公事批给张建设科长去酌办。

《绍兴新闻》中华民国三十七年十月十七日

东关镇商民请求参加经管会会议

（1948 年 10 月 19 日）

（本报讯）东关镇商会，看到本县城里已由各法团机关组织了一个经济管制委员会，对货物市价要求提高的当儿，可以请求讨论，觉得解决了不少麻烦。东关距离城区，路途又有七八十里遥远，想依依本城的评价，一时里聆不到市面，所以该镇的镇商会，很想派一个代表，到城里的经管会来参加。昨（十七）天经管会接到这个要求后，已准他开会时派员来列席。

《绍兴新闻》中华民国三十七年十月十九日

粮商再不复业，县府决予封闭

（1948 年 11 月 11 日）

（本报讯）本县民食调节委员会，鉴于本县粮荒，仍甚严重，特于昨（十）日下午二时，假县商会会议室，召开第十七次委员会议，商讨解救办法，出席委员，计有林泽、宋阳生、张明、沈鼐、朱苴英、徐祖贻、许开铃、陈笛孙、严希尚，由林县长泽主席，首致报告后，旋即开始讨论。

（一）现届民食恐慌之际，本会责任所在，应如何加强工作案。议决：

（1）向临浦采购，推严委员希尚负责办理，由汤参议员志佩就地协助之。

（2）配销，推宋委员阳生、张委员明负责主持。

（3）以随购随销，周而复始，使城区米源充裕为原则。

（4）各业公会，如有集资委托代办者，亦由推定上列人员办理。

（二）准县参议会决议，指定本会会同粮食业公会，越王镇公所、县商会，举办平粜处，自十一月一日开始，经商定本会负担十分之二，业已服办，提请追认案。议决：

（1）追认通过。

（2）所有平粜收同款项，应继续向临浦采办食米。

（三）本会准地方银行贷款五万元，由钱业承贷，应如何采购食米，提请核议案。议决：

甲、关于粮食业方面：

（1）平粜处结束后，责成全体复业，照常供应。

（2）由粮食业公会，于三天内，主办粮食行店登记，重行整理，如有不复业者，报请县政府封闭，永远不得复业。

（3）仿照杭市办法，由粮食行店向粮食业公会具结，负责供应，请许局长开铃协助执行。

乙、关于本会方面：

（1）协助本县粮商，向赣采购食主，凡以前所扣留者，电请省府，转电赣省迅予放行。

（2）电请陈省主席转向杭州三行二局借贷五十万元，储粮备荒。

（3）以后田粮处如有标售赋谷，悉由本会承购。

（4）由县政府责成越王镇公所，查明城区余须股户及赤贫户口，分别造册，呈县转会。

《绍兴新闻》中华民国三十七年十一月十一日

2. 商会与地方治安

警 察 开 办

（1906 年 4 月 18 日）

山、会两县警察，已经于二十日立局开办，先设一个教练所，到北洋去请教习来教。学生先招八十名。按警察是地方上第一个要紧的事体。无奈经费有限，办理自然烦难。从前商家曾经答应过各业公摊捐款。现在因为有了绿营改警察的章程，大家都不肯再捐。商人智识本来有限，也无足怪。不过商人既然不肯捐钱，现在警察的钱是积谷捐钱开办的，这个总董，却应该归有田地的人公举，不应该商会公举。若是商会公举，将来大家是可以不承认的。现在胡绅办这个警察，却是认真肯辛苦，兼且不收薪水。大家想来也是合宜。但这个权限，是应该清一清才是。

《绍兴白话报》第 99 期，光绪三十二年三月二十五日

组织商团之先声

（1912 年 5 月 31 日）

时事日非，商团固不可缓矣。

绍兴社会党孙寅初、钱镜清、马谟臣、冯虚舟、陆文魁、高联芳诸君，咸系商界巨子，且均热心公益。近以时事日非，拟组织商团，以保商铺。日前邀集徐保林、陶文谷二君，借社会党事务所开谈话会，当场认定开办费洋五百余元，并拟联络各商向店铺劝捐，当□意在实行云。

《越铎日报》中华民国元年五月三十一日

商团之进行（二）

（1912 年 6 月 4 日）

在江桥开会，讨论一切。

城区商界孙寅初等□□组织商团，曾志本报。兹闻该团之组织，除孙君等外，其原动为陶文谷、高联芳二君。□君于初二日在小江桥张神殿内设该团事务所，开谈话会。到者三十余人，互商进行办法。首由俞襄周君起立，谓需款浩繁，应以经费为前提。虽前次到会诸君，已认有五百余元，然尚须陆续筹集，庶无掣肘之虞。语颇恳切，并自认五十元，表

其热诚。继由李铎生、陈坤生等诸君，先后慨捐，合计洋一百五十元。次由莅会诸君公推陶文谷君为会计，乾昌钱庄为收款处。次蔡镜卿君谓章程须拟订，为办事之范，遂公推朱鞠堂、冯舟子为起帅，□□推乾昌钱庄、天成银楼、阜通钱庄、谦吉绸庄四处为报名机关，其余一切进行，俟立案后，续会讨论。遂即散会。

《越铎日报》中华民国元年六月四日

组织商团之进行（三）

（1912 年 6 月 13 日）

绍兴商团前由本城商界发起，曾推定起草员等情，已两志本报。现悉□团草章业已拟就！一日下午又假张神殿开会，发起人到者四十余人，先由公众推朱君鞠堂为临时主席。

次主席朗诵草章，当由徐叔荪、丁星阶、蔡镜清、陶文谷、孙芝泰等逐条讨论（章程另列专件门）。修正毕议决全体具名呈报官厅立案，次议前日认定经费，当由到会者允于十五以前一次缴入。未到者，由事务所发函通告，当时又有沈墨臣、陈寿生等各认十元，□□行散会。

《越铎日报》中华民国元年六月十三日

对于绍兴创办商团之感言

（1912 年 3 月 13 日）

二十世纪之时代，一商战剧烈之时代也。中国商界，颇重各营各业，惟利是图，甚至同业之中，亦往往互相妒忌，互相倾轧，素知团体为何物。

今闻绍兴商界发起，拟联合各业，创办商团，以注重德育、体育，养成军国民资格为宗旨。散者使之聚，离者使之合，无事则联络声气，藉资考镜，有事则众志成城，守望相助。古者，寓兵于农，今且寓兵于商矣。

记者敢为之贡一言曰，吾国人之性质大都爱财惜命，吾国人之办事，又皆虎头蛇尾，所冀痛除积习，发愤为雄，行以热忱，持以毅力，庶几有为胡守，可大可久，保财产而固邑基，富国强兵，试目俟之耳。

《越铎日报》中华民国元年六月十三日

商团进行记（四）

（1912 年 7 月 12 日）

褚惠僧批准立案

商团所以保卫闾阎，为当今急务。绍兴商界有见于此，前日拟具简章帖请商会，由县转呈民政司立案。其经过一切手续，已迭志本报。兹闻褚民政司司颇深嘉誉以察阅简章，尚属周妥，应准立案。即希知照（下略）

业已由县照会商会转知该团矣。从此发达体育，养成军国民之资格，以追迹日本之武士道大和魂不□，拭目俟之。

《越铎日报》中华民国元年七月十二号

商团进行记（五）

（1912 年 7 月 18 日）

绍兴商界组织商团已由民政司批准立案等情迭志本报。兹闻该团已将章程钱就分送各商店一切进行事宜，兹分录之如下：

报名处：共五处（一）天成银楼（二）阜通钱庄（三）乾昌钱庄（四）谦吉绸庄（五）悦来南货栈。

团员：入团团员闻以年在念外者为最占多数，日来争觅介绍人，分投报名，向事务所取阅章程者日必数十人报名之人已在百名左右矣。

操服：绍兴商会日前开会，□议员中以绍兴商界素不讲求体育，辄群相惊惧，手足无措，此次发生商团，将来裨益商界，实非浅鲜，现□该团体团员之操服及操帽皮带等均由□会赠给全体已表同情，一俟制成，即当送去也。

操场：前此会议决，假民团局场地为之，现因开操在即，场地一时决未能竣工，业已议决田朱鞠堂君向第五中校之操场暂行借用。

事务所：会议已久，迄无相当地点，现虽设于新河弄之某屋，因不能常借诸多未便，当议决由陶文谷君向商会所买之子母殿借用。

教员：闻何悲夫君对于该团极表欢迎，并□愿尽训练之责其他各教员□该团议决聘请武备毕业者，由高联芳、蔡镜清等担任延聘云。

《越铎日报》中华民国元年七月十八日

商团进行记（六）

（1912 年 7 月 20 日）

绍兴商界自发起商团后，其□次筹备情形记五志本报。现发起人□职员尚未确定，全团事务负责无人，责任殊嫌未专，主张以选举职员为第一阶段。到会者均赞成，遂议决以商会会场为选举职员场所，于本月念四上午举行，业已分别通告□会□□员。

《越铎日报》中华民国元年七月二十日

绍兴商团通告

（1912 年 7 月 20 日）

本团以讲求体育,养成军国民之资格,以保卫□□结合团体为目的。凡具备资格者得为本团体之团体员:(一) 本国国籍;(二) 年满十六岁以上者;(三) 品行端正者;(四) 身体强健者;(五) 有正当职业者。凡我商人,如有志愿入团者,□□□简章于下开各处报名可也。

报名处:大街天成银楼、阜通钱庄。

《越铎日报》中华民国元年七月二十日

商团选举职员

（1912 年 7 月 26 日）

本月廿四上午,绍兴商团开选举职员会,到者二百六十余人,九时振铃开会,由团体员会推朱鞠堂君为临时主席,当由朱君指任孙完初、杨元宗两君为整理员。次报告开会宗旨,并谓团体首由陶文谷与冯虚舟、高联芳诸君邀集同志七十余人,共同组织,均负输款义务,迄今团体已达一百余十人,惟选举以后,发起人当然消灭,与团体员一切同等云云。次按照该团章程第十条,定告用□□联记,□投票选举,以得票较多数者为当选。投票完毕,请商董钱静斋君、来宾朱幼溪君检票,并公推孙寅初君、陶文谷君开票,计最多数当选者孙寅初等十一人为团体员。□陈坤生君到会后,以事赴他,俞襄周、钱荫乔二君,今不到会,而三君均□当选,互选事宜,容否俟三君到会再行选举等云云。嗣后各团体员一致讨论,决定以八人投票互选,惟未到会之三君,有在城或有在乡者,议决分别往请。次按照该团章程十一条,宣告凡团长、副团长,由评议员以无名单记,去分次互选,以得票至半数者为当选。遂互选团长,开票后,未至法定过半数,乃加倍开列(计陈坤生、蔡镜清两君)。再行互选者二,陈坤生君得六票当选。次投票互选副团长,第一次开票,亦不过半,以票数较多者加倍开列(计蔡镜清、钱静斋、朱鞠望、丁星阶四君)。投票再行互选,开票后当选者仅一人(蔡镜清君得七票当选)。又加倍开列二人为第□次□互选,又不过半,经第四次互选,钱乔若得六票当选。□次朱君按照该团章程第十二条宣告,凡干事员由评议员于团体员中以无名联记法投票选举,以得票较多数者当选,遂投票选举。开票后当选举冯虚舟、高联芳、陈瘦崖等十二人。时已二句,其他事宜,拟再□集议,乃振铃散会。

《越铎日报》中华民国元年七月二十六日

商团开操有期

（1912 年 7 月 29 日）

绍兴商团于七月廿四日举定职员，曾志本报。兹闻该团已定于八月初一日先行试操，借第五中校之操场为操场，以清晨四时时至五时半为操练期。

《越铎日报》中华民国元年七月二十九日

商团取缔团员

（1912 年 9 月 24 日）

绍兴商团自开办以来，由陈坤生、何悲夫君等竭力整顿，颇称完善。惟团员于体操规定时间，多未依限到场，甚有已将退出。甫经到队者殊失尚武精神。兹由团员金秩卿君等致函团长，以严订操场规则，取缔到场之过□者为请，想该团长必能大加一番整顿也。

《越铎日报》中华民国元年九月二十四号

复冬防乎办民团乎

（1912 年 11 月 4 日）

安昌镇每至阴至九、十月间，开办冬防，经费由各商家筹出，约费洋三百余元，向由驻防哨官承办。今年该镇设立巡警，此费遂拨充为经常费，讵目前盗风四炽，劫案迭出，商家人人知危，欲办商团，非特经费难筹，且无人承办。若长此因循，实非保卫地方之意。本月一号，遂由南货业董邵某会同徐某磋商办法，而徐某之意则在复冬防，邵某则谓非商团不可。踌躇未决，遂拟于次日（即初三日）开商务分所，邀同各商家妥议办理矣。

《越铎日报》中华民国元年十一月四日

商团预备冬季操衣

（1912 年 11 月 13 日）

绍兴商团冬季操衣，尚未预备。因时届寒冬，亟应置备。该团职员于十一日宣议军事之余，与团员讨论应制何色为宜，当经团员公决，仿照沪上商团用黄色华呢。惟价值颇为不赀，现□已由陶君荫轩慨为捐助，其热心公益，殊可风矣。

《越铎日报》中华民国元年十一月十三日

柯桥创办民团

（1912 年 11 月 17 日）

典业自谋防护。

柯镇当业以各区抢案层出，谣诼纷繁，蹙为忧之。经由该业董马君群发起创办民团，招勇二十名，藉资防卫，其经费悉照冬防捐摊认定阴历十月二日成立，并以朱渠堂为团长，然朱前在民团时颇与舆论訾议。今后未识能改其前非，勉为善良以造福于柯桥否，试观其后。

《越铎日报》中华民国元年十一月十七日

忠告安昌镇商团团员

（1912 年 11 月 21 日）

安昌为绍兴县之巨镇，户口繁盛人烟稠密，贸易往来肩摩毂击，市面之兴，几与柯镇、临浦鼎足而三，而地近沙蛮，僻处海滨，一遇荒歉，小则挨户勒索，大则焚椿掳掠，劫夺之风时有所闻，绿林豪客，频来骚扰，以致市廛多庞吠之惊，列肆来狗盗之客。于此而思请兵捍卫，则力有不足，雇人巡逻，则难资镇摄，计惟有组织商团，认真办理，庶足以收实效而保闾阎。为商界计，诚莫善于此者，此该镇杨某、邵某等所以竭力经营，苦心组织，冀安昌一镇，长保治安而弗替者也。虽然办商团固难，为团员尤难，曷以故？盖团员者，全镇之安危系于团员，团员得其人，则一镇蒙庥，团员不得其人，则一镇受害，故办商团者，除筹集经费以外，即在慎择团员，勿徇情而滥任，毋酬恩而录用。而为团员者，则当体地方艰难之状，与一身仔肩之重，宜若何尽力，以副父老之委任。宜若何效忠，以舒桑梓之隐忧。平时则勤于操练，必服从教员之训诲，遇事则勇于争先，作牺牲性命之思想，一团员能如是，百团员皆效法，以是而犹谓团员之不足御盗贼，团员之不足靖地方者，吾未之信也。然此虽为普通团员而言，实可专指安昌团员而论也。夫安昌团员，今尚在初为募集之时，记者亦何从论其优劣。第记者亦安昌一分子，注意梓里，自不得不为未雨绸缪之防，而效逆耳之忠告。盖安昌之团员，其资格必居幼稚，将来抗违教员之命令，滥竽充数之无匪爱惜身命之懦夫。若而人者，十中必居其六七，果尔则商团成立以后，必无良好之结果，完美之成效，有断然者。是不特负地方委托之责任，抑亦非办理商团者之本心矣。此非记者苟为是言，而逆料安昌团员之必如是也。果安昌团员而不为记者之所料，则记者宁或发言不中之咎，以谢我团员。是则安昌之幸福，亦未始未团员之成绩也。记者姑拭目以观其后。

《越铎日报》中华民国元年十一月二十一日

商团雪地旅行

（1913 年 1 月 6 日）

绍兴商团议决，于去年十二月二十号，举行旅次行军，以柯桥为目的地，曾记本报。兹是日清晨，适值瑞雪缤纷，朔风凛冽，该团教员全熊飞、高保华诸君，以际此严冬大雪，正宜练习雪地行军，以觇实验。斯言甫出，各团员无不踊跃愿往，遂排队齐赴府山望□亭，教□□外战术□。此雪花飞舞，一白无垠，精神愈奋，稍息片时，绕道三大校场，练习各种攻斗技术，时已傍午，乃整队而回。午后，复由该团事务所通告各团员，以冰天雪地，实足以资行军经验，因定于二十一日全团旅行柯镇，以符前议。次晨各团员齐集事务所，当由该团干事暨各教员，带领全团团员，排队过清道桥，由大街转入大路，直出西郭门，至弥陀寺暂息，旋即□路起直达柯桥。有该镇民团、警察及商学各界，在大桥左近联袂欢迎。民团、警察均举枪致敬，商团亦以礼相答。迨至融光寺时，该镇各界开会欢迎，首由王乡云君登台宣布开会宗旨，□演述商团与社会有密切关系，是以商团旅行至柯，同人等实深欣幸。次有刘君晋祝词。旋由该团高联芳（下缺）

《越铎日报》中华民国二年元月六日

商团进行种种

（1913 年 1 月 12 日）

绍兴商团自毕业后辍操迄今，团长陈坤生深虑各团员长此以往，荒疏学术，特开职员会议，决于本月十六日起，仍照定章，每日早晨，操练二小时。未毕业之团员，亦于是日起补习两月后考验等差，给予毕业证书，业已分别通告，一面预备续征新班操员，以图扩充云。

东皋镇组织商团。

绍兴五云门外皋埠市，地当孔道，交通便利，商业繁盛，夙号巨镇。惟近年劫案频仍，殷实商号感怀恐惧，率皆缩小营业，大有今昔之感。近有瑞康源一□等南货号东沈庆甫、沈雅堂及豫昌米行东屠少安、何子甘诸君，以城商团成绩卓著，拟仿照成则，组织东皋商团，以资自卫。迭次开议，已有头绪，不日邀集阛市商号开会，推举职员，并征集操友，从事训练云。

《越铎日报》中华民国二年元月十二日

商团近闻片片

（1913 年 1 月 22 日）

实地野战。

绍兴商团□□□□□□□□□□□□□□业已经过，近日即在府□□□山等处实地练习对抗□□□。惟商店中如某南货栈□□□某极不以该店操练之人□□□时加反对，殆反谓顽固成□□欤。

枪枝已有。

该团操练□□板，近日尚用前膛。兹闻团董□清如君，以当兹枪炮已□□□之时，前膛决非合宜，况商团系保护闾阎而设，尤以利器为前提，遂慨助新式快枪一百枝以□应用。

补选职员。

该团副团长钱荫高君，因另有职务，于前日函请告退，团员中以钱君之不克到团，确系实情，而团中事务繁多，未能长此缺席。于二十日下午开会选举（照该团章程，由评议员选举，以得票至半数当选。一朱鞠堂得六票当选为副团长，又评议员缺度二人，当由该团员议决，以去年选举时候补当选之高联芳、金秩卿推补云。）

《越铎日报》中华民国二年元月廿二日

呜呼安昌之商团

（1913 年 2 月 9 日）

安昌投函云，安昌为绍属巨镇，行商坐贾，实繁有徒。目去岁试办商团以来，瞬经两月，毫无成绩可观。而该团教员潘骏，原系共进会会员，其平日品行如何，姑置不论。自抵该镇后，夜郎自大，声势炎炎，不脱本来面目，教操二日，即告假四天，比及回团，已逾假一星期矣。且有时任意旷课，停不教练，其放弃责任，已可概见。嗣经团长等以正言诘责，始勉强敷衍，然醉翁之意固不在酒也。寄宿该团事务所内，每夜非打麻雀以博金钱，即邀同一二不肖团员出外闲游，动至宵深，始行兴尽而归。夫创设商团，所以维持商业，保卫治安，教员如是，夫复何望。有主持之责者亟宜起整顿之，事则有名无实，不如其已也。

《越铎日报》中华民国二年二月九日

商团旧事新闻

（1913 年 2 月 9 日）

彻夜梭巡。绍兴商团成立以来，着着进行，不遗余力。前因岁暮□匪徒窃发，特编队分值，实行夜巡，一面咨请陆知事、何统带、徐局长、薛警长分饬兵警一体策应，共图治安，步伐颇为整齐，精神亦甚严肃云。

野外练习。该团近颇注意于野外练习，自旧阴历二十三日起，全体团员在府山后操演一日，声势殊为活泼，循是而往，吾知商团□□月进步，愿该团团员，勇往直前，勿夸已足，而使有退步也。

《越铎日报》中华民国二年二月九日

旧元旦之八面观

（1914 年 1 月 31 日）

商团

绍兴商团团董俞襄周，为越安轮船公司创办人。以阴历元旦，商场中势必停止买卖，该轮乘客，亦必绝无。故于是日停止营业，乃函请该团职团员乘坐，以安昌为目的地。下午一句钟，该团连长王子卿，率领全体团员，由忠孝寺防驻扎所出发，至西郭门外分公司下船，行驶至□□□停，即□缆，经过华舍等处，由东市启行，排队至该镇大寺。安昌商团已排队欢迎，行举枪礼，稍息。安昌商团团长及该镇商会职员，均出面招待，款以茶点，因钟鸣四下，公司中水手未识路径，恐夜行不便，即归队向西市□□。安昌商团等亦送至西市而回，一路□乐攸场，歌声嘹亮，乡人见者，咸欣羡不置，并闻该团冬防驻扎所近已归并事务所云。

《越铎日报》中华民国三年一月三十一日

宁绍团防枪械均解省

（1914 年 4 月 4 日）

朱都督前据军探告密，乱党欲利用宁绍民商各团军械，图谋起事等情，即令饬该两属知事查明境内民团、商团，迅予解散，已志日前本报。兹访悉宁、绍两属民商各团，已次第解散，共有一百数十处，所有枪械，由宁防统领□任及绍防统领陈常益，实贴统部封条，派兵押解到省，计后膛枪六百八十枝，子弹二百二十箱，均于前日（一号）下午一时解送报国寺军械总局，当由总局长斯良君检验后呈报朱都督云。

《越铎日报》中华民国三年四月四日

商团取消后呈文

（1914 年 4 月 8 日）

绍兴商团自停止后，业将枪弹如数封固，由该团长等开列各目、件数，送存县署。当经金知事掣给收条等情，已迭志本报。兹觅得该团呈报公文，照录于下：

为呈请核转事。窃三月十九号，蒙知事交阅省令，以宁绍两处均驻有陆军及巡防队，足为捍卫地方之用，无庸另设民商各团，徒耗巨资。仰各该知事即行查明该县境内现有民团、商团各若干,迅予解散具报等因。并承知事以本团自卫、卫民,深资倚界,究应如何办理之处,令自行集议具复转呈等语,仰见于体恤之中,默寓维持之意。当日经均等邀集全体职员开会公决议,将本团分给各团员枪枝,先行派员检同各商店。盖有书柬之领枪保证书,按名分别验收,以绍兴商会为临时汇集之所。再由各职员逐杆检验,涂以枪油而免锈坏,一面查照表册,将所有枪弹、铜帽等暂存公署。诡计多端民后,于三月二十号,齐赴商会,照议实行。复经均等开列枪弹等名目件数,亲送知事点收封固。当蒙给予收条,并面陈本团措置情形,已荷亮察。现在先将收支款项,接照簿记克日造册刊送。至开办迄今,所有往来公牍文件表册,亦已编成卷帙,存候查考。惟本团创办以来,经过手续与夫办理性质,实非民团可同日语。此不能不为我知事缕晰陈之。溯自光复后,兵警骤难普及,商民时起恐慌,于是陶华等有组织商团之举,藉谋自卫。开办费先由商会、商店及商人捐助。又团员各出入团经常等费,以供延聘教员及置备军装之需。嗣复觅就开元寺东首破圮房屋一所,与之订立合同,出资建修,作为事务所讲堂之用,并于隙地铺设操场为久远计。是年冬城乡盗贼蠡起,商民咸有戒心,本团办理冬防,势不容缓,而军械未备,不足以收捍卫之功。于由名誉团董鲍清如补助巨款,各职员次第捐输,得向绍兴民团总局购备枪弹,呈请陆前知事烙印,即于冬防时使用。次年仍聘正助教员按日讲练,并添置鼓号,演习军乐。二年正月间期满,遂为各团员试验学术各科举行第一次毕业。蒙陆前知事莅团给凭,维时经费竭蹶,又向商会借款接济,正期规模□具,担负销轻。讵赣事发生,响应会浙,而省中尤以宁、绍为注意。商民闻耗,一夕数惊。陆前知事拟筹备绍防,函邀本团与军警会议,均等忝列末座,面授机宜,以商市繁盛之区划为本团巡防区域。旋由省□骑兵团等莅绍,适有匪徒结防来城,团谋不轨。本团又奉徐司令密函知会,一律巡缉。其时军警民团分投围捕,街无兵警,商民惊惶。本团遂集全团职团员,戎装荷枪,分扼街巷,各商铺始稍镇静。由是绍属宣告戒严,本团仍照原划区域,担任巡防,即移驻商市中心点之大善寺为临时驻扎所,从此终朝终夕分值巡逻。是役也,费果不赀,效用尚速,戒业后即举行二次毕业及期满改选各事宜,已于上年分别呈报在案。十二月又复接办冬防,本年各商人之报名入团者,仍络绎不绝,此本团经过手续之大略情形也。至办理性质而论,全体职团员,皆系纯粹商人,操有职业,凡志愿入团时,既须慎重介绍,又须取缔资格,除纳入团经常费外,补助服装者有之,捐垫款项者有之。迨毕业后,所领枪枝,又有殷实商号保证,平时分存商店,非常慎重。即变起仓猝,亦复便于自卫,非比民团之储藏一处,有为他人利用之可言。此次验证收枪,绝无阻碍,尤见各团员深明大义,共体时艰。此团员与团勇性质不同,不能与民团等视之明□也。现在既奉省令与民团一律取消,是商团必无存在之希望,均等得以卸此巨肩,藉藏鸠拙。惟办理迄今,除各商店与各职员捐助不计外,其余借垫款项,均应分别筹还,以昭大信。因经均等邀同集议,金以枪枝为本团出资购实购,备数在二千元有奇。既据令行解散送存公署,转由知事解省,则是项枪价应请由公家照数给还,俾资弥补。如蒙核准,再由本团检齐枪械送案,以便颁价。其领分还借垫各款,得了未完事宜,众意佥同。合将本团始末缘由及解散后迭次会议情形,呈请知事鉴核,并乞据情转呈,实为公便。此呈。

《越铎日报》中华民国三年四月初八日

柯桥镇商团之现象

（1914 年 4 月 13 日）

行将消灭矣。

柯镇商团自开办以来，迄今已历年余，近因省令解散民商各团。该团又以经费异常支绌，平日热心于商团者，皆冷淡，无所表现。近闻该团教员沈乞涯见事不可为，亦已乘机引还。该团无形消灭之期，当不远矣。

《越铎日报》中华民国三年四月十三日

安昌镇举办冬防

（1914 年 12 月 27 日）

安昌镇每届旧历十一月间，因时届隆冬，盗贼蜂起，宵小窃发，故由该镇东西两市商家，纠集经费兴办冬防，以备不虞。往年由驻防水师哨弁（保护厘局）马锦华承办。马办事尚属认真，历届办理无误，为该镇各商所推许。自改为水上警察后，马某调驻柯桥、太平桥，故今年冬防由警佐邵耀辛办理。当由邵某邀请就地绅商徐某、杨某等妥商一切，筹集经费，于旧历十一月初开办矣。

《越铎日报》中华民国三年十二月廿七日

甘蔗船阻碍交通

（1917 年 2 月 1 日）

城区探花桥知照湾河沿，每逢春冬两季甘蔗船二三十只，横排停泊，阻碍交通，节经公民傅秋尘等以查照前清山、会两县出告示例，应照章驱逐，以便航路。业于去年三月间，联盖协和等五十余家商号书柬，公禀县署押逐在案。兹悉，傅秋尘、王文灏、张钟湘、缪绍征、张汉黎、周百川等，以该蔗船于去冬租事旺令之际，依然横排停泊，愈聚愈多，都昌安、都泗两门船只锁在一处叫嚣斗殴，时酿祸端，故仍联盖协和等商号书柬六十余家，联名禀请县署，将该蔗船押逐出城，不准在城区停泊，以处航行而维公益云。其禀文及批示录下：

禀为违禁停泊，阻碍交通，联名公叩，饬警押逐，从严究办，以维公益事。窃查城区小江桥至探花桥一带河道狭窄，行船络绎，稍有拥挤，阻碍交通。前因该处停泊航船有碍舟楫，前清咸同年间，曾奉府县示禁有案，无如日久玩生，仍蹈前辙，尤以探花桥及知照湾河沿甘蔗船横排停泊最碍航行，即经公民等于去年三月间粘呈印示，联盖协和等五十余家商号书柬，禀请分别禁逐在案。嗣奉钧署，以据商会详称：客帮蔗船到绍，应以先后为序，先到者应售进城,后到者暂泊西郭门外,俟先到之船售尽,后到之船再行入城,不准拥挤等情。又蒙钧署查核卷宗,以此等办法范围过宽,何者先到应售进城,何者落后暂泊门外,未经规定船只确数,以致漫无限制,仍难免拥挤之患,且不旋踵,复蹈前弊,致有今日各商店请示禁逐之举。此次参照前议,应明定蔗船准予进城只数,按度该处河道情形,以若干只为限,咨请警察所查明议办各在案。迄今日久,警察所有无议定办法,公民等固不得而知,而探花船及知照湾河沿蔗船,停泊如鲫,横排栉比,依然如故。且该蔗船蛮野成性,恃众扰事,屡有所闻。去年三月间,邮局包封小船,因路经该处,河道拥塞,致向该蔗船稍有碰撞,即被群起逞凶,竟将邮船扣住,肆行毒打,曾经揭载《越铎日报》,并据邮局请县逞有案。伏查蔗船上市,约以冬春两季为多,然冬季为收租船只往来极多之时,春季又为上坟船只络绎之候,自被停泊河边,所留余地,仅容一船,以致往来扰攘,时形拥挤,每日叫嚣之声,纷争不已。更有乡间小船,行经该处,每被大船拥入中心轧碎,橹篷几遭沉没,呼号救命,惨不忍言。而该蔗船形同狼虎,视若无睹,匪惟不肯撑开,直敢大肆毒殴,疾首痛心,莫可言喻。在仁台拟议,欲令先后为序,固于营业交通双方兼顾,但该蔗船相沿成习,弁髦禁令,势必违抗如故,贻害无穷。窃思水果行逞私人营业之便利,置大众交通窒碍于不顾,本属无此公理,而地方利害权衡轻重之间,我仁台自必为稠民之设法维持,似无待公民等之吁求者也。为此联名禀请知事俯赐雷厉风行,迅派干警,勒令将蔗船押逐出城,不准再在城区停泊,如敢抗违,并请从严究办,以利航行而维公益云云。

批:查是案于去年三月间,由该公民等以探花桥及知照湾河沿甘蔗船横排停泊,最碍航行,粘呈印示,禀请分别禁逐等情。当经前知事咨请县警所分别照办,旋准商会函,以据人和水果行帖请收回成命,并专用明元年奉俞前知事核准,有以蔗船到绍,先后为序,分别停泊城内、城外之示谕,应请仍照前议等由。复经查检旧卷,确有是项示谕。惟范围过宽,何者先到应售进城,何者落后暂泊门外,未经规定船只确数,以致漫无限制。爰拟参照前议,明定准予蔗船进城只数,按照该处河道情形,以若干只为限,就该船到之先后为序,不准凌乱逾越,以期商业、交通兼筹并顾,咨请县警所查照办理,并函请商会传谕各商知照各在案。究竟时警所作何办法,有无实行,县署迄未得复,无从确核。据禀前情,是项蔗船进城停泊,究宜如何取缔,抑应实行押令出城,以重交通之处,候即咨商县警所核案从速见复,以便酌定示谕遵办可也。

《越铎日报》中华民国六年二月一号

宋知事注重孙端防务

(1917 年 12 月 22 日)

本县知事宋逊庵君,对于今庚城镇乡村冬防事宜,积极进行,不遗余力。前日(十八号)曾经亲赴柯桥警察所,会同郑警佐,函邀就地士绅俞茅传、陈鲍□、章汤诸君,开会集议进行方法等情,已志昨报。兹闻宋知事即于次日(十九号)驾至孙端,假座□亭公园,会同金警佐函,邀该处士绅马寿臣、锺裴仲、孙德卿、孙福陔诸君,暨各乡自治委员,以及孙端商会各业董,讨论筹办孙端冬防事务,是日到会者,计共四十余人。当经公同议决,孙端一隅,添招临时警察一所,添设巡灯四十盏,以备通宵达旦,严密巡防,以保治安而寒匪胆,并蒙宋知事面允,加给子弹,藉资捍卫。从此闾阎宁谧,风鹤无惊,该处铺户居民,大可高枕而卧矣。然非宋知事之热心毅力,暨各绅商之维持公益,曷可臻此。

《越铎日报》中华民国六年十二月二十二日

价购枪弹备冬防

(1917 年 12 月 28 日)

绍兴县宋知事以甬事初平,群犯越狱。际此冬令,小康之家,尤宜及时戒备,以保治安。特于日前亲赴东关、孙端、临浦、柯镇等处,会同该区警所、警佐及就地士绅集议进行方法。嗣即呈省领枪械,经省署指令,以查该县保卫团,原有枪枝,内计堪用各种后膛枪二百十余枝。既称现因冬防成立,应即酌量分配,所请购领快枪一节,应毋庸议等情。嗣又呈请价领后膛、毛瑟等枪三十杆,配给子弹五千粒种种详情,送志本报。现闻县属东关乡自治委员杜用康、商会会长胡镇藩函呈绍兴县知事宋承家价领枪械子弹,以应要需,当经宋知事据情明白函复矣。录其往来函文如下:

函一:

东关乡自治委员杜用康、商会会长胡镇藩函呈绍兴县知事宋文云:

知事先生大鉴:迳启者,本月十四日,承驾临敝乡,劝办本街及各村冬防,我公为敝乡筹划周详,无微不至,钦佩莫名。惟敝乡向办之保卫团,快枪甚少,不足以资抵御。日前面求知事长呈请省宪代领快枪二十杆,兼多领子弹,已蒙允诺。现在买枪之洋,业经筹备存储,务乞知事长速向省宪呈请,不胜盼祷之至。敝乡应否再用呈文,祈即示知,以便遵办云。

函二:

绍兴县知事宋承家函复东关乡自治委员杜用康、商会会长胡镇藩君文云:

迳复者,昨自乡回接阅大函聆悉,是各乡举办冬防,需用快枪,先经由署呈请,现经奉军署指令,未能照准。第为地方起见,顷已再备呈文,请求购领快枪,未便照发,即后膛毛瑟,亦无不可。姑待令复如何,再行续布尊处呈文。尽请具备送署可也。

《越铎日报》中华民国六年十二月二十八号

请领枪械难照准

(1918 年 1 月 7 日)

东关乡自治委员杜用康,商会长胡镇藩,以冬防重要亟宜备款购械,以应急需,于日前呈请县署转呈军署批准给领。录其原呈如下：

　　窃本年十二月十四日，承台驾屈临，敝乡商会，为冬防要务，邀集各乡士绅谆谆劝导，足见我公，热心公益，钦佩良深，委员等会同各界诸君再四筹商。窃念敝乡地当冲紧，防守尤关紧要，向办之保卫团甚足恃，再能于冬防加意整顿，自更高枕无忧矣。据现在情形而论，莫若于保卫团中逾格注意防守事宜，即为上策。兹查旧存枪弹，实不敷用。若不添购枪弹，仍无切实整顿之办法。为此不揣冒昧，请求知事转呈军署购领近年新式毛瑟枪二十杆，子弹四千粒，省中如有日本村田厂制九响枪可领，尤为合用。如蒙军署批准给领，速请谕知，即由委员等公请敝乡保卫团团总卢振魁亲诣贵公署面询购价数目，并乞知事将递省呈文领状交给卢君赴省购领，以应急需而昭慎重，不胜迫切待命之至。宋知事指令谓，此次各乡办团需用枪械，轻本署两次呈请备价购领，均未邀准，良由军署对于军火一项，异常慎重，来呈所请，势难再为照转。惟军署指令有将县警察所前向前戒严司令部借存枪枝二十五杆暂为拨发之语，已由本署咨询警所查复，如果可以抽拨，再当随时通告赴领云。

《越铎日报》中华民国七年一月七号

立更篷筹办冬防

（1918 年 11 月 17 日）

　　城区东街一带地广人稠，商铺居民栉比林立，颇称兴旺。惟该处人民良莠不齐，娼窝赌窟，又所在皆是，难保无匪徒匿迹。其间际此寒冬，防范尤宜谨严，该处店家居户有鉴于此，拟筹集经费在本街大道地同成米店门首，设立更篷，每晚雇工巡夜打更以防宵水而资保卫。现已发起筹措经费，不日可成立矣。

《越铎日报》中华民国七年十一月十七号

东合乡冬防成立

（1919 年 12 月 11 日）

　　西郭门外东浦镇户口繁盛，商铺林立，既无警察之设立。又乏防御之方针，且距城区柯镇较远，盗匪屡屡垂涎，是以抢劫之案，经年迭出。前曾由该处同泰、恒泰两典，思患预防，愿出捕盗之资，以弥盗风，呈请县署立案，并出示张贴。日前又由城商会会长冯纪亮君、自治委员曹滋宣君会同柯桥警佐袁联卿君、柯桥商会会长沈赞臣君，在城商会集议，讨论临时警察办法。经众议定，由柯桥警察所雇定大船一艘，警察十二名，每夜八时出发，经过管市、福年、桑渎、雪渎等村，即至东浦庙前驻扎，常川梭巡。闻已于昨日（十一号）成立，所需经费，由各绅耆及典铺担任，似此严加防范，宵小自无容足之地，闾阎得以安枕无忧矣。

《越铎日报》中华民国八年十二月十一日

王城镇筹办商团

（1919 年 12 月 14 日）

绍兴县公署训令，城镇乡各警察分所警佐文云：

为训令严缉事。案据王城镇商号陶源昌等禀称，窃王城镇毗连绍、嵊两县，僻居一乡，每值冬令，盗匪充塞。光复后，敝镇陶源昌、张荣昌、裘义大、金久大、陈四丰、房德和等各店屡被盗劫，迭经呈请缉追，迄无破获，商等遂于民国四年在本镇上下街头及紧要街道建造栅门，越时四载，未见盗患。商等自谓栅门是我长城，盗患可以消灭矣。讵知里无策应，栅门究不可恃，阴历九月念八日夜，有不识姓名盗匪念余人，将栅门铁锁扭断，守夜之人看守，将本镇嵊县管辖之张荣昌及我知事治下之张久大店内银钱、布疋抢掳一光，已经张荣昌开具失单，早报嵊县在案。商等有鉴于斯，遂即邀集阖镇商业开会，议决筹办商团，当举定张绅绍堂为团长、张省三、陶翰香、张君允为团董，并由各店选派团丁三十六名，即日成立，商等经营商业，虽属将本求利，然上之有关国税，下之以便卖买，官厅均负保护之责，乃竟迭次盗抢劫并无破获，为此不得已筹办商团，拟定简章十一条，禀请核准备案，以资防备，并准严饬营警务获抢张荣昌、张久大案内贼盗尽法惩办，实为德便等情。计抄粘商团简章一份，职员团丁名单一纸，张荣昌、张久大失单各一纸到县。据此，除批示外，合行钞发失单，令仰该警佐即便遵照，加意严缉，务将是案真正赃盗拏获解究，毋稍疏忽。至要。切切此令。

《越铎日报》中华民国八年十二月十四号

保卫团越权枉法

（1920 年 4 月 24 日）

绍属华舍地方，为绸业荟萃之区，因警察尚未设立，由商民人等筹集经费，自办保卫团，委托诸暨人何宗华为团总，藉资保护，维持秩序，原属美举。讵该团总何某，居然以团总之头衔，藉端敲诈，欺压乡愚，种种劣迹，不胜枚举。乡人恨同切齿，绅商啧有烦言。兹闻日前有著名窃贼杨金福，因上年窃取某事主家绸疋，经该团总派探拿获，严刑拷讯，甚至鞭背踏权，滥用非刑，并牵连前为窃贼，今充眼线之徐东生到团，亦如法炮制。徐东生受刑不起，仍攀族人徐阿顺与其同道，该团总不分皂白，串同县警所探警茅福堂及探伙元法头脑，并专事贩卖贼赃之潘宝金等，必欲迫令徐阿顺出洋十五元了事，如果不肯答应，即将徐阿顺捉拿到团严办，家具充公云云。该徐某本一耕垄农民，被若辈恫吓，颇形窘状，恐受冤累，即于昨日来县起诉，当经县署承审官面受诉状，略讯梗概，论候查拘核办。惟杨金福、徐东生，尚不解县讯办，依旧滥押保卫所。该团总既无法权，又无审判之责，如此严刑滥押，已属侵越法权，愿有检察权者宜即起而干涉之也。

《越铎日报》中华民国九年四月二十四号

整顿保卫团

（1920 年 4 月 26 日）

该乡保卫团成立于民国三年间,成绩卓著,名闻四乡。至六年间义务教练员王阶平另行他就,一般因员既无首领训练,日渐懈怠,形同虚设。现闻该乡商会拟公举团总重振旗鼓,俾得全乡商民犬吠无惊云。

《越铎日报》中华民国九年十二月念六号

柯镇冬防成立记

（1921 年 12 月 3 日）

绍属柯桥冬防,向由商铺出资筹办,历有年所,成绩优美,为各乡冠。现今时值隆冬,亟应防患未然。业由吴警佐会同商会长沈赞臣、副会长王卿云等筹商办法,当场议决:仍照上年旧章,在融光寺设立临时警察二十四名、巡长一名、伙夫一人,已于昨日(旧历十一月初一日)成立。至明年正月初五日撤销云。

《越铎日报》中华民国十年十二月三日

商会职员查冬防

（1921 年 12 月 3 日）

绍属柯镇冬防成立等情已志本报。兹闻沈、王二会长对于冬防巡逻站岗,□非常注意,顾念商铺所出经费六百余元,不忍徒供虚糜,遂邀集全体职员,讨论巡查办法。

《越铎日报》中华民国十年十二月三日

创办民团得嘉奖

（1921 年 12 月 11 日）

绍属华舍地方,人烟稠密,户口殷繁,商业发达,甲于各乡。自光复后,屡为盗匪所垂涎,该区绸业董事沈正华等有鉴于斯,特禀请绍兴县知事,以官督商办性质,在绸业公余项下,创办民团一处,聘任何振华为团长,自办理以来,盗匪灭迹,宵小不生,该区四境之内,赖以安枕。余知事甚嘉许之,特奖给匾额两方,文曰:粉社干城,劳勚可嘉,以励勤劳云。又闻该团长,于昨夜带队梭巡之际,在该区西岸地方赵姓屋沿,布有长梯,情知有异,前往查问,果有窃贼缘梯而上,被团勇拿获,于次日游街示众,观者称快,如该团长者,亦可谓克厥职者矣。

《越铎日报》中华民国十年十二月十一日

齐贤乡挽留巡长

（1922 年 3 月 27 日）

绍属齐贤乡警察分所,自胡巡官春晖、王巡长宗文到差以来,宵小敛迹,地方肃静,商民莫不赞许。现闻安昌郑警佐与胡巡官宗旨相反,贸然掉迁,该乡绅商同声叹惜等情已志日前本报。本月上浣又将王巡长因某案殃及鱼池,该处商会不平则鸣。于三月二十一号开临时会,议是日到会职员,非常踊跃,首由会长韩君登台宣布,并言地方设立警察,原为保卫治安起见,所以警察之良莠关乎祸福,况本乡警费全由商家所出,既负经费义务,当有监督权限。今胡巡官已去,王巡长必当一致挽留,倘官厅不允所请,惟有停出警费,免得贻害地方云云。此时全体职员拍掌之声情如雷动,散会已五句钟矣。

《越铎日报》中华民国十一年三月念七日

当业发起冬防

（1922 年 10 月 26 日）

绍兴东合乡东浦市,鉴于际此灾荒萑苻遍地,故由同业恒泰两当发起组织冬防,守卫商民,业已筹备就绪,订定办法九条,函请城区商会转请县署颁发告示五十张,以便分头张贴,裨安间阎而寒匪胆云。

《越铎日报》中华民国十一年十月念六号

典商防盗之计划

（1922 年 10 月 27 日）

绍兴县公署蝗出布告文云,为布告事,本年十月十七日,准绍兴县商会函开:案据东合乡、东浦典商同泰、恒泰两典函称,窃商等曾于民国八年间,因乡中人和、葆昌屡遭盗匪抢劫,富家如章、徐、沈各姓,迭遭抢劫。前车之鉴,至为寒心。曾于九年间拟定办法九条,函给贵会转函县署迭发布告在案。今年风水为灾,伏莽遍地。时近冬令,不得不先事防范,为此抄附赏格办法九条,迅请转函县署出给布告五十张,俾便分别张贴,以寒匪胆等情。并附抄赏格办法九条到会。据此,查此案前据东合乡同泰、恒泰两典拟议防盗常格办法九条,经敝会据情函请余前知事备案,给发布告在案。兹据前情,相应附具防资赏格办法九条,函请察核备案,给发布告在案。兹据前情,相应附具防盗赏格办法九条,函表察核备案,并希误发布告五十张,俾资张贴而寒匪胆,实纫公谊等由。计附赏格办法条文一纸过县,准此,除留存备案外,合行照抄赏格办法,出示布告,仰该处诸色人等,一体知照。此布。

计抄赏格办法:

一、本当为发起备盗起见,酌拟赏格,以防不测。

二、凡遇抢劫,若能追获一盗,确有赃证者,归事主出赏格洋一百元,多获者照加。

三、能夺获赃物,送还事主者,当即公估价值,以四成作为奖励。

四、能暗地尾追,知盗往何方,分赃何处,前来报告而破获者,即出赏格洋六十元。

五、茶酒各店及过路停泊船一只,遇有形迹可疑者,责成乡警随时报告,如有向本典暗地通知者,亦无比欢迎。

六、本当多备更锣,安放各处,倘有不测,照遇火警,一律齐鸣。首先开锣者奖洋十角。

七、凡临时遇盗,勇往直前,倘有星夜受伤,赤身遇弹,当归事主酌量抚恤。

八、凡远近邻村人民,能照第一二两条,协力同心施行者,奖如前例。

九、前项赏格,如赞同者,出事而无力实行者,由发起人负担半数。

《越铎日报》中华民国十一年十月二十七号

保卫团成立有期

(1922 年 11 月 8 日)

绍属嘉会乡阳嘉龙自治委员孙铸君,素性干练,任事热心。前奉县署函开:筹备冬防,抵御外来匪类,该委员孙君遂于昨日五号,假本乡第一校为集议地点,召集本村士绅孙苕生、王子和等诸君暨各商号经理人黄泰安、徐鸿逵、孙得庆、袁纪才等百余人,纷纷集议。嗣后,诸君热心分子职务筹集经费,招集团勇四十八人,各负器械,夜间巡逻,以十时起,至五时止。闻在阴历十月初一日为成立之始,办理职务,以及细则,容俟续志。

《越铎日报》中华民国十一年十一月八号

陡门冬防进行记

(1922 年 11 月 26 日)

昌安门外斗门商务分董王君迪臣,以时届冬令,宵小易乘,特于日前开会议决,仍照上年成案,请求县署及警所拨派临时警察十二名,以资防守。期间以于冬腊正四个月为满,一切经费以及进行办法,悉仍其旧。闻已于日昨(二十一)由王君迪臣具呈拨派矣。

《越铎日报》中华民国十一年十一月念六号

昌安冬防难产记

(1922 年 12 月 27 日)

绍属芝凤乡自治委员孙达兰君,对于地方应兴应革诸端,不辞劳怨,毅力进行,只以明理者尠,动多掣肘,重因昌安为北门锁钥,居民稠密,商铺繁多,拟遵照县团公函就昌安街筹办保街团,以助警力所不及。当于日太前函邀本地绅商,在该处太守庙集议。闻是日到会人数尚称踊跃,经孙委员晓以利害,婉加开导。而商界中人,以将本就利,营业萧条,认捐办防,咸有难色,住家一方面亦因米贵柴荒,多数否认。孙委员谓地方公益,事赖众擎,强人所难,理所不可。本地既无公款,探诸君口吻,多不愿解囊举办。我尽我心,只好将会议情形呈复县署云。

《越铎日报》中华民国十一年十二月念七号

钱清冬防宜设立

(1922 年 12 月 30 日)

钱清为西郭门外之巨镇,幅员广大,市面繁盛,街上警察,向无设立,虽归柯镇吴警佐兼辖,究属距离太远,巡逻不便。丁此隆冬,火险盗贼,在在堪虞,且该处距叶家山匪窟不逾十里,月前曾发生两抢案,全镇风声鹤唳,一夕数惊,乃各商董头脑简单,对于冬防置诸缓图,既不设法□□,又不从事进行,诚咄咄怪事。查该镇每年冬季由各商铺出资在镇桥下土谷祠内创设局团,藉资守卫,今胡寂然无声,任一般不法土匪横行闾阎耶?寄语该镇各商董,亟宜从速开办,庶地方得庆,高枕无忧也。

《越铎日报》中华民国十一年十二月三十号

市商会议警察捐

(1923 年 5 月 20 日)

绍属盛德乡富盛市临时警察分驻所经费,向由该处富户秦姓认定五成,商家负担五成。近因秦姓迁居城中,所有原认五成,警察不允照旧支给,而各商家又彼此推诿,以致警察费无着,势将停办。近有该处商会会长韩介甫鉴于该市自设警察以后,宵小敛迹,地方安宁。若任其停办,深为可惜,特邀集各会员及业董等共同讨论,拟将临时警察改为常驻警察，经费概由商家筹集。闻已一律赞成，造具预算，请求县署备案矣。

《越铎日报》民国十二年五月二十号

典商防盗赏格法

（1923 年 11 月 6 日）

绍县公署昨布告云：

为布告事。案准绍兴县商会函开：案据东合乡东浦典商同泰函称：窃商曾于民国八年间，因乡中人和、葆昌当遭盗匪抢劫，富家如章、徐、沈各姓亦遭抢劫，前车之鉴，至为寒心。曾于八、九年间拟定办法九条，函请贵会转函县厅，迭为布告在案。去年□循照旧案办理。近来伏莽遍地，时近冬令，不得不先事防范，为此抄附赏格办法九条，迅赐转函县署出给布告五十张，俾便分别张贴，以寒匪胆等情，并附抄赏格办法九条到会。据此，查此巡查前据东合乡同泰等典拟议防盗赏格办法九条，迭经敝会据情函请钧署备案，并给发布告在案。兹据前情，相应附具防盗赏格办法九条，函请察核备案，并希缮□布告五十张，发由敝会转交，俾资张贴而寒匪胆。至纫公谊等由，并附拟定防盗赏格办法条文一纸前来，查核所拟赏格办法私法防范盗匪起见，事属可行，合行布告，仰该处诸色人等一体知照。此布。

一、本当等为发起备盗起见，酌酬赏格以防不测。

二、凡遇抢劫，若能追获一盗，确有证据者，归事主出赏格洋一百元，多获者照加。

三、能夺获赃物送还事主者，当即公估价值，以四成作为奖励。

四、能暗地尾追知盗往何方，分赃何处，前来报告，因而破获者，即出赏格洋六十元。

五、茶酒各店及过路停泊船只遇有形迹可疑者，责成乡警随时报告，如有向本典等暗地通知者，亦无任欢迎。

六、本当多备更锣，安放各处，倘有不测，照遇火警一律齐鸣，首先鸣锣者奖洋十角。

七、凡临时遇盗，勇往直前，倘有黑夜受伤，赤身遇弹，当归事主酌量抚恤。

八、凡远近邻邦人民，能照第一二两条协力同心，施行者奖如前例。

九、前项赏格如赞同者，出事而无力实行者，由发起人负担半数。

《越铎日报》中华民国十二年十一月六号

马山设立巡防队

（1923 年 11 月 21 日）

绍属昌安门外长水乡马山镇地面甚广，然居民良莠不齐，每届秋风□□，北风呼号时，一般赌棍游民，因衣食所迫，难免流为宵小，以故该镇商会为公益起见，筹款添设冬防巡逻队,即以水警队任之,每夜出全队四处巡逻,颇为踊跃,该镇居民当可高枕无虞矣。

《越铎日报》中华民国十二年十一月廿一号

禹门乡筹办冬防
(1923 年 12 月 8 日)

绍属禹门乡陡门地方,市肆栉毗,居民殷实,为昌安门外之重镇。自去冬设立警察分驻所以来,向有巡官一名,巡长一名,巡警多名,对于维持秩序绰有余裕。现因隆令一届防务正严,原有警额深恐不敷分配。兹闻该地商会会长陈曰沅君,已于日前邀集各业业董筹备商进行决议,添设干警四名,自十一月初一日起加意梭巡,以防不测,如该会者可谓热心公意矣。

《越铎日报》中华民国十二年十二月八号

清乡案有通过希望
(1924 年 3 月 15 日)

自清乡案被县议会否决返还后,本县绅商界人士五十余人,复于十二号重在商会开会讨论,由陈会长秉衡报告毕,付众讨论,众议以议会列举各种理由,均与现状不同,应积极进行,决推举王述曾、曹豫谦、朱念慈、冯纪亮、姚汇臣、胡梅林□君为代表,晋县面商顾知事,闻□决定办法,将由参会重交县议会复议,一面由各代表分头向各议员疏通,请求谅解,闻多数议员已曲谅士绅之苦衷,将来复议时,或有通过之希望云。

《越铎日报》中华民国十三年三月十五号

保卫团总尽职谈
(1924 年 3 月 19 日)

绍属华舍地方,为绸商荟萃之地,商业繁盛,户口殷实,自光复后,连遭抢劫,初则当铺绸庄,继则大户机坊。若长此以往,不复成为世界矣。该乡绸业董事沈少帆等有鉴于此,禀请县署创办民团常年经费,由绸业担任聘请何正华为该团团总,沈君董理其事,官督商办,历有年所。自开办以来,该团总教练有方,成等优美,前任知事给予奖额。现闻该团总闻邻乡屡遭抢劫,该团总督率团丁连夜梭巡,因而宵小敛迹,民称安枕,足见该团总办事勤能上行下效为地方造福,实匪浅鲜。兹闻华舍□商业界拟具禀上峰,请求给奖鼓励云。

《越铎日报》中华民国十三年三月十九号

开会解决清乡徐会办辞职问题

（1924 年 4 月 6 日）

清乡会办兼巡缉队总队长徐叔荪氏,因病辞职,□致商会转告□老公函,已志本报。兹悉陈商会长以此事关系地方公益,究应如何办理,非经会集全县士绅集议不可,乃择定旧历三月初四日下午一时,在小校场县商会开会,已通函历届与会诸士绅,届时莅会公同讨论解决。记者按地方多故,任事须□徐氏办理,地方公益事务卓有成效。此次虽因病辞职,诸乡老恐不肯遽允其贤逸也。

《越铎日报》中华民国十三年四月六号

清乡总办质问商会长

（1924 年 4 月 6 日）

绍兴县清乡徐会办辞职,商会拟四日集议。兹又得盛总办质问商会长公函一通,为录如下:

迳启者,案查上年十二月三十日,敝旅长奉督办卢令委兼充绍兴县清乡总办,查阅原令所叙士绅公呈,系由贵会长领衔请愿,因邻县匪氛不靖,为此未雨绸缪之计,桑梓敬恭至殊钦佩。惟兹事既由士绅发起,款项亦由地方筹集,纯系出于士绅之自动,案经呈准,早应着手办理。乃经过两月有余,迄未闻有何种之准备,即论款项,实筹数目若干,筹集方法如何,亦未闻有详细之办法。目下徐绅锡麒又忽函请辞去会办及巡缉总队长之职,迁延变幻,令人莫测底蕴,殊不知敝旅长既奉委任或办事否,终未便长此因循搁置不报。现在各士绅对于此事,究竟诚意若何,如欲开办,款项用何法筹集,对于徐绅辞职之举,如何处置,敝旅长殊未明了,用特备函奉询,希于函到三日内明白示复,俾资取决而便呈报。至为感荷。此致

陈会长

盛开第启

《越铎日报》中华民国十三年四月六号

绍兴商会绍兴士绅之清乡会议

（1924 年 4 月 9 日）

（绍兴）本县士绅,因地方多事,有筹办清乡之举,县议会因之有组织县巡缉队之议决案。前绍兴民团局长、淮海关督徐叔荪氏,受省委为清乡帮办,被民聘为巡缉队长。嗣清

乡因经费问题，迁延至今，尚无筹集之具体办法，与实筹数目，而徐氏因吐血症发，恐不胜劳，乃向乡老及督省署辞职，而盛旅长又于前月末日，接到卢督指令，按照湖属清乡章程办理，并令将地方筹费方法数目与清乡期限，详细声复，于是有向县商会提出，士绅办理清乡，究竟有否诚意，限三日内答覆之质问书。县商会接到徐氏辞职书后，正拟会议士绅讨论解决办法，因定于七号下午一时，在小校场商会，开大会讨论。因与会者多不能守时间信用，直延至四时才得振铃开会，与会之各法团领袖及地方士绅，共五十余人。

县商会长陈秉衡主席报告县议会议决组织之县巡缉队办法与集款法（田亩捐每亩附征四角）、徐氏辞职书、士绅□寿唐之挽留书，及盛旅长质问书毕，即以徐会办辞职问题付讨论，众主张挽留，因推戚升准、谢杏田、鲍冠臣、田兰陬、胡梅森、高云卿六君前往徐宅，竭诚挽留，一面停会以待。一句半钟后，六代表回会，由谢杏田君报告徐氏意旨，大致谓徐氏对于地方，公益事业，极愿效力。此次实因病，不得已辞职，望诸乡老仍一致进行，并商诸盛旅长，清乡究需费用若干，俟定有□□办法，与实筹数目，则弱躯虽疾，不胜为社会服务，亦当另举一能胜任者，帮办清乡事务，并望诸乡老与之合作云云。

报告毕，主席以清乡章程有董事一项，主张先举定董事二十名，以便有负责之人，并可定一切具体办法，因以付表决，赞成者多数，遂推举戚升准、谢杏田、田兰陬、鲍冠臣、胡□、高云卿、陈□、张天汉、陈秉衡、任云□、孙德卿、陈子英、任元炳、宋庚初、鲍馨如、钟文叔、金月如、俞少村、沈赞臣、徐百泉君二十人为清乡局董事，并择日开会，欢迎盛总办及孙帮办，筹议一切进行事宜云。

《越铎日报》中华民国十三年四月九号

绍兴清乡今日成立

（1924 年 4 月 15 日）

（绍兴）本县办理清乡，经卢督办、张省长委任盛旅长为总办，徐绅叔孙为会办，顾知事为帮办后，与城乡人士，经几度之磋商，业已组织就绪，拟订章程，亦经核准在案。现假绍兴县商会地点，为清乡办事处，于今日（十五）成立云。

《越铎日报》中华民国十三年四月十五日

昨日绍兴清乡成立之纪念

（1924 年 4 月 16 日）

绍兴本县清乡，于十五日成立等情，已志昨报。兹悉，昨日午前十时许，盛旅长总办，暨徐会办叔孙，顾知事帮办，薛瑞骧局长，楼军法官竞民等，均到商会，除前所推定之董事张□湘、陈宰埏、胡梅森、戚扬、鲍冠臣、陈子英、陈骚、徐百泉、孙德卿、谢杏田、高云卿等诸人外，尚有王叔梅、陈颖缘、杜海生、冯季良、陈秉钧、冯虚舟、应惠棠、王子余、姚□臣、沈赞臣、王文灏、沈泽霖等多人，开茶话会，并向国旗行三鞠躬礼，董事与城乡士绅向总会帮办等一鞠躬，职员向总会帮办行一鞠躬礼，济济一堂，颇极其盛云。

《越铎日报》中华民国十三年四月十六日

清乡处添推董事

（1924 年 4 月 17 日）

绍兴本城清乡成立等情，已志昨报。兹悉，盛总办、徐会办、顾帮办暨和董事，城乡士绅，在商会公宴后，又开董事会，除前所推定之董事二十人外，又添推王叔梅、王子余、陈墨□、姚□□四君为董事，即以王叔梅、王子余、陈墨缘、姚□忱、陈子英、俞少村、孙德卿、任葆泉等人为办事董事，并拟推戚圣怀君为董事长，先向丝绸银行借洋二千元，为开办费云。

《越铎日报》中华民国十三年四月十七日

巡缉队巡查四乡

（1924 年 4 月 21 日）

绍兴警察局长薛瑞骥，昨日率领全体保安警察队，放惠轮出巡柯桥镇，莅柯已下午八时，即由该镇警佐吴澄清，邀同该镇自治委员冯荫樵，商会会长王卿云，到所晤谈。薛所长演说该队注意训练之经过，并指示该队枪械之犀利，略用茶点后，即由局长请吴警佐、冯自治委员协定地点，令巡船三艘，分巡附近各处。薛局长自己则放专办轮出巡，至夏履桥为终点，其三艘出巡地点：

（甲）亭后、小赭、后马、前马、江□、渔后板回城；

（乙）管墅、周家桥、待驾桥、张溇、华舍、安昌、东浦回城；

（丙）阮社、湖塘、州山、型塘、柯山下、西泽、仁让、澄海、清水闸回城云。

又函云，本县清乡处于是月十五号成立后，其巡缉队兵士，一时不能招足，现闻总会办以际此地方多事，刻不容缓，故从权力理，先行调用保安队警察一百名，赴各乡水陆巡等情，已志日昨本报。兹闻巡缉队薛队长于昨日（十九号）下午四时，雇用大船七艘，分派出发，巡查四乡，至八时许轮抵孙端乡，当由前自治委员孙德卿君，吴融张自治委员钟□生君，暨北乡派出所警佐吴培臣君等，借座上亭公园议事厅，晤谈一□，旋即率队往街上巡查一周，登轮开往吴融、姚江等乡云。

《越铎日报》中华民国十三年四月念一日

柯商会筹议清乡费

（1924 年 9 月 1 日）

（绍兴）商会柯桥分事务所，昨接绍兴商会来函，谓：

前接清乡办事处函开：江浙风云日紧，地方治安，关系紧要，原有巡缉队，不敷分布，势须添招兵额，□价饷械，其款拟向董事会、商会各借三万元，参事会备荒捐项下借用四万元，贵会之三万元，请为垫解等因。兹本会请于贵分事务所范围以内之各业，除与业已在城中公所认定外，派借洋二千元，明知时局不靖，商业为难，但为保护地方治安起见，亦不得不勉为筹垫，务希即予劝借，迅缴本会，以便汇解。事关重大，与普通垫解之款不同，贵处各业，多明达之士，更得执事出面开导，晓以利害，筹集知易，竚候惠掷为幸云云。

闻柯分商会接到该项筹款通告后，常用油印分送各商铺，准于旧历初二日开常会，集议分派各业办云。

《越铎日报》中华民国十三年九月一日

时局紧张中绍人自卫之法

（1924 年 9 月 1 日）

我对于苏浙战争问题，非但希望其为谣传，并且希望他连谣传也不要谣，所以旬日以来对于这件事，不同意替少数人张目，鼓吹速战，也不肯空言和平，讨多数人的好。我以为少数有枪阶级，既一意孤行，恃强大来支配多数的无枪阶级，且我无枪阶级，应先就自身利害方面，筹出一种为切实之防卫办法，方属正办。现在把我所想到的，写几桩出来，供各界的采纳。

（一）宜由商会令各钱业自动的将现水压平，及银角、铜元市价固定，不应意图操纵，使市价骤涨骤落，致小贩受亏，人心惶惑。

（二）和平运动无望时，本县各法团应联合著坚向双方军事当局要求将战线战期尽量缩短，并宣告绍兴中立，拒绝乱兵败兵之窜入。

（三）绍兴人民应镇定，无自扰，应信用国钞，无搯兑，本地公安秩序，由清乡处巡缉队，会同地方警察、保安队、民团等担任维持。

（四）绍兴粮食，本须芜湖、镇江等处接济，每当五六月青黄不接之时，米侩常有任意操纵之事，所幸近来新谷先后登场，绍人当可自给。毋须外米接济，可是杭、沪米价奇贵，难保奸商不私运出境，以求厚利，为维持民食计，非由各团体与官厅警局预为禁止不可。

（五）于必要之时，绍人为自卫计，应严密监督省当道提取国税，致省县教育及地方自治事业之停顿，宜截留在县，由绍自行处理。

《越铎日报》中华民国十三年九月一日

柯商会议筹清乡费之结果

（1924 年 9 月 4 日）

已认定一千元。

（绍兴）商会柯桥分事务所，于阴历本年初二日，为开常会期，是日到者十余人，首由会长王磬韵开议，谓：昨接绍兴商会公函云：案准清乡局来函，谓敝分会范围以内，向各业开导分派，筹集款洋二千元，事关地方治安，非他种捐款可比。后经各业董事纷纷议论分派办法，除当业酱园染坊，以钱业每家认四十元，西路米行三十元，乡货米行二十元，振源油车二十元，元隆成二十元，茶漆业每家五元，合计凑数一千元。后经会长提议，倡办保卫团二十名，年须经费二千元，至二千五百元，因事关重大，况有南货油烛等业未到，须至下次再议，遂散会云。

《越铎日报》中华民国十三年九月四日

柯桥派驻巡缉队之确闻

（1924 年 9 月 5 日）

（绍兴）柯桥商会，集议筹措清乡局经费，及创办保卫团等情，已志昨报。兹悉该会同人，以保卫团枪械，一时无从购办，实为难着。现已决定为清乡局筹集经费一千五百元，请拨派二篷巡缉队及排长二人，稽查员一人，常驻该镇系以六月为期，已由该商会董事长王泗馨，向清乡局接洽妥当实行。至于创办保卫团之说，业已作罢云。

《越铎日报》中华民国十三年九月五日

自治法会议代表之来电

（1924 年 9 月 8 日）

主张地方赶办民团商团

（绍兴）六日午后，本县各法团，接杭州自治法会议代表来电云：

县议会、商会、农会、教育会钧鉴：四省攻浙，不幸实现，浙人处此危境，宜赶办商团、民团以自卫，争急图之，自治会议代表公叩。

《越铎日报》中华民国十三年九月八日

好人结合的自卫团

（1924 年 9 月 9 日）

自齐、卢开火后，土匪多蠢蠢思动，枫桥钱清掳人劫财之事变，继续发生，吾人闻警之余，不禁为乡僻海陬之居民危，而深幸城市居民之不至遭彼浩劫也。夫保卫地方，为民治国人民应有之精神，年来地方宁谧，匪警不多，实受保卫地方主义之赐，虽然事变之来，每出意料之外，今后苟稍事疏忽，安保不与盗匪以侵犯之机，是故昨日记者曾有各机关团体组织商农工团以自卫之提议。

可是吾绍百姓们的通性，□怕花钱，怕费事，真能晓得办团要义，自动向上的，实在不多见，要各居民及各团体之壮丁充当保卫团丁，更如凤毛麟角之不可多见了。不过我们要明白，好人稍微退缩一点，坏人便立刻进取，占了这个位置，雇无赖游民充当卫兵，流弊所至，实在不堪设想。现在时局紧张，已达极度，各职业团体要赶快组织商团、农团、工团！有力者出力，有钱者出钱，沿边沿海毗连计□的乡村，尤其重要，这是刻不容缓的。对于好人结合团体，防制坏人，特别要注意，一方面结合真正好人，集成团体，一方面学习实在的本领，抵抗外患，保护得住乡团，便是自己的身家财产也安全了，岂不是顶好吗？

《越铎日报》中华民国十三年九月九日

县联会电促赶办民商团

（1924 年 9 月 9 日）

本县各法团，接浙江省自治会议代表来电，主张地方□办民团、商团等情，已志昨报。同日本县县议会，转浙江县联会来县于各法团，略谓：战衅已启，浩劫难回，前方连电告捷，军队效命疆场，我人民为内地防务计，应速组织民团商团，藉保桑梓治安，且戎首有人，亦应一致声讨，以保正义（下略）

《越铎日报》中华民国十三年九月九日

警告米业钱业箔业界商人

（1924 年 9 月 10 日）

粮食、金融、锡箔，实为国计民生之所寄，社会命脉之所系。当时局紧张，而地方治安得能安谧如恒者，除地方军警民团克习厥职捍难卫民外，端赖米业、钱业、箔业商人，顾全大局，商业道德，营业如恒，始足维持信用及公安。齐、卢实行开火以来，绍兴虽非战区，然受战事影响,米价不因新米登场而减低,反日渐增价,金融市价,骤涨骤落,兑现掯现,极捣乱之能力。箔业亦因战事,来源稀少,呈停顿之象。吾绍大多数之贫民,平日赖打箔褙纸以糊口者,今均失业,齐、卢之胜负未决,而吾小民已饱受损失,不克安居乐业矣。

吾绍难免除土匪乘机之扰害,实维各职业团体赶办商团、工团、农团,藉以自卫,如欲大群生活不致陷于紧迫滞涩恐怖空虚之危进者,则端赖市民信用国钞,米、钱、箔业界商人勉力维持现状。方今事变日亟,环境益艰,商民社会对内有救助调剂之责任,对外有保护抵御之困难。允宜顾全大局,遵守商业道德,以禁制见利忘害之心理,其只顾个人一家之私益,允宜以法律相绳,望我亲爱之商民,顾到多数之生计,勿任积重莫返,以害人达以害己也。

《越铎日报》中华民国十三年九月十日

柯镇筹集自卫经费之进行
(1924 年 9 月 10 日)

(绍兴)吾绍受江浙风云之影响,毗者由乡者,大有风声鹤唳之概,此次钱清被劫,柯桥一带商号居民,尤多恐慌。柯镇商会,为防患未来,实行自卫,请拨派巡缉队,曾有一度之会议,迩闻该镇为加厚自卫力,拟举办巡缉队三十名,计费非三千元不可。前日因由该镇商会董事长王泗磬、自治委员冯荫樵,领衔分发传单,邀集本市各业董及绅富,在商会集议。到会者四十余人,当议定议决经费三千元,由各商号认定三分之二,计二千元,各绅富认定三分之一,计一千元。惟当时绅富多有未到,经当场推定该镇自治委员冯荫樵及热心地方事务之陈越汀、朱泽轩、□兰庭、马寿枚、蒋波镜诸君,前往分头接洽云。

《越铎日报》中华民国十三年九月十日

巡缉队驻柯情形
(1924 年 9 月 10 日)

(绍兴)柯桥请由城区巡缉队拨派二篷兵士,驻柯防卫等情,已志本报。兹悉昨日下午三时许,该二篷巡缉队,已奉命来柯驻扎,带队者为冯翊,字易清。到柯后即由该镇商会董事长王泗磬,在融光寺布置一切,并闻此次来柯巡缉队,人数虽有二十余人,但枪械只有一半,其一半将借用柯桥□来办过保卫团保存之十杆快枪。惟柯绅为加厚自卫力计,拟再添十名巡缉队,其枪械即以是项所保存者供给,是其计划颇有相□之处,闻已由王董事长,请徐会办及薛队人,另拨枪械十杆云。

《越铎日报》中华民国十三年九月十日

自卫之我见

(1924 年 9 月 11 日)

自江浙战争发生后,吾绍各乡,谋自卫者,无不以筹设保卫团为前提,夫筹设保卫团,诚足以知卫,然我以大多数贫民之生计,亦不可不设法维持。

如里山贫民生活,多从事于造纸,而经营纸业之资本家,不当因浙江战事关系,宣告停业,致从事于造纸事业之贫民无以为生!他如箔业、扇业、酒业等等,都应保持此种态度,直接所以维持贫民之生计,即间接所以自卫。何则?贫民失其所依,铤而走险,一旦乱及社会秩序,扰及居民安宁,其时资本家尚得安然无恙耶?

《越铎日报》中华民国十三年九月十一日

齐贤乡计量自卫实力

(1924 年 9 月 11 日)

(绍兴)齐贤乡下方桥,本有保卫团四十人,系由商家合力创办,与商团性质相同。自民国四年成立以来,颇著成绩。今因时局不静,由团总韩迪周,于本月九时临时召集,昼夜分班梭巡,枪械鲜明,整齐严肃,人心大为镇定。又拟举办民团,照新编户口,每牌选壮丁五人,计三十三甲,三百三十牌,由各牌互相巡查,以辅保卫团之不足,有警则通力合作,维持治安,如各乡能依此办理,则民治之基,可以立定矣。

《越铎日报》中华民国十三年九月十一日

东关保卫团决议添招

(1924 年 9 月 11 日)

(绍兴)东关镇,地处东区要隘,居民商店,向称繁盛,该镇虽设有保卫团,因人数不多,又加地面辽阔,实力不足分布。兹悉该处士绅在葆泉胡正帆诸君,有鉴于斯,特于日前邀集各商家各富绅,在该团开会筹议自卫办法。佥谓警察方面,可勿顾虑,惟原有保卫团,人数不多,恐难维持,当日议定办法,由该团团总黄君招添团勇十余人,经费枪械,各商号平均负担,一致赞成,俾资捍卫云。

《越铎日报》中华民国十三年九月十一日

警告商民速办团防

（1924 年 9 月 11 日）

商民结团自卫，即孟子守望相助之遗意，其制最古，其法最良。际此四郊多垒，地方兵警，陆续调防，闾里空虚，难保无不逞之徒，乘机蠢动，故商团、民团之设立，较之平日，尤为切要之图。

记者临浦附近之乡人也。即以临浦民国初年之商团而论，当时诸、嵊土匪，凭藉绍兴军政分府王金发之气焰，四处蔓延，越货杀人，猖獗达于极点，临浦人烟稠密，商业殷繁，一般商界中人，为思患预防计，纠集各业青年伙友，设立团防，认真操练，昼夜梭巡。嗣因经费困难，且有警备队常川驻扎，平有攸归，始行解散。

比来江浙两方，实行开战，风云紧急，过于民国初元，而各业兵警，类多暮气深沉，除渔色诈财而外，几不知保境卫民为何事，凡我商民，如欲保全身家财产，亟宜筹备团队，自图自卫，时机紧迫，万勿再延。

《越铎日报》中华民国十三年九月十一日

贫民生计与地方治安

（1924 年 9 月 12 日）

旬日以来，绍兴手工业，如箔、花边、纸、扇、酒、绸、袜及一切土木工人，均受战争之影响，有失业之患。当兹米价飞涨，金融紊乱，谣言四起之秋，彼胼手胝足之工人，即使有工可作，其生计已极竭蹶，不易维持。一旦无工可作，其将何以为生，铤而走险，流为盗贼，自意中事，其危险之程度，诚有不堪设想者矣。

故记者以为资本家之血本固应保全，而工人之生计与夫公众之安宁，亦不可不顾及，所望资本家及各工场主顾全大局，忍痛须臾，尽力维持，否则请一阅由失业游民蜕变为盗匪之历史，当知贫民生计及地方治安之关系矣。

《越铎日报》中华民国十三年九月十二日

省令调查地方自卫团体

（1924 年 9 月 12 日）

（绍兴）本县知事奉省长电云，案照各县保卫团办理已有年数，情形不无变更，应将各团最近状况，查照前按署拟定团丁枪械队域调查表，暨在事员绅一览表等式，详细查填，限电到三日内，呈送本署查核，其有新成立之保卫团或民团、商团等，并应随时专案呈报，以

凭稽考,仰即迅遵办是,事关特饬要件,勿稍违延干咎。省长张佳

《越铎日报》中华民国十三年九月十二日

东关添招保卫团丁已呈县

(1924 年 9 月 12 日)

(绍兴)东关添招保卫团等情,已志昨报。兹又得访员报告云,该镇绅商,因时局不靖,原有警团,不敷分配,为地方治安计,经众在商会议决,添募临时保卫团丁十名,拟定以三个月为限,藉固防务,其经费由绅商捐助,枪械等项,则禀请绍兴警局拨借,业已于本月一日成立,昨特具文呈报县署备案矣。

《越铎日报》中华民国十三年九月十二日

政局变化中绍兴社会之面面观

(1924 年 9 月 21 日)

绍兴城乡社会之不安宁,以省中政局变化,谣言四起为主要原因。兹将社会各方面恐慌之现象,揭载于下,以供研究战时群众心理者之参考。

士绅方面:

本城士绅得省中电讯,知浙闽军实行携手,陈乐山士不用命,陈调元、孙传芳均有即日进军省垣消息,为自卫起见,特在八士桥张宅会议时局,议论纷纭,无结果而散。

军警方面:

连日接到省电,知省中当局多已易人,而人心惶惑,恐土匪乘机思逞。因武装戒严,添招巡缉队,增筹饷械,以厚人民自卫之能力,维持地方之秩序,并因民间谣传省中某要人已被卢督办枪毙,去电讯问,知并无事,所谓某要人,现正竭力维持省垣之治安,安然无恙也。

商业方面:

前日金融界接到杭垣市价消息,知现水已涨至十元,照理。绍兴钱市亦须涨价,然昨日市价,现水竟由五元一角九跌至二元三角,角子双八一七单八三,不涨反跌,故示安闲,亦是金融维持市面之苦心矣。

商业方面:

自齐、卢战恤启后,首当其冲者,当然为商业,加以时届中秋,节账歉收,固意中事。近来时局更紧,商业亦较减色,米价因来源稀少,运输不便,银根奇紧,种种原因,比战争初起时已涨一元零,旅客归来,绍兴旅馆骤患人满。因各利市十倍,即民屋租价亦较前为昂,轮船因归乡者避难者纷纷渡江东来,除加开双班,加多拖船外,日又必开野鸡班多次。临绍轮船,且改其航线,加开西兴班,以护越安之余润。典当业因时忆紧迫,不欲人当,但喜人

取。且日未西下，早已大门紧闭，不再营业，奖券店多数停闭，仅全号元利大利元三家，尚悬红纸标牌出售大小湖北债券，然均门可罗雀，极少人顾问焉。□棚木器生意，较前为佳，以旅客归来，多须应用也。

手艺工人方面：

纸扇花边土木，多半停工，箔庄之资本小者，实无力支持，□多停工，其资本大者，现仍照常工作，舟子军夫载运归客友行李，终日不空，舟子小者日可得四五十角，大则一二十元不等，车夫每日亦可得三二十角，设能储蓄，对于将来事业，亦未始无补也。

《越铎日报》中华民国十三年九月二十一日

钱清商界近闻

（1924 年 10 月 3 日）

绍兴、萧山兼辖之钱清镇，距绍城约五十里，人烟稠密，商业亦颇繁盛。兹探悉最近消息二则，分志于下：

商团成立：

迩来时局不静，匪风日炽，该镇居民，无不风声鹤唳，草木皆兵，兹有就地士绅唐畏三、童筱乙等，为防卫起见，特行组织商团，系绅商集资合办，团丁额定三十名，须挑选强壮者为合格，分三处驻扎，一在东弄道院一在南岸义仓，一在坝桥庙，已于本月初一日宣告成立，当晚十句钟，排队出巡，形式颇觉整齐云。

当业罢市

钱清向有当业三家，生意尚称发达，自洽济当于八月一日停质后，其种种详情，早志前月本报。兹探悉该处大德、绪昌两典，□于中秋后相继闭歇。值此青黄不接之时，周转不灵之一般贫民，咸感不便，寄语该同业三家，速宜调济，以维市面而惠贫民也。

《越铎日报》中华民国十三年十月三日　　第六版

商人应怎样自卫

（1924 年 10 月 23 日）

有人说，绍兴眼前的平安已经成功了，"惊惶"、"避难"已成为过去的事实了，浅见的商人，又要挺胸突肚庆祝升平了，善忘的头脑，近视的眼光，灌满了绍兴商人的心目，于是一见事故，即疾首痛恶，一闻战争，即慌张失措，事理的真相，行动的正鹄，均昧然未见，础润不知绸缪，事危不知补救，这种人不吃苦头，谁来吃苦？

记者愚见，以为绍兴知经此次战乱之后，现状固未易乐观，即后患亦亟须设法弥补，治本的方法，固然在使一般人民自己觉悟，人人发见他自有的能力。治标的方法，惟有人民自动的筹办民团、商团以求自卫,民团乡镇等处已有成立。商团的组织则尚未听到,难道人民要自卫,商人不要自卫吗?变乱之起,首当其冲的,就是商人哩。

绍兴所办的民团,团勇多出招募之一法,用金钱雇来的,能否息□于他所在的职务,实属疑问。不若商会出来发起,仿水龙会办法,命令商店各出壮健店员为商团团丁,按时训练,无事则服务店中,有事则出而捍卫,既不要粮饷,又不忘职务,轻而易举,简而可行,只要商会出来提倡就可以了。不晓得商界诸君以为如何?

《越铎日报》中华民国十三年十月二十三日

城乡绅商咸望续办清乡

（1924 年 10 月 24 日）

(绍兴)清乡局与巡缉队,系属两个机关,成立以来,城乡商民咸受保障。兹闻巡缉队固当照常办理,不生问题,而城乡绅商及各自治委员以目下时势不宁,清乡事宜,未便停顿,仍拟坚请该局继续办理,以保地方治安,想当局者定能如民所请也。

《越铎日报》中华民国十三年十月廿四日

筹办巡逻队的必要

（1924 年 10 月 25 日）

甬变惊吓,虽已过去,江浙战事,虽渐平静,可是经过此次大乱,失业而流为盗贼者必多,别处灾民也难免入境骚扰,所以今后绍兴的忧患,将由兵士交哄,变为匪徒劫掠,将由一时扰乱,变成长期祸患,局势如是,而无奈何的。

为今后治安之计,清乡处巡缉队及已成立之民团,当永久维持,未成立之商团,及绍兴城厢各坊每年冬季例办之巡缉队,亦当从速组织,依照往年成例,各坊集资交由警察局办理,有财之坊区,先筹备举办,无财之坊,款未集者,尽可俟款集后再办,不必如往年例,一齐举行。如此则一坊有警,即可由巡逻队就近镇缉,所得的效果,必较远遥照顾不到的军警为多。深愿城乡各资本家,慎勿以事过境迁,忘记了自卫和自救。

《越铎日报》中华民国十三年十月二十五日

法团代表及士绅会议清乡问题

（1924 年 10 月 29 日）

(绍兴)清乡处自成立以来,适值国家多故,如此次江浙战争及一师溃兵过境,宁波自治军独立等情,在绍兴方面,悉由清乡处帮同地方军警,办理一通。不但官吏得收臂助之力,而人民亦得以安谧。叭清乡期间,原定八个月,现将期满,究竟容否继续办理,清乡董事会,已于旧历九月二十九日,开临时会一次,讨论此问题。大多数之意思,以现在时局不靖,清乡应继续办理,故于昨日午后二时,函致本县各法团及城乡士绅等,再开大会决定云。

《越铎日报》中华民国十三年十月念九日

瓜沥绅商电省请兵

(1924 年 11 月 19 日)

(萧山)瓜沥镇,幅员广大,商铺林立,居民之众,不下万计,洵一大市镇,亦南沙一带出入之紧要关键也。际此时局不靖,崔苻遍野,又加冬防吃紧,宵小难多窃发,该处虽驻有警备队两棚,警察一棚,奈防地辽阔,尚不敷分遣。该处绅商,有鉴于斯,防患未然,联名电省,请再派得力军队两棚,填驻该处,以资防守,未知夏省长能准如所请否?

《越铎日报》中华民国十三年十一月十九日

禹门各界挽留徐会办

(1924 年 12 月 13 日)

绍兴禹门乡商务分会暨教育会、农会各团体,闻清乡局会办徐叔荪氏提出辞职,不胜惶恐,特于本月十号,各界召集会员,议决挽留,一面函呈徐氏,请勉力维持。将原函披录于下:

(上略)本年春间,自设办清乡局以后,承会办徐氏,鼎力从事,成绩卓著,各处军民商贾,无不额手称颂,倚为长城。近闻先生有辞退之意,闻者皆惶恐万分,在先生以贤劳多日,欲暂息肩,而商民则久卸屏藩,难离晨夕,故无不竭诚挽留,务望先生以地方人民保卫为重,切勿遽萌退志,以慰商贾之企望。禹门商务分会长陈曰沅、教育会长王鸿泽、农会长王璋玉同启。

《越铎日报》中华民国十三年十二月十三日

绅商集议续办清乡之经过

(1924 年 12 月 23 日)

绍兴县商会,因绍兴清乡业已期满,各商店代表,纷纷往该会陈请,谓现届冬防,大局未靖,万难中辍。由商会通函邀集各绅商,于二十日下午一时,开联席大会,公同解决进行办法。兹闻届时到者,绅商各界人士不下三四十人,会议结果,一致主张继续办理,多数主张挽留徐会办叔荪担任,遂公推钟文叔、胡梅森、陈秉彝等六君,前往笔飞弄徐宅恳切挽留。惟徐氏以任事六月,不胜劳瘁,且清乡性质,完全属于消极,今后拟竭全力于游民工厂之创设,实行教养兼施云。

《越铎日报》中华民国十三年十二月念三日

筹办清乡问题已解决
（1924 年 12 月 25 日）

(绍兴)对于清乡之续办问题,绅商早经集议通过,已志本报。昨日邑绅曹吉甫、王叔梅、田兰陬、高云卿、冯季良、陈瘦崖、张天汉、冯虚舟、胡梅森、姚□丞、吴翰香、陈秉钧、王子余等,以际此冬防期间,清乡确难停办,决议缓三四月,当即全体往见盛旅长次仲,徐会办叔荪,说明此意,闻盛、徐二公,业已首肯云。

《越铎日报》中华民国十三年十二月念五日

柯桥镇举办冬防
（1924 年 12 月 29 日）

绍兴柯桥镇每届冬防期间,添办临时警察,本年有巡缉队驻扎梭巡,本无举办冬防之必要,惟以该镇东西官塘上下头市梢栅门,守候乏人,符警佐镜予,特商同商会董事长王庆云,自治委员冯荫樵一拟另招警察十二名,专供守候栅门之用,其经费已有五十元,于昨日(阴历初二日)由该镇商会集议通过拟件,尚有不足,拟向就地筹集,即于阴历本月初五开办云。

《越铎日报》中华民国十三年十二月念九日

绍兴城区保卫团董事姓名录
（1926 年 3 月 23 日）

(绍兴)城区保卫团于旧历二月初一日开会,推定董事,于初五日推选正副董事长及主管董事。兹将各董事姓名录下:

董事长胡梅森、副董事长冯纪亮、主管保卫团经费董事冯虚舟、鲍□谷、高坤芳三人、主管考查保卫才勤务事项董事,任葆泉、姚晓尘、鲍裕忱三人。主管会中文书事项董事。

王铎中、曹吉甫、王子余三人。董事田兰陂、陈秉彝、胡翰香、陈鹿萍、戚子川、陈洁人、陶仲安、陈子英、陈少云等九人，并闻于旧历每月第一第三两星期下午二时，须开董事会一次，有主管事项之董事，应常川到会云。

《越铎日报》中华民国十五月三月二十三日

城区保卫团会议记闻

（1926 年 3 月 30 日）

绍兴城区保卫团，为整顿内部起见，于本月二十八日，集合官长职员，开团部会议，兹将议决事件，开列于左：

一、本团士兵所用枪械，定每星期六揩擦一次，由值日官认真检查，毋稍疏忽，至应用油布，由会计处购买给发。

二、本团长兵，不得在茶店吃茶，应责成萧总稽查暨值日官随时查察禁止。

三、士兵不假私出，各分队长暨值日官，应随时认真稽查，一经察出，分别罚办，卫兵工亦连带负责。

四、本团杂费临时费，均已减少，各项开支，务须樽节，实支实销。

五、本团用账，每届月终，由经管者分别截清，将各项簿本发票收据，交由大众公阅审查，以取公开态度。

六、前巡缉队各项账簿，应责成会计员张子扬保存，随时备查。

七、前巡缉队开办费清册及每月支出计算书，应责成巡记兼收发员宋家祉，分别检齐附卷保存，不得缺少，本团每月支出计算书稿，亦应分别归卷。

八、士兵学术两科，除星期日外，不得间断。

九、士兵吃饭，均须到厅会食，不得在栅内私吃。

十、官长如有事故差遣，兵士出团，须关照值日官指派，以免藉端私出。

十一、本团长兵，应布种牛痘。

十二、本团长兵符号陈旧，应即添制。

十三、本团应添制军帽五十九顶，帮腿五十九副，棉军衣五十九套，单裤五十九条，所需经费向保卫团董事会商酌定之。

十四、夏季内外凉棚工料，可以减少，长兵移住仓间前截。

十五、前巡缉队暨本团退伍兵士，难免在绍逗留，应设法劝令回籍，免生事端。

十六、长兵外出时，宜互相亲爱，勿得任意争闹，即与其他军警相遇，尤当谦和，以资联络而肃风纪。

十七、本团长准于晚间由官长带往戏馆，看戏一次，以资娱乐，平时在戏馆察出，重惩不贷。

十八、夏季应置备药品，须先向董事会提出，以上议决各条，均已实行办理，闻该团定每星期日上午八时,为常会期间,会议整顿内务云。

《越铎日报》中华民国十五年三月三十日

各镇各卫团消息纪闻

(1926 年 3 月 30 日)

(绍兴)安昌镇,自去腊组织保卫团以来,迄今已达三月,彼时时年关将届,冬防吃紧,难免宵小乘间窃发,故由该镇士绅寿某、娄某某等,发起组设,藉资防卫。现在冬防时过,地方尚称安靖,似无永久设立之必要。因之已于本月二十八日,实行解放,一面将收支各款,赶造征信录分送,以昭大公云。

《越铎日报》中华民国十五年三月三十日

柯商会议办保卫团

(1926 年 10 月 25 日)

(绍兴)柯镇地面,四通八达,并无门户可掩,现下冬防转瞬,该镇商会有鉴于此,提议早举措保卫团团练二棚,定于旧历本月十八日,在商会邀集开临时会,讨论举行,经费由各商号酌量摊派,不日当可成立云。

《越铎日报》中华民国十五年十月廿五日

县商会请求军队迁驻

(1927 年 2 月 9 日)

腾观商店民房、迁入山署庙宇

(绍兴)前次蒋师暨周江二旅军队来绍,城区营基及各学校寺观,均驻军队,此次苏十二师又由诸暨来绍,时当大风雪,一时无处可住,遂多借驻大路报馆、旅馆、商店、民房。自周总司令部移杭,戢山县一校及戒珠寺等处出空,苏峻峰师长循绅商请,将大路驻军,除箔业公所药业会馆惠民病院外,余均迁入西街同总司令原驻地县一校、戒珠寺等处。惟尚有苏师二十四旅司令部,驻在诸暨册局,马房设在仓桥直街四十五及二十号民房。又四十七团一营,驻在石门槛二十七号民房,三营驻在安吉衣庄,又炮兵营马房、厨房,设在元吉衣庄及十八号民房,均系商铺民房,于商业、市民,均有未安。昨县商会特函请苏师长体恤商艰,顾念民瘝,并将借驻民房商店之军队,迁入旧山阴县署及卧龙山后张神殿。该二处屋宇坚固宏敞,可容大兵四五千,谅认绍兴为第二桑梓之苏、蒋二师长必能准如所请也。

《越铎日报》中华民国十六年二月九号

发动各人民团体编组普通自卫队

（1948 年 3 月 16 日）

（本报讯）本县为积极加强民众自卫力量，以配合动员戡乱起见，城区方面所有人民团体会员，将编组为普通民众自卫队，予以组训，如何编制，将视会员之多寡而定，昨（十五）日上午，民众自卫总队部，一席由副总队长史瑞生，邀集总工会理事长鲁源润商讨办法，定明日决定一切。

《绍兴新闻》中华民国三十七年三月十六日

省方派视察来绍集中检验自卫队

（1948 年 3 月 24 日）

定廿七日在大校场举行，箔司中队即将开始整训

（本报讯）本县民众自卫总队部，以本县各乡镇民众自卫队，业经多数编组成立，兹以省方特派金视察来绍检验，特定于本月二十七日上午九时（天雨顺延），在大校场举行检验。昨特通令各乡镇公所，于是日将该镇已训练之自卫队，由乡镇队附率领，准时集中大校场，听候检验，不得延误。

（又讯）本县民众常备自卫队，现正积极筹划进行编训中，平水区各乡镇常备班，将成立为一个中队，刻正络陆办理报到手续，报名者已有六十余人，日内将在府山下苍颉庙内，予以开始训练。

（又讯）县民众自卫总队，昨通饬各乡镇公所，所有乡镇自卫队，须集中乡镇公所，实施严密训练十天。

（又讯）本县民众自卫队，正积极编训，省方为明了本县编训情形，特派金视察来绍，定今（二十四）上午，假觉民舞台，召集城区各保队长附及同业公会职工会理事长，对组识事宜，有所指示。

（又讯）本城各职业团体，将由箔司业作主，浇整业、人力车业，各编组一个民众自卫中队，其余职工会及同业员会，由商会负责编组，一俟名册造就，即开始整训。

《绍兴新闻》中华民国三十七年三月二十四日

商民自卫队免予组训，县转请省方核示

（1948 年 7 月 15 日）

（本报讯）本县县商会，以奉本县民众自卫部队部电，所有本县各商业团体，各商业公

会会员、各工厂、商店店员，均应配合戡乱需要，一律编组商民自卫队，加以训练。顷悉该会以所有本城各商店店员及各业公会会员，前经县警察局为加强地方治安力量，已编组为义务警察队，现正在积极推进中，今复颁编为商民自卫队，于事实及时间上似难兼程并进。且以义务警察队与商民自卫队，名义虽有差异，而负荷协助地方治安任务则一。昨特电复自卫总队部，可否对编训商民自卫队一节，暂缓施行。顷悉本县商人团体，究竟可否因已着手编组义务警察队而得免予组训，县方未便决定，已为转请省方核示。

《越报》中华民国三十七年七月十五日

加强地方治安力量，商员编组义务警察

（1948 年 7 月 15 日）

商团自卫队可否免予组织，县府已转请省方核示决定

（本报讯）本县县商会，以近接本县民众自卫总队部电文，所有本县各商业团体，各商业公会会员，各工厂、商店店员，均应适应勘乱需要，一律组织商民自卫队，加以训练。该会以所有本城各商店店员，及各业公会会员，前经本县警察局为加强地方治安力量，将所有商员编组为义务警察队，现正在积极进行中，今又须编组为商民自卫队，一种商民，何能同时担当起两种编训，于事实及时间上似难兼程并进。且义务警察队与商民自卫队，名义虽有差异，而负荷协助地方治安之任务则一，昨特电覆自卫总队部，可否对编训商民自卫队一节，暂缓施行？兹悉民众自卫总队部接覆后，以事关民众普训，本县商人团体，究竟可否因已着手编组义务警察队而得免予组训，县方未便决定，即为转请省方核示。

《绍兴新闻》中华民国三十七年七月十五日

增强商民自卫编训义务警察

（1948 年 7 月 31 日）

（本报讯）本县县商会，日前以各业商店员工，奉令均须编组为商民自卫队，予以训练。该会以各业商店员工，前曾着手编组义务警察队，如再须编组自卫队，势难将商店员工编成两种自卫组织，且商民自卫队与义务警察队名目虽有差异，其服务地方增强商民自卫力量则一，特呈请本县民众自卫总队部，要求免予编组商民自卫队，经总队部据情转呈省方核示后，昨（三十）日浙省保安司令，覆令到绍，略谓本县各该商店员工，如已组成义务警察队者，应即将训练进度及名册等呈报该部，如尚有未曾编为义务警察队训练者，应即编为商民自卫队，予以编训。闻总部队奉命，即将转知县商会通饬各业商店员工遵饬。

《绍兴新闻》中华民国三十七年七月三十一日

未曾编为义务警察队训练，应编入商民自卫队

（1948 年 7 月 31 日）

（本报讯）本县县商会，日前以各业商店员工，奉令均须编组为商民自卫队，予以训练，该会以各业商店员工，前曾着手编组义务警察队，如再须编组自卫队，势难将商店员工，编成两种自卫组织，且商民自卫队与义务警察队名目虽有差异，其服务地方增强商民自卫力量则一，特呈请本县民众自卫总队部，要求免予编组，商民自卫队经总队部据情转呈省方核示后，昨（三十）日浙省保安司令部，已复令到绍，略谓本县各业商店员工，如已组成义务警察队者，应即将训练进度及名册等呈报该部，如尚有未曾编为义务警察队训练者，应即编为商民自卫队，予以编训，闻总队部奉命，即将转知县商会通饬各业商店员工遵照。

《越报》中华民国三十七年七月卅一日

布商业加入义勇警察队

（1948 年 8 月 19 日）

（本报讯）本县布商业公会，近接县商会通知，并检送义勇警察名册式样，速行填报，以便编组。该业公会准函后，以义务警察之编组，迁延已久，若不迅予办理，应即加入自卫队受训，昨特通知各会员商号，凡店内十八至四十五岁之适龄壮丁人员，一律填造义务警察名册内，于三日内送会，以便转报商会，编入警队。

《绍兴新闻》中华民国三十七年八月十九日

3. 商会、商人的政治参与

商会之当头棒

（1912 年 5 月 30 日）

国民捐事，风涌潮流，几遍全国。吾绍军警学各界及社会党暨越东协济分会，相继发起。惟商会尚寂然无声，有署名海涵者，投函商会，鼓吹继起，未知该会有动于中否乎？其函稿觅录如下：（上略）：

列强环伺，国势日蹙，财政被监，主权云亡。夫借债者政府，负担者吾民耳。以吾民共同所组织之民国，一任列强之印度我，而波兰我，犹太我，而埃及我。谁实为之，孰令致之，

而至于此，亦惟曰吾国民自启之而已，此南京黄留守所以有国民捐之发起也。由是省会商埠继续认捐，军学警界后先响应，吾绍如第五中校警务公所，如六标一营，如社会党绍兴部，均已次第发起，惟商界尚阒然无闻。按商会亦法人之一，商界中人又皆民国公民，当无不踊跃输将，还希贵会有以发起。且此系出于个人志愿，与商业盛衰毫无关系。鄙人闻有多数商人抱此志愿，故敢为君告（下略）。

《越铎日报》中华民国元年五月三十日

愿我商人悬作座右铭

（1915 年 5 月 13 日）

京师总商会因中日交涉失败，遂涕泣陈词，通电全国商会。绍兴商会接到是电后，即排印万纸，分送绍兴各商店，藉作座右铭。兹录其原电如下：

绍兴商会均鉴：

日本利用欧洲战事，□我新造国家，提出吞并朝鲜同一之条件，逼我承认。五月七日，竟以武力为最后之要求，四十八钟内倘不承认，立即进兵，以五千万同种同文之人，忍加刀于我四万万人之颈，强夺我之生命财产，以灭我国家而供其贪欲。呜呼痛矣！乃我国家初创，人民屡遭离乱，元气未复，政府内顾，民力不能不委曲求全让步媾和，权利丧失，国几不国。呜呼痛深矣。嗟我国民受此奇辱，尚有何面目以自存于社会。夫我中国素称强大，甲午以后，外患因以纷来，联军之役，日俄之役，青岛之役，屡受侮辱，得步进步，东南屏藩为之尽撤。今且深入我济南之腹地，竟以亡国条件要相挟矣。我国民苟尚欲自列于人类，五月七日始我四万万人立此大誓，共奋全力，以助国家。时日无尽，奋发有期，此身可灭，此志不死。特此哀电全国商会，请即刻普造全体商民，永存此志，无忘国耻，挥泪痛告，不知所云。

京师总商会叩
《越铎日报》中华民国四年五月十三日

我绍商人其听诸

（1919 年 5 月 14 日）

中国外患祸在旦夕，各省青年，既已奋发自强，藉图挽救。我绍兴之学子，迹蓬勃以兴谋，所以雪耻之道矣。惟商界中人，犹秦越相视，未闻有所建白，徒孳孳然以利是图，为钱文加价，则迭发传单，于国耻事则不闻不问，不知大势莫我绍地商人若也。

夫国已将亡，利于何有？我商界固不乏明达之士，盍亦一振精神，为外交之后盾乎。

《越铎日报》中华民国八年五月十四号

劝用国货团传单

（1919 年 5 月 18 日）

本报昨接劝用国货传单一纸。照录如下：

敬告商界诸君，不要贩卖日本货。泣启者，日本用强横的手段，夺我的地方，虐待我国的百姓，凡是中国的人，想起来有得不悲惨吗？你们要晓得日本的心思，是同强盗一样的，夺了这处，还想那处，将来就要想夺我们的浙江了。浙江的人，就要吃日本的苦头了，开店的人，就不能平平安安的开店。凡是浙江的人，应该预先设法挽救挽救。第一个挽救办法，就是抵制日本货，你们要晓得日本骗我国的银钱，不知多少呢，光是浙江一省算起来，每年要被日本骗去四五百万。这些银钱，都不能回来了，所以要劝你们用中国货，不要贩卖日本货，格末中国的银钱，就不会流到日本去了。你们商界诸君，同是中国的人，应该爱护中国，此后第一不要贩卖日本货，即使有日本货贩进来，总是无人要来买了，蚀了资本，又要被人说你们宝号是不爱国的，到这个时候，懊悔也来不及了。中国不亡，你们可以安稳开店，安稳吃饭。中国亡了，你们也不得安稳做人了，赶快将日本货广告撕去呀。

劝用国货团泣告

《越铎日报》中华民国八年五月十八号

国耻图雪会开筹备会纪事

（1919 年 5 月 19 日）

绍兴学生界为青岛问题，故昨日午后一时假座大善寺开国耻图雪筹备会。是日到会者第五中校代表李士豪、金鸣盛，第五师校代表董秋舫、吴锦文，越材中学代表王贤材、王起泽，女师校代表唐雪鹏、王顺亲，同仁校代表张如金、胡其源，尚德校代表杨维荣、陈慎斋，六区校代表陈幼庚、龚梦仆，善庆校代表裘荣、王以刚，越州公报公表翁大寮、俞微民、朱公威、骆无涯、严絮非、章曼伽，许眉痕等，及各界莅会者共三百余人，将国耻图雪会简章通过，并选举正副会长，章曼伽得七十五票，当选为正会长，董秋舫得四十六票当选为副会长。开会后，即至商会，商量抵制日货办法。是日第一县校学生，将平日所用日货带来当众毁充，以表示对日雪耻不用日货之决心云。

《越铎日报》中华民国八年五月十九号

告吾绍商界

（1919 年 5 月 23 日）

处商业竞争时代，为商人者不有学问、智识，不足以谋发展而获胜利。我国商人知识学问两具浅缺,无可讳言。商业之所以不振者,实由于此。

顾习商之人,往往不获多读书,计自七、八岁入学,至十二、三岁即须入商店,一进商店,终日服务,无暇为学问之研究,遂与所读之书,从此永别。顾以不学无术者,欲角逐于竞争剧烈之商场,安得而不失败乎?

兹者,吾绍县教育会有鉴于此,特呈请县署,转呈省厅核准,创办县立商业补习校一所,端节后即可成立,专供各商店商人补习学问,定为夜课,日在仍可在商店服务。至黄昏则入校补习,于营业事务既无妨碍,于学问前途并获长进,诚一举两得,法至良,意至美,举凡习商学徒暨营业各产人,其速报名入校,不自贻误可也。

《越铎日报》中华民国八年五月二十三号

酱园经理之爱国

(1919 年 5 月 25 日)

安昌镇李诚新酱园经理包世华,以国事日亟,非谋抵制不足以图存。特印刷传单分送各界劝用国货云。兹录其传单如下:

迳启者,中国自甲午以后,马关议和,订条约,赔兵费,割领土,开商埠,倭奴得一时之徼幸,野心勃勃,得寸进尺。二十年于兹矣。吾国念其同文同种,曲予优容。兹读报章,警耗传来,外交失败,山东问题,千钧一发,凡我国民莫不忿慨,奔走呼号,相戒不用日货为救济方法。幸吾绍继起有人,不落人后,安昌为绍属西乡之冠,不乏能人,无如仁丹、清快丸及各种倭奴产物,所在皆有,为此劝告亲爱父老兄弟,嗣后俱宜购用国货,振兴商业,挽回利权,前途发达,未可限量焉。

《越铎日报》中华民国八年五月二十五号

绍兴救国团成立先声

(1919 年 5 月 26 日)

日昨本县县教育会会集城镇乡各职教员,为提倡国货,抵制日货事,于午后三时,在该会开谈话会,到者有五中、五师、越材、成章、县一、县二、同仁、箔业、尚德、领振、善庆、螭阳等三十余校,讨论结果,均谓欲雪国耻,首重教育,并须联合商会,共同抵抗而后可。即由在会各校代表指定徐锄榛、袁绪美、马雄播、茹平甫、庄子良、张素英六君,于今日午后往访商会会长,接洽组织救国团方法,并推定徐锄榛、杜天縻两君草救国团简章。是日五师附属第二部主任杜天縻、教员陈鹤鸣、魏肇基、秦襄周四君,提出救国办法若干条,经众讨论至三小时之久,始行散会。其议决文件明日续登。

《越铎日报》中华民国八年五月二十六号

绍兴国耻图雪会开成立会纪事

（1919 年 5 月 26 日）

绍兴学生界发起国耻图雪会筹备会等情已志前报。昨日午前该会会员中之第五中、第五师范学生及杜氏私立学校学生约计三百余人，又开游行会，从开元寺出发，由大街大路游行一周，藉以警觉国人图雪国耻及不用日货。其它一部分学生，开赴城中四区及各乡讲演爱国。午后假座布业会馆觉民舞台，开绍兴国耻图雪会成立大会，除第五中校、第五师校、越材中校各一部分学生而外，如成章女子中学、绍县女子师范、浸礼会女校、七区正谊、同仁、三区浸会、第二、浚德、匠门、东大、善庆、昌明、尚德、县立第一、安昌第一、双山、杜氏、高阳、西甫、务义第二、领振、女子、国民、箔业、四区、独树、热诚、毓秀、崇德、县立第一、中山、安昌第一、万安、明德各校及县教育会、西北区乡教育会、大昌烟公司、天主堂、习艺所、县农会、塘工局、推收所、越铎日报、越州公报、笑报，皆有代表莅会，约共三四百人。又杭州童子军代表四人，浙江学生联合救国会学生一人。兹录其开会秩序如次：

（一）振铃开会；

（二）奏军乐；

（三）报告开会宗旨及经过情形。由该会副会长董秋舫起，谓：前在大善寺开国耻图雪会。今日开成立会矣。当研究何以图雪。盖由理想而进于实践。并蒙盛团长赞成，王知事、薛警佐赞成加入，商会方面亦允许通告各商店，将日货不售，现存者藏入云云；

（四）演说。首越材中校校长马雄波，略谓：国人对于雪耻，一必忍坚。忍中□分作三项做去：（甲）仁爱以爱人而不害为主义，（乙）信义，（丙）忠诚。以信义、忠诚，扶翼社会秩序，巩固国家基础为主义，一筹抵制日货方法，端在于改良实业，不进外货云云。

次平民习艺所所长陈樾乔，略谓：今日最痛心者，莫如亡国，并讲述辱国历史，如日俄战争时中国妇人被日军所掠，诉诸日军官，而日军官以亡国奴无廉耻可言。又如台湾割与日本后，日人收取台湾人民之登记费，竟半其契价。又如满清季世，日人在东三省查验獭疫，无故被虐而死者，不知凡几。我国犹未亡也，而日人之待我已如是，一日亡国，何堪设想！及今不图自救，则他日虽欲救而不及矣。至于救国十人团，则效力颇大，盖能合小群而成大群也云云。

次成章女子中校代表沈维桢女士，略谓：今日最注重者，在于抵制日货。顾中国无上等出产品，嗣后须竭力策国货之进步。至于各个人不用日货，尤须各个人从良心上做起云云。

次杭州童子军代表封光耀略谓：现在中国情形仿佛如公司，曹汝霖、章宗祥、陆宗舆辈实为此公司中人物，以卖国为其职务。故图雪国耻，当然以惩办国贼为首。盖治外必先治内，至谓学生不得干预国事，尤为不可。何则？今日在上者既多卖国致耻之徒，则救国雪耻之事，我辈青年不去做，更谁去做乎？惟是我辈青年无分男女，男学生对于图雪国耻奔走号呼，女学生亦宜同尽此责任。不谓此次来绍，而绍兴方面中等女校学生，对于图雪

国耻多存退缩心，殊非今日女子之所宜云云。（未完）

《越铎日报》中华民国八年五月二十六号

绍兴国耻图雪会成立会记（续昨）

（1919 年 5 月 27 日）

次沈桐生略谓：国耻图雪会之起，远因在于民国四年五月九日之承认二十一条件，近因在于青岛问题之发生。今日图雪国耻以抵制国货为入手办法，然须人人各尽心力，空言则无补也云云。

次第五中校学生金鸣盛略谓：关于图雪国耻之意见有三：（一）弗急近功。大凡做事，希望大者，破坏亦大。眼前些些，不得不牺牲，否则决不能达目的，弗以近功已著而置远大者于不问也。（二）弗抱悲观。今人做事，每因成效难期而形悲观，或由是□遁，或由是自杀，此皆不可者，须知人生万能，目的所在，自当尽心力而做去。（三）弗生畏葸心。凡人一存畏葸心，则事事甘落人后，即不甘落人后，亦有成败利钝之计矣。此畏葸心之切不可生者云云。

次又第五中校学生胡诗选略谓：绍兴国耻图雪会之名义，颇闻有人议我不当者。本会真精神，非但外界不能明了，并内部亦不能明了，此我不能不从而一说明也。要知国耻者，非绍兴之国耻，实为中华民国之国耻。凡属国人，皆应耻之而同雪之。不过本会由绍兴方面发起已耳。至国耻用否去雪，但问国人愿否作亡国奴便可解决此问题矣云云。

次又第五中校学生阮法道略谓：欧美各国，何尝不用外货，倘不用外货更何事于通商。独中国今日哓哓以不用外货相激劝者，此何以故。盖中国不能发展商业于外国，不能将外国金融以商业行为吸取至中国。故为塞漏卮计，势不能不屏拒外货。例如纨绔子弟，只能把祖宗所遗产业，任意挥霍，购用外来新奇品物，而不能自营职业，增厚其产业。夫既不能自营职业，增厚其产业，更有何福可以用外货乎？故纨绔子弟之结果，每每破家亡身，中国若再不屏拒外货，必同于纨绔子弟之破家亡身而后已。此今日所以必抵制日货也。至于杀国贼，则吾人既处于极愤的地位，所以一杀为快。例如戏剧中最怯懦之人，一旦妻女被淫，能操刀而杀其双方之相淫者，实愤的作用有以使然耳云云。

次越材中校学生王贤材略谓：五月九日开国耻纪念会时曾言及国耻当图雪之，今日则居然开图雪会矣。图雪国耻之道，全赖乎吾辈之勇敢，所谓吾人之勇敢者，非骤然而起，祈战死之谓也。盖今日最可贵者，为吾辈青年学生，故吾辈青年学生当逐渐用其勇敢之精神，与勇敢之身体为国家节节做去，如节俭，如忍劳，皆吾辈青年所当应守之训，能抑制其暴气与夫过激之动，亦未始非勇敢也云云。

《越铎日报》中华民国八年五月二十七号

东关商学爱国声

（1919 年 5 月 27 日）

绍属东关乡敬义学校校长章福洪，自接到第五师范成立抵制日货会通告后，当商诸同人，一致赞成，将校外壁上仁丹两大字立刻用黑油涂抹，以为之倡。西市各店家，亦均表同意，将仁丹、狮子牙粉、金刚石牙粉三种铁木牌，一律除去。

《越铎日报》中华民国八年五月二十七号

绍兴救国团进行日记（二）

（1919 年 5 月 27 日）

本县教育界主张联合各界组织一绍兴救国团等情，已志昨报。兹悉商会、农会及自治办公处等各机关，日昨（二十六日）在商会讨论进行办法，定今日午后四时开各界联席会议，筹备一切云。所有城镇乡第五中校、第五师范、越材中校、成章女校、女子师范校、县立第一、县立第二、同仁、箔业、尚德、领振等各校职教员谈话会议决事项登录于下：

关于教育界方面：

（一）对于学校教育

（甲）编国耻纪念歌与国歌、校歌及各种纪念歌，同一注重。

（附）国耻纪念歌，由县教育会编定分布。

（乙）编国耻历史之表□、唱歌、游戏。

（附）右条各校可本己意，自在编定。

（丙）各校学生，应利用星期余暇，为有规则的讲演及雪耻方法之集议，与进行事宜之表示。

（丁）学校用品，应购置国货，并提倡国产原料之手工。

（戊）以后每年五月九日公定为纪念日，放假一天，并施训话，及举行游行会，暨种种有秩序的表示国耻之行动。

（二）对于社会教育

（甲）随时发贴，简单明白，且有启发的引起的一种国耻告白，以普觉国民。

（乙）函请通俗讲演所讲演员，应注意于中国向来外交失败之历史，与提倡国货之讲演，并征集此项讲稿以资刊布。

（丙）调查各地可以代替洋货之国货，随时登录报端，或用他种方法传布之。

（丁）凡遇迎神赛会等□，须用迅速的手续，先备一种关于提倡国耻之简单告白。

（戊）关于国耻历史方法，为□□的与和平的及永久的之纪念提倡。

（附）明末义士之不忘明也，乃创为甲申纪念日，传于世俗，即三月十九日之太阴会是也。又创为朱大天君之庙祀,至今不衰。虽事过境迁,知者已鲜,而识者犹有余痛焉。又如集社迎龙赛会之举,即古时保甲、防倭、练团之遗制,是知四方风动固甚易也。惟当使之有价值耳。

关于各界者:

(一)对于商界之商助

(甲)调查日货,随时报告于社会。

(乙)提倡国货,随时介绍,并负确实之保证,以杜混冒。

(丙)监督各肆,除存货销尽外,有续行秘密销售日货者一察出,登报揭破,或处以货物充公之严罚。

(丁)随时注意日商之托名,或改换商标等。

(戊)速组织商品陈列所。

(二)对于报界之商请

(甲)介绍国货,办明日货,提倡工业。

(乙)时列一简单□国耻警告于对面。

(附)如国民(尔忘五月九日之耻乎)等字样,至少每星期一次。

(丙)注意日本朝野之行动登载之。

(丁)随时作提醒国耻之社论或短评。

(三)对于印刷界之商助

制国耻纪念之各种信封、信纸及簿籍(封面之背面)等。

(四)首饰店之商助

妇孺之装饰品上应镌各种之国耻字样。

《越铎日报》中华民国八年五月二十七号

绍兴国耻图雪会成立会记(续昨)

(1919 年 5 月 28 日)

次某乡校代表周绍尧略谓:今日无人不以抵制日货为职志矣。我前几天在宁波遇一素识之日人,询以我国人群起而抵制日货,在日人于意云何?彼则曰,无所感觉,不生影响。诸君试一思之,日人之测我也如是,我再不鼓动民气,持以恒久,所谓五分钟热度云者,又为其道著者矣。回顾我国社会近况,则惟有几辈青年学生与几处报馆,发生救国雪耻之声浪。其他一般人,依然沈迷如旧,此不可不有以警觉之者。至现在对于救国雪耻之进行,尤不可以意气用事,学生与学生固宜一致,即校中职教员与学生,亦宜一致云云。

次律师阮恒略谓:爱国可分多种做去:一文明的爱国,可以免起交涉;一金钱的爱国,如抵制日货之类;一实力的爱国,如联络工商界以期实业之振兴云云。

次第一县校钟乞涯略谓,抵制日货,须除奸商,当民国四年间发生抵制日货时,沪上有奸商,以毁弃日货为词,将各商店日货收集于一处,改头换面,冒充国物。现在又发生抵制日货矣。此种奸商先宜除去，至讲演劝用国货，对于中上等社会，尤须注意。盖购用日货，均属中上等社会。下等社会，购用日货者殊少也云云。

次越材中校学生斯励略谓：今日之会，非荣誉之会，乃耻辱之会，吾人当雪此耻辱而反为荣誉云云。

次第五师范学生陈芸略谓，吾国内政不修，外交失败，有能力雪耻之人不知雪耻，致付此重任于青年学生。然青年学生□负此雪耻之重任矣，当以鼓励民气，使国人知耻为第一要著。盖我国人之通病，在不能预防耻之将来。洎乎一旦受及痛苦，耻已深矣，而始谋雪耻之道。例如廿一条件发生，胶济铁路条约之发生，及青岛问题之发生，无不于事后仓皇奔走，以雪耻为号召，其初则浸然不知，又不筹办以应付，至今日而付此重任于青年学生，故对于民气之鼓舞，使其群知雪耻，实为今日青年学生之责云云。

次周小白略谓：日人骂我即所以爱我，盖骂我则使我愤而群起雪耻之志也云云。

次越材中校学生马孝安略谓：日人诋我国人为凉血动物，究竟我国人能否承认此凉血动物之诋。我知我国人不能承受此诋也。夫不能承受，即能雪耻云云。

次为尚德校学生陈慎斋略谓：人说今日小学生不应问及雪耻等事，然小学生当此年龄幼稚时，已竟受及时人之侮辱。倘异日得为中学生时，所受侮辱比诸今日之中学生，当为更甚，则今日之小学生，安可不大众起而图雪国耻云云。

次杭州童子军封光耀代浙江学生联合救国团代表车辙致祝词，所祝者为将来之希望云。

次越材中校学生杨佩芳略谓：人说今日先须杀国贼，夫国贼远在北京，不知若何杀法？至于抵制日货，一方面当提倡学校、工厂各尽性能，□行发达之工商实业云云。

次该会正会长章曼伽将该会发生后，对于各方面如何进行略述一过。又谓：今日开会人数不多，商会已承认来，今亦不来。绅界中人，亦不曾有见。至于绍兴官厅，竟成了不倒翁。当满清时做官，王金发来，依旧不害其为官，洪宪皇帝时代，亦是做官。准是推论，则日本人来，当然无恙于其官也云云。

（五）摄影。

（六）奏军乐。

（七）振铃散会。（已完）

《越铎日报》中华民国八年五月二十八号

乡校爱国之热忱

（1919 年 5 月 28 日）

绍属禹会乡区立第一国民高小学校，以外交失败，大为愤。昨（二十六日）下午二时，由该校校长胡子通君，特邀集职教员率同全体学生二百余人，在该乡张溇庙开特别大会，到者除绅商学各界外，农民之来听讲者，亦不下四五百人。首胡子通君报告开会宗旨及讨论方法，次由该校职教员蒋伯祥、胡文滨、阮钟昌、吴寅生、张文耕诸君次第演说，大致谓：

青岛问题,瞬将失败,全国人民,莫不愤慨。盖青岛为山东全省之命脉,亦即北京卫要之咽喉,北京之咽喉既绝,全国之内部皆危,将见倭奴得步进步,实逼处此,攘夺我河山,丧失我主权,奴隶我国民,占领我财产。朝鲜、琉球之亡,殷鉴不远,我诸父老兄弟,当思亡国之惨,共作亡羊补牢之计,以图挽救于万一。挽救之术,莫善于抵制日货。盖日货之质品本劣,惟其价值较贱,我国人贪于小利,故销行最广,泰西各国则不甚通销也。今我同胞猛然警觉,弃日货如敝屣,抵制不用,使其商战失败。日人虽强,见众怒难犯,不无戒心。而且我国金钱,又不至外溢。此一举两得之事也,慎勿谓乡僻一隅,杯水车薪,无济于事,要知人心不死,各乡当然一致进行。自古众志可以成城,众力可以扛鼎。若能固结团体,始终不懈,不难克抵于成。吾绍为越国旧址,尝卧薪尝胆,沼吴雪耻,未始不可重见于今日也,愿与我诸父老兄弟共勉之。当时听者拍掌之声震动户外,座中之人,莫不为之动容。

又该校高小部学生阮寿龄、王将隆等参入演说亦甚为恺切详明。演讲既结,阖校学生将所存日货尽行焚毁,以为先导。散会时已傍晚,始行整队而归。

《越铎日报》中华民国八年五月二十八号

绍兴救国团进行日记(三)

(1919 年 5 月 28 日)

绍兴商学两界暨自治办公处等机关联合组织救国团等情,已两志本报。兹闻劝学所及通俗图书馆,并城镇乡各商务分所,各学校及自治委员,咸以救国团为急不可缓之举,均拟联合加入,共同组织云。其宣言书及简章,并各股办事细则,均已拟定俟联席会议通过后,即可宣布也。

《越铎日报》中华民国八年五月二十八号

沥海乡之爱国声

(1919 年 5 月 29 日)

虞、绍交界之沥海所,三面环海,本为僻壤,然近年来学校林立,已有八九所之多,以此风气渐开。此次因青岛一案,即由各学校遍发警告,并四处演说等情,已志前报。兹闻该处教育界中人,又于五月二十五日(即星期),在城隍庙邀集各界开国民大会,到会者不下千余人,当有学务委员傅梦良君报告开会宗旨,次由各校职教员相继演说,如继美校教员鲍亦钊,敦本校校长屠炳章,教员陶士杰,继志校校长赵雪丰,教员何绍棠、何植三、傅开济,校董杨肇春,第一校校长杨聿德,教员陈寿搏、于德文、冯文雄,序思校校长黄子瑜,教员杨遇春等,均各陈述我国外交之形势及日本之强梁,抵制日货之必要,购用国货之益处各等语。大声疾呼,闻者动容,并闻杨校董越川演说时,说到中国百般受辱情形,掌声如雷,并有多数商界中人为之下泪。人心未去,可见一斑。开会时,并由第一校供给各学生点心,以充饥腹。现该乡各校以通俗讲演团不能常时来乡,拟发起星期讲演团,拟具简章,下次每星期各团员依次讲演云。兹录其简章列后。

沥海乡露天演说团简章:

(一)本团定名为沥海乡露天演说团。(一)本团以开导民智,劝用国货为宗旨。(一)本团以沥海乡教育界同人组合之。(一)本团事务所暂设继志校内。(一)本团分为讲演部、编辑部、印刷部、干事部、调查部、会计部六部。(甲)讲演部全体团员充之;(乙)编辑部二人;(丙)印刷部四人;(丁)干事部四人;(戊)调查部二人;(己)会计部一人。(一)本团以星期日为讲演日期,出发临时酌定。(一)本团需用经费,由各团员负担之。(一)本团讲演地点,随时指定。(一)本团简章有未尽善处,得随时修改之。

是日下午,又有沥海所附近贺家埠□育德校校长顾傅煦、教员周维新等,率领学生多名来城,邀集各校往三阮村讲演。当由该处序思校招待。齐集发出,挨次往前寺、中阮等处,先导以白旗,书血心救国,还我青岛,万众一心,图雪国耻等字。沿途观者如堵,即晓以日本占夺青岛,并中国官场腐败,章宗祥等卖国情形。听者人人恨骂。又演北京大学生郭光钦救国亡身惨状,各界闻言,均为叹惜,甚至有眼泪洗面者,听讲至晚,炊烟四起,始各整队以归。是日未到者,如益智等校教员往南通参观未回,后亦当加入。闻近附诸父老啧啧称道,热心爱国,协力同心,皆归教育界之功。

沥海乡继志校高小部学生警告文

唉!我国亲爱的同胞呀,现在我们的中国,几几乎要被日本灭亡了。他们早已霸占我们的东三省,现在又要占我的山东省了。诸位不要说山东离我们的地方很远,和我们不相干呢。要晓得,山东是我国南北交通的要道,他们将山东占据就是把我们中国的喉头扼住,你想中国的生命危险不危险呢? 倘然中国亡了,我们就要做亡国奴。那亡国奴的苦痛,真正是说不尽的。你们不看见上海的印度巡捕么,就是亡国奴的榜样呢。他们不但不能谈起他们的国事,就是一哭一笑,也不好自由咧。其实他们做个巡捕,好比我们做个大官一样。在他国内的亡国奴,着实要苦十倍哩。假使我们做了亡国奴,这种苦痛受得起么? 所以我们对于日本人的仇,不可不报呢! 又恨我卖国的官场,不但不能报国仇,还要私通外国咧。你道可痛不可痛! 我们小百姓势力薄弱得很,没有别样的法子,只得起一个决心,从今日起不可再买日本货就是。便宜的我们也不要,宁可买自己的国货。你们做生意的人,亦要大家设法把日本货拒绝才是。总要大家有爱国心方可报国仇呢!

《越铎日报》中华民国八年五月二十九日

救国团进行日记(五)

(1919 年 5 月 30 日)

绍兴商学两界联络各机关组织救国团,其进行手续,已四志本报。兹悉,该团昨二十八日邀集各界,在商会开会磋商进行事宜,并修改拟定章程,当公推茹平甫为临时主席,将章程朗诵,逐项讨论通过。

计到会者:五中校校长徐锄经君,商会会长冯纪亮君,县自治委员陈坤生君,农会会长姚霭生君,教育会会长茹平甫君,通俗图书馆主任庄子良君,五师校职员杜天廉君,劝学所所长阮建章君,贫民习艺所所长陈樾樵君,女子师范教员平智峰君,箔业校校长陈枚相君,成章女校代表王铎中君、沈维桢女士、葛篆良君,领振女校王领英女士,县立同仁校代表陶葆初君、金卓鹏君、马鹤轩君,以及商会各业议董陶仲安君、马春辉君、冯虚舟君等各机关代表约六七十人,章程修改后,为时已六点钟,余钟散会。当时有以救国团名义尚欠妥当,须斟酌更易,以期永久成立者。众决暂行适用,再求大多数之决议然后变更云。并闻该团于昨日复在教育会开谈话会,举行筹备干事,即分头积极进行,详情如何,容明日再志揭该团章程于次:

第一条　本良心能联合绍兴各界协力救国,定名绍兴救国团;

第二条　团员以本国籍为限,惟须确有正当事业,或职志者

第三条　本团团纲

(甲)有力持秩序与耐久之主旨

(乙)有互相商请及协助之义务

(丙)不涉政党意味,乃力避国际交涉

(丁)以普觉的与经济战争的主义图最后之胜利

(戊)以知耻力行四字为戒律

第四条　本团设正副理事长各一人,由各股代表公举一年一任,连举连任

第五条　本条设干事为八股

(甲)商业股　设正副股长各一人,协理员无定额

(乙)教育股　设正副股长各一人,协理员无定额

(丙)言论股　设正副股长各一人,协理员无定额,以本县各报馆为发表言论机关

(丁)研究股　设正副股长各一人,协理员无定额

(戊)讲演股　设正副股长各一人,协理员无定额

(己)制作股　设正副股长各一人,协理员无定额

(庚)储蓄股　罗致志愿储蓄者多人,成立一救国储蓄会,附设于某金融机关,即以该机关之经理为股长,另推副股长一人

(辛)调查股　设正副股长各一人,协理员无定额

第六条　正副理事长之责权如左

(甲)有召集大会常会临时会股长议事会之权

(乙)有督促股长进行一切事宜之权

(丙)有维持各股之权

第七条　正副股长之责权如左

(甲)有掌本股股员姓名录之责

(乙)有督促本股股员协同进行之责

（丙）得报告理事长自行召集本股股员会议

（丁）得商请理事长改进行理宜

第八条　入团规则

（甲）入团时须填写志愿入某股，声明书一纸，每人只准认一股

（乙）入团时由本团发给团证一幅，佩针一枚，但须团员出资自购

第九条　团员之责权

（甲）守团纲

（乙）有商请股长参酌事宜之权

第十条　开会分如左之四项

（甲）大会　每年一次，三月间行之，各由本股公推正副股长，由正副股长公举正副理事长

（乙）常会　每年一次九月间行之，报告团员多寡数及进行事宜与成绩

（丙）股长议事会　每月一次正副理事长主席

（丁）临时会

（一）理事长之召集

（二）股长对于本股事宜，商请理事长之召集

第十条　各股进行事宜，另设

第十一条　本团事务所暂设教育会

《越铎日报》中华民国八年五月三十日

关于山东问题之公电

（1919 年 7 月 4 日）

绍兴各团体，因山东问题假座商会开会，群以为各省当派代表进京请愿，继山东代表之后，当电省团体征求意见。兹录其电如下：

杭州总商会转省农会、省教育会各报，暨学生联合会，暨各团体鉴：山东问题万不能签字，山东代表进京请愿，尚无效果。各省自应继起派代表进京请愿，以征国民公意之一致。敝县各团体集议，浙江当继山东代表之后进京请愿，以期山东问题得满意之解决，未识能得诸公同意否？幸赐答覆。绍兴县商会、农会、教育会、劝学所、自治办公处、越铎日报、越州公报、爱国会、提倡国货会、国耻图雪会叩。

《越铎日报》中华民国八年七月四号

啸金乡近闻

（1919 年 7 月 4 日）

抵制日货。

次由商会副会长阮□缄宣布抵制日货条约,讨论多时,全体赞成。各店立誓盖戳,积极进行。其条约要旨觅录如下:自六月初三日起,五日内如有日货到埠,必当退回原店。如五日后,再有日货到店,愿加十议罚。公举调查员四人分赴各航埠、各商号详细检查。想该乡如是进行,当不患日货之不绝也。

《越铎日报》中华民国八年七月四号

发明国货卫生香

(1919 年 7 月 12 日)

绍人庆宝、誉华(姓均未详)因鉴于全国国民正在热心提倡国货,抵制日货,特发明一种线香,纯用本国药材配合而成,定名绍兴家庭工业社梵字牌商标卫生香。

《越铎日报》中华民国八年七月十二日

提倡国货会常会纪闻

(1919 年 7 月 15 日)

绍兴提倡国货会昨日(十三号)下午二时,开第一次常会,到会者数十人,先由该会会长丁星阶君详述经过情形,并请到会诸君讨论进行办法。兹将公决事项揭载如下:

(一)通函各调查员(商会各业董)先将本业国货出产地点价格分别列表查报送会。

(二)组织月刊,以通消息而代演讲。

(三)组织国货公司,以期实行提倡,先行邀集发起入手办法,并公推朱鞠堂君起草。

(四)各业各商店如有新出国货,本会应尽提倡之责,或登报广告,或撰文印送传单,公推朱幼溪君撰述。

《越铎日报》中华民国八年七月十五号

东区国耻图雪分会成立记

(1919 年 7 月 19 日)

绍属东关国耻图雪分会,由汤浦、安仁、东桓三乡学界发起,曾志各报。兹于本月十三日上午,假汤浦乡区第二两等校为临时会址,计到会者七十余人,以毛南箕为临时主席,报告开会宗旨,次有各会员相继演说,略谓今日国势已危,日本凌辱已甚。若不群起拯救,国亡无日等语。次用无名投票选举正副会长,正会长蒋乙藜、副会长董元康,文牍兼会计徐铭寿,次选各部正副主任,新剧团主任观正,董自□副之,宣讲团西路主任毛南箕,相越材副之。东路主任董士□、姜邻副之,制造部主任徐静山、毛秉灿副之,议毕散会。当于是日下午,由宣讲团出发,至冯家埭地方包公殿内。适日演戏,观者甚众。该团当令戏班中止,由相越材、毛南箕、董自□三君登台相继宣讲,观者颇皆动容云。

《越铎日报》中华民国八年七月十九号

进日货者大家看看

（1919 年 8 月 13 日）

自抵制日货问题发生后,一般绍兴奸商,依旧私进日货。现由国耻图雪会调查部,查出绍地商人所私进之日货如东洋纸,如东洋缎,如玻璃等多件,大众决议,于今日午后四时,在大校场焚毁,以医警其后云。

《越铎日报》中华民国八年八月十三号

威逼学生不许焚烧日货之商会

（1919 年 8 月 14 日）

（绍兴中等学校学生之宣言）

概自青岛问题发生以来,稍有良心之商人,无不从事某国货之抵制,本不待学界有识者之开导。吾绍三学校同学,非不奔走劳汗,劝告吾绍商人。吾绍商人,亦尝声声承认。自此决不进某国货□□,各业对于本会,有据可查。生等以商人自具开明稔知国耻,既言之于前,岂有血口未干,而遽反汗于后,置人格于何地耶？且纸业董事杨亢宗、马永泉等,于前次查获东纸,谓确系杭州华章以某国货充当西货,非绍纸业之初愿,申请退回,并当场宣言,自阴历五月二十以后,所进的系东货之纸,情愿照例焚毁,且自认倍十之罚。无如该业口是心非,继续偷运。前月中旬,又由学生调查部查获大批油光纸。业经函询上海纸业公会据云确系东洋纸,已存在商会预备焚毁。又在邮局查获东缎等项,并拟一并于是月十八日下午四时在大教场烧毁。讵料十七日商会各业董,乘本会会员到会人少,集议反抗。纸业自认在前,自无说话。而各业以为纸可焚,将来东货必无从进口畅销,特在会场合力阻止,并求各货退回原店。某店东且说我代表王君贤材之□系东洋装,先烧头,然后烧纸。当时声势汹汹,数十业董起立拍手赞同,而旁中工界多人,亦同时骚扰。幸冯会长力维秩序,致无野蛮举动。我代表后盾无人,碍难与无识商人相对待,以致被逼承认。今宣告,生等对于十七日所许各项,誓不承认。商界既无理可喻,以后一方面继续进行,并函知全国学生会,将来当有正式解决,商人毋以此次得一全胜而傲视而擅进东货也可耳。尔等商人无论质之于大总统,于省长,要之良心皆具。当此日人迫我之时,东货能代销售乎？抑不可乎？天下自有公道,尚望激发天良,须知买卖东货,即是国贼。章宗祥以卖国而受学生之打,则擅进东洋货者,自有正当之办法。以后查获,均不与商会理论矣。各商家慎勿河汉斯言,勉力爱国是幸!

记者按:学生诸君当日脱必欲贯彻其焚烧日货之主张,则商会与各业董其奈之何?"被逼承认"之说,虽出于不得已,然态度未免软弱。往者莫追,来者可免。愿学生诸君留意及之。

《越铎日报》中华民国八年八月十四号

焚毁日货打消说
(1919 年 8 月 14 日)

往者国耻图雪会曾搜获日货多种(如永昌隆洋伞之类),令其退回。路人传说,谓退回之中,不无暧昧情事。我无确切之调查,不敢遽信路人之说,下以判断。然各地遇有日货搜出,无不焚烧,以警奸商,而何以绍人则否?其中要不无令人可疑之处。

《越铎日报》中华民国八年八月十四号

国耻图雪会又搜获大批日货
(1919 年 8 月 15 日)

国耻图雪会风闻近日绍兴各商店私进日货,因而多派人员往各城门搜查。日前曾查获洋缎、玻璃多件,寄存在商会。嗣因各业董各力反对,致烧毁之说打消。鉴于国耻图雪会之通函可知也。其一切详情,已志昨报。兹闻日昨早晨该会会员又在航船搜获日货如洋灯、玻罩及料瓶多件,洋灯系广益丰所进,料瓶系教育馆所进,现在此类日货已提存在国耻图雪会贩卖部,拟将各种日货毁弃,以儆其余云。

按教育馆经理周子京系提倡国货会副会长,居然私进日货。(闻此次周子京系派其子祖培前往运取日货)人格何在,良心何在?为提倡国货计,应将此败类会长驱逐出会。至从教育馆本身计,股东者变不应若是放弃,任此败类经理肆意妄为,置营业前途于不顾。

《越铎日报》中华民国八年八月十五号

商会临时大会记
(1919 年 8 月 15 日)

八月十二号下午二时,绍兴商会因各业之请求,开临时会。首由商会冯会长报告提倡国货及各商家困难情形,所有存会纸货、缎疋、玻璃、棉纱等件,由会长与国耻图雪会逐件磋商，以冀和平解决，而使各商店有所观□，经图雪会认可发还退回。会场秩序亦甚整齐。兹将议决情形录左：

（一）纸货。绍兴维泰各店原订西洋纸货，因杭州华章公司以东货发运，绍店不任其咎，是以议决将原货退回，并与华章绝交。

（二）缎疋。宋元成号，前运到西缎十二疋，其十一疋早由图雪会发还，尚存会一疋，一并发还。至桑庆泰之缎二十二疋，系旧历三月间向申江顺泰庄购定之货，有顺泰来函二纸及货信二纸。当众呈出，足资证明。议决由桑庆泰领回。

（三）油丝。鼎丰漆栈之油丝，确系美国义记牌号，当然领回。

（四）玻璃。据王国记帖称，系于阴历四月间由申怡丰庄购定，因慎大转运公司停装，致稽时日，未便退回。议决发还。

（五）棉纱。周锦泰之棉纱，系新出国货，正在提倡，当然领回。

（六）机器。系某机坊托恒泰代买，为制造国货之要件，且为抵制外货起见，当然发还。

是日会议国耻图雪会会员均当众承认，并由冯会长敦劝各商家总以提倡国货为进行云。

《越铎日报》中华民国八年八月十五号

国耻图雪会请省长保护

（1919 年 8 月 16 日）

绍兴国耻图雪会调查部，因绍兴商家私进日货，严加搜查，各商家不无怀恨，嗾使武力者，与其为难。现由该会快邮代电，呈诉省长。兹录其文如下：

齐省长均鉴：学生等于二月前劝告各商店提倡国货，弗进日货，当经各商店允诺。阳奉阴违，暗中仍日进东货，学生等遂组织调查部，在各航船先后查获东货不少，均存在绍兴商会。学生等因要求商会会长请于东货中提出一部分焚烧，以资儆戒。曾经商会长允许照行。不料本月十二号商店竟雇集武夫多人，以威力胁迫学生，将查获东货强行取去。昨学生等赴水澄巷航船调查，又被商店栈司恃强殴辱。近且扬言谓将以重新雇集箔司，见有学生，即行殴打。似此情形，将使学生等于夏假开校，竟不能在城求学，为此电禀省长，务乞知县公署及警察所加以保护，以维学务，不胜迫切待命。

《越铎日报》中华民国八年八月十六日

绍兴纸业通告

（1919 年 8 月 16 日）

同业自抵制日货以来，对于进口各种洋纸，无不关心研察，一尽一分之爱忱。此次向杭华章买办西洋纸，不意华章朦我同业，遽然以东洋纸充西货，自兴装绍，至被图雪会诸学生察悉扣留，已定于本月十八日决当烧毁。同业以顾全华章血本起见，特为要求商会及图雪会诸学生，请恤商艰，此货暂时发还。遂承诸君谅。诸同业等决议，与后与华章绝交，免其李代。

《越铎日报》中华民国八年八月十六号

绍兴商会通告

（1919 年 8 月 16 日）

前国耻图雪会有纸件、缎疋等交存本会，并发传单云将烧毁。该业以货关血本，并其余各业均请求本会开临时大会解决。已于旧七月十七日开会，经本会双方劝导，在各业非不佩诸学生爱国之心，惟营业性质，店中不能断货，又苦国货供不应求，则购运亦非得已。现议决逐渐替代，即逐渐减少。我商人亦国民分子，本同业此热诚也。图雪会当众已谅悉商店困难情形，故两方承认。

《越铎日报》中华民国八年八月十六号

告绍兴爱国会

（1919 年 8 月 16 日）

绍兴爱国会自成立以来，无声无臭，等于提倡国货会。提倡国货会中之副会长，即爱国会中之调查股长（即教育馆经理周子京），居然私进日货。爱国乎？提倡国货乎？奸商之伎俩如是。不识爱国会诸君于意云何？

《越铎日报》中华民国八年八月十六号

第二次焚毁日货之经过

（1919 年 8 月 18 日）

绍兴国耻图雪会，搜获绍兴各商店所进私货之日货，一部分业已焚毁等情，已志本报，其余则由商会发还。嗣因国耻图雪会以为此类日货，非悉数焚毁，决不足以惩戒奸商。再要求商会向各商店提取。商会遵嘱前往提取。不料，各商店皆以售出或发给于工厂制作对。商会与据情国耻图雪会接洽后，国耻图雪会唯恐各商店巧言掩饰，于日昨下午要求商会正副会长，一同向各商店提取日货。商会正副会长各有病累，未能同往，遂由国耻图雪会诸君同往谦泰布庄提取飞莺牌洋缎匹疋，桑庆泰帽庄洋缎一疋，由各该号自行送至商会,当日焚毁。谦泰布庄尚有元宝牌之斜纹布五十疋,究竟是否日货,须函向上海调查。倘果日货,已议定在商会焚毁。至向各商店提来之货,当焚毁时,由提取日货时到场各团体人员□压,并维持秩序云。

按爱国学生搜查日货,当然严格从事,毋稍宽纵,否则奸商怙恶不知改悛矣。然长此以往,烧者烧□,进者进,于吾国商人则增加损失,于日人则大有利益,亦未免大不经济。记者以为商会对于各业,当有恳切诚意之诰戒。至此后,日货一旦查获,必须议一种正当办法,对于商人则予以惩戒,于日人则使无利益可得。记者深愿商会及爱国会、国耻图雪会一筹及之。

《越铎日报》中华民国八年八月十八日

大批现洋装运来绍
(1919 年 8 月 19 日)

近来绍兴钱市因烟叶、早稻两项,转瞬即将上市,现用甚巨,各我庄准备金,殊形枯簿,深恐届时周转不灵。昨闻由杭市拨现洋二十万元装运来绍,以济商用云。

《越铎日报》中华民国八年八月十九号

国耻图雪会学生调查部之报告
(1919 年 8 月 25 日)

日人肆虐,国人金主张,从经济上加以惩创,故抵制日货,提倡国货之热潮澎湃靡已。吾绍表面上似有所作为,商会挂一块提倡国货会之牌子,商家声声口口以后永不再进口货之论调。五光十色,灿烂可观。讵知吾绍商家不重信义者,口是心非,偷运日货,比比皆然。学生等思稍进国民之职务,从事调查(此所谓调查者,国货、日货皆在调查之列),果于各埠航船查获日货多批。其间对于商会、商家之交涉,大略情形,已载诸各报。不过,办理结束情形,恐未周知。又日来社会上无耻之徒,对于学生调查部,散布流言,虽生等坦白明告,然为表示起见,不得不草此报告情形于后,请诸父老其鉴察之:

(一)东洋纸张。查获者已悉数焚去。至十倍罚款一层,再由学生联合会与纸业业董杨亢宗君办理交涉。

(二)谦泰等号东布。除焚毁买存之布疋外,罚款二百元充作社会上公益费。惟其款现在商会代表孙衡甫及章介明君处。俟用于何项公益费时,再行登报声明。苟诸父老能指示此款用于何项公益费为适当者,则尤为学生等所盼望者也。

(三)广益丰等洋广店之东货,当日查获,即行焚毁。

(四)王国记玻璃店在八月十二日,由商会取回时,即行出货。以后去交涉时,即将所卖存之玻璃交出，并写以后，再进日货，任凭办理之志愿书一纸存会。所交到之玻璃与王松记查获之玻璃，一同在越中俱乐部空地上当众焚毁。

（五）桑庆泰帽店之东缎，除将所卖存之货交出，在商会草地上焚毁外，并写以后永不进日货之志愿书一纸存会。宋元成帽店之东缎，亦同前样办理。

（六）周锦泰钱店之东洋纱及铁机一座，已由学生联合会办交涉。

以上云云。不过作什一之报告。况学生非奸事者，与商家本无仇无怨，特恨日人之横暴，不得不求众志成城之主张。而爱国天良之发现，是所望于吾绍明理之商人。明理之商人乎？其速起图之。

《越铎日报》中华民国八年八月念五号

国耻图雪会调查部启事
（1919 年 9 月 3 日）

谨启者，敝部鉴于吾绍时疫盛行，死亡相继，为救济贫病起见，于八月三十一日，将孙衡甫、章介明两君处所之款二百元提出，作为施痧之资本，会同被罚各号代表于九月一号起，驻会共襄善举，以后办理经过情形及收支账目，再作详细报告，旋药处设在绍城仓桥街二十九号门牌，本会事务所内。

此布

《越铎日报》中华民国八年九月三号

学生惩戒奸商之记闻
（1919 年 9 月 16 日）

我国商人知识浅陋，当此危急存亡之秋，而私运日货者，竟时有所闻。吾绍地商人亦难免此病，故前月谦泰布庄、桑庆泰帽庄等数家之日货，亦有为学生所焚毁者。前日（十四日）午后，大街日新盛广庄，因夜间私运日货进店，事为绍兴学生联合会所察觉，于是直接加以干涉，先向该店取具进货簿，该店坚不允许，托词推委，致趋极端。当时虽经各方调解，卒无善良方法，各学生乃向该店货栈提取磁盆骨扣剃刀等各种日货，搬向商会而去。而商会会长冯纪良适在辞职期内，已久不到会矣。是日该会办事人，又不能随机应变，学生乃于商会前面隙地，将所提日货全部烧毁。惟烧毁各件，均留有式样及商标云。

据又一访函云。此次学生焚烧日新盛所进日货手段虽近偏激，然亦惩戒奸商之一种办法。盖洋广业竟有谓，非进日货，不能维持其营业者。又有谓，未经亡国，先受痛苦者。终之此项不入耳之谈，皆商人缺乏知识这故。且当日学生将误提之国货、□货亦寄存商会,并自觉极为抱歉。此足证学生举动之文明与思想之正确矣。

《越铎日报》中华民国八年九月十六号

省委莅绍控学生案

(1919 年 9 月 25 日)

自提倡国货,抵制外货风行以来,学生界最具热心。绍城各商号有售卖东洋货者,辄遭学生界干涉或令交出货物当众焚毁,一般学生遂结怨于无识商人,其间以洋广货业者首当其冲,故该业无知之徒,对于学生尤报恶感。其实此等事实,问诸良心,彼商人未免太无见地。诅日新盛等洋广货店,竟以学生搬货,形同抢劫等语捏控省署。省吏闻禀,昨特委视学周配义莅绍调查是案内容。该委员现寓浙绍旅馆,正在访查一切云。

《越铎日报》中华民国八年九月念五日

国耻图雪会施药处报告

(1919 年 9 月 25 日)

敝会自九月一日起,会同被罚各号代表驻会施送时疫药品,并分寄四乡及外县外分会代为施送。至十一日宣告结束。兹将收支款项报告于后。

一、收谦泰号洋八十元;

二、收泰和升号洋一百二十元。

共收洋二百元。

一、支震元堂合尔公散三百四十六服,洋六十八元四角三分五厘;

一、支南洋药房药品一百零七元三分四厘(金鸡纳霜片五百粒,红丹一磅,白兰地酒六小瓶,红灵丹一千瓶,避疫水二瓶,□啰泻丸一千五百瓶又一磅,痢疾丸二打,镁镪养一磅,玉树油二打,腹泻丸五瓶,十滴水二十瓶,如意油二打,止泻药一瓶);

一、支三星白兰地酒一瓶,洋三元一角;

一、支配药(无力配药方上之药者),洋二元七角二分;

一、支时疫药水六十瓶六元;

一、支饭食洋九元六角;

一、支杂用洋四元;

共支洋二百零零八角八分九厘。

收支相抵,不敷洋八角八分九厘,由杂用内扣除两讫。

《越铎日报》中华民国八年九月念五日

咄咄日新盛

(1919 年 9 月 26 日)

搜查奸商私进日货,凡属国人,无不认为爱国运动者。今日新盛,竟控学生以抢劫。当时搜查之时,各团体到场者有人。焚烧时,各团体到场者又有人。到底是否抢劫?抢劫二字,在学生方面,誓死不能承认。绍兴学生界,当起而纠诬,并执反坐之律,以绳日新盛。此唯学生界应付日新盛唯一之方法也。

绍兴各团体对于学生界之爱国运动,无不认为正当者。际此奸商思量摧残学生爱国运动之秋,当起而一申公论,以维持学生之爱国运动。亦为绍兴各团体责无旁贷之事,谅我绍兴各团体决不致阿附奸商,冒天下之不韪。吾敢为绍兴各团体告者矣。

至于日新盛本以私进日货闻。当民国四年时,国人无不提倡抵制日货,而新盛之私进日货,异常勇猛。按诸本报当日之记载可知也。以昔例今,则日新盛之私进日货,决不能免,况有事实卟以证明者乎?

《越铎日报》中华民国八年九月念六号

访查诬控学生案之经过

(1919 年 9 月 27 日)

绍兴日新盛等洋货店捏词诬控学生抢劫之案,经省署委周配义莅绍调查等情,已略志前日本报。兹悉周委员于昨日午后邀集本县知事余少舫、县警所警佐薛轶尘、第五中校校长徐枬经、第五师范校长郑管秋、教育会长茹平甫、商会正副会长冯季良、陈坤生,士绅朱鞠堂,洋广业董金秩卿诸人,在县公署内开谈话会集议是案办法。省委谓予奉命来查是案,原无成见。到绍后始访悉经过略情,究竟内容若何,应如何办理,应请诸位筹一妥善之法。余知事谓,是案以法律上论,不能说商家绝无理由,以事实上论,亦不能说学生绝无理由。此可意会,而不可言宣也云云。郑校长谓,学生之行动,纯出于爱国热忱,非故与商家为难,实出于不得已的。在学校方面,确有责任,但未便绝对的取禁止主义。盖爱国是国民应有的责任,学生同是国民,学校中不能够不许他爱国,况商人亦同是国民,同负责任,是此案宜双方从责任上设想云云。其结果余知事竟承赔日新盛洋一百元,一面由国货维持会负责不进日货,学生界查得再有奸商私进日货,先报告校长,由校长与国货维持会交涉,俾免商学冲突云。

按销毁私进日货,系薄惩奸商的和平办法,不独我绍为然。他处较吾绍尤烈,乃日新盛不自抱愧,尤敢诬控学生抢劫,实属欺朦官厅,仇视学界。余知事对于省委,不为学生白冤,则亦已□,尤优恤奸商,承赔洋百元,是何异于奖励私进日货?在知事以为和解控案起见,俾服商情,殊不知与爱国初心大相背谬。致学生界尤难落场。现闻某某律师,本爱国公意,拟为学生界纠诬,足见公道尚在,人心未心也。

《越铎日报》中华民国八年九月念七日

我要问问绍兴学生界

（1919 年 9 月 27 日）

到底你们抢劫没有?

当日学生搜查日货与焚毁日货在场,目睹者甚众,今风闻日新盛既控告学生形同抢劫,至底学生有否抢劫,我要问学生一声。

抢劫的行为,是强盗的行为,彼奸商既说学生形同抢劫,无异于说学生有盗贼的行为。为此种至可钦佩之爱国运动,一变而为盗贼行为。我绍兴学生界能承受乎,抑不能承受乎?

我亦知青年学生不必能承受也。既不能承受,应该起而问日新盛,究诬邀集,当日在场各团体一证明之,法律上反坐之条,断不能为彼辈轻恕。我青年学生为爱国运动,讦为学生名誉,计万不可经一次奸商之控告而顿形挫折也。否则彼辈奸商既控告学生诬学生以盗贼行为,我绍兴学生界若不起而一究其诬,无异于自己默认果有些盗贼行为者。故我敢问我绍兴学生界,究竟你们抢劫没有?

《越铎日报》中华民国八年九月念七日

洋广业公所之来函

（1919 年 9 月 29 日）

洋广业日新盛交涉各节暨其更正来函已志本报。兹复接得洋广公所来函,照录于下:

迳启者,阅贵报念五日越州要闻,省委莅绍查控学生案,以日新盛洋广货店被学生搬货,形同抢劫等语,捏控省署,省吏阅禀后,特派周配义君莅绍调查是案内容云云。又念六日,贵报铎声,奸商控告学生。批评及种域阳秋,咄咄日新盛,告绍兴学生界,告绍兴各团体。又廿七日越州要闻,访查诬控学生案之经过,并贵馆按语。及禹域阳秋,我要问问绍兴学生界各节。因念五日新闻有传闻失实之处,缘将此事真相及经过情形为贵报详陈之闰七月十四日午后二时,有学生至日新盛,谓据人报告,有进日货嫌疑,要求查阅进货等簿。适该店经理在苏司账他出,未与查阅。旋即纠集多人,一面声称派警的取所进日货,未几学生将日新盛屋后栈房破扉直入,搬取货物。该号伙友声明在栈货物虽有日货,然系抵制风潮以前所进,因行消疲滞,存储栈内,且散置货架,并非原箱,足征非近时新进等语。再四辩论,讵学生人多意杂,竟将各货搬取。该店伙友情急,邀同洋广业董,请求县署设法制止。适是日知事下乡勘塘,由薛警佐代为接见,蒙许维持。既而知是项货物,搬赴商会,由县署电邀劝学所陈韵生君、王诒生君，并由商会会董金秩卿君，邀请教育会会长茹平甫君暨朱鞠堂君等陈明，确系抵制风潮以前存积货物，请善言劝阻，或暂行点交商会保存，静待各界评判处置。乃学生不俟磋商，即将各货于商会隙地焚毁，复由该让将货物焚毁情形报告县署及薛警佐查勘确凿。迨知事返署，知商会正副会长正辞职期内，适朱君因北塘危险晋谒知事，遂以此事委托朱君，邀同商会职员高云卿、陈秉衡、金秩卿诸君至敝所及日新盛，再三劝解。敝同业及日新盛始终恪守和平，静候评判，故日新盛及敝所，迄今无片纸只字投递官厅。贵报所云捏控一层，系属误传。前提既误，结论自歧。故贵报批评论断，亦同入歧趋，缘将事实真相渎陈清听，还祈登入来函栏内，以供众览，免致学商两主仍旧误会，学商幸甚。

《越铎日报》中华民国八年九月念九日

学生联合会致商会函
（1919 年 10 月 1 日）

绍兴学生联合会为报载日新盛诬告事，于日前午后一时，在越材中校开干事会，公拟对付方法。群谓报载诬告事，虽经该号投函更正，尤须令其别登广告，以示大众，特函商会向该号交涉。兹觅其函如下：

迳启者，日新盛控告学生抢劫事，外人言之藉藉，一若真有其事者，而该号仅一致函，向报馆声明□之一则，焉能释群疑而示不控告之盛意？而诬蔑学生之罪，又焉能□？特函贵会，希即转告该号，令其于报上另登正式之广告以白并无其事于国人。盖此等诬告事，同人等以名誉相关，视以为重，而未敢信一封无凭无据，写与报馆之更正信也。劳神之处，务勿推诿是祷。倘该号不承认，另登广告时，亦希询明理由，一并赐教。专此。即请公安。

《越铎日报》中华民国八年十月一日

奸商劣货欺买主
（1919 年 10 月 6 日）

城区大将维泰纸店专以劣货欺骗买主或将日货伪称国货，朦混图利，其狡诈骗取，不顾信用，类皆如此。故主顾有被骗一次之后，永不敢再去购买者，有知其货劣价昂，兼有日货混销者，亦皆裹足不前。该店之营业大有一落千丈之势，闻不久已将倒闭。第如该店经理不善，销售劣货，宜其不能存立于商战竞争之时代。果可断言也。兹闻该店之经理人某甲，系著名驵侩，又系曾作鼠窃狗偷之事。楼身江桥张神殿内，前在大善桥源丰泰纸店作伙，窃物被斥，遂哄骗股东勾结流氓，不法劣伙，类皆平时合队狐群狗党乞丐地悫，不知商业信用，商人资格为何物，旺进日货，以图利得，罪买主以快意，纷争之事，时有所闻。日前

（十月一号）城中某绅不识该店内容，因路便至该店购买信纸二十张，信封十个，该店伙当以日货搪塞。某君嘱其掉换，并加规劝，伊即厉声对待，声言进办日货，我号自有权限，何庸由尔干涉？言时声色俱厉，继而有经理以及各合店之劣伙群起詈骂，某君尚不与较，及付价龙洋一角，该劣伙坚欲作八分八厘计算，因而争闹，当时旁观之人，咸以该店毁敢混用仇货，又敢短抑洋价，群情大愤，从傍有识其底蕴者，谓该店经理系做乞丐出身，故不识情理有如此者。但不知该店东亦有所闻否耶？

《越铎日报》中华民国八年十月六号

热心爱国之紧要公函

（1919 年 12 月 4 日）

本社昨接沥海乡继续校来函，嘱转各团体。兹照录于下，以供热心爱国者：

《越铎日报》转绍兴教育会、商会、学生联合会及各团体鉴：日人强横，在福州惨杀我学生，残害我军警、商民，复派舰前来调兵登陆，大捕学生，似此行为，直以朝鲜、台湾视我。凡我国民，强应愤激，各机关团体多函电交驰，请当道严重交涉，重民命以保主权。我绍文物之邦，对此变举当不落人后，今乃噤若寒蝉，默默无闻，岂闽越不关乎。事关国家存亡，千钧一发，宜先唤醒人心，同仇敌忾，作背城借一之预备。幸勿淡漠视之，不胜盼祷敬颂公绥，继志校赵雪丰、何庆中、何苇、甘求淑予同启十二月一日。

《越铎日报》中华民国八年十二月四号

绍兴学生联合会调查部近讯

（1919 年 12 月 4 日）

昨日早晨，绍兴学生联合会在曹娥开驶至绍城之航船上见有毛巾约五十打，认为日货，其货系由上海久久毛巾厂，自申从甬转运，至绍兴永昌隆洋庄者。永昌隆得悉是项情形后，即至绍兴学生联合会声明此项毛巾，实为国货，由宁波涌丰钱庄经理冯毫卿介绍来绍，并非日货。现闻该会已将是项毛巾寄申调查，如系日货，必须焚毁，倘为国货，原货交回。

《越铎日报》中华民国八年十二月四号

告绍兴学生联合会

（1919 年 12 月 4 日）

鲁事未挽，闽祸又来。日人蛮横无理达极点矣。

回顾国人醉生梦死，所在皆是，绍地更无论也。不示以警而促其醒，则何以为外交后盾，又何以立国乎？

各处学生，皆联合游行，藉以提醒一般人之耳目。绍兴学生联合会，亦亟宜起而游行，非谓经一度之游行，足以戢日人蛮横之焰。鲁闽各案得圆满之解决，惟愿唤醒一般人之迷梦，激发其爱国天良，起而力护国权，则学生团体今日之游行，亦决不可再缓。

《越铎日报》中华民国八年十二月四号

绍兴学生联合会最近要讯

（1919 年 12 月 6 日）

近日绍兴学生联合会检查某货极为认真，每日清晨自四时半出发，往航埠存细检查，规模整肃，举动文明。近日查有新到布疋多件，当经致送商会细查牌号，多系英商元芳洋行货物，当由商会开明牌号疋数清单，当众发还，各店如单内货物将来查有确系某货时，由各该当面承认，交由商会与学生联合会商同处置云。

《越铎日报》中华民国八年十二月六号

学生查获大批日货

（1919 年 12 月 8 日）

绍兴学生联合会进行事宜，分调查、教育、实业、宣讲四科，对于爱国事业，积极进行，现闻该会因日人在闽横暴，无故杀伤学生军警，对于日货特别加意抵制，该会学生每日上午五时未上课之前出发，在各城门口调查航船及驳船。昨（十二月三号）有奸商天福丰、德泰和等各布庄暗运大批日本洋布，有四五大箱之多，被该会学生（系第五中校学生）在五云门查获拟将所获各物，一律焚毁云。

《越铎日报》中华民国八年十二月八号

学生联合会叠次搜获日货

（1919 年 12 月 9 日）

绍兴学生联合会日来查搜日货等情，已纪前报。兹悉七号下午曾将谦泰布号所搜获之日布七十疋在商会当众焚毁，以戒其将来。不料，八号午后，又在德昌祥、永昌隆二洋广货庄搜获磁盆、磁碗、玻璃、杯盘、自来火、时辰钟、草席、洋烛、洋氈、热水瓶、手摇风扇、洋伞、太阳啤酒及玩具要货等日货不计其数。搜获后，均搬运至商会。当学生在德昌祥、永昌隆二洋货庄搜查时，店门首均有学生看守，秩序□紊。县知事余大钧，县警佐薛瑞骥第三分所警佐丁敬之等到商会劝阻，切弗焚毁，徒耗华人资本云云。学生皆反对之。

《越铎日报》中华民国八年十二月九号

绍兴学界与商界之提携消息

（1919 年 12 月 10 日）

关于日后不再进日货之办法。

绍兴学生联合会搜获德昌祥、永昌隆二洋货号日货搬至商会等情，已志昨报。兹悉，八号午后，商学两界假座商会开商学讨论大会，双方解决。嗣后誓不再进日货，倘在各埠航船，经学界查出，情甘将查出之货，全数交商会当众验明烧毁及加倍处罚，各号经理人均签字于后。至于旧存日货，由学生联合会查明盖印发卖，如有未能盖印之处，当再双方讨论办理云。

是日德昌祥暨永昌隆被搜获之货，搬至商会，除一部分烧毁后，余由联合会各校代表决议，以多数主张发还。遂发还。

是日城中各洋货号，除教育馆外，因德昌祥、永昌隆二号被搜查日货，相率闭门停止营业，九号黎明，余知事新自步至各洋货号，劝导照常营业。各洋货号皆依旧营业矣。

是日早晨水澄巷舫船有上海万茂昌运来，交与永昌隆洋广货号之洋货一箱，被查获送至商会。经学生联合会审查后，知并非日货，遂交还与永昌隆矣。

各洋货布号所有旧存日货，须经学生联合会查验盖戳后，方准其发卖。惟嗣后不得再进，于九号始该会学生已向各洋货布号从事查验，关于日货均盖一"验"字之戳。

《越铎日报》中华民国八年十二月十号

绍兴商会致杭甬申各会函

（1919 年 12 月 12 日）

绍兴商界自开讨论大会后，各业均发激天良，不买纲。惟各埠办货未免仍有冒牌。昨已由县商会公函杭宁各商会暨上海总商会，请传告各帮商，自后照单配寄，勿以冒牌抵充，并勿以此种货物悬寄来绍云云。觅得原函，照录如下：

迳启者，自抵制日货风潮激动，全国商学两界虽各具爱国热心，而事实不无窒碍，屡经敝会开导在先，现于旧历十月十七日复在敝会开商学讨论大会，所有旧存之货，由学界查明盖印销售。嗣后，各商业，不再进日货，已由洋广业及布业等经理人签字在案。敝会查绍商店各货来源，均在杭、宁、沪各处各商店，今已决心不进日货，以后遇有开单，向杭、宁、沪各处指购货物，应请贵总会预为传告各帮商，照单配寄，万勿以冒牌之货抵充，倘发生此种货物到绍后，一经查出付焚，绍商店不能负责，并勿以此种货物悬寄来绍，徒增损失，为

此备函奉布,即希贵总会察照施行,尤纫公谊。此致
　　杭、宁、沪总商会

会　长　冯钟淇

副会长　陈　均

中华民国八年十二月十一日

《越铎日报》中华民国八年十二月十二号

通告各业办法

(1919 年 12 月 12 日)

　　吾绍抵制日货之声浪,逐渐增高,无如少数奸商只知私利,而不顾大局,贩运如故,连日被学生联合会查获谦泰、天福丰等布号暨德昌祥、永昌隆洋货号日货多件,几酿极大风潮。幸经余知事与商、学两界开会讨论解决办法,以后如再进购日货,查出全数烧毁及加倍处罚,业经各号经理人签字后,现在商会恐有与日货关系者未及周知,特发通告如下:

　　为通告事。旧历十月十七日,因日货交涉,商、学两界在商会开讨论大会,两方解决,已经布业、广货业,由经理人签字。嗣后,不再进日货,惟恐此外各业,尚有与日货关系者,请贵会邀集同业来会报告万勿误会云云。

《越铎日报》中华民国八年十二月十二号

还有奸商运日货

(1919 年 12 月 12 日)

　　予昨日上午经过西郭门头,见驳船中载有白纸四十余件,确系某国货物,其时因船多拥挤,阻碍交通,停驶移时,因即探询该船头脑,此货由何处运来,向何处交卸,据云此货系营桥开设吉祥昌经折作场之赵鹤庭店主曾在柯桥某处寄存的,现因该作场迁移营基弄金家,欲扩充市面,故嘱我前去载回等语。噫,学生界近来奔走号呼,抵制日货,原为爱国起见,今该奸商赵某尚敢私运日货,抑何全无心肝乃尔耶?

《越铎日报》中华民国八年十二月十二号

县商会之紧要通知

(1919 年 12 月 15 日)

　　绍兴商务分会将十七日解决各商号承认不进日货情形分函杭、宁、沪三总商会外,预

告各商号周知今将紧急通告抄录如下。为紧急通告事，旧历十七日在本会解决各商号承认不进日货，已由本会分函杭、宁、沪三总会，预告各帮商切勿再将劣货冒充，并悬寄来绍。惟十七日至二十四，其间各地未必知绍地解决情形，恐仍有悬寄货物到绍，请各商号接信后，持向联合会声明退还，一面各商店各向交易家头，将议决加倍处罚各情飞函知照阻止。廿四以后，无论悬寄与否，一经查出验明，当付焚毁，照约处罚。幸勿自误，并于二十四日下午一时，在商会开商学讨论进行大会，务希拨冗到会，无任盼切云。

《越铎日报》中华民国八年十二月十五号

还不发起国民大会么

（1919 年 12 月 15 日）

国民大会的声浪，起自北京，及于上海，现在已到杭州，我们绍兴人听到没有。

山东交涉怎么样，福州交涉怎么样，以上种种问题，凡属国人既知道了"民族自决"主义，应该有切实的表示，拟具体的办法和发挥实现的能力。绍兴人可曾想到没有。

国民大会的发起，不是含有"见风张帆"的性质的，不是打算"昙花一现"的，须期永久的，须有精神的，凡属表示，都要他实现的，我们绍兴人，对于国民大会，不可视为"淡然"漠然才是。

《越铎日报》中华民国八年十二月十八号

敬告绍兴各界

（1919 年 12 月 19 日）

同人等鉴于民气之不振，势力之不固，特创立绍兴各界联合会，爰于本月二十九日（即阳历十二月二十日）在商会开各界联合会筹备会，请各界诸君大贺光临是幸。

绍兴县商会、绍兴县学生联合会同启
《越铎日报》中华民国八年十二月十九号

发起绍兴各界联合会之先声

（1919 年 12 月 19 日）

绍兴学生联合会和商会鉴于时局日非，外患愈棘，拟联合各界依据民族自决主义，有所表示，以期实现定于十二月二十号，假座商会，先开各业联合会之筹备会，日后再开成立大会。兹录其宣言如下：

今天我们的国家现出了一蹶不振的情景，日本人趁着这个时候，野心勃勃，得步进步，实在有掌握我们国家权柄的意思。青岛问题还没有了，福建的一椿事情又发生了，可知日本的野心，完全是没有消灭。我们若不谋一个好好的法儿去抵制一番，恐怕日本人虽得了青岛，陷了福建，还要一省省的大踏步走进来了。到那时节，什么财产咧，人民咧，房屋咧，同时归到日本人的手掌里去了唉。绍兴各界诸君，我们好好的共和国民，为什么要做日本人的奴隶呢？诸君虽有心去救这国家，什么固禁、箝制的手段，加到你身上来，恐怕再没有能力去保护呢！现在我们国家虽然是衰弱的了不得，却是完全一个独立国，还没有到亡国的地步。诸君若不趁着这个时候奋发起来（群策群力）（一德一心），实实在在行起来，还要等待什么时候呢？所以有全国各界联合会的创设联络民气为第一的要务，我们绍兴虽则是小小的一个区域，但民气总要联络的，势力总要巩固的，所以我们商、学两界发起了一个绍兴各界联合会，尽我们国民的责任，还要请各界的诸君帮助我们来做这件事业。这就是我们发起绍兴各界联合会的宣言。

《越铎日报》中华民国八年十二月十九号

绍兴各界联合会筹备会纪事

（1919 年 12 月 21 日）

绍兴县商会、绍兴学生联合会，发起组织各界联合会等情，已志前报。昨日午后二时，各界代表数十人，假座商会讨论组织方法。首由学生联合会会长范长铭君报告发起组织绍兴各界联合会之原因。次由到会者公推副会长陈坤生君为临时主席，遂提议章程问题。多数主张，先推起草员起草，于开大会时逐条提出通过或修正之，公推朱幼溪君为起草员众赞成，次议开大会日期，公决阳历九年元月一日午前八时借布业会馆觉民舞台为会场，次议筹备开大会时之干事问题。由全体公推金秩卿、阮建章、陈津门、茹平甫、冯守愚、范长铭、庄子良、冯虚舟、王铎中、潘文源、姚蔼生、丁星阶、钮玉振、陈云、周子京、陈坤生、胡坤圃、冯纪良、胡梅玄、陶仲安、冯德斋、张心斋、邹楚青、翁六寮、陈瘦崖等二十五人，又沈维祯、姜梅瑛、□芝英、金瑛等女干事四人，定于是月二十六号（阴历十一月初五日），假座商会开干事会，各干事以公函通告之。对其人他一切关于开大会之进行方法，由干事会公决云。

《越铎日报》中华民国八年十二月念一日

学生联合会搜检仇劣之热心

（1919 年 12 月 22 日）

自抵制日货之声浪传播至绍后，一般商号之稍具爱国心者，莫不共表同情，实行抵制，一律相戒，不进东货。讵有少数凉血动物之奸商市侩，仍然阳奉阴违，秘密运售，以博孳钱，居心刁诈，殊堪痛恨。绍兴学生联合会，有鉴于斯，故于每日黎明时，轮派学生前往各城门严格检查来往货船积极进行，风雨无阻，其爱国热诚，良堪钦佩。兹悉。昨（二十一号）清晨该学生等又在西郭门外搜获由西兴航船装来格子柳条各色东洋布十疋。当经该学生等肩挑背负，从大路向日晖弄转弯运至商会，拟查明牌号，以定去留。如果确为日货，必须焚毁，以儆效尤。云是晨适值微雪初晴，道途泞滋，天气严寒，一般学生类皆身着短衣，足穿草履，一路拖泥带水，备尝艰苦，其一种坚心毅力之状况，令人肃然起敬云。

《越铎日报》中华民国八年十二月念二号

对于国民大会委员会之商榷

（1919 年 12 月 23 日）

我们这个国民大会委员会，是一个民意的机关，诸君都是受我们委托的，所以我希望诸君进行的策略要依着国民多数的心理去做。要晓得这回事是对外的，不是对内的，千万不要带着三分党派的臭味，须要先把平日那些不平的意见打破，开口说话，都要负着责任，又要说得到，做得到方有价值。从前上海不是有许多团体，欲发生的时候，说得何等光明正大，到后来，不是被人利用，就是受人收买，所以兄弟希望诸君在会议席上发话，要郑重，要谨慎。兄弟知道委员会诸君都是各团体中优秀的分子，所以很盼望诸君做一个表率，给各处的人看。况且可以使政府知道我们国民，不是没有人才的，不是没有力量的，更可以使外人看见，知道我们中国的人民，不是可以受人欺侮的。

上面所说断绝国民的交际，停止一切的买卖，二句话是要望着商界的同胞拿着决心去做。汝想学生们既千辛万苦，唤醒了我们大家爱国的思想，这下半段的责任，是要靠着商界中人去实行的，假使还要贪图微利，昧着良心不肯服从多数的民意，便是甘为外人的奴隶，卖国的奸民，人家爱国都肯把性命拼掉，毁了家去救国。汝们做生意的，不过忍一忍，暂时不做这个生意都不肯，我们还认汝们做同胞做甚？我那日在国民大会扬程听见商会里代表有很大决心的说话，情愿请学生联合会派几十个人会同他们到各店将仇货一概封存起来，我听见满店里还是堆着许多仇货，还有那店门张贴着一张同业公议不售某货的字样，再看他玻璃窗内的陈列品，又大半是仇货。我想代表商界既有决心，我们便要去做，所以盼望委员诸君对于这件事赶快执行才是。

《越铎日报》中华民国八年十二月念三号

对于国民大会委员会之商榷（续）

（1919 年 12 月 24 日）

至于说到做生意的血本，关系吃亏不起一节，兄弟也有话对付。诸君都晓得，光复后到现在，那一省不是闹着兵灾、水灾，做生意的，那一个不是折本，不受损失。惟有我浙江军民安堵，鸡犬不惊，享那安居乐业的本福。若比起那四川、湖南、福建、广东、山东、安徽、东三省的商家，不是勒派着助军饷，就是一把火被土匪抢劫的精光。讲起他们的痛苦，他们的捐失，岂是我们浙江做生意人想得到的。然而他们虽受了许多痛苦，现在因为救国起见，尚且直截痛快的一律与学生们连合起来去抵制仇货，不想我们浙江面团团的商家，到了这紧急关头，尚且要推三阻四的，互相观望，难道汝们做生意的，都没有心肝与热血么？兄弟又要问他们一句话，到了亡国之后，汝们尚能够做生意么？尚能够保全汝们的血本么？恐怕到了那时候，汝们妻子都要眼睁睁的被人家占去呢。所以据兄弟的意见，商会里代表既有决心全体的民意，又是一样的，无论如何，没有商量的地步，只有勇往直前，将全浙各商号的仇货克日封存起来。封存比销毁已经是体谅的多呢。我希望委员会诸君，既然受我们国民的委托，我们大家必须要帮助他。我想委员会的经费，应当由国民负担的，但是挨户的募捐，又不甚好看。据兄弟的意见，应当请杭州两个戏园的经理，做两天义务戏，或且由学生联合会，请各男女学生组织一个游艺会，将那日所得的项移交委员会，叫他们替我们办事。若叫他们自己掏腰包，那个有这力量呢？经费不充足，办事就有限力，这是我希望学生联合会与两个戏园的经理兄弟，这一篇商榷书是国民大多数的心理，务必请委员会诸君俯纳的，并且要请汝将这一封书看后，送到报馆里去请他们登在报上。兄弟就感激的了不得呢。这一次的说话，兄弟可以算得没有了，兄弟尚要看先生们的手段呢，再会，猛进。（完）

《越铎日报》中华民国八年十二月念四号

筹备绍兴各界联合会之近讯

（1919 年 12 月 28 日）

绍兴各界代表于月之二十号，假座商会开绍兴各界联合会筹备会，并推定干事等情，已志前报。二十六号午后三时，各干事到会者二十余人，又在商会提议筹备进行事件，并添推朱鞠堂、朱幼溪二君为干事。章程已由起草员朱幼溪君订定约略修改，俟开大会时再行宣读通过。至筹备事宜，已推定各股干事分头办理，先设筹备处于布业会馆矣。

《越铎日报》中华民国八年十二月念八号

绍兴各界联合会章程草案

（1920 年 1 月 1 日）

绍兴各界联合会定于三十一日开干事会，九年元旦开成立大会普情，已志本报。兹觅得该会章程草案照录于下：

第一章　总纲

第一条　本会定名为绍兴各界联合会。

第二条　本会以发展民生，促进民治，拥护国权为宗旨。

第三条　本会会址暂附设商会内。

第二章　组织

第四条　本会由绍兴商学农工报各界团体各推出代表若干人组织之，但有特别情形，由与本会宗旨相同之联合团体，各推出代表经本会评议部之通过，亦得加入。

第五条　本会设评议及执行两部。

第三章　评议部

第六条　本部由加入各团体推出若干人为评议员组织之。

第七条　本部设正副评议长各一人，由评议员互选之。

第八条　本部职权如左。

（一）议决本会进行事宜；

（二）制定一切章程规则；

（三）议决本会预算决算；

（四）质问理事及干事。

第九条　评议部细则由评议部另定之。

第四章　执行部

第十条　本部由加入各团体，各推出干事若干人组织之。

第十一条　本部分科如左：

（一）总务科

（二）文牍科

（三）调查科

（四）交际科

（五）会计科

（六）庶务科

第十二条　本部不设部长，每科设理事一人，干事若干人，理事由干事公推，干事得自由分认之。

第十三条　本部职权如左：

（一）以理事全体为本会对外代表；

（二）执行评议部议决事件；

（三）得交议案于议评部；

（四）遇有评议部议决案件，认为室碍难行者，得交覆议一次；

（五）遇有须发表意见，或受质问时，得出席评议部发言，但无表决权。

第十四条　本部细则分别另定之。

第五章　责任

第十五条　本部理事总理各本科事务，对于评议部负其责任。

第十六条　评议部对于加入各团体，负其责任。

第十七条　凡加入各团体,对于评议部议决案,有执行之义务。

第六章　任期

第十八条　本会评议执行两部职员任期均为一年。

第七章　会议

第十九条　本会会议如左:

(一)评议部常会

(二)评议部临时会

遇有特别重要事故发生时,由职员十人以上之提议召集之。

(三)评议部委员会于常会临时会期间,由评议员随时举行之。

(四)执行部会议由各科全部或一二科举行之,但所议者,以进行之事务及建议之事项为限。

(五)联席会议　遇有关系全部特别重要事件时,得开评议执行两部联席会议。

第八章　经费

第二十条　本会经费如左:

(一)常年费

由加入各团体分认,其数目之多寡,由评议部定之。

(二)特别捐

有特别需要时,经评议部议决后募集之。

第九章　入会及出会

第二十一条　凡各团体加入本会,须由已入会两团体以上之介绍及评议部之认可。

第二十二条　凡已加入本会各团体,有特别情事,自愿出会时,须提出现由,经评议部之认可。

第二十三条　凡加入本会这团体,如有违反本会宗旨,破坏本会名誉之行为,经评议部议决,得宣告出会。各职员个人如有前项行为时,得取消其资格,由该团体另行公推。

第十章　附则

第二十四条　本章程如有未尽事宜,经评议员十人以上提议,出席人数三分之二以上之可决,得修改之。

第二十五条　本章程自成立会通过之日施行。

《越铎日报》中华民国九年一月一号

民国九年的第一日

(1920 年 1 月 2 日)

民国九年的第一日,绍兴地方各界联合会已告成立,我们不能不认为绍兴的彩色。然这各界联合会,是永久的,是实现的,章程上所规定"发展民生""促进民治",拥护国权,种种大问题,当认明题目,一个一个做去,切不可挂了各界联合会的招牌,就算定了一桩心事。这也是我们"颂不忘规"的一个美意。请各界大家努力点才是。

《越铎日报》中华民国九年一月二号

绍兴各界联合会成立大会

(1920 年 1 月 3 日)

(前缺)立大会。

宗旨:由商会会长冯纪良君报告,宣布各界代表姓名:

第五师校:

沈光熊　潘文□　何景辉　张增济　李澘文　郑禄耕　鲁炎卿　吕璜

第五中校:

范长明　陈曰沅　胡诗选　谢锡伦　蒋景华　倪钦和　傅效文

越材中校:

楼博准　姚亮　沈葆祥　夏询　金汝燕　徐毓崧　王肃云　马吉康

商会:

陈坤生　冯纪良　胡梅园　锺锡麟　莫稼村　陶仲安　徐鼎荣　朱根香　莫雨辰华福　冯德斋　章月波　金安生　冯虚舟　沈墨臣　孙少仙　史钰堂　丁心階　郦春荣　孙衡甫　许振昌　朱润南　杨亢宗　金秩卿

越铎报社:

王文灏　张钺铭

西区镇乡第一联合会

冯荫乔　陈中梁

越州公报社:

章天觉　翁天寥

县农会:

朱鞠堂　姚霭生

笑报社:

陈少云　平智录

箈业校:

陶荣桂　许善成

戏剧改良社:

杜雁臣

女子师范校:

周仲翔　赵卓云

成章女校：

沈维祯　姜梅瑛

第二县校：

陈禹门　韩伯钧

通俗图书馆：

庄子良　阮建章　邹楚青

通俗讲演所：

孙子松

县教育会：

茹平甫　陈津门

培德校：

周汝楫

绍兴爱国会：

孙德卿　屠柏心

医药学会：

胡瀛嶠　何廉臣

城教育会：

胡家后　金城

医药学报：

裘吉生

贫民习艺所：

陈越樵

第一县校：

沈仲穆　阮仲林

童子军联合会：

徐世铭　傅天弼　陈云　陈鹤鸣　李士铭　冯荫樵

五师附校：

陆竹生

县自治办公处：

胡坤圃　许仲桢

同仁校：

赵连城　陶保初　陈永承

铁业：

章少文

演说：首由天主堂雷司铎起谓，开一次会要耗许多光阴与精神，今既各界联合会成立，当切切实实的去做，不可空开才是。

次董秋芳□言：官僚、军人之腐败蠹国，吾人不可不尽护法责任，积极地去做，以期实现云。

次范长明起谓，对于今日绍兴各界联合会有数种感想：一、不可以一界或一□而破坏各界所组织之联合会；二、提倡平民教育，除去阶级思想；三、各界须同心协力，从精神去做。

又代表绍兴学生联合会致祝词曰：绍兴各界的联合会啊，到今天你才发了一枝萌芽，放出了许多的光明和许多的异彩，将来绍兴的爱国运动，我们希望你一天天的进步。绍兴的社会状况，我们希望你一天天的改良，和指□那没□以着我们建设联合会的宗旨了。并且我们很要希望各界诸君共同来做个□事情，去打破这阶级思想的旧头脑，不可"贪生怕死"和"委懦苟且"，去失掉了我们建设各界联合会的真正面目。到那时节，岂不成了一个轰轰烈烈的联合会造成了一个狠文明的绍兴吗？所以我们做了这篇议词来恭贺，这绍兴的人士拭目来等待。这建筑的新绍兴，我们还要祝赞这个联合会是永远存在新绍兴里头，几千百年的，长生不老，同龟鹤的寿长。

次沈光熊起谓：共和国的里面，缺乏小组织，所以基础不固。今日绍兴各界联合会之成立，亦可称谓小组织之一种云。

次吴蕉桐起谓：绍人今改当痛开会出锋头之恶习，须从实际上去做云。

次徐毓昌起谓：今日绍兴各界联合会成立，亦可称绍兴人之新进步，今后自私自利之恶习，或者可以濯去。国家思想，渐渐富满起来。对于联合会成立后之进行，希望其责任心与牺牲心之涌现云云。

奏军乐。

摄影。

振铃散会。

至是日，各界所推出代表评议部与执行部之支配，定于五号下午商会集议云。

《越铎日报》中华民国九年一月三号

浙江国民大会委员会之通告

（1920 年 1 月 4 日）

一是封存日本货。这件事本来是商会应办的，委员会因信任商会，所以并不去直接干预，但派了两个代表到商会接洽。一面又写信到商会，请他把检封存各情形，随时通知委员会，现在还没有接到商会复信。据委员会中的商会代表说，是一等到检查员报告齐集，定有回信来的应该如何办理，自然要再开委员会，好好研究或再开国民大会，请大众公议。

《越铎日报》中华民国九年一月四号

各界联合会联集会议记事

（1920 年 1 月 7 日）

绍兴各界联合会，于一月一日，在布业会馆开会，宣告面立。其详情业志本报。兹悉，该会于五日在商会开干事评议联席会议，到会者干事二十六人，评议三十五人。午后二时，振铃入席，主席陈坤生动议，先行分组执行评议，两部当经评议员选举正副评议长各一人，正议长王铎中，十四票，陈坤生，六票，孙子松四票，冯纪亮三票，范长明二票，何□辉二票，最多数王铎中，当选为正评议长，副议长孙子松五票，陈越樵二票，陈坤生二票，朱菊堂二票，范长明二票，最多数孙子松当选为副评议长。嗣由王铎中起言，人微年轻，本不敢负此重任，惟念本会草创伊始，会务进行不容稍缓。既承谬举，不敢过事推诿，一切尚望诸君协力匡其不逮，并言今日评议部既已成立，先应订定议事细则，以便进行。孙子松主张公推二人起草，众决由正副议长先订，早则于下星期日（即一月十一日，阴历十一月廿一日），召集常会当众通过，云执行部除会计科干事外，其余总务、文牍、调查、交际、庶务五科干事，均已认定。惟因该部是日到会干事人数不多，致各科理事未能推定，经众议决：先行公推总务科理事一人，庶可着手组织。各科当推茹平甫为总务科理事，亦定下星期日开执行部全部会议，时已五句钟，振铃散会。

《越铎日报》中华民国九年一月七号

绍兴各界联合会评议部第一次常会通告

（1920 年 1 月 9 日）

迳启者，本会评议部定于一月十一日（即旧历十一月二十一日）下午一时，假座商会开第一次常会讨论一切进行事宜，评议诸君，届时务希惠莅。特此通告。

《越铎日报》中华民国九年一月九号

绍兴各界联合会评议部第一次常会通告

（1920 年 1 月 10 日）

迳启者，本会评议部定于一月十一日（即阴历十一月二十一日）下午一时，假座商会开第一次常会，讨论一切进行事宜，评议诸君届时务希惠莅。特此通告。

《越铎日报》中华民国九年一月十号

绍兴各界联合会执行部第一次常会通告

（1920 年 1 月 10 日）

迳启者,五号干事会因人数不足,致各部干事未能一一认定,于会务进行殊多窒碍。为此特展期于十一号（即旧历廿一日）下午一时,在商会续开干事会商议进行方法。届期务请□拨冗莅临为盼。除分函外,特此通告。

《越铎日报》中华民国九年一月十号

学生联合会临时会记事

（1920 年 1 月 15 日）

昨天下午三时以后,绍兴学生联合会,在县教育会里面开第四次临时会,所议的结果,略纪下面:

（一）德泰和、天福丰、云章泰私进的日货,现在已经查获了。有几个会员在商会分给贫民,但大多数主张履行从前和商会所订的约,一律焚毁外,并令该号出照价两倍的罚金做公益的事。

（二）绍兴的劣货店声明早已减价拍卖了,但是货口仍不见减少一些,显系奸商私下暗进。大多数的会员均主张照宁波等处的办法,通告商会,限二天内一律销完,否则概行焚毁,以警奸商。后来有几个人提出,谓昨天各界联合会,已经议决组织一个日货拍卖所,还是釜底抽薪的法儿,比较的焚毁,似乎我们态度弱一点。但是事实上,却好的多少。讨论了许多时候,才决定赞成组织日货拍卖所,通知各界联合会请其限二十天内成立,否则决意焚毁。

（三）安福部傅岳棻做教育次长以来,种种罪状,说不胜说。现在北京□员罢课的五条要求,对于罢除傅岳棻这一条不承认。现在第一师范的教员□罢课,第二师校也罢课。并闻杭州的学生联合会也有罢课的动机,去做北京教育界的后盾。何以绍兴的教员联合会讨论了数日没有声息呢。傅岳棻一日不去,教育界一日不安,议决派代表去责问绍兴的教员联合会。其它寒假应进行的事宜,因时间不够,定下次讨论了。并闻成章女校、浚德女校、县立第二校、尚德校、同仁校,已经担任家属讲演。明道女校致函该会谓,"功课繁多,又以才识短浅,不暇兼顾,未□草草加入"。现该会议决,由文牍写信给该校学生部,再劝其加入云。

《越铎日报》中华民国九年一月十五号

学生联合会焚毁劣货记闻

（1920 年 1 月 16 日）

昨天学生联合会,因为对于德泰和、天福丰、云章泰私进劣货,不守前约的事情,所以全体职员到商会说明，要求商会长当众把劣货点明，一概焚毁外，照价加倍处罚。这时候，德泰和、天福丰的商人，自愿焚毁，并承认处罚，就在商会的空地焚毁了。惟云章泰的花洋纱，因为□号是太平洋行，所以一时不能决定其为劣货或西货，由学生联合会调查明确后再行办理云。

又一访函云，绍城各布号，前与学生联合会议决，所有旧存某货盖印发售。然另块布疋，有因时间勿忙，失于过印者，亦有商人不识英文，误为西货，以致漏未盖印者，亦有本系西货，而学生误认为某货者，如云章泰布庄。有花丝绒五疋，系属西货，当场发还。又德泰和布号，有剪剩零块白印花绒八块，原疋四疋，天福丰布号有剪剩白印花绒布十块。（内三块认明西货），确系旧存漏未盖印云。

《越铎日报》中华民国九年一月十六号

学生联合会临时会纪事

（1920 年 1 月 19 日）

学生联合会，昨因五中校调查员查获福生恒洋货庄未盖印之劣货多种，特开临时干事会于教育会。首由副会长金汝燕报告福生恒洋货庄，前经本会派员，将劣货完全盖印，并说明如有遗下，未经盖印者，限日报告本会，由本会派员覆盖，乃逾限并不报告。今查获大宗未盖印之劣货，确系新进无疑，应若何处置之，？当由五师校代表云，本会既与洋货业订有规约，将新进劣货焚毁，加倍上为。次由五中、越材二校代表，先后起立，谓照约行事，虽属正当之理。但焚毁亦未免太甚。盖规约之所以定有焚毁之字样者，无非表示仇视劣货之决心。若从事实行，则徒失有用之货物，无补于事也，不若另图良法。至对于该洋货庄，仍须加倍处罚，惟应行焚毁之物，或分给贫人，或拨入育婴堂、养老院等处，则既可补益于公众，又可免暴殄天物之讥，亦未始非不守规约也。当付表决，经多数赞成通过。惟五师诸代表甚不满意。嗣因时候已晚，振铃散会。

《越铎日报》中华民国九年一月十九号

学生又焚毁仇货

（1920 年 1 月 19 日）

昨天（十七号）学生联合会，为查获福生恒私进劣货的事，在县教育会开会体职员会，当时到会的会员，有主张照约实行的——五师、成章、浚德、明道的学生——也有主张不焚毁的——五中、越材的学生——讨论了许多时候，没有结果。后来五中、越材的学生提出，谓双方解决不下，可许代理会长金汝燕君以临时特权，只要金君以会长的资格赞成焚毁就焚毁，不焚毁就不焚毁，免得许多争执。这时候五师校的学生不赞成。这个临时特权因多数赞成,由金君主张对于福生恒的劣货不焚毁。学生联合会的干事会就此告一个结束。后来五师全校□学生,以学生联合会会员的资格,要求金君说明不照约焚毁的理由,并提出三个理由:

(一)不有印的劣货,既然和货船上查获的一样,当他新进的看待。新进劣货是要照约实行,所以后有印□劣货焚毁了,还要加倍罚。

(二)德泰和天福丰情形和福生恒一样,德泰和天福丰既然实行于前,福生恒应该照约实行于后,否则何以对德泰和及天福丰。学生办事的不公,那里能够给社会信仰。倘设德泰和、天福丰严重□来资备讨,何以对?

(三)本会为什么要和商家订约? 因为以后倘有私进的劣货,就可照约实行,免得再经过交涉的手续时间,可以经济一点。现在德泰和天福丰新近照约办过的,假使福生恒不照约办,他应该先声明前次和商会所订的约无效。既然所订的约在有效期间,应该照约办理。

五师学生就本了这个理由,而金君不能说出有力量的理由来。于是当夜把福生恒的劣货点明了以后,以学生联合会会员的资格承认多数会员的公意,就在商会的空地上焚毁了。这个时候,福生恒的商人及商会中人都到场。惟商会正副会长,均不到,未免行事上太性急了些呢?

《越铎日报》中华民国九年一月十九号

南货行反对爱国

(1920 年 1 月 19 日)

城区萧山街坤泰南货行,内容素甚腐败,经理、伙友大都知识缺乏,行品不端,终日嫖赌,不务正事,一般栈司,尤为蛮横绝伦,恃众肇祸,时有所闻。以故营业历年失败,股东屡有进退。讵知该经理奴性生成,际此爱国潮流日紧一日,竟办到东洋货多件,以为藉此阳奉阴违,正可双获厚利。岂料,天网恢恢,昨日由航船装来十余箱,被学团察破,确系日货,当在焚毁之例。该学生彬彬文质,虽以每箱三百余斤之重,抬至河岸,劳苦不辞,热心毅力,殊堪钦敬。奈该经理本系丧心病狂,栈司又属蛮横绝伦,即多方阻挠,将挂货落船之轮机拆卸,使该店落船无术。

《越铎日报》中华民国九年一月十九号

绍兴学生联合会紧要更正广告

(1920 年 1 月 22 日)

本会前次所查获福生恒之劣货,本系照系实行焚毁。昨日所登广告谓五师一校单独举行,实由于召集各校手续上一时之错误。特此更正。

《越铎日报》中华民国九年一月二十二号

学生联合会干事会纪事

（1920 年 1 月 22 日）

前天(二十日)下午三时后,学生联合会在县教育会开干事会。由会长范苌铭君主席,各校代表的意见非常融洽。现在把经过的情形略为报告一下:

（一）寒假后应进行的事宜:

（甲）设立赎卖部,由五师校提议,谓贩卖部完全是一种劳动,不应该归入实业科,因为实业两个字含有(创造)的意义,所以贩卖部应另行组织。经全体赞成,议定部员十二人,由会中各校愿任者充当。结果,五师、五中、越材,每校各四人,贩卖部的地址,暂定由会中各校的校舍借用。譬如某一校可借的,就以某一校的校舍作为贩卖部地址。经费即先定四十元,不足则以该会的常年费补充。

（乙）调查部系五中校担任,所以该校提议,谓寒假期内外乡的同学不能驻城,应另派干事,以谋继续进行。经全体议决,谓寒假期内的调查员以贩卖员兼任。

（丙）出版部。该会拟欲组织一出版部,出一种绍兴学生联合会周刊后,由五师校提议,谓出版现在暂时勿必,因为经费支绌,而出版一次的计五元,一月即须二十元。即使经济不为难,而出版的目的,无非要觉悟平民和报告本会之消息。但是觉悟平民,现在平民的智识程度如何,□恐怕非(言论鼓吹)所能收效。我们现在的实行演讲,到是觉悟平民最经济而最有效力的方法。至于要报告本会消息,那么各处的报纸上都可以投递,等到本会的经济充裕了,再可组织。众赞成。

（二）关于现在应进行的事宜:

（甲）五中校提议谓,德泰和、天福丰、福生恒查获的劣货,既然照约焚毁了,约中加倍的处罚一层,应即速和商会交涉。经全体议决,定本星期日办理云。

（乙）五中校提议,谓本会早已备函各界联合会,请其限二十日内把劣货拍卖所组织完备,至今尚未动力。若照此下去,恐怕无成立之希望,应即再通知各界联合会,即速着手组织。众赞成。

（丙）越材提出,谓绍兴各小学校未加入本会者,□□应由文牍员通函,劝其一律加入。众赞成。

（丁）五师校提议,谓从前组织各界联合会的时候,因会中学校未多,所以各界联合会的职员假定二十四人,由五中、越材和敝校三校分派。现在会中的学校,除我们三校外,有明道、成章、浚德、县第一、县第二、尚德、同仁、箔业等校,倘若这二十四个的职员,由本会全体会员中公举□,则应该经他们各校的同意,倘若由各校分派的,则各校应即派出数□,为各界联合会的职员。唯派出的人数,由各校自己酌定,以八人为限,经众通过,由文牍通知会中各校云。

《越铎日报》中华民国九年一月二十二号

制止排日运动之训令

（1920 年 1 月 24 日）

省长公署于昨日训令各属文云，案准内务部咨开：为密咨事。准国务院函开：连日迭准天津来电，该处人民以福建交涉问题，聚众开会，到者数万人，甚至逐处搜查日货，载归焚毁。此外各省区类此举动，亦复时有所闻，深恐风潮所激，酿成事端，复准外交部抄送日使节略一纸，所称各节，不幸见诸事实。不惟于此次交涉毫无裨益，且恐酿成重大案件，转滋藉口，益难收束。亟宜设法防弭，切实制止，以期消患无形。已会同外交部分电各省区抄录电稿，函请知照，并准外交部函称，对于日本人在福州伤害学警一案，本月十七日准日本公使面交节略要求中国政府，从速禁止排日宗旨之集会及散布传单等语，抄录该项节略及会晤问答，敦请酌办各等因到部。准此亟应抄录外交部来函暨日使面交节略及会晤问题咨请查照纳核办理等因。准此，除分令外，合行令仰该知事，即便转行知照此令。

《越铎日报》中华民国九年一月二十四号

绍兴商会通告

（1920 年 2 月 4 日）

本年一月三十日下午三时，商学两界同人，公同讨论，议决由商会通知布业、广货业、南货业、纸业，凡关于劣货各业，如有漏未盖学生联合会之印者，请由各业自行检点明白后，函请联合会，再行补盖印章。事关紧要，幸勿稽延，除分别函知外，特此通告。

《越铎日报》中华民国九年二月四号

绍兴学生联合会启事

（1920 年 2 月 5 日）

昨阅绍兴商会通告一则，不胜骇异。查前次（阴历十二月初十日），该会讨论罚款问题，对于盖印手续，稍稍提及，但敝会代表并未允许（因时间已迟，不及再议）。该会竟贸然登出，试问此种盖印，究为何而作，如果再来盖印，不将前次所盖□，徒作空言乎？且新进之货，将何以辩别，为此特行更正。该商会通告一则不能视为有效。

《越铎日报》中华民国九年二月五号

绍兴国民大会之先声

（1920 年 2 月 12 日）

国事日亟，内忧外患，纷至沓来，山东、福建、外交吃紧，而京、津学生屡遭殴禁，凡属国民，同深义愤。绍兴各界联合会睹兹时局，本拟于前日第二届评议常会提议开绍兴国民大会，以为政府之声援。嗣以人数不足，宣告延会，遂致不议。适是日上海全国各界联合会代表翁吉云到绍，与该会磋商，一致进行。而上海国民大会委员会，亦驰函报告开会经过情形。于是该会评议长王铎中、总务理事茹平甫，临时召集，于日昨开执行评议两部联席会议，到会者约五十余人，当由王铎中主席先报告全国各界联合会代表翁君到绍，及上海国民大会之来不了，次提议开国民大会，众以山东、福建两案，时机危迫，而京、津学生，又被非法殴禁，亟应由本会电达政府力争。当公推朱幼溪起稿众通过，即晚拍发，其电云（北京大总统国务院钧鉴：山东问题，勿与日本直接交涉，京津被逮学生，应请释放。福州交涉，乞速了结）。次公决于二月十三日（即十二月二十四日）下午一时，在大善寺开国民大会，并公推茹平甫、杨亢宗、许剑秋、杜雁臣、孙子松、胡坤圃、王铎中、朱幼溪、张心斋、阮建章、翁天寥、章天觉、平知锋、沈墨臣、陈云、裘吉生、张钟泗、赵能武、金林、徐毓崧等二十人为筹备国民大会干事。其开会一切经费公决，由加入各界联合会之二十九团体公派每团体两元，即日缴送会计科理事许剑秋，以资支付。议毕，振铃散会。其推定之筹备干事，茹平甫等二十人，复在评议室磋商开会一切办法：

（一）登广告布告。

（二）向大善寺住持借座。

（三）印传单（除随报附送外，余由干事章天觉、翁天寥、平智锋、杜雁臣、许剑秋、徐毓松、张钟泗自认，分头自分）。

（四）应用经费，由会计科许剑秋收取。

（五）布置会场（筹备干事全体于十二号上午八时，齐集大善寺从事布置）。

（六）函达司令部警察所接洽。

其余因时间已晚散会，特约昨下午二时再行集议，闻已拟定开会顺序及游行路程，采录于下：

（一）振铃开会。

（二）临时主席报告开会宗旨。

（三）陈述政事危急情形。

（四）宣读上海国民大会通函。

（五）公决对付方法。

（六）提议组织国民大会委员会。

（七）游行路程（从大善寺出发，过水澄桥，进上大路，过兴文桥右转，出下大路，过小江桥,绕县署至县东门,上南续开元寺,过清道桥,经大街,回大善寺散会)。

要开绍兴国民大会了

（1920 年 2 月 12 日）

各处的国民,对于国事危急都开国民大会了。我们绍兴现在也要开国民大会了,这不是可喜的消息么。

我们绍兴的国民,既然觉悟起来,根据"民族自决主义"开一个国民大会,对于现时局的国事,去主张一番,论起来我们绍兴的国民,未始不可以算比较的进步,不过国民对于现时局国事的主张,但求空言宣布,而不期以事实的实现,这些主张,仍旧等于无用,所以我敬祝我绍兴国民大会对于现时局与国事的主张,希他有实现的能力。

紧急紧急注意注意国民大会

（1920 年 2 月 13 日）

山东问题政府将与日人直接交涉,福州事件一无解决,而京、津学生恒遭殴禁,各处皆发起国民大会,以图挽救。我绍同居块土,存亡与共,未可置之不问。现定二月十三日(即十二月二十四日)下午一时,在善寺开国民大会,讨论一切,凡我国民届时务希莅临为务。

绍兴各界联合会启。

各 团 体 公 鉴

本会决二月十三日,在大善寺开国民大会,经费由各团体暂垫二元。除县教育会、劝学所、越州社、越铎社、笑报社、医报、自治办公处、学生联合会讲演所、商会已缴外,其未缴之农会、城教育会、医药学会,通俗图书馆,贫民习艺所,爱国会、第一县校、第二县校、成章女师、同仁、尚德箔校、童子军联合会、西区镇乡教育第一联合会、戏剧改良社、铁业代表章钱记,统希即日缴商会收储,以资开销,毋任盼祷。

绍兴各界联合会启

告我们绍兴的国民

（1920 年 2 月 13 日）

天寒岁暮，雨雪载途，大家都说要过年了，还好开甚么国民大会呢。

我于是得以证明我们绍兴国民对于"国家观念"的薄弱了。怎样说呢？过年是我们一种社会习惯，国民大会对于现时局有所主张的另一个问题。不能说因为过年，把这重大问题，置诸脑后，换一句话说，不能因社会上过年的习惯，把国家重大问题，不问不闻。我们绍兴的国民，那里可以对于国民大会就"淡然漠然"呢？

我们绍兴的国民，听了我一番话。或者来搭搭场面。大家到国民大会走一趟，以为做国民的天职就尽了。这也是不然的。要晓得我们既然开了一个国民大会，又有了一些主张，能不能达到目的，成不成事实，我们做国民的，都要负完全的责任才是。大家趁着闹热起来一哄，一闹之后，以为就完了责任，这是不可以。我们绍兴的国民，对于国家重大问题，每每犯一种毛病，希望我们绍兴的国民不可再蹈往辙了。

《越铎日报》中华民国九年二月十三号

绍兴国民大会成立记

（1920 年 2 月 14 日）

绍兴各界联合会因国事危急，特于昨日午后一时，假座本城大善寺发起国民大会，到会者千数百人。兹录其情形如下：

（一）振铃开会。

（二）临时主席王铎中君报告开会宗旨，略谓山东问题、福建交涉及京、津学潮，政府不能体顺舆情，事事违反民意，我国民势不能不起而自决，各地都有国民大会发起，所以绍兴亦开一个国民大会云。

（三）孙子松、朱幼溪、潘文源、裘吉生诸君陈述国家危急情形，朱君谓国民第一要重道德，第二要守法律，凡国民大会之所主张，为对外问题。我国民须识清题目，以期国民与政府提携云。潘君谓对于今日要会，最所满意者为劳动阶级，因劳动阶级平日不阅书报，今亦知救国事业之急切，其热心真意实胜于知识阶级云。裘君谓今后国民第一要留心国事，第二要减衣缩食，为救国不时之需云。

（四）王铎中君宣布全国各界联合会及上海国民大会之来函。

（五）公议办法由王铎中、裘吉生、阮建章、李韵侯、章天觉诸君讨论与上海国民大会所议决办法，一并供电政府及上海国民大会其电如下：

致北京电：略

致上海电：略

（六）组织绍兴国民大会委员会，由多数议决各自所信仰者推出，计得国民大地委员四十人，姓名如下：潘文源、孙子松、翁天寥、冯纪良、茹平甫、王铎中、杜雁臣、冯德斋、阮建章、孙德卿、陈樾乔、王敬生、王贻生、裘吉生、章吕生、丁心阶、周子京、章天觉、张心斋、平智蜂、张素英、朱幼溪、胡坤圃、唐云鹤、许剑秋、朱鞠堂、冯虚舟、李韵侯、王以刚、陈韵生、孙衡甫、陈坤生、陈春生、邹楚青、庄百封、陈云、李九华、孙公远、范长明、陈瘦崖。

（七）游行。

（八）散会。是日开会时陈春生君捐助国民大会经费洋二元，一并志及。

《越铎日报》中华民国九年二月十四日

绍兴各界联合会会计处启事

（1920 年 5 月 9 日）

本会于二月十三日议决，各团体费两元，以资开销，曾经备函通告。□迄今未缴者，尚有成章校、箔校、女师校、第一县校、同仁校、城教育会、爱国会、童子军联合会、西区乡教育会、章会记等，长此迁延，何以持久？且五九已届，本会议决在大善寺开会，筹备一切，待款甚殷，为此通告未缴各户，希日内即送（后街德春衣庄）收转，毋任盼切。此布。

《越铎日报》中华民国九年五月九号

关于私进劣货之公函

（1920 年 8 月 12 日）

绍兴学生联合会□□绍兴各商家日来私进劣货颇众，实属毫无廉耻。昨特公函县商会，自行禁阻，录其原函如下：

关于抵制奸商大进劣货函

绍兴商会公鉴：时值署假，敝会颇闻绍兴奸商乘机大进劣货，且谓学生调查会已宽怠，一若可毫无顾忌者，驯至市上所售劣货，无敝会验印，比比皆是，尤以洋广布业为最，长此以往，恐效尤者日众，我绍劣货之充斥，行将不堪闻问，□□劣货之当抵制，已不成问题。况贵会与敝会，约表示永不再进之决心，言犹在耳，何据反汗。此虽奸商之不顾廉耻，贵会亦当负其责，特先函达望贵会，对于此辈奸商调查明白，即日严格办理，登报声明，发挥商人自治自动之精神，一雪中国人热度五分钟之讥刺，临池不胜翘盼，专此。即颂

公绥

绍兴学生联合会印

《越铎日报》中华民国九年八月十二号

日人来绍销售日货之所闻

(1920 年 8 月 13 日)

近来绍兴奸商大进劣货,且已有国货可代替者,亦一味瞎进,只图厚利,就中以牙粉一项而论,国货不下多种,且品质优良,不严舶来品。此辈奸商不知提倡,反运大批金刚、石狮子牙粉,以与国货竞争,实为国货前途之大敌。闻绍兴学生对于此事,甚为愤慨,已严密侦查,而于日人陶宗彦(日比野洋行□派,闻现寓绍兴旅馆)。此次来绍出销磁器,极注意于一般奸商之是否为其所动云。

《越铎日报》中华民国九年八月十三号

绍兴学生联合会对于奸商宣言

(1920 年 8 月 13 日)

"良心爱国"这句话,是绍兴商人冠冕堂皇对学生说的。现在趁着学校放暑假的大好机会,便派人到上海去,把劣货改头换面的装运到绍兴来,大胆的几个,甚至把劣货的本来面目,毫不变更,其实还算这种奸商来得老实一点,说是"学生现在调查已经宽了"。唉。你们有没有良心呢?要不要爱国的?若是有良心要爱国的,那么为什么学生调查了一些,就大运特运的赎运劣货呢?是不是一定要学生牢牢的在后监督着,方才会良心爱国?你底良心还是藏在学生里的?还是藏在你自己?爱国岂为学生爱吗?这几个问题,细细儿想想看,从前为什么说出"良心爱国"这句话来?要晓得我们学生,没有多大的光阴精力,天天来做调查劣货,监督你们这件事,假使天天要这样做,书便可以不读了。那里有这种事?你们既然觉悟了,晓得"良心爱国"我们也承认你们有人格的,所以取试验的态度,要看看你们底人格,你们自己也应该争口气呵呵,为什么不知道自己爱到这步田地。

去和日人贸易,是增加日人的金钱,便是助长日人侵略的野心,也便是速中华民国的早亡,你们只顾贪图厚利,其实做国货生意,何常没有利益,也应该替子孙着想,恐怕日本人进来了,就要对付朝鲜人的手段,到你们身上来了。到了那时候,要给子孙读中国书,也不能够一切自由权都剥夺了。财产也要没收了。要个子孙传传种,恐怕也有许多严酷的条件来束缚,亡国奴的地位,真是比牛马不如。

学生对你们,没有什么恶感,现在你们既甘心做卖国奴,做日本生意,要晓得我们在暑假期中,虽没有紧张的举动,却是对于这件事,非常注意。因为是中国、日本的生死关键,仍旧是积极进行的。

《越铎日报》中华民国九年八月十三号

关于调查劣货之会议

（1920 年 8 月 16 日）

绍兴学生联合会，为商店私进劣货，函告绍兴商会，其原函已登载本报。兹悉商会自接到此项书信后，即于八月十三日下午二时开临时会。到会者，有广货业、布业、纸业、南货业等，金谓禁上劣货，系属凡良心问题。凡我商人当然有一种自治自动之精神，遂均愿自行互相切实调查，计广货业承认调查员四人（日新、盛裕记、教育馆、祯昌祥），布业承认调查员二人（怡昇、悦昌），纸业承认调查员二人（赵光泰、元泰），如有查出，报告商会，由商会通知该号，将该劣货送会集□核办矣。各调查员报告后，再将调查情形，函复学生联合会，其未入商会之各店则由该会登报广告，令其自推调查员报告来会，由该会给以调查凭证，以期普及云。

《越铎日报》中华民国九年八月十六号

绍兴县学生会警告商界书

（1920 年 9 月 3 日）

绍兴学生会昨通告各商家云，五四以来，国人奔走呼号，内除国贼，外抵日货，于是我学生本天良之所使，宁牺牲一切，组织学生会，与国人共谋进行。讵一般奸商专以营为利目的，致不察其利害，不闻其可否，大进日货，以为将来必成奇货可居之势，于营业必能□极大之利益。我学生因一般奸商，既不能与吾辈取一致行动，反大相抵牾，于是不得不出最后之方法。要求商会会长及各店经理，除旧有日货外，不得再进。"旧有日货由本会盖印发售"，得冯会长及经理之允可，即在簿上盖印，并立有条件，谓"此后如再进日货，任学生自由毁坏，并加倍取罚"。然仍有许多奸商私进日货，被本会察觉焚毁者，已非一次。今春来，我学生因直接交涉事，发生一致对外，对于抵制日货，检查少宽，于是一般奸商，乘机暗进。今默察市上所售劣货，多半未经本会盖章。现各校均将开学，必立予毁坏，绝不稍贷。本会苦口良言，谆谆劝告，诸君如仍□如充耳。置之不顾，则当焚毁之时，切勿后悔。特此通告绍兴学生会启。

《越铎日报》中华民国九年九月三号

告洋货业商人

（1920 年 10 月 20 日）

商人的学识人格，不但关系商业前途，就是国家方面，也很重要。其中惟洋货业商人最为要紧。因为洋货业所贩卖的东西，没一种不是自杀主义，将自己的金钱吸收成数，汇寄出洋，去做外国人的走狗。有时遇着学生爱国运动，还要被学生检查，不晓得自己贩卖洋货为耻，还要说学生多事。你想在学校里读书的青年，为什么要来干涉你们的营业呢？他为的是不愿亡国，你们出资营业的，什么东西，都可以贩卖，都有利可估的，为什么硬要贩卖外国货呢？这真无谓极了。况且我们国产的东西，已经多得很，现在各处的制造厂亦不时有开办，所出的品物，亦很精良。你们诸位经理先生，倘能改变以前的宗旨，去专心贩卖国货，营业当然可以发达的。且店中的名誉又好。在工厂的工人又可多得工资，在国家的金钱命脉又可不致外溢，在商人的人格又完全，种种的好处，实在说不尽写不完，你们诸位的经理先生，为什么不出来改革，做一个有人格的商人呢？

《越铎日报》中华民国九年十月二十号

绍兴商业友谊会纪事

（1921 年 1 月 26 日）

绍兴商业友谊会，于前星期日即（十二月望日）晚上七句钟，假斜桥宝晋斋裱局楼上开成立讨论会，到会者四十余人，首由发起人朱觉我将开会宗旨当众宣布，公推朱觉我为临时主席，张剑侯为纪录。由主席报告各段会章，请众讨论修改。酌议良久，始克完毕。待散会时，已十句钟矣。想绍兴商业友谊之团体，是斯会始，现在既经成立，尚期到会诸君积极进行，切勿中途停辍，有负初心，社会幸甚，伙友幸甚。各界如阅简章等，函索即寄。通讯处现暂设于本城斜桥宝晋斋裱局，收交朱觉我可也。

《越铎日报》中华民国十年一月二十六日

绍兴商业友谊会积极进行

（1921 年 1 月 26 日）

绍兴商业友谊会发起人朱觉我等，于旧历十二月十五日晚上七点钟，假斜桥宝晋斋楼上开成立讨论会，各段会章，一切情形，已志二十六号本报。兹觅得该会章程一页照录如下：

绍兴商业友谊会章程：

第一章　总纲

第一条　本会定名绍兴商业友谊会。

第二章　组织

第三条　本会由绍兴商业组织而成。

第四条　本会无会长，设评议、干事两部。

第三章　评议部

第五条　本部评议员以十人为限，由会友选出。

第六条　本部无议长，于开会时公推主席。

第七条　本部以议决本会预算、决算及修改章程、规约及一切进行事宜。

第八条　本部有监督本会一切事宜，如干事部有违法及不正当之行为时，得由评议员四人以上者提议，提出质问，并得弹劾。

第九条　本部由评议员三分之一出席者可开会，经半数以上之同意者，得通过。

第十条　本部会议细则，由评议员另定之。

第四章　干事部

第十一条　本部干事员以十人为限，由会友选出。

第十二条　本部设总务科员二人掌理各科事务，及一切杂务。

第十三条　本部设文牍科员二人，管理一切文牍事件。

第十四条　本部设会计科员二人，管理银钱报告收支。

第十五条　本部设立交际科员二人，联络会友接洽各界。

第十六条　本部设调查科员二人，调查各业，纠察会友。

第十七条　本部各科科员出干事部，互选各科主任，由科员互选。

第十八条　本部各科细则，由干事员另定，须经评议部通过。

第五章　任期

第十九条　本会各职员均以一年为任期，连举者得连任之。

第二十条　本会各职员如有要事出缺者，得由备选员充任之。

第六章　入会

第二十一条　凡绍兴全县商业伙友，只要遵守会章，均可入会。

第二十二条　会友入会时，每人须填志愿书，并缴入会费五角，当给予证书徽章。

第七章　义务

第二十三条　会友对于本会有补助进行一切之义务。

第二十四条　本会会费分常年、特别两种：

（甲）常年会费，每人五角，必须认定；

（乙）特别费遇有特别事故，须随时捐募，多捐者尤为欢迎。

第二十五条　本会职员皆尽义务，惟驻会办事者，须酌予津贴。

第八章　权利

第二十六条　本会友得享各种权利：

（一）会友有选举权及被选举权；

（二）会友如遇不平等之待遇，得陈述本会，据理力争之；

（三）会友如身遇不测，经本会调查确实，得由各会友互相优恤；

（四）本会设立储蓄部，会友可随时储蓄，以生利息；以备将来；

（五）本会设立研究部，以研究各种实业情形；

（六）本会设立消费协作社，会友自由集股协作，以挽回利权；

（七）本会设立，介绍部会友如有歇业等事，由各会友互相介绍职业，如自无理由及不正当歇业者，不在此例；

（八）本会各项细则，由各部另订，须经评议部通过。

第九章　会期

第二十七条　本会全体大会，以每年阳历五月九日开会一次，以志国耻纪念。

第二十八条　本会选举大会以每年阳历十月十日开会一次，以庆民国成立。

第二十九条　本会遇有特别事故，经评干两部八人以上之同意，得随时召集临时大会。

第三十条　本会评议、干事两部职员会，以每月望日开会一次，如有重要事故，经评干两部同意后，得开全体职员联席议解决之。

第十章　奖惩

第三十一条　本会会友有热心会务者，经评议部议决加奖。

（一）存名纪念；

（二）颁给奖章。

第三十二条　本会会友有损害本会名誉者，经评议部议决惩戒；一、记过事迹；二、除名出会。

第十一章　徽章

第三十三条　本会徽章分为两种，一徽章、二奖章。

第三十四条　本会徽章以银质制定形式如下。

第十二章　出会

第三十五条　本会会友出会后，不得假借本会名义招摇，如经察出（下缺）

《越铎日报》中华民国十年一月二十六日

呜呼绍兴之奸商

（1921 年 2 月 17 日）

人格堕地甘为亡国奴

"良心抵制"、"良心爱国"，此我绍商人当学生会查获劣货时，在商会之宣言也，意气激昂，真觉悟之国民，爱国之男儿。识者为吾绍劣货，当可绝迹矣。且与学生会订有合同，誓不再进。曾几何时，搜查稍宽，即大进特进，恐被破获，乃改装易牌，各极其巧，或暮夜偷运，避人耳目，或储藏城外，缓为发售。一若劣货将无处再进，屯之以为他日居奇也者，然行踪虽密，究难瞒人。去岁暑假中，学生会有重将严行搜查之风声，乃自举调查员，略事敷衍，洎乎今岁旧历新年，居然明目张胆，毫无顾忌，市人行售之劣货，无验字印者，比比皆是。抑且劣货空木箱，置之店门，如胡永兴茶食店，满箱胡桃，上面大书"大日本彩田输出部"，予以购卖点心，见而诘之，则谓"此从上海运来，日本不日本，吾们不管"。推其心，真认上海为日本所有矣，甘为亡国奴，置国民之公敌，据再近调查，洋广货业中之人，皆有劣货，余如布业南货，劣货亦占大部。噫吁！吾绍商人，良心泯尽耶乎？不然，何不抵制不受国乃尔。

《越铎日报》中华民国十年二月十七号

绍兴各法团覆卢督军电
（1921 年 8 月 1 日）

卢督军关于省宪省选之电，已志昨报。电中有令县知事召集各法团，推出代表讨论省宪、省宪可否并行之语。昨绍兴县知事函知绍兴县教育会、商会、农会开联合会，各法团遂于昨日午前各推出代表八人，假座县自治办公处开联合会，一致主张省宪与省选并行，录其复卢督军如下：

卢督军钧鉴：本日奉本县知事召集本联合会，并示钧署艳电，当依电开会讨论，佥谓省宪希望制成，省宪关系现行法，办理自可并行。谨此电复。绍兴县商会、教育会、农会联合会叩。

《越铎日报》中华民国十年八月一号

绍兴各法团致卢督军电
（1921 年 8 月 8 日）

昨日午后一时，绍兴商会会长陈秉衡，农会会长姚蔼生，教育会会长庄子长诸君，假座汤公祠开联席会议。有电致卢督军，其电文如下：

杭州卢督军钧鉴：三十一号电谅蒙鉴核，现密察舆情，咸趋重于省选，特再电达。绍兴县商会、农会、教育会叩。虞印。

《越铎日报》中华民国十年八月八号

绍兴三法团之"虞"电
（1921 年 8 月 9 日）

绍兴三法团七月三十一日覆卢督军之电有云："省宪希望制成，省宪系依现行法办理，自可并行。"则不但不反对省宪，而且希望省宪之告成者。今读虞电，则云："密察舆情，咸趋重于省选。"显然不赞成省宪矣。电文中虽不明言不赞成省宪,然于"趋重于省选"句上,冠一"咸"字,已包括全部而言。全数趋重于省选,则无异曰"无人趋重于省宪矣",我诚不解夫绍兴三法团,何主张之善变也。何设词之圆活也。

绍兴三法团之虞电,不啻所以更正其前电者,顾未便出尔反尔,则利用舆情以更正之。舆情亦不易得,则用"密察"以得之。假舆情以戏弄其颠倒手段,固三法团之一致者乎?抑有主从之别乎。抑有团体专制之作用,以多数强制少数连署者乎?我皆不能无疑。

《越铎日报》中华民国十年八月九号

庆祝三十节先声
(1921 年 10 月 2 日)

绍属马山长水乡区立第一高小校及国民校各教师,热心任事办理完善,以故成绩优良,久已为各界所称道。兹又探得该校同人,因本年双十节拟游行街市,觉悟乡民,举行提灯会,庆祝国庆纪念,已由该校学生自治会筹备一切,并闻该处商会,亦于前日发出通告,集合多数商民,议决与学校联合举行游行会。兹觅其通告于下:

启者,本年旧历九月初九日,即民国十年之双十节,凡我国民皆宜高张国旗,悬灯庆祝,查本处第□校曾于去年举行提灯会,游行街市,是日虽天不做美,然青年学子心知有国,仍肯毅然奋身冒雨前进,至今留为佳话。闻今年又复举行,吾商人亦国民一份子,岂可落人之后。为此发出通告,拟纠集同志,筹款进行,届时务乞各商店高张国旗,悬挂民国万岁之红灯四盏或二盏,并随意出资,在商会门首雇名班演戏全台,以志庆祝。晚间与第一校诸子联合举行提灯会游行街市时,再燃放鞭爆,藉表欢迎(不愿者听),与学界诸子共策群力进行不懈至幸。

《越铎日报》中华民国十年十月二日

马山商界筹备三十节开会记事
(1921 年 10 月 5 日)

马山商界于前日(十二日)下午四时,筹备三十节庆祝会,在该处商会集议。到会者约五十余人,兹将开会情形记录于下:

一、振铃入席;

二、会长报告开会宗旨;

三、职员会议,首由书记邵家灿君起立,略谓"此次三十节,实为千载难逢之大纪念,吾等举行庆祝会,应格外热心,能使乡民从睡梦中而知此三十节的意义云云。"次由朱玉山君演说,略谓"城商会诸君在往年双十节亦多举行提灯会,马山风气未开,故双十节庆祝会，仅有去年第一校举行一次，吾等不愿落人之后，似宜格外热心筹备庆祝。闻今年第一校仍然举行提灯会，吾等可随第一校之后游行街市。然鄙意欲觉悟乡民，吾商人不妨集资演戏，以逢迎其村民之旧习，或可入手开导，诸君以为如何？"众起皆立赞成。

又邵家灿君略谓："演戏诚属美事，但旧戏中多神话鬼怪，以及掘藏加冠等种种事实，殊不适于现今共和时代。开演时应请禁止。"众又拍手赞同后，由封会长谓"三十节之提灯会及演戏二事，已由会中通过，但经费应请本镇各商人负担。嗣意宜按每间店面抽捐小洋四角，归本会计派人收取。款到齐后，即行发表"云。众又拍手赞同，时已五时许遂散会。

《越铎日报》中华民国十年十月五日

绍兴国民外交后援会成立会纪事

（1921 年 12 月 1 日）

绍兴县县教育会发起邀集各团体，于昨日（三十日）开会，组织绍兴外交协会，已志本报。兹悉，昨日到会者，有县教育会代表王以刚、韩逋仙、茹平甫、庄子良，商会代表金秩卿、周子京，农会代表姚霭生，工商报代表翁天寥、李士铭，越州公报代表朱公威，民报代表朱子丛，越声报代表徐东枝，及本报代表马鹤卿，于下午一时开会，公推茹平甫君为主席，报告开会宗旨毕，请众讨论。翁天寥谓，此事不宜托诸空谈，亦非发一电报可了事，须于事实有所裨益云云。王以刚谓，本会发一电至华盛顿，以示我民气。翁天寥、庄子良主张，先定本会名义，经讨论定名为"绍兴国民外交后援会"，其存在期间，以太平会会义结束为期间。继议推举干事，为推定干事十一人，其姓名如下：

徐以苏、姚霭生、金秩卿、周子京、王以刚、茹平甫、庄子良、王铎中、朱公威、翁天寥、许剑秋。其会址暂借县教育会，先由会快邮通知上海国民外交大会，报告本会成立。又公推徐以苏为绍兴国民外交协会驻沪代表云。

《越铎日报》中华民国十年十二月一日

绍兴国民外交后援会之函电

（1921 年 12 月 2 日）

绍兴各界，昨在县教育会开外交后援会成立会，已举定干事等情及各干事姓名，均志本报。兹又觅得绍兴国民外交后援会之函电照录如下：

致上海电：

全国国民外交大会诸先生电，同人等以华府会议，关系我国存亡，千钧一发，稍纵即逝。查弱国外交，以民众为后盾，而贵会又为全国民意之总机关，为此电请加入，并推定徐维则先生为敝会驻沪代表签到与议，以资策应，除电知徐君并附去报到证明书外，特此电告。再本会事务所暂假绍兴试弄县教育会,并闻。绍兴国民外交后援会叩。东。

致徐以荪君电:

以荪先生台电,同人等以华府会议,关系我国存亡,特组织绍兴国民外交后援会,公推先生为本会干事兼驻沪代表,并烦持函到上海全国国民外交大会签到,与会除电告全国国民外交大会接洽外,特此电闻。绍兴国民外交后援会东。

又一快邮:

以荪先生大鉴:迳启者,十一月三十日下午一时,本县各界在县教育会开绍兴国民外交后援会□□务所暂假试弄县教育会,金以华府会议对□□国关系极大,凡我绍人,休戚与共,应急起直追,以壮民气,特推先生为本会干事兼驻沪代表,并烦就近在沪出席,于全国国民外交大会陈述意见,素仰先生热心救国,擘划周详,应请俯允担任。特此奉闻,诸希台洽为荷。此上。

顺颂旅安

绍兴国民外交大会谨致。

致干事函:

(上略)

迳启者,十一月三十日下午一时,本县各界在县教育会开绍兴国民外交后援会(事务所暂假试弄县教育会),金以华府会议,对于我国关系极大,凡我绍人,休戚与共,应急起直追,以壮声气。特推先生为本会干事,共策进行,素仰先生□□□□□□□□□□□□希台洽为荷。此上,并颂台安。

绍兴国民外交后援会谨略
《越铎日报》中华民国十年十二月二日

绍兴国民外交后援会进行记

(1921 年 12 月 12 日)

十号下午四时,绍兴国民外交后援会,假县教育会开紧急会议,到会者甚为踊跃,公推茹平甫君为主席,其议决事项如下:

一、议决:宣传分"讲演"、"文字宣传"、"游行"三种;

甲、讲演股。函请绍兴中等学生通俗讲演员及小学教员分任之;

乙、文字宣传,张贴于剧场幕上、戏单上、剧场四围、商店招纸、酒馆、茶楼、电杆上……

丙、游行,俟下届再议。

二、议决:剧幕上用"外交紧急,请诸君想想鲁案及二十一条呵"十六字;

三、议决:星期一(十三号)下午二时开临时干事会;

四、议决简章条款;

五、加推阮建章、马鹤卿、徐叔荪、徐晨钟、胡绅圃、张天汉、孙公远、陈津门、庄伯封、许仲桢、孙子松、张琴孙、杜守庄、朱阆仙、王诒生、陈坤生、张诒庭、阮明溪、陈禹门、鲍香谷、陈湘魂、俞少村、章天觉、沈仲牧、黄调臣、何几仲、俞微民、陶仲安、韩通仙、徐东枝、冯虚舟、李铁僧、鲍宪斋、冯季亮、韩百年、朱子丛、许亚君、周鹿湖、应惠堂、薪艇仙、张心斋、任云瞻、冯德斋、陈宝仁、孙相舟、胡隐樵、章税初、高云卿、傅天弼、金念曾、章寿祺、莫念兹、高莲舫、王均爵、胡梅森、冯荫乔、马谟臣、谢钟灵、李士鹅、陶廉伯、金燧榆、周文澜、刘振一为本会干事,并附录该会简章如下:

一、定名:本会定名为绍兴国民外交后援会;

二、宗旨:本会以撤销二十一条件及拒绝鲁案直接交涉为宗旨;

三、会员:凡为中华民国国民均得加入本会,为国家效力;

四、经费:本会经费除由发起之各团体酌量负担外,如会员有乐输者,亦收之。如遇急需,并得推募捐员募集之;

五、职员:本会为便利处置会务起见,特推定左列之职员:

主任干事一人、文牍四人、会计四人、干事若干人

六、进行:本会进行事项,不能先行规定,当依外交局势,随时应付之方法

七、时间:一俟本会达到目的,即将本会取销;

该会又致浙江全省各法团函云:

迳启者,同人等以华府会议,关系我国存亡,特组织国民外交后援后,已于十二月一日正式成立,并推定代表驻沪,加入上海国民外交大会,藉资策应,素仰贵会热忱爱国,黾勉同心,务请赳日联络贵邑各法团,组织外交后援会,以壮声威为祷。(下略)

该地加推各干事函云:

迳启者,十二月十号下午四时,本会假县教育会开紧急会议,公推先生为本会干事,素仰热诚,务希于十二号(即十四日)下午二时,拨冗莅会为盼。(下略)

《越铎日报》中华民国十年十二月十二日

书业关于外交之警讯之会议

(1921 年 12 月 13 日)

绍兴书业商人,见于近日外交消息日形险恶,野心外人,贪心不足,非人民自动觉悟,万不能达到美满之目的。昨日下午三时,书业公会特邀集同业,在城区大街墨润堂特开书业临时会议,到会者有楼仲孝、陶文青、丁子卿、滕禹范、张柏生、邵澄友、张伯祥等。首由滕禹范报告近日外交消息日形险恶,太会将鲁案及二十一条件,拟提出同日本直接谈判,外交事议,恐无胜利之希望。书业应较别业为先觉,后由公共决议,由书业公会函致上海各坐庄办货,客不得夹带进办仇货,并函致各出版家书籍等纸张等原料,请求改用国产出品,一面命令各书店自己刻一"良心救国"、"抵制仇货""推广国货"等木字,盖在包纸、发

票、信壳等处,以醒人民之耳目等云云。愿各业均照书业办法,亦外交后援之良法也。

《越铎日报》中华民国十年十二月十三日

绍兴国民外交后援会进行记(三)

(1921 年 12 月 14 日)

十二日下午二时,绍兴国民外交后援会开紧急会议,公议公推茹平甫君主席。议决事项如下:

(一)修正简约。约简已见前报,仅就第五条职员中之干事若干人,改为庶务干事无定额,余均通过;

(二)认定经费。商会二十元,教育会十元,农会四元,劝学所五元,越铎十元,工商日报十元,越声报四元,余尚未定;

(三)公推茹平甫君为主任干事,陈瘦崖、翁天寥、陈质夫、潘文源四君为文牍干事,徐晨钟、周子京、许剑秋、周文澜四君为会计干事;

(四)决定游行与各校学生一致进行;

(五)民气表示分封内对外三种;

(甲)对内:

1. 直接电请北京外交部力争鲁案,勿稍退让;

2. 发国内公电一致援助鲁案;

(乙)对外:

1. 直接电请华盛顿中国专使,力争鲁案及二十一条坚持到底;

2. 致书旅华美侨,主张公理。

(六)公推张心斋、章大觉二君前往陶仲安君处接洽剧场,宣传事项;

(七)商店货包用纸印"太平洋会议,情势紧急,我国民宜速醒"等字句,以警告国民;

(八)公推章税初、王铎中、李士铭、韩逋仙、孙公远、杜守庄、孙子松、徐晨钟、陶廉伯、金念曾诸君,分拟电杆上之警告,吕攸伯、王宝善、周声洪、李诵邺、潘文源、张志道、陶葆初、何益新诸君担任图书宣传之布告;

(九)电杆张贴由李士铭君担任之,所有乡间之图画或文字宣□,由劝学所转乡间各小学分任之;

(十)刻"鲁案及二十一条不经大会议决誓不承认"之木戳数方,送交分分信机关盖用这,提醒社会;

(十一)许剑秋君,当场声请,将从前各界联合会余款,移交本会收用之;

(十二)加推胡家俊、吕伯攸为本会干事。

《越铎日报》中华民国十年十二月十四日

绍兴国民外交后援会进行记(四)

(1921 年 12 月 15 日)

该会进行情形,已三志本报。兹复有致外交部电云:

北京外交部鉴:鲁案当提太会公决严拒直接交涉,幸希稍顾民意,绍兴国民外交后援会叩。删。

该地于本月十三号致上海美侨柏高德先生转旅华美侨,暨绍兴美侨高福林、顾德胜、邬福安、鲍尔禄诸先生一函如下:

高福林、顾德胜、邬福安、鲍尔禄诸先生钧鉴:贵国素以正义人道闻于世,近者为保世界与远东之永久和平,计乃有太平洋会议之创举,意善法美,诚吾华人所深表同情也。今会期将满,意为太平洋之一切纠纷可从此解决,而野心的侵略主义,亦可因以铲除矣。庸讵知有大谬不然者,在夫山东问题实远东问题中之重要者,不特关系吾中华民国之存亡,亦关系太平洋之安危,飞电传来,竟有阨于大会,而与日直接交涉之趋势。果尔,则正义人道,将付东流,是固吾华人所扼腕叹惜者,亦岂贵国人士所乐闻哉?原夫一九一四年世界大战之起也,其近因虽由于塞拉吉夫之一击,而其原因简括言之,实由于德之东西横断攻策与俄之南北纵断政策,亦即由于野心的侵略主义也。今使日而能得遂直接交涉之大欲,则野心的侵略主义酬而世界恐亦无宁日矣。素仰诸先生能以自爱之心爱吾华人。当此千钧一发之际,为特陈词左右,希对于野心的侵略主义同声征讨,则正义人道庶能发扬光大,而世界与远东的永久和平,亦将赖以实现矣。不胜盼祷之至。

《越铎日报》中华民国十年十二月十五日

绍兴国民外交后援会进行记(五)

(1921 年 12 月 16 日)

日前绍兴各界举行游行,并由学生分头印送警告等情,已志前报。兹悉,外交后援会又有公电一通,亟录于下:

北京晨报、天津益世报、上海申报、新闻报、时事新报、时报、杭州杭州报、全浙公报,转各报馆、全国各团体、全国国民鉴:

我国与日本交涉上所须力争者,如二十一条约作废,胶济铁路交还高,高顺济铁路等约作废,日本在山东继承德国权利,无条件交还中国等等。我国所以提出于太平洋大会者,欲求伸公理于大会耳。今大会竟拒绝我提出关于前列各项悬案归我与日本直接交涉,弱国无外交,人谁不知。而况日本为虎狼国乎?聚欧美列国代表于一堂,尚不能为我稍伸公理,而欲以强弱不等之国相见如中国者,安能伸公理于强权之下哉?迩者消息传来,日益险恶,我国人知外交形势已成千钧一发,不图团结民气,假为后援,宁以万一之济。绍兴虽僻小,然亦中华民国之一九土也。际此危急万分,敢不竭力呼喊,用结民气,为外交后援。因而国民外交后援会已告成立,一致表示,倘前项所列中日交涉之悬案,不能提出于大会,或提出于大会而不能达我所争之目的,则我国人死不承认。谨将此意征诸我国人,谅我国人,谅无不深表同情者矣。咄咄虎视之邻邦,以强力侵我主权,夺我土地,我至无实力抗拒,时或被侵被夺,乃出于不得已,至欲我安然默认而听其侵夺,则同人等知我国人良心未死,血气犹存,决不作是态也。事急矣,势危矣。冀我国人投袂奋起,集合众志,为外交后援。幸毋观望,自沦于万劫不拔之域也。绍兴国民外交后援会叩。咸。

《越铎日报》中华民国十年十二月十六日

绍兴国民外交后援会进行记(六)

(1921 年 12 月 17 日)

绍兴国民外交后援会为奋发国民外交精神,引起一般社会注意起见,特拟定警告句语,以便随时张贴。所以使人触目惊心也。特录如下:

(一)国民! 尔忘五月九日乎?

(二)快! 快快! 拒绝直接交涉。

(三)归还山东,取消二十一条。

(四)外交以力,民为后盾。

(五)好男儿当自强。

(六)外交紧急,存亡呼吸! 挽救危局,大家努力!

(七)我们的头可断,我们国家的土地和权利,决不能让外人白白占去!

(八)华府会议,中国失败。国民快醒!

(九)鲁案直接交涉,我辈誓不承认。

(十)警告同胞,注意外交。

(十一)提倡国货,抵制仇品。

(十二)二十一条,无一不是杀害我们的!

(十三)承认二十一条,就是自杀。

(十四)有心爱国,请先爱山东!

(十五)孔夫子、孟夫子的老家乡,要被人夺去了呵!

(十六)外交失败,我不去,谁去救!

(十七)抖擞你的精神,恢复我的山东。

(十八)可恼倭子太无礼,夺我山东大不该!

《越铎日报》中华民国十年十二月十七日

商会提倡拒日货

（1923 年 4 月 13 日）

昨日绍兴商会发出通告云，日本当民国四年时，以迫胁手段，订立二十一条苛约，未经国会通过，本无效力可言。我国民一致否认。巴黎和会，华府会议，亦一再陈诉于各友邦，声明无效。凡我人民宜以国民外交，为政府后援，以经济绝交促日本之反省。各业爱国之心，油然同具。本会就商言商，与各省埠采一致之方针。兹经开会议决，凡各店如有旧存劣货，平价发售，售罄以后，不再新进，庶几实行经济绝交之政策，为政府据理力争之应援，安危存亡，子弟共起图之。

《越铎日报》民国十二年四月十三号

五七国耻大会之盛况

（1923 年 5 月 8 日）

绍兴学生联合会定（五七）联合各界开国耻大会，并游行示威等情，已志昨报。兹将各种情形，分记于左：

开会顺序：

（一）振铃开会；

（二）公推茹平甫君为临时主席；

（三）主席报告宣宗；

（四）唱国歌；

（五）向国旗行三鞠躬礼；

（六）唱国耻歌；

（七）各界演说（每人限五分钟）；

（八）游行；

（九）回至大善寺；

（十）三呼中华民国万岁；

（十一）振铃散会。

到会团体：除军政绅商各会社、各派代表莅会外，学校团体到者有城四区校、成章女校、县立女子师范校及附校、箔业校、第五中校、第五师校及附校。

游行路程：由大善寺出发右转湾至县西桥经裡街，过中正桥入下大路，过草藐桥经大路右转湾回入大善寺。

传单摘录：

（一）绍兴学生联合会警告，"毋忘国耻"四个大字，八年来蕴在我们的胸膈中，无时不汹涌出来,固然我们的呼喊至剧烈了,然而从不去干过一次实际的大运动,得打销遗辱人群的羞耻,无怪野心勃勃的日本政府,愈使出他的惯技了,他们不怕做个世界的公敌,似乎非浸没我们的国家不休。同胞呵,我们国运的存亡,除此"一发千钧"的时候,我们还可麻木不醒么? 我们要认清我们的代表历任的卖国政府,是不足望了。现有的饭囊军队,是不可靠了,猛火烧在自己的身上,自己不着急,谁肯来替我们救护的呢? 同胞呵,我们这可不起来去干实力的反抗运动么,我们誓必打破入迷侵略主义的日本政府,取销我们的羞耻呵。

(二)国耻,国耻,真真国耻,同胞认醒来雪国耻,抵制日本要死,最好法子,大家一致。

(三)警告国民誓雪国耻,同胞乎? 今日何日,非日人以武力迫我念一条件,订定之日乎? 当我国事蜩螗之候,而可恶倭奴乘虚施无理之要求,强割我土地,迫剥我自由,一若须灭我国,绝我种而后快者。我国□岂□安然置之不顾乎? 是以羞愤交集之五月七日为我国历史上莫大之国耻,且吾国民当卧薪尝胆,力图报复也。今者狼心倭奴贪得无厌,旅大租期已满,尤复强借不还,且私通国贼,欲买我汉阳煤铁矿,其居心恶毒,盖可想见。呜呼! 是可忍,孰不可忍。望我同胞急起力急,一面监督当局一律不用日货,同胞乎,同胞乎,努力,努力,誓雪国耻,头可断,国不可辱,血可流,耻不可加。

(四)今日何日,民国四年,日本迫我念一条件之日也。念一条所载何事,总括一句,欲灭我国之计划也。我平民他无能为力,惟有抵制日货,事轻易举而可致日人于死命。同胞同胞,抵制日货,抵制日货。

(五)我们为什么有今天的游行呢? 我想大家总不至于会健忘了吧。当民国四年的今天,不是野心国的日本曾以强力的压迫,提出最后的通牒,强使我们承认那无理的二十一条件的吗? 那时千钧一发的外交何等的险呀。我想凡是国民,谁不认为这是中国历史上的一段奇耻大辱的呢? 谁不咬牙切齿的痛恨于横暴的日本呢? 诸位那贪得无厌的日本,得步进步的把借期已满的旅顺、大连湾又抗不交还了。我们要反对强权,更要反对蔑视公理,扰乱世界和平的帝国主义的日本。民众呀,起起起,鼓动热烈的感情,凭着一致的精神起来做全国一致的大规模的外交运动。

(六)注意诸位想到么,日本人怎样的加辱我们,我们几年来的奇耻大辱,我们报过没有,我们抵制劣货到现在,有什么结果得到,我看过去日本得步进步,越发的施其毒手于我们,所受的奇耻,不但没有报过,反是年深一年了,一片触目痛心的日货店堂里仍是满满摆着。诸位呀,你们晓得青岛虽然还我,仍是有名无实,旅大期满,又是强霸不还。手里的物被人夺去,口里的食被人抢去,你们肯么? 你们甘心白白的让人攫去呀? 奇耻不报,我们还有面子做人么? 瓜分的祸快到了,你们还不起来么? 我们不能荷枪实弹打死那可恶的倭奴,抵制劣货,确是我们最好的方法,诸位请算普通人每年耗用于日货只少需数十元,就只少十余元被他们赚去。绍兴这样大的地方,也有几十万多的人,这几百万元被日本赚去,可惜不可惜呢? 诸位呀,起来抵制日货就是救国救身。

(七)注意警告可恨之日本提出无礼之要求,蔑视我人民侵夺我国,将青岛、旅大占为已有,山东视同囊物,亡国惨祸,似可立见于目前。当时民气激昂,悲愤万分,言者莫不痛心,闻者泪下沾襟。近来青岛虽已收回,而旅大则犹强占不让,呜呼,血海深仇未报,漫大巨辱未雪,岂意忘之若遗耶? 刻骨之痛,凡有血性者,均为卧薪尝胆,枕戈待旦。夙称优秀国民之同胞乎? 岂真若此无血耶? 务不长为春梦,以致临时仓卒,不能挽救狂澜,痛哉,痛哉!

(八) 诸位记得二十一条件吗? 这二十一条件不是亡国之本吗? 今天就是日本下爱的美敦书的日子。诸位四十八小时就要完全承认呢? 自从强迫承认二十一条件后,日本着着逼我旅大没有还我,亡国的形势愈趋越近了。那末不取消这苛刻的条件,怎样好呢? 唉,诸位起来呀,从今以后与日本经济绝交,不用他的货物,他的国度自然站不牢了。诸位呀,快起来呵。快觉悟呵。

《越铎日报》民国十二年五月八号

绍兴市民大会筹备会纪

(1923 年 5 月 9 日)

七日下午一时,本城各界在试弄县教育会会场开绍兴市民大会筹备会。各团体代表之到会者,共有三十九人。振铃入席后,即公推茹平甫君为临时主席讨论应行筹备各事,计讨论者二项。

(一) 会章起草。

(甲) 宗旨;(乙) 经费;(丙) 事业;(丁) 职员及选举之手续;

(二) 第一次常会期,当场好公推茹平甫、高坤记、姚霭生、赵仲静、李士铭、张季坤、王继远六人为起草员,拟定简章。又决定在大会未经正式成立之前,推李士铭、冯荫樵、翁大寥三人为临时干事,进行一切事宜。又决定第一次大会(即成立会)会期为十三日下午一时,会场即假之商会云。

议毕散会。已下午三时余矣。

《越铎日报》民国十二年五月九号

绍兴商人果能自动的不运日货么

(1923 年 5 月 12 日)

绍兴商人营利之热度,在百二十度以上,爱国之心,我看恐在零度之下,这并不是我轻视我绍之商人,实是有感而言。盖九年间,绍兴商界,以自觉为言,绝对禁运日货,且与学生联合会订定条约,谓再进日货,经理愿负资□□□倍罚,不料口是心非,偷运日货,依然如故。

今则代表绍兴之商界者言,商人已自觉禁止运日货,是仍以此二言为辞,但睹进日货报告，日货销场之畅，反过平时，或者屯货一时，以饰外观，固商人之故智耳。吾愿绍兴学生联合会速起而检查之，毋为若辈所愚□可！

《越铎日报》民国十二年五月十二日

绍兴市民大会消息

（1923 年 5 月 15 日）

绍兴市民大会于本月十三日下一时，在布业会馆开第一次大会，因雷雨之故，故到会人数不甚踊跃，然亦足见绍兴人对于群众事业之冷淡矣。兹录开会秩序如下：

一、振铃入席；

二、向国旗行三鞠躬礼；

三、公推临时主席（当公推茹平甫先生为临时主席）；

四、主席报告开会宗旨及经过情形；

五、讨论章程（逐条提出章程讨论，付表决通过）；

六、市民演说（演说者有章祖谷君，五中严梅生君、大同书局史玉堂、日红盛王继远君、五中王承续君、绍兴印刷局卢识甫君、绍兴印刷局孟文清君、大同书局及茹平甫先生等八人）；

七、三呼中华民国万岁；

八、振铃散会。

是日秩序中本定有（选举职员）及（讨论进行方法）二项，因是日到会人数不多，当经李士铭君提出先将章程通过选举职员，改于下届开会时举行，由主席咨询大会多数赞成，并即议决下届会后即定期于本月二十日（即阴历四月初五日）会场仍借布业会馆，时间亦仍在下午一时。

附录绍兴市民大会章程：

一、名称：本会定名曰绍兴市民大会；

二、宗旨：本会以拥护正义，扩张民权为宗旨；

三、会员：本会会员分甲、乙两种，甲市民团体为本会维持会员，乙市民为本会普通会员；

四、议员：本会设会长一人，副会长二人，评议员二十人，交际员八人，文牍员二人，出纳员二人，编辑员四人，其任期均以一年为限；

五、会务：本会会务如左：

（一）监督内政援助外交；

（二）其它民意运动事项；

六、会期：本会会期定每年春秋两季，查开大会一次，评议会每月一次，临时曾经会员五分之一以上，或评议员四分之三以上之请求，得出由会长随时召集之；

七、经费：本会经常费，由维持会员分担，临时费由会员特别捐募之；

八、附则：本简章本未尽事宜，得由大会提出修正之。

《越铎日报》中华民国十二年五月十五号

绍兴学生联合会近讯

（1923 年 5 月 18 日）

绍兴学生联合会业已着手检查日货。兹探其关于检查日货□各方面接洽之函件，录下：

对于商店勿进日货之通告

倭奴猖獗，侵我中华，欺我政府之昏弱，侮我人民之罔觉，强订二十一条件，霸占旅大两湾，觊觎我锦绣河山，陵辱我华□人民。五月九日以后，人民孰不痛心国势，外交濒危，同胞能不觉惧，亟谋自救。此其时矣，一发千钧，稍纵即逝，是以对日经济绝交，全国早已风行。商店停进日货，均经次第查检，我绍一地，讵容漠然，自爱自救，匪异人任。敝会决定积极进行，一方请各店自动拒进，一方面由敝会随时检查，所有存货，希于半个月内设法售完，逾期请设法拍卖，如以后检查再有发现，万不得已只有取最后手段，非必要时断不有焚毁等情事。惟请表示同情，一致进行为幸。万勿置诸不闻，甘作亡国之奴。此请（送上日货调查章，即请填就交下），注者绍兴学生联合会警告。

致绍兴商会函：

会长先生台鉴：日人蛮横，强占旅大，挟大阴谋野心，欲亡我国，夷我民，其蔑视人道，侵陵我国已极显明。二十一条之酷约，即我亡国之病根，当此耻辱日加，灭亡无日之秋。日人侵略，一发千钧之日，谁能不愤然悲昂，怵然而忧，又焉得不亟起力抗强权而救危亡。然兵力不足以敌日人之侵略实力，非经济绝交不足以制彼之死命，今幸国内民心未死，愤慨万分，抵制日货，经济绝交之举动，早已遍及全国，万众一心，行动一致，何等严格，我绍亦中华民国之一分子，抵抗强权，挽救邦国，焉容落后，则经济绝交之实行，又焉可延缓。敝会以义不容辞，劝告商界勿进日货，兼行随时检查，仰贵会义愤同深，定表赞同，务请帮同办理一致进行，并请随时劝告各商店转，抵制日奴，打消强权，我绍幸甚，国家幸甚，人类幸甚，此请公安。绍兴学生联合会启五月十六日。

《越铎日报》中华民国十二年五月十八号

二十日之绍兴市民大会纪事

（1923 年 5 月 22 日）

二十日下午，绍兴市民大会假布业会馆开会，时虽大雨如注，而市民到会者，仍踊跃不绝,人数亦较前次开会大增。振铃入席后,由众公推庄子良为临时主席,即由主席宣告依次投票,选举正副会长、评议员、文牍员、出纳员、编辑员,并指定王以刚、孙观泰、王继远、史钰堂、周子京、周家枚、孟文庆、杜盟八人为投票、开票、检票员及开票毕时,已薄晚矣。兹将当选各职员姓名录后,正会长当选者茹平甫,次多数丁谓昌。副会长当选者张惠扬,高坤芒次多数,丁渭昌、庄子良评议员当选者李士铭、翁天寥、王以刚、章祖谷、周子京、冯荫樵、王铎中、凌从周、章天觉、朱公威、陈瘦崖、郦春荣、徐叔荪、周家枚、王承纬、庄子良、潘文源、许剑秋、史钰堂、卢浩然等二十人候补,当选者孙德卿、单立斋,王□远、冯虚舟、杨亢宗、孙观泰、祝志□、刘大白、陈于□、阮□仙等十人。交际员当选为史钰堂、周子京、郦春荣、章祖谷、徐锦生、金安生、单立斋、孙德卿等八人。候补当选者阮建章、金秩卿、任芝瑛、孙子松。文牍员当选者李士铭、陈坤生,候补当选者冯虚舟、刘大白。出纳员当选者徐叔荪、徐又新候补当选者陶仲安、王子裕。编辑员当选翁天寥、李士铭、陈湘魂、王铎中;候补当选者章天觉、冯荫樵。

《越铎日报》中华民国十二年五月二十二号

检查日货委员会启事

(1923 年 5 月 22 日)

启者,兹定于五月念四日下午三时,在县教育会开本会第二次会议。下列委员请到者:

钱竹猗　徐方　李宝深　吴蔚　孙观泰　鲁□□　章祖谷　王继远

《越铎日报》中华民国十二年五月二十二号

绍兴学生联合会消息一束

(1923 年 5 月 31 日)

绍兴学生会自五月念四日第二次检查日货委员会开会后,即于念五日分发日货,调查报告单。执行人员共分两组,第一组阮法仙女士、章佩兰女士,向参药两业接洽。第二组夏松鉴、章祖谷、孙观泰、祝之□、王继远及师附诸君,向纸业、药水、布业、南货、广货、钟表、钱业、化装、杂货、书业等当赴商会调查各业董住址、名姓,付该地注明名单,即分发接洽,广货业由周子京君总接洽。南货店赵茂祥君,南货栈杜德斋君,杂货单幼甫君,书业□□□君,线业业董钱秀章,□布业业董单立斋君,参业业董许伯龄君,药业赵云标君,布业云章泰、陈和村君,均总□冶。此亦大路大街□店亦均分送,均能一致表示同情。现已觉悟,亦我绍兴之好现象也。

又期学生会于念七日开全体代表会议,到会人有五中张绍泰、郁传铭、夏松鉴、□雄华、陈弘、章祖谷、王继远。五师校孙观泰、祝芝育、董大受、朱仙堂、陈国士、袁宗枚、史达增、张敏庄,五师附乙商定□、章廷楠,女师校管瑞娥、朱萍仙,箔业校鲁金廷。至八时,因签到校数不足二分之一以上,遂只得改为谈话会,谈论使本会发展方法、各校准期到会方法。至于经费准下星期日齐收。草定下星期日(六月三日)开代表会议(天雨顺延)。又闻该地念七日上午十时,又开检查日货临时会,除委员外,是日签到各代表均列席,议定依第二次委员会议决,定五月三十一日起实行检查过印,先由明道、五中、五师三校分任,各高小校随时邀集会同检查,先□十二业,三校分担。水果、茶食、钱业、参店由女师任之,广货、布店、纸店、杂货由五师队任之。药房、南货、书业、药店,五中任之。其余各店,再行派定担任。所用印章,由五中置□日货检查等,每校一队,分若干组,旗帜、徽章,由各校自办,检查各货。请各商店从速出卖,或拍卖,至逾当时期,再行裁止。盖沪杭各地,早于五月九日截止,切实办理。如有再违,则依按杭沪办法扣取,议定办理云。

又该会致绍兴商会函:

商会□良先生。我们会□□决在五月三十一日起实行检查日货啦。贵会对于爱国商人的事业,是非常的热心。况且贵会已有表示,实在佩服的,以这件事情,请你们派人来快快去做才好。

祝你热忱努力。五月念九

又该会致绍兴市民大会

市民大会诸职员□鉴:敝会定于三十一日起实行检查日货,贵会为绍兴民意之表现机关,是以务请以后速派员协力办理,是为至要。并请即速召集评议会讨论良好办法为荷。此请公安。

《越铎日报》中华民国十二年五月三十一号

洋广号拍卖日货

(1923 年 5 月 31 日)

绍城各洋广杂货号,鉴于各埠抵制劣货趋势异常激烈,故亦由同业一律抵制,一律不进日货,原存劣货则以售尽为止。现悉,各洋广杂货号为实行经济绝交起见,拟将所有劣货一律减价拍卖,以期早日结束云。

《越铎日报》中华民国十二年五月三十一号

关于检查日货之近讯

(1923 年 6 月 2 日)

绍兴学生联合会检查日货,原定于五月三十一日起实行,现各商号□□□从缓检查,俾得先期拍卖。兹闻该会定有通融办法。录其致各商家通启如下：

本会调查日货，为明了各商号定货、存货，检查时便于着手，并表示各商店自动的精神起见，故请填报告单，实为各宝号方面着想。今接有布业、广货业直接、间接函称赴杭甬调查，或存货太多，先行拍卖，略缓数天，合办举办，固属甚佳。然目下检查实缓无可缓，而敝会已于三十一号实行，今定折中办法，一面请速将报告单填送，一方面稍缓数日，随时检查，尚祈各宝号努力前进，共作抵抗强权举动。敝会幸甚，国家幸甚，世界幸甚。

《越铎日报》中华民国十二年六月二号

市民大会正副会长辞职的我见

（1923 年 6 月 7 日）

轰动一时的市民大会，在五月二十日以前，一般市民心里，大家怀着莫大的希望，想早点成立，做些烈烈轰轰的事业，到了开会的一天，市民出席的，果然非常踊跃，结果以半天之光阴，仅产生了几个职员。住市民对此，已大失所望，不过心里着实希望这班职员，提速开会，讨论进行的方法，那也到了现了，正当事务，一点儿不进行，而正副会长，竟先后告辞。我想这三位正副会长的辞职，在事理上而论，究竟容否辞职，实在一个疑问。

正会长茹平甫，当选时他并不莅会，不过一般市民，钦佩他的热心，所以举他为会长，茹君理应勉为其难，以副市民属望之殷，万一事务丛繁，难以兼顾，亦应选出时，即宣告辞职，为何待人责问之后，才生辞职之心。难道事务之繁，预先不曾计及的吗？这我所怀疑于茹君之辞职者。

至于副会长高坤记、张惠扬两君，既然被选，当应协力进行，共谋会务之发展，现在见茹君之辞职，也提出告辞，未免太不肯负责任了，在二位心里，以为茹君辞去正会长之职务，将移在二君之身上，所以如茹君而一并辞去之，连固有之责任而不负，惟是有主持会务之责者，而不肯负责，将负责无人，该会势必至于无形消灭，三位果于心安否？请三思之？

《越铎日报》中华民国十二年六月七号

绸布业抵制劣货

（1923 年 6 月 10 日）

绍兴各业自议抵制劣货办法，洋广货业，已定有办法，兹闻继起者颇多。日昨绸缎色布两业已议决抵制办法，函复商会，准以本届端节后，一律不进日货。各号已进存货，以廉价出售，其装运在途者，一律退回，并派检查员数人，逐日向轮船及日夜航船检查，倘有私运查出重罚云。

《越铎日报》中华民国十二年六月十号

绍兴市民大会到那里去了？

（1923 年 6 月 10 日）

绍兴市民大会的组织就绪，已好多日了，成立之后，莫非绍兴市民的目的达到了吗？莫非绍兴市民的责任尽了吗？莫非绍兴市民的志愿如愿以偿了吗？唉！不是这样说，为怎的让他自己无声无臭地宣告死刑呢？找到实莫明其妙！

这个会当其未产出以前，绍兴的市民什么首先发起呀！什么开会筹备呀！什么通告成立呀！轰轰烈烈，惊天动地的进行著，而发起的人何等热心，赞成的人何等踊跃，筹备的人何等积极，得以成立，诚令人钦佩到了不得！

那知道我国人素有五分钟热度共同之弱点性，昙花一现，而五分钟的热度骤过，就无形消灭了，我们早知了社会有这个毛病，何必多此一举呢？但我当观打胜仗的人也是兵，打败仗的人也是兵，从这里看来，总教同心协力，天下什么事没有不可干的呢？所以此处绍兴市民大会的成立，全绍的市民实有无限的希望呀！对内为扩张民权的利器，对外为阐扬民意的精神，绍兴市民大会既负着全绍市民的托付，为怎的对于日兵枪杀长沙市民的国耻大惨案，到了今日还没有表示呢！所以向绍兴的市民前很郑重的问一声，绍兴市民大会，哪里去了？

《越铎日报》中华民国十二年六月十号

绍兴学生联合会消息种种

（1923 年 6 月 12 日）

绍兴学生联合会检查日货委员会议定检查日货办法后，当于五月三十一日起实行检查。五中出发两组，第一组魏道洽、郁傅铭、王继远、李名侠、陈汉、宋洪桥、夏又升、□钿、孙振华、毛南轩（第一日）。第二日除以上各检查员外，又分两组，添加何承泮、夏建章、尹锡河、胡横芬、屠维时、马照灏、屠伯禾、蒋郁文、金缄，第二组骆士雄、张绍泰、陈拜飔、裘本豪、赵凤涛、徐世堪、周耀奎、王迪民、甘大贤、沈同文、周东来等，共检查教育馆、四有、俞源兴、九洲中药、福林堂、大同、华英、南洋各店，并检查育新、墨润堂等书业。明道出发三组，五师是日，本亦出发，只以各店报告单未到暂停，接到后即行出发。近日各校亦正在进行中，惟闻现在各校均须预备考试，稍觉无暇分身，惟愿商店自动的停进日货，自行检查。各界共起而实行检查，则亦社会之幸也。又闻该会定于五月二十七日开五月份代表会，嗣以人数、校数均不足法定，乃改于六三举行。□日到会者五中郁傅铭、夏松鉴、何承泮、骆士雄、夏又升、王锡荣、王继远，五师附校高定中、胡定毅、吴蔚，女师校李宝樑、朱□仙、管瑞娥、章佩兰，五师校祝之堉、陈国是、朱仙棠、童□受、贡宗枚、孙□泰。入席后王继远主席，夏松鉴记录，议定各校代表有变，□因□职员亦有变更，由各校代表自行□□通过，□□选举。经济委员□□□□□，主任委员□□。惟的□□制产生之通过，当共推候选委员十人,如下:祝志□、孙观泰、夏松鉴、史达增、朱仙堂、张□泰、何承泮、李宝樑、吴慰、朱□仙。又有四年级职员不能长久任事,由各校自行补选各项候补委员,本届暂不选举。本会总务股正主任委员王继远,又委员席因不能久任,即由该校自推补任本届职务云。又日货□日检查暂任如次:偏门,五师;检查西郭门,五中;检查五市门,五中、五师互任之;昌安门,另请越材任之(否则五中、五师互任之),均通过。时已十一时,遂散会。

《越铎日报》中华民国十二年六月十二号

挽留市民大会会长之函牍

(1923 年 6 月 13 日)

越铎报馆转茹平甫、张惠扬、高坤记三先生鉴:市民大会,幸已成立,□会正额手相庆。该会已安然产生,前途、希望,非常远大,所员任务,非常繁重,对外交,对内政,允宜步步进行,希为绍兴社会、中华国家大放光明。不料先生等竟遽然相继辞职,前途大受攻击,□未逾月,骤患病疾,不禁令人惊惶莫惜,夫先生□令誉素著,遂尔当选,正宜为社会扫其大筹,缔造幸福,见义勇为,正无须谦退之必要。先生等幸顾全该会大局,为社会、国家整理内政、外交计,屈就斯职,不胜幸甚。即有万不得已之情形,则亦祈召集全体市民,当众宣布,庶有头绪,地址亦可假各处学校为会场,较为便利,断不宜一纸通告,即卸仔肩。幸祈努力,此颂大安。 绍兴学生联合会谨启。

《越铎日报》中华民国十二年六月十三号

组织不用日货会

(1923 年 7 月 8 日)

绍兴城区公民朱友良、秦望溪等,对于抵制劣货一事,异常热心,所鉴于吾绍自市民大会成立后,毫无成绩可言。嗣虽有□发起另组外交后援会,终又成画饼,爰于日前邀集同志多人,在朱宅开会,公议组织一不用日货会,以示决绝,业已组织就绪,并征求会员,俟加入者众,再行宣告开成立大会云。

《越铎日报》中华民国十二年七月八号

抵制日货用法货

(1923 年 7 月 19 日)

绍兴自通行人力车以后,橡皮车胎之需用甚繁。顾本城各人力车公司类皆购用厂在日本之邓绿普车胎，习焉不察，经济绝交，徒有其名。现闻本城光相桥合记锡号向上海密雪林公司运到车胎，经理推销盖密雪林公司完全法国老牌，其橡皮车胎坚固耐用，定价复□□有汽车、脚踏车各项橡皮车胎、车件，均称美备，风祥、合兴等车公司，已纷纷购用，亦抵制声中之好闻也。

《越铎日报》中华民国十二年七月十九号

筹设国货代办所
（1923 年 7 月 26 日）

绍兴工商友谊会会员孙庆实品行纯笃，少年老成，对于社会事业，颇具热心。兹闻孙君于昨日特提出议案，函致该会孙庆尘、孙庆□、倪煜卿等诸人征求意见，拟先筹设绍兴国货代办所，并附有大纲计划，特照录如下：

（一）定名绍兴国货代办所；

（二）资本或用本会会员担任若干股，或另招外股；

（三）设立董事会，委任监察员、办事员，由股东选举；

（四）本所以供外埠各商店采办国货为宗旨；

（五）本章程一俟稍有端倪，须交大会正式集议加订之。

《越铎日报》中华民国十二年七月念六日

国货代办所近讯
（1923 年 8 月 22 日）

绍兴工商友谊会会员孙庆寰，前曾表示意见，征求同志拟筹设国货代办所等情，已志前日本报。兹闻该会近日又得孙某来函，附有章程一纸，兹照录如下：

（一）定名：中华国货代办所；

（二）宗旨：本所以买卖行销各埠商号为宗旨；

（三）资本：暂定五千元额，设五百股，每股十元；

（四）地址：本所须设城区中心地点为场所；

（五）职员：本所由股东会公举所务主任一人，理事员一人，书记员一人，簿记员一人，推销员四人；

（六）会期：本所自成立□起，每年开股东大会一次，每月开常会一次，职员会一次；

（七）核数：本所每月选出交易往来银行之簿记，须由股东会每于月终派员至所查核，以示大公而昭信实；

（八）利益：本所长息，每年一分计算，年终发给股东；

（九）经利：本所每届年终，如得利益，以六成归股东，以四成归职员，作为酬金；

（十）本所自成立日起，再行开股东会，公议实行。

《越铎日报》中华民国十二年八月念二号

国货代销所近讯

（1923 年 9 月 10 日）

绍兴工商友谊会前由会员孙庆寰君发表意见，筹设国货代办所，迭经会议进行办法等情，早志本报。迩悉该会同志孙鉴明君因资本一时未能筹集，致不克成立，时实现为谋早日创立起见，拟变通办法改□为五友国货代销所。现同各地国货工厂先行接洽，订约承销，藉便再行觅就地址筹备成立云。

《越铎日报》中华民国十二年九月十号

绍兴市民大会评议员公鉴

（1923 年 10 月 15 日）

本会定于十月十五日（即旧历九月初六）午后二时假座县教育会开评议部会议，希诸议员届时赉临讨论一切。绍兴市民大会评议员庄子良、李士铭、陈瘦崖、周家枚、冯荫乔同启。

《越铎日报》中华民国十二年十月十五号

绍兴市民大会评议部开会记

（1923 年 10 月 17 日）

绍兴市民大会自成立以后，因正副会长登报辞职，以致无人负责，会务一无进行。现在时事正多，市民之责任重觉甚大，既已组织此团体，何可任其久无声臭。遂由该会评议员庄子良、李士铭、周家枚、冯荫樵、陈瘦崖等知会各评议员于十五日午后二时，假座县教育会开评议会，到会评议员章祖谷、庄子良、王承纬、冯荫乔、周子京、李士铭、翁天寥、陈瘦崖、凌从周、许剑秋、潘文源、章天觉、王以刚等共十三人，其提议事件，首议会长问题，众谓正副会长既经登报辞职，应由评议部函请次多数正会长丁渭昌、副会长庄子良、高坤方就职。评议部通讯处暂设于县教育会，次议开市民大会日期，定于旧历九月十九日午前九时，地点在布业会馆觉民舞台，其经费则由外交后援会所移交之余款（五元余）支用外，再由评议员每人先行垫用一元。至筹备开会人员，由评议会推定李士铭、翁天寥、章祖谷、冯荫樵、周文澜五君云。

《越铎日报》中华民国十二年十月十七号

市民大会函请会长就职

（1923 年 10 月 18）

迳启者,本会前因正副会长相继辞职,以致会务进行停顿多日,现在时事正多,市民应负之责极为重大,本会既经组织在先,而任其无声无臭,几同无形消灭,岂不可惜。且亦殊违初衷。现经本会评议部议决,应依照会章,由先生递补为正会长,并请于五人函咨评议部事务所(事务所暂设试弄县教育会内),声明愿否就职,以重会务而策进行,是所至盼。绍兴市民大会评议部事务所启。

《越铎日报》中华民国十二年十月十八号

市民大会正副会长谢职之函件

（1923 年 10 月 21 日）

绍兴市民大会评议部函请次多数正副人长就职等表,已志本报。兹悉正会长丁渭昌,副会长庄子良、高坤方诸君都不愿就职,其覆该会评议部函下如:

丁渭昌函:

谨复者,国势阽危,日甚一日,急起挽救,刻不容缓,市民大会会长来函以下走递补,论情察理,固属应尽之责任。然以智识浅陋,经验毫无,心力实有不逮,兼而公私纷任,日不暇给,势必顾此失彼,与其贻误于将来,莫若告辞于今日。相应函复,即希查照遴选贤以重会务。率此布达,并鸣致忱敬,请市民大会评议部诸公鉴:丁渭昌谨启。

庄子良函:

迳启者,准贵会函开:以副会长张君辞职,应由鄙人递补,嘱即答覆就职等因。准此,鄙人系有通俗教育馆职务,且贱躯素来孱弱,未遑兼顾,与其溺职于后,孰若让贤于先,区区微忱,尚其鉴谅为幸。此致。庄子良启。

高坤方函:

迳复者,顷接大书,得聆种切,贵会副会长一席,蒙诸公采及葑菲,荣誉市民一份子,苟有雨补,何敢固辞? 惟贵会范围綦大,时事正多,非才高望重者,曷克胜任,荣黻自惭庸腐,又牵职业,与其贻笑将来,莫若先时请退,是以一再告辞,不敢滥竽。祈鉴原斯旨,另举贤能,不胜感荷之至。专此。祗请绍兴市民大会事务所诸公台鉴:高荣黻。

《越铎日报》中华民国十二年十月二十一号

绍兴市民大会改选会长纪

（1923 年 10 月 29 日）

绍兴市民大会因前次正副会长相继辞职，该地评议部议决，请次多数递补，亦均不愿就职。遂于昨日（二十六）假布业会馆召集大会，改选正副会长，公推潘文源为临时主席，开票结果正会长张汉藜君当选，次多数陈湘魂君八十三票，副会长李士铭君九十七票，朱滋宣君七十票当选。次多数，庄子良三十二票，潘文源二十八票。是日投票、开票手续极紧，市民随到随投，费时甚久。闻进行方法须召集评议会再行讨论云。

《越铎日报》中华民国十二年十月二十九号

函请市民大会会长之就职

（1923 年 10 月 31 日）

绍兴市民大会会长于日前改选，正会长当选者张汉黎，副会长当选者李士铭、朱滋宣等情，已志前报。兹悉该会评议部业于昨日函致此次当选之正副会长就职，以便会务得以次第进行云。

《越铎日报》中华民国十二年十月三十一号

绍属各法团自治代表之预测

（1924 年 6 月 1 日）

绍属各县三法团，均经先后将复选员产出，惟绍兴县商会内部意见未能一致，亦夫召集选举，势成放弃。兹闻余姚邵君，拟自教育团体组织代表，绍县朱君仲华，拟自农会团体中产出，萧山赵君本拟自教育会中组合，因与邵君在组织上发生冲突，业已转从商会中疏通，其余并无所闻。并闻邵、朱、赵三君，已连合一气，与各县法团分头洽商，目的拟可达到也。

《越铎日报》中华民国十三年六月一号

复选事务所成立之函咨

（1924 年 6 月 2 日）

绍兴复选事务所成立情形，已志昨报。兹将县署咨函各邻县知事文录下：

迳启者，本年五月二十七日，奉省长委任令开：案查各县教育会、农商各会选出复选员，依法应在现行省议会议员各复选区联合选举省自治法会议代表,并于前颁省自治筹备程序内,规定于本年五月二十日以前,设立联合选举事务所,并令委新任绍兴县知事姜若兼充第五复选区联合选举监督各在案。现在限期已届,该新任知事姜若,尚未接任,并于选举事宜,未便任令停顿。在姜知事未到任以前,应即委任该知事兼充第五复选区联合选举监督,仰即遵照,依法办理,以利进行,并将事务所成立日期,具报备查等因。奉此,遵于本月二十八日,在县署内,附设第五附选区联合选举事务所,除呈报外,相应函达贵知事查照云云。

《越铎日报》中华民国十三年六月二号

各法团复选代表已有期

(1924 年 6 月 17 日)

(绍兴)旧绍属七县教育会、农会、商会(除绍商会放弃外),省自治会议代表复选员,均已先后选出,其复选事务所,已设于绍兴县公署,近由省署改委新知事姜若为复选监督,并闻姜知事业已分别函知各法团复选员,于六月二十四日,在绍兴县公署设立投票及开票处,分别选举云。录其函文于下:

迳启者,查浙江省自治筹备程序第十一条,县教育会、农会、商会复选员,于复选区分别联合选举,十三年六月二十日起,五日内,分别举行等语。兹定于本月二十四日,在敝公署设立投票及开票处,分别选举,除分函外,相应备函请贵知事查照,希速转知各复选员,依期办理,并盼见复,至纫公谊云。

《越铎日报》中华民国十三年六月十七号

绍商会放弃复选员之电词

(1924 年 6 月 24 日)

(绍兴)此次选举自治法会议代表,商会情甘放弃,迄未有人选出,本县姜知事特于昨电呈省长,请示祗遵,录其电文如下:

省长钧鉴:巧电敬悉,职县商会未举复选员,亦未造送名册,设该会会员覆选当选,能否有效,乞电示,绍兴县知事兼第五区复选监督姜若叩。哿印。

《越铎日报》中华民国十三年六月念四号

市民大会应做的事

(1924 年 9 月 15 日)

天地间的东西多得很,究竟要算什么最利害?

唉！那最利害的，就是"民气"。

毒蛇猛虎虽利害，人能用刀枪扑杀他，洪水大火虽利害，人能用机械荡平他，武力专制虽利害，人能用脑血推翻他，惟有民气的利害，却是天下无敌了。

今日绍兴市民大会为国事问题开筹备会，不日将开大会了。我希望绍兴城乡市民，悟到自救的必要，和从前放弃主人翁职责的错误，用民气来造成市民大会，切切实实地地做一番，万不可再抱旁观的态度，或专做纸上文章，发一快邮，就算尽了人事。

我以为市民大会既系为国事问题而开会，对于目一亟应纠正监督维持之事甚多，似不可以通盘筹划，积极进行，那几桩事呢？

一、通电国内外，誓不承认曹政府秘密进行之德发票与金佛郎案之变相垫款。

二、由市民自动组织粮米、金融、小工业维持会，防止米侩私运粮米赴沪卫，及停闭箔坊。工厂，扰乱金融等弊窦。

三、由大会公推各界代表，组织战时教育维持会，监督县税移充军费，并集资贷予省税支出之第五中校和受省税补助之女师校，以维持现状，免致青年耗费学业时间，窒息全县生机。

四、劝本县城乡各职业团体，速组织农团、工团、商团以自卫。

《越铎日报》中华民国十三年九月十五日

市民大会辟谣文

（1924 年 9 月 17 日）

（绍兴）本县市民大会会长张汉黎、副会长李士铭、朱庆润，于昨日午后二时，假座县教育会，邀集各界代表开一谈话会，讨论容否召集市民大会，对时局有所表示，是日到会者，有市民大会副会长李士铭、省自治会议代表孙家骥、县教育会代表陈骚、通俗教育馆代表庄子良，城市农会代表平智峰，省议员王承祖，芝凤乡农会代表孙秋生，柯镇自治委员冯荫乔，第一县校校长潘文源，印刷工会代表许国华，如兴觉社代表崔祖□诸人，金谓绍兴社会上近来发一种拉夫之谣。首先被其所惑，致呈不安之象者即为箔工，如日来箔工弃其所业，各奔还乡，其明例也。本会当发通告，以觉市民，至大会，再容续议定期召集，录其告市民辟谣之文如下：

我绍县市民公鉴：自江浙战事起后，以社会无正确眼光，观察一切。因而谣言所被，辄为煽惑。如日来城乡宣传，谓每箔坊工人，将拉五人，充作夫役，以致箔工相率弃其一家生活所资之业，奔逃远乡，藉免战役，谁散此子虚乌有之谈，使我箔工不得安于其业，彼造谣惑众者，诚属可恶，然我箔工轻信浮言，不事镇静。而可议之处，亦甚多也。战事未已，人心浮动，谣言之来，不可捉摸，今则既惑及于箔工，安知明日不惑及于各业？故敢竭其愚诚，为我绍县市民进一忠告，凡我市民，当此战争方兴，谣言日炽之秋，应办持镇静态度，各安其业，毋为所惑，否则以不根无稽之谈，误信为真，色既变于谈虎，扰自出于庸人。具见识者,付之一笑,□盲从者,祸患自造。我市民应本其所知,晓诸大众,于劳动界,尤须加以劝诏,使其恍然于此种谣言,不可听信,是则散布谣言者,自无所用其伎俩,市民皆得各安其业,免于伊戚之贻矣。顾我市民其□□之。

《越铎日报》中华民国十三年九月十七日

昨日下午开市民大会

(1925 年 6 月 3 日)

绍兴市民大会,因日人惨毙华工,及枪毙游行演讲学生一案,特于昨日下午邀集各界,在县教育会开会。兹将其通函录下,其一切详情,容明日续志。迳启者,上海日纱厂工友,要求改善待遇,竟遭枪击毙命,学生游行演讲。又被惨杀,阅报之下,不胜发指,各地咸纷起援助,我绍亦应有所表示,兹定于今日下午三时,在试弄县教育会会场,开绍兴市民大会临时会,务请先生拨冗出席,讨论救济方法,不胜盼切,敬颂公绥。绍兴市民大会副会长李士铭等公启。

《越州公报》中华民国十四年六月三号

记昨日之两大会

(1925 年 6 月 4 日)

绍兴市民大会举行临时大会,结果组织绍兴市民大会援沪工潮委员会;

反对帝国主义大会,结果组织筹备委员会。

此次沪上日人惨杀华工,激成风潮之后,绍兴市民大会副会长李士铭,以事情重大,特召集临时大会,于二十下午三时,借县教育会会场开会,到会者有国民党代表宋敬卿、沈继伟、徐蔚南、陶老鹤、姜季安、姚天鹏、许国华,教育局代表翁天寥,青年工人互助会代表沈显庭、何步云,学生会代表王保身、徐乃敬、高定中,县教育会代表陈瘦崖,城教育会代表胡家俊,省议员王诒生,城区总校董平智峰,晨曦学社代表□久享、杭庆元,城区教职员联合会代表蒋恭、王宝善、汪晓声、龚绶麟、钱廷振、汪建元,越材中校代表马雄波,商业学校代表任芝英,承天中校代表毛春晏、赵天声,浸会学校代表汪恭甫,第二县校代表孙庆麟,尚德校代表陶祖烈,教育馆代表周子京,女师校代表朱少卿、陆汉章、樊素琴、王兰贞、姚冷君、陈素芳、张秋学、许羨蒙、朱济华,第五中校中学部代表施伯候、夏松鉴、金子香,师范部代表倪文宙、潘文奎、蔡福珊、朱德刚,小学部代表吕湘南、鲁炎庆、李善述、陈翰仪、孙吉安,女师附小代表张彭年,绍兴觉社代表崔可登,绍兴新闻社代表裘钦庶,《越州公报》代表陈以炎等等,共计一百余人,后至者咸在会场后旁立,几无容足之地。

《越州公报》中华民国十四年六月四号

绍兴商会致上海总商会电

（1925 年 6 月 5 日）

　　上海总商会鉴：士农工商，缺一不可以立国，是工人为四民之一，待遇宜平等，彰彰明甚，乃闻连日报载，日商内外纱厂，竟因工人有改善待遇之要求，勾结各帝国残害我国之工人，惨杀我国之学生，是可忍孰不可忍，务望贵总会有进无退，奋斗到底，以达到取消不平等条约目的为止。敝会同人愿为后盾。

绍兴商会叩江
《越州公报》中华民国十四年六月五号

绍兴市民大会第四次委员会

（1925 年 6 月 7 日）

　　绍兴市民大会援沪工潮委员会，昨日下午举行第四次委员会，首由李士铭报告，本拟再至商会催促他们举行商界联合大会，嗣以事不克分身，电请宋敬卿前往。宋敬卿云：已与陈瘦崖、朱少卿等诸人，前至商会，并各团体，与各士绅及银行界接洽，现在已得端倪。由参事会、县议会、县教育会、县商会、县农会，五团体发起，于下星期一开一代表大会，讨论一切进行手续。宋并云：徐绅叔荪，对于此事，非常赞成。本会如缺少邮电之费，亦肯私囊相助，惟兹事体大，宜出之以慎重云云，甚经公推施伯侯、宋敬卿二人出席，于星期一之代表会议，五中小学部派钱希㗊、鲁炎庆、莫之御等数人为代表，前来本会陈述意见，谓贵会募款援助，敝部深表同情，除向各界劝募外，现拟举行表演，售票募捐，请贵会赞助云云。经各委员讨论，一致赞同，由倪文宙为起草员，以便向军警各署备案，并由李士铭前往商借布业会馆为会场，一俟会址借定，即行着手进行，时间拟于下星期四云，学生联合会，已推定代表，不日启程赴沪，前来要求津贴。施伯侯谓，本会经费，纯系个人拿□，已觉竭蹶不堪，所募之款，完全寄沪，无从津贴。倪文宙、朱少卿均谓他们以学生名义赴沪，本会并无委托事件，似亦无用其津贴，只可请他们自筹。议毕散会。

《越州公报》中华民国十四年六月七日

绍兴市民大会第十次委员会

（1925 年 6 月 15 日）

　　绍兴市民大会昨日（十三号）举行第十次援沪工潮委员会，李士铭主席报告绍兴县第八区教职员联合会来函，略谓敝会在附近乡村演讲外，阅报载省垣各商店所进英日货品，封存于商会等情，故敢提出，乞贵会照行云云。本会进行方法，原分两项，一对于援助方面，现已由各界人士代为劝募，计先后汇沪，已在八百元以上；二对于对付方面，当然只有经济绝交一法。既由该会来函，本会自应进行，好在现在各界联合会业已成立，他们组织大纲中，原有调查一项，不妨由本会函致该会，催促进行，一面再函商会，仿照省垣办法举行。众赞成。当推定倪文宙起草，徐慰南谓此次五中附小游艺会售得之券价，如何办法，众咸谓他们如果交来，本会自当代为汇递，并由本会给发收据可也。一致通过。宋敬卿谓捐务如何结束，当由徐蔚南拟定通告如下：

本会为上海惨案募捐援助事项。兹已由绍兴各界联合会办理，本会募捐，业已停止。前本会所发旧捐册，不论已捐未捐，请将捐册及捐款于三日内交至本会司库委员处为祷。议毕散会。

《越州公报》中华民国十四年六月十五日

绍兴商会对于沪上惨杀案之决心

（1925 年 6 月 16 日）

不进仇货不卖仇货，以端节筵宴资移助沪工，将定期悬旗表示哀忱。

本月十四号，绍兴商会为上海五卅惨案召集入会各业开会于议事厅，除各界联合会代表宋敬卿、马雄波两君外，会董及会员到者约百余人。首由会长陈秉彝君宣布开会宗旨，略谓沪案发生仓卒，不遑邀议，且我绍尚无各界联合会之组织，故本会即以坚持到底，誓为后□等语，单独致电沪总商会。昨日为各界联合会开第二次干事会，虽曾与冯虚舟君等列席与议，其议决各事宜，报章当有评议，查我绍商号，不进仇货，不用仇纱，已有来会表示者，各业是应一致办理，是时到会者，均表示同意。会长复谓我绍仇货之来，不外东西两路，现在本会已推定杨鉴堂、方文荫、孙子嘉三君为东路仇货调查员，丁星阶、张□伴、梁禹九三君为西路仇货调查员，关于商号已进之仇货，请各业董事先就各本业调查员实在存数，作一报告。再由商号仇货调查委员分头复查。按照决定办法办理，此项委员已推定高云卿、冯纪亮、陈秉衡、冯德哉、杨亢宗、陶仲安、朱文波、丁渭□、刘悦臣、王问九、金秩卿、高坤芳、郦春融、沈墨臣、许慎泉、徐鼎荣君等十六人，本案关系我国存亡，务请诸位下一决心，贯彻到底。并谓沪上罢业和界，均踊跃接各。吾侪商人，亦当量力援助，以尽各个人之天职。端节瞬届，各商号逢节，本有筵宴，请以此费移助沪工，诸君谅必同意。时各业如王和甫等同声赞成，次由宋敬卿君演述本案发生之原因之事实之种种惨状。且谓罢业之处，以能影响仇国为沪事津粤等地为最宜。内地罢业，徒苦自身，不宜采取，复由马雄波君演述泰东西各国兴亡盛衰各原因，以为我国殷鉴：两君演毕。听都甚为动容，掌声如雷。迨至散会，已万家灯火矣。并闻各商号以此次惨案重大，业已超制旗帜，将定期悬旗以志哀云。

《越州公报》中华民国十四年六月十六号

全城商店为沪案悬旗志哀

（1925 年 6 月 18 日）

绍兴城乡各界，对于五卅惨案之愤激，始终一致，近且益趋有系统的运动。十六号上午，由商会制就纸旗若干张，上书"沪案志哀"，"不进仇货不用仇纱"等字句，插悬店首，全县民众，一改平日嬉笑之貌，为悲哀愁惨之容云。

《越州公报》中华民国十四年六月十八号

绍兴市民大会第八九次委员会

（1925 年 6 月 20 日）

前日（九号）绍兴市民大会，开第八次援沪工潮委员会，司库朱少卿、宋敬卿，把已发之款，和已收到之款，请大众检阅，当由李士铭、徐蔚南，审查一过，并无其他提案，即散会。

昨日（十号）又开第九次委员会，由李士铭主席，朱少卿报告，五中附小送来游艺会徽章七张，即分赠各委员，并公推倪文宙出席游艺会，宣布开会词，宋敬卿又谓各界联合会，业已成立，他们也有募捐一股，我们募捐一事，应该从事结束。朱少卿谓结束固宜，惟此刻尚有好几组募捐团，方才出发，一时恐难结束，必须另定日期。李士铭谓，现在对于捐务，所有捐册，只收不发，至星期六下午，再行开会，讨论结束办法。从赞成，议毕散会。

《越州公报》中华民国十四年六月二十日

绍兴商界的坚决

（1925 年 6 月 20 日）

这一回上海的惨杀案，不论平日如何稳健的人，也忍愤不住，要主张经济绝交了。

经济绝交，自然最好由商人自动。绍兴商界，既然加入各界联合会，誓为沪学生、工人后盾，他们援助的第一步，当然便是自动的经济绝交。

我们拭目看着啊，再过一天，各商店门口，便要贴满"不卖仇货"的纸条儿了，又过上一二天，大善寺里，还要烧去许多封存的英日货，这样坚决地做去，还怕不能制东西两岛夷的死命么？

商界的为国家人格的牺牲，真是令我们二百四十分的钦佩。

《越州公报》中华民国十四年六月二十日

市民大会主张严格取缔仇货

（1925 年 6 月 21 日）

函请各界联合会及商会积极进行。

绍兴市民大会昨函各界联合会及商会，督促从严从速肃清仇货，制裁奸商，如遇反动，该会愿鼓励市民，以为后盾，录其函文如下：

此次英日人惨杀同胞，全国共愤，事悬多日，犹在迟滞，不易解决，对付方法，除对英日人一致罢工，以示不合作外，更须拒用英、日国货及经济绝交。伏思贵会诸公爱国热忱，不在人后，近闻已派右专股，拟会同商会调查，共筹拒用仇货办法，无任钦佩，务望一本热诚，作详细之调查，具切实之办法，更进而谋执行之手续，总期肃清仇货，毅力相持。如贵会为人阻挠，不易进行，或有奸滑之徒，阴图售运仇货，敝会愿力助贵会，鼓动市民，以为后盾（下略）。

致商会函同，从略。

《越州公报》中华民国十四年六月念一号

调查仇货委员会联席会议记要

（1925 年 6 月 24 日）

绍兴各界联合会调查股，县商会调查仇货委员会，学生会仇货调查团，于二十二日，即旧历五月二日下午四时，在县教育会开联席会议，讨论杜绝英国货办法，届时到会者，各界联合会，由正副干事长陈子英、王子余，干事徐叔荪、任葆泉、孙庆麟、宋敬卿等，调查股干事沈典午、王保身，商会有周子京、胡梅炫、张文显等十九人，学生会有杨绍美、寿振宇、张静等二十余人，由陈子英主席，王以刚记录。先讨论调查员名额，沈君典午，主张学商两会，均为二十四人，分六组，每组四人。调查时遇有疑难处，交联会调查股行特务审查。时学生会总务干事长王保身报告，该会仇货调查团人数，计五十二人，及议决案，即日起新进仇货加封摆存。三日外查获仇货，则充公拍卖，汇沪济公，主席以二十四人咨询大会，众无异议通过。决请学生会将团员姓名列单报告联会，由联合会发给调查员徽章二十四枚，轮值调查。徐君叔荪起谓欲制英、日人死命，英善于经济绝交，应令商界各业董，将原存仇货，即日列表交存联合会，准于发卖。惟须规定一日期，由商会登报通告各业。此后如有新进仇货，概拍卖充公，接济沪工，并特派调查员常驻西兴、曹娥等处严加检查，一切处分手续及调查费用，并声明原完全负责。惟主张商会方面调查店中存货，学生会方面检查新进仇货，分工合作，主席以事关调查办法，遂将沈典五、王子余二君之意见书请本人详细说明，并由主席摘述大旨，付众讨论，沈王之意，主订公约，沈且主张三日内由各业董将英日存货列表送会，并即速规定一仇货入口处罚期时，布业代表以节届端午,大店货多,三日时间仓促,列表不及,主宽限。宋敬卿君则主张由商会登报通告各业,孙庆麟君并主张登报通告以前,加封者准售。惟须将赢利交会,汇沪济工,以示薄惩,而资体恤。以后新到者一律充公,时卷烟业代表询问处分牲记封存大英牌香烟问题。主席谓今日会议,系部分的,关于处置已封存之仇货问题,主保留至联合会常会讨论,众无异议。时洋油业会员张显文,代表协和洋油行函商会,由商会代表周子京□上云:协和在途中,英商□之亚细亚煤油请求照旧进,例封存不予充公。并询仇货、仇商及处退货办法,众金主仇商仇货退货以信札为据,与存货一律待遇,最后由多数讨论结果,对于杜绝仇货办法,限初十日以内,由各业董知会各店,将仇货列表交联合会商会备查。由各界联合会登报通告,本县城镇乡各商家(连不入商会者在内)一面由商分发传单登报,自旧历五月六日起,如再有英、日货进口,一经查获,定照议决案充公拍卖,将拍卖金额,仅数汇沪援助失业工人。闻学生亦决定分赴东西北进口处及船埠调查。如商家有不遵守者仍拟入店盖印监视云。

《越州公报》中华民国十四年六月念四号

各 商 家 注 意

(1925 年 6 月 24 日)

兹于初二日会议公决,自旧历九月六日起,如再有英日货进口,一经查获,定照议决案充公拍卖,将拍卖金额仅数汇沪,援助失业工人,事关爱国运动,务希各商号遵守。除函请县商会转知各商店外,特再登报声明。绍兴县各界联合会调查股、县商会调查仇货委员会 学生仇货调查团同启。

《越州公报》中华民国十四年六月念四号

拍卖本府封存之日货

(1938 年 7 月 18 日)

本府封存之日货,自十一日起在县商会大礼堂开始拍卖,七时启封,由县党部杜师预、本府郦觉民会同提拍样品,以作参考。此次拍卖,城区参加之洋广货号及布店,计有大安、永安、天福丰、同盛源、协大洋、益泰、陶泰生、源兴恒、金永兴、庆余祥、陆永兴、益新、瑞昌、裕大、德大裕号、大隆(柯桥)等十七家。东关区商店所封存之日货,十二日起继续拍卖。又本府为贯彻本省战时政治纲领禁绝日货之诏示,订定查禁日货办法,切实执行。除封存日货开始拍卖外,一面由检查队随时出发检查,并欢迎民众检举,如查获私藏日货,提十分之五拍卖充奖。

《绍兴县政府公报》中华民国二十七年第十六期

绍兴县肃清日货鉴别委员会第一次会议

（1938年7月18日）

本县肃清日货鉴别委员会第一次会议，于十五日上午八时，在县商会会议室举行。出席副队长杨巨松、本府史定一、郦觉民，县商会陈笛荪、县党部杜师预等。列席货主瑞源茂代表黄伯源等，主席杨巨松。讨论事项：

（一）小江桥和丰布店查获印丁十三匹有日货嫌疑，请鉴别案。决议：查系宁波恒丰厂督造，准予照旧。

（二）柯桥大隆及大隆支店查获大批疑货，请分别鉴定案。决议：1. 大隆支店派力绉九十匹确系日货，依照修正查禁日货办法第十八条第一项之规定，没收其隐匿之全部日货。2. 大隆支店中央印染厂花色丁十二匹，查无正式标识，一时无从鉴定，责令该店提出反证，交下次会议时讨论。3. 大隆店花好月圆鸳鸯纱三匹，应令送会鉴别。4. 大隆布店木耳纱七十匹，照决议案第一项办理。5. 大隆天峯塔光罗一匹、汉光武印丁一匹，交议决案第二项办理。

（三）水澄桥瑞源茂布店查获大批疑货，请分别鉴定案。决议：查昨日货，准予照旧。

（四）水澄桥同章布店查获大批疑货，请分别鉴定案。决议：1. 印花哔叽二块确系日货，依照第二条第一项决议办理。2. 印子贡灰哔叽缒呢三种，应令该店提出反证后再议。3. 余准出售。

（五）柯桥新街路陶万丰布店，查获疑货八块，请鉴别案。决议：印色丁直贡呢细斜纹共八块，确系日货，照第二条第一项决议办理。

（六）昌安郑永丰布店查获疑货多种，请鉴别案。决议：1. 印贡呢确系日货，照第二条第一项决议处置。2. 余准销售。3. 存店疑货一律缴会审查。

（七）据查获昌安元大布店疑货三十二块请鉴别案。决议：上件确系日货，照本会第二条第一项决议处置。

（八）据查获孙端荣和织布店疑货三种，请鉴别案。决议：1. 花绒一块，条纺一块，确系日货，照第二案第三项决议办理。2. 习发布一块，发还照旧。

（九）据查获孙端余庆丰布店另布三块，汗衫五件，请鉴别案。决议：1. 均系日货，依照第二条第一项议决办理。2. 鸿福牌杜洋一匹，应送会鉴别。

（十）据查获孙端协大祥布店凝布五十二块，请鉴别案。决议：1. 元花羽纱一块、格子派立司一块、全白木耳纱两另匹、藏青化羽纱二匹、麻纱一另匹、绉布一另匹、羊子纱一匹、共计九块，确系日货，照第二条第一项办理。2. 夹麻纱一另匹、条府绸三另匹、白洋纱一另匹、元条纱，责令原布店提出反证。余卅八块，查非日货，准予出售。

（十一）源亨电料店疑货三种，提交下次会议鉴别案。决议：通过。

（十二）建议县府于下次临时聘请各业干员参加，以便咨询案。决议：通过。

商会初选代表集中投票，藉贿竞选将被撤销资格

（1946年5月4日）

公教人员总动员，今日出发指导监选

（本报专访）本县第一届县参议员选举，决定明（五月五日）下午一时，全县同时举行，县府为期选举事务顺利进行，如期完成，而赴事功起见，特派定选举指导员，及聘定选举监选员（名单已载昨日本报）。兹闻各区乡镇选举指导员，均定今（四）日分别出发，前往指定各乡镇，并随带投票匦及选举票等，同时县府各科室，更漏夜办公，办理选举事务云。

（又讯）本县县政府，昨又奉省民厅转奉内政部电令，略以"据报各地选举民意机关代表，时有藉金钱及宴会参加竞选者，经核此种行为，显属触犯刑法第一四五及一四六条，今后如遇此类情事发生，应取销其公职候选人资格，并由该管选举监督，移送法院办理"等云云。闻县府奉令，昨已分别转饬所属遵照云。

（又讯）本县临浦镇公所及镇商会，对县参议员选举，发生两点疑义，为：

（一）区域选举，选举票是否自制，抑由县发。

（二）商会初选代表，至县商会投票，抑分区就地投票。

县政府民政科，特为解答如下：

（一）县参议员选举票，均由县制发，加盖县印，分别发交各乡镇指导选举事务之指导员，随带前来。

（二）集中县商会投票云。

（又讯）玉璜乡选举县参议员指导员，县府原派傅卿伯前往，兹闻傅指导因陪同部督学视导各校，不克前往，经县府改派诸指导员萍杰前往，并闻诸指导员业于今日前往云。

（正风社讯）本县县农会理事长傅洒震以依照县参议员选举须知规定，县农会复选县参议员，应采无记名单记式投票编号发票，分次选举，惟以该会有初选代表二百余人，应选出县参议员二十人，如以无记名单记式投票，按次选举，按次开票，费时甚久，而各初选代表，大都来处乡间，膳食住宿，均成问题，且候选人数加倍，选举人依次各择选举，势必致不能表达真正意旨。例如甲所选与乙所选之候选人，其名虽同，而因填票先后之不同，致各异其结果，有背选举本意，拟以无记名联记式投票，以省手续，而达严正选举之意旨，经呈请县府核示，县府以农会复选参议员，依法应采□记名单记式办理，所请于法不合，碍难照准，业已指覆知照云。

绍兴县商会公函

（1947 年 2 月 14 日）

（绍兴县商会公告栏・只登本报不另行文）

总字第八六号

三十六年二月十四日

绍兴县政府本年二月八日义字第九七一号代电开：

"案奉浙江省政府民（35）字第 46185 号代电开：案准行政院赔偿委员会债京字第〇〇二二四号代电内开：准外交部公函以据驻日代表团电，以日本长崎市泽田宅凉有我国铜元及镍币甚多，请搜集证件，以便交涉索还等由。用特抄同原函，请迅予搜集日本占领期间有关迫购，或献纳铜元、镍币等之布告，及足资证明之文件，检送递会，以便转请交涉索还，希仰查照见复为荷。等由。准此，除分电外，合行抄发外交部原函，电仰遵照，迅予搜集上述有关文件报府，以凭汇转，如无是项文件发现，仍须专案呈报为要，等因。奉此，除分行外，合行抄发原件，电仰遵照，迅即搜集上述有关文件，克日报府汇转，倘无是项文件发现，仍应专案报明为要。"等因。

附发外交部卅五年十一月十六日□三五字第一一六九二号原函一件。奉此，除分函外，相应抄同原附件，函请查找，迅即搜集上项有关文件，于文到五日内报会，以便汇转，勿误会为要。

此致

各同业公会、非公会会员

计抄附外交部卅五年十一月十六日东三五第一一六九二号原函一件

理事长　陈笛孙

常务理事　史幼祥　宋阳生

施张发　方文荫

《绍兴新闻》中华民国三十六年二月二十四日

绍兴县商会公函

（1947 年 2 月 24 日）

（绍兴县商会公告栏・只登本报不另行文）

总字第八六号

三十六年二月十四日

绍兴县政府本年二月不列日义字第九七一号代电开：

"案奉浙江省政府民（35）字第 46185 号代电开：案准行政院赔偿委员会债京字第〇〇二二四号代电内开：准外交部公函以据驻日代表团电，以日本长崎市泽田宅凉有我国铜元及镍币甚多,请搜集证件,以便交涉索还等由,用特抄同原函,请迅予搜集日本占领期间有关迫购,或献纳铜元、镍币等之布告,及足资证明之文件,检送递会,以便转请交涉索还,希仰查照见复为荷。等由。准此,除分电外,合行抄发外交部原函,电仰尊照,迅予搜集上述有关文件报府,以凭汇转,如无是项文件发现,仍须专案呈报为要,等因,奉此,除分行外,合行抄发原件,电仰遵照,迅即搜集上述有关文件,克日报府汇转,倘无是项文件发现,仍应专案报明为要。"等因。

附发外交部卅五年十一月十六日东 35 字第一一六九二号原函一件。

奉此,除分函外,相应抄同原附件,函请查找,迅即搜集上项有关文件,于文到五日内报会,以便汇转,勿误会为要。

此致

各同业公会、非公会会员

计抄附外交部卅五年十一月十六日东 35 日第一一六九二号原函一件。

理事长　陈笛孙

常务理事　史幼祥　宋阳生

施张发　方文荫

《绍兴新闻》中华民国三十六年二月二十四日

充实商业团体组织

(1947 年 6 月 24 日)

县商会接省商联会函,以商业团体依法可选举国大代表及立法委员,是项选举,中央业已开始举办,各县市所有已准立案之商业团体原有会员与新入会会员名册,亟应重行造报齐全,以凭中央核定选举人及被选举人资格。事关商人本身权益,且奉令告报会员名册期限,甚为迫促(省令限于六月底前造报齐全),自应积极办理,以免贻误选举。除已建议充实商业团体基层组织,改进办法四项呈准省社会处分电各县市政府转饬遵办,并奉省府通电督促外,特印发造报会员名册注意事项,附同有关章则备□□□,□分内容有:(一)关于组织方面;(二)关于造会员名册方面;(三)附本会建议充实商业团体基层组织改进办法等,本县商会□□后,已转各公会办理云。

《绍兴民国日报》中华民国三十六年六月二十四日

绍兴县商会公函

(1947 年 9 月 8 日)

(绍兴县商会公告栏·只登本报不另行文)

总字　　第　　号

民国卅六年　　月　　日

案准浙江全省商联会总字第一四六八号公函内开：

"案准中华民国商联会会总字第一四五四号代电开：'案奉经济部本年八月八日京工三六字第五七八二○号代电开：准外交部三十六年七月二十二日东三六字第一五二三二号代电，本年六月四日东三六字第一一七一八号代电计达，兹据驻日代表团电称，关于被劫机器之申请归还，将订本年七月期限一节，系总部物资保管人口头见告，尚未见明文，复经口头表示，及对外仍请转知各机关早日检寄清单证件到此，俾凭继续赶办等情。查远东委员会归还劫物议决案规定，划入赔偿物资之机器，不得再行申请归还。现先期折迁物资，指定在即，为避免误被划入，凡属被劫机器，自应尽速申请归还。据电前情，除电驻美日代表续行交涉并分行外，相应转请查照办理见复等由。准此，查被劫机器申请归还一案，经于本年六月十六日，以京工（三六）字第五二○三六号代电，并抄同中美文表格转饬遵照参酌，迅予办理在案，准代电前由，除分电外，仍仰遵照规定，迅予仅速办理等因。除分电外，相应电达查照，迅即办理，迳行报部'等由。准此，除分行外，相应函达，即希查照转知有关厂商，迅即办理，迳行报部为要。"等由。

准此，相应函请查照：如有被劫机器，迅即迳行报部申请归还为要。此致

有关各厂

理事长　　陈笛孙

常务理事　　史幼祥　　宋阳生

施张发　　方文荫

《绍兴新闻》中华民国三十六年九月八日

绍兴县商会公函

（1947 年 10 月 12 日）

（绍兴县商会公告栏·只登本报不另行文）

案奉绍兴县政府本年八月六日廉字第七三一一号训令内开：

"奉浙江省政府本年七月二十一日府建二字第三五四九八号训令，以奉行政院令发民营事业申请价配日本赔偿物资办法，令饬知照，并转饬知照等因，奉此，合行抄发原办法，令仰知照，并转饬知照。"等因。计抄发民营事业申请价配日本赔偿物资办法一份。

奉此，相应抄同原办法，函请查照为荷。

计附《民营事业申请价配日本赔偿物资办法》一份。

民营事业申请价配日本赔偿物资办法

第一条　　凡中华民国人民出资经营事业（以下简称民营事业）申请价配日本赔偿物资依办法办理。

第二条　民营事业申请价配日本赔偿物资，应以行政核定分配民营事业部份为范围。

第三条　民营事业申请价配日本赔偿物资，应填具申请表及建厂或补充厂计划书，呈由经济部核转行政院赔偿委员会，容定后分别配售赔偿委员会，于必要时得采用标售办法出售。

第四条　民营事业申请价配日本赔偿物资，其审核标准如左：

一、申请人曾对本业经营著有经验及成绩者；

二、组织健全足以胜任者；

三、计划完善确实可行者；

四、筹资数目确能达到计划者；

合于前项各款之民营事业，并具有左列情形者，得优先价配之：

一、在抗战期间对申请配购之物资，确有重大损失，并有事实证明者。

二、现在业务具有急切补充之需要，经政府核定者。

三、对申请配购同类之二磺业物资其本业曾在后方确有重大贡献者。

第五条　配售民营事业之日本赔偿物资，由经费部会同有关机构及全国性人民工商团体代表组织评价委员会，估定公平价格，送由行政院赔偿委员会审定，由承受物资之民营事业，依照备款领用前项评价委员会之组织及评定办法另订之。

第六条　民营事业于核定配售物资时，应向国库或代理国库之银行，先缴纳全部价款（约估数）百分之五之保证金，于物资由起运时补缴全部价款百分之十五，俟全部物资到达中国口岸时，再补缴全部价款百分之二十。其余得于二年内分期缴纳，其详细办法另订之。

第七条　价配民营事业之日本赔偿物资，其运输事项，依左列之规定：

一、自本港口至中国口岸之运输，由交通部代办，所需费用由购受物资之民营事业，按批照付，不得在价款内计算。

二、自我国口岸运抵目的地之运输，由购受物资之民营事业自办，但得洽请交通部协助，其运费由购受之民营事业自行筹付，并应尽先速转运。

第八条　民营事业对购受之物资，必须直接经营，在全部设厂装置完成，开始生产后两年内不得转售，并应依照呈送之建厂或补充厂计划书，于规定时间内开工。

第九条　民营事业对购受之物资，如不能履行第六条、第七条及第八条规定时，政府得收回其配售之物资转让他人，其所缴纳之保证金不予退还。

第十条　本办法自公布日施行。

此致

各同业公会、非公会会员

理事长　陈笛孙

常务理事　史幼祥　宋阳生

施张发　方文荫

《绍兴新闻》中华民国三十六年十月十二日

绍兴县商会公函

（1947 年 11 月 6 日）

（绍兴县商会公告栏·只登本报不另行文）

字　第　号

民国　年　月　日

浙江全省商联会总字第一六二五号通函内开：

"案奉浙江省社会处社统字第二八七号代电开：查各团体呈报抗战财产损失，其手续及表示颇多未合规定，致转行政院赔偿委员会审核时，退还更正者，亦复不少，耗时废事，亟应注意改正。兹特规定嗣后办理私人或机关团体之财产直接损失时，除应将财产损失报告单同时附呈外，并应根据报告单作成财产直接损失汇报表一并呈报。又所报损失财产，应分类填明购置及损失时财产之价值估列，不应过高，历年损失，应分年填列，以免驳回重填。除分电外，合行抄发财产损失报告单式一份，电仰遵照等因，附报告单表式一份。奉此，相应抄发原件函达查照。"等由。附抄发财产损失报告单表式一份。准此，相应抄同原件，函请查照办理为荷。

案准财政部浙江区直接税局绍兴分局三字第二三〇号公函内开"案奉财政部浙江区直接税局，本年九月十五日三六三字第九四二号训令内开：案奉财政部直接税署本年八月十四日直督字第四八四三二号训令略开：商号之进货如无发票，应追询立据人根据营业税法检举及依特种营业税法送罚。如追询无着，可根据所得税法第三十八条作为虚伪之报告办理，根据印花税法第一十七条之规定，其负责贴用印花税票者，所在地不明时，应送请司法机关处饬，务凭证使用人或持有人补贴等因。奉查关于商号交易，暂立发货票，先自进货着手一案，业经本局抄转财政部批示浙江全省商会联合会原文饬遵在案。兹奉前因，除分令外，合行令仰，切实遵照，并转饬遵照为要等因。奉此，自应遵办，除函令外，相应函请查照，并希转饬所属知照。"等由，准此，相应函达，即希查照，并转行各会员知照为荷。

此致。各同业公会、非公会会员

理事长　陈笛孙

常务理事　史幼祥　宋阳生

施张发　方文荫

《绍兴新闻》中华民国三十六年十一月六日

绍兴县商会公函

（1947 年 11 月 23 日）

（绍兴县商会公告栏·只登本报不另行文）

总字第号

民国三十六年十一月日

案准浙江全省商联会戌真□一七〇号代电开：

"查国大代表工矿团体候选人，本省一致推选陈勤士先生，经依法提名，签署并经国民党提出公布名单各在案。查陈勤老不仅领导工矿事业，声誉卓著，且系社会贤达，令孚众望，特此电达查照，即希转□贵属各工矿业公会及工厂，一致拥护，集中选举，以期膺选，藉为工矿喉舌。惟陈勤老此次提名为'陈其业'，尚祈转知各选举人，于投票时，一律填写'陈其业'，以免发生废票，并乞特别注意知照为荷！"等由。准此，相应函达，即希查照为荷。

此致

各工厂。

《绍兴新闻》中华民国三十六年十一月二十三日

绍兴县商会通告
（1948 年 1 月 21 日）

总字第二九号

三十七年一月十九日

查立法委员选举业经奉令于一月二十一日起，至一十三日止举行投票，奉县府指定本会为商业团体投票所，凡城区各商业团体务请于规定日期内随时来本会投票，幸勿放弃，特此通告。

理事长　陈笛孙

常务理事　史幼祥　宋阳生

施张发　方文荫

《绍兴新闻》中华民国三十七年一月二十一日

城区商民多假住，商会请核减兵额
（1948 年 6 月 7 日）

（本报讯）本县县商会，以配征壮丁，以人口多少比例，城市□处，多工商行号之伙友工人，因而人口较其他为多，配征兵额亦增。惟商店伙友工人，多来自他乡镇，如有原住户口，在越王镇系属假住身份，实无住民资格，列作比例，而偏负多量之征额，殊不合理，上月县政府兴革座谈会，该会倪常务理事予凡曾提议作合理之纠正，今后为求负担兵额之平允，必须按实际住户人口比例配征，将假住户口另册列报，如归其原住乡镇，庶免重复。该会昨致函越王镇公所，请其酌核办理。

《绍兴新闻》中华民国三十七年六月七日

副议长候选人陈笛孙简历

（1948 年 6 月 24 日）

　　陈参议院笛孙，商界硕彦，地方领袖，信义卓著，宅心仁慈，举凡地方公益可称无役不从，社会人士，素所钦敬，历任省县商会常务委员理事长，暨全国商联会浙江代表等职，熟谙地方，深通民情，权衡经济，绾握金融，和平老人，议坛之珍，且诚恳博爱，处事客观，允为继任副议长之最适当人选。

《绍兴新闻》中华民国三十七年六月二十四日

七、报刊对商会的批评

钱业停市之原因商会不应坐视

（1912 年 2 月 10 日）

绍郡商业凋敝，金融奇穷，钱业之闭歇阁浅者，纷纷不绝。其得幸存者，□藉经济部之存款。□旧历除夕，同孚、同升，向保昌收取□厦大生该款。保昌不付，因此停市。盖大生与保昌系属连枝。其该同孚、同升，计有五万余千。□庄欲向保昌划洋五千，以补不足，讵保昌靳而不予，乃至停市，殊属不顾大体也。

《越铎日报》中华民国元年二月十日

商会破坏商律案行将覆讯矣

（1912 年 2 月 13 日）

山会商务分会徇钱业之私，擅将庄恒泰前东庄纯渔之田产除入商会，以抵该号后东章藕庄欠项，迭经庄纯渔起诉前清官厅，而郡城绅界亦以商会违法，激同公愤，连名呈控，旋由清商部饬清抚增查办，迭志各报。近□庄氏呈催军政分府理追，批由民政长程集讯。兹闻程民事长定于十三日集讯，不知将何以持平裁判之也。试观其后。

《越铎日报》中华民国元年二月十三日

商人之苦痛声

（1912 年 4 月 11 日）

近有商人投函本报，指摘钱业之种种病商，爰揭之如下，钱业诸君有动于此乎？

绍郡自去岁光复以来，商界之窘迫已达极点。惟钱业因岁暮收账时，各庄欠单清者甚稀，所有未清之款，均限于旧历三月廿八理楚，名曰转期□，经营者亦□剜肉补疮之计，以待开春有货脱销，俾可归清。故新岁以来，歇者无几。兹该业以为□号，难免□欠可使垄断手段，于前日刊刻规单，改掉期为日拆，□□特别除之，计只有四五厘之□欠，则格外加之。□年须三分之谱，□思利已于小，不思损失，于大各号闻此之象，均有闭歇之势，先覆伙友以待，计已覆者约有二千余人（指城一带而言）。商会亦坐视不顾（盖商会议员均属钱业执事多数，□钱业之损人益己，如此商界前途尚可望哉？）

《越铎日报》中华民国元年四月十一日

民食之愁云泪雨（七）

（1912 年 6 月 7 日）

米蠹十九

镇塘殿李东升米店店主某利欲熏心，狡诈异常，一贪酷之市侩也。其价目因不便与众特殊，受人诘责，仍秘制夹底升斗，暗得厚利，人受其欺者，不知凡几。日前有海船船夫向该店籴米，归与他斗衡之，数目不符，即转至该店察看，得获破绽，当诉之孙端商会，经商会开会评议，仅处罚该店洋五十元，其斗则永远销毁了事。而一般贫民，咸谓该米店昧良图利，仅罚此戋戋，不足以蔽其辜。□有谓该商会庇护市侩者，亦可□舆论一斑矣。

《越铎日报》中华民国元年六月初七日

一纸书针砭商会

（1914 年 4 月 9 日）

五号傍晚，绍兴商会接一投函，具名为蝶梦生者，盖致商会总理钱静斋书也。笔刀舌剑，心直口快，探录于下，以贡阅者：

总理先生伟鉴：

贵会为商业公共活动之机关，而执事为机关之领袖，是凡商界中之利应兴，弊应革，捐税负担之增加，局所员役之需索，同行之挤轧，账款之纠葛，呼吁请求，排解公断，多数以贵会为赖溯。自秦君文治去职以后，贵会之一举一动，能有丝毫差强人意否乎？远之如钱普源十万债务之案，虽无得贿证据，公何力任运动？近之如李诚彰受冤被诈，贵会诬被官厅斥为包庇干咎，而反不敢声辩。其余因理直莫伸，而泣诉于贵会，久讼不解而呼吁于执事，诸凡事端，指不胜屈。公乃若即若离，无声无臭，尸居余气，傀儡登场，间有一二议员，以造福于商与民为己任者，多尼于公之行，均亦箝口结舌，束手具位而尸。以是设会如无会等，不过商民多一吸引脂膏之漏卮，商界具一废物无用之机关耳。虽然自公忝职以后，大有造于吾绍，迄今印于脑而铭于心，则拳拳不能忘者。厥有二事，非特界蒙其累而吾民亦受切夫之灾，即电邀王金发都督来绍兴，致使三黄嵊□，遍地蹂躏（其时贵会开会讨论，电邀王来绍时，曾有陈君公侠起谓，招来易而麾去难，务且审慎云云，卒不听，遂致吾绍演不堪之悲境，是皆贵会之所赐也）。

加开什一之升钱，钱侩巨贾，厚获其利，肩贩小民，受累不堪，二事耳。公即清夜自思，亦当汗然矣。近如民政长梗电货物加抽附加税二成，商界骤增负担，吾民间接加税，宁波函电交驰，竭力呼吁。纵未知结果如何，第人力已尽，亦可告无罪于我民，尽保商之天职。试问顾吾绍之商会，寂寂无闻。古射圃之形式庞然，吾视之直不减昔日短草芄芄荒冢中之枯骨耳。职场出此言，闻者将疑吾有毫权利之心存于其间乎？然吾系局外人兼非经商者也，亦非谓秦文治主持商会尽善尽美，不过彼善于此，较公略胜一筹耳。公去职后，运动继任最力者,厥维为陈和甫(即维明)与陈秉衡(即宰埏)十分。然陈和甫胆怯如鼠,跪见王金发之笑谈犹昨(光复后,王来督绍,其时陈为代理商会总理第一人,欢迎谒王,王以军礼相见,陈疑为提刀欲杀,跪泣求免),程度可知,继续总是犹之公耳。陈秉衡惟利是图,无所不为,更卑不足道,未孚众望,固无论矣。但吾尤非敢谓公之才力未克胜总理任也。苟能抖擞精神,不辞劳怨,竭力振作,造福商民。人当欢迎之不暇,吾则毋再以装腔作调卖弄身价之手段,欺朦无意识之业董(此次开会公举公连任,仅四十余票,可见业董非尽无意识者)。隐遂老马恋栈之志焉,去就请公自择,知罪我不敢知,率泐数行藉当棒喝,以公多病之身,作陈琳之檄观可耳。敬布区区,敢询热忱。

《越铎日报》中华民国三年四月初九日

正告绍兴商务分会

(1915 年 6 月 15 日)

店伙露身,殊不雅观,记者曾主张照沪上办法,由商会公函各商店禁止柜友露体,盖亦改良社会、尊重人格之一种,非有益之举也。

是种举动,于商家毫无窒碍难行,行之本甚易易,惟费商会□提倡之力耳,初非有所难者也。

乃近来气候既热,露身者比比,□实行禁止已不容迟,商会中人如不以记者之主张为不然,曷亟为之进行耶?

《越铎日报》中华民国四年六月十五日

米价高涨之原因

(1917 年 3 月 26 日)

吾绍奸商自闻中德绝交之耗,靡不跃跃兴起,甚有屯积粮食,以图私利者,如承源钱庄冯德斋在其店中挪移杭汇二千元,赴湖墅办米五千担。又乾昌钱庄应渭堂,亦至柯桥办米数千担,其余闻风兴起者殊不乏人,因之数日之间米价骤涨数角,以致小民冤声载道,物议沸腾,为害治安,殊非浅鲜。商会会长置之如不闻,岂有难言之隐乎?

《越铎日报》中华民国六年三月廿六日

有名无实之商会

(1917 年 4 月 2 日)

下方桥商会分事务所,系前保赤校校舍改充,该所成立以来,甫经四阅月。讵发起诸人一腔热血,已付东流,分所之门,虽设常关,职员则阒无只影。惟见陈列寿材十余口,是亦商会中之怪现状也。

《越铎日报》中华民国六年四月二号

忠告绍兴商会之文章
（1917 年 11 月 19 日）

取销什一升钱,铜圆按市价折核。

本社昨日接到蝶梦生投函,题为《余之所希望于绍商会者》。略谓:

升用什一制钱,实为吾绍自有商会以来,不良成绩最著之第一秕政,非特紊乱币制,抑且大妨市面。溯自此制之行,先由首饰、布业两业创议而成。意为其时制钱充斥,每元(指划洋而言)可兑一千余十文不等。制钱愈升,亏耗日形。店肆每日收入零找,积少成多,大有拆蚀颇巨,难以支持之势。因而帖请商会行用什一升钱。总理钱允康君不探其本,贸然通过。由是少数经营大业之店肆,虽区区另找,即上什加一,绝无些许之亏耗。而一般大多数之小贩穷黎收入者,多不及什,总出者均须加一(如籴米、购柴等类)。即幸至数十文钱,亦无升水之可言(如麻花、菜蔬等摊,其时因此而肇事者,不一而足,报载可稽),胼手胝足,仅得些许汗血之金钱收入,支出转受无形莫大之损失,暴贫益富,莫此为甚,怨声载道,有口皆碑。惟时钱总理身系茶业欲期,主张之贯彻,非手握金融机关者可比。且时际不同,欲弭制钱之充斥,除加什一之法,实难弥□,事虽不谅,情尚可原。当时目击小贩穷黎之痛苦,难堪□论,众情之一致愤激,愤火中烧,恻然心痛。予曾签具别字(蝶梦生),致书商会,痛下针砭(阅者谅能记忆及之),欲震□以省悟,以代小贩穷黎之大声疾呼,竭力请命。无如言者谆谆,听者藐藐,因循迄今,相沿成习。今则时移世易,制钱日少(某国之收买耶? 市侩之私藏耶? 吾不敢言!)。每元直换,余升无几,正可乘此时机,取销什一加升之制,以平市面。且查商会原议,原为制钱充斥,暂行加一试用,一俟钱市稍平,即行取销,存有原案可稽,今则制钱顿少,尚望该会正副会长高云卿、蔡镜清暨议董等之急起直追,力矫前弊,立予取销什一加升之制,以符原案而全信用,藉矜小贩而惠穷黎,一举而数善,备为正其时矣,切毋为少数人之私意所阻挠也,则幸甚矣至。铜元不妨援照沪杭办法,规定通用十文,如需大洋,照市核折,似此易得其平,倘谓摊户小贩,物价未能骤增,零星收入,铜元当十,总合支出,即须核折(如麻花摊等购粉籴米,使用铜元,均须折核大洋),则其亏累,仍与升用什一制钱相埒,尤恐呆板规定转致窒碍难行,易启争执(如市面长而铜元充斥,商店受其害,市面短则沽客截留不用等是)。予意不若按照逐日市价核用,如角洋之长短听盘,俾得两无吃亏之为愈也。予忝居酒业商会,讵敢缄默,前日(十四号),曾经面请高会长允准,召集筹议。足主虚怀若谷,感纫莫名。尤乞各业诸公之一致主张,各报之竭力鼓吹,则造福于桑梓,岂浅鲜哉?

沈沤拜启。

《越铎日报》中华民国六年十一月十九日

所希望于绍兴商会者

（1917 年 12 月 24 日）

改革现水问题。

绍地商界通用划洋，对于现洋则按照时值而升水，于是现水之名称，乃应时而□矣。

夫划洋制度，作俑于甬而流行于绍兴。国家所定币制，殊不统一，于是同一城市划洋定一价格，现洋又定一价格，其现洋之价格，必较划洋为高，美其必曰现水。此市侩所藉以把持市面者也。

今也改革现水之省令已由县而函致商会矣（见昨日本报新闻栏）。恐商界中一般假现水名目而实行垄断市价者，必相率而筹抵制之策。记者为统一币制计，为革除积弊计，为破坏市侩把持计，惟恐改革现水之不成事实。于是对于商会有无穷之希望也，希望唯何？亦曰能达改革现水之目的而已矣。

《越铎日报》中华民国六年十二月二十四日

绍兴商会听者

（1918 年 4 月 25 日）

绍兴房捐改征现洋，动议于绍兴县知事，由省吏通令实行，官厅为地方搜括收入计，虽吸吾民脂膏以去，吾民自无反对之理由。

虽然有说焉。今日商业凋衰已达极点，一旦房捐改征现洋，其必重困商人，自毋庸辞。唯是绍兴房捐征收划洋，已非一日，在官厅收入，或有短缺，顾不自今日始。往者有短缺，既得弥缝过去，何今日乃不可以弥缝而必欲改征现洋，以补抵充足乎？

商会际此，当深体商情之艰难，陈诸省吏，或不致为贪墨小吏所蒙。有善术以济其后，是则商人获益将有称颂我商会不置者矣。有意乎？无意乎？绍兴商会听者。

《越铎日报》中华民国七年四月二十五号

对于商会新职员之希望

（1918 年 9 月 24 日）

商会之满人意旨与否，视商会职员之得人与否以为断，职员而得人，则未有不能纾商困，恤商艰，而为之救济，为之善后者也，否则于商人何与？

商会为百业公共之商会，而非一业所垄断之商会，故以商会资格所发展之救济或善后事宜，则以群众商人之福利为前提，而不以个人或一业为前提，此记者对于新职员所希望者一也。

商会而不自谋发展,则百业亦无不蒙其蔽,为之停顿不进,盖以商会为枢,百业为纽也,而商会之发展,胥视自然人之责任心与热心何如,此记者对于新职员所希望者又一也。

新职员其有意乎?记者当更以管见所及陈诸左右,备执事之采择何如?

《越州公报》中华民国七年九月念四号

勉商会新会长

(1918 年 10 月 20 日)

绍地自虚名的革除现水后,各钱庄则阳奉阴违,巧立名目,变本加厉,胜于畴昔。各商店则乘机旋术欺侮人民黑幕,积弊丛叠而生。不佞已于阳秋中言之,为主张革除现水之官厅告者矣。至于绍兴商会,对于商人营业上有不依法令之举动,当然负有从而纠正之责,否则商人对于营业上不依法令,实有碍难通行之处,亦当据情陈诸官厅,以期长期通融必商,臻于完善。不应缄默无词,而一任商人舞弊执法也。

前商会长对于此事,以去任在即,不加董理,而付诸新会长。今新会长当选就任矣。破题儿第一事则舍此事谁属。而况按诸商情,绳以职务,皆在无可推诿之例,吾料新会长必能勉其任肩,为绍地人民造福者矣。

《越铎日报》中华民国七年十月二十日

呜呼绍兴商会

(1918 年 12 月 15 日)

染水倾入河水,虽未必立即毒人至死,然而河水因以臭腐至不堪为饮料之需,则其有害而无利已可知矣。今幸有人呈请取缔,此亦地方之福也,而商会乃必为之回护,我不知其是何居心矣。

我虽不见商会议覆之文,然知事之批乃曰:何以商会议复,必须为之回护云云,则其有意回护,亦可知矣。

商会者,代表商民之意思者也。今一百数十家商店联名禀请取缔,而商会乃为之回护,商会之不能代表商民意思也如此。

商会之设,为商民谋福利者也。今绍兴商会对于取缔染水,则为之回护,对于日拆之加高,则不为之补救调济,商会之造福商民也。又如此。呜呼!绍兴商会。

《越州公报》中华民国七年十二月十五号

陡门商会之特权

（1919 年 4 月 29 日）

绍属斗门镇各号店铺，迩来铜币一枚，擅作七厘五毫，已逾二旬之久，尤以米业为最不堪。钱上百文者，虽官板大钱概行拒绝不纳，一般劳动穷黎，莫不怨声载道。日昨有一主顾向渠责问，谓铜钱既因上百不收，惟铜元价值今年尚未开市，当然照旧，尽有八厘行用。因何短做。该店铺答以由商会知会各店通融一例等语。某甲无奈默然屈伏。要知短做市面，把持金融，该商董难辞其咎。查该商务分会商董郭某未识亦有顾及否耶。

《越铎日报》中华民国八年四月二十九号

庇护奸商提倡日货之绍兴商会

（1919 年 8 月 14 日）

日前国耻图雪会调查部搜出绍兴各商家所进日货多件，决议在大校场焚烧等情，已志前报。嗣因被搜出日货之各商家，要求商会开会解决，不料开会结果，将焚毁之议打消，各货则发还退回。兹录商会通告如下：

前国耻图雪会，有纸件、缎疋等交存本会。昨发传单云将烧毁。该业以货关血本，并其余各业均请求本会开临时大会解决，于已□七月十七日开会，经本会双方劝导，在各业非不佩诸学生爱国之心。惟营业性质，店中不能断货。又苦国货供不应求，则购运亦非得已。现议决逐渐替代，即逐渐减少。我商人亦国民分子，本同其此热诚也。图雪会当众已谅悉商店困难情形，故两方认可，将存会各货发还退回，俾图后日之进行。

方在编辑间，又接国耻图雪会调查部函云：

迳启者，日昨通告是月十八日下午四时，在大校场焚毁东洋货，并东洋缎，不料昨被商会阻止。敝部中人无力提取，故此中止。日后如何办法，容再决议通告云。

记者闻商会通告，打销焚毁日货之议，似得国耻图雪会同意者，及阅国耻图雪会调查部之函，以无力提取为词，则打消焚毁之议，似未曾得国耻图雪会同意。其中事情，颇近暧昧，愿商会与国耻图雪会有以语其来。

《越铎日报》中华民国八年八月十四号

商务分会管讼案

（1919 年 9 月 1 日）

齐贤乡下方桥商务分会自成立以来，腐败情形不堪枚举，一般职员往往忘却本来面目，于涉民刑讼案且有擅为判罚者。日前陶六二（前报误载为癫四八）误卖零丝，被吴章焕私行吊打科罚各节，被本报揭载后，即以商会出面张贴布告，以杜掩饰。兹录其布告原底以供识者一笑：

为通告事。本月二十六日，吴顺兴厂内帮机司金阿耀，私窃边经一把，计重五两，由官弄口陶六二盗卖，当被厂主察出，人赃并获，报告本会。依法处罚，令陶六二出洋一百元，以充路灯之不足，又罚戏一台，甘结一纸，以儆效尤。特此通告。下方桥商务分会启。

《越铎日报》中华民国八年九月一日

陡门商会之黑幕

（1920 年 7 月 24 日）

绍属斗门镇商务分会董郭森美（系福号南货店经理），自任事以来，置商务于不顾，一味务外沉溺赌色，以致该店亏负甚巨，已于去年终倒闭。讵该会董郭某不知资格已失，依然盘踞市中，既不辞职，又不管理商务。凡遇商界有事，或在私邸评议，类皆无效。至因细事而成讼累者，则实繁有徒。兹闻该镇商界巨子胡朗安、缪颂清两君，有鉴于此，会于五月间特行发起联络，各业董□行组织，事本略有端倪。不料，郭某从中阻挠（因未允交账等事）。至成画饼。现在该镇分会虽有若无，形同虚设。城商会有监督之责，曷不出而处置之耶？

《越铎日报》中华民国九年七月念四号

现洋水复活耶

（1920 年 10 月 30 日）

官厅胡不禁？商会胡不问？

现洋升水，自革除以来，各界称便，而负贩小民，尤免受损失，即以钱业自身论，亦可除买空卖空之弊。实商场幸事也。

不料近日钱市更发现一种现洋升水，而且日涨一日，每洋竟升至二十厘左右，不知谁为戎首。胆敢违背禁令，藉端倡议，狡黠者且垄断居奇，以致现洋阻滞，周转不灵，商会既不问不闻，官厅亦不加申禁，此其故何哉？听闻。

《越铎日报》中华民国九年十月三十日

啸唫商会之暮气

（1920 年 10 月 31 日）

绍属啸唫商会，自阮某、孟某等发起组织，当依法选举投票，公推阮芳斋为会长，规定会员资格。其会章秩序尚称完善。惟去春商会改选会长一席,阮廷械居然当选。自此会员不求资格,以致会章紊乱,各商铺乃啧有烦言。近日集议铜元及钱串问题,既经议决,对于各商概□张贴通告。又该区有乡村市船开驶赴唵,向由各商铺出资津贴船夫,冀图振兴市风。而商会对于给付此项经费,偏于好恶,大有苦乐不匀之势,其种种办理乖谬,即此已可概见,商业前途大有关碍。现闻各商铺拟将前认会费一律取消,商会现象殊呈悲观云。

《越铎日报》中华民国九年十月三十一号

商会长漠视筹振

(1921 年 6 月 14 日)

绍属东关镇商会长胡镇藩绰号狂妄丧心,出身卑陋,在本镇开设厚记小钱店,任事五载,对于地方公益,不闻不问,专以嗜酒赌博黑心盘剥为正当之职和。现今各号筹赈非常踊跃,该会长胡某虽亦有余知事以函催筹。讵知胡某并不邀集绅商会议,妥筹赈款周济灾黎,仅令几辈小猢狲向各商店家通知便自谓了,仍公事是以迄今一月有余。该镇筹赈一事,犹是茫无头绪。噫,如该商会会长胡某者,诚狗彘之不若矣。

《越铎日报》中华民国十年六月十四号

告绍兴的几个法团

(1921 年 7 月 17 日)

各法团加入浙宪会议,在各县觉得有很热烈的运动,看看我们绍兴怎样,实在冷谈沉寂得狠。

绍兴各法团,惟有旧县议会已举了一个代表,听说教育会也有代表派去了,但没有明白宣布,不知道是那一个。商会和农会,简捷和做梦一般,对于浙宪会议,并不提起一句话。

会议浙宪,何等重要,凡是浙江人,那里可以把浙宪置之度外,偏偏我们绍兴人,幽然静处,浙宪怎样了,绝对不加顾问,派几个代表去参预会议,认为千难万难的一情,别的事不用说了。

这种法团代表,应该要明白政治学、法律学,方有把握可以建白,否则充了代表,也不过在会场上做一个赞成和不赞成傀儡罢了。我们绍兴法团,所以"迟迟吾行"者,大抵为重任派选代表起见,人才还在物色中,我绍兴几个法团,倘果这般用心,那么我上面所说的话,不免鲁莽,不免唐突,我应该向我们绍兴的几个法团道一个歉。

《越铎日报》中华民国十年七月十七号

米价良心何存

（1921 年 9 月 6 日）

查今年各区早稻业已登市，年岁非常丰稔，兼近已晚稻苗禾亦堪秀实，天宫晴雨调匀，一般穷民，早所欢望可吃平价之米。不料米侩良心恶极，将价目仍然高昂，贪图重利。惟官厅得悉年岁丰盛，将平粜止□，致一般贫民受米侩之垄断，怨声载道，有丰稔之名而无平价米，实堪痛恨。闻上江沪杭各处早经平价，吾绍独不然。未悉商会所司何事也？

《越铎日报》中华民国十年九月六号

乡市侩伪币欺人

（1921 年 12 月 29 日）

商会会长如是耶？

昌安门外姚家埭正昌南货店，系就地无赖施枚臣（绰号光中铜钱）所开设，平日专以硬拉买主劣货唐塞重拷价钱，以博利为事，种种劣迹，种种劣迹，笔难书述。邻村人民略具耳目者，至该店面首均皆俯首直行，恐其强兜入彀。近来异想天开，不知由何处收得铅角数百，欺骗买主，或掉包，或作找，受其害者，不知凡几。日昨（二十六号）午前有一老妪，向该店买带鱼数支，付入洋元一元，找小洋八角，即以所找小洋两角向肉店买肉。该肉店察系铅角，向之掉换。该妪闻言之下，大为惊异，即以全数小洋托为过目，果系半数铅角。该老妪即向原店兑换，不意该店意图欺诈，一味蛮言，反将该老妪推出店外。该老妪无可如何，只得自认晦气，饮泣而去。查施某身任该乡商会会长，当知商界以信用为重，胆敢一味鱼目混珠，欺弄乡人，不禁为该店前途危，且商会名誉羞。

《越铎日报》中华民国十年十二月念九号

安昌钱市不平声

（1922 年 1 月 8 日）

绍属钱市自商会总董钱静斋创什一之议，而小民叫苦，厥后通用铜元，市面迭有变乱。此乃时势所趋，无怪其然。第经一度之改革，小民受一度之痛苦。缘若辈奸商于过渡时间，从中渔利，不顾公道，深堪痛恨。查本年正月间，铜元每枚原作七厘，旋以轻质铜元流入，而兑价特长，于是改作六厘半。近来市面逐渐流平，绍市兑价，每元已至一四四五，核之铜元，每枚已达七厘。讵安昌街上大小各铺，仍以六厘半作用，垄断市面，而巧取豪夺，莫此为甚。其间尤以张天成油烛店为最甚。该店一般伙友，均系流氓充职，柜上交易，进则六厘半，出则须照兑价计算。似此剥蚀，小民受害非浅，不知负有维持商务之责者，胡不出而取缔之耶？

《越铎日报》中华民国十一年一月八号

同室操戈开商会

（1922 年 7 月 1 日）

绍属啸唫乡人阮四一、念六兄弟两人，素行不端，专以鱼肉乡邻，敲诈钱财为维一目的。日前因山租纠葛，竟与堂兄十七大操同室之戈，因伊两房向有祖遗坟山一处，由四一之戚某甲，廉价承租多年，今春十七意欲令其加租，以丰祭祀。事属允当。讵四一兄弟意别有在，竟坚执不肯。昨适在四一所开之合义砖灰店内，又以此事互相争执，姑而口角，继则互殴，事为该处水巡闻悉。将双方拘局，讯知曲在四一兄弟，当即分别拘释，乃四一兄弟不自改悔，反运动该处商会会长阮一缄及劣绅阮得贞，前去碍保。该巡局以四一兄弟罪有应得，不允释放，老羞成怒，遂大开商会，欲与警局为难，并拟以地虼名义，将十七送县惩办。旋因他故中止，改用孙端警察饬警往拘。闻已派人前去说项，如能照行，当以角子二百为寿云。不知该处警佐果为其所诱否？容再探明续志。

《越铎日报》中华民国十一年七月一日

同室操戈已和解

（1922 年 7 月 6 日）

绍属啸唫乡痞棍阮四一、阮廿六弟兄，因坟山加租，与其堂兄阮十七纠葛，致将阮十七殴伤，反藉商会会长阮缄三势力，强行蛮□一案，已志本报。现悉，此案已有和事人出为排解，令阮四一弟兄出洋为阮十七养伤之费，一面着阮十七在该商会会长前服礼了事。并探悉该商会长之所以如是虎头蛇尾者，实因其运动警察拘人之计划未善所致。

《越铎日报》中华民国十一年七月六号

忠告商家经理人

（1923 年 1 月 4 日）

商号不分大小，必有一最高阶级之人，为之领袖，以资统率，名曰经理，俗称大伙，营业前途之成败系焉，其责任之重要，概可想见。

无如现在各商号之经理，其老成干练，秉性忠诚，清白乃心，克勤厥职者，原不乏人，而大权独揽,舞弊营私,亏耗累累,声名狼藉者,实居多数,比及图穷匕见,周转不灵,飘然远走高飞,溜之大吉,股东之血本如何,基业如何,均在所不顾也。此等狼心狗肺之市侩,较之不操矛弧之大盗,实无以异。

虽然,悖入悖出,天道之常,不义之财,万无久享。若辈商场蟊贼,虽亦锦衣肉食,取袚半生,其子若孙,有求为乞丐而不可得者,如吾乡之于某、何某等。因果昭彰,丝毫不爽,然则人亦何苦而为儿孙作为牛马,反为儿孙作蛇蝎耶? 今之身为经理,而侵吞公款,厚自封殖者,其亦知所返乎?

《越铎日报》中华民国十二年一月四号

省议员质问暗盘现水

(1923 年 5 月 30 日)

绍兴县籍省议员王承祖等提出质问书云:

查革除现水,整顿金融,经敝会于七年临时会议决,咨请贵公署查照施行,乃近年钱业居奇,取盈操纵如故,致民国、国税交受其病,各县对于此案视若具文,名虽革除,实易暗盘,于钱业反增一层利薮。何也? 前者有现水之名,贴水尚有标准。现在易暗盘,于贩入则抑之,于付出则昂之,加以架空为市,买空卖空,商店钱庄,时有倒闭。里巷、街衢怨声充塞,际此灾侵之余,市情日紧,平民生计更形为难,何堪受此升足现水。财厅、商会未闻有切实筹议维持之策,贵省长统驭全省行政,责有攸归。当力除积弊,救济时艰,何以并无有所整饬。议员等深滋疑虑,用依法质问,请于三日内切实明白答复。

《越铎日报》中华民国十二年五月三十号

各法团现状调查

(1924 年 9 月 1 日)

(萧山)各法团,每于开始时,以争竞非常热心,一俟彼胜此败,或此胜彼败之结果决定,虽成立有名,殊无行事之实,甚或两败俱伤,以致空名不能发现,竟成永久停顿。此实非地方之福,亦不得不为吾萧地方前途一叹。兹将各法团现状,汇录如下:

县议会:

本年开会,虽有常会暨临时会等名目,而到会议员,往往不足法定人数,盖以东南两乡议员,各挟私见,竟无全体出席之日,是以对于地方兴革事宜,殊鲜建树之议,而所议各案,亦多悬而不决,如此代表人民,恐非人民所能满意者也。

县参议会:

参事会经任满,县会改选,竟无产出,以致该会有名无实,而教育局董事,亦因之而搁置。

县教育会：

教育会自去冬争长风潮,演成武剧后,迄今绝无解决方法,竟成停顿,亦无开会提议教育上进行之举矣。

县商会：

该会于去秋亦以陈、汤两派,争选会长之事发生,未曾改选。现在旧会长陈葆孚,虽表示辞职,各业董纷纷挽留,从中又有陈湘帆、张敬修呼声极高之改选,恐亦难成事实。

县农会：

该会自三年前改选周铭慎充会长后,不闻有建设农务及开会研究之举,殊属有名无实。

《越铎日报》中华民国十三年九月一日

绍兴商会是何居心

（1925 年 6 月 28 日）

借用一个空名目吓吓洋鬼子还舍不得

给外国人打死了许多人,交涉又茫无头绪,我们要表示不是亡国之民,不是死人,总非有一点举动不可。——所以全国总示威,藉以唤醒群众,慑服敌焰,确是万不可少的事。

总示威定在夏节——旧历端午——已是苦心孤诣,因为照例,夏节那一天,本来是工商农学,一律休息一天或半天的。这种毫无损失而可全国一致的大示威,真是何乐不为。

自从北京各界联合会,想出这一个省钱的示威运动,通知各处,大约没有一处不照行的。独有我们绍兴的商会,接到了杭总商会的通知,只是装呆作痴。其实各商店还是吃过午饭,开上排门的,只须借一个示威的名儿,吓吓洋鬼子,他们还觉得舍不得,真不知他们是何居心!

照此看来,再要他们做有损失,或者负责任的事,怕是对不住啊!

《越州公报》中华民国十四年六月二十八号

绍兴商会是何居心

（1925 年 6 月 29 日）

《绍兴商会是何居心》一评,是本社记者做的短评,下而署名子余,乃是排字人和校对人拆的栏屏(因为前一天登过一篇子余先生的大作)。劳子余先生声明,殊属抱歉。

子余先生说我们总商会不肯借空名儿吓吓洋鬼子,乃是误会。但是我们又听说夏节晚上,商会里竟大张筵宴。唉! 他们在这当儿,还有兴趣庆赏佳节,他们为什么不省了援助罢工工人？

而且我们觉得绍兴各界联合会，表面上似乎商学合作，但仔细□去，商界是想掣学生界之肘，仿佛学生们这种举动，就是要了他们的命！——长此下去，后来怕不易做事了啊。

《越州公报》中华民国十四年六月廿九日

这个子余那个子余的声明

（1925 年 6 月 29 日）

今日见《越州公报》社评二，有子余君绍兴商会是何居心一段话，那个子余君的文字，到在社评栏内，当然是越州公报社的社员了，依这个子余意揣起来，大约那个子余，是朱子余君了。闲话休提，言归正传。

那个子余说商界只借一个名儿，还舍不得，这层都有点误会了，那日会场中讨论，曾有人说。这样借借名头停市半天，殊不足以唤起群众，因为乡□人只晓得是端节关门，并不知道是因五卅惨案而停市，所以没有这停市一节事。那日这个子余是主席，事实所在，所不能不郑重声明一句。

《绍兴商会是何居心》一评，是本社记者做的短评，下而署名子余，乃是排字人和校对人拆的栏屎。（因为前一天登过一篇子余先生的大作）劳子余先生声明，殊属抱歉。

子余先生说我们总商会不肯借空名儿吓吓洋鬼子，乃是误会。——但是我们又听说夏节晚上，商会里竟大张筵宴。唉！他们在这当儿，还有兴去庆赏佳节，他们为什么不省了援助罢工工人？

而且我们觉得绍兴各界联合会，表面上似乎商学合作，但仔细□去，商界事想掣学生界之肘，仿佛学生们这种举动，就是要了他们的命！——长此下去，后来怕不易做事了啊。

《越州公报》中华民国十四年六月廿九日

附一　绍兴行情物价

1. 行情报道

米价增高民奈何

（1921 年 9 月 17 日）

迩来绍地米价继涨增高，有加无已，一般数米而炊之贫民，莫不同声叫苦。且日来正当收割早稻时间，无如霪雨不休，闻诸邑湖田多遭湮没，加以无锡有禁止米麦出口之消息。查吾绍米麦来源，向以无锡为大宗，因而一般米商大为惶恐，遂致昨市价每石飞升三角。似此粮价若再涨不已，民将何以聊生，有治安之责者岂竟置若罔闻耶。

《越铎日报》中华民国十年九月十七号

一周间米价比较

（1922 年 9 月 10 日）

绍兴米市价格本渐平和，不图天心狠毒，风雨为灾，授米商以口实，价复高翔。兹将前星期一与本星期一价目比较如下：

新糙尖前七元七至八元五，今七元八至八元六；（桐耆糙）仍八元六至八元八；（耆早珠）八元六七，今八元九至九元一；（乡晚糙）则九元四至十元，今九元五至十月二；（毛中白）前八元八至九元，今净九月；（金衢白）前九月一至九元三，今九元二至九元五；（提市）前九元四至九元六，今九元四至九元八；（禾熟西白）前九元七至九元九，今九元七至十元；市白前九元六至九元九，今九元八至十元；（野稻）前十元至十元三，今十元二至十元五；（仰光）前十元二至十元五，今十元五至十元八；（西贡）前十元五至十元七，今十元五至十元八；（西占）仍十一元至十二元。

《越铎日报》中华民国十一年九月十号

米侩垄断新米价

（1923 年 12 月 3 日）

绍城内外米行、米铺开设如林，买卖往来定价，殊未公允。现在各处米价大盘均跌，所有殷富各户，收入租米，正拟粜出应用，作完粮度岁之需。惟每石只评八元六七角，尚无人过问，而各米店售白米，每石仍需十一元，以外进出价目相差甚远，实属垄断居奇云。

《越铎日报》中华民国十二年十二月三号

战讯中米价飞涨

（1924 年 9 月 10 日）

（绍兴）瓜沥镇，市面素称繁盛，该处米业，向由无锡、芜湖等镇采办，但近自江浙战云密布后，交通断绝，来源停滞，又当此青黄不接之时，故米价顿时飞涨，初售十一元二角者，现已涨至十三元。若战事延长，恐尚续涨无已时，而一般升斗小民，初时已觉生活困难，今米价又大涨，将不知何以图活也。

《越铎日报》中华民国十三年九月十日

绍兴最近米市

（1926 年 3 月 24 日）

绍兴本地米情，近被金华、兰溪揽禁以来，别无可办之处。现下全赖洋米接济，杯水车薪，势难看贱。兹将各档价目列下，以供留心米市者之注意：

毛中白，十一元八角至十二元。金衢白，十二元至十二元三角。银条糙，十一元五角至八角。提市，十二元二三角至五六角。枙糙，十二元至十二元一二角。禾熟，十二元八角至十三元二角。西贡，十三元五角。晚米，十二元五角至十三元。早珠，十二元三四角。白占，十四元八角至十五元。

《越铎日报》中华民国十五年三月廿四日

米 价 渐 跌

（1926 年 4 月 4 日）

（绍兴）米价腾贵，已非一日，最低早米，每石须十二元左右，贫民日不得饱，愁苦万分，虽经官绅集议往购苞米，以资接济，然缓不济急，无补于事。兹事由暹罗运到大批暹米，故碛石等处，米价已跌一元之谱，大约十日内，可以到绍。此亦救济民食之好消息也。

《越铎日报》中华民国十五年四月四日

县党部请县政府严禁刁商擅抬物价

（1946 年 10 月 18 日）

唯利是图不独危害民生，影响国家财政务必纠正

(本报讯)财政部调整外汇率,其本意全在提高土产之出产,挽回国货利权,安定人民生活。况当兹各种物价,均形稳定,是项调整,关系全国人民,但一般重利商民,以外汇率提高之后,有口可藉,认为莫大图利之机会,因之高抬物价,违反政府原意,不独不能减轻人民负担,反而增加人民生活威胁,此种唯利自图之刁商,一方面固然危害地方,一面更影响国家财政,自有纠正之必要。本县县党部执行委员会,曾奉省党部执行委员会电令,随时密切注意狡猾商民,擅抬物价,该会奉令后,鉴于本县各商店物价,不无上涨情形,实有碍本县住民之生活,昨特函达县政府,凡商人不得藉外汇率调整而抬高其物价,请随时注意施行纠正。

《越报》中华民国三十五年十月十八日

箔市逼进三关,食粮仍维原状

(1946 年 12 月 15 日)

(本报讯)锡箔自因走私风炽,庄户交易,均致难以正常,故茶市进出,极形混乱,价亦难趋一致,乍回乍涨,动荡不定。然终欲涨乏力,游于二关七级左右,昨因沪庄纳胃转浓,绍庄皆有进意,更以金市暴涨,人心浮躁,连升两级又半,业已迫近三关。复因银根奇紧,汇水亦被轧升,每万高达二百,其势或能再挺。

(又讯)食粮市价,虽受百物之波动,然以乡货尚踊,产区亦不报涨,故仍维持原状。昨日门销各店,因购户较多,多档均提升二级。

《绍兴新闻》中华民国三十五年十二月十五日

酱油涨价说全非事实,酱园业公会亦无此提议

(1946 年 12 月 23 日)

(本报讯)本县酱油价格,民间盛传将涨,本报曾经报导,全属谣传,而昨日更嚣尘上,各酱园均臣门如市,生意倍蓰。记者为明了究竟起见,特往访酱园业公会,承该会谈,外间传说,全系杜撰,非惟无此事实,且更无此提议,幸勿庸人自扰。

《绍兴新闻》中华民国三十五年十二月廿三日

箔价似将突破七关,水作业将请愿要求增价

(1947 年 4 月 24 日)

(本报讯)本县物价,自入春以来,逐级爬升,初期尚属渐进,至黄金风潮时,各物无不狂腾,幸政府颁布经济紧急措施方案后,始各转趋疲转,讵为时未久,涨价巨浪,复又卷土

重来,尤以食米及日用品,更为猖獗,周日闻米粮猛跳,几近一倍,其余棉布等日用必须品,亦各疯狂跟上,一般平民及低级薪水阶级,皆有难维生活之意,最近两日,似已成为尾声,不若初起时之猛挺。昨日食米行盘已各回落二级,其他货物,均呈胶着状态,惟锡箔则因销路活跃,仍甚挺健,业已迫近七关,似有突破之势,而卷烟因厂价继续报上,仍不乏蒸腾之意,且形成混乱,恐一时难□其风。

(大众社讯)本县水作业同业公会,于本月十二日调整门售货价,按照本年二月十二日所订之价目,酌加三成,已呈请县府核备在案后,讵近日黄豆价目疯狂上涨,每石须十八万五千元,加上行佣川力,及升斗抱耗,每石几达二十万元之巨,一般水作店店主,于前日下午,在长桥黄蜂弄口某茶店集议,莫不叫苦连天,据谓每淘豆腐须亏耗血本四五千元,如不再予调整售价,势必惟有关门大吉,闻将由该会作集体之请愿。

《绍兴新闻》中华民国三十六年四月二十四日

物价评议会昨成立

(1947 年 4 月 26 日)

日用品实施评价,由公会造具成本表提会讨论

本县物价评议委员会,于昨日下午二时在参议会议事厅举行成立会议,出席:香糕业马文光(子贤代)、卢广以,鲜肉业莫永春,煤油业章春乔,布商业章德容,县政府邵金德,箔庄业胡炳水,卷烟业陈景甫,茶食业俞德生,南货业陈德魁,油烛业吴惠之,县商会史幼祥、陈笛孙(史代)、施张发(史代)、宋阳生,百货业曹冠生,国药业马廷佐,铜锡业包渭堂(代),水作业谢炳荣,参议会陶春煊。行礼如仪,主席报告(略),旋即讨论:

(一)拟具本会组织规程,请讨论核定案。决议:修正通过。

(二)本县有关民生日用物品价目,应如何评定,请公决案。议决:由各有关同业公会造具物品成本计算表(包括合法利润),并检同市价证明文件提出,下次会议讨论。

(三)准县府函,送本县水作业公会重订货价单,请评议核定见复,以便转饬施行等由,并据水作业公会代表谢君报告,黄豆市价现已超过十九万,成本愈高,亏蚀愈巨,请予设法救济等语,究应如何核定,请公决案。决议:请水作业各商店暂照该业重订货价单发售,俟下次会议由该业提出成本计算表,并检同证明文件,提会核议。

《绍兴民国日报》中华民国三十六年四月二十六日

城区米潮风后乡镇米价抑低

(1947 年 5 月 15 日)

(绍兴讯)自本县城区于本月四日发生米风潮后,兹闻城区重要市镇安昌、柯桥、阜事、

东关、孙端、临浦各米店，为安定人心，均遵照县方议定，自动纷纷抑低，并商讨办法。

《宁绍新报》第 7 期，中华民国三十六年五月十五日

申地实销大动，箔市又趋活跃

（1947 年 6 月 15 日）

（绍兴讯）锡箔市情，自于物价狂涨之时，曾亦跟踪猛涨，高达十万。旋以纳喟转软，逐级下回，跌入九万以内。兹闻近日因申地实销大动，沪庄多电绍进货，茶市交易，即颇活跃，迭交变更，连续喊高，普通已达九万六千，且仍纳喟畅旺，故市价昇达十万云。

《宁绍新报》第 9 期，中华民国三十六年六月十五日

物价评议会昨举行会议

（1947 年 7 月 2 日）

各项评价均提高，鲜肉业一度违反评价查明惩处

本县物价评议会，于七月一日下午二时，在县参议会举行第七次常会，出席：箔业潘明伟，卷烟业陈连昌，南货胡家俊，布业胡一蜇（代），油烛吴惠之，水作杨长生（葛锦储代），鲜肉业莫永春（代），旅栈阮春华，及委员陶春煊、高世樑、陈笛孙、史幼祥、郑士彬。

主席陶春煊即席报告：（一）略，（二）略，（三）六月念四日准布业公会函，以货价来源狂涨，评价不敷成本甚巨，经集会合理调整，检同成本计算表及证明文件，请予核备等由，特此提报。（四）准南货业公会函，以糖价狂涨前评价格不敷成本，请予集会评议，因值参会第四次大会期间，不予召集，特予声明。继接讨论：

棉布：（一）准布业公会函送物品成本计算表及证明市价《工商报》一份，请予评议等由，提请评议案。决议：（1）十六磅荣丰粗布每尺评为六千元。（2）十二磅龙头细布每尺为五千六百元。（3）一百九十雏鸡士林每尺为九千二百元。（4）四君子哔叽每尺为七千元。

南货：（二）准南货业公会函送糖类价目计算表，及证明市价《东南日报》一份，请予评议等由，提请评议案。决议：（1）头白每尺八千四百元。（2）棉白每斤八千元。（3）青糖评定为每斤四千六百元。（4）块冰每斤一万二千元。（5）中冰每斤一千二百元。（6）碎冰每斤一万〇四百元。

酱油：（三）准酱油业造送成本及价目表各一份，请予评议等由，提请评议案。决议：（1）顶油评定每斤二千八百元。（2）市油评定每斤一千二百元。

食油：（四）准油烛业公会呈送成本计算表及证明市价工商报、电报告一份，请予评议

等由,提请评议案。决议:(1)菜油评定为每斤八千一百六十元。(2)生油为一万〇二百四十元。(3)茶油评定为八千一百六十元。

皂烛:(五)准卷烟皂烛火柴商业同业公会造送物品成本表及证明市价《东南日报》一份,请予评议等由,提请评议案。决议:(1)戏法皂每连评价五千七百元。(2)祥茂每连评定六千元。(3)船牌六千三百元。

水作:(六)准水作业公会造送物品成本计算表请评议案。决议:(1)豆腐每斤一千元,起码五百元。(2)千张每张四百元,霉千张同。(3)油豆腐每斤六千八百元。(4)腐干每块二百元。(5)棋干每封八百元。(6)臭干每块一百元。(7)素鸡每斤四千八百元。

《绍兴民国日报》中华民国三十六年七月二日

物价评议会开十二次常会

(1947 年 9 月 3 日)

理发洗浴价均上涨,食油棉布相继评高

本县物价评议会,于本月(一)日上午九时,举行第十二次常会,主席高世樑,出席各同业公会及各法团代表十余人,讨论事项如下:

一、准浴业代表潘明伟面称,请求调整价格如下:特别八〇〇〇元,房间五八〇〇元,优等四五〇〇元,盆池二八〇〇元,暖房一七〇〇元。

二、准油烛业公会呈请调整油烛价格,经核定于下:生油一三六〇〇元,菜油九一二〇元,茶油九一二〇元。

三、准南货业公会呈送成本计算表等件,请评议案,经评定如下:头白九二〇〇元,二白八八〇〇元,青糖五九二〇元,奎冰一四四〇〇元,中冰一三六〇〇元,碎冰一二八〇〇元。

四、准棉布业公会,请调整价格经评定如下:16磅荣丰粗布六六〇〇元,12磅龙头细布五六〇〇元,190磅雏鸡士林布一一二〇〇元,四君子哔叽七九〇〇元。

五、准鲜肉业公会请调整价格,经评定如下:条肉一一四〇〇元,精肉一二〇〇〇元,板油一二六〇〇元,绸油一一二〇〇元。

六、准理发业公会请调整价格,经评定,照原评定价酌加二成,特种西发照甲等加四〇〇元计算(增加日期由理发业工会决定后开始)。

七、本次未出席或未请求调整各业,其物价仍照上次评价发售。

八、各业经评定货物,应标明物价张贴,或悬挂显明处,以资辨识案。决议:通过,由各公会即日转知各同业,一体照办,并函请警察局,随时派员从严纠察。

《绍兴民国日报》中华民国三十六年九月三日

物价评议会愈评愈涨

（1947 年 9 月 23 日）

酱油每斤四千四百元，豆腐起码也要五百元

本县物价评议会，于昨日上午九时，召开第十四次常会，出席者警察局郑士彬，南货业陈德魁（代），布业章德容（代），油业吴惠之，水作业杨长生（代），青年团沈鼐，酱园业陈笛孙，县商会陈笛孙，鲜肉业谢躬行，参议会陶春暄、高世樑。列席者和平通讯社王宝善（代），由陶副议长主席。决议评定价目如下：

（一）布业：龙头细布每尺六千六百元，四君子哔叽每尺九千七百元，一百九十号雏鸡士林、十六磅荣丰粗布，无货，暂不评议。

（二）酱园业：顶油每斤四千四百元，市油每斤一千八百四十元。

（三）油烛业：生油每斤一万三千六百元（维持原价），菜油每斤一万零四百元，茶油每斤一万另四百元。

（四）鲜肉：条肉每斤一万四千四百元，精肉每斤一万六千八百元，板油每斤一万八千元，水油每斤一万六千元。

（五）水作业：豆腐每斤一千二百元，起码五百元，千张每张五百元，霉千张同，油豆腐每斤九千元，香干每块三百元，臭豆干每块一百元，棋干每封一千元，素鸡每斤五千六百元，压板一万元。

（六）南货业，准出席人报称，货价无变，仍维原价。

其余未出席各业，仍照前次评定价目。

《绍兴民国日报》中华民国三十六年九月廿三日

物价评议会十五次常会，日用品四项涨价

（1947 年 10 月 1 日）

（政风社讯）本县物价评议会，于今（一）日上午举行第十五次常会，出席警察局、县商会、参议会及各业公会代表吴惠元等十人，主席陶春煊。讨论事项：

（一）准布业同业公会造送物品成本表及剪送二十一至三十日证明市价工商报，请评议案。决议：评定价目如下：三十六磅荣丰粗布每尺九，二〇〇元，十二磅龙头细布每尺七，六〇〇元，一九〇雏鸡士林布每尺一六，〇〇〇元，四君子哔叽每尺一二，〇〇〇元。

（二）准油烛业同业公会造送食油成本表一份，请评议案。决议：生油每市斤一六，〇〇〇元，菜油每市斤一二，八〇〇元，茶油一二，八〇〇元。

（三）准南货业同业公会造送物品成本表及剪送九月二十三至二十八及三十日证明市价东南报，及十月一日正报一份，请评议案。决议：头白每斤一一，六〇〇元，二白一

一，二〇〇元，元青糖六，〇〇〇元，奎冰一八，四〇〇元，中冰一六，八〇〇元，碎冰一六，〇〇〇元。

（四）准水作业同业公会造送物品成本表，请评议案。决议：豆腐每斤一，五〇〇元，起码五〇〇元，千张每张六〇〇元，霉千张每张六〇〇元，油腐每斤九，六〇〇元。香干每块三〇〇元，压板每块一二，〇〇〇元，臭干每块一五〇元，棋干每封一千元，其余维持上次议价。

《越报》中华民国三十六年十月一日

金米全部运到市价狂跳未已

（1947 年 10 月 15 日）

（本报讯）本县各米号在兰溪办就之食米六百吨，运抵金华后，积压于车站月台，以有关本县食粮接济，经米业呈请县府转请浙赣路局迅予装运后。兹悉是批食米，业已全部起运完竣，日内即可到绍。

（绍兴社讯）本县米业公会，前以各会员店在金、兰各地采得之食米，在金华站候车装运者，达六百余吨，因沪赣路货运频繁，无车供应，积置月台，损耗甚巨，曾经该会电请该路局迅即发车装运，俾维本县民食。兹悉近局已接该路复函，略以堆积金华站之食米，早于上月杪起运完竣。嗣后，如有需要，业已令饬该站随时装车，当不致再有搁置。

（经济社讯）日来物价涨风，骇人听闻，已创从来未有之新纪录。昨（十四）市□金弄堂交易，一度每两涨至五百六十万元，下午回落为五百三十万元，锡箔普车每包三百另九万元，其他如粮食及各货，无不一致上涨，民间叫苦连天，闻当局业已下令紧急抑平。

（和平社讯）绍兴近两周来，米价直线上升，通常米价上涨，惯例总在春夏之交，原因是那时正值青黄不接。秋收期届，新米纷纷登场，□□应无问题。而今秋食米腾踊，已□送□纪录。资金、食米，领导涨价，各货跟上，昨日门售各档，均跳高四万元，洋尖突破六十万大关，高达六十二三万元。现今小民惶惶不安，低档新□米昂至五十四万元，而各米商犹谓产地报涨，不得酌予提高。沪市民价迫近九关，零售达八十六万元，当局已采取严厉措施，出动全部经济警察。深盼本县有关当局，速制止涨风，以安民生。

《绍兴新闻》中华民国三十六年十月十五日

锡箔涨风仍甚炽，黄金黑市又奔腾

（1947 年 10 月 15 日）

（本报讯）锡箔步做步高，涨风甚炽，昨普通普车升八万，小鹿鸣普车轧高一万，的车与隔昨喊升念万四七〇万成交，边王喊价再高，由五七〇万猛升达七〇〇万，黄金黑市小疲，下午进五五〇万,出五四〇万。

(经济社讯)日来物价涨风,骇人听闻,已创从来未有之新纪录,昨(十四)市饰金弄堂交易,一度每两涨至五百六十万元,下午回落为五百三十万元。

《越报》中华民国三十六年十月十五日

百物狂涨声中,放纸船增加六成半

(1947 年 10 月 15 日)

(天行社讯)本县箔铺所雇之放纸船,近因连日百物狂涨声中,船业同业鉴于船租增加,影响所及,为维持起见,爰于前日(十二日)集议,于昨日起增加六成半,以济劳工生活。兹将价目探录列后,十里至十五里五万元,十五里至廿里五万七千七百五十元,廿里至卅里六万六千元,三十至四十里拾三万二千元,客船面议云。

《越报》中华民国三十六年十月十五日

食米涨价问题

(1947 年 10 月 16 日)

最近半个月来,各种物价上昂的消息,足以惊人,尤其是大众生命存续攸关食米,在薪给阶级,受到极度的威胁,一般人看惯了物价升涨的高潮,认为必然的趋势,几于淡然、漠然地下去,而不加以注意,其实乃是一个异常严重的社会问题,有不能不引起我人加以注意的必要。

其他物价姑不论,仅就食米一项而言,在这半个月来,已由每石四十万元,而达到了六十万元,高涨至三分之一。从经济学来讲,当然由于供求的失调,是以讲到食米市价涨跌,不能不先行注意于绍兴食米的供求,以期得到其真相。大家知道的,绍兴是一个缺粮的县份,此不是一时的现象,已有了悠久的历史,因为人口多而土地少,关于食粮方面生产与消费,难以平衡,乃遂造成历年民食不足的恐慌。据过去调查与统计,大抵丰稔之年,以本县所生产的谷麦,供给民食,仅仅足以维持七八个月。不幸遇到了歉收,只有五六个月,或三四个月,可以维持者比比,今年绍兴农业上的生产,除了晚谷的登场,尚需时日外,豆麦与一切杂粮姑不计算,至于早谷,以天气亢旱,田畴间水源远近的关系,丰歉未能一致,约略估计,要是歉者少而丰者多,各乡早谷,先后均已告登场,论理目下米价不至于上昂。今乃适得其各反,至于今年绍地各乡的晚谷,其情形与早稻相仿佛,去收获时期已不甚遥远,当不再因天时而或起非常的变化,似可逆料,由早晚稻先后登场的现象,乃从而预计,则全县农业生产,可以充民食者而论,六七个月的维持,似乎不生问题。在这个时期中,例以过去,米价绝不至于上昂,今乃竟反前例而高涨了,过去本县食米的缺乏,零星则仰给于邻县,如诸暨、嵊县、上虞,较远则金华、兰溪、龙游等县。至于大批的购办,分向江西弋阳、贵溪、鹰潭等处及江苏无锡、丹阳等处,皖省九江、芜湖等处,倘使交通不致十分梗阻,虽长途转运,可以计日到地,市价殊少,突飞猛进的状况。唯是抗战时期中,浙西沦陷以后,江苏与皖省的交通断绝,而米源亦同时告绝。当时绍兴民食唯一的接济,仅仰给于赣省的一线,然而千筹百计,历多方的险阻,粮荒虽形散重,而市价高涨率,亦不似于若是之迅骤。现在购办远地粮食的运输机关,如沪杭路,交通顺利,并无窒碍情形。临近各县更无遏糶的禁令,食米的来源,丝毫不发生影响。余粮区域的市价,当然低降于缺粮的区域。进价需若干,装运须若干,开支须若干,合法润又须提若干,依照成本会计,都可以公开示人。今乃不断的涨价,不曾经过会议方式,示人以公信,是则今日米价的高涨,实在有以使人不能理会的地方。

过去官署抑平米价的方法,我人不能赞同,因为一纸命令,虽足以强制其平抑,然而弊病即随于其后,以本地市价,低于各地,米粮便潜流出外,适足以增原本地的米荒。

或有不良商民,从而一石米不售,又易造成骇人的黑市,现在各物涨价,为人类日常生活所必需者,多数经过评议手段,而独于食米则不然者,□是之故——可是绝对不加注意亦不是一个正当的办法,敢不为关心民食问题者贡其一得之见。

《绍兴新闻》中华民国三十六年十月十六日

县党部促请政府采抑平物价措施

(1947 年 10 月 16 日)

(本报讯)中国国民党本县县执委会,昨(十五)日下午三时,举行第三十次委员会议,出席者执行委员及书记长朱苴英、高世杰、张幹营、郑士伟、董起凡,列席监察委员章寿椿,财务委员陶春煊,主席朱苴英。决议,要案录下:一、本县近日物价狂涨,一般投机商人,难免乘机抬价,观其价目高低不一,即为一例,长此以往,影响社会人民生计甚大,拟请县政府迅即采取紧急措施,以抑物价而苏民困案。决议通过。二、奉省电颁"党国统一组织实施办法",暨报载本县统一组织委员会委员人选,业已派定,并限本月底办理交接,本会应如何准备案,决议,饬各干事分别准备移交。

《绍兴新闻》中华民国三十六年十月十六日

县府采紧急措施密查奸商抬物价

(1947 年 10 月 19 日)

各业交易一律须照评价,查获实据即予严厉处分

(本报讯)本县自本月以来,物价涨风,扶摇直上,几可说飞腾而无止境,十月涨风,虽各地皆有,然无如是之狂涨情状,不但一般平民,感受生活威胁,皆喊"活不下去",而收入

有限之公教人员,亦同声狂呼"维持生计为难"。兹悉本县当局,以本县最近物价如是狂涨,难免有不法奸商暗中操纵屯积播弄所致,当此动员戡乱之际,非采取紧急措施,予牟利奸商以最严厉之处分,不足以抑平物价,安定人心。昨除令饬县商会转饬各业,务须体念时艰,依照评价会议定,公平交易,不得擅抬售价外,更一面令饬负责全县治安之警察局,即日起全体动员,四出暗中密查,如查有擅抬售价及屯积牟利之不法奸商,一获实居,即予以最严厉之处分,同时并布告晓谕商人一体遵照,其布告原文如云:"查迩来物价波动甚剧,本县一般投机商人,难免乘机抬价,以图厚利,每有同一种类货物,其售价高低不一者,即为一例,此风不戢,影响社会秩序及人民生计甚大,自应严予查禁。此后凡各业交易,均须一律遵照本县物价评议委员会议定价格出售,不得擅自抬高物价,违则依法照违反议价法令,从严惩处,决不宽贷,除分令外,合行布告周知,仰各商人凛遵为要"。

(又讯)本县记者,昨走访本县有关方面负责人,据告,最近物价波动,虽为大势所趋,要亦不无有牟利奸商,从中操纵居奇,囤积所致,现已密派人员,严行暗中监察,一经查获属实,即采取紧急措施,从严惩处。

(知行社省讯)顷悉本省最高当局,因鉴于日来物格逾价猛涨,有关民生至巨,值此冬防将近,诚恐发生意外,闻将官商合力筹谋抑平之方,闻先行彻查柴米业之投机居奇,再行逐渐调查其他各业,并鼓励人民密告,采取断然措置。

《绍兴新闻》中华民国三十六年十月十九日

严禁各商擅抬物价,警员四出从事密查

(1947 年 10 月 19 日)

县府昨布告晓谕一体遵照

(本报讯)迩来物价涨风,扶摇直上,并无止境,一般平民,咸呼生活为难,生活遭受威胁,而收入有数之公教人员亦同声狂呼:"物价如此狂涨,我们何以为生"之惨语。本县当局,鉴于目前物价之狂涨,难免有少数不法奸商,从事投机操纵市面,囤积物品所致,欲平抑物价,自非采取紧急措施,予不法牟利之奸商,予以最严厉之处分,藉得以平物价而安定民生。昨除令饬县商会转饬各业,务须体念时难,依照评价会议议定,公平交易,不得擅行抬价外,一面又饬负责全县治安之警察局,即日起,全体动员,四出暗中密查,如有擅抬物价或囤积居奇、不法牟利之奸商,一经查实,即依法以最严厉之处分,同时并布告晓谕商人,一体遵照。兹探录布告原文如下:

"查迩来物价波动甚剧,本县一般投机商人,难免乘机抬价,以图厚利,每有同一种类货物,其售价高低不一者,即为一例,此风不戢,影响社会秩序及人民生计甚大,自应严予查禁,此后凡各业交易,均须一律遵照本县物价评议会议定价格出售,不得擅自抬高物价,违则依照违反议价法令,从严惩处,决不实贷,除分令外,合行布告周知,仰各商人凛遵为要。"

(又讯)记者为明了当局对物价涨风,究取何种步骤平抑,特走访主管当局,承告记者,

谓平抑物价,除以最严厉之手段,从事查惩外,并深盼各商人顾全目前情势,共体时艰,自动平价,庶使吾绍民众互相称颂。

《越报》中华民国三十六年十月十九日

抑制风潮更进一步,组织物价监查队

(1947 年 10 月 20 日)

市上掮客将予严惩,米价尚未下跌亟应注意

(本报讯)绍兴县政府,鉴于本县最近物价之狂涨不已,实使民生问题大受威胁,当时全国动员戡乱之秋,此种漫无止境之野涨物价,于社会安宁,关系至巨,虽十月涨风,各地皆有,要无本县如是之狂涨猛腾,为安定民生,维持社会秩序计,除已布告商人,不得擅抬售价,各种物品,应照评价会定公平买卖外,同时并命令警察局通饬所属,随时派员,暗地密查,如有查获,决采联动员时期之紧急措施,与抬价及囤积奸商以最严厉之处分。兹据记者另一消息,负责当局方面,为做更进一步之紧急有效措施,迅速抑平物价起见,日内将发动各界,组织物价监察队,同时并扩大议价范围,奖励人民告密,更为防止囤积,将函请各银行、钱庄,严厉监督各该方面资金运用,务必使囤积之风趋于泯灭,且以市上一般□客,此卖彼买,拨弄长短,与物价剧涨,实有重大关碍,为谋彻底杜绝拨弄囤积,闻亦将加以严厉禁止,以达任务。

(又讯)近日各地物价,均趋下跌,本县却不像高涨时般尖锐直上,相反地却似牛不化一般,尤以各米号为最,门售各档米价,依然自早至晚,毫不减化,当局亟应注意,以免引起社会因该会而发生不安。

(知行社讯)顷闻县府以近来所售物价未经评议,擅自抬高,闻或已经核定仍有变相取巧,未能忠实履行,似此虚伪作风,应于切实纠正,特于日昨饬令各业公会遵照。

《绍兴新闻》中华民国三十六年十月二十日

当局谋速平涨风,将组物价监察队

(1947 年 10 月 20 日)

请行庄注意各方资金运用

(本报讯)绍兴县政府,鉴于本县最近物价狂涨不已,实使民生问题大受威胁,当此全国动员戡乱之秋,此种漫无止境之狂涨,于社会安宁,关系至巨,虽十月涨风,各地皆然,但其中不免有牟利奸商,暗地操纵,居奇播弄,为安定民生,维持社会秩序计,除已布告商人不得擅抬售价,各种物品,应照评价会议定公平买卖外,同时并命令警察局,通饬所属,随时派员暗地密查,如有查获,决采取动员时期之紧急措施,予抬价入囤积奸商以最严厉之处分。兹据记者另一消息,负责当局方面为作更进一步之紧急有效措施,迅速抑平物价起见，日内将发动各界，组织物价监察队，同时并扩大议价范围，奖励人民密告，更为防止囤积，将函请各银行、钱庄，严密监察各该方面之资金运用，务必使囤积之风，趋于泯灭，且市上一般掮客，此卖彼买，播弄长短，于物价剧涨，实有重大关碍，为谋彻底杜绝播弄囤积，亦将加以严厉禁止，以达任务。

《越报》中华民国三十六年十月二十日

谋强制抑平物价，决严厉惩办奸商

（1947 年 10 月 21 日）

食粮仍盘旋六六大关，升斗小民盼当局注意

（本报讯）本县物价，自双十节起迄今，时仅旬日，其动荡之剧，出人意外，奔腾澎涨，势若疯狂，沪上市场，幸经当局严加制裁，始稍戢其涨风，旋即转□平稳，最近两日间，以人心疲软，逐级下回，本县各商会亦以大势所趋，未敢再肆途，亦跟踪下降。昨食米行盘猛跌四万，门售者泻二关，最低者已回入五十关，其余植物□类，亦皆惨没无神，尤以饰金市价，更为直降，若无其他变化，可能回复周前常态。

（群国社讯）近来物价疯狂上涨，据一般揣测，原因不外奸商投机操纵所致，当局对此问题，业已决定强力管制之计划，如上海、无锡政府采取严厉手段，施予经济检查后，涨风即为顿挫，本县政府当局有鉴于此，亦将组织物价监察队，务使物价趋于平静，数日来沪杭各地，均已普遍下跌，仓米亦不例外，杭市昨日最高门售价格，仅五十七万元，惟独本县米价，仍旧旋六十六关以外，此实影响民生非浅，公教人员与升斗小民，莫不叫苦连天，希望当局，及早贯彻物价监察之意义，明予以抑平。

（当代社讯）据悉当局对于目前各地物价之飞涨，刻已拟定强力管制之计划，对于擅自抬高物价之商人，应负法律上之责任，各地并将设立监督机构，加强物价管制委员会职权。

（又讯）政府平抑物价之新措施中，包括设立特别经济警察，具有搜查商肆、仓库，逮捕囤积居奇奸商之广大权力，此一计划，将交行政院讨论，通过经济警察之活动范围，遍及全国各大城市。

《绍兴新闻》中华民国三十六年十月二十一日

物价涨声中平民福音，粮食公会筹设公店

（1947 年 10 月 22 日）

售进货物均受机关法团监督审核，油肉豆腐布疋继续议涨

（本报讯）本县物价评议会第十七次常会，于昨日上午，在县参议会举行，出席：陶春煊、陈笛孙、史幼祥（代）、严希尚、南货业陈德魁、胡家俊（代）、鲜肉业莫永春（代）、棉布业

章德容（代）、水作业杨长生（代），主席陶春煊。作简单报告后，即开始讨论：

一、准布业同业公会造送物品成本计算表及旬报表，并剪送十月十一日至二十日证明市价工商报等件，请参酌评定案。决议：

1. 十六磅荣丰粗布，每尺一三〇〇〇元。

2. 十二磅龙头细布，每尺一〇八〇〇元。

3. 一九〇雏鸡士林，每尺二三六〇〇元。

4. 四君子哔叽，每尺一八五〇〇元。

二、准鲜肉业造送鲜肉成本计算表，请评议案。决议：

1. 条肉每斤一九〇〇〇元。

2. 精肉每斤二〇八〇〇元。

3. 板油每斤三二〇〇〇元。

4. 水油每斤二四〇〇〇元。

三、准南货业公会造送糖类成本计算，证明市价、东南报等件，请评议案。决议：

1. 头白每斤一三六〇〇元。

2. 贰白一一八〇〇元。

3. 青糖每斤九四〇〇元。

4. 冰糖奎、中、碎冰均准原价。

四、准水作商业公会造送物品成本计算表，请准予调整等由提请讨论案。决议：

1. 豆腐每斤一七六〇元，起码一〇〇〇元；

2. 千张每张七五〇元，霉千张同；

3. 油豆腐每斤一二〇〇〇元；

4. 香干每块三五〇元；

5. 素鸡每斤七六〇〇元；

6. 压板每板一四〇〇〇元；

7. 臭干每块二〇〇元；

8. 棋干每封一二〇〇元。

五、准旅栈业公会为物价飞涨，入不敷出，请求继续调整房价等由，提请评议案。决议：连前次加二成半之总额再加二成计算。

六、准油□业公会为物价暴涨，售价亏本，经召开理监事会义，决议拟自十月十六日起调整，生油每斤二，五二〇〇元，菜油、茶油每斤一八四〇〇元，请核备等由提请公决案。决议：通过。

七、粮食应否由会评议，前经提会议决，下次会议请该业公会严理事长，出席商讨后，再行决定，纪录在案。兹严理事长已应邀出席，究应如何商讨请公决案。决议：

1. 由粮食业公会集议商讨，设立公店，其进货与售价，受政府、法院及党团部，参议会之监督审核。

2. 俟该业公会筹备完成，实行创立开业时，再由上列各机关推派代表集会审议售价。

3. 自粮食业公店开业后，各米店售价，概以公店售价为标准。

4. 前项公店筹备时期最好以一个月为限。

5. 前项公店柯桥、东关等处粮食业亦应一体参加。

《越报》中华民国三十六年十月二十二日

警局派员密访，奸商暗抬高价

（1947 年 10 月 26 日）

（越吼社讯）中国国民党浙江省绍兴县执行委员会，鉴于迩来物价狂涨，本县一般投机商人，虽不免乘机抬价，查有同一种类之货物，其售价高低不一，实有影响社会，及人民生计甚大，特函嘱县府转令警局，迅速采紧急措施，以抑物价，而苏民困。兹悉警局奉令后，业已督促所属，严密查察，如有奸商暗自抬价者，则依照违反议价法令，从严惩处，决不宽贷。

《绍兴新闻》中华民国三十六年十月二十六日

物价一致下跌，米市尚无变动

（1947 年 10 月 31 日）

（群力社讯）此次物价波动后，经各方极力呼吁监察，涨风顿挫，逐渐下回，日来已步入萎靡状态。锡箔、油类、卷烟等，一致降落，闻米价行盘亦告溃退，惟门市价格仍无变动，一般希望物价监察队能早日成立，以防后患。

《绍兴新闻》中华民国三十六年十月三十一日

加强管制物价，将组织经济警察

（1947 年 11 月 22 日）

指派警保队实施护夜航，违章犯罚令清除瓦砾场

（本报讯）本县警察局于昨（二十）日下午三时，在该局大礼堂举行第十七次局务会议，出席者：吴鹤翔、章嘉靖、陆良士、金斌钿（代）、宣华赓、周锦模、高士源、俞连海、楼仁寿、莫葆臣、高吉生、王德荣、徐忠、史习占、侯庄燕、吕伟典、马彩储、陈绍锦、张舜生、童麟、程士彬、胡启祥、许开铃、甘克敏等。主席许局长，即席报告，要点：（1）冬防问题，（2）经费问题，（3）建筑局舍问题，（4）长警纪律问题，旋由各科处室所队工作报告（略）。继即开始讨论：

一、查本年度冬防实施办法，已呈请绍兴县政府核示，关于冬防联合办事处副处长及联防办事处正副主任人选，请分别推选，以便积极进行案。

议决：（1）正处长呈请县政府遴派。（2）各联防办事处正副主任，推定名单，呈请县府核定。

二、本年度冬防期内，县与县及警察所与邻所会哨地点，应否另行规定，请公决案。

议决：照去年成例修正办理。

三、奉县府交下沥南乡公所呈一件，请求调派保警驻防，应如何办理请公决案。

议决：冬防期内统筹办理，必要时再行调派。

四、兹求加强管制物资，稳定物价，拟具经济警察组暂行实施办法，请审核施行案。

议决：（1）修正通过；（2）报请县府核示。

五、本局单行法规，经文光印刷所估计列单，提请审核案。

议决：（1）单行法规印六十本，特种营业管理规则，照单付印；（2）印刷费由局暂垫，各单位及各业缴款价购。

六、请指派长警保护由城至曹娥、钱清、临浦等夜航船，以策安全案。

议决：（1）五云至曹娥、东关，由保警二队派警护航；（2）西郭至钱清，由西郭派出所会同保警第三队办理；（3）西郭至临浦由保警三队驻太平桥等处部队负责办理。

七、本局局舍，业奉指定在旧会稽县前街辟地兴建，惟该处瓦砾堆积，崎岖不平，如雇工锄辟，需费浩繁，应如何发现劳动服务，义务锄平，请公决案。

议决：（1）函请越王镇公所发动民夫；（2）本局员警劳动服役日期另定；（3）违章犯判处劳役者清除；（4）所用器具由莫队长负责。

八、拟定各警察所分驻违警充赏分配办法，请公决案。

议决：照办法通过。

《绍兴新闻》中华民国三十六年十一月二十二日

严惩奸商居奇，物评会将采有效措置

（1947 年 11 月 29 日）

（本报讯）本县物价评议会，以近来本县物价飞涨，为安定民生，采取有效措置起见，经提会讨论，议决由会切实严格执行，昨特函请警察局密查囤积居奇之奸商，予以依法严惩。

《绍兴新闻》中华民国三十六年十一月二十九日

订颁管制物价办法，省府令县严格执行

（1947 年 12 月 5 日）

严厉取缔囤积居奇投机操纵，同时禁止怠工、罢工、停业、关厂

（本报讯）本县昨日奉浙省府令，以迩来物价狂涨，漫无止境，不特有关人民生计，抑且

妨碍治安,当此全国动员戡乱之际,为配合总动员之实施,并严格执行管制物价,以达成平抑物价之任务起见,特订颁"管制物价办法",令饬本县物价评议会切实遵行,其办法中规定,除民生日用必需品之粮食(米谷及麦粉)、燃料(煤及柴炭)、棉花、棉纱、棉布、食油(菜油、茶油、花生油)、肥皂、火柴、纸张等九类为主食(食盐除外),应行评议外,各类物品,应由物价评议会,根据生产成本并酌加利润,议定价格公告出售之,更须严厉执行取缔囤积居奇,及投机操纵,于劳资纠纷,即须组织工资评议会,合理评定工资,通告各业切实执行,同时应严禁怠工、罢工、停业、关厂,及妨碍生产,或社会秩序之行为。至县与县间之物资,应绝对流通,以资调节,县方不足之物资,应奖励商人向外采购,必要时,并得禁运出境。闻县府奉令后,将严切执行,以遏物价之狂涨,而维民生之安定。

《绍兴新闻》中华民国三十六年十二月五日

荣军购物商人抬价,县府令饬切实取缔

(1947 年 12 月 5 日)

(本报讯)荣军第二十五临时教养院第二五两队,自开驻本县开亭乡华舍镇以来,兹以该队每日派出采买人员赴街采购日用必需品时,除油盐等外,烧柴与蔬菜等类购买时,往往有不明大义之商人,故意对军人高抬市价,每较市面售出价格高一二百元不等。该队以如果争执,事关军纪,昨特由院长刘觉乙函请县府,迅予布告制止,并转饬开亭及华舍等乡镇公所切实取缔,以符军民合作之原则,闻县府准函,将予出示并分令查禁。

《绍兴新闻》中华民国三十六年十二月五日

物价如野马奔腾,昨米市涨风益劲

(1947 年 12 月 13 日)

小民叫苦,商人发财,物价会评议各货均涨

(本报讯)日来本县米价迭趋上涨,自日前二万、四万、十万元数种关金券发行后,更突飞猛涨,尤以杭地涨风所播,各米商愈乘机抬升,以致昨日本县米价,上涨每石又逾三万元,购者见涨风益劲,购意愈浓,大街小巷,袋、笼、斗、升,络绎于途。米铺门售,已无高档米可睹,稍能入眼较白之米,每石已逾八十万元,即起码早米,价亦在每七十六、七、八元间。一般升斗小民,叫苦不绝,即薪水阶级中人,亦莫不高叹,不能维持最低个人生活。

(又讯)本县近日来米价高涨之疾,竟如野马奔腾,虽涨风所至,各地皆然,但亦无如是之速,以至本县一般咸谓,其中不无奸商囤积居奇,从中操纵,及私运漏海所致,甚望当局注意。

(政风社讯)本县物价评议会,于昨(十二)日下午,举行第二十二次常会。出席县参议

会高世杰、县商会陈笛孙、县党部黄镛、地方法院警察局及各业公会代表等。主席高世杰，决议评定各种物价如下：

一、菜油每斤一九六○○元，茶油一九六○○元，生油仍维上次原价；

二、酱油市油每斤三四○○元，顶油八四○○元；

三、头白糖一五二○○元，二白糖一四四○○元，青糖九二○○元，奎冰二三六○○元，中冰二二○○○元，碎冰一九六○○元；

四、条肉二五○○○元，精肉二六四○○元，板油三六○○○元，水油二七四○○元；

五、豆腐二二○○元，起码一○○○元，千张每张一○○○元，油豆腐每斤一六○○○元，香干每块五○○元；

六、肥皂仍维原价；

七、细布每尺一六○○○元，雏鸡士林布二二○○○元，四君子哔叽二一○○○元；

八、浴业特别二○○○元，房间一四○○○元，优等一一○○○元，盆池七○○○元，暖房五○○○元；

九、理发业加三成。

《绍兴新闻》中华民国三十六年十二月十三日

肉 价 评 涨

（1947 年 12 月 22 日）

（政风社讯）本县物价评议会于昨（二十一）日下午假本县参议会会议厅举行第二十三次常会，出席者县参议会、国民党县党部、警察局、商会，以及各业公会代表十四人，主席高世杰。讨论事项：

（一）评定糖类价格为一，头白一六○○○元（每斤）；二，二白，一五二○○元；三，青糖，九六○○元；四、奎冰二四○○○元；五，中冰，二二四○○元；六，碎冰一九六○○元。

（二）鲜肉业理事长莫永春面陈，本业提增肉价，实因猪肉行来价关系，并非故违议案，应请设法救济等语，提请讨论，决议：

1. 下次会议由会通知成仁、义大两猪行，派员参加评议，并请警局于会议后，即行通知该猪行等，切实遵照评议办理。

2. 决定本次售价为条肉每市斤二八○○○元，精肉二九六○○元，板油四○○○○元，水油三○○○○元。

（三）旅栈业房价准照前评价加二成计算。

（四）柴炭：

（1）均□松每担八六○○○元；

（2）八块松柴，每担八八○○○元；

（3）竹木柴，每担九○○○○元；

（4）□枝费每斤三千元；

（5）木炭每斤二五〇〇元，松炭每斤一二〇〇元；

（五）评定菜油每斤二一二〇〇元，菜油二一二〇〇元，生油仍照原价；

（六）西法皂、祥茂皂、船牌皂均评定每连一万五千元。

《绍兴新闻》中华民国三十六年十二月二十二日

新年无物不涨

（1948年1月5日）

（本报讯）一阳始复，万象更新，而敏感之物价，亦俱一呈新面目，无不突飞猛进，在去岁十二月间，因银钱机构，皆将办理决算，决定封关三天，致银根较紧，囤货出笼，故得勉维现状，但市场筹码，仍甚充斥。昨日今日银钱业开关，各货纳□，俱转浓厚，黄白两物，首当其冲，均各狂跳，黄金曾直升百关，旋略下软，而食米则一帆风顺，步步高翔，竟破百万大关，最低档尖米，亦已迫近百关，其他各货，均皆狂腾，尤以阴关将届，南货涨风，更为激烈，黄元粉在三数日间，每斤竟涨达万元，鲜肉价格，亦在猛升，植物油类，均皆上涨，煤油因外汇调整关系，已光芒毕露，甚为挺秀。锡箔虽冬至销，业成过去，惟因百物动荡，故亦上升，但究以实销滞迟，难于持久，迄仍游于三百五六十万之间，今日银关开放，恐又有一番新气象。

《绍兴新闻》中华民国三十七年一月五日

穷汉难过旧年关，市场一片涨价声

（1948年1月10日）

金米疯狂奔跳令人咋舌，电灯电话收费均将调整

（本报讯）年关初度，急景凋年，物价涨风，猛袭本市，自银钱业恢复营业后，各项物价，竟如野马脱缰，疯狂奔跳，其势之烈，令人乍舌。前昨两日，无不陡升，据闻米价，因产区连续报涨，故亦跟踪蒸腾，而饥不能食，寒不能衣之饰金，在两日以内，由九十七万跳升近百二十关，涨达二十万元之巨，植物油类，已无货应市，麻、菜油每䃲跳涨百万之多，煤油亦飞腾不已，每斤三日间升上二成有奇，各档棉布，在前日尚维原状，而昨亦露头角，每疋猛上三四十万不等。再活跃之锡箔，自前日起，茶市屡屡喊高，由三百六十，跳至四百三十余万，边王且突破千万，而卷烟更为敏感，一日数易其价，不论高下，各牌皆竞向上腾，每小包俱涨三四千元，而百货纳□正浓，购者皆甚踊跃，短期内难望下回，涨涨之声，到处可闻，经济小民，已有艰于生活之感。

（本报讯）急景凋年中，本县市场，百物价目，近三四日来，几如野马无缰，日夜飞腾，尤

以昨（九）日一日中为最，上下午竟有若干物价大相悬殊者，其狂涨之速，令人咋舌。柴、米、油、布、烟等，无物不顷刻上升。昨日上午各行洋油另售，每斤尚只一万五千元，下午即陡升为每斤一万七千元，涨上一成有余，各米号门售米价，中档米上午犹只每石一百一十万左右，下午即腾升至百廿万元间。他如香烟一项，红金、白兰地等，每小包上下午竟涨上三四千元不等，且纳胃之旺，甚有奇货可居之概，弄堂黄金黑市，每钱已叩百廿万大关，购者颇形踊跃，大街小巷中，一般无不声呼涨！涨！

（又讯）本县电话公司，以自大钞发行以来，物价涨风骤起，五金电料，普涨一倍有奇，其他各物，亦皆涨升，因此开支浩大，电话月租费所入，实难维持支出，亏负累累。昨特送具预算成本，暨申述沪杭各地调整情形，要求县府，准许自一月份起，将用户月租费调整为甲种，（政府机关）十八万元，乙种，（公馆住宅）三十六万元，丙种（公司商号）五十四万元，丁种（各乡）六十四万元，藉维开支。

（又讯）本县大明电气公司，以三十六年度十二月份下半期起，电价方调整实施，讵为时未及一周，柴油官价又告提高，滑油等原料项目，上涨百分之七十，其他固无庸再述，以维持成本为难，亏负已属不资，昨特造具成本计算表，要求政府，即予调整。

《绍兴新闻》中华民国三十七年一月十日

七项日用品价格，昨日起评定增加

（1948 年 1 月 14 日）

（政风社讯）本县物价评议会，昨上午举行第二十五次会议，计参议会、县政府、县党部、警察局，及各业代表十五人，主席高世杰。决议事项于下：

（一）水作业：豆腐一千四百元，起码一千五百元，千张（张）一千五百元，油豆点每斤二万四千元，香干每块八〇〇元；

（二）棉布：十六磅荣丰粗布无货不议，十二磅龙头细布每尺二万元，雏鸡士林每尺四万元，四君子哔叽每尺二万六千元；

（三）鲜肉：毛猪每百斤二百六十万元，请警察局通知，切实遵守，不得违反，条肉（斤）三万六千元，精肉三万八千四百元，板油每斤四万八千元，水油三万六千元；

（四）南货：头白二万五千六百元，二白二万四千元，青糖一万六千元，奎冰三万五千六百元，中冰三万二千元，碎冰二万八千八百元；

（五）油烛：生油三万九千六百元，菜油三万三千六百元，茶油三万三千六百元；

（六）酱油：顶油每斤一万五千二百元，市油六千四百元；

（七）理发业：照原加三成；

（八）卷烟皂烛：缓议。

《绍兴新闻》中华民国三十七年一月十四日

马山米行抬价，一日涨价十万

（1948 年 1 月 19 日）

主笔先生大鉴：

民以食为天，所以在百物涨声中，以食米一项，最易使人瞩目惊心，然我们马山米价上涨，似乎毫无依据，全无理由可言，"涨"比比皆是。因非马山一僻，更非我们所力能阻遏的，不果，我们所希望者，请他们各米行有一定议价，勿使无理的一天数易其价！爰将大略情形奉陈，恳先生赐予斧政，并乞借贵报社会服务栏一角披露，实深感荷之至。

缘马山设有米行达六七家之多，其营业专司代买卖双方斗量，间取行佣为唯一收入，际此马山镇商会尚未恢复，而各米行又无同业公会之组织，故所开米价，往往高低参差不一，有时甚至会发生一时数更之情形，例如农户来粜，其寄托即是何行价高为目标，而甲行欲达其生意兴隆，取佣百倍之目的，惟有抬高价格，方能引户入室，攫取厚利。然乙行亦要顾全自身肥利，及免粜户外出暨挽救危机起见，不得不将价超越甲行之上，否则粜门星散，利无从取焉！这样循环递增，岂有不使其价紊乱，节节上升呢？一月十五日的一天（仅上午四小时的时间），糙晚初开价为百十万元，旋即进至百十五万元，末了竟达百念万元矣。其情之实在，就此当能显见，可想而知了，提供有关当局纠正，则人民幸甚！地方幸甚！

马山镇第一保住民
《绍兴新闻》中华民国三十七年一月十九日

银根奇紧，物价续降

（1948 年 1 月 23 日）

（本报讯）大涨后之本县物价，近三四日来，市场已呈小回情状，赤金弄堂交易黑市，昨（二十二）日开价为每钱（进）九十八万元，（出）一百万元，较数日前顶峰时，每钱已倾泻二十万元。据金融界人士语记者，其下泻原因，半由于美贷十亿元已告借成，半以我国即将实行金本位，以致日来银根奇紧，有以促成，他如各米号门售米价，近日亦每下档下回（每石）四五万元不等，最高者已在百三十万元关内。卷烟亦平疲不少，如红金、白兰地等，每包亦较顶峰回跌一二千元不等，且纳胃甚疲，有续降趋势。

《绍兴新闻》中华民国三十七年一月二十三日

物价继续泻跌，黑赤已降入百万大关

（1948 年 1 月 24 日）

（本报讯）百物下挫声中，昨（二十三）日本县弄堂黑市之赤金售价，亦告猛跌，每钱竟较前日泻跌五六万元,开盘售价为每钱一百万元,收盘跌至每钱九十四五万元,且吐胃甚旺,其他如米、烟各物,亦跟踪下降。

(经济社讯)在新旧两重年关中间,物价如野马脱缰,狂奔直前,民生窒息,惨象难堪,近经中枢押紧银根,为抑抵物价之对象,纱布首先就范而告步跌,棉布兹随而下降。本县市商业同业公会因鉴于于沪上布价已趋疲软,特于昨(二十三)日召开常务理事会,议决调整门售各货价格,大致每尺减低二三千元至四五千元不等,并函物价评议会自动减低评价。

《绍兴新闻》中华民国三十七年一月二十四日

南货棉布维原价,豆腐鲜肉均评涨

(1948 年 2 月 1 日)

(政风社讯)本县物价评议会,于昨日下午举行第二十六次常会,出席各法团及各公会代表十余人,主席高世杰,讨论事项如下:

一、南货:各种糖价均维持上次原评价目,头白二五六〇〇元,二白二四〇〇〇元,青糖一六〇〇〇元,奎冰三五六〇〇元,中冰三二〇〇〇元,碎冰二八八〇〇元。

二、油烛:生油每斤四二八〇〇元,茶油、菜油每斤三九六〇〇元。

三、水作:豆腐每斤四千元,起码二千元,千张每张一七五〇元,油腐二七二〇〇元,香干每块一千元。

四、布业:各布均维持上次原价,十二磅龙头细布,每尺二〇〇〇〇元,一九〇雏鸡士林每尺四万元,四君子哗吱每尺,二万六千元。

五、卷烟皂烛:一〇〇连戏法皂,每连二万六千元,六十连祥茂,每连二万五千元(船牌同)。

六、鲜肉:条肉每斤四六〇〇〇元,精肉每斤四六〇〇〇元,板油每斤五六〇〇〇元,水油每斤四六〇〇〇元。

《绍兴新闻》中华民国三十七年二月一日

春雨连绵百物涨,食米价越三百万

(1948 年 3 月 22 日)

石米钱金尚有续升趋势,烟布锡箔昨亦一致上腾

(本报讯)本县黄金弄堂交易市价,上周末势虽涨后疲滞景象,盘旋于每钱三百十万元一关。讵金市平疲声中,昨日本县米价,竟步尘黄金涨风之后,陡涨每石十万元之多,各米号门售,上等米已越三百万大关,而至三百二十万元,即起档早米,每石亦须二十九万元,

且据业中人言,尚有续升趋势,虽石米钱金,肆有传说,但民食关天,平民莫不岌岌。

(越光社讯)近日来春雨绵绵,百物飞涨,米市连日上升,竟达三百万大关,一般升斗小民,无法度日。昨日尤以煤油、香烟,受外汇之调整涨势更剧,其余如棉布等,亦无不相继上升,锡箔疲趋升,一度升为普车每包为一千二十五万元,的车、边王,因客帮纳胃大增,亦服从直上,大见秀色。

《绍兴新闻》中华民国三十七年三月二十二日

物评会昨开例会,各货价均有讨定

(1948 年 3 月 23 日)

(政风社讯)本县物价评议,昨(二十二)日假座县参议会举行第二十次常会,出席各业代表十三人,当经议定物价如下:

(1)酱园业计:顶油三万五千二百元,市油一万四千元;

(2)鲜肉业计:条肉八万四千元,精肉八万八千元,板油十二万元,水油八万八千元;

(3)油烛业计:生油九万六千元,菜油、茶油各八万八千元;

(4)布业计:十二磅龙头细布每尺五万元,雏鸡士林每尺十万元,四君子哔叽每尺六万五千元;

(5)浴业计:照原价加五成,暖房一万五千元,盆池二万元,优等三万元,房间四万元,特别六万元;

(6)旅栈业计:照调整房价通过;

(7)卷烟、皂烛火柴业:一百连戏法皂每连七万五千元,六十连祥茂船牌七万八千元;

(8)水作业计:豆腐每斤八千八百元,另售以二千元起码,千张每张四千元,油豆腐每斤六万四千元,香干二千元;

(9)南货业计:雪白六万四千元,棉白六万元,义乌三万〇四百元,头冰九万二千元,中冰八万八千元,碎冰八万四千元。

又粮食业同业公会报告,以本县日来米价顶好机粳三百二十四万元,而实际同源等米价标售为三百三十万元,应请警局迅即派员查办。经当场一致决议通过。

《绍兴新闻》中华民国三十七年三月二十三日

物评会昨开例会,水作业暂维原价

(1948 年 5 月 6 日)

(政风社讯)本县物价评议委员会,昨(四)日在参议会举行第三十二次常会,出席各业代表莫永春等十余人,及县政府、警察局、县商会代表,主席郑士彬,纪录王为善,计决议:

1. 雪白糖每斤八万六千四百元,棉白糖每斤八万三千二百元,义乌青糖每斤四万四千元,奎冰每斤十一万二千元,中冰每斤十万〇八千元,碎冰每斤十万〇四千元。

2. 条肉九万六千元,精肉十万另四千元,板油十四万元,水油十万另八千元。

3. 旅栈业房价照上届会议所定,再加一成半。

4. 十二磅龙头细布六万元,雏鸡士林布十二万元,四君子哔叽七万六千元(均每尺)。

5. 生油每斤十二万元,菜油每斤九万二千元。

6. 理发价目上次议定加三成,大水作业暂维原价。

7. 戏法、祥茂皂每连各六万六千元,船牌皂六万八千元。

《越报》中华民国三十七年五月六日

物价涨风,开始取缔金黑市

(1948 年 5 月 8 日)

大善前略掮客一人补捕,食米冲破四百大关

(本报讯)五月涨风袭绍兴,百物货价,近三四日来,又突飞猛涨,仅黄金一项而言,弄堂黑市交易价目,近三四日中,每钱竟涨起两百万余元,昨(七)日一天中,又涨起每钱四十万,前日收盘,尚仅每钱五百四十万,昨竟高喊每钱五百八十万元,且购吸者甚众,势呈坚硬不破形状。

(又讯)昨(七)日本县民生必需之食米,每石又涨起三四十万元不等,各米号门售价目,超档已须(石)三百八十万,高档已冲四百万元大关,而至四百二十元间,枭者纷纷,闻此次高涨,虽受沪杭各地涨风所及影响,但不无有乘机暗地操纵之市侩作祟所致。

(又讯)百物领导之金,米两项售价朝夕告涨声中,昨(七)日本县卷烟市价,亦突飞猛升,每小包(十二支装)一日中竟涨价四五千元不等,普通繁销之红金、白兰地等,每小包竟由四万元间剧涨至五万元左右,有烟癖者,大感"无法再吸"之概。

(又讯)本县经济警察队,以近三四日来,本县百物飞涨,竟无止境,虽由于沪杭各地涨风所据,但不无乘机操纵囤积居奇者,为谋切实抑平物价,以维民生起见,即日起将暗地分头进行密查,一经查获有囤积居奇,故意高抬物价,□不求售情事,即予严厉惩处,以儆刁玩。

(又讯)本县负责全县治安之警察局,以近数日来,百物售价飞涨,影响民生甚巨,除严饬所属,暗地密查有无乘机囤积居奇操纵等情事外,复以城中大善桥下,一般黑市黄金掮客,你买我搜,高价扒吸黄金,实为驱动物价高涨之趋因,特惩饬所属查缉,借以稳定物价。兹悉昨(七)日大善寺第一督勤区巡官罗鹤鸣,暗查至该地时,遭又有掮客罗阿荣,手持银元十七块,及金戒七分一只,与顾主王锡生以弄堂市价争多证少讲价时,以其有违操纵物价,即予带区转送总局罚办。

(又讯)本县百物日来飞涨声中,昨据原中来人谈,此次涨风,系盛传外汇即将开福,与盛传中央即将发行(每块五钱六分)硬币之说,或不无关系。盖最近盛传,即将发行之硬币,须三十万元国币兑换一元硬币,且传一十块硬币,更换外汇一元,所传如是,确否待证。

(又讯)日来百物飞涨,本县县当局,以县府全体人员,所入实有不能最低个人生活支出者,为谋安定其生活,使安心工作起见,拟组织员福利事业委员会,并拟在县总预备金项下借拨五亿元,以作全体员工福利事业之用。

《绍兴新闻》中华民国三十七年五月八日

黄金一泻七百万,物价昨起告回跌

(1948 年 5 月 9 日)

食米销旺仅呈稳定趋势,锡箔下挫回旋九百万关

(本报讯)本县物价,自因遭受沪杭各地之剧涨影响,亦突疯狂腾涨,三数日来,无不猛跳飞跃,致使人心惶惶,街头巷尾,俱以物价为谈论资料,首当其冲赤金,一马领先,时时前进,尤以大善桥畔之黑市场为最,终日人头簇簇,而一般捎客,复又大肆活动,造成混乱市情,逐步喊高,从中渔利,于突破五百大关以后,仍高涨不已,颇有昂昂千里之概。迨至昨日,因申杭已造回软,有货者皆愿脱手,价亦因而渐低,迄至傍晚,已仅五百十万,较前日跌降达七十万之冬,而货反形踊跃,今日故将有续降之势。

(又讯)本县食米市价,因遭受百货刺激,亦跟踪腾涨,于前创成新纪录后,实销仍甚转旺,绝无软意。昨以金价回疲,始稍平静,暂维前市,若各货稳定,可能不致剧动。

(又讯)锡箔及食油、洋货等物,自近随百货猛升以来,其势之狂,骇人听闻,而棉布煤油等物,昨仍继续挺进,食油因今为星期,银钱业依例休息,致仍维持原状,但可能于下周回软,而锡箔则以囤货出笼,竟大疲跌,普车已迴入九百万关,且仍呈软意,故今日尚看下迴。

(群力社讯)日来物价狂跳,涨势燎原,大有迈无止境之概,惟投机者终于不能操纵整个人心,结果必遭受败。昨(八)日本县大宗出产之锡箔,复趋下挫,小鹿鸣、普车回旋于九百万元之谱,黄金黑市亦告回跌,迄中午止,已降至每钱五百三十万元,预料各货势将不致再展。

《绍兴新闻》中华民国三十七年五月九日

取缔囤积居奇,部颁注意事项

(1948 年 5 月 29 日)

(本报讯)物价日渐飞涨声中! 关于非常时期取缔日用重要物品囤积居奇办法实施注意事项第十二项,最近业经经济部修正,昨特层饬到绍,该项规定之用意,系为各地方政府

因地制宜,便利执行,如各地方如有依据该项拟定实施细则时,必须注意下列各点:

(1) 应以本办法第二十五条之规定,专就一种物价,虽是指定之重要物品,另定实施章则;

(2) 并应参照本办法实施注意事项,体察地实际情形厘定;

(3) 仍应依照经济部、管世代电指示,订定实施检查手续及期限;

(4) 以上细则由各地主管官署拟定,呈省核定施行。

《绍兴新闻》中华民国三十七年五月二十九日

物价评议会昨举行常会,生活必需品又决定增长

(1948 年 6 月 2 日)

谣传外汇将开放,金价回软米独涨

(本报讯)百项物价,自由周随天时之变迁,发生动荡,初尚乍升乍降,寒热难定,继则直线上涨,竟如野马脱羁,疯狂腾跃,其势之剧,出人意想,各种民生物品,无不创成新纪录。迄今上周,始略平静,间有软回,至昨日涨风已成过去,堪称浪静波平,颇少轩轾。惟门售食米,在前因恐跳涨过剧,或有意外发生,故作逐级上游。迨昨虽然货平静,因其未能跟住行市,故复高升二级,其余饰金、卷烟,因谣传外汇即将开放,问津者骤形减少,价已但遍下泻,而植物油类,反因是而上腾,日常活跃之锡箔,昨虽荣厚屡见,普收盘与前日相仿,毫无健色。

(本报讯)本县物价动荡未已中,县物价评议会,特又于昨(一)日下午三时,召开第三十五次评价会议,出席者,计有警察局、参议会、县商会等各有关法团,及各业代表等,主席陶春煊。评议结果,百货价均增涨,其议案如下:

布(1) 准布业公会造送物品成本计算表及证明市价工商报等件,请讨论案。议决,一六磅荣丰粗布评定每尺十万元,十二磅龙头细布每尺评定八万五千元,雏鸡士林布评定每尺十七万五千元,四君子哔吱评定每尺十一万元。

南货(2) 准南货业公会造送糖类成本计算表及证明市价东南报等件请评议案。议决,雪白、棉白、奎冰、中冰、碎冰,均维持上次评价,青糖因来价较涨,评定每斤八万元。

酱油(3) 准酱油业公会函,为原料上涨,检同杭市行情表,拟请提增售价,以维血本等由,提请评议案。议决,顶油每斤评定六万元,市油评定每斤二万二千元。

肉(4) 准鲜肉业公会函送肉类成本计算表及信大猪行发票一纸,请评议案。议决,条肉每斤评定十八万元,腿肉每斤评定十八万八千元,板油每斤评定二十五万六千元,水油每斤评定二十万元。

油(5) 准油烛业公会造送食油成本计算表及证明市价工商报等件,请评议案。议决,生油评定每斤十九万六千元,菜油、茶油评定每斤十四万四千元。

理发、旅栈(6) 准理发业水作业代表现称,本业拟维持原价,请核备案。议决,通过。

（7）准旅栈业公会造送调整房价表，请评议案。议决，照来表打八五折，号数照整万算。

《绍兴新闻》中华民国三十七年六月二日

米价涨得起劲

（1948 年 6 月 14 日）

六月涨风似尚未戢止，锡箔、卷烟又创新高价

（本报讯）昨（十三）日本县物价，赤金已呈大涨后略形停滞状态，弄堂交易黑市售价，与前（十三）日不相轩轾，只上涨十万元（钱），每钱为九百五十万元，独食米一项，涨势起劲，其原因据业中人言，本县并不缺粮，完全受沪杭各埠飞涨由以促成。昨日各米号挂牌，虽尚为高档每市石八百万元，起档七百五十万元，但均中等米混充高档，于米质方面，无形减低不少，以市价从米质估计，昨日中又涨起每担五十万元之谱。锡亦步趋物价高涨之后，昨日下午开价，小鹿鸣普车为（每包）二千一百万元，较前日涨上一百万元，卷烟市价，则青云直上，几有不可遏止之概。昨日各烟货售价，又涨上一成光景，六月涨风似尚未戢止。

（又讯）连日物价飞涨，且天晴多日，城河水涸，柴价紧升。昨虽略下微雨，车薪杯水，无济于事，因是形似拱花蝶柴，每个非两万余元，嵊县塘柴每担约七十余斤，已售五十余万元，薪桂米珠，民生堪虞。

《绍兴新闻》中华民国三十七年六月十四日

六月涨风未戢各货继续上游

（1948 年 6 月 20 日）

（本报讯）货价狂跳，虽逾一周，但迄今仍不稽已，竟无一刻之平静，日趋上游，街头巷尾，所闻者皆一片涨价声，昨为周末，惯例银根必须较紧，货价亦应略稳，而竟出人意料，仍一致升腾，似此情形，堪称慢无止境，兹志昨日各货动荡情形如后：

饰金：

黄金向处各货领导地位，其价之涨跌，能左右百货，日昨曾一度回敛，各货故得略平，而昨日又以申市报涨，突再上升，晨关与前市相仿，至午后以沪地上涨，即逐步高翔，迄傍晚收盘，较前市升涨三级。

油类：

植物油类，如青桐油等，本有外县关系，自外汇准许自由结汇以来，首先提涨，其余藏油、柏油等，亦皆跟进，生油竟至有价无货，而菜油正值出新时期，惟以菜子狂升，故亦猛上，昨日各油，又均高翔五六百万。

食粮：

民生必须之粮食，自骤涨以来，颇使人心惶恐，幸经当局予以紧急措施，筹设公店，平价发售，始得稍抑其势。至昨日以产地骤升，形成倒挂，复又向上缓游，行盘米市，各档轧升两级，门售亦跟从继进，杂粮自难例外，尤以豆类，竟涨上一成有奇，其余麦粉，俱皆欣欣向上。

棉布：

棉布市价，本县本无交易场所，须凭厂银为根据。昨因厂盘猛涨，午后各布号接获申□，以实销大动，纳喟正档繁销售物，俱感供求不衡，如龙头布，四君子哔吱，无不猛腾千万，虽冷门货，亦皆高升五六百不等。

锡箔：

锡箔在百货中，以本县言，堪称为最敏感之一种，昨上午开盘，直线上涨，鹿鸣普车，造成二九高峰，至下午，以人心转软，吐货较多，故略向下游，至收盘轧低一百五十万。的车、边王，均能保持稳静常态，略形昂首，而无软意。

《绍兴新闻》中华民国三十七年六月二十日

评议会昨开例会，日用品俱皆涨价

（1948 年 6 月 21 日）

（本报讯）百物飞涨不已之际，本县物价评议会，昨（二十一）日下午三时，又召开第三十七次评价会议，评议结果，百物均予增涨，兹探志该会昨日评定之物价于下：

布：

十六磅荣丰粗布（每尺）十八万元；

二十磅龙头细布，十四万五千元；

一九〇雏鸡士林布　三十万元；

四君哔叽布　二十万元

肉：

条肉（每斤）二十八万元；

腿肉二十九万元六千元；

板油四十万元；

水油三十二万元

南货：

雪白糖（每斤）二十四万元；

棉白糖二十三万二千元；

义乌青糖十四万四千元；

白冰糖二十□万八千元；

中冰糖二十七万二千元；

碎冰糖二十六万四千元

酱油：

顶油（每斤）八万八千元；

市油三万四千元；

皂：

西法皂（每连）二十七万元；

祥茂皂二十五万元；

剪刀皂二五万元；

固本皂二十五万元；

油：

生油（每斤）四十四万元；

菜油三十三万元六千元；

茶油（无货）

洗浴：

照原价增加三成。

水作：

豆腐（每斤）三万元（起码一万五千元）

千张（每张）一万二千元

香干（每块）六千元

旅栈：

特等照表定价目通过。甲、乙两等价格照表列乙丙两等房价计等，丙等仍维持原价，暂不增涨。

（又讯）本县物价评议，原定每旬一次，昨各业要求缩短评议时间，当经物价评议会准许，得视实际情形，经会员五人以上之请求，召开临时会。

（又讯）连日大街各南货号，竟藉口无糖应市，经此次评价会评高价格后，谅不致再囤积居奇。

《绍兴新闻》中华民国三十七年六月二十一日

人们透不过气来，热浪与涨风齐袭

（1948 年 6 月 13 日）

昨日气候本年首次酷热，米价飞涨迫近八百万关

（本报讯）昨日本县气候，因热浪侵袭，为本年第一天酷热，六月物价涨风，亦随炎暑齐临，压迫得人们透不过气来，领导百物之赤金黑市售价，近两三天中，竟飞跃高升，涨上三分之一，当月初四五号时，尚盘旋于每钱六百七八十万元左右，不意连日如断线纸鸢，节节

高翔。昨(十二)日一日中,又涨起(钱)百万元之巨,已越出九百万元之大关,售开每钱九百四十万元,且扒吸者多方钻抖,势有不可遏止之概,次如食米昨日各米号门售市价,高档已售每市石八百万元,起档亦在七百万元,近三天中,每市石竟升涨一百五十万元,本城较大之某米行,日来时以大船装运出城,在此米价飞涨之秋,为民生计,有关当局,似应值得注意,予以盘查。

(又讯)首倡百物上涨之卷烟,虽为奢侈品之一种,惟以销路甚繁,连日来上涨之速,几令人咋舌,约略估计,四五天中,贵上一倍有奇,一般通销之红金、白兰地等廿支装卷烟,门售已达九万元。

(又讯)锡箔为本县特产,本年市价独跌,其原因由于外销不动,且原料之锡,价贵异常,近三四日来,由于百物上涨,亦稍紧步赶升,每包(十二块)鹿鸣普车(箔名)亦涨上四五百万元之多。昨(十二)日做开一千九百五十万元(包)。

《绍兴新闻》中华民国三十七年六月十三日

涨!涨!涨!煤油超越千关,食米飞黄腾达

(1948 年 6 月 27 日)

(本报讯)物价涨风到目前,似已到达极点,竟至无货不涨,无日不涨,更且各货无时不涨,一片疯狂涨声,已笼罩整个社会,本县虽非都市,但亦不能例外,百货之扶摇直上,至使人舌咋。前日涨风已属惊人,而昨更觉不羁,其势之炽,堪称风起云涌、互相角逐,升腾速率,猛如电光,每时变化,令人难测。昨金市开盘,即平二千大关,后愈涨愈高,拾级而上,做至千一时。因已届银钱业封关之时,故即开始交易星期一之期货,竟达二千三百之巨,始暂稳静。银元黑市,亦已高至二百大关;食米行盘门售,俱各飞黄腾达,皆猛上一二成本等;锡箔已超越四大关;的车业逾一亿;油类升高,亦在二成左右;卷烟则每时变化,漫无止境,如白兰地、红金等繁销品,每小包□售十九万元,棉布因纱价激涨,故亦猛升,龙头细布等,俱飞跃五百万元,而在百物喊涨声中,尤以煤油为甚,听油超越千关,拆油则高升十分之四,桶油及肥皂,皆各腾涨千万,且据各界推测,此次涨风,似在方兴未艾,或有续上可能,人民生活,似已到达十分困难之境。

《绍兴新闻》中华民国三十七年六月二十七日

物价剧涨之风,似又卷土重来

(1948 年 7 月 2 日)

赤金一马领先,高升五级。锡箔涨势再超,跃腾千万

(本报讯)物价在上月杪,因届六底,银钱业例须办理决算,透支各户,均须理清,因而

银根奇紧,稍感拮据者,莫不皆欲脱货求现,故市场即呈供过于求状态,价亦急转直下。迨至昨(一)日以头寸业已到齐,虽在封关时期,而皆以开关后,当可继续活动。且一般观测,均为物价必涨,较有信誉者,多用支票,尽量收吸物次,因而市情颇变,涨风复又卷土重来。赤金为百货之首,一马当先,腾跃疾进,中午做开达二二以上。铜略转软,结果为二千一百五十,较前市涨上五级,食米行盘,亦已蒸蒸向上,黑市业又迫进千五大关。锡箔涨势更剧,竟狂跳千万之巨。惟卷烟因过去已到顶尖,故趋疲软,人心似又浮动。若开关后,银根松弛,则物价之疯狂猛涨,当属意中事矣。

《绍兴新闻》中华民国三十七年七月二日

遏止涨风取缔囤积,管制重要日用物品

(1948 年 7 月 3 日)

县府依实际情形订定办法,非本业商号不得大量购存

(本报讯)本县县当局,鉴于本县物价,自旧历端节以还,飞涨不已,且涨势之疾,真有一旋身间即贵起二三成或半倍不等者,较欧战时之德国,几有过而无不及,其原因虽由于币制贬值,各地涨风所据,有以促使。但揆其实际,不无有投机不法奸商从中操纵囤积居奇等情事。兹为谋平定物价,取缔囤积居奇,及投机操纵,以安民生起见,昨特参照奉颁之各项有关物价管制法令,暨斟酌本县实际情形,订定物价管制法一种,一俟呈省核准,即公布施行,该项办法中。

应受管制物品,计□:

(1)粮食类,包括米、谷、豆、麦、面粉等。

(2)服用类,包括棉花、棉纱、棉布(各种本色棉布,及漂白、染色或印花棉布)等。

(3)燃料类,包括煤柴油、柴、炭等。

(4)油类,包括菜油、茶油、花生油等。

(5)日用品类,包括皂、碱、火柴、纸张等。

(6)其它各种重要日用物品。

管理办法:由各该业公会造具成本计算表,送物价评议会评定后,不得擅自抬价,凡有下列情形之一者,以囤积论:

(1)非经营商业之人或非经营本业之商人,大量购存上述物品者。

(2)经营本业之商人,购存前条所指定之物品,而有居奇行为者。

(3)代理介绍买卖,并无真实卖货主,而化名购存上述物品者,如直属消费物品,凡超过每人一个月至三个月之需要量者为"大量",如属于营业需要物品,凡超过每年需要量五分之一,至三分之一者为"大量",当局得就上列标准,分别货品类,并斟酌供需情形,随时核定。

(4)购存物品,不应市销售,或应市销售,而抬价超过合法利润者,为居奇行为,至合

法利润,当局随时核定。

定罚则奖密告:自办法公布后十日后,如有违反者,得没收其囤积之物品,并科以一千万元以下罚锾,没收之货物及罚锾,除提五成拨充公益事业或平粜基金外,其余五成,分下列分配:

(1)藉密告或眼线人查获者,密告或眼线人,给予百分之三十,查获机关给予百分之二十,非密告或眼线人查获者,其资金全部给予查获机关。

(2)各同业公会对会员及非会员之囤积居奇,应责纠正检举责任,其不执行上项法令者或包庇者,由当局依法处分。

(3)凡确知有人违反上述规定者,准许向当局密告,经查明属实,确定处分后,照上面规定给奖,并为保守密告人秘密,挟嫌诬告者,依法惩处。

公司行号:

(1)凡本县境内公司、商号、银行、钱庄之仓库栈房,均应向当局报请登记,必要时当局得派员检查其储存之物资,并得勒令其依照议价应市出售。

(2)当局对各业商人购销储运,得随时派员检查其买卖,簿记及单据,必要时更得调查大户余粮,平价收购,供应市场。

《绍兴新闻》中华民国三十七年七月三日

锡箔与纸币

(1948 年 7 月 15 日)

为了币值的日跌,于是各种货物价格遂上涨不已,其上涨的原因,并不全然由于供应关系,大半是不愿储藏纸币,而以储藏货物为得计,因思各种货物,悉为人类日常生活所必需,不愁没有出路。

绍兴的锡箔市价,现在也随着各种货物而上涨,然而锡箔与人类日常生活并不相关,为了什么也和各种货物等量齐观地,形起富有纸币的储藏?饿不能充食,寒不能替衣,难道不虑及没人顾问,等于废纸么?原夫国家所通用的货币,其价值或寄于本质,如金币、银币、铜币,其价值或寄于信用,如纸币,我国所通用的货币是纸币,为了信用价值,无处可以把握,于是信仰日弱而币值日贬,甚而至于过虑到或许变为废纸,然而饥不能充食,寒不能替衣的锡箔,难道不会更为废纸么?

可是不信仰国家纸币的个人资本主义者,对于经济学已有了深切的研究,纸币成灰,一钱也不值,锡箔成灰,还可以买钱,而且对于人生哲学,也有了相当的研究,现阶级的社会群众,救济死人的情绪,乃浓于救济活人的情绪,预备付储一炬的锡箔,安知其不胜于国家所通用的纸币。

《绍兴新闻》中华民国三十七年七月十五日

物价涨势仍未稍戢

（1948 年 7 月 18 日）

棉布再创新纪录，锡箔市情俏俐跃腾千万，卷烟荣辱互见高档较升

（本报讯）货价至近日，仍乏稳静姿态，乍升乍降，高低靡定，一般投机家，仍吞吐获利，而实际消耗者，则受亏非轻。昨黄金初开时，因前已疲势未尽，似颇软化，旋以买胃转浓，即行轩昂，迂回上涨，露天交易，售价已与银楼相并，收价游□二千八百六、七十之间，且俏势未戢，定有续涨可能，粮食门市，因关系平民生活，未敢剧上，而行盘则以产区继续报涨，乡货不甚涌旺，其价即盘旋而升，结果白、糙各档，俱腾高百万，卷烟在前日猛涨略回后，昨复突飞疾进，二十支高档如大英、前门等各跃升二十万，普通白兰地、红金，俱涨六、七万不等，惟十支前门、大英则反略形软化，锡箔市情，在上午已趋俏俐，至下午则飞黄腾达，市气颇为兴旺，结果普车较前市高腾千万之巨，边王已突破两亿大关，收盘为二亿一千六百万。而昨日在百货上游声中，以棉布为更甚，业又再剧新纪录，龙头细布涨一千三，四君子哗吱一千，鹦鹉卡其涨一千九，广生力士呢高腾七百，平均各货皆上跃二成有余，据业中人云，若纱布价续趋涨，棉布当难稳定。

《绍兴新闻》中华民国三十七年七月十八日

本县商品的枯竭

（1948 年 7 月 26 日）

读《商业日报》俞立纲君宏论，不佞寄予十二万分同情，而心灵的矛盾，亦为本人近一二年来随时随地的搏击着，这矛盾与搏击，不仅本人无以解决，如离开主观的话，恐贤如俞君，亦将望洋兴叹，盖本县商业、可称全是消费，从前虽尚有箔酒丝绸，现在呢丝绸绝迹，箔酒则坐以待毙，其他还有新兴工业生产么？如布啦、油啦、□啦，柴米豆麦啦，像这种最简单粗笨的日用品，尚且仰仗外省县来补给，其较精致华贵一点的物质，更属毋庸话呢！书云"有土此有财"，换句话说，财富是物质，纸币仅作物物交换的媒介，故近名谓通货，现在物价之高涨，不属供求关系，而是币制贬值，因贬值则物价上涨，为全面性，如不治其本，而齐其末，在任何僻处一隅的地方，来作消极的抑制，就是抑制处所整个经济破产，我们绍兴商业，只能成为小贩卖商在此金融枯绝的当儿，仅恃门口现售所得，□赴产地购抵，以百量之值，换进来的物质，因币值波动的缘故，仅及十之七八，薄册上的圈圈不断的增加，而物质的数量，一天不如一天的减少。照经济原理讲，这物质的减少，即是损失，如以片面讲这损失是处于一业一店，或至于一人，如以全面讲，绍兴人的物质减少，即是整个绍兴人的损失，如作消极的抑制，恐不到半年，全街商店的物质，将空无所有，到了这个时候，何以顾及全民的需要，故币值一天不稳定，绍兴商业则日趋衰落，同样的与消费者日趋困顿中，我来

赞美绍兴的组织不算歹,因组织的健全,故所评的物价通常比产地低下,(运费消耗在内?)如果全国统有这样的严密管制,我想□决不致如是疯狂高涨,不是立场关系,当赞美各业负责人尚前顾及民困牺牲小我,领导各会员,未常有囤积投机越轨的举动,这是□堪向大众告诉的,但是全民的不堪负担,亦是事实,或者说照你这样讲,物价只好任他无止境的增高么?不,照我的愚见,应该全国一致,来监督政府停止法币发行,一面要求政府严厉制裁京沪首脑地方的豪门,巧取豪夺,如有兴风作浪,囤积投机之户,绳之以重典,借偿俞君为全民呼吁的大愿,质之俞君,以为如何?

《越报》中华民国三十七年七月二十六日

物价昨举行评议,理发业这次不涨

(1948 年 8 月 3 日)

(本报讯)在涨、涨、涨的物价现状下,本县的物价评议会,昨又依例假县参议会召开第四十一次会议,出席有关单位的代表十余人,主席陶春煊于报告上次决议案执行经过情形后,接着讨论决定各项物价如次:

布类:一、荣丰粗布每尺七十八万元。二、龙头细布每尺六十八万元。三、鸡雏士林每尺一百五十万元。四、四君子哗叽每尺九十万元。

皂烛:一、戏法皂每连一〇五万元;二、祥茂皂每连一一〇万元;三、固本皂每连一二〇万元;四、剪刀皂每连一一五万元。

水作:一、豆腐每斤八万五千元(起码四万元)。二、千张每张四万元。三、豆腐千每块二万元。

油烛:一、菜油每斤八十八万元。二、生油每斤一二八万元。

南货:一、头白糖每斤七八万元。二、二白糖每斤六二万元。三、义乌青每斤五十二万元。四、块冰九八万元。五、中冰、碎冰维持原价。

鲜肉:一、条肉每斤一〇八万元。二、腿肉每斤一一六万元。三、板油每斤一七六万元。四、水油每斤一一六万元。

旅栈:特等双房间二四〇万元,单房间一七〇万元。甲等双房间一九〇万元,单房单一四四万元。理发维持原价。

《越报》中华民国三十七年八月三日

评议会议定各货再升,物评会办公费亦已调整

(1948 年 8 月 13 日)

(本报讯)八月涨风,受大钞出笼影响,方兴求艾,百物市价,正如断线纸鸢,节节上翔

之际,本县物价评议会,不得不循于前天下午,开四二次会议,举行评价,结果仍是一个"涨"字。兹记评定物价于下:

布:

十六磅荣丰粗布(每尺)八十六万元,十二磅龙头细布八十二万元,十九磅雏鸡士林布一百六十四万元,四君子哗叽一百一十万元。

酱油:

顶油(每斤)四十四万元,市油十六万元。

烛:

菜油(每斤)一百二十四万元,生油无货。

糖:

雪白(每斤)九十二万元,棉白八十四万元,义乌青六十二万元,奎冰一百二十四万元,中冰一百十二万元,碎冰一百万元。

肉:

条肉(每斤)一百二十万元,腿肉一百三十二万元,板油二百十六万元,水油一百三十六万元。

皂:

戏法(每连)一百二十五万元,祥茂一百二十一万元,固本一百四十万元,剪刀一百三十五万元。

水作:

豆腐(每斤)十二万元(起码五万元)。千张,五万。豆腐干(每块)二万五千元。

旅栈:

照上次评价,一律加五成。

浴室:

洋盆三十四万元,官盆二十四万元,盆池十四万元,特别六十四万元,暖房均加五成计算。

理发:

最高八十五万元,最低四十二万元。

(又讯)物价评议会办公费,因物价高涨,且县商会津贴之数微薄不敷支出,已早拒收,长此以往,更不堪支持,经此次评价会中提出讨论,即当场议决,本月份各单位平均各津贴二百万元,下月份以月中一次(即二十一日)会议照物价指数再行决定。

《绍兴新闻》中华民国三十七年八月十三日

严密管制物价,省府电县政府办理

(1948 年 8 月 23 日)

(本报讯)省府为严格执行整理财政及加强管制经济办法第十三、四条规定管理物价,代电各县市政府暨省会警察局长：

　　查本年八月十九日总统蒋命令颁布之整理财政及加强管制经济办法第十三条规定，全国各种物品及劳务价格，应照民国卅七年八月十九日各该地各种物品货价，依兑换率折合金元出售，由当地主管官署严格监督执行。又第十四条规定，"各种物品及劳务价格依前条折合金元后，应严格执行取缔违反限价议价条例，其有特殊原因者，非经主管官署核准不得加价"。所有本省各地各种物价工资，自应遵照上开各条规定办理。

　　　　　　　　　　　　　　《绍兴新闻》中华民国三十七年八月二十三日

管制物价办法十项

（1948 年 8 月 23 日）

　　违者没收商品，以十九日物价为标准。

　　（本报讯）浙江建设厅，为执行前日省府对经济紧急措施座谈会所决定之管制物价一案，昨订定十项办法，急电县遵照执行，兹综合其主要内容如下：

　　（一）严密调查各地十九日以前之物价，折合金元券，标明价格发售，严禁十九日以后私抬物价之商民，如发现有违法抬价者，得没收其商品。

　　（二）劳工价格不得超过八月份上半月之法币价值，严查因此有罢工、怠工等违法事件。

　　（三）公用省营事业不及战前标准者，不准擅自提高，俟国营事业价格折定后，再行核议。

　　闻杭州主要物品之价格，经建设厅统计室，折合新币数额交有关机关执行，省府昨已布告周知，望杭市商民体念时艰，遵行国法，不得故意私抬。

　　　　　　　　　　　　　　《绍兴新闻》中华民国三十七年八月二十三日

币制改革反应极好，各地物价普现疲象

（1948 年 8 月 23 日）

　　（本报北平电）改币命令抵此后，银钱业奉令停市，市场顿告大波动，且陷混乱状态，人心慌张，成交极少，粮食初坚后疲，一度因售货者观望，又稍坚昂，且结果均下泻，计一号粉二千六百万，跌五百万，兵船二千四百万，跌四百八十万，小米跌三百万，余亦惨跌一二百万不□，门市售价亦跟踪下降，纱布跌风更甚，状亦混乱，十支纱跌四亿，三鼎跌三亿五，绿阳光九千五，跌一千一，余布均退入亿元关内，纸烟亦跌，惟每种仅落一二十万元，银元黑市最惨，初由八百二十万跌至六百万，迄午始回至六百四十万，但成交极少。据悉，此次各

业惨跌,受改币影响极小,受银钱业休假影响大,各大户犹持辞观态度。

《绍兴新闻》中华民国三十七年八月二十三日

执行新经济措施,开物价审查会

(1948 年 8 月 25 日)

经济警察开始调查工作,监视菜场取缔黑市交易

(本报讯)本县警察局为配合币制改革,依照本县经济措施紧急会议时县府拟定之六点办法,负责管制各商号物价起见,特于昨(二十四)日起,饬派经济警察队加强工作,该队组长沈嗣礼奉令,即率警分赴各商号调查对于目前门售各物价格与八月十九日之市价及法币折合金圆券相较,有否抬价情事,并劝导各商号标明单价数字,须用金圆券为单位,更据该队沈组长语记者,该队除调查工作外,同时监视小菜场之交易物价,取缔彼辈暗中擅自抬价卖买,及黄金、银圆、弄堂黑市交易,亦一律予以取缔。

(又讯)金圆券发行后,本县各种物品售价,均不得超过本月十九日之市价,本县县当局,为审查本县本月十九日各种物品之价格,特定于今(二十五)日上午九时,在县府会议室,举行物价审查会议,昨已通知各有关机关法团,准时推派代表出席共同审查,并通知各业同业公会,亦推派代表列席,以备咨询。

(又讯)本县县政府,昨奉社会部层令,以财政经济紧急处法令,业已公布,其四项整理财政及加强管制经济办法有关工资各点,特加指示:

(1)劳务价格工资,应遵照办法第十三、十四、二十二、二十三条规定,严格执行,并迅将当地八月份上半月生活指数及当地各业各类八月份上半月工资,依照该事业原定办法,应领法币折合金圆券之数,分别列表报部备查。

(2)按生活指数发给新资办法第十八条规定,予以废止,但为编制全国统计总报告之需要,此次生活指数,应按月继续编制呈部备考,毋庸由当地公布。

《绍兴新闻》中华民国三十七年八月二十五日

县政府公告审定物价

(1948 年 8 月 27 日)

八月二十七日,本县政府公布之物价,系根据八月十九日出售之法币价格予以折合金元券价者,(以下第一项为八月十九日出售之法币价格,第二项为折合金元后出售之价格)。如有认为超过八月十九日之物价,得向政府检举。计为:

粮食业:

高米:(每石)五千六百万元,一八元七角;

低米：四千八百万元，一六元；

糙尖：四千九百万元，一六元三角；

糙更：五千万元，一六元六角；

黄豆：四千八百万元，一五元三角；

小麦：四千万元，一三元三角。

鲜肉业：

条肉（每斤）：一百六十八万元，五角六分；

腿肉：一百七十六万元，五角八分；

板油：二百四十万元，八角；

水油：一百九十二万元，六角四分。

酱园业：

顶油（每斤）：五十四万元，一角八分；

市油：二十二万元，七分。

煤油业：

新听（每听）：三千七百万元，一二元三角三分；

散油（每桶）：三亿三千九百万元，一一三元；

拆油（每提）：七十八万元，二角六分；

散汽油（每桶）：二亿五千万元，八三元三角三分；

散柴油（每桶）：一亿五千万元，五〇元；

新听（每只）：五百万元，一元六角六分。

油烛业：

贡烛（每斤）：三百二十万元，一元〇六分；

菜油：一百二十四万元，四角一分；

麻油：二百二十四万元，七角四分；

豆油：一百九十二万元，六角四分；

桐油：二百四十万元，八角；

青油：二百五十六万元，八角五分。

柴炭业：

拣生炭（每斤）：二八〇〇〇〇元，〇.〇九元；

拣青炭：二五〇〇〇〇元，〇.〇八元；

原生炭：二四〇〇〇〇元，〇.〇八元；

原青炭：二二〇〇〇〇元，〇.〇七元；

□毛条：一八〇〇〇〇元，〇.〇六元；

□松炭：一八〇〇〇〇元，〇.〇六元；

原毛块：一六〇〇〇〇元，〇.〇五元；

原松炭：一六〇〇〇〇元，〇.〇五元；

毛丁：一八〇〇〇〇元，〇.〇六元；

二丁：一五〇〇〇〇元，〇.〇五元；

三丁：一三〇〇〇〇元，〇.〇四元；

羊角溪（每担）：四四〇〇〇〇元，一.四七元；

浦口：四二〇〇〇〇元，一.四〇元；

县柴：四〇〇〇〇〇元，一.三三元；

汤浦：三八〇〇〇〇元，一.二七元；

炭□：（每石）三五〇〇〇〇元，一.一七元。

卷烟皂烛火柴业：

二十支大英牌：（条）四七〇万，（包）五二万，（每包）〇.一七元；

二十支老刀牌：三七五万，四二万，〇.一四元；

十支哈德门：八十支〇万，〇.〇六元；

廿支金鼠牌：三二〇万，三六万，〇.一二元；

十支美丽牌：六四〇万，三〇万，〇.一〇元；

二十支小将军：二二〇万，二五万，〇.〇八元；

二十支克来司：四三五万，四八万，〇.六一元；

十二支双斧：三二五万，三六万，〇.一二元；

二十支红金牌：四二〇万，四五万，〇.一五元；

二十支白兰地：四二〇万，四五万，〇.一五元；

二十支大乾坤：二一六万，二五万，〇.〇八元；

二十支先令牌：二二〇万，二五万，〇.〇八元；

二十支红三星：二二〇万，二五万，〇.〇八元；

二十支宝珠：一五六万，一八万，〇.〇六元；

美女火柴：（打）四二〇，（封）四〇万，（每封）〇.一三元；

送子火柴：四二〇万，四十万，〇.一三元；

采桑火柴：四二〇万，四〇万，〇.一三元；

绍兴火柴：三三六万，三六万，〇.一二元；

戏法皂：（条）一二五万，（每条）〇.四二元；

祥茂皂：一二〇万，〇.四〇元；

剪刀皂：一三五万，〇.四五元；

固本皂：一四〇万，〇.四七元。

腐皮业：

豆腐皮：批发：（斤）一九四万，〇.六四元；

门售：二〇八万元，〇.六九元。

《绍兴新闻》中华民国三十七年八月二十七日

防止不肖商人抬价，县府置密告箱

（1948 年 9 月 3 日）

（本报讯）县当局为防止不肖商人私抬物价暨便于人民自由检举，严格执行管制物价，以期安定民生起见，将于即日起在水澄巷县府门前，上大路警局原址门前，县西桥等三处，分别设置物价密告箱，并由县府派员按日开启，一面饬令检察局妥为看管，其物价密告箱上书写之标明之条文为：

（甲）照左列各条均为连法，人民得自由检举之。

1. 物品交易价格超过限价议价者。

2. 收取工资连价超过限价议价者。

3. 将已经限价议价之物货变名变质变量出售者。

4. 藏匿货物秘密高价出售者。

5. 其他不遵照限价之规定者。

（乙）密告须知：

一、检举人须真实姓名及住址。

二、检举须有确切事实或证据。

三、检举人如有挟嫌诬告情事，应依法治罪。

《越报》中华民国三十七年九月三日

警局设立密告箱检举奸商抬价

（1948 年 9 月 3 日）

面点馆违反限价受拘傅，鲜肉价格当局已予核减

（本报讯）本县县当局，为严格执行管制物价，防止不肖商人私擅抬高，暨便于民众自发检举，以安定民生起见，将于即日起，分在水澄巷县府门前，上大路警局原址门前，及县西桥等三处，各设置物价密告箱，由县府每日派员前往开启，如经查确有事实，即按照违反管制物价条例征处。该箱并令饬警察局妥为看管，各密告箱特标明密告条文，计为：

甲、照左列各条，均为违法，人民得自由检举之：

（一）物品交易价格超过限价议价者；

（二）收取工资运价超过限价议价者；

（三）将已经限价议价之货物变名、变质、变量出售者；

（四）藏匿货物秘密高价出售者；

（五）其他不遵照限价□规□者。

乙、密告须知：

（一）检举人须具真实姓名及住址；

（二）检举须有确切事实或证据；

（三）检举人如有挟嫌诬告情事，应依法治究。

（又讯）本城面点馆，荣禄春、望江楼、高陞楼等，违反限价案，经当局传讯，并饬仍照八月十九日价格应市，不得擅自抬价，各店主经具结释出。

（又讯）为免奸商以大斗小秤诈欺民众，县当局昨特派员分赴城区水果店、粮食店，检查度量衡器，结果查获金永和、元兴等七商店确有违反量衡情事，闻将于传讯后，移送法院惩办。

（又讯）县当局前日传集猪行及肉业双方询问结果，限定至条肉每斤五角三分，精肉五角五分，板油七角七分，水油四角一分，毛猪价格，核减为（每百市斤）三十八元三角三分。

《绍兴新闻》中华民国三十七年九月三日

限价中的本县市场

（1948 年 9 月 8 日）

米店有将起档米抵充高档米，柯桥镇上少见鲜肉应市

（本报讯）县警局据报，以近来各米店标价出售之米，多有将起档米抵充高档米出售，无异暗中提高市价，昨特分令督察处暨各分驻所派员严密查究，一面开函咨粮业公会，将出售之米种类，如高米、中米、低米、糙米、糙粳等米样送局，以便据以严格管制，而安令民生。

（本报讯）本城近日市上卷烟，供不应求，转贩香烟贸利之"黄牛党"，应时而生，警察据报，即派干员连日密查，昨（七）日上午，计查获香烟黄牛党孙照青、朱鹤青、傅永兴、潘光唐、邵伯顺、徐阿土、糜详严、王阿棠等七名，及已购得拟转卖之各种香烟多条，一起带局讯究。

（本报讯）东关警察所自政府奉令限价以来，该所章所长以东关系一大市镇，恐有不法商人暗自抬高物价，每日当派经济警察监督各市场，闻于昨日有该镇□行街米店老板俞东生者，暗自抬高米价卖买，当被该所发觉经带所讯明，现已送县局法办。

（越吼社讯）本县警察局，以查昌安门外三脚□等地方，一般商店有暗自抬高物价情事，经派员前往密查，果于昨（七）日查得昌安官塘桥下岸隆大粮行，擅自抬高黄豆价额，为每石四千九百万元，超出限价三百万元，小麦每石四千二百万元，超出限价二百万元，警局据查后，昨已传案严办，并没入其违法所得之款，以示惩儆。

（越吼社讯）自金元券问世以来，物价一再□动，虽经当局出尽大力，抑制物价，奈有少数奸商狡猾异常，使当局查不胜查，捉不胜捉，表面上虽则依据"八一九"售价标准，总不免有阳奉阴违之举动，兹悉本县最繁荣的柯桥市镇上，一批米商，均以当局抑制限价问题，它虽无违拗政令表示，实际上等于同气相投地把高档米藏匿一空，白米篮里面仅有的是低档白米，其插牌上则照着"八一九"最高米的价目售卖，一般四乡赶市平民，不但出高价买低米，简直弄到以高价买低米都无着，不到一刻工夫，白篮中仅有之四、五斗低米，尽为平民

争买一空，因此柯桥民众在这几天当中，弄得叫苦连天，尤其是该市屠商鲁大毛，在此当局评定物价声中，它竟敢教唆同业售卖条肉，仍就涨价到一百九十万元售卖，讵该鲁某，顽不听命，阳奉阴违，经柯桥警察所陆所长据报震怒，当将其斥责，一面派员向各屠商调查，确为鲁某唆使涨价，经陆所长以姑念鲁某初犯，当面令其劝导同业，于即日起遵照"八一九"售价标准交易，否则定予严惩，然鲁某虽则受命而去，昨日柯桥市上，已稀见鲜肉应市，经记者据有关该市屠业者谈，条肉售卖一百六十八万元一斤，屠商亦尚有微利可图。

（本报讯）本县县政府顷据密报，本城府直街十号姚宅内有囤积大量香烟情事经孙县长手令、许局长密查，查获红金香烟一千八百条。

《越报》中华民国三十七年九月八日

粮商菜贩大批被捕，黄金掮客有黑名单

（1948 年 9 月 11 日）

（本报讯）本县鱼、肉、蔬菜价目，前经警局奉政府指令核准，自应切实执行，稳定市价。近据报，督勤区管内各小菜场，仍有任意抬高价格出售情事，该区李巡官为领导警员加强工作计，于昨晨（十）日集合全体警员，对物价管制为每警员当前唯一重大职责，尤应切实执行，不为利诱，不准徇情，彻底做到本县督勤区之模范，语多鼓励。当日八时令饬第一二联动区张巡佐克尧、赵巡佐学谦，分别率领警员出动查察，先后在小菜场查获超出限价者，计鱼摊贩高丽娟、王阿三，菜摊贩柴云水、王云花，鸡鸭贩王阿龙等五名，一并拘区，经讯属实，为情节较轻，准予申诫后保释，并恳切警告，今后如若再犯决予送局严惩不贷。

（又讯）李巡官对该区内大善桥附近黄金黑市商人名单，已经慎密侦查清楚，惟持该证据，□□内不难肃清□迹。

（越吼社讯）本县警察局，于昨（十）日派员调查各项物价，查获东双桥五号同裕茂南货店，擅自抬高青糖价为每斤国币八十万元，依核定价，每斤六十二万元，超出十八万元。鸭贩徐炳炎擅自抬高鸭价为每斤国币一百十二万元，超出限价十六万元。当□鸭十六只，及人犯徐炳炎、钱宝二两名，簿据一本，单据一张送局法办。

《绍兴新闻》中华民国三十七年九月十一日

商业违反限价议价，政府制定取缔办法

（1948 年 9 月 17 日）

（本报南京专电）行政院法规委员会与经济管制委员会秘书处会同工商部修订之"取缔违反限价议价条例实施办法"，业经政院核定。并与十五日政务会议中提出报告。兹志办法如后：

（一）全国各县市均定为实施限价议价之地区。

（二）评议各地物价应由地方主管官署按民国三十七年八月十九日当地市场公司交易价格，照兑换率折合金元后之交易价格为准。各地方主管官署得见当地实际供需情形指定若干种物品加以严格管制。

（三）关于与人民日常生活有关之营业，如饭店、理发、缝纫、洗染、运输、诊所医院及电影、戏院等类之价格，适用前条规定加以管制。

（四）依前（二）、（三）项评价规定之物价及各业价格如有特殊原因须调查价格时，除法令有规定者外，得由地方主管官署组织，价评议委员会依照评议物价实施办法有关之规定，议定公平价格，报经当地主管机关核准并呈报该管上级机关备案。其在三十七年八月十九日前调整之价格如有过高者，得由地方主管官署依照前项规定另行评议，予以核减。

（五）自民国三十七年八月十九日起，若有左列情事之一者，即以违反限价论：

1. 各项物品之交易价格及与人民日常生活有关之营业价格经地方上级机关核准，而超过民国三十七年八月十九日依兑换率折合金元之价格者；

2. 自民国三十七年八月十九日起，按兑换率折合金元价格之物品有变名，变质，变量。改名出售者，及不按规定标准折合金元价格而秘密高价出售者；

3. 其他有违反限价，议价命令规定者。

（六）取缔违反限价，议价条例第六条第二款，第三款改以金元五百元为划分标准；超过议价情节重大，或成交货品与收款工资连价在金元五百元以上者，依第二款处理；超过议价者，应交货品与收受工资连价不满五百元者，依第三款处理。查条例规定划分标准以五万元，原拟改为金元二千元，未免过高。但如依原条例公布时之物价指数比例折合，则当时之"五万元"仅折合金元一百零一元四角又未免过低，爰经商定改拟如上。

（七）依违反限价议价条例所罚处之款除由司法机关依法办理者外，以五成充奖金，五成解缴地方政府公库。

（八）执行取缔违反限价议价之地方主管官署，在院辖市及省府所在地为社会局或社会处会同及警察机关办理。在县市为县市政府。

《越报》中华民国三十七年九月十七日

商品限价不敷成本可会同研究议价

（1948 年 9 月 22 日）

本地出产物质成品为限

（本报讯）自上月十九日经济措置令颁布后，各项物价皆被冻结，甚多物价其成本往往超过售价，各业颇为难以为继之感。因之要求调整者时有所闻。兹悉昨（廿一）日，县当局层奉行政院电令，以"凡商品确系不敷成本者，可由同业公会申请当地政府，会同研究议价，并呈省核定，评价之机构，可由原有之物价评议会主持"，顷据县主管当局称，此种再行评议，以本地之出产物质成品为限，例如本县之茶酒、锡箔等物，如限价低于成本时，则可呈请评议，惟仍须现行呈请省府核定。

《越报》中华民国三十七年九月二十二日

来源告绝市价直泻，箔工生计濒危

(1948 年 9 月 29 日)

箔庄公会昨招待新闻界，深盼当局从速救济援助

（本报讯）本县箔业，以原料品来源告绝，而市价则直线下泻，数十万从业人员，生计将发生问题，箔庄业公会，特于昨（二十八）日下午，招待新闻界，详述困苦情形，略谓自"八一九"限价以后之箔价，因奉行国策，市价逐跌十日之久，较之"八一九"市面，跌去百分之二十强，而箔之主要原料之锡，市价反涨，查锡的产地，以云南之个旧，广东之八步，江西之赣州为最多，而以江西运绍为最便。今年四五月间，江西产锡完全划归国营，商人无法去购，来源断绝，而八步产品营业市场，在广州与香港，该处有国际商人善价而沽，本县同业均无力加入。惟个旧之锡，商人均可自由卖买，而最大之公司为锡务公司，又系国家组织，为收购锡品争取外汇之强有力者，在"八一九"限价前夕，该处市价不过法币每市担八亿元左右，今则市价已到金圆券每担四七五元。水脚运费至上海，每担金圆券五十元，营业税等未估计在内，尚有副主要原料系炉花（此炉花系锡灰熔化而成，名曰炉花），苏州、无锡、上海三处，为集散地。苏州市面，"八一九"市价为法币二亿九千万元拆称一担，（拆称十五两三钱），至今则到法币六亿九千元，（绍兴所用黄焰光即由炉花改制而成）。上海、无锡两处所有，均由我同人收购，而与苏地同样情形，在这种环境之下，造箔及经营锡业者，均呈焦头烂额之势。所以昨今二天，由箔铺业邀集箔庄、杂锡、鹿鸣纸各公会负责人，共同商讨，佥谓不宜互相倾轧，致陷绝境，以共同利害之原则下，谋一条出路，以合法合理之精神，向主管当局请求救济，综上情形，目下箔庄、箔铺、杂锡、鹿鸣纸各业，暨大多数之工人生计，行将濒危，深盼各界援助，实为万幸。

《绍兴新闻》中华民国三十七年九月二十九日

昨各公店门前一片抢籴现象

(1948 年 10 月 17 日)

（又讯）昨（十六）天上午，城中十一爿公卖米店，开始售卖平价米，每人两升，米价是每升国币五十六万元（每斗合计一元八角七分）。本报记者，特地到各处的公卖店像走马看花般去视察了一下，觉得各公卖店虽有维持秩序的警察先生站立着，可是有许多地方还须加以改进的：

（一）不管购买人的强弱，统须令其挨次排立，输次购买平米，不得听其随买。

（二）挨次完毕的时候，应该购米人的前后顾虑到抢前重买，这十二爿的公卖店，要算西郭门首净瓶庵一爿，想出一个在购米人手掌上用蓝红水做记识办法，那可说比较妥善，免得他一再重买，害得别的输不到。

（又讯）当上午时分，各公卖店还没有开始，一般想购买平价米的，已像"吃施粥"般站在公卖店门首。

公店开业米号关门（又讯）全城大小米店，昨（十六）天统统打了烊，有许多门口写着"同业公议，本号门售米，在××公店"为关门理由。

（又讯）总工会昨天上了一件公文到县府要求的是，最近工会方面纷纷接到箔司工人、浇整工人、矸箔工人等许多工人团体要求，因为近几天来，本县米荒的严重，弄得这批工人有钱想□升把米都没有地方，如果去挨公店米，只有不做工作，否则那里有许多时间，不挨又没有饭吃，所以要求想一个救济办法。（这个问题，记者是明白的，当时经管委员会议的时候，曾经讨论过许多时间，后来决定的，是叫各单位的负责人自己向外地设法去买，或则托民调会代买，不过米款须先行交付的。）同样的，省立绍兴医院前天也有这个要求，结果县府叫他自己设法去买。

《绍兴新闻》中华民国三十七年十月十七日

2. 物价涨跌

本 市 商 情

（1946 年 10 月 16 日）

金银：		麻尖	四八,〇〇〇
饰金（钱）兑出	二四,四〇〇	禾熟	四八,〇〇〇
收进	二二,〇〇〇	提市	四五,〇〇〇
纹银（两）	三,〇〇〇	（门市）	
银元（块）	一,八〇〇	机洋尖	四〇,〇〇〇
食米(石)：		红粳	四〇,〇〇〇
（行盘）		新高晚	四七,〇〇〇
糙新尖	四〇,〇〇〇	白河南	四七,〇〇〇
红粳	四〇,〇〇〇	麻尖	四八,〇〇〇
新高晚	四七,〇〇〇	禾熟	四八,〇〇〇
白河南	四七,〇〇〇	提市	四五,〇〇〇

（门市）		飞象	一五,一〇〇
机洋尖	五二,〇〇〇	锡箔(块)：	
壬尖	五〇,〇〇〇	普车	三〇,〇〇〇
高早	四八,〇〇〇	的车	四三,七五〇
红粳	四八,〇〇〇	边王	五三,七五〇
次早	四六,〇〇〇	汇水	五〇
起早	四四,〇〇〇	赊息	一角七分
新尖	四二,〇〇〇	卷烟(条)：	
高晚	五八,〇〇〇	十支大英	一二,二〇〇
糯米	六八,〇〇〇	老刀	九,四〇〇
杂粮(石)：		仙女	七,一〇〇
小麦	四〇,〇〇〇	五华	七,二〇〇
曹青	五六,〇〇〇	哈德门	九,一〇〇
青蚕	六七,〇〇〇	金鼠	四,九〇〇
沙蚕	四〇,〇〇〇	美丽	八,八〇〇
麦粉(袋)：		百万金	一,八五〇
万丰市值		廿支红金	五,二〇〇
太和	二一,二〇〇	白兰地	五,三〇〇
顺风	二一,二〇〇	大乾坤	三,四〇〇
兵船	二一,二〇〇	山海关	二,七〇〇
蝴蝶	二〇,四〇〇	开乐	三,五五〇
八吉	一九,〇〇〇	骆驼	一二,二〇〇
金鱼	一九,〇〇〇	算盘	四,一〇〇
金钱	一九,〇〇〇	马力斯	九,三〇〇
胜利	一八,九〇〇	吉士	九,一〇〇
飞轮	一八,九〇〇	大米许林	三,五〇〇
赐福	一八,二〇〇	小米许林	二,三五〇

《绍兴新闻》中华民国三十五年十月十六日

本 市 商 情

（1946 年 10 月 30 日）

金银：		兑出	二五,〇〇〇
饰金（钱）		收进	二二,五〇〇

纹银(两)	三,〇〇〇	救济统粉	一四,〇〇〇
银元(块)	一,七〇〇	飞轮	一九,〇〇〇
食米(石):		赐福	一八,八〇〇
(行盘)		飞象	一四,五〇〇
糙新尖	四一,〇〇〇	**锡箔(块):**	
红粳	四一,〇〇〇	普车	二九,五〇〇
新高晚	四二,〇〇〇	的车	四三,九四〇
白河南	四五,〇〇〇	边王	五〇,七三〇
麻尖	四五,〇〇〇	汇水	一六〇
禾熟	四五,〇〇〇	息赊	一角八分
提市	四四,〇〇〇	**食油(租):**	
(门市)		麻油	一四〇,〇〇〇
机洋尖	五二,〇〇〇	菜油	一三五,〇〇〇
壬尖	五〇,〇〇〇	青油	一四〇,〇〇〇
高早	四八,〇〇〇	生油(百斤)	一三〇,〇〇〇
红粳	四八,〇〇〇	桐油(百斤)	一二二,〇〇〇
次早	四六,〇〇〇	白油(百斤)	一一八,〇〇〇
起早	四四,〇〇〇	**卷烟(条):**	
新尖	四二,〇〇〇	十支大英	一五,〇〇〇
高晚	五〇,〇〇〇	老刀	九,二〇〇
糯米	六八,〇〇〇	仙女	八,七〇〇
杂粮(石):		五华	八,七〇〇
小麦	四二,〇〇〇	哈德门	九,一〇〇
曹青	五二,〇〇〇	金鼠	五,一〇〇
青蚕	六八,〇〇〇	美丽	九,八〇〇
沙蚕	四〇,〇〇〇	廿支红金	五,三〇〇
麦粉(袋):		白兰地	五,二〇〇
万丰市价		大乾坤	三,四〇〇
太和	二一,八〇〇	山海关	二,五〇〇
顺风	二一,八〇〇	开乐	三,五五〇
兵船	二一,六〇〇	马力斯	九,五〇〇
八吉	一九,〇〇〇	吉士	九,〇〇〇
金鱼	一九,〇〇〇	算盘	四,三五〇
胜利	一九,〇〇〇	大米许林	三,五五〇
蝴蝶	二一,八〇〇	米许林	二,三〇〇
金钱	一九,〇〇〇		

煤油（听）：

僧帽	一八,〇〇〇
鹰牌	一八,〇〇〇
幸福	一八,〇〇〇
拆油（斤）	四〇〇
汽油（桶）	一〇,五〇〇

皂火：

祥茂	四〇,〇〇〇
光华	三八,〇〇〇
固本	四二,〇〇〇
上海（篓）	六五,〇〇〇
采桑	五二,〇〇〇

《绍兴新闻》中华民国三十五年十月三十日

本 市 商 情

（1946 年 11 月 18 日）

金银：

饰金（钱）	
兑出	二七,五〇〇
收进	二四,八〇〇
纹银（两）	一,八〇〇

食米（石）：

（行盘）	
糙新尖	四三,五〇〇
红粳	四三,五〇〇
新高晚	四五,五〇〇
白河南	四八,五〇〇
麻尖	四八,五〇〇
禾熟	四八,五〇〇
提市	四七,〇〇〇
（门市）	
机洋尖	五四,〇〇〇
壬尖	五二,〇〇〇
高早	五〇,〇〇〇
红粳	四八,〇〇〇
次早	四六,〇〇〇
起早	四四,〇〇〇
新尖	四二,〇〇〇
高晚	五〇,〇〇〇
糯米	六八,〇〇〇

杂粮（石）：

花勾	四七,〇〇〇
小麦	四〇,〇〇〇
糙占	五七,〇〇〇
曹青	五〇,〇〇〇
青蚕	六八,〇〇〇
新苞米	一八,〇〇〇
沙蚕	四〇,〇〇〇

麦粉（袋）：

太和	二二,七〇〇
顺风	二二,七〇〇
兵船	二二,六〇〇
八吉	一九,六〇〇
金鱼	一九,六〇〇
胜利	一九,四〇〇
蝴蝶	二一,六〇〇
金钱	一九,六〇〇
救济统粉	一四,〇〇〇
双桃	二二,五〇〇
三羊	二〇,七〇〇
飞轮	一九,五〇〇

锡箔（块）：

普车	二六,〇〇〇
的车	四二,二三〇

边王	四六,五六〇	僧帽	一八,〇〇〇
汇水	四〇	鹰牌	一八,〇〇〇
赊息	一角七分	幸福	一八,〇〇〇
油类(租):		拆油(斤)	四〇〇
麻油	一六〇,〇〇〇	汽油桶	一〇五,〇〇〇
菜油	一五八,〇〇〇	**皂火:**	
青油	一四〇,〇〇〇	史敦史木	三五,〇〇〇
生油(百斤)	一六〇,〇〇〇	大力	三二,〇〇〇
桐油(百斤)	一二〇,〇〇〇	金鸡	二四,〇〇〇
白油(百斤)	一二〇,〇〇〇	祥茂	四〇,〇〇〇
卷烟(条):		光华	三八,〇〇〇
十支大英	一四,五〇〇	固本	四二,〇〇〇
老刀	一一,〇〇〇	上海	六五,〇〇〇
仙女	九,六〇〇	采桑	五二,〇〇〇
五华	九,〇〇〇	**五金:**	
哈德门	九,八〇〇	玻璃(尺)	一,八〇〇
金鼠	五,八〇〇		二,〇〇〇
美丽	九,二〇〇	台板(块)	一四,〇〇〇
百万金	一,八五〇		一八,〇〇〇
廿支红金	五,六〇〇	磁漆(半磅)	三,二〇〇
白兰地	六,四〇〇	（二五磅)	一,八〇〇
大乾坤	三,五五〇	洋光(尺)	二,五〇〇
开乐	三,六五〇	批钉(斤)	一,七六〇
马力斯	一二,〇〇〇	绵丝布(尺)	三,〇〇〇
算盘	四,一〇〇	**电料:**	
大米许林	三,五〇〇	杂牌灯泡(只)	一,六〇〇
小米许林	二,三〇〇	长城皮线(圈)	一四,〇〇〇
红金壳	二,九〇〇	（码)	二〇〇
中会	二,五五〇	长城花线(圈)	二四,〇〇〇
白金龙	三,〇〇〇	（码)	五〇〇
全禄	二,三五〇	美国电筒甲(只)	一二,〇〇〇
指南	一,八五〇	美国电筒乙(只)	一一,〇〇〇
煤油(听):			
象牌(听)	一八,〇〇〇		

《绍兴新闻》中华民国三十五年十一月十八日

本 市 商 情

（1946 年 11 月 25 日）

金银：	
饰金（钱）	
兑出	二九,〇〇〇
收进	二六,一〇〇
纹银（两）	三,四〇〇
银元（块）	一,九五〇

食米（石）：	
糙新尖	四三,〇〇〇
红粳	四三,〇〇〇
新高晚	四五,五〇〇
白河南	四八,五〇〇
麻尖	四八,五〇〇
禾熟	四八,五〇〇
提市	四七,〇〇〇

（门市）	
机洋尖	五四,〇〇〇
壬尖	五二,〇〇〇
高早	五〇,〇〇〇
红粳	四八,〇〇〇
次早	四六,〇〇〇
起早	四四,〇〇〇
新尖	四二,〇〇〇
高晚	五〇,〇〇〇
糯米	六八,〇〇〇

杂粮（石）：	
花勾	四六,〇〇〇
小麦	四〇,〇〇〇
糙占	五七,〇〇〇
曹青	四八,〇〇〇
新苞米	二〇,〇〇〇
青蚕	六八,〇〇〇
沙蚕	四〇,〇〇〇

麦粉（袋）：	
太和	二三,四〇〇
顺风	二三,四〇〇
兵船	二三,四〇〇
八吉	二〇,五〇〇
金鱼	二〇,五〇〇
胜利	二〇,五〇〇
蝴蝶	二二,五〇〇
金钱	二〇,五〇〇
救济统粉	一四,〇〇〇
人寿	二三,二〇〇
双桃	二三,三〇〇
三羊	二二,〇〇〇
飞轮	二〇,五〇〇

锡箔（块）：	
普车	二九,〇〇〇
的车	四八,三一〇
边王	五七,九八〇
汇水	一二〇
赊息	一角七分

油类（粗）：	
麻油	一七八,〇〇〇
菜油	一七六,〇〇〇
青油	一五〇,〇〇〇
生油（百斤）	一八〇,〇〇〇
桐油（百斤）	一三〇,〇〇〇
白油（百斤）	一三〇,〇〇〇

卷烟（条）：	
十支大英	一四,二〇〇
老刀	一〇,二〇〇
仙女	九,六五〇
五华	九,〇〇〇

哈德门	一〇,〇〇〇		二,〇〇〇
金鼠	五,四〇〇	抬板(块)	一四,〇〇〇
美丽	八,九〇〇		一八,〇〇〇
百万金	一,八五〇	洋光(尺)	二,五〇〇
廿支红金	五,五五〇	绿丝布	三,〇〇〇
白兰地	六,〇〇〇	磁漆(半磅)	三,二〇〇
大乾坤	三,四五〇	（二五磅）	一,八〇〇
开乐	三,六五〇	批钉(斤)	一,七六〇
骆驼	一二,五〇〇	**电料：**	
马力斯	一一,五〇〇	杂牌灯泡(只)	一,六〇〇
算盘	四,一〇〇	长城皮线(圈)	一四,〇〇〇
大米许林	三,五〇〇	（码）	二〇〇
小米许林	二,三〇〇	长城花线(圈)	二四,〇〇〇
红金壳	二,七五〇	（码）	五〇〇
总会	二,六五〇	美国电筒甲(只)	一一,〇〇〇
白金龙	三,〇〇〇	美国电筒乙(只)	一二,〇〇〇
金禄	二,三〇〇	**百货：**	
指南	一,八九〇	大号固齿令牙膏	一,一〇〇
煤油(听)：		油蒙牙膏	三〇〇
僧帽(听)	一九,〇〇〇	黑人牙膏	八〇〇
鹰牌	一九,〇〇〇	三星牙膏	七〇〇
幸福	一九,〇〇〇	大雅霜(瓶)	二,九〇〇
象牌	一九,〇〇〇	二号雅霜(瓶)	二,〇〇〇
拆油(斤)	四〇〇	三号雅霜(瓶)	一,〇〇〇
汽油(桶)	一一〇,〇〇〇	大号蝶霜	一,八〇〇
皂火：		二号蝶霜	一,八〇〇
史敦史木	三五,〇〇〇	白熊脂	一,三〇〇
大力	三二,〇〇〇	明星香皂(块)	五〇〇
金鸡	二四,〇〇〇	豆蔻香皂	五〇〇
祥茂	四〇,〇〇〇	中央椰子香皂	六〇〇
光华	三八,〇〇〇	大号百雀香粉(盒)	一,二〇〇
固本	四二,〇〇〇	二号百雀香粉(盒)	九〇〇
上海(篓)	六五,〇〇〇	大号百雀令	三,二〇〇
采桑	五二,〇〇〇	二号百雀令	一,六〇〇
五金：		五磅热水瓶(只)	七,〇〇〇
玻璃(尺)	一,八〇〇	三十四寸单喷磁盆	五,八〇〇

三十四寸双喷磁盆	七,〇〇〇	远年	四〇,〇〇〇
三十四寸彩题磁盆	八,五〇〇	花雕	四二,〇〇〇
三十寸素磁盆	二,八〇〇	**茶叶:**	
三二支有光男线袜(双)	二,〇〇〇	旗枪担	一四〇,〇〇〇
三二支无光男线袜(双)	一,八〇〇	炒青	八〇,〇〇〇
酒类:		烘青	八五,〇〇〇
市酒(坛)	三〇,〇〇〇	红茶	六〇,〇〇〇
元红	三四,〇〇〇	龙井	一四〇,〇〇〇
加饭	六,〇〇〇		

《绍兴新闻》中华民国三十五年十一月二十五日

本 市 商 情

(1946 年 12 月 2 日)

金银:		起早	四四,〇〇〇
饰金(钱)		新尖	四二,〇〇〇
兑出	二九,五〇〇	高晚	五〇,〇〇〇
收进	二六,六〇〇	糯米	六八,〇〇〇
纹银(两)	三,四〇〇	**杂粮(石):**	
银元(块)	二,〇〇〇	花勾	四六,〇〇〇
食米(石):		小麦	四〇,〇〇〇
(行盘)		糙占	五七,〇〇〇
糙新尖	四三,〇〇〇	曹青	四八,〇〇〇
红粳	四三,〇〇〇	青蚕	六八,〇〇〇
新高晚	四五,五〇〇	新苞米	二〇,〇〇〇
白河南	四八,五〇〇	沙蚕	四〇,〇〇〇
麻尖	四八,五〇〇	**面粉(袋):**	
禾熟	四八,五〇〇	太和	二三,四〇〇
提市	四七,〇〇〇	顺风	二三,四〇〇
(门市)		兵船	二三,四〇〇
机洋尖	五四,〇〇〇	胜利	一九,三〇〇
壬尖	五二,〇〇〇	救济统粉	一四,〇〇〇
高早	五〇,〇〇〇	人寿	二三,二〇〇
红粳	四八,〇〇〇	双桃	二三,〇〇〇
早次	四六,〇〇〇	三羊	二二,〇〇〇

飞轮	一九,五〇〇	全禄	二,三〇〇
赐福	一九,三〇〇	指南	一,八九〇
锡箔(块):		**煤油(听):**	
普车	二六,五〇〇	僧帽(听)	二〇,〇〇〇
的车	四六,三六〇	鹰牌	二〇,〇〇〇
边王	五二,九八〇	幸福	二〇,〇〇〇
汇水	一二〇	象牌	二〇,〇〇〇
赊息	一角七分	拆油(斤)	四四〇
油类(租):		汽油(桶)	一一〇,〇〇〇
麻油	一七五,〇〇〇	**皂火:**	
菜油	一七五,〇〇〇	史敦史(木)	三五,〇〇〇
青油	一五〇,〇〇〇	大力	三二,〇〇〇
生油　百	一八〇,〇〇〇	金鸡	二四,〇〇〇
桐油	一三〇,〇〇〇	祥茂	四〇,〇〇〇
白油　斤	一二五,〇〇〇	光华	三八,〇〇〇
卷烟(条):		固本	四二,〇〇〇
十支大英	一五,五〇〇	上海(篓)	六五,〇〇〇
老刀	一〇,二〇〇	采桑	五二,〇〇〇
仙女	九,三〇〇	**五金:**	
五华	九,〇〇〇	玻璃(尺)	一,八〇〇
哈德门	九,七〇〇		二,〇〇〇
金鼠	五,三五〇	抬板(块)	一四,〇〇〇
美丽	九,三五〇		一八,〇〇〇
百万金	一,八五〇	洋光(尺)	二,五〇〇
廿支红金	五,六五〇	绿丝布	三,〇〇〇
白兰地	六,一〇〇	磁漆(半磅)	三,二〇〇
大乾坤	三,五〇〇	(二五磅)	一,八〇〇
开乐	三,六五〇	批钉(斤)	一,七六〇
骆驼	一三,〇〇〇	**电料:**	
马力斯	一一,八〇〇	杂牌灯泡(只)	一,六〇〇
算盘	四,一〇〇	长城皮线(圈)	一四,〇〇〇
大米许林	三,五〇〇	(码)	二〇〇
小米许林	二,三〇〇	长城花线(圈)	二四,〇〇〇
红金壳	二,七五〇	(码)	五〇〇
总会	二,六〇〇	美国电筒甲(只)	一一,〇〇〇
白金龙	三,〇〇〇	美国电筒乙(只)	一二,〇〇〇

百货：

大号固齿令牙膏（支）	一，一〇〇
迪蒙牙膏	三〇〇
黑人牙膏	八〇〇
三星牙膏	七〇〇
大雅霜（瓶）	二，九〇〇
二号雅霜（瓶）	二，〇〇〇
三号雅霜（瓶）	一，〇〇〇
大号蝶霜	一，八〇〇
二号蝶霜	一，八〇〇
白熊脂	一，三〇〇
明星香皂（块）	五〇〇
豆蔻香皂	五〇〇
中央椰子香皂	六〇〇
大号百雀香粉（盒）	一，二〇〇
二号百雀香粉	九〇〇
大号百雀令	三，二〇〇
二号百雀令	一，六〇〇

《绍兴新闻》中华民国三十五年十二月二日

本 市 商 情

（1946 年 12 月 15 日）

金银：

饰金（钱）	
兑出	三六，〇〇〇
收进	三二，四〇〇
纹银（两）	三，五〇〇
银元（块）	二，一〇〇

食米(石)：

（行盘）	
糙新尖	四三，〇〇〇
红粳	五三，〇〇〇
新高晚	四三，〇〇〇
白河南	四九，〇〇〇
麻尖	四九，〇〇〇
禾熟	四九，〇〇〇
提市	四七，〇〇〇
（门市）	
秋洋尖	五六，〇〇〇
壬尖	五四，〇〇〇
高早	五二，〇〇〇
红粳	五〇，〇〇〇
次早	四八，〇〇〇

起早	四六，〇〇〇
新尖	四四，〇〇〇
高晚	五二，〇〇〇
糯米	六八，〇〇〇

杂粮(石)：

花勾	四三，〇〇〇
小麦	四二，〇〇〇
糙占	五五，〇〇〇
曹青	四二，〇〇〇
青蚕	六六，〇〇〇
新苞米	二四，〇〇〇
沙蚕	四〇，〇〇〇

面粉(袋)：

太和	二三，七〇〇
顺风	二三，七〇〇
兵船	二三，七〇〇
胜利	一九，六〇〇
救济统粉	一四，〇〇〇
人寿	二三，五〇〇
双桃	二三，五〇〇
三羊	二二，三〇〇

飞轮	一九,六〇〇	鹰牌	二五,三〇〇
赐福	一九,七〇〇	幸福	二五,三〇〇
锡箔(块):		象牌	二五,三〇〇
普车	二九,五〇〇	拆油(斤)	六〇〇
的车	五一,六〇〇	汽油桶	一三〇,〇〇〇
边王	五八,九八〇	**电料:**	
汇水	二〇〇	杂牌灯泡(只)	一,六〇〇
赊息	一角八分	长城皮线(圈)	二四,〇〇〇
油类(砠):		长城皮线(码)	五〇〇
麻油	一六四,〇〇〇	**百货:**	
菜油	一六四,〇〇〇	大号固齿令牙膏(支)	一,一〇〇
青油	一四五,〇〇〇	迪蒙牙膏	三〇〇
生油(百斤)	一六〇,〇〇〇	黑人牙膏	八〇〇
桐油(百斤)	一四〇,〇〇〇	大雅霜(瓶)	二,九〇〇
白油(百斤)	一二〇,〇〇〇	二号雅霜(瓶)	二,〇〇〇
卷烟(条):		三号雅霜(瓶)	一,〇〇〇
十支大英	二〇,〇〇〇	大号蝶霜	二,〇〇〇
老刀	一二,〇〇〇	二号蝶霜	一,八〇〇
仙女	一〇,八〇〇	三号蝶霜	一,〇〇〇
哈德门	一二,八〇〇	白熊脂	一,三〇〇
金鼠	六,〇〇〇	明星香皂(块)	五〇〇
美丽	一一,五〇〇	豆蔻香皂	五〇〇
百万金	二,〇〇〇	中央椰子香皂	六〇〇
廿支红金	六,〇〇〇	大号百雀粉(盒)	九〇〇
白兰地	六,四〇〇	大号百雀令	三,二〇〇
大乾坤	三,七五〇	二号百雀令	一,六〇〇
骆驼	一五,〇〇〇	三号百雀令	八〇〇
马力斯	一三,八〇〇	五磅热水瓶(只)	七,〇〇〇
算盘	四,四〇〇	三十四寸单喷磁盆	五,八〇〇
大米许林	三,五〇〇	三十四寸双喷磁盆	七,〇〇〇
小米许林	二,三〇〇	三十四寸彩题磁盆	八,五〇〇
总会	二,七〇〇	三十寸素磁盆	二,八〇〇
全禄	二,七〇〇	三二支有光男袜(双)	二,〇〇
指南	二,一〇〇	三二支无光男袜(双)	一,八〇〇
煤油(听):		**皂火:**	
僧帽(听)	二五,三〇〇	史敦史(木)	三五,〇〇〇

大力	三二,〇〇〇		二,〇〇〇
金鸡	二四,〇〇〇	抬板(块)	一四,〇〇〇
祥茂	四〇,〇〇〇		一八,〇〇〇
光华	三八,〇〇〇	洋光(尺)	二,五〇〇
固本	四二,〇〇〇	绿丝布	三,〇〇〇
上海(篓)	六五,〇〇〇	磁漆(半磅)	三,二〇〇
采桑	二,〇〇〇	(二五磅)	一,八〇〇
五金:		批钉(斤)	一,七〇〇
玻璃(尺)	一,八〇〇		

《绍兴新闻》中华民国三十五年十二月十五日

本 市 商 情

(1946 年 12 月 21 日)

金银:		高晚	五八,〇〇〇
饰金(钱)		糯米	七〇,〇〇〇
兑出	三七,五〇〇	**杂粮(石):**	
收进	三三,八〇〇	花勾	四八,〇〇〇
纹银(两)	三,八〇〇	小麦	四四,〇〇〇
银元(块)	二,三五〇	糙占	六〇,〇〇〇
食米(石):		曹青	四四,〇〇〇
(行盘)		青蚕	六八,〇〇〇
糙新尖	五〇,〇〇〇	新苞米	二四,〇〇〇
红粳	五〇,〇〇〇	**麦粉(袋):**	
新高晚	五〇,〇〇〇	太和	二六,五〇〇
白河南	五八,〇〇〇	顺风	二六,五〇〇
麻尖	五八,〇〇〇	兵船	二六,五〇〇
禾熟	五八,〇〇〇	八吉	二二,〇〇〇
提市	五六,〇〇〇	胜利	二二,〇〇〇
(门市)		蝴蝶	二二,〇〇〇
壬尖	五八,〇〇〇	金钱	二二,〇〇〇
高早	五六,〇〇〇	救济统粉	一六,〇〇〇
红粳	五四,〇〇〇	双桃	二六,三〇〇
次早	五二,〇〇〇	**锡箔(块):**	
起早	五〇,〇〇〇	普车	三四,〇〇〇

的车	五六,六四〇	拆油(斤)	八八〇
边王	六七,九七〇	汽油桶	一二〇,〇〇〇
汇水	一五〇	**皂火烛:**	
赊息	一角七分	戏法皂(木)	七二,〇〇〇
油类(砠):		力士皂	一八〇,〇〇〇
麻油(百斤)	一七二,〇〇〇	利华药皂	六六,〇〇〇
菜油(百斤)	一七〇,〇〇〇	祥茂块皂	四〇,〇〇〇
青油(百斤)	一四〇,〇〇〇	祥茂条皂	四〇,〇〇〇
生油(百斤)	一六五,〇〇〇	史敦史皂	三二,〇〇〇
桐油(百斤)	一三八,〇〇〇	大力皂	三二,〇〇〇
白油(百斤)	一二三,〇〇〇	金鸡皂	二四,〇〇〇
卷烟(条):		光华皂	三八,〇〇〇
十支大英	二七,五〇〇	固本皂	四二,〇〇〇
老刀	一七,五〇〇	(篓)	
仙女	一四,〇〇〇	大头美女火	六二,〇〇〇
哈德门	一八,〇〇〇	和合火	四八,〇〇〇
金鼠	八,七〇〇	上海火	六五,〇〇〇
美丽	一七,〇〇〇	采桑火	五二,〇〇〇
廿支红金	九,二〇〇	红狮烛(十支)	三,五〇〇
白兰地	九,二〇〇	**电料:**	
大乾坤	六,二〇〇	杂牌灯泡(只)	二,四〇〇
宝珠	三,七〇〇	长城皮线(圈)	一八,〇〇〇
马力斯	一七,〇〇〇	(码)	二五〇
蓝锡包	三,五〇〇	长城花线(圈)	二八,〇〇〇
海岛	四,五〇〇	(码)	二八〇
总会	三,八〇〇	**百货:**	
红金壳	四,四〇〇	大号固齿令牙膏(支)	一,一〇〇
煤油(听):		迪蒙牙膏	三〇〇
僧帽(听)	三六,五〇〇	黑人牙膏	八〇〇
鹰牌	三六,五〇〇	三星牙膏	七〇〇
幸福	三六,五〇〇	大雅霜(瓶)	二,九〇〇
象牌	三六,五〇〇		

《绍兴商情》中华民国三十五年十二月廿一日

本 市 商 情

（1946 年 12 月 29 日）

金银：

饰金（钱）	
兑出	三七,〇〇〇
收进	三三,三〇〇
纹银（两）	三,八〇〇
银元（块）	二,三五〇

食米（石）：

（行盘）

糙新尖	五七,〇〇〇
红粳	五七,〇〇〇
新高晚	六〇,〇〇〇
白河南	六四,〇〇〇
麻尖	六六,〇〇〇
禾熟	六六,〇〇〇
提市	六五,〇〇〇

（门市）

秋洋尖	七〇,〇〇〇
壬尖	六八,〇〇〇
高早	六六,〇〇〇
红粳	六四,〇〇〇
次早	六二,〇〇〇
起早	六〇,〇〇〇
高晚	七〇,〇〇〇
糯米	七六,〇〇〇

杂粮（石）：

花勾	五二,〇〇〇
小麦	四六,〇〇〇
糙占	六五,〇〇〇
曹青	五二,〇〇〇
青蚕	六八,〇〇〇
新苞米	二八,〇〇〇

麦粉（袋）：

太和	二九,二〇〇
顺风	二九,二〇〇
兵船	二九,二〇〇
八吉	二四,〇〇〇
金鱼	二四,〇〇〇
胜利	二四,〇〇〇
蝴蝶	二八,〇〇〇
金钱	二四,〇〇〇
玉山	二三,〇〇〇
双桃	二九,〇〇〇
三金	二二,五〇〇

锡箔（块）：

普车	三四,〇〇〇
的车	五六,六〇〇
边王	六七,九七〇
汇水	一七〇
赊息	一角七分

油类（租）：

麻油	一九〇,〇〇〇
菜油	一九〇,〇〇〇
青油（百斤）	一五〇,〇〇〇
生油（百斤）	一八〇,〇〇〇
桐油	一四〇,〇〇〇
白油	一五〇,〇〇〇

卷烟（条）：

十支大英	二二,〇〇〇
老刀	一四,五〇〇
仙女	一二,六〇〇
哈德门	一三,五〇〇
金鼠	七,五〇〇
美丽	一四,五〇〇

廿支红金	七,五〇〇	长城皮线（圈）	一八,〇〇〇
白兰地	七,五〇〇	（码）	二五〇
大乾坤	四,八〇〇	长城花线（圈）	八,〇〇〇
宝珠	三,七五〇	（码）	二八〇
骆驼	一八,〇〇〇	**百货：**	
海岛	三,九〇〇	大号固齿令牙膏（支）	一,一〇〇
马力斯	一六,八〇〇	迪蒙牙膏	三〇〇
总会	三,三〇〇	黑人牙膏	八〇〇
红金壳	三,六五〇	三星牙膏	七〇〇
煤油（听）：		大雅霜（瓶）	二,九〇〇
僧帽（听）	三二,〇〇〇	大雅霜二号	二,〇〇〇
鹰牌	三二,〇〇〇	大雅霜三号	一,〇〇〇
幸福	三二,〇〇〇	大号蝶霜	一,八〇〇
象牌	三二,〇〇〇	二号蝶霜	一,八〇〇
汽油（斤）	八〇〇	白熊脂	一,三〇〇
拆油桶	一二〇,〇〇〇	明星香皂（块）	五〇〇
皂火烛：		豆蔻香皂	五〇〇
戏法皂（木）	七二,〇〇〇	中央椰子香皂	六〇〇
力士皂	一八〇,〇〇〇	大号百雀粉（盒）	一,二〇〇
利华乐皂	六六,〇〇〇	二号百雀香粉	九〇〇
祥茂块皂	四〇,〇〇〇	大号百雀令	三,二〇〇
祥茂条皂	四〇,〇〇〇	二号百雀令	一,六〇〇
史敦史皂	三二,〇〇〇	三号百雀令	八〇〇
大力皂	三二,〇〇〇	五磅热水瓶（只）	七,〇〇〇
金鸡皂	二四,〇〇〇	三十四寸单喷磁盆	五,八〇〇
光华皂	三八,〇〇〇	三十四寸双喷磁盆	七,〇〇〇
固本皂	四二,〇〇〇	三十四寸彩题磁盆	八,五〇〇
（篓）		三十寸素磁盆	二,八〇〇
大头美女火	六二〇,〇〇〇	三二支有光男袜（双）	二,〇〇
禾合火	四八,〇〇〇	三二支无光男袜（双）	一,八〇〇
上海火	六五,〇〇〇	**五金：**	
采桑火	五二,〇〇〇	玻璃（尺）	二,〇〇〇
红狮烛（十支）	三,五〇〇		二,二〇〇
电料：		台板（块）	一八,〇〇〇
杂牌灯泡（只）	二,四〇〇		二二,〇〇〇

《绍兴新闻》中华民国三十五年十二月廿九日

本 市 商 情

（1947 年 1 月 5 日）

金银：

饰金（钱）

兑出	三八,五〇〇
收进	三四,七〇〇
纹银（两）	四,二〇〇
银元（块）	二,五〇〇

食米(石)：

（行盘）（兴大行市）

糙新尖	五二,〇〇〇
红粳	五六,〇〇〇
新高晚	五七,〇〇〇
白河南	六三,〇〇〇
麻尖	六五,〇〇〇
禾熟	六二,〇〇〇
提市	六〇,〇〇〇

（同源市价）

秋洋尖	七二,〇〇〇
壬尖	七〇,〇〇〇
高早	六四,〇〇〇
红粳	六八,〇〇〇
次早	六〇,〇〇〇
起早	五六,〇〇〇
高晚	六八,〇〇〇
糯米	七〇,〇〇〇

杂粮(石)：

小麦	四六,〇〇〇
曹青	六〇,〇〇〇
沙蚕	五八,〇〇〇
青蚕	六五,〇〇〇

面粉(万丰市价)：

顺风	二八,二〇〇
兵船	二八,二〇〇
双桃	二八,二〇〇
胜利	二一,〇〇〇
金钱	二四,〇〇〇
玉山	二一,〇〇〇

锡箔(块)：

普车	三五,五〇〇
的车	六〇,〇〇〇
边王	七〇,〇〇〇
汇水	二五〇
赊息	一角七分

油类(砠)(永泰行市)：

麻油（百斤）	一九五,〇〇〇
菜油（百斤）	一九八,〇〇〇
青油（百斤）	一二〇,〇〇〇
生油（百斤）	一七〇,〇〇〇
桐油（百斤）	一四〇,〇〇〇
白油（百斤）	一八〇,〇〇〇

卷烟(条)：

十支大英	二二,〇〇〇
老刀	一四,八〇〇
仙女	一三,〇〇〇
五华	一二,二〇〇
哈德门	一四,〇〇〇
金鼠	七,七〇〇
美丽	一四,〇〇〇
廿支红金	七,二〇〇
白兰地	七,四〇〇
大乾坤	四,六〇〇
问乐	四,四〇〇
骆驼	一六,〇〇〇
马力斯	一七,〇〇〇
算盘	五,五〇〇

煤油(听):

亚细亚	三二,〇〇〇
德士古	三二,〇〇〇
美孚	三二,〇〇〇
拆油(斤)	八〇〇
汽油(听)	二五,〇〇〇
汽油(瓶)	一,二〇〇

火柴(篓):

嫦娥	七五,〇〇〇
采菱	六一,〇〇〇
绍兴	六〇,〇〇〇

电料:

杂牌灯泡(只)	二,四〇〇
长城皮线(圈)	一八,〇〇〇
（码）	二五〇
长城花圈(圈)	二八,〇〇〇
（码）	二八〇

百货:

大号固齿令牙膏(支)	一,一〇〇
迪蒙牙膏(支)	三〇〇
黑人牙膏(支)	八〇〇
三星牙膏(支)	七〇〇
大号雅霜(瓶)	二,九〇〇
二号雅霜(瓶)	二,〇〇〇
三号雅霜(瓶)	一,〇〇〇
大号蝶霜(瓶)	一,八〇〇
二号蝶霜(瓶)	一,八〇〇
白熊脂(瓶)	一,三〇〇
明星香皂(块)	五〇〇
豆蔻香皂(块)	五〇〇
中央椰子香皂(块)	六〇〇
大号百雀粉(盒)	一,二〇〇
二号百雀香粉(盒)	九〇〇
大号百雀令(盒)	三,二〇〇
二号百雀令(盒)	一,六〇〇
三号百雀令(盒)	八〇〇
五磅热水瓶(只)	七,〇〇〇

《绍兴新闻》中华民国三十六年一月五日

本 市 商 情

(1947 年 1 月 11 日)

金银:

饰金(钱)	
兑出	四一,〇〇〇
收进	三七,〇〇〇
纹银(两)	四,二〇〇
银元(块)	二,五〇〇

食米(石):

行盘(兴大行市)	
台细干	六六,〇〇〇
糙新尖	五五,〇〇〇
红粳	五六,〇〇〇
新高晚	五六,〇〇〇
白河南	六二,〇〇〇
麻尖	六二,〇〇〇
禾熟	六二,〇〇〇
提市	六〇,〇〇〇
（门市）	
（同源市价）	
秋洋尖	七四,〇〇〇
壬尖	七二,〇〇〇
高早	六六,〇〇〇
红粳	六八,〇〇〇

次早	六二,〇〇〇	**卷烟(每条):**	
起早	五八,〇〇〇	十支大英	二三,〇〇〇
高晚	七〇,〇〇〇	老刀	一四八,〇〇
糯米	八八,〇〇〇	仙女	一三,〇〇〇
杂粮(石):		五华	一二,二〇〇
花勾	五四,〇〇〇	哈德门	一五,五〇〇
小麦	五二,〇〇〇	金鼠	七,五〇〇
曹青	五二,〇〇〇	美丽	一四,〇〇〇
糙占	七四,〇〇〇	廿支红金	七,二〇〇
苞米	二五,〇〇〇	白兰地	七,三〇〇
面粉:		大乾坤	四,六〇〇
(万丰市价)		红三星	五,二〇〇
太和	三〇,五〇〇	开乐	四,三〇〇
顺风	三〇,五〇〇	骆驼	一七,五〇〇
兵船	三〇,五〇〇	马力斯	一七,〇〇〇
双桃	三〇,〇〇〇	全禄	三,四〇〇
胜利	二五,五〇〇	算盘	五,八〇〇
金钱	二五,五〇〇	指南	二,六〇〇
玉山	二二,三〇〇	红金壳	三,八〇〇
飞轮	二五,〇〇〇	宝珠	三,五五〇
三金	二二,三〇〇	**皂火(木):**	
锡箔(块):		力士香皂	一八〇,〇〇〇
普车	三五,五〇〇	条祥茂	四六,〇〇〇
的车	六一,五〇〇	黄祥茂	四六,〇〇〇
边王	七一,五〇〇	戏法皂	八五,〇〇〇
汇水	一五〇	利华药皂	八〇,〇〇〇
赊息	一角七分	固本皂	六八,〇〇〇
油类(砠):		船牌	四八,〇〇〇
(永泰行市)		(篓)	
麻油	二〇〇,〇〇〇	嫦娥	七五,〇〇〇
菜油	二〇〇,〇〇〇	采菱	六一,〇〇〇
青油	一七〇,〇〇〇	新美女	七〇,〇〇〇
生油	一八〇,〇〇〇	株莲	六五,〇〇〇
桐油	一四〇,〇〇〇	绍兴	六〇,〇〇〇
白油	一七二,〇〇〇	和合	五四,〇〇〇

煤油(听)：

亚细亚	三〇,〇〇〇
德士古	三〇,〇〇〇
美孚	三〇,〇〇〇
拆油(斤)	六八〇
汽油(桶,五十三介仑)	一二〇,〇〇〇
柴油	一三〇,〇〇〇

电料：

杂牌灯泡(只)	二,八〇〇
长城皮线(圈)	一八,〇〇〇
(码)	二二〇
长城花线(圈)	三〇,〇〇〇
(码)	六〇〇

百货：

大号固齿令牙膏(支)	一,一〇〇
迪蒙牙膏	三〇〇
黑人牙膏	八〇〇
三星牙膏	七〇〇
大雅霜(瓶)	二,九〇〇
二号雅霜	二,〇〇〇
三号雅霜	一,〇〇〇
大号蝶霜	一,八〇〇
二号蝶霜	一,八〇〇
白熊脂	一,五〇〇

明星香皂(块)	五〇〇
豆蔻香皂	五〇〇
中央椰子香皂	六〇〇
大号百雀粉(盒)	一,六〇〇
二号百雀香粉	二〇〇
大号百雀令	三,九〇〇
二号百雀令	一,二〇〇
三号百雀令	六〇〇
五磅热水瓶(只)	七,〇〇〇
三十四寸单喷磁盆	六,五〇〇
三十四寸双喷磁盆	七,五〇〇
三十四寸彩题磁盆	九,〇〇〇
三十寸素磁盆	三,八〇〇
三二支有光男袜(双)	二,四〇〇

五金：

玻璃(尺)	二,〇〇〇
	二,二〇〇
抬板(块)	一八,〇〇〇
洋光(尺)	三,〇〇〇
磁漆(半磅)	三,二〇〇
(二五磅)	一,八〇〇
批钉(斤)	一,七六〇
绿丝布(尺)	三,四〇〇

《绍兴新闻》中华民国三十六年一月十一日

本 市 商 情

(1947 年 3 月 18 日)

金银：

饰金(钱)	
兑出	(停)
收进	(停)
纹银(两)	九,〇〇〇
银元(块)	四,六〇〇

食米(石)：

行盘(兴大行市)	
糙红粳	八四,〇〇〇
糙高晚	八二,〇〇〇
椆糙	八二,〇〇〇
白台细干	九九,〇〇〇

麻尖	九〇,〇〇〇	**煤油(听):**	
提市	八七,〇〇〇	散油	四二四,〇〇〇
(门市)		亚细亚	五〇,〇〇〇
(同源市价)		德士古	五〇,〇〇〇
高洋尖	一〇四,〇〇〇	美孚	五〇,〇〇〇
新洋尖	一〇〇,〇〇〇	拆油(斤)	一,一二〇
壬尖	九六,〇〇〇	汽油(桶,五十三介仑)	二八〇,〇〇〇
高早	九〇,〇〇〇	柴油(吨)	九六〇,〇〇〇
中早	八二,〇〇〇	**卷烟(每条):**	
起早	七八,〇〇〇	十支大英	三四,〇〇〇
高晚	九六,〇〇〇	老刀	二五,五〇〇
中晚	九二,〇〇〇	仙女	二四,〇〇〇
糯米	一三〇,〇〇〇	五华	二一,〇〇〇
面粉(袋):		哈德门	二二,五〇〇
(万丰市价)		金鼠	一一,二〇〇
地球	五六,〇〇〇	美丽	一一,二〇〇
顺风	五六,〇〇〇	廿支红金	一〇,三〇〇
兵船	五六,〇〇〇	三星	八,五〇〇
无敌	五六,〇〇〇	骆驼	三二,〇〇〇
鸡球	五六,〇〇〇	马力斯	二五,〇〇〇
孔雀	五五,五〇〇	算盘	七,七〇〇
胜利	四四,〇〇〇	指南	四,二〇〇
大元	五二,〇〇〇	红金壳	五,四〇〇
金鱼	四七,〇〇〇	全禄	五,五〇〇
双狮	五二,〇〇〇	大乾坤	七,四〇〇
金钱	□□,〇〇〇	白兰地	一一,〇〇〇
赐福	四三,〇〇〇	总司令	六,二〇〇
统粉	三二,〇〇〇	前门	二三,五〇〇

《绍兴新闻》中华民国三十六年三月十八日

本 市 商 情

(1947 年 4 月 22 日)

金银(钱):		收进	(停)
兑出	(停)	银(两)	九,〇〇〇

银元(块)	四,六〇〇	老刀	三七,〇〇〇
食米(石):		仙女	二八,〇〇〇
行盘(兴大行市)		五华	二八,五〇〇
糙红粳	一四〇,〇〇〇	哈德门	三五,〇〇〇
糙高晚	一四〇,〇〇〇	金鼠	一九,〇〇〇
白河南	一五五,〇〇〇	美丽	三二,〇〇〇
明市	一五五,〇〇〇	廿支红金	一七,五〇〇
麻尖	一五五,〇〇〇	三星	一三,五〇〇
枙糙	一四五,〇〇〇	骆驼	三六,〇〇〇
白台细干	一五八,〇〇〇	马力斯	三二,〇〇〇
(门市)		算盘	八,四〇〇
(同源市价)		指南	四,八〇〇
高洋尖	一五八,〇〇〇	全禄	七,二〇〇
新洋尖	一五六,〇〇〇	大乾坤	一一,八〇〇
壬尖	一五四,〇〇〇	白兰地	一七,二〇〇
高早	一五二,〇〇〇	总司令	九,〇〇〇
中早	一四六,〇〇〇	前门	三八,〇〇〇
起早	一三八,〇〇〇	**煤油(听):**	
高晚	一五八,〇〇〇	散油	五三〇,〇〇〇
中晚	一五二,〇〇〇	亚细亚	六五,〇〇〇
杂粮:		德士古	六五,〇〇〇
(兴大行市)		美孚	六五,〇〇〇
小麦	一五〇,〇〇〇	拆油(斤)	一,四〇〇
苞米	八〇,〇〇〇	汽油(桶,五十三介仑)	三二〇,〇〇〇
曹青	一七五,〇〇〇	柴油	一一四〇,〇〇〇
提大青	一七五,〇〇〇	**锡箔(块):**	
花勾	一七五,〇〇〇	普车	六三,〇〇〇
油类(砠):		的车	一〇四,〇〇〇
(永泰行市)		边王	一一五,〇〇〇
麻油	五八〇,〇〇〇	**皂火(木):**	
菜油	五六〇,〇〇〇	黄祥茂	一八〇,〇〇〇
青油	四六〇,〇〇〇	条祥茂	一八〇,〇〇〇
桐油	四六〇,〇〇〇	戏法	二九〇,〇〇〇
生油	四八〇,〇〇〇	(篓)	
白油	四八〇,〇〇〇	美女	一六〇,〇〇〇
卷烟(每条):		采桑	一六〇,〇〇〇
十支大英	五二,〇〇〇		

送子	一七〇,〇〇〇	丰年	七四,〇〇〇
采莲	一六五,〇〇〇	金鱼	六四,〇〇〇
面粉：		统粉	四八,〇〇〇
（万丰市价）		鸡球	七四,〇〇〇
地球	七四,〇〇〇	孔雀	七三,〇〇〇
顺风	七四,〇〇〇	蜜蜂	五八,〇〇〇
兵船	七四,〇〇〇	源字	六四,〇〇〇
胜利	六四,〇〇〇		

《绍兴新闻》中华民国三十六年四月二十二日

本 市 商 情

（1947 年 8 月 9 日）

金融：		**杂粮：**	
收进（停）		（兴大行市）	
纹银（两）	二五,〇〇〇	新小麦	二一〇,〇〇〇
银元（块）	一八,〇〇〇	曹青	二二〇,〇〇〇
食米(石)：		提大青	二九〇,〇〇〇
（兴大行市）		花勾	二九〇,〇〇〇
红粳	二三〇,〇〇〇	**卷烟(每条)：**	
糙高晚	二五〇,〇〇〇	十支大英	九五,〇〇〇
淮白	二八〇,〇〇〇	前门	六五,〇〇〇
三机白	二七〇,〇〇〇	老刀	七四,〇〇〇
提市	二六〇,〇〇〇	五峰	六〇,〇〇〇
台细干	二九五,〇〇〇	哈德门	六〇,〇〇〇
陈糙	二二〇,〇〇〇	美丽	五二,五〇〇
新糙	二一〇,〇〇〇	廿支红金	三一,二〇〇
（门市）		三星	二二,五〇〇
（同源售价）		大英	四二,五〇〇
洋尖	三〇〇,〇〇〇	金鼠	二五,二〇〇
福尖	二七〇,〇〇〇	骆驼	七五,〇〇〇
二号米	二二〇,〇〇〇	马力斯	七〇,〇〇〇
京晚	三〇〇,〇〇〇	算盘	二二,〇〇〇
二号晚	二八〇,〇〇〇	指南	一一,二〇〇
		大乾坤	一九,〇〇〇

白兰地	三二,〇〇〇	美女	三八〇,〇〇
联珠	二四,〇〇〇	采桑	三六〇,〇〇〇
前门	五九,〇〇〇	送子	三六〇,〇〇〇
吉人士	二八,〇〇〇	采连	三六〇,〇〇〇
煤油:		**锡箔(块):**	
美孚	一四〇,〇〇〇	普车	一一四,〇〇〇
鹰油	一四〇,〇〇〇	的车	一九〇,〇〇〇
亚细亚	一四〇,〇〇〇	边王	二二五,〇〇〇
散油	九五,四〇〇	**油类(租):**	
卵油	三六〇〇,〇〇〇	(永泰行市)	
汽油	五六〇,〇〇〇	茶油	一一〇〇,〇〇〇
吉柴油	二,六〇〇	菜油	八二〇,〇〇〇
皂火(木):		青油	七六〇,〇〇〇
黄祥茂	三五〇,〇〇〇	桐油	六七〇,〇〇〇
条祥茂	三五〇,〇〇〇	生油	九五〇,〇〇〇
戏法	六〇〇,〇〇〇	白油	一一二〇,〇〇〇
(篓)			

《绍兴新闻》中华民国三十六年八月九日

本 市 商 情

（1947 年 9 月 8 日）

金融:		新糙	二六五,〇〇〇
(金饰停)		(门市)	
纹银(两)	二五,〇〇〇	(同源售价)	
银元(块)	一八,〇〇〇	洋尖	三六〇,〇〇〇
食米(石):		福尖	三五〇,〇〇〇
兴大行市		一号尖	三二〇,〇〇〇
壬尖	三七〇,〇〇〇	二号尖	三〇〇,〇〇〇
糙高晚	三一五,〇〇〇	三号尖	二八〇,〇〇〇
陈淮白	三三〇,〇〇〇	京晚	三七〇,〇〇〇
新三机白	三〇〇,〇〇〇	**杂粮:**	
新提市	二九五,〇〇〇	(兴大行市)	
台细干	三六〇,〇〇〇	新小麦	二五〇,〇〇〇
陈糙	二七五,〇〇〇	曹青	三一五,〇〇〇

霉青	三一五,〇〇〇	茶油	一三五〇,〇〇〇
锡箔(块):		菜油	一〇二〇,〇〇〇
普车	一三一,〇〇〇	青油	八六〇,〇〇〇
的车	二四〇,〇〇〇	桐油	八四〇,〇〇〇
边王	二六〇,〇〇〇	生油	一二〇〇,〇〇〇
卷烟(每条):		坪油	一七〇〇,〇〇〇
十支大英	□□□□□□	二断	一六五〇,〇〇〇
前门	□□□□□□	**煤油:**	
老刀	一四五,〇〇〇	美孚	二〇五,〇〇〇
五华	□□□□□□	鹰油	二〇五,〇〇〇
哈德门	一三五,〇〇〇	亚细亚	二〇五,〇〇〇
美丽	八五,〇〇〇	散油	一六四三,〇〇〇
三星	三六,五〇〇	拆油	四,四〇〇
大英	六五,〇〇〇	汽油	一〇六〇,〇〇〇
金鼠	四三,〇〇〇	柴油	四八〇〇,〇〇〇
骆驼	□□□□□□	**皂火(木):**	
马力斯	□□□□□□	黄祥茂	三七〇,〇〇〇
算盘	三一,〇〇〇	条祥茂	三七〇,〇〇〇
指南	一五,〇〇〇	戏法	六五〇,〇〇〇
大乾坤	二四,五〇〇	**(篓)**	
红金	五〇,〇〇〇	美女	三八〇,〇〇〇
白兰地	五五,〇〇〇	采桑	三六〇,〇〇〇
联珠	四〇,〇〇〇	送子	三六〇,〇〇〇
前门	一〇〇,〇〇〇	采连	三六〇,〇〇〇
吉人士	□□□□□□		
油类(租):			
(永泰行市)			

《绍兴新闻》中华民国三十六年九月八日

本 市 商 情

(1947 年 9 月 15 日)

金融:		银元(块)	一八,〇〇〇
(金饰停)		**食米(石):**	
纹银(两)	二八,〇〇〇	(兴大行市)	

糙高晚	三二五,〇〇〇	算盘	二八,五〇〇
陈淮白	三四〇,〇〇〇	指南	一三,九〇〇
新三机白	三三〇,〇〇〇	大乾坤	二三,五〇〇
新提市	三一五,〇〇〇	红金	四七,〇〇〇
台细干	三六〇,〇〇〇	白兰地	五五,〇〇〇
陈椓糙	二九五,〇〇〇	联珠	三九,〇〇〇
新糙	二八五,〇〇〇	前门	一一五,〇〇〇
（门市）		老刀	
（同源售价）		五华	
洋尖	三六〇,〇〇〇	哈德门	一三六,〇〇〇
福尖	三五〇,〇〇〇	美丽	八二,〇〇〇
一号尖	三三〇,〇〇〇	三星	三二,五〇〇
二号尖	三一〇,〇〇〇	大英	六四,五〇〇
三号尖	二九〇,〇〇〇	金鼠	四二,〇〇〇
京晚	三九〇,〇〇〇	**油类:**	
杂粮:		（永泰行市）	
（兴大行市）		麻油	一三五〇,〇〇〇
新小麦	二八〇,〇〇〇	菜油	一〇四〇,〇〇〇
曹青	三三五,〇〇〇	青油	八六〇,〇〇〇
霉青	三四〇,〇〇〇	桐油	八四〇,〇〇〇
锡箔(块):		生油	一二〇〇,〇〇〇
普车	一三三,〇〇〇	坪油	一七〇〇,〇〇〇
的车	二三七,〇〇〇	二断	一六五〇,〇〇〇
边王	二六九,〇〇〇	**煤油:**	
卷烟(每条):		美孚	二二五,〇〇〇
廿支大英	一六〇,〇〇〇	鹰油	二二五,〇〇〇
前门	一一五,〇〇〇	亚细亚	二二五,〇〇〇
老刀		散油	四,八〇〇
五华		汽油	一〇六〇,〇〇〇
哈德门	一三六,〇〇〇	柴油	四八〇〇,〇〇〇
美丽	八二,〇〇〇	**皂火(木):**	
三星	三二,五〇〇	黄祥茂	三七〇,〇〇〇
大英	六四,五〇〇	条祥茂	三七〇,〇〇〇
金鼠	四二,〇〇〇	戏法	六五〇,〇〇〇
骆驼		（篓）	
马力斯		美女	三八〇,〇〇〇

采桑	三六五,〇〇〇	采连	三六〇,〇〇〇
送子	三六〇,〇〇〇		

《绍兴新闻》中华民国三十六年九月十五日

本 市 商 情

（1947 年 9 月 21 日）

金融：		的车	二三五,〇〇〇
（金饰停）		边王	二六六,〇〇〇
纹银（两）	二八,〇〇〇	**卷烟(每条)：**	
银元（块）	一八,〇〇〇	十支大英	一五五,〇〇〇
食米：		前门	
兴大米行		老刀	一四五,〇〇〇
糙高晚	三五〇,〇〇〇	五华	
陈淮白	三五〇,〇〇〇	哈德门	一二五,〇〇〇
新三机白	三三〇,〇〇〇	美丽	八三,〇〇〇
新提市	三一〇,〇〇〇	三星	三三,〇〇〇
台细干	三六五,〇〇〇	大英	六三,〇〇〇
陈枕糙	三一〇,〇〇〇	金鼠	四二,〇〇〇
新糙	二九〇,〇〇〇	骆驼	
（门市）		马力斯	
（同源售价）		算盘	二八,〇〇〇
洋尖	三七〇,〇〇〇	指南	一三,六〇〇
罗尖	三五〇,〇〇〇	大乾坤	二二,七〇〇
一号尖	三四〇,〇〇〇	红金	四七,〇〇〇
二号尖	三二〇,〇〇〇	白兰地	五二,八〇〇
三号尖	三〇〇,〇〇〇	联珠	四〇,〇〇〇
京晚	四二〇,〇〇〇	前门	九〇,〇〇〇
杂粮：		吉人士	四〇,〇〇〇
（兴大行市）		**油类(砠)：**	
小麦	二九〇,〇〇〇	（永泰行市）	
曹青	三四〇,〇〇〇	麻油	一三五〇,〇〇〇
霉青	三五〇,〇〇〇	菜油	一一四〇,〇〇〇
锡箔（块）：			
普车	一三三,〇〇〇		

《绍兴新闻》中华民国三十六年九月二十一日

绍 兴 商 讯

（1947 年 10 月 12 日）

金融：		煤油：	
（金饰停）		美孚	四二〇,〇〇〇
纹银（两）	四五,〇〇〇	鹰油	四二〇,〇〇〇
银元（块）	三〇,〇〇〇	亚细亚	四二〇,〇〇〇
食米(石)：		散油	三三九五,〇〇〇
（兴大行市）		拆油	八,八〇〇
糙高晚	四八〇,〇〇〇	汽油	二〇〇〇,〇〇〇
糙红粳	四八〇,〇〇〇	柴油	一八〇〇,〇〇〇
陈淮白	四九〇,〇〇〇	**油类(砠)：**	
新三面白	四八〇,〇〇〇	（永泰行市）	
新粳	四八〇,〇〇〇	麻油	一七〇〇,〇〇〇
新提市	四七〇,〇〇〇	菜油	一六五〇,〇〇〇
新糙	四四〇,〇〇〇	青油	一四〇〇,〇〇〇
（门市）		桐油	一四〇〇,〇〇〇
（同源售价）		生油	一七〇〇,〇〇〇
洋尖	五〇〇,〇〇〇	坪油	二三〇〇,〇〇〇
罗尖	五〇〇,〇〇〇	二断	二二〇〇,〇〇〇
壬尖		**卷烟(每条)：**	
顶尖	四八〇,〇〇〇	十支大英	二一〇,〇〇〇
一号尖	四六〇,〇〇〇	前门	一四〇,〇〇〇
二号尖	四四〇,〇〇〇	老刀	
京晚	五六〇,〇〇〇	五华	
糯米		哈德门	一六〇,〇〇〇
杂粮：		美丽	一一五,〇〇〇
（兴大行市）		廿支三星	四八,〇〇〇
小麦	四二〇,〇〇〇	大英	九〇,〇〇〇
曹青	四六〇,〇〇〇	金鼠	五六,〇〇〇
霉青	四八〇,〇〇〇	骆驼	
锡箔(包)：		马力斯	
普车	二五八〇,〇〇〇	算盘	三八,〇〇〇
的车	四一四〇,〇〇〇	指南	一九,〇〇〇
边王	五一三〇,〇〇〇	大乾坤	三四,五〇〇

红金	六七,〇〇〇	条祥茂	五五〇,〇〇
白兰地	七二,〇〇〇	戏法	八五〇,〇〇〇
联珠	五〇,〇〇〇	（篓）	
前门	一三五,〇〇〇	美女	六二〇,〇〇〇
吉人士	五四,〇〇〇	采桑	六〇〇,〇〇〇
皂火（木）：		送子	六〇〇,〇〇〇
黄祥茂	五五〇,〇〇〇	采莲	六〇〇,〇〇〇

《绍兴新闻》中华民国三十六年十月十二日

绍 兴 商 讯

（1947 年 10 月 17 日）

金融：		**杂粮：**	
（金饰停）		（兴大行市）	
纹银（两）	六,〇〇〇	小麦	四八〇,〇〇〇
银元（块）	四五,〇〇〇	霉青	五五〇,〇〇〇
食米（石）：		曹青	五四〇,〇〇〇
（兴大行市）		**锡箔（包）：**	
糙高晚	五四〇,〇〇〇	普车	二六五〇,〇〇〇
糙红粳	五五〇,〇〇〇	的车	四四〇〇,〇〇〇
陈淮白		边王	五四〇〇,〇〇〇
新三机白	五六五,〇〇〇	**煤油：**	
新粳	五四〇,〇〇〇	美孚	五〇五,〇〇〇
新提市	五五五,〇〇〇	鹰油	五〇五,〇〇〇
新糙	五二〇,〇〇〇	亚细亚	五〇五,〇〇〇
（门市）		散油	四〇八〇,〇〇〇
（同源售价）		拆油	一〇,五〇〇
洋尖	六二〇,〇〇〇	汽油	二二〇〇,〇〇〇
罗尖	一〇,〇〇〇	柴油	二五〇〇,〇〇〇
红粳		**油类（砠）：**	
顶尖	五八〇,〇〇〇	（永泰行市）	
一号尖	五六〇,〇〇〇	麻油	二二〇〇,〇〇〇
二号尖	五四〇,〇〇〇	菜油	二二〇〇,〇〇〇
京晚		青油	一九〇〇,〇〇〇
糯米		桐油	一八四〇,〇〇〇

生油	二四〇〇,〇〇〇	大英	九〇,〇〇〇
坪油	一九〇〇,〇〇〇	金鼠	五六,〇〇〇
二断	二八〇〇,〇〇〇	骆驼	
卷烟(每条):		马力斯	
十支大英	二二〇,〇〇〇	算盘	四二,〇〇〇
前门		指南	二一,〇〇〇
老刀	一八〇,〇〇〇	大乾坤	三七,〇〇〇
五华		红金	六五,〇〇〇
哈德门	一五,〇〇〇	白兰地	七二,〇〇〇
美丽	一一八,〇〇〇	吉人士	五六,〇〇〇
廿支三星	五〇,〇〇〇	前门	一四〇,〇〇〇

《绍兴新闻》中华民国三十六年十月十七日

绍 兴 商 讯

(1947 年 10 月 26 日)

金融:		二号尖	四八〇,〇〇〇
(金饰停)		京晚	六〇〇,〇〇〇
纹银(两)	六〇,〇〇〇	糯米	
银元(块)	四五,〇〇〇	**杂粮:**	
食米(石):		(兴大行市)	
(兴大行市)		小麦	四五〇,〇〇〇
洋高晚	五一〇,〇〇〇	霉青	五二〇,〇〇〇
糙高粳	四九〇,〇〇〇	曹青	五〇〇,〇〇〇
陈淮白		**煤油:**	
新三机白	四九〇,〇〇〇	美孚	四四〇,〇〇〇
新粳	四九〇,〇〇〇	鹰油	四四〇,〇〇〇
糙提市	四八〇,〇〇〇	亚西亚	四四〇,〇〇〇
新糙	四四〇,〇〇〇	散油	三三九二,〇〇〇
(门市)		油	九,二〇〇
(同源售价)		汽油	二一〇〇,〇〇〇
新尖	五七〇,〇〇〇	柴油	二四〇,〇〇〇
罗尖	五六〇,〇〇〇	**锡箔(包):**	
红粳	六〇〇,〇〇〇	普车	二五三〇,〇〇〇
顶尖	五五〇,〇〇〇	的车	三九〇〇,〇〇〇
一号尖	五二〇,〇〇〇	边王	四九〇〇,〇〇〇

油类(砠):

（永泰行市）

麻油	一八五〇,〇〇〇
菜油	一八〇〇,〇〇〇
青油	一七〇〇,〇〇〇
桐油	一六二〇,〇〇〇
生油	二二八〇,〇〇〇
坪油	二六五〇,〇〇〇
二断	二六〇〇,〇〇〇

卷烟(每条):

十支大英	二〇五,〇〇〇
前门	一五〇,〇〇〇
老刀	一七〇,〇〇〇
五华	
哈德门	一五二,〇〇〇
美丽	一〇九,〇〇〇
廿支三星	四五,〇〇〇
大英	八五,五〇〇
金鼠	五二,五〇〇

骆驼	
马力斯	
算盘	四二,五〇〇
指南	二三,〇〇〇
大乾坤	三四,八〇〇
红金	六七,五〇〇
白兰地	七二,〇〇〇
吉人士	五六,〇〇〇
前门	一一五,〇〇〇
联珠	五一,〇〇〇

皂火(木):

黄祥茂	六八〇,〇〇〇
条祥茂	六八〇,〇〇〇
戏法	一〇〇,〇〇〇

（篓）

美女	六五〇,〇〇〇
采桑	六四〇,〇〇〇
送子	六四〇,〇〇〇
采莲	六四〇,〇〇〇

《绍兴新闻》中华民国三十六年十月二十六日

绍 兴 商 讯

（1947 年 11 月 5 日）

金融:

（金饰停）

纹银(两)	五五,〇〇〇
银元(块)	三三,〇〇〇

食米(石):

（兴大行市）

糙高晚	五三〇,〇〇〇
糙红粳	五三〇,〇〇〇
陈淮白	
新三机白	五一〇,〇〇〇
新粳	五三〇,〇〇〇
糙提市	四八五,〇〇〇

新糙	四五〇,〇〇〇

（门市）

（同源售价）

羊尖	五六〇,〇〇〇
罗尖	五四〇,〇〇〇
红榜	五八〇,〇〇〇
顶尖	五一〇,〇〇〇
一号尖	
二号尖	四七〇,〇〇〇
京晚	六〇〇,〇〇〇
蒸谷	五六〇,〇〇〇
糯米	

杂粮：		前门	一四五，〇〇〇
（兴大行市）		老刀	一六六，〇〇〇
小麦	四六〇，〇〇〇	五华	
霉青	五一〇，〇〇〇	哈德门	一四六，〇〇〇
曹青	五一〇，〇〇〇	美丽	一〇五，〇〇〇
煤油：		廿支三星	四四，〇〇〇
美孚	四四〇，〇〇〇	大英	八二，五〇〇
鹰油	四四〇，〇〇〇	金鼠	五一，八〇〇
亚西亚	四四〇，〇〇〇	骆驼	
散油	三三九二，〇〇〇	马力斯	
拆油	九，二〇〇	算盘	四七，〇〇〇
汽油	二一〇，〇〇〇	指南	二三，〇〇〇
柴油	二四〇〇，〇〇〇	大乾坤	三七，〇〇〇
锡箔（包）：		红金	六六，八〇〇
普车	二四六〇，〇〇〇	白兰地	七一，八〇〇
的车	四〇五〇，〇〇〇	大红运	四八，五〇〇
边王	五〇五〇，〇〇〇	前门	一一〇，〇〇〇
油类（砠）：		联珠	五〇，〇〇〇
（永泰行市）		皂火（木）：	
麻油	一七〇〇，〇〇〇	黄祥茂	六八〇，〇〇〇
菜油	一七〇〇，〇〇〇	条祥茂	六八〇，〇〇〇
青油	一六〇〇，〇〇〇	戏法	一〇〇，〇〇〇
桐油	一五〇〇，〇〇〇	（篓）	
生油	二二〇〇，〇〇〇	美女	六五〇，〇〇〇
坪油	二二〇〇，〇〇〇	采桑	六四〇，〇〇〇
二断	二一〇〇，〇〇〇	送子	六四〇，〇〇〇
卷烟（每条）：		采莲	六〇四，〇〇〇
十支大英	二〇二，〇〇〇		

《绍兴新闻》中华民国三十六年十一月五日

绍 兴 商 讯

（1947 年 11 月 14 日）

金融：		银元（块）	三三，〇〇〇
（金饰停）		食米（石）：	
纹银（两）	五五，〇〇〇	（兴大行市）	

糙高晚	五三〇,〇〇〇
糙红粳	五三〇,〇〇〇
陈淮白	
新三面白	五一〇,〇〇〇
新粳	五三〇,〇〇〇
糙提市	四八五,〇〇〇
新糙	四五〇,〇〇〇

(门市)

(同源售价)

羊尖	五六〇,〇〇〇
罗尖	五二〇,〇〇〇
红粳	五八〇,〇〇〇
顶尖	五一〇,〇〇〇
壬尖	六〇〇,〇〇〇
二号尖	四六〇,〇〇〇
京晚	五八〇,〇〇〇
蒸谷	五八〇,〇〇〇
糯米	

杂粮:

(兴大行市)

小麦	四六〇,〇〇〇
霉青	五一〇,〇〇〇
曹青	五一〇,〇〇〇

煤油:

亚细亚	四二〇,〇〇〇
鹰油	四二〇,〇〇〇
幸福	四二〇,〇〇〇
散油	三一八〇,〇〇〇
拆油	八,五〇〇
汽油	二〇〇〇,〇〇〇
柴油	二四〇〇,〇〇〇

锡箔(包):

普车	二五〇〇,〇〇〇
的车	四三〇〇,〇〇〇
边王	五二〇〇,〇〇〇

油类(砠):

(永泰行市)

麻油	一七四〇,〇〇〇
菜油	一七四〇,〇〇〇
青油	一六〇〇,〇〇〇
桐油	一五〇〇,〇〇〇
生油	二一〇〇,〇〇〇
坪油	二〇五〇,〇〇〇
二断	一九五〇,〇〇〇

卷烟(每条):

十支大英	二〇五,〇〇〇
前门	一五五,〇〇〇
老刀	一六八,〇〇〇
五华	
哈德门	一五一,五〇〇
美丽	一〇七,〇〇〇
廿支三星	四五,〇〇〇
大英	八六,三〇〇
金鼠	五三,〇〇〇
大克雷斯	七〇,五〇〇
大三炮	一七〇,〇〇〇
嘉宝	五九,〇〇〇
指南	二三,八〇〇
大乾坤	三七,五〇〇
红金	六九,〇〇〇
白兰地	七四,五〇〇
大红运	四九,〇〇〇
前门	一三〇,〇〇〇
联珠	四九,五〇〇

皂火(木):

黄祥茂	六五〇,〇〇〇
条祥茂	六五〇,〇〇〇
戏法	一〇〇,〇〇〇

(篓)

美女	六五〇,〇〇〇
采桑	六四〇,〇〇〇

送子	六四〇,〇〇〇	鹦鹉元斜	八九〇,〇〇〇
采运	六〇四,〇〇〇	红狮元布	九二〇,〇〇〇
棉布(源茂盛市价):		四君子元机	一一九〇,〇〇〇
龙头细布(疋)	九六〇,〇〇〇	广生力士呢	一〇五〇,〇〇〇
鹦鹉士林	一三〇〇,〇〇〇	广生大中呢	一〇〇,〇〇〇

《绍兴新闻》中华民国三十六年十一月十四日

绍 兴 商 讯

(1947 年 11 月 23 日)

金融:		**杂粮:**	
(金饰停)		(兴大行市)	
纹银(两)	六五,〇〇〇	小麦	四九〇,〇〇〇
银元(块)	四〇,〇〇〇	霉青	六〇,〇〇〇
食米(石):		曹青	六〇,〇〇〇
(兴大行市)		**煤油:**	
糙高晚	五六〇,〇〇〇	亚细亚	四八〇,〇〇〇
糙红粳	五七〇,〇〇〇	鹰油	四八〇,〇〇〇
陈淮白		幸福	四八〇,〇〇〇
新三机白	五七〇,〇〇〇	散油	三八一六,〇〇〇
新粳	五六〇,〇〇〇	拆油	一〇〇〇〇
提市	五六〇,〇〇〇	汽油	二三〇〇,〇〇〇
新糙	五三〇,〇〇〇	柴油	二四〇〇,〇〇〇
(门市)		**锡箔(包):**	
(同源售价)		普车	二九五〇,〇〇〇
羊尖	六〇〇,〇〇〇	的车	五二〇〇,〇〇〇
罗尖	五七〇,〇〇〇	边王	六二〇〇,〇〇〇
红粳	六二〇,〇〇〇	**油类(砠):**	
顶尖	五五〇,〇〇〇	(永泰行市)	
壬尖	六六〇,〇〇〇	麻油	二一〇〇,〇〇〇
二号尖	五二〇,〇〇〇	菜油	二一〇〇,〇〇〇
京晚	六六〇,〇〇〇	青油	一七〇〇,〇〇〇
蒸谷	六二〇,〇〇〇	桐油	一七〇〇,〇〇〇
糯米	七八〇,〇〇〇	生油	二三〇〇,〇〇〇
		坪油	二三〇〇,〇〇〇

二断	二二〇〇,〇〇〇	联珠	五五,〇〇〇
卷烟(每条):		皂火(木):	
十支大英	二五五,〇〇〇	黄祥茂	六八〇,〇〇〇
前门	一九〇,〇〇〇	条祥茂	六八〇,〇〇〇
老刀	二〇〇,〇〇〇	戏法	一〇五,〇〇〇
五华		(篓)	
哈德门	一七八,〇〇〇	美女	七三〇,〇〇〇
美丽	一四〇,〇〇〇	采桑	七二〇,〇〇〇
廿支三星	五二,〇〇〇	送子	七二〇,〇〇〇
大英	一〇九,〇〇〇	采连	七二四,〇〇〇
金鼠	六六,〇〇〇	棉布(沅茂盛市价):	
大克雷斯	八八,〇〇〇	龙头细布(疋)	一三八〇,〇〇〇
大三炮	一七八,〇〇〇	龙头细斜	一二八〇,〇〇〇
嘉宝	六二,〇〇〇	鹦鹉士林	一六八〇,〇〇〇
指南	二八,〇〇〇	鹦鹉元斜	一〇七〇,〇〇〇
大乾坤	四七,〇〇〇	红狮元布	一〇八〇,〇〇〇
红金	九〇,五〇〇	四君子元机	一四二〇,〇〇〇
白兰地	九二,〇〇〇	广生力士呢	一一六〇,〇〇〇
大红运	五五,〇〇〇	广生大中呢	一〇八〇,〇〇〇
前门	一五八,〇〇〇		

《绍兴新闻》中华民国三十六年十一月二十三日

绍 兴 商 讯

(1947 年 11 月 29 日)

金融:		提市	五八〇,〇〇〇
(金饰停)		新糙	五六〇,〇〇〇
纹银(两)	六五,〇〇〇	(门市)	
银元(块)	四〇,〇〇〇	(同源售价)	
食米(石):		羊尖	
(兴大行市)		糙尖	六八〇,〇〇〇
糙高晚	五八〇,〇〇〇	陈红光	六〇〇,〇〇〇
糙红粳	五九〇,〇〇〇	顶尖	六〇〇,〇〇〇
陈淮白		白尖	六二〇,〇〇〇
新三机白	六〇〇,〇〇〇	一号尖	六十万,〇〇〇

二号尖	五八〇,〇〇〇	五华	
京晚	六八〇,〇〇〇	哈德门	一七八,〇〇〇
蒸谷	六四〇,〇〇〇	美丽	一三五,〇〇〇
糯米	八四〇,〇〇〇	廿支三星	四九,〇〇〇
杂粮：		大英	一〇八,〇〇〇
（兴大行市）		金鼠	六四,〇〇〇
小麦	五〇〇,〇〇〇	大克雷斯	八四,〇〇〇
霉青	五二〇,〇〇〇	大三炮	一七八,〇〇〇
曹青	五二〇,〇〇〇	嘉宝	六二,〇〇〇
煤油：		指南	二七,五〇〇
亚细亚	五一〇,〇〇〇	大乾坤	四四,〇〇〇
鹰油	五一〇,〇〇〇	红金	九〇,〇〇〇
幸福	五一〇,〇〇〇	白兰地	九四,〇〇〇
散油	四一三四,〇〇〇	大红运	五八,〇〇〇
拆油	一一,六〇〇	前门	一五五,〇〇〇
汽油	二五〇〇,〇〇〇	联珠	五五,〇〇〇
柴油	二四〇〇,〇〇〇	**皂火(木)：**	
锡箔(包)：		黄祥茂	六八〇,〇〇〇
鲁车	二九〇〇,〇〇〇	条祥茂	六八〇,〇〇〇
的车	四九〇〇,〇〇〇	戏法	一〇五,〇〇〇
边王	五九〇〇,〇〇〇	（篓）	
油类(砠)：		美女	七三〇,〇〇〇
（永泰行市）		采桑	七二〇,〇〇〇
蔴油	二一五〇,〇〇〇	送子	七二〇,〇〇〇
菜油	二一五〇,〇〇〇	采连	七二四,〇〇〇
青油	一八〇〇,〇〇〇	**棉布(沅茂盛布市价)：**	
桐油	一八〇〇,〇〇〇	龙头细布（疋）	一二八〇,〇〇〇
生油	二三〇〇,〇〇〇	龙头细斜	一二四〇,〇〇〇
坪油	一四〇〇,〇〇〇	鹦鹉士林	一六八〇,〇〇〇
二断	二四〇〇,〇〇〇	鹦鹉元斜	一一二〇,〇〇〇
卷烟(每条)：		红狮元布	一〇八〇,〇〇〇
十支大英	二四五,〇〇〇	四君子元机	一三八〇,〇〇〇
前门	一八〇,〇〇〇	广生力士呢	一一六〇,〇〇〇
老刀	一九五,〇〇〇	广生大中呢	一〇八〇,〇〇〇

《绍兴新闻》中华民国三十六年十一月二十九日

本 市 商 情

（1948 年 1 月 7 日）

食米(石)：

行盘(兴大行市)

糙高晚	九七〇,〇〇〇
糙红粳	九九〇,〇〇〇
砻糙	九三〇,〇〇〇
三机白	九九〇,〇〇〇
提市	九八〇,〇〇〇

门市(同源市价)

粥米	一〇六,〇〇〇
羊尖	一〇六,〇〇〇
壬尖	一〇四〇,〇〇〇
二号尖	九六〇,〇〇〇
白晚	一〇〇〇,〇〇〇
顶号	一〇二〇,〇〇〇

杂粮(石)：

小麦	九四〇,〇〇〇
提大青	九〇〇,〇〇〇
花勾	八二〇,〇〇〇
苞米	四五〇,〇〇〇

金银：

(弄堂交易)

饰金(钱)进	九五〇,〇〇〇
出	九六〇,〇〇〇
(块)	七四,〇〇〇

煤油：

(协和祥价)

僧帽	六三〇,〇〇〇
美孚	六三〇,〇〇〇
幸福	六三〇,〇〇〇
德士古	六三〇,〇〇〇
史敦史	六三〇,〇〇〇
拆油(斤)	一五,〇〇〇

散油(桶)	五万四千
柴油	二六〇〇,〇〇〇
汽油	三〇〇〇,〇〇〇

皂火：

(木篓)

黄祥茂	九二〇,〇〇〇
条祥茂	九二〇,〇〇〇
鼓法	二〇〇〇,〇〇〇
洁士香皂	二六〇〇,〇〇〇
送子	九〇〇,〇〇〇
美女	九〇〇,〇〇〇
采桑	九〇〇,〇〇〇
天官	七〇〇,〇〇〇
和喜	七〇〇,〇〇〇

卷烟：

廿支大英	一四五,〇〇〇
前门	二七〇,〇〇〇
克雷斯	一三二,〇〇〇
嘉宝	九三,〇〇〇
白兰地	一二八,〇〇〇
红金	一二四,〇〇〇
银行	一四八,〇〇〇
三星	七〇,〇〇〇
乾坤	五七,〇〇〇
宝珠	三七,〇〇〇
小将军	五七,五〇〇
十支前门	二八〇,〇〇〇
美丽	二一〇,〇〇〇
大英	三二〇,〇〇〇
老刀	二六〇,〇〇〇
哈德门	二四〇,〇〇〇

锡箔：		的车	八〇〇〇,〇〇〇
普车	三七三〇,〇〇〇	边王	九一〇〇,〇〇〇

《绍兴新闻》中华民国三十七年一月七日

绍 兴 商 讯

（1948 年 1 月 15 日）

食米(石)：		美女	一一〇〇,〇〇〇
行盘(兴大行市)		采桑	一一〇〇,〇〇〇
糙高晚	一一五〇,〇〇〇	天官	七五〇,〇〇〇
糙红粳	一一五〇,〇〇〇	和喜	七五〇,〇〇〇
奢糙	一一二〇,〇〇〇	**卷烟(条)：**	
三机白	一二五〇,〇〇〇	廿支大英	一六〇,〇〇〇
提市	一二〇〇,〇〇〇	前门	三一〇,〇〇〇
门市(同源市价)		克雷斯	一五二,〇〇〇
粥米	一二六〇,〇〇〇	嘉宝	一〇七,〇〇〇
羊尖	三〇〇,〇〇〇	白兰地	一四九,〇〇〇
糯米	三〇〇,〇〇〇	红金	一四五,〇〇〇
煤油：		银行	一六五,〇〇〇
(协和祥价)		三星	八三,〇〇〇
僧帽	八二〇,〇〇〇	乾坤	六一,五〇〇
美孚	八二〇,〇〇〇	宝珠	四二,五〇〇
幸福	八二〇,〇〇〇	小将军	七一,〇〇〇
德士古	八二〇,〇〇〇	十支前门	三一五,〇〇〇
史敦史	八二〇,〇〇〇	美丽	二一五,〇〇〇
拆油(斤)	二〇,〇〇〇	大英	三六〇,〇〇〇
散油(桶)	七四二万	老刀	二九〇,〇〇〇
柴油	三〇〇〇,〇〇〇	哈德门	二七六,〇〇〇
汽油	四〇〇〇,〇〇〇	**锡箔(包)：**	
皂火：		普车	四四〇〇,〇〇〇
(木篓)		的车	九〇〇〇,〇〇〇
黄祥茂	一二〇〇,〇〇〇	边王	一〇一〇〇,〇〇〇
条祥茂	一二〇〇,〇〇〇	**棉布(疋)：**	
鼓法	二一〇〇,〇〇〇	(沅茂盛价)	
洁士香皂	三〇〇〇,〇〇〇	龙头细布	一六〇〇,〇〇〇
送子	一一〇〇,〇〇〇	细斜	一五六〇,〇〇〇

鹦鹉元斜	一三六〇,〇〇〇	麻油(砠)	四六〇〇,〇〇〇
永字粗布	一五六〇,〇〇〇	菜油	四四〇〇,〇〇〇
四君子元叽	一六五〇,〇〇〇	生油(斤)	三八〇〇,〇〇〇
广生力士呢	一四四〇,〇〇〇	青油	三三〇〇,〇〇〇
中达公民呢	一七五〇,〇〇〇	桐油	三三〇〇,〇〇〇
油类:		坪油	四二〇〇,〇〇〇
(永泰行价)		二断	四一〇〇,〇〇〇

《绍兴新闻》中华民国三十七年一月十五日

绍 兴 商 讯

（1948 年 1 月 23 日）

食米(石):		银元(块)	八〇,〇〇〇
行盘(兴大行市)		**煤油:**	
糙高晚	一一七〇,〇〇〇	(协和祥价)	
糙红粳	一一二〇,〇〇〇	僧帽	九一〇,〇〇〇
砻糙	一〇七〇,〇〇〇	拆油(斤)	二二,〇〇〇
高罗尖	一二〇〇,〇〇〇	散油(桶)	八一六万
三机白	一二五〇,〇〇〇	柴油	三〇〇〇,〇〇〇
提市	二三五〇,〇〇〇	汽油	四〇〇〇,〇〇〇
门市(同源市价)		**皂火:**	
粥米	一三〇〇,〇〇〇	(木篓)	
壬尖	一三〇〇,〇〇〇	黄祥茂	一三〇〇,〇〇〇
一号米	一二〇〇,〇〇〇	条祥茂	一三〇〇,〇〇〇
二号尖	一一八〇,〇〇〇	戏法	二四〇〇,〇〇〇
罗尖	一二六〇,〇〇〇	洁士香皂	三〇〇〇,〇〇〇
顶号	一二四〇,〇〇〇	送子	一〇五〇,〇〇〇
杂粮(石):		美女	一〇五〇,〇〇〇
小麦	一一六〇,〇〇〇	天官	七五〇,〇〇〇
提青	一一四〇,〇〇〇	绍兴	九〇〇,〇〇〇
花勾	一一二〇,〇〇〇	**卷烟(条):**	
苞米	六〇〇,〇〇〇	廿支大英	一五〇,〇〇〇
金银:		前门	三〇〇,〇〇〇
(弄堂交易)		克雷斯	一四〇,〇〇〇
饰金(钱)进	九二〇,〇〇〇	嘉宝	一〇三,〇〇〇
出	九四〇,〇〇〇	白兰地	一四〇,〇〇〇

红金	一三五,〇〇〇	龙头细布	一六八〇,〇〇〇
银行	一六五,〇〇〇	细斜	一六四〇,〇〇〇
三星	八五,〇〇〇	鹦鹉元斜	一三二〇,〇〇〇
乾坤	六一,〇〇〇	永字粗布	一六〇〇,〇〇〇
宝珠	四二,五〇〇	四君子元叽	一六二〇,〇〇〇
小将军	六五,〇〇〇	广生力士呢	一四八〇,〇〇〇
十支前门	三〇〇,〇〇〇	申达公民呢	一七五〇,〇〇〇
美丽	二〇八,〇〇〇	**油类:**	
大英	三四五,〇〇〇	（永泰行价）	
老刀	二八〇,〇〇〇	麻油	四四〇〇,〇〇〇
哈德门	二六二,〇〇〇	菜油	四三〇〇,〇〇〇
锡箔(包):		生油（百斤）	三五〇〇,〇〇〇
普车	四一五〇,〇〇〇	青油	四〇〇〇,〇〇〇
的车	七九〇〇,〇〇〇	桐油	三四〇〇,〇〇〇
边王	一〇〇〇〇,〇〇〇	坪油	四一〇〇,〇〇〇
棉布(疋):		二断	四〇〇〇,〇〇〇
（沅茂盛价）			

《绍兴新闻》中华民国三十七年一月二十三日

绍 兴 商 讯

（1948 年 1 月 30 日）

食米(石):		罗尖	一二八,〇〇〇
行盘（兴大行市）		顶号	一二八〇,〇〇〇
糙高晚	一一八〇,〇〇〇	**杂粮(石):**	
糙红粳	一一六〇,〇〇〇	小麦	一一八〇,〇〇〇
砻糙	一一〇〇,〇〇〇	提大青	一一八〇,〇〇〇
高弋尖	一二〇〇,〇〇〇	花勾	一一四〇,〇〇〇
三机白	一二六〇,〇〇〇	苞米	五八〇,〇〇〇
提市	一二五〇,〇〇〇	**金银:**	
门市（同源市价）		（弄堂交易）	
粥米	一三四〇,〇〇〇	饰金（钱）进	一〇四,〇〇〇
壬尖		出	一〇六,〇〇〇
一号米	二四〇,〇〇〇	银元（块）	八五,〇〇〇
二号尖	一二二〇,〇〇〇	**煤油:**	
		（协和祥价）	

僧帽	九一〇,〇〇〇
拆油(斤)	二一,〇〇〇
散油(桶)	八一六万
柴油	三〇〇〇,〇〇〇
汽油	四二〇〇,〇〇〇

皂火:

(木篓)	
黄祥茂	一二〇〇,〇〇〇
条祥茂	一二〇〇,〇〇〇
戏法	二三〇〇,〇〇〇
洁士香皂	三〇〇〇,〇〇〇
送子	一〇〇〇,〇〇〇
美女	一〇〇〇,〇〇〇
天官	七八〇,〇〇〇
和喜	七八〇,〇〇〇

卷烟(条):

廿支大英	一六〇,〇〇〇
前门	三一〇,〇〇〇
克雷斯	一五〇,〇〇〇
嘉宝	一〇六,〇〇〇
白兰地	四五,〇〇〇
红金	一三七,〇〇〇
银行	一六五,〇〇〇
三星	八五,〇〇〇
乾坤	六四,〇〇〇
宝珠	四三,〇〇〇
小将军	六〇,五〇〇

十支前门	三二五,〇〇〇
美丽	二一〇,〇〇〇
大英	三六五,〇〇〇
老刀	二九五,〇〇〇
哈德门	二八〇,〇〇〇

锡箔(包):

普车	四一三〇,〇〇〇
的车	七八〇〇,〇〇〇
边王	一〇〇〇,〇〇〇

棉布(疋):

沅茂盛价	
龙头细布	一六八〇,〇〇〇
细斜	一六四〇,〇〇〇
鹦鹉元斜	一三二〇,〇〇〇
永字粗布	一六一〇,〇〇〇
四君子元叽	一六〇〇,〇〇〇
广生力士呢	一四八〇,〇〇〇
申达公民呢	一八〇〇,〇〇〇

油类:

(永泰行价)	
麻油(砠)	四四〇〇,〇〇〇
菜油	四四〇〇,〇〇〇
生油(百斤)	三九〇〇,〇〇〇
青油	四〇〇〇,〇〇〇
桐油	三六〇〇,〇〇〇
坪油	四四〇〇,〇〇〇
二断	四三〇〇,〇〇〇

《绍兴新闻》中华民国三十七年一月三十日

绍 兴 商 讯

(1948 年 3 月 16 日)

食米(石):		糙红粳	二四〇〇,〇〇〇
行盘(兴大行市)		峇糙	二三五〇,〇〇〇
糙高晚	二三五〇,〇〇〇	高弋尖	二四五〇,〇〇〇

三机白	二五五〇,〇〇〇	和喜	一八〇〇,〇〇〇
提市	二五〇〇,〇〇〇	**卷烟(条):**	
门市(同源市价)		廿支大英	四五〇,〇〇〇
粥米	二八〇〇,〇〇〇	前门	一〇〇,〇〇〇
壬尖	二八〇〇,〇〇〇	克雷斯	三三〇,〇〇〇
一号米	二五〇〇,〇〇〇	嘉宝	二六〇,〇〇〇
白尖	二七〇〇,〇〇〇	白兰地	三三〇,〇〇〇
白晚	二六五〇,〇〇〇	红金	三二〇,〇〇〇
顶号	二六〇〇,〇〇〇	银行	四四〇,〇〇〇
杂粮(石):		三星	二〇〇,〇〇〇
小麦	二三五〇,〇〇〇	乾坤	一六〇,〇〇〇
提大青	二四五〇,〇〇〇	宝珠	一〇〇,〇〇〇
花勾	二三〇〇,〇〇〇	小将军	一八〇,〇〇〇
苞米	一四〇〇,〇〇〇	十支前门	七五〇,〇〇〇
金银:		美丽	五四〇,〇〇〇
(弄堂交易)		大英	一〇五〇,〇〇〇
饰金(钱)进	二八〇,〇〇〇	老刀	八五〇,〇〇〇
出	二八五,〇〇〇	哈德门	七五〇,〇〇〇
银元(块)	二五〇,〇〇〇	**锡箔(包):**	
煤油:		普车	九一〇〇,〇〇〇
(协和祥价)		的车	一八〇〇〇,〇〇〇
僧帽	一九〇〇,〇〇〇	边王	二三〇〇〇,〇〇〇
拆油(斤)	四八,〇〇〇	**棉布:**	
散油(桶)	一八〇二万	(沅茂盛价)	
柴油	六〇〇〇,〇〇〇	龙头细布	四一〇〇,〇〇〇
汽油	八五〇〇,〇〇〇	白细斜	四一〇〇,〇〇〇
皂火:		鹦鹉元斜	三八〇〇,〇〇〇
(木篓)		永字粗布	四四〇〇,〇〇〇
黄祥茂	四〇〇〇,〇〇〇	四君子元叽	三八五〇,〇〇〇
条祥茂	四〇〇〇,〇〇〇	广生力士呢	三二四〇,〇〇〇
戏法	六〇〇〇,〇〇〇	申达公民呢	四七〇〇,〇〇〇
洁士香皂	八五〇〇,〇〇〇	**油类:**	
利华香皂	六五〇〇,〇〇〇	(永泰行价)	
送子	二五〇〇,〇〇〇	麻油(砠)	九四〇〇,〇〇〇
美女	二五〇〇,〇〇〇	菜油	九二〇〇,〇〇〇
天官	一八〇〇,〇〇〇	生油(百斤)	八二〇〇,〇〇〇

青油	八〇〇〇,〇〇〇	坪油	一〇〇〇,〇〇〇
桐油	七五〇〇,〇〇〇	二断	四〇〇,〇〇〇〇

《绍兴新闻》中华民国三十七年三月十六日

绍 兴 商 讯

(1948 年 3 月 23 日)

食米(石):		**油拆(斤)**	六万
行盘(兴大行市)		散油(桶)	二二二六万
糙高晚	二七五万	柴油	七〇〇万
糙红粳	二七五万	汽油	一一〇〇万
奢糙	二七〇万	**皂火(木篓):**	
高弋尖	二八〇万	黄祥茂	公司价四二〇万
三机白	二八五万	条祥茂	公司价四二〇万
提市	二八〇万	戏法	公司价六六〇万
门市(同源市价)		洁士香皂	公司价八〇〇万
粥米	三二四万	利华香皂	公司价六六〇万
任尖	三二四万	送子	二五〇万
一号米	三八〇万	美女	二五〇万
白尖	三一〇万	天官	一八〇万
白晚	三〇〇万	和喜	一八〇万
罗尖	三〇〇万	**卷烟(条):**	
杂粮:		廿支大英	四六万
小麦	二六五万	前门	六〇万
提大青	二七〇万	克雷斯	三二万五千
花勾	二五〇万	嘉宝	二五万五千
苞米	一五〇万	白兰地	三二万八千
金银:		红金	三一万八千
(弄堂交易)		银行	四四万
饰金(钱)进	三一七万	三星	一九万
出	三一二万	乾坤	一五八万
银元(块)	二八万	宝珠	一〇万五千
煤油:		小将军	一七万
(协和祥价)		十支前门	七〇万
僧帽	二三〇万	美丽	五七万五千

大英	一〇五万	四君子元叽	四九〇万
老刀	八八万	广生力士呢	四二〇万
哈德门	七四万	申达公民呢	四八〇万
锡箔(包):		**油类:**	
普车	九六〇万	(永泰行价)	
的车	一八〇〇万	麻油(砠)	九八〇万
边王	二三三〇万	菜油	九八〇万
棉布(疋):		生油(百斤)	八八〇万
(沅茂盛价)		青油	九四〇万
龙头细布	四九〇万	桐油	七八〇万
白细斜	四八〇万	坪油	一〇八〇万
鹦鹉元斜	四七〇万	二断	一〇五〇万
永字粗布	五二〇万		

《绍兴新闻》中华民国三十七年三月二十三日

绍 兴 商 讯

(1948 年 3 月 31 日)

食米(石):		提大青	二八〇万
行盘(兴大行市)		花勾	二七〇万
糙高晚	二六五万	苞米	一五〇万
糙红粳	二七〇万	**金银:**	
砻糙	二六五万	(弄堂交易)	
高弋尖	二八五万	饰金(钱)进	三一〇万
三机白	二八〇万	出	三〇七万
提市	二八五万	银元(块)	二九万
门市(同源市价)		**煤油:**	
粥米	三四〇万	(协和祥价)	
壬尖	三四〇万	僧帽	二二〇万
一号米	二七五万	油拆(斤)	五万六千
白尖	三一〇万	散油(桶)	二一二〇万
顶尖	二九五万	柴油	七〇〇万
罗尖	三二〇万	汽油	二〇〇万
杂粮(石):		**皂火(木篓):**	
小麦	二六五万	黄祥茂	公司价四二〇万

条祥茂	公司价四二〇万	哈德门	七四万五千
戏法	公司价六六〇万	**锡箔(包):**	
洁士香皂	公司价八〇〇万	普车	九二〇万
利华香皂	公司价六六〇万	的车	一七〇〇万
送子	二四〇万	边王	二一〇〇万
美女	二四〇万	**棉布(疋):**	
天官	一八〇万	(沆茂盛价)	
和喜	一八〇万	龙头细布	四六〇万
卷烟(条):		白细斜	四五〇万
廿支大英	四六万	鹦鹉元斜	四一五万
前门	五九万	永字粗布	四八〇万
克雷斯	三三万	四君子元叽	四五〇万
嘉宝	二五万二千	广生力士呢	三九八万
白兰地	三三万	申达公民呢	五六〇万
红金	三二万五千	**油类:**	
银行	四三万	(永泰行价)	
乾坤	一六万八千	麻油(砠)	九七〇万
宝珠	一一万五千	菜油	九四〇万
小将军	一七万	生油(百斤)	九〇〇万
十支前门	六八万	青油	九六〇万
美丽	五四万五千	桐油	七八〇万
大英	一〇七万	坪油	一〇五〇万
老刀	八七万	二断	一〇〇〇万

《绍兴新闻》中华民国三十七年三月三十一日

绍 兴 商 讯

(1948 年 4 月 7 日)

(▲涨,×跌)		三机白	▲二九〇万
食米(石):		提市	二八五万
糙高晚	▲一六五万	门市(同源市价)	
糙红粳	▲二七〇万	粥米	三二〇万
砻糙	六五万	壬尖	三二〇万
高弋尖	▲二八五万	一号米	二七〇万

白尖	二九〇万	嘉宝	二六万
顶尖	二八〇万	白兰地	▲三四万
罗尖	三〇〇万	红金	▲三三万
杂粮(石):		银行	四三万
小麦	二五〇万	乾坤	×一六万
提大青	二七五万	宝珠	一一万五千
花勾	二六〇万	小将军	▲一七万六千
苞米	一四〇万	十支前门	▲六八万
金银:		美丽	▲五三万五千
(弄堂交易)		大英	一〇五万
饰金(钱)进	▲一八九万	老刀	×八五万
出	▲三〇〇万	哈德门	▲七五万
银元(块)	▲二九万	**锡箔(包):**	
煤油:		普车	八八〇万
(协和详价)		的车	一七五〇万
僧帽	二〇五万	边王	二一〇〇万
油拆(斤)	五万二千	**棉布(疋):**	
散油(桶)	一九五〇万	(沅茂盛价)	
柴油	七〇〇万	龙头细布	▲四六〇万
汽油	一一〇〇万	白细斜	四六〇万
皂火(木篓):		鹦鹉元斜	▲三九〇万
黄祥茂	公司价四二〇万	永字粗布	四九〇万
条祥茂	公司价四二〇万	四君子元叽	▲四四〇万
戏法	公司价六六〇万	广生力士呢	三九〇万
洁士香皂	公司价八〇〇万	申达公民呢	五四〇万
利华香皂	公司价六六〇万	**油类:**	
送子	二四〇万	(永泰行价)	
美女	二四〇万	麻油(砠)	▲九五〇万
天官	一八〇万	菜油	▲九五〇万
和喜	一八〇万	生油(百斤)	▲九二〇万
卷烟(条):		青油	▲九八〇万
廿支大英	×四四万五千	桐油	▲七八〇万
前门	▲五四万	坪油	▲一〇五〇万
克雷斯	▲三五万	二断	▲一〇二万

《绍兴新闻》中华民国三十七年四月七日

绍 兴 商 讯

（1948 年 4 月 13 日）

（▲涨，×跌）

食米（石）：

行盘（兴大行市）

糙高晚	×二九〇万
糙红粳	×二九五万
砻糙	×二九〇万
高弋尖	×三〇〇万
三机白	三二五万
提市	三二〇万

门市（同源市价）

粥米	×三四〇万
壬尖	三五〇万
一号米	×二九〇万
白尖	三三〇万
顶尖	×三一〇万
罗尖	三四〇万

杂粮（石）：

小麦	二八〇万
提大青	三〇〇万
花勾	▲二七〇万
苞米	一六〇万

金银：

（弄堂交易）

饰金（钱）进	三三〇万
出	三二七万
银元（块）	二一万

煤油：

（协和祥价）

僧帽	二二五万
油拆（斤）	五万六千
散油（桶）	二一二〇万
柴油	七〇〇万

汽油	一一〇〇万

皂火（木篓）：

黄祥茂	公司价四二〇万
条祥茂	公司价四二〇万
戏法	公司价六六〇万
洁士香皂	公司价八〇〇万
利华香皂	公司价六六〇万
送子	二四〇万
美女	二四〇万
天官	一八〇万
和喜	一八〇万

卷烟（条）：

廿支大英	×四三万
前门	×五三万
克雷斯	三六万
嘉宝	×二六万
白兰地	×三四万五千
红金	×三四万二千
银行	×四三万
乾坤	×一六万六千
宝珠	×一二万二千
小将军	×一七万六千
十支前门	×六六万
美丽	×五二万
大英	×二〇四万
老刀	×八四万
哈德门	×七三万五千

锡箔（包）：

普车	×八五〇万
的车	×一六四〇万
边王	二〇〇〇万

棉布(疋)：

（沅茂盛价）

龙头细布	五二〇万
白细斜	五二〇万
鹦鹉元斜	四一〇万
永字粗布	四九〇万
四君子元叽	四八五万
广生力士呢	四二〇万
申达公民呢	五七〇万

油类(租)：

麻油	一〇〇〇万
菜油	九五〇万
生油(百斤)	九六〇万
青油	九八〇万
桐油	七八〇万
坪油	▲一二〇〇万
二断	▲一二〇〇万

《绍兴新闻》中华民国三十七年四月十三日

绍 兴 商 讯

（1948 年 4 月 20 日）

（▲涨，×跌）

食米(石)：

行盘(兴大行市)	
糙高晚	三〇五万
糙红粳	三一〇万
呇糙	三〇五万
高弋尖	三一五万
三机白	三三五万
提市	三三〇万
门市(同源市价)	
粥米	×三五万
王尖	×三五万
一号米	×三一〇万
白尖	×三三〇万
顶尖	×三二〇万
罗尖	×三四〇万

杂粮(石)：

小麦	二九〇万
提大青	三〇五万
花勾	三〇〇万
苞米	一七〇万

金银：

饰金(钱)进	▲三七四万
出	▲三七〇万
银元(块)	▲二三万

煤油：

(协和祥价)	
僧帽	二二五万
油拆(斤)	五万六千
散油(桶)	二一二〇万
柴油	七〇〇万
汽油	一一〇〇万

皂火(木篓)：

黄祥茂	公司价四二〇万
条祥茂	公司价四二〇万
戏法	公司价六六〇万
洁士香皂	公司价八〇〇万
利华香皂	公司价六六〇万
送子	二四〇万
美女	二四〇万
天官	一八〇万

和喜	一八〇万	边王	▲二二五〇万
卷烟(条):		**棉布(疋):**	
廿支大英	四一万	(沅茂盛价)	
前门	五一万五千	龙头细布	四九五万
克雷斯	三五万五千	白细斜	五〇〇万
嘉宝	二六万	鹦鹉元斜	四一〇万
白兰地	三四万二千	永字粗布	四七〇万
红金	三四万五千	四君子元叽	四八五万
银行	四一万	广生力士呢	四二〇万
乾坤	一七万四千	申达公民呢	五五〇万
宝珠	一二万一千	**油类(砠):**	
小将军	一八万九千	(永泰行价)	
十支前门	六六万	麻油	一〇二〇万
美丽	五一万五千	菜油	九五〇万
大英	一〇〇万	生油(百斤)	九六〇万
老刀	八一万	青油	九八〇万
哈德门	七二万	桐油	七八〇万
锡箔(包):		坪油	一二五〇万
普车	▲九二〇万	二断	一一五〇万
的车	▲一七五〇万		

《绍兴新闻》中华民国三十七年四月二十日

绍 兴 商 讯

（1948 年 4 月 30 日）

(▲涨,×跌)		粥米	三七万
食米(石):		壬尖	三七万
行盘(兴大行市)		一号米	三二〇万
糙高晚	三一五万	白尖	三四〇万
糙红粳	三二五万	顶尖	三三〇万
奢糙	三一五万	罗尖	▲三六〇万
高弋尖	三四五万	**杂粮(石):**	
三机白	三五〇万	小麦	二九五万
提市	三四〇万	提大青	三一〇万
门市(同源市价)		花勾	三〇〇万

苞米	一八〇万	乾坤	×一六万二千
金银：		宝珠	一二万一千
（银楼市价）		小将军	一七万八千
饰金(钱)进	四〇五万	十支前门	×七一万
出	三九五万	美丽	×五一万五千
银元(块)	三三万	大英	九九万
煤油：		老刀	八〇万
（协和祥价）		哈德门	×七一万五千
僧帽	二〇〇万	**锡箔(包)：**	
油拆(斤)	五万	普车	八一〇万
散油(桶)	一八五五万	的车	一六三〇万
柴油	八〇〇万	边王	一二〇〇万
汽油	一三〇〇万	**棉布(疋)：**	
皂火(木篓)：		（沅茂盛价）	
黄祥茂	公司价四二〇万	龙头细布	五一五万
条祥茂	公司价四二〇万	白细斜	五一五万
戏法	公司价六六〇万	鹦鹉元布	四三〇万
洁士香皂	公司价八〇〇万	永字粗布	四八五万
利华香皂	公司价六六〇万	四君子元叽	四九五万
送子	二四〇万	广生力士呢	四六〇万
美女	二四〇万	申达公民呢	五七〇万
天官	一八〇万	**油类(疋)：**	
和喜	一八〇万	（永泰行价）	
卷烟(条)：		麻油	一二〇〇万
廿支大英	四〇万	菜油	一〇四〇万
前门	×五四万	生油(百斤)	一〇二〇万
克雷斯	×三五万五千	青油	一二〇〇万
嘉宝	×二六万二千	桐油	×九四〇万
白兰地	×三五万五千	坪油	一二〇〇万
红金	三万六	二断	一一五〇万
银行	四一万		

《绍兴新闻》中华民国三十七年四月三十日

绍 兴 商 讯

（1948 年 5 月 10 日）

（▲涨，×跌）

食米(石)：

行盘（兴大行市）

糙高晚	▲三七五万
糙红粳	▲三八五万
砻糙	▲三七五万
高弋尖	▲三九五万
三机白	▲四〇五万
提市	▲四〇〇万

门市（同源市价）

粥米	▲四四万五千
壬尖	▲四四万五千
一号米	▲三七五万
白尖	▲四一〇万
顶尖	▲四〇〇万
罗尖	▲四三〇万

杂粮(石)：

小麦	▲三二〇万
提大青	▲三五〇万
花勾	▲三三〇万
苞米	二三〇万

金银：

（银楼市价）

饰金(钱)出	▲五四五万
进	▲五三〇万
银元(块)	三六万

煤油：

（协和祥价）

僧帽	▲二五万
油拆(斤)	▲六万
散油(桶)	▲二二二六万
柴油	八〇〇万

汽油	▲一五〇〇万

皂火：

（木篓）

黄祥茂	公司价四八〇万
条祥茂	▲公司价四八〇万
戏法	公司价八五〇万
洁士香皂	公司价九六〇万
利华香皂	公司价八五〇万
送子	▲二六〇万
天官	一八〇万
和喜	一八〇万

卷烟(条)：

廿支大英	▲四九万
前门	八八万
克雷斯	▲四四万五千
嘉宝	▲一四万
白兰地	▲四三万五千
红金	▲四四万五千
银行	▲四九万
乾坤	二一万
宝珠	一四万
小将军	二一万
十支前门	八八万
美丽	▲六三万
大英	×一二〇万
老刀	×九四万
哈德门	▲八六万五千

锡箔(包)：

普车	×九三〇万
的车	×一八六〇万
边王	×二四六〇万

棉布(疋)：

(沅茂盛价)

龙头细布	▲六五〇万
白细斜	▲六五〇万
鹦鹉元布	▲五七〇万
永字粗布	▲六八〇万
四君子元叽	▲六五〇万
广生力士呢	▲五八〇万
申达公民呢	▲七五〇万

油类：

(永泰行价)

麻油	▲五〇〇万
菜油	▲二〇〇万
生油(百斤)	▲二〇万
青油	一一〇〇万
桐油	▲一〇〇万
坪油	▲一三五〇万
二断	▲一三〇〇万

《绍兴新闻》中华民国三十七年五月十日

绍 兴 商 讯

(1948 年 5 月 21 日)

(▲涨，×跌)

食米(石)：

行盘(兴大行市)

糙高晚	▲四一〇万
糙红粳	▲四四〇万
耆糙	▲四三〇万
高弋尖	▲四五五万
三机白	▲四七〇万
提市	▲四六〇万

门市(同源市价)

粥米	五〇〇万
壬尖	五〇〇万
一号米	四四〇万
白尖	四八〇万
顶尖	四六〇万
罗尖	四九〇万

杂粮(石)：

小麦	▲四一〇万
提大青	▲四六〇万
花勾	四四〇万
苞米	三二〇万

金银：

(银楼市价)

饰金(钱)出	▲六七〇万
进	▲六四〇万
银元(块)	▲四五万

煤油：

(协和祥价)

僧帽	二八五万
油拆(斤)	七万二千
散油(桶)	二七〇六万
柴油	九〇八万
汽油	一七〇〇万

皂火：

(木篓)

黄祥茂	公司价六〇〇万
条祥茂	公司价六〇〇万
戏法	公司价九五〇万
洁士香皂	公司价九六〇万
利华香皂	公司价九〇〇万
送子	三六〇万
美女	三六〇万

天官		的车	▲二四〇〇万
和喜		边王	三四〇〇万
卷烟(条):		**棉布(疋):**	
廿支大英	▲五二万五千	(沅茂盛价)	
前门	×七七万	龙头细布	▲七三〇万
克雷斯	×四八万	白细斜	▲七三〇万
嘉宝	×三八万	如来佛元布	▲六三〇万
白兰地	▲四七万	永字粗布	▲七三〇万
红金	▲四七万五千	四君子元叽	▲六九〇万
银行	五三万五千	广生力士呢	▲六五〇万
乾坤	二四万八千	申达公民呢	七八〇万
宝珠	一四万五千	**油类(砠):**	
小将军	二二万二千	(永泰行价)	
十支前门	×九四万	麻油	一八〇〇万
美丽	▲七二万	菜油	一五五〇万
大英	×一二八万	生油(百斤)	一五〇〇万
老刀	×九八万	青油	一六〇〇万
哈德门	×九六万五千	桐油	一五〇〇万
锡箔(包):		坪油	一六〇〇万
普车	▲一〇六〇万	二断	一五〇〇万

《绍兴新闻》中华民国三十七年五月二十一日

绍 兴 商 讯

(1948 年 5 月 30 日)

(▲涨,×跌)		粥米	五八〇万
食米(石):		壬尖	五八〇万
行盘(兴大行市)		一号米	五〇〇万
糙高晚	五二〇万	白尖	五五〇万
糙红粳	五二〇万	顶尖	五三〇万
砻糙	五二〇万	罗尖	五七〇万
高弋尖	五四〇万	**杂粮(石):**	
三机白	五五〇万	小麦	四〇〇万
提市	五四〇万	提大青	五二〇万
门市(同源市价)		花勾	四八〇万

苞米	三八〇万	永字粗布	▲七八〇万
金银：		四君子元叽	▲七四〇万
（银楼市价）		广生力士呢	▲八九〇万
饰金(钱)出	六六〇万	鹦鹉卡其	一一二〇万
进	六四〇万	**电料：**	
银元(块)	六〇万	孔明市价	
煤油：		金鸡皮线(每圈)	一一五万
（协和祥价）		天津皮线(每圈)	八〇万
僧帽	二八五万	金鸡花线(每圈)	一一五万
大英	×一四万	老装奇异泡(每只)	一三万
老刀	×一一〇万	华德牌灯泡(每只)	九万
哈德门	×一〇七万	德士令灯泡(每只)	五万
锡箔(包)：		新光华灯泡(每只)	四万
鹿鸣普车	▲一三六〇万	新装奇异泡(每只)	八万
普车	▲一二二〇万	**油类：**	
的车	▲二七八〇万	（永泰行价）	
边王	▲三七八〇万	麻油(砠)	一二〇〇万
棉布(疋)：		菜油	一六〇〇万
（沇茂盛价）		青油	一六〇〇万
龙头细布	▲七四〇万	桐油	▲一五〇〇万
白细斜	▲七四〇万	坪油	一六〇〇万
如来佛元布	▲六五〇万	二断	一五〇〇万

《绍兴新闻》中华民国三十七年五月三十日

绍 兴 商 讯

（1948 年 6 月 10 日）

（▲涨，×跌）		门市(同源市价)	
食米(石)：		粥米	▲六二〇万
行盘(兴大行市)		壬尖	▲六二〇万
糙高晚	▲五四五万	一号米	▲五四四万
糙红粳	▲五四〇万	白尖	▲五八〇万
昝糙	▲五四〇万	顶尖	▲五六〇万
高弋尖	▲五八〇万	罗尖	▲六〇〇万
提市	▲五八〇万		

杂粮(石)：

小麦	▲四〇〇万
提大青	▲五四〇万
花勾	▲四九〇万
苞米	三八〇万

金银：

（银楼市价）

饰金(钱)出	▲七八〇万
进	▲七五〇万
银元(块)	六〇万

煤油：

（协和祥价）

僧帽	三七〇万
拆油(斤)	▲八万八千
散油(桶)	▲三三九万
柴油	▲一六〇〇万
汽油	▲三二〇〇万

皂火(木篓)：

黄祥茂	公司价×六〇〇万
条祥茂	公司价×六〇〇万
戏法	公司价一〇五〇万
洁士香皂	公司价一五〇〇万
利华香皂	公司一二〇〇万
送子	▲四〇〇万
美女	▲四〇〇万

卷烟(条)：

廿支大英	▲八八万
前门	▲八〇万
克雷斯	▲七五万
嘉宝	▲五六万
白兰地	▲七二万
红金	▲二〇万
银行	
乾坤	▲三四万
宝珠	▲八万
小将军	▲三四万

十支前门	▲一〇〇万
美丽	▲三〇万
大英	二一〇万
老刀	▲一八〇万
哈德门	一五五万

锡箔(包)：

鹿鸣普车	▲一六〇〇万
普车	▲一四七〇万
边王	▲四七〇〇万

棉布(疋)：

（沅茂盛价）

龙头细布	▲九六〇万
白细斜	▲九六〇万
如来佛元布	▲八四〇万
永字粗布	九五〇万
四君子元叽	一〇五〇万
广生力士呢	▲八二〇万
鹦鹉卡其	一三八〇万

电料：

孔明市价

金鸡皮线(每圈)	一一五万
天津皮线(每圈)	八〇万
金鸡花线(每圈)	一一五万
老装奇异泡(每只)	一三万
华德牌灯泡(每只)	九万
德士令灯泡(每只)	五万
新光华灯包(每只)	四万

油类：

（永泰行价）

麻油(砠)	二四〇〇万
菜油	一九二〇万
生油(百斤)	▲九六〇万
青油	▲二〇〇〇万
桐油	▲一八〇〇万
坪油	▲一九〇〇万
二断	▲一七五〇万

《绍兴新闻》中华民国三十七年六月十日

昨 日 行 情

（1948 年 6 月 21 日）

（▲涨，×跌）

		汽油	▲六八〇〇万
食米(石)：		**皂火(木篓)：**	
行盘(兴大行市)		黄祥茂	公司价一五〇〇万
糙高晚	▲八五〇万	条祥茂	公司价一五〇〇万
糙红粳	▲九〇〇万	戏法	公司价二五〇〇万
砻糙	▲九〇〇万	洁士香皂	公司价二六〇〇万
高弋尖	▲九五〇万	利华香皂	公司二四〇〇万
三机白	▲九五〇万	送子	九〇〇万
提市	▲九〇〇万	美女	九〇〇万
门市(同源市价)		**卷烟(条)：**	
粥米		廿支大英	×一五〇万
壬尖	九四〇万	前门	×二八〇万
一号米	八〇〇万	克雷斯	×一二五万
糯米	九九〇万	嘉宝	×六四万
白尖	九〇〇万	白兰地	×一一四万
罗尖	九二〇万	红金	×一一二万
杂粮(石)：		银行	
小麦	▲六五〇万	乾坤	×五六万
提大青	▲八五〇万	宝珠	三七万
花勾	八〇〇万	小将军	×五七万
苞米	六〇〇万	十支前门	×三二〇万
金银：		美丽	二三五万
(银楼市价)		大英	三五〇万
饰金(钱)出	▲一三五〇万	老刀	×二九〇万
进	▲一二五〇万	哈德门	×二七〇万
银元(块)	▲二四〇万	**锡箔(包)：**	
煤油：		鹿鸣普车	▲一八五〇万
(协和祥价)		普车	▲二七〇〇万
僧帽	▲八四〇万	的车	▲六二五〇万
拆油(斤)	▲二〇万	边王	▲八九〇〇万
散油(桶)	▲六八四四万	**棉布(疋)：**	
柴油	▲四〇〇〇万	龙头细布	×一四八〇万

白细斜	×一四八〇万	德士令灯泡	（每只）五万八千
如来佛元布	×一四二〇万	新光华灯泡	（每只）四万五千
永字粗布	一五二〇万	**油类（砠）：**	
四君子元叽	▲五六〇万	麻油	四〇〇〇万
广生力士呢	▲一三〇〇万	菜油	▲三一〇〇万
鹦鹉卡其	二二〇〇万	生油（百斤）	
电料：		青油	▲三四〇〇万
金鸡皮线	（每圈）一五〇万	桐油	▲三二〇〇万
老装奇异泡	（每只）一五万	坪油	▲三六〇〇万
华德牌灯泡	（每只）一〇万	二断	▲三五〇〇万

《绍兴新闻》中华民国三十七年六月二十一日

昨 日 行 情

（1948 年 6 月 30 日）

（▲涨，×跌）			
食米（石）：		**金银：**	
行盘（兴大行市）		（银楼市价）	
糙高晚	×一三〇〇万	饰金（钱）出	×一八〇〇万
糙红粳	×一三〇〇万	进	×一六五〇万
砻糙	×一三〇〇万	银元（块）	一八〇万
高弋尖	×一四八〇万	**煤油：**	
三机白	×一四八〇万	（协和祥价）	
提市	×一四八〇万	僧帽	一二五〇万
门市（同源市价）		拆油（斤）	三〇万
粥米		散油（桶）	二六六〇万
壬尖	×一六〇〇万	柴油	六〇〇〇万
糯米	×一八五〇万	汽油	九五〇〇万
白尖		**皂火（木篓）：**	
罗尖	×一六〇〇万	黄祥茂	公司价二五〇〇万
杂粮（石）：		条祥茂	公司价二五〇〇万
小麦	×一〇〇〇万	戏法	公司价四〇〇〇万
提大青	×一三〇〇万	洁士香皂	公司价四〇〇〇万
花勾	一二〇〇万	利华香皂	公司二八〇〇万
包米	九〇〇万	送子	二〇〇万
		美女	二〇〇万

卷烟(条):		永字粗布	二七〇〇万
廿支大英	×二一〇万	鹦鹉元细布	二三〇〇万
前门	×三一〇万	鹦鹉卡其	三三〇〇万
克雷斯	×一八〇万	鹦鹉元细斜	×二二五〇万
嘉宝	×一〇五万	广生力士呢	二四〇〇万
白兰地	×一六五万	广生大中呢	二三六〇万
红金	一八〇万	**电料:**	
银行		孔明市价	
乾坤	×八〇万	金鸡皮线(每圈)	一五〇万
宝珠	×五六万	天津皮线(每圈)	一〇〇万
小将军	×八二万	金鸡花线(每圈)	一五〇万
十支前门	×四二〇万	老装奇异泡(每只)	一五万
美丽	×二九〇万	华德牌灯泡(每只)	一〇万
大英	×五〇〇万	德士令灯泡(每只)	五万六千
老刀	×四〇〇万	新光华灯泡(每只)	四万五千
哈德门	×三九五万	**油类(租):**	
锡箔(包):		蔴油	五八〇〇万
鹿鸣普车	三七〇〇万	菜油	四八〇〇万
普车	×三四五〇万	生油(百斤)	
的车	×八四五〇万	青油	▲五三〇〇万
边王	一二〇〇万	桐油	▲五〇〇〇万
棉布(疋):		坪油	▲六五〇〇〇万
龙头细布	二七五〇万	二断	▲六四〇〇万
四君子元哗叽	二八五〇万		

《绍兴新闻》中华民国三十七年六月三十日

昨 日 行 情

(1948 年 7 月 10 日)

(▲涨,×跌)		砻糙	×一四二〇万
食米(石):		高弋尖	×一五八〇万
行盘(兴大行市)		三机白	×一六〇〇万
糙高晚	×一四八〇万	提市	×一五八〇万
糙红粳	一四五〇万	杂糙	一四〇〇万

门市(同源市价)：

粥米	×一八〇〇万
壬尖	一八〇〇万
一号米	一五〇〇万
糯米	一九〇〇万
白尖	一六〇〇万
罗尖	一七〇〇万
羊籼	一八五〇万

杂粮(石)：

小麦	一一〇〇万
提大青	一三〇〇万
花勾	一二五〇万
包米	九〇〇万

金银：

(银楼市价)

饰金(钱)出	▲二二三〇万
进	▲二〇三〇万
银元(块)	二〇〇万

煤油：

(协和祥价)

僧帽	一五五〇万
拆油(斤)	三八万
散油(桶)	一亿四千万
柴油	六〇〇〇万
汽油	九五〇〇万

皂火(木篓)：

黄祥茂	公司价二三〇〇万
条祥茂	公司价二三〇〇万
戏法	公司价三八〇〇万
洁士香皂	公司价三八〇〇万
利华香皂	公司价二八〇〇万
送子	一三〇〇万
美女	一三〇〇万

卷烟(条)：

廿支大英	二三〇万
前门	三二〇万

克雷斯	▲一九〇万
嘉宝	▲一二〇万
白兰地	▲一八五万
红金	▲一八五万
金鼠	▲一三〇万
乾坤	▲八二万
宝珠	×五六万
小将军	▲八四万
十支前门	三六〇万
美丽	二八〇万
大英	五四〇万
老刀	四二〇万
哈德门	四〇〇万

锡箔(包)：

鹿鸣普车	▲四八〇〇万
普车	▲四二〇〇万
的车	▲一〇〇〇万
边王	一二八〇〇万

棉布(疋)：

龙头细布	二八五〇万
四君子元哔叽	二九五〇万
永字粗布	二九〇〇万
鹦鹉元细布	二七八〇万
鹦鹉卡其	四二〇〇万
鹦鹉元细斜	二八八〇万
广生力士呢	二八八〇万
广生大中呢	二六八〇万

电料：

孔明市价

金鸡皮线(每圈)	五五〇万
天津皮线(每圈)	三八〇万
金鸡花线(每圈)	五八〇万
老装奇异泡(每只)	三十八万
华德牌灯泡(每只)	二十六万
德士令灯泡(每只)	一十六万
新光华灯泡(每只)	一十三万

油类(租)：		青油	六〇〇〇万
麻油	七〇〇〇万	桐油	五七〇〇万
菜油	五〇〇〇万	白油	七〇〇〇万
生油(百斤)		二断	六八〇〇万

《绍兴新闻》中华民国三十七年七月十日

昨 日 商 情

（1948 年 7 月 21 日）

(▲涨，×跌)		银元(块)	三五〇万
食米(石)：		**煤油：**	
行盘(兴大行市)		(协和祥价)	
糙高晚	▲二五五〇万	僧帽	二四〇〇万
糙红粳	▲二五五〇万	拆油(斤)	五八万
耆糙	▲二五五〇万	散油(桶)	一亿一千万
高弋尖	▲二七〇〇万	柴油	▲一亿二千万
三机白	二七五〇万	**皂火(木篓)：**	
提市	▲二六五〇万	黄祥茂	公司价五〇〇〇万
杂糙	▲二五〇〇万	条祥茂	公司价五〇〇〇万
门市(同源市价)		戏法	公司价八五〇〇万
粥米		洁士香皂	公司价□□万
壬尖	▲三〇〇〇万	利华香皂	公司价八五〇〇万
一号米	▲二六〇〇万	送子	三二〇〇万
糯米	▲三三〇〇万	美女	三二〇〇万
顶尖	▲二八〇〇万	**卷烟(条)：**	
罗尖	▲三〇〇〇万	廿支大英	×二八〇万
羊籼		前门	×三三〇万
杂粮(石)：		克雷斯	×二七〇万
小麦	▲二〇〇〇万	嘉宝	×一七〇万
提大青	二三〇〇万	白兰地	×二五〇万
花勾	二二〇〇万	红金	二五〇万
包米		金鼠	一七□万
金银：		乾坤	×一二〇万
(银楼市价)		宝珠	八五万
饰金(钱)出	三七〇〇万	小将军	×一二五万
进	三四〇〇万	十支前门	四〇〇万

美丽	×三五〇万	电料	
大英	七〇〇万	孔明市价	
老刀	×五六〇万	金鸡皮线(每圈)	八〇〇万
哈德门	×四二〇万	天津皮线(每圈)	五四〇万
锡箔(包):		金鸡花线(每圈)	八二〇万
鹿鸣普车	八四〇〇万	老装奇异泡(每只)	五十六万
普车	七六〇〇万	华德牌灯泡(每只)	三十八万
的车	▲一八三六〇万	德士令灯泡(每只)	二十三万
边王	二四六九〇万	新光华灯泡(每只)	二十万
棉布(疋):		**油类(砠):**	
龙头细布	四九九〇万	麻油	▲一二〇〇〇万
四君子元哗叽	九五〇〇万	菜油	▲八八〇〇万
永字粗布	四九〇〇万	生油(百斤)	
鹦鹉元细布	四四〇〇万	青油	一一〇〇〇万
鹦鹉卡其	七〇〇〇万	桐油	九〇〇〇万
鹦鹉元细斜	四五〇〇万	坪油	一一五〇〇万
广生力士呢	五二〇〇万	二断	一一〇〇〇万
广生大中呢	五〇〇〇万		

《绍兴新闻》中华民国三十七年七月二十一日

昨 日 商 情

(1948 年 7 月 31 日)

(▲涨,×跌)		一号米	二六〇〇万
食米(石):		糯米	三〇〇〇万
行盘(兴大行市)		罗尖	二八〇〇万
糙高晚	二五〇〇万	顶尖	二七〇〇万
糙红粳	二五五〇万	羊籼	
奢糙	二五〇〇万	**杂粮(石):**	
高弋尖	二七〇〇万	小麦	×二〇〇〇万
三机白	二七五〇万	提大青	二五〇〇万
提市	二七〇〇万	花勾	二三〇〇万
杂糙	二四五〇万	包米	
门市(同源市价)		**金银:**	
粥米		(银楼市价)	
壬尖	三〇〇〇万	饰金(钱)出	三八〇〇万

进	三三六〇万	十支前门	▲四八〇万
银元(块)	三二〇万	美丽	四二〇万
煤油：		大英	×八二万
(协和祥价)		老刀	七〇〇万
僧帽	×二三〇〇万	哈德门	五八〇万
拆油(斤)	×五四万	**锡箔(包)：**	
散油(桶)	二亿	鹿鸣普车	一亿万
柴油	×一亿	普车	八八〇〇万
汽油	一亿四千五	的车	一一〇八万
皂火(木篓)：		边王	二八二三万
黄祥茂	公司价五〇〇〇万	**棉布：**	
条祥茂	公司价五〇〇〇万	龙头细布	五八〇〇万
戏法	公司价八五〇〇万	四君子元哔叽	五九〇〇万
洁士香皂	公司价▲一亿	永字粗布	五八〇〇万
利华香皂	公司八五〇〇万	鹦鹉元细布	四八〇〇万
送子	二七〇〇万	鹦鹉卡其	七八〇〇万
美女	×二七〇〇万	鹦鹉元细斜	四九〇〇万
卷烟(条)：		广生力士呢	五三五〇万
廿支大英	▲三五〇万	广生大中呢	五七五〇万
前门	三六〇万	**油类(砠)：**	
克雷斯	▲三五〇万	蔴油	▲一三〇〇〇万
嘉宝	二五〇万	菜油	八〇〇〇万
白兰地	▲二九〇万	生油(百斤)	
红金	二九八万	青油	一一〇〇〇万
金鼠	二六五万	桐油	一〇八〇万
乾坤	三五万	坪油	一〇〇〇万
宝珠	九二万	二断	二一〇〇〇万
小将军	一四五万		

《绍兴新闻》中华民国三十七年七月三十一日

昨 日 商 情

(1948 年 8 月 10 日)

(▲涨，×跌)		糙高晚	三四〇〇万
食米(石)：		新尖	三二五〇万
行盘(兴大行市)		砻糙	三四〇〇万

高弋尖	三五〇〇万	**棉布：**	
三机白	三六〇〇万	龙头细布	六九〇〇万
提市	三五〇〇万	四君子元哔叽	七〇〇〇万
杂糙	三二五〇万	永字粗布	七〇〇〇万
门市（同源市价）		鹦鹉元细布	五四〇〇万
白尖	三四〇〇万	鹦鹉卡其	八〇〇〇万
壬尖	三七〇〇万	鹦鹉元细斜	▲五七〇〇万
一号米	三〇〇〇万	广生力士呢	五四五〇万
糯米	四〇〇〇万	广生大中呢	六一五〇万
罗尖	三七〇〇万	**卷烟（条）：**	
顶尖	三六〇〇万	廿支大英	▲三三〇万
羊籼		前门	▲五〇〇万
杂粮（石）：		克雷斯	▲二九五万
小麦	二五〇〇万	嘉宝	▲二二〇万
提大青	三二五〇万	白兰地	▲二九五万
花勾		红金	▲二九五万
霉青	三五〇〇万	金鼠	▲二二五万
金银：		乾坤	一五五万
（银楼市价）		宝珠	一〇〇万
饰金（钱）出	四二五〇万	小将军	▲一六〇万
进	四〇五〇万	十支前门	六五〇万
银元（块）	四四〇万	美丽	▲四五〇万
煤油：		大英	七〇〇万
（协和祥价）		老刀	▲六八〇万
僧帽	▲三〇五〇万	哈德门	五六〇万
拆油（斤）	▲七二万	**锡箔（包）：**	
散油（桶）	二亿八千	鹿鸣普车	一二七〇〇万
柴油	▲一亿三千	普车	一一七〇〇万
汽油	一亿八千五	的车	二七二八〇万
皂火（木篓）：		边王	三七〇二〇万
黄祥茂公	公司价五二〇〇万	**油类（俎）：**	
条祥茂	公司价五二〇〇万	麻油	▲一四〇〇〇万
戏法	公司价八五〇〇万	菜油	九五〇〇万
洁士香皂	公司价▲一亿	生油（百斤）	
利华香皂	公司八五〇〇万	青油	一七〇〇〇万
送子	二八〇〇万	桐油	一五五〇〇万

| 似油 | 一九〇〇〇万 | 二断 | 一八五〇〇万 |

《绍兴新闻》中华民国三十七年八月十日

昨 日 商 情

(1948 年 8 月 20 日)

(▲涨，×跌)

食米(石)：

行盘(兴大行市)

新早珠	▲四六五〇万
糙晚	▲四七〇〇万
枙糙	▲四六〇〇万
嵊糙	▲四六五〇万
新尖	▲四六五〇万
三机白	▲五二〇〇万
提市	▲五二〇〇万

门市(同源市价)

白尖	四八〇〇万
壬尖	五四〇〇万
一号米	
糯米	五八〇〇万
罗尖	▲五四〇〇万
顶尖	▲五四〇〇万
羊糙	

杂粮(石)：

小麦	▲四〇〇〇万
曹青	四六〇〇万
花勾	
霉青	四三〇〇万

金银：

(银楼市价)

饰金(钱)出	五八〇〇万
进	五五〇〇万
银元(块)	

煤油：

(协和祥价)

僧帽	三七〇〇万
拆油(斤)	七八万
散油(桶)	三亿三千九百
柴油	一亿五千
汽油	二亿五千

皂火(木篓)：

黄祥茂	公司价六五〇〇万
条祥茂	公司价六五〇〇万
戏法	公司价一二五〇〇万
洁士香皂	公司价一亿四千
美女	四〇〇〇万
送子	四〇〇〇万
天官	三〇〇〇万
利华香皂	公司价一亿一千

棉布：

龙头细布	九八〇〇万
四君子元哗叽	九六〇〇万
永字粗布	一〇〇〇〇万
鹦鹉元细布	八二〇〇万
鹦鹉其卡	一二〇〇〇万
鹦鹉元细斜	七九〇〇万
广生力士呢	九〇〇〇万
广生大中呢	八〇〇〇万

卷烟(条)：

廿支大英	▲四七〇万
前门	×七〇〇万
克雷斯	▲四三〇万

嘉宝	三二〇万	**锡箔(包):**	
白兰地	四一五万	鹿鸣普车	一八五〇〇万
红金	四一五万	普车	一六〇〇〇万
金鼠	▲三一〇万	的车	四〇〇〇〇万
乾坤	二一五万	边王	五六〇〇〇万
宝珠	一五二万	**油类(砠):**	
小将军	二一五万	麻油	二三〇〇〇万
十支前门	一〇〇万	菜油	▲一七〇〇〇万
美丽	六五〇万	生油(百斤)	
大英	▲九五〇万	青油	▲二一〇〇〇万
老刀	八五〇万	桐油	▲二一〇〇〇万
哈德门	▲八〇〇万	坪油	二二〇〇〇万
		二断	▲二一五〇〇万

《绍兴新闻》中华民国三十七年八月二十日

昨 日 商 情

（1948 年 8 月 31 日）

（本位金元）		顶尖	十六元七角
（▲涨，×跌）		羊糙	
食米(石):		**杂粮(石):**	
行盘(兴大行市)		小麦	十三元
新早珠	十四元七角	曹青	十五元
糙晚	十五元一角	花勾	
椪糙	十四元七角	霉青	十五元三角
嵊糙	十五元角	**煤油:**	
新尖	十四元五角	（协和祥价）	
三机白	十六元八角	僧帽	十二元三角
提市	十八元	拆油(斤)	二角六
门市(同源市价)		散油(桶)	一百十三元
白尖		柴油	五十元
壬尖	十七元四角	汽油	八十三元三角三
一号米	十五元	**皂火(木篓):**	
糯米	二十元七角	黄祥茂	二十四元
罗尖	十七元四角	条祥茂	二十四元

戏法	公司价四十一七元	金鼠	一元〇七分
洁士香皂	公司价	乾坤	七角二分
美女	十四元	宝珠	五角二分
送子	十四元	小将军	七角二分
天官	十元	十支前门	三元三角三分
利华香皂	公司价三十五元	美丽	二元一角六分
棉布：		大英	三元
龙头细布	二十九元五角	老刀	二元八角六分
四君子元哔叽	二十八元五	哈德门	二元六角六分
永字粗布	二十九元五角	**锡箔：**	
鹦鹉元细布	二十四元	鹿鸣普车	五十九元
鹦鹉其卡	三十七元	普车	四十五元六角
鹦鹉元细斜	二十四元五角	的车	一百三十元
广生力士呢	二十七元五角	边王	一百六十八元
广生大中呢	二十四元五角	**油类(砠)：**	
卷烟(条)：		麻油	七十六元六角
廿支大英	一元六角	菜油	五十三元三角
前门	二元五角三分	生油(百斤)	
克雷斯	一元四角五分	青油	七十三元六角
嘉宝	一元〇六六	桐油	七十三元三角
白兰地	一元四角二分	坪油	六十六元六角
红金	一元四角二分	二断	六十六元六角

《绍兴新闻》中华民国三十七年八月三十一日

昨 日 商 情

（1948 年 9 月 11 日）

（本位金元）		纹银(两)	三元
（▲涨，×跌）		进	二元七角
金银：		**食米(石)：**	
（银楼市价）		行盘(兴大行市)	
饰金(钱)	二十元	新早珠	十六元
进	十九元	糙晚	十六元七角
工	一元	梗糙	十五元五角
旧金换新贴耗	七角	糙	

嵊新 尖	十五元五角	壬尖	十八元七角
三机白	十七元五角	一号米	一六元
三机白	十七元五角	糯米	二十元
提市	十六元七角	罗尖	十八元
门市（同源市价）		顶尖	十七元
粥米	十八元七角		

《绍兴新闻》中华民国三十七年九月十一日

昨 日 商 情

（1948 年 9 月 20 日）

（本位金元）

（▲涨，×跌）

金银：

（银楼市价）

饰金（钱）	二十元
进	十九元
工	一元
旧金换新贴	七角
纹银（两）	三元
进	二元七角

食米（石）：

行盘（兴大行市）

新早珠	十五元八角
糙晚	十六元一角
椛糙	十五元七角
新尖	十五元八角
三机白	十七元三角
提市	十七元
门市	
粥米	十八元七角
壬尖	十八元七角
一号米	一六元
糯米	二十元
罗尖	十八元
顶尖	十七元

羊粞

棉布（尺）：

龙头细布	三角二分
四君子元哔叽	四角六分
永字粗布	三角八分
鹦鹉元细布	二角九分
卡其	四角八分
元细斜	三角六分
广生力士呢	四角六分

卷烟（条）：

廿支大英	一元五角七分
老刀	一元二角五分
克雷斯	一元四角五分
双斧	一元〇八分五
白兰地	一元四角
红金	一元四角
金鼠	一元〇七分
乾坤	七角二分
红三星	七角三分五厘
小将军	七角三分五厘
宝珠	五角二分
十支美丽	二元一角五分
哈德门	二元八角

杂粮（石）：

小麦	十三元

曹青	十五元	条祥茂	二十四元
霉青	十五元	戏法	公司价四十一—七元
煤油：		美女	十四元
（协和祥价）		送子	十四元
僧帽	十二元三六	利华香皂	公司价五十三元
拆油（斤）	二角六	**锡箔（包）：**	
散油（桶）	一百十三元	鹿鸣普车	五十三元三角
柴油	五十元	普车	四十一元三角
汽油	八十三元三角三	的车	一百三十七元
皂火（木篓）：		边王	一百三十七元
黄祥茂	二十四元		

《绍兴新闻》中华民国三十七年九月二十日

昨 日 商 情

（1948 年 9 月 30 日）

（本位金元）		粥米	十八元七角
（▲涨，×跌）		壬尖	十八元七角
金银：		一号米	一六元
（银楼市价）		糯米	二十元
饰金（钱）	二十元	罗尖	十八元
进	十九元	顶尖	十七元
工	一元	羊籼	
旧金换新贴耗	七角	**棉布：**	
纹银（两）	三元	龙头细布	三角二分
进	二元七角	四君子元哔叽	四角六分
食米（石）：		永字粗布	三角八分
行盘（兴大行市）		鹦鹉元细布	二角九分
新早珠	十五元八角	卡其	四角八分
糙晚	十六元一角	细斜	三角六分
栿糙	十五元七角	广生力士呢	四角六分
新尖	十五元八角	大中呢广生	四角二分
三机白	十七元三角	**卷烟（条）：**	
提市	十七元	廿支大英	一元五角五四
门市（同源市价）		老刀	一元二角七分

克雷斯	一元四角五分	**煤油：**	
双斧	一元〇八分五	（协和祥价）	
白兰地	一元四角	僧帽	十二元三六
红金	一元四角	拆油（斤）	二角六
金鼠	一元〇七分	散油（桶）	一百十三元
乾坤	七角二分	柴油	五十元
红三星	七角三分五厘	汽油	八十三元三角三
小将军	七角三分五厘	**皂火（木篓）：**	
宝珠	五角二分	黄祥茂	二十四元
十支美丽	二元一角五分	条祥茂	二十四元
哈德门	二元八角	戏法	公司价四十一七角
杂粮（石）：		美女	十四元
小麦	十三元	送子	十元角
曹青	十五元	利华香皂	公司价五十元
霉青	十五元		

《绍兴新闻》中华民国三十七年九月三十日

昨 日 商 情

（1948 年 10 月 10 日）

（本位金元）		新尖	十五元八角
（▲涨，×跌）		三机白	十七元三角
金银：		提市	十七元
（银楼市价）		门市（同源市价）	
饰金（钱）	二十元	粥米	十八元七角
进	十九元	壬尖	十八元七角
工	一元	一号米	一六元
旧金换新贴号	七角	糯米	二十元
纹银（两）	三元	罗尖	十八元
进	二元七角	顶尖	十七元
食米（石）：		羊籼	
行盘（兴大行市）		**棉布（尺）：**	
新早珠	十五元八角	龙头细布	三角二分
糙晚	十六元一角	四君子元哔叽	四角六分
椗糙	十五元七角	永字粗布	三角八分

鹦鹉元细布	二角九分	小将军	一角八分
卡其	四角八分	福克斯	一角四分
细斜	三角六分	天鹭	一角四分
广生力士呢	四角六分	大鸿运	一角九分
大中呢广生	四角二分	大世界	二角五分
杂粮(石)：		高而夫	一角八分
小麦	十三元	**煤油：**	
曹青	十五元	（协和祥价）	
霉青	十五元	僧帽	十六元四七
卷烟(条)：		拆油(斤)	四角
廿支金鼠	二角六分	散油(桶)	一百五十一元
白兰地	三角六分	柴油	八十五元八三
红金	三角六分	汽油	一百七十七元九角
百万金	三角	**皂火(木篓)：**	
黄金龙	二角五分	黄祥茂	二十五元八角
船主	三角一分	条祥茂	二十五元八角
十字军	二角三分	戏法	公司价五十元
明星	二角二分	美女	十四元
天华	二角三分	利华香皂	十元角
麒麟	一角六分	送子	五十三元

《绍兴新闻》中华民国三十七年十月十日

昨 日 商 情

（1948 年 10 月 18 日）

（本位金元）		新早珠	十五元八角
（▲涨，×跌）		糙晚	十六元一角
金银：		椵糙	十五元七角
饰金(钱)	二十元	新尖	十五元八角
进	十九元	三机白	十七元三角
工	一元	提市	十七元
旧金换新贴耗	七角	门市(同源市价)	
进	二元七角	粥米	十八元七角
纹银(两)	三元	壬尖	十八元七角
食米(石)：		一号米	一六元
行盘(兴大行市)		糯米	二十元

罗尖	十八元	明星	二角二分
顶尖	十七元	天华	二角三分
羊籼		麒麟	一角六分
棉布(尺):		小将军	一角八分
龙头细布	三角二分	福克斯	一角四分
四君子元哗叽	四角六分	天鹭	一角四分
永字粗布	三角八分	大鸿运	一角九分
鹦鹉元细布	二角九分	大世界	二角五分
卡其	四角八	高而夫	一角八分
细斜	三角六分	**煤油:**	
广生力士呢	四角六分	(协和祥价)	
大中呢广生	四角二分	僧帽	十六元四七
杂粮(石):		拆油(斤)	四角
小麦	十三元	散油(桶)	一百五十一元
曹青	十五元	柴油	六十五元八三
卷烟(条):		汽油	一百七十七元九角
廿支金鼠	二角六分	**皂火(木篓):**	
白兰地	三角六分	黄祥茂	二十五元八角
红金	三角四分	条祥茂	二十五元八角
百万金	三角	戏法	公司价五十元
黄金龙	二角五分	美女	十四元
船主	三角一分	送皂	十元
十字军	二角三分	利华	三角五分

《绍兴新闻》中华民国三十七年十月十八日

昨 日 商 情

(1948 年 11 月 7 日)

食米(石):		高漂布	二元二角七
门市(同源市价)		士林布	二元九角八
高米	九十五元	元哗叽	二元二角八
低米	九十二元	大伟呢	二元一角八
棉布(尺):		南通提花	九角八
高细布	一元二角六	彩格	四角八
高粗布	一元八角八	灰土林	一元九角八

安安蓝	二元三角八	听油	七二元
元洋纱	一元九角八	柴油	二千一百六十元
卷烟(包):		散油	六百三十六元
廿支金鼠	七角八	**南货(斤):**	
白兰地	一元〇八	黄元	四元三角一
红金	一元〇二	湘莲	八元八角
百万金	九角	桂圆	六元四角
黄金龙	七角五	糯米枝	十四元四角
船主	九角三	红枣	五元六角
十字军	六角九	黑枣	八元四角
明星	六角八	杏仁	八元八角
天华	六角九	条尾	廿二元四角
麒麟	四角八	温开	廿二元四角
小将军	五角四	醉瓜	二元四角
福克斯	四角二	泉水	九角六
天鹭	四角二	**酱油(斤):**	
大鸿运	五角七	太油	一元九角二
大世界	七角五	批发	一元八角四
高而夫	五角四	母油	一元八角四
油烛(斤):		批	一元六角八
贡烛	四元八角	顶油	九角六
麻油	二元九角六	批	七角八
菜油	二元二角四	上油	七角二
青油	三元八角四	批	六角
桐油	三元六角	豆油	四角六
豆油	二元八角	批	三角八
煤油:		批	三角八
拆油(斤)	一元八角	市油	三角

《绍兴新闻》中华民国三十七年十一月七日

昨 日 商 情

(1948 年 11 月 19 日)

食米(石):		高米	一百八十元
行盘		低米	一百五十元

门市		听油	二二〇元
机红粳	二〇〇元	听油(散装)	二二〇元
白尖	一八五元	柴油(桶)	一五〇〇元
高糙晚	一九〇元	散油	二三三二元
糙晚	一七五元	**南货(斤):**	
早米	一八〇元	黄元	九元六角
高早	二〇〇元	湘莲	十六元八角
罗尖	二二〇元	桂圆	十三元二角
洋尖	二四〇元	糯米枝	二八元八角
棉布(尺):		红枣	十四元四角
高细布	四元四角	黑枣	十四元四角
高粗布	五元二角	杏仁	二四元
高漂布	四元八角	条尾	四八元
士林布	七元八角	温开	四八元
元哔叽	六元四角	醉瓜	五元七角六
大伟呢	四元八角	泉水	三元三角六
南通提花	一元八角	**酱油(斤):**	
彩格	八角	太油	五元〇四
灰士林	七元四角	批发	四元六角
安安蓝	六元四角	母油	五元四角
元洋纱	六元八角	批	五元四角
丝光元布	六元四角	顶油	二元八角
力士呢	五元四角	批	二元六角
特士呢	五元四角	上油	二元二角
灰光布	三元	批	一元六角五
哔叽条绒	六元二角	豆油	一元二角六
平条		批	一元一角
油烛(斤):		市油	一元
贡烛	十二元八角	批	八角四
麻油	九元六角	**腐乳:**	
菜油	七元三角六	定太方	一元
青油		定门丁	
桐油	十一元	丁方	
豆油		三酥	
煤油:		门大	
拆油(斤)	五元二角	大方	

行大	三角	金生	十九元
醉方	一角五分	川月石	
棋方	二元九角二	树胶	（无）
（起码四角）		浦箬	
行青	一角	松香	
丁红	二元六角	大筏	十五元
（起码三角）		桂皮	
贡芽	二元五角六分	黄交	
（起码三角）		黄占	五十六元
盐片瓜	一元六角	煤	四元八角
（起码一角五分）		祥臣禄	二五〇元
辣末	八角四	顺全青	五十六元
醋	一元二角	月黄	
杂货：		布砂	
石羔	一元六角	油禄	四元八角
大坑	十八元	**西药：**	
双条	五元五角	奎宁丸	一元
千六	四元	沃古林	四元五
千张	十二元	阿司匹灵	三十元
小青	十二元	消治龙针	四十四元
诸麻	十七元六角	龙虎人丹	一元
嵊麻	十七元	八卦丹	七元
葛麻	一元九角	万金油	七元
利青	四元	克雷奶粉	二百四十七元
木麻	八元	炼乳	七十元
禄和珠	二八元	**茶叶：**	
捷成珠	二四元	高龙井	六十四元
松香	四元八角	起龙井	八元八角
力青	九元六角	毛尖	四元八角
广交	三十二元	本山	八元
闸交	十九元二角	**燃料(斤)：**	
苏打粉	十六元	塘柴	一角三分
天佑黄	十二元角	松柴	一角
皮硝	四元八角	条炭	
清碱	三元六角	**香糕：**	
桐碱	六十四元	琴糕	四元八角

青糖糕	四元	西法连	六元
蛋卷	九元二角	送子每打	二十元
蛋包	九元六角	采桑每打	二十元
皂火：		天官	二十元
祥茂皂连	五元		

《绍兴新闻》中华民国三十七年十一月十九日

昨 日 商 情

（1948 年 11 月 29 日）

食米（石）：		十字军	一二元
高糙籼米	一九五元	五层楼	一一元
低糙籼米	一八五元	咖啡	一四元
白尖	二二〇元	小宝珠	九元
高糙晚	二一〇元	（以上廿支装）	
糙晚	二〇〇元	大英	九〇元
门市		前门	七〇元
早米	二二〇元	美丽	五五元
高早	二四〇元	老刀	六五元
罗尖	二六〇元	哈德门	五五元
洋尖	二八〇元	（以上十支装）	
卷烟：		**煤油：**	
红金	三五元	拆油（斤）	四元八角
白兰地	三六元	听油	二一〇元
双斧	二四元	听油（散装）	一七〇元
金鼠	二五元	柴油（桶）	一二五〇元
嘉宝	二三元	散油	一五九〇元
五华	二一元	**锡箔：**	
凤凰	二〇元	普通	五六〇元
克雷斯	三二元	鹿鸣	六五〇元
前门	六五元	的车	一五〇〇元
大英	四六元	边王	二〇〇〇元
联珠	二〇元	**油烛（斤）：**	
百万金	二二元	贡烛	十一元二角
天华	一一元	麻油	八元

菜油	七元三角六	丝光元布	六元四角
青油		力士呢	五元四角
桐油	八元八角	特士呢	五元四角
豆油	八元八角	灰光布	三元
皂火：		哔叽条绒	六元二角
祥茂皂连	四元五角	平条	
西法皂连	四元五角	**南货(斤)：**	
送子(每打)	一八元五角	黄元	九元六角
采桑	一八元五角	湘莲	十六元八角
天官	十五元	桂圆	十三元二角
西药：		红枣	十四元四角
奎宁丸	一元	黑枣	十四元四角
沃古林	四元五	杏仁	二四元
阿司匹灵	三十元	条尾	四八元
消治龙针	四十四元	温开	四八元
龙虎人丹	一元	醉瓜	五元七角六
八卦丹	七元	泉水	三元三角六
万金油	七元	糯米枝	二八元八角
克雷奶粉	二百四十元	**酱油(斤)：**	
炼乳	七十元	太油	五元〇四
棉布(尺)：		批发	四元六角
高细布	四元四角	母油	五元四角
高粗布	五元二角	批	五元四角
高漂布	四元八角	顶油	二元五角
士林布	七元八角	批	二元六角
元哔叽	六元四角	上油	二元二角
大伟呢	四元八角	批	一元六角五
南通提花	一元八角	豆油	一元二角六
彩格	八角	批	一元一角
灰士林	七元四角	市油	一元
安安蓝	六元四角	批	八角四
元洋纱	六元八角		

《绍兴新闻》中华民国三十七年十一月二十九日

附二　外地报刊中的绍兴商会史料

1. 商会会务

绍兴萧山商会详报植棉纺纱情形

（1909 年 5 月 29 日）

　　萧山商务分会前月接到总商会照会：奉商部札，查棉花种类，种植成法，及有无设立此项公司，著述此项专书，希即查收，复会转报等因。兹由该分会查明，于日前备文牒报，略谓：棉花种类有南翔子、崧厦子之别。南翔子核细衣薄，性极柔懦，宜于女红纱织。崧厦子花衣略厚，花身稍大，宜于机器纺织，二者各有所长。查萧邑南、东、西沙地约计四五十万亩，现在坍涨无定，种植以桑树、竹木、杂粮为多，故棉花出产逐年减少，大约每年不过二十万包，专销甬、杭、萧等厂，沪厂亦销，故价值有增无减。十年前不过三元五六角，近年已在七元左右，现在贵至九元。其原因，以去年收成不佳，惟萧山最胜，以致腾贵。其播种法，以谷雨至立夏时下种，至小暑开花，立秋后结实，寒露节收获，每亩约百余斤。至所织纱布，厂纱以十支起至十六支为最细。土布名类不一，惟长河四都所出为最优。萧邑自通惠公纱厂设立以来，妇工手摇纱甚少织布，概用机器，粗细不一，其销路以金、衢、严三府为最，广、杭、绍次之。至此项专书则无人著述云。

　　记者曰：该分会查报情形，陈言塞责，核与慈邑禀报将毋同。然创设公司尚有其人，似觉差强人意耳。

《华商联合报》宣统元年第十期

浙江孙端镇商务分所开会演说情形

（1909 年 6 月 17 日）

　　会稽县孙端镇商会分所前经组织成立，举孙德卿君为会长，十二日开成立会。是日，会稽陈大令，及山会商会总董、议员均赴会，此外有来宾二十余人，本会会友五十余人，暨又新、肇基两校学生莅会。开会时先唱开会歌，次奏军乐。陈大令出祝词，由商会议员陈秉衡君代为宣读。次山会商董钱静斋君登台演说，商会不可不互相联络。次由会长孙德卿君登台演讲，本会成立之不易，及经费之筹垫，并勉入会商家共为扶持，以期永久云云。

　　记者曰：言之匪艰，行之维艰，孙、钱二君之演讲，落落数言，颇中窍要，窃愿该会主政尚其勉旃。

《华商联合报》宣统元年第八期，《海内外商会纪事》

诸暨商务分会开成立会之情形

（1909 年 7 月 16 日）

诸暨商务改良公会,乙巳冬由朱君嘉琳、金君翕庭发起组织,现经杭州总商会详部核准,改设商务分会,颁发钤记,于五月初一开正式成立大会。时洪水为灾,满城汪洋,杨大令因水决湖堤,淹死人口,下乡勘验,特委吴二尹冒雨前往,其余乘舟而渡,塞裳而涉者,本城及各镇会友百余人外,政绅学诸界到者亦不下百人。于九句钟振铃开会,由朱嘉琳君宣布开会大旨,言:今日开会,系总理接钤任事之日,即商务分会成立之日,亦即商务改良公会取消之日云云。次如杨大令及绅学界诸君,均各出颂词,宣读总理孙采臣君委陈语清君代表答词,复由会员次第演说,洵极一时之盛云。

记者曰:此举也,洵盛举,吾愿其成立之后,商会诸君极力提倡,俾诸暨之商务日臻繁盛。

《华商联合报》宣统元年第十期,《海内外商会纪事》

浙江绍兴府山会商务分会己酉年总理议董表

（1909 年 10 月）

职 务	姓 名	字号	籍贯	年岁	职 衔	现任某业董事	执 业	住 址
总理	钱允康	静斋	山阴	62	五品封职		悦名茶栈	万安坊
议董,现代总理	陈维明	和甫	山阴	42	四品封职		陈裕昌铜庄	朝京坊
议董	高 鹏	云卿	山阴	52	从九		保昌钱庄	九严西高
议董	郦 鋈	春融	山阴	51	五品顶戴		天福丰布庄	昌安坊
议董	谢师锡	幼阑	山阴	45	监生		易成银楼	菖蒲溇
议董	袁 桢	瑞生	山阴	42	监生		恒裕隆杂货栈	东光坊
议董	冯钟淇	纪亮	山阴	39	布政使经历衔		开源钱庄	东浦
议董	胡毓骏	秋田	山阴	38	花翎五品衔,两淮盐大使		至善祥提庄	万安坊
议董	陶恩沛	荫轩	会稽	42	同知衔		陶泰生布庄	西咸欢河
议董	陶 元	彦卿	会稽	48	五品衔监生		天生绸庄	陶堰

续　表

职　务	姓　名	字号	籍贯	年岁	职　衔	现任某业董事	执　业	住　址
议董	马尔康	凤藻	会稽	39	县丞职衔		泰安当	中望坊
议董	陈宰埏	秉衡	会稽	34	五品衔候选盐大使		乾泰钱庄	啸啥

《华商联合报》宣统元年第十六期《海内外商会同人录》

绍属镇商会纷纷成立

（1911 年 2 月 9 日）

绍属山会商务分会成立后，商情团结，营业日盛。各处乡镇鉴于府会之成效，纷纷请设分所，如伧塘、马山、柯桥三镇，业于旧秋成立。牒呈总商会，移请劝业道咨部立案。兹闻安昌、斗门、孙端三镇商务分所亦已先后开幕，旧腊由山会分会据情转请杭总会。因时届残年，官厅循例封印，未经呈报。日前由该分会专函催询，要求从速移咨，以慰众望。

《申报》1911 年 2 月 9 日

禁革洋庄绿茶加色之研究

（1911 年 2 月 29 日）

绍兴会稽县所辖绿茶不准再加颜色，自西五月一号起，凡有加色之茶，一律不准进口等因，应请迅饬绍兴商会，传知平水茶业，赶紧设立。浙省平水绿茶，尤为各国欢迎。每年洋庄出口，约在二十万箱以上，价值二百数十万两，与蚕丝并称大宗。其染色一法，前因外人崇尚外观，以求畅销起见。但茶叶一经染制，不但失其本来香味，亦即变易。今花旗关禁力拒染色，则茶商山户，亟应设法改良，以保固有权利。惟此项绿茶，系绍属会稽县平水镇所出，而茶商每向杭、宁、严、温各府，及邻县之余姚、上虞、诸暨、新昌各处采办，名之曰平水绿茶。现经董观察照会各属商会及劝业员，分别劝告，不再加色，致碍营销。惟平水一镇产额最旺，应由该业代表赶设茶务研究所，力求进步，以拓利源。其赶山收买、高抬山价两项，最为茶商山户之恶习，实与贸易有妨，即应从严禁止，以保茶务大局。除据情详报抚宪外，并即禀陈农工商部查照矣。

《申报》1911 年 4 月 29 日

浙省商学两会之开会谈

（1914 年 7 月 24 日）

绍兴商会函致杭总商会请召集全省商会特开大会一节,曾志昨日本报。兹悉杭总商会函复云:案准贵分会联衔会咨,以新捐率苛重,商困无诉,拟请召集全省商会,联合研究,要求修改等由。查此次新捐率发现以来,省城商家、外埠各商会函牍纷驰,要求转请核减前来,当由敝会与财政厅先后磋商,并商召集本城各业,公开特会,询百货捐今昔比较,编列表册,加以说明。正在会核转咨。至各分会代商伸诉之来文,除笼统请减者,仍函由该分会,分别查列比较见复外,所有详列表式之函牍,均已一律转咨各在案。兹准大咨,请开全省临时大会,敝会极表同情,惟前项列表比较手续,尚未准财政厅汇核咨复,则临时特会一层,似可暂缓。缘全省商会程途远近不一,百货名目尤多,仅此开时间亦难逐条详核。况值兹盛暑之时,召集綦难,是以拟俟财政厅核复后,再定办法。兹准前因,相应函复贵分会查照,并希分别函转萧山、诸暨、余姚、上虞、新昌、嵊县、临浦镇等分会知照。

《申报》1914 年 7 月 24 日

绍兴丝商之请愿

（1916 年 9 月）

绍兴丝商代表赵良具请愿书于省议会云:

窃绍兴丝绸出产,与杭、吴并趋,行销寰区历有年所。自被洋人收买鲜茧以来,嵊、新绝迹,诸、萧邑茧行林立,各乡民贪于近利,售茧者多,缫丝者少,绍县出产,寥寥无几,绸栈、机户用丝,仰给杭、嘉、湖报捐办运来绍,分销各户。现今该处取缔,愈收愈广,缫丝逐□价格,较前清光绪年间骤增十分之六,则售价昂贵。绸货资本所关,不得不随之以俱贵,绸销迟钝,实由于此,国货窒碍,实非浅鲜。况外人收茧而去,织成绸匹,仍运销中国,致中国原有绸货,转处于消极地步,其势更不可复振。前经禀请历任官长规定条例,开设茧行,换帖时应将旧帖呈缴各县公署,派员调查,结内声明灶数相符,始准开市。各乡镇如距五十里以内,亦不准新设,以示限制。近闻各茧商尚思扩充营业,禀请取消前项条例,由省长提交省议会核议,董等为机户料坊生计因之渐绝,惟有陈请省议长、议员察鉴,俯念商民生计,循照原定条例办理云云。

《中华全国商会联合会会报》民国五年第三卷第九期

省长令绍兴县知事宋承家

（1916 年 10 月 14 日）

浙江省长公署训令

第七百八十九号

令绍兴县知事：准农商部咨，绍兴东关商务分所改设商会一案，区域如何划分，各于章程内明定，并催城商会从速改组由。

令绍兴县知事宋承家

本年十月六日准农商部咨开：本年九月二十六日接准咨称：据民政厅厅长转：据绍兴县知事呈送县属东关商务分所改设商会章程，暨履历并钤记、公费银十五元，请核准施行等因。准此，查绍兴县东关地方，距城既有七十五里，商务繁盛，该处商务分所请改商会，与商会法施行细则第二条规定尚属相符。惟绍兴县城商务分会尚未据报改组，且该县属马山、柯桥、安昌、陡亹、孙端等处，均有商务分所，如何办理，并未声叙。此次东关商会章程内第三条、第四条，区域虽有规定，是否与城商会协商妥洽，得其同意，究竟两商会区域应如何划分，仍希转饬彼此公同协议妥商后，各于章程内明定，以免日后争执，并饬催城商会从速改组，将章程等项送部再行汇核办理。除将钤记、公费等项暂存外，相应咨行贵省长查照，分别饬遵，并希见复可也。等因。准此，合亟令仰该知事即便分别转知遵照，并案汇送章程等件，以凭核转。此令。

省长　吕公望

中国民国五年十月十四日

《浙江公报》民国五年第一千六百五十二号

钱业会议划单现水案

（1918 年 6 月 20 日）

杭总商会，十八日午后合杭绍甬三处钱业，开金融会议。宁波总商会已于先一日来函，转告钱业意见，不遣代表来省。绍兴商会会长高云卿，偕同钱业代表应惠棠、范嗣三来省参与会议。杭州钱业到会者百有余人，各银行行长亦到。入席后，即由会长报告财政厅公函，暨杭、绍两商会先就钱业会议后之复函，并省垣钱业全体公具之意见书，及善后条陈三条毕，详加讨论。对于现水问题，佥议现洋充足，现水自平，划单未可一日停滞。杭绍商市虽有不同之点，而划单之断难取消，情实一辙。讨论结果，请求总商会将杭、甬、绍三处商人所陈意见，及杭商之善后条陈，转达官厅，俯赐采择。遂散会。

《申报》1918 年 6 月 20 日

复裕钱庄通告押款各户

（1918 年 12 月 8 日）

迳启者,敝庄所有九月间做出三封月绍洋押款,曾经于押券上批明绍兴拆息,如遇官厅主张有所增加,其原订利息,必须改议价格,以昭平允。今因旧历十一月初一日,绍兴商会会长冯纪亮君(即开源钱庄经理)、绍县王知事面谕,已在增开每日每百元拆息六分五厘,如是前项押款利息应归另议,理合通告押款各户,即希持券驾临敝庄改订利息为要。

《申报》1918 年 12 月 8 日

杭绍金融界之近讯

（1918 年 12 月）

绍兴钱业,因奉令革除汇水,爰将日拆加增,绍商会电省反对。兹奉省长公署批答云:铣电及各商人元电均悉。利率高下,视各处市面为转移,绍邑汇水逐渐减轻,日拆自不能不涨,时会所趋,势难强抑。即征诸往昔行掉时代,凡遇冬腊旺用,期息增长,亦属常有之事。况目前杭绍相较,尚属绍轻于杭,官厅对于不正当之名义,不容不严行整顿,而于常轨上之利率,不能不有所维持,岂容以片语主张,率行争议。该会为各商领袖,正宜将利弊剀切劝导,乃亦随波逐流,代为陈情,实属非是。

又杭州中国银行吴、金两行长电复绍商会云:铣电悉。拆重汇减,效既渐著,一旦拆减汇增,繄谁负责? 前言犹在,何能再向官厅失信。苟力之所及,自当效命。谨覆。元康百顺。篠。

又据绍兴报纸云:一般商人不争现水、汇水,而争日拆,盖仍以现水、汇水不当去,而日拆不可加耳。其实以现水、汇水与日拆较,设如商店售出之货,姑以汇水十元,计是百元之货实得之价仅九十元,而日拆以月二分计,百元之货仅耗息二元,所得之价尚九十八元,彼此相较,利害显然。商会中人亦明知之,而貌为不知,乃仍欲增汇水之故云。

储丰商业银行,已于本月二十五日开始营业,暂假谦泰庄余屋经营一切。至省垣商业银行在组织中者,尚有两起,一为寅源庄经理李某所发起,一为庆和庄经理毛某所发起,额定资金三十万元,约明年春间成立。

绍市汇水业已逐渐减轻,现时汇水每百元只须二元左右,惟拆息仍五分五厘,由杭汇绍之汇水亦较低落,每千元计二十六元零。前有俞某等,呈请官厅合股拟组织一浙江劝业银行,嗣因合股为部章所拘,对于普通商业,难以发展,商股中亦有不赞成者,因之尚在犹豫。适值官厅官股问题,交付议会,而议会因该行章程未经宣布,致未议决。闻该行须变更进行云。

《银行周报》民国七年第二卷第五十一期

大总统准给奖绍兴商会并颁给匾额令

（1922 年 2 月 13 日）

大总统指令

第三四二号

令农商总长齐耀珊：

呈汇案请奖商会职员及商人本部奖章，并请颁给浙江绍兴县商会匾额由。

呈悉。均准如拟给奖绍兴商会，并准颁给匾额。此令。

国务总理　颜惠庆

农商总长　齐耀珊

二月十三日

《农商公报》十一年第二千一百三十八号

为鼎丰泉丰二皂厂争执商标事致绍兴商会缄

（1923 年 5 月 3 日）

迳启者，接本埠鼎丰肥皂厂函称：敝厂所出铁锚牌肥皂，早于民国六年呈请农商部备案，奉有五四九号批示"照准"。近又呈请江苏省长公署，转令实业厅行知上海县知事出示布告在案。兹闻绍兴泉丰肥皂厂，亦有铁锚牌肥皂制造出售，想系未知敝厂已先取得此项商标之权，虽非故意仿冒，究敝厂权利有碍，函请转恳绍兴县商会，劝令泉丰肥皂厂将铁锚牌商标停止仿用等情，并附摄县署布告一件前来。敝会查现在商家使用商标，例以向农商部备案核准之日，为权利确定之日。观于历来向部备案之商标，凡同种类之货品，用同一之商标，而声请在后者，农商部必批令更换，再准备案。此足为商标法未颁布施行前援用之先例。鼎丰肥皂厂之铁锚牌商标，既于民国六年呈准农商部，是其权利早已确定，并非俟本年四月十七日县署布告后始生效力，依照通例，他家自未便再行仿用，致该厂权利有碍。绍沪距离较远，彼此无意暗合，原属难免，拟请贵会以调人之资格，向该厂切实商劝，将铁锚牌商标停止仿用，实为彼此两全之策，曷胜切祷。所有商劝情形，并祈迅赐示复，以凭转达。此致。

《总商会月报》民国十二年第三卷第六号

越安轮肇祸后之交涉

（1924 年 12 月 24 日）

绍兴越安西路短班轮应凤号，于本月二十日自西兴开回绍城，驶至柯亭地方，与对面驶来之西兴夜航船相撞,致将该船沉没,该船伙及客虽经跳跃上岸,未遭溺毙,而装载之锡箔损失达一万五千元之巨,轮船水手俞金灿亦遭撞伤,由专民医院治断为左膀小腹已受重伤,生殖器尿管轧断,因转送至南街高氏医院诊治。现在箔业一面已向法庭提起诉讼,要求该公司赔偿此项损失。公司方面亦请求地方分庭派员到院检验伤痕。并闻绍兴商会已于本月二十二日派员,会同双方代表同赴柯亭肇事地点调查,究竟应凤撞沉航船是否有意,及箔块损失实数,俾资调解。

《申报》1924 年 12 月 24 日

撞沉夜船交涉已解决

(1924 年 12 月 25 日)

绍兴越安轮应凤号,在柯亭地方撞沉西兴夜航船等情,已志本报。兹闻绍兴商会,已于本月二十二日午后七时邀集各会董,及越安公司、徐炳记行、泰升祥行,暨船伙等开会,集议解决办法。当场议定,受潮之锡箔均归箔业董事胡梅炫理值外,估计损失尚须五千元之谱,由越安公司及徐炳记、泰升祥二过塘行各担负半数,双方均承认签字了结。所沉箔块,于二十三日由驳船运城,暂存箔业公所。

《申报》1924 年 12 月 25 日

商会改选会董会长纪

(1925 年 2 月 18 日)

绍兴县商会第四届选举会,于本月十五日下午二时举行,到会者六十余人,由陈秉衡会长主席,报告开会宗旨,及报告甲子年收支账略,暨甲子年诉讼调查事宜六十件,行政事宜五十七件。报告毕,遂分发选举票,改选会董,公推杨鉴堂、金安生为检票员。投票结果,当选会董者为冯纪良、陈秉衡、冯德哉、高云卿、陈秉彝、冯虚舟、丁渭昌、丁星阶、张慧洋、高坤芳、应惠棠、周子京、陈宝仁、胡梅炫、王问九、朱文波、刘悦臣、陶仲安、杨亢宗、徐叔荪、金安生、梁禹九、方文英、金秩卿、莫两辰、杨鉴堂等,并定于本月十六日下午二时开会,选举正副会长。投票结果,陈秉彝当选为正会长,冯虚舟当选为副会长。

《申报》1925 年 2 月 18 日

商会会员质问选举法

(1925 年 5 月 5 日)

绍兴商会前次改选,前会长陈秉衡之弟秉彝为正会长,冯虚舟为副会长。后参业会员许柏龄认为不合选举法规,曾于日前将选举时种种疑点提出质问,要求三日答复,并定期改选。昨由陈秉彝会长照质问逐项答复,以所询各节目为悮会。兹因对于答复书同滋疑惑者,除许会员外,更有药业会员姜声齐,染业会员唐达齐、叶树棠,水果业会员王庆生、张少卿,纸业会员赵尚贤,广货业会员徐丽生,杂货业会员单幼甫等,现又联合提出第二次质问,仍请其三日内答复,并依法改选。

《申报》1925 年 5 月 5 日

质问商会选举法近讯
(1925 年 5 月 15 日)

绍兴参业会员许柏龄等,前以商会选举会长不合法规,曾经二次提出质问,迄未答复。除由该会员等去函催复外,现闻绍兴青年商人联合会,昨亦代电杭州实业厅,谓绍兴商会会长选举违法,经各业会员提出质问,置之不复,违法选举会长,敝会同人誓不承认,应请厅长派员彻查重选。

《申报》1925 年 5 月 15 日

杭 州 快 信
(1925 年 9 月 24 日)

杭总商会昨呈孙督,以准绍兴商会电报载,近有奸商私运民九新劣毫,由温州输入,讵绍地已有发现,迄速呈报严禁,以免重为民累,仰祈鉴核,严令各局缜密查缉,以杜偷运,而维商市。

《申报》1925 年 9 月 24 日

商会长创办织布厂
(1926 年 3 月 4 日)

绍兴商会会长陈秉彝鉴于时势艰难,劳苦平民无计谋生,在本村南首聚德桥地方创办益华织布厂一所,命其哲嗣庆澜测量厂址,计十四开间四进,现已开工建筑,预定三月间可告落。

《申报》1926 年 3 月 4 日

恢复仓储案将交县会核议

（1926 年 3 月 13 日）

绍兴商会因米价昂贵，请县恢复仓储，现经县署函覆，谓已遵嘱分呈军民两长，转咨苏省，准予给照购运，并令饬兰溪县取消限制，以维民食。候奉指令，再行函知。至恢复仓储一节，接准来电，即经函请参事会候县议会开会时，提交核议。兹事体大，如非经过县会议决，即省署亦难遽予照准云。

《申报》1926 年 3 月 13 日

地方通信·绍兴

（1926 年 10 月 2 日）

商会召集会议，讨论选举绍兴商会因职员任期届满照章应行改选。昨特通函召集会董，于本月三日开会，讨论会员互选会董，及会董互选会长等各项手续，是否照旧办理，抑须斟酌改订云。

《申报》1926 年 10 月 2 日

商会选举会董

（1926 年 11 月 9 日）

绍县商会第四届职员业已期满，照章改选，于本月七日开会，选举会董。投票结果，当选者计冯虚丹、陈秉彝、陈秉衡、冯德哉、杨亢宗、丁星阶、金秩卿、沈墨臣、冯纪亮、郦春融、陶仲安、徐鼎荣、方文荫、朱济川、寿芝田、高联芳、孙子嘉、王维贤、马玉龄、孟子卿、许剑秋、梁禹九、周子京、胡梅炫、俞守成等二十六人。

《申报》1926 年 11 月 9 日

县商会正副会长之选举

（1926 年 12 月 1 日）

绍县商会正会长任期已满，于十一月二十九日下午二时开选举会，到者会董二十二人，投票结果，陈秉彝得二十一票，当选为正会长，冯虚舟得二十票，当选为副会长。

《申报》1926 年 12 月 1 日

巡缉队董事会组织评议部

（1926 年 12 月 27 日）

绍兴巡缉队董事会，于本月二十三日午后，召集各董事开会，提出组织评议部案，决定各法团每法团二人，各董事中推出五人，当推定县议会徐乔仙、徐绳宗，商会陈秉彝、冯虚舟，教育会陈瘦崖、王以刚，农会王锦中、冯祥麟，参事会胡坤圃、俞少村，连董事会中推出孙德卿、张天汉、沈典午、任葆泉、鲍香谷等，合共十五人，即由被推十五评议员，组织评议部，推徐乔仙为临时主席。当草定议事规则，立即通过。根据议事规则，选举评议部长一人，副评议部长一人，由临时主席指定张天汉、胡坤圃为检票开票员、结果，孙德卿当选为评议部长，徐乔仙当选为副评议长。

《申报》1926 年 12 月 27 日

商会长辞职之挽留

（1927 年 3 月 6 日）

绍县商会于去年改选第五届职员，仍公举陈源为会长，冯受谦副之，当经挽留，继续担任。忽于日前，以任期已满，职责告终，提出辞职。现经该会同人，以既经公举连任在先，关于任期一节，并无问题。况我绍适值有事之秋，昨已分别去函挽留，请以地方人民为重，出为维持云。

《申报》1927 年 3 月 6 日

商会正副会长辞不就职

（1927 年 11 月 25 日）

绍兴县商会日前改选之正会长陶仲安、副会长高联芳，现均辞不就职，函请另选。

《申报》1927 年 11 月 25 日

绍兴商会改善之电音——废会长制改委员制

（1928 年 2 月 13 日）

本报讯绍兴县商会，因已自动改善，特致电各省商联会总事务所云：前颁发商会改善方案，敝会于一月三十日召集全体会董会委员到会讨论，拟照商会改善方案第二条，实时自动废止会长制。根据上海总商会暂行章程，改设委员制。现以会董会员均为筹备员，先行筹备一切,为此电陈鉴察,并乞时指示,俾有遵循云云。

《申报》1928 年 2 月 13 日

呈送三月份农工商会报表并据声明请予免填以前各表缘由

(1928 年 4 月 19 日)

中华民国国民政府浙江省政府令

秘字第一○二二○号

令绍兴县政府:

呈一件,为呈送三月份农工商会报表并据声明请予免填以前各表缘由。

呈表均悉。据称,该县三月份以前各会实行改组,先后又无交递,是项月报表姑准暂予免填。惟查核来表,均注明各工会向由县总工会注册,何以该县不将总工会列入?又县农协亦未据查报,究竟该会等有否成立,抑尚在筹备期内?又农民协会均改称农人协会,是否缮写错误?仰即一并查明具复。此令。

浙江省政府主席 何应钦
中华民国十七年四月十九日
《浙江省政府公报》十七年第二百九十二期

商会讨论改组委员制办法

(1928 年 4 月 23 日)

绍兴县商会前以时代变迁,曾经召集各会董讨论改组委员制,推定人员,从事筹备。迄又多日,尚未实行。昨经上海各省商会联合事务所来函,以处此万方多难之环境,如何可以谋生存、解痛苦,端赖协力合作,望即觉悟,从速改组,勿再因循观望,坐失时机等语。现闻该会为适合时代之潮流,对于改组委员制,实为万不容缓之举,已函请各会董,于本月二十二日午后开会,讨论改组办法、

《申报》1928 年 4 月 23 日

县商会改组委员制

(1929 年 1 月 5 日)

绍兴县商会改组委员制,现已从事筹备,定于本月八日选举执行委员,九日选举监委员,十日推举常务委员。

《申报》1929 年 1 月 5 日

县商会选举各委

（1929 年 1 月 10 日）

绍兴县商会，现已实行改组委员制，于本月八日，由一百十余人会员投票选举。开票结果：王子余、冯虚舟、冯德斋、陶仲安、丁星阶、方文荫、马谟臣、许剑秋、金秩卿、高联芳、沈墨臣、高坤芳、杨亢宗、陈秉彝、刘悦臣、孙子嘉、王维贤、周子京、马玉龄、沈嵩杲、寿芝田、王向九、朱文波、张慧洋、宋济川等二十五人当选委员。梁禹九、许荫乔、姚晓澄、郦春荣、王和甫、黄秋潭、寿宝堂等七人为候补当选。九日，再由已选出之各委员，推选执行委员、监察委员、常务委员。

《申报》1929 年 1 月 10 日

地方通信二·绍兴

（1929 年 1 月 12 日）

县商会选出监察委员。绍兴县商会昨开改组委员，选出委员二十五人，九日又复选举监察委员。投票结果，徐鼎荣、莫稼村、俞襄舟、缪静轩、姜声齐、傅岳校、钟庆丰、孟子卿、沈稞香、华忠、韩奎文等十一人当选。又候补罗茂华、陈日沅、刘幼梅等三人。

《申报》1929 年 1 月 12 日

商会改组后第一次之会议

（1929 年 1 月 16 日）

绍兴县商会改组后，于三日下午召集第一次执行委员会。提议该会各种规则。结果议事规则尚须补充。各股办事规则。照读通过。

《申报》1929 年 1 月 16 日

为检送绍兴县商会提议保险公司关于保险证并用中文案呈请核准办理由

（1929 年 3 月 9 日）

工商部批
商字第二五三三号

原具呈人浙江省商会联合会

呈一件,为检送绍兴县商会提议保险公司关于保险证并用中文案呈请核准办理由。

呈暨附件均悉。查《保险业法》及《保险契约法》,本部正在审定。据呈前情,应俟此项法规公布后,再行核办。仰即知照。此批。

工商部长　孔祥熙

中华民国十八年三月九日

《工商公报》民国十八年第一卷第十一期

工商部批呈缴公费请领钤记由

（1929 年 5 月 16 日）

工商部批

商字第三四六一号

浙江绍兴县商会主席王世裕等呈一件,呈缴公费请领钤记由。

呈悉。附缴公费亦经核收。查该会改组,章表前据浙江建设厅呈送前来,业经暂准备案在案。兹据请领钤记,查核尚无不合,应准颁发木质钤记一颗,文曰"浙江绍兴县商会"之钤记",仰候另文寄发可也。此批。

工商部长　孔祥熙

中华民国十八年五月十六日

《工商公报》民国十八年第十三期

为绍兴柯桥镇商会代缴公费二十元请领钤记由

（1929 年 6 月 18 日）

工商部批

商字第四〇二六号

原具呈人浙江全省商会联合会

呈一件,为绍兴柯桥镇商会代缴公费二十元请领钤记由。

呈悉。附缴公费亦经照收。查绍兴柯桥镇商会改组章程,前准浙江省政府咨送到部,业经咨复暂准备案在案。兹据该会代缴公费请领钤记,自应准予颁发木质钤记一颗,文曰:"浙江绍兴县柯桥镇商会"钤记,除俟刊就,另文寄交该会转发具领外,仰即转行知照。此批。

工商部长　孔祥熙

中华民国十八年六月十八日

《工商公报》民国十八年第十四期

地方通信·绍兴

（1929 年 6 月 20 日）

黄道关海盗扰商。上虞县属黄道关地方，为由甬运装鱼鲞来绍必经之处。前月间，时有台州海盗多人，盘踞该处，抢劫运绍之鱼鲞，勒款往赎，甬、绍商贩视为畏途。经南货业代表报告绍兴县商会，即电浙省府请求派队往剿，以安商旅。现省政府除已令外海水上警察局，及驻百官保安队第六团会派队警前往痛剿外，尤恐该海盗一经剿办，四散窜逃，昨特令绍兴、上虞两县政府暨水陆军警，严行探缉该处窜来海盗，解究具报。

《申报》1929 年 6 月 20 日

要闻二·浙省府请江苏弛禁锡米

（1929 年 10 月 22 日）

浙江省政府以据浙江全省商会联合会、绍兴县政府、绍兴县商会等，先后电请转咨江苏省政府，暂行弛禁无锡米石出口，以济浙境民食，特咨苏省政府云：

案据浙江全省商会联合会暨绍兴县政府、绍兴县商会先后电呈，略称：准绍兴城区米业公会函称，绍地民食缺乏，迫急万状。查城区及附郭各行号，只有旬余之粮，且此数月内各路粮食价格，仍逐日飞涨，并有停交及扣留消息，绍商向各路赶办，愈形阻碍。向来绍商办米区域，以下路及上江为大宗。近以天时久旱，江水浅涸，向上江采办，即无阻碍，亦滞时日。如各行号已向金、兰办就付装之货，因水旱舟胶，半途停搁，到期难定，实有迫不及待之势。至向下路购办，则苏禁未弛，湘粜又遏，申粮奇昂，皖地报歉，米商殊属无路采购。以是粮米来源，近于断绝，民食问题实已急于星火，倘不急图补救，不幸闹成米荒，碍及地方治安，何堪设想。查江苏无锡，今年收成尚丰，粮食充斥，故价格亦较各路平廉，且由无锡达杭，车运便利，购装克期可到，移粟拯饥，此路最为便捷。惟锡邑粮食，自民八军阀时代禁运迄今，虽经商人迭请政府弛禁，终未邀准。现在绍地势将绝粮，采办无路，为此具函吁请贵会，垂念民食万急，火速电呈浙江省政府，俯赐咨请江苏省政府，暂予开弛锡禁，准绍商采办一二十万担，以资救济等语。查绍兴产米，不敷民食，全赖外运接济。今年又逢歉岁，而各处禁粜，购运无从，民生问题，实堪忧虑。该公会所陈情形，确系迫急，倘蒙苏省政府救灾恤邻，暂弛锡禁，俾绍商得往采购，庶可救济民食等由。为特咨请贵政府准予暂弛锡禁，俾济浙荒，实纫公谊。

《申报》1929 年 10 月 22 日

为该县柯桥镇商会钤记被焚仰查明具报由

（1929 年 11 月 13 日）

浙江省建设厅训令

第一七四四号

令绍兴县为该县柯桥镇商会钤记被焚仰查明具报由。

令绍兴县县长：

为饬知事。案奉工商部商字第六四八三号训令内开：案据绍兴县柯桥镇商会主席王泗磬、常委朱恩、周振等呈称：本月十一日，属镇新街商店失慎延烧甚广，委员泗磬病假未满，委员恩照章代理，所有保管之请奉钧部颁发属会钤记一方，文曰："浙江绍兴县柯桥镇商会"，朱委员恩经理之永源钱庄火势猛烈，迫不及检，致遭焚毁。凭证攸关，未便姑缓，理合遵备费银，具文呈报，仰祈钧部察核，迅准查照存案印模，重行刊发，俾便继续启用，而资信守。再，前项钤记未奉颁到以前，应否就近向同镇公安分局借用钤记，或暂时准用白文之处，谨候令遵。再，此次系借用绍兴县政府公安局柯桥分局钤记，以昭慎重，合并声明等情，并附缴公费二十元到部。据此，查原呈所称钤记被焚一节，是否属实，除批示外，合行令仰该厅饬查具报，以凭核办。此令。等因。奉此，合行令仰该县长遵照，即便查明具报，以凭核转。此令。

厅长　程振钧

中华民国十八年十一月十三日

《浙江省政府公报》十八年第七百五十三期

请核减借款

（1929 年 12 月 5 日）

省府摊派绍局借款五十万元。经县长杨日新召集绅商设法筹集。当以经济为难。仅能凑足一半。而省电催促。昨特推代表冯虚舟、陶仲安二人。偕汤县长来省请愿减借。由财厅科长接见。结果仍令勉力劝募。

《申报》1929 年 12 月 5 日

华光债实行清理

（1929 年 12 月 19 日）

绍兴华光电证公司，前因营业失败，亏款数十万，转让于大明公司接办后，其债务尚未清理明白。曾经省府建设厅令,由汤县长组织华光电灯公司账目债务清理委员会,于十六日午后,在县商会开会成立,推定冯虚舟等五人为审查委员,通告各债权人于二十三日以前,将债务文件送会审核,以便实行清理。

《申报》1929 年 12 月 19 日

批德商爱礼司洋行据呈该行所销售之狮马牌肥田粉被浙江绍兴县商会诋毁阻挠一节已令浙江建设厅转饬慎重办理文

(1930 年 1 月 25 日)

呈暨附件均悉,已据情令浙江省建设厅转饬该商联会慎重办理,仰即知照。附件存。此批。

一月二十五日

附令浙江建设厅文

为令遵事。案据德商爱礼司洋行呈称,略谓:浙江省商联会谓,肥田粉杀害益虫,影响岁收,并拟令各县镇商会劝导各商停止经售。是项提案于农业前途实多妨碍,等情到部。查该行所售各种肥田粉,曾经本部农产物检查所化验品质,尚属优良,准予销售在案。该商联会谓杀害益虫等语,究以何种肥料并何种成分为有伤益虫之处,应本科学之理,指证确实,方不至贻外人以口实。事涉学理,未便含混,合亟抄同原呈,仰该厅转饬该商联会慎重办理,是为至要。此令。

附原呈:

呈为呈请事。窃敝行鉴于中国农业不振,生产减少,工商事业亦因原料缺乏,不能发达,若不设法补救,实足以影响国家之发展。爰以德国狮马牌肥田粉运华销售,中国农民藉此优良肥料,以增加生产,求经济上之充裕,而民生问题亦得因之早日解决。乃迩来外界对于此项有利农产之肥田粉,往往不究实际,横加攻击。近查浙江省绍兴县商会向浙江全省商联会提议,谓肥田粉杀害益虫,间接影响岁歉,并亟请全省各县镇商会劝导经售肥田粉商停止经售,业经商联会议决通过照办矣。谨将该商会之提案录后,敬祈鉴察

原提案理由及禁售办法:

近来各地虫灾为数年前所未有,各县治虫委员会捕卵掘根,无力不施,而虫灾未见减杀,间或更甚。此中愈治愈甚之道,使人莫测。因念肥田粉行销未久,滋长力诚如该商报招纸所称效可力见,世亦认定肥田粉与田稻无甚关系。(中略)今查各县田鸡稀少,因其幼稚时期,已被肥田粉僵死。护虫少,而于是害虫猖獗矣。其间接之关系,实尤甚于直接。爰想试禁肥田粉,以济治虫之害。

试禁办法:

由各地商会转行通知肥田粉经售各商,暂行停销一年,一面由各市县政府布告农友,勿用肥田粉。如果禁用之后虫害未除,再行弛禁。是否有当,请公决云云。

观以上提案所言各节,尽属想象之词,毫无根据。查敝行肥田粉行销中外,亦已有年,所至之处,成绩昭著。凡曾经施用者,莫不知肥田粉与农作有莫大之利益。且敝行肥田粉曾经贵部农产物检查所化验合格,准予各省销售,此足为敝行肥田粉有益无损之确证。今绍兴县商会忽然有此提议,实深骇异,至于该提案内所云杀害益虫一语,实属无稽之谈。试思肥田粉如能杀害益虫,则害虫又何独幸免? 此固无庸敝行置辩而后知也。又云如果禁用之后害虫未除再行弛禁云云,即此可知该商会对于肥田粉是否确能杀害益虫,自己亦毫无把握,仅以各县田鸡稀少为词,归咎肥田粉,未免吹毛求疵,故与为难也。窃思中国政府现正积极改良农业,欲求农业发展迅速,民食充裕,非有优良之肥料不为功。该商会此时非但不予提倡,而发此淆惑听闻之语,于农业前途实多妨碍。敝行素仰钧长领导全国农民,对于此等有妨农业、阻碍民生发展之事,谅必加以取缔,为特具渎闻,恳乞俯赐令行浙江全省商联会,转知各县镇商会,对于敝行之肥田粉予以维持提倡,并望证明一切,以维农业而裕生产,实为德便。谨呈。

十九年一月二十五日
《农矿公报》第二十一期

批英商卜内门洋碱公司据呈请证明肥田粉并不杀害田鸡一节前据德商爱礼司洋行呈请已令浙江建设厅转饬慎重办理文

（1930 年 1 月 25 日）

呈件均悉。所称浙江商联会谓肥田粉杀害田鸡有歉岁收一节,前据爱礼司洋行呈请前来,业已令行浙江建设厅转饬该商联会慎重办理,合行批示知照。件存。此批。

一月二十五日

附 原 呈

呈为请求出示证明,硫酸铔是淡气肥料,并无杀害田鸡之可能,并令绍兴商会不得误听谣言,阻止营业事。

窃据十九年一月五日《绍兴民国日报》第九百二十号所载,略谓:绍兴商会以肥田粉能杀灭幼稚时期之田鸡,致害虫猖獗,而遭灾荒,特通知各地商会,转知经售肥田粉各商,暂行停销云云。查硫酸铔亦肥田粉之一种,为各国肥料学家所公认之淡气肥料,施用于农田,只有增加土壤之肥力与生产,绝对无有杀灭幼稚田鸡之能力。可见绍兴商会既无科学根据,又误听谣言。敝公司硫酸铔肥田粉,曾经钧部上海及广州农产物检查所化验合格,给有证书,准予推销在案。兹绍兴商会竟设法劝止各店营业,不合公理。该商会或因未能明白以上所述情形,而出于一时误会,但影响于敝公司营业前途实非浅鲜。理合呈请钧部出示证明,并令绍兴商会停止此项不合法理之工作,以免误会,而维营业,无任感荷。谨呈。

十九年一月二十五日

《农矿公报》第 21 期

县商会选出执监委员

(1930 年 2 月 18 日)

绍兴县商会,自经商会法公布后,筹备改组,于十五日开改选大会。出席二百三十九人,投票结果,冯虚舟、王世裕、陶仲安、方文荫、高坤芳、丁清昌、沈嵩杲、宋济川、马玉龄、俞襄周、吴福生、马泉、寿芝田等十五人,当选为执行委员。王和甫、刘悦臣、锺庆丰、寿宝堂、张慧洋、张云程、傅岳校等七人,当选为监察委员。

《申报》1930 年 2 月 18 日

县商会选定省联会代表

(1930 年 2 月 20 日)

绍兴商会昨选浙江全省商会联合代表,投票结果,方文荫、陶仲安、冯虚舟等当选。

《申报》1930 年 2 月 20 日

工商部批绍兴县商会请解释商会监委会应否设立常务委员呈

(1930 年 4 月 18 日)

工商部批

商字第九五七九号

原具呈人绍兴县商会

呈一件,商会监委会应否设立常务委员会员请鉴核解释由。

呈悉。查监察委员向无常委之设置,其处理会务,当然照"施行细则"第二十一条之规定行之。至于召集会议等事,自可交由商会事务所办事员办理。此批。

部长　孔祥熙

中华民国十九年四月十八日

《工商公报》民国十九年第八期

工商部批绍兴县商会请指示商会法施行细则疑义五点

（1930 年 4 月 30 日）

工商部批

商字第九九〇六号

原具呈人浙江绍兴县商会

呈一件，请指示商会法施行细则疑义五点由。

呈悉。所称疑义五点，兹为解释如下：

（一）同业公会为产生商会之母，先有同业公会，后有商会，故本法第三条之规定，设立之时应由主管官署转呈省政府核准，无受商会指导之必要。

（二）候补执监委员本为商会章程中任意规定之事项，在执监委员改选半数时，自可同时改选。至第一次抽出之执行委员，可否再举为监察委员，及抽出之监察委员，可否再举为执行委员，候补委员期满可否再举正式委员，或监察委员职务上、名义上既不相同，即非连任，自不在限制之列。

（三）商店依法注册，本为当然之事，未便以一二县之特殊情形，予以通融。且商店会员为别无同业，或虽有同业而无公会之组织者，应特别慎重，故以曾经依法注册者为准。

（四）公司行号推派出席公会之代表，依《工商同业公会法施行细则》第八条之规定，最近一年间平均使用人数超过十五人者，得增加代表一人，当然以二人为限。《商会法》每超过十五人时即增加代表一人之办法，本法及本"施行细则"未经规定未便援用。

（五）《商会法》第二十七条，对于假决议虽无最低法定人数，但必经重行召集大会，方能实行决议。且依该条决议之事项，断不如同法第二十八条所列举者之重大，故不必如第二十八条有逾过半数之限制。至重行召集大会，虽未规定出席人数，然依第二十八条时须过半数，依二十八条时须三分二以上，乃当然之条理。若仍不足法定人数，是此种假决议已不为多数所倾向，或即行废弃，或暂行搁置，均无不可。若修正或否决，则出席表决如达法定人数而后可。本法无第二次假决议之规定，自不能绵绵不绝之假决议也。

据呈前情，仰即知照。此批。

部长　孔祥熙

中华民国十九年四月卅日

《工商公报》民国十九年第十一期

解决绍兴与当业公所房屋文

（1930 年 6 月 10 日）

本会为解决绍兴当业公所房屋纠纷，特呈请民政厅云：

呈为呈请事。窃浙江全省商会联合会代表大会第一次大会绍兴县商会提案，为绍兴当业公所房屋问题，请求据情转呈民政厅案，经大会议决，发交常务委员会办理。复由常务委员会议决，照原提案通过，呈请民政厅，请准原提案办理。查当业公所系当商集团机关，于商法应有保障，决无任地方慈善机关不得该公所全体当商同意强行收买之理。查提案叙述钧厅第五四七七号指令，只有"应准由局商办"之语，按此"商办"二字，绝非强制执行之意。可知职会为维护商民正当权利计，理合检同原提案一件，呈请钧厅准予迅饬绍兴县政府，限令纠正前误，以维商益，而存公理，实为德便云。

《浙江全省商会联合会年刊》民国十九年

绍兴华昌纺织公司筹备

（1930 年 7 月 13 日）

绍兴华昌纺织公司，自经沈叔瑜、郑志等发起组织以来，积极筹备，业已就绪。其股款由沪、绍各方招募，亦将足额。日前该公司筹备主任沈叔瑜回绍，与王叔梅等，筹商此后进行方针，已有具体计划。绍兴商界巨子高云卿、孙少轩、冯纪亮、冯虚舟、陈秉彝等尤为热心赞助，担任募股。此外沪上巨商如蔡仁初、谢伯艾、何斌等，亦均投有巨资，声势益壮。现沈主任叔瑜已回沪，与各方接洽后，不日即可召集创立会。

《申报》1930 年 7 月 13 日

国内要闻·杭州快信

（1930 年 7 月 17 日）

浙江省商人组织统一委员会。上月下旬，分委杭宁绍嘉湖各特派员朱惠清、黎醒民等分赴各地，指导统一组织商人团体，以十五日为期，现各员已先后言旋，杭、嘉、湖各县闻无问题，惟绍兴商会业经依照新商会法改组，宁波总商会主张遵照部颁期限（八月十五日）改组为市商会。

《申报》1930 年 7 月 17 日

批绍兴县商会呈为据情呈请变通取缔水上容积树木以维商业由

（1930 年 8 月 4 日）

浙江省政府批

秘字第七三九号

批绍兴县商会呈为据情呈请变通取缔水上容积树木以维商业由。

呈悉。查浙江省取缔河道停泊竹木排规则，早经公布施行，所请准予酌量变通一节，应毋庸议。此批。

浙江省政府主席　张人杰

中华民国十九年八月四日

《浙江省政府公报》十九年第九百七十八期

实业部批绍兴县商会为各业商店协理是否属于店员范围等呈

（1931 年 2 月 12 日）

实业部批

商字第一一二五号

原具呈人浙江绍兴县商会

电呈一件。为各业商店协理是否属于店员范围，或经协理合并一栏，如协理在店员外有无选任资格由。

奉代电悉。查核所询，依立法之精义解释，经理、协理皆系代表主体人者，自当合并一栏。如果主体人不为会员代表，除经理为本法所规定外，遇有推派二人时，就协理选派一人。仰即知照。此批。

部长　孔祥熙

中华民国二十年二月十二日

《实业公报》二十年第六期

为绍兴箔业庄商把持蒙混该县商会妄加证明请秉公核办由

（1931 年 2 月 16 日）

浙江省政府批

秘字第三六〇号

批绍萧箔铺同业公会呈。为绍兴箔业庄商把持蒙混该县商会妄加证明请秉公核办由。

呈悉。查此案前据该公会迭次电诉到府，节经批示，并令财政厅查核办理。据呈前情，候再训令该厅并案办理，复候核夺。此批。

浙江省政府主席　张难先

中华民国二十年二月十六日

《浙江省政府公报》二十年第一千一百四十九期

地方通信绍兴·县商会请示分事务所办法

（1931 年 7 月 26 日）

因离城较远之各乡镇，纷请设置分事务所，以利商务。于二十三日代电实业部，谓：查商会法第八条有明文规定，凡设置分事务所之事务，即由该商会职员中住居或营业于分事务所区域内者执行之。现在本会职员，均属在城经营商业，其居住亦均非在请设置分事务所之区域以内者，应如何办理，理合电请鉴核示遵。

《申报》1931 年 7 月 26 日

准咨以绍兴县柯桥镇商会章册应准备案仰饬知照由

（1931 年 9 月 30 日）

浙江省政府训令

秘字第七六七〇号

令建设厅准咨以绍兴县柯桥镇商会章册应准备案仰饬知照由。

令建设厅：

案查前据该厅呈送绍兴县柯桥镇商会章册等件，请准予设立，并转咨备案等情前来，当经转咨暨指令在案。兹准实业部商字第七六四三号字开：查该会既经省党部核准有案，所有前送章册，应准备案，相应复请查照饬知等由。准此，合行令仰该厅即便转饬知照。此令。

浙江省政府主席　张难先

中华民国二十年九月三十日

《浙江省政府公报》二十年第一千三百二十六期

交通部复电柯桥镇商会

（1934 年 11 月 16 日）

交通部代电第六一七七号

绍兴柯桥镇商会鉴：

寒代电悉。查取缔民信局，系为统一邮政不得不尔之举，业经本部明定停业期限，并经呈准行政院，迭次通令各在案。所请展缓五年一节，碍难照准。即希转谕该信业遵期结束，以重功令，而维邮政。此复。

交通部。篠印

中华民国二十三年十一月十六日

《交通公报》二十三年第 614 期

为区署对驻在地商会行文似应用令请核示由

（1935 年 12 月 10 日）

浙江省政府指令

建字第四二七七号，民国二十四年十二月十日

令绍兴县县长

呈一件，为区署对驻在地商会行文似应用令请核示由

呈悉。查《商会法施行细则》第三十三条载："各商会对于官厅有所陈请时，均适用《公文程式条例》人民对于官厅公署之规定。但对于不相统属之官厅，得用公函"等语。根据以上条文，区署对于辖境内商会及人民团体行文，自应用令。仰即知照。此令。

浙江省政府主席　黄绍竑

兼民政厅厅长　黄绍竑

建设厅厅长　曾养甫

《浙江省政府公报》民国二十四年第二千五百〇九期

交通部批陶传禔为呈请援上海市例请核减平信邮资呈

（1936 年 4 月 9 日）

交通部批

第八三一号，二十五年四月九日

具呈人绍兴县商会主席委员陶传禔呈一件。为呈请援上海市例，请核减平信邮资由。

二十五年三月三十日呈悉。查各类邮件资费，并不以行政区域为计算根据，按照各类邮件资费表，只有各局就地投送之平信纳费二分。一县之内区域甚广，所有各局互寄之平信，均需纳费五分。所请将各县境内之平信核减为二分一节，碍难照准。仰即知照。此批。

《交通公报》二十五年第七五九号

建设厅准绍兴萧山两县联合组织临浦镇商会

（1936 年 4 月 15 日）

临浦镇商会成立已久，曾由令镇绍萧两县商店联合组织。该会据以前联合理由，呈请照由准予联合设立，当即据情呈请建设厅核示，经建设厅转呈实业部，复由实业部函请中央执行委员会民众训练部核复。嗣奉中央执行委员会据浙江省党部呈复函复实业部令行

浙江建设厅令知,准予联合组织等因到局,当即录令,转令临浦县商会知照。

缉私会定期成立

(1936 年 7 月 31 日)

绍兴县商会,日前通函各执监委员及各业同业公会,于七月二十九日晚间举行全体会议,由陶仲安主席。经讨论结果,决定由县商会与各业同业公会,联合组织查缉私货委员会,定于八月五日下午七时成立,并推定监委陈笛孙主持进行。

浙江省建设厅训令

(1936 年 10 月 14 日)

工字第五二八三号,廿五年十月十四日

令杭州市市长、各县县长(除绍兴县):

案据绍兴县商会佳代电,以商业登记表所列国产总值与非国产总值,因各商号逐月营业有淡旺,难以估计,究应如何填报,请指示遵循等情到厅。除以"表列国产总值与非国产总值,可依照上年平均数额填报"等语,电饬遵照外,合行令仰知照,并转饬遵照。此令。

建设厅厅长　伍廷飏

浙江省建设厅训令

(1936 年 10 月 27 日)

工字第五四〇四号,二十五年十月廿七日

令各市县政府(除绍兴县):

案据绍兴县政府呈称:案据本县柯桥镇商会呈称:案查本月二日商业登记审查委员会同商会执监委员召开联席会议,提出讨论,关于《商业登记依据规程及施行细则》尚有疑点如下:

(甲)本镇各业有加入绍兴县同业公会者,其登记是否由县同业公会介绍向县商会申请办理,抑必须在本镇商会登记?

（乙）如剃头店、打铁店、机坊等，及类似摊贩之小商店，根本无资本数额，并无簿据可查。且此类小商店，每年大结束后，向无盘查结算之例，若令登记，则每年结束后，势必不能依据规程，呈报营业状况，若照章处罚，则近于苛虐，不罚又与规程抵触。此类小商店，能否除外？

（丙）编号字称表系为"绍"字，但号数应从何号编起，恐与绍兴县商会、东关镇商会发生冲突，以致碰头，呈请解释示遵。等情前来。查所陈各点，在商业登记章则中并无明文规定，理合备文转呈，仰祈钧厅鉴核，解释示遵，实为公便。

等情前来。当以：

（甲）在镇商会区域内之商店，其商业登记应由该镇商会办理，并不得由非本镇所组织之同业公会介绍（同业公会应以商会区域为区域）。

（乙）剃头店、打铁店、机坊等，既系商店，仍须登记，其一年来营业状况，可将约数填报。如属摊贩，自可免予登记。

（丙）商业登记表字称编号，应查照桐乡县政府呈准前例，于"绍"字下，再添各区地名之首字，如"绍城"、"绍柯"、"绍东"等，各自第一号起按次编号，以资区别。

除分令外，仰即转饬遵照办理等语，复知在案。除分令外，合行令仰知照。此令。

建设厅厅长　伍廷飏
《浙江省政府公报》二十五年第二千七百七十九期

商业登记表列资本总额与课税
绝无关系应饬一律切实填报

（1936 年 10 月）

浙江省建设厅快邮代电第　　号

绍兴县县长：

案据该县县商会铣代电称：查商业登记，在于明了地方之每一商店组织，及其经营内容，并得察见其利弊，从而实施工商管理，统制贸易，树立地方新经济政策，以资救济。用意甚善。唯是商民知识有限，因登记表上列有资本一项，恐政府方面，将据为各种课税标准，纷向本会询问前来。经一再解说，未能释然。本会不敢壅于上闻，理合电陈钧厅鉴核，敢乞明示，俾资转告，用消群疑，而利进行等情。据此，查商业登记之目的，为谋整个工商事业之振兴与繁荣，表列资本总额，与国家课税绝无关系，应饬一律切实填报。如以课税为虑而有所观望，应由该商会详为解释，以祛群疑。仰即转饬知照，是为至要。

建设厅厅长　伍廷飏　马印
《浙江省政府公报》二十五年第二千七百七十三期

浙江省建设厅训令

（1936 年 11 月 14 日）

工字第五五三四号，二十五年十一月十四日

令各市县政府：

案据绍兴县商会佳代电称：奉读钧厅十月沁代电略开：在镇商会区域内之商店，其商业登记，应由该镇商会办理，并不得由非镇所组织之同业公会介绍（同业公会，以商会区域为区域）等原因。查本县各业同业公会之成立也，大多数在镇商会成立之前，其间如当、木、酱园、布、油等各业同业公会，其所属会员店，间有开设于镇商会区域以内者，是否一律须划归镇商会登记？例如固有公会介绍于县商会登记究竟有效与否？此应请解释者一；假使某商店划归镇商会，登记以后，该店会籍是否仍旧，抑须转移？此应请解释者二；又如会籍必须转移，设有某同业公会，仅有会员店八家，其中两家开设于镇商会区域内，则固有同业公会仅剩六家，依法不能成立，是否宣告解散？此应请解释者三。自奉钧厅沁代电后，上列各业同业公会，办理商业登记，困难丛生，影响将及于公会基础问题，询问前来，理合电请明令解释，以资遵循。

等情前来。当以：（一）非依镇区域所组织之同业公会，其同业公司行号如开设在镇商会区域以内，所有商业登记事宜，应一律划归镇商会办理，不得由固有公会介绍于县商会登记。（二）应移转会籍。（三）同业公会如因会员移转会籍，不足法定家数时，应即予以解散。等语复知在案。合行令仰该县市政府知照。

此令。

建设厅厅长　伍廷飏
《浙江省政府公报》第二千七百九十四期

国货会请制止洋商灯泡独霸

（1937 年 3 月 9 日）

昨函绍兴市商会，请派员查明制止。

中华国货维持会，为请制止洋商灯泡公司独霸，推销绍兴市场，昨函绍兴市商会云：

迳启者，顷据敝会员华德工厂函称：敝厂近闻绍兴电器业同业公会，与某洋商灯泡公司订立推销条约，全县所需灯泡，均由该公司供给，闻悉之余，不胜骇异。窃查政府为实行督促全国民众采用国货之际，此项条约如经签订，不特我国市场被其任意独霸，抑且实行摧残我国货，断绝销路，我国货灯泡业必深受影响。为国货计，用特函请贵会，转函绍兴县商会查照制止此项条约之签订等由。据此，查提倡国货，为我政府基本运动工作之一，关系整个国家之生存，至为重要。年来外侮日迫，国步维艰，暨走私猖獗，取缔匪易之时，允感全国上下，有一致实用国货之迫切需要。且查行政院二十五年五月二十一日，曾以第三七九号训令全国各机关，及各地民众，应尽先购用国货，以杜漏卮等因，通饬查照办理在案。今据该厂报告，绍兴电器业公会设竟有此项举动，则不特违背政府提倡国货之至意，而摧残国货，引狼入室，实为厉阶。相应专函奉达，尚祈贵会迅予派员查明，切实制止该项条约之签订，以杜群起效尤，藉维国货外销，而固爱国阵线，实深盼切企祷之至，并祈见复为荷。

《申报》1937 年 3 月 9 日

内销绍绸免结外汇

（1939 年 4 月）

经济部电复绍兴县商会

国产绸缎出口，规定须购结外汇，方得出口。惟转口内销者，则不在此限。绍兴下方桥绸业，因在宁波出口，运上海销售，须结外汇，致货物阻滞，影响绸商营业，及机工生计。经绍兴县商会电请经济、财政两部准予免结，最近经济部已电复该会，该项绸缎如确系行销国内者，可毋须结售外汇，惟须有确切之证明云。

《金融周报》二十八年第七卷第十四期

地方通信·绍兴

（1940 年 2 月 18 日）

县商会选出执监委员。绍兴县商会自经商会法公布后，筹备改组，于十五日开改选大会，出席二百三十九人。投票结果：冯虚舟、王世裕、陶仲安、方文荫、高坤芳、丁清昌、沈嵩杲、宋济川、马玉龄、俞襄周、吴福生、马泉、寿芝田等十五人，当选为执行委员。王和甫、刘悦臣、锺庆丰、寿宝堂、张慧洋、张云、程传、傅岳校等七人，当选为监察委员。

《申报》1940 年 2 月 18 日

省政府以绍兴县商会请对物价审定之
规定予以变通未便照准电

（1949 年 2 月 10 日）

浙江省政府代电
建字第三五三九号

民国卅八年二月十日

（不另行文）

事由：据绍兴县政府电，为据县商会呈，以近来物价波动甚剧，管制为难，请对本县物价必先经审定而后施行之规定予以变通办理，转请鉴核等情，电覆知照。

绍兴县政府：（卅八）子删霆壹字第四十七号代电悉。查本省物价审议、物资调节及物资检查等委员会，系限价期内依照行政院五省市经济管制会议决定所组设，嗣后情形变更，经卅七年十二月三十一日本府委员会第一五八九次会议决议撤销，仍由主管厅处办理，各县市物价审议委员会为直接审议机构，仍应依核本定价之原则，随时予以核定，以应市场变化。该县商会所请予以变通，未便照准，希即饬遵。

浙江省政府

（卅八）丑灰建二

《浙江省政府公报》民国卅八年第 35 期

2. 商会的社会政治活动

商界公电文

（1906 年 11 月 3 日）

上海商约大臣吕尚书等钧鉴：意人索开绍兴口岸，商情恐怖，虑生交涉，请速坚拒。山会商务分会绅董秦文治等叩

商约大臣复电：两电均悉。意使索开绍兴、无锡两口岸，业已商明外务部，竭力坚拒，已作罢论，足慰悬系，希即分致诸君为荷。海寰。

《申报》1906 年 11 月 3 日

商法特会第二日记事

（1907 年 1 月 21 日）

十五日午后二点四十分，上海商务总会、商学公会、预备立宪会，仍假愚园开第二日商法特会，所有会场情形分类录左：

一、公推议长李云书君。先推颜骏人君为临时议长，颜以来宾资格力辞，各代表仍公推李云书君为临时议长。

一、会议规则：

甲、每一问题，每位得讨论一次，如有再欲发表意见，应俟全体讨论毕后，请会长询问各会代表，经多数允可，方可再议。如果发表之人经全体辨驳后，原发表人可随便答复缘由，不在上例。众赞成。

乙、在会诸公讨论，商总请和平讨论，幸勿争论阻碍。众亦赞成。

一、宣布商法草案提纲：

甲、公订商法草案，以便将来联名禀部立案，永远遵守，诸公以为可否？周金箴君言：草案应俟通过，各埠商尊再行禀部。众赞成。

乙、公司法。

丙、契约法。

丁、破产法。

戊、商行法。

己、票券法。

庚、海商法。

辛、总则。

议公司法之时，某代表谓：必先有保险法，而后有公司法；先有印花税法，而后有契约法；先有登记法，而后有破产法。张右企君言：保险法不在公司法范围之内。孟庸生君言：保险法规定，保险营业者自不在公司法范围之内，印花税法与登记法亦是一种单行法。孟君又释商法、民法之异同，略谓：商法从历史上相沿习惯，成为一种特别法。各国商法条文多有通用民法之处，中国现无民法，只得暂于商法内搀入几条，以补其阙。议长因某商会代表之意见，言立法须令华商与洋商同等之利益。又言须定华商与洋商交易法等情，请公共研究。经马湘伯、沈仲礼两君反复辩论，言有商法自然平等，非编辑时所能加入。众鼓掌。

一、联合会应否开年会：

甲、年年在上海开会；

乙、轮年择地开会。

众议俟明年在上海开会时再议。又众议推李云书、周金箴两会长，委托起草员拟定章。

一、通信方法：众议以交通极难、路途最远者之吉林为率，一月为限。

一、各埠担任编辑经费。发起是议者为嘉兴代表张石企，以编订商法费由三会担任，不如各埠协助经费，多聘编辑几员，使之速成。后由议长决议，数目不论多寡，各听其便。

一、仲裁裁判所李兰舟言：双方来会，请求公断者，即以商会为仲裁人，亦无不可。

一、各会拟举商法草案评议员一人，众议各会举定后，通告编辑所。

议至此时已五点三刻，李议长言：各属意见书不及提议，由本会编辑所答复，分送各埠。遂散会。

再，中间沈仲礼君演说，编订商法，为华洋商人平等之基。马湘伯君演说，十四省商人讨论,为中国之立宪之基云云。以限于篇幅,不详载。

附组织华商联合会意见书

吾国商人病涣散久矣,甲与乙不相谋,此业与彼业不相浃,此埠与彼埠不相闻,情势日益睽,能力日益弱,受压于官吏,受制于外人,循是不改,莽莽尘球,无复我华商立足地矣。比年以来,开明之士稍稍悟其非,翻然讲合群之理,海内外各埠以次设立商会。今年十月,因上海商会之发起,召集各埠商会讨论商法,如期与会者四十余埠。呜呼!此吾国数千年来未有之盛举也。虽然,商法者,商业一部分之事也。今试问与会诸公,舍商法外,吾商人所应注意、所应研究者。殆别无一事之可言乎?又试问诸公,自今日大会以往,将遂仍前涣散,从此不相闻问已乎?抑年一莅会,仆仆道途,仅商法一事而已足乎?诸公远来之目的,上海商界发起是会之本意,当不如是也。商与商集合而成商会,其在今日明效大验。诸公既知之稔矣,若会与会联合而成大会,效力之大,必有十百于今日商会者。以积极言,则权利之话成实业之发达,力厚而事易举;以消极言,则分力之侵侮官吏之压制,合谋而势不孤。凡此皆与会诸公所日夜往来于心目中,而思得一当者也。区区之愚,以为宜乘今日组织一华商联合会,为海内外各埠商会总机关,为我全体华商谋极大幸福,庶毋负诸公远来之盛意。

附各处商会代表姓名录

江宁商务总会:陈仲复、宋雨棠、江杏村、汪瀚臣;长崎华商总会:苏道生;海门商务分会:张颂贤;周浦镇商务分会:张雪洲;奉化分会:孙轩、焦浙培;平湖新仓分会:何企棠;宁波总会:楼心如;皖北正阳关商务总会:方守六;歙县分会:巴念农;昆山菉溪商务所:蒋廷璋、杨树兰、赵培增;宝应商务分会:鲍执之、朱彩兹;汕头商会:李雪岩;清江浦商务分会:刘少浦;毗叼商务总会函托李云书代表;松江商务分会:林锡田;建平商会:方承铼;浏河商务分会:朱诵六;六合商会:王乃藩、王志瀛、董懋官;营口商务总会:朱子谦;诸暨商务改良公会:朱寅清、朱嘉琳;厦门商务总会属殿枢镇江华商联军总会:刘少浦;溧阳商务分会:胡齐佳、狄信之;福州总会:陈筱波、王子仁;宿迁商务分会:李耀光;芜湖总会:潘伯和、卢秀峯、胡宏度;淮安商会:□□□;平望分会:凌卓云、凌志沅、翁季虎;南翔商务分会:李颂安;常昭分会:楼心如代表;吉林商务总会:王佩珍、王善征;镇江商会:吴泽民;张家口商务局:贾子芸;山会商务分会:陈秉衡、陈慎斋;奉贤庄行商务分会:徐鸣皋;金山洙泾镇商务分会:黄芳墅;天津商务总会:李山宾;新加坡中华商务总会:林梦琴、林竹斋;昆新商务分会:方惟一;石浦商务分会:陈俊才;丹阳商务分会:董荫轩;硖石镇商务分会:吴肃庐;莘庄商务分会:钱亦庄;杭州商务总会:金月笙;江西商务总会:陈润甫;江西抚州商会:戴席珍;嘉与商务总会:张右企。

绍兴府拒绝洋商开设店铺杭州

（1907 年 5 月 30 日）

绍兴府贵太守通禀省宪，略谓：据山会商务分会呈称：窃查通商条约，凡属洋商，不准在内地开设行栈店铺，久已通行在案。绍兴非通商口岸，并非租界，乃日本人在郡城山阴县境之丁家弄开设仁信堂洋货药料铺，并闻日商松木堂相继来绍，现已拟租房屋开张店铺。似此日本商人接踵而来，相率在郡城贸易，显违约章，将来难免不酿成交涉。为此函请察核，迅赐查照约章，勒令闭歇，并饬护送日商至杭，交日本领事收管。一面并请出示谕禁，嗣后如有将房屋租与洋商开设店铺者，查明发封入官。再，山阴县境之府横街，有售卖缝纫机器店铺，当门以英商两字为额，显系巧于尝试，亦请一律查禁等情。据此，查绍郡并非通商口岸，该日商何得违背约章，私开行店，若不勒令闭歇，将来群起效尤，势必酿成交涉，自当绝之于始，以杜生衅之端。除饬县查照约章，勒令闭歇，并将该日商妥慎护送杭州日本领事收管外，合将办理情形禀请察核云云。

《申报》1907 年 5 月 30 日

浙署抚接台处拒款电

（1907 年 11 月 11 日）

山会商务分会电：

浙路浙办，系遵谕旨。今外部勒借洋款，商民愤激，恐酿意外事端，求代奏请收回成命，以扶危局。山会商务分会公叩。冬。

《申报》1907 年 11 月 11 日

绍兴商会拒绝劣货

（1907 年 12 月 1 日）

上海总商会接绍兴商会函云：

敬启者，自抵制劣货风潮激动全国，商学各界各具爱国热心，而事实不无窒碍，屡经敝会开导在先。现于旧历十月十七日，复在敝会开讨论大会，所有旧存货，已由学界查明盖印销售。嗣后各商业不再进劣货，已由洋广业、布业等经理人签字在案。敝会查绍商店各货来源，在杭宁沪各处各商店，今已决心不进劣货，以后遇有开单向杭宁沪各处指购货物，应请贵总会预为传告各帮商，照单配寄，万勿以冒牌之货抵充，倘发生此种货物到绍，一经查出付焚，绍商店不能负责。并勿以此种货物运寄来绍，徒遭损失。为此备函奉布，即希

贵总会查照施行,尤纫公谊。(下略)

《申报》1907 年 12 月 1 日

实业：绍兴商学公会成立会详志

(1909 年 12 月 6 日)

绍兴商学公会十六日开成立大会,到会者绍府包太守、山会两大令、府学翁教授、劝业道委员陈司马、山会两县巡官、各团体代表暨来宾会员四百余人。上午十点钟振铃开会,间以琴歌,由发起人朱鞠堂君宣布开会词,并宣布本会章程,由孙寅初君报告,入会人数共二百三十五人,由发起人等共交来洋三千四百八十元,支出杂项用洋四百三十一元。次推举临时议长,由孙寅初君指定鲍馥生君为临时议长,众赞成。由临时议长委鲍香谷君为代表。次演说。官长致祝词者,则为劝业道委员陈司马、包太守代表伍收发、山会两邑令等。来宾致祝词者,则为杭州商学公会代表魏在田君、山会商务分会冯德哉君、会稽劝学所总董任葆泉君、山会自治研究所胡镜帆君、孙端商务分所孙德卿君。会员演说者,则为周子文、俞湘舟两君。次休息片时。下午二句钟,复席选举评议员,由会员投票公举,举定评议员孙寅初、鲍馥生、朱鞠堂、单远香、周子文、鲍香谷、陈岐山、马谟臣、蔡镜清、钱静斋、孙寿庭、宋庚初等十二人,内有钱、孙、宋三君未到会,应如何选举正副会长,经会员辩论多时,由临时议长决议,以举定十二员中,复选举正副会长各一人。投票选举鲍馥生君为正会长,鲍香谷君为副议长云。

《申报》1909 年 12 月 6 日

不准浙路总理干预路事之大风潮汇志三

(1910 年 9 月 3 日)

山会商会致各团体电云:

浙路奉先朝谕旨商办,浙亦惟知保路即系保浙,踊跃集资赶筑。兹汤去路危,众心惶急,应请联电京外速筹善后之策,盼切万分。山会商会全体。有。

《四明日报》1910 年 9 月 3 日

维持烟禁之消息

(1918 年 8 月 18 日)

军民两长电请维持烟禁,已志本报。兹探得复虞洽卿电如下:

上海浙江旅沪学会虞洽卿诸君鉴：歌阳两电均悉，筹虑甚佩。惟本省尚未接准中央文电，顷已会衔电部，请免指销，以维烟禁矣。杨善德、齐耀珊印。

又闻杭商会会长顾竹溪君，以鸦片制药指销浙省，深恐竟成事实，爰特订于本月十八日、即夏历七月十二日下午二时，邀集全体会董、会员，开拒绝土药大会，筹商一切进行办法。杭总商会昨准绍兴商会覆函称：鸦片流毒，陷我人民，乃方庆禁绝，复闻有收买存土之事。未奉尊函以前，已通告旧绍各县镇商会，联合具呈督军、省长，竭力维持烟禁云云。

《申报》1918 年 8 月 18 日

关于拒土之消息

（1918 年 8 月 23 日）

杭总商会昨日函致杭、嘉、湖、宁、绍、台、金、衢、严各旧府属各县各镇商会云：

敬启者，敝会呈鸦片制药指销浙省乞转呈以维烟禁一案，奉督军省长公署指令内开呈悉查此案尚未接准中央文电项已会衔电部请免指销以维烟禁矣仰即知照。此令。等因。兹闻旧杭、嘉、湖各属，有李蟾仙等出面包销，已有成议，果尔，则我浙烟禁破坏于若辈之手，是可忍孰不可忍。爰于本月十八日，特开大会，公议对待方法，并登报警告，遍发传单，一面电呈政府，请免指销，并电请在京诸乡老设法维持。际此明文未见以前，固结团体，互策进行，或可挽回于万一，否则卷土重来，死灰复燃，何以对因犯烟禁而致毙者之无数冤魂！事机急迫，稍纵即逝，相应检同警告，暨电京底稿，一并送请贵商会察照，请即分函各商店主人及经理，并各友暨各房东，公同实行，始终坚拒。如别有对待方法，尤深盼切，并乞邀集全体开会集议，誓达拒绝之目的，共筹挽救之策，一面请将会议情形见复为荷。

绍兴商会暨旧属七邑商会，于日昨具呈杨督军、齐省长云：

呈为联合环请事。窃以鸦片流毒，入我中国，陷溺人民甚于水火。至清季，始下严令，限以十年，使洋药、土药同时禁绝。入民国后，继续行之，而地方官绅及商学各界，又复创立禁烟局，协力坚持，认真从事，年限未及，而浙省烟毒已先各处肃清，此由人民对于鸦片亦深恶痛疾，故克力自振拔，收此成效也。乃今忽发现，收买存土，假合药为名，有指定苏、鄂、赣、浙为营销地者，虽报载属于风闻，恐明令演成事实，若不先求钧长维持，挽回于未发，遏止于将行，将恐死灰之燃，焰毒更甚，败已成之功，亟方来之祸，此真可为痛哭流涕者也。商会等为全浙人民救死起见，不揣冒昧，合词吁请，仰祈督军、省长鉴核，俯赐转呈，力维烟禁，而保人民，实为德便。再，商会等因距离稍远，往返函商，公认绍兴商会为联名代表，会衔而不盖印加章，合并声明。

《申报》1918 年 8 月 23 日

关于浙局之昨讯

（1924 年 9 月 30 日）

绍兴地方安谧之电告。绍兴旅沪同乡会昨接绍兴总商会来电云：绍兴旅沪同乡鉴：潘师回防过绍，经军政机关遵照省令，派员沿途照料，秩序整齐，昨由田、陈二代表晋省接洽，结果圆满，饷项照发，地方安谧，谨电告慰。并告宁波同乡会为感。绍兴商会沁。

《申报》1924 年 9 月 30 日

商会犒宴驻绍军队

（1924 年 10 月 15 日）

绍兴商会，以驻绍陆军于此次战事发生后，一三两营调往杭州，二营则驻绍维持治安秩序，现因一三两营均已调回绍城驻防原处，特于本月十一日办置鱼翅菜十五席，猪三十头，绍酒四十坛，犒宴一二三各营军队。

《申报》1924 年 10 月 15 日

杭 州 快 信

（1925 年 1 月 4 日）

孙督昨电杭州、宁波两总商会，及绍兴商会，略云：近闻有浙人葛祖熻为虎作伥，尽力为陈乐山密谋祸浙。诸公恭敬桑梓，素具热诚，务请主张公道，群起警告葛祖熻，勿再执迷不悟，甘为浙人之公敌。特此奉达，诸维公鉴。

《申报》1925 年 1 月 4 日

定期会议清乡续办问题

（1925 年 2 月 28 日）

绍兴商会新任会长陈秉彝，于本月二十五日就职后，对于清乡续办事宜亟待解决，持函邀各法团士绅，定期于二十七日下午开各界联席会议决定。

《申报》1925 年 2 月 28 日

江浙各界对于沪案之援助

（1925 年 6 月 12 日）

绍兴商会昨接上海工商学联会委员会来电，请贵处商团即速全数莅沪，协同保护，能否即复。现商会已电复，谓敝处商团尚未成立，此次惨变，同深愤慨云云。昨经各界联合大会，电请政府暨特派员严重交涉，誓为后盾。又绍兴基督教联会，亦开紧急职员会议，决定一致赞成，加入绍兴各团体所组织之各界代表联合会。根据事理，拥护正义、人道，共同合作，一致力争。派定蒋德恩、章道生、陈和相、楼道源四人为代表，出席绍兴各界联合会，并快邮代电上海中华基督徒联合会，表明本会态度，请一致力争。

《申报》1925 年 6 月 12 日

江浙各界对于沪案之援助

（1925 年 6 月 14 日）

绍兴各界联合会自成立后，推举干事三十八人，于本月十日举行第一次干事会，公推孙庆麟主席，决议会址设立于试弄县教育会，并选举正副会长。投票结果，孙德卿得十四票，当选为正会长；王子余、陈子英均当选为副会长，并分配各股干事。又公函县立通俗教育馆长庄子良，请其通知该馆通俗讲演员庄伯封、孙公远逐日下乡，广事宣传沪案实情，以唤起群众，实行国民外交。

《申报》1925 年 6 月 14 日

绍兴各界援助沪案

（1925 年 6 月 14 日）

昨日绍兴七县同乡会，接准绍兴各界联合会电汇援助沪案洋一千元，当已转送上海临时济安会核收分拨。闻绍兴来电尚在续筹云。

《申报》1925 年 6 月 14 日

浙江各界对于沪案之援助

（1925 年 6 月 16 日）

绍兴各界联合会，于本月十三日午后在县教育会开第二次干事会，到会者有正干事长

孙德卿,副干事长王子余、陈子英,干事陈瘦崖、潘文源、陈秉彝、冯虚舟等多人,由孙德卿主席报告:

（一）本会请韩雨亭君为临时书记,常驻会内;

（二）本会已印就捐册五百本,传单五千张,发交宣传股;

（三）本会经募款项,商定丝绸银行为收款机关;

（四）收到柯桥竞进校募来大洋五十元,已交丝绸银行;

（五）徐叔荪先生筹垫一千元之收据,亦由中行送来。

报告毕,即提议案:

（一）本会办公经费问题,结果由到会团体代表及干事共认定洋一百四十四元;

（二）添请干事,决公推高云卿等十二人为本会干事,并函请绍兴学生会、妇女协进会,各推代表四人,每逢星期三、六列席本会干事会;

（三）商定收款机关,经决议,确定为上海总会,将来募得之款,丝绸银行集成整数,即陆续汇至该会;

（四）处置抵货问题,由商会开会决定办法;

（五）志哀问题,决由商会自动表示;

（六）公推代表马雄波、朱少卿出席商会会董会议,陈述沪案情形;

（七）经募款项问题,结果学生方面专就家属亲戚募款,商界则由商会向各业董自行分派劝募,其捐册由本会送去,捐款收据除盖本会图记外,并由经募者具名盖章,登报广告,以昭信实;

（八）编辑刊物,注重图画,使通俗易解;

（九）总务股报告,培德校送来捐洋四十元,已照收,并发给收据;

（十）潘文源报告,县一校高级学生自治会印有国耻痛画一千二百张,特分出四百张送由本会宣传股代为分送。

《申报》1925 年 6 月 16 日

江浙各界对于沪案之援助

（1925 年 6 月 20 日）

绍兴各界联合会,于本月十七日午后举行第四次干事会,对于调查问题,由干事杜海生提出,应再补充处分三款办法,提交商会实行。计第一步,应从调查入手,现商会既派有调查员,四出分头调查,而本会亦有调查股,将来调查结果,凡为英日货一律封存。如遇款义牌号不能确定者,亦须暂时封存,一面即将牌号函询沪杭,请求判断。第二步,所封之货,候沪案解决,再行拍卖。第三步,各商号一律不准再进。经众一致赞成,议决照办。复由调查股临时动议,谓日晖弄口甡记某公司,昨日到有某货,现正开箱,本会应如何对付?经众讨论,一致主张先行切实封存,交由商会,再议解决办法。当众推干事六人,往甡记公司说明来意,由该公司经理陈荣生接待,谓已售出三十六箱,尚存六十四箱,经各干事会同陈经理一一点明加封,回会报告一切。当拟定函稿,请商会派员,往该公司加封搬存商会。

《申报》1925 年 6 月 20 日

江浙各界对于沪案之援助

(1925 年 6 月 22 日)

绍兴承天中校,系英教会所设立。前因校长恭思道(英人),不许学生要求爱国运动,致起师生之恶感。现该校长已通告提前暑假,学生昨已全体出校,拟发宣言,与承天脱离关系。又绍兴各界联合会昨分电北京外交部、汉口交涉员,谓沪事未决,汉口又酿杀伤华人风潮,沪汉两事,前后比观,益足证明英政府之对华政策,国人危亡日急,务恳根据正义,及国际公法,责成英人单独负责,认定英国为交涉对手,折冲御侮,实赖当局,人民愿为后盾。

《申报》1925 年 6 月 22 日

江浙各界对于沪案之援助

(1925 年 6 月 28 日)

绍兴各界联合会,于本月二十五日下午开第五次干事会,议决"处置查货问题办法"四条,计:

第一条　东西各路进口,由调查员调查,遇怀疑时报告本会决定之。

第二条　各商号现存之货,由商会负责调查,限初十以前列表报告本会。

第三条　各路查出进口之英日货,一律开单送存商会,由本会议决处分之。

第四条　已起运未到达之英日货,凡于初六以前先行报告本会者,作现存货论。

《申报》1925 年 6 月 28 日

江浙各界对于沪案之援助

(1925 年 6 月 30 日)

绍兴各界联合会,于本月二十七日下午举行第七次干事会,议决:

(一)洪生源所进之皮纸,如果系高丽货,应否与日货同样处置案。将该纸暂交商会封存,由本会派调查员确实调查后,再议办法。

(二)近日绍兴各业已一律停止购办英日货,倘时日延长,将如何设法维持案。因方俶新发表意见甚多,议请方君另具意见书,交会讨论。

（三）学生会代表王保身临时动议,谓学生会调查员遇必要时,得请各界联合会、商会、中小职教员联合会调查股检查,暨就地警察协同保护。决函请警察局及水警队,请通令各分所加意保护,免生误会。

《申报》1925 年 6 月 30 日

江浙各界对于沪案之援助

（1925 年 7 月 11 日）

绍兴各界联合会,于本月八日午后开会,议决方俶新抵货之议案,印就《英日货调查表》,送交商会,令各业董照必需、非必需,将该货分别填入,以资甄别。又决议王子余提出各界联合会添设评议员案,就已加入本会之十四团体,每团体各出一人,商会出三分之一之人员,组织评议会,函十四团体照案推定,将被推定之姓名,于本月十二日以前报告,十五日召集开会。

《申报》1925 年 7 月 11 日

江浙各界对于沪案之援助

（1925 年 7 月 18 日）

绍兴各界联,各依据前次议决案,添设议部,已得各团体赞成,推出代表,于本月十五日午后开干事、评议两部联席合议。首由孙庆麟代表主席报告:

（一）十三团体复函,赞成添设评议会;

（二）绍属旅杭学生暑期回乡服务团,愿加入绍兴学生调查团;

（三）上海总商会收到第三次汇款一千元回信;

（四）绍兴县商会声明,孙端怡昌南货号冰糖四担,确系厦门货,请验明放行。

报告毕,由主席提出议案,沈兴五之修正《绍兴各界联合会简章》,及王子余之《绍兴各界联合会重订章程》,请大众讨论,结果多数赞成会长制。通过。次由孙庆麟报告现在丝绸银行有款七百余元,应否先汇? 多数主张先行汇去。王以刚提议:

（一）江浙形势紧张,本会对于当局,应否有一种警告? 决议决缓办;

（二）募款日见缓慢,工人势难持久,惟有军警二界,尚未开捐,应否将捐册分送军警二界,以资挹注? 决议照办。

《申报》1925 年 7 月 18 日

江浙各界对于沪案之援助

（1925 年 7 月 25 日）

绍兴各界联合会，于本月二十二日午后开各团体、各界代表大会，到者六十余人，由王子余主席报告毕，讨论各项问题，计：

（一）会址，因在教育会地方太狭，不敷办事，曾向商会商借，后接来函，谓因越社事务所设于该会，已无余屋。主席将原函报告毕，金以本会设于商会较妥，且评议部员商会占二分之一，而又常须在会，会址既在商会，便利实多。他如所获之货，亦可径送商会，免多手续。决议：由大会推定王子余、张天汉、冯虚舟、朱仲华四人，向商会及越社方面接洽。结果，本会会所准假商会内越社事务所，不日迁入。

（二）本会简章草案，由评议部草定一分，及王子余、沈兴五二君各有修正案一分，合并讨论，略有修改，通过。

（三）张天汉临时动议，谓简章内既规定设正、副会长，今日在会，应即确定。本人主张，前正副干事长为正副会长。大众起立，一致赞成，请孙德卿为本会正会长，王子余、陈子英为本会副会长。

（四）冯虚舟提议谓，照章会设立正副干事部长二人，今日在大会，亦应确定本人，拟请徐叔荪为正干事部长，张天汉为副干事部长。全体一致赞同。即由文书股缮发请函。

（五）学生会代表宋德调动议，谓本将应速电当局，请取消戒严令，并主张本会应举行大规模之游艺会，所得券资，悉数汇沪，接济罢工工人。经众赞成，请宋君提案评议部。又为死难诸烈士追悼会事，亦由评议部核议办理。

《申报》1925 年 7 月 25 日

请求取消沪埠戒严之电文

（1925 年 8 月 3 日）

绍兴各界联合会，昨快电北京段执政，云：自五卅惨案发生，上海各界激于义愤，组织团体，为爱国之运动。乃邢司令莅沪以来，宣布戒严，致爱国运动迭受障碍。际兹外交危殆之秋，交涉前途，实赖民众之拥护与奋斗，似不宜有所遏抑。纵当局者自具苦心，而不谅者目为箝口。越轨固当防维，横流尤宜早计，务请俯赐舆情，令饬邢司令早日解严，藉壮民气。曷胜惶悚待命之至。

尚有致奉天张督办及南京郑省长两电，电文大致相同，从略。

《申报》1925 年 8 月 3 日

提倡国货会举行成立

（1925 年 9 月 16 日）

绍兴各界联合会决议改提倡国货会，于本月十三日午后二时，于商会内假越社议场，开成立大会。到会者有徐叔荪、张天汉、陈秉彝等多人，公推陈秉彝为临时主席，举行成立式，并决定：

（一）选举会长。投票结果，前各界联合会会长孙德卿得票最多，当选为会长。次多数徐叔荪当选为副会长。

（二）各组办事人，由会员各自分别认定一组，每组自推主任，订定办事规则。

（三）会址问题，多数主张以下大路徐公祠为最适宜，决定请会长向该社商借妥洽，再行迁入。

（四）各界联合会文件捐款决议，将分发各处，募捐之捐册，一律交齐结束后，再办移交。

因时已晚，遂散会。

《申报》1925 年 9 月 16 日

地丁银抵还商会借款

（1925 年 12 月 13 日）

绍兴商会曾于秋间，由省派委来绍，以本年下忙地丁抵补金押借洋五万元，订明每月一分二厘起息，现闻已届归还之期，定于本月十六日、旧历十一月初一日起，将所收新旧地丁抵补正省税银元，由保管库立一商会户折，逐日收入归还，以偿清五万元本息为止，业由姜知事及财政公所会函保管库主任丁绍辉知照，并函致商会，将逐日数目另开清单，查照办理。

《申报》1925 年 12 月 13 日

商会请求拨给县款补助粥厂

（1926 年 2 月 22 日）

绍兴商会于去年十二月一日起，循例开办施粥厂，至二十八日止，计用银八千七百余元。因柴米价贵，用款较上年超出三千四百元，经商会募得捐款六千余元外，尚亏二千数百元。归垫欠款无从设法，拟援照省会三仓粥厂办法，函请姜知事拨给县款二千元，以资归垫。县署以商会办理粥厂，因米珠薪桂，致有亏垫，自系实在情形。惟县款应否拨给，以资归垫之处,昨函参事会查照,即候县议会开会时提交核议。

《申报》1926 年 2 月 22 日

商会三次偿还借款
(1926 年 6 月 28 日)

绍兴商会于旧历正月间,因奉省令,向银钱两业凑借现洋一万元,以本邑统捐为担保偿还,曾于上月先行偿还十成之三,嗣于本月端节日偿还十成之二。悉商会以目下统捐征收颇旺,爰又向该局提到现洋二千元,再行偿还二成,业已分别交付银钱两业收销矣。

《申报》1926 年 6 月 28 日

国内要闻二·萧山快信
(1927 年 1 月 11 日)

绍兴县商会长冯虚舟,绍兴县议会议长徐绳宗,九日晚间到萧欢迎联军赴绍,与段旅长接洽所有军事用费,先由大方筹垫,将来作正开支报销。

《申报》1927 年 1 月 11 日

国内要闻·萧绍军讯
(1927 年 1 月 14 日)

萧山十一日快信。萧山于九日由杭州开到联军第二师第二旅步二团炮兵一连,驻扎城中江寺、县校、豫大仓、南货公所、祇园寺、城隍庙等处,后即由商会会同维持团士绅陈云九、陈念祖、莫壮由等,筹备供应,非常周到。旅长兼司令部段承泽布告安民。十日午间,绍兴商会派代表徐叔荪等抵萧,欢迎各团兵。当晚雇用大小船只二百号,如数开拔赴绍,今日(十一日)又杭州开到一团,闻亦即开拔赴绍。此间交通完全恢复,昨今两日旅客、商货拥挤不堪,邮件、报纸亦已直达杭沪无阻矣。

《申报》1927 年 1 月 14 日

来函·绍兴县商会来函
(1927 年 1 月 17 日)

申报主笔先生鉴:十二号贵报"杭州要电",余文石率队退出绍兴时,以枪械子弹等缴存绍兴商会,该会陈、冯二会长面告段旅长,转电孟昭月核示,孟谓一师事未解决,仍暂由商会保存等语。查敝会并无前项事情,特快邮请求更正。绍兴县商会启一月十四日。

《申报》1927 年 1 月 17 日

国内要闻·杭州快信

（1927 年 1 月 18 日）

闽军周荫人部第十三师已抵上虞县境,派副官朱某到绍与官绅商驻所。昨(十六)绍兴商会电省,乞电该师免予驻绍。

《申报》1927 年 1 月 18 日

地方通信·绍兴

（1927 年 5 月 14 日）

借款归还办法。绍兴商会、越社前奉浙江财政委员会训令,以本县地丁等款,抵押借洋五十万元,现闻归还方法,分作上个月每月还洋五万元,计由地丁等款项下月拨一万五千元,第五区酒捐项下月拨二万三千元,卷烟特税项下月拨一万二千元,按月一分计息,自十六年五月起至十七年二月底止,利随本减,每月应给利息统归卷烟特税项下付给。

《申报》1927 年 5 月 14 日

地方通信·绍兴

（1927 年 6 月 26 日）

三机关结束后之公告。绍兴商会给养办事处、巡缉队董事会、越社事务所,昨通告云:自军事平静后,商会给养办事处及巡缉队董事会先后停止,越社事务所年来并不筹募经费,现正结束未了事宜,亦将即行解散,所有账目列置商会楼上,务请各界民众来会参观,以昭大信。

《申报》1927 年 6 月 26 日

国内要闻二·杭州快信

（1927 年 8 月 27 日）

绍兴商会呈财政廳,请自七月份起,于县政府税收项下拨还借款本息。

《申报》1927 年 8 月 27 日

地方通信·绍兴

（1927 年 9 月 13 日）

电告库券还本付息机关。绍兴县商会昨奉浙江财政厅复电云：

绍兴商会览：代电悉，查二五库券，系指定上海中国、交通两银行为经理还本付息机关，所有到期本息，应直接向上海该两行领取，仰即知照。

《申报》1927 年 9 月 13 日

电告库券还本付息机关

（1927 年 9 月 13 日）

绍兴县商会，昨奉浙江财政厅复电云：

绍兴商会览：代电悉。查二五库券，系指定上海中国、交通两银行为经理还本付息机关，所有到期本息，应直接向上海该两行领取，仰即知照。

《申报》1927 年 9 月 13 日

各省商会代表赞助《商业杂志》

（1928 年 3 月 22 日）

同人目见《商业杂志》内容之完备，预计将来在商业发展上，一定占重要之位置，故愿极力赞助，使进步一日千里，商业知识普徧于全国商人，合方力以谋我商战之胜利。凡我商界同志，务乞注意于此，同人等与有幸焉。

（上海总商会）冯少山、穆藕初、林康侯（汉口总商会）余蓉樵
（南昌总商会）王谣吾、余建臣（厦门总商会）吕天宝
（武昌总商会）曾浩山、黄师（苏州总商会）王介安
（通崇海泰总商会）马树人、程韵珂（昆山县商会）冲序初
（汕头总商会）蔡俊卿、陈之英（安徽郎溪商会）鸟柳堂
（海门县商会）陈德培、张幼仪（绍兴县商会）陈秉文
（兴化商会）成幼梅、刘久余（南翔县商会）传佐衡
（南京总商会）苏民生、王诚彰（六合县商会）汤又新
（长沙总商会）张先赞、陈绍武（福州总商会）潘立勋
（广州总商会）彭础立、刘维文（萧山县商会）陆麟孙
（九江总商会）李良卿、熊季康（崇明县商会）施丹甫

（上海嗣北商会）王晓籁、陈翊庭（嘉定县商会）王伯勤

（吴淞商会）张玉墀（丽水县商会）姚抱真

（宝山县罗店商会）魏次言（金山朱泾镇商会）周仲舟

（崇明外沙商会）严敬之（靖江县商会）唐伯寅

（镇江商会）于小川、吴季衡、张桂荣（东坎镇商会）周白昂

（常熟县商会）陈贵会、黄炳元（芜湖县商会）吴兴周

（下关商埠商会）周绍镛（海门县商会）朱楚良

（上海县商会）叶惠钧、方椒伯（宝山县商会）成穉漱

（闵行商会）乔世德（嵊县商会）钱维烈

（上虞县商会）刘介安（平湖县商会）王绍裘

（宁波总商会）袁端甫、陈南琴（奉化商会）郎志豪

（蚌埠总商会）李印生

《申报》1928 年 3 月 22 日

为卷烟分局应还商会借款仍未拨付如何办理请令遵由

（1928 年 3 月 27 日）

中华民国国民政府浙江省政府令财字第七八八八号

令绍兴县县长：

呈一件，为卷烟分局应还商会借款仍未拨付如何办理请令遵由。

呈悉。查第五区卷烟分局应行拨还该县商会借款案，经由部核准，迭次令饬照办，乃因款项支出关系，迄未照拨，而其他税款又因接济本省军政用费，亦属无从腾出，长此因循，徒延时日。本政府现为商欠方面早谋结束起见，拟另以公债票抵还，即由县转致该商会，查明实在欠拨数目，专案呈复，以凭核办，仰即遵照。此令。

浙江省政府委员会主席　何应钦

常务委员　蒋伯诚　陈仪怀

财务厅厅长　陈其采

中华民国十七年三月二十七日

《浙江省政府公报》民国十七年第二百六十一期

呈为县商会借垫军事用款复据函催请核明拨给归垫由

（1928 年 4 月 11 日）

浙江省政府财政厅令

第二八五号

令绍兴县县长：

呈为县商会借垫军事用款复据函催请核明拨给归垫由。

呈悉。该县商会垫支军事用款银十六万六千七百七十六元五角六分七厘，兼据该县长造册呈报有案。此项垫款，本厅照案责令就地筹补。因念该商会历次借款协助官厅，尚属尽力，姑候另案核明，以债票抵还，以示体恤。惟检查前厅署旧卷，上年二月间据该县王前知事同海呈报，以商会垫支军事用费，迭催拨还，已就保管库正杂税款内并另行设法凑足，先行拨还银一万元等语，此款当此是否照拨？如已拨交该会收领，应就前项垫款内扣除，即由县查明声复核办。至东关商会供给军用垫款，前未报明有案，公当损失，系属营业亏耗，均应责成就地自行设法筹补，未便准予拨还。仰即遵照。

此令。

财政厅厅长　陈其采

中华民国十七年四月十一日

《浙江省政府公报》十七年第二百七十六期

为复商会借款实在欠拨数目请鉴核示遵由

（1928 年 4 月 23 日）

浙江省政府财政厅令

第七四一号

令绍兴县长：

呈一件，为复商会借款实在欠拨数目请鉴核示遵由。

呈悉。查卷烟税项下欠拨该县商会是项借款，应以每月欠拨本款一万二千元，加算延期利息，不能将原定息金并入计算复息。现经由厅分别改算，计应还七个月本款银八万四千元，又原定利息银一万五千元，又应加本款延期利息银三千三百六十元，共银一十万二千三百六十元。此项借款，前定以债票抵还，原因原抵卷烟税款既无着落，此外税收所入，抵拨军政各费尚多不敷，又属无从腾拨，长此迁延，多感困难，故设法另筹抵还，以全信用。该商会于本省财政艰窘情形素所深悉，当能体念及此。且该县绅商借垫，多属军事用款，本厅业予核准，照案抵还，原为体恤商艰，该会亦宜互相维持，仍遵前令办理，听候另案核明，以债票拨付，以资结束。仰即转饬遵照，单存。此令。

财政厅厅长　陈其采

中华民国十七年四月二十三日

《浙江省政府公报》十七年第二百八十六期

本埠新闻·全国商会第十一二两次大会

（1928 年 10 月 27 日）

全国商会临时代表大会,昨日开第十一、十二两次会议,前日选就监执委员,补为披露,兹将昨日详情汇志于后:

上午十一决大会纪详:昨日上午十时,举行第十一次大会,由冯少山、陈日平、卢广绩、邹殿邦主席,秘书孙筹成。司礼如仪后:

（甲）临时动议。秘书报告绍兴县商会柯镇分事务所来电:"总商会转全国商会各代表公鉴:本镇大隆布店被绍兴经济绝交会周志诚、冯荫乔等挟仇,率众捣毁发封,激成众怒,全市震动。商会正、副会长王仰云、朱泽轩及会员等,在会集议,维持调停,亦被一律拘去,高呼枪毙口号,黉夜游街,羁押警局。民怨沸天,请一致援助,主持公道,临电迫切。绍兴县商会柯镇分事务所叩有。"主席付讨论。闻兰亭提议,请大会派员,先行调查真相。李椿丞主张,先电浙江省绍兴县两政府秉公办理,一面查得确实后,请杭县、绍兴两商会代表出任办理。议决通过。

（乙）报告议案。秘书宣读前日补选并选就之执监委员名单。

（丙）讨论议案。全国商会联合会十七年度经费预算表案,经众讨论,付十二次大会讨论。

议毕散会,已十二时许矣。

《申报》1928 年 10 月 27 日

本埠新闻·商联会查询绍兴查货案

（1928 年 10 月 30 日）

全国商联会昨发出一电云:

上海全国反日会、杭州总商会、绍兴县商会鉴:据绍兴县柯镇商会分事务所有电称,本镇大隆布店被绍经济绝交会周志诚、冯荫乔等挟仇,率众捣毁发封,激成众怒,全市震动。商会正、副会长王卿云、朱泽轩及会员等在会集议,维持调停,亦被一律拘去,高呼枪毙口号,黉夜游街,羁押警局,民怨沸大,吁请一致援助,主持公道,临电迫切等语。查大隆布店,果否销售敌货,自有反日会定章可以遵照办理,何得捣毁发封?正、副会长开会维持调停,原为职守所应尔,又何得拘捕、游街、禁押?除电浙江省政府、绍兴县政府迅电省释、秉公严办外,合电请即调查真相,迅赐电覆为感。全国商会临时代表大会叩宥印。

《申报》1928 年 10 月 30 日

绍兴商会代表来沪

（1928 年 11 月 7 日）

绍兴柯桥镇，因提取仇货发生冲突。现闻绍兴县商会代表许剑秋、柯镇商会代表王磬韵来沪，随带照会、节略等件，向绍兴七县旅沪同乡会，请求主持公道。业经该会开会详加讨论，决议分电南京中央党部、国民政府、浙江省党部、省政府、绍兴县政府，及全国反日会，其电文大旨略谓：查比案已见报载，情词各执，究竟因何肇，无从悬揣。现在案经系属法院，关于伤害逮捕等刑事责任，自应由法院侦查，秉公讯断。惟大隆布号确被经济绝交会发封游街一节，据王磬韵面陈，有绍城警察同行可证。照片内标语，有"枪毙柯桥奸商马立夫"、"杀死奸商"等字样。就此已经证实之行为，该经济绝交会是否有发封商号之权，是否得将被捕人任意处分游街，是否得分贴枪毙、杀死等标语，实属疑问。查爱国运动，本属正当，而办理亦自有正轨可循，倘若某机关得有某种侵权行为，或轨外行为，实足惹起社会不安之象。当此训政时期，影响所及，似非细故，电请迅予彻查究办，并筹善后救济方法云。

《申报》1928 年 11 月 7 日

总商会援助绍兴商会

（1928 年 11 月 8 日）

总商会复绍兴商会柯镇分事务所函云：

接准来书，以不良分子投机殃民，因控挟嫌侵害法团，请分电援助等因到会。查经济绝交会，擅捕商会职员一案，前准绍兴县商会函，同前因，业经敝会于本月冬日分电浙江省政府，及省党部，谓予依法查办在案，俟奉复示，再行详告外。用特函复，即请查照。

《申报》1928 年 11 月 8 日

职团候选人揭晓

（1936 年 9 月 4 日）

国民大会浙江省职业团体代表推选候选人，第三区各县亦已完竣，于九月一日在专员公署大礼堂开票，结果：

绍兴县：（商）冯受谦、朱惠清、李超英、郑抱天、陈勤士、宋平；（农）杨杰、孙育万、姜卿云、葛武荣、刘趋真、张森；（工）吴望伋、张万鳌、李一飞、陈忠明、杨兴勤。

萧山县：(商)金润泉、朱惠清、冯受谦、李超英、陈勤士、章望云、王文翰；(农)孙育万、顾本一、刘趋真、金越光、王廷扬。

上虞县：(商)陈勤士、朱惠清、金润泉、冯受谦、郑抱天、朱云台；(农)刘趋真、贝再然、金越光、孙育万、杨杰；(工)吴望伋、张万鳌、李一飞、陈忠明、杨兴勤。

诸暨县：(商)朱惠清、金润泉、冯受谦、周仰松、胡霞青；(农)孙育万、杨杰、倪永强、刘趋真、骆善英；(工)吴望伋、张万鳌、李一飞、陈忠明、杨兴勤。

嵊县：(商)陈勤士、金润泉、朱惠清、王文翰、冯受谦；(农)杨家政、孙育万、杨杰、刘趋真、姜卿云；(工)吴望伋、李楚狂、杨兴勤、张万鳌、李一飞；

新昌县：(商)金润泉、朱惠清、冯受谦、郑抱天、周仰松；(工)吴望伋、张万鳌、李一飞、陈忠明、杨兴勤；(农)杨杰、金越光、孙育万、贝冉然、刘趋真。

《申报》1936 年 9 月 4 日

3. 商会与捐税征缴

浙垣商界新发见之两问题

（1914 年 7 月 23 日）

杭总商会于今日接到绍兴、诸暨、上虞、嵊县、萧山、余姚、新昌、临浦各商务分会来文云：

为新捐苛重，商困无诉，公求召集全省商会联合研究，详请修改事。窃照颁发《修正统捐章程》七月一日为奉令实行之期，众商获此音耗，捐率不平，为历次加捐所未有，委实商困已深，商力未逮，其先后到各分会要求陈诉者接踵前来，业经绍兴商会沥情开折汇呈贵总会，暨财政厅长、全国联合会在案。惟敝会等以此事范围，关系全省，丁兹时局，非藉群策群力，何以昭平允而济困难。贵总会领袖商界，总握枢机。敝会等为大局起见，往返函商，咸表同情，吁求贵总会定期召集全省各商会、各分所及各业代表商人到省，将新颁捐率逐项细心研究，凡商人能勉力负担者，亟应承认，以副国家整理财政之苦衷；其凡所加太重者，应为商人设想。宜如何酌量请求修改，庶几国税下恤商艰，相应联合呈请贵总会曲加垂鉴：准予迅急定期移知宁波总会，及各分会、各分所、各业商人，开一全省临时联合大会，俾得互相讨论，调剂其平，以安人心，而维商局，不胜急切盼企之至。

《申报》1914 年 7 月 23 日

国内要闻·杭州快信

（1920 年 12 月 25 日）

杭总商会今日（二十四）下午会议，对付所得税，及印花新章两案，嘉兴商会副会长孙廉、吴兴商会代表颜叔舟、金华商会代表张嘉荣、衢州商会代表汪昭、绍兴商会代表陈秉等均列席，惟宁波总商会已函省，因改选事不及派代表与会。

《申报》1920 年 12 月 25 日

代电：绍兴县为绍中行有卷烟税存款二万余元
应由县提取归还商会借款文

（1928 年 2 月 12 日）

绍兴县叶县长览：

查前浙江财政委员会向绍兴商会越社借银五十万元一款，原案指定自十六年五月份起，由绍兴县地丁等款，及第五区酒捐、卷烟特税各款，分月拨还。历经照办。嗣后因卷烟改为统税。

向该分局照数提取，拨交绍兴县商会查收，归还借款，取具收据，交该分局转送抵解，并将办理情形呈复察夺，勿延为要。

省政府庚印

《浙江财政月刊》1928 第 2 期

训令：绍兴统捐局为绍兴县商会电请解释米业向
邻县进办小麦经过各卡应否纳捐一案文

（1929 年 5 月 11 日）

案据绍兴县商会巧日代电称：查机粉特税税则，关于小麦本运本销概免稽征，上年七月一日曾由钧厅通令各捐局一律免征。兹据敝县米业公会函称，县属马山镇米业向邻县进办小麦，经过各卡，有捐有免，莫可适从，乞为转请解释，等情到会。究竟向邻县进办小麦，经过各卡，用否纳捐，理合电请钧厅详予解释，俾可遵从，实为公便等情。据此，查《征收麦粉特税条例》第五条之规定，限于供机制麦粉所用之国产小麦，并持有免税单者，得免征统捐，此外仍应纳捐。合行令仰该局长，迅即转行该县商会知照。此令。

《浙江财政月刊》1929 年第 5 期

地方通信·绍兴

（1929 年 7 月 3 日）

　　县商会电省请再解释麦税案。绍兴县商会，前据米业公会，以马山镇封禾记米行，在萧山西兴等处，采办小麦，因照报载部令麦类免税，未向纳捐，运回绍地。经过各卡，一律放行，独至杨汛桥统捐分局，乃始责令照旧纳捐，将麦子一袋扣留作抵，以待取赎一案，曾于前月间电请财政厅解释，俾有遵循。现因事将垂月，尚未明令解释，而各米业以运办麦类，究竟是否照旧纳捐，无所适从，纷向该会催询。该会于本月一日又再电省，请求财政厅明令解释，使商人有所遵循云。

《申报》1929 年 7 月 3 日

财政部令浙江印花税局

（1930 年 1 月 20 日）

财政部训令

第一四七六七号

令浙江印花税局：

　　为令行事。案查浙江杭州总商会、绍兴县商会、宁波总商会呈称：为《印花税法》未列月揭清单，且与账单性质不同，请求缓贴印花，仰祈鉴核示遵事。窃钱业月揭清单应贴印花，经属会（宁波总商会）于十年十月间呈请钧部展缓实行，嗣于十一月八日奉钧部九〇四五号批示：呈悉。查此案前据浙江印花税局呈称：钱业月揭清单，其性质与三节账单相同，经本部核明，照三节帐单例贴花。令饬遵照在案，自应一律实行，并非责甬商首先承认。除令浙江印花税局遵照外，仰该总商会即行劝导钱商遵照实贴，毋稍观望，致妨税政。等因。奉此，遵经分别函知，剀切劝导去后，兹又据杭、宁、绍各钱庄纷纷声称，以《暂行印花税条例》第二条所列各类，并未有钱业月揭清单，而详绎财政部批示，则根据浙江印花税局，谓其与三节帐单性质相同，故有援列贴花之令，而其实际则绝对不同。浙江印花税局牵强附会，本有拟不于伦之嫌。三节账单，各商店每逢端午、中秋、年底，将赊欠数目开列一单，向各欠户收款，而欠户即凭每账单付给款银。月揭清单等于通知书，并非收款凭单，此其不同者一；三节账单给与欠户，月揭清单无论欠户、存户（即存户），每届月终，计数报告，无非防日久错误，双方核对起见，此其不全者二；三节账单盖有商店牌号图章，月揭清单不盖钱庄牌号，单上即有"计数不凭"字样，即遗失亦不关紧要，完全非适法凭证，此其不同者三。就钱庄记账手续，而清单根据清簿，而清簿账目所由来，不外过账簿、票据、凭折三种。今簿、票、凭折早已照贴印花，再贴清单，不啻一帐而负两层之税。总之，法律为党国精神，人民依法律保障。法所有者，人民负服从之义务;法所无者,官吏无强制之可能。今月揭清单既为印花税局所未列,浙江印花税局似不能强加比附,谓某种与某种相同,于法外增人民负担。况清单性质,确与账单不同,商等认为根本上未能成立,应请贵会根据法律,呈部力争,使弱小商民得有保障。等情前来。

查《印花税法》并未列入月揭清单,浙江印花税局似未能变更本法,强加比附,增商民例外负担。即退一步言,认其可以比附,而清单与账单两者性质确有不同,是印花税局之呈称尚须加以考虑。宁波号称商埠,杭、绍两处尤为浙省金融荟萃之区,大小各钱庄何啻数百家,每张印花一分,分之虽觉无多,合之其数颇巨。自政体改革以来,中央库券、本省公债,其殷殷报效之愚衷,钱庄实堪首屈一指。即于此稍示宽容,当亦为政府所共谅。况其所根据者,完全在法律范围,亦不得谓其要求过甚。属会等责在保商,凡商民呈请,未便壅于上闻,为此不惮冒渎,吁请钧部曲体商艰,咨请浙江省政府,分令宁、绍各市县政府,详晰调查月揭清单与三节账单,其性质是否相同。在未查明具复以前,暂缓贴用印花,以昭核实,而示矜全之处,用敢合词呈,仰祈钧部鉴核,准如所请,仍乞批示祗遵等情。

据此,除批呈悉,查钱业月揭清单亦行使权利证明法律行为之文件,自应与各业之三节账单一律贴花。且税率极轻,不至加重负担。该总商会等仍应劝导钱商,遵章实贴,以维税收。来呈未贴花,应具呈补贴。除行知浙江印花税局外,"此批"等语印发外,合行令仰该局知照。此令。

中华民国十九年一月二十日

批绍萧箔铺同业公会呈

(1931 年 2 月 10 日)

浙江省政府批

秘字第三二〇号

批绍萧箔铺同业公会呈,为绍兴箔业庄商何玉书等违背定章,朦请认办特种营业税,请予驳斥由。

呈悉。查此案前据该公会等迭电具诉到府,节经令行财政厅核办在案。据呈前情,候再令该厅并案查核办理,具复察夺。此批。

浙江省政府主席　张难先
中华民国二十年二月十日
《浙江省政府公报》第一千一百四十二期

呈报江浙箔类特种营业税由绍兴箔庄
同业公会认办情形由

（1931 年 2 月 17 日）

浙江省财政厅呈浙江省政府文

呈字第一〇四号

呈报江浙箔类特种营业税由绍兴箔庄同业公会认办情形由。

呈为具报事。案奉钧府秘字第六四八号训令内开：案奉行政院第三九〇号训令内开：为令知事。案据浙江财政厅长王澂莹呈称：查浙省办理箔税，每年收入以三十万元解教育部，三十万元分解浙江、江苏两省作教育经费，又以十二万元解江苏，二十四万元留浙江，抵原有箔税，如有盈收之数，统归浙省充行政经费。历年以来，遵办有案，敬乞鉴核，俯赐准将是项箔税，仍归浙省照案办理，勿列入部办特税，或消费税，内以宏教育而裕政费，并请训示祇遵等情。据此，查箔税一项，为浙省所独有，其收入既经指定拨充教育经费，及浙省政费，应准如所请，仍归浙省照案办理。如部办特种消费税内列有是项箔税，应即删除，以裕学款。除令饬财政部遵办外，合行令仰该省政府即便知照。此令。等因。奉此，合行令仰该厅知照。此令。等因。奉此，查此项箔税业经定名为江浙箔类特种营业税，仍照原率征收，并据绍兴箔庄公会呈请加额认办，由厅提奉钧府委员会议决通过在案。此次准由该箔庄同业公会加额认办，并非专为公家增益收数，实为一般箔商纳税便利，并预筹箔工将来生计起见，一切手续，均系绝对公开，与从前之商人认办税捐、包征包解者，办法截然不同，对于该同业经办是项税款，除责成该管征收局随时监督考核外，并设立评议委员会，由厅函聘当地著有声望之人充任委员，凡关于税务上发生争执事件，由该委员会公同评判。所有经征税款，并须按月造具报告，每年编制征信录，送由该委员会复核，仍由局公布，决不使承办商人有丝毫之弊混。至每年额外盈收项下，除依照认办营业税办法第八条办理外，所有留充筹划箔工生计之基金，亦指定拨交该委员会负责保管，遇有动用，须经议决，藉昭慎重。种种办法，无非直接、间接以求达到澈底公开之目的，期于税务进行，箔工生计均有裨益。奉令前因，理合照录，该箔庄公会原呈暨绍兴商会之证明书，具文呈报，仰祈钧府鉴核备案。谨呈

浙江省政府

附：计录送绍兴箔庄公会原呈，暨绍兴商会之证明书各一件。

委员兼财政厅厅长王澂莹

附件一：

呈为认办江浙两省箔类特种营业税，恳请俯赐核准事。

窃属会前经联合绍萧箔铺业同业公会，及上海市箔业同业公会，呈请认办箔税，旋即声请撤销在案。近奉新颁税章，遂觉昨非今是。本拟再邀绍萧箔铺同业公会及上海市箔业同业公会商议，惟念绍、萧箔铺同业，职在产造箔类，上海各处箔庄同业，职在承销箔类，

而属会所属同业，则为箔类集中之所，历来发货代客报税，悉由属会同业承办，是属会确为箔类营业中心团体，承办是项营业税，自属名正言顺。兹经属会同业公会议，拟恳钧厅准将江浙两省箔类特种营业税认办一年，其税率遵照厅令，按营业额课税百分之十五，认定全年税额银二百二十二万元。甲月征起税款，限乙月五日以前尽征尽解。所有办公经费，按收入额提百分之八，于征解款内扣除，以开征日起，扣足一年，为认办征额结算之期。在征收期内征不足额，当有所属会照额赔补。如有额外盈收，不论多寡，以五成报解钧厅，并就属会应得之五成公积内，以三成留充地方公益，及筹办工厂基金，以二成充经办人员奖励金。如蒙俞允，一俟奉到钧批，当即缴入绍兴中国银行支金库押款现银十七万元，驰电报告，至三月十五日续缴现银十七万元，两共合计银三十四万元，按月一分计息，亦于按月报解征款时扣除。所有属会恳请认办江浙两省箔类特种营业税缘由，理合取具绍兴县商会证明书，暨同业连环保结，备文呈请钧厅俯赐鉴核，批示施行。谨呈

浙江省政府财政厅厅长　王

绍兴箔庄同业公会代表：何玉书　祁葆生
胡炳水　傅岳耀　黄蓬仙
绍兴汇成昌箔庄经理　陈华林
源昌箔庄经理　傅岳耀
乾丰箔庄经理　宣友生
志成箔庄经理　俞守成
乾盛箔庄经理　胡炳水
诚昌箔庄经理　蒋颖堂
厚昌箔庄经理　何玉书
益昌德箔庄经理　沈子康
诚丰协箔庄经理　马子卿
源成箔庄经理　童光炜
震昌箔庄经理　黄蓬仙
源章裕箔庄经理　王子成
乾泰箔庄经理　李渭源
乾昌箔庄经理　蒋望源
寿康箔庄经理　李渭源
祈明记箔庄经理　祁葆生
万泰箔庄经理　虞德峻
志大箔庄经理　贺翰卿
章吉记箔庄经理　章兆吉
章麒记箔庄经理　章志成
诚泰昌箔庄经理　沈祝三
乾源箔庄经理　车雍卿

寿亮记箔庄经理　寿景初

中华民国二十年二月三日

附件二：

具保结同业商号等。今具连环保结于浙江省财政厅,实缘敝业箔庄公会认办江浙两省箔类特种营业税一年,认定全年税额银二百二十二万元,除办公等费外,甲月征款于乙月五日以前尽征尽解。自开征日起扣足一年,缴足上数。倘有短缴及缺额情事,愿由商号等共同负担赔缴责任。除预缴押款现金银十七万元外,至三月十五日续缴现银十七万元,两合共计银三十四万元。合具同业连环保结是实。

绍兴　乾盛箔庄　　汇成昌箔庄

源昌箔庄　　乾丰箔庄

志成箔庄　　诚昌箔庄

厚昌箔庄　　益昌德箔庄

诚丰协箔庄　源成箔庄

震昌箔庄　　源章裕箔庄

乾泰箔庄　　乾昌箔庄

寿康箔庄　　祈明记箔庄

万泰箔庄　　志大箔庄

章吉记箔庄　诚泰昌箔庄

章麒记成号箔庄　乾源箔庄

寿亮记箔庄

中华民国二十年二月三日

附件三：

呈为据情呈请证明事。窃职会准绍兴箔庄业同业团体函开：查绍萧箔铺同业,职在产造箔类。上海各处箔庄同业,职在承销箔类,而敝会同业则为箔货集中之所,历来发货报税,悉由敝会承办,是敝会同业,确为箔类营业中心团体,认办箔类营业税,自属名正言顺。业经敝会同业公同议决,呈请浙江财政厅认办江浙两省箔类特种营业税一年。惟依照《浙江省商人同业公会认办营业税办法》第二条之规定,应由贵会证明,相应函请贵会查照,准予证明,实纫公谊等由。查是项箔类特种营业税,绍兴居十成之九,重心既在绍兴,自可由绍兴箔庄同业认办。属会详查该公会呈办此税,确系全体公认,彻底公开,由职会负责证明。理合备文呈请钧厅鉴核。谨呈

浙江省政府财政厅

绍兴县商会常务委员会主席　王世裕

常务委员　冯受谦　方源远　陶传禔　马杲

中华民国二十年二月三日

《浙江省政府公报》民国二十年第一千一百四十四期

为据绍兴等县商会请求免米业营业税
转呈准予修正一案由

（1931 年 3 月 4 日）

浙江省政府批

秘字第四三九号

批浙江省商人组织统一委员会呈。为据绍兴、瑞安等县商会等请求免米业营业税转呈准予修正一案由。

据呈已悉。查此案前据宁波米业公会呈请取消到府，当经令据财政厅，以米业免征营业税并无明文规定，本省营业税率对于该业仅课千分之一，已属最低税率，异常轻微。所请应毋庸议等语，呈复在卷。来呈所请修正之处，碍难准行，仰即转行知照。此批。

浙江省政府主席　张难先

中华民国二十年三月四日

《浙江省政府公报》二十年第一千一百五十九期

批绍兴柯桥商会呈为呈请修订本省营业税率
并条陈管见祈采纳由

（1931 年 4 月 29 日）

浙江省政府批

秘字第八三五号

批绍兴柯桥商会呈为呈请修订本省营业税率并条陈管见祈采纳由。

呈悉。查本省营业税条例，业经财政部分别修正，未便率议变更，所请应毋庸议。此批。

浙江省政府主席　张难先

中华民国二十年四月二十九日

《浙江省政府公报》二十年第一千二百十六期

为准绍兴钱业公会函请本年营业税仍照上年
千分之五税率缴纳据情呈请鉴核由

（1933 年 3 月 22 日）

财政部批

赋字第二二三八号,二十二年三月二十二日

批绍兴县商会:

呈一件,为准绍兴县钱业公会函请本年营业税仍照上年千分之五税率缴纳据情呈请鉴核由。

呈悉。查各省钱庄业营业税税率,均一律订为千分之十,所陈浙省自二十二年份起仍照原订税率征收,并补征以前短缴税款各节,核与各省成案尚无不合。既据分呈,仰即静候浙江财政厅核示可也。此批。

《财政公报》二十二年第六十二期

批绍兴商会等所请当事人列席审委会应毋庸议

(1933 年 6 月 7 日)

财政部批

赋字第二六九九,二十二年六月七日

批浙江长兴、余杭、绍兴商会:

代电呈悉。查各地违反印花税条例案件审理委员会规定,由商会、公安局各派代表,共同组织,原为公开审理,以昭平允起见。每次审理案件,自应视证物是否违例以为衡,如有疑似之件,尽可详细调查,然后审定。至审定之后,若被罚商民认为仍有疑义时,依照浙省审委会简章第四条之规定,并得于十五日内声明理由,呈请复审。似此办理,当事人既有商会代表列席审理于前,复有声辩机会于后,自无枉屈之可言。所请当事人列席一节,应毋庸议,仰即知照。此批。

《财政公报》二十二年第六十四期

为准绍兴县钱业同业公会函为再申前请援例核减
营业税率据情呈请鉴核由

(1933 年 7 月 26 日)

财政部批

赋字第三〇四三号,二十二年七月二十六日

批绍兴县商会:

呈一件为准绍兴县钱业同业公会函,为再申前请,援例核减营业税率据情呈请鉴核由。

呈悉。查《营业税法》第四条有"营业税税率,由各省市政府按照当地营业性质及状况分别酌定之"等语,可知关于营业税税率之轻重,各地方政府自可依法酌量拟定,势难全国一致,法律规定至为明晰。前次迭据该会转呈,请援照沪例,核减税率,节经先后明白批示在案。所请仍毋庸议,仰即知照。此批。

为据情转请令厅剔除卖税由

(1933 年 8 月 2 日)

财政部批

赋字第三〇七六号,二十二年八月二日

批绍兴县商会:

呈一件,为据情转请令厅剔除卖税由

呈悉。查核原呈,所称营业税局转奉财政厅训令各节,尚无不合,仰即转知遵照可也。此批。

为绍兴县印花税比额过高请求酌量核减由

(1934 年 1 月 25 日)

批

税字第五三二号,二十三年一月二十五日

批绍兴县商会:

呈一件,为绍兴县印花税比额过高请求酌量核减由。

呈悉。查比额原为考核税收之标准。印花税系对凭证征收,本以实贴为主旨,该县商民对于应贴印花之件,果已遵例实贴,而经征机关又并无派销勒购等情弊,是分局比额之增减,根本与商民负担无关。所请核减一节,应毋庸议。仰即知照。

此批。

部长　孔祥熙

浙江绍兴县商会来电

(1934 年 10 月 2 日)

本会对于财政部改革印花税制度问题,曾于上月间东日、元日两次电陈力争在案。兹奉财政部鱼日代电,又于文日去电力争。相应录附电文,函请贵会一致主张,以维商业为荷。此致。

附录原电稿:

财政部孔部长钧鉴:

奉大部鱼代电敬悉。查各业积存印花为数至巨,在大部认为由于平时或不注意实贴、及应贴未贴所致,其实各业商民所有积存印花,并不由于前列两项,纯粹由于历来经征机关因比额关系,或令调查员直接向各业商店肆意推销,或巨数转由本会苦口劝销。际此商业异常萧条之秋,商民本无宽厚基金,预为购存,惟以印花为国家保障信用之证,乃不得已而忍痛承受。倘经征机关不为比额所课,自无推销、劝销等情事,商民需贴而购,亦何至于日有积存。本会因思,印花用途之广狭,随商场营业范围而消长。年来农村经济日形崩溃,社会购买力因而减缩,各业均感不景气,是则印花用途,安能不受其影响?绍县每月比额自加赠为八千元,经征机关虽穷极其派销勒购之能事,然商民咸因营业减少,营业萧条,以至无力承受,曾于本年一月间呈请核减比额在案,大部以比额与考核税收标准有关,不蒙采纳。窃念印花用途既日形减缩,而比额则一如其旧。负经征之责者为征足比额计,除派销勒购以外,更有何法?此种情形,未始不在大部洞见中也,故于鱼电,一则曰"固属有违定章",再则曰"固属经征机关办理之不善",顾对于比额为害,曾不稍于变动,乃谓土豪劣绅阻挠税政。普通商民狃于恶习,不肯实贴,此未免过意加罪。夫人民纳税岂独印花?并不闻有人阻挠。至于商民出资本营业,岂敢有不正当之行为?况处在厉行苛检严罚之计政下,而复何敢再不核实贴用?有时发生违反案件,多半由于所贴税票盖戳时稍有模糊,即谓为旧票混贴,以致处罚。在商民已属有口莫诉,再贪些微之利,甘遭巨大之罚,商民纵愚,决不至此。上列各情,非本会敢与大部哓哓致辩,惟是非不能不明,各业积存印花之原因不能不据实上达。今蒙大部垂念百业凋敝商况奇艰,对于积存旧花,许以另行规定登记办法,酌于分期调换新花。绍兴各业商民,莫不感颂鸿慈,厚荷体恤。惟绍地商家,资本有限,前以现金所购存印花,已成为不流动之物,今复责以现金如期购用新花,元气垂垂欲尽之商业,安得有此经济能力?请以新花发行之日,即为旧花调换之期,并请一次调换净尽,免于分期,藉维政府信用,俾免商民损失。谨电陈请救接,不胜屏营待命之至。

绍兴县商会叩文印

中华民国二十三年十月二日

《实业季报》二十四年第二卷第一期

浙江绍兴县商会来电

(1934 年 11 月 5 日)

中华民国全国商会联合会公鉴:

报载立法院通过之《印花税法》,其第十六条所规定税率,第一项发货票,第二项银钱货物收据,第三项账单,均每件金额在三元以上满十元者,贴印花一分。以后每满十元,加贴印花一分,但最多以一元为限。是采用累进法征税。查中央政治会议所订定之《印花税法原则》:"常有之凭证,多采简易之定额;稀见之凭证,采用累进法。"凡商业上所用之发货票、银钱货物收据、账单,均为常有之凭证,其税率应采简易之定额。不谓立法院乃竟采累进法征税,非但违反中央政治会议所规定之原则,且加重商民担负,此应请修正核减者一也。又同条第七项,簿据每件每年贴印花二角,较旧税率加重一倍。际此商业凋敝,亦感负担难胜,此应请修正核减者二也。窃思政府方揭橥其废除苛捐勒税主义,为民众解除痛苦,而独于印花税法,如是苛重,转困商民。本县各业同业公会,亦因上述各点纷请转陈修正核减前来,相应电请贵会查照,希予据情转陈,力为主张,用苏商困。

绍兴县商会叩

中华民国二十三年十一月五日

《实业季报》二十四年第 2 卷第 1 期

批绍兴县商会

(1934 年 12 月 24 日)

批税字第八二三四号

二十四年十月二十六日代电一件,为商号所用洋号簿已照章贴花,其洋副、号副完全系核对性质,是否适用《印花税法》第三条第七款之规定,电请示遵由,

寝代电悉。查《印花税法》税率表第十一目,规定关于营业上所立之各种总分簿册,均应贴用。商号所置洋号副簿,亦系关于营业上所用之簿册,仍应依法贴花,自不能适用同法第三条第七款之规定,仰即知照。此批。

部长　孔祥熙

二十四年十二月二十四日

《财政公报》二十四年第 95 期

财政部批绍兴嘉善吴兴嘉兴县商会

(1934 年 12 月 29 日)

青岛市商会、杭州市五十八坊坊长等,据代电请将新旧印花准予一律通用碍难照准由。

十二月二十九日

养漾艳巧感灰代电悉。查印花票税,既经依照财政会议议决案,规定抵补各省市县裁减田赋附加及废除苛捐杂税之用,如果邮局代售以后,新旧印花可以并用,则邮局每月销

售数目，自必减少。地方所得补助款项，即无把握。不特中央、地方均受影响，而商民之因田赋附加及苛杂所增负担，亦难得早日减轻，故不得不限制旧花贴用时期，另订登记调换办法，使今后税收，得有确切之数目。商民所存旧花暂时虽不得贴用，但登记后，仍可分期调换新花，并非作废可比，要于商民毫无损失。所请准予新旧通用之处，碍难照准。此批。

《税务公报》二十三年第三卷第六期

洋号副簿不适用第三条第七款规定应依法贴花批

（1935 年 12 月 24 日）

批

税字第八二三四号，二十四年十二月二十四日

批绍兴县商会：

二十四年十月二十六日代电一件，为商号所用洋号簿已照章贴花，其洋副、号副完全系核对性质，是否适用《印花税法》第三条第七款之规定电请示遵由。

寝代电悉。查《印花税法》税率表第十一目，规定关于营业上所立之各种总分簿册，均应贴用印花。商号所置洋号副簿，亦系关于营业上所用之簿册，仍应依法贴花，自不能适用同法第三条第七款之规定。仰即知照。

此批。

部长　孔祥熙
《财政公报》二十四年第九十五期

财政部解释《印花税法》税率表第四目疑义

（1936 年 4 月 21 日）

批

税字第九二五五号，二十五年四月二十一日

批绍兴县商会：

二十五年四月一日代电一件，准绍兴县钱业公会函，为《印花税法》第四类备考栏内有"汇信"一种，是否指支款之汇信而言？请转电等由，乞明令指示，俾资遵循由。

东代电悉。查印花税率表第四目备考栏内所称之"汇信"，系指凭以汇兑银钱之信函而言，应依法每件贴印花二分。仰即知照。

此批。

部长　孔祥熙
《财政公报》二十五年第九十九期

汇信应贴印花二分批

（1936 年 4 月 21 日）

财政部批

税字第九二五五号，二十五年四月二十一日

批绍兴县商会：

东代电悉，查印花税率表第四目补考栏内所称之汇信，系指凭以汇兑银钱之信函而言，应依法每件贴印花二分，仰即知照。此批。

《法令周刊》二十五年第三二一期

各地商会代表昨开联席会

（1937 年 1 月 26 日）

对所得税研究会决议，决请财部修正补订，电请立法院通过商业登记法。

各地商会代表于昨日上午十时，在上海市商会举行联席会议，到镇江、苏州、无锡、常熟、江阴、绍兴、嘉兴、武进、宜兴、青浦等县商会代表十四人，公推孙钱卿主席，严谔声纪录，议决各案如下：

一、所得税研究会讨论结果，其重要各点，应由各地商会一致电请财政部，分别修正补订：

甲、关于营利事业所得者，为扩大公积金范围，金额累进改为超额累进，并提高起征点为一分，及加密税级，开支内应增加合理的呆账预测准备及资本官利、经协理使用人报酬，资本申报展至总结账后一个月等共四点

乙、关于薪给报酬者，为提高起征点为五十元，加密税级等两点。

丙、关于证券利息所得者、为商店代扣税款，请援照银行素例，给予五分之一之奖励金。

丁、关于会计问题者，为账册簿据，仅取足以证明为止，请政府勿强制变更，以免纷扰。

二、营业税问题，推镇江商会主稿，由各地商会联名请求。

三、电请立法院催速议决施行商业登记法，为合伙连带负责之补救，即发电如下：

电立法院：

南京立法院钧鉴：案查关于修改合伙债务连带责任之定，曾由钧院采纳全国商会之意见，另订商业登记法、以资补救。惟因该草案于二十三年十月提出以后，意见未能一致，停顿迄今，在商界盼望该法得以早日通过施行之忱，数年来如一日，虽昔人所谓云霓之望者，无以喻其殷切。其间曾由上海市商会电催者三次，呈催者两次。同时山东、山西、湖南三省全省商会联合会、青岛、烟台、重庆、南宁、长安、广州、汕头等各市县商会，亦均电请钧院，迅将该草案通过，俾得成为法律，用资依据。二十五年七月，各省商会为协助缉私一事，在上海开联席会议之际，又经具呈声明该法急待议决施行情形，并推代表躬赴首都，诣

钧院陈述。综核上述情形,此事停顿已两年零三月,计时不为不久。请愿早日议决者,遍于各行省县市,期望不为不殷。乃迄至今日,仍无将该草案提付院议消息,深为惶恐。此次各商会为应上海市商会之邀,研究所得事,来沪出席。佥以该草案关系商人债务责任问题,实为重要法案。按照四权中"创制权"之原则,凡人民需要某种法律,钧院本有适应人民需要,即为制定之责。况此事据二十三年钧院咨复行政院之文,谓据审查报告,民法债编第六八一条,无庸修改,至合伙组织,可另定商业登记法,以为补救等语。此事既由院咨对外表示,则该法之应议决施行,不啻为立法机关盘价之意思,自未便将该案长期停搁,致无形中等于变更院咨。并查年来商业清算之件,均因有连带责任之牵涉,致本应按股负责者,亦相率避匿,争求脱卸,于是债权人无可伸恳,满意解决之案,转不多得。如能按股负责,则债务以各别分担而见轻,稍知自爱者,必愿挺身出为理楚,是债权人之所得,当转较万行连带者为多,事若相反,而适以相成,固未可仅作皮相之论也。各商会代表商界,对于此事之利害得失,具有真知灼见,不得不一再上渎钧听,以期贯彻历年请愿之初旨。理合电请钧院鉴核,俯赐将该草案即予议决,俾得施行,实为公便。

杭州市商会、吴县县商会、江阴县商会、无锡县商会、镇江商会、常熟县商会、青浦县商会、昆山县商会、奉贤县商会、绍兴县商会、宜兴县商会、武进县商会、嘉兴县商会出席所得税研究会代表,及上海市商会同叩。有(二十五日)

《大公报》(上海版)1937 年 1 月 26 日

各商会联电财部奖励代扣利息所得援例提给千分之十

(1937 年 1 月 28 日)

上海、杭州、吴县等十四商会代表前电财政部云:

南京财政部钧鉴:银钱业代扣存款利息所得,得于税率千分之五十中,提千分之十为手续费,沪市业已实行。本会等以其公司、商号、工厂,亦有收受存款,同尽代扣之责,办法自应一律,应请钧部准照银钱业成例办理,以示公允。鹄候示遵。

杭州市商会、吴县县商会、江阴县商会、无锡县商会、镇江商会、常熟县商会、青浦县商会、昆山县商会、奉贤县商会、绍兴县商会、宜兴县商会、武进县商会、嘉兴县商会出席所得税研究会代表,及上海市商会叩寝。

《大公报》(上海版)1937 年 1 月 28 日

各地商会请修改所得税条例·细则·征收须知

(1937 年 2 月 7 日)

上海市商会前召集京沪、沪杭甬沿线各县镇商会,及本市各同业公会,举行所得税研究会,详细研讨,经议决各项意见,并由商会所得税专门委员会加以整理,分别性质。关于暂行条例者,呈请行政院、立法院、财政部;关于施行细则者,呈请行政院及财政部;关于征收须知草案者,函请财政部所得税事务处采纳修订。呈函昨均发出,兹录原文如下:

关于"暂行条例"者:

呈为呈请事。案自《所得税暂行条例》于本年一月一日起实施以后,其中关于税率之轻重,施行之程序,错综复杂,极为商界所关怀,属会爰有邀集京沪、沪杭沿线各县镇商会,暨上海市各业同业公会,于一月二十日召开所得税研究会之举。各商会、各公会应邀出席,详细研讨之下,认为该税系属创办,现在所定章则,尚有力求改善之余地。除关于"施行细则"及"征收须知"部份之意见,另行分请主管机关核办外,其属于"暂行条例"范围,应请增删修正之各点,谨撮要为钧院部陈之:

(一)纳税以负担公平为原则。《所得税暂行条例》第三条,对于甲、乙两项所得,采全额累进制,而第五条第二类薪给报酬所得,则采超额累进制。两相比较,全额累进,远不如超额累进公平。例如某公司资本三百万元,公积金一百万元,以三分之一并入资本,共计资本三百三十三万三千三百三十三元三角三分。如盈余四十九万九千九百九十九元九角九分,应照条例第三条第二款千分之四十课税,计缴税二万元。如盈余为五十万元,即应改照同条第三项千分之六十课税,共应缴税款为三万元。以盈利一分之出入,而纳税增一万元之多,即系全额累进之缺点。若采用超额累进制度,即无此流弊。应请钧院(部)酌予改订者一。

(二)第二类所得之累进税率,计分十级,而第一类之甲、乙两项所得,则税率只分五级,每级累进税率,仅第一级与第二级相去千分之十,第二级起以迄第五级止,则每级增税千分之二十,距离亦觉过大。商店官利,通常自八厘至一分为多,若结算仅得五厘利息,则官利尚且不敷支配,股东必大失望。今第一类甲、乙两项所得,以利息五厘为起征点,殊觉过严,应改为一分起征。综合上述情形,所有第三条之税率分级,每级距离以及起征点,均有放宽范围之必要。应请钧院(部)酌予改订者二。

(三)关于第一类薪给所得者:(甲)现行条例,以每月所得满三十元为起征点,核之都市平民生活情形,此数尚不敷共一家八口之需,遽予征税,似属过当。查所得税条例,在拟提草案之际,本以五十元为起征点,为负担公允计,仍有改从五十元为起征点之必要。(乙)近来从事于各业者,其雇用机关,均有强制储金之举,用意在预防失业残废、日后不能自给之需,核其性质,即系替代日后社会方面捐给之抚恤金、养老金及赡养费,同属社会救济事业,所差者,一系事前计划,一系事后捐助,其应予奖励则同。其本金应请照第二条第二项卯款免税,其利息应请照第二条第三类法定储金之例免税。(丙)生命保险金,其用意在自谋善后,减少社会救助之繁费。并世先进各国,其人民富力优于我国远甚,其谋个人所得税时,每年所用保险金,尚且除外,吾国目前不应独从严峻。应请于第一条第二类所得卯款之下,添列生命保险金一款,其保险年满时所得之金额,或身故后所获之赔偿,如其数额仅足敷无力生活时养老之用,或其遗族无力生活时赡养之用者,则情形与第二类所得之卯款相同。虽一系整存,一系零付,但实际每月所得,亦未必能超过第二类子款,与海关、邮局巨额之养老金,情形绝殊,条例对此并无规定免税之文,系有遗漏,应请补订。拟请钧院(部)酌予采纳者三。

以上各条、系据出席所得税研究会杭州市商会、吴县县商会、江阴县商会、无锡县商会、镇江商会、常熟县商会、青浦县商会、昆山县商会、绍兴县商会、武进县商会、奉贤县商会、嘉兴县商会、上海市商会,暨各业同业公会各代表共同议决,惟因闭会后各代表已相率回里,爰由属会根据上述议案备文呈请,不再会列各代表衔名,仰祈钧院(部)鉴核,俯准采纳施行,实为公便。

关于"施行细则"者:

(上略)其属于"施行细则"范围,应请增删修正之各点、谨撮要为钧院钧部陈之:

(一)"施行细则"第七条第六项,有公积金者,得按其总额,以三分之一并入资本计算,似欠允洽。盖公积金之提存,既系增加商店资力,以备周转运用之需,就其不分配于股东之一点而言,无异股东投入商店之新资本。今乃加以限制,只许以三分之一并入资本,实未喻其意旨所在。若谓借此限制其资本之任意扩张,以免税率不能为比例之增加,则在股东普通心理,必宁愿多分红利,以便支用,决不愿任意多提公积,置之闲地。况商店果欲借增资为减少累进税率之地,则不用多提公积方式,而径用增资手续,在法令本容许其自由并无限制,于限制公积并入资本之目的,亦未必其能贯彻。拟请钧部对于该条第二项"三分之一"字样,予以删除,改为有公积金者,得按其总额并入资本计算。

(二)"施行细则"第二十六条,第一类甲、乙两项所得,系按年缴纳。第二类所得,系按月缴纳。惟第二类薪给所得,税款有极微细者,每月申报扣缴及携赴收税机关缴纳,劳费不资。拟恳准予每年缴纳一次,应请钧部于该条第二款"按月缴纳之",以补充规定,以期兼顾。(下略)

关于"征收须知"者:

(上略)其关于《所得税征收须知草案》部份,拟请贵处容纳商界意见,酌量予以增改删减。兹分项为贵处陈之:

(一)第一类《营利所得征收须知草案》第五条有云:"施行细则第七条第二项所称之公积金,以法令所规定之公积金为限。"范围未免太狭。查《所得税暂行条例施行细则》第七条第一项,本包含公司组织及非公司之其他组织而言,是该条第二项之所谓"有公积金者",当然包含非公司之其他组织在内。今改以法令所规定之公积金为限,则是除适用公司法第一百七十条之公司组织者外,其他组织之工厂、商店、行栈提存、存公积金者,或向用盈余滚存名目,无公积之名,而有公积之实者,皆将以其非法令所定之公积金,不能作为资本计算,待遇未免轩轾。且于"施行细则"第七条之本旨,似亦未符,实有以命令变更法律之嫌。此种非公司组织之工厂、商店、行栈,无论都市与内地,在今日实占极大部份。拟请贵处于"征收须知草案"第五条内,将"以法令所规定之公积金为限"二语,予以删除,改为"凡一切公积金盈余滚存,及公积性质之准备金均属之。"

(二)"征收须知草案"第十二条,所得不能认为营业上之必要、合理费用及损耗,其第二款为经、协理及其他使用人所摊分之利益。查商店、工厂为鼓励伙友、职工之工作效率起见,往往有薄给定额之月薪,而优予以年终摊提之利益,其主旨,无非为有希望,则服务愈益奋勉。故就此项观点而论,等于店方所给之不定额薪金。今乃不认此为合理开支,似于商情扦格。又就伙友、职工本身而论,此项摊分之利益,原属于第二类从事各业者报酬之所得,在店方摊分之时,本应代为扣缴所得税,今又于未经摊分之前,先归入店方名下,扣除其盈利所得税,是可以摊分与伙友、职工之利益,在实际上不啻先为两度之扣缴,较之个人经商所得只须纳税一次者,似反偏枯。拟请贵处对于该条第二款"股东、董事、监察人"之下,将"经、协理及其他使用人"九字删去。又草案第十二条第三款,对于自由之捐赠,亦认为非营业上必要之耗损。理论虽是,而实际微嫌未符。年来如购机、祝寿捐款、赈灾捐款、援绥捐款,关系国防要政、救荒义举,类皆采用摊认办法,名为自由捐助,而实际含有强制性质者,其例殊多,如概目为自由捐赠,并不分晰办理,似非公允。拟请贵处于"自由捐赠"之下,加入"但关系公益慈善捐款或与业务有关者,不以自由捐赠论"。草案第十二条第四款营业上扩充或改革设备之费用,第五款房屋、工厂、仓库、机械、工具、器具及船舶等之修理费用,足以增加其原有价值或效用者,均不认为合理必要之开支,似原案所认为必要开支者,只包含维持费而不包含改进费,此层似未允洽。盖当此工商业竞争日烈,外商对于设备机械日求进步之际,如果故步自封,仅以维持原设备、原效用为宗旨,势必不能角逐市场,其结果非但无盈利可分,甚至有陷于停业倒闭之状况,此种事例,求诸工商业不遑枚举。故改革设备之费用,增加效用之修理,在工商应求进步之今日,实当视为必要合理之开支,否则未免诱导商人入于消极退婴之域,于实业有损,于税源无益。拟请贵处对于该条第四款之"或改革设备"五字、第五款之"或效用",予以删除。

(三)"征收须知"第十五条,上年度营业之亏损,不得列入本年度计算。此虽为截清年度起见,但按之公司法第一七一条,有"公司非弥补损失,及依前条规定提出公积金后,不得分派股息及红利"之文。所谓弥补损失者,当然指历届损失或上届损失而言,今限令不得列入本年度计算,则公司法所谓弥补责任,几于无从履行,该公司执事人势必受同法第二三二条第八款之制裁。两项法则抵触之结果,未免陷商人于无所适从。即其他非公司组织者,虽无明文制裁,但历届或上届之损失,不得列入本年度弥补之列,是无异奖励商人图纸片之盈余,掩其实际之亏耗,商店内部空虚,陷于基础动摇地位,关系殊巨。拟请贵处将该条全文予以删除。

(四)资产估价方法第十九条之一、二两款,均指现实不能收取之呆账而言,似尚未能赅括。拟请贵处于第二款下添列"合理估计之呆账损失",作为本条第三款。

(五)第一类证券存款所得征收须知草案第三条有云:"银行钱庄之放款,存银钱业同业间或其分支店间之往来款项,其所生之利息,应归入营业计算,不征收存款收益项下计利息所得税。"此项规定,极为平允。惟商店对于银钱业之活存往来,有存有欠,与固定存款不同,与银钱业同业间相互往来之款并无殊异,可以一律归入营业收益项下计算。拟请贵处于"或其分支店间"之下,加入"以及其他工商业"七字。(下略)

《大公报》(上海版)1937 年 2 月 7 日

法团力争箔税案

（1937 年 3 月 30 日）

县商会等各法团，前以地方经费竭蹶，曾联合呈请省府，恳将箔税提给一成地方费，准予回复。经省府批令财厅查案核办，现闻各法团代表冯虚舟、陶仲安等，为贯彻目的起见，定三十日赴杭请愿。

《申报》1937 年 3 月 30 日

商会请缓赔课案

（1937 年 5 月 14 日）

绍兴各酱园，因请销认定额盐数万斤，例应纳税万余元一案，因未能负担，曾经呈请财部，要求改赔课为补领，经部令不准，由运署派员来绍执行，缺额最多之刘合兴、同兴等酱园、工场予以封闭。该业当即于十一日召集全体会议，众以赔课能力未逮，势必陷于倒闭，非特千数百人之职工生计无着，酱坊关系民食，影响所及，危害甚大，决再依法诉愿。一面请求县商会转请当局，暂缓执行。当经商会以酱园一旦关闭，既与地方民食攸关，且千数职工生计亦有妨碍，依法诉愿，实有不得已之苦衷。于是当晚转电两浙盐务管理局，请求暂缓执行。

《申报》1937 年 5 月 14 日

4. 绍兴商业调查

绍兴全府当业架本调查表

（1903 年 10 月）
（山阴沈复声投）

1. 山阴

当　名	所在地	存架资本数	当　名	所在地	存架资本数
尚德	郡城	59,000,000	德和	同上	61,000,000
咸和	同上	58,000,000	至善	同上	56,000,000

续 表

当 名	所在地	存架资本数	当 名	所在地	存架资本数
正德	同上	47,000,000	源孚	同上	4,000,000
衍庆	同上	56,000,000	厚生	同上	5,000,000
衣德	同上	41,000,000	通德	阮社	13,000,000
延康	同上	44,000,000	聚泰	党山	20,000,000
怀德	偏门	18,000,000	泰升	同上	41,000,000
协泰	安昌	33,000,000	同源	下方桥	31,000,000
义和	安昌	20,000,000	永兴	昌安	13,000,000
嘉德	同上	27,000,000	泰亨	同上	18,000,000
恒德	同上	35,000,000	宝典	昌安	16,000,000
德茂	柯桥	30,000,000	崇仁	漓渚	12,000,000
同仁	同上	28,000,000	崇德	同上	6,000,000
泰和	同上	28,000,000	大升	华舍	16,000,000
延庆	同上	30,000,000	同庆	临浦	4,000,000
承德	同上	6,000,000	敦复	马安	33,000,000
怀忍	斗门	20,000,000	济和	所前	28,000,000
寿宜	同上	22,000,000	安裕	阳嘉龙	18,000,000
裕泰	斗门	20,000,000	恒豫	柯山下	8,000,000
裕德	同上	22,000,000	存仁	白鱼潭	4,000,000
葆昌	东浦	10,000,000	福衡		12,000,000
人和	同上	24,000,000			

2. 会稽

当 名	所在地	存架资本数	当 名	所在地	存架资本数
厚昌	郡城	60,000,000	慎德	东关	20,000,000
荣德	同上	40,000,000	均益	同上	21,000,000
恒济	同上	28,000,000	尊德	同上	19,000,000
泰安	同上	38,000,000	润德	孙端	8,000,000
济安	同上	35,000,000	继德	同上	16,000,000
公益	袍渎	8,000,000	滋德	同上	17,000,000
义思	平水	23,000,000	善和	樊江	33,000,000
乾章	皋埠	29,000,000	志存	永乐	5,000,000

续 表

当 名	所在地	存架资本数	当 名	所在地	存架资本数
泰和	汤浦	41,000,000	宝典	小唵	18,000,000
三泰	马山	22,000,000	信义	道圩	15,000,000
集成	陶家埭	22,000,000			

3. 萧山

当 名	所在地	存架资本数	当 名	所在地	存架资本数
仁和	尪山	24,000,000	同义	塘缺头	13,000,000
咸庆	同上	24,000,000	近仁	西兴	29,000,000
皆福	同上	21,000,000	义昌	义桥	33,000,000
同裕		22,000,000	安吉	义桥	31,000,000
安仁		25,000,000	同庆	对村	23,000,000
同豫		45,000,000	公和	赭山	46,000,000
聚昌	钱清	15,000,000	文思	同上	38,000,000
萃盛	同上	15,000,000	中孚		39,000,000
洽豫		16,000,000	恩复		14,000,000
元大		14,000,000	恩长		27,000,000

4. 诸暨

当 名	所在地	存架资本数	当 名	所在地	存架资本数
德裕	枫桥	20,000,000	积裕		118,000,000
贻康	同上	50,000,000	宝成		79,000,000
谦裕		59,000,000	敦厚	巅口	10,000,000

5. 嵊县

当 名	所在地	存架资本数	当 名	所在地	存架资本数
启源		22,000,000	崇庆		15,000,000
宝善		32,000,000	仁德		16,000,000
阜成		20,000,000	仁寿		11,000,000
积善		30,000,000			

6. 余姚

当 名	所在地	存架资本数	当 名	所在地	存架资本数
同裕		25,000,000	元泰		84,000,000
宝源		5,000,000	泰和	天元市	34,000,000
豫泰	彭桥	33,000,000	同庆	凫墩	19,000,000
益泰	地泗门	26,000,000	寿康	白沙路	8,000,000
吉安	小路头	22,000,000	谦泰	虎山	40,000,000
恒庆	廊下	24,000,000			

7. 上虞

当 名	所在地	存架资本数	当 名	所在地	存架资本数
庆裕		21,000,000	顾麟德	崧下	16,000,000
陈贻福		56,000,000	同和	章镇	46,000,000
阜成		60,000,000	久康	百官	20,000,000
贻康		27,000,000	谦德	同上	22,000,000
同福	崧下	64,000,000			

8. 新昌

当 名	所在地	存架资本数	当 名	所在地	存架资本数
乾德		12,000,000	洽和		10,000,000
寿丰		21,000,000	善祥	黄泽	22,000,000

绍郡当业,皆地方绅富组织之,其铺伙多本地人,间有徽商。自经理人而下,有包楼、副账柜、上楼头等名目。贷钱者持货物作抵,当铺以其货值之半贷之而取息,其息月一分至二分不等,取赎期限以二十四个月,逾限不赎,则计其货之值而售之。当业者与贫民社会有密接之关系者也,而当业之多寡,亦可觇其地方富户之盛衰,与商业之消长,故当业于绍郡商业实占重要部分,其铺数有一二三,以外尚有停当候续者二十余铺,是表不载。

《浙江潮》第 8 期《调查会稿》1903 年 10 月

征引报刊简介

一、绍兴当地报刊

《绍兴白话报》

1903年(光绪二十九年)6月创刊,创办人为光复会会员王子余等。编辑及主要撰稿人有蔡元康、王子澄、任佑扈、何屺瞻、刘大白等。旬报,逢五日出版,报刊栏目有《论说》、《大事记》、《绍兴五千年人物谈》、《小说》、《绍兴近事》等,主要面向普通民众,以通俗语言刊载国际国内大事,报道绍兴地方新闻,评论时局,宣传进步思想,创刊之初即明确提出以"唤起民众爱国,开通地方风气"为办报宗旨。1908年因改出《绍兴公报》停刊。1910年复刊,翌年十一月终刊。

《绍兴商业杂志》

1909年(宣统元年)11月创刊,创办人史久衡、周锡经等,绍兴商学公会编辑发行,月刊。主要著者有沈桐生、赵廷彦、孟广、陈燮枢等。设有《论说》、《奏牍》、《记事》、《商业报告》、《新知识》、《文苑》、《本会报告》等栏目。刊登商业时评,名人著述,本会及本省、外省有关商务实业的章奏、公牍和商业报告,各团体章程,实业公司、银行等类章程,商学研究所讲义等,侧重当地及全国的工商业经济的动态。1910年3月终刊。

《越铎日报》

1912年1月创刊,创办人为周树人(鲁迅)、宋紫佩、王铎中等,编辑和经理先后为陈去病、宋紫佩、张越铭、王铎中、陈瘦崖、赵汉卿、马可兴、孙德卿、余剑英、杨祖同、杨愧活等,多为绍兴早期革命文学团体越社成员和绍兴府中学堂师生,经费主要出自陶成章设于绍兴的北伐筹饷局。报纸日出对开两大张,栏目有《社说》、《自由言论》、《禹域阳秋》、《黄钟》等。周树人被推为名誉总理,在创刊号上提出"纾自由之言议,尽个人之天权,促共和之进行,尺政治之得失,发社会之蒙覆,振勇毅之精神;灌输真知,扬表方物"为办报宗旨。该报主要报道绍兴地方政治、经济、社会和文化教育动向,抨击社会不良现象,对绍兴的政治、经济、文教、城市建设等方面提出不少建议,新闻评论多有独到之见。1927年3月,被国民党绍兴县党部接收,改组为《绍兴民国日报》。

《越州公报》

1918年9月创刊,创办人俞微民、严絮非,主持人先后为李士铭、章曼伽、翁天寥等。

编辑骆无涯、傅倦臣、沈竹泉等。经费来自于报纸的广告收入。报纸栏目有《社评》《国际新闻》《国内新闻》《本省新闻》《本地新闻》等，以报道本地新闻为主。1927年"四·一二"反革命政变后终刊。

《绍兴新闻》

1920年9月，孙望仁独资创办了《绍兴新闻》，，并自任社长。总编辑陈瘦崖，采访主任王以刚。该报以"地方人士贡献地方舆论"为宗旨，设有《地方新闻》《国事新闻》《大事电讯》《评论》《社会新闻》等栏目。报纸日出对开一大张，以报道地方社会动态为主。1941年4月绍兴沦陷，停刊。1946年9月，原《越报》同人郑士伟、朱允坚、沈振远、胡光世等复办《绍兴新闻》。社长郑士伟，总编朱允坚，采访主任沈振远，经理胡世光。1949年5月绍兴解放，傅召沛、李又芬接办该报。是年10月15日终刊。

《绍兴民国日报》

1927年3月，国民党绍兴县党部派执行委员、中共党员宋德刚接收《越铎日报》，4月，改组为县党部机关报。办报宗旨为阐扬三民主义，宣传政纲政策，辅助国民党工作，促成绍兴建设。报社社长均由县党部执委兼任，下设编辑、营业两部，各设主任1人。报纸日出对开一大张，间或两大张。栏目有《社论》《国内要闻》《本省要闻》《本地新闻》《社会新闻》《社会琐闻》《来件》《读者之声》等。1941年4月因绍兴沦陷，报纸停刊。抗战胜利后报纸复刊。1949年5月终刊。

《越报》

1943年10月创刊，是抗战后期敌后游击区国民党绍兴县政府机关报。周新民任社长。主编傅汉九。办报宗旨为"宣扬越王句践卧薪尝胆的精神，激励越王子孙艰苦奋斗，抗击日寇，建设家乡"。初为日出4开油印1张，1944年夏改出隔日4开2版单面石印2张。1948年3月因经济蹶竭宣告停刊。4月，绍兴县农村建设协会接办。1949年7月终刊。

《宁绍新报》

同乡会刊物，为1947年3月旅沪宁波同乡会和绍兴旅沪同乡会共同创办，旬刊，以"沟通乡沪间文化"，"督查家乡地方政治之设施与改进"为宗旨，主要报道宁、绍、沪三地的重要新闻信息，介绍宁、绍、沪三地的重要人物、设施。1948年2月停刊。

《绍兴县政府公报》

地方政府刊物，1928年创刊，初名《绍兴县公报》，周刊，主要登载民国中央政府、浙江省政府及该县政府制定的各种法令、章程及其颁发的公告文件，以及地方会议录、法院判决书、各种公文等。1933年改名为《绍兴县政府公报》，内容继承《绍兴县公报》，栏目有法规、公文、判决案、报告、专载等，改月刊。终刊时间不明。

《绍兴区行政督察专员公署公报》

地方行政督察刊物，1935年8月创刊，主要刊登民国中央政府及浙江省政府发布的有关行政、法律、军事、民政、经济、文教卫生等方面的法规、通告；绍兴区行政督察专员公署和绍兴地区各县政府颁发的各种法规、训令及政府公文、批示和地方财政报告等。半月刊，1937年终刊。

二、外地报刊

《浙江省政府公报》

政务刊物。1912 年 2 月创刊,日刊,都督府印铸局发行。初名《浙江军政府公报》,主要发布各类通饬各文件及批牍、批示等,内容有法令、电牍、文牍、章程、表册、批示批牍、告谕、报告、附录,及行政机关和法定团体方面的广告。1912 年改刊名为《浙江公报》。1927 年改为《浙江省政府公报》,刊登中央法规,浙江省政府法令、单行法规,省政府及高等法院训令、函电、布告、批示、判决书、会议录、通告等。1949 年终刊。

《农商公报》

1914 年 8 月创刊,农商部公报,由农商部编辑处编辑、发行,月刊。主要发表农商部公牍、法规、报告、统计、调查、译著、专载、近闻、纪事等内容。1926 年终刊。

《工商公报》

1928 年创刊于南京,工商部公报,由国民政府工商部总务处编辑科编辑并发行,该刊于 1930 年改为周刊,于 1940 年改为半月刊,主要栏目有法规、公牍、命令、注册公告、附录、汇表、插图。发布国民政府令、工商部令、公函、呈文、批复及各种工商法规、会议记录和工商业调查及统计表等。1941 年 8 月停刊。

《农矿公报》

1940 年 4 月创刊于南京,农矿部公报,周刊,由国民政府行政院农矿部总务司编辑发行,主要栏目有院令、公牍、布告、法规、农矿部处务暂行规程等,刊登伪国民政府行政院农矿部发布的部令、公牍、布告、法规及国民政府令、行政院令等内容。停刊时间不详。

《实业公报》

1938 年 7 月创刊,实业部公报,月刊。由民国政府实业部公报室编辑、实业部总务局第一科发行,主要栏目有附录、报告、公牍、法规、部令、附载、调查、通告等。1940 年 3 月停刊。

《交通公报》

1920 年创刊,交通公报发行所编辑并发行,交通部行政公报。创办时为月刊,1922 年9 月开始改为日刊。主要刊布中央政府及交通部的命令、章程、法规及总务、路政、航政、邮政、电政等方面的呈文、公函、工作报告以及交通方面的学术著作、论文、演说及译述,并报道中外交通纪事和新闻。终刊时间不详。

《税务公报》

1932 年 7 月创刊于南京,政府税务刊物,月刊,由财政部税务署发行,主要栏目有法规、命令、公牍、登记、统计、附录等。停刊日期及原因不详。

《财政公报》

1927 年 8 月创办,财政部公报,国民政府财政部庶务科编辑发行,月刊。主要登载国民政府财政方面的命令、法规、统计、布告、专载、计划、调查报告之类文件,全国各省税款解部总数目及支出总数目清单等内容,设图画、命令、法规、文书、统计、特载、通告、论文等专栏。1937 年 6 月停刊。

《财政日刊》

1927 年 11 月创刊,国民政府财政部秘书处总务科编辑,总务科公报股发行。日刊。属于财政刊物。主要栏目有财政部批文、训令、指令、布令、函件、电文等,内容涉及烟务、橡胶、考试、盐运、银行、国家娱乐庆典、电影等各个方面,以及各个月份的本部工作报告。1937 年 8 月停刊。

《华商联合报》

1909 年在上海创刊,在上海商务总会支持下由华商联合会报馆发行,半月刊,主要栏目:海内外图画影片、海内外时事社言、海内外纪闻、海内外半月大事表、海内外要电、海内外通信、海内外公牍、海内外学务、海内外商情、海内外实业、海内外调查丛录、海内外比较杂志、海内外社会小说等。停刊时间不详。

《中华全国商会联合会会报》

全国商会联合会的机关报,1913 年 10 月创刊,初名《中国商会联合会会报》,次年改称《中华全国商会联合会会报》,商会联合会事务所编辑发行,月刊。主要栏目有:图画、论说、讲演、报告、纪事、法令、文牍、要件、谈数、商业补习会讲义等。终刊时间不详。

《银行周报》

金融类刊物。1917 年 5 月创刊,银行周报社发行,周刊,隶属上海银行公会,由银行学会负责编印,历任总编辑有徐沧水、戴蔼庐、李权时、朱斯煌等。主要栏目有:财政与经济、货币与金融、汇兑与银价、银行实务、国内外银行调查、国内外经济事情、外国贸易、商品、会计与簿记及统计、交易所、堆栈、内国汇兑计算法、合作事业、杂项等十六类,主要刊载上海及各地工商与财政金融消息,国内外银行调查以及银行、钱庄和市况统计资料等。1950 年 3 月终刊。

《金融周报》

金融刊物,1936 年 1 月创刊,中央银行经济研究处编辑、发行,周刊,主要的栏目有:述评、上海金融、外埠金融、国内金融消息、国外金融消息等,主要刊登国内外金融消息,评述一周金融概况。1949 年 5 月终刊。

《上海总商会月报》

商业刊物,1921 年 7 月在上海创刊,上海总商会月报发行处编辑、发行,月刊。主要栏目有:述评、时论、专论、商学、商情、调查、统计、工商界消息、会务记载、传记等,报告国内外商情,登载上海在经济方面的研究论文、实业调查报告及统计数据,以及民国政府的法令、条例。1927 年 12 月由《商业月报》继承。

《实业季报》

经济刊物,1933 年创刊,全国商会联合会编辑发行,季刊。设有图画、言论、讨论、记述、专载、法令、集锦等栏目,主要刊载实业方面的论文,有关改进工商业的研究,关于工商问题的讨论,关于工商业的调查与统计等内容。1941 年终刊。

《法令周刊》

法律刊物,上海法学会编译社编辑发行,周刊。主要刊登政府颁布的法令、法规及命令、法院组织法立法原则、短期内施政中心、法律解释、法令杂谈、最高法院判决案例、各级官员的任免、民事刑事统计表等。1948 年终刊。

《浙江全省商会联合会年刊》

商会刊物,年刊,目前只发现 1930 年一册。该刊主要内容有商会沿革、代表及常委、监委名录,大会实况记录,总务、金融、税务审议案,有关商务财税呈文、公函及批复等。

《浙江商务》

经济类刊物,1936 年 1 月创刊,浙江省商务管理局编辑并发行,月刊。主要内容为:调查本省工商业之种类及其沿革发展,编辑本省物价指数及金融统计,介绍本省各项经济或工商法令,刊载各种经济或工商反面的论著,以及省内外经济大事、局务纪要等。终刊时间不详。

《浙江财政月刊》

地方财政刊物,1918 年创刊,浙江省政府财政厅秘书室编辑,浙江省政府财政厅第一科发行,月刊。主要栏目有:特载、法规、公文、报告、杂录等刊载内容主要以本省财政者为主体。终刊时间不详。

《浙江潮》

社会综合性刊物,1903 年 3 月在东京创刊,浙江留日同乡会会刊,月刊,浙江同乡会杂志部发行。编辑人员有孙翼中、蒋方震、王嘉榘、蒋智由、许寿裳,栏目有社说、论说、学术、大事、时评、杂录、文苑、记事、小说、调查会稿、学术、大势等,主要刊登内容有政法、实业、教育、军事、科学、评论,以及报道世界大事,分析国际政局等,约在 1903 年底停刊。

《申报》

1872 年 4 月 30 日(同治十一年三月二十三日)在上海创刊,初为双日刊,从第 5 号起改为日报。是旧中国在上海出版的历时最久、影响最大的报纸,记录了从晚清到民国 78 年间中国政治、军事、经济。文化、社会等各个领域的变迁,被称为是中国近现代历史的"百科全书"。1949 年 5 月 27 日停刊。

《大公报》

清末、民国时期最有影响的报纸之一,1902 年 6 月 17 日在天津创刊,创办人为英敛之,以立论中肯、报道翔实为特色,对中国近代历史上的政治、经济、文化、社会等方面的变动均有较真实的记录。后辗转在上海、汉口、香港、桂林、重庆等地出版。1949 年之后,《大公报》在香港继续出版发行。

《四明日报》

1910 年 6 月 30 日出版,由王东园等地方绅士和商人集资创办,先后担任报社经理的有王东园、冯友笙、冯子蕃、张申之、金岳孙、乌冶臣、孙表卿、汪崇干等,历任主笔有王荦、张朴生、章巨摩、庄禹梅、吴铁花、叶莞、陈布雷、李琯卿等人。该报日出对开两大张,八版,设《专电》《汇电》《紧要新闻》《海外要闻》《中外纪事》《本省纪事》《四明纪事》《各省通讯》《本省通讯》《本郡通讯》及《琐闻》等栏目。1927 年 2 月停刊。